De Gaulle

Jean Lacouture

De Gaulle

3. Le souvcrain

1959-1970

Éditions du Seuil

Le présent volume reproduit le texte intégral,
revu et corrigé, de l'édition parue en 1986.

ISBN 2-02-012123-9, t. 3, édition de poche
ISBN 2-02-012133-6, édition complète
(ISBN 1re édition : 2-02-009351-0, t. 3 broché;
ISBN 2-02-009393-6, t. 3 relié)

© OCTOBRE 1986, ÉDITIONS DU SEUIL

Avertissement

Avec ce troisième tome s'achève le récit de la vie de Charles de Gaulle dont j'ai entamé voici bientôt quatre ans la rédaction. En présentant le premier volume au lecteur, j'avais essayé de décrire cette tentative comme « l'escalade d'une montagne ». Ai-je plutôt cheminé à flanc de coteau, ou même dans la vallée, regardant vers le haut — attitude qui conduit parfois le marcheur à trébucher ?

L'entreprise était téméraire, du fait de l'immensité du personnage considéré, de l'énormité tumultueuse des circonstances qui l'ont suscité, forgé, exalté, éloigné ; du fait de la proximité de ces temps déjà légendaires qui n'ont pas, il s'en faut, livré tous leurs secrets ; du fait de la clôture des archives françaises relatives à l'histoire des trente dernières années, et des passions inaltérables qui orientent, défigurent ou mutilent souvent les témoignages les plus sincères ; du fait enfin, et surtout, de mes propres limites.

J'avouerai simplement que l'ayant abordée avec un certain effroi et poursuivie avec la conscience très claire de mon incapacité à éclairer bon nombre d'inconnues, à distinguer ici et là le vrai du faux, à porter mes regards aussi haut que le sujet l'eût imposé, ou même à exposer avec équité tel ou tel débat auquel ma propre carrière m'a mêlé, je n'en ai pas vu venir le terme sans mélancolie. On ne fréquente pas impunément, quatre années durant, un si prodigieux personnage, aussi bien que ses rivaux, partenaires, compagnons et ennemis. On n'explore pas sans griserie ces hauteurs tourmentées.

Si longue que soit cette narration, on reprochera peut-être à l'auteur de n'avoir pas tenté d'en tirer les leçons ou même de n'avoir pas posé, en conclusion, les questions essentielles relatives au surgissement du chef prophétique dans une société en apparence « raisonnable » comme la nôtre, à l'originalité de ce phénomène par rapport à la tradition politique et culturelle française, à la victoire — très provisoire — qu'il représente de la France périphérique, en mouvement, en quête de mondes et de témoignages sur celle de l'enracinement, du repli et de l'introversion ; aux effets enfin qu'a pu produire ce leadership héroïque sur la France d'aujourd'hui et de demain.

Cette méditation sur la nécessité, le bilan et les conséquences à long terme du gaullisme, je n'ai pas osé m'y aventurer. Fatigue à l'issue d'une trop longue course, et trop accidentée ? Conscience de mon inaptitude à aborder ainsi de plain-pied la critique historique ? Ou conception un peu trop stricte, trop pédestre, du rôle du biographe ? Bref, le récit achevé, Charles de Gaulle porté en terre avec une simplicité cistercienne par douze jeunes gens anonymes en présence de ses proches, de ses compagnons et du peuple de

Colombey, j'ai cru bon de me taire. Peut-être ma longue narration n'est-elle ainsi que le rappel préalable et nécessaire à la réflexion historique qu'appelle le sujet — une matière première que d'autres sauront transformer.

Certains s'étonneront aussi de voir un exposé jusqu'alors linéaire et chronologique prendre ici une forme plus thématique. La raison en est simple. Il ne m'a pas paru possible de mener de front et d'exposer clairement des affaires aussi complexes et dramatiques que le traitement de la tragédie algérienne, le développement planétaire de la diplomatie gaullienne et des péripéties qui ont marqué l'établissement de ce pouvoir à la fois personnel et institutionnel qui a pris le nom de Ve République, sans les désenchevêtrer.

D'où l'organisation de ce volume intitulé « Le souverain », en trois volets : « La déchirure » (où il est traité de l'Algérie), « Au milieu du monde » (où se déploie la stratégie internationale du fondateur de la Ve République) et « L'État général », (description des rapports entre de Gaulle, la France, les Français et leurs nouvelles institutions, de janvier 1959 à avril 1969). Cette stratification minimise telle ou telle interférence, tel ou tel phénomène de résonance — les effets par exemple du cessez-le-feu algérien ou de la crise de Cuba sur le référendum de 1962: on a essayé d'y remédier par des rappels et des renvois nombreux.

Il est d'usage, à l'issue d'un tel travail, d'adresser des remerciements nominaux à ceux qui ont reçu ou informé l'auteur, répondu à telle ou telle question, communiqué tel ou tel document. Ayant conscience d'avoir, au long du récit, payé à chacun son tribut, fût-ce de façon bien modeste, je ne respecterai pas ici cette règle comme je l'ai fait dans mes autres livres : d'abord parce que ceux qui ont bien voulu me recevoir ou m'écrire sont trop nombreux (quelque 350 personnes), ensuite parce qu'un certain nombre d'entre eux m'ont prié de ne pas les citer. Mon hommage sera donc, pour une fois, collectif. Il n'en est pas moins inspiré par la gratitude.

Je me contenterai d'exprimer nommément ma reconnaissance à ceux qui ont bien voulu relire mon texte dans sa totalité ou en partie — sans pour autant en assumer la moindre responsabilité : Paul Flamand, Jean-Claude Guillebaud, Georges Buis, Jean Laloy, Alfred Grosser, Jean-Marie Soutou et François Goguel. Leur compétence m'a épargné nombre d'erreurs. Celles qui demeurent sont les miennes.

Et comment ne pas remercier celles et ceux qui ont, une fois de plus, pris soin de ce texte, contribué à l'établissement des notes, index, chronologie et bibliographie ? Marie-Christine Gerber, Catherine Grünblatt, Martine Tardieu, Dominique Miollan, Nicolas Aggiouri, et naturellement Simonne Lacouture, ma femme.

J. L.

I

La déchirure

« Le génie du siècle change aussi les conditions de notre action outre-mer [...]. On peut regretter la douceur des lampes à huile, la splendeur de la marine à voile [...]. Mais quoi ? Il n'y a pas de politique qui vaille en dehors des réalités. »

Charles de Gaulle, allocution du 14 juin 1960.

1. Sa « maison »

Quand se referment sur lui « toutes les portes du palais * », le 8 janvier 1959, Charles de Gaulle nouveau chef de l'État, se dit « captif de [sa] charge [1] ». Mais si obsédé qu'il soit par la « médiocrité » du temps, il n'en est pas moins conscient de la « grandeur de l'entreprise » qui se dessine. Et si vaste soit l'ambition qui l'anime, il sait que, pour la réaliser, nul pouvoir ne lui fera défaut.

Monarque viager comme ceux du Saint-Empire, il revendique une double légitimité. L'une est enracinée dans l'histoire, une histoire datée du 18 juin 1940 et proprement réinventée par l'homme qui l'a tour à tour suscitée, vécue et rédigée de sa main, pour sa gloire et l'édification des Français ; l'autre se fonde sur l'assentiment de la « France profonde ». S'il n'a été sacré, le 21 décembre 1958, que par les élus du seigle et de la châtaigne, bien plus comptent pour lui les 80 % de citoyens qui, dès le 28 septembre, avaient approuvé une constitution modelée sur son corps pour lui servir d'armure.

Lisons, non sans quelque surprise, ce qu'en disent les *Mémoires d'espoir* : « Les institutions nouvelles sont en place. Du sommet de l'État, comment vais-je les façonner ? » (Ne le sont-elles pas, « façonnées » — ayant été proposées aux Français, approuvées par eux ? N'était-ce qu'à titre de matière première, de brouillon ? Le référendum, était-ce une exigence de chèque en blanc ?)

> « Car, poursuit le mémorialiste, les raisons qui m'y ont amené et les conditions dans lesquelles je m'y trouve ne ressortent pas des textes. [Bon. Il suffit de le savoir. Et qui, d'ailleurs, l'ignorait ?] Au surplus, elles n'ont dans l'Histoire aucun précédent... Moi, c'est sans droit héréditaire, sans plébiscite, sans élection, au seul appel, impératif mais muet, de la France, que j'ai été naguère conduit à prendre en charge sa défense, son unité, son destin. Si j'y assume à présent la fonction suprême, c'est parce que je suis, depuis lors, consacré comme son recours. Il y a là un fait qui, à côté des littérales dispositions constitutionnelles, s'impose à tous et à moi-même. Quelle que puisse être l'interprétation que l'on veuille donner à tel ou tel article, c'est vers de Gaulle en tout cas que se tournent les Français [2]... »

Pouvoir monarchique ? Charismatique ? On dirait plutôt fatidique, dès lors que le destin (au sens où André Malraux, notamment, use de ce mot) l'a suscité par deux fois, avec l'aide très active de la volonté, de l'imagination et du terrible réalisme de ce Connétable heureux. Mais pouvoir de style

* Voir tome 2, p. 688.

monarchique en tout cas. Une monarchie constitutionnelle vécue sur le mode absolu.

Certes, une Assemblée nationale contrôlera les actes d'un gouvernement supposé « diriger la politique de la nation ». Mais cette Assemblée élue le 30 novembre est plus royaliste que le roi — au moins en apparence. A l'hôtel Matignon s'installe un homme dont le général sait qu'il peut tout obtenir, et bien plus même qu'une immolation : le reniement, en un domaine majeur, des convictions les plus ardemment proclamées au temps du système aboli. L'armée frémit sous son éperon, mais sans broncher encore. L'opinion s'émerveille d'être gouvernée, jusque dans les gémissements que provoque d'abord le plan de redressement financier de Jacques Rueff, dont les effets ne seront applaudis que quelques mois plus tard. Et le monde alentour marque son étonnement de voir une France exsangue et déchirée surgir vivante à l'appel du thaumaturge.

Bref, et bien que hanté par son âge (il a 68 ans et deux mois le jour de son investiture et confie à son entourage et à ses médecins : « J'ai dix ans de trop pour accomplir ma tâche »), c'est en souverain de plein exercice qu'il pénètre, en ce début de 1959, à l'Élysée.

Vit-on jamais gîte si peu conforme à la nature de l'homme qu'il abrite, si inégal à son style, si impropre à la destination nouvelle qu'il lui a impartie ? Pour un peu, à voir de Gaulle à l'Élysée, on le prendrait pour le successeur de René Coty. Ce palais ressemble à son nouvel hôte comme le régime défunt à celui qui s'annonce.

Tout contribue à exaspérer les contradictions entre les souvenirs qu'évoque l'édifice du 57 rue du Faubourg-Saint-Honoré et le Connétable imbu des valeurs et des traditions nationales. Qu'il ait été bâti au temps de la Régence* pour le compte d'un courtisan affairiste et roué, le comte d'Évreux, racheté par la marquise de Pompadour qui le légua à ce roi qu'au lit elle appelait « la France », récupéré par un financier, Nicolas Beaujon, tout empressé d'en faire une réplique bourgeoise du Parc-aux-Cerfs, passé aux mains d'une princesse de Bourbon morte dans quelque asile après avoir légué son palais au Directoire qui ne pouvait manquer de le transformer en un Luna-Park avant la lettre — tout était fait d'abord pour exciter l'agacement ou le mépris de l'auteur des *Mémoires de guerre*.

Si l'hôte ultérieur du palais fut le maréchal Murat, qui récupéra quelques arpents de terre sur les Champs-Élysées pour élargir le parc et contribua plus que tout autre à mettre l'Élysée en l'état où il est aujourd'hui avant d'en faire don à Napoléon, lequel le mit à la disposition de Joséphine, puis y trouva lui-même asile au lendemain de Waterloo (le temps d'y signer son acte d'abdication dans le salon d'argent) ; si l'Élysée servit alors de cantonnement à Wellington, puis au tsar Alexandre avant de passer à la duchesse de Berry ;

---

* Par un architecte nommé Mollet avant d'être décoré par un peintre nommé Bidault…

si Louis-Napoléon en fit sa résidence, avant d'y réunir ses affidés à la veille du coup d'État du 2 décembre ; si M. Thiers y élut brièvement domicile avant ses successeurs — dont le président Félix Faure qui y connut la mort la plus grisante entre les bras de Thérèse Steinheil — il n'y avait rien là qui pût réconcilier Charles de Gaulle avec cet hôtel hanté par tout ce qu'il détestait — la finance, la défaite, la noce et même le coup d'État.

« Un palais de la main gauche... », grommelait-il, évoquant à l'occasion les circonstances de la mort de Félix Faure. On connaît l'histoire : à l'archevêque de Paris accouru pour administrer au chef de l'État les derniers sacrements et qui demandait si le moribond avait encore « sa connaissance », le valet de chambre répondit : « Oh non, on l'a fait sortir par-derrière ! » Le général ne s'étant pas retenu de conter l'anecdote devant son épouse, Pierre Lefranc eut la surprise, alors qu'il faisait les honneurs du salon d'argent à Mme de Gaulle, d'entendre cette honnête femme, montrant du doigt une petite porte, glisser dans un rire : « C'est par là que le président perdit sa connaissance[3]... »

Charles de Gaulle à l'Élysée — la cocasserie de la situation ne tient pas seulement à l'histoire, petite et grande, mais aussi bien au volume de la bâtisse, à la décoration, aux médiocres perspectives qui s'ouvrent, à l'emplacement de l'édifice enfin. Cet homme qui, de Paris, a toujours privilégié les espaces « nobles » de la rive gauche, délimités par les Invalides, l'École militaire, Saint-François-Xavier, le Val-de-Grâce — ces quartiers de plume et d'épée où sa famille l'a fait vivre, où il a étudié, exercé son métier, hanté les hauts lieux de l'histoire, exercé le pouvoir, de la rue Saint-Dominique à la rue de Varenne, ce Paris héroïque et abstrait où l'on écrit, où l'on administre, où l'on prie, où l'on dresse les plans de guerre, où l'on enterre les gloires nationales, et où, la victoire venue, on s'installe « au centre » — le voilà projeté dans le quartier des bijoutiers, des tailleurs et des restaurants. « On ne fait pas l'histoire dans le VIIIe arrondissement[4] », soupirait-il.

Mais où aller, quand on est de Gaulle, quand la cendre des Tuileries est dispersée, quand le Louvre est occupé par les Messieurs des finances ici, là par Léonard de Vinci, et Versailles par les touristes ?

Il a pensé aux Invalides (en faisant même confidence à Raoul Salan, qui n'était pas de ses intimes[5]...). Quel édifice plus beau, et plus digne de sa gloire — encore que l'empereur défunt risquât d'y monopoliser la mémoire au détriment du souverain en place et que l'ombre de Philippe Pétain, au « 4 bis », y fût peut-être insistante — que cette assemblée de chevaliers de pierre convoquée par Louvois ? Il y renonça, rebuté par la durée prévisible des travaux — bien que l'appartement du gouverneur des Invalides, occupé au début des années quatre-vingt par Mme le secrétaire d'État à la Défense, soit aussi confortable que celui de l'Élysée *. Il fit étudier l'hypothèse d'une installation au château de Vincennes, taillé à ses mesures. Là, en tout cas, c'est l'ampleur des dépenses à engager qui le fit reculer. Versailles ? « Ce

---

* François Mitterrand s'en était lui-même avisé...

serait excessif », répondit-il à ceux qui proposaient cette idée. Pourquoi pas le Grand Trianon, suggérèrent alors tels de ses proches ? Les spécialistes demandaient trois ans pour le mettre en état. L'École militaire ? Bonaparte y eut son bureau. Mais justement... Quant à l'hôtel de Biron, il aurait fallu en chasser Rodin ; et Charles de Gaulle jugea peu convenable d' « installer la République dans un bâtiment qu'elle [avait] volé aux dames du Sacré-Cœur[6] ».

Bref, ce sera le « palais de la main gauche ». Commentaire de l'auteur des *Mémoires d'espoir* :

> « Je m'accommode de ce qui est tout de suite disponible et [...] conforme à de longues habitudes administratives et parisiennes. Du vieil Élysée, la République nouvelle va donc tirer, quant à son fonctionnement et à sa réputation, le meilleur parti possible[7]. »

On y avait dépêché, dès la fin de décembre, l'éclaireur Pierre Lefranc, qui avait fait la moue. Non parce que c'est dans le salon d'argent que Louis-Napoléon et Morny avaient inscrit son arrière-grand-père sur la liste des proscrits du 2 décembre, mais parce que le saisissait le contraste entre cette résidence à la Fallières et le personnage qu'il fallait y loger — à la fois comme résident et comme président.

L'histoire et surtout la Constitution venaient de modifier du tout au tout non seulement la stature de l'occupant, mais la destination du bâtiment. De cette loge elles avaient fait une scène. Où placer le protagoniste ? Ce qui n'était qu'un lieu symbolique devenait l'arène elle-même. Où loger, en cet hôtel moyen aux charmes surannés, le centre du pouvoir, le cœur de l'appareil d'État ?

On s'entassa, résidence sur présidence. Le général choisit d'abord d'abandonner le rez-de-chaussée (où les présidents de la IIIe — sauf M. Loubet — et de la IVe avaient leurs bureaux) pour occuper le premier étage — où furent regroupés son bureau et ceux de ses principaux collaborateurs, la salle du Conseil des ministres d'une part et son appartement de l'autre.

Cinq pièces moyennes où l'on accède depuis le bureau présidentiel par la salle de bains de l'impératrice Eugénie (la baignoire a été recouverte), aménagées avec un bonheur inégal par le président et Mme Auriol, composent l'appartement privé, qui donne sur la rue de l'Élysée, peu bruyante d'ordinaire, mais où les habitants des deuxième et troisième étages ont vue sur le logement du chef de l'État — protégé en permanence par des rideaux.

Outre deux chambres dites d'amis et rarement occupées par des hôtes officiels* — avant que l'hôtel Rothschild ne fût acquis par Georges Pompidou à cet effet, le général recevait ses hôtes au Quai d'Orsay ou au château de Champs —, l'appartement comprend le « salon jaune », un petit bureau et la chambre à coucher, dont deux fenêtres donnent sur le jardin.

---

* Konrad Adenauer fut le seul chef de gouvernement admis dans cette intimité.

Quand le général et Mme de Gaulle y remplacèrent M. et Mme Coty, on dut y installer bien sûr des lits spéciaux, celui du général mesurant 2,20 mètres.

L'agrément de cette résidence banale serait le très beau jardin qui s'étend jusqu'à l'avenue Gabriel, séparée du palais par la grille du coq, s'il n'était difficile de s'y promener à son aise sous tant de regards croisés. Aux canards de la pièce d'eau *, le général rendait tout de même de fréquentes visites.

L'incommodité principale de cet aménagement était l'éloignement des cuisines, installées dans le sous-sol et reliées à l'appartement par un vieux monte-plats à cordes, fort éloigné de la salle à manger : si bien que les de Gaulle mangèrent tiède (ce qu'ils détestaient) pendant dix ans, même quand ils décidèrent de prendre leurs repas dans les petits appartements du rez-de-chaussée : ils sont situés dans l'aile opposée à celle où l'on cuisine [8].

Charles de Gaulle s'en souciait assez peu, contraint d'ailleurs par un régime à modérer son robuste appétit. Son épouse ne mettait pas non plus son point d'honneur à ces sortes d'affaires. Si bien que les trois marins qui assuraient le service, faisant diligence au long des couloirs, n'eurent guère d'observations à subir de ces consommateurs accommodants, dont seuls les dîners d'apparat éveillaient l'exigence.

N'était l'apparence incurablement bourgeoise (c'est-à-dire à ses yeux mêmes) de son cadre de vie, le général de Gaulle, peu attentif à ce genre de choses, s'en fût accommodé. On l'a dit (La Boisserie en témoigne !) imperméable aux intempéries, assez indifférent au décor, peu soucieux de son confort, mal informé des styles, indifférent aux bibelots, curiosités et pièces rares, attaché aux seuls souvenirs — pourvu qu'ils lui vinssent d'êtres chers ou admirés, ou mêlés à son histoire.

Mais il prit grand soin du choix de son bureau — où siégerait, en sa personne, l'État. Ses collaborateurs lui avaient suggéré la vaste pièce d'angle dite « chambre du roi » donnant sur la roseraie et la rue de l'Élysée, d'où l'on avait directement accès à l'appartement privé — la plus spacieuse et confortable **. Il jugea plus solennelle, et donc propre à sa fonction, la pièce centrale, dite « salon doré », qu'il appelle dans ses Mémoires la « pièce capitale ».

Le Louis XV y fait plus ou moins bon ménage avec le premier et le second Empire. Au plafond gambadent des nymphes du temps de la Pompadour, et au-dessus de la cheminée, des muses peu vêtues de l'époque d'Eugénie. Table-bureau Louis XV, fauteuil Empire. Au mur, une scène du Don Quichotte, qu'on dirait seule en harmonie avec le style de l'occupant si n'avaient été placés près de lui la maquette d'un monument de Bourdelle dédié à la libération et un globe terrestre offert au général par ses compagnons les plus proches. Le tout assez beau mais convenu, hésitant entre le gaillard et le pompeux, sans vraie grandeur ni juste élégance, mais bien éclairé par les trois fenêtres donnant sur le parc.

---

* Comblée au temps de M. Pompidou.
** Où choisira de s'installer Valéry Giscard d'Estaing, alors que Georges Pompidou et François Mitterrand ont décidé d'occuper le même bureau que le général.

La porte qui faisait face au bureau du président disposé perpendiculairement aux fenêtres donnait sur la salle des aides de camp, par où passaient tous les visiteurs, y compris, le mercredi matin, les ministres attendus dans celle du Conseil, contiguë à la précédente. De l'autre côté du bureau du président, celui du secrétaire général et ensuite celui du directeur de cabinet, les plus proches de l'appartement — que le chef de l'État ne pouvait regagner que par une sorte de boyau où tout croisement était impossible : les visiteurs de Geoffroy de Courcel ou de René Brouillet durent parfois, face au géant tâtonnant dans la pénombre, battre en retraite.

Dans cet Élysée coincé entre les magasins de la rue du Faubourg et les Champs-Élysées et où le tiers de l'espace est consacré — du salon d'argent au salon Murat et à la salle des fêtes — aux fonctions de réception, il fallut entasser les collaborateurs d'un chef d'État qui assumait les responsabilités centrales du pouvoir. Quarante-cinq personnes, à la place des douze dont s'entouraient auparavant les présidents Auriol et Coty. Ainsi l'intensité des activités et des responsabilités crût-elle, en ces lieux, en raison inverse de l'espace occupé.

Les Quarante-cinq... Entre cette cohorte et celle que formaient les hommes de main d'Henri III immortalisés par le père Dumas, on ne saurait guère trouver qu'un dénominateur commun : le lien de dévouement très personnel qui les unissait à leur chef.

Le général de Gaulle voyait en eux sa « maison », soumise à des règles très strictes de discrétion et de « transparence » — dont il a été question déjà à propos de ses cabinets de 1945 et de 1958. Mais il ne faudrait pas croire à une sorte de compagnonnage hérité de la guerre, à une espèce de confrérie fondée sur les services passés et la fidélité. De Gaulle est ou se sent moins dépositaire d'une épopée, fût-elle fabuleuse, que d'une permanence.

Certes, le premier groupe, d'où se détachent les plus anciens « gaullistes », Geoffroy de Courcel, promu secrétaire général, René Brouillet, directeur du cabinet, les conseillers techniques Guichard, Lefranc, Foccart, semble une sorte d'académie de la France libre, de la Résistance et du RPF. Mais le mode de recrutement des collaborateurs du général-président se révélera beaucoup plus complexe que la promotion à l'ancienneté, et inspiré par les exigences du fonctionnement de l'État plutôt que par le conditionnement de la mémoire.

Et, peu à peu, on verra se substituer à une équipe issue pour la moitié de Carlton Gardens et pour l'autre de la rue de Solférino un état-major forgé, comme autour de la plupart des hommes publics français, par le Conseil d'État, l'École normale supérieure, la Cour des Comptes et le Quai d'Orsay. L'administration prenait ainsi le pas sur l'histoire.

Trois considérations entraient en ligne de compte, dans l'esprit du général, au moment de convier tel ou tel de ces hommes à entrer dans sa « maison » : qu'il fût « national » (ce qu'il n'a jamais défini mais qui excluait apparemment dans son esprit toute forme d'adhésion aux thèses de la supranationalité européenne ou atlantique et toute allégeance au « parti de l'étranger », formule ne désignant pas seulement chez lui les organismes proches du

PCF) ; qu'il fût capable de « transparence » (c'est-à-dire apte à ne pas interposer publiquement interprétations, commentaires et surtout publicité ou indiscrétions entre les faits et gestes du général et le public) ; qu'il fût enfin volontaire. Si tel ou tel fut sollicité de présenter sa candidature, aucun ne fut recruté d'office.

Il convient de préciser, comme le fit plusieurs fois devant nous Gaston Palewski (dont la carrière auprès du général prit tour à tour les deux formes), que de Gaulle n'entendait nullement faire prévaloir sa « maison » sur son gouvernement ou tout autre corps de l'État. Que la force des choses, notamment certains moments de crise où l'urgence poignante fit apparaître plus de solidité dans l'entourage immédiat qu'au sein du ministère ou de l'état-major (en janvier 1960, en avril 1961 ou en septembre 1962 par exemple), ait donné la prééminence à la structure la plus proche sur les autres ne signifie pas que ce qu'on appelle volontiers « le château » ait eu le pas, dans son esprit, sur l'hôtel Matignon, le Quai d'Orsay, le Conseil d'État ou le Conseil constitutionnel.

Ayant prétendu reconstruire « un État qui en fût un », il avait horreur des structures parallèles et des procédures officieuses. S'il lui arriva de confier à tel ou tel (Georges Pompidou, Edgar Faure ou Pierre Sudreau, par exemple) des missions discrètes échappant à l'initiative du ministère intéressé, il était très soucieux de tenir chacun à son emploi. Aussi bien « nul n'était censé s'exprimer en son nom », rappelle Étienne Burin des Roziers[9].

La « maison » donc était son environnement technique, sa ruche, son outil de travail, sa force de frappe permanente. Rien de plus. Rien de moins. A l'Élysée siégeait, décidait et veillait un souverain doté non de « collaborateurs », formule trop sonore, mais d'un entourage — ni cour, ni camarilla, ni sur-gouvernement. Le mot d'équipe conviendrait bien, si ce concept n'impliquait qu'à l'occasion un joueur autre que le capitaine pût manifester publiquement son talent, voire marquer un but : hypothèse exclue en l'occurrence. Autour du salon doré, du colonel des gardes au conseiller juridique, un seul mot d'ordre : l'abnégation. *Perinde ac cadaver** est la règle des jésuites. Elle aurait pu être gravée en 1959 à l'entrée du palais décoré deux siècles plus tôt par Boucher à la demande de Mme de Pompadour.

Mais pour être transparents et voués sans réserve à un service public ainsi incarné, les « hommes du président » n'en ont pas moins laissé leur marque, qu'ils fussent, comme disait le général, commis par lui aux rapports avec l' « État » ou voués aux affaires de la « nation » : distinction opérée entre le secrétariat général, charnière reliant de Gaulle au gouvernement et à l'ensemble des services publics, et le cabinet, chargé des relations avec les organismes politiques et syndicaux, la presse, l'opinion et tout ce par quoi les simples citoyens sont en liaison, pour le meilleur ou pour le pire, avec le pouvoir.

A François Mauriac, en 1945, Charles de Gaulle était apparu comme un

---

* A la façon d'un cadavre.

cormoran (« et qui parlait cormoran »). Geoffroy de Courcel fait plutôt penser à un condor extrêmement courtois, perché, avec un peu de nostalgie, sur une cime des Andes. Très haut, très loin. Mais lui ne parle pas la langue des rapaces, ni des oiseaux marins. Rien de plus suave que les propos de ce diplomate qui sut, au plus fort de la tempête, se hisser dans la barque pilotée par le navigateur intrépide et qui a pu, trente années durant, traduire dans le langage le plus uniment policé les faits et gestes de ce corsaire de haute mer.

Si M. de Courcel fut appelé à la tête du secrétariat général, au début de 1959, c'est moins parce que Georges Pompidou avait refusé cette charge qu'en raison de l'idée que de Gaulle se faisait depuis près de vingt ans de sa compétence et de sa discrétion légendaire, et aussi parce que ce « premier compagnon » était mieux éclairé que personne sur l'essentiel.

Du Quai d'Orsay à la direction des Affaires marocaines et tunisiennes au secrétariat général à la Défense, il s'était familiarisé avec le problème majeur que devait traiter l'Élysée. De janvier 1959 à février 1962, date de son retrait — pour raisons de santé —, sa mission fut presque constamment centrée sur le règlement de l'affaire algérienne. Nous savons * que le général l'avait mis au fait de ses intentions en la matière avant la plupart de ses autres fidèles, dès 1955. Nul moins que lui ne pouvait être pris au dépourvu par la hardiesse sinueuse de la manœuvre amorcée au cours de l'année 1959 dans le sens de l'émancipation de l'Algérie, contre la volonté de l'armée et de la majorité des élus gaullistes de novembre 1958.

L'équipe qu'il rassembla autour de lui était composée de quatre conseillers. Pour les affaires diplomatiques, J.-M. Boegner, qui occupait des fonctions analogues depuis juin 1958 à Matignon et cédera bientôt la place à Pierre Maillard ; pour les questions économiques et financières, André de Lattre ; pour les problèmes d'éducation et de science, Pierre Lelong ; pour le secteur juridique, Bernard Tricot, précédemment adjoint de René Brouillet à la direction des Affaires algériennes. Succédant en ce domaine à Jean-Jacques de Bresson, c'est à l'affaire capitale que M. Tricot consacra bientôt le plus clair de ses activités, à la demande de M. de Courcel qui le savait mieux averti que personne de l'évolution du dossier algérien à partir de juin 1958.

René Brouillet avait pris la direction du cabinet. C'était, depuis l'automne 1945, un familier du général — encore qu'il se fût tenu fort à l'écart du RPF. Bien que l'armorial l'eût moins distingué que Geoffroy de Courcel, et que son maintien et son style l'eussent mieux accordé, en 1789, au second des ordres des États généraux qu'au premier, il y avait chez ce doux manieur d'hommes une gentilhommerie secrète, bien faite pour susciter autour du souverain abrupt assis dans le salon doré une aura de bénignité fort utile à la marche des affaires. Grâce à l'onction souriante et subtile de l'ancien chef de cabinet du président du Conseil de la Résistance, il s'en fallait de peu parfois que la main de fer du gaullisme n'apparût gantée de velours.

Brouillet était secondé notamment par Pierre Lefranc, commis depuis de

---

* Voir tome 2, chapitre 22, p. 511.

longues années aux tâches les plus multiples et souvent ingrates aux côtés du général, et chargé entre autres des relations avec les organisations politiques et les médias audiovisuels, parallèlement avec Olivier Guichard, rattaché, lui, au secrétariat général*. Jacques Narbonne, agrégé de philosophie, Xavier de Beaulaincourt, immuable secrétaire particulier, Raymond Labelle, normalien, travaillent auprès de M. Brouillet — comme Xavier de Lignac, dit Jean Chauveau, chargé des relations avec la presse.

Charles de Gaulle ne voulait pas que cela fût dit : bien décidé à tenir à distance, comme il l'écrit, « non par dédain, mais par principe » (c'est-à-dire par dédain de principe) la « coalition hostile des comités et des stylographes », il avait toléré que le journaliste Jean Chauveau, animateur du *Rassemblement* après avoir été l'un des collaborateurs de *Combat*, s'occupât de l'information à l'Élysée. Mais il ne fallait pas que, doté d'un titre l'accréditant à cet effet, ce professionnel du « stylographe » pût paraître commis à la fréquentation de cette corporation outrecuidante, querelleuse et malcommode, dont l'accès à l'Élysée devait être restreint au très strict nécessaire. Aussi bien, en dépit de l'estime personnelle où le tenait le général, la mission de Jean Chauveau fut-elle interrompue à la première occasion, un malentendu à propos de la rencontre de Melun, en juin 1960, sur lequel on reviendra.

Moyennant quoi, le soin des relations avec la presse fut confié successivement à deux diplomates de grand mérite, Gilbert Pérol et Pierre-Louis Blanc. Le premier a consacré à la question un remarquable article de la revue *Espoir* où il écrit notamment : « ... Aux yeux du général, je n'existais pas en tant que chargé de presse. Il me savait coupable de quelques relations avec " vos accrédités ", comme il disait, et voulait bien fermer les yeux sur cette incartade. Ainsi n'étais-je qu'un des éléments de ce gigantesque malentendu que, tant qu'il fut au pouvoir, et peut-être toute sa vie, furent les rapports du général et de la presse. Rapports fondamentalement mauvais, fondés sur une incompréhension et une irritation mutuelles... » Et résumant en une phrase ses fonctions (dont il tenta de donner une interprétation libérale...) il ajoute : « Je n'avais rien à dire et j'étais même chargé de ne rien dire. »

Mais Gilbert Pérol observe en outre, avec beaucoup de finesse et de loyauté, que le général de Gaulle était, « ici encore, au nœud d'une contradiction. Rien ne lui importait plus que la lecture des journaux — la presse française, parisienne et de province, mais aussi certains titres étrangers, anglais, américains, allemands — et surtout, marque de l'homme de presse, des quotidiens. Il aimait l'odeur de l'encre fraîche et du papier, détestait les revues de presse anonymes et qui édulcorent. Rien ne l'impatientait davantage que, lorsqu'il voyageait, un retard des journaux. L'organisation de ces livraisons acrobatiques était un de mes soucis et plus d'une fois, tel Vatel guettant la marée, j'ai attendu le motard de la gendarmerie qui apporterait le fameux paquet !

« Il avait l'œil pour parcourir les journaux, photographier les titres, la mise

---

* Et qui prendra le large vingt mois plus tard, pour s'occuper du Sahara.

en pages, aller à l'essentiel aussi bien que dénicher dans un coin tel article que j'aurais souhaité parfois qu'il ne vît pas [10]... »

Le général de Gaulle lisait *le Monde* de *a* à *z*. Mais il est peu de dire qu'il n'aimait pas ce journal, ne le trouvant pas « national » et s'irritant de ne pouvoir se passer de sa lecture. Mais au fait, ce quotidien donneur de leçons était-il si parfait ? Gilbert Pérol, convoqué par le chef de l'État, le trouva un jour en train de corriger un article de la première page du *Monde,* zébré de corrections : ces gens n'étaient même pas capables d'être, dans la forme, exemplaires [11]...

Deux autres structures essentielles de l'Élysée gaullien : le secrétariat général pour les affaires africaines et malgaches, dont le premier titulaire fut Raymond Janot, artisan de la Constitution de 1958 et, après son départ pour la direction de la télévision, Jacques Foccart — qui grossit ses compétences de quelques responsabilités en matière de « renseignement » ; et l'état-major particulier du chef de l'État, confié d'abord au général de Beaufort, avant qu'il dût en céder la charge à son collègue Jean Olié.

Les conditions dans lesquelles s'opéra cette substitution seront évidemment étudiées dans le chapitre consacré aux barricades algéroises *. Mais il faut observer, en attendant, à quel point Charles de Gaulle se souciait peu des opinions de ceux qui étaient appelés auprès de lui, et jusque dans ce poste de confiance entre tous. Parce que Beaufort avait été résistant, que sa famille avait durement pâti de la répression nazie, le chef de l'État attacha peu d'importance à l'adhésion sans réserve de son chef d'état-major aux thèses de Jacques Soustelle, ce qui manqua d'avoir de graves conséquences sur l'issue de l'affaire...

Les trois aides de camp (un marin, un aviateur, un terrien : d'abord Bonneval, Archambaud, Flohic et Teissère, puis d'Escrienne, Desgrées du Loû, Tallon, Lurin, etc.) sont, écrit l'un d'eux, « la chose » du président, dépendant directement de lui seul, chargés de faciliter sa vie et en étant les « gardiens ultimes ». Nul n'est plus proche qu'eux, et plus constamment, du général — qu'il s'agisse des audiences, de sa vie privée, de ses déplacements, de son habillement, de sa santé, de ses revenus, du règlement de ses impôts... Ce genre d'intimité ne va pas sans accrocs. Un être aussi secret que Charles de Gaulle ne pouvait manquer d'exploser parfois contre cette ombre en trois personnes à laquelle rien de sa vie n'échappait : « Vous autres, les aides de camp, vous vous croyez les rois de la terre », lance-t-il un jour à Flohic [12].

A la « maison » encore appartenaient les hommes chargés de la sécurité — problème qui ne cessa de se poser de façon poignante, la politique algérienne du général de Gaulle faisant, dès le mois de septembre 1959, bouillonner des haines qui s'exprimèrent entre autres par quatorze tentatives d'assassinat. Le commissaire Ducret disposait d'une douzaine d'inspecteurs. Le colonel Dupuy, commandant militaire de l'Élysée, était à la tête de quelque 200 gardes, qui menaient alentour, et jusque dans les bosquets du jardin, une ronde incessante.

---

* Voir chapitre 4.

Pierre Lefranc décrit les visites minutieuses de la vieille bâtisse qu'il fit aux côtés de Dupuy pour en découvrir les brèches et les colmater. Il insiste sur l'agacement qu'éprouvait le général à découvrir peu à peu les dispositions prises, « faisant semblant de ne rien voir », mais trop « habitué au service » pour qu'aucun détail lui échappât. Sa seule réaction, hors quelques bouffées de colère à voir se glisser un gardien entre ses rosiers et la mare aux canards, fut d'intimer l'ordre à la sentinelle postée devant son appartement privé de s'asseoir à l'intérieur.

C'est hors de l'Élysée, lors des sorties et des voyages, qu'opéraient les quatre fameux « gorilles », Comiti, Tessier, Djouder et Auvray, rassemblés naguère par Dominique Ponchardier autour du président du RPF. Lefranc obtint des services officiels de sécurité que cette garde de fer, dont les interventions étaient bénévoles au temps du Rassemblement, fût peu à peu intégrée dans les cadres officiels de sécurité. On savait, écrit-il, « qu'aucun d'eux n'hésiterait à se jeter sur une grenade ou à se placer entre une arme quelconque et le Général[13] ».

A la « maison » enfin appartenait le service de santé qui, doté d'une vague infirmerie, fut renforcé et équipé après le malaise cardiaque qui frappa Pierre de Gaulle, en visite à l'Élysée, au mois de décembre 1959. La brusque disparition d'un frère qu'il aimait beaucoup bouleversa le général. Dès lors, il prêta une oreille plus attentive aux avis du Dr Lichtwitz, le praticien qui l'avait tiré de deux mauvais pas, à Londres en 1941 et à Alger en 1943, et auquel il était très attaché.

Le général de Gaulle se levait d'ordinaire vers 7 h 30. Après un déjeuner très léger, de thé et de biscottes, sa toilette faite, il consacrait environ une heure à la lecture de la presse du matin — ce qui donne à penser que, comme le suggère Pérol, plutôt que du « dédain », c'est une irritation attentive que lui inspiraient ceux des journaux qu'il lisait. Il gagnait son bureau peu après 9 h 30, y trouvant à portée de la main, à droite de sa table de travail, une synthèse de la presse (encore...), les télégrammes diplomatiques, une documentation sur le prochain Conseil des ministres, des notes sur ses prochains visiteurs. Le tout bientôt annoté de sa main à l'intention du Premier ministre et du secrétaire général.

Indépendamment du mercredi, jour du Conseil des ministres, il recevait deux fois par semaine en fin de matinée le Premier ministre, au moins une fois sinon deux les ministres des Affaires étrangères et des Armées, et à peu près aussi souvent celui des Finances. Presque chaque semaine, il présidait un Conseil interministériel, souvent consacré à l'Algérie avant 1962 *.

A 13 heures, trois fois par semaine, il accueillait des invités. Sa formule, à propos du nombre de couverts, était « plus que les Grâces, moins que les Muses ». Six ou sept personnes, hôtes non compris, est un nombre qui

* Ou, à partir de 1960, le « Comité des affaires algériennes ».

permet, sans élever la voix, une conversation collective que le terrible auteur du *Fil de l'épée* entretenait dans une aimable banalité, non sans laisser gicler parfois un filet d'humour térébrant.

A 15 heures, retour sous le plafond aux nymphes où la lecture du *Monde* lui procurait encore une demi-heure d'amertume sarcastique — qu'il apaisait en feuilletant *Paris-Presse*. Deux après-midi par semaine étaient consacrés au travail solitaire : étude de dossiers, rédaction de discours. Un autre était occupé par la remise de lettres de créance. Deux enfin étaient réservés aux audiences, soigneusement triées par le cabinet.

Chaque jour, à partir de 18 heures, le général recevait tour à tour les quatre personnages clés de sa « maison » — le secrétaire général, le directeur de cabinet, le secrétaire général pour les affaires africaines et malgaches et le chef de l'état-major particulier. Peu avant 20 heures, il se hâtait, par l'étroit boyau longeant l'ancienne « chambre du roi », vers le salon jaune où l'attendait la télévision et l'émission d'information du soir, qu'il ne manquait que les jours de réception. Pour un homme qui faisait peu de cas de la presse, c'était, du *Figaro* [*] du matin au *Monde* de l'après-midi et à la télévision du soir, beaucoup de temps consacré aux divers moyens de communication.

Ses soirées, il les a laissé deviner mieux qu'on ne saurait les décrire : « Le temps, bien court, que ne me prend pas l'exercice de mes fonctions, je le passe avec ma femme en toute intimité. Le soir, la télévision et, quelquefois, le cinéma font défiler devant nous nos contemporains, au lieu que ce soit l'inverse [14]… » Il aimait la télévision, jusqu'aux banalités sucrées d'*Au théâtre ce soir*. Il y revit sans ennui deux ou trois fois le même western (Steve Mac Queen était un favori des De Gaulle…), les farces où paraissait Bourvil (tenu pour drôle, bien que le général eût observé non sans mélancolie que les Français préféraient à la sienne la figure de ce comédien sans apprêt…) et les James Bond. Quant à Louis de Funès, invité à l'une des réceptions annuelles, il eut la stupéfaction de s'entendre appeler « maître » par le général. « Eh ! quoi, n'est-il pas maître en son art [15] ? »

Charles de Gaulle lisait beaucoup. S'il se contentait parfois de parcourir certains des livres qui lui étaient adressés, la plupart des auteurs étaient nantis d'un remerciment manuscrit d'une civilité un peu cérémonieuse, ce polémiste planétaire étant un confrère miséricordieux. Mais pour peu que le sujet s'y prêtât — les institutions, la diplomatie… —, l'envoyeur constatait que les griffes ne demandaient qu'à repousser au bout des doigts du Connétable.

La ponctualité de Charles de Gaulle ne tenait pas seulement à sa formation militaire et à des soucis d'efficacité. Il y mettait une manière de défi, comme pour se gausser mieux et se démarquer avec plus d'éclat de la « république des camarades », du temps des « bavards », des à-peu-près, et des marathons parlementaires. Il y mettait une touche de fanatisme, réglant sa vie comme Charles Quint, l'homme aux pendules, et infligeant cette loi de fer à son entourage, à ses hôtes, à ses partenaires.

---

[*] Celui de Pierre Brisson, de François Mauriac et de Raymond Aron.

Claude Dulong met fort bien en lumière cette relation très particulière du général avec le temps, et ses limites : « ... Il était " pris " dans le temps comme un mammouth dans les glaces. » Mais « il y avait chez lui des moments de vacance (on n'ose pas dire de vacuité) tout à fait surprenants. On le voyait parfois *ne rien faire...* Il restait assis sur une chaise ou derrière son bureau, parfaitement droit et immobile, les deux mains posées devant lui, à plat sur le bois. Un mégalithe. Dans ces moments-là, dit un de ses collaborateurs, il faisait songer aux statues de Henry Moore, et plus particulièrement à l'une d'elles, intitulée *le Roi,* que je ne saurais décrire autrement que par ce vers de Mallarmé : " Calme bloc, ici-bas, chu d'un désastre obscur. " »

« Il fallait qu'il fût la proie d'un tourment pour arpenter son bureau à grands pas raides, un peu chaloupés, les mains derrière le dos, s'arrêtant au passage devant une des fenêtres pour contempler sans le voir le jardin trop petit [16]... »

Le moment fort de la semaine, c'était évidemment le Conseil des ministres — quelquefois dédoublé en période de crise, au début des années soixante notamment. Le général en avait choisi le cadre : l'ancienne salle à manger de Vincent Auriol. L'ordre du jour était fixé par trois personnes, le Premier ministre, le secrétaire général de l'Élysée et le secrétaire général du gouvernement, Roger Belin. Les ministres, arrivés vers 9 h 45 à l'Élysée, attendaient l'ouverture du Conseil dans le salon des aides de camp. Puis ils s'installaient — vingt-cinq en moyenne, bien serrés — autour de la grande table ovale drapée de vert.

A 10 heures, le président de la République faisait son entrée, suivi du Premier ministre qui l'avait rejoint quelques minutes plus tôt dans son bureau, pour la dernière mise au point. Le général serrait les mains autour de la table : « Cher ami... cher ami... » Le chef du gouvernement lui faisait face, les ministres d'État — en premier lieu André Malraux, à sa droite — l'entourant. Les deux secrétaires généraux, Courcel et Belin, assis à deux petites tables, prenaient des notes sur les débats, dont ils ne retiendraient que les décisions adoptées.

On a écrit cent fois — et pas seulement l'amer Soustelle — qu'en Conseil, sous de Gaulle, « personne ne disait rien ». Dans ses Mémoires, le général écrit : « Chacun peut demander la parole. Elle est toujours donnée. » Certes. Mais qui osait « plancher » devant ce personnage monumental, sinon sur les sujets relevant très précisément de son domaine ministériel ? N'était quelques hussards juvéniles — Buron, Sudreau — et quelques intrépides comme Jean-Marcel Jeanneney, bien peu bronchaient sous la férule. La mésaventure survenue à Antoine Pinay, ministre des Finances qui prétendit faire objection à la décision du général de remettre en question la tutelle américaine, s'entendit répliquer que l'affaire ne relevait pas de sa compétence et, prétendant derechef faire prévaloir son point de vue, se retrouva à Saint-Chamond comme devant, avait instruit les plus avisés.

Citons ces observations aiguës d'un des meilleurs observateurs de l'époque, Pierre Viansson-Ponté : « Il reste des conseils élyséens ces confidences glissées soudain au détour d'une formule, ces envolées qui retombent brutalement pour s'achever dans le sarcasme, l'anathème ou l'ironie. Après quoi, on s'interroge : les premiers exégètes, dans le gouvernement de la parole, ce sont évidemment les ministres. Qu'a-t-il voulu dire ? A-t-il vraiment froncé les sourcils ? A-t-on eu tort de ne pas lui répondre ? Et comme il a relevé telle gaffe, haussé le ton pour interroger sur telle affaire ! Il y a du remaniement dans l'air et on vole bas comme les hirondelles avant l'orage [17]. »

De cette vacuité de réunions peu émoustillées par les exposés diplomatiques de Maurice Couve de Murville (« Monsieur le ministre des Affaires étrangères, sans être tonitruant, ne pourriez-vous élever un peu la voix ? ») et que ne relevaient que quatre ou cinq fois l'an les performances d'un Charles de Gaulle exalté par un voyage ou les prodromes d'une crise majeure, on ne trouve pas la preuve dans les notes publiées, contrairement aux usages, par quelques-uns des participants : notamment, à propos de l'Algérie, par Robert Buron et Jacques Soustelle. Le Conseil du 22 août 1959 * peut mériter tous les qualificatifs, sauf celui de terne. Et à propos de l'enseignement privé, il est avéré que le débat autour de Michel Debré et André Boulloche ne fut pas indigne de son objet. Pour ne pas parler du retour de Chine d'André Malraux...

Pierre Messmer garde pour sa part le souvenir de trois Conseils (en neuf ans...) qui donnèrent lieu à de vrais débats, à des échanges intenses où la prédominance du général ne mit pas obstacle à la libre discussion : sur l'Algérie en 1961, après le putsch des généraux ; sur l'élection du chef de l'État au suffrage universel, en septembre 1962, grâce surtout à l'intervention contestataire de Pierre Sudreau ; et, en 1968, sur la dévaluation du franc, où s'affrontèrent partisans et adversaires (conduits par J.-M. Jeanneney) de cette mesure que de Gaulle désapprouvait sans nas laisser s'entrechoquer autour de lui les arguments... Il aimait que l'on « opine [18] ».

Il en allait en somme de ces Conseils comme de la vie des jardins. Un arbre trop puissant fait ombrage, capte les effluves, épuise ses voisins. Comment, autour de Charles de Gaulle, *exister* ? Sinon sous cette forme qu'a adoptée l'entourage, de communauté pieuse, de ruche vouée à la gloire et l'efficacité d'un seul ? Autour de la table ovale, il faut que naisse et soit sollicitée de s'exprimer une émotion bien vive pour que s'établisse un vrai débat autour du Connétable à la tête hochante dressée là-haut, sévère ou sarcastique, absent ou tendu, goguenard ou agacé, inclinant vers les ministres — mot formé à partir de *minus*, et qui n'implique pas l'éminence — son buste que chacun drape *in petto* de la toge impériale, son regard un instant décroché des sommets et son propos nappé de magnificence.

---

* Dont le chef de l'État fit une sorte de consultation sur l'avenir de l'Algérie.

De ses « mots » jetés en Conseil, on a fait plusieurs florilèges. On n'en retiendra qu'un seul, mais tellement significatif... A propos de la sortie de la France de l'organisation atlantique intégrée, vingt-cinq témoins l'entendirent proférer : « Il y a mille ans que je le dis ! » Neuf mots qui le définissent presque aussi bien que la phrase qui ouvre les *Mémoires de guerre*...

Cette humilité du Conseil, faut-il l'attribuer à la médiocrité des hommes dont il aurait fait si peu de cas qu'il les aurait choisis au hasard, pourvu qu'ils fussent prosternés, les confondant dans un universel dédain ? C'est la thèse de Jacques Soustelle, qui compte une part abusive d'autocritique. Ne voit-on pas Charles de Gaulle entouré, de juin 1940 à avril 1969, de René Cassin, Georges Catroux, Georges Boris et Jean Moulin à Louis Joxe, Maurice Couve de Murville, Georges Pompidou et André Malraux, en passant par le plus grand spécialiste français de la civilisation aztèque et le fondateur de l'École nationale d'administration, c'est-à-dire par les lauréats de ce qu'on est convenu d'appeler l'élite républicaine ? Est-ce tout à fait par hasard ? Ce ne sont que normaliens, conseillers d'État, agrégés des lettres, inspecteurs des finances, prix Goncourt...

Que le Connétable, ce faisant, ait cédé à une sorte de snobisme de la haute fonction publique et des jurys, qu'il ait abusivement privilégié les grands notables de l'État sur des talents ou des caractères moins laurés mais plus authentiques, c'est un fait. Mais tout de même, quel cortège ! On dirait de ces fresques ou tapisseries officielles commandées jadis par les grands souverains pour s'assurer que leur siècle porterait bien leur nom... Ce n'est pas le dédain des hommes qui dicte le choix de ses collaborateurs par Charles de Gaulle : c'est la surévaluation des titres et des parchemins dont lui faisait grief Jacques Bingen, dans son admirable lettre d'adieu, à la veille de tomber aux mains de la Gestapo *.

Le gouvernement de 1959, tout de même, ne manque pas d'allure. On n'en dressera pas la nomenclature, les événements, les « circonstances » se chargeant, au cours du récit, de mettre en lumière (ou dans une ombre salutaire...) ses divers composants. Mais on ne saurait manquer d'en signaler deux ou trois traits saillants.

Le Premier ministre, c'est Michel Debré. La plupart des proches du général — Guichard, Lefranc, Terrenoire — témoignent que personne dans la « maison » n'imaginait alors que le premier titulaire de cette fonction hybride et périlleuse pût être un autre que lui. Il avait d'ailleurs été prié par le général, dès le mois de novembre 1958, de se tenir prêt.

On a voulu gloser sur l'hypothèse d'une promotion de Soustelle en janvier 1959. Elle était absurde. Que la majorité de l'UNR ait souhaité voir à Matignon l'ethnologue intégrationniste plutôt que le juriste « Algérie française » est possible. Mais imagine-t-on de Gaulle se laissant imposer « son » Premier ministre par quelques comitards issus de lui et élus sur son nom ? Pour le cas où cet événement improbable se serait produit, imagine-t-on le général cédant aux pressions de l'ancien secrétaire général du RPF ?

* Voir tome 1, chapitre 34, p. 730.

L'attelage ne pouvait survivre à quelques semaines d'expérience. La rupture, on l'a vu, datait de 1952. Elle était devenue brouille à l'occasion du voyage à Alger de juin 1958. De Gaulle pouvait encore offrir un hochet à Soustelle, mais plus rien qui fût une part du pouvoir.

Ce n'est pas, on l'imagine, le frénétique polémiste du *Courrier de la Colère*, ni le farouche contempteur de la IVᵉ République qu'a choisi le chef de l'État en faisant appel à Debré, mais le « major » du concours du Conseil d'État, le fondateur de l'ENA, le juriste intraitable, l'inventeur de la Constitution, l'homme de France le plus passionnément voué au service public et le plus apte à tirer d'un dossier les données de la décision — sans oublier bien sûr cette abnégation de guerrier spartiate, de flagellant de Séville que Michel Debré dissimule sous l'apparence la plus discrète, taille modeste, regard candide, nez bref, toupet farceur d'amoureux transi dans une pièce de Labiche.

On reviendra sur l'étrange couple que formaient Charles de Gaulle et Michel Debré attelés à la tâche algérienne, mais attelés comme les deux chevaux dans le supplice de l'écartèlement, tirant à hue (Algérie algérienne !) et à dia (Algérie française !), noués et adverses, le général nourrissant son acharnement à en finir à tout prix de l'acharnement du Premier ministre à ne céder à aucun prix, combat de Clorinde et Tancrède où la fureur des coups échangés s'avive d'un attachement réciproque. Duo aussi romanesque que ceux formés jadis par Pétain et de Gaulle, par de Gaulle et Churchill*…

Sur le rôle du Premier ministre, l'auteur des *Mémoires d'espoir* a ces quelques phrases éloquentes : « Étant donné l'importance et l'ampleur des tâches du Premier ministre, il ne peut être que le " mien ". Aussi l'est-il, choisi à dessein, maintenu longtemps en fonction, collaborant avec moi constamment et de très près… » De si près que la brûlure fut cruelle…

Quant à ses rapports avec le gouvernement, qui ne sauraient certes se définir par la « transparence », mais dont il entend s'assurer une allégeance sans réserve, l'auteur des *Mémoires d'espoir* écrit ceci, qui dit tout :

> « Certes, il existe un gouvernement qui " détermine la politique de la nation** " mais tout le monde sait et attend qu'il procède de mon choix et n'agisse que moyennant ma confiance… Avec mon gouvernement, je me trouve donc en rapports constants et approfondis. Cependant, mon rôle n'absorbe pas le sien […]. La conduite de l'administration est entièrement laissée aux ministres et jamais je n'adresse par-dessus leur tête aucun ordre aux fonctionnaires […]. Tout membre du gouvernement, quand il m'adresse un rapport, est sûr que je le lirai et, quand il me demande audience, sûr que je le recevrai. En somme, je me tiens à distance, mais non dans une " tour d'ivoire " [19]. »

De son gouvernement, il va de soi que le Monsieur de l'Élysée ne peut attendre la cohésion, la discrétion et l'abnégation qui sont les règles de sa « maison ». D'autant qu'il n'a pas méprisé, le composant, les dosages

---

* Voir tome 1, *passim.*

** C'est lui, de Gaulle, qui met les guillemets…

politiques, et que de Boulloche à Soustelle, de Pinay à Buron, l'éventail idéologique reste largement ouvert. Aussi bien aura-t-il des conflits à arbitrer, et quelques défections à pallier.

Trois thèmes au moins sont, au sein du cabinet Debré, matières à discorde : l'Algérie, la réorientation diplomatique et l'école. En attendant d'en analyser les données et d'évaluer les conséquences des décisions prises, observons que le chef de l'État n'a guère pris soin d'éviter que des questions de personnes ne vinssent, au sein du cabinet, envenimer les affrontements.

L'entrée de Soustelle au gouvernement n'est d'ailleurs pas allée sans encombre. Privé du ministère de l'Intérieur d'où il espérait contrôler l'évolution de l'affaire algérienne, doté d'un portefeuille où s'emmêlent les territoires d'outre-mer et la recherche nucléaire, l'ancien secrétaire général du RPF a accepté tout de même d'entrer dans un cabinet où, lui affirme Debré, il sera traité en vice-président. Mais apprenant que le général a décidé de libérer Ben Bella et ses compagnons de prison pour les transférer à l'île d'Aix, Soustelle se fâche et retire son accord. Il faudra l'éloquence de Debré et la verve de Chaban pour le faire revenir sur son refus.

Entre Debré et Soustelle, d'une part, entre Soustelle et Michelet, de l'autre, la recherche d'un règlement algérien ne pouvait que mener au drame : quand le Premier ministre tentait passionnément de freiner le général sur la voie de l' « abandon » sans cesser de « coller » à lui, Jacques Soustelle dénonçait comme trahison toute démarche vers la négociation — démarche qu'au sein même du gouvernement Edmond Michelet, garde des Sceaux, préparait sans désemparer. Imagine-t-on Caillaux ministre d'un Clemenceau dont Déroulède eût été le ministre d'État ? Bref, à propos de l'affaire clé sur laquelle se joua de 1959 à 1962 le sort de la République, le général prétendait faire coexister l'eau, la terre et le feu.

D'autant que, déjà mis en garde par des amis comme Roger Duchet contre la politique algérienne du général de Gaulle (laissé à lui-même, n'en eût-il pas compris le bien-fondé ?) et fort marri de la politique de lourde fiscalité que Rueff et le général lui avaient fait endosser en décembre, Antoine Pinay, ministre des Finances, avait prétendu détourner Charles de Gaulle de l'*aggiornamento* diplomatique et stratégique par rapport aux Américains. D'où la scène fort vive qui avait conduit à la démission de l'ancien président du Conseil. Quant au débat sur l'école, il allait aboutir à la retraite du ministre responsable, André Boulloche, socialiste dont Michel Debré avait voulu s'assurer les services pour couvrir une politique de promotion de l'enseignement privé : de Gaulle ne l'utilisait-il pas, lui, comme paravent du désengagement d'Algérie ?

Ministère à hauts risques et à mouvements divers, on le voit, mais non à responsabilités limitées. Ne serait-ce qu'en raison du gros vent que soulève, par bourrasques, l'affaire d'Algérie. On ne pensait guère, depuis la fin de l'épuration, vers 1946, que le métier de ministre pût comporter de très gros aléas — sinon celui de cesser de l'être, qui était banal. Mais participer à un gouvernement de Gaulle, en tout cas jusqu'en 1962, n'était pas de tout repos. On y reviendra.

Si le Conseil des ministres est la grande affaire de la semaine — quand il n'y a ni visite de Khrouchtchev ni putsch des généraux —, c'est la conférence de presse qui, deux fois l'an, braque tous les projecteurs sur Charles de Gaulle, sa « maison », son gouvernement et le pouvoir en place. La meilleure description qui en ait été donnée, parce qu'elle émane « de l'intérieur », c'est celle dont Gilbert Pérol a fait le morceau de bravoure de l'excellent article déjà cité :

« ... C'est l'image du Général-acteur que je voudrais évoquer [...]. Avant l'entrée en scène, c'était la longue méditation dans son bureau, en loge pendant des jours, des semaines presque, travaillant un texte qui serait dit ensuite sans défaillance, moins pour l'avoir appris par cœur que pour s'en être imprégné par un long travail d'homme de plume...

« ... La tension montait dans les derniers jours — ceux où j'avais le privilège et le risque de le voir beaucoup car il s'agissait de se préparer au jeu inévitable des questions. Le Général s'inquiétait de celles qui seraient posées — se réservant toujours, s'il le fallait, de ne pas entendre — et surtout de celles qui ne seraient pas posées. Car sa leçon était prête, le message qu'il portait en lui devait être délivré. Que ceci ait conduit le responsable du service de presse à s'assurer que tel sujet serait bien abordé, c'est bien vrai ; qu'il y ait eu ainsi dans ce cérémonial une part d'arrangement, pourquoi le nier * ?

« En réalité, le Général était capable, mieux que la plupart, de jouer le jeu d'un dialogue totalement improvisé, et son art de la repartie, ses coups de griffes, ses inspirations d'acteur, y faisaient merveille. Mais, investi de la responsabilité suprême, se considérant, à la lettre, comme " la France qui parlait ", il s'interdisait l'improvisation [...].

« Pour moi, qui voyais, si j'ose dire, le côté salle et le côté coulisse, je mesurais l'écart qu'il y avait en cet instant entre les journalistes, pris plus que jamais dans la fièvre de l'actualité, dans leurs supputations et leur chasse de la nouvelle, et, de l'autre côté, un homme solitaire, plongé dans sa méditation, qui, de jour en jour, dans cette longue période de préparation, s'était de plus en plus détaché du contingent, du détail, haussé au plan de l'Histoire.

« Ce décalage psychologique était au paroxysme quand, le jour venu, le rideau se levait sur la salle des fêtes illuminée, étouffante déjà de la chaleur des sunlights. J'attendais seul le Général dans la galerie qui, par-derrière, menait à l'estrade encore vide que scrutaient tous les regards. Silhouette pesante qui, en ces moments, me paraissait plus formidable encore ; à la main, dans une chemise rose, les notes qu'il ne consulterait pas et qu'il me donnerait après. Un garde républicain écartait le rideau, on découvrait à

---

* C'est à partir de 1961 surtout que cet échange fut mis en scène, aucune question n'étant honorée d'une réponse si elle n'avait été préalablement posée.

droite les membres du gouvernement, Premier ministre en tête, à gauche les Maisons civile et militaire, l'appareil de l'État ; en face, la foule immense des journalistes, Mme Geneviève Tabouis toujours au premier rang. Le Général, le temps d'un regard, prenait la mesure de la salle — sans rien voir à cause des projecteurs braqués sur lui. Le rite commençait.

« Le long monologue durait une heure et demie, parfois une heure trois quarts, pendant lesquelles, dix fois au cours de mon séjour à l'Élysée, seul à ma petite table près de lui, je fus hanté par l'idée d'une possible défaillance, d'un " craquage ", tant je savais la performance épuisante.

« Parfois le fil du discours semblait perdu, le rythme, imperceptiblement, changeait, devenait flottant, mais le Général, hardiment, faisait son raccordement, fonçait à grandes enjambées et au plus court, et enchaînait — plus tard il me dirait, négligeant toute astuce subalterne : " Vous rétablirez le passage que j'ai sauté. "

« Et comme cela avait commencé, cela se terminait dans le bureau du Général, seul [...]. Il me faisait venir et me posait toujours la même question rituelle : " Alors, qu'est-ce que vous en pensez ? " [...] Je m'en tirais comme je pouvais, sous l'œil amusé du Général, et toujours j'y mis, je crois, la franchise qu'il attendait de moi. D'ailleurs en cet instant, soulagé et paisible comme une jeune accouchée, il était prêt à l'indulgence [...]. »

À l'indulgence pour son confident, oui. Mais pour les autres, partenaires, adversaires, concitoyens ou étrangers, hommes publics ou contradicteurs, tous ces muets innombrables et absents qu'il fouaillait, passait au crible et lapidait avec superbe, jupitérien et insaisissable, juché sur son nuage, happant au vol les questions attendues et fustigeant de mots prémédités une humanité sans réplique ? Le tout avait droit à la meilleure écoute de la télévision, répété à diverses reprises — alors que les ripostes ou objections des contradicteurs étaient tenues dans un irrémédiable clair obscur.

Étrange cérémonial, qui paraissait promis à disparaître avec lui et que ses successeurs ont tant bien que mal imité — et pour lequel il eût fallu inventer un vocable nouveau, entre ceux de « lit de justice » et de « discours du trône », et qu'eût mieux qualifié en tout cas la formule de « conférence à l'univers » —, la presse ne jouant pas de rôle plus spécifique ici que lors d'un séisme ou d'un procès d'assises.

Procédure typique de cet exercice du pouvoir qui, nourri une fois l'an de la base au sommet par quelque scrutin référendaire ou électoral s'épandait ainsi chaque semestre, du sommet à la base, en effluves majestueux, irriguant en quelque sorte d'arguments et de rêves nouveaux une légitimité toujours impatiente de se manifester.

La légitimité ? Si assuré qu'il fût d'en être investi, il lui fallait aussi la retremper par le contact populaire, le voyage en province ou à l'étranger (lequel fut parfois le garant de son autorité auprès des rebelles gaulois). D'Épinal à Rouen, de Tananarive à Mexico, les gestes rituels accomplis, les allocutions prononcées, les messes dites, on en vient toujours à l'essentiel, ce que Pierre Viansson-Ponté a une fois pour toutes appelé le « bain de foule », et décrit avec une verve encore inégalée, « le moment où le général se trouve au contact de la population. On le voit planter là le peloton des officiels, écarter les agents du service d'ordre et se précipiter au plus fort de la masse comme un joueur de rugby au sein d'une mêlée ouverte.

« Dire qu'il se mêle à la foule est faible : il s'y plonge, il s'y vautre, il s'y dissout littéralement. L'œil le suit moins grâce à sa taille qu'au remous dont il est le centre. Il a disparu ici, reparaît un instant là, s'éclipse de nouveau [...]. On l'a vu, dans les voies les plus étroites de vieilles cités, progresser de cette façon à raison de trois mètres à la minute pendant une demi-heure d'affilée, tandis que le cortège piétine, que les gardes du corps s'affolent, que le service d'ordre est débordé.

« On l'a vu émerger avec un poignet d'uniforme déchiré, trois boutons arrachés, les mains griffées, le képi mal assuré, mais aussi l'œil brillant de plaisir, l'air réjoui et heureux de vivre. Il a donné ce spectacle de choix aux Londoniens comme aux habitants de Hambourg, aux Milanais aussi bien qu'aux Algérois, à Dakar comme à Lille ou Perpignan. On a arrêté dans la rue où il allait passer des Algériens porteurs de couteaux à cran d'arrêt, des activistes armés de revolvers chargés et même des furieux munis de seringues hypodermiques. Peu lui importe : il a " la baraka ", il y croit ; il a besoin du contact avec la foule comme d'une démonstration toujours renouvelée de son invulnérabilité, comme d'une preuve de son ascendant, comme d'un bain de Jouvence[20]. »

Et que dire de l'usage fait par le Connétable de la télévision ?

De Gaulle devant le petit écran, c'est un œil, un masque, des avant-bras. L'œil d'éléphant, de ruse et de rancune, fourré de sagesse énorme et de colère froide ; le masque, que l'âge a cessé de raviner pour en raboter désormais les méplats, comme le sommet d'une vieille montagne ou le Balzac de Rodin, rosi par le temps, tordu par l'invective, arrondi pour le paternel et le goguenard. Et puis ces avant-bras qu'il jette en avant, comme des chars sur les pentes d'Abbeville, comme une épée aux pieds de César, et qu'il lui arrive aussi d'agiter pour les foules, sémaphore indépendant d'une partie de lui-même, branché sur le de Gaulle épris de la nation — le petit peuple, les « braves gens... » — quand médite sombrement le de Gaulle anxieux de l'avenir de l'État, face à « l'étranger », face aux « intermédiaires ».

Devant ces caméras, ces témoins, ce peuple qui le regarde, ébloui et agacé, le grand solitaire se livre à son alchimie favorite : il remplace les faits par leur représentation, les choses par les idées qu'il veut en proposer, il picore dans l'histoire la matière première de « son » histoire, il se saisit du réel d'où jaillit au fur et à mesure son rêve, dont un grand talent, une grande volonté et un grand mépris feront une sorte de réalité. Le passé, il le connaît assez bien pour le remodeler au gré de sa passion ; et sa passion, il la contrôle assez bien pour la remodeler au gré de ce qu'il a décidé être l'intérêt public. L'intérêt d'une France « rassemblée » en État, guidée par l'homme qui exprime la nation.

La chance du général de Gaulle, ce ne fut pas seulement que l'avènement de la télévision coïncidât exactement en France avec le sien — le second. Ce fut aussi que son surprenant talent oratoire s'identifiât à ce point — et de façon si inattendue — avec ce moyen d'expression sans égal.

Qu'un officier de chars pût d'emblée, en 1940, faire du micro une arme absolue, c'était déjà peu banal. Que l'homme de Londres s'affirmât ensuite un étincelant parlementaire restait, bien que déconcertant, de l'ordre du prévisible. Mais qu'un mode de communication fondé sur le retenu, l'introverti — tel que l'est la télévision où se « cassent la figure » les grands orateurs traditionnels, et ne triomphent que les discrets et les contenus, ceux qui peuvent impunément s'introduire à l'heure du dîner dans l'intimité des familles —, élût pour lauréat ce bloc de passion dramatique, ce monstre sacré au faciès ravagé, à la voix de bronze fêlé, aux gestes énormes et emphatiques, aux mimiques de boulevard du crime, que cette technique de musique de chambre ait trouvé son accomplissement dans le champion du cor de chasse, il y a là l'un des paradoxes dont ruisselle la vie de ce paradoxe vivant qu'est Charles de Gaulle.

Bref, il lui suffit de paraître pour, sans voir, vaincre. Né du livre, porté à la gloire par le micro, il régna par l'écran familier.

2. D'abord, gagnez la guerre !

Ambiguë, complexe, sinueuse, contradictoire, la stratégie algérienne du général de Gaulle ? Certes, et plus encore. Mais s'il a, de 1958 à 1962, beaucoup biaisé, et abusé trop d'âmes simples (ou qui se dirent telles pour mieux fermer les yeux...), s'il a dissimulé comme il est prescrit au chef dans *le Fil de l'épée* (à supposer qu'il fût, dès 1958, conscient de l'objectif à atteindre — ce que nous tenterons d'apprécier *), il est au moins un point sur lequel il n'a jamais cessé de s'exprimer en clair : la nécessité pour l'armée de gagner la guerre, préalable à toute démarche sur le fond de l'affaire.

Pour de Gaulle, quel que soit le destin de l'Algérie, il ne saurait être bâti sur une défaite de la France. « Avez-vous jamais vu de Gaulle abandonner quelque chose ? » lance-t-il à un officier qui prétend, quelques mois plus tard, s'opposer à la négociation déjà plus ou moins amorcée. Conscient, en son for intérieur, de l'urgence d'une solution politique, il ne la veut et ne la voit fondée que sur la victoire préalable des armes françaises. Paix des braves, oui. Mais aux « braves », ce seront les vainqueurs qui tendront la main — une main chargée de dons, munie de clés et nantie de chartes... Des vainqueurs.

Il a tout dit lors de l'entretien avec son gendre, le colonel de Boissieu, à la fin de la journée du 4 juin 1958 marquée par le « Je vous ai compris ! » du Forum : « Dites bien à vos camarades qu'il faut avant tout gagner la bataille sur le terrain, ensuite qu'ils me laissent faire, j'essaierai de trouver la solution la plus française [1]... »

C'est bien ce que pressent à la même époque un officier gaulliste fidèle et lucide à la fois, le colonel Buis qui commande alors un important secteur dans le Sétifois : « Dès le retour de De Gaulle aux affaires [...] j'ai su que l'effort de guerre serait sans doute plus grand, puisque de Gaulle, c'était l'exigence jusqu'à l'injustice [...] et je savais aussi qu'il n'aimait pas jouer avec une mauvaise main. Les cartes, ce serait aux combattants, à moi et à mes camarades, de les lui fournir [2]... »

Quant aux propos du général-président en ce sens, on n'a, pour en citer d'éloquents, que l'embarras du choix. Du premier voyage de juin 1958 à la présentation du plan de Constantine, le 3 octobre, à l'appel au FLN du 23 octobre, de Gaulle ne manque pas une occasion de saluer l'effort de l'armée et de l'exhorter à l'amplifier pour assurer à la France la maîtrise du jeu. Il est d'autant mieux placé pour le faire qu'il a accru les moyens accordés

* Au chapitre suivant, « Le choix ».

au commandement, à la fin de 1958, dans les semaines qui précédèrent l'éloignement de Raoul Salan.

Pressé par le chef du gouvernement d'intensifier les opérations, le commandant en chef s'est retranché, pour ne pas le faire, derrière la faiblesse de ses moyens (400 000 hommes pour tenir une « province » qui vient de se proclamer française à la quasi-unanimité...). Alors de Gaulle promet de lui assurer des renforts considérables : 80 000 réservistes et, pour leur encadrement, « une promotion de l'École de guerre », c'est-à-dire un peu moins d'une centaine d'officiers de la plus haute qualification professionnelle. Mais ici, on ne saurait faire l'économie de quelques citations. La première, extraite de *Nos guerres perdues*, du général Dulac, éclaire admirablement les intentions et arrière-pensées des deux généraux.

Au cours d'une réunion tenue le 29 août 1958 au Palais d'été d'Alger, écrit Dulac, le général Salan parle de la renaissance du terrorisme et fait valoir que « la nécessité de protéger les gens que l'on sait être particulièrement menacés conduit à une répartition de nos unités sur de grandes surfaces. Cet argument est avancé par le commandant en chef pour justifier sa demande de renforcement [...]. En effet, obligé de couvrir de vastes espaces avec les forces de sécurité, de disposer de réserves locales pour agir avec la promptitude de " Police secours " là où le rebelle frappe, et de conserver des réserves de théâtre pour mener, à une grande échelle, les offensives contre les " sanctuaires " du FLN, le général Salan est contraint de demander des moyens supplémentaires. Ce genre de guerre est coûteux en effectifs et, si on veut la faire à l'économie, elle est coûteuse en vies humaines [...] ».

Le général de Gaulle fait alors, selon Dulac, une incursion périlleuse dans le domaine de la tactique : « Je n'ai pas le commandement. Mais j'ai une idée de vos moyens. Vous êtes dans la plaine et le FLN dans ses forteresses naturelles qui sont les montagnes. On n'en finira jamais si l'on n'occupe pas les forteresses. » Dulac, observant que Salan ne trouve rien à répondre, imagine cette riposte : « En l'état actuel de nos effectifs, si j'occupe les montagnes que vous baptisez forteresses, je suis obligé d'alléger considérablement mon dispositif de protection installé dans les plaines. Et mes vaillantes légions, du haut de leurs pitons que le fellagha aura désertés, verront brûler les fermes à leurs pieds. Ce sera un affreux gâchis et un fatal retour en arrière. » Ce qui n'empêchera pas Salan de conclure : « Il faut établir le plan 1959 sur cette idée de réduction et d'occupation des citadelles rebelles. » Ce qui était se déjuger.

« En fait, conclut Dulac, le plan 1959 sera le plan Challe et tendra approximativement à atteindre ces buts. Il ne réussira que partiellement et son demi-échec consolidera le général de Gaulle dans son intention d'en finir sans tarder par la négociation[3]. » Tout se passera en effet comme si de Gaulle avait donné six ou sept mois à Challe pour anéantir l'ALN en tant que partie prenante au débat et qu'ayant constaté que ce long et intense effort ne donnait que des résultats partiels, il avait, en juillet 1959, ouvert le dossier politique.

Alain de Boissieu, pour sa part, rapporte ceci : « La période du référendum terminée, le général de Gaulle pensait que l'armée devait se lancer dans un véritable plan d'opérations ayant pour but de reprendre pied dans les massifs. Apportant moi-même à Matignon une synthèse de renseignements et un exemplaire de la directive du général Salan sur les opérations à mener dans les six mois à venir, je trouvai le général de Gaulle peu convaincu par la consistance et la détermination de ce plan. Il insista à nouveau sur la nécessité absolue de reprendre les opérations de liquidation des dernières bandes qui survivaient dans les zones interdites et à partir desquelles se produisait le terrorisme urbain. Il demandait à l'armée de supprimer ces zones interdites et de le mettre en position de force pour négocier s'il le fallait[4]. »

Mais le texte le plus éloquent est du général de Gaulle lui-même. Bien que rédigé beaucoup plus tard pour ses *Mémoires d'espoir,* il semble résumer fort bien ses intentions de l'époque :

> « En nommant le général Challe commandant en chef et en séparant au sommet l'action des forces et les affaires civiles, j'entendais que les opérations prissent une tournure dynamique et aboutissent partout à la maîtrise certaine du terrain. Challe était, par excellence, qualifié pour y parvenir [...]. J'avais étudié avec lui et approuvé son projet, qui consistait à porter l'offensive, en concentrant les moyens voulus, successivement sur chacune des " poches " rebelles, à les réduire l'une après l'autre et à tenir ensuite les emplacements, fussent-ils très inconfortables, où elles pourraient se reformer. »

D'où

> « le choix des unités qui auraient à mener les attaques et qu'il fallait faire sortir du " quadrillage " général [...] renforcer en hommes et en matériel et, notamment, doter massivement d'hélicoptères[5] ».

Tout conduit de Gaulle à cette réorientation tactique, qui prend la forme d'une intensification de la bataille. D'abord son tempérament personnel, tout porté vers le mouvement, l'imagination et l'offensive, faisant appel en l'occurrence à cette technologie nouvelle qui le séduisait : dans l'hélicoptère de 1958, il retrouve quelque chose du char de 1938. Encore le « moteur combattant », encore le mouvement, la surprise, la foudre... Et, dans les unités qu'il permet de former et d'utiliser, un reflet de *l'armée de métier...* Ensuite, le souci patient, persévérant, de ramener les officiers à leurs tâches militaires pour les arracher à ce qu'il appelait volontiers le « grenouillage politique » qui lui paraissait incongru en principe et fort encombrant dans l'immédiat.

Rappeler l'armée à sa vocation naturelle, qui est le combat, lui confier la mission exaltante de l'offensive au lieu de la laisser confinée dans le labeur minutieux de la « guerre révolutionnaire », c'est à la fois obéir au principe de la spécificité du militaire par rapport au politique (qu'il est, lui, phénoménal et fatidique, seul à pouvoir violer...), faire table rase des confabulations intégrationnistes, et s'assurer des atouts plus solides au moment où il faudra abattre son jeu.

On ne mettra jamais assez l'accent sur la signification politique de la révision opérée par de Gaulle avec le limogeage de Salan et la mission confiée à Challe. En arrachant l'armée au système du quadrillage, en la lançant dans l'offensive, le chef de l'État ne lui demandait pas seulement de « faire sa preuve ». Il se libérait d'une hypothèque. Dès lors que les colonels bougent, ils cessent de manipuler les cartes qu'ils avaient saisies depuis la bataille d'Alger et consolidées en mai 1958. En lançant le « plan Challe », de Gaulle desserre l'étreinte de l'armée sur lui. Il se donne de l'air. A chacun sa mission : aux uns la bataille, à l'autre la décision politique. Le plan Challe, c'est, après dix mois de manœuvres, la récupération par de Gaulle du monopole politique à propos de l'Algérie.

Récupération politique qu'accompagne la reprise en main des autres leviers dont dispose le général-président. Non seulement parce qu'il a avec lui Paul Delouvrier, un délégué général infiniment plus proche de lui que son prédécesseur par la vision des choses, l'intelligence et la culture, mais aussi parce que, en matière de conduite des opérations, il est beaucoup plus informé qu'au temps où Salan avait les affaires en main. Aux côtés de Challe, Alain de Boissieu, gendre du président de la République, directeur du cabinet militaire, et son cousin Georges, chef d'état-major, assurent une liaison constante. Désormais, civile ou militaire, l'Algérie cesse d'être opaque au monsieur de l'Élysée.

Offrir pour objectif à la formidable armée dont va disposer Challe — près d'un demi-million d'hommes, dont 50 000 professionnels de la guerre, « paras » et légionnaires durcis au feu d'Indochine et des djebels, un outil dont eussent rêvé Turenne et Davoust — une tâche offensive, plutôt que le métier de policiers mâtinés d'assistantes sociales que lui proposaient naguère Salan et Allard, c'était à la fois rompre avec un type de guerre qu'il méprisait, se libérer d'un carcan politique qu'il abhorrait et accroître son pouvoir de marchandage face à l'adversaire.

Le 13 mai avait été le triomphe des « quadrilleurs », des tisseurs de toile d'araignée, de ceux qui prétendaient substituer à la bataille physique une opération en quelque sorte « chimique », une mutation progressive des âmes par naturalisation et manipulation interne des groupes et des corps. Au vaste mouvement par quoi Charles de Gaulle (après Napoléon) définit la guerre et en quoi il la résume, Argoud et Trinquier prétendaient opposer une mutation immobile et essentielle. Projets antagonistes dans leurs natures, adverses dans leurs fins.

Faire des Algériens musulmans arabophones et sous-alimentés des citoyens français? Ou, reconnaissant pour telle l'Algérie, la lier à la France par un contrat d'association? Le premier objectif se fonde sur une lente mutation par le discours, la pression quotidienne, la persuasion et la terreur suggérée ou pratiquée. Changer un être social et spirituel en un autre... Le second projet, plus glorieux en apparence, plus modeste en son principe, ne vise qu'à réorienter les engagements collectifs du groupe respecté dans sa nature, son essence même.

Où est le modernisme? Lacheroy et les siens sont-ils plus près de

Torquemada ou de Mao ? Cette torsion de l'être intime pour le couler dans le moule d'une autre culture, pour faire d'un Berbère musulman de Batna un villageois charentais, est-elle plus ou moins « progressiste », historiquement, que la reconnaissance d'une différence individuelle et globale que l'on s'efforce de faire converger avec le devenir collectif de l' « autre » ? La conversion globale du Paraguay par les jésuites, ou les « égards » à la Lyautey ? Le débat n'est pas clos — sinon à propos des méthodes qu'implique la procédure inquisitoriale qui, dans l'Espagne médiévale, s'appelait l' « estrapade » et en Algérie la « gégène ». L'homme a, entre-temps, inventé l'électricité.

Au moment où Charles de Gaulle et Maurice Challe lancent ainsi leurs troupes d'élite à l'assaut des djebels, où en est l'ALN, « l'armée de libération nationale » créée à partir des commandos dénués d'armes modernes qui ont fait du 1er novembre 1954 le début de l'an I d'une ère nouvelle au sud de la Méditerranée ?

Elle semble en pleine désagrégation. Dès avant la grande chasse * aux fellagha ** ouverte en février 1959, tous les rapports que « traite » alors à Alger le colonel Godard concordent au moins sur un point : le « rebelle » est en plein marasme. On a cité, dans le tome précédent, maints témoignages de ce déclin vers le milieu de 1958. Le moins conformiste des chefs militaires de l'ALN, Ouamrane, se distingue par des rapports « au picrate », où il dénonce à la fois la démoralisation des cadres, la dissémination des effectifs et la raréfaction des armes.

Citons ici trois officiers en activité en Algérie et qui étaient alors le colonel Buis, le commandant Bourdis et le capitaine de Llamby. Tous trois — bons gaullistes — s'accordaient à déclarer vingt-cinq ans plus tard qu' « à partir du printemps 1958, et pour treize ou quatorze mois, le FLN avait cessé de se manifester en tant que force militaire [6] ».

On retrouve le même diagnostic, au début de 1959, sous la plume des meilleurs observateurs militaires occidentaux. Eddy Bauer écrit dans le *Journal de Genève* : « La régression des forces de la rébellion ne saurait être mise en doute », tandis que le *New York Times* suggère que si le commandement d'Alger reste discret sur des succès devenus très probants, c'est que le général Challe est assez fort désormais pour pouvoir se passer des clairons de la propagande.

Pourquoi cet ébranlement d'une force qui, de novembre 1954 à la fin de 1957, n'avait cessé de se consolider, s'affirmant capable, en février 1958, d'affronter des unités françaises de l'ampleur d'un bataillon dans la région de Duvivier — mais y perdant, au cours d'une véritable bataille rangée où périt le colonel Jeanpierre, des centaines de ses meilleurs combattants ?

---

* Les unités créées en vue du plan Challe sont appelées « commandos de chasse ».
** Fellagha est le pluriel de felleg.

Les raisons de cette régression sont nombreuses.

La première doit être mise au crédit des chefs militaires français. Quelques réserves que l'on puisse faire sur la conduite de la « guerre psychologique » par des hommes comme Argoud ou Godard, on ne peut contester l'efficacité de leurs méthodes d'encadrement, de pression et de répression, de quelque vocable qu'on les décore. Les SAS*, les 5e bureaux, les DOP** avaient rogné, grignoté, délité l'ALN. Des *harka* (milices villageoises musulmanes) étaient levées un peu partout. Les masses hésitaient.

D'autant que l'élimination du plus puissant animateur du soulèvement algérien, Abane Ramdane, « liquidé » au Maroc par un groupe de ses rivaux (apparemment conduit par Boussouf) en décembre 1957[7] avait provoqué dans les rangs du FLN un véritable séisme. Longtemps dissimulée, à demi révélée en mai 1958 sous le masque d'une « mort au champ d'honneur » du leader kabyle, la tragédie d'Oujda avait fait déferler une vague de doutes, de rancunes et de désarroi à travers le Front, jusqu'aux échelons les plus modestes.

Cette secousse à l'échelle nationale avait été doublée, en Kabylie, d'une crise régionale très coûteuse à l'ALN. La Wilaya III, celle de Kabylie dont, aux premiers temps de l'insurrection, Belkacem Krim avait fait l'avant-garde et le modèle des forces de l'ALN, était depuis son départ pour Tunis commandée par Amirouche, ancien bijoutier d'Azazga qui s'était révélé un exceptionnel chef de guerre. A la tête d'une *katiba* d'une centaine d'hommes, et disposant en Kabylie de quatre ou cinq autres unités du même type, il menait la vie très dure à la 27e division alpine (à la tête de laquelle on revit, en 1959, entre deux *pronunciamientos*, l'inimitable général Faure).

Ce n'est pas ce centurion romanesque qui avait ébranlé le pouvoir d'Amirouche, mais le chef de la Sûreté d'Alger, le colonel Godard. Son opération d'intoxication du commandant de la Wilaya III consistant à relâcher des prisonniers convaincus de la présence de mouchards dans leurs unités, nantis de lettres pour ces prétendus informateurs du 2e bureau français au sein de l'ALN, avait semé le trouble en Kabylie. Amirouche avait fait arrêter, torturer, exécuter ces supposés traîtres, jusqu'à désorganiser son unité : ainsi l'amiral Canaris, le chef de l'espionnage du IIIe Reich, avait-il en 1937 poussé Staline à liquider les meilleurs généraux soviétiques, dont Toukhatchevski...

Démoralisée par la liquidation d'Abane, décapitée en Kabylie par la « purge » provoquée par Godard et exécutée par Amirouche (qui sera lui-même abattu par les forces françaises en mars 1959 alors qu'il se rendait à Tunis), l'ALN souffre plus encore, au début de l'année dont Challe et de Gaulle veulent faire celle de l'hallali, d'un terrible sentiment de claustration. L'état-major français vient en effet de réaliser l'opération dont il rêvait depuis deux ans : le verrouillage des deux frontières, avec le Maroc et surtout avec la Tunisie, sans l'aide desquels le FLN se sent asphyxié. Coupé de ses

---

* Sections administratives spéciales.
** Détachements opérationnels de protection, chargés notamment des interrogatoires.

deux zones de repli, de ravitaillement, sinon de recrutement, l'ALN est comme un poisson dans un filet tiré sur la plage...

Dernière épreuve enfin : le surgissement du phénomène de Gaulle. De quelque façon qu'on l'analyse, vingt ou trente ans plus tard, l'irruption de ce personnage quelque peu fabuleux frappe des masses sensibles à la mythologie, et touchées par le ton chaleureux et chevaleresque du grand visiteur. Ses propos ambigus répondent-ils à l'attente de ceux des Algériens qui ne vivent plus que pour l'avènement de l'État national ? Certes non. Les pessimistes y voient même la ruse suprême de la domination française. Mais l'ensemble de la collectivité arabo-kabyle écoute avec émotion cette voix qui leur parle d'égalité, de droits, de personne humaine. Qui s'adresse à eux sur le ton de l'estime, en parlant du courage des uns, de l'espoir des autres, de l'avenir de tous.

Dans cette relation qui d'emblée s'établit entre le peuple algérien et de Gaulle, il y a tout à la fois un passé qui les oppose (celui de mai 1945 *) et les lie, un présent fait aussi bien de violence accrue que d'échanges complices, et un avenir qui est dans l'esprit de l'un, dans le cœur des autres. Rapports bien étranges, qui tiennent essentiellement à ce que de Gaulle a de « différent ». Quoi de commun entre ce géant semeur de mots, jeteur de sorts, et les hommes en redingotes puis en uniformes qui, depuis cent trente ans, plient leur vie aux règles d'une lourde rationalité étrangère ?

De Gaulle, on ne sait peut-être pas très bien ce qu'il est, moins encore ce qu'il veut ou ce qu'il peut. Mais on sait, de Tebessa à Tlemcen, qui le hait. On sait bien que ses ennemis, en civil et en uniforme, ce sont les hommes qui ont voué leur vie à la négation de l'Algérie en tant que nation. C'est cette communauté d'adversaires, précisée de barricades en putsch, qui va resserrer les liens entre cet homme et ce peuple — même quand le FLN mettra en garde contre la fascination gaulliste les Algériens dont il s'est instauré l'avant-garde.

Au début de 1959, les images de Charles de Gaulle et du FLN ne sont pas superposées dans le regard des paysans algériens : ils sont deux éventualités rivales, deux hypothèses d'émancipation, l'une, progressive, sous l'égide du héros étranger, l'autre, brusquée, sous l'impulsion des « frères ». Que la seconde fût sentie comme plus naturelle ne faisait pas exclure d'emblée la première. Ainsi le Front a-t-il perdu pour un temps le monopole de l'espoir. Il en pâtit d'autant plus que son affaiblissement est manifeste.

« L'année 1959 fut la pire de la guerre », confirmaient volontiers, dès l'arrêt des combats, ceux qui en avaient été, du côté algérien, les protagonistes. Enfermées dans le champ clos délimité par les barrages frontaliers, harcelées jusque dans leurs repaires les plus escarpés où vont les dénicher les hélicoptères chargés de parachutistes, les quelque soixante *katibas* recensées

---

* Voir tome 2, chapitre 6, p. 179-183.

au moment du départ de Raoul Salan vivent des heures infernales. A la fin de l'année, on n'en compte plus, en activité, que la moitié. Le « plan Challe » a ainsi atteint une partie de ses objectifs.

Le plan du nouveau commandant en chef, c'était quoi ? C'était, à l'incitation du général de Gaulle, le retour à la guerre de mouvement. C'était la rupture avec l'immobilisme opérationnel préconisé par Salan, l'homme du quadrillage prenant l'Algérie dans un filet où, entre les mailles, opéraient les chimistes de l'action psychologique, les manipulateurs en laboratoire fabriquant du villageois français à coups de leçons d'histoire, de soins aux malades et d' « interrogatoires poussés », le tout contrôlé par les « 5ᵉ bureaux » à vocation universelle, assurés de naturaliser et digérer l'Algérie comme les instituteurs républicains avaient intégré dans la République une Vendée préalablement saignée par les « bleus ». Reniant cette technique d'idéologues manipulateurs d'âmes — qui, en deux ans, avaient marqué des succès appréciables de leur point de vue, et « pacifié » de larges secteurs de l'Oranie et de l'Algérois — l'armée française se remettait en marche.

Les mots d'ordre lancés au début de 1959 par de Gaulle et Challe avaient déclenché le mouvement avec d'autant plus de force et d'efficacité qu'au sein de l'armée, le débat n'était pas clos. Le règne des champions de la « guerre révolutionnaire », de « l'action psychologique », les Lacheroy, les Argoud, les Godard, absolu de 1956 à 1959, était enfin contesté. Contre leurs thèses (« La guerre révolutionnaire, c'est la suprématie du territorial sur l'opérationnel », « Les opérationnels, ce sont les domestiques, à la botte... »), s'élevait en mars 1959, dans la *Revue militaire d'information*, une protestation signée Simplet, dont l'auteur — on disait qu'il s'agissait du colonel Langlais, qui avait commandé les « paras » à Diên Biên Phû et avait subi l'épreuve des camps vietminh — ripostait : « ... Si l'arme psychologique est capitale en guerre civile, en guerre étrangère (c'est-à-dire en Indochine et en Algérie) la parole est aux guerriers et aux armes[8]. »

C'était ce qui s'appelle aller, spontanément, au fond des choses. Guerre étrangère plutôt que guerre civile ? Tout le problème était là. « Simplet » rejoignait de Gaulle et son refus de reconnaître la nature « française » de l'Algérie, quitte à saluer comme telle son histoire moderne, et sa « culture ». Cette guerre de mouvement qui se rouvrait n'était pas seulement le retour à une stratégie conforme au tempérament gaullien : c'était l'affirmation de la « différence » algérienne. Au point que l'on peut se demander si le refus du principe d'intégration par Charles de Gaulle n'est pas lié à ses conceptions militaires, si d'être l'homme du mouvement et de la technique moderne, en son métier, n'a pas contribué à le détourner de cette doctrine politiquement soustellienne liée, sur le plan militaire, à l'immobilisme de rongeur qu'il abominait depuis les tranchées de l'Argonne.

Pour de Gaulle et Challe[*], à partir du début de 1959, il ne s'agit plus de retoucher, d'approfondir sur place la francité supposée de l'homme algé-

---

[*] Qui ne semble pas s'être aperçu de la signification politico-historique du plan dont de Gaulle lui fit endosser la paternité.

rien : il s'agit de courir sus à un *autre,* adversaire aujourd'hui, mais dont la défaite pourrait faire un libre associé. On voit jusqu'où porte alors un débat apparemment technique — comme le débat entre le défensif Pétain et l'offensif de Gaulle, dans les armées de l'entre-deux-guerres, portait en lui Londres et Vichy.

Choix de l' « opération » mouvante contre le quadrillage, cette structure de base de la « manipulation » immobile, option pour l'altérité contre l'intégration, le plan Challe peut, du point de vue de l'action, se comparer à un vaste coup de balai donné d'ouest en est, de la frontière marocaine à la tunisienne, pour disloquer sinon anéantir les forces militaires de l'ALN. Inventé par le promoteur de la stratégie des blindés et l'aviateur Challe, articulé à l'origine sur le « patron » militaire en Oranie, le général Gambiez qui avait été un pionnier de la guerre de commandos, le plan appliqué à partir de 1959 avec une terrible vigueur mettait en action ce qu'on appelait les « réserves générales » — formule ancienne mais laissée en veilleuse aux beaux temps du « quadrillage ». Pour tenir cette province qui « ne demandait, à 96 %, qu'à rester française », Salan avait transformé, non sans succès, ses 400 000 hommes en gardes champêtres au gant de fer.

Challe osait en prélever le septième pour en faire sa force de frappe mouvante. Ainsi, détachée d'Alger devenu son fief, la 10ᵉ division parachutiste dont Massu avait fait une incomparable machine de guerre était, au même titre que la 25ᵉ DP et la 11ᵉ division d'infanterie de montagne, lancée à l'assaut des forteresses escarpées tenues par l'ALN. Appuyées par une aviation que le commandant en chef, issu de cette arme, ne pouvait que renforcer, et par des unités d'hélicoptères en quoi le général de Gaulle voyait la clé de la bataille, une douzaine de grandes opérations furent lancées à partir de l'Oranie, de février à septembre 1959.

Ce sont tour à tour les opérations « Couronne » en Oranie (février-mars), « Courroie » dans l'Algérois (avril-mai), « Étincelle » dans le Sud-Constantinois (juin), « Jumelles » en Kabylie (juillet-août), « Pierres précieuses » dans le Nord-Constantinois (août-septembre), « Turquoise », « Émeraude », « Topaze » en octobre... Matraquage intense, qui stupéfie tous les témoins (dont l'auteur) par l'ampleur des moyens et l'efficacité des armes. De son PC « Artois », au col de Chellata, perché à 1 800 mètres, le général Challe, dirigeant personnellement l'opération « Jumelles », a fait une sorte de ronflant symbole de la guerre de mouvement, de l'offensive à tout va. Les bilans sont éloquents — à tel point que, à la fin de l'année, un bon enquêteur s'entendait dire [9] que l'ALN ne disposait plus que de 8 000 hommes en armes. Entre-temps, à la fin de mars, deux des principaux chefs de l'ALN, Amirouche et Si Haouès, avaient été tués.

Succès probant ? Contre cette stratégie de la « chasse aux fellagha » s'élève un réquisitoire impressionnant : celui du colonel Argoud [10], le plus éloquent des praticiens de la guerre psychologique. Selon l'ancien chef d'état-major de Massu, ce grand coup de balai n'aboutit qu'à secouer le flacon, durcir les indécis et rejeter les masses algériennes, progressivement gagnées à la France par ses méthodes et celles de ses collègues, vers une résistance irréductible et désespérée.

La « pacification » conduite par ses propres soins dans une zone telle que celle de l'Arba, en 1958, avait-elle des effets très différents ? La méthode Argoud ne se fondait pas que sur des procédures douces, mais aussi sur ce qu'il appelle une « justice adaptée » — consistant notamment à fusiller en public, après un jugement expéditif, les terroristes et leurs complices *. Elle avait à coup sûr abouti au contrôle absolu de larges secteurs. Mais que devenaient les fils, les frères, les cousins, les compatriotes des fusillés pour l'exemple ?

Ce n'est pas pour réagir contre les opérations « à la Challe », mais contre les méthodes appliquées par Antoine Argoud que l'ALN perpétra l'horrible massacre de Melouza, où périrent plus d'une centaine de villageois « retournés » contre le Front par tel ou tel disciple ou subordonné du colonel de l'Arba. La « guerre psychologique » intègre une violence que la guerre tout court affiche sans retenue. Laquelle fit plus pour gagner à la France le peuple algérien, et laquelle pour le dresser contre elle ?

Il faut ici faire écho à l'argumentation de Jacques Soustelle : « Dans la guerre subversive, les prises de positions politiques sont plus importantes que les mesures et actions militaires. Il eût fallu, naturellement, que les actes de ce gouvernement apportent chaque jour la confirmation de ses paroles. Or, dès 1958, de Gaulle ne cachait pas son irritation toutes les fois qu'on lui rappelait ces évidences. " Foutez-moi la paix avec votre guerre subversive. " Il raillait l' " action psychologique " et ne manquait pas une occasion de s'en prendre aux 5ᵉ bureaux. Un des plus vifs étonnements des historiens sera de voir le Général, qui, jeune officier, avait adopté et développé les doctrines les plus révolutionnaires en matière militaire, devenir vingt ans plus tard le défenseur de la routine et de l'archaïsme.

« Aussi l'armée d'Algérie, privée de l'arme essentielle qu'aurait été pour elle une ligne politique nette, se trouvait-elle un peu dans la situation d'une armée de 1940 qui n'aurait eu ni chars ni avions. La rébellion reprenait incessamment des forces parce que le " cancer du doute " rongeait les masses algériennes [11]. »

L'ancien gouverneur général met en cause à propos de ce « cancer du doute » la presse parisienne (notamment *le Monde*, *l'Express*, *France-Observateur* et *Témoignage chrétien*) qui, écrit-il, « distillait le découragement et épousait à tout moment la ligne de propagande du FLN [ce qui lui valait d'être] largement reprise par les radios subversives des pays arabes et soviétiques, et diffusée jusque dans les montagnes de Kabylie ; à l'ONU, les réquisitoires de nos adversaires n'étaient rien de plus que des extraits de ces journaux parisiens mis bout à bout ».

Trahison, donc. Mais il ne s'interroge guère sur le point de savoir si les

---

* Où se limite le concept de « complicité », en cette matière ? A l'hébergement ? A la protection ? A la sympathie déclarée ? A la connivence terrorisée ?

campagnes violentes menées par lui contre le général de Gaulle ont servi à cette époque l'État français. De ce point de vue, il y a donc, dans un pays en guerre, la « bonne » polémique contre ceux qui ne pensent pas comme vous, et la « mauvaise », contre vos partisans. Il y a les cibles permises, et les autres. Constatons que MM. Mollet, Lacoste (pour un temps), Pflimlin, Delouvrier et le général de Gaulle furent du premier groupe. M. Soustelle, le général Salan (à une époque), le général Challe (à une autre époque), leurs idées, leurs amis et leurs méthodes, du second groupe.

Dans ce grand débat où choix pour ou contre l'intégration rejoint ou recoupe l'option pour ou contre l'offensive déclenchée par Challe, la personne et les idées du général de Gaulle sont au centre de la polémique. Il est peu de dire que le président de la République ne trouve guère de fidèles au sein de l'armée dont il est, de par la Constitution, le chef suprême.

Le commandant Bourdis était l'un des officiers dont Raoul Salan avait obtenu en octobre 1958 l'affectation en Algérie à leur sortie de l'École de guerre. Il fut aussitôt envoyé à Arzeu, près d'Oran, où étaient organisés, dans un centre placé sous l'invocation de Jeanne d'Arc, des stages d'initiation à l'Algérie en général, et plus particulièrement à la « guerre psychologique ». Le responsable principal de cet enseignement était le colonel Michel Goussault, longtemps chef du 5e bureau, et très actif inspirateur du mouvement du 13 mai.

De ces leçons, le commandant Bourdis — qui allait être l'un des protagonistes de l'opération « Jumelles » — garde le souvenir d'une mise en cause permanente des idées du général de Gaulle, et de l'approbation que donnait à cette propagande hostile au chef de l'État l'ensemble des officiers présents. Clairement désavoués par de Gaulle, l'intégration et son corollaire, la guerre psychologique, faisaient toujours figure de doctrine officielle à Arzeu[12].

A la même époque, au Centre des hautes études militaires, le colonel de Corta, vieux Français libre, ayant été visé par un attentat qui avait failli coûter la vie à sa fille, il ne fut possible d'associer à une manifestation officielle de sympathie, traditionnelle en de telles circonstances, que de rares officiers gaullistes. Les autres se refusèrent à tout geste de solidarité envers cet officier : il était réputé fidèle au chef de l'État...

On peut s'étonner, vingt ans après, non certes de l'attachement de l'armée à l'Algérie que l'enseignement officiel et d'innombrables déclarations de responsables politiques, de Pierre Mendès France à Charles de Gaulle lui-même, avaient donnée pour « française »; non même d'une remise en question des directives du chef de l'État, au for intérieur, par de nombreux officiers tentés de se référer au précédent de juin 1940 ; mais de l'obstination de l'ensemble de cette profession à ne considérer que l'aspect algérien du problème militaire français.

Tout se passe — au moins jusqu'à l'explosion de la première bombe atomique française *, le 13 février 1960, et souvent même après — comme si

_____
* Voir plus loin, chapitre 4.

la quasi-unanimité des hommes formés à Saint-Cyr et à l'École de guerre ne voyaient d'autre horizon que celui des djebels et d'autre mission que celle de faire flotter le drapeau tricolore sur des villages kabyles.

A l'heure où partout dans le monde les technologies de pointe sollicitent l'attention des jeunes gens, ceux-ci ne semblent envisager leur mission que dans la perspective tracée trois quarts de siècle plus tôt en Indochine ou à Madagascar par de très remarquables pionniers de la guerre coloniale. A l'heure où s'affairent les équipes de cap Kennedy et où le général de Gaulle propose à la France une mission mondiale — trop ambitieuse peut-être, mais exaltante et propre à enflammer ces militants spontanés du nationalisme que sont les jeunes officiers —, une génération de soldats de métier ne pense, ne vit, n'agit que pour maintenir dans le cadre de l'État français une terre d'Afrique et un peuple arabo-musulman assez différent en tout cas pour qu'une force « rebelle » de moins de 20 000 combattants trouve, de *douar* en *mechta* et de piton en défilé montagneux, les appuis, les complicités et le ravitaillement nécessaire à sa survie face à une armée de plus de 400 000 hommes.

Aux yeux des meilleurs spécialistes deux critères permettent, dans ce type de guerre, de mesurer la température d'une population. Quand un prisonnier s'évade, trouve-t-il les complicités pour survivre ? Quand un renseignement important est demandé à la population, le donne-t-elle ? Sur vingt officiers interrogés un quart de siècle plus tard, je n'ai pas obtenu plus d'un « non » à la première question, plus de trois « oui » à la seconde.

Dans l'ensemble des régions, les masses algériennes, triturées, malaxées — une personne sur cinq fut « déplacée » au cours du conflit — pouvaient être conduites, sans terreur avérée, à « embrayer » dans le système économique, social, voire politique où l'engageait l'armée. Et plus de 250 000 harkis appuyèrent l'effort de guerre français. Mais cette adhésion ponctuelle ou partielle témoignait surtout de la volonté de survivre d'une population prise entre deux brasiers et d'autant plus encline à faire la part du feu français qu'il était le plus fort.

L'un des arguments les plus souvent avancés par ceux qui refusèrent la reconversion radicale amorcée par de Gaulle à partir de l'opération Challe est que la liberté de choix n'existait plus : une chaîne d'engagements publics et privés liait à jamais l'armée française à l'Algérie. C'est ce qu'on pourrait appeler la théorie du Serment. Nul ne l'a mieux formulée que Jacques Soustelle :

« " Tu pars ou tu restes ? " Il n'est pas d'officier qui, prenant le commandement de son poste dans un village ou une *mechta,* ne se soit entendu poser cette question décisive par les notables du lieu. Cela voulait dire : " Si le village hisse le drapeau français, si tel ou tel chef de famille accepte la mairie, si nous envoyons nos garçons et nos filles à l'école, si nous distribuons les armes de l'autodéfense, si nous refusons l'orge, le mouton et l'argent aux fellagha qui rôdent dans le djebel, est-ce que vous, l'armée, vous serez là pour nous défendre des représailles ? Ou bien est-ce que vous nous abandonnerez pour qu'un jour comme à Melouza nous soyons livrés à la boucherie ? "

« Conscients de leur mission, très attachés pour la plupart aux musulmans placés sous leur protection, les officiers répondaient : " Oui, je reste. Nous ne vous abandonnerons jamais. " Ils donnaient cette réponse d'abord parce qu'ils y étaient moralement obligés, et que c'était le seul moyen de poursuivre le combat, car s'ils avaient répondu " non " ils n'avaient plus qu'à se replier sur le port d'embarquement le plus proche ; ensuite parce que les directives qu'ils recevaient de leurs supérieurs, depuis les généraux commandant en chef jusqu'aux commandants de secteurs, répétaient : " La France reste et restera. " Qu'on n'aille donc pas dire qu'en s'engageant les officiers n'engageaient qu'eux-mêmes. C'était toute l'armée qui faisait ce serment par leur bouche : un serment dont personne n'avait le droit ni le pouvoir de la délier [13]. »

L'argumentation est forte, les références sont émouvantes. Surtout si l'on pense que beaucoup de ces officiers avaient été mêlés cinq ans plus tôt à la tragédie indochinoise et contraints d'abandonner des populations tonkinoises, notamment les catholiques, engagées depuis plusieurs années à l'appel de leurs évêques aux côtés du corps expéditionnaire français, en échange d'une promesse de protection indéfinie. Déchirés par cette expérience, ces officiers ne virent pas sans horreur se dessiner une répétition de cet abandon sinistre.

Mais pour frappant qu'il soit, l'argument ne peut être retenu. Que serait la stratégie, que serait la diplomatie d'une nation si elle se fondait sur l'irréversibilité des positions, sur la coagulation indéfinie des avancées ici, et là des reculs ? Quel commandant d'unité a le droit de refuser d'évacuer un village si l'ensemble d'un front de bataille en dépend, et la survie d'une armée, d'un pays, la signature d'un traité, la sauvegarde de la collectivité ?

Certes, la « guerre révolutionnaire » implique ce type de lien entre le conquérant des esprits et la population à gagner. Tout se fonde en effet sur la durée, sur la profondeur et la solidité du lien. Comment mettre en application le « triptyque d'Argoud » — protéger, engager, contrôler — si le premier précepte n'en est pas la base ? Qu'est « engager » sans « protéger » ? Une imposture. Mais « engager » suppose une latitude dans la décision qui n'est évidemment pas le fait d'un commandant de secteur.

Quant au fameux « serment » — le « Nous ne vous abandonnerons jamais ! » de Soustelle — il est certes le fruit d'une nécessité tactique impérieuse dans ce type de guerre. Mais il excède de toute évidence le droit qu'a un officier de choisir, de décider par lui-même.

Qu'eût fait un commandant de Gaulle de 40 ans chargé en 1958 du secteur des Nementchas ou de Lalla-Marnia ? Quelle réponse eût reçu un général commandant à Batna ou à Tlemcen lui donnant l'ordre de rétrocéder au FLN l'une ou l'autre de ces positions ? Les consignes données par lui à ses officiers du Levant face aux pressions britanniques ne permettent pas de répondre d'emblée qu'il eût abandonné sereinement ses protégés à l'adversaire. Aussi bien n'est-il pas question ici de sérénité, mais de nécessité globale. Qu'il soit le chevalier d'Assas ou MacArthur, l'homme d'armes doit obéissance au pouvoir politique — à moins de susciter et promouvoir lui-même sa propre légitimité, comme le fit Charles de Gaulle en 1940.

Le général Jouhaud allègue le précédent marocain, qui ne laisse pas d'impressionner.

« Le général Lyautey répondait au président du Conseil qui, en 1914, lui donnait l'ordre d'évacuer le Maroc : " Signale que je me suis engagé personnellement et au nom de la France, et que je leur ai donné [aux Marocains] ma parole que nous ne les abandonnerions pas. Je ne pourrai, sans manquer à l'honneur, procéder à la mesure que vous exigez " [14]. »

Mais, au Maroc, Lyautey a un statut politique. Il est un décideur. Il y est, pour recourir à une formule gaullienne, « la France ». Certes, la référence n'est pas sans signification. Le fondement moral du serment, en tant qu'engagement d'honneur spécifique du militaire vis-à-vis de tel ou tel, a été pourtant mis en question de la façon la plus solennelle, et par le personnage dont on eût attendu moins que de tout autre ce type d'attitude. Dans son *Histoire politique de l'armée* [15], Jean Planchais, qui a recueilli d'innombrables confidences d'officiers meurtris par des « serments » violés, rappelle que « l'armée ou ses cadres n'ont de serment à prêter à personne [car] leur vie même est serment à l'État », et cite à la barre un répondant de poids : « Le général Weygand lui-même le rappellera l'année suivante * dans une conférence à l'Institut catholique où il condamnera expressément devant un auditoire d'officiers en retraite et de femmes du monde consternés le serment exigé naguère de Vichy ** . »

Il s'est d'ailleurs trouvé sur le terrain algérien des officiers pour juger que le « serment » qui leur était demandé par leurs « protégés » ne pouvait, en conséquence, être donné. Dans *J'ai pacifié Tazalt*, le capitaine Jean-Yves Alquier rapporte comment il a restauré la paix dans un village kabyle ; au moment de regagner la métropole, son temps de commandement achevé, il est sollicité par les « vieux » du village de prendre l'engagement que « la France restera » : et lui, déchiré parce qu'il est lucide et qu'il sait les limites de sa compétence, refuse de formuler la promesse qui peut vouer le village aux représailles du FLN.

Ce qui aura contribué aussi à dresser la majorité des cadres de l'armée contre la conduite de l'affaire par le général de Gaulle, c'est qu'ils se sentiront constamment assimilés par le chef de l'État à la défense des intérêts de la colonisation européenne — quand, dans leur esprit, il s'agit bien au contraire d'opérer, contre « l'ordre » ancien autant que contre le nationalisme du Front, une refonte sociale au bénéfice des masses musulmanes. Quand ils parlent de « guerre révolutionnaire », beaucoup d'entre eux ne pensent pas seulement aux méthodes imitées de Mao Tsé-toung, mais aux objectifs globaux. Que cette vision des choses comportât beaucoup d'illusions ne peut empêcher que cette bonne conscience ait contribué à dresser, contre Charles de Gaulle, un corps d'officiers assuré d'être moderniste dans la forme et novateur sur le fond.

---

* En 1960.
** Auquel répondait d'ailleurs du côté de la France libre un engagement très personnalisé à l'égard du général de Gaulle.

Mais peut-être des officiers auraient-ils accepté de renoncer à « jouer les bonnes d'enfants », comme disait en ricanant de Gaulle[16], et entériné la reconversion amorcée par le chef de l'État dans le sens de l'offensive et du mouvement, si les techniques de la « guerre psychologique » dont ils se réclamaient avec tant d'insistance ne leur avaient paru la seule réponse adéquate au type de subversion qui se manifestait en Algérie. Ce choix pour une certaine forme de guerre était, dans l'esprit de la majorité des officiers, lié à un objectif idéologique : combattre le communisme, dont le FLN algérien n'était, à leurs yeux, que « l'antichambre », d'autres disaient le camouflage. De ce que cette analyse n'ait pas été vérifiée par les faits, on ne peut inférer que l'argumentation des Gardes et des Godard était sans consistance.

Leur choix tactique était enraciné dans une conviction idéologique : l'anticommunisme. La « révolution » dont ils se disaient les promoteurs était, en ce sens, contre-révolutionnaire. Comme le colonel de Gaulle soutenait en 1934 que face au nazisme mobile et cuirassé, la France ne pouvait se sauver que par la mobilité et la cuirasse, les « centurions » de 1959 assuraient que seule la conquête psychologique des cerveaux pouvait faire barrage à la subversion idéologique du marxisme-léninisme. Il ne s'agissait pas d'une lubie, mais d'une stratégie cohérente. D'où l'intensité du face-à-face avec de Gaulle.

Si chargée de conflits qu'elle fût, si lourde d'orages, l'année 1959 est, du point de vue militaire d'abord, une étape essentielle de la stratégie algérienne de Charles de Gaulle. C'est alors en effet que le général offre à l'armée ses victoires les plus probantes, de l'opération « Couronne » à l'opération « Turquoise » ; c'est alors qu'en la vouant au combat il finit de se dégager de la pression que les officiers faisaient peser sur lui, ne leur laissant comme alternative à ses directives que de déclencher des révoltes sans espoir ; c'est alors enfin qu'il inflige au FLN ses revers les plus lourds, se donnant ainsi, pense-t-il, la maîtrise du jeu politique et la chance de pouvoir traiter, aux termes choisis par lui, et peut-être même avec de moins coriaces partenaires que ceux qui ont refusé en octobre la main tendue par de Gaulle aux « braves ».

Illusions ? Il est facile d'en juger ainsi vingt-cinq ans plus tard. Mais alors que s'achevait l'opération « Jumelles » et au moment où se mettait en place, avec des moyens énormes, celle qui allait prendre le nom de code de « Pierres précieuses », le magazine américain *Time* résumait ainsi la situation : « Trop souvent, dans le passé, des milieux officiels français ont déclaré avec un excès d'optimisme que la guerre entrait dans son dernier quart d'heure. Si bien qu'aujourd'hui, alors que *l'optimisme est visiblement justifié*, il se manifeste plus sobrement. Le temps se révèle être le grand allié du général en Algérie. »

Le temps n'est jamais qu'un allié douteux. Charles de Gaulle le sait qui, hanté par l'âge et avide d'affirmer la présence de la France sur le plan mondial, va prendre sa décision capitale à propos de l'Algérie avant même que le plan Challe ait pu produire tous ses effets militaires, moraux et politiques — comme si le « Gagnez d'abord! » était moins une mission offerte qu'un formidable dérivatif.

Hypothèse excessive. Le général de Gaulle ne dédaigne pas l'armée au point de la traiter comme Louis XI les « grandes compagnies ». Il ne lui jette pas la bataille comme un os à ronger. Il ne l'envoie pas à l'assaut des djebels à seule fin de se libérer d'elle, comme on se débarrasse d'un enfant turbulent en le vouant à la pratique de quelque sport violent. Le plan Challe a d'autres significations, on l'a vu.

Au surplus, le mot d'ordre : « D'abord, gagnez la guerre ! » ne comportait pas de restriction en ce qui concerne les méthodes. S'il est vrai qu'en privilégiant la guerre de mouvement contre le système du quadrillage le général de Gaulle atténuait les risques de « bavures » impliqués par la « guerre psychologique » — c'est-à-dire la torture et les procédures expéditives préconisées par le colonel Argoud —, il ne faudrait pas en conclure que l'armée des lendemains du 13 mai fut purgée d'un coup, et décisivement mise en garde contre les débordements dont l'affaire Audin avait été l'une des manifestations.

Certes, le 24 juin 1958, André Malraux, ministre de l'Information, avait déclaré dans une conférence de presse (censurée à Alger) que, si la torture avait bien été pratiquée, ces excès étaient désormais proscrits et que la Commission de sauvegarde des droits et libertés individuels était reconstituée. Sur le terrain pourtant, il fut difficile de constater le changement — l'usage des « interrogatoires poussés » restant affaire de commandement : dans les secteurs où les chefs avaient une fois pour toutes mis le holà, la « question » resta proscrite. Mais seulement là (la majorité des cas), et ni plus ni moins qu'avant 1958.

En septembre 1958 encore, Charles de Gaulle étant chef du gouvernement, la revue *Témoignages et Documents,* animée entre autres par Pierre Vidal-Naquet, publia un dossier évoquant des cas de tortures récents : elle fut saisie sur ordre du préfet de police. Une protestation adressée par le Comité Maurice Audin au général de Gaulle reçut cette réponse laconique :

« Monsieur, j'ai lu avec attention les documents que vous m'avez fait parvenir par votre lettre du 16 septembre. La Commission de sauvegarde en sera saisie sans délai. Veuillez..., etc. Charles de Gaulle. »

Quinze mois plus tard, rappelant Pierre Chatenet à la succession de Jean Berthoin au ministère de l'Intérieur, le général, devenu chef de l'État, lui donnera pour instructions très fermes de veiller à l'interdiction de recourir aux méthodes du type de la « question » [17]. Mais M. Chatenet, qui ne saurait être suspecté sur ce point, n'avait pas de droit de regard sur ce qui se passait dans les *mechtas* du Constantinois.

Le fondateur de la Ve République peut bien détester les méthodes, les techniques, l'idéologie dont s'inspirent les tenants de la guerre psychologique, n'y voir qu'une manière de « croisade » (il employa le mot) où se manifeste un fanatisme à courte vue. Il tient tout de même cette implacable armée en assez haute estime pour faire d'elle sa première confidente, au moment de prendre la décision capitale qui va marquer le tournant de la guerre.

Nous le retrouverons bientôt en Algérie (27-30 août 1959), de Saïda où l'accueille Bigeard à Bône où le reçoit Dulac, pour tester sur ces protagonistes de la guerre l'initiative qu'il s'apprête à rendre publique et qu'il juge de nature à bouleverser les données du problème. Soustelle a cru, trois ans plus tôt, pouvoir le résoudre par l'intégration. Mais la différence entre eux, c'est que de Gaulle a, lui, les moyens militaires et institutionnels de sa politique.

3. Le choix

Est-elle aussi fatidique que celle de juin 1940, cette décision qu'il prend, au début de l'été 1959, de remettre en jeu l'appartenance à la République de douze départements français et de permettre ainsi le démembrement du « territoire national » ? Dans l'un et l'autre cas, il sait qu'il y va à la fois de son honneur et de sa vie. Dans l'un et l'autre cas, la frontière qui sépare le renvoi devant la haute cour du plus éminent service rendu à la patrie, c'est ce principe de légitimité qu'il prétend incarner — prétention que l'histoire, par deux fois, ratifiera contre ses juges ou contre ses assassins.

En 1940, rompre avec la légalité pour poursuivre la guerre, en 1959 prendre les moyens d'y mettre un terme en oubliant la lettre de la Constitution ; défier d'abord l'État, ensuite l'unité du territoire ; affirmer, à partir d'une terre étrangère, que « Rome n'est plus dans Rome », puis, vingt ans plus tard, du centre de l'État, décréter que Rome n'est plus que Rome... Où est la plus grande audace ? On ne saurait en tout cas minimiser le caractère proprement tragique de la seconde décision — n'eût-elle pas, comme la première, cette apparence d'instantanéité, de concentration temporelle que les règles du théâtre classique imposent aux actions scéniques de nos poètes tragiques.

De la décision du 17 juin 1940, moins abrupte que ne le veut la légende, nous avons tenté de décrire le mûrissement au cours des cinq ou six journées qui la précédèrent. Celle de 1959, il est beaucoup plus difficile de la localiser et de la dater. Si l'on a pu décrire ses idées en la matière, on connaît mal encore les projets de Charles de Gaulle à propos de l'Algérie au moment où il se ressaisit du pouvoir. On ne peut proposer que des témoignages partiels — et souvent partiaux — concernant l'évolution de sa pensée de juin 1958 à juillet 1959, du voyage en Algérie de l'été 1958 au référendum de septembre et du limogeage de Salan au déroulement des grandes opérations contre l'ALN du printemps et de l'été 1959.

On est tenté de donner raison à Serge Bromberger, observateur très informé, quand il écrit que, « dès le milieu de 1959, de Gaulle, tant par les sondages qu'il avait faits lui-même que par les rapports d'Alger, était convaincu [...] que les Musulmans voulaient, d'une part que la paix soit faite avec le FLN et, d'autre part, garder des liens avec la France [1] ». Ce que savait ou croyait de Gaulle à cette époque était probablement plus complexe ; et ce que « voulaient les Musulmans » était fait d'espérances et de refus encore plus contradictoires peut-être. Mais c'est là une bonne base de départ pour tenter de situer la décision gaullienne qui allait s'exprimer dans le discours sur l'autodétermination du 16 septembre 1959.

Tentons, au départ, de faire table rase. Supposons une sorte de « vide algérien » dans la pensée du général en 1958, un vide qu'exprimerait par exemple cette confidence faite à Edgar Faure pendant l'été 1958*, dans son bureau de l'hôtel Matignon :

> « ... L'erreur la plus commune, pour tous les hommes d'État, c'est de croire dur comme fer qu'il existe à chaque moment une solution pour chaque problème. Il y a pendant certaines périodes des problèmes qui n'ont pas de solution. C'est actuellement le cas de l'Algérie [2]. »

Au moment où le général suggère ainsi à son hôte qu'il se résigne à une sorte d'état d'inertie politique très rare chez lui, nous le savons convaincu de certaines choses : de la « différence » de l'Algérie par rapport à la France ; de l'absurdité d'une intégration qui, à long terme, tendrait à une colonisation à l'envers ; de la nocivité du système de prépondérance de la colonisation européenne en Algérie dont il est enclin à ne voir que les aspects les plus repoussants ; du caractère abusif, sinon suicidaire, des tentatives faites par les chefs de l'armée et certains de ses ministres, comme Jacques Soustelle, pour le contraindre à lier la France, irréversiblement, à un type de solution fondée sur la nature française de l'Algérie.

Nous savons même que l'historien, que l'intellectuel de Gaulle est persuadé que l'Algérie sera tôt ou tard indépendante — comme il l'a dit dès 1955 à un confident aussi sûr que Geoffroy de Courcel, comme il l'a fait comprendre encore au lendemain de son « triomphe » algérois de juin 1958 à un collaborateur intime, Pierre Lefranc, et comme il l'a fait redouter à son gendre Alain de Boissieu au fil de quelques monologues à mi-voix.

Mais il y a plusieurs plans, plusieurs personnages en lui. Il y a l'homme de pensée, qui médite sur les grands courants de l'histoire des peuples et considère à la fois l'obsolescence du système colonial, l'émergence du monde arabo-musulman et les divergences culturelles entre les populations des départements du nord et du sud de la Méditerranée. Celui-là sait que l'Algérie sera tôt ou tard un État. Il y a aussi un certain général français, passionnément attaché à sa gloire et au « patrimoine national », comme il l'a montré entre 1940 et 1946, du Levant à l'Indochine (et à l'Algérie...), qui ne répugne à rien tant qu'à « abandonner » quoi que ce soit, et qui ne voit pas du même œil une concession inévitable faite par d'autres avant le 13 mai 1958 et un sacrifice qu'on lui imposerait, à lui, de Gaulle, revenu « aux affaires », en charge du destin national.

Et puis encore il y a un politique rappelé au pouvoir sous la poussée d'une émeute algéroise encadrée et patronnée par l'armée, qui s'est donné pour premier lieutenant l'un des hérauts les plus intransigeants de l'Algérie française, et qui a pour majorité à l'Assemblée nationale un groupe d'élus qui (en proportion des 2/3) n'ont pour idéologie que le maintien perpétuel

---

* L'auteur ne date pas l'entretien, sinon en le situant après des vacances prises en juillet.

des départements algériens (beaucoup d'entre eux en sont les mandataires) dans l'ensemble français.

Ce troisième personnage, analysant les « circonstances », constate qu'entre ce qu'il sait et ce qu'il peut, il n'y a guère en commun. Et comme il ne déteste rien tant que l'immobilité, que l'inaction, il tâtonne, de l'offre de la « paix des braves » à des élections où il voudrait voir se manifester sous sa forme la plus bénigne le nationalisme algérien, tentant ainsi de s'arracher à l'état d'inertie suggéré à Edgar Faure et, sinon de modeler une politique, au moins d'en dessiner peu à peu les bases et de s'en donner les moyens.

Il y a donc, en 1958, face à l'Algérie, un de Gaulle au pluriel — un lucide sociologue de l'histoire, un général cambré sur son domaine, un politique méditant sur cinq ou six hypothèses de travail et un tacticien attentif à ne pas trop « charger le navire », de peur de le briser sur les récifs.

Si multiple qu'il soit, au surplus, de Gaulle n'est pas seul. On doit évidemment écarter l'idée d'une influence s'exerçant sur lui — d'où l'exil, d'abord intérieur, où va se retrouver Soustelle. Mais il faut tenir compte d'un environnement qui, sans exercer de pression sur lui, remplit une mission d'information d'abord, de transmission ensuite, d'exécution enfin, qui ne laisse pas d'agir sur le comportement et les gestes de Charles de Gaulle, comme de tout chef d'État.

Considérons quelques-uns de ces fauteurs de décision. D'abord l'armée. Nous en avons rapporté quelques réactions. Elles ne cesseront de peser. Ce général peut affecter de ne considérer qu'avec superbe les cadres de « cette armée à laquelle j'ai appartenu », dit-il. Mais s'il fait peu de cas du jugement des officiers, il ne peut s'interdire de rester attaché à ce corps, ni d'éprouver une compassion lucide pour l'armée dans ses épreuves. Il sent ses réactions, connaît le sens et le poids de la discipline, l'ayant une fois et à jamais rejetée : c'est quand on dépose un fardeau qu'on en ressent la pesanteur. Bref, il est avec l'armée dans une relation de consonance-dissonance qui lui fait à la fois comprendre les « fanatiques » de l'Algérie française et haïr leur fanatisme. Voilà une donnée qui compte.

Ce serait bien mal apprécier les rapports entre de Gaulle et l'Algérie que de n'y voir que le souci de se débarrasser d'un fardeau. Vingt traits attestent de la souffrance que lui procura cet arrachement. Jacques Chaban-Delmas, venu un jour le prier de ménager mieux la sensibilité des Européens d'Algérie « qui souffrent, mon Général », vit soudain se dresser, derrière le bureau Louis XV, le géant bouleversé, et entendit Jupiter tonnant lui jeter dans un élan de fureur sacrée : « ... Et de Gaulle ? Vous croyez qu'il a été créé et mis au monde pour lâcher l'Algérie ? Vous croyez qu'il ne souffre pas, de Gaulle [3] ? »

Plus encore que ceux des cadres de l'armée, pèsent sur les orientations du général la personne, les idées et le tempérament du Premier ministre. On a cité les textes où il décrit l'intimité des liens qui l'attachent à celui qu'il a appelé son « Second ». Liens institutionnels, professionnels mais aussi personnels — on dirait presque passionnels.

Le général, que bien des choses séparent de l'ancien sénateur, estime l'homme public, et aime la dévotion que lui porte Michel Debré. Il voit en lui l'héritier des grands légistes qui ont bâti l'État national, l'éternel champion de la « méritocratie », le résistant, le gaulliste effervescent, l'homme qui ne met rien au-dessus de la nation (française). Mais sur l'Algérie, que de divergences entre le bénéficiaire de la grande conjuration de mai 1958 et l'homme qui a ainsi contribué plus que tout autre à le ramener au sommet de l'État, acceptant même, pour ce faire, de violer, s'il le fallait, la légalité !

Du début de janvier 1959 à la fin de mars 1962, de Gaulle ne pourra pas faire un pas dans le sens d'une solution politique en Algérie sans avoir à vaincre les réserves d'un Premier ministre déchiré entre la loyauté primor-diale qu'il voue au fondateur de la Ve République et un attachement viscéral (et légal…) à l'Algérie française. On verra à diverses reprises le chef du gouvernement manifester avec éloquence la répulsion que lui cause toute concession politique à propos de l'Algérie. En témoigne, entre bien d'autres, un article publié par l'auteur de ce livre dans *le Monde* du 21 janvier 1959, et qui était puisé à de bonnes sources : « Il est dans la nature de l'affaire algérienne — où une situation historique et sociologique fondamentalement ambiguë, d'autres disent " bâtarde ", réfracte en les déformant les idéologies comme les intérêts — de diviser contre eux-mêmes les partis, les groupes et le pouvoir. Naguère la ligne de clivage passait entre la côte de Provence et Alger avec une telle rigueur que l'on ne pouvait être socialiste ici comme là ; que tel qui partait libéral pour le Palais d'été en revenait partisan d'une idéologie impériale ; qu'une décision prise à Paris n'était considérée que comme une timide suggestion à Alger, et qu'il fut un temps où passer d'une " capitale " à l'autre, c'était presque franchir un rideau de fer [...].

« C'est à Paris désormais que se situe la fêlure, entre l'Élysée d'une part, Matignon et le Palais-Bourbon d'autre part. " La Méditerranée traverse la France comme la Seine traverse Paris ", était hier l'un des slogans de l'entourage du général Salan. De la rive droite à la rive gauche, de l'Élysée à Matignon, y aurait-il bientôt plus de distance que de Paris à Alger ? [...]

« Le précédent régime est mort de la discorde entre Paris et Alger. La Ve République échouera-t-elle à rétablir la paix en Algérie parce que [...] l'un des exécutifs attend impavidement le dernier quart d'heure [quand] l'autre croit — avec toutes les apparences de la raison — qu'il n'y aura de solution algérienne que fondée sur l'adhésion de ceux que le désespoir a rejetés vers les maquis ou vers l'exil… »

On peut s'étonner qu'un homme aussi intelligent que M. Debré, et aussi bien informé en apparence des intentions du général de Gaulle, ait pu si longtemps croire qu'il servait loyalement son chef de file en multipliant les proclamations et même les gestes les plus contraires dans l'esprit à la « ligne », sinueuse mais continue (et, à partir du 16 septembre 1959, bien visible), que suivait le fondateur de la Ve République. D'autant que son entourage, à Matignon, était lui-même fort composite, et apte à le faire se poser des questions…

Si ses collaborateurs militaires — le général Petit* et le commandant Lamouliatte **— appartenaient au clan des irréductibles de l'Algérie française et prirent leurs responsabilités en conséquence, son principal collaborateur civil et ami de toujours, Pierre Racine, pensait fort différemment : il avait même rédigé à la fin de 1956, en conclusion d'une très sérieuse enquête sur place, un rapport concluant à la nécessité de préparer l'Algérie à l'indépendance. Rapport qui, communiqué par Gilbert Grandval au général de Gaulle, avait été jugé par celui-ci réaliste mais « audacieux ». Depuis lors, M. Racine avait élaboré un projet de réforme agraire qui épouvantait les colons d'Algérie.

On voit que le débat ne se réduisait pas à une simple « querelle de châteaux » entre l'Élysée (bastion du libéralisme) et Matignon (citadelle du conservatisme). Si le principal collaborateur civil de Michel Debré était aussi « avancé » en ce domaine que les « hommes de l'Élysée », Geoffroy de Courcel ou Bernard Tricot, le général de Gaulle avait cru bon de confier son cabinet militaire, c'est-à-dire les courroies de transmission entre lui et le haut commandement, à un général, Guy Grout de Beaufort, dont les idées étaient aux antipodes des siennes. « J'ai alors tenté de servir de Gaulle à Alger : mais il était trahi à tout instant », nous confiait peu de temps avant sa mort François Coulet qui avait été l'aide de camp de l'homme de Londres[4].

Au surplus, le général de Beaufort dont la sincérité n'est pas en cause et qui devait penser qu'il n'était pas de moyen que ne justifie une fin aussi parfaite que la sauvegarde de l'Algérie française, était flanqué auprès de De Gaulle de collaborateurs comme le colonel Renaudin, qui ne voyait pas non plus malice à interpréter de façon fort personnelle les directives du « patron », et le colonel Branet, qui préférera, lui, prendre le large que d'avoir à choisir entre de Gaulle et l'Algérie. Il faudra l'épreuve des barricades algéroises pour que le général-président se rende compte de la façon dont son cabinet militaire traduisait (on a choisi ce verbe, plutôt que l'autre) ses ordres.

On a souvent allégué que le général de Gaulle avait « trompé » l'armée par la pratique du « double langage », l'un pour Paris, l'autre pour Alger et les militaires. De quel homme les propos furent-ils aussi publics, aussi répétés, soit qu'ils fussent prononcés à cet effet, soit qu'ils fussent colportés sans son autorisation ? De Gaulle, sur l'Algérie, a vécu un micro devant la bouche, une caméra sous le nez. Ce qui ne veut pas dire qu'il ait toujours dit la même chose...

Mais ce que l'on a rarement relevé, c'est que ce de Gaulle très « lisible », et par le monde entier, était constamment « interprété », à l'usage du corps des officiers, par un groupe d'hommes, son état-major particulier, qui, du sein même de l'Élysée, donnaient à leurs camarades, sur le terrain et dans les états-majors, une version dite autorisée, de la ligne politique tracée par le chef de l'État. Lequel laissa longtemps faire, et doit donc être tenu pour responsable de cette duperie.

---

* Que remplacera, dans le même esprit, le général Nicot.
** L'un des hommes de l'opération « Résurrection ».

Quant au gouvernement, les tendances les plus diverses y sont représentées. L'intégrationnisme le plus résolu s'y exprime par la voix, non seulement de l'inventeur de cette politique, Jacques Soustelle, mais aussi par celle de Bernard Cornut-Gentille, naguère gouverneur des colonies. A l'inverse, Maurice Couve de Murville ne dissimule pas sa conviction qu'il n'y a pas d'autre issue, pour l'Algérie, que l'indépendance ; mais le ministre des Affaires étrangères — très écouté par le général — est, à l'origine, le seul — avec Jean-Marcel Jeanneney — qui ose ne pas camoufler de telles certitudes[5].

Entre ces deux extrêmes, des ministres comme Guillaumat, Jacquinot ou Triboulet restent attachés à l'Algérie française, alors que Malraux et Michelet sont en quête de formules radicalement neuves, une émancipation n'excluant pas une association très étroite avec la France. On peut situer sur des positions voisines de celle-ci Robert Buron, Paul Bacon et Louis Terrenoire. Pierre Sudreau manifeste en toute occasion son esprit libéral, et André Boulloche, socialiste de conviction, et fort éloigné de la politique qu'avait incarnée Robert Lacoste, soutient volontiers les initiatives les plus audacieuses du général de Gaulle. Quant à M. Pinay, bien que favorable au *statu quo*, il n'affichera pas, en ce domaine, les opinions aussi tranchées que le voudraient ses amis indépendants, rêvant de faire de lui un des porte-drapeaux de l'Algérie française[*].

Autre facteur essentiel de la décision gaullienne : le délégué général en Algérie, Paul Delouvrier. Avant d'être le représentant de la France au sein de la Communauté européenne charbon-acier, il avait été l'expert financier de la plupart des hiérarques de la IVe République, dont René Mayer. C'est ce dernier, député de Constantine, qui lui avait fait connaître l'Algérie. Il en était revenu choqué, et ne mettant son espoir que dans des réformes radicales.

Quand, à la fin de septembre 1958, son ancien condisciple de khâgne, Georges Pompidou, l'avertit que de Gaulle pensait à lui pour remplacer Salan en Algérie, il resta d'abord sceptique. De Gaulle le convoqua : « Guillaumat a refusé le poste. Vous, allez d'abord vous installer. Revenez dans un mois et donnez-moi votre diagnostic. Je déciderai en conséquence… »

Six semaines plus tard, Delouvrier est dans le bureau du général et lui communique, d'emblée, sa conclusion : l'Algérie sera indépendante. « Dans vingt ans, peut-être », grommelle le général. Le visiteur en conclut qu'il a perdu toute chance d'être désigné à Alger, et n'en éprouve guère de regret.

Mais de Gaulle a exclu de choisir soit un militaire soit un homme politique, et pense que le corps préfectoral a été trop humilié par les militaires au cours des derniers mois en Algérie pour qu'un préfet puisse s'imposer à eux. Il sait Delouvrier très lié au général Ély, à Antoine Pinay, à Guy Mollet. Son rapport sur l'Algérie l'a intéressé. Bref, le général jette son dévolu sur lui, et le convoque à nouveau.

De Gaulle : « Vous prendrez la place de Salan. »

Delouvrier : « Je ne suis pas de taille… »

---

* Ce qui lui était difficile, compte tenu du rôle qu'il avait joué dans l'accélération de la reconnaissance de l'indépendance du Maroc.

De Gaulle : « Vous grandirez ! Vous serez la France en Algérie... »

Et d'ajouter (on est en novembre et il est toujours à Matignon) : « La politique algérienne se fera à l'Élysée exclusivement. »

Paul Delouvrier, qui s'installe à Alger le 19 décembre, s'en aperçoit assez vite. Il n'est qu'un exécutant. Mais, reçu par de Gaulle deux fois par mois, il est très informé. Au risque de s'attirer de rudes remontrances de l'homme de l'Élysée (qui lui a dit : « Ne regardez pas du côté de Tunis, c'est mon affaire »), il établit des contacts avec Ferhât Abbâs, par l'intermédiaire du préfet Mecheri [*] et du Dr Chaulet, fils d'un dirigeant syndicaliste algérois, lui même établi à Tunis et très proche du FLN, et avec le leader marocain Mehdi Ben Barka — qui lui confie : « Vous avez le meilleur interlocuteur sous la main : c'est Ben Bella. C'est avec lui qu'il faut causer. Sinon, vous aurez Boumedienne [6]... »

Bref, le successeur de Salan n'est pas, lui, homme à faire obstacle à une politique d'ouverture, le jour où le général de Gaulle en prendra la décision. On verra Delouvrier très sensible à l'ambiance algéroise — qui ne l'a été ? — et en bons rapports avec les futurs putschistes, Gardes ou Argoud. Mais dans l'ensemble, il sera un très efficace relais du pouvoir gaullien outre-Méditerranée. « Plût au ciel que le général ait toujours fait des choix aussi heureux... », observe aujourd'hui Alain de Boissieu [7].

Ce problème qu'au début d'août 1958 de Gaulle décrivait comme sans solution, pourquoi tente-t-il moins d'un an plus tard de lui en donner une, en prenant pour ce faire tous les risques ? Et d'abord ceux de s'aliéner à jamais les hommes et les forces qui, en mai 1958, l'ont ramené au pouvoir ?

Charles de Gaulle a bientôt 69 ans. Il médite de grandes choses. Lui qui a, de discours en ultimatum aux Alliés et de pari en coup d'audace, arraché la France au camp des vaincus et restauré son indépendance, prétend maintenant imposer sa présence dans le directoire mondial. Il sait, d'expérience, que c'est une œuvre de longue haleine. Et il estime que tant que la force française restera empêtrée dans les djebels algériens, et de ce fait en guerre contre le Tiers-Monde, sa patrie est vouée à des luttes d'arrière-garde, à des débats du XIXe siècle. Il n'a que peu d'années devant lui pour rappeler au monde ce qu'est la France. Va-t-il s'éterniser à faire, sur une terre africaine, du Salan ou du Lacoste — fût-ce en mieux ? Il y a donc, pour lui, une urgence.

Il y a aussi de nouvelles données militaires. Le plan Challe a été mis en œuvre à partir du début de février. Six mois plus tard, les progrès sont évidents. Mais ce ne sont que « des succès ». Les *katibas*, bousculées, décimées, sillonnent toujours la montagne. Aucune chance ne se présente de pouvoir rapatrier d'importants effectifs. Challe « cogne » bien, accule l'ALN « dans les cordes », mais ne peut conclure. Et comme le dit le très intelligent

---

[*] Algérien, ancien chef de cabinet de Vincent Auriol, très lié au président du GPRA.

général Gambiez à Paul Delouvrier : « Tout se passe comme si nos succès militaires renforçaient dans la population l'aspiration à l'indépendance [8]... »

Tandis que Challe gagne les batailles sans tout à fait gagner la guerre, Pierre Guillaumat tient le chef de l'État au courant des progrès très rapides faits par la construction de la bombe atomique mise en chantier quatre ans plus tôt, sous les gouvernements de Pierre Mendès France et de Félix Gaillard. Voilà qui fait paraître de plus en plus secondaires les parachutages sur les *mechtas* des Aurès. Certes, les espaces sahariens seront bien utiles lorsqu'il faudra procéder aux grandes expérimentations. Mais il n'est pas question (pas encore) de s'en priver...

Du point de vue politique, les idées du général ne laissent pas non plus de cheminer. En mars, il a espéré que les élections municipales permettraient de faire surgir en Algérie ces fameuses élites « modérées », cette « troisième force » à laquelle rêvent les experts de l'Élysée. Mais en dépit des efforts faits par Paul Delouvrier, le FLN a boycotté le scrutin (56 % d'abstentions à Alger), les vieux mécanismes ont joué — non sans complicité de Matignon et de l'armée. Les municipalités algériennes ne sont pas peuplées d'élus assez représentatifs de la personnalité algérienne pour qu'une politique neuve puisse se fonder sur eux. « Alors, Delouvrier, qu'est-ce que nous pouvons retenir de ce scrutin ? — Rien, mon Général. » Une nouvelle porte s'est fermée [9].

Mais que se passe-t-il du côté de Tunis ? Que veut le Front ? De Gaulle est encore très loin de se résigner à traiter avec l' « organisation extérieure ». Mais il veut savoir à quoi s'en tenir. Il lit les rapports rédigés pour Olivier Guichard par le R.P. de Reboul, ancien officier qui a gardé des amitiés avec l'armée, non sans en acquérir quelques-unes du côté algérien. Ses interlocuteurs de Tunis ne semblent pas aussi exigeants qu'on le croit :

« Nous ne formulons aucun préalable à une discussion, lui disent-ils. Nous ne demandons qu'une chose : c'est que, publiquement, le général de Gaulle pose le problème des raisons de notre soulèvement. Qu'il s'interroge et nous interroge sur les raisons qui ont pu nous pousser à prendre des risques aussi immenses, pour notre peuple et pour nous. Alors, nous répondrons, et le dialogue s'engagera, sur le thème de la reconnaissance de l'Algérie en tant que telle, en tant que réalité [10]... »

Ces intentions ne sont pas connues du grand public et resteront très longtemps inédites. Presque personne n'est alors en mesure de dire ce que veut le FLN, et le débat, dans la presse et les milieux politiques, porte beaucoup plus sur la conduite de la guerre et les problèmes moraux et juridiques qu'elle soulève que sur les conditions d'une solution politique. Mais ce qui est clair, c'est que l'opinion publique évolue ; favorable en majorité à l'Algérie française jusqu'à la fin de 1958 — les scrutins référendaires et législatifs sont éloquents —, elle s'interroge avec une croissante anxiété sur la nécessité du combat. Il n'est que de consulter la presse française, de septembre 1958 à septembre 1959, pour percevoir la croissance d'un doute, d'une impatience, d'une attente. Le général de Gaulle y est sensible, ne serait-ce que parce que ces sentiments sont les siens.

Et, bien que l'opinion étrangère n'ait jamais déterminé les prises de positions des Français, et moins encore les votes des Nations unies, l'imminence de la session d'automne de l'organisme de New York joue son rôle dans ce sentiment d'urgence, de réponse à donner, d'initiative à prendre, où vivent alors les Français — à commencer, on l'a dit, par le chef de l'État. Il se trouve qu'à la veille de la session de l'ONU, la France s'apprête à accueillir le président Eisenhower, à coup sûr la personnalité politique étrangère la plus populaire auprès des Français, et pour les meilleures raisons du monde. Cette visite va jouer, dans la démarche intellectuelle et le mûrissement de la décision de Charles de Gaulle, un rôle important. Occasion plutôt que cause ?

Rien n'est plus éloigné de l'esprit de Charles de Gaulle que de prendre une décision d'intérêt national pour complaire aux Américains... Mais il est vrai que sa propre inclination à donner une issue politique au conflit d'Algérie, pour des raisons historiques, politiques, militaires et d'opportunité tactique, va être renforcée par le souci de faire valoir sa stratégie générale auprès de ses alliés. Et comment séduire mieux des interlocuteurs américains qu'en parlant de *self determination* ?

« Ma décision d'accorder aux Algériens le droit d'être maîtres d'eux-mêmes a tracé la route à suivre », devait écrire, dix ans plus tard, l'auteur des *Mémoires d'espoir*[11]. Certes. Aussi bien convient-il d'analyser, pièce à pièce, les étapes de cette prise de position capitale.

Nous avons tenté de découvrir un de Gaulle prenant l'affaire en main en juin 1958 dans un esprit d'ouverture totale. Non sans connaissances historiques, visions d'avenir ou préjugés, certes, mais disponible, s'informant, consultant, allant au contact, et résumant ses premières impressions dans une formule : « Je vous ai compris ! », qui avait l'immense mérite de ne l'engager en rien et de laisser toutes les portes ouvertes.

Puis sont venus le référendum, qui a contribué à restreindre la liberté de choix du général en accentuant la soudure franco-algérienne, l'appel aux « braves », qui a ouvert des perspectives en lui donnant une image libérale (en attendant des effets plus positifs), les élections législatives qui ont constitué une victoire pour l'intégration, la substitution de Delouvrier et Challe à Salan — qui a consolidé Paris contre Alger. A l'orée de 1959, le pendule semble figé à la verticale. Dans quel sens va-t-il repartir ?

Dès le 8 janvier, en entrant à l'Élysée, le nouveau président donne une indication très nette dans le sens de l'ouverture. Sa déclaration inaugurale situe hardiment l'Algérie dans la Communauté, où « une place de choix [lui] est destinée... [dès lors qu'elle sera] pacifiée et transformée, développant elle-même sa personnalité et étroitement associée à la France[12] ». Nous voilà très loin de l'intégration : ce qui est offert, c'est donc une « place de choix », en tant qu'associée, au sein d'une Communauté dont on sait, depuis le 27 août, qu'il suffira à ses membres de faire acte de volonté, comme la Guinée hier, le Mali ou Madagascar demain, pour accéder à l'indépendance.

C'est vers cette époque que, sollicité par un interlocuteur de définir l'avenir de l'Algérie, le général répondait : « Au mieux, ce sera de l'Houphouët-Boigny * ; au pire, du Sékou Touré. » Soit une émancipation à l'amiable, soit une rupture en tempête.

Mais ni l'allocution de l'Élysée ni cette boutade ne suffisent à résumer alors les visées du stratège de Gaulle qui ne veut pas se laisser enfermer si vite dans l'hypothèse de l'indépendance. C'est l'époque où se met en place le plan Challe. C'est celle aussi où, on l'a vu, se préparent les élections municipales. Deux fers au feu... Mais il en faut au moins un troisième au général. Et, le 30 janvier, c'est essentiellement vers l'adversaire qu'il se tourne en dénonçant « la lutte stérile » qui se poursuit, une « guerre [qui] ne peut mener à rien qu'à des misères inutiles ». D'où cette adjuration : « Il faudra bien en finir. Alors ? Pourquoi pas tout de suite, dans d'honorables conditions, ainsi que je l'ai proposé [13] ? »

Il n'y a pas de raison pour que le FLN se ravise si vite. Cette nouvelle invite n'est pas mieux accueillie que celle du 23 octobre précédent. Mais on voit ainsi la panoplie du général (offensive militaire, développement économique, élections, sondages, offre de cessez-le-feu) s'enrichir et se diversifier. On le verra encore le 25 mars, lors de sa première conférence de presse à l'Élysée où, devant des centaines de journalistes internationaux, il évoque « cent trente années de vicissitudes algériennes » et « quatre ans de combats et d'attentats », et en tire cette leçon quelque peu ambiguë où sont dénoncés les deux dogmatismes de l'intégration et de l'indépendance :

> « Je doute que quelqu'un se figure vraiment que la paix et la prospérité puissent régner, tout à coup, sur l'Algérie déchirée, ou qu'il suffise [...] de crier tel slogan [...] pour que toutes les raisons intérieures et extérieures de la guerre disparaissent comme par enchantement. Pour moi, je ne crois pas cela et je ne le dis jamais. Au contraire, je crois et je dis que le destin de l'Algérie dépend d'une œuvre de longue haleine, celle de toute une génération menée dans des conditions et dans un esprit absolument nouveau et visant à faire en sorte que l'Algérie se révèle à elle-même et s'ouvre au monde tel qu'il est [...]. La France a pris ses résolutions [...]. Elle suit maintenant un plan net et ferme [...]. Elle travaille à la transformation où l'Algérie trouvera sa nouvelle personnalité... »

Mais, quand on l'interroge à propos d'une « négociation » éventuelle avec le FLN, il se contente de citer son appel aux « braves » en ajoutant : « ... De toute façon, c'est ainsi que le malheur finira [14]. »

Pourquoi le général, si audacieux le 8 janvier 1959, semble-t-il soudain piétiner, en tout cas freiner son élan ? Peut-être parce que les opérations, en Algérie, l'intensification des combats (Challe passe de l'opération « Couronne » en Oranie à l'opération « Courroie » dans l'Algérois) ne sont pas

---

* Lequel est encore ministre dans le cabinet Debré, avant de devenir président de la Côte-d'Ivoire indépendante au sein de la Communauté.

très propices aux supputations politiques. Mais aussi et surtout parce qu'il vient d'entamer un sondage qu'il ne veut en aucun cas compromettre par des propos trop précis.

Quelques jours plus tôt, à la veille de Pâques, un voyageur discret est arrivé à Alger. Il vient, dit-il, s'occuper « des affaires du groupe Rothschild ». Son nom : Georges Pompidou. Si l'ancien directeur de cabinet du général a tenu à rester dans la pénombre, c'est pour n'être pas gêné dans ses démarches : par l'entremise de deux avocats libéraux d'Alger, Mes Morinaud et Popie *, il a pris contact avec « des Musulmans nationalistes ayant des liens avec le MNA et le GPRA [15] ». Commentant cette mission devant son gendre, Charles de Gaulle lui confie : « Ses fonctions actuelles sont une remarquable couverture. Elles me rendent bien service [16]. » C'est au cours de ce voyage de mars 1959 que M. Pompidou prépare les contacts avec un important représentant du FLN, Me Ahmed Boumendjel, qui ouvriront la voie à la négociation.

Coup d'accélérateur ? Le général ne sent pas encore la décision tout à fait mûre. S'il a décidément rompu les ponts avec le parti de l'intégration, il ne veut pas se couper encore des modérés, de ceux qu'il pourrait peut-être entraîner dans la construction d'une Algérie « révélée à elle-même ». Il veut encore s'adresser à cette opinion médiane. S'il réussissait à les convaincre, Européens libéraux et Musulmans « modérés », ne pourrait-il ouvrir la voie à une « solution Houphouët » et faire l'économie de la grande tractation avec le FLN qui risque de l'entraîner du côté de Sékou Touré ?

Le 28 avril, Pierre Laffont **, directeur de *l'Écho d'Oran* (où il défend bravement des idées apparemment proches de celles de l'Élysée) et député de cette ville, est assis à son banc du Palais-Bourbon quand il reçoit une note lui signifiant qu'il est attendu le lendemain à 17 heures à l'Élysée par le général de Gaulle. Cet entretien, et l'écho que lui donne Pierre Laffont, puis l'accueil que lui réserve l'opinion publique constituent une pièce indispensable du dossier algérien.

Le député d'Oran est frappé aussi bien de « la rigueur qui préside à l'entretien » que de la teneur des propos du général. D'ordinaire, dit-il, « on aborde un sujet, on le quitte, on y revient. Avec de Gaulle, ce n'est pas le cas. Il suit le fil de sa pensée avec une telle continuité que les propos s'enchaînent et découlent les uns des autres ». Mais c'est surtout le fond de la déclaration qui le surprend. A tel point qu'il ne peut s'empêcher de s'exclamer :

« Quel dommage que tout cela soit dit dans le silence de votre cabinet ! Si ces paroles étaient connues en Algérie, elles apporteraient un soulagement immédiat à l'inquiétude de beaucoup.

« Il me répond aussitôt :

" Mais je vous autorise à les répéter. " »

Laffont prend sur lui de confondre autorisation de « répéter » et droit de

---

* Assassiné deux ans plus tard par l'OAS.
** Frère de l'éditeur Robert Laffont.

« publier » : *l'Écho d'Oran* diffuse le 30 avril un texte aussitôt reproduit sous de gros titres par la presse mondiale. Le réveil du général est, dit-on, « tumultueux ». Mais, vers 10 heures, rapporte Pierre Laffont, le chef de l'État reçoit un coup de téléphone de Delouvrier : « Enfin, mon Général, vous avez tenu les propos que j'espérais depuis si longtemps. L'anniversaire du 13 mai pourra se passer dans le calme. » De Gaulle va donc utiliser les « circonstances », raconte Pierre Laffont : « Il fait déclarer simplement qu'il ne m'a pas accordé d'interview, mais que " la substance de ce que rapporte le quotidien oranais peut être tenue pour conforme à ce qui a été dit ". C'est un certificat d'authenticité. »

Si cette « substance » fait aussitôt le tour du monde, c'est parce que de Gaulle prend ici une position qui, soudain, à un sarcasme près, le rapproche des hommes d'Alger.

Sur l'intégration :

> « Je n'ai pas voulu prononcer ce mot parce qu'on a voulu me l'imposer. Mais que signifie-t-il ? Que l'Algérie est française ? Est-il utile de le dire puisque cela est ? »

Sur le FLN :

> « Je n'ai pas à reconnaître cette organisation. Elle représente, certes, une force importante, mais, à mes yeux, elle ne représente pas l'Algérie, et même pas les Musulmans d'Algérie. »

Sur la fraternisation :

> « La fraternisation des deux communautés ne s'est pas faite le 13 mai avec M. Lagaillarde. C'est au cours des journées qui suivirent que la population musulmane a fraternisé avec la population européenne sur le Forum. Et elle est venue parce qu'on a commencé à crier le nom de De Gaulle. C'est *sur mon nom que s'est faite* cette fraternisation. Et c'est à mon nom qu'on la doit. »

Et enfin la formule restée célèbre :

> « Ceux qui crient aujourd'hui le plus fort intégration, ce sont ceux-là mêmes qui, alors, étaient opposés à cette mesure. Ce qu'ils veulent, c'est qu'on leur rende l' " Algérie de papa ". Mais l'Algérie de papa est morte, et si on ne le comprend pas on mourra avec elle. »

Dès le lendemain, négligeant le sarcasme final, les élus d'Algérie se réunissent pour se déclarer satisfaits « de l'affirmation, sans ambiguïté, de l'unité française, et de la fermeté témoignée à l'égard des organisations fictives (!) * extérieures à l'Algérie » et pour appeler leurs électeurs « à se pénétrer de la profonde signification des paroles du président de la République ». La morale de l'histoire, c'est Pierre Laffont lui-même qui la tire, avec une lucidité digne de son courage.

« Au cours de cette conversation, quel était le but visé par le général ? On

---

* Le point d'exclamation est de Pierre Laffont. Une « fiction » qui mobilise contre elle un demi-million de jeunes combattants français…

connaît aujourd'hui sa méthode. Quand il ignore ce qu'il doit faire, il avance à coups de sonde : un coup à droite, un coup à gauche, jusqu'à ce que les faits découvrent d'eux-mêmes la solution. J'étais arrivé au moment d'un sondage à droite [17]. »

Une semaine plus tard, au cours d'un voyage à Bourges, le général croit en outre pouvoir déclarer « en toute connaissance de cause que *le jour est en vue où l'Algérie sera pacifiée* ».

L'anniversaire du 13 mai se déroule à Alger sans incidents. Une foule honorable d'Européens et de Musulmans applaudit Delouvrier. « C'est la dernière fois, observe encore Pierre Laffont, qu'on voit ensemble, dans la même foule, les deux communautés [18]. »

Sondage, ou coup de barre à droite ? Ou simple opération tactique ? Onze mois après avoir pris l'affaire en main, le général de Gaulle en est encore à chercher la voie, ou à se comporter comme s'il la cherchait : ce salut adressé à l'Algérie française, cette revendication, pour lui, et sur son nom, de la fraternisation du 16 mai, cette affirmation sans nuance que l'Algérie sera bientôt « pacifiée »...

A la même époque, pourtant (14 mai) le colonel Argoud discute « avec Massu [des] inquiétudes entretenues dans la population et dans l'armée par certains bruits, invérifiables, qui commencent à courir. On parle de contacts que de Gaulle aurait fait prendre avec le GPRA. Le mot de cessez-le-feu est même prononcé pour la première fois [19] » Un mois plus tard, le même officier interroge à ce sujet le colonel Renaudin, de l'état-major de l'Élysée, venu en inspection à Alger. Cet officier, rapporte-t-il, exclut ces hypothèses et lui « rit au nez ». Et quand Massu est reçu lui-même par de Gaulle, le 30 juin, c'est pour s'entendre dire qu'ils sont en accord total et que « c'est à l'armée de jouer ».

Alors, qui croire ? Les rumeurs qui commencent à courir autour de la mission Pompidou ont-elles plus de consistance ou d'importance que les assurances données à Massu ? Les propos tenus à Pierre Laffont sur l'inutilité de parler de l'Algérie française « puisque cela est », ou cette promesse, toujours à l'ordre du jour, d'une « place de choix » pour l'Algérie dans une Communauté ouverte à tous vents ?

Il n'est pas certain que le général de Gaulle hésite encore. Mais il est évident qu'il croit toujours utile de temporiser et de manœuvrer. Et s'en étonner, s'en offusquer, c'est vraiment ne pas connaître l'ampleur ou l'intensité de la résistance que lui opposent des forces qu'il peut d'autant moins ignorer qu'elles se réclament de son patronage...

Que la majorité de l'UNR fût, au lendemain des élections du 30 novembre, en désaccord sur l'Algérie avec l'homme dont elle se réclamait, il suffisait pour s'en convaincre d'écouter ses porte-parole, de lire les textes que votaient ses parlementaires. Ainsi, le 8 décembre, les « élus d'Algérie et du Sahara » approuvaient un texte proposé par un député UNR de Paris, Me René Moatti, ami de Jacques Soustelle, proclamant la nécessité de tout faire pour que l'Algérie soit « partie intégrante de la France ». De Gaulle parla aussitôt de « rodomontade ». Mais un mois plus tard, la déclaration gouvernementale lue par Michel Debré au Palais-Bourbon (et par Jacques Soustelle au palais du Luxembourg) n'en disait guère moins...

Il ne se passe pas de semaine, en ce premier semestre de 1959, que le Premier ministre ne rappelle de la façon la plus solennelle ce qui semble bien être la doctrine officielle : la France est en Algérie et elle y restera, la Constitution ne saurait admettre sur ce point aucune transaction. Osant même prononcer le mot tabou d'intégration, M. Debré déclarait à la fin de mai devant l'Assemblée nationale : « Si ce mot signifie le refus de la désintégration, le gouvernement est pour l'intégration. S'il signifie l'égalité de tous les citoyens dans le respect de l'intégrité française, le gouvernement est pour l'intégration. » Soustelle ne disait rien d'autre...

Ainsi le général de Gaulle était-il publiquement contredit (ou débordé) aussi bien par son Premier ministre que par le parti élu en son nom et qui continuait à se réclamer de lui. S'agissant de M. Debré, on pourra toujours s'interroger non sur la sincérité de l'homme, qui était et reste évidente, mais sur sa conception du rôle dont il était investi.

De même que, dans la magistrature debout, « la plume est serve mais la parole est libre », de même chez le second personnage de l'exécutif coexistaient une intense exigence d'exprimer ses convictions et une vassalisation consentie, qui aboutissaient à un partage des tâches, à une division du travail entre le général et lui : il lui restait loisible de dresser comme un écran entre de Gaulle et les soustelliens civils et militaires sa foi souffrante en l'Algérie française, à condition que ce fût pour donner ainsi le champ libre au chef de l'État en vue de pratiquer sa propre autodétermination. Et tandis que l'un contenait l'armée et les Algérois en adhérant à leurs thèses, l'autre frayait son chemin vers une solution politique. Duplicité ? Oui, en deux personnes, et sous forme de deux sincérités.

S'agissant de l'UNR, de Gaulle opéra de façon plus simple et plus classique. Il la mit aux mains de deux « hommes sûrs », Albin Chalandon au secrétariat général et Louis Terrenoire à la présidence du groupe parlementaire.

Le premier était l'homme du monde le moins prêt à subir la contagion des fièvres algériennes. Financier de grand prestige, technocrate plein de sang-froid, persuadé de l'absurdité de l'intégration et de la nécessité de la présence du général à la tête de l'État, il allait mater sans timidité les frondes incessantes qu'animait de mois en mois le parti « algéro-gaulliste » contre le parti « gaullo-gaulliste », procédant tour à tour à l'exclusion du colonel Thomazo, de Léon Delbecque et (au début de 1960) de Jacques Soustelle.

Mais ce ne fut pas sans des luttes implacables. Albin Chalandon nous a conté les campagnes conduites contre lui par le clan « intégrationniste », les menaces incessantes contre sa vie et sa famille, les bombes découvertes chez lui — dont l'une placée de telle façon, près de la chaudière du chauffage central, qu'elle aurait dû faire sauter sa maison et le voisinage [20].

Quant à Louis Terrenoire, homme de confiance du général s'il en fut, il a d'abord barré la route à la candidature de Jean-Baptiste Biaggi, le pionnier le plus véhément — et le plus intrépide — de l'Algérie française, en faveur de laquelle il n'a manqué, depuis cinq ans, ni un complot ni un pronuncia-miento. Qu'eût provoqué l'élection à ce poste d'un tel homme ? Un affrontement, à coup sûr, entre l'UNR et l'Élysée, qui n'eût pas permis la survie du parti inventé quatre mois plus tôt dans les bureaux de l'hôtel Matignon et de l'avenue de Friedland *.

Mais les freins à une solution politique en Algérie ne sont pas seulement à Alger, au Palais-Bourbon et à l'hôtel Matignon. Plus haut dignitaire de l'armée, le maréchal Juin, originaire de Bône, marié à une Constantinoise, fait peu à peu prévaloir son attachement à sa terre natale sur son amitié pour de Gaulle et même sur la conscience qu'il a de l'urgence de moderniser l'armée. Et Georges Bidault, dont les articles de *Carrefour* parleront bientôt de « forfaiture », incline de plus en plus à fomenter contre l'homme qu'il a en quelque sorte convoqué au pouvoir en mai 1958 ce qu'il appelle la « seconde résistance », ne voyant apparemment pas de différence entre un certain exercice du pouvoir par l'homme du 18 juin et celui que pratiquait en France, quelques années plus tôt, l'armée nazie.

Autant d'obstacles, de récifs, de pièges dont il n'est pas certain qu'ils n'aient pas exercé, sur de Gaulle, un rôle d'excitant, un effet dynamisant. On a cité Edgar Faure [71] décrivant le général de Gaulle comme un homme d'État mû par le principe de contradiction. Il est clair que cette guérilla déclenchée contre lui, au printemps de 1959, n'aurait pas suffi à le faire opter pour une solution contre laquelle se serait dressé son esprit. Mais, y inclinant, non sans douleur, ni crainte, ni mélancolie, il y fut plutôt conduit qu'il n'en fut détourné par cette conjuration du dogmatisme, du passéisme et de quelques grands intérêts.

Dans cette chaîne d'effets négatifs, le premier rôle fut joué à coup sûr par M. Soustelle, dont les certitudes doctrinales l'exaspèrent (« c'est, dit-il, un intellectuel buté ») ; le second le fut par les militaires qui prétendent ramener la guerre et la propagande à « l'action psychologique » ; et le troisième, par l'honnête, le vertueux, l'incorruptible Michel Debré, ce Premier ministre qu'il traitait, selon l'un de ses plus proches collaborateurs, comme un *punching ball* — instrument qui n'a pas pour fin d'épuiser l'agressivité des champions...

C'est de juillet 1959, semble-t il, qu'il faut dater la décision du général de Gaulle de proclamer le droit des Algériens à l'autodétermination. Entre bien des signes, retenons celui-ci. C'est le 22 juillet qu'en visite à Alger le général Petit, l'un des « inventeurs du 13 mai », devenu le directeur du cabinet militaire de Matignon où il veille à ne pas laisser fléchir l'intransigeance de son « patron », fait part au colonel Argoud des « inquiétudes du Premier ministre sur l'issue de l'affaire algérienne. M. Debré paraît avoir perdu sa belle assurance [22] »... Et deux jours plus tard, le 24 juillet, le même Argoud sursaute en entendant le colonel Branet, du cabinet de l'Élysée, lui définir ainsi la politique de De Gaulle en Algérie : « Ni intégration ni indépendance, mais autodétermination [23]... » Oh ! Oh !...

---

* Le ministère de l'Information dont le titulaire était alors Soustelle.

Préalablement, du 3 au 10 juillet, le général a visité la côte française des Somalis, Madagascar, les Comores et la Réunion. Pour chaleureux qu'il fût, l'accueil que lui a réservé Madagascar l'a confirmé dans l'idée que le principe d'indépendance inspirait désormais tous les peuples naguère colonisés. Il en est si fortement persuadé que, passant la veille par les Comores, il confie à Jacques Soustelle, alors ministre des territoires et départements d'Outre-Mer : « Tous ces gens-là veulent leur indépendance. » Et l'ancien gouverneur d'ajouter : « J'eus beau affirmer le contraire : c'était une idée fixe [24]. »

Quelques jours auparavant — le 2 juin — le président de la République a accueilli à l'Élysée le prince Moulay Hassan *, héritier du trône du Maroc, qui, venu le remercier d'avoir amélioré le sort de Ben Bella et de ses compagnons (hôtes du roi son père au moment de leur interception), s'efforce de le convaincre de la volonté de négociation des hommes du GPRA, de leurs bonnes intentions, de leur modération. Il propose à cet effet l'entremise de la cour de Rabat. Un projet de rencontre entre le général et le roi, qui doit recevoir des soins en France au début d'août, est alors formé. Il échouera sous la pression de la gauche marocaine.

Peu de jours après son retour de l'océan Indien, le général a reçu — les 17 et 23 juillet — deux des leaders africains qui lui semblent les plus crédibles, Modibo Keita et Léopold Senghor, celui-ci ami personnel de Georges Pompidou et très averti des efforts faits du côté français pour sonder les intentions des insurgés algériens. Ces entretiens avec deux des hommes qui contribuent le plus activement à faire de leur État (alors) commun, le Mali, une avant-garde de la Communauté en mouvement, et la démonstration qu'il n'est pas d'association franco-africaine possible sans reconnaissance d'une constante liberté d'option ancrent davantage encore le général de Gaulle dans sa conviction qu'il n'attachera l'Algérie à la France qu'à partir de l'instant où elle sera en mesure de choisir sa voie.

Mais la cristallisation de la décision du général de Gaulle semble bien s'être faite à la lecture d'un document établi à son intention par un groupe d'études rassemblé à l'Élysée sous la direction de Bernard Tricot. Celui-ci en fut-il en fin de compte le seul auteur ? Citant ce document dans *les Sentiers de la paix,* M. Tricot ne mentionne à ce propos d'autre nom que le sien : ce qui permet de lui en attribuer à coup sûr la paternité.

Cette étude, rédigée en vue de la recherche d'un cessez-le-feu en Algérie dont chacun sait bien qu'il ne pourrait aller sans quelques conditions et beaucoup de conséquences politiques débordant le cadre très strict tracé lors de l'« appel aux braves » d'octobre 1958, s'efforçait de répondre à la question : comment convaincre le FLN de cesser les combats que de Gaulle qualifiait de « stériles » dans la logique et d'après le point de vue du chef d'un État organisé, opulent et contraint de tenir compte des avis et des réactions d'une opinion publique sensible et changeante ?

Le conseiller du général de Gaulle n'excluait aucune hypothèse, et envisageait diverses solutions. L'éventualité d'un effondrement de l'ALN,

---

* Le futur Hassan II.

que pourraient provoquer les dissensions internes au sein du FLN, était retenue. Mais, poursuivait le rédacteur de la note « en dehors de cette éventualité... pourquoi [le GPRA] demanderait-il ou accepterait-il de cesser la lutte [...] [n'étant] pas un gouvernement ayant des responsabilités territoriales, des populations et des biens à sauvegarder [...] [mais] une force révolutionnaire, peu sensible au destin individuel des hommes et n'ayant rien à perdre ? ».

« Nous pouvons détruire les katibas, ajoutait Bernard Tricot, il resterait, se renouvelant parmi les jeunes, des terroristes, des distributeurs de tracts et, installée dans quelque pays frère, une organisation extérieure... Une demande de cessez-le-feu ne nous [paraît] donc envisageable de la part des gens d'en face que si, convaincus que la lutte armée était sans espoir, ils avaient de fortes raisons de penser que le retour à la paix leur permettrait d'atteindre leurs objectifs par la voie politique. »

Le cessez-le-feu ne peut donc être « une conclusion » mais « une étape » dans une solution politique du conflit. Celle-ci peut prendre forme par l'organisation d'un référendum et si l'indépendance n'est pas écartée on lui préfère l'autonomie « dans un ensemble franco-africain[25] ». Le mot d'auto-détermination n'était pas formulé. Bernard Tricot insiste aujourd'hui[26] sur le fait qu'à sa connaissance aucun des collaborateurs de Charles de Gaulle ne l'avait encore prononcé *, mais il s'agissait bien de cela.

C'est à partir des réflexions que lui inspire cette note, dont la conclusion est en somme qu'on ne peut ramener la paix en Algérie qu'en ouvrant une perspective politique au mouvement insurrectionnel, que le général de Gaulle enclenche le processus de conseil et de consultation qui devait préluder à sa décision.

Quand, le 31 juillet, il reçoit à l'Élysée M. Dag Hammarskjöld, secrétaire général des Nations unies (qu'il n'aime guère, ne serait-ce qu'en raison de l'idée très « supranationale » que cet homme de qualité se fait de ses fonctions), il lui donne à entendre que la France s'apprête à procéder à une révision si profonde de sa politique algérienne qu'elle surprendra l'organisation internationale, si prompte à la censurer. A propos de cette rencontre, *l'Express* fait cette révélation : « Le général de Gaulle a esquissé un programme d'action qui mettrait l'Algérie " en état d'autodétermination "[27]. »

Mais peut-être serait-il bon que le général informe aussi, de ce qui se prépare, son propre gouvernement... Le 12 août, de Gaulle invite ses ministres à réfléchir sur la question algérienne et à lui communiquer le fruit de ces méditations au cours d'un conseil extraordinaire convoqué pour le 26 août. Procédure tout à fait exceptionnelle, qui dit bien l'importance sans précédent accordée par le général à cette décision, et qui va d'ailleurs donner lieu à ce que Jacques Soustelle appelle « le mémorable Conseil des ministres du 26 août 1959[28] ».

---

* Mais nous avons vu plus haut que le colonel Branet en parle dès cette époque (24 juillet) au colonel Argoud.

On citera de larges extraits du récit qu'en a publié l'ancien ministre de l'Information avec une précision sans précédent — rompant ainsi les engagements pris une fois pour toutes par les membres du gouvernement parce qu'il est, au moment où il publie son livre *, en rupture avec la légalité et parti pour l'exil.

« Je revois la longue table du Conseil où je siégeais à la droite de Michel Debré. En face, le président de la République flanqué d'André Malraux et de Louis Jacquinot. A côté de moi, Couve de Murville et plus loin Sudreau. En bout de table, le benjamin Giscard d'Estaing.

« Le Premier ministre prit d'abord la parole, posant le problème dans ses grandes lignes : il n'y a pas d'État algérien et il n'y en a jamais eu ; d'un autre côté, on ne peut imaginer une identification absolue de l'Algérie et de la métropole ; enfin, la France a en Algérie et en Méditerranée des positions et des intérêts stratégiques, économiques, politiques qu'elle doit y maintenir, faute de quoi on assisterait à l'effondrement de la Communauté. Comment y parvenir ? " En assurant l'expression démocratique de l'Algérie ", répondait Debré. Sur ce dernier point, poursuivait-il, deux voies étaient concevables : ou bien fixer dès maintenant un statut politique de l'Algérie qu'on soumettrait au vote des populations, ou bien permettre à celles-ci de se prononcer plus tard. Quant à lui, concluait-il, il choisissait la deuxième formule, car, en la proposant, la France serait en droit d'obtenir le soutien de ses alliés du monde libre. »

Selon Jacques Soustelle, les thèses ainsi exposées par Michel Debré, visiblement influencé par ses entretiens avec le général de Gaulle, « étaient assez éloignées de celles qu'il professait encore quelques semaines plus tôt. L'impossibilité d'une " identification absolue " de la métropole et de l'Algérie était la tarte à la crème des adversaires de l'intégration qui feignaient de la confondre avec l'assimilation. Quant au schéma de " l'expression démocratique de l'Algérie ", il ressemblait plus aux discours [...] du président qu'à ceux du Premier ministre.

« Chacun, rapporte l'auteur de *l'Espérance trahie **, parla à son tour. Certains, comme Boulloche et Sudreau, jugeaient nécessaire une " novation ", une " initiative ", avant la session de l'ONU, Bernard Cornut-Gentille estimant au contraire qu'il ne fallait pas dépasser, avec le FLN, le stade de la " paix des braves " sous peine de voir " déferler les ambitions arabes " sur tout le Maghreb, et mettant ses collègues en garde contre le " lâche soulagement " qui pourrait résulter d'une " solution d'abandon ". Paul Bacon se disait partisan de la reconnaissance de la personnalité algérienne, Jacquinot suggérait que la France boycottât la session de l'ONU si elle n'obtenait au préalable l'assurance d'un vote favorable des États-Unis.

« Michelet, poursuit Soustelle, suggérait une relance de l'appel à la paix, et demandait aux juristes de trouver une " formule " liant un État algérien à la

---

* *L'Espérance trahie*, en 1961.
** Lui-même se prononçant naturellement, et avec éloquence, pour l'intégration et contre toute dissociation entre la France et l'Algérie.

France ; il s'écria même : " Jamais nous ne devrons amener le drapeau français à Alger, mais je ne verrais pas d'inconvénient à ce qu'un autre flotte à côté, comme à Lille l'étendard des Flandres auprès du drapeau tricolore. " Antoine Pinay, posant en principe qu'il fallait garder l'Algérie, demandait si la méthode suivie jusqu'alors était bonne, si l'action militaire et l'équipement économique, entraînant un effort très lourd, étaient suffisants — ce qui montre, soit dit en passant, qu'il avait compris mieux que beaucoup d'autres ce qu'il y avait d'incomplet et de boiteux dans notre politique.

« Frey, sans s'engager, souligna qu'il y aurait un choix à faire entre la politique algérienne et la politique internationale (ONU, OTAN). Guillaumat — ce qui me surprit — s'opposa à une novation. " La personnalité algérienne, dit-il, n'existe pas. " Selon lui, tout relâchement de l'autorité française en Algérie était à proscrire.

« Au total, le Conseil paraissait à peu près également partagé entre adversaires et partisans d'une " initiative ", les seconds donnant d'ailleurs à celle-ci des contenus assez différents. Une minorité penchait pour la création d'une entité autonome algérienne, d'une sorte d'État, une minorité s'y opposait, un autre groupe suivait le Premier ministre dans la voie qu'il avait indiquée au début. Chacun ne parla qu'une fois, il n'y eut pas de discussion, mais une série d'interventions, d'où se dégageait une impression confuse. Il était en même temps évident que la plupart des ministres ignoraient tout de la question *.

« Avant de lever la séance, le président de la République dit en substance : " Messieurs, je vous remercie. Dans cet ordre d'affaires, il faut marcher ou mourir. Je choisis de marcher, mais cela n'empêche pas qu'on peut aussi mourir "[29]. »

On a choisi de fonder ce récit du Conseil des ministres du 26 août 1959 sur celui de Jacques Soustelle, parce qu'il est le plus direct que l'on connaisse. Mais il faut le compléter parce qu'il passe sous silence — entre autres — une très intéressante intervention, celle de Jean-Marcel Jeanneney, alors connu pour ses attaches avec Michel Debré : le ministre de l'Industrie se prononça sans ambages pour une émancipation rapide de l'Algérie. Avec une telle clarté — le mot indépendance figurait dans son exposé — qu'il s'en vint, après le Conseil, trouver le Premier ministre pour lui demander s'il n'avait pas scandalisé le chef de l'État. Sans lui dissimuler son propre désaccord, Debré lui dit : « Non. Vous êtes même le plus proche de lui par la pensée[30]... »

Marcher et/ou mourir...

Le lendemain 27 août, le général de Gaulle accompagné de Pierre Guillaumat et du général Ély partait pour ce voyage en Algérie auquel nous avons déjà fait allusion. Visite aux centurions qui permettra de mesurer, à la veille de la grande décision, les risques « militaires » qui en découlent pour le chef de l'État, et le degré de compréhension qu'il peut attendre de l'armée.

---

* Pour M. Soustelle, c'est une pétition de principe. On ne « connaît la question » que si l'on pense comme lui.

Les premiers contacts ne sont guère encourageants. Si le 27, à Saïda, Bigeard et ses « paras » se contraignent à un garde-à-vous qui peut passer pour une sorte d'adhésion, le lendemain, à Orléansville où de Gaulle a convoqué Massu, l'échange est d'un autre ton. Tout y est dit, semble-t-il, qui annonce les rébellions futures. Écoutons la version qu'en donne Antoine Argoud :

« 28 août. Le général Massu rentre d'Orléansville où il a eu un entretien avec de Gaulle. Il nous raconte, à Broizat* et à moi, ses impressions. De Gaulle envisage une longue période de pacification. Ensuite, il y aura une autodétermination du peuple algérien soit sous forme de l'intégration, soit sous une tout autre forme. Massu a violemment réagi, affirme-t-il, en rappelant l'exemple du Mali**. De Gaulle a pris la mouche. Il a contesté formellement le bien-fondé de l'analogie. Massu a souligné ensuite l'importance de l'opinion des Européens d'Algérie. De Gaulle a répliqué qu'il les " emm… ".

« Massu pense que de Gaulle veut tâter le pouls de l'armée pour savoir jusqu'où il peut aller. Il n'en reste pas moins, souligne-t-il, qu'une telle prise de position risque d'être lourde de conséquences. Massu termine l'entretien par cette réflexion : " De Gaulle n'est pas éternel "[31]. »

Ce qui, venant d'un vieux combattant de la France libre, d'un grognard réputé « inconditionnel », est éloquent. Le 13 mai a laissé sa trace sur le personnage.

Suivant à la trace le voyageur pour le compte du *Monde,* je trouvai l'occasion d'interroger, le 30 août, près de Bordj-Bou-Arreridj, dans le Nord-Constantinois, un groupe d'officiers qui avaient, la veille, partagé mon dîner dans le petit mess de campagne où nous nous entretenions. Leurs réactions étaient à coup sûr mitigées, mais point empreintes de l'indignation qui soulèvera plusieurs d'entre eux un an plus tard. Écoutons-les :

« … A la fin de la soirée, en nous quittant, le général a déclaré : " Il faut que nous fassions en sorte que l'Algérie choisisse de rester avec la France. " Il nous a paru surtout vouloir faire une enquête sur l'état actuel du pays, nos efforts, les délais qui restent nécessaires avant de passer à une autre phase de l'affaire.

— En somme, il est venu voir comment le pays est tenu ?

— On pourrait dire aussi : comment le pays tient, ou tiendrait, au cas où on laisserait plus de responsabilités aux Musulmans. [...]

— L'impression que vous retirez de cet entretien ?

— Nous sommes satisfaits.

— Rassurés ?

— Nous n'étions pas inquiets. Ici nous ne faisons pas au général de Gaulle un procès de tendance. Mais nous sommes heureux qu'il ait parlé ainsi, qu'il nous ait rappelé que notre tâche n'était pas finie, que l'on avait encore besoin de nous. Nous souhaitions mener à son terme le travail qu'on nous a confié.

---

* L'un des colonels activistes.
** Qui vient de proclamer son indépendance.

Le général nous a confirmé que notre mission devait être achevée. C'est ce que nous attentions de lui.

— Et l'autre aspect des perspectives ouvertes par le général de Gaulle, parlant des Algériens qui " feront leur destin eux-mêmes ", l'approuvez-vous aussi chaleureusement ?

— C'est un risque. Il faut faire en sorte que le développement économique de l'Algérie, que son amarrage à la France, la formation de ses élites nous assurent un destin commun. A nous de réussir. »

Cet officier-là est apparemment gaulliste. Un autre l'est moins, qui intervient alors :

« Savez-vous qu'en nous quittant le général de Gaulle a dit à l'un des membres de son entourage : " Je viens de dîner avec des fanatiques " ?

— Mais, précise vivement l'un de ses camarades, dans le sens de " fana ", de passionné par le travail...

« Et comme l'un des officiers me dit avoir participé voilà un an à ce qu'on a appelé le " dîner des capitaines " du Palais d'été d'Alger *, je lui demande de comparer les deux rencontres :

— Oh ! fait-il, c'est très différent. L'atmosphère, cette fois-ci, était beaucoup moins tendue. Le général a déclaré l'an dernier, en nous quittant : " J'ai dû couper court à la conversation. Ces jeunes gens voulaient me faire battre contre le monde entier. Je ne peux tout de même pas déclarer la guerre à la Chine ! " Cette fois-ci il n'a pas été question de cela, je vous l'assure, mais beaucoup plus de nos tâches quotidiennes et des moyens de ramener progressivement la paix dans nos montagnes [32]. »

L'ensemble de ces propos ne reflète pas l'opinion majoritaire du corps des officiers en août 1959. Dans beaucoup d'autres unités, le climat est plus négatif. Ces « fanatiques » qu'il a entendus s'exprimer jusque dans l'entourage du colonel Buis à Bordj-Bou-Arreridj, de Gaulle va les retrouver sur sa route. Car s'il leur a donné les moyens de vaincre, il ne partage pas les idées de la majorité d'entre eux sur l'exploitation de la victoire.

C'est seulement lors de la quatrième journée de ce voyage au pays des guerriers que Charles de Gaulle, accueilli au PC « Artois » de l'opération « Jumelles » par le général Challe, révélera l'essentiel de son plan aux principaux responsables de la conduite de la guerre. La veille déjà, à Aïn-Touilla et à Tebessa, il a déclaré :

> « Une fois la paix obtenue, une ère nouvelle se lèvera, de liberté et de fraternité pour tous. L'ère où chacun qui habite l'Algérie aura à choisir le destin de l'Algérie [...]. Les Algériens feront leur destin eux-mêmes. »

Face à Challe, flanqué de Delouvrier et entouré de son état-major, de Gaulle clarifie enfin ses intentions :

> « Nous n'aurons pas les Algériens avec nous s'ils ne le veulent pas eux-mêmes [...] l'ère de l'administration par les Européens est révolue... Tous

* Au cours duquel le général de Gaulle avait été rudement pressé de proclamer l'intégration.

les peuples de la terre sont en train de s'affranchir... Nous ne devons donc agir en Algérie que pour l'Algérie et avec l'Algérie de telle sorte que le monde le comprenne. »

Le chef de l'État va même jusqu'à indiquer, au cœur de cette montagne kabyle, les termes du choix qui sera proposé aux Algériens — « sécession », « francisation » ou association. Et il conclut par cette adjuration qui prend déjà l'allure d'un avertissement :

> « Quant à vous, écoutez-moi bien ! Vous n'êtes pas l'armée pour l'armée. Vous êtes l'armée de la France. Vous n'existez que par elle, pour elle et à son service. Or celui que je suis, à son échelon, avec ses responsabilités, doit être obéi par l'armée pour que la France vive... »

Il est peu de dire que la majorité des auditeurs en resta bouche bée. Seul, ou à peu près, le général Faure, l'éternel dissident, osa exprimer son désaccord, sur le ton tranchant qui lui était coutumier. L'incident fut très vif, conclu par un très dur rappel à l'ordre du chef de l'État : « Taisez-vous ! » Ce qui n'empêchera pas Jacques Faure de déclarer quelques minutes plus tard, devant les officiers de l'état-major de sa division que « ce mec a trompé l'armée [33] ».

Maurice Challe, quant à lui, a « encaissé » sans sourciller les propos du général de Gaulle. Et il a aussitôt trouvé la parade : l'objectif tracé par le chef de l'État, c'est de faire entériner par les Algériens la « francisation » — qui va de soi... Reconduisant le visiteur à l'hélicoptère qui va le ramener à Telergma, d'où il prendra l'avion pour Paris, le commandant en chef interroge le président de la République : son interprétation (c'est la « francisation » qui est l'objectif) n'est-elle pas bonne ? De Gaulle se retourne vers Delouvrier : « Et vous, qu'en pensez-vous ? » Le délégué général répond que si la liberté de choix est donnée aux Algériens, ils choisiront d'être eux-mêmes.

Le général de Gaulle les regarde fixement et laisse simplement tomber : « Quoi que vous pensiez, ce sont les urnes qui trancheront... » Et tandis que l'hélicoptère s'envole, Delouvrier trouve Challe fort marri. Encore le commandant en chef n'a-t-il pas entendu la confidence du chef de l'État au délégué général : « Il va falloir le remplacer, Challe [34]... »

La veille au soir, à Tizi-Ouzou, le général avait choisi une fois de plus de se confier à son gendre Alain de Boissieu, très proche collaborateur de Challe et de Delouvrier, lui dévoilant, tout à trac, son plan d'autodétermination à trois termes et ajoutant :

> « Cette prise de position, dont j'ai informé le général Eisenhower, a pour but de désamorcer le débat à l'ONU fin septembre. Bien sûr je ferai de nouveau appel à la rébellion pour qu'elle se décide à traiter puisque parmi les solutions il y a celle pour laquelle elle prétend mener le combat. D'ailleurs je suis déjà en contact avec elle et le GPRA n'est pas un bloc sans faille. »

La réaction d'Alain de Boissieu, telle qu'il la rapporte avec une sincérité manifeste, est significative : « Je suis un peu abasourdi. Pourquoi prendre cette position maintenant puisque nous n'avons pas encore gagné sur le terrain ? Je n'hésite pas à dire franchement au général de Gaulle que cette solution m'inquiète. D'ailleurs il le prévoyait puisqu'il me dit que ce discours ne va pas passer sans soulever la fureur des activistes et probablement d'une partie des Européens. Ma situation au cabinet du délégué général et du commandant en chef risque de devenir difficile, il me conseille donc de rentrer en France aux environs du 10 septembre [35]... »

Si persuadé qu'il soit en toute autre circonstance de l'infaillibilité du chef de la France libre, Boissieu n'a donc pas accueilli l'autodétermination sans un haut-le-corps. Ce n'est pas la première fois d'ailleurs qu'il réagit négativement : André Dulac avait relevé de sa part un mouvement d'humeur après le discours de Constantine, le 3 octobre 1958. Mais c'est la première fois qu'il en fait état dans son livre, ajoutant même : « ... Cette solution ne me dit rien qui vaille, je l'ai d'ailleurs dit au général de Gaulle qui s'en doutait [36]... »

Eût-il été ébranlé par les réactions négatives ou le désarroi de fidèles comme Massu[*] ou Boissieu, le général de Gaulle ne pouvait manquer d'être plus attentif encore aux quelques témoignages qu'il croyait pouvoir recueillir ici ou là des sentiments nationalistes de la population musulmane.

Dans ses *Mémoires*, il fait état d' « indices qui [l']ont frappé ». A Saïda, c'est le médecin musulman d'une unité de harkis levée par Bigeard (le « commando Georges[**] ») qui « les yeux remplis de larmes » lui confie : « Ce que nous voulons, c'est être responsables de nous-mêmes. » A Tizi-Ouzou,

> « agglomération trop nombreuse pour qu'on pût, d'autorité, en réunir les habitants, presque personne n'était là, en dépit de force haut-parleurs qui annonçaient mon arrivée [...] dans un village kabyle [voisin] dont [...] on s'efforçait qu'il soit un modèle, mon entrée à la maison commune était saluée de vivats [...] les enfants de l'école entonnaient *la Marseillaise*. Mais au moment où j'allais partir, le secrétaire de mairie musulman m'arrêtait, courbé et tremblant, pour murmurer : " Mon Général, ne vous y laissez pas prendre ! Tout le monde, ici, veut l'indépendance " [37] ».

Cette rumeur de réprobation qui s'élève, dans les cercles d'officiers, quelle forme eût-elle prise si Challe, Massu, Argoud ou Faure avaient su qu'au moment où il préparait ainsi ses légions à une révision audacieuse de sa politique, le général de Gaulle faisait prendre un contact avec les hommes

---

[*] Celui de 1959.
[**] Formé de ralliés qui ont brûlé leurs vaisseaux par rapport au FLN et seront pour la plupart massacrés ou torturés après le 19 mars 1962.

abhorrés entre tous par les cadres de l'armée — Ben Bella et ses compagnons ? L'histoire de ce sondage vaut d'être contée.

Nommé garde des Sceaux en janvier 1959, Edmond Michelet avait rappelé auprès de lui deux de ses anciens compagnons de déportation à Dachau, Joseph Rovan et Gaston Gosselin, qui l'avaient suivi déjà au ministère des Armées et à celui des Anciens Combattants. Entre autres tâches, il avait chargé le second de s'occuper des Algériens prisonniers. Ainsi Gosselin avait-il été conduit à organiser le transfert de Ben Bella, Khider et Aït Ahmed à l'île d'Aix (Boudiaf, ne pouvant plus supporter la cohabitation avec Ben Bella, préférait rester en cellule à Fresnes — dans des conditions d'ailleurs un peu plus confortables...).

Visitant les installations du vieux fort de l'île d'où Napoléon avait été embarqué sur le *Bellerophon* pour Sainte-Hélène, Gosselin constate que les Renseignements généraux (ou le SDEC) les ont truffées de micros. Lorsque, au début de septembre, Edmond Michelet, chargé par le général de « tâter » les réactions des dirigeants FLN internés en les informant des grandes lignes de son projet, dépêche auprès d'eux Gosselin, l'émissaire n'ignore pas que s'il communique et commente le texte dans les locaux réservés aux prisonniers, le monde entier — à commencer par le 2ᵉ bureau d'Alger — sera aussitôt informé et de la démarche, et de la teneur des propositions, et de la réaction de Ben Bella et des siens. Il s'arrange donc pour entraîner ses interlocuteurs sur la terrasse du fort où, en plein vent, il remplit sa mission et recueille leurs réactions (« Ils m'auraient embrassé ! Aït Ahmed a fait des objections sur le plan intellectuel, mais Ben Bella avait les larmes aux yeux[38]... »).

Mais comment réagira Boudiaf, réputé plus intransigeant que ses camarades et que l'on savait par principe en désaccord avec Ben Bella ? A Fresnes, refusant en dépit des règles de lui parler en présence du procureur de la République et du directeur de la prison, Gosselin obtient également l'accord du prisonnier — qui du coup met fin à une grève de la faim collective dont il était l'inspirateur et qui risquait de tourner fort mal.

Au moment de publier son initiative la plus audacieuse depuis qu'il a pris l'affaire en main, le chef de l'État sait ainsi que son plan recueille l'approbation de ses adversaires : qu'ils le manifestent publiquement ou non, les fondateurs du FLN tiennent la reconnaissance du droit à l'autodétermination du peuple algérien pour un pas décisif dans le sens de l'émancipation qui a motivé leur combat.

Reste une dernière démarche préparatoire : l'annonce faite aux Américains dont dépend le prochain vote des Nations unies. On a vu que la perspective de la visite à Paris de Dwight Eisenhower, l'Américain pour lequel il professe la plus vive estime, n'a pas laissé de contribuer à engager le général de Gaulle dans le sens de la politique d'autodétermination. Pouvoir se concilier un tel allié, à la veille du procès annuel de la politique française en Algérie qu'est la session d'automne de l'ONU est évidemment tentant. Or, il se trouve que la réorientation prévue coïncide avec l'attente du visiteur. Dès lors, Eisenhower peut jouer un rôle moteur.

C'est le 2 septembre que les deux hommes s'entretiennent de l'Algérie *. Le matin, sur le ton de la confidence, Charles de Gaulle communique les grandes lignes de son projet d'autodétermination, qui séduit le visiteur. (« Il ouvrit son cœur à Eisenhower », assure Geoffroy de Courcel.) L'après-midi, au cours d'une réunion plus officielle, où le chef de l'État français est entouré du Premier ministre, du ministre des Affaires étrangères, de son ambassadeur aux États-Unis et du secrétaire général de l'Élysée — entre autres —, la délégation américaine fait connaître que les États-Unis considèrent avec sympathie le projet français. Mais aucune promesse n'est faite à propos du vote américain aux Nations unies.

Le seul point de désaccord surgit à propos du communiqué, que les visiteurs voudraient voir rédigé de façon que l'on sache qu'ils ont été consultés à propos du plan algérien du général : ce à quoi ne sauraient consentir ni de Gaulle, ni Debré, ni même des hauts fonctionnaires qui ne cessent depuis des années de prétendre devant les Nations unies que l'Algérie est une affaire intérieure française. M. Couve de Murville insiste pour qu'on s'en tienne à des généralités. Rien dans le communiqué ne manifestera que Paris a souhaité et obtenu un encouragement de Washington à propos de l'Algérie. Il est simplement indiqué qu'on a parlé de l'Afrique du Nord. Mais nul ne pourra s'y tromper [1]...

Ainsi, tout est prêt. Le général de Gaulle a consulté ses ministres, et obtenu l'acquiescement au moins apparent du premier d'entre eux, et l'approbation chaleureuse de plusieurs autres ; il a fait prévaloir, au sein de l'UNR, la discipline sur la dissidence ; il s'est assuré de la bienveillance du plus puissant de ses alliés, a prévenu en faveur de ses thèses le secrétaire général de l'ONU, désarmant ainsi l'opposition de cette organisation ; et il s'est assuré de l'approbation préalable de quelques-uns des chefs de la révolution algérienne dont le consentement lui est nécessaire pour mettre tôt ou tard un terme à cette guerre en forme de piège.

Le 16 septembre 1959, à 20 heures, Charles de Gaulle apparaît sur les écrans de la télévision française. Nous sommes prévenus : l'affaire est importante. Le général est en civil, mais le ton est solennel. De toute évidence, le chef de l'État veut persuader les Français — et les Algériens — qu'en sa personne la France est en train de se réconcilier avec la justice, et l'Histoire de rendre son verdict.

L'exorde est un hommage — désormais traditionnel — rendu à son propre pouvoir. L'unité retrouvée, les institutions créées, l'équilibre restauré, la communauté fondée, l'indépendance assurée... « Pourtant, devant la France, un problème difficile et sanglant reste posé : celui de l'Algérie... » Il

---

* Nous avons vu plus haut que, d'après Alain de Boissieu, Washington a déjà été informé des intentions de l'Élysée.
** Cela dit, les États-Unis s'abstiendront lors du vote...

faut le résoudre, assure de Gaulle, non par des « slogans stériles et simplistes » mais « par le libre choix que les Algériens eux-mêmes voudront faire de leur avenir ». Ayant rappelé les « suffrages universels », l'effort de « développement économique et social » consenti par la France, Charles de Gaulle fait une pause, et, élevant encore le ton, lance :

> « ... Je considère comme nécessaire que [le] recours à l'autodétermination soit, dès aujourd'hui, proclamé. Au nom de la France et de la République, en vertu des pouvoirs que m'attribue la Constitution de consulter les citoyens, pourvu que Dieu me prête vie et que le peuple m'écoute, je m'engage à demander, d'une part aux Algériens, dans leurs douze départements *, ce qu'ils veulent être en définitive et, d'autre part, à tous les Français d'entériner ce que sera ce choix. »

L'orateur précise que cette question, posée à des « individus » (l'État algérien n'ayant jamais existé), le sera quatre ans après la fin des combats c'est-à-dire après que moins de 200 personnes par an auront été victimes d'embuscades ou d'attentats. Mais sur quels thèmes ou en quels termes proposer ce choix ? Le général soumet trois options possibles :

> « Ou bien : La ** Sécession, où certains croient trouver l'indépendance [...] aboutissement invraisemblable et désastreux [qui] entraînerait une misère épouvantable, un affreux chaos politique, l'égorgement généralisé et, bientôt, la dictature belliqueuse des communistes [...]. Il faut que ce démon soit exorcisé et qu'il le soit par les Algériens [...] [s'il ne l'était pas] la France réaliserait [le] regroupement et [l'] établissement [de] ceux des Algériens de toutes origines qui voudraient rester Français.
> Ou bien : la Francisation complète... dans l'égalité des droits ; les Algériens pouvant accéder à toutes les fonctions publiques [...] vivant à tous les égards quelle que soit leur religion et leur communauté, en moyenne sur le même pied et au même niveau que les autres citoyens et devenant partie intégrante du peuple français [...] de Dunkerque à Tamanrasset.
> Ou bien : Le *** Gouvernement des Algériens par les Algériens, appuyé sur l'aide de la France et en union étroite avec elle pour l'économie, l'enseignement, la défense, les relations extérieures [...] le régime intérieur de l'Algérie [étant] de type fédéral, afin que les communautés diverses, française, arabe, kabyle, mozabite, etc. qui cohabitent dans ce pays, y trouvent des garanties... »

Ayant ainsi tracé le cadre de l'autodétermination, de Gaulle dénonce une « insurrection » qui n'a plus de sens, sinon pour un « groupe de meneurs ambitieux résolus à établir par la force et par la terreur leur dictature totalitaire » et qui n'ont pas à espérer que la République en vienne à traiter directement avec eux,

> « les bâtissant par là même comme gouvernement algérien. Il n'y a aucune chance que la France se prête à un pareil arbitraire. Le sort des Algériens

---

* Ce qui exclut le Sahara.
** Curieusement, dans la version officielle des *Discours et Messages* (III, p. 121), l'article est affecté d'une bizarre majuscule, s'agissant des hypothèses Nº 1 et 3. Pas de la deuxième.
*** Idem.

appartient aux Algériens [...] par le suffrage universel. Avec eux et pour eux, la France assurera la liberté de leur choix [39] ».

C'est le discours le plus important que Charles de Gaulle ait consacré à l'Algérie. C'est celui dont les implications sont les plus considérables : en vingt minutes, il a donné congé à l'Algérie française en tant que postulat, créé deux entités différenciées dans le corps de la nation, et délégué une part de la souveraineté nationale au peuple algérien. Parler de « choix » pour les uns, quand les autres n'auront que la latitude d' « entériner » cette décision, c'est proclamer une dualité, une dissociation sans précédent. C'est, quinze mois après le discours du Forum, le manifeste de la « des-intégration ».

Quant à la présentation que l'orateur a faite des trois options possibles, il est clair que s'il a affublé la deuxième du vocable du « francisation », néologisme inesthétique, c'est pour la dévaloriser sans se lancer dans une polémique anti-soustellienne ; et s'il a crayonné une aussi sinistre caricature de l'indépendance — qu'il octroie, simultanément, à des sociétés africaines aussi dénuées de passé étatique que l'Algérie —, c'est à la fois pour amadouer l'armée qui ne saurait se passer de cible, sinon de bouc émissaire, et pour mieux faire ressortir les mérites, simplement sous-entendus, de la « troisième voie ». Mais le droit à l'indépendance est bel et bien reconnu à l'Algérie, comme naguère à la Guinée.

Chose curieuse, il ne prononce pas ici le mot d' « association » dont il a usé si souvent au cours des dernières années, et notamment dans la brève déclaration du 15 mai qui aura été la charte de sa restauration. C'est bien de cela pourtant qu'il s'agit. Peut-être de Gaulle se garde-t-il de qualifier ainsi ce qu'il propose aux Algériens parce que au même moment Maliens et Malgaches recourent à ce vocable très gaullien pour revêtir leur passage à une indépendance aux limites peu perceptibles... L'argument de Massu comparant l'Algérie au Mali aurait, du coup, pris toute sa force, et la « troisième voie », celle qui a les faveurs du général — ne serait-ce que parce qu'elle est formulée en conclusion — risquerait de ne paraître qu'une présentation aimable de la première.

L'effet produit est immense. On ne proposera pas ici une revue de presse, mais simplement quelques indications de tendances. En France métropolitaine, une claire majorité se manifeste en faveur de l'initiative gaullienne — qui n'est dénoncée que par l'extrême droite, 20 % des élus de l'UNR et le PCF. Lequel se ravisera trois mois plus tard quand Moscou, à la veille d'une visite en France de Nikita Khrouchtchev (en mars), estimera positive la nouvelle politique algérienne du général. Alors les communistes français lui trouveront des mérites...

Les réactions d'Alger sont évidemment négatives. « Une aventure commence, écrit *l'Écho d'Alger* du 17 septembre, dont nul ne saurait prédire l'issue. » Pierre Lagaillarde déclare que la « liquidation de l'Algérie française » est en cours. C'est pourquoi se crée un Rassemblement pour l'Algérie française, sous l'impulsion des élus algériens comme Ahmed Djebbour, Marc Lauriol, Philippe Marçais et le gaulliste Marc Vinciguerra — auxquels se joignent naturellement Georges Bidault et Roger Duchet, Jean-Baptiste Biaggi et Pascal Arrighi.

Quant à Jacques Soustelle qui, à la veille et au lendemain du fameux Conseil des ministres du 26 août, a mitraillé le Premier ministre de notes le mettant en garde contre toute remise en cause du statut algérien et qui a vainement tenté de voir le général entre le 3 et le 16 septembre, il ne sait pas tirer les conclusions de ce mauvais vouloir presque insultant et d'un désaccord aussi fondamental entre le chef de l'État et lui : faisant judicieusement valoir à ses amis indignés que refuser l'autodétermination ce serait laisser croire que l'on n'a pas confiance en la volonté des Algériens de choisir la « francisation », il refuse de démissionner. Il attendra quatre mois encore, et des émeutes algéroises où ses partisans défieront la légalité et provoqueront le massacre de gendarmes français, pour se retirer d'un gouvernement qui, selon lui, porte une atteinte criminelle aux intérêts vitaux de la nation.

Et le GPRA ? Il ne lui est pas facile de répondre à l'allocution du 16 septembre (dont le texte a été communiqué quelques jours plus tôt, on l'a vu, à Ben Bella et à ses codétenus). Les « militaires », Belkacem Krim, Ben Tobbal et Boussouf ne pensent qu'au plan Challe qui, à cette époque, les accule au pire. Ils affirment que « la paix n'est donc pas pour demain, d'autant que l'autorité de De Gaulle sur son armée est encore loin d'être assise [...] tant que la France conserve l'espoir d'une victoire militaire, les perspectives de paix demeurent lointaines ». Selon Ben Tobbal, la paix ne sera possible que lorsque « nous aurons convaincu [la France] de l'impossiblité de l'écrasement de notre révolution [40] ». Pour parler, il faut, selon ces hommes, n'être plus en position de faiblesse.

Mais Abbâs et les « politiques » estiment que fermer la porte à l'ouverture française affaiblirait la position diplomatique du GPRA : l'opinion internationale a favorablement accueilli l'allocution de l'Élysée, le Maroc et la Tunisie y ont vu d'emblée l'amorce d'une solution au problème qui envenime leurs relations avec la France.

Abdelhamid Mehri *, alors ministre des Affaires sociales du GPRA, nous confiait vingt-cinq ans plus tard : « Nous voyions bien en quoi ce plan visait à nous diviser. Mais nous constatons que son rejet nous aurait condamnés à l'isolement [41]... » Réputé pour son intransigeance, le Dr Lamine Debaghine, responsable des affaires étrangères, estime lui-même que « de Gaulle est tenu par un certain calendrier, qu'il est contraint d'une manière ou d'une autre à la paix en se soumettant à certaines de nos conditions [42] ». Et l'un des membres du GPRA disait à Jean Daniel, parlant du général de Gaulle : « Désormais, il a partie liée avec nous [43] ! » »

La réponse du GPRA tarde donc plus d'une semaine. Formulée le

---

* Devenu ambassadeur d'Algérie en France.

28 septembre, elle est complexe. Réaffirmant, contre l'avis du général de Gaulle, sa représentativité exclusive, assurant que sans son accord il ne peut y avoir « retour à la paix », le GPRA se félicite que « le droit de disposer de son destin [soit] enfin reconnu au peuple algérien » et se déclare prêt « à entrer en pourparlers avec le gouvernement français afin de discuter des conditions politiques et militaires du cessez-le-feu et des garanties de l'application de l'autodétermination ».

Le GPRA a donc exprimé son acquiescement au principe d'autodétermination en l'assortissant de réserves quant à ses conditions d'application, et en rappelant que l'intégrité du territoire algérien doit être reconnue : ce qui signifie que le Sahara doit être inclus dans le scrutin, alors que de Gaulle, on l'a vu, n'a parlé de consulter que les « douze départements algériens », excluant d'office ceux des Oasis et de la Saoura. Mais quelles que soient les divergences des deux points de vue (cessez-le-feu comme conclusion de la pacification ouvrant la voie à la consultation, pour Paris ; négociations en vue du cessez-le-feu avant le scrutin, pour le GPRA), l'autodétermination est dès lors reconnue comme nécessaire par les deux parties. Pour la première fois, une base commune est trouvée. Grâce à la « percée » opérée par de Gaulle, une solution politique entre dans les perspectives raisonnables : ce qui n'exclut pas d'innombrables péripéties, ni même l'échec.

Le général a pour principe de battre le fer tant qu'il est chaud. Voyant le FLN intéressé, il presse son monde de multiplier les initiatives et ouvertures. Ainsi, le 11 octobre, M. Couve de Murville, ministre des Affaires étrangères, précise que « nous sommes disposés à discuter [du] cessez-le-feu avec tous ceux qui se battent et cela signifie bien entendu les gens du FLN ». Deux jours plus tard, c'est M. Michel Debré lui-même qui déclare à l'Assemblée nationale que « les instructions ont été données par le gouvernement de la République, pour que puissent être discutées, à tout moment et selon ce qui a été dit, les modalités du cessez-le-feu ».

Pour que les points soient mis sur les « i », le général de Gaulle saisit l'occasion d'une conférence de presse, le 10 novembre, pour lancer un nouvel appel au FLN. Il se garde cette fois d'accabler ses dirigeants d'épithètes infamantes, et met l'accent sur les garanties de liberté de la discussion d'abord, et du vote populaire ensuite.

Il insiste presque lourdement :

> « Si les chefs de l'insurrection veulent discuter des conditions de la fin des combats, ils peuvent le faire [...]. Si des représentants de l'organisation extérieure de la rébellion décident de venir en France pour en débattre, il ne tiendra qu'à eux de le faire, n'importe quand, soit en secret, soit publiquement, suivant ce qu'ils choisiront [...]. Les conditions seraient honorables [...] elles tiendraient un juste compte du courage déployé sous les armes [44]. »

On peut dire que le chef de l'État français n'aura rien négligé pour convaincre les hommes de Tunis. Mais, à la stupéfaction quasi générale, le GPRA désigne le 20 novembre les cinq « chefs historiques » détenus en

France depuis 1956 * pour le représenter à d'éventuels pourparlers. C'est à la fois une pirouette et un défi à de Gaulle, qui prend des risques immenses pour mettre un terme à la guerre. Le général juge ce geste « presque grossier [45] ». Parlant à Colmar, il indique sèchement que son offre s'adressait « aux seuls combattants ». Ce qui semble signifier que sont tenus pour tels les chefs politiques installés à Tunis.

Pourquoi cette soudaine esquive, ce faux-fuyant du GPRA ? Selon l'excellent historien algérien Mohammed Harbi, alors proche collaborateur de Ferhât Abbâs, cette décision démontre qu' « en réalité [...] dans le camp algérien comme dans le camp français, la situation intérieure interdit encore d'en finir avec le double langage ».

Voici venir l'échéance de l'ONU. Le général de Gaulle perdra-t-il, à Manhattan, les fruits de ses efforts, de ses ouvertures du côté d'Eisenhower, des amabilités prodiguées à Dag Hammarskjöld ? Non. Faisant hautement savoir que la France ne saurait prendre part au débat, il en attend sans trop d'appréhension la conclusion. Une motion africaine, très nuancée, mais dont l'approbation eût mis Paris en difficulté dans la mesure où, priant « les deux parties intéressées d'engager des pourparlers » en vue de permettre l'exercice du « droit du peuple algérien à l'autodétermination », elle mettait l'État français et le FLN sur le même plan, ne recueillit pas la majorité des 2/3 indispensables à sa prise en considération. L'ONU avait donc été neutralisée. Mais de son audacieuse initiative (on sait qu'il avait fait du vote de l'ONU le prétexte de l'opération auprès de certains de ses interlocuteurs militaires), Charles de Gaulle attendait bien autre chose que cette extinction d'un pétard... Et que cette sournoise esquive de Washington.

N'importe. Il a ouvert une brèche par où s'engouffreront d'autres vents — en tourbillon. Ainsi cette année 1959 lui aura-t-elle permis à la fois d'affirmer la maîtrise militaire de ses forces sur le terrain et de restaurer d'un coup, sur le plan international, sa position morale et politique à propos de l'Algérie. Mais c'est à un prix : la porte ouverte à l'indépendance de ce pays, que ne sont prêts à payer ni les équipes mises en place, à l'occasion du 13 mai — d'Alger au Palais-Bourbon —, ni la majorité des cadres de l'armée.

La paix algérienne, c'est d'abord aux siens, civils et militaires, que de Gaulle devra l'arracher.

---

* Capturé en d'autres circonstances, Rabah Bitat a été regroupé avec ses collègues gardés à l'île d'Aix qui, de même que Boudiaf à Fresnes, ont approuvé en principe les offres du général de Gaulle.

4. Barricades contre l'inéluctable

« Il nous faut une Charlotte Corday ! » Le cri est entendu, fin septembre, au cours d'une réunion algéroise du Rassemblement pour l'Algérie française[1]. Le 1er octobre, Pierre Lagaillarde rugit dans les couloirs de la Chambre : « Il faut choisir entre de Gaulle et l'Algérie française... » Quant à Léon Delbecque, il déclare à tous les échos : « Le sang va couler... J'empêcherai de Gaulle de sortir par la petite porte[2]... » Et il n'est bruit dans le monde politique que du cabinet appelé à se substituer à celui de Michel Debré, qui vient d'adopter la politique d'autodétermination : présidé par Georges Bidault, il rassemblerait entre autres le général Zeller, Pascal Arrighi, Léon Delbecque, Roger Duchet, André Morice et François Valentin[*]. Et Jacques Soustelle, s'il acceptait de couper le dernier cordon ombilical avec l'Élysée. Le général de Gaulle a consulté cette liste avec une moue méprisante. C'est « ça » qu'on veut lui opposer ! « Ils ne peuvent rien, grogne-t-il : l'armée est derrière moi. »

Les ides d'octobre ne s'annoncent pas moins mouvementées. Tous ceux dont l'antigaullisme a été porté à ébullition par la déclaration du 16 septembre ont pris date pour le 13 octobre. C'est ce jour-là en effet que l'Assemblée doit débattre de la politique algérienne du gouvernement. Deux manifestations éclatantes, l'une au Palais-Bourbon, l'autre à Alger — en exécution du « plan Véronique » — viseront à entraîner la chute du cabinet Debré.

À l'Assemblée, l'annonce de la démission collective du groupe UNR d'une quarantaine de députés supposés gaullistes provoquerait la panique, tandis qu'à la tribune le *bachaga* Boualem, vice-président de la Chambre, arracherait sa cravate de commandeur de la Légion d'honneur pour la jeter sur le bureau du président : à la même heure, des attentats seraient commis à Paris et à Alger — où une foule égale à celle du 13 mai se rassemblerait sur le Forum. Il ne resterait plus à Michel Debré qu'à imiter Pierre Pflimlin...

Le scénario est beau. Mais il va s'enrayer pour diverses raisons. La première est que l'armée, cette fois, ne marche pas. Paul Delouvrier et Maurice Challe ont obtenu de l'Élysée l'autorisation de proclamer *urbi et orbi* que la mission de l'armée reste de gagner la bataille, que sa mission n'est pas terminée, que le passage à l'autodétermination ne sera que la conséquence de la victoire, et non une alternative. Les colonels ont fait semblant d'être rassérénés. Le « plan Véronique » a été remis à plus tard.

---

[*] Éloquent député de Nancy, ancien notable de Vichy, président de la Commission de la défense à l'Assemblée.

Moins magnanime que le corps militaire, le groupe Delbecque-Arrighi-Biaggi a bien déclenché son opération parlementaire. Mais le mouvement de défection massive qu'ils ont prévu s'est réduit, le 14 octobre, à la démission de 9 députés (dont les susnommés) sur les 206 que compte le groupe présidé par Louis Terrenoire ; et le *bachaga* Boualem est resté assis à son banc. Quand le Premier ministre, à la tribune, défend la politique d'autodétermination avec une conviction et une rigueur inattendues, mettant même l'accent sur les facilités données aux chefs de la « rébellion » pour discuter des conditions du cessez-le-feu *, il obtient un succès écrasant : 441 voix contre 23 !

Ce complot-là a avorté. Mais les péripéties de la folle journée du 15 octobre, où Lucien Neuwirth, tenu par la majorité de ses compagnons du 13 mai pour un traître depuis qu'il soutient la politique du 16 septembre, annonce que « des commandos de tueurs venant d'Alger ont passé la frontière espagnole... Les personnes à abattre sont désignées... », tandis que François Mitterrand échappe par un attentat simulé dans les jardins de l'Observatoire aux menaces dont il est nuit et jour assailli, rappellent que la foudre peut à tout instant frapper. En prenant les moyens de faire la paix en Algérie, le général court le risque d'allumer en 1959 à Paris la guerre civile qu'il a évitée en 1958 à Alger.

De Gaulle n'a pas pris au sérieux le « complot du 13 octobre » : pire, il y a vu la démonstration que les conjurés parlementaires sont des pleutres ou des velléitaires et que l'armée est définitivement loyaliste. Mais deux précautions valent mieux qu'une. Le 3 novembre, il est l'hôte de l'École militaire où l'attend chaque année l'intelligentzia de l'armée. C'est là qu'il a choisi de faire le premier d'une série de coups d'éclat qui dépasseront largement les frontières de la France et de l'Algérie. Cette fois, il proclame que le « système [...] de l'intégration [...] a vécu ». Bien sûr, il ne vise pas là la doctrine soustellienne pour l'Algérie. Ce dont il s'agit, c'est l'intégration atlantique, le système qui insère une grande partie des forces françaises dans le cadre de l'OTAN, sous commandement américain. Système qui, dit-il, a été « dans une certaine mesure pratiqué après les grandes épreuves que nous avons traversées, alors que l'on pouvait croire le monde libre était placé devant une menace imminente et illimitée ** et que nous n'avions pas encore recouvré notre personnalité nationale » mais qui est, selon lui, dépassé.

En décrétant ainsi que la défense de la France doit désormais être spécifiquement française et fondée sur l'armement atomique, qu'il appelle la « force de frappe », le chef de l'État compte provoquer dans les jeunes cadres de l'armée un élan patriotique et ouvrir à leurs yeux d'officiers des perspectives d'une telle ampleur que l'affaire algérienne soit réduite à ses proportions réelles du point de vue stratégique. Il va même jusqu'à ne pas faire mention de l'Algérie devant un auditoire où les deux tiers des officiers ne pensent qu'à rejoindre leurs camarades dans les djebels.

La démarche du 3 novembre — en tout cas sur ce plan — tourne court. Non

---

* Voir chapitre précédent, p. 77-78.
** Quatre jours plus tôt, M. Khrouchtchev a prononcé un discours où l'on a vu l'un des premiers manifestes de la « détente ».

seulement les auditeurs du général hésitent à épouser son point de vue sur la stratégie mondiale — la « défense du monde libre » et le combat anticommuniste n'ont jamais paru aussi nécessaires aux jeunes officiers entretenus dans cet esprit par les lettres qu'ils reçoivent de Tlemcen ou de Tebassa —, mais ce silence total fait sur l'Algérie exaspère ceux qui s'y battent et en ont fait le centre du monde, le bastion en tout cas de la défense nationale. Ceux-ci n'ont pas manqué de relever la phrase du président de la République sur cette « raison d'être » des gouvernements qu'est la défense « de l'intégrité du territoire », liée à celle où il est dit que la Vᵉ République est née, comme les précédentes, du fait de « nécessités de défense ». De défense de quoi, en mai 1958, sinon de l'Algérie, alors seule en cause ?

Le parti de l'Algérie française se reprend à espérer. Si le dernier recours contre le « décrochage » algérien n'est pas le « coup dur », une opération Résurrection sans de Gaulle (et contre lui), ce pourrait être le premier congrès de l'UNR convoqué pour le 14 novembre à Bordeaux — où le prestige de Jacques Chaban-Delmas, leader avec Debré et Michelet des « gaullo-gaullistes », ne suffira peut-être pas à enrayer l'offensive intégrationniste de Jacques Soustelle.

Quand le congrès s'ouvre, dans l'immense Alhambra où jadis Philippe Henriot envoûtait les auditoires bordelais, Chaban et ses amis croient la partie gagnée d'avance : les troupes sont bien en main, et le maire de Bordeaux tient en réserve une carte maîtresse à propos de l'Algérie : la théorie dite du « domaine réservé * », qui permettrait au général de traiter certaines affaires (Algérie, Communauté, diplomatie, défense) sans en référer au Parlement ni aux autres organes de l'État. En ce domaine, précisera Chaban, « l'UNR doit suivre de Gaulle pas à pas ».

C'est compter sans l'éloquence de Soustelle, sans la force persuasive de ses arguments, sans l'ascendant qu'exerce toujours l'ancien secrétaire général du RPF sur des militants et des cadres issus du Rassemblement et profondément liés encore aux origines algéroises du mouvement. Son réquisitoire contre la politique du 16 septembre est impressionnant, tant sur le plan du droit que sur celui de la sensibilité nationale. Et qui semble s'étonner que désormais le second des ministres soit devenu le chef très véhément de l'opposition ?

« Quand je pris la parole sur le problème algérien, il fut tout de suite évident que l'immense majorité, pour ne pas dire l'unanimité des délégués UNR soutenaient à cent pour cent ma position... », écrit Jacques Soustelle dans *l'Espérance trahie*, parlant d' « accueil triomphal » à sa thèse. « Unanimité », « cent pour cent » ? Évidemment non. Mais majorité, oui, pour applaudir un discours émouvant et magistral. Au point qu'au milieu des huées, des interruptions, des coups d'éclat, d'un chahut monstre — et qu'eût été la séance si Delbecque et ses affidés n'avaient cru bon de démissionner un mois plus tôt ? — la scission parut un instant inéluctable.

« Il fallut une nuit d'intrigues, de manœuvres et de falsifications, conduites

---

* Le maire de Bordeaux n'a pas employé cette expression, mais celle de « secteur présidentiel », synonyme elle aussi de pouvoir libéré du contrôle parlementaire.

par Chalandon, Chaban-Delmas et Terrenoire, écrit-il, pour annuler l'effet de cette séance. Après des heures de discussions oiseuses et byzantines sur l'Algérie, [on] accoucha d'une motion nègre blanc[3]. » A quoi Louis Terrenoire riposte qu'au moment de la rédaction de la motion il était entouré de délégués musulmans, dont le député de Tlemcen Abbès Moulessehoul : « Dans mon affrontement de plus de deux heures avec Soustelle, écrit Terrenoire, ils ne cessèrent de m'appuyer, ce qui était pour lui le plus cruel des désaveux[4]. »

L'ancien gouverneur général de l'Algérie, privé de plusieurs de ses partisans par la journée des dupes du 15 octobre, n'a pu faire basculer l'UNR. Il n'a même pas pu entraîner avec lui, pour une solennelle protestation, une fraction notable de fidèles, ni obtenir une mise en garde à l'adresse du général.

Plus sérieux peut-être que l'agitation entretenue autour de l'ancien secrétaire général du RPF est le conflit qui s'élève entre le chef de l'État et M. Pinay, son ministre des Finances. La seule idée d'un face-à-face entre ces deux « champions » paraît risible, tant il est inégal : un si petit chapeau contre un si grand képi... Mais compte tenu des conditions dans lesquelles est née la Vᵉ République et ont été formés les deux gouvernements de Gaulle et Debré, et compte tenu aussi de la nécessité du plan de redressement financier (dont, l'ayant combattu à l'origine, M. Pinay est devenu le bénéficiaire dans l'opinion publique), le retrait de ce personnage populaire et garant du gaullisme auprès des milieux conservateurs ne pouvait qu'affaiblir la situation du général de Gaulle.

La rupture entre Charles de Gaulle et Antoine Pinay n'interviendra publiquement que le 13 janvier 1960. Mais l'affrontement est manifeste dès le 8 novembre. Cinq jours plus tôt, le général de Gaulle a annoncé à l'École militaire, on l'a vu, la prochaine sortie de la France de « l'organisation intégrée » de l'Alliance atlantique. M. Pinay a été doublement éprouvé : en tant que partisan très fervent de l'alliance américaine, d'abord, qui s'inquiète de voir mis en cause ce rempart contre le communisme ; comme membre du gouvernement, ensuite, qui s'irrite de n'avoir pas été consulté en Conseil sur une décision engageant à ce point l'avenir du pays — comme il ne l'a guère été à propos de l'Algérie, du « mémorandum atlantique » ou de la Communauté.

Le 8 novembre, donc, face à ses ministres, le chef du gouvernement commente son discours aux officiers en accentuant la distance prise à l'égard des Américains qui ne sauraient manquer, selon lui, de rentrer tôt ou tard chez eux. Comment faire fond sur cette alliance ? Comment ne pas tout faire pour organiser une défense de l'Europe dont la pièce maîtresse serait une force spécifiquement française ?

Soudain s'élève la voix sucrée de M. Pinay : « Monsieur le Président, si je comprends bien, vous avez condamné le principe même de l'OTAN ? »

De Gaulle, surpris, tourne vers lui son visage de mausolée.

« Monsieur le ministre des Finances s'intéresse aux problèmes de politique étrangère ? »

Question inutilement blessante, à l'endroit d'un ancien chef de gouvernement dont les fonctions présentes comportent naturellement d'incessants contacts avec l'étranger. Mais il y a entre eux tout un contentieux diplomatique. Le général a peu apprécié une récente visite faite par Antoine Pinay à Saigon, où il a non seulement été l'hôte du président Ngô Dinh Diêm, que de Gaulle tient en piètre estime, mais il s'est mêlé de préconiser un rapprochement entre les deux pays auquel le chef de l'État français ne tient nullement. Il y a donc entre eux un désaccord, et Charles de Gaulle sait parfaitement que l'ancien président du Conseil est un familier, choyé, de l'ambassade des États-Unis.

Riposte de M. Pinay :

« Oui, je m'intéresse aux problèmes de politique étrangère... » Arguant de ce que peu de membres du Conseil ont eu connaissance du discours de l'École militaire, le ministre des Finances en lit et en commente de larges extraits. Et il ne s'en tient pas à son argument sur l'insuffisante information et le caractère artificiel des consultations des ministres. Il va au fond des choses, et sur un terrain où il a bien voix au chapitre : « Pour ce qui concerne le domaine économique et financier [...] nous n'avons pas les moyens de nous défendre seuls... Nous n'avons pas la possibilité réelle de créer une force de frappe, et il faut empêcher à tout prix le départ des Américains... »

Et l'ancien chef du gouvernement ose aggraver son cas, dénonçant ces décisions prises par le chef de l'État avant la consultation de ses ministres, constamment mis en présence de faits accomplis. Ce qui est faire le procès du général à la fois sur le fond — sa conception de l'indépendance nationale — et sur la forme — l'exercice solitaire du pouvoir.

Excédé, Charles de Gaulle le coupe : « Merci, monsieur Pinay. Messieurs, la séance est levée. »

Et il sort, à la stupéfaction de tous, sans serrer les mains de ses ministres [5].

La démission de M. Pinay n'interviendra que deux mois plus tard, mais le ver est dans le fruit. Dorénavant, le chef de l'État doit faire face à la dissidence ouverte non seulement du second de ses ministres — Soustelle — mais aussi du plus populaire d'entre eux dans les milieux conservateurs. De ces lézardes dans l'édifice, on fait, à Alger, des crevasses béantes. De Gaulle épouvante, il s'isole, se discrédite, de Gaulle se ruine. Il met en péril l'unité de son propre parti, se coupe des Américains, se brouille avec le monde de l'argent, s'aliène des secteurs de l'armée qui ne peuvent accepter de remettre en cause la grande alliance...

Ainsi, les premiers jours de janvier seront, comme ceux de mai 1958, tout bruissants de conciliabules, frémissants de projets, agités de va-et-vient à travers la Méditerranée. Lisons de Gaulle : « ... Journaux, salons, états-majors [..] au début de 1960, à mesure que s'accentue l'adhésion nationale, on voit se former [...] à l'horizon algérien le nuage précurseur d'un orage [6] . » Mais lui, affectant la plus totale sérénité, part pour le Midi où il passe quelques jours avec sa femme à l'abbaye de La Celle, dans le Var, transformée en hôtel (il y avait déjà séjourné dix ans plus tôt avec les Vendroux).

Méditation sur l'ironie de l'histoire qui va faire de lui, de Gaulle, le liquidateur de la puissance française (sinon de l'avenir de la France) au sud de la Méditerranée ? Retraite tactique, pour y voir plus clair, intriguer ses partenaires, préparer la prochaine initiative ? Se durcir pour les épreuves qu'il voit venir ? On le sait familier de ces éloignements volontaires. Il n'a laissé aucun témoignage personnel sur cette brève suspension * dans l'accomplissement de sa tâche. Mais rien n'indique que cette retraite l'ait conduit à la moindre révision politique. Au contraire.

En proclamant le droit des Algériens à l'autodétermination, le 16 septembre 1959, de Gaulle n'avait certes pas exclu l'indépendance, faisant même sonder le FLN. Mais il avait surtout voulu donner élan et crédit à une tentative médiane, légitimer par les bulletins de vote une élite musulmane modérée qu'il voulait croire, à l'image de Félix Houphouët et de Léopold Senghor, impatiente d'affirmer sa personnalité nationale en symbiose avec la France et aussi peu favorable aux émigrés de Tunis qu'aux prépondérants d'Alger. Vue de l'esprit ? Il a si souvent déjà imposé les vues de son esprit…

Jusqu'alors de Gaulle a choisi, décidé et agi comme si le sort de l'Algérie dépendait de sa seule volonté : qu'il rejette l'intégration, fasse appel aux « braves », limoge Salan ou proclame le droit des Algériens à l' « autodétermination », tout a émané de lui et tout a plié devant lui. Mais désormais, il va lui falloir négocier chaque décision, chaque pas, chaque geste. Il n'en est pas un qui ne fasse, sous ses pieds, éclater une mine. Il n'en est plus un qui ne permette de mesurer sa science de la manipulation — provocation, esquive, exécution — et son art de gouverner par les mots.

Au début de janvier 1960, Alger est en rut. Une douzaine de personnages (Ortiz, Lagaillarde, Sérigny, Argoud, Godard, Delouvrier, Challe…) s'apprêtent à l'affrontement, les premiers pour abattre le pouvoir, les autres pour le sauver. Quant à Massu, détenteur de la force armée, il ne sait plus trop de quel bord il est — rivé à de Gaulle et abhorrant sa politique.

Le camp des insurgés fourmille de personnages hauts en couleur. Deux d'entre eux tiennent alors le devant de la scène : Joseph Ortiz, dit « Jo les gros bras » et le chef d'état-major de Massu, Antoine Argoud, qu'anime à l'encontre de Charles de Gaulle une haine recuite, née au temps de Vichy : le chef de l'État la lui rend bien, qui ne parle jamais d'Argoud que comme de « ce petit colonel… comment dites-vous ? Ragout ? »

* Cinq jours.

Petit, oui, mais comme un guépard en colère, sans cesse en mouvement, aigu, pétaradant, toujours une idée en tête et vingt mots pour en faire un réquisitoire ; il tranche, projette, dénonce, entraîne, attentif aux détails, passionné de synthèses, coq de combat aux ergots multiples, rêvant d'une révolution conservatrice qui substituerait aux idéologies de masse une technocratie façonnée par les polytechniciens (comme lui) et imposée par les cavaliers (comme lui).

Jo Ortiz est le patron du café « le Forum », centre nerveux d'Alger. Masque d'imperator de Bas-Empire nourri de picon-grenadine, bedaine sanglée dans un alpaga toujours un peu trop clair, chevalière volumineuse, pectus de « videur » de boîte ou de meeting, ce Catilina rusé a des prudences commerçantes. « C'est, écrivent les auteurs de *Barricades et Colonels*, un homme du milieu [...]. Les mauvaises langues lui prêtent des intérêts dans ces maisons ombreuses que la chaleur du climat et la présence d'un demi-million d'hommes de troupe font prospérer [...] Il est fasciste [7]. » Les troupes de choc de son « Front national français » (FNF) arborent sur des chemises de couleurs variées l'insigne de la croix celtique aux références ouvertement racistes.

Ortiz a trouvé deux lieutenants sans lesquels il ne serait « qu'un chef de bande, un truand [8] » : le Dr Jean-Claude Perez, orateur « incendiaire » et Jean-Jacques Susini, l'idéologue du groupe qui vient d'être élu à la présidence de l'Association des étudiants comme « candidat officiel de l'armée ». Tel est le triumvirat qui veut faire du FNF et de ses troupes de choc empruntées aux UTB (Unités territoriales blindées) le fer de lance de l'Algérie française. En attendant mieux...

Mais que devient Lagaillarde qui, le 13 mai 1958, avait renversé la IVᵉ République ? Quelque chose se préparerait à Alger dont il ne serait pas ? Son élection comme député, en novembre 1958, a fait ombre sur son personnage. Aux yeux des Algérois, on ne saurait siéger impunément au Palais-Bourbon : « Ils l'ont acheté avec l'indemnité parlementaire ! » Mais il en a profité pour clamer, le 15 octobre, du haut de la tribune de l'Assemblée, que de Gaulle finirait en haute cour. Une formule qui vaut un visa pour Alger.

Quand il regagne l'Algérie, à la fin de l'année, c'est un homme seul. Ortiz le déteste. Susini le traite de « type fini ». Mais ce loup maigre garde des accointances à l'Université, au barreau d'Alger et surtout dans l'armée. Son éloquence électrique, sa courte barbe roussâtre, ses allures de pirate, son uniforme de « para » en imposent toujours. En trois semaines, il aura regroupé autour de lui une trentaine d'hommes sûrs. Il n'en avait pas davantage quand il a renversé la IVᵉ République en prenant le « GG », le 13 mai 1958. Quand la plupart de ses concurrents de l'époque — Martel, Denis, Goutailler, Crespin, Arnould, Lefèvre, pour ne pas parler de Delbecque — sont écartés ou oubliés, lui est revenu au premier rang de la ligne de feu, le doigt sur la détente et le verbe haut.

Hormis Argoud, les militaires s'efforcent à la discrétion. Ils ne dédaignent pourtant pas d'entrer en rapport avec « M. Jo ». A tel point que beaucoup murmurent, dans le camp des activistes, que le patron du « Forum » est un agent double, et que la Sûreté l'utilise à la fois comme indicateur et comme provocateur. Mais le jeu du colonel Godard est si complexe qu'on peut se demander qui utilise qui... L'interlocuteur habituel d'Ortiz, c'est le colonel Gardes, chef du bureau d' « Action psychologique », qui a toujours l'air de sortir d'un jamboree scout mais évolue comme un poisson dans l'eau entre ces groupuscules ou ces cohortes qu'il rêve de fédérer en un grand parti activiste, et où les magistrats avertis de trafics d'armes et de tortures discrètes n'osent pas trop hasarder leurs enquêteurs, de peur de voir libérés les délinquants chéris par la police avant même d'avoir eu le temps de les inculper.

N'oublions pas le dernier détonateur, dans cet air saturé d'orage : le renvoi de la cour d'Alger devant celle de Rennes de l' « affaire Audin ». Plusieurs officiers parachutistes sont impliqués dans la liquidation du jeune mathémati-cien communiste, dix-huit mois plus tôt : on cite les noms de capitaines, de commandants, de colonels... C'est le procès de l'armée qui va être instruit, devant la presse internationale, en ces lieux où commença à éclater l'innocence de Dreyfus. Intolérable ! In-to-lé-ra-ble. Tout plutôt que ça...

L'odeur de complot devient bientôt si forte, si angoissante, Alger exhale une senteur si intense d'émeute ou de coup de main — on parle ouvertement du 24 ou 25 janvier 1960 pour « l'action » — que Paul Delouvrier demande à Paris l'autorisation de faire appréhender Joseph Ortiz. Massu le déconseille : « J'ai son accord. Il ne fera rien sans nous prévenir deux jours à l'avance... » De Gaulle, en tout cas, s'y oppose : « Ce ne sont que des braillards, des jean-foutre. Vous allez en faire des martyrs. Laissez-les crier. L'armée tient bon. Tout le reste est du vent[9] ! »

Il est facile d'opposer, à une prédiction erronée, une constatation historique. Le général de Gaulle a toujours eu tendance à faire peu de cas des Méridionaux — notamment de ceux-ci, qui vivent dans l'emphase et parlent à outrance. Bien que quelques dizaines de jeunes gens rassemblés en son nom au début de novembre 1942 lui aient démontré en prenant Alger pour le compte des Alliés que sous ce ciel aussi, on pouvait associer l'efficacité à l'efferves-cence verbale, il aura toujours tendance à minimiser ce qui vient des rives de la Méditerranée — risques et chances.

Du 13 mai 1958, il aura surtout gardé le souvenir de foules rugissantes qu'il a apprivoisées en quatre mots et matées en quelques mesures. Les menaces d'Alger ne sauraient intimider qu'un Guy Mollet, un Pflimlin. Mais lui n'en a cure. Certes, il a bien pressenti tout de même que pouvait s'opérer une soudure entre les implacables régiments de « paras » et les foules algéroises — et entrevu peut-être que cet alliage du fer et du soleil n'irait pas sans conséquence. Mais pourquoi ne pas interpréter le diagnostic en sens inverse, et prévoir que c'est l'allégeance du corps militaire à l'État qui prévaudra sur l'anarchisme tumultueux des pieds-noirs ?

Ce serait sous-estimer deux données. La première, la voici : dans cette Capoue guerrière qu'est Alger, les délices se muent étrangement en énergie. Plongés dans cette société grisante et passionnée, parachutistes et légionnaires en ont souvent épousé les filles ; mais ils en ont plus encore épousé la querelle.

Au début de 1960, le couple formé par l'Armée et la Ville s'exalte des souvenirs terribles de la bataille de 1957, des exubérances de 1958, des angoisses de 1959. Trop de choses ont été vécues, souffertes et conquises ensemble pour être remises en cause. L'État est loin, et froid, et négatif. La vie est ici, avec la force éclatante et brutale. Qui prétend nous confisquer notre ville ? Et qui, notre victoire ? Une mutation sociologique s'est opérée, armant les foules de la dureté militaire, dotant ces bataillons de l'exubérance des rues.

Deuxième donnée : le développement d'une manière d'idéologie qui, pour avoir les bistrots et les cafétérias pour université, n'en exerce que plus de fascination sur ce peuple enfiévré. De l'agitateur antisémite Max Régis, « roi d'Alger » du début du siècle, aux meneurs totalitaires des années trente, les foules algéroises n'avaient jamais été laissées à court de slogans mobilisateurs. Vichy y avait fait fleurir un racisme béat, le comte de Paris avait bien failli en faire le tremplin de sa Restauration, le RPF y avait pris ses formes les moins démocratiques, et Poujade y faisait florès. En 1958, les porteurs de flambeaux se réclamaient volontiers du monarchisme, des corporations, de l'intégrisme catholique ou de l'antiparlementarisme, mais un certain gaullisme, encore républicain, n'avait pas eu trop de mal à s'imposer.

Le mouvement qui fermente dans Alger quatre mois après le discours du général de Gaulle ne prend pas par hasard pour cible immédiate la procédure éminemment démocratique de l'autodétermination. Car il est, par essence, antidémocratique. De Joseph Ortiz à Jean-Claude Pérez, de Jean-Jacques Susini à Robert Martel et à Bernard Lefèvre, l'ennemi désigné n'est pas seulement de Gaulle, pas seulement une politique, pas seulement la remise en cause de l'Algérie française. C'est le principe démocratique, c'est le parlement, c'est la République.

Mai 1958 avait un objectif : chasser un gouvernement et faire appel à l'armée pour imposer une politique. En 1960, les conjurés ont une stratégie, qui vise à un changement de régime, et pas seulement de république. Ce populisme casqué qui arme ses milices, c'est autre chose qu'un monôme encadré par quelques colonels.

Cette fois, on ne s'arrêtera pas au Forum, ni à la Méditerranée. Cette fois, il n'y aura pas un de Gaulle pour canaliser les colères. Cette fois, on ne se laissera pas confisquer la victoire. Cette fois, on a des armes, et pour s'en servir. Le pouvoir qu'il s'agit de mettre en place — et qui a ses antennes dans presque tous les cabinets et centres de pouvoir parisiens — ne s'embarrassera pas de majorités hostiles et de manifestations populaires : de Dunkerque à Tamanrasset, cent départements français seront mobilisés pour écraser les rebelles et les traîtres, qui ne sont pas tous dans les djebels.

Dans ce climat d'imminence massive, d'attente torride, encore exacerbé par une relance du terrorisme FLN — plusieurs dizaines de colons sont assassinés dans l'Algérois, dont certains très âgés —, il suffit d'un prétexte pour déclencher l'événement. De part et d'autre, on sait que le général Massu est en quelque sorte la clé de voûte sur laquelle s'arc-boutent les deux forces adverses — contenant les fureurs d'Alger, qu'il partage, freinant les initiatives du chef de l'État, auquel il reste lié. Qui a intérêt à faire sauter cette pièce maîtresse ? Les conjurés d'Alger pour être enfin libres d'agir, crevant cet écran et dissipant les ambiguïtés ? Ou de Gaulle en écartant de sa route le symbole de la convergence entre les foules algéroises et l'armée ?

Le 15 janvier 1960, le général Jacques Massu reçoit le journaliste allemand Hans Kempski, représentant le grand quotidien munichois *Suddeustche Zeitung*. Ce petit homme blond, rasé et trapu, au nez pointu, est un ancien parachutiste, qui a déjà publié des reportages sur l'Algérie — assez favorables aux points de vue de l'état-major français. Il a demandé une interview à Challe qui, pour s'en débarrasser, l'a dirigé sur Massu, bonne « cible » pour un journaliste à sensation, « para », et assez compétent pour poser les bonnes questions. Aucun accord n'a été pris pour une publication. Aucun veto n'a été formulé. Mais Kempski est muni d'un discret magnéto-phone.

Bref, Massu se laisse aller. « L'armée a la force. Elle ne l'a pas montrée jusqu'à présent parce que l'occasion ne s'en était pas encore présentée, mais elle fera intervenir sa force si la situation le demande. Nous ne comprenons plus la politique du président de Gaulle. L'armée n'a pas pu prévoir qu'il ferait une telle politique. Notre plus grande déception a été de voir le général de Gaulle devenir un homme de gauche [...]. De Gaulle était le seul homme à notre disposition. L'armée a peut-être commis une faute. »

Et plus imprudent encore, le principal chef militaire de l'Algérois confie à cet interlocuteur étranger que l'armée « pousse les colons à se constituer en organisations paramilitaires [et] approvisionne les groupements en armes ». Ici, il ne s'agit même plus des sentiments de Jacques Massu, mais d'une déviation avérée de la mission confiée au corps des officiers.

L'interview de Massu paraît le lundi 18 janvier au soir à Munich. Toutes les agences internationales en reproduisent de larges extraits dès le 19 à l'aube : « Massu contre de Gaulle. » A Alger, à Paris dans la soirée, c'est la fièvre. Challe s'empresse de démentir en bloc ces « propos dénués de tout fondement »... Massu, lui, se tait : il peut maudire Kempski, mais il sait bien que son interlocuteur n'a reproduit que la vérité.

La réaction du général de Gaulle à propos de son « compagnon » est celle que l'on pouvait attendre de lui : foudroyante. Grognard, Massu ? Dans les rangs ou au bivouac, oui. Mais dans la presse internationale... Dès le 19 janvier, il écrit au Premier ministre :

> « L'interview du général Massu ne saurait, évidemment, être tolérée. A l'heure où je vous écris, cet officier général devrait être déjà arrivé à Paris ou, tout au moins, en route pour y venir, sur l'ordre du gouvernement, afin de s'expliquer. Étant, naturellement, entendu qu'ensuite, après sanction, il ne retournera pas à Alger [10]... »

Ainsi rappelé à l'ordre, Michel Debré intime à son ministre des Armées l'ordre de convoquer sur l'heure le coupable. Mais c'est nanti d'une promesse de soutien indéfectible de Challe — d'accord avec lui sur le fond de l'affaire, mais ennuyé qu'il ait ainsi parlé du chef de l'État — que le général commandant le corps d'armée et super-préfet d'Alger se présente le 20 janvier dans la matinée au bureau du ministre, Pierre Guillaumat. La veille au soir, atterrissant d'Alger, il a grommelé quatre mots entre moustache et lippe : « J'ai été pigeonné... »

Mme Massu déclarera cinq jours plus tard au *Daily Express* que son mari avait été « victime d'un complot », qu'il n'avait « jamais accordé cette interview » et que le général, « s'il ne lui restait qu'une cartouche et devait tirer soit sur un journaliste soit sur un terroriste, choisirait le journaliste, je vous l'assure ». Ces journalistes !

Reportons-nous ici à l'arbitrage du meilleur expert, le colonel Argoud, intime collaborateur de Massu : « Je lis le texte de cette interview. Il est brutal, inopportun, mais authentique. Les propos qu'a tenus Massu sur la justice, sur l'état d'esprit de l'armée, correspondent exactement à ce qu'il pense, je le sais. Seul à seul, Massu reconnaît d'ailleurs que le journaliste n'a rien inventé [...]. Il avait simplement demandé à Kempski de ne pas tenir compte de certains propos. L'autre, en bon journaliste (la même mésaventure m'arrivera une bonne douzaine de fois), a promis, pour en savoir davantage, puis a trahi sa promesse [...]. Les bruits les plus extravagants courent par la suite sur l'origine de l'entretien. Certains veulent y voir une manœuvre de De Gaulle pour se débarrasser de Massu. Je n'en crois rien. D'abord, de Gaulle n'avait pas besoin de prendre de tels gants pour muter Massu. Ensuite, la présence de Massu pouvait être utile à de Gaulle ; lequel ne croyait pas à la possibilité d'une révolte de la part du grognard[11]... »

Pierre Guillaumat, ministre des Armées, va tenter de sauver Massu en lui demandant quelque chose comme un démenti, ou un semi-désaveu. De Gaulle — assure Guillaumat — ne tient pas à ce que soient reniées les critiques faites contre lui, mais veut que Massu retire ce qu'il a dit de l'état d'esprit des masses musulmanes et de l'armée à propos de sa politique. Un communiqué peut corriger ces quelques « bavures. » Massu s'y résigne. Mais son texte, à propos de la question clé du malaise de l'armée, rend hommage, non à l'autorité du général de Gaulle, mais à celle de Challe. Et en fait de « loyauté », il n'est pas question de celle de Massu, mais de celle de son supérieur. Les auteurs de *Barricades et Colonels* parlent de « démenti-suicide ». C'est ainsi que de Gaulle l'entend : hérétique et relaps, Massu sera châtié.

De Gaulle n'avait pas attendu le texte de Massu pour adresser à Guillaumat cette leçon en forme de gifle :

> « ... Rien n'importe autant que l'autorité de l'État. Or celle-ci a été contestée publiquement par le général Massu, contestée en ma propre personne. [...] Quoi qu'on tâche de souhaiter ou de dire, le fait demeure. Dans ces conditions, le général Massu ne doit pas retourner à Alger. Si cette décision provoque des remous locaux, on verra bien. Ces remous ne

peuvent être [...] que limités et circonstanciels. Mais l'abaissement de l'État et le consentement de De Gaulle seraient, eux, irréparables[12]. »

Mais au moment où il prend, le 20 peu après midi, cette décision capitale, le chef de l'État vient de prononcer lui-même des mots qui joueront un rôle presque aussi dévastateur que les deux textes de Jacques Massu. Le 18 au soir, et le 19, il a reçu successivement trois députés d'Algérie, MM. Portolano, de Bône, Marc Lauriol, juriste algérois doctrinaire de l'intégration, et Ahmed Laradji, de Blida.

Au premier, Charles de Gaulle aurait confié ses arrière-pensées à propos de l'autodétermination : que s'ils étaient vraiment libres de choisir, les Algériens n'opteraient pour la France que dans quelques départements, ceux d'Alger et d'Oran notamment ; et que si les responsables de la Communauté européenne s'obstinaient à vouloir maintenir « l'Algérie de papa », le partage serait inévitable.

Au second, il aurait entrepris de démontrer que les Musulmans n'avaient confiance qu'en lui, de Gaulle, pour rétablir la paix et que si 150 000 d'entre eux s'étaient fait tuer pour l'indépendance depuis cinq ans, ce n'était pas pour devenir des citoyens français... Ceux qui se battaient aux côtés de l'armée française ? Ils avaient, selon le général, été embrigadés — ce qui ne suffisait pas à prouver qu'ils souhaitaient l'intégration (de cette entrevue, M. Lauriol sortit, dit-il, « épouvanté[13] »...).

Ahmed Laradji, troisième de ces interlocuteurs, avait rappelé les sacrifices consentis par ses ancêtres pour la France et assuré que trente des siens avaient été victimes du FLN : il ne put obtenir du général qu'une dénonciation entêtée de l'intégration et la prédiction que, sauf en Oranie « et à la rigueur dans l'Algérois », la cause du rattachement à la France serait mise en minorité. La conclusion qu'en tirait de Gaulle, selon M. Laradji, était qu'il ne resterait plus qu'à « regrouper dans les zones françaises ceux d'entre [eux] qui le désireraient[14] ».

Et, comme son visiteur lui lançait : « Nous souffrirons ! », de Gaulle n'aurait trouvé à lui répondre que :

« Eh ! Oui, vous souffrirez[15] ! »

Mot terrible, très commenté, et en quoi beaucoup de ses ennemis ont voulu résumer la politique algérienne de Charles de Gaulle.

En fait, ces propos rapportés par les seuls intéressés, hommes saisis par l'angoisse et qui semblent bien en tout cas n'avoir pas reçu à l'Élysée l'accueil compréhensif que justifiait la situation tragique où ils se débattaient, ne peuvent être authentifiés comme ceux, enregistrés, du général Massu.

On peut admettre toutefois qu'ils ne sont pas invraisemblables et que, plus ou moins brutalement, le général ne fit rien là pour calmer les passions. Louis Terrenoire, confident attitré du général, écrit de ces trois entretiens, des 18 et 19 janvier : « ... Ils firent l'objet d'un bref compte rendu distribué à Alger sous le manteau. Les propos tenus par le général de Gaulle y étaient rapportés de la manière la plus outrancière. Ces lignes de conclusion suffiront à en donner le ton : " Étant donné la caution apportée au FLN par le chef de l'État, ce document ne doit pas tomber entre les mains ennemies *(sic)* " [16]. »

Authentiques ou non, ces mots dévastateurs furent rapportés dès le lendemain 20 janvier à Alger (et bientôt diffusés sous forme de tracts à l'insu des trois députés), dans le climat fiévreux qui y régnait alors, et que l'annonce du limogeage de Massu, le soir du 20, rendait d'un coup frénétique. En deux jours, les 19 et 20, quelques centaines de mots et le départ d'un homme allaient provoquer l'explosion attendue depuis des semaines.

D'autant plus attendue que chacun s'interroge sur une réunion du Comité des affaires algériennes organisée pour le 22 janvier 1960 à l'Élysée. Cette conférence clé, de Gaulle la préside en uniforme. Elle rassemble vingt-trois personnes — ministres, généraux, hauts fonctionnaires. Tout concourt à en dramatiser le climat, jusqu'aux béquilles dont se sert Delouvrier après un accident de montagne. Les exposés du général Challe et de Paul Delouvrier sont pressants, lourds d'inquiétude. Il faut rassurer les Européens et l'armée, sinon on peut s'attendre au pire. De Gaulle est impavide, laconique. Rassurer qui ? C'est la politique définie le 16 septembre qui est seule de nature à « rassurer » à long terme l'Algérie.

Delouvrier prend le relais. Il présente le dossier de l'activisme algérois, le formidable mécanisme du FNF monté par Ortiz — dossier que le colonel Godard, informé de tout au jour le jour, ne lui a remis que l'avant-veille... La situation est explosive, conclut-il, non seulement du fait de ces machinations séditieuses, mais de l'impression d'abandon où vit la minorité européenne.

Commandant du corps d'armée d'Oran, Fernand Gambiez prend le relais. On a surnommé « Subito » ce petit homme héroïque, qui ressemble au professeur Nimbus. C'est l'un des pionniers français du parachutisme de combat : le bataillon de choc qu'il a fondé en 1942, il l'a mené jusqu'au cœur de l'Allemagne. Nul chef militaire en Algérie ne « tient » mieux sa zone de responsabilités. Mais il plaide lui aussi pour que des gestes soient faits en faveur de cette population qui se croit « abandonnée. »

« ... Quel abandon ? tonne de Gaulle. C'est de la politique, ça, Gambiez, ça ne vous regarde pas [17] ! »

Vient l'heure des conclusions. La politique du 16 septembre est intangible, mais il n'y aura pas de « négociation » avec le FLN. Un Comité des affaires algériennes se réunira régulièrement. Des tribunaux spéciaux seront créés pour assurer une répression accélérée du terrorisme. Les journaux menant des campagnes contre l'armée seront poursuivis. Au surplus, le général de Gaulle annonce qu'il se rendra en Algérie le 5 février. Cette mixture d'intransigeance sur le fond et de concessions sur les détails est-elle de nature à permettre à Delouvrier et Challe de faire face demain à leurs véhéments interlocuteurs d'Alger ? Ils ne le pensent pas, et vont faire auprès du général une dernière tentative en faveur de Massu.

« Massu ? Non, je le garde », fait de Gaulle.

Challe parle de démissionner :

« Sans Massu, je n'ai plus les moyens d'assurer l'ordre à Alger...

— Allons donc... Vous avez l'armée, la police, mon soutien [...]. Pour remplacer Massu, je vous donne Crépin *. Pour l'autorité de l'État, Massu ne peut pas revenir à Alger. Pour l'autorité de l'État, vous devez y retourner... Je vous donne tous les pouvoirs. S'il faut employer la force, vous l'emploierez. Vous êtes maître de vos moyens. »

Quittant l'Élysée, Paul Delouvrier résume son état d'esprit en faisant ainsi ses adieux à Michel Debré : « Je suis heureux de partir. Vous, dans vos bureaux, vous ne pourrez rien tenter. Le général Challe et moi, nous allons nous faire tuer ! »

Dans la soirée, pourtant, le général Massu téléphone à Alger pour tenter de calmer ses partisans. « J'ai été victime d'une machination, dit-il à Antoine Argoud. Mais malgré les procédés désagréables utilisés contre moi, je considère que ma mutation était nécessaire. Prêchez le calme à Alger. Il ne faut pas qu'il y ait d'émeute... »

Tardive sagesse, dont le colonel Argoud, quels que soient ses sentiments personnels, se fera correctement l'écho. Il tentera au cours de la nuit du 22 au 23 de calmer ses amis Ortiz et Susini en faisant valoir que l'armée est trop loyaliste pour soutenir un soulèvement. Au surplus, comme le suggère subtilement Eugène Mannoni dans *le Monde* du 23 janvier 1960, les déboires d'un général ne sont pas toujours pour déplaire à ses confrères...

Massu a obtenu enfin d'être reçu par de Gaulle le lendemain 23 janvier. Le récit de cet « entretien historique », il l'a fait dans un livre où le soin tout naturel de se donner le beau rôle va de pair avec une évidente sincérité. On en citera une réplique du chef de l'État au visiteur qui lui objecte que l'autodétermination n'est « pas applicable en Algérie » :

> « La solution politique, je ne la connais pas encore. Mais s'ils ne veulent pas de nous, qu'ils nous quittent : qui vous dit que je ne ferai pas savoir mon choix quand le moment sera venu ? Je suis celui qui a le plus fait pour les Musulmans. Il n'y a que moi qui puisse sauver l'Algérie. La France ne supportera pas d'avoir 500 000 de ses enfants pendant 50 ans en Algérie [18] ! »

Le face-à-face du souverain et du centurion ne dura guère plus de vingt minutes : mais assez pour que les occupants des bureaux voisins gardent le souvenir de furieux éclats de voix... On parla même d'une montre-bracelet qu'un coup de poing aurait brisée... François Flohic signale qu'au moment où Massu, sortant du bureau du chef de l'État, traversa celui des aides de camp, le général de Beaufort, chef de l'état-major particulier du général de Gaulle, s'avança vers lui et tenta de lui marquer sa solidarité « d'un geste... dont Massu se dégage vivement [19] ». Brève notation qui en dit long sur l'état d'esprit d'un certain entourage de Charles de Gaulle.

Tandis que son « patron » faisait face à de Gaulle, le chef de cabinet de Massu déclarait dans l'antichambre du palais présidentiel : « Nous formerons

---

* Vieux Français libre, camarade de Massu à la 2ᵉ DB sous les ordres de Leclerc.

un gouvernement militaire à Alger, avec ou sans Challe à sa tête, et, de là, nous repartirons à la conquête de la métropole. »

Quittant l'Élysée, Massu appelle Argoud au téléphone. D'après les auteurs de *Barricades et Colonels,* c'est pour annuler l'appel à la raison qu'il lui a lancé la veille. Et le général limogé de conclure : « C'est sur place qu'il y a lieu de juger de la conduite à tenir. Hier, je vous ai dit qu'il ne fallait pas bouger. Aujourd'hui, je ne vous donne plus d'avis ! » C'est une sorte de feu clignotant donné à l'émeute.

Sitôt rentré à Alger, Paul Delouvrier tente, dans la matinée du 23 janvier, une dernière démarche : le traditionnel appel au calme sans lequel il n'est pas de vrai soulèvement. Dès 7 heures, le samedi matin, il s'adresse aux Algérois d'une voix altérée par l'angoisse : « Pour affirmer la puissance de la France il faut d'abord assurer l'autorité de l'État. Cette autorité, aujourd'hui, ne se discute plus. Le pouvoir ne recule pas. La métropole tout entière est derrière le général de Gaulle [...]. Le désordre à Alger serait le commencement de l'aventure [...]. Alors, je le dis à tous ceux qui, depuis trois mois, sont rongés par la crainte de l'avenir... : abandonnez ce complexe d'abandon, qui ne peut conduire qu'à l'abandon lui-même... »

Vaine tentative. La grève générale a été décrétée par les conjurés pour le lendemain 24. L'immeuble de la « Compagnie algérienne », voisin du café « le Forum », est transformé en PC d'Ortiz — tandis que Pierre Lagaillarde, tenu à l'écart de la conjuration patronnée par le FNF, s'enferme avec quelques dizaines d'hommes bien armés dans le périmètre des facultés hérissé de barricades et, ainsi campé, défie armée et police de l'en déloger en tirant sur des hommes qui « veulent rester français ». Judicieuse visée tactique.

Le plan d'Ortiz est, si l'on peut dire, plus classique, selon les normes algéroises... Il s'agit de s'emparer des édifices publics, que ne défendra pas l'armée. Les 3 000 « terribles » de son organisation suffiront à l'affaire. Tenant ainsi Alger, on obtiendra le ralliement de l'état-major. On verra alors comment « faire le reste »... Susini définit ainsi l'objectif : « L'heure de faire tomber le régime est venue. La révolution partira d'Alger et ira jusqu'à Paris. »

Pour que la grande « journée » du 24 ne dégénère pas en un autre 13 mai, Challe et Delouvrier ont mis sur pied le « plan Balancelle » dont l'appellation bénigne dit bien qu'il s'agit de faire face en souplesse au défi du FNF et des UTB : la 10ᵉ division parachutiste, sous les ordres du général Gracieux, est rappelée pour contenir l'explosion, en l'encadrant. Arme formidable et ambiguë. Mais il y a aussi les chefs militaires responsables de l'ordre dans Alger et sa périphérie, le général Coste et le colonel Fonde : le premier est discipliné, le second est un gaulliste très militant, vieux compagnon de Leclerc. Ils disposent de quatre compagnies de CRS et de vingt unités de gendarmes mobiles commandés par le colonel Debrosse, serviteur intraitable de l'État. Les exaltés, pas plus que les fauteurs de coup d'État, n'ont, d'avance, gagné la partie.

En introduisant dans Alger la 10ᵉ DP dont les cadres — Broizat, Dufour,

Mayer — sont parmi les officiers les plus « intégrationnistes » de l'armée et les plus liés à Massu, le général Challe a voulu faire confiance à l'homéopathie. Plutôt que de dresser un barrage contre le mouvement, il choisit de le faire canaliser par ses prétoriens. Compte tenu des ordres qu'il avait reçus à l'Élysée, c'était sous-estimer le loyalisme de la majorité de l'armée. Peut-être le commandant en chef aurait-il pu se louer de sa décision si les responsables de « Balancelle » avaient rempli leur mission — qui était de freiner et de désamorcer le mouvement, non d'en huiler les rouages...

Cette journée tragique va révéler au général de Gaulle qu'il n'a pas su prendre la mesure de la détermination des Algérois, de la discipline et de la fidélité des centurions, de l'ascendant personnel qu'il exerce sur les uns et les autres.

Le pire est déjà survenu quand, vers 20 heures, le général est informé, à Colombey, du bilan provisoire de la journée : 14 morts du côté des forces de l'ordre, 8 du côté des manifestants, plus de 200 blessés. Contre la citadelle de l'Université qui, depuis le matin du 24, n'a cessé de se renforcer et où Lagaillarde proclame : « Je tire sur tout ce qui approche à moins de 30 mètres », et le « bazar » de la Compagnie algérienne autour duquel Ortiz rameute des centaines de partisans armés jusqu'aux dents et qui ont élevé eux aussi des barricades, deux colonnes de CRS (un millier d'hommes) ont entamé à 18 heures leur marche, l'arme à la bretelle, du Forum au plateau des Glières et au boulevard Laferrière. Partis des toits qui surplombent le PC d'Ortiz, les tirs au fusil-mitrailleur ont commencé presque aussitôt : un, deux, trois CRS au sol...

Fonde et Debrosse avaient prévu que deux régiments de « paras » flanqueraient la progression des forces de l'ordre : ils les ont attendus en vain. « On n'avait pas d'ordre », ont objecté Broizat et Dufour. Et ceux des hommes peints qui avaient pour mission d'entraver les mouvements des UTB et des diverses colonnes d'émeutiers, à la limite de Bab-el-Oued notamment, les ont laissés passer, non sans refuser de pactiser avec elles. A la tombée de la nuit, le carnage ne peut s'interpréter que comme une défaite de Challe, c'est-à-dire de De Gaulle : *1*. Le sang a coulé*, *2*. Ortiz et Lagaillarde tiennent bon, *3*. la grève générale ordonnée par les UTB paralyse la ville.

---

* Aucun témoin digne de foi n'a permis de douter que les premiers coups eussent été tirés du camp des émeutiers.

Aucun argument sérieux n'a été allégué contre le communiqué militaire publié le 25 janvier :

« 1. Une inspection des armes des gendarmes mobiles avait été passée avant le départ du Forum. Les armes n'étaient ni chargées ni même approvisionnées.

2. Les gendarmes mobiles ont descendu les escaliers l'arme à la bretelle.

3. Arrivés en bas des escaliers, les sous-officiers des premiers rangs de chaque colonne tenaient leur mousqueton à la main dans la position réglementaire pour disperser les attroupements, c'est-à-dire le canon en arrière, ce qui interdit toute possibilité de tir.

4. Les premiers témoignages recueillis confirment que le coup de feu initial est dû à l'initiative d'un des provocateurs qui s'étaient mêlés aux manifestants... »

Extrait d'un rapport inédit du général Crépin * :

« Quand, rapidement, un premier point put être fait sur le déroulement de la fusillade, Challe, auprès de qui j'étais, fut à la fois dans un état de fureur extrême et totalement désorienté. Lui, qui s'était donné de plein cœur à l'Algérie française, lui qui faisait tout, tant par l'action militaire que par la pression psychologique sur de Gaulle, pour que cette thèse l'emporte, avait été trompé et trahi par ceux-là mêmes qui déclaraient vouloir cette Algérie française. Il était prêt à faire prendre d'assaut le réduit des facultés... Je dis au général Challe qu'il serait impossible d'attaquer cette nuit-là. J'ajoutai, me plaçant uniquement sur un plan de considération humaine : vous ne pourrez pas attaquer demain non plus... Challe se calma peu à peu. »

Le chef de l'État rentre vers minuit de Colombey à l'Élysée, où le rejoint le Premier ministre, revenu précipitamment de Bretagne. Autour d'eux se retrouvent les ministres de l'Intérieur (Pierre Chatenet) et des Armées (Pierre Guillaumat). Ce dernier plaide pour la temporisation. Chatenet et Debré sont plus fermes mais persuadent le général de tenter encore de faire appel à la raison des insurgés avant que soit donné l'ordre de « nettoyer Alger ». De Gaulle accepte de rédiger et d'enregistrer un appel dramatique, qui sera diffusé toutes les heures sur Radio-Alger :

> « L'émeute qui vient d'être déclenchée à Alger est un mauvais coup porté à la France. Un mauvais coup porté à la France en Algérie. Un mauvais coup porté à la France devant le monde. Un mauvais coup porté à la France au sein de la France.
>
> Avec le gouvernement, d'accord avec le Parlement, appelé et soutenu par la nation, j'ai pris la tête de l'État pour relever notre pays, et notamment pour faire triompher dans l'Algérie déchirée, en unissant toutes ses communautés, une solution qui soit française [...].
>
> J'adjure ceux qui se dressent à Alger contre la patrie, égarés qu'ils peuvent être par des mensonges et par des calomnies, de rentrer dans l'ordre national. Rien n'est perdu pour un Français quand il rallie sa mère, la France.
>
> J'exprime ma confiance profonde à Paul Delouvrier, Délégué Général, au général Challe, Commandant en Chef, aux forces qui sont sous leurs ordres pour servir la France et l'État, à la population algérienne si chère et si éprouvée.
>
> Quant à moi, je ferai mon devoir... »

Mais le général a eu beau introduire à la demande de Paul Delouvrier cette référence à « une solution qui soit française », son appel reste, pour la première fois, sans écho. Certes, en métropole, à quelques hommes politiques près (de Bidault à Soustelle et de Duchet à Battesti), les opérations déclenchées par Ortiz et Lagaillarde ont horrifié l'opinion. Le chef de l'État sait qu'il a le pays derrière lui. Mais ce n'est pas l'approbation populaire qui lui donnera les moyens de réduire le « fort Chabrol » algérois sans vouer à la mort des dizaines, voire des centaines d'intervenants et de séditieux.

* Communiqué à l'auteur en février 1986.

Au Conseil des ministres convoqué dans l'après-midi du lundi, de Gaulle est catégorique : « L'insurrection doit être abattue... » Mais comment ? Plusieurs ministres — Michelet, Sudreau, Buron — sont pour la manière forte. Malraux préconise de lâcher un tapis de bombes lacrymogènes sur les deux bastions insurgés. Soustelle coupe : « Et pourquoi pas la bombe atomique ? »

On décide d'abord de relever progressivement la 10ᵉ division parachutiste, dont la connivence avec les émeutiers est patente, par la 25ᵉ, que commande dans le Constantinois le colonel Ducourneau, réputé républicain comme les cadres de sa principale unité, le 9ᵉ RCP, dont le chef est le colonel Vincent-Bréchignac. (Mais les nouveaux arrivants seront vite endoctrinés par leurs prédécesseurs.) Ensuite, le général de Gaulle choisit de dépêcher « son » Premier ministre à Alger — où cet ancien militant de l'Algérie française pourrait se faire entendre au moins de quelques chefs militaires.

Debré, qui a en poche une lettre du général lui donnant pour « impératifs absolus » la « liquidation de l'insurrection » et le « châtiment des meneurs [20] », atterrit en compagnie de Guillaumat le 26 à une heure du matin à Maison-Blanche. Après un coup d'œil donné aux barricades de Lagaillarde, il s'enferme à l'état-major avec Challe et Delouvrier. Les instructions du chef de l'État sont formelles : réduire la sédition, par la force si c'est nécessaire. Est-ce possible ? Généraux et colonels sont, avec plus ou moins de netteté, unanimes : ni les cadres ni les troupes ne marcheront contre ces rebelles-là.

Les colonels ont réclamé de se faire entendre du chef du gouvernement, qui en reçoit « un lot », comme l'écrira drôlement de Gaulle. Porte-parole reconnu de ses pairs, Antoine Argoud pose d'emblée le problème de fond. « Européens et Musulmans n'ont plus confiance, depuis le 16 septembre, dans le général de Gaulle... Conservant le souvenir de vingt-cinq ans de reniements en chaîne, ils voient dans l'autodétermination un nouveau reniement... »

Michel Debré prend la mouche, et le coupe :

« Que faut-il faire ?

— Obtenir du général de Gaulle qu'il revienne sur l'autodétermination.

— Et s'il refuse ?

— ... Le général Challe devra prendre l'affaire à son compte.

— Et s'il refuse lui aussi ?

— Je ne vois pas d'autre solution qu'une junte de colonels.

— ... Et si la France ne cède pas ?

— ... Les plus grands hommes d'État ont changé d'avis... »·

Extrait du rapport inédit du général Crépin :

« Sortant de son entrevue avec MM. Debré et Guillaumat, Argoud se tourna vers l'assistance, fit un bras d'honneur et dit quelque chose comme : " Qu'est-ce que je leur ai mis. " J'ai gardé le souvenir d'une interpellation particulièrement véhémente de M. Debré par le chef d'état-major de Challe, le colonel Georges de Boissieu. »

De ces altercations, Debré sortira bouleversé. « A moins de lui mettre un revolver sur le ventre, on ne pouvait aller plus loin » : ainsi l'un des colonels résumait-il cet extraordinaire « passage à tabac » nocturne d'un chef de gouvernement par des officiers en colère...

Pierre Racine, vieil ami et plus proche collaborateur du Premier ministre, et qui a tenu à l'accompagner lors de cette équipée, se souvient surtout de l'inimaginable passivité du commandant en chef : « Je garde le souvenir d'un homme brisé, malade, je dirais infirme — perclus de rhumatismes, il portait une gouttière —, incapable de commander, subissant l'événement. C'est cet effondrement de Challe en tant que chef qui a marqué, pour moi, cette nuit douloureuse. La révolte des colonels n'en était que la conséquence [21]... »

Le mardi 26 janvier 1960, avant d'écouter le rapport de son Premier ministre, Charles de Gaulle va recevoir son vieux camarade Alphonse Juin, le maréchal pied-noir qui lui demande depuis des semaines un entretien. Le dialogue est d'abord aussi orageux que celui du 23 avec Massu. Le visiteur martèle les mots : « Tu [*] n'as pas le droit de faire tirer sur ces hommes. Si tu le fais, je prends position contre toi ! — Le droit que je n'ai pas, c'est de laisser bafouer l'État ! » riposte le président. Puis le ton s'apaise. De Gaulle prend sa tête entre ses mains, la voix brisée : « Notre drame, c'est notre âge... Je suis un vieil homme, je vais mourir... » Mais soudain, redressé : « Je ne capitulerai pas ! Je ne céderai pas à l'émeute ! »

Voici Debré, retour d'Alger, tout endolori encore des véhémences de la nuit. Ce qu'il a constaté, c'est que le problème est d'abord militaire. Par-delà les angoisses d'une population manipulée par des aventuriers capables de faire tirer sur des gendarmes français, ce qui est en cause, c'est le loyalisme et l'unité de l'armée. C'est cela qu'il a vérifié au cours de cette nuit frénétique, et c'est cela qu'il faut sauver sinon en reniant l'autodétermination, au moins en déclarant que le gouvernement est pour « la solution la plus française ».

« Je ne capitulerai pas, je ne changerai pas ma politique », répète le général. Il n'est pas hostile à des paroles d'apaisement, à une affirmation solennelle que la France n'abandonnera pas les Français d'Algérie. Mais à une offre de démission de Michel Debré, il oppose ce veto : « Vous plaisantez, Debré ! Pas question de changer un iota à ma politique. Et pas question de démission. Vous êtes à côté de moi, au besoin sur les marches de l'Élysée, pour y attendre les parachutistes. »

Debré restera à son poste. Mais il est clair que le régime est en péril. Lisons ces notations du témoin privilégié qu'est François Flohic : « ... Dès 4 heures du matin, les aides de camp sont [...] dans leur bureau [...] alertés par le colonel Dupuy, commandant militaire du palais... Un gouvernement clandestin se serait constitué à Paris, à base de douze militaires et de trois civils, à leur tête le général Lecomte. [Il faut] prendre les mesures de sécurité qui s'imposent : les plus immédiates étant l'interdiction immédiate de notre bureau à nos camarades de l'état-major particulier et le port d'une arme individuelle... » On voit le climat : une citadelle assiégée. A Alger, c'est Lagaillarde qui est retranché. A Paris, c'est de Gaulle...

---

[*] Camarade de promotion de Charles de Gaulle à Saint-Cyr, Juin est l'une des très rares personnes qui tutoient le chef de l'État.

« Les ministres, tels que je les vois à cet instant [...] ne me paraissent ni assurés ni fermes, note encore Flohic... L'Élysée n'a plus de visiteurs ; les téléphones naguère si actifs dans notre bureau se taisent. Durant toute la semaine [...] nous sommes dans l'isolement et l'attente. Pierre Sudreau est le visiteur du mercredi 27 dont nous nous souviendrons. Lorsque Teissère * lui demande brusquement : " Et vous, monsieur le Ministre, pour qui êtes-vous ? ", Sudreau nous assure qu'il luttera jusqu'au bout pour la sauvegarde de l'État. Il demande à être reçu par le Général pour lequel je ne doute pas qu'il ait été ce jour-là un réconfort[22]. »

Le climat d'angoisse et d'abandon du chef de l'État est tel que plusieurs ministres envisagent de former une sorte de cabinet de crise, sur les bases d'un soutien résolu au président de la République et à sa politique algérienne : évoquant ce souvenir, Jean-Marcel Jeanneney suggère que le groupe n'était pas très nombreux : Malraux, Buron, Sudreau, Joxe, Michelet, Frey, lui-même... En cas de malheur, rendez-vous était pris en Belgique[23]...

Notations éloquentes. Pendant toute la « semaine des barricades », de Gaulle a senti « son » État fléchir sous lui, bravé par deux extrémistes algérois que confortent quelques centaines d'officiers et quelques milliers de combattants de choc, pactisant avec eux pour la défense d'une cause qu'ils mettent au-dessus du service de la collectivité nationale, préférant les réalités territoriales (hier Vichy, aujourd'hui les départements algériens) à cette légitimité spirituelle, historique, abstraite, qu'il incarne.

De tous les visiteurs que reçoit de Gaulle en ces journées fiévreuses et semi-solitaires, un seul paraît l'avoir atteint, en tout cas fait réfléchir. Non l'un de ces « deux ou trois colonels », comme il dit (Georges de Boissieu ou Dufour), que lui envoie Challe et qu'il regarde comme des frénétiques. Mais un fidèle, « son » fidèle en l'affaire, le général Crépin qu'il a chargé d'assurer la relève de Massu et qui, frappé d'ostracisme par le corps des officiers algérois, isolé, brocardé, menacé, tente honnêtement de remplir sa mission.

Le mercredi 27, Charles de Gaulle, voulant en avoir le cœur net, convoque d'urgence ce Crépin qui, le 24 août 1944, avait annoncé à Paris l'imminente arrivée de la 2e DB dont il commandait l'artillerie. Voici, à l'Élysée, le vieux Français libre dont de Gaulle attend la vérité. Le général Crépin lui rappelle qu'il est en faveur de l'autodétermination. Mais, compte tenu de la situation dramatique, que faut-il faire ?

« Réduire le problème à ses dimensions vraies, celles d'un groupe d'insurgés, peut-être de quelques officiers [...]. Aucun problème ne se posera chez les officiers si ce que vous dites et faites ramène à vous la population. Il faut donner à M. Delouvrier, au général Challe, à l'Armée, le moyen de séparer la population des insurgés. Alors, tout deviendra possible... [...] Mon impression profonde est qu'il n'y a nullement à revenir sur les décisions du 16 septembre [...]. Mais il faut que l'on sache que, si l'Algérie est libre de son destin [...] la seule solution que vous conceviez comme Français est la

---

* Le second aide de camp.

plus française de toutes. J'ajouterai que dans l'état actuel des sentiments de la population, quoi que vous pensiez des insurgés [...] l'effet de vos paroles sera d'autant plus grand que vous ne parlerez pas d'eux... »

Ayant très attentivement écouté Crépin, de Gaulle lui répond par une série d'observations que le visiteur a ainsi notées * :

« L'effort que la France fait avec ses hommes, son argent, le plan de Constantine, pour que l'Algérie nouvelle reste attachée à la France (est éloquent).

« Les insurgés ? Je ne peux pas ne pas en parler...

« Les Européens ne veulent pas que les Arabes choisissent...

« Les Musulmans, eux, ne veulent pas être Bretons...

« Je ne peux pas fixer la forme future du statut de l'Algérie... L'intégration, ça ne va pas, je ne sais pas ce que c'est... La francisation, est-ce possible ?

« Il n'est pas question de tirer...

« Il faut mettre le commandement en dehors d'Alger. Y réfléchir ** ...

« Si l'Armée s'effondre, c'est l'Algérie, c'est la France qui s'effondrent... »

Suite du rapport Crépin : « J'insistai alors sur un point précis. Je lui dis que je ne croyais absolument pas à l'Algérie française mais que, pour ramener à lui la population algérienne, il fallait qu'il en parle. Il envisagea alors, devant moi, une dizaine de formules comprenant les mots Algérie française. A chaque fois, je lui répondis que cela ne porterait pas. Il me donna donc congé sans avoir trouvé la formule satisfaisante qu'il trouva seul : " Rien ne causerait plus de joie à la Patrie et à de Gaulle que de voir les Musulmans choisir, entre telle et telle solution, celle qui serait la plus française. " Je devais constater à Alger que cette formule avait eu un retentissement considérable [...].

« De l'Élysée, je fus conduit à Matignon. Debré m'accueillit par ces mots : " Mon Général, je ne me féliciterai jamais assez de vous avoir fait venir pour parler avec le Général. " De la conversation qui suivit, je compris que de Gaulle lui avait téléphoné aussitôt après que je l'eus quitté et, contrairement à sa position antérieure, s'était déclaré maintenant convaincu qu'il ne fallait pas attaquer le réduit... »

Ainsi, de Gaulle, défié, accepte de temporiser — sur le plan tactique — et d'évoquer l' « Algérie française ». Mais quoi ? L'État, en son nom, sera bravé sans réagir, presque contraint à se désavouer ? On peut, c'est vrai, laisser pourrir la révolte. Après tout, une insurrection ne peut vivre et s'affirmer que dans et par l'action. Celle-ci a agi le dimanche. Mais depuis lundi, tout ce qu'elle trouve à accomplir en fait de prouesse, c'est d'arracher à leur prison les assassins présumés de l'affaire du bazooka *** (Kovacs, Castille, Féchoz...). L'État a la durée pour lui. La patience lui est naturelle. Elle est mortelle aux émeutiers. Le temps travaille pour l'appareil pesant du

---

* Notes si succinctes, dans le rapport Crépin, qu'on a, ici et là, complété une phrase...
** C'est l'annonce du geste décisif.
*** Tentative d'assassinat de Raoul Salan en janvier 1957, voir tome 2, chapitre 19, p. 434.

pouvoir en place. Mais quelle peu gaullienne issue que celle-là ! Le Connétable dans le rôle de M. Queuille...

Nulle initiative, nulle invention ne peut donc tirer Charles de Gaulle de ce bourbier explosif ? Si. On a vu que, lors de son entretien avec le général Crépin, il a lancé l'idée-force — qui a, chez lui, des antécédents, et aura des échos : que le pouvoir, assiégé, prenne le large ! A la fin de l'après-midi du 27, il appelle Delouvrier au Palais d'été. Il lui enjoint de quitter Alger, d'emmener Challe avec lui, laissant face à face l'armée et la mutinerie, plus ou moins complices contre le pouvoir, mais inévitablement antagonistes face au vide...

C'est le lendemain 28 janvier que Paul Delouvrier et Maurice Challe se glissent hors de leurs résidences assiégées et, « embarquant » avec eux un Argoud stupéfait, s'installent à la Reghaïa, siège de l'état-major de l'armée de l'air, mettant une trentaine de kilomètres entre Alger et eux. Voilà renouvelés le mouvement, l'imagination, l'initiative qui signalent, à travers toute sa carrière, l'homme de juin 40.

Ici pourtant, le plus gaulliste de tous, ce sera Delouvrier. Car l'imagination du geste, il va la doubler de celle des mots. De Gaulle a souvent, pour les détruire, bombardé de phrases les positions adverses. En inventera-t-il jamais de pareilles ? On ne saurait citer l'extravagante et par moments géniale adjuration que le très raisonnable technicien Paul Delouvrier jeta, le jeudi 28 janvier, à la tête des insurgés, se faisant plus algérois qu'eux, plus emphatique et débridé, plus erratique et lyrique qu'un buveur d'anisette en proie à ses démons solaires. Quelques phrases suffiront à faire sentir ce que durent éprouver, l'écoutant, ses mandants parisiens et ses auditeurs d'Alger :

« ... Des hommes, à l'heure de la vérité, veulent mourir pour rester Français... Hier, j'ai posé la question à plusieurs officiers : " De Gaulle ou le sang versé ? " J'ai vu l'indécision sur les visages de ces soldats loyaux [...]. Certains ont osé demander au général commandant en chef de désobéir au président de la République. Mais ici, écoutez-moi bien : on ne peut pas refaire le 13 mai [...]. Si de Gaulle rentrait à Colombey, la France pardonnerait-elle à son armée ?

« Compatriotes musulmans ! Prenez votre égalité et votre dignité ! Sortez en cortège en criant " Vive de Gaulle " ! C'est pour vous la libération, et c'est la paix !

« Algérois ! Je m'adresse à vous ! Si je dois m'écarter d'Alger, je vous laisse le dépôt le plus sacré qu'un homme puisse avoir : ma femme et mes enfants. Veillez sur Mathieu, mon dernier fils : je veux qu'il grandisse comme symbole de l'indéfectible attachement de l'Algérie à la France...

« Et je m'adresse à vous, Ortiz, Lagaillarde, Sapin-Lignères, je salue votre courage, enfants de la patrie... Que tombent ces barricades sur lesquelles on rêve de s'embrasser alors qu'on craint de se tuer ! Nous irons tous ensemble au monument aux morts prier et pleurer les morts de dimanche, pour que l'Algérie reste française et pour qu'elle obéisse à de Gaulle... Massu qui est loyal, m'approuverait, n'est-ce pas, colonel Argoud ! Voilà le plan sauveur ! »

Lisons le commentaire de l'Oranais Pierre Laffont :

« Pour la première fois, un personnage officiel réussit à émouvoir les Français d'Algérie. Pour la première fois, on leur parle un langage qu'ils comprennent : celui du cœur [...]. Dans ce climat d'exaspération passionnelle qui est celui de l'Algérie d'alors, ces paroles émues et sensibles touchent profondément les hommes et plus encore les femmes. Dès le lendemain, la résolution des insurgés faiblit parce qu'il y a à la maison quelqu'un qui répète : " Il faut en finir. " A mon retour à Paris, je serai très surpris de constater que le discours de Delouvrier est qualifié de " discours au Maxiton ". On n'est pas loin de le trouver ridicule[24]. »

Ridicule ? Ce n'est pas le ton du commentaire qu'en fait dans *le Monde* le très intelligent Méditerranéen qu'est Eugène Mannoni, et qui peut se résumer ainsi : « Enfin, une voix venue d'ailleurs touche les pieds-noirs ! » Et, de quelque façon qu'il ait réagi sur-le-champ aux propos de son délégué général (cette façon d'offrir la « paix des braves » à Jo Ortiz !), le général de Gaulle les qualifiera plus tard, dans les *Mémoires d'espoir*[25] d' « émouvante adjuration ». Mais le cri du cœur étant ainsi poussé au sud de la Méditerranée, son sens stratégique lui dicte d'enchaîner aussitôt, au nord, avec le plus impérieux rappel à la discipline. Là-bas, on les a attendris, lui va les mater.

« Dans tout cela, écrit-il dans les *Mémoires d'espoir*, il y a vis-à-vis de moi essai d'intimidation » plutôt « qu'ardeur à en découdre ». Ayant laissé pendant quelques jours l'agitation « cuire dans son jus, je sens le moment venu d'en finir avec cette affaire en dissipant toute illusion[26] ». Si l'attente a peut-être été due à ces hésitations autant qu'au sens tactique, la « dissipation des illusions » va être rude.

Le 29 janvier, tandis que Delouvrier et Challe négocient avec les insurgés une issue pacifique à la sédition, de Gaulle achève la rédaction de son discours. Jusqu'à la dernière minute, on aura laissé planer l'hypothèse d'un assaut contre le camp retranché. Et jusqu'à la dernière minute, les insurgés, dont Argoud entretient bien malgré lui les phantasmes, ont cru que de Gaulle leur concéderait au moins un hommage à l'Algérie française...

Un orage venait de crever sur Alger quand Charles de Gaulle parut sur les écrans. Il était en uniforme, d'une pâleur de cire, la tête secouée comme un arbre dans le vent, la voix d'abord cahotante, mais progressivement assurée. L'allure, le ton du Grand Inquisiteur. Cet homme auquel Argoud et Gardes, Ortiz et Lagaillarde croyaient trois heures plus tôt avoir fait plier le genou parlait, après cinq jours d'incertitudes, d'angoisses, de déboires, le langage du pouvoir sans partage :

> « Si j'ai revêtu l'uniforme pour parler aujourd'hui à la télévision, c'est afin de marquer que je le fais comme étant le général de Gaulle aussi bien que le chef de l'État [...]. J'ai pris, au nom de la France, la décision que voici : les Algériens auront le libre choix de leur destin [...].
> L'autodétermination est la seule politique qui soit digne de la France. C'est la seule issue possible. C'est elle qui est décidée par le Président de la République, décidée par le gouvernement, approuvée par le Parlement,

adoptée par la nation française. Or deux catégories de gens ne veulent pas de ce libre choix.

D'abord, l'organisation rebelle qui prétend ne cesser le feu que si, auparavant, je traite avec elle, par privilège, du destin politique de l'Algérie, ce qui reviendrait à la bâtir elle-même comme la seule représentation valable et à l'ériger, par avance, en gouvernement du pays. Cela, je ne le ferai pas.

D'autre part, certains Français de souche exigent que je renonce à l'autodétermination, que je dise que tout est fait et que le sort des Algériens est déjà décidé. Cela non plus, je ne le ferai pas.

L'autodétermination est le seul moyen grâce auquel les Musulmans pourront exorciser eux-mêmes le démon de la sécession. Quant aux modalités de telle ou telle solution française, j'entends qu'elles soient élaborées à loisir, la paix revenue. Après quoi je me réserve de m'engager, au moment voulu, pour ce que je tiendrai pour bon... »

Cette subtile concession faite, d'un engagement ultérieur pour « telle ou telle solution française », c'est enfin l'appel à la discipline des soldats :

« L'armée française, que deviendrait-elle, sinon un ramas anarchique et dérisoire de féodalités militaires, s'il arrivait que des éléments mettent des conditions à leur loyalisme ? Or, je suis, vous le savez, le responsable suprême. C'est moi qui porte le destin du pays. Je dois donc être obéi de tous les soldats français. Je crois que je le serai parce que je vous connais, que je vous estime, que je vous aime [...] et puis parce que, pour la France, j'ai besoin de vous... Aucun soldat ne doit, sous peine de faute grave, s'associer à aucun moment, même passivement, à l'insurrection. En fin de compte, l'ordre public devra être rétabli. Les moyens à employer pour que la force reste à la loi pourront être de diverses sortes. Mais votre devoir est d'y parvenir. J'en ai donné, j'en donne l'ordre. »

Il prend un temps, comme essoufflé par ce qu'il vient de mettre en branle. Et puis s'agite à nouveau le vieil arbre :

« Enfin, je m'adresse à la France. Eh bien, mon cher et vieux pays, nous voici donc ensemble, encore une fois, face à une lourde épreuve. En vertu du mandat que le peuple m'a donné et de la légitimité nationale que j'incarne depuis vingt ans, je demande à tous et à toutes de me soutenir. »

Et la péroraison s'abat comme un couperet :

« ... Tandis que les coupables, qui rêvent d'être des usurpateurs, se donnent pour prétexte la décision que j'ai arrêtée au sujet de l'Algérie, qu'on sache partout, qu'on sache bien que je n'y reviendrai pas. Céder sur ce point et dans ces conditions, ce serait brûler en Algérie les atouts que nous avons encore, mais ce serait aussi abaisser l'État devant l'outrage qui lui est fait et la menace qui le vise. Du coup, la France ne serait plus qu'un pauvre jouet disloqué sur l'océan des aventures... »

Ils parlaient de négocier, de lui imposer un recul, l'homme des barricades et celui du Forum, et celui du « bras d'honneur » ? Comme tous paraissent dérisoires, ce soir ! Il y a l'État, et ce « ramas de féodalités militaires » qui prétend dicter sa politique à la France. Le 29 janvier au soir, la question est tranchée. La paix en Algérie n'est pas faite, mais de Gaulle est encore le maître de Paris, et Paris est de nouveau la capitale de la France.

Désormais, la seule question qui se pose est celle des formes de la liquidation du réduit insurgé. Ortiz essaie de trouver encore un moyen terme, Lagaillarde assure qu'il se fera sauter « et la moitié de la ville avec ». Peine perdue : le général veut en finir. Le 31, il adresse une nouvelle note comminatoire à Debré : « ... Vous ne devez tolérer aucun pourparler. Laisser s'enfuir les chefs rebelles serait une faute grave. Ces coupables devront être [...] livrés à la justice [27]. » Texte aussitôt transmis aux autorités d'Alger.

La décision est prise. Mais l'exécution de l'ordre est encore très lourde de risques. La journée du 31 janvier, écrit Crépin dans son rapport, faillit être « celle d'un grand drame national ». Et il précise : « Le message de De Gaulle me plongea dans la consternation... [il] avait les plus grandes chances de mener à l'effusion de sang... » Crépin téléphone à Debré, auprès duquel il fait valoir les risques que comporterait une action immédiate. Quelques minutes plus tard, c'est de Gaulle lui-même qui l'appelle :

« ... Je lui exposai posément la situation, rapporte Crépin, parlant sur un ton très calme, pour qu'il comprenne bien que ce n'était pas un homme affolé par ses responsabilités et ayant perdu le contrôle de ses nerfs qui lui parlait. Je lui dis que j'avais pris toutes les dispositions nécessaires pour obéir strictement à ses ordres [...] mais qu'il devait savoir que si je faisais attaquer le réduit, selon toutes probabilités, ce serait toute la ville qui se révolterait et je lui rappelai qu'il y avait 5 000 à 10 000 hommes armés et prêts à se battre dans Alger. Je lui décrivis l'ambiance de surexcitation qui régnait dans la foule autour des barricades [...]. Si j'ordonnais l'attaque, c'est sa politique d'autodétermination qui serait compromise sinon balayée. J'ajoutai [...] que l'organisation rebelle était en train de se décomposer. Si nous pouvions passer cette journée difficile sans trop de heurts [...] la fin de la résistance du réduit serait proche.

« Je ne me rappelle plus les termes exacts de la réponse de De Gaulle : quelque chose comme : " Je vous ai défini la stratégie, je vous laisse maître de la tactique. " Il me laissait entière liberté d'action tout en me rappelant le but final : rétablir l'ordre et l'autorité de l'État. »

Dans la nuit du dimanche 31 janvier au 1er février, le colonel Dufour, celui qui une semaine plus tôt, en manquant de prêter son appui aux CRS, a permis au camp retranché de se former, convainc Lagaillarde de faire sortir ses hommes en ordre et l'arme à la bretelle. Ils pourront s'engager dans une unité combattante *. Mais lui, le chef, devra répondre de ses actes devant la justice. Il se livre avec dignité, tandis que Joseph Ortiz s'éclipse par une barricade dérobée, gagnant, déguisé, l'Oranie, puis les Baléares.

A midi, le général de Gaulle appelle Delouvrier au téléphone : « Alors ? — Lagaillarde vient de se rendre... — Merci, Delouvrier... » Un Conseil des ministres se réunit dans l'après-midi. Le chef de l'État, qui n'affiche aucun

---

* Autorisés — contrairement aux ordres de De Gaulle — à former le « commando Alcazar » sous les ordres du capitaine Forzy, l'adjoint de Lagaillarde, ils sont un peu plus de 200 à partir. Ils se retrouveront 105 au combat. Le commando sera dissous avant la fin de l'été.

triomphalisme, rappelle durement que tous les coupables seront châtiés « si haut qu'ils se trouvent ».

« Auguste n'est pas clément, la victoire de Paris n'est pas discrète », constate amèrement Pierre Laffont qui énumère les sanctions : dissolution des organisations d'extrême droite, arrestation des meneurs. Il pourrait y ajouter l'exclusion de Soustelle, les démissions de Cornut-Gentille, de Guillaumat, ministre des Armées dépassé par les événements, le limogeage de Challe, lui aussi inégal à sa tâche, du colonel Godard, chef de la Sûreté qui, sachant tout du complot, ne l'a révélé que la veille de l'insurrection. « Punir les chefs est logique et politique, ajoute Laffont. Mais la foule ? Alger était de cœur avec les insurgés des barricades. Il fallait tenter de lui montrer qu'elle se trompait. Par des vexations et des tracasseries sans nombre, on la convainc surtout... de sa défaite. Les forces de police se conduisent en vainqueur [28]... » C'est considérer d'un œil bien serein la terrible extravagance de l'aventure, les 22 morts du 24 janvier, l'État défié, la guerre civile frôlée, l'armée déchirée.

Pendant un an, de Gaulle avait refusé d'envisager que des problèmes graves puissent se poser avec les militaires. « Quand je lui en parlais, raconte Delouvrier, il haussait les épaules : " L'armée ? Chaque fois qu'elle s'occupe de politique, elle ne fait que des conneries. Boulanger, La Rocque, Pétain... Elle n'a pas à s'en occuper... Faites en sorte qu'elle ne s'en occupe pas, c'est tout ! " » Le lendemain de la reddition de Lagaillarde et du « merci », Delouvrier », le délégué général est convoqué à l'Élysée. Il sait déjà que Challe est limogé. Il s'attend au même traitement. D'autant qu'en entrant dans le bureau du général, à l'Élysée, il croise son successeur présumé, Pierre Sudreau — qui vient de refuser, mais lui, Delouvrier, ne le sait pas...

« D'ordinaire, poursuit Paul Delouvrier, quand on entrait dans le bureau du général, il se levait, faisait quelques pas vers vous, et disait bonjour avant de se rasseoir. Ce jour-là, avant même de me saluer, il m'a lancé : " Je vous l'avais bien dit qu'ils n'obéiraient pas ! " J'étais exaspéré et n'ai pu me retenir de répliquer : " Mon général, je crois que c'est moi qui vous l'avais dit ! " Le voilà calmé : " Asseyez-vous, monsieur... " Nous avons discuté pendant plus d'une heure. C'était la première fois que nous parlions du problème " au fond ". Et c'est à la suite de cela qu'il m'a demandé de reprendre mon poste à Alger [29]. »

L'armée, d'ailleurs, n'a pas, en tant que corps, « marché » dans l'aventure. Georges Buis raconte que commandant de secteur dans le Constantinois, il convoqua le mardi les commandants d'unités — dont plusieurs parachutistes — pour leur signifier qu'il n'y avait qu'un État, auquel l'armée devait l'obéissance, et qu'il entendait que ce principe soit, chez lui, respecté. A quoi tous les commandants et capitaines présents répondirent : « C'est pour ça que vous nous avez convoqués ? Cela va de soi [30] ! »

Le 2 février, l'Assemblée nationale vote les pleins pouvoirs au gouvernement (441 voix contre 75). Le gouvernement est refondu. Louis Terrenoire devient ministre de l'Information. Aux armées, où il faut remplacer Guillaumat, de Gaulle, après avoir pensé à faire appel au général de

Guillebon (encore un homme de Leclerc) jette son dévolu sur Pierre Messmer, intrépide combattant de la France libre qu'il a fort apprécié comme haut-commissaire en Afrique noire. Il se trouve que Messmer vient de vivre la semaine des barricades en Algérie, faisant une période militaire à El-Milia dans le régiment du colonel de Séguin-Pazzis (qu'on retrouvera) et y constatant que, hors d'Alger, l'armée « tenait ».

De Gaulle l'a convoqué dès potron-minet. « Vous remplacerez Guillaumat. » Il n'est pas question de discuter. Mais le général enjoint à Messmer de rentrer chez lui et de s'y calfeutrer sans dire mot à qui que ce soit, « car, précise-t-il, il me faut maintenant convaincre le Premier ministre [31] * »… Ce qui donne une idée significative de la procédure de formation des gouvernements sous la République gaullienne…

Pour la première fois dans l'histoire des relations entre Alger et la métropole, c'est Paris qui l'a emporté. Grâce aux institutions ? Grâce à la poigne et à l'éloquence du Connétable. Mais cette victoire n'a pas laissé de révéler les fissures et les faiblesses de cette République de vingt mois. Le général a commandé : il n'a pas été obéi, ni sur-le-champ ni totalement. Ce n'est pas l'État qui a vaincu, par la seule force de la décision et de la loi : c'est le génie inventif et roide d'un personnage « hors des séries », militaire aux civils et civil aux militaires, grand inquisiteur un soir et le lendemain navigateur de haute mer.

Amère victoire (de Charles de Gaulle sur Jo Ortiz…). L'armée a plié. Mais ni l'inculpation de Gardes (ouvertement lié aux putschistes) ni les mutations en métropole de Godard, Broizat, Bigeard ** et Argoud ne la font docile encore aux forces du pouvoir. Messmer a fait savoir au général qu'il préférait « la médecine à la chirurgie [32] ». Bon, a grogné de Gaulle. Mais il lui a enjoint de suivre de près la malade.

Et si grande soit la confiance qu'il fait au légionnaire de Bir Hakeim qu'il vient de mettre en place, il va prendre soin lui-même de ce grand corps aux blessures béantes. La paix en Algérie, il le sait maintenant, passe par la paix avec l'armée.

---

* Aux yeux duquel Messmer, artisan de la décolonisation en Indochine et en Afrique noire, risque de faire figure de « libéral ».
** Qui, légaliste, eut l'imprudence de prétendre se poser en médiateur entre les émeutiers et la légalité.

5. En zigzag vers la paix...

De Gaulle, vis-à-vis de l'Algérie, c'est au moins quatre personnages, imbriqués et contradictoires. Un philosophe de l'histoire, qui depuis le milieu des années cinquante a décelé dans le peuple algérien composite et déculturé une vocation nationale et l'aspiration à se bâtir, comme les autres, en État ; un général nationaliste qui répugne à céder, s'indigne d'être combattu et s'opiniâtre en combinaisons dilatoires ; un politique qui fait ses comptes, mesure obstacles et alliances, majorités et oppositions, barricades et motions de congrès, et pilote en fonction des circonstances ; un stratège enfin, qui s'impatiente d'être piégé dans quelques massifs montagneux d'Afrique et n'aspire qu'à faire d'une France libérée de ses colonies et dotée du feu nucléaire l'archange d'une paix armée dont il serait le grand ordonnateur.

Au printemps de 1960, ces quatre composantes demeurent. Mais la seconde a tendance à se fondre dans la quatrième, et le patriotisme de refus à se réinventer en nationalisme planétaire. Abandonner l'Algérie, quelle blessure... Mais la troquer pour un arbitrage mondial fondé sur la dissuasion atomique et soutenu par le concile des nations démunies, substituer ainsi au rôle de vaincu par ses colonisés celui de leader des décolonisés, voilà qui peut apaiser le disciple de Clemenceau. Cette mutation d'un nationalisme à l'autre qui s'opère depuis des années, la révolte algéroise vient de lui donner une accélération décisive. Mais que de méandres encore... Sur ce parcours, que de zigzags...

Quand il s'envole, le 3 mars, pour ce que la presse appellera d'emblée la « tournée des popotes* », Charles de Gaulle n'est pas seulement le vainqueur de Joseph Ortiz. Il peut revendiquer un succès d'une autre ampleur : le 13 février, à Reggane, vient d'exploser la première bombe atomique française.

« Hourra pour la France ! » a-t-il clamé, Connétable de l'ère nucléaire, maître de l'arme terrible. Lui qui a pénétré en 1945, presque par effraction, dans le camp des vainqueurs ; qui a fait siéger la France, nantie du droit de veto, au Conseil de sécurité des Nations unies ; qui a restauré le franc et bâti, en quelques mois d'été, une monarchie républicaine apte aux décisions,

---

* Le général détestait cette appellation, qui lui donnait l'occasion de mettre en accusation la presse et les journalistes « qui rabaissent toujours tout ».

sinon au débat, le voici maintenant, le feu nucléaire au poing, brandissant la France comme on fait d'une torche à l'Opéra, comme le fauconnier fait de son rapace. A nous deux, l'Amérique ! A nous trois, la Russie ! Pour un peu, il se verrait, statufié par Bartholdi, éclairant le monde d'une liberté foudroyante. « Hourra pour la France ! »

Que cette victoire technique soit l'œuvre du régime défunt avant d'être celle du nouveau pouvoir lui importe fort peu. Comme le comte de Guibert et le maréchal de Broglie avaient façonné l'armée dont Bonaparte allait faire l'arme absolue de son temps, les derniers gouvernements de la IVe République, de celui de Pierre Mendès France à celui de Félix Gaillard, éperonnés par un ministre de la Défense nommé Jacques Chaban-Delmas — servis les uns et les autres au Centre des études atomiques par Pierre Guillaumat dont un des collaborateurs s'appelait Olivier Guichard... — avaient forgé l'instrument dont le fondateur de la Ve République allait faire la pièce maîtresse de sa panoplie et l'un des attributs essentiels de sa charge *.

Mais — on y a déjà fait allusion — la surprise créée par l'annonce du succès des chercheurs et des techniciens du CEA ne viendra pas de leur réussite, mais du peu d'écho provoqué dans la société militaire française par les perspectives ainsi ouvertes. Comme le commandant de Gaulle s'était heurté vingt-cinq ans plus tôt à un conservatisme d'état-major qui faisait prévaloir la ligne Maginot sur les chars, le général de 1960 trouvera un corps d'officiers plus attentif aux propos d'Antoine Argoud sur la façon de « faire basculer » un village kabyle en fusillant des terroristes sur la place publique qu'aux problèmes mondiaux de la dissuasion nucléaire. Pour un Gallois, un Ailleret, un Buchalet, un Fourquet, un Poirier, qui verront d'emblée l'ampleur des questions ainsi posées par notre temps à ceux qui se consacrent à la défense de la nation, les « maîtres penseurs » de l'École de guerre voueront des années encore leurs disciples à la recherche des diverses formes de transplantation dans les djebels algériens de la stratégie inventée quarante ans plus tôt au Hou-nan par un paysan chinois imprégné de marxisme — et de surcroît poète.

Au moment où il repart à la rencontre des soldats, de Gaulle tient encore une autre arme en main, un autre « fer au feu », comme il aime dire : il a noué ses premiers contacts avec le FLN. Tandis que Gaston Gosselin prenait langue avec les détenus de l'île d'Aix, Georges Pompidou approfondissait, à Alger, à Tunis et en Suisse, ses sondages de « fondé de pouvoir de la banque Rothschild ». En témoigne cette confidence faite par le général à son gendre Alain de Boissieu au plus fort de la semaine des barricades :

> « Vos camarades qui soutiennent cette comédie des barricades sont des criminels. Ils sont en train de mettre en question le pouvoir de la métropole vis-à-vis de l'Algérie à un moment où j'étais sur le point de diviser le GPRA et d'obtenir de certains chefs de la rébellion l'autonomie interne pour l'Algérie pendant une période probatoire de dix ans. Pendant ce temps d'épreuve, l'armée française serait restée en Algérie et au Sahara, le

---

* Voir plus loin, chapitre 17, « Le " je " nucléaire ».

délégué général devenu haut-commissaire aurait été assisté d'un gouvernement provisoire franco-algérien dans lequel les membres de la rébellion
acceptaient d'entrer[1]. »

C'est pourquoi le général de Gaulle estimait, selon son gendre, que
l' « affaire Massu » avait dû être montée par le groupe des officiers les plus
hostiles à ce type de tractations, pour faire éclater un scandale tel qu'il
couperait court aux développements complexes de la stratégie de l'Élysée.
Restait que ces contacts avaient eu lieu, que l'interlocuteur était « ferré », et
que le surcroît d'autorité conféré au général par l'effondrement des
barricadistes devait conduire tôt ou tard à la reprise du dialogue. Mais
auparavant, l'homme de l'Élysée n'était pas fâché de renforcer sa main.

Le 3 mars, donc, l'hélicoptère du chef de l'État atterrit à Hadjer-Mafrouh,
sur un piton rocheux de la presqu'île de Collo, en Petite Kabylie, l'un des
champs de bataille permanents de la guerre.
Le projet d'un voyage du général en Algérie remontait à deux mois. On
avait envisagé un départ le 5 février. Des visites aux principales villes étant
prévues, l'affaire des barricades l'avait évidemment remis en question, les
collaborateurs du chef de l'État faisant valoir que l'entreprise devenait
suicidaire. Il exigea néanmoins de partir, acceptant seulement de restreindre
la visite à des escales aériennes permettant de prendre contact avec des unités
en opération[2].
Autour du président de la République, descendent de l'appareil Pierre
Messmer, le nouveau ministre des Armées, et son collègue de l'information
Louis Terrenoire, les généraux Ély et Challe, le secrétaire général de l'Élysée
Geoffroy de Courcel et un seul représentant de la presse, en raison de la
forme prise par le voyage, le correspondant de l'AFP, Jean Mauriac. Si on
nomme ici un simple journaliste, c'est que l'information jouera, au cours des
trois journées qui commencent, un rôle central. Le général, qui ne l'ignore
pas, a précisément tenu à emmener avec lui un des très rares reporters en qui
il ait confiance, interrompant d'autorité les vacances aux sports d'hiver du
second fils de François Mauriac.
L'appareil présidentiel n'a pas plus tôt atterri que Jean Mauriac voit
s'avancer vers lui le général Lancrenon, directeur du cabinet de Challe :
« Vous ne publierez aucun texte avant de me l'avoir soumis... » Le sang du
journaliste ne fait qu'un tour : il en appelle à Geoffroy de Courcel qui met les
choses au point : « M. Mauriac n'a de compte à rendre qu'au Général » (à
quoi Lancrenon se retient de répondre, mais non de penser que, justement...). Bref, l'envoyé spécial de l'AFP sera en mesure de faire son métier
comme il l'entend[3]. Mais le parti des barricades a d'autres armes. Il va en
user avec dextérité.
Les arrivants sont saisis d'emblée par la formidable puissance des moyens
rassemblés au titre de l'opération « Pierres précieuses », et par l'ampleur des

destructions qu'entraîne ce type d'intervention. La guerre psychologique est loin. L'ALN n'est pas un moustique, mais la force mise en action par Challe est à coup sûr un marteau-pilon.

Ce voyage, c'est d'abord un carrousel d'hélicoptères dans le vent meurtrier qui fouette la poussière rouge. En tête du cortège, filant de piton en piton, la minuscule Alouette en plexiglas où trône, Zeus très visible à travers les nuages, de Gaulle, suivi des « bananes volantes » où s'entassent Ély, Challe et les autres. Et plus l'entourage accuse de fatigue, plus le général s'affirme alerte et dispos[4].

De poste en poste, il fait halte au milieu des guerriers, écoutant les exposés des chefs de 3e bureau, les harcelant de questions, les pouces glissés dans les poches de sa vareuse — passionné. Et lui, de temps à autre, parle aux combattants. Les échos qui seront faits à ces propos retentiront très loin et très fort.

Les dépêches de Jean Mauriac reproduisent celles de ces déclarations qui lui paraissent neuves et échappant à la technique militaire : peu. Mais s'il est le seul journaliste parisien sur place, il n'est pas l'unique représentant d'organes de presse : *l'Écho d'Alger* * d'Alain de Sérigny ** a dépêché un correspondant que vont « informer » des officiers plus en accord avec l'esprit du général Lancrenon qu'avec celui du général de Gaulle. Relayée par les agences concurrentes de l'AFP, cette interprétation des propos du général de Gaulle s'imposera d'abord.

Dès la fin de la matinée du 3 est transmise à Paris une dépêche qui va déclencher une sorte de séisme. Lisons le récit de cette « histoire de fou », comme dit Geoffroy de Courcel, tel que René Brouillet l'a rédigé à notre intention :

« En cette fin de matinée, pleuvent sur votre serviteur qui assure, comme on dit, la " permanence " au cabinet du Général, les appels téléphoniques. L'un des tout premiers émane de Maurice Schumann : " Que pouvez-vous me dire de ce tournant de la politique du Général ? Il vient de se prononcer à nouveau pour l'Algérie française ? " L'après-midi ou le lendemain, c'est la CAP *** du parti socialiste qui, réunie cité Malesherbes, adopte une motion réprouvant ce changement de cap de Charles de Gaulle...

« Dans l'immédiat, je suis, pour ma part, privé de toute possibilité de contact avec le Général et sa suite. C'est seulement en fin de journée que [...] dans un poste du massif des Aurès, je réussis à atteindre Geoffroy de Courcel [...]. J'évoque l'émoi — pour ne pas dire la tempête — que suscitent les paroles prêtées au Général. Geoffroy de Courcel qui l'a suivi pas à pas et a entendu tous ses propos me répond et me répète : " Mais de quelles déclarations me parlez-vous ? Quel émoi évoquez-vous ? A propos de quoi ? Le Général n'a rien dit, rien, de ce que vous me dites avoir été dit par lui. "

---

* Dans *De Gaulle et l'Algérie*, Louis Terrenoire rapporte que c'est le *Journal d'Alger* qui publia la dépêche dont il va être question.
** Interné au lendemain de la reddition de Lagaillarde pour la part qu'il a prise dans l'affaire des barricades.
*** Commission administrative permanente, état-major du parti.

« Notre échange est plus aisé le lendemain soir. Dans le Sud-Algérois où fait étape le Général, Geoffroy de Courcel a, sous les yeux, les journaux de Paris et d'Alger et il lui est loisible de prendre lui-même la mesure des réflexes des journaux parisiens, de s'expliquer l'émoi à propos duquel je l'ai alerté la veille. Mais il lui reste à convaincre, à son tour, le Général. Si Geoffroy de Courcel, témoin, savait, lui, ce qu'il avait entendu, le Général, de son côté, avec plus de certitude encore, sait ce qu'il a dit et ce qu'il n'a pas dit. Sa réaction est, par conséquent, de refuser de se laisser émouvoir par ce qui n'a pas existé et qui n'existe pas [5]... »

Louis Terrenoire publie, dans *De Gaulle et l'Algérie,* l'essentiel de ce qu'a dit et répété le général tout au long de ces trois journées :

> « Pas de capitulation, pas de Diên Biên Phû, la guerre peut être encore longue, il faut l'intensifier. L'indépendance ? Moi je l'appelle sécession, ce seraient le chaos et la misère. D'ailleurs, l'indépendance, au sens strict du mot, n'a plus de sens dans notre monde. L'Algérie, coupée de la France, perdrait ses moyens d'existence. Vous avez à pousser la pacification jusqu'au bout, c'est-à-dire jusqu'à une victoire des armes. »

Autrement dit, de Gaulle, confronté aux guerriers sur le terrain, n'a cessé de mettre l'accent sur la face « dure » de la politique définie — en des termes très voisins — depuis le 16 septembre, dans ses trois ou quatre allocutions les plus importantes, notamment le 31 janvier. D'abord, la victoire... Mais le texte que nous reçûmes au *Monde,* le 4 mars, rendait un son plus dissonant et se référait si clairement à l' « Algérie française » — bien que l'on rapportât aussi qu'il avait parlé d'une « Algérie algérienne » — que nous crûmes nous aussi à un « virage » et qu'après un long conciliabule avec les augures, c'est le rédacteur en chef André Chênebenoit qui fut chargé de commenter sur un ton affligé les raisons qui avaient pu forcer de Gaulle à mettre une sourdine, sinon un terme, à la politique d'autodétermination [6]...

Mais les dépêches transmises et les notes prises par Jean Mauriac * en écho aux propos du général rendent un son beaucoup plus complexe que ce qui fut alors diffusé par l'ensemble de la presse. S'il y a la note dure :

> « Gagnez la guerre ! Achevez votre mission ! Cassez du fellagha ! »,

il y a aussi :

> « On ne recommencera pas l'Algérie d'avant l'insurrection [...]. Il faut que la France reste en Algérie. Sous quelle forme ? Cela dépendra des Algériens, quand ils pourront s'exprimer librement [...]. C'est l'Algérie elle-même qui réglera son sort [...]. Il est de la nature des choses que l'Algérie algérienne soit liée à la France... »

Compte tenu des circonstances — l'environnement militaire, les lendemains des barricades, un désenchantement à surmonter —, c'est le discours du 16 septembre, dans une version musclée.

---

* Communiquées à l'auteur en juin 1985.

Il faudra attendre la fin de la troisième journée du voyage pour que de Gaulle, lors d'un déjeuner à Zarifete, près de la frontière marocaine, dicte un démenti (ce qu'il avait horreur de faire). Dénonçant d'abord « les interprétations tendancieuses qui sont données dans certains milieux au sujet des propos que le général a tenus », il affirmait que « le président de la République a partout répété ce qu'il a toujours dit sur le problème algérien et sur le devoir de l'armée dans les combats actuellement en cours[7] ».

Ministre responsable, Louis Terrenoire donne la conclusion de l'aventure. Ayant enfin pu prendre connaissance, le dimanche, de l'onde de choc provoquée par « ses » propos dans la presse internationale (« changement de cap », « retour en arrière », « ralliement à l'Algérie française ») le général convoqua son ministre de l'Information dès le lundi :

« Je le trouvai dans son bureau de l'Élysée, comme on le voit rarement et, pour ma part, l'unique fois : stupéfait, déconcerté et, je n'oserais dire, quasiment abasourdi par ce qu'il avait découvert ou appris à son retour. Il avait sur la table les feuillets abondamment raturés d'une longue déclaration, dont il préférait qu'elle parût émaner du ministère de l'Information [*]. Mais il tenait à une certaine solennité dans la manière dont elle serait communiquée à la presse.

« De ce document, dont je donnai moi-même lecture aux journalistes convoqués sur l'heure avenue Friedland, quatre points essentiels ressortaient. L'offre d'un règlement négocié du cessez-le-feu est maintenue, mais, puisque l'organisation extérieure de la rébellion n'y a pas répondu, " il faut que l'armée achève directement le rétablissement de l'ordre ". Sur la " sécession qualifiée par certains d'indépendance ", il confirme ce qu'il en a dit à Redjas et à Batna, quatre jours plus tôt [**]. Une autre idée prend forme d'avertissement : la sécession entraînerait le regroupement des Européens dans certaines zones. Mais, supputant le choix probable des Algériens, il authentifie la formule d' " une Algérie algérienne liée à la France ". Enfin, l'armée a d'autres missions à accomplir que celle qui la retient en Algérie, c'est dire qu'il ne considère pas le conflit comme interminable[8]. »

Qui peut se porter garant de ce que jeta, dans le vent des montagnes de Kabylie, le général à ses soldats ? Peut-être pas même les très proches témoins qu'étaient Geoffroy de Courcel, Louis Terrenoire et Jean Mauriac. De Gaulle est trop « homme des circonstances » pour que celles-ci ne colorent, n'orientent même ses propos. Il croyait aussi n'avoir jamais parlé d' « Algérie française » à Mostaganem... Ce que le soleil, la foule, une fantastique pression psychologique ont pu provoquer là, la bourrasque, les bivouacs, l'ambiance guerrière peuvent l'avoir entraîné ici.

Mais il est clair que, d'une « popote » à l'autre, Charles de Gaulle ne procéda pas au changement de cap auquel l'écho manipulé donné à ses propos nous fit croire à Paris. Ce qui alors faillit faire de ces ides de mars un adieu à la paix était en fait une éphémère revanche des barricades.

---

[*] René Brouillet la qualifiera devant nous de « trop discrète et tardive ».
[**] « Elle ne pourrait entraîner que la misère et la clochardisation. »

Vaincus sur le plateau des Glières, les officiers activistes venaient de tenter de se venger en faisant dire à de Gaulle, par dépêche de presse interposée, ce qu'il se refusait à proclamer. Si les barricades avaient visé à saboter une négociation, cette « dépêche d'Ems » tendait à faire des émeutiers du 24 janvier des vainqueurs idéologiques — ne serait-ce que pour quelques heures...

S'il y eut changement de cap, ce fut au contraire quand de Gaulle fit prévoir, près de Boghari, entre deux appels à l'action victorieuse, que les Algériens appelés à se prononcer souhaiteraient vivre dans « une Algérie algérienne liée à la France ». Propos qui restaient conformes, en l'explicitant un peu mieux, au troisième volet du triptyque du 16 septembre.

Une tautologie, cette « Algérie algérienne »? Rien ne serait plus gaullien (ne pourrait-on pas définir le général comme un stratège de la tautologie en mouvement?). Mais tout mot, surtout du fondateur de la Ve République, devant être pris et compris dans une séquence de phrases entrechoquées, par rapport à ce qui précède et à ce qui suit, « algérienne » est ici rien moins que tautologique : proprement antithétique. Quand un homme se trouve à ce point confronté au parti dont l'Algérie française est le slogan, cet adjectif prend un sens exactement provocant. Formule-défi, que les hommes d'Alger et leurs alliés parisiens prendront aussitôt pour telle.

De cet abracadabrant salmigondis cuisiné dans les « popotes », de cet épisode qu'on pourrait appeler les « barricades de l'information », le seul enseignement que l'on puisse tirer est que si, à Alger, de Gaulle a gagné une bataille, il n'a pas encore gagné la paix. Si les civils du Forum ont échoué, armes en main, certains militaires des djebels sont encore capables de lui tailler des croupières sur le mode gaullien, à coups de mots. Et comme Massu accusait la presse de l'imbroglio Kempski, de Gaulle incriminera naturellement, de cette intrigue militaire, les mêmes journalistes...

La conclusion de l'épisode est honnêtement formulée, sur le fond des choses, par Bernard Droz et Evelyne Lever : « Temporisant, luttant contre les partis pris de l'armée et ceux des ultras, ne pouvant tenir compte des aspirations profondes des Algériens (alors) mal connues, le général renouvelle en réalité les mêmes propositions que le 16 septembre 1959 [9]. »

Reste qu'en politique la première impression, si elle est rarement la bonne, est souvent la plus durable. A ces « popotes », l'opinion associera longtemps l'idée de reniement, de *mea culpa,* de récupération du vieux chef par l'armée. Une sorte de Canossa militaire et rustique... Il n'est pas jusqu'à un fidèle comme Robert Buron, l'un des plus « gaulliens » (ou algéro-gaullistes) des ministres du général, qui ne s'interroge anxieusement en ces jours de mars, voyant alors en son chef de file un « prince de l'équivoque [10] ».

En ce début de printemps 1960, les positions du général de Gaulle restent fort éloignées de l'Algérie française, mais floues. En tout cas mal déchiffrables par un public ignorant — comme nous — des confidences qu'il fait alors à des intimes comme Alain de Boissieu, François Flohic et Louis Terrenoire, et qui vont toutes dans le même sens : les Algériens choisiront d'avoir leur État. Il faut s'y préparer, et faire de cet État l'associé durable de la France. Mais est-ce bien en parlant avec le FLN qu'on y parviendra ?

Le FLN en effet, c'est cette organisation qui, ayant fait un accueil de principe favorable à l'appel du 16 septembre, a désigné pour d'éventuels pourparlers des hommes incarcérés dont elle sait pertinemment que de Gaulle ni personne ne saurait, de ce fait, les accepter pour interlocuteurs. Mais on constate que, fermant ainsi, dans l'immédiat, la porte à la négociation, le FLN, d'abord par la voix de Ferhât Abbâs, en octobre, puis par celle de sa délégation d'observateurs aux Nations unies animée par le raisonnable Abdelkader Chanderli, tient à rappeler que le principe de l'autodétermination constitue bien, entre de Gaulle et lui, une sorte de voie de convergence où l'on pourrait, un jour, se retrouver pour engager la conversation.

En décembre 1959, les dirigeants nationalistes avaient admis que « l'avenir politique de l'Algérie [résulterait] évidemment et exclusivement d'une libre consultation du peuple algérien » et non d'une négociation sur « le statut futur de l'Algérie », ce qui était conforme à la politique du général de Gaulle ; mais ils rappelaient qu'en ce qui concerne la discussion d'un cessez-le-feu, aussi bien que des conditions d'application du droit à l'autodétermination, les points de vue divergeaient. Certes.

Le porte-parole du GPRA reprochait en effet aux responsables français de « limiter ces discussions aux aspects strictement militaires du cessez-le-feu » et assuraient que « le Front ne peut envisager de cesser le combat sans que soient arrêtées les garanties de l'organisation d'une libre consultation du peuple algérien ». Le désaccord restait important. Mais le fait est que, en centrant leurs revendications sur le droit d'être admis à discuter « les conditions d'application du droit du peuple algérien à l'autodétermination et celles du cessez-le-feu », les dirigeants nationalistes se rapprochaient des déclarations faites par le général de Gaulle le 10 novembre précédent.

Entre Paris et le GPRA, les démarches faites notamment par Georges Pompidou faisaient progresser les choses. Mais le « gouvernement provisoire », on l'a vu, n'était pas tout le FLN. Son parlement, le Conseil national de la révolution algérienne (CNRA), allait manifester la méfiante turbulence qui est le propre de toutes les assemblées dont aucun vote populaire n'a doté les membres d'une représentativité irrécusable, et dont aucune décision n'aura force de loi.

Siégeant à Tripoli, du 16 décembre 1959 au 18 janvier 1960, les membres de cet organisme avaient trouvé dans l'initiative du général de Gaulle l'occasion de ranimer de légendaires conflits de tendances. Ce qui ressortit de ces assises tumultueuses — dont les services d'espionnage français, très actifs dans la Libye monarchique de cette époque *, tirèrent des conclusions sur la

---

* Huit ans avant l'avènement de Kadhafi.

désagrégation du FLN qui contribuèrent quelque peu à « désinformer » de Gaulle — ce fut à la fois le maintien de Ferhât Abbâs à la présidence du GPRA (que briguait Belkacem Krim) ; la perte d'influence de celui-ci, qui devait troquer les prestigieuses affaires militaires contre les périlleuses affaires étrangères ; et l'apparition à la tête d'un nouvel état-major enfin centralisé d'un certain Houari Boumediene, ancien chef de la Wilaya V (Oranie).

Mais les hommes du CNRA avaient aussi adopté à mains levées un programme d'action dont chaque disposition était susceptible, appliquée, d'anéantir toute chance de dialogue avec le chef de l'État français. Il s'agissait en effet de demander aux pays arabes la rupture totale des échanges économiques avec la France, le boycott des navires et des avions français, l'évacuation des troupes françaises encore présentes en Tunisie et au Maroc ; de convaincre les pays d'Afrique de retirer leurs ressortissants intégrés dans l'armée française engagés en Algérie ; d'amener l'URSS et la Chine à envoyer des volontaires et des techniciens ; de mener des actions militaires aux frontières pour permettre l'internationalisation du conflit franco-algérien ; de reprendre l'action armée en France [11]...

Le général de Gaulle n'avait pas besoin de lire de tels textes — obligeamment communiqués par son état-major particulier du temps des barricades — pour être persuadé de la nécessité d'assortir les approches en direction du FLN de démarches parallèles, ou concurrentes.

Il faut savoir que ce printemps 1960 est, à ses yeux, une grande saison diplomatique. Au retour de sa tournée algérienne, il a accueilli à Paris Nikita Khrouchtchev, qui lui a candidement offert ses bons offices pour le tirer du guêpier algérien... Quelques semaines plus tard, il est reçu en Grande-Bretagne, où les gestes multipliés pour l'honorer et l'admirable hommage qu'il adresse à la démocratie britannique devant le Parlement ne peuvent faire que la presse ne le harcèle de questions à propos de l'interminable conflit africain. Quand il est reçu par le président Eisenhower, ses hôtes prêtent une oreille complaisante à ses propos sur l'autodétermination : mais eux aussi l'interrogent fermement sur la mise en pratique de ces honorables principes ; et en mai, l'échec de la conférence au sommet qu'il préside à Paris le prive d'une éclatante compensation à ses déboires algériens.

Comment se dégager de cet intolérable carcan ? Comme il l'a déclaré le 31 janvier, « il est clair que l'unité, le progrès, le prestige du peuple français sont en cause et que son avenir est bouché tant que le problème algérien ne sera pas résolu ».

D'autant que l'évolution de la Communauté vers un système de type Commonwealth, club d'États indépendants, s'accélère. Le Mali, puis Madagascar s'affirment souverains. Le style donné à ces déhalages par Charles de Gaulle — et aussi par l'imposant Modibo Keita, le séduisant Senghor ou le bonhomme Tsiranana — évite de donner à l'affaire l'allure d'une désagrégation. Le président de la Communauté s'arrange même pour conférer à cette opération centrifuge l'apparence d'une harmonisation spontanée. Mais la guerre d'Algérie en devient chaque jour plus incongrue...

Certes, il y a toujours, dans l'esprit du général comme dans celui de presque tous ses experts parisiens et algérois, ce rêve d'une « troisième force », bissectrice entre Jacques Soustelle et Ferhât Abbâs.

L'espace est large. Si large qu'il provoque le vertige. Quand, au début d'avril, Charles de Gaulle accompagne le limogeage de Challe (qui en profite pour rendre hommage à l'Algérie française...) de l'annonce d'élections cantonales pour le 29 mai *, chacun comprend qu'il souhaite, une fois de plus, comme en novembre 1958 (législatives), comme en mars 1959 (municipales), faire surgir la fameuse élite modérée qui permettrait de situer l'Algérie à venir non sous le signe du fracassant Sékou Touré, mais sous celui du sage Houphouët-Boigny.

Le général de Gaulle, écrira Louis Terrenoire, ne pouvait à la longue justifier son refus de discuter avec le FLN de l'avenir politique de l'Algérie, si aucune autre force représentative ne se dégageait de la communauté musulmane. D'où l'intérêt qu'il porta à ces élections cantonales. Les candidatures furent assez nombreuses. La participation au scrutin décente, les Musulmans montrèrent qu'ils n'étaient nullement indifférents à la gestion des affaires locales et régionales. Hors d'Alger — où « Babette » Lagaillarde, l'épouse de Pierre, fut élue à une énorme majorité — les listes gaullistes l'emportèrent. Ces élections marquèrent en tout cas un progrès : ni l'armée ni l'administration ne s'en étaient mêlées. Selon Louis Terrenoire, « il n'y eut pas plus de dix protestations contre les pressions exercées [12] ».

Devant ses ministres réunis en Conseil le 1er juin, le général de Gaulle tira la leçon de ce scrutin sur le ton de distribution de prix qui n'appartient qu'à lui : « Il était convenable de faire ces élections. Il y a eu des progrès dans le choix des candidats. Beaucoup de Musulmans ont voté » (57 % en dépit des consignes du FLN) et pour de Gaulle... « La majorité ne veut ni des ultras ni de la guerre à outrance... La vie politique de l'Algérie suit son cours et va vers le libre choix des Algériens... »

De ce que beaucoup d'Algériens — sans parler des Européens — fussent las de la « guerre à outrance » et impatients de lui trouver une issue, les preuves s'accumulaient. Les « barricades » avaient découragé une fraction des Européens ; les grandes opérations Challe brisé beaucoup d'espoirs chez les Musulmans, combattants et autres ; les départs en cascade de Salan, Massu, Challe, Lacheroy, Godard, Argoud ; la fuite d'Ortiz ; l'incarcération de Lagaillarde et de Sérigny, l'exclusion d'Algérie de Soustelle ou de Bidault entamaient la détermination des uns comme la mort d'Amirouche, l'installation en exil de Krim ou de Boussouf et les dissensions manifestées à Tripoli usaient l'espérance des autres.

D'où allait venir l'initiative ? Du général de Gaulle, une fois de plus ? Non.

---

* Elles étaient prévues pour l'automne.

Le 18 mars 1960 *, Edmond Michelet, ministre de la Justice, qui avait déjà donné des preuves de sa sympathie pour l'émancipation de l'Algérie, recevait la discrète visite d'un juge de paix *(cadi)* de Médéa, petite préfecture proche d'Alger, qui lui était adressé par son ami le procureur général Schmelk, lui-même réputé libéral. Ce magistrat musulman était porteur d'un message des chefs de la Wilaya IV — province d'Alger dans la terminologie du FLN — l'accréditant en vue de prendre tous contacts avec les autorités françaises (de la métropole...). Pourquoi ? Pour faire savoir que si le GPRA et les « politiques » du mouvement restaient sur la réserve, les combattants, eux, étaient favorables à une acceptation des offres du général de Gaulle et souhaitaient en discuter le plus tôt possible avec ses représentants.

Il était évident que ces cadres militaires (qui, précisaient-ils, ne voulaient pas avoir affaire à leurs homologues français, mais à des « politiques », pour bien montrer qu'il ne s'agissait pas d'une reddition ou d'un cessez-le-feu détaché de la question institutionnelle) ne pouvaient prétendre représenter que les combattants de leur Wilaya dont le chef, Si Salah, était notoire — à l'exclusion des autres fractions de l'ALN, surtout celles des régions très autonomes telles que la III (Kabylie), la V (Oranie) et la VI (Sahara). Mais la démarche était révélatrice et peut-être intéressante.

Elle n'était d'ailleurs pas la première du genre. Quinze mois plus tôt, entre l'appel à la « paix des braves » et la déclaration de septembre 1959, un officier prestigieux de l'ALN, le commandant Azzedine, fait prisonnier par les forces françaises, avait paru accepter le principe de tractations en vue d'un cessez-le-feu. Mais après diverses allées et venues, il avait disparu et s'était retrouvé à l'état-major de Tunis. Simple ruse de guerre pour s'évader, ou tentation d'en finir ? Ses chefs de l'ALN avaient retenu la première hypothèse, et promu Azzedine — que l'on retrouvera.

Michelet persuada Debré que la démarche de la Wilaya IV devait avoir des suites. Sitôt informé, le général de Gaulle décida de ne pas ignorer cette ouverture — dût le FLN y trouver malice. Après tout, il n'y avait pas duplicité à l'égard du Front, le chef de l'État français n'ayant jamais manqué, dans ses appels à la discussion, d'affirmer que le FLN n'était qu'une des composantes de l'Algérie combattante et ne saurait s'arroger la représentation exclusive du peuple en lutte pour son émancipation.

Au surplus, le GPRA ne fut pas « doublé ». Le chef de la Wilaya IV, Si Salah, qui devint bientôt le personnage central de l'affaire, informa Tunis de ses démarches : c'est Ferhât Abbâs lui-même qui le précise dans *Autopsie d'une guerre* [13], moins pour s'indigner de l'opération que pour souligner ce qu'eut de vain ce « roman-feuilleton ». Et à diverses reprises, Si Salah exprima le souhait d'obtenir la caution d' « une personnalité de premier plan » : il visait ainsi Ben Bella.

Bref, le général de Gaulle désigne deux émissaires, le colonel Mathon,

---

* Pour ce récit, on s'est largement inspiré de celui qu'en a fait Bernard Tricot dans *Les Sentiers de la paix* (p. 170-180) et d'entretiens avec le général Mathon (alors colonel) qui fut son *alter ego* dans l'opération.

membre du cabinet du Premier ministre, et Bernard Tricot, son conseiller à l'Élysée, pour se rendre à Médéa et y rencontrer — le 28 mars — trois responsables de la Wilaya IV, Lakhdar, Abdelhalim et Abdellatif. Lesquels manifestent bientôt une certaine « animosité envers les gens de l'extérieur », accusés de ne pas tenir compte des problèmes des combattants. Les trois maquisards donnent à Bernard Tricot « l'impression d'hommes qui avaient voulu l'indépendance, mais qui, peut-être, se satisferaient d'une autonomie où leur pays jouirait à la fois de la liberté et de l'aide de la France ».

Les premières indications avivent l'intérêt du général de Gaulle. Le 30 mars, il réunit dans son bureau de l'Élysée Michel Debré, Pierre Messmer et les deux émissaires rentrés de Médéa — Mathon et Tricot. Est-ce sérieux ? Faut-il aller de l'avant ? Les deux hommes, très représentatifs — le premier de l'esprit de Matignon, peu enclin à la négociation ; le second de celui de l'Élysée, plus audacieux —, sont d'accord pour juger l'ouverture prometteuse. De Gaulle conclut : « On y va ! » Il s'agit de rechercher un cessez-le-feu sur le thème de la « paix des braves » [14] ».

Alors commence une série de va-et-vient de l'équipe Mathon-Tricot entre Paris et Médéa — où les entretiens ont lieu, le 31 mars, 31 mai, 2 juin 1960, à la préfecture, le préfet étant laissé dans l'ignorance de l'identité de ces visiteurs mystérieux dont le général Roy assure la protection sans trop savoir de qui il s'agit... D'un entretien à l'autre, les interlocuteurs français voient se dessiner les objectifs de leur vis-à-vis auquel se joint, à partir de la troisième rencontre, Si Salah lui-même. On parle d'abord des problèmes techniques : regroupement des armes, sort des combattants. Puis on en vient aux perspectives politiques, celles d'une coopération étroite entre l'Algérie et la France. Des élections ? Pourquoi ? Le choix de la « solution n° 3 » du 16 septembre 1959, l'association, ne s'impose-t-il pas ? Enfin, si vous tenez à une consultation formelle... Ce qui frappe les deux émissaires français, c'est à la fois la « compétence » et l' « autorité » de leur vis-à-vis.

« Mais, observe Tricot, le vrai problème n'était pas dans les discussions techniques [...]. Le point était que ces hommes [...] entendaient se désolidariser le moins possible des autres combattants de l'intérieur. » Ils pensaient pouvoir entraîner 10 000 hommes (près du tiers de l'effectif de l'ALN), principalement des combattants de leur Wilaya, mais aussi de la Wilaya II (Sud-Algérois). A cette fin, ils demandent de pouvoir circuler librement en Algérie, ce qui leur est accordé. En revanche, leurs interlocuteurs français rejettent leur demande de rencontrer Ben Bella et ses compagnons de l'île d'Aix pour obtenir une caution au niveau le plus élevé.

Tricot voit ses interlocuteurs déçus, hésitants. Alors il a, écrit-il, une « idée insolite » : puisqu'ils manquent de confiance en eux, pourquoi ne pas les faire recevoir par de Gaulle lui-même ? Ce serait manifester l'importance qu'accorde la France à leur démarche vers la paix. Le général acceptera-t-il ? Oui.

Le 9 juin, Si Salah, son adjoint militaire Mohammed et Lakhdar sont acheminés vers Paris dans le plus grand secret. Le 10 au matin, ils sont accueillis à l'aéroport par le général Nicot, chef d'état-major de Michel

117

Debré, et promenés dans Paris par Mathon et Tricot. On leur a promis qu'ils seraient reçus par une « haute personnalité ». Aucun nom n'a été prononcé.

A 22 heures, ce 10 juin 1960, Si Salah, son adjoint militaire Mohammed et son conseiller politique Lakhdar sont introduits à l'Élysée par l'entrée de la rue de Marigny. Ils sont accompagnés par Bernard Tricot et Édouard Mathon, qui les conduisent aussitôt — ils n'ont pas été fouillés * — dans le bureau du chef de l'État. Rappelons qu'il s'agit de trois dirigeants d'une rébellion qui lutte, les armes à la main et par des moyens souvent atroces, contre l'État français — dont les méthodes répressives restent terribles.

S'agissant de cette étonnante entrevue, donnons d'abord la parole au colonel Teissère, l'aide de camp du général de service ce soir-là. Il a confié son récit à son camarade Flohic qui le reproduit dans ses *Souvenirs d'outre-Gaulle* [15] :

« Le Général avait quitté son bureau vers 19 h 45 et j'avais pris mon repas en compagnie du médecin de garde. Vers 20 h 45, et contrairement à mes habitudes, j'ai eu envie de faire un tour dans le palais, notamment dans le bureau des aides de camp.

« Quelle ne fut pas ma surprise quand je vis ce bureau éclairé et occupé par le colonel Dupuy, commandant militaire de l'Élysée, et Bernard Tricot, alors conseiller technique. Le brave colonel Dupuy était très embarrassé vis-à-vis de moi, car il était contraire à toute règle de tenir l'aide de camp écarté de toute chose touchant à ses responsabilités.

« J'appris donc instantanément que Bernard Tricot et le général Nicot **, alors au cabinet du Premier ministre Michel Debré, avaient aménagé un entretien auprès du Général à Si Salah, l'un des chefs de la rébellion en Algérie.

« J'ai tout de suite demandé au colonel Dupuy si le visiteur *** avait été fouillé avant son entrevue avec le Général ; sur sa réponse négative, j'ai mesuré le risque pris [...]. Le commissaire Ducret, directeur des services de sécurité de l'Élysée, avait été chargé du " visiteur " pour une entrée discrète au palais ; nous avons rapidement décidé de nous tenir armés, pendant l'entrevue, entre les deux portes donnant accès au bureau du Général. De cet emplacement, par la fente de l'une des portes, il nous était possible de surveiller sans être vus ; durant toute la conversation, qui fut d'ailleurs très calme, nous n'avons pas perdu un geste de Si Salah, prêts à bondir. »

Bernard Tricot donne, lui, une description de l'entrevue considérée de l'intérieur : « Le général de Gaulle est debout derrière son bureau, les chefs rebelles approchent et saluent militairement. Le Général qui n'a pas bougé de sa place s'assied. Les fellagha, Mathon et moi, qui nous plaçons à droite et à gauche du bureau, l'imitons. Derrière la porte mal fermée qui parfois grince faiblement, je devine la présence vigilante du colonel de Bonneval ****... »

---

* De Gaulle s'y était opposé.
** Il s'agit en fait du colonel Mathon.
*** Ils étaient trois, on l'a dit.
**** On a vu qu'il s'agissait en fait du colonel Teissère.

Voici, pour l'essentiel, les propos qui furent échangés.

Le général de Gaulle ouvrit le débat par un rappel de ses propositions du 16 septembre : « La France n'a plus d'intérêts politiques à défendre l'Algérie. Il revient aux Algériens de décider de leur sort. »

Lakhdar : « Le peuple algérien reconnaît les mérites de l'autodétermination. Au surplus, les premiers contacts ont permis d'amorcer entre nous un accord technique. »

Mohammed : « La difficulté a trait à la remise des armes... »

De Gaulle : « Il ne s'agit pas de rendre les armes, mais de permettre à l'administration de les prendre en dépôt... »

Lakhdar : « Notre souhait est que le cessez-le-feu qui interviendrait s'étende à d'autres combattants. Nous avons besoin de sauf-conduits pour la Kabylie et pour Tunis... »

De Gaulle : « D'accord pour les liaisons internes à l'Algérie. Pas pour Tunis. L'important, pour construire l'Algérie nouvelle, c'est que soit rétabli le calme, avec le concours de tous, combattants et non-combattants. »

Puis le chef de l'État déclare que, dans un très prochain discours, il s'adressera aux gens de Tunis, au GPRA, mais les contacts avec les visiteurs de ce jour continueront, dans le secret.

Si Salah intervient alors pour exprimer la confiance que cette entrevue et les propos échangés lui inspirent.

De Gaulle conclut en exprimant l'espoir de revoir ses visiteurs, et de pouvoir alors, les combats ayant cessé, leur serrer la main. « Je ne le fais pas aujourd'hui, mais je vous salue * ! »

En redescendant vers le jardin, Tricot demande à Si Salah, Mohammed et Lakhdar s'ils sont satisfaits de l'entretien : « Oui, disent-ils, c'est une grande garantie pour nous. » Quant à Mathon, il résume ainsi le point de vue français après l'entrevue nocturne du 10 juin : « Ça mord ! »

Tricot et Mathon repartent donc pour Médéa, où ils négocient avec les autorités militaires les conditions d'une trêve tacite permettant à Si Salah de se rendre en Kabylie. On fixe, pour la reprise du dialogue avec Si Salah, la date du 18 juin. Le 14, de Gaulle prononce le discours annoncé le 10 aux visiteurs de l'Élysée **. Le 18, le dialogue se poursuit à Médéa : Si Salah annonce qu'il partira le 21 pour la Kabylie.

La suite de la négociation dépend dès lors de la réponse du GPRA au discours du général — auquel les chefs de la Wilaya IV n'ont rien trouvé à redire. Si Tunis réplique d'une manière négative ou dilatoire, les entretiens concernant le cessez-le-feu à partir de la Wilaya IV continueront ; si le GPRA accepte de négocier, les contacts seront suspendus, quitte à être repris plus tard. La réponse favorable du GPRA interrompt les pourparlers avec les responsables de la Wilaya IV.

---

* Dans *Serons-nous enfin compris ?* le général Jouhaud fait grief à de Gaulle de n'avoir pas serré la main des visiteurs : il aurait démontré ainsi sa méconnaissance des Musulmans... Les combats n'ayant pas cessé, on imagine sur quel ton les amis d'Edmond Jouhaud, qui ne parlaient que des « assassins » du FLN, auraient alors commenté une telle poignée de main.
** Voir ci-dessous, p. 122.

La conclusion de l'affaire est sinistre. L'adjoint militaire de Si Salah, Mohammed, ayant été — sous quelles pressions, du fait de quelles influences? — « retourné », fait liquider Lakhdar à la fin du mois de juin, et quelques semaines plus tard Abdellatif. Entre-temps, dit-on, il a pris la responsabilité (pour se « racheter » auprès des durs?) d'un affreux massacre de femmes et d'enfants sur la plage du Chenoua. Si Salah, revenu de Kabylie dans sa Wilaya en septembre, d'abord gardé à vue, puis libéré et doté de nouvelles responsabilités, sera tué le 21 juillet 1961 lors d'un accrochage avec le 22ᵉ bataillon de chasseurs alpins près de Bouira. Quant à Mohammed, il devait être abattu par le 11ᵉ demi-brigade de choc, spécialisée dans les opérations « ponctuelles », le 8 août 1961, dans les faubourgs de Blida.

L'« affaire Si Salah » est l'un des thèmes favoris des ennemis politiques de Charles de Gaulle*. Pour un peu, on l'accuserait d'avoir fait liquider lui-même ce témoin de la victoire militaire de Challe et de pourparlers gênants pour le FLN. N'aurait-il pas sacrifié le malheureux chef de la Wilaya IV aux exigences de Krim ou de Boussouf? Si Salah s'inscrirait ainsi sur une liste où se succèdent les noms de Muselier, de Darlan, de Giraud et de quelques victimes supposées, directes ou indirectes, du Connétable.

D'autres, qui parlent de l'affaire sur un ton plus posé, font grief à Charles de Gaulle d'avoir privilégié la négociation politique avec le GPRA telle qui l'a proposée le 14 juin 1960 (en ayant exclu jusqu'à l'éventualité en septembre 1959 et en janvier 1960) sur les pourparlers militaires, qui eussent démontré le succès du plan Challe et couronné la victoire des armes françaises. Selon ces procureurs — dont les arguments sont parfois troublants — c'est parce qu'il se refusait à une solution dans le cadre de la France qu'auraient pu admettre Si Salah et ses amis que le fondateur de la Vᵉ République préféra le dialogue avec le FLN, anéantissant les espoirs communs des chefs de la Wilaya IV et de l'état-major d'Alger.

À quoi les avocats du général de Gaulle peuvent répondre d'abord que, bien loin de minimiser la tentative amorcée par les hommes de la Wilaya IV, le chef de l'État tint à la valoriser en recevant Si Salah et ses compagnons à l'Élysée, ce qu'il refusa toujours de faire, fût-ce dans le plus grand secret, pour aucun des autres dirigeants nationalistes algériens; et qu'il chargea de mener l'affaire avec toute la diligence dont il le savait capable son homme de confiance Bernard Tricot, qui consacra à ces pourparlers trois mois décisifs, de mars à juin 1960, et s'en fit ensuite l'historien minutieux.

Ce qu'il faut ajouter aussi, c'est que contrairement à ce qui fut souvent écrit, les négociateurs de la Wilaya IV ne prétendaient pas s'opposer aux chefs du FLN. Critiquant leur lenteur à rechercher le cessez-le-feu, Si Salah tenait son approche pour un complément, ou plutôt pour une phase préparatoire de celle des dirigeants de Tunis — et comme le montre bien

---

* Argoud : « Jamais peut-être comme en cette circonstance, il n'a montré de quoi il était capable » (p. 227).

Bernard Tricot, il n'eut de cesse qu'il n'entrât en communication avec le chef de la prestigieuse Wilaya III, Mohand Ou el Hadj, fidèle représentant de Belkacem Krim, avec Ben Bella ou avec Tunis.

Bien loin d'agir en francs-tireurs et *a fortiori* en dissidents de la direction du FLN, Si Salah et les siens se présentaient en avant-garde. Qu'ils fussent désavoués par Tunis et la majorité des cadres du FLN, lesquels se refusaient à dissocier les affaires militaires et politiques dans le règlement avec la France selon le schéma que voulait leur imposer de Gaulle*, ne fait pas de doute. Mais les recevant, le général pouvait à bon droit voir en eux un échelon précurseur, aussi bien qu'une alternative. Et comment n'aurait-il pas été favorable à une opération conforme à ses vues tactiques et qui le mettait en position de force pour « faire le reste » ? Comment croire que l'impitoyable machiavélien de Gaulle négligea ou sabota cette plus-value que lui offrait Si Salah ?

Le commandement militaire s'estimait en droit de circonscrire au domaine des armes un débat qui débouchait de toute évidence sur le politique, et relevait non moins clairement du pouvoir d'État pour que l'affaire parût strictement comme un succès de l'armée. Mais il y a un ordre des choses, une hiérarchie des tâches. Dès l'origine, Si Salah voulait sortir du cadre militaire où entendaient se tenir Challe et son état-major, et se hisser au plan politique, vis-à-vis de Paris, et en accord avec Tunis. De Gaulle a saisi cet atout, pour valoriser sa position d'ensemble.

La chose est si évidente qu'après avoir laissé entendre à la veille de son procès qu'il allait tout révéler du « sabotage » par de Gaulle des tractations avec la Wilaya IV, c'est-à-dire avec ceux qui reconnaissaient à leur façon la victoire de l'armée française, le général Challe se retint d'exploiter devant ses juges cette argumentation et de « démasquer » le pouvoir gaullien[16]. La vérité est que ce n'est pas de Gaulle qui rompit le dialogue — qui se poursuit, on l'a vu, après le 14 juin — mais le chef maquisard Mohammed.

Reste que, quatre jours après avoir reçu Si Salah à l'Élysée, et avant même que les fruits de cette démarche puissent être cueillis, le général lança son appel au GPRA qui semblait court-circuiter ou rejeter dans l'ombre l'opération conduite par Tricot et Mathon et qu'il avait si manifestement reprise à son compte. Dans son livre**, le conseiller du général n'explique pas autant qu'on le souhaiterait l'articulation entre les deux démarches dans l'esprit de Charles de Gaulle. Les distinguait-il aussi nettement que l'histoire l'a fait, après coup ? Se laissait-il aller spontanément à cette passion qu'il avait de « tenir deux fers au feu » ? Voulut-il profiter tactiquement de la visite de Si Salah pour impressionner ses interlocuteurs principaux ? Ne se servit-il de la réception des chefs de la Wilaya IV que comme d'un instrument, d'un aiguillon contre ceux de Tunis ? Et dans quelle mesure faut-il lier l'échec des démarches de Si Salah à celui de Melun*** ?

---

* Après Guy Mollet.
** *Les Sentiers de la paix*.
*** Voir plus loin, p. 124 s.

La sanglante conclusion de l'entreprise de Si Salah a beaucoup contribué à jeter une ombre sur le comportement du général de Gaulle en cette affaire. Sans épouser la querelle de ses censeurs et en reconnaissant l'importance du facteur temps qui inspire alors beaucoup de ses démarches, on peut regretter qu'il n'ait pas laissé plus de chances à la visite des trois maquisards à l'Élysée de se concrétiser. D'autant que le 18 juin, la rencontre Si Salah-Tricot ne révèle aucun signe de rupture *.

Le dossier de Gaulle serait néanmoins plus solide, en l'espèce, si le général avait mieux tenu compte du rendez-vous de l'Élysée avant de réorienter d'un coup vers Tunis le dialogue amorcé trois mois plus tôt du côté de Médéa par ces combattants dont il n'avait jamais cessé, du 4 juin 1958 sur le Forum au 10 juin 1960 dans son bureau, de saluer le courage.

Mais ces réserves ne permettent pas de mettre en doute l'importance que de Gaulle donna à la démarche de Si Salah. La conversation fut très sérieusement conduite, et au plus haut niveau. Une fois de plus, l'opposition entre le général et ses censeurs vient de ce qu'ils voient les arbres, et lui la forêt. Une forêt où, dira-t-on, le bûcheron ne regarde pas trop au nombre des arbres abattus...

Ajoutons ceci, qui est essentiel : Si Salah eût-il été plus patiemment encouragé à poursuivre sa mission auprès de la Wilaya III, ses démarches — il le soulignait lui-même — ne permettaient pas de faire l'économie d'une recherche de solution *politique* de ce problème essentiellement *politique* avec les chefs *politiques* du mouvement algérien.

Le 14 juin 1960, à midi, dans la salle des fêtes de l'Élysée transformée en studio, Charles de Gaulle enregistre sa plus importante allocution algérienne depuis celle du 31 janvier. Son ministre de l'Information décrit la scène avec une dévotion minutieuse : « Quelques feuillets de papier à portée de la main, mais sur lesquels son regard ne s'abaissera à aucun moment, il se livre pendant dix-sept minutes à cet exercice de l'homme d'État moderne, qu'il transforme, chaque fois, en prouesse inégalable : parler comme si c'était d'abondance, dans une langue de haute tenue, avec ce naturel, cette présence humaine, ces gestes persuasifs, cette grâce d'état que seule, à l'ordinaire, la présence physique d'un auditoire confère à l'orateur. Face aux objectifs impitoyables des caméras, de Gaulle réussit à ne plus voir à leur place que les quinze ou vingt millions de Françaises et de Français qui le regardent et qui l'écoutent.

« Le contact magique s'établira dès les premiers mots : " Il était une fois un vieux pays, tout bardé d'habitudes et de circonspection [17]... " »

Point n'est besoin d'attendre les sondages ou la presse du lendemain pour

---

* Bien mieux, signale Yves Courrière dans *les Feux du désespoir* (Paris, Fayard, 1971, p. 103) : c'est après la réponse favorable du GPRA aux offres de De Gaulle que Si Salah partit, le 21 juin, pour la mission auprès des autres chefs de wilaya, qui tourna court. Dans son esprit, les deux négociations ne se contredisaient pas, elles se complétaient.

savoir qu'il a déjà harponné son public. C'est le grand ton gaullien, un des textes oratoires les plus brillants de l'homme du 18 juin :

> « Le génie du siècle [...] change aussi les conditions de notre action outre-mer [et] [...] nous conduit à mettre un terme à la colonisation [...]. Il est tout à fait naturel que l'on ressente la nostalgie de ce qui était l'Empire, tout comme on peut regretter la douceur des lampes à l'huile, la splendeur de la marine à voile [...]. Mais quoi ? Il n'y a pas de politique qui vaille en dehors des réalités. »

Il faut donc mettre un terme à la colonisation. Pour ce qui concerne l'Algérie, le général se place sur la « route claire et droite » définie le 16 septembre : l'autodétermination, qu'il continue à subordonner au cessez-le-feu :

> « Une fois de plus, je me tourne, au nom de la France, vers les dirigeants de l'insurrection. Je leur déclare que nous les attendons ici pour trouver avec eux une fin honorable aux combats qui se traînent encore, régler la destination des armes, assurer le sort des combattants. Après quoi, tout sera fait pour que le peuple algérien ait la parole dans l'apaisement. La décision ne sera que la sienne. Mais je suis sûr [...] qu'il prendra celle du bon sens : accomplir, en union avec la France et dans la coopération des communautés, la transformation de l'Algérie algérienne en un pays prospère et fraternel. »

Ce discours, je me revois l'écoutant avec mes confrères dans les bureaux d'un journal peu suspect de conformisme gaulliste. Chaque mot nous poignait. Quittant ces lieux, je gagnais la Mutualité où se tenait un meeting en faveur de la paix en Algérie, organisé par des partis de gauche. Mais seuls ce soir-là les mots de l'homme de l'Élysée pesaient leur poids et s'imprimaient dans la mémoire. Les autres (« Nous exigeons... », « Le peuple ne permettra plus... », « Qu'attend-on ? ») paraissaient dérisoires.

C'est ainsi semble-t-il que raisonnèrent les hommes du GPRA. Cette fois, ils ne pouvaient plus éluder leur réponse. De Gaulle avait décimé les wilayas de l'ALN ; il avait abattu les barricades ; il avait fait voter 57 % des Algériens aux élections cantonales ; il avait entamé un dialogue avec un groupe important de combattants ; et aujourd'hui, il parlait de l'Algérie « algérienne » de demain, non pas encore comme d'un État, mais déjà comme d'un « pays ». Autant de raisons positives que d'arguments négatifs pour ne pas différer trop longtemps la prise de contact.

Le 20 juin, la réponse arrivait de Tunis, où le GPRA, constatant « un progrès » dans les positions du général de Gaulle qui restent « éloignées de la sienne », se déclare « désireux de mettre fin au conflit » et décide l'envoi d' « une délégation présidée par M. Ferhât Abbâs pour rencontrer le général de Gaulle ». En attendant, un émissaire viendra à Paris préparer la rencontre. Cette fois, la brèche est ouverte. Chacun sait que des traverses sont à prévoir — à Paris comme à Alger. Mais ne touche-t-on pas au but ?

Les premiers moments d'espoir passés, les premières acclamations de l'opinion enregistrées, il fallut bien constater que les obstacles se dressaient de toutes parts. D'abord, comme on le prévoyait, chez les partisans de l'Algérie française. C'est alors que se constitue un « colloque de Vincennes » dont les membres (Bidault, Soustelle, Lacoste, Bourgès-Maunoury, Albert Bayet…) prêtent serment de « défendre en toutes circonstances » l'intégrité du territoire national, l'intégration de l'Algérie dans la République et l'opposition à toutes négociations ; tandis qu'en Algérie se forme le « Front de l'Algérie française » (FAF) sous la présidence du *bachaga* Boualem, connu pour ses positions intégrationnistes. Le FAF revendique, en moins d'une semaine, 100 000 adhésions.

Du côté du FLN, le terrain paraît bien déblayé. Las ! Cette superbe convergence dans les mots publiés va aboutir au plus cruel des innombrables malentendus auxquels aura donné lieu la longue marche vers la paix algérienne. Certes, le GPRA avait désigné, en tant qu'échelon précurseur pour « préparer les modalités » de la rencontre de Gaulle-Abbâs, deux hommes d'envergure et fort avertis des réalités françaises : son porte-parole Me Ahmed Boumendjel et Mohammed Ben Yahia, très proche collaborateur de Ferhât Abbâs. Du côté français, avaient été choisis des personnages moins politiques, le préfet Roger Moris, secrétaire général du Comité des affaires algériennes, et le général de Gastyne. Le premier avait tenté de refuser cette délicate mission. Il ne l'avait acceptée que sommé de le faire par Pierre Racine, le plus proche collaborateur de Michel Debré [18]. Le lieu choisi pour la rencontre est la préfecture de Melun.

Dès avant l'arrivée à Paris de Boumendjel et Ben Yahia, les difficultés de procédure se multiplièrent, encore aggravées par une « gaffe » d'un collaborateur du ministre français de l'Information qui communiqua à une agence américaine une note de travail de Michel Debré (« à usage interne ») dans laquelle il était dit que si le FLN acceptait de négocier, c'est parce que son armée était dans une impasse totale — et qu'au surplus, le cessez-le-feu obtenu, on irait vers une « confrontation politique ». Encourageante préface…

Si cette fausse manœuvre ne peut lui être imputée, et si ce pronostic de « confrontation » révèle plus de lucidité prophétique, chez lui, que de mauvais vouloir, on ne saurait dire que M. Debré ait, en l'occurrence, facilité les choses. On savait qu'il avait chapitré les représentants français pour que rien ne soit fait — saluts, échanges de poignées de main, style de la conversation — qui pût donner l'illusion aux visiteurs qu'il s'agissait d'une « négociation » et qu'ils étaient reconnus comme officiels. Le Premier ministre avait rédigé de sa main un minutieux protocole d'accueil glacial…

Parallèlement, et comme lors de l'appel aux « braves » du 23 octobre 1958, un sabotage systématique des contacts était organisé à Alger : des « avions non identifiés » faisaient pleuvoir sur certains secteurs d'Algérie des tracts d'où il ressortait qu'en envoyant des émissaires à Paris, le FLN s'avouait vaincu et rendait les armes. Le texte s'achevait par ces mots : « Combattants des djebels, suivez cet exemple [19] ! »

Indépendamment de ces opérations de sabotage prévisibles, l'échec de la tentative de juin 1960 allait être dû à une double faute d'interprétation ; de part et d'autre, on analyse maladroitement la situation. Du côté français, l'erreur est relevée dans le livre de Louis Terrenoire : « A Paris, après le discours du 14, on ne s'attendait pas à une réponse aussi prompte et aussi nette. D'où la pensée que la partie adverse était beaucoup plus demande-resse qu'elle ne l'était en réalité [20]. »

Au surplus, l'Élysée et Matignon plaçaient alors l'affaire dans l'éclairage des pourparlers avec Si Salah. Ils y voyaient la preuve, d'abord que les combattants des djebels avaient hâte d'en finir, ensuite que le GPRA contrôlait mal ses troupes et moins encore ses cadres, et se faisait « doubler » par tel ou tel d'entre eux : on avait pu s'assurer à Paris que Tunis était encore dans l'ignorance des contacts avec la Wilaya IV. L'empressement que Tunis avait mis à répondre à l'appel de De Gaulle aggrava en outre la sous-estimation que l'on fit alors à l'Élysée et surtout à Matignon des capacités du GPRA à tenir la dragée haute à de Gaulle.

Du côté algérien, on ne commit pas moins d'erreurs d'appréciation. A la base, il y eut une fausse lecture du discours du 14 juin : Ahmed Boumendjel devait déclarer plus tard que, ne relevant pas de référence au cessez-le-feu dans le texte du général, les hommes du FLN en avaient conclu que le préalable de l'arrêt des combats, de ce que de Gaulle avait appelé la remise des « couteaux au vestiaire », avait été abandonné par la France. D'autant plus que, ne parlant pas du cessez-le-feu, de Gaulle avait évoqué la « fin honorable » des combats, phrase qui avait une résonance politique et pouvait faire croire que, passant sur les modalités et procédures, le général était d'accord pour en venir d'emblée au fond du problème.

D'où les exigences formulées par les émissaires du FLN, réclamant liberté de circulation, entière latitude de prendre la parole en public, de tenir des conférences de presse — alors même que les combats continuent, sous des formes souvent horribles, en Algérie. Les deux envoyés du GPRA qui disposaient de nombreuses amitiés personnelles en France, notamment dans le barreau, dans la presse et à l'Université, crurent que ces atouts joueraient automatiquement en leur faveur. Ce qui était mal apprécier l'hostilité à leur cause d'une grande partie de l'opinion, qui eût transformé une rencontre avec la presse en bataille rangée.

Le climat des échanges ? Le colonel Mathon, qui y prit part, rappelle la consigne donnée par le général de Gaulle aux délégués français : « Soyez froids et sereins. » En fait, dit-il, Moris étant un Méridional, Gastyne un homme très courtois et Boumendjel un avocat expansif, le climat fut détendu — pour ne rien dire... Après sept entretiens, les adieux furent « presque chaleureux », bien que l'on ait évité de se serrer la main.

Sur cette étrange « conférence », il faut citer les commentaires que fit quelques mois plus tard le général de Gaulle à l'adresse d'un visiteur maghrébin particulièrement informé, le ministre tunisien Mohammed Mas-moudi, venu, le 8 février 1961, préparer lui aussi une rencontre, celle qui allait mettre face à face Habib Bourguiba et Charles de Gaulle à Rambouillet.

Comme le visiteur observait que ce qu'il faudrait éviter entre le général et Bourguiba, ce serait un « échec comme à Melun », il vit de Gaulle sursauter, furieux, et se pencher vers lui « en rugissant * » :

« Non, monsieur le Ministre, il n'y a pas eu d'échec à Melun parce qu'il n'y a pas eu Melun. Il n'y a jamais eu Melun, vous m'entendez bien ! M. Boumendjel a été reçu honorablement. On allait enfin ouvrir le dossier algérien, quand il déclara à notre grande surprise qu'il ne venait pas discuter du fond. Il voulait tout simplement poser des questions. On a dit bon, quelles sont ces questions ?
La première était : Abbâs rencontrera-t-il de Gaulle ?
Oui, peut-être, avons-nous répondu, mais pas maintenant. Nous pensions qu'il fallait d'abord dégrossir le dossier algérien, débroussailler le terrain, avancer dans la voie de la solution. Nous pensions que la rencontre Abbâs-de Gaulle, une fois certaines idées mises au clair, certaines procédures envisagées et peut-être certaines solutions trouvées — pourquoi pas ? —, une fois les choses avancées, constituerait une étape et permettrait d'aller de l'avant. Et puis on a continué toujours à ce moment-là à tuer, en Algérie, chez vous-même (en Tunisie) et ici en France. Supposez, monsieur le Ministre, qu'au moment où je discute avec Abbâs en tête à tête comme je le fais maintenant avec vous, on me présente une dépêche annonçant l'assassinat d'une petite fille à Bagnolet par exemple. Qu'est-ce que j'aurais fait alors ? Ou bien j'aurais été en colère et je l'aurais montré à M. Abbâs et c'eût été mauvais pour l'entretien ! Ou bien j'aurais gardé mes nerfs et j'aurais présenté la dépêche à M. Abbâs et je pense qu'il aurait été gêné, et c'eût été également mauvais pour l'entretien !
Deuxième question : M. Boumendjel demandait que la délégation algérienne descende à l'ambassade de Tunisie. Notre réponse a été non.
Pourquoi à l'ambassade de Tunisie ? La Tunisie est un État, l'Algérie ne l'est pas, je ne vois pas pourquoi la délégation algérienne descendrait à l'ambassade de Tunisie. Ce n'est quand même pas ma faute à moi que l'Algérie n'ait pas existé en tant qu'État. Vous le savez, monsieur le Ministre, l'Algérie n'a jamais été un État. Elle n'a même jamais été une nation, M. Abbâs lui-même, et lui surtout **, ne peut pas soutenir le contraire. Maintenant il se dit la République, M. Abbâs. Il voyage. Il voit les Soviétiques directement ou par intermédiaire. Il ne rencontre que des communistes ou des sympathisants et distribue à sa manière les déclarations. Je dis qu'il n'est pas encore aujourd'hui la République, je ne dis pas qu'il ne le sera pas demain. Je dis tout simplement que l'Algérie pour n'avoir pas été un État, pour n'avoir même pas été une nation, pose un problème difficile, beaucoup plus difficile que celui qui s'était posé à la France à propos de la Tunisie ou du Maroc. Je dis qu'il faut en faire un État et au plus tôt, je dis que c'est l'affaire des Algériens, et des Algériens seuls, de l'organiser comme ils l'entendent [...]. C'est le problème qu'il nous faut résoudre : celui de mettre fin à la guerre et celui de donner à l'Algérie un État. Tant que nous n'aurons pas trouvé un accord, tant que l'Algérie ne sera pas construite, organisée en État, nous serons sous le régime de la souveraineté française. Alors pourquoi dire que l'Algérie est un État et chercher à le souligner en proposant de faire descendre la délégation algérienne à l'ambassade de Tunisie ?
La troisième question de M. Boumendjel portait sur la possibilité, pour la

---

* Nous citons ici les notes de Mohammed Masmoudi.
** De Gaulle fait allusion à un texte publié vingt-cinq ans plus tôt où Ferhât Abbâs déclare qu'il a cherché en vain la nation algérienne dans l'histoire.

délégation algérienne, de faire des conférences de presse, d'user de la radio, de circuler dans Paris, de prendre contact avec des hommes politiques, les journalistes...

De nouveau, notre réponse a été : non.

Pourquoi donc faire des conférences de presse, user de la radio, ameuter l'opinion alors qu'on se refuse à discuter sur le fond ? On vient travailler ou on vient faire de la propagande. Si on acceptait de discuter sur le fond, si on envisageait des procédures, on conviendrait bien sûr de moyens appropriés pour éclairer l'opinion sur nos travaux. Et puis le contexte étant ce qu'il était, il aurait été dangereux pour leur sécurité de les laisser circuler librement dans Paris, de tenir des conférences de presse à leur guise. Mais l'obstacle que constituait leur sécurité dans Paris... ce n'est pas important parce qu'il n'aurait pas été insurmontable. Ce que je ne comprenais pas, ce que je ne comprends pas encore, c'est que l'on parle de la presse et de la radio avant de se décider à parler du fond.

A Melun, monsieur le Ministre, on nous a posé des questions. On en a fait des préalables alors que, par ailleurs, on condamne les préalables. On a cependant répondu à toutes ces questions. M. Boumendjel est parti pour Tunis. On attendait à Paris l'arrivée de M. Abbâs et de la délégation algérienne quand on annonçait à Tunis que moi, général de Gaulle, avais exigé du FLN de capituler. On a menti. Je n'ai demandé à personne de capituler ! »

Sens minutieux des réalités, souci de la mise en perspective historique, horreur de la « propagande » (quand elle est adverse) et de la manipulation d'opinion (quand elle risque de le desservir), anticommunisme massif, art de manipuler aussi bien ses colères que le déroulement des faits — voilà un de Gaulle pris sur le vif, dans sa vérité « algérienne » par un visiteur dont l'admiration ne voile pas la lucidité critique [21].

Que Charles de Gaulle ait été, dès l'origine, fort sceptique sur les chances d'aboutir à Melun, on n'en veut pour preuve que la réaction qu'il eut en lisant, le second jour, un commentaire inspiré à une agence américaine par le chef des services de presse de l'Élysée, Jean Chauveau. Cet honnête homme, dont le général estimait vivement l'intelligence autant que la fidélité, se vit traiter avec une rudesse insigne parce qu'il avait donné à un informateur étranger l'impression que les émissaires du GPRA étaient reçus comme des interlocuteurs valables, et avec lesquels un accord n'était pas impossible. De Gaulle convoqua Chauveau sur l'heure et lui décocha cette formule : « Cher ami, je ne crois pas possible de vous garder dans ma maison. » Une disgrâce dans le style du Grand Siècle [22]...

Aucun des quatre interlocuteurs de Melun n'a fait de confidences précises sur cet étrange dialogue de sourds que les représentants français s'employèrent surtout à transformer en face-à-face avec des muets : le plus clair de leurs interventions consista, nous indiquait Mohammed Ben Yahia deux ans avant sa mort (1978), à mettre en garde leurs hôtes contre toute forme de « percée » vers l'opinion publique française et à assurer l'étanchéité de la clôture du conclave.

Retraçant l'histoire de cet épisode auquel il fut mêlé, comme à d'autres phases de la négociation, Charles-Henri Favrod assure que les visiteurs furent exaspérés par le climat de roman d'espionnage qu'on avait créé autour d'eux, les services spéciaux français utilisant la présence de Boumendjel et Ben Yahia en Seine-et-Marne pour opérer le décryptage du chiffre qu'ils utilisaient, à l'issue de leurs entretiens journaliers, avec le GPRA à Tunis. D'où un climat de suspicion où le renseignement l'emportait constamment sur la politique.

On en revenait inlassablement aux deux thèmes permanents du désaccord : primauté du cessez-le-feu sur la négociation ; exclusivité de la représentation du peuple algérien par le FLN. Pas plus que les délégués français — choisis pour n'être que des porte-parole sans pouvoir de négociation — ne cèdent d'un pouce sur le premier point, les représentants du GPRA n'en rabattent sur le second.

Après quatre jours de vains échanges, tandis que les opinions, un peu partout, s'impatientent, de Gaulle enjoint à ses délégués de lever le camp. « On se sépara courtoisement, écrit de Gaulle dans ses *Mémoires*, avec l'intention de se retrouver. » Hum... Dans l'avion qui le ramène à Tunis, Me Boumendjel déclare : « Melun a été le triomphe de l'immobilisme. »

Dans une lettre dans laquelle il répondait aux questionnaires que je lui adressais à ce sujet, Saad Dahlab, qui devait devenir, du côté algérien, le maître d'œuvre de la négociation, m'écrivait : « Melun fut un coup à la de Gaulle ! Il est permis de penser que c'était une tentative (une nième) de diviser le FLN, le GPRA, les maquisards. Semer la discorde. Peut-être aussi pensait-il que le GPRA allait refuser de se rendre en France à son invitation. Il aurait eu beau jeu de démontrer sa bonne volonté face à " l'intransigeance " du GPRA. Ceci est d'autant plus vraisemblable que quelques jours auparavant il n'avait pas hésité à recevoir des maquisards de la Wilaya IV.

« En somme on pouvait discuter entre militaires, entre combattants, tandis qu'on méprisait les civils. C'était très flatteur pour de jeunes officiers de l'ALN [...]. Melun est ce qu'on peut appeler un faux-semblant. Il n'y a eu ni entretiens réels ni rencontres avec de vrais responsables de la politique française. Rien n'était prêt pour une négociation. Nous étions très loin les uns des autres. Alors pourquoi cette rencontre qui n'en fut pas une ? Les délégués du GPRA étaient traités à Melun comme des prévenus maintenus en garde à vue [...]. Notez que je sais que recevoir les plénipotentiaires du GPRA c'était reconnaître celui-ci et c'est bien ce que de Gaulle ne voulait pas et qui montre bien que Melun était tout ce qu'on veut, sauf une négociation[23]... »

Toutefois, dans son *Autopsie d'une guerre*, publié vingt ans après l'événement il est vrai, Ferhât Abbâs écrit à propos de Melun : « ... Le processus de la négociation était engagé. Rien ne pouvait plus l'arrêter. A cet égard, Melun fut un commencement[24]. » Ce qui est le bon sens même, mais reflète mal ses réactions de l'époque : dans un premier temps, en effet, le GPRA dénonça violemment ce « faux-semblant » : Abbâs lui-même déclara le 5 juillet, à Tunis, que l'heure était « au combat armé » car « l'indépendance ne s'offre pas, elle s'arrache ».

Il est difficile de se faire une idée, un quart de siècle plus tard, du climat qui régna pendant l'été et l'automne 1960 — où la marche vers le dénouement politique reflua en panique. D'où l'abattement qui s'empara d'un coup des partisans de la paix, l'euphorie qui régna de part et d'autre dans le camp des partisans de la perpétuation de la guerre. Du côté du GPRA s'alourdit la hantise de voir la situation militaire échapper au contrôle de son état-major, compte tenu du découragement qu'un tel fiasco allait provoquer chez les combattants. N'allait-on pas vers une opération Si Salah multipliée par dix ?

Signée de Ferhât Abbâs, une note datée d'août permet de mesurer le degré d'inquiétude des dirigeants du Front : « Les maquis ne sauraient sinon aller à la victoire, du moins vivre plus longtemps, s'ils ne sont pas dirigés, alimentés par des troupes fraîches, un armement efficace et de l'argent en quantité. » Citant cette observation (p. 276), Mohammed Harbi la commente ainsi : « Tourné vers lui-même, l'appareil du FLN est obnubilé par les aspects militaires du conflit. » Ce qui n'est pas un état d'esprit favorable à la reprise des pourparlers.

Le conflit rebondit en effet. Sur le territoire algérien, le FLN déchaîne une campagne de terrorisme qui culmine en août avec le massacre de la plage de Chenoua*. Et, comme en avril 1958, l'ALN ose, le 12 août 1960, exécuter des prisonniers. Ce double crime révèle la force des ennemis de la négociation, actifs du côté du FLN comme du côté français.

A Paris, on a réagi en relançant l'opération « troisième force ». Le 19 juillet, un décret annonce la création en Algérie de « commissions » d'élus » composées de députés, de sénateurs, de maires, de conseillers généraux, qui sont censées assumer la gestion économique et sociale de l'Algérie. Un coup de barre vers l'intégration ? Ce n'est pas ainsi que réagissent les tenants de cette politique qui, constatant que ces élus sont presque tous choisis parmi les gaullistes (surtout les conseillers généraux issus des élections de mai 1960), voient dans ces « commissions » des centres d'apprentissage à l' « Algérie algérienne ». Ce qu'ils sont en effet dans l'esprit du général de Gaulle. La réaction du FLN n'est pas moins hostile : n'est-il pas ainsi marginalisé après avoir été « floué » à Melun ?

Aussi bien le GPRA réagit-il en déclenchant une offensive diplomatique tous azimuts : en direction des pays de l'Est, où Ferhât Abbâs se rend à l'automne, visitant Pékin après Moscou ; des Nations unies, auxquelles Belkacem Krim demande de superviser le futur référendum d'autodétermination ; et du monde arabe d'où leur viennent d'innombrables incitations à ne pas négocier. Toutes démarches, déclarations et indications qui indisposent au plus haut point le vieux monsieur de l'Élysée.

Charles de Gaulle n'en manifeste pas moins sa volonté de tenir le cap qu'il a indiqué le 16 septembre 1959. Au cours d'une série de visites provinciales en Normandie, en Bretagne et dans les Alpes, il répète que l'expression du libre choix des Algériens est la seule issue possible au conflit. Mais, tenant compte de la vague de terrorisme déclenchée par le

---

* Voir plus haut, p. 120.

FLN en août, il met de plus en plus l'accent sur l'impossibilité de négocier tant que les armes ne se sont pas tues.

C'est le 5 septembre, lors d'une conférence de presse tenue à l'Élysée, qu'il résume ce refus, avec cette verve populaire qui, portée par sa voix de rogomme, percute d'emblée l'opinion : « On ne parle pas si on n'a pas laissé les couteaux au vestiaire… »

Écoutons-le :

> « Pour qui me prennent ceux qui imaginent que je pourrais converser avec les chefs de la rébellion, tant que les meurtres continuent, de telle sorte qu'à mesure de ma conversation avec eux, on viendrait peu à peu m'annoncer que de malheureux Musulmans ont encore été égorgés dans des douars d'Algérie ou des faubourgs de la Métropole, qu'on a jeté des grenades sur des marchés arabes ou kabyles, qu'on a tiré sur des femmes et des enfants à la baignade sur les plages, qu'on a exécuté des troupiers pris au combat, qu'on les a exécutés sous une parodie de justice et que telle petite fille française a été massacrée dans son lit ? Tant qu'on donne la parole au couteau, on ne peut pas parler de politique [25]. »

Alors, écrit le mémorialiste, « j'élève le ton de la chanson » pour reconnaître « l'importance du mouvement des âmes blessées, des espérances éveillées, qui a conduit en Algérie à l'insurrection […] » et pour conclure : « J'entends dire : C'est de Gaulle qui peut résoudre le problème […]. Eh bien, alors, qu'on me laisse faire [26] ! »

Qu'on le laisse faire ? De toutes parts néanmoins s'entrecroisent les signes défavorables à la solution négociée. Les passions s'exacerbent à l'occasion de deux procès symboliques. L'un est intenté au « réseau Jeanson », organisation d'aide au FLN animée par le philosophe Francis Jeanson, ami et proche collaborateur de Jean-Paul Sartre. L'autre est celui des responsables des « barricades » de janvier, Lagaillarde et Susini, où le colonel Argoud prononce un réquisitoire contre de Gaulle.

Dans le même temps, 121 personnalités des lettres et des arts (dont la fille d'André Malraux, membre du gouvernement) revendiquent le droit à l'insoumission à propos de la guerre d'Algérie. Ici et là enfin se nouent (notamment au colloque de Vincennes) des alliances entre tenants de l'Algérie française tels que Jacques Soustelle et Georges Bidault, des intellectuels de gauche comme Albert Bayet* et Paul Rivet (hostiles à l'islamisation de l'Algérie représentée, selon eux, par le FLN), des organisations d'extrême droite comme Jeune Nation et des militaires plus ou moins marginalisés comme le colonel Trinquier.

La rentrée parlementaire fait éclater ce que Louis Terrenoire appelle la dégradation du civisme. Peu après l'ouverture du procès de Lagaillarde, 207 députés réclament la suspension de sa détention. Il ne lui a manqué que dix-huit voix pour obtenir une majorité… Dès le lendemain, le tribunal

---

* Qui, rencontrant alors son ancien élève, l'historien Raoul Girardet, dans un café de la rive gauche, lève son verre « aux parachutistes, qui se battent pour l'école laïque ! » (entretien avec M. Girardet).

militaire lui rend sa liberté et il en profite pour fausser définitivement compagnie à ses juges et, avec Susini, retrouver en Espagne le général Salan qui vient d'y chercher asile. Double injure à de Gaulle et à l'État.

Sur la France souffle un vent de guerre civile, comme au début de mai 1958, au moment même où le nationalisme algérien, déçu par Melun, s'ouvre aux influences du panarabisme et du marxisme, tandis que l'immense crédit dont disposait de Gaulle auprès du peuple algérien semble, depuis Melun, en voie de s'effriter. « Un bon nombre d'Algériens, écrivent B. Droz et E. Lever, étaient à la fois gaullistes et nationalistes ; ils ne sont plus que nationalistes[27]. »

La morosité s'étend à tous. Quand de Gaulle décide de relever son commandant en chef à Alger le général Crépin, usé par sa tâche et l'hostilité latente ou déclarée qui l'entoure dix mois après l'affrontement des barricades, il jette son dévolu sur Fernand Gambiez, qui a si bien tenu son monde à Oran. Il le reçoit discrètement le 8 novembre, tandis que circule la rumeur du refus de « Subito ».

François Flohic n'a pas eu connaissance de ce qui s'est dit entre les deux généraux ; mais il rapporte une réflexion du chef de l'État qui permet d'imaginer le climat de l'entrevue — et la difficulté qu'a eue de Gaulle à persuader Gambiez de reprendre le fardeau. Faisant quelques pas avec lui à la fin de la journée dans le jardin de l'Élysée, de Gaulle interroge soudain son aide de camp : « Cela ne vous fait-il pas l'effet d'un pays fini ? [ ] Alors, pourquoi s'acharner à tenir[28]... ? »

C'est le moment néanmoins que choisit le fondateur de la Ve République pour passer à la contre-attaque et, par une rafale d'initiatives, relancer hardiment le mouvement vers la paix négociée. Ce seront, en six semaines, les quatre décisions qui feront basculer les relations franco-algériennes de la stagnation indignée de l'automne 1960 à l'irréversible marche vers la paix du début de 1961 — marche que ne pourrait plus enrayer que l'élimination du général de Gaulle à Paris ou quelque coup de force au sein de la direction algérienne.

Ces quatre décisions, ce sont la reconnaissance anticipée d'une République algérienne, le 4 novembre ; la création d'un ministère spécialisé qui manifeste, au sein des organismes de l'État, la spécificité de ce pays ; l'annonce d'un référendum par lequel les Français seront invités à légitimer une fois pour toutes la solution politique dessinée par de Gaulle ; et un voyage en Algérie qui manifestera en pleine lumière la vigueur de l'emprise qu'exerce le FLN sur le nationalisme algérien.

Le 4 novembre 1960, Charles de Gaulle a rendez-vous avec une opinion publique — nationale et internationale — que sa conférence de presse du 5 septembre a déçue — du moins cette fraction de l'opinion qui ne cesse d'attendre de lui des progrès vers la paix en Algérie. Cette fois, il va combler cette innombrable attente. Le 4 novembre 1960, les mots du général ouvrent une nouvelle étape de la longue marche vers la paix négociée impliquant, à plus ou moins long terme, l'indépendance de l'Algérie.

Il est en forme, le général. Sur l'écran de télévision, on le voit moins pâle que d'ordinaire, apparemment ragaillardi par ces défis qui crépitent autour de lui depuis le fiasco de Melun : manifeste des « 121 » contre la guerre (6 septembre) et celui de Salan contre la paix (9 septembre), accueil très officiel fait à Ferhât Abbâs à Moscou (28 septembre), dénonciation de l' « Algérie algérienne » par le maréchal Juin et 200 personnalités (6 octobre) et par Jacques Soustelle (19 octobre), ouverture du colloque de Vincennes pour la défense de l'Algérie française (3 novembre) : les coups contre lui partent de tous les angles. Mais il n'est jamais si bien à son affaire qu'acculé au mur, le Connétable, comme Bayard au Garigliano :

> « Eh bien ! Oui ! nous vivons, comme on dit, " de notre temps " [...]. Devant la passion d'affranchissement et de progrès qui s'est emparée des peuples jusqu'à présent en retard sur la civilisation moderne, le génie libérateur de la France l'a conduit à émanciper des populations qui, jusqu'alors, dépendaient d'elle [...]. Reste à régler l'affaire algérienne, pendante depuis cent trente ans [...]. Le bouillonnement fit un jour sauter le couvercle. Hélas ! le sang qui a coulé des deux côtés a cruellement compliqué les choses. Mais qui sait si, finalement, il n'aura pas fait avancer, dans le cœur et dans les esprits, la raison et la justice ? »

La solution de cette « affaire pendante depuis cent trente ans », selon de Gaulle, ne peut être que l' « Algérie algérienne », on le sait. Mais qu'est-ce à dire ?

> « Cela veut dire une Algérie émancipée, une Algérie dans laquelle les Algériens eux-mêmes décideront de leur destin, une Algérie où les responsabilités seront aux mains des Algériens, une Algérie qui, si les Algériens le veulent — et j'estime que c'est le cas —, aura son gouvernement, ses institutions et ses lois. L'Algérie de demain, telle qu'en décidera l'autodétermination, pourra être bâtie ou bien avec la France, ou bien contre la France. Celle-ci [...] ne s'opposera pas à la solution, quelle qu'elle soit, qui sortira des urnes. Si ce devait être la rupture hostile, nous ne nous acharnerions certainement pas à rester de force aux côtés de gens qui nous rejetteraient [...] tout en prenant, bien entendu, les mesures nécessaires pour sauvegarder d'une part ceux des Algériens qui voudraient rester français, d'autre part nos intérêts*.
> Mais, si — ce que je crois de tout mon cœur et de toute ma raison — il devait s'agir d'une Algérie où les communautés musulmanes et françaises de souche coopéreraient avec les garanties voulues, d'une Algérie qui choisirait d'être unie à la France, pour l'économie, la technique, les écoles, la défense, comme cela est de bon sens, alors, nous fournirions à son développement matériel et humain l'aide puissante et fraternelle que nous seuls pouvons lui donner [...]. »

Le chef de l'État rappelle alors aux dirigeants de « l'organisation extérieure de la rébellion » qu'il n'a jamais cessé de leur proposer de prendre part

---

* Range-t-il les Européens d'Algérie dans la catégorie « nos intérêts » ?

aux pourparlers relatifs à l'organisation de la consultation future, à la « campagne » qui s'ensuivra en Algérie et au « contrôle du scrutin » de concert avec « les informateurs du monde entier », non sans demander qu' « au préalable on se mette d'accord pour cesser de s'entre-tuer ».

Mais s'il précise hardiment les contours de l'autodétermination et le concept d' « Algérie algérienne » — il s'agit bien de l'indépendance d'un État souverain —, de Gaulle durcit le ton contre ses fugitifs partenaires de Melun :

> « Les dirigeants rebelles [...] se disent être le gouvernement de la République algérienne, laquelle existera un jour mais n'a encore jamais existé [...]. Ils prétendent ne faire cesser les meurtres que si, au préalable, eux seuls ont fixé avec nous les conditions du futur référendum [...] comme s'ils étaient désignés d'avance, et désignés par moi-même, comme les gouvernants de l'Algérie. Encore exigent-ils qu'avant le vote, je m'engage à ramener l'Armée dans la Métropole. Dès lors, leur arrivée à Alger dans de pareilles conditions ferait de l'autodétermination une formalité dérisoire et, même s'ils ne le voulaient pas, jetterait le territoire dans un chaos épouvantable. Ce serait, sans aucun doute, au seul et rapide bénéfice des empires totalitaires [que] les dirigeants rebelles [...] ont choisis pour protecteurs. Ne voient-ils pas que, sous une telle égide, c'est vers l'Algérie soviétique qu'ils sont forcément entraînés ? »

Ayant ainsi évoqué l'adversaire sur le ton d'un Soustelle ou d'un Challe, le chef de l'État se dit assuré que « le bon sens finira par l'emporter » avec l'ouverture de « négociations générales » en dépit des « deux meutes ennemies, celle de l'immobilisme stérile et celle de l'abandon vulgaire » qui « s'enragent et se ruent dans des directions opposées ». Mais, « l'État est là », et son chef à qui il appartient « si le cours ordinaire des pouvoirs ne suffit pas [...] de recourir directement au pays par la voie du référendum ».

Ainsi ayant défini son « Algérie algérienne » comme une République dotée de tous les attributs étatiques (net approfondissement de son projet sur le fond), de Gaulle a d'autre part houspillé plus âprement que jamais les « chefs rebelles » dénoncés comme des agents objectifs de l'impérialisme soviétique, et surtout prévenu les Français que, par voie de référendum, ils seront fondés en arbitre du débat. Qui ne sait que c'est là l'arme absolue — dès lors que la métropole, dans ses profondeurs, a d'ores et déjà rejeté, avec ou sans honte, le fardeau ?

Les deux mots de « République algérienne », raconte Pierre Viansson-Ponté, ne figuraient pas dans le texte enregistré en fin de matinée et communiqué au Premier ministre. C'est lors d'une seconde « prise » que de Gaulle glissa les mots fatidiques. « Un avion militaire, avec un luxe de précautions extraordinaires, emporte le film et la bande sonore à Alger où ils seront diffusés en même temps qu'en métropole, à 20 heures. C'est seulement quand l'avion survole la Méditerranée, qu'on ne peut plus rien arrêter, que Michel Debré est averti par M. Brouillet de la " petite modification " finalement apportée à son allocution par le général. Le Premier ministre proteste. En vain. " De toute façon, cela finira comme cela ", dit de Gaulle[29]. » Initiative qui révèle à quel point le désaccord est profond (sur ce sujet) entre le chef de l'État et son « second ».

M. Debré ne démissionnera pas, quoi qu'il en ait, comme le fait aussitôt André Jacomet, secrétaire général de l'administration en Algérie, n'entraînant d'ailleurs personne à sa suite bien que beaucoup aient pensé l'imiter avant d'en être détournés par Paul Delouvrier. Mais les réactions d'Alger sont tumultueuses, surtout le 11 novembre, où le chef de l'État est conspué en la personne de son délégué général par une foule indignée, mais contenue non sans pertes par le service d'ordre.

Le parti de l'Algérie française manifeste sa colère. Du maréchal Juin qui, en dépit de « l'amitié cinquantenaire qui l'a lié au général de Gaulle », proteste contre cet « abandon de nos frères algériens », à Georges Bidault qui dénonce comme « exécrable » et « inacceptable » ce projet qui ne « sera pas accepté », au général Salan qui, d'Espagne, incite chacun à « prendre ses responsabilités », ce n'est qu'un cri.

Pour une fois, l'action collective ne suit pas. Mais c'est alors qu'entre autres l'historien nationaliste Raoul Girardet, très proche de Michel Debré et qui se tient jusqu'alors pour gaulliste, bascule dans une opposition radicale. Nous le retrouverons[30].

Quant au GPRA, tout endolori encore des souvenirs de Melun, il choisit de ne pas voir tout ce que de Gaulle concède à la nation algérienne et se contente de riposter qu'il s'agit là d'un « statut octroyé » ne visant qu'à « empêcher le peuple algérien de se prononcer ». Que veulent donc les hommes de Tunis ? L'indépendance, ou le pouvoir ?

Tant de tumultes et d'amertumes étaient-ils de nature à provoquer la chute du gouvernement ? Louis Terrenoire assure que « tout au long de ce mois de novembre (1960) la menace d'un renversement de majorité a pesé sur le pouvoir ». Il ajoute que Michel Debré en envisagea très précisément les conséquences, non sans déconseiller au général de recourir à l'article 16. Terrenoire décrit alors de Gaulle plaidant sans trêve, contre vents et marées, pour la décolonisation qu'il se disait seul en mesure de mener à bien, ajoutant : « Ce n'est pas drôle à mon âge et avec ma formation, mais je l'ai décidé dans mon âme depuis Brazzaville[31]. »

Parce que Paul Delouvrier venait d'essuyer de la foule algéroise des insultes qui, dans son esprit, rejaillissaient sur lui et sur l'État et qu'au surplus cet homme éminent était à bout de souffle (l'auteur des *Mémoires d'espoir* parle de son « extrême lassitude »), le général décide de lui substituer un préfet, Jean Morin, qui bien qu'ayant longtemps été considéré comme une créature de Georges Bidault, s'affirme prêt à remplir, à Alger, cette mission impossible. Et il fixe au 8 janvier la date du référendum qui devra apposer sur l'ensemble de l'entreprise le sceau de la légitimité populaire. Rien de tel que la bourrasque pour pousser Charles de Gaulle aux initiatives irréversibles.

Enfin, le 22 novembre, est constitué un ministère d'État pour les Affaires algériennes confié à un homme de confiance, Louis Joxe, qui avait été le secrétaire général de son gouvernement, d'abord à Alger, puis après la Libération à Paris, et était alors ministre de l'Éducation nationale.

Décision et choix significatifs. La première dessaisit des affaires algériennes le Premier ministre, décidément trop « en arrière de la main ». Le second met en place un homme dont la fidélité au général ne le cède en rien à celle dont peut se targuer M. Debré, mais dont les idées en matière algérienne sont notoirement évolutives, et qui connaît bien le pays où il a enseigné des années durant. Il se trouve en outre que Louis Joxe est non seulement un libéral, mais un diplomate et que les hommes dont il s'entoure (Vincent Labouret et le colonel de Séguin-Pazzis, entre autres) sont bien dans la « ligne » de l'Élysée. Tout oriente le nouvel organisme vers la négociation — en liaison avec Bernard Tricot à l'Élysée, où le général Olié, qui a « tenu » Constantine au temps des barricades, a remplacé dans un esprit très différent le général de Beaufort à la tête de l'état-major particulier.

Ce mois de novembre 1960 est bien l'un de ceux où la maturation de la politique algérienne de Charles de Gaulle s'accélère le plus vite. En finir « tourne à l'obsession », rapporte son ministre de l'Intérieur Pierre Chatenet. Il est inquiet de son état de santé (la mort de son frère Pierre l'a marqué), hanté par l'idée du « gâtisme » qui l'empêcherait d'accomplir ses projets et dont personne ne le préviendrait (« Vous le feriez, vous, Chatenet [32] ? »), exaspère par les différends qui l'opposent à Debré à propos de l'Algérie.

Nul texte ne marque mieux l'évolution de sa pensée sur ce point que celui d'un entretien avec Pierre Laffont, l'homme de « l'Algérie de papa », qu'il a de nouveau convoqué le 25 novembre à l'Élysée. Les critiques de ce très honnête et courageux porte-parole de l'opinion des pieds-noirs libéraux font jaillir une profession de foi saisissante. A Laffont qui lui lance que, puisqu'il savait depuis 1958 où il voulait en venir, il aurait mieux fait de dire la vérité, il riposte « très en colère » :

> « Enfin, Laffont, ne me dites pas que des hommes comme vous aient pu croire, à un moment quelconque, que j'étais favorable à l'intégration ! Je n'ai jamais prononcé ce mot. Pourquoi ? Parce que je n'y ai jamais cru*. On a dit récemment que l'Algérie était la plus française des provinces de France. Plus française que Nice et la Savoie. C'est inepte. Nice et la Savoie sont peuplées de chrétiens, parlent français, ne se sont pas à cinq reprises soulevées contre la France. De tels propos ne peuvent que nous ridiculiser. En réalité, il y a en Algérie une population dont tout nous sépare : l'origine ethnique, la religion, le mode de vie, et on n'a rien fait pour faire cesser cet état de choses. Les Français d'Algérie veulent bien vivre avec les Arabes à condition qu'ils demeurent dans un état de subordination et non autrement. Eh bien, les Musulmans ne veulent plus de cet état ! Ils veulent se gouverner eux-mêmes et cesser de l'être par les Français seuls. Voyez-vous, quand on

---

* Pierre Laffont objecte ici que de Gaulle lui a déclaré dix-neuf mois plus tôt à propos de l'intégration qu'il était inutile de parler de l'Algérie française « puisque cela est ». Ce qui n'est pas contradictoire. Un état de choses présent peut être constaté sans être présenté comme une vue d'avenir. Moins encore comme la base d'un engagement accru.

est un chef d'État — et j'en suis un — on ne se base pas pour faire une politique sur des utopies, mais sur des faits. Or, c'est un fait qu'en 1960 l'état de choses actuel qui dure depuis cent trente ans ne peut être prolongé.

Si la France était comme autrefois un mastodonte, peut-être pourrait-elle passer outre, mais elle ne l'est plus. Seule la Russie, avec ses méthodes communistes, pourrait venir à bout d'une telle rébellion. Nous, non. Bien sûr, nous pourrions continuer la guerre. Nous en avons déjà tué 200 000. Nous en tuons encore 500 par semaine. Mais où cela nous mènerait-il ? L'armée, qui ne voit jamais plus loin que le bout de son djebel, ne veut pas être privée de sa victoire et n'entrevoit comme solution qu'une solution sur le tas et qu'un moyen, casser du fellagha. Mais à quoi cela nous mènerait-il si ça réussissait ? A recommencer dans cinq ans, dans dix ans. Car, dans cinq ans, dans dix ans, les Musulmans seront encore plus nombreux que ce qu'ils sont aujourd'hui... »

Mais, fait Pierre Laffont, que veut le FLN ?

De Gaulle : « Que veulent-ils, ces hommes ? Ils croient vraiment qu'ils sont capables de gouverner seuls l'Algérie. Mais Ferhât Abbâs en est incapable. S'imagine-t-il que les 1 000 000 de Français se laisseront faire sans bouger ? Ce serait un bain de sang. Il pense peut-être que l'ONU pourrait remettre de l'ordre. C'est ridicule. Il suffit de voir ce qu'elle a fait au Congo. Pour moi, en tout cas, je n'accepterai jamais d'avoir des contacts avec eux tant que les combats continueront. Je ne céderai jamais sur ce point. »

Laffont : « Et si les Musulmans choisissent quand même l'indépendance ? »

De Gaulle (en colère) : « Ne dites pas l'indépendance. On dit que l'abbé Fulbert Youlou* est indépendant. Mais c'est moi qui paie sa solde. Alors, pour moi, l'abbé Fulbert Youlou n'est pas indépendant. »

Laffont : « Et si les Musulmans choisissent la sécession ? »

De Gaulle : « Alors, qu'ils crèvent ! Pourquoi voulez-vous, s'ils ont cette intention au fond de leur cœur, que la France, pendant des années, leur envoie ses hommes, ses techniques, ses milliards... »

Laffont : « Les Français d'Algérie sont des gens du Midi. Ils ont besoin qu'on leur parle avec cœur. Mon Général, comprenez leur angoisse... »

De Gaulle (très en colère) : « Les garanties, je les ai données dans mes discours, dans celui du 16 septembre. Faut-il les répéter à chaque fois ? »

Laffont : « Malgré les griefs que vous pouvez avoir contre eux, les Français d'Algérie souffrent et, à ce titre, ils ont droit que vous leur veniez en aide. »

De Gaulle : « Je n'ai pas de griefs contre eux. Mais je regrette qu'ils ne veuillent pas comprendre. La solution de l'Algérie algérienne repose sur eux. C'est leur chance que je leur offre. S'ils refusent de la jouer, bien sûr tout sera perdu ; mais ils préfèrent suivre ceux qui, en Algérie

---

* Alors chef du gouvernement congolais ; bientôt renversé.

et en métropole, se servent d'eux, pour qui l'Algérie n'est pas le but, mais le moyen de faire une certaine politique. C'est pour beaucoup la revanche du pétainisme et la cause de l'Algérie en souffre... »

Laffont : « Mais pourquoi ne pas leur dire, alors, que ces solutions dramatiques ce n'est pas de gaieté de cœur que vous les avez choisies, mais parce qu'elles vous ont été imposées par des circonstances implacables ? »

De Gaulle : « Apprenez qu'un homme d'État ne dit jamais que des solutions lui ont été imposées. On ne doit jamais dire qu'on est battu, car on l'est si on le dit. Les solutions, on les choisit, on les décide, on ne vous les impose pas [33]. »

Ayant ainsi défini son objectif — la « République algérienne » liée à la France — , sa stratégie — le référendum de janvier l'authentifiant et légitimant la solution politique par la négociation avec les représentants du peuple algérien —, et enfin distribué les rôles autour de lui, le chef de l'État veut enfin affronter l'épreuve de vérité, en Algérie, sur le terrain.

Car il reste, dans ce plan, une inconnue : qui représente le peuple algérien ? Qui peut parler en son nom, au moins pour organiser la consultation populaire en accord avec l'État français ? De Gaulle juge que lui seul peut en décider, et que cette décision ne peut venir que d'une expérience directe, *in vivo*. Les risques sont énormes. Mais chacun sait que la pusillanimité est le moindre défaut du chef de la France libre.

Qu'une ombre de tentation suicidaire, qui tient à la fois à l'obsession nietzschéenne du destin et au sens pascalien du « témoignage » en forme de sacrifice, se mêle à cette volonté de savoir pour décider, c'est bien possible. Le fait est que le 8 décembre, en Conseil des ministres, le chef de l'État annonce que le voyage qu'il va entreprendre le lendemain aura « le caractère d'une inspection » tant au point de vue de la « pacification » que du « développement ». Ce qui est employer des mots bien plats et bien usés pour annoncer une plongée dans la tempête.

Bien sûr, l'itinéraire prévu évite Alger et les grandes villes, où les foules européennes encadrées par le FAF (Front pour l'Algérie française) ne permettraient pas que se déroule « l'inspection » de l'homme qu'elles maudissent — d'autant que l'évasion de Lagaillarde de sa prison parisienne est de nature à ranimer leur courage. Mais de Aïn-Temouchent à Tlemcen et à Orléansville, de Blida à Bougie, de Batna à Biskra, de Gaulle fera face à des concours de peuple où il n'aura guère, pour lui faire bon accueil, que les Musulmans. Alors ?

Pour ce qui sera son dernier voyage en Algérie — le dernier d'un chef de l'État en Algérie encore française —, le général de Gaulle s'envole d'Orly le 9 décembre vers 8 heures, accompagné de Louis Joxe, Pierre Messmer, Louis

Terrenoire et des généraux Ély et Olié, atterrissant deux heures plus tard près de Aïn-Temouchent, grosse bourgade agricole d'Oranie. Donnons ici la parole à Louis Terrenoire, qui a tenu un « journal » de ce voyage à tous risques [34] :

« Tout autour de la mairie d'Aïn-Temouchent, une multitude est massée. Dense et vociférante, avec des banderoles aux libellés provocants *. Sur les marches du perron, le général contemple sans mot dire ces gens qui l'apostrophent avec une haine que la frénésie ou le désespoir aveuglent [...]. La mise en scène n'est pas absente, néanmoins, du spectacle. Des Musulmans ont été placés en grand nombre sur les premiers rangs. Eux aussi portent des pancartes à slogans. Manifestement, ils sont les éléments principaux d'un décor que le général va faire crouler par un geste qui lui est coutumier.

« Comme s'il y avait des mains tendues plutôt que des poings hostiles, il fonce vers la foule. A peine a-t-il fait quelques pas vers un groupe de Musulmans, qu'à leurs cris scandés d' " Algérie française " succèdent sans transition des " Vive de Gaulle ! " répétés. Les banderoles disparaissent comme absorbées par la cohue qui tourbillonne autour du général. Tout autour de son képi, à quarante centimètres plus bas, s'agite une mêlée de fez et de chèches. Décontenancés, les commandos d'Européens, venus d'Oran, ont suspendu, un instant, leurs clameurs, avant de les reprendre de plus belle, comme si leur boucan pouvait compenser le lâchage des Musulmans [...].

« A Tlemcen, l'accueil est franchement meilleur, en raison de la grosse majorité autochtone de la ville. Le général adresse quelques mots à la foule. En fin d'après-midi, il s'enferme dans le bureau du préfet, afin d'y recevoir, d'abord, des bourgeois dits nationalistes modérés, en fait " pro-FLN ", puis une délégation d'ultras. Après le repas, le général déclare : " Les Européens ne veulent rien entendre ; en revanche, les nationalistes que j'ai vus m'ont donné le sentiment qu'ils seraient prêts à s'arranger avec nous. " [...] Pendant toute cette première journée, nous avons été à l'écoute d'Alger et d'Oran, où des activistes ont déclenché la bagarre...

« A Cherchell, impression réconfortante : beaucoup de Musulmans, mais aussi pas mal d'Européens, qui font une ovation au général. Un groupe également important d' " Algérie française ", qui suscitera [fait inédit] une chorale musulmane opposée, laquelle scande " Algérie algérienne " [...]. A Orléansville [...] deux masses sont face à face, chacune hérissée de banderoles et séparées par un cordon de CRS. Ceux-ci doivent intervenir à tout moment pour empêcher une mêlée générale, pendant que s'échangent des jets de pierres. Tandis que la pression des Européens se fait de plus en plus forte et doit être contenue par le service d'ordre, un capitaine me dit : " Voilà ceux que nous devons refouler, tandis que nous devons protéger les autres ! "

« D'Alger et d'Oran nous parviennent de mauvaises nouvelles : les

---

* « Non à l'abandon ! » — « De Gaulle = trahison ! »

Musulmans sont entrés dans la danse. Grosse émotion chez les journalistes : ceux de métropole découvrent le fossé [c'est un bien faible mot] qui sépare les deux communautés ; ceux d'Algérie insinuent que de Gaulle en est responsable... »

Le 12 décembre, après Tizi-Ouzou et Akbou, le cortège présidentiel gagne Bougie où de Gaulle et son équipe doivent se réfugier dans la sous-préfecture, assiégés qu'ils sont par une foule déchaînée, et où parviennent d'Alger des nouvelles dramatiques : des affrontements ont fait cinquante morts, dont quarante-cinq Musulmans... Il faut écourter le voyage. De Gaulle regagnera Paris le 13, un jour plus tôt que prévu, après être passé par Batna et Biskra. L' « inspection » est finie. Elle est éloquente.

Que s'est-il donc passé à Alger, et dans une moindre mesure à Oran ou à Bône, qui puisse encore révéler aux visiteurs quelque chose de l'intensité des affrontements entre communautés ? Dès le 9, au moment où de Gaulle atterrissait en Oranie, des vagues de manifestants européens, plus jeunes en majorité que ceux des journées de mai 1958 et de janvier 1960, mais plus organisés, souvent casqués, munis de matraques, ont marché sur le « GG », puis sur le Palais d'été. CRS et gendarmes mobiles les contiennent tant bien que mal, essuyant des pertes sérieuses. La marée monte encore le 10.

Le dimanche 11, soudain, tandis que le chef de l'État fait face à Bougie aux vociférations des administrés européens du maire libéral Jacques Augarde, une vague musulmane déferle des quartiers périphériques (les « hauts » d'Alger) vers le centre, brandissant des drapeaux FLN (vert et blanc frappés du croissant rouge) en chantant l'hymne des *moudjahidines*, « Biladi, Biladi... » et agitant des banderoles qui reproduisent leurs slogans « Vive l'Algérie arabe, Vive Ferhât Abbâs, Libérez Ben Bella ! ».

Des Européens et des membres des forces de l'ordre sont atteints. L'un d'eux est tué. Le feu est ouvert sur les colonnes de Musulmans qui marchent sur les quartiers résidentiels. Bientôt, on compte les morts par dizaines. Le chiffre de cinquante donné au général dans la soirée du 11, à Bougie, sera doublé le lendemain — tandis que les troubles s'étendent à Oran et à Bône. La « rue » musulmane a bougé à son tour, après être restée longtemps spectatrice, apparemment consentante des débordements de la « rue » européenne. Pourquoi cette fois-ci ?

Les avocats de l'Algérie française, aux yeux desquels les Musulmans ne sauraient être que des masses informes manipulées (mais le mot n'est utilisé que lorsque ce sont leurs adversaires qui prennent l'initiative) soutiennent que cette explosion fut « télécommandée par les artificiers de l'Élysée », Bernard Tricot et François Coulet [35]. Ce qui est attribuer à l'austère homme de cabinet qu'est M. Tricot une bien étrange emprise sur les masses musulmanes...

Cela n'exclut pas que les successeurs de Gardes et de Trinquier à Alger aient cru possible de « faire bouger » les masses comme en 1958. Contre les « A bas de Gaulle ! » des Européens, pourquoi ne pas refaire l'opération « Vive de Gaulle ! » si bien réussie le 16 mai 1958 ? Si c'est cela qui fut tenté, il faut bien constater que les apprentis sorciers de 1960 ne valaient pas ceux de 1958. Le mouvement fut moins bien contrôlé que vingt mois plus tôt, et l'on glissa très vite de « Vive de Gaulle ! » et « Vive l'Algérie algérienne ! » à « Vive Abbâs ! » et « Vive l'Algérie arabe ! ».

Mais une telle constatation passe à côté de l'essentiel : en décembre 1960, les Musulmans algériens ne sont plus tout à fait ceux de mai 1958. D'abord parce que l'emprise de l'armée n'est plus ce qu'elle était, depuis le plan Challe, la dispersion des parachutistes à travers les djebels et la suppression des 5ᵉ bureaux *. Ensuite parce que, Melun ou pas, les idées lancées par de Gaulle ont fait leur chemin et suscité des espérances : sans parler de la lassitude, frisant l'exaspération, qui pousse ces foules à tout risquer pour en finir. Et pourquoi ne pas parler d'une évidente « prise de conscience » de sa force par la majorité musulmane ?

Dans son *Dernier Quart d'heure,* Albert-Paul Lentin, témoin de ces heures dramatiques, rapporte ce propos d'un lieutenant français : « Ce 11 décembre 1960 aura été le 13 mai des musulmans » et cet autre d'un fonctionnaire de la Délégation générale : « Il n'y a plus besoin, maintenant, de référendum. Les musulmans, aujourd'hui, se sont déterminés. » Et il ajoute : « Le mythe de l'isolement du GPRA, qui était le dernier, s'effondre [36]... » Et un reporter de *France-Soir* rapporte, quant à lui, cette observation d'un officier à l'un de ses collègues : « Tiens, voilà l'ancien commissaire politique FLN soi-disant repenti, qui nous donnait des renseignements : c'est lui qui conduit le cortège ! »

Dans l'avion qui le ramène vers Paris un jour plus tôt que prévu, le général de Gaulle communique ses premières impressions à Louis Terrenoire. Il observe que, s'il a longtemps essayé de susciter une « troisième force » algérienne entre le parti de l'intégration et celui de l'indépendance, il est désormais très sceptique quant à la possibilité d'y parvenir. « Il faut donc trouver, me dit-il, un arrangement avec le FLN et, en tout cas, le mettre au pied du mur. C'est ce que je ferai après le référendum. » Quant aux activistes, ajoute-t-il, on saura, s'il le faut, les « briser [37] ».

A l'arrivée à Orly, il jettera à la cour venue l'accueillir comme il sied sous cette république, mais dont les barons, cette fois, affichent des mines effarouchées par les messages d'Alger : « Eh bien, messieurs, tout ce qui vient de se passer a clarifié l'atmosphère. » Et il répète une phrase qu'il vient d'employer à Biskra : « Ce voyage m'a permis de prendre l'exacte mesure du problème. »

Survenant au plus fort du débat algérien de l'ONU (qui s'achèvera une semaine plus tard par le vote d'une motion en faveur de l'autodétermination et du « droit à l'indépendance de l'Algérie », dans la ligne des propos tenus depuis des mois par le chef de l'État français), l'explosion d'Alger provoque une intense émotion internationale. Un éditorial du *New York Herald Tribune* résume ainsi les sentiments de beaucoup : « Les masses d'Algérie viennent de montrer que, malgré les opérations de séduction et les pressions exercées par la France, elles restaient solidaires des rebelles. »

---

* Décidée par Pierre Messmer six mois plus tôt.

Chose curieuse, à Tunis, les réactions du GPRA ont d'abord été marquées par la surprise : ainsi, ce peuple auquel se référaient Yazid ou Abbâs était aussi attaché qu'ils le disaient à leur cause, informé de leur organisation ! Les hommes de l'extérieur en conclurent que la révolution algérienne avait trouvé sa *djeria al-Jadida,* son second souffle, son nouvel élan[38]. Pour relancer la guerre, disent certains dirigeants du Front. Pour négocier en meilleure posture, ripostent les autres.

Devant le Conseil des ministres, le chef de l'État tire, le lendemain de son arrivée, les enseignements de cette équipée :

> « Mon voyage a provoqué une cristallisation. Je ne crois pas qu'on puisse dire que l'ensemble de la population européenne est d'accord avec les activistes. En revanche, tous les Musulmans sont nationalistes et regardent avec sympathie du côté du FLN ; mais ils ne sont pas hostiles à la France et pas désireux de rompre avec elle. Nous assistons à la gestation d'une Algérie nouvelle ; elle se fait, elle va naître, elle est en pleine évolution psychologique et politique. Sans aucun doute, la communauté musulmane en sera l'élément principal, mais elle aura besoin des Européens... Cahin-caha, on va vers la solution. »

Et de conclure sèchement :

> « Certes, c'est l'Algérie qui a besoin de la France et pas le contraire. Mais s'ils veulent la sécession, que le diable les emporte[39] ! »

6. Deux étoiles contre vingt

La « cristallisation » — c'est lui, on l'a vu, qui a choisi ce mot — date donc bien de décembre 1960. On peut s'interroger à perte de vue sur le rythme et les étapes de la maturation de la pensée et de la décision de Charles de Gaulle à propos de l'Algérie. On en revient toujours aux deux dates clés : le 16 septembre 1959, en proclamant le recours à l'autodétermination, il donne congé à l'Algérie française ; le 9 décembre 1960, il se juge en droit de conclure que les masses algériennes ont bien choisi le FLN pour porte-parole, et l'indépendance pour objectif. Le « reste » n'est plus qu'une affaire de procédure et de modalités. Négociera-t-on avant la fin des combats ? Et avec le seul FLN ? Le nouvel État englobera-t-il ou non le Sahara ? Restera-t-il lié structurellement à la France ? Les Européens s'y verront-ils reconnaître des garanties institutionnelles ?

Lui qu'on a vu encore si méprisant à l'endroit du FLN dans son entretien avec Pierre Laffont du 25 novembre 1960, si tâtonnant depuis deux ans à propos du concept d'indépendance, le voici soudain comme illuminé, libéré, et non plus impatient, mais frémissant de hâte. Il lui faut bien vite passer à l'acte, c'est-à-dire à ce référendum qui légitimera ses initiatives, fondera sur des bases légales l'hypothèse de démembrement du territoire national, et lui fournira enfin le chèque en blanc sans lequel toute négociation avec le FLN serait vaine.

Alors, rien ni personne ne pourra plus l'arrêter, qu'en le tuant ou en le destituant. D'autant que sa propre « cristallisation » coïncide avec celle d'une opinion publique dont Antoine Argoud écrit alors : « Le peuple français est las de la guerre d'Algérie. Il ne désire qu'une chose : être débarrassé de ce " problème " [1]. »

Aux électeurs convoqués en hâte pour le 8 janvier 1961 de part et d'autre de la Méditerranée pour donner une simple réponse à cette double question : « Approuvez-vous le projet de loi concernant l'autodétermination des populations algériennes et l'organisation des pouvoirs publics en Algérie avant l'autodétermination ? », il va lancer un de ces appels savamment dramatisés dont est ponctuée depuis vingt ans sa foisonnante carrière. Déjà, dans une allocution prononcée le 31 décembre, il a demandé aux Français de lui assurer un « oui franc et massif ». Mais c'est le vendredi 6 janvier, deux jours seulement avant le scrutin, qu'il jette dans la balance une pesante, insistante et presque abusive sommation, personnalisée jusqu'à l'intimité.

Il rappelle bien sûr qu'il s'agit d'engager le pays « dans la voie de l'Algérie algérienne » et pour cela d' « obtenir, dans les moindres délais possibles, une confrontation pacifique de toutes les tendances afin d'organiser librement l'autodétermination ». Mais, ajoute-t-il, « il s'agit en réalité de notre propre destin ».

> « ... Françaises, Français, vous le savez, c'est à moi que vous allez répondre [...]. Comme la partie est vraiment dure, il me faut, pour la mener à bien, une adhésion nationale, autrement dit une majorité, qui soit en proportion de l'enjeu. Mais aussi j'ai besoin, oui, j'ai besoin ! de savoir ce qu'il en est dans les esprits et dans les cœurs. C'est pourquoi je me tourne vers vous par-dessus tous les intermédiaires. En vérité — qui ne le sait ? — l'affaire est entre chacune de vous, chacun de vous, et moi-même. »

Jamais il n'avait tenté de s'introduire de façon aussi pressante dans la conscience des Français. Ce « besoin de savoir », cette référence aux « cœurs », cette « affaire entre vous et moi », c'est une étape de plus vers une forme de « bain de foule » au figuré, une sorte de transfert mystique, de racolage altier qui l'institue en pontife, mi-confesseur mi-inquisiteur. Implication outrancière, qui prétend introduire l'œil du « big brother » orwellien jusque dans les consciences. Et pourquoi pas promettre l'enfer à ceux qui voteraient non ? Ou qui penseraient non tout en votant oui ?

Les fidèles, confessés, feront-ils à son homélie la réponse appropriée ? Il s'interroge. Sitôt l'enregistrement terminé, il confie à son aide de camp François Flohic que s'il n'est pas approuvé par 50 % des inscrits*, il se retirera du pouvoir, « en règle avec [sa] conscience ».

Il revient sur la même idée au cours de l'après-midi de dimanche, arpentant la forêt des Dhuits pour tromper son attente. « Si je n'ai pas la majorité je resterai à La Boisserie et me remettrai à fumer, car alors, ça n'aura plus d'importance... » Le soir, il accueille les résultats avec satisfaction : 56 % de « oui » parmi les inscrits, c'est-à-dire 75 % de suffrages positifs exprimés... Il n'en revient pas moins sur son idée de retraite, qui est chez lui un thème récurrent :

> « ... Je serais resté ici, vous seriez rentré à Paris. J'aurais coupé le téléphone et rien, ni personne, n'aurait pu m'atteindre. Alors les Russes, les Américains, les Anglais se seraient excités, mais rien n'aurait pu faire que je revienne sur ma décision[2]. »

Deux jours plus tard, il analyse les résultats avec son ministre de l'Information. C'est « honorable ». Louis Terrenoire le trouve rasséréné, l'esprit agile, commentant ces chiffres par rapport à ceux de 1958, supputant les transferts de voix, étudiant la signification des bulletins nuls.

> « Un million de voix communistes sont allées au " oui ", me dit-il. Plus d'un million de voix ont répondu à l'appel de l'extrême droite en faveur du " non ". Il s'agit de cette masse flottante qui est toujours pour autre chose contre ce qui est. Ils vont à La Rocque, à Poujade, à Soustelle [...]. C'est la France la plus vivante qui a voté oui, là où on croit à l'avenir, là où il y a de

---

* Environ 63 % des suffrages exprimés.

nombreux enfants, tandis que le non a été plus fort dans les départements qui végètent. »

Le ministre objecte que, dans la région parisienne, l'opposition a été forte.

« Certes, riposte le général, mais c'est dans l'agglomération de Paris que l'on trouve : 1. les communistes les plus nombreux et les mieux encadrés ; 2. une bonne partie de cette masse flottante, toujours disponible pour autre chose que ce qui existe, d'esprit " Marie-Chantal " ; 3. les salons de Paris, les déjeuners de Paris... »

Mais *quid* de l'Algérie ? 39 % de « oui », évidemment Musulmans ; 18 % de « non », évidemment les partisans de l'Algérie française ; enfin 42 % d'abstentions — conformes au mot d'ordre du FLN. Ce dernier chiffre semble très significatif à de Gaulle : « Il ne faut pas s'y tromper, dans les grandes villes principalement, les Musulmans ont suivi les consignes du FLN. »

« Soudain, rapporte Terrenoire, le général de Gaulle change de contenance et m'interpelle d'une façon inhabituelle, en commençant par " monsieur le ministre de l'Information " : " Jusqu'à présent, j'ai fait de nombreux discours ; il s'agissait de préparer progressivement l'opinion à ce qui doit arriver ; maintenant cela devient sérieux, il faudra se taire, car on aura des contacts avec le FLN, on va les entreprendre. Oh ! il y a bien eu des personnages vibrionnants * qui ont tenté à diverses reprises de jouer les intermédiaires, mais ils n'étaient pas mandatés pour cela. Désormais, ce sera autre chose.

— Mon général, vous devez être assez bien informé sur ce que pensent et veulent les chefs de l'insurrection ?

— Absolument pas ! " telle est la réponse, ponctuée par un accent sans feinte et soulignée d'un geste convaincant. Et le général de poursuivre : " C'est précisément par là qu'il faut débuter. Ne laissons pas se rétablir le malentendu de Melun. Tout ce qu'on sait sur eux, c'est qu'ils sont divisés " [3]. »

L'Année politique de 1961 donne, de cet épisode décisif, ce judicieux commentaire : « Le référendum ouvre une phase nouvelle pour la Vᵉ République. Du 13 mai 1958 au 8 janvier 1961, le gouvernement a dû subir la pression de la droite et donner des satisfactions à l'armée. Le 8 janvier a changé tout cela. Il a révélé que la tendance incarnée par MM. Soustelle et Bidault est très nettement minoritaire en métropole... L'Algérie a eu cette révélation : la métropole est pour une négociation... Le général de Gaulle, débarrassé de l'extrême droite, rassuré sur l'armée, estime avoir les mains libres pour négocier. »

* Pense-t-il à Georges Pompidou ?

Le 8 janvier 1961 marque en effet une date importante : la défaite légale du parti de l'Algérie française, en dépit d'une campagne ardente menée par Jacques Soustelle, les leaders du colloque de Vincennes, le maréchal Juin et la plupart des chefs militaires ayant commandé en Afrique du Nord.

Sur leurs arguments émouvants, de Gaulle a fait prévaloir une fois de plus les siens, fondés à la fois sur une vision plus large et plus prospective, et sur un sens incomparable de l'opportunité : il a brusqué la consultation pour saisir l'approbation d'un peuple français qui a encore dans les yeux les images d'une masse européenne invectivant et menaçant le chef de l'État alors que, sous les drapeaux du FLN flottant au-dessus de foules énormes et visiblement motivées, les Algériens acclamaient le nom du président de la République française. Ainsi la consultation du 8 janvier est-elle apparue comme la consommation d'une sorte de divorce entre les Européens d'Algérie et la métropole.

Mais s'il est vrai que tout le monde parle d'un « blanc-seing » massivement accordé au général de Gaulle pour rechercher avec l'adversaire une solution politique au conflit, il est non moins vrai que personne ou presque ne sait sur quelles bases amorcer l'éventuelle négociation. De Gaulle exagère un peu en disant à Tournoivre qu'il ne sait rien de ce que veut le Front : les sondages effectués par Pompidou, les contacts pris avec la Wilaya IV, les bribes de pourparlers de Melun, et les informations transmises par Jean Amrouche, Abderahmane Farès, le père de Reboul et des journalistes tels que Charles-Henri Favrod, Jean Wolf et bien d'autres, ont permis au moins de savoir ce que l'« organisation extérieure » ne voulait pas : n'être considérée que comme une des tendances du nationalisme algérien, se résigner à un démembrement du territoire de leur pays, déposer les armes avant d'avoir arraché l'amorce d'une solution politique globale. Voilà les trois non. Mais encore ?

Au moment où va s'amorcer le grand marchandage, que pense la direction du FLN, elle, des intentions du général de Gaulle, et de ses chances d'aboutir ? Un des membres du GPRA de l'époque, Abdelhamid Mehri, ministre des Affaires sociales et culturelles du cabinet Abbâs, nous en a donné, un quart de siècle plus tard, un bon aperçu :

« Contrairement à ce que l'on a beaucoup dit, et que nous avons beaucoup lu, nous n'avions accordé à de Gaulle aucun préjugé favorable. Nous savions que son avènement était très important, que l'adversaire avait grandi. En quel sens pouvait jouer cette modification ? Nous n'avons jamais présupposé qu'il nous était plus favorable que d'autres — seulement qu'il était plus sérieux. Par rapport au général de Gaulle, nous avions défini entre nous quelques principes de comportement. D'abord, n'attendre de lui que le réalisme le plus strict. Ni idéologie, ni sentiments, ni pressions externes (ou internes) ne pouvaient, nous le savions, infléchir la ligne qu'il s'était tracée — et dont nous savions qu'elle serait sinueuse, n'obéissant qu'au souci de préserver, dans l'instant, et selon les circonstances, et en fonction du rapport de forces du moment, les intérêts français.

« Ensuite, connaissant son imagination tactique, ne jamais laisser ses initiatives sans réponse. Ne jamais nous enfermer dans la défensive, toujours renvoyer la balle. Avec un stratège, un orateur et un procédurier comme lui, relancer sans cesse le débat, après une analyse systématique de ses textes. Car nous savions que tout refus de dialoguer de notre part serait pris comme prétexte pour intensifier la guerre.

« Melun ne nous avait pas surpris autant qu'on l'a dit. Nous en avons tiré la conclusion que de Gaulle avait fait une erreur tactique en nous faisant miroiter plus qu'il ne pouvait concéder à l'époque. Du référendum, nous avons pensé surtout qu'il lui servirait à consolider ses positions de négociateur. Nous avons donc été d'autant plus attentifs à lui répondre[4]. »

L'occasion se présente très vite. Parallèlement au référendum, en effet, se développe une opération de bons offices très adroitement inspirée par le ministre suisse Olivier Long, qui recourt aux services de son ami le journaliste (également suisse) Charles-Henri Favrod, en contact depuis des années avec les dirigeants algériens. Dès le 9 janvier, lendemain du référendum, Favrod a quitté Paris pour Tunis, porteur d'un message rédigé par Pierre Racine, le directeur de cabinet de Michel Debré, préconisant un contact « officiel, mais absolument clandestin, qui pourrait être organisé par échelons successifs dans un délai rapide ».

Le texte émanant de Matignon indiquait en outre que « le général [était] résolu, devant les résultats du référendum, à faire avancer le règlement du problème algérien, avec ou sans le FLN, même si les solutions envisagées soulèvent certaines protestations africaines ou maghrébines »... et précisait : « Le problème fondamental est celui des garanties des Français restant en Algérie... »

Conformément au principe qu'il s'était fixé, le GPRA fit savoir dès le 16 janvier qu'il était prêt à « engager des négociations avec le gouvernement français sur les conditions d'une libre consultation du peuple algérien ». Moyennant quoi, le 18, Paris publia un communiqué (rédigé, précise Terrenoire, de la main du général) indiquant que le Conseil des ministres a noté « du côté de l'organisation extérieure de la rébellion, l'expression de dispositions apparemment plus favorables à l'éventualité de contacts pacifiques ». Style dont on peut dire qu'il relève aussi bien de l'enseignement des bons pères que des leçons du Quai d'Orsay.

Alors, sous l'impulsion du général, vont se déclencher divers mécanismes en vue de nouer l'introuvable négociation franco-algérienne. Mais elle ne prendra pas forme sans qu'un avertissement sinistre ne soit donné à ceux qui prétendent donner vie à l'Algérie algérienne. Le 2 février, Me Pierre Popie, jeune avocat « libéral », de tendance MRP, qui s'était entremis à diverses reprises pour accointer émissaires de Paris et interlocuteurs algériens, est lardé de coups de poignard dans son bureau d'Alger.

Compte tenu du rôle qu'a joué Me Popie dans les démarches de Georges Pompidou, c'est l'Élysée qui est « averti » ainsi, et de la façon la plus cruelle, des risques que comporte sa politique. Mais qui peut croire, par de tels moyens, faire dévier de Gaulle de la route qu'il s'est tracée ? C'est le jour même où se déclenche ainsi la campagne de terreur contre la négociation qu'est pris le premier contact d'une série qui ne s'achèvera que quatre cents jours plus tard à Évian.

Ce dimanche-là, vers 10 heures, un grand jeune homme maigre aux traits burinés, au regard vif derrière les lunettes, quelque chose de brusque et de hardi dans le maintien, débarque à Cointrin de l'avion Paris-Genève. Trois jours plus tôt, un coup de téléphone pressant de son ministre l'a rappelé de New York où, au sein de la délégation française à l'ONU, il ne craint pas d'entrer parfois en conversation avec les représentants du FLN, Yazid, Aït Ahmed ou Chanderli. Sitôt arrivé à Paris, il a été introduit dans le bureau de Louis Joxe, puis dans celui de Michel Debré.

Ce diplomate s'appelle Claude Chayet. Sa mission ? Gagner Genève où, grâce aux autorités helvétiques et à des journalistes très proches du FLN, est prévu un contact au cours duquel il devra poser à un représentant du GPRA ces trois questions : « Où ? Quand ? Par qui ? ». Ayant obtenu les réponses à ces questions en vue d'un contact officiel entre représentants du gouvernement français et du GPRA, il devra rendre compte à Paris.

C'est ainsi que Claude Chayet débarque ce matin-là à Genève, porteur d'un numéro du quotidien *Combat* dont un titre barre, sur cinq colonnes, la première page : « Yazid dément les contacts secrets ». Ce journal doit lui permettre d'être reconnu par l'intermédiaire de Genève. Celui-ci s'avance : c'est Albert-Paul Lentin, journaliste à *Libération*, pied-noir progressiste très lié aux dirigeants du FLN. Le représentant du GPRA, indique-t-il, attend Chayet dans le hall de l'hôtel d'Angleterre.

Le diplomate français se trouve face à un interlocuteur algérien qu'il n'avait peut-être pas prévu aussi « valable ». C'est Saad Dahlab, qui n'est pas encore le ministre des Affaires étrangères du GPRA, mais qui s'affirme déjà comme l'homme de base de la négociation ; nous le retrouverons à toutes les étapes du processus, y jouant constamment le rôle le plus positif. Le premier contact est courtois. Chayet pose les trois questions : « Où ? Quand ? Par qui ? » Dahlab, visiblement lié par un mandat très strict, se contente de noter les questions et d'indiquer qu'il les posera à ses mandants. Mais les deux hommes ne se séparent pas sans être convenus que d'ici deux semaines, en Suisse, un représentant officiel du GPRA sera prêt à rencontrer un envoyé personnel du général de Gaulle.

Le lendemain, Claude Chayet peut rapporter cette réponse à Louis Joxe. On en est encore aux procédures, mais le premier contact officiel est pris. Dix-sept jours plus tard, le 20 février, l'envoyé du général — Georges Pompidou — retrouvera en Suisse le représentant du GPRA : Ahmed Boumendjel.

Mais entre-temps, la solution va cheminer par d'autres voies encore. Le 8 février atterrit à Paris un personnage qui ne porte aucun masque et n'en est plus à recourir aux intermédiaires : Mohammed Masmoudi, ministre et porte-parole d'Habib Bourguiba. Trois ans plus tôt, jour pour jour, au soir de l'incident de Sakhiet-Sidi-Youssef, il avait été accueilli à Colombey, en rapportant l'incitation solennelle à ne pas « insulter l'avenir ». Aujourd'hui, il vient préparer une rencontre Bourguiba-de Gaulle dont l'opinion française attend qu'elle donne un coup de pouce à la négociation que chacun entrevoit et que la plupart souhaitent.

L'accueil est très cordial, le ton ne se durcissant que quand le visiteur évoque « l'échec de Melun », on l'a vu *. Masmoudi, qui rentre d'un voyage autour de l'Afrique, met l'accent sur les risques révolutionnaires que comporte une prolongation du conflit algérien, sur le prestige qu'a valu à Sékou Touré son intransigeance face à la France, sur la démonétisation (selon lui) des leaders francophiles comme Houphouët et Senghor, sur les propositions d'armes soviétiques et chinoises dont sont abreuvés les chefs du FLN (qui envisagent de les accepter, et de les faire transiter par la Tunisie...), sur l'urgence d'offrir un réconfort à Bourguiba, seul verrou contre le déferlement du marxisme en Afrique. Pour que l'entrevue Bourguiba-de Gaulle se place « sous le signe du succès », le ministre tunisien conclut sans timidité ** :

« Nous vous demandons à cette occasion de créer les conditions du dégel en ouvrant les camps en Algérie, en libérant Ben Bella et ses amis, et en amorçant le processus de négociation avec le FLN. Je suis chargé de vous transmettre le désir du président Bourguiba de retourner de Paris à Tunis avec Ben Bella dans son avion. Nous sommes sûrs du prestige qu'a gardé Ben Bella en Algérie. Nous répondons de sa philosophie, de son style et de l'approche " tunisienne " qu'il a des problèmes. En le libérant, vous aiderez le président Bourguiba, vous augmenterez les chances de la paix et vous œuvrerez pour la bonne orientation de l'Algérie. Je m'excuse d'insister sur ce point, mon Général, car je ne pense pas que le président Bourguiba vienne à Paris, si vous comptez le laisser rentrer les mains vides en Tunisie... »

Le général réagit posément :

> « Monsieur le Ministre, je n'ai jamais fui les contacts, moi. Au contraire. Je les ai toujours appelés et je les appelle encore. Je compte d'ailleurs en " causer " avec votre président. Vous savez, sur l'Algérie j'ai à peu près la même position que M. Bourguiba. La solution définitive, au fond, nous la connaissons. Il s'agit de la pratiquer et ce n'est pas facile. Nous voyons tous l'aboutissement mais il s'agit de prendre le chemin.
>
> L'indépendance ne m'effraie pas. Dans le monde où nous vivons, l'indépendance est un mot, car tous les pays sont à la fois indépendants et dépendants. Quand on est indépendant d'un pays on est forcément dépendant d'un autre. Que l'Algérie veuille être elle-même, c'est-à-dire algérienne, c'est-à-dire indépendante de la France et forcément dépendante d'un autre pays, c'est son affaire. Il ne tient qu'aux Algériens de le vouloir et de l'exprimer. Moi, je ne ferai rien pour les en empêcher. J'attacherai du prix à ce que cette expression soit sincère et authentique. Il faut pour cela des garanties, bien sûr. Il n'est pas impossible de nous mettre d'accord sur ces garanties. Si les Algériens, assurés des garanties, veulent avoir des liens

---

* Voir plus haut, p. 126-127.
** Nous citons ici les notes de M. Masmoudi.

particuliers avec la France, s'ils veulent s'associer avec la France, s'ils l'expriment clairement, c'est aussi leur affaire. Moi, de Gaulle, je ne ferai rien pour les influencer ou pour les y amener. Je souhaite évidemment pour eux, plus que pour la France, qu'ils le fassent... Mais si telle n'est pas leur volonté, moi je n'y tiens pas. S'ils désirent être l'Algérie indépendante, indépendante de la France, je répète que c'est leur affaire ! »

Et puis, poursuit Masmoudi, « se penchant vers moi et me fixant du regard, le général de Gaulle ajoute, sur le ton le plus grave :

" Et dites vous bien, monsieur le Ministre, que ce ne sera pas la colonie française d'Algérie, ce ne seront pas les intérêts des Français d'Algérie qui arrêteront le général de Gaulle. Je les ferai rapatrier, les Français d'Algérie !...

Je ne suis pas aveugle, monsieur le Ministre. Je sais que le FLN représente aujourd'hui les neuf dixièmes de la population algérienne, sentimentale-ment du moins. Je reconnais qu'il a, en Algérie, forgé une entité morale donc une entité politique, donc une nation. Et les manifestations de décembre révèlent bien une conscience nationale, mais encore à l'état d'anarchie : peut-être du fait de la guerre. Je prendrai donc contact avec le FLN et je m'y emploie, vous le savez. Je prendrai contact également avec Messali Hadj... Il appartiendra aux Algériens de dire alors s'il continue à représenter quelque chose. Et puis il y a les Français d'Algérie qui comptent quand même encore et que je me dois de consulter. Ceci, c'est dans le cas où nous envisagerions une solution en commun sur laquelle nous nous mettrions d'accord et que nous présenterions ensemble au suffrage des Algériens.

Je ne minimise pas les difficultés, mais elles ne m'effraient pas. On a beaucoup parlé de l'armée ces temps-ci. Vous savez, l'armée, comme toutes les armées, veut par définition vaincre. Quand elle est sur le terrain, il lui est difficile de le céder. Tout ce que je peux vous dire, pour le moment, c'est que, quelle que soit la procédure, quelle que soit la solution, l'armée suivra de Gaulle.

Ce dont je ne suis pas sûr, par contre, c'est la volonté de M. Abbàs et de ses amis de négocier. Je sais que l'URSS a intérêt dans la poursuite de la guerre, et qu'elle cherche à intervenir de plus en plus en Algérie. Je me demande s'il n'est pas déjà trop tard pour le FLN. Je tiens à vous dire que si je suis convaincu que le FLN est entre les griffes de Khrouchtchev je ne discuterai pas avec M. Abbàs et ses amis.

— Nous ne le pensons pas, mon Général ! Le président Bourguiba en a la conviction. J'espère qu'il vous la fera partager.

— Je suis heureux que M. Bourguiba soit convaincu de cela... Je parlerai utilement avec lui de cette question. Je prends en tout cas note qu'il n'est pas effrayé par la bolchevisation du FLN. Mais je sais peut-être ce qu'il ne sait pas. L'ambassadeur de l'URSS à Paris, Vinogradov, avec lequel j'ai eu une conversation à ce sujet, m'a nettement laissé entendre que son pays entend intervenir de plus en plus en Algérie... " »

Et Ben Bella ? Le visiteur, qui semble en faire une sorte de préalable à la visite de son président, apprend du général que les dirigeants algériens seront transférés sous peu « dans la région parisienne* ». Ce qui paraît lui donner les apaisements qu'il cherchait. Au total, M. Masmoudi repart d'autant plus

---

* Ce sera au château de Turquant.

satisfait qu'il aura entendu dans la soirée Pierre Mendès France lui confier qu'il croit maintenant de Gaulle décidé à « faire quelque chose [5] ».

On progresse, en apparence. En attendant que le dialogue de Rambouillet avec Bourguiba manifeste clairement que la solution politique est l'objectif commun, les contacts officiels et secrets annoncés à Terrenoire le 10 janvier vont se nouer.

Du côté français, l'objectif des négociations est en principe la conclusion du cessez-le-feu, le sort à réserver aux combattants et la « destination des armes ». Mais les experts de l'Élysée se demandent s'il n'est pas temps de « franchir le pas » et d'avoir avec les représentants du FLN des discussions politiques portant sur le régime futur de l'Algérie. Bernard Tricot, juriste circonspect, observe que le GPRA n'est pas reconnu par le gouvernement français. Mais « dès lors que l'éventualité d'un État algérien était admise, écrit-il, n'avions-nous pas intérêt à aborder le fond du problème, à savoir la protection des minorités et les garanties des intérêts généraux de notre pays [6] ? ». Aussi propose-t-il que les négociations soient élargies aux garanties qu'il faudra assurer à la minorité européenne et aux Musulmans engagés pour la défense de l'Algérie française, donc au maintien de l'armée sur le sol algérien, et au statut du Sahara.

Dès le début de février, en tout cas, de Gaulle a en main les rapports des deux missions, l' « officieuse » conduite par le canal suisse, et l' « officielle » menée par Chayet. Il décide, conformément à ce qui a été convenu entre celui-ci et Dahlab, d'envoyer aux Algériens un interlocuteur dont, précise-t-il, « la partie adverse ne puisse douter qu'il exprime directement ma manière de voir [7] ». Ce sera son ancien directeur de cabinet Georges Pompidou, flanqué de Bruno de Leusse, directeur des affaires politiques au ministère des Affaires algériennes. Par l'entremise des services de sécurité suisse, rendez-vous est pris pour le 20 février à Lucerne avec deux envoyés du FLN, Ahmed Boumendjel, l'un des deux émissaires de Melun, et Taïeb Boulharouf, représentant du FLN en Suisse.

Les instructions du général sont claires : les Français doivent faire comprendre aux Algériens que sa politique « consiste, non point du tout à tenir la France accrochée en Algérie, mais au contraire à l'en dégager et que c'est cela qui aura lieu de toute façon. C'est donc aux Algériens qu'il appartient de faire en sorte que, s'ils croient en avoir besoin, elle continue ensuite à les aider [8] ». Dans l'hypothèse d'une rupture, la France prendrait les dispositions nécessaires pour assurer la protection des populations désirant rester françaises. Parmi les autres sujets à débattre, de Gaulle mentionnait le problème de la base de Mers el-Kébir, que la France souhaitait conserver pour une longue période, et le Sahara qui demeurait un problème à régler ultérieurement avec tous les États riverains.

Les premières prises de contact entre Pompidou, de Leusse et leurs vis-à-vis s'avèrent difficiles. Comme Dahlab face à Chayet, Boumendjel et Boulharouf éludent les questions. Bernard Tricot, qui analyse aux côtés du général de Gaulle les rapports de Pompidou, évoque le désarroi des émissaires français quand ils interpellaient leurs vis-à-vis : « " Dites-nous vos intentions. Comment voyez-vous l'avenir et le statut des Européens en Algérie, comment réagissez-vous à l'idée que Mers el-Kébir devra rester une base française, etc. ? " Les réponses étaient évasives et, s'il advenait qu'un émissaire algérien se soit un peu découvert, on le trouvait, à la réunion suivante, plus réservé que jamais[9]. »

Trois rencontres de ce type ont lieu, d'abord à Lucerne, les 20 et 22 février, puis le 5 mars à Neuchâtel. Rentrant le 6 mars à Paris, Georges Pompidou — qui n'a participé physiquement qu'à la première, mais a supervisé les autres — vient à l'Élysée rendre compte de sa mission. Il s'en dit « fatigué » car ses interlocuteurs veulent « tout et tout de suite[10] ».

Les rapports personnels entre les interlocuteurs n'en sont pas moins bons. Entre Ahmed Boumendjel et Georges Pompidou notamment, le « courant est passé ». Le premier confiera bientôt à Jean Daniel que l'intelligence de l'ancien directeur de cabinet du général l'a fort impressionné. Non sans ajouter après réflexion que « pour un négociateur, il a tout de même commis une lourde faute en lui faisant valoir que le Sahara était un trésor, une inépuisable réserve de gaz, le véritable enjeu... N'était-ce pas dévoiler imprudemment ses atouts[11] ? ».

A son retour de Suisse, Georges Pompidou fait devant Jean Mauriac le bilan de ses entretiens :

« Nous avons soixante chances sur cent d'aboutir. Nous sommes très loin du climat de Melun. Certes, Boumendjel — qui ne m'a pas fait très bonne impression mais qui était très empressé auprès de moi — se refuse à répondre à presque toutes mes questions. Mais il apparaît clairement que les deux grands problèmes sont le cessez-le-feu et le Sahara.

« Nous voulons une trêve, une suspension des activités militaires pendant les pourparlers. Ils n'en veulent à aucun prix. Nous allons devoir nous accommoder de leur refus...

« S'agissant du Sahara, le problème est territorial. Nous sommes d'accord pour une exploitation commune mais pas sur la nationalité du territoire. Ils nous disent : " On nous a appris à l'école française que le Sahara, c'était l'Algérie... Votre décolonisation serait aberrante si vous en excluiez le Sahara ! " J'ai dit alors : " Acceptez une autodétermination du Sahara après que vous aurez proclamé votre indépendance... " Ils sont restés intraitables. Évidemment, ils n'ont aucun droit sur le Sahara. Mais l'opinion mondiale, sur ce terrain, les soutiendra... Pourquoi voulons-nous garder ce désert : pour les expériences nucléaires. Ce qui ne prévient pas en notre faveur la majorité des États étrangers.

« S'agissant du statut de la minorité européenne, notre position est bien meilleure. Quant à Mers el-Kébir, il restera français.

« Le général ? Il est résigné. Le moment le plus dur est passé, pour lui. Et il se sait soutenu par tout le monde, sauf par les plastiqueurs[12] ! »

Entre les deux premiers dialogues suisses et le troisième, le général de Gaulle a reçu, à Rambouillet, Habib Bourguiba le 27 février 1961. En apparence, tout se passe très bien entre le Connétable et le « Combattant suprême », personnages également flamboyants, virtuoses de la joute verbale et de la diplomatie pyrotechnique. De son hôte, de Gaulle a dit à Roger Stéphane — qui a parfois servi de messager entre eux : « Votre M. Bourguiba est tout à fait quelqu'un... » Et l'on ne compte plus les coups de clairons dont le leader tunisien a salué depuis trois ans les gestes et propos du général.

> « J'ai devant moi un lutteur, écrit de Gaulle dans les *Mémoires d'espoir,* un chef d'État dont l'envergure et l'ambition dépassent la dimension de son pays... S'il a tenu à me rendre visite, c'est assurément pour marquer qu'il approuve mon action en vue d'une négociation algérienne et qu'il souhaite jouer un rôle conciliateur au cours de la confrontation. Mais aussi pour obtenir quelques avantages au moment où l'Algérie va en recevoir beaucoup [13]. »

Mais précisément, ces deux « grands premiers rôles » se ressemblent trop. A ceci près qu'à Rambouillet, Bourguiba est le seul à parler. De Gaulle lui fait néanmoins bon visage, et multiplie à son adresse les amabilités. Le communiqué parle d'échanges « cordiaux et satisfaisants » mais, sur le fond, on a nappé de bonne grâce un double désaccord.

Le leader tunisien a posé la question de Bizerte, deuxième ville de Tunisie et toujours base française : un État indépendant ne saurait admettre indéfiniment une base étrangère sur son sol. De Gaulle, rappelant que les deux gouvernements sont convenus en 1958 de laisser les choses en l'état, promet que la France se retirera de la base « dans un délai de l'ordre d'une année ». Sur quoi, assure-t-il, Habib Bourguiba déclara qu'il n'insistait pas « pour la solution immédiate du problème ». Mais que signifie au juste « immédiate » ?

Abordant la question algérienne, Bourguiba a en outre indiqué qu'il entendait obtenir au bénéfice de son pays une révision des frontières du Sahara qui assurerait à la Tunisie le contrôle de zones pétrolifères. Sur ce point, de Gaulle a refusé de le suivre, reprenant l'idée que le sort du sol et du sous-sol saharien sera réglé après l'indépendance de l'Algérie par un accord associant tous les États dits « riverains » (Tunisie, Maroc, Niger, Mali, Tchad), plus la France. Au surplus, observe de Gaulle, toute concession à la Tunisie exciterait les ambitions du Maroc sur Tindouf et Colomb-Béchar.

En fait, Bourguiba a été lanterné sur les deux points. Il n'a pas semblé s'en offusquer. Et les deux présidents se sont trouvés d'accord pour « constater les possibilités et l'espoir » qui existent désormais d'une solution en Algérie.

Soudain, tandis que se déroule la joute de Rambouillet, le roi du Maroc, Mohammed V, qu'une « amitié de vingt ans » liait au général, meurt à la suite d'une intervention chirurgicale apparemment bénigne [*]. A ses obsèques, célébrées le 1er mars à Rabat, le nouveau roi Hassan II a convié Habib Bourguiba et Ferhât Abbâs. Le président du GPRA s'étant fait accompagner de Belkacem Krim, une véritable conférence maghrébine s'improvise, à

---

[*] De Gaulle a aussitôt téléphoné à son ambassadeur à Rabat : « De quelle nationalité était le chirurgien ? — Suisse... — Bien... »

partir du compte rendu optimiste que le leader tunisien présente de ses échanges avec le général de Gaulle. D'où un communiqué assurant que « les trois chefs de délégation estiment qu'aucun obstacle ne devrait s'opposer à l'ouverture de négociations directes entre le GPRA et le gouvernement français dans le cadre de la décolonisation totale » et « constatent leur parfait accord quant aux moyens propres à la réalisation de l'indépendance de l'Algérie ».

Cette fois-ci, le processus semble bien enclenché. Le 15 mars le gouvernement français publie un communiqué qui met un terme au mutisme officiel : « Le Conseil [des ministres] a confirmé son désir de voir s'engager, par l'organe d'une délégation officielle, les pourparlers concernant les conditions de l'autodétermination des populations algériennes ainsi que les problèmes qui s'y rattachent. » Et le lendemain, à Tunis, le GPRA confirme qu'une date a été convenue : le 7 avril ; et un lieu : Évian, où les Algériens pourront aisément se rendre à partir de Genève.

Le 29 mars, Charles de Gaulle préside un Conseil des ministres consacré aux affaires d'Algérie, mais cette fois, il ne sollicite guère les avis alentour. Les ministres ont droit à un exposé magistral, ainsi reconstitué par Terrenoire :

> « Ce qui va s'accomplir a été engagé par moi dès le début de la résistance. L'ère de l'empire est close. Nous y avions cherché une consolation pour oublier les traités de 1815 et de Francfort. Nous avions renoncé à nos ambitions européennes et cet empire nous a fourni les richesses et les soldats qui nous manquaient. Il a largement contribué, pendant un siècle, à maintenir notre pays au rang des premiers. Mais cette époque est révolue, pour nous comme pour d'autres. Nous ne pouvons, seuls dans le monde, nous opposer à la décolonisation.
> D'ailleurs, nous n'avons plus le même intérêt à " coloniser ". L'ère industrielle a tout changé. Notre force est à l'intérieur. Avant tout, il faut nous convaincre que nous n'avons plus besoin des peuples naguère soumis par nous, mais, dans la mesure où nous nous renforcerons à l'intérieur, nous avons une chance de les garder avec nous. Si le FLN s'imagine que la France veut substituer un néo-colonialisme à ce qui existe, il se trompe lourdement. Car nous ne sommes plus demandeurs... Nous ne sommes contraints par rien [...] ni par la guerre, ni par l'ONU...
> Dans les pourparlers qui vont s'ouvrir, qui seront longs et pénibles *, nous pouvons être patients. Sur le fond du problème, nous nous en tenons à l'autodétermination : avec la France ou sans elle. L'Algérie est placée devant son destin : ni la grenade ni le plastic, ni le couteau ni la mitraillette, ni les susceptibilités ni les rodomontades du FLN, ni les aveuglements ni les menaces des activistes, non, rien de tout cela ne l'empêchera de s'accomplir selon la logique de notre temps. Quant à la France, elle doit maintenant tirer d'elle-même, de son propre peuple, les éléments de sa grandeur et la permanence de sa vocation universelle [14]. »

Plus qu'une semaine. De part et d'autre, on s'affaire à constituer les délégations, et, par émissaires interposés, on discute des conditions maté-

---

* Le ministre de l'Information suggère ici que le général a peut-être dit « qui seront moches »...

rielles du contact. Le site est bien choisi : Évian est au bord du lac Léman. Près de Genève, à Bois d'Avault, le FLN dispose d'une grande villa, d'où ses délégués pourront gagner chaque jour la rive française, en bateau ou en hélicoptère.

Mais sur chaque point, une contestation s'élève. Paris a proposé un avion pour acheminer la délégation FLN à Genève. Un appareil français ? Les Algériens froncent les sourcils : il y a le précédent Ben Bella... « Voyons, fait Bourguiba, vous ne pouvez mettre en doute la bonne foi d'un de Gaulle ! » Mais l'avion sera refusé et la délégation du GPRA retient ses places sur une ligne commerciale neutre[15]...

Peu à peu, les modalités sont mises au point quand, le 31 mars, survient un nouvel incident de parcours : répondant à Oran aux questions des journalistes, Louis Joxe, ministre des Affaires algériennes, indique qu'il rencontrera « le MNA * comme le FLN ». Ce qui est rester fidèle à une ligne de conduite depuis longtemps définie par de Gaulle. Mais le GPRA prétend voir dans cette affirmation une ultime tentative de « baodaï-ser ** » l'Algérie, et annonce le report des négociations. Est-ce le retour à Melun ?

Le général s'y résigne d'autant moins qu'un nouveau défi vient de lui être lancé, comme pour l'ancrer plus encore dans sa détermination : au début d'avril, une mystérieuse organisation, qui signe ses tracts OAS (Organisation armée secrète) et que soutiennent visiblement des militaires de haut rang, déclenche une campagne d'attentats dont le plus politique et le plus sanglant coûte la vie au maire d'Évian, Camille Blanc, qui s'apprêtait à accueillir les négociateurs français et algériens***.

Il n'en faut pas plus pour que de Gaulle reprenne l'initiative. Une conférence de presse à l'Élysée, le 11 avril, en sera l'occasion. Le chef de l'État avait joué déjà de bien des cordes, et sur bien des registres — grandeur, habileté, charme, indignation, technique militaire, lucidité histo-rique... Cette fois, il choisit de parler en comptable. Son thème : l'Algérie est une mauvaise affaire, l'entreprise France doit s'en débarrasser. Parce que ce n'est pas sa nature de s'abaisser, et que les gros sous ne sont pas matière à tragédie, son domaine, il s'aliène là plus de sympathies qu'il ne gagne de connivences. Mais ces arguments portent sur l'opinion.

Après avoir rappelé que « l'Algérie nous coûte, c'est le moins qu'on puisse dire, plus cher qu'elle ne nous rapporte » — propos d'un cynisme qui fera beaucoup pour indigner l'armée et la faire basculer dans le putsch du 22 avril — il affirme que

> « la France considère avec le plus grand sang-froid une solution telle que
> l'Algérie cesserait d'appartenir à son domaine [...] et ne fait aucune

---

* Mouvement national algérien, c'est-à-dire Messali Hadj.
** Du nom du souverain d'Annam Bao-Dai, longtemps manipulé par la politique française en Indochine.
*** Des responsables de l'OAS ont soutenu qu'ils n'avaient pas voulu tuer M. Blanc : mais deux bombes avaient été placées, l'une sur le rebord de sa fenêtre, l'autre sous sa voiture...

objection au fait que les populations algériennes décideraient de s'ériger en un État qui prendrait leur pays en charge »...

Précisant que l'État algérien « sera souverain en dehors et en dedans » le général met alors les « dirigeants » de la « rébellion en demeure de négocier » :

> « [Certes] il est malaisé à un appareil essentiellement insurrectionnel d'aborder, avec la sérénité minimum nécessaire et au plan voulu, des questions comme celles de la paix, de l'organisation d'un État et du développement économique d'un pays. Mais ces dirigeants étant donné qu'ils ont de grandes responsabilités à cause de l'influence qu'ils exercent [...] sur les Musulmans, étant donné qu'ils semblent appelés à jouer [...] un rôle éminent dans les débuts de l'Algérie nouvelle, il s'agit de savoir si, en définitive, ils seront capables de passer au positif... »

Et, comme un journaliste lui fait observer qu'un retrait de la France risquerait de livrer l'Algérie soit aux USA, soit à l'URSS, il rétorque à l'adresse des deux superpuissances sur un ton d'une goguenardise qui détonne : « ... A toutes deux je souhaite d'avance bien du plaisir [16]. » Ce qui nous fit rire, dans la salle de l'Élysée, mais contribua à porter à son paroxysme la douloureuse colère des tenants de l'Algérie française.

Les hommes du FLN sont-ils capables de « passer au positif » ? C'est la question que je posais le lendemain, dans son bureau de Tunis, à M'Hammed Yazid, ministre de l'Information du GPRA. Suivant du doigt, sur la dépêche AFP, le texte du général, il hocha la tête et laissa tomber : « S'il est sincère, d'ici trois mois nous serons en paix... »

Sincère, de Gaulle, en avril 1961 ? Très probablement. Mais il a dit autre chose, le 11 avril : « J'ai brisé les complots qui voulaient me forcer à soutenir l'intégration [17]... » Un passé imprudent. Comme le propos tenu une semaine plus tard par son ministre des Armées, Pierre Messmer, devant la presse anglo-américaine de Paris : « Il est exclu que l'armée sorte de la discipline [18]... »

Chaque progrès vers la solution politique depuis un an allume quelque contre-feu dans la société militaire.

Que seule une « action de force » à l'encontre des autorités légales de la Ve République — assassinat du chef de l'État, *putsch* * ou *pronunciamiento* ** — puisse désormais permettre de maintenir l'Algérie dans la France, bon nombre de chefs militaires et quelques politiques en sont

---

* Locution allemande (prononcer poutch). Opération armée, secrète et soudaine, visant à renverser un gouvernement et à lui substituer une autorité plus « musclée ».
** Locution espagnole, à peu près synonyme de *golpe* (coup). Opération conduite par un groupe de militaires (junte) qui se « prononcent » pour un changement de pouvoir, le plus souvent à leur bénéfice. C'est le mot qu'utilisera le plus souvent de Gaulle.

convaincus dès le mois de septembre 1960. C'est à cette époque que le colonel Argoud, qui sera l'âme et le cerveau de l'entreprise (et qui, parvenant à ses fins, en eût probablement été le Nasser), situe sa prise de décision : pour des raisons politiques autant que morales, il juge nécessaire de sacrifier le chef de l'État, soit physiquement, soit politiquement, à la sauvegarde de l'Algérie française.

C'est à cette époque aussi que Raoul Salan s'apprête à passer en Espagne (le 31 octobre) après avoir multiplié les déclarations dénonçant en de Gaulle un complice du FLN. C'est peu après qu'Edmond Jouhaud, ayant quitté l'armée, s'installe à Alger où, sous le couvert d'activités commerciales, il multiplie des conciliabules en vue de rassembler les énergies civiles et militaires contre le pouvoir. Quant à Maurice Challe, il commande les forces centre-Europe, à Fontainebleau : mais il ronge son frein et s'apprête à démissionner (en janvier 1961).

Charles de Gaulle fait peu de cas de ce brouhaha séditieux. On l'a entendu à diverses reprises parler des tentatives insurrectionnelles au passé, et se dire assuré de l'obéissance de l'armée. Il a grande confiance (et justifiée) en son ministre des Armées, bien que Pierre Messmer ait choisi pour chef d'état-major de l'armée le général Le Pulloch (« Un colonial ! » — ce qui, dans l'esprit de l'auteur du *Fil de l'épée,* est synonyme de balourdise et de passéisme [19]...), et en le nouveau commandant en chef en Algérie, Fernand Gambiez. Messmer, mêlé depuis plus de quinze ans à tous les débats de la décolonisation, n'a pas attendu de Gaulle pour savoir que tous les peuples vont à l'indépendance, et Gambiez est trop intelligent pour ne pas constater, sur le terrain, que ce ne sont pas les armes qui décideront du sort de l'Algérie.

De Gaulle veut se persuader que l'explosion nucléaire de Reggane, le vote en octobre de la loi créant la « force de frappe », l'ampleur de sa stratégie diplomatique, la révolution technologique enfin vont convaincre les cadres de « son » armée que l'Algérie n'est qu'une bataille d'arrière-garde et que, loin de cette mission de « bonne d'enfants », l'avenir de la hiérarchie militaire est au cœur des grands débats mondiaux. En quoi il s'illusionne fort — lui, si dédaigneux pourtant à l'égard de la corporation militaire.

Aussi bien n'est-ce pas là une question d'aptitudes intellectuelles ou d'ouverture à la modernité : qu'un homme comme Antoine Argoud, spécialiste de la coordination entre les armes blindées et nucléaires, et en qui la plupart de ses collègues voient le futur « patron » de l'armée, s'obstine à ne se tracer d'autre horizon que celui des djebels, eût dû faire réfléchir un homme comme de Gaulle, et le pousser à rechercher un contact instructif. Il s'y refusa. C'eût d'ailleurs été, en 1961, inutile...

Dès la fin de septembre 1960, voici donc Argoud, meneur d'hommes péremptoire à l'intelligence musclée (que Jean-Jacques Servan-Schreiber a décrit dans son *Lieutenant en Algérie* comme un « homme-phare »), en quête d'une force et d'un chef pour sauver l'Algérie française. « Désespérément », écrit-il. Il s'est fait muter à Metz où ses supérieurs, les généraux Lecoq et Constans, couvrent sans vergogne ses démarches d'insurgé. Flanqué de son *alter ego* mystique, le colonel Joseph Broizat, ancien chef de cabinet de Massu et adepte d'un intégrisme de templier, il court les états-majors, « honnête courtier du putsch », écrit-il, à la recherche d'hommes prêts à tout risquer — carrière, vie, honneur —, pour abattre le « bourreau » et garder l'Algérie.

Le 1er novembre, Broizat et Argoud sont chez Massu. Bien qu'ils aient appris que leur ancien chef tente de rentrer en grâce auprès de l'Élysée, ils tentent passionnément de le convaincre de prendre la tête du soulèvement en Algérie : lui seul a le nom, la popularité, la stature, le passé susceptibles d'entraîner à la fois une fraction importante des cadres de l'armée et les masses urbaines d'Alger et d'Oran. Massu, de toute évidence, n'est pas prêt à l'aventure ; il traite ses visiteurs d' « excités », non sans accepter de les revoir.

La dramatique visite du général de Gaulle en Algérie (9-11 décembre 1960) au cours de laquelle, écrit Argoud, « les pieds-noirs ont laissé passer l'occasion unique de se débarrasser de lui et de sauver leur pays [20] » ancre davantage les deux « courtiers en putsch » dans leur détermination. Le 3 janvier 1961, ils revoient Massu. Celui-ci leur demande : « Si vous aviez la possibilité de supprimer de Gaulle, le feriez-vous ? » Ils répondent tous deux : « Sans hésiter ». Sur quoi Massu les « regarde sans mot dire » : silence pour eux prometteur [21]...

Entre-temps, Jouhaud * et Salan ont, eux aussi, travaillé contre de Gaulle. Le premier a convoqué en décembre à Alger les chefs qui lui paraissaient les plus aptes à l'action. Il n'a pu obtenir de promesses de concours que de deux des colonels de parachutistes, Masselot et Lecomte. Un bilan « désespérant », conclut-il [22]. Le second, froidement accueilli à Madrid où le pouvoir souhaite un rapprochement avec de Gaulle, ne s'en est pas moins abouché avec le beau-frère de Franco, Serrano Suñer, ancien ministre des Affaires étrangères que le Caudillo a écarté de son cabinet parce qu'il s'était trop compromis avec les nazis. Déchargé de toute responsabilité, Suñer n'en est que plus libre pour se mettre à la disposition de Salan et ses compagnons Lagaillarde et Susini. C'est grâce à lui qu'ils pourront gagner l'Algérie, le jour venu. En attendant, Salan reçoit beaucoup de militaires tels que le général Gardy, légionnaire au passé prestigieux, et quelques civils — notamment, en janvier 1961, Pierre Poujade.

Il n'est plus de jour, ou plus de semaine, qu'Argoud et Broizat ne recrutent quelque affidé nouveau — de Vaudrey à Lacheroy, de Château-Jobert à Blignères, de La Chapelle à Gardes. Mais tous sont des colonels. Pas un général ne s'engage ? Faure, évidemment « dans le coup », est récusé comme chef de file pour sa légèreté. Ne propose-t-il pas, certain jour, de tenter le

---

* Qui, rapporte-t-il, a reçu le 15 décembre une invite signée de plusieurs collaborateurs du général de Gaulle (Debré, Frey, Foccart, Lefranc) l'invitant à créer une « République algérienne » dans laquelle les pieds-noirs se verraient reconnaître une place importante. Mais quand on l'interroge sur cette surprenante initiative, Roger Frey la réduit à un entretien au cours duquel il tenta de faire entendre à Edmond Jouhaud qu'il devait utiliser son influence auprès de ses compatriotes de les convaincre de « jouer le jeu » de leur émancipation algérienne.

putsch « dans les quarante-huit heures », avec un commando de paras ? « Plaisanterie », coupe Argoud, qui refuse catégoriquement d'obéir à un tel chef... Salan n'inspire confiance à personne, Zeller n'a pas de rayonnement, l'aviateur Jouhaud est inconnu des terriens.

Juin restant dans sa coquille, les seuls leaders possibles sont Massu et Challe. Le 9 mars, Argoud et Broizat sont de nouveau chez l'ancien chef de la 10ᵉ DP, leur « patron » commun. Ce sera « l'une des scènes les plus affreuses que j'ai connues », écrit Argoud. Massu argue que les pieds-noirs pourront rester en Algérie en coiffant le fez, et met en garde ses visiteurs contre la « folie » qu'ils commettent. Les deux colonels : « Ce n'est pas pour notre plaisir que nous [...] avalons vos grossièretés, mais parce qu'il n'y a pas pour l'heure d'autre chef possible. » Mutisme de l'autre. Les visiteurs se retirent. « Je ne l'ai jamais revu », conclut Argoud.

Challe ? Le 20 mars, la junte apprend que l'ancien commandant en chef à Alger n'exclut pas de se joindre à la tentative. Une semaine plus tard, dans un bureau de l'École de guerre (la conjuration ne prend pas de gants, elle se sent entourée d'autant plus de complicités passives que très peu osent s'engager...), Jouhaud confirme que Challe marcherait si les effectifs réunis étaient suffisants.

Le 30, Maurice Challe, qui vient de quitter enfin son commandement de Fontainebleau et envisage d'entrer chez Saint-Gobain, reçoit les deux artificiers du putsch. L'entretien est âpre. Le général propose un plan, de pression plutôt que de pronunciamiento, qui consisterait à mettre en grève et à occuper en force les mairies de la Mitidja... Argoud tombe de son haut : « C'est aberrant... » Challe, de mauvaise grâce, se laisse persuader que l'affaire doit viser à la prise en main d'Alger par quelques bataillons de parachutistes, mais exige *a.* d'être le patron, *b.* de fixer lui-même l'heure H. Les deux colonels sont si peu convaincus de sa détermination qu'ils lui demandent en partant : « Vous ne nous laisserez pas tomber[23] ? »

Onze jours plus tard, c'est la conférence de presse de De Gaulle. « Le ton d'un marchand de tapis... équivoque, sordide », note Antoine Argoud. Mais beaucoup plus importante, peut-être déterminante, est la réaction du général Challe. C'est, déclarera-t-il à son procès, l'écrivant ensuite dans ses Mémoires, cette « homélie inhumaine », le « Je leur souhaite bien du plaisir » lancé par de Gaulle aux éventuels successeurs de la France en Algérie, qui a levé ses derniers doutes. A la fin de mars, il avait accepté de s'engager, mais à contrecœur semble-t-il. Cette fois-ci, le cœur y est. Ce de Gaulle qui prétend lâcher l'Algérie parce qu'elle lui coûte trop cher n'est plus celui qu'il a servi avec ferveur *.

Le 12 avril, dernière réunion à l'École de guerre. Le coup est fixé pour le 20, dans la nuit. On peut compter sur cinq généraux ** — Challe, Jouhaud,

---

* A noter d'ailleurs que Challe n'est pas un partisan de l'intégration comme Soustelle ou Salan. Il souhaite une grande province algérienne au sein d'une France fédérale, traitée sur le même pied qu'une Bretagne ou une Alsace très décentralisées (entretien avec G. de Courcel, juin 1985).
** A la retraite ou sans emploi.

Zeller, Gardy et Faure, tandis que Gouraud, qui commande, lui, à Constantine, a donné des assurances de soutien. Personne ne parle de Salan. A la junte des colonels se joint enfin un homme clé, Godard, qui devrait être la dynamo de l'entreprise dont Argoud a été l'inventeur ; il a hésité jusqu'au dernier moment à partir pour la Pologne comme attaché militaire, poste qu'il avait demandé au gendre du général de Gaulle de lui obtenir. La fascination algérienne a été la plus forte.

Les effectifs ? Deux régiments algérois, cinq du Constantinois. C'est suffisant. Mais les conjurés ont reçu trois avertissements d'officiers particulièrement compétents, les colonels Georges de Boissieu et Cousteaux et le commandant Robin, qui mettent en doute le ralliement de l'ensemble du corps des officiers et plus encore celui du contingent. Challe et les siens décident de ne pas tenir compte de ces avis prophétiques.

Les conjurés se retrouvent à Alger le 20. Les colonels, arrivés avant les généraux — seuls Jouhaud et Gardy sont sur place —, apprennent en atterrissant que le coup est retardé de 24 heures : ce sera pour la nuit du 21 au 22.

Challe, Zeller et Jouhaud s'installent dans le sous-sol d'une villa des Tagarins *où le premier rédige la proclamation qui est le *b.a. ba* de tout chef de pronunciamiento, à Tegucigalpa comme à Ouagadougou.

Le fer de lance de l'opération sera formé par le 1er REP (régiment étranger de parachutistes) dont le commandant par intérim est le chef de bataillon Élie Denoix de Saint-Marc, officier réputé pour son caractère et son intégrité, et le groupe de commandos parachutistes de réserves générales (GCPRG) du commandant Georges Robin, chef aussi prestigieux.

Argoud, lui, a piqué droit d'Alger sur la région militaire de Constantine et son secteur, où sont stationnés cinq régiments que leurs colonels ont promis d'engager dans l'affaire. Un seul d'entre eux fait défection. Quatre régiments d'élite, qui seront demain à l'aube à Alger, c'est plus qu'il n'en faut. Mais le général Gouraud, commandant le corps d'armée, auquel Argoud annonce à la fin de l'après-midi du 21 l'imminence du coup, fait paraître plus d'angoisse que d'esprit de solidarité. Il ne cessera, tout au long de l'aventure, d'osciller entre ses sympathies pour la cause des putschistes et la répulsion que lui inspirent leurs procédures.

Quand Antoine Argoud atterrit à Alger, le 22 à 11 heures, la première phase du putsch a réussi. Les forces engagées dans l'opération — GCPRG, le 1er REP**, le détachement de la BAP-AFN, puis le 1er REC — se sont assurées du contrôle des principaux secteurs névralgiques de la ville ***, les autorités civiles et militaires sont sous les verrous, les trois généraux sont installés à l'état-major du quartier Rignot (Challe) et au « GG » (Zeller et Jouhaud). Mais quelque chose comme un parfum d'indécision flotte dans l'air. Broizat s'en inquiète. Argoud n'a pas le temps de chercher à y

---

* Celle des commandos parachutistes du commandant Robin.
** Que Saint-Marc a engagé bien que prévenu quelque temps auparavant.
*** Comme, le 8 novembre 1942, les 200 jeunes compagnons de José Aboulker.

remédier : comme pour se débarrasser du trop brillant inventeur du coup, Challe et Jouhaud l'expédient en Oranie...

A Paris, la journée du général de Gaulle, le 21 avril, avait été placée sous le signe de l'amitié africaine : Léopold Sédar Senghor, président de la très récente république du Sénégal, était l'hôte officiel de Paris. A 20 heures, les deux chefs d'État étaient accueillis à la Comédie-Française où l'on donnait *Britannicus,* dont l'un et l'autre connaissaient par cœur des scènes entières * : nous avons vu, à Londres, de Gaulle donner la réplique à François Coulet, qui, lui citant quelques vers de Burrhus, entendit en réponse une tirade d'Agrippine. Des complots, un général fidèle, un prince assassiné, quelques conjurés : Racine a créé le climat. Mais de Gaulle et Senghor se sont endormis sans appréhension.

Dès la fin de la soirée, pourtant, la Sûreté algéroise et l'état-major de Gambiez ont eu vent de quelque chose. On leur a signalé un étrange remue-ménage du côté de Zeralda, cantonnement des parachutistes à 20 kilomètres d'Alger. Peu après minuit — de Gaulle est déjà couché —, le commandant en chef à Alger prend sa voiture et met le cap sur le foyer de l'agitation supposée. Sur la route qui descend vers le centre d'Alger, il voit dévaler vers lui une colonne de camions surchargés d'hommes peints.

Le petit général (1,60 mètre) leur intime l'ordre d'arrêter, tente de mettre son véhicule en travers de la voie, leur signifie qu'ils seront punis, manque d'être écrasé. Les autres passent : « Subito » fonce vers le Forum, où il sera appréhendé par les putschistes en même temps que le général Vézinet, commandant le corps d'armée d'Alger, le délégué général Jean Morin et Robert Buron, ministre des Travaux publics qui vient d'arriver en Algérie pour inaugurer une école d'enseignement technique. Mais « bouclés » au Palais d'été, Morin et Buron constatent que les paras ont oublié de couper le téléphone et alertent Paris...

Il est un peu moins de 2 heures, le 22 avril, quand le directeur de la Sûreté, Jean Verdier, réveille Roger Frey qui vient de prendre, au ministère de l'Intérieur, la relève de Pierre Chatenet, malade. Frey prévient aussitôt Michel Debré qui s'apprêtait à partir ce matin-là pour Cherbourg. D'accord avec Geoffroy de Courcel, le Premier ministre réveille de Gaulle vers 2 h 30. « Ça bouge à Alger... » Mais, ajoute Debré, Oran tient bon, Constantine est indécis, l'ensemble des corps civils et même de l'armée paraît rester dans la légalité — et toutes les forces de sécurité, en métropole, sont déjà en alerte.

De Gaulle, qui ne peut manquer de laisser surgir en sa mémoire deux des vers de Racine écoutés la veille au soir : « De quel nom cependant pouvons-nous appeler/L'attentat que le jour vient de nous révéler ? », interpelle Debré : « Vous partez pour Cherbourg [24] ? » Le Premier ministre savait son chef de file capable de flegme, mais à ce point-là... Ils constatent tous deux

---

* M. Senghor est professeur de lettres.

qu'un ministre et deux généraux sont déjà prisonniers des mutins ; que deux des plus importants membres du gouvernement, Messmer et Couve de Murville, sont partis pour Rabat où ils assistent à l'embarquement des cendres de Lyautey * que le ministre de l'Intérieur est un intérimaire (à vrai dire doué…) et que le chef d'état-major des forces aériennes, le général Staehlin, est à Madagascar. Bah ! On fera avec ce qu'on a. Dans l'esprit du chef de l'État, Jouhaud et Zeller ne sont rien. Challe, c'est autre chose. Mais face à lui, de Gaulle, que pèse-t-il, cet aviateur qu'Ortiz et Lagaillarde ont conduit naguère à une semi-capitulation ?

Première décision du chef de l'État, en attendant les conciliabules gouvernementaux : Joxe, ministre des Affaires algériennes, et le général Olié, le chef d'état-major des forces armées, partiront sur-le-champ pour l'Algérie en vue de rameuter les forces fidèles. Le président de la République convoque le ministre, qui se présente à l'Élysée vers 7 heures. Quelles instructions va-t-il recevoir ? Joxe voit surgir dans le salon jaune un homme en pyjama — inimaginable… — qui lui dit simplement : « Au revoir, Joxe… ». Maigre viatique. Mais le salut est donné à celui qui se voit confier une mission-suicide. Louis Joxe et Jean Olié décolleront à 9 heures de Villacoublay, sans savoir s'ils pourront atterrir, et où…

A 6 h 30, la radio transmet coup sur coup un communiqué gouvernemental (« L'indiscipline de certains chefs et de certaines troupes a abouti ce matin à Alger à placer les pouvoirs civils et militaires dans l'impossibilité d'exercer leur commandement […]. Le gouvernement a pris cette nuit les mesures nécessaires ») et la proclamation aux troupes du général Challe, chef du *pronunciamiento* :

« Officiers, sous-officiers, gendarmes, marins, soldats et aviateurs, je suis à Alger avec les généraux Zeller et Jouhaud et en liaison avec le général Salan ** pour tenir […] le serment de l'armée de garder l'Algérie pour que nos morts ne soient pas morts pour rien. Un gouvernement d'abandon […] s'apprête à livrer les départements d'Algérie à l'organisation extérieure de la rébellion […]. Voulez-vous que Mers el-Kébir et Alger soient demain des bases soviétiques ? Mais […] je sais quels sont votre courage, votre fierté, votre discipline […]. L'armée ne faillira pas à sa mission…

« Le commandement réserve ses droits pour *(sic)* étendre son action à la métropole et reconstituer un ordre constitutionnel et républicain gravement compromis par un gouvernement dont l'illégalité éclate aux yeux de la nation » (ce dernier paragraphe n'a pas été authentifié comme étant de Challe : beaucoup l'ont attribué à Zeller).

Ce qui caractérise ce texte, ce n'est pas qu'il soit sans saveur ni élan — Challe n'est pas de Gaulle —, c'est qu'il s'adresse aux seules forces armées. Ainsi, dès l'abord, le putsch s'affirme pour ce qu'il est : une opération

---

* Réactions des deux ministres. *Couve :* « Ça devait finir comme ça… » *Messmer :* « J'aurais plutôt cru à quelque agitation en Allemagne… » (entretien de l'auteur avec Roger Seydoux, janvier 1985).
** Liaison ? Salan apprendra le coup par la radio, et Challe niera tout rapport préalable avec lui lors de son procès.

militaire, fondée sur le « serment » des centurions, et qui tient d'emblée à l'écart le monde informe des civils.

Challe ne cessera de le répéter : dans son esprit, il ne s'agit pas de prendre le pouvoir (et c'est pourquoi le dernier paragraphe cité plus haut n'est probablement pas de lui), mais seulement de couper court à la politique d'autodétermination, de relancer les opérations et, en trois mois, d'écraser les rebelles et de gagner la guerre pour remettre une Algérie, « province française », à la métropole. Que de Gaulle, entre-temps, ait été renversé ou se soit démis n'est pas son affaire : son entreprise — ce sera l'un des arguments de sa défense — est d'ordre strictement militaire, on dirait même une affaire d'honneur militaire (le serment...), dût-elle avoir des retombées politiques.

Deux raisons à cela. La première est que Challe sait bien — à la différence de Salan ou d'Argoud, dont la modestie n'est pas le fort — que s'il se hasarde sur le terrain politique, face à de Gaulle, il sera surclassé. La seconde, c'est que l'ancien commandant en chef éprouve une sorte de répulsion en tout cas de méfiance, pour la foule algéroise et surtout pour ces « ultras », ces Lagaillarde et ces Ortiz qui, en janvier 1960, ont « compromis sa victoire et brisé sa carrière [25] ».

Commentant cette marginalisation de la foule algéroise, l'auteur écrivait dans *le Monde* du 27 avril : « A une foule méditerranéenne, on a offert un putsch à l'allemande ; on ne saurait s'étonner qu'elle n'ait pas marché. » En fait, elle était tenue à l'écart par la volonté de Challe qui, en faisant prévaloir ce point de vue « professionnel », ruinait l'entreprise. Quand on fait une folie, il ne faut pas tenter de la draper de raison...

Mais cette attitude, si elle est de nature à lui assurer l'adhésion de la plupart de ses affidés militaires, qui se jugent comme lui impliqués dans une affaire d'honneur militaire et confrontés à un problème dont la solution est d'ordre militaire, le prive d'une dynamique formidable, celle de ces foules qui ont provoqué et amplifié le 13 mai, fait surgir les barricades et commencent à s'organiser au sein de l'OAS, dont les tracts circulent depuis le début d'avril, assurant qu'elle « frappe où, qui et quand elle veut », et qui l'a prouvé en égorgeant Me Popie et en assassinant le maire d'Évian.

Au surplus, la mise à l'écart des pieds-noirs irrite le n° 2 (provisoire) de l'opération, Edmond Jouhaud, qui est des leurs et que l'organigramme de l'opération a chargé des « rapports avec la population ». Elle créera même un véritable conflit au sommet, dès le lendemain, quand Salan, venu d'Espagne, se joindra à l'opération, flanqué de ce délégué permanent de la masse algéroise qu'est Jean-Jacques Susini, nanti des mots d'ordre de l'OAS.

Au surplus — et ici on est au cœur de la pensée du général de Gaulle — qu'est-ce qu'une opération « purement militaire » ? Tout est politique et aussi économique : le général Zeller, chargé de l'intendance de l'affaire, s'en aperçoit vite. Coupé de la métropole, il n'a rien en caisse. Qui a été chargé de prévoir la survie de l'Algérie, pendant que Challe gagnera sa guerre éclair ? Personne...

Tandis que, telle l'Espagne de 1936 évoquée dans les premières pages de l'*Espoir*, l'Algérie retentit d'appels téléphoniques entre généraux, colonels et préfets (« Vous ralliez-vous ? — Non. — Ce sera la guerre... ») et que Joxe et Olié filent, en rase-mottes pour échapper aux contrôles radar, de Mers el-Kébir (où la marine, commandée par le gaulliste Querville, s'affirme fidèle et où ils obtiennent confirmation du légalisme du général de Pouilly, commandant le corps d'armée d'Oran) à Constantine où Gouraud oscille toujours mais où l'aviateur Fourquet fait sonner très haut les mots d'ordre de l'État, Paris s'organise.

Autour de Michel Debré, se tient à Matignon un conseil de guerre permanent. Les premières mesures prises, après l'envoi de Joxe et Olié en Algérie, visent à étouffer dans l'œuf toute tentative d'élargir le coup de force à la métropole. Dès le milieu de la matinée, la police a mis la main sur quelques activistes notoires — dont on apprendra très vite qu'ils constituent l'état-major de l'opération en métropole : le général Faure, le colonel Vaudrey*, le commandant Bléhaut**, le capitaine de Saint-Rémy et quelques civils de renom modeste.

Que Faure ait été désigné par Challe pour prendre la direction de l'opération en métropole est bien la preuve que le commandant en chef en attendait peu. Mais on trouvera sur les conjurés des tracts de l'OAS (« La chasse aux traîtres est ouverte ! ») et un plan, rédigé par le colonel Godard, qui prévoit l'investissement de Paris par trois colonnes militaires convergeant depuis Orléans, Rambouillet et Auxerre — plan qui reçut d'ailleurs, dans la nuit du 21 au 22, un timide début d'exécution, donnant l'occasion à la police d'appréhender quelques dizaines de jeunes officiers de réserve en route d'Orléans à Paris, armés, mais dans des véhicules privés[26].

De Gaulle entre en scène le samedi à 9 heures, en recevant Michel Debré à l'Élysée. Les deux hommes décident de convoquer un Conseil des ministres extraordinaire à 17 heures — ce qui permettra d'évaluer les premiers résultats de la mission Joxe-Olié et de décréter l'état d'urgence. Puis le général, qui a la tête à tout, dépêche son aide de camp auprès de l'amiral Cabanier, chef d'état-major de la marine pour lui demander de faire appareiller d'urgence *le Picard*, bâtiment que commande Philippe de Gaulle à Mers el-Kébir : il faut éviter que les mutins ne prennent en otage*** le fils du chef de l'État[27].

Jean-Raymond Tournoux décrit le général ce jour-là, la tête entre les mains, murmurant : « Que veut Challe ? » Il est le seul à donner cette image de Charles de Gaulle face au putsch. Mais, rappelle l'un de ses intimes, le Connétable était un cyclothymique. On pouvait le voir à midi flamboyant, au crépuscule déprimé, et aux chandelles débordant d'espérance.

---

* Qui avait fait pénétrer les insurgés dans le « GG » le 13 mai 1958.
** Fils d'un amiral qui fut l'un des derniers compagnons du maréchal Pétain.
*** On retrouvera la même préoccupation du général de Gaulle le 29 mai 1968.

Autour de lui, les courages sont-ils plus assurés que lors de l'affaire des barricades ? François Flohic évoque l'indignation que lui causa la réponse d'un de ses collègues de l'état-major particulier du chef de l'État préconisant de prendre les choses « en souplesse » pour préserver « l'unité de l'armée [...] ultime recours de la nation en cas de crise grave ». L'unité de l'armée !

« Rentré dans mon bureau, poursuit Flohic, dans l'état d'esprit qu'on imagine, je résume mes conversations à mes camarades Bonneval et Teisseire. Comme à moi, la recommandation de " prendre les choses en souplesse " leur paraît suspecte de couvrir *a priori* l'inaction et de favoriser la trahison [...]. La présence des généraux rebelles à Alger, sans que les Renseignements généraux aient été au préalable informés, nous fait suspecter la complicité active * de l'armée de l'air, au moins en ce qui concerne le transport. De plus, la présence de deux généraux aviateurs parmi eux, Challe à leur tête, Jouhaud ancien chef d'état-major de l'air, renforce considérablement nos suspicions [...].

« Nous prenons, avec le colonel Dupuy, commandant militaire du Palais — en qui nous avons une confiance absolue —, des dispositions pour que *personne* ne puisse accéder aux appartements du Général, soit du rez-de-chaussée, soit du deuxième étage, à partir de l'appartement du chef de l'état-major particulier **. Non pas que nous nous méfions [de lui] ; c'est un soldat loyal, " droit comme une barre de fer ", mais en va-t-il de même de tous les officiers sous ses ordres [28] ? » Décision significative de l'angoisse qui règne : les défenseurs du palais obtiennent qu'un commando de marine soit posté dans les sous-sols de l'Élysée.

À 17 heures s'ouvre le Conseil des ministres. Écoutons Louis Terrenoire : « Nous avons trouvé le général dans sa vêture morale des " tempêtes " : d'un calme effarant, d'une volonté implacable, il n'y a pas de paille dans cet acier. Il annonce son intention d'appliquer sans attendre l'article 16 de la Constitution. » Cette détermination est partagée par le Premier ministre, que plusieurs collaborateurs du général ont trouvé « beaucoup plus ferme que lors de l'affaire des barricades », et par Malraux, qui retrouve sa pugnacité de 1936 ou de 1944. « Nous ferons face, s'il le faut, avec des chars [29]... »

En de telles circonstances, de Gaulle ne saurait manquer de souligner, d'un sarcasme, le peu de cas qu'il fait de ces rivaux aux képis constellés d'étoiles : « Ce qui est grave en cette affaire, messieurs, c'est qu'elle n'est pas sérieuse [30]. » C'est-à-dire : à force de s'empêtrer dans les affaires algériennes, l'armée française n'est même plus capable de conduire proprement une opération de ce type...

Mais quoi : parlera-t-il au peuple inquiet ? Lancera-t-il, dans les heures qui viennent, la foudre verbale qui a abattu la IVᵉ République et rasé les barricades ? Autour de lui, on s'empresse, on le presse. Pompidou se précipite pour le persuader. Peuh... Pourquoi se hâter ? Chaban accourt à la

---

* Seul ce dernier mot est excessif.
** Le général Dodelier, qui a succédé à Olié, auquel de Gaulle a confié l'état-major général.

rescousse. Il se fait lui aussi « contrer ». Ces gens sont inconsistants, ils vont s'effondrer eux-mêmes. Faut-il jeter l'anathème sur ce néant ? Il ne se laissera fléchir qu'en fin d'après-midi.

Pour l'application de l'article 16, c'est-à-dire, au-delà de l' « état d'urgence » déjà instauré, les pleins pouvoirs du temps de guerre, le Conseil constitutionnel donne un avis favorable. Mais des voix s'élèvent au Parlement : la guerre n'est pas déclarée, que l'on sache... Le général obtiendra du gouvernement qu'il passe outre, et en fixe l'application au dimanche à minuit : « La Constitution, je la connais bien [...] je sais ce que j'y ai mis ; mieux que quiconque, je connais la manière de l'interpréter. »

Autour du chef de l'État, on forme le carré. Avertis par un officier de l'état-major particulier* qu'il ne tirerait pas sur les parachutistes s'ils attaquaient l'Élysée, Flohic et ses compagnons transforment leur bureau en bastion, et s'arment, eux, jusqu'aux dents : ils se font « ostensiblement apporter [leurs] fusils de chasse amplement approvisionnés de chevrotines. Teissère dévoile son arsenal personnel : un Luger à chargeur hélicoïdal de trente-sept cartouches et un Colt... » et une arme automatique est installée dans le Salon d'argent d'où elle pourra « balayer » le parc[31].

Les officiers fidèles n'en jugent pas moins utile d'aller vérifier la mise en défense des aérodromes militaires. A Villacoublay, ils découvrent que nul officier de l'armée de l'air n'est à son poste, sauf un lieutenant de garde qui n'est au courant de rien ! Cette formidable Ve République présidée par un militaire est un vrai fromage de gruyère...

Ce dimanche 23 avril, à Alger, Challe affiche un moral et tient des propos de vainqueur. « Hier, nous n'étions rien. Aujourd'hui, nous sommes la plus grande partie de l'Algérie [...]. Le général Olié est en fuite[32] », déclare-t-il à la radio. Ce qui est faire la part belle à la propagande.

Alger, c'est vrai, est aux mains des putschistes. Mais Constantine est un écheveau de contradictions, Bône, Tizi-Ouzou, Mostaganem sont aux mains de gaullistes déclarés (Ailleret, Simon, Menditte) — et, en Oranie, Argoud échoue aussi bien à entraîner dans l'aventure les légionnaires de Sidi-bel-Abbès** que le général de Pouilly. Il se reprochera plus tard de ne pas avoir « exécuté » de ses mains et sur-le-champ cet officier dont « la mort aurait dramatisé la situation » et « montré à tous les hésitants que nous ne reculions devant rien[33] ».

Mais au moment où Antoine Argoud hésite à abattre Pouilly, un événement décisif s'est produit, qui voue à l'échec l'entreprise qu'il a depuis six mois, échafaudée pièce à pièce. De Gaulle a parlé. Et, bien mieux, il a été écouté. Et plus encore, par l'armée d'Algérie autant que par le peuple de la métropole.

---

* Le commandant Lannelongue.
** En dépit des propos tenus aux envoyés de la junte par leur chef, le colonel Brothier.

Cette soirée du 23 avril, que doit marquer le discours — enfin ! — du général, à 20 heures, prend des airs de fête révolutionnaire. Une fête où l'on danserait sous un volcan. La rumeur s'est répandue que les paras décolleront d'Alger vers 22 heures pour être largués dans la nuit sur la région parisienne. Une seconde rumeur lui fait suite : à l'appel de Malraux, mais aussi des syndicats et du PCF, une sorte de levée en masse s'opère. On s'inscrit au ministère de l'Intérieur.

Et voici qu'une foule pittoresque, où les poètes surréalistes, les actrices et les professeurs de philosophie côtoient les ouvriers espagnols, les dames d'œuvre, les manœuvres marocains et les militants d'extrême gauche, s'attroupe place Beauvau, puis dans les sous-sols du Grand Palais. On distribue en hâte quelques casques, quelques équipements — mais pas d'armes...

Peu d'images — quel regret ! — ont été conservées de cet agglutinement savoureux d'une intelligentzia casquée, mi-conseil de révision de bidasses, mi-libération de Paris ou siège de Madrid.

Mais nul d'entre nous n'a oublié la harangue de Malraux : « Une nouvelle fois, la France vit une minute historique. Dans trois heures, les parachutistes devraient être là, mais puisque vous y êtes, ils ne passeront pas ! » Moyennant quoi Malraux et Frey, le lendemain, essuieront cette remarque du Connétable : « Voulez-vous m'expliquer les raisons de ce tumulte grotesque que vous organisâtes sous mes fenêtres [34] ? »

S'il a laissé disposer quelques chars devant le Palais-Bourbon, il a coupé court aux mots d'ordre de mobilisation populaire lancés par les syndicats. Il n'a jamais cru, on l'a vu, à la détermination et moins encore à l'imagination des conjurés. Dans l'après-midi de dimanche, il a lancé à Chaban-Delmas : « Fidel Castro serait déjà là. Mais ce pauvre Challe n'est pas Fidel Castro [35]... » Il n'en fait pas moins semblant, vis-à-vis de tel ou tel ministre, de s'inquiéter. Il jette des mots angoissants ou cruels (« Je ne partirai d'ici que les pieds devant... »), parle de testament politique, puis se gausse des putschistes (« Ce sont des militaires, ils vont s'empêtrer... »). Ainsi sonde-t-il les courages. Il n'en trouvera pas beaucoup d'intrépides... « Étions-nous plus de cinq ou six à ne pas vaciller ? » demande aujourd'hui Pierre Sudreau [36].

Lisons ce qu'en écrit des années plus tard Louis Terrenoire, qui n'essaie pas de donner le change : « Guère farauds, en vérité, tels nous étions, au soir du dimanche, réunis à l'hôtel Matignon autour du Premier ministre. Le comportement impavide du chef de l'État ne suffisait pas à nous masquer la menace, que nous croyions réelle, d'un raid de commandos parachutistes sur la capitale, éventualité qui eût risqué d'entraîner le ralliement au putsch d'unités stationnées en métropole et en Allemagne, ainsi que l'entrée en action des groupes d'activistes [...]. Un débarquement d'éléments aéroportés eût été un désastre national. C'était, comme en mai 1958, le risque de la guerre civile [...]. La vie du général de Gaulle était en danger [37]... »

Le dimanche, à 19 heures, les techniciens de la télévision s'affairent à l'Élysée non dans la salle des Fêtes, comme d'ordinaire, faute de décors, mais cette fois dans la salle de musique. Tiens... En tout cas, ce sera de la musique militaire. Le général fait son entrée : il a revêtu son uniforme et sa mine des grands orages. Quand il s'installe devant l'écran, les témoins savent que ce n'est pas pour proposer un compromis...

Nous, devant nos écrans, nous voyons apparaître à 20 heures le vieil inquisiteur jacobin à la trogne formidable qui, quinze mois plus tôt, avait fait, en quelques aboiements superbes, crouler les barricades. Cette tête ancienne s'agite, sous les mèches. Le regard est dardé, le masque tordu de colère et les poings serrés sont posés de part et d'autre du micro, comme les colts des héros de western sur la table de jeu... Écoutons-le :

> « Un pouvoir insurrectionnel s'est établi en Algérie par un *pronunciamiento* militaire...
> Ce pouvoir a une apparence, un quarteron * de généraux en retraite **. Il a une réalité : un groupe d'officiers, partisans, ambitieux, fanatiques ***. Ce groupe et ce quarteron possèdent un savoir-faire expéditif et limité. Mais ils ne voient et ne comprennent la nation et le monde que déformés à travers leur frénésie. Leur entreprise conduit tout droit au désastre national [...]. Voici l'État bafoué, la nation défiée, notre puissance ébranlée, notre prestige international abaissé, notre place et notre rôle en Afrique compromis. Et par qui ? Hélas ! Hélas ! Par des hommes dont c'était le devoir, l'honneur, la raison d'être, de servir et d'obéir.
> Au nom de la France, j'ordonne que tous les moyens, je dis tous les moyens ****, soient employés pour barrer partout la route à ces hommes-là, en attendant de les réduire. J'interdis à tout Français et, d'abord, à tout soldat d'exécuter aucun de leurs ordres [...]. Les seuls chefs, civils et militaires, qui aient le droit d'assumer les responsabilités sont ceux qui ont été régulièrement nommés pour cela [...]. L'avenir des usurpateurs ne doit être que celui que leur destine la rigueur des lois.
> Devant le malheur qui plane sur la patrie et la menace qui pèse sur la République, ayant pris l'avis officiel du Conseil constitutionnel, du Premier ministre, du président du Sénat, du président de l'Assemblée nationale, j'ai décidé de mettre en œuvre l'article 16 de notre Constitution. A partir d'aujourd'hui, je prendrai, au besoin directement, les mesures qui me paraîtront exigées par les circonstances. Par là même, je m'affirme, pour aujourd'hui et pour demain, en la légitimité française et républicaine que la nation m'a conférée, que je maintiendrai, quoi qu'il arrive, jusqu'au terme de mon mandat ou jusqu'à ce que me manquent, soit les forces, soit la vie, et dont je prendrai les moyens d'assurer qu'elle demeure après moi.
> Françaises, Français ! Voyez où risque d'aller la France par rapport à ce qu'elle était en train de redevenir.
> Françaises, Français, aidez-moi [38] ! »

Est-ce le plus beau texte oratoire de Charles de Gaulle ? On dirait plutôt son meilleur texte opératoire. Tous les termes de cette sommation seraient à commenter, du pronunciamiento qui revêt l'entreprise d'un style de république bananière, à « aidez-moi ! » qui vise à ramener vers lui, de Gaulle-

---

* Utilisé ici improprement comme synonyme de quatuor, alors qu'il signifie le « quart du cent », le mot a déjà été prononcé par de Gaulle, en 1942, à propos des notables de Vichy.
** Challe, Jouhaud, Salan, Zeller (le mot « disponibilité » eût été mieux choisi).
*** Propos qui vise essentiellement les colonels Argoud, Broizat, Gardes, Godard et Lacheroy.
**** Ce qui signifie qu'il se réserve de faire ouvrir le feu.

l'implacable, les apparences de l'humanité, la chaleur des sentiments. Énergie, pittoresque, émotion, tout y est. Ces mots sont des actes. C'est de tous les grands textes de Charles de Gaulle celui peut-être où se manifesta le plus puissamment l'efficacité du discours. Déjà minés par leurs divisions et leur manque de perspectives, les révoltés d'Alger allaient être balayés par cette rafale de mots-projectiles.

De la verve populaire des premières phrases au réquisitoire rageur qui les suit, du style tragique emprunté à quelque *Cinna* au superbe développement sur la légitimité qui semble d'un légiste du Grand Siècle, à cet appel enfin qui confère aux derniers mots une résonance pathétique, le Connétable est à son sommet. Il faut avoir entendu cette convocation lancée à toute une histoire en même temps qu'à tout un peuple pour en savourer la force. Mais la simple relecture, du « savoir-faire expéditif et limité » aux deux « hélas ! » et à cet « aidez-moi » qui dut faire frissonner les chaumières, laisse confondu. Des mots comme des balles, comme des lance-flammes.

L'effet de l'adjuration gaullienne sera d'autant plus fort qu'elle a été captée par les innombrables transistors dont disposait, en Algérie, la troupe — y compris dans les régiments parachutistes. Certes, depuis le début de la journée de dimanche, la chasse aux récepteurs avait été lancée dans les unités ralliées au putsch, sinon dans les autres [39]. En vain.

Ce dimanche soir, dans les cantonnements où les cadres ont en pure perte tenté d'organiser des diversions, le « j'ordonne ! », le « tous les moyens » et les références à la « rigueur des lois » ont été écoutés — relayés par la station la mieux entendue outre-Méditerranée, Radio Monte-Carlo, que dirigeait alors le gaulliste Jacques Debû-Bridel. Les propos du général font tant pour lui assurer la fidélité du contingent et de nombreux officiers que Robert Buron * écrit dans ses *Carnets politiques de la guerre d'Algérie* que la défaite des putschistes d'avril fut la « victoire des transistors ». Ce que reconnaîtra à sa manière Antoine Argoud en déplorant que l'appel du chef de l'État retransmis par la radio ait incité à la « désertion ** » de nombreux sous-officiers des unités de parachutistes engagées dans l'aventure.

L' « effet de Gaulle » sera prolongé quelques heures plus tard, dans un tout autre registre, par l'allocution que prononce vers minuit le Premier ministre Michel Debré. Ce texte-là, où passe quelque chose de hagard et s'affiche une sorte d'affolement, aurait pu détruire les effets roboratifs de l'appel du chef de l'État. Que signifiait cette invocation lancée par un homme évidemment épuisé et hors de lui, incitant le peuple à se rendre sur les aérodromes « à pied ou en voiture » — ce qui fit ajouter « et à cheval ? » par les moins plaisantins de ses auditeurs — pour bloquer la progression des envahisseurs venus d'Alger *** ?

Rien, en apparence. Mais l'effet fut celui qu'avaient probablement

---

* Témoin privilégié de l'aventure en tant qu'otage des putschistes au Sahara.
** Quel mot employer pour les défections au sein d'un mouvement séditieux ?
*** L'auteur peut témoigner de ceci : ayant entendu l'exhortation du Premier ministre, il gagna (en voiture) l'aéroport le plus proche, celui d'Orly, en compagnie de son ami Pierre Viansson-Ponté. Ils s'y retrouvèrent seuls...

souhaité les conseillers de M. Debré : créer autour du pouvoir un sentiment d'angoisse imposant le pouvoir en place comme un recours, compléter l'impression de force inébranlable donnée par le chef de l'État par l'évocation d'une menace immense et informe, celle des « autres » venus du ciel, des Martiens... Au noble « hélas, hélas ! » gaullien, Debré ajoutait un « holà, holà ! » délirant qui bouleversa aussi bien le contingent en Algérie (« Quoi ? On allait l'envoyer sur la métropole faire la guerre civile ? ») que le bon peuple de France. Stratégie de la tension qui, sous une apparence un tantinet ridicule, s'avéra payante.

C'est dans ces quatre heures-là, de 20 heures à minuit, entre l'Élysée et la rue Cognacq-Jay, le 23 avril, que tout se joua — bien que la presse de gauche, les porte-parole des partis (et la plupart des amis de l'auteur, sinon lui-même ?) aient voulu croire, ou faire croire, que la mobilisation populaire avait joué un rôle décisif...

D'après de bons témoins, Maurice Challe, comprenant que Paris lui a ainsi confisqué le gros de ses troupes — moins d'un dixième du corps de bataille, moins d'un centième des effectifs s'était rallié au « quarteron » —, avait, dès ce dimanche soir, reconnu sa défaite et décidé de mettre un terme à l'entreprise. Laquelle lui paraissait d'autant plus incertaine dans son issue qu'elle était devenue plus trouble depuis qu'à la fin de la matinée du même jour Salan et Susini en avaient pris la direction politique : il détestait l'un et méprisait l'autre.

Cette tentative qu'il a voulu situer sous le signe de l'honneur de l'armée, circonscrire dans le temps et les objectifs, la voilà récupérée par ce général politique dont il juge le bilan militaire, de 1956 à 1958, dérisoire, et qu'il voit manipulé par les meneurs d'une organisation terroriste. Alors, à quoi bon prolonger un combat qui lui aura surtout révélé l'opportunisme carriériste d'innombrables officiers, ne cessant de promettre puis de retirer leur concours au gré des fluctuations du rapport de forces...

« Je n'aurais pas cru que notre armée contînt une aussi grande proportion de salauds... » : tel est dès lors le leitmotiv de ses réflexions sur cette aventure où l'ont entraîné des préoccupations nobles, une profonde amertume personnelle, la frénésie de quelques-uns, et l'insuffisante mesure qu'il a prise de ce qui sépare un bon professionnel comme lui d'un homme d'État.

On rapporte que, dans la soirée du dimanche, de Gaulle dit à son entourage : « S'ils n'agissent pas cette nuit, ils sont flambés... » Il ne tenait pas l'hypothèse pour absurde. Flohic raconte que c'est seulement vers 4 heures du matin qu'il quitta son bureau et passa dans son appartement en murmurant : « Ce n'est pas pour aujourd'hui... » Et Bernard Tricot témoigne que le général lui confia : « S'ils veulent débarquer en France, ils débarqueront. Il n'y aura pas grand monde pour leur résister [40]... »

Challe capitule dans la nuit du mardi 25 au mercredi 26, et se rend aussitôt aux autorités, bientôt imité par Zeller. Mais Salan et Jouhaud qui avaient rejoint Challe à Zeralda avant sa reddition, ont fait un autre choix : ils ont pris le maquis, et seront désormais les chefs militaires de l'OAS — le second marquant peu à peu ses réserves. Dans l'avion qui le ramène à Paris, Maurice

Challe confie à un collaborateur de Messmer : « De Gaulle va me faire fusiller... »

Propos qui semble exclure qu'il y ait eu des tractations avant la reddition de Challe, dont on a dit qu'il avait échangé ce geste contre la promesse d'une relative clémence du pouvoir. Il le nie lui-même avec une énergie convaincante :

« Je n'avais rien demandé ni imploré personne et je ne devais par la suite rien demander ni implorer personne. Évidemment je ne me faisais aucune illusion sur ce qui m'attendait. Un général qui se met à la tête d'une rébellion est fusillé lorsqu'il est pris [...]. Au moment de l'échec, je m'étais livré pour ne pas abandonner ceux qui, dans l'armée, avaient eu confiance en moi*. [Mais] ce procureur et ces juges, particulièrement choisis par le pouvoir, il a bien fallu qu'ils avouent [...] qu'au-dessus de la politique du moment, au-dessus de l'obéissance, au-dessus même de la raison d'État, existent des lois morales plus fortes. Puisqu'ils n'ont pas osé, l'un requérir contre moi la peine de mort, les autres la prononcer[41]. »

Le chef nominal du putsch sera condamné à quinze ans de réclusion criminelle, le 1er juin 1961. Mais plus dur pour un chef que cette peine sera le verdict prononcé par Antoine Argoud : « Son caractère ne fut pas à la hauteur de la situation[42]... »

Charles de Gaulle a gagné. D'abord parce qu'il est le plus fort par l'ampleur et la clarté de ses vues, la détermination et la ruse, et par l'usage, miraculeux, qu'il fait des mots et des signes. Ensuite parce que le peuple français — civils et militaires du contingent — a rejeté d'emblée l'aventure, et n'éprouve plus, à l'égard de l'Algérie, que lassitude et désarroi. « En finir ! » De cette exhortation sans grandeur, de Gaulle va achever de se faire le grand exécuteur.

A coup sûr, sa fermeté, son talent et l'effondrement du putsch élargissent son audience et consolident son ascendant populaire. Un sondage réalisé en pleine crise témoigne du ralliement le plus large qu'il ait jamais obtenu. A la question : « Faites-vous confiance au général de Gaulle pour résoudre cette crise ? », 84 % des Français ont répondu oui[43]. La presse de gauche elle-même a dû s'avouer en consonance, quatre jours durant, avec lui. Et il en a acquis un surcroît d'assurance. A peine libéré de son internement saharien,

---

* Sur cette question spécifique, Maurice Challe a tenu à s'expliquer : « Il fut alors trouvé très normal que ceux qui avaient exercé un commandement direct se livrent en même temps que leur troupe. Très normal aussi que les autres se mettent à l'abri. J'approuvais mon ami Jouhaud lorsqu'il me dit noblement : " Je te comprends, mais moi je préfère mourir sur ma Terre natale plutôt que dans les fossés de Vincennes. " Puis, ceux qui s'étaient cachés se trouvèrent naturellement devenir les cadres du mouvement OAS lorsqu'il prit corps. Il était condamné d'avance par la même carence de l'armée qui avait fait échouer le mouvement d'avril, mais il était le dernier sursaut d'un peuple et d'un pays qui ne voulaient pas mourir. Il est dommage que certains, parmi les rescapés d'avril, aient tenté de salir ceux qui s'étaient livrés avec leurs troupes. Leurs jugements sans importance et leurs rodomontades puériles n'ont déconsidéré qu'eux-mêmes et n'ont fait plaisir qu'au Pouvoir ! » (*Notre révolte*, p. 217).

Robert Buron se présente à l'Élysée. Il entend le vieux monsieur lui dire :
« Que voulez-vous, Buron ? Il est un fait dont ils ne se décident pas à tenir
compte, un fait qui fait échec à tous leurs calculs ; ce fait, c'est de Gaulle [44]... »

Mais cette extravagante péripétie ne saurait tout à fait le réjouir. Elle lui
aura permis de vérifier ce qu'il savait déjà : que l'armée française, perdue dans
les contradictions entre la mission qu'elle s'arroge et qui relève de la politique
et son aptitude à la décision, qui est faible, n'est plus qu'un grand corps
disloqué. Le colonel Argoud la décrit « aveulie ». Mais il ne précise pas par
qui, ni par quoi. Par les manœuvres gaullistes ? Par les velléités impuissantes
de chefs inégaux au rôle qu'ils s'attribuent ? Par la dislocation qu'a provoquée
en elle la distinction entre troupes de choc qui se battent et troupes de
quadrillage, qui s'étonnent d'être parfois contraintes au combat ? Par la lente
prise de conscience de la vanité de son combat africain ?

Il y a pire, pour le Connétable. Lors du Conseil des ministres du 26 avril qui
se tient quelques heures après la reddition de Maurice Challe — et au cours
duquel, pour bien afficher une sérénité aussi olympienne dans la victoire que
sous la menace, il interdit que l'on abordât la question algérienne avant
d'avoir, plus d'une heure durant, traité les affaires courantes —, il déclare :
« L'État est à refaire de fond en comble [45]. »

Et quelques jours plus tard, il monologue ainsi devant Flohic à Colombey :

« Ce qui est effrayant, c'est de penser que, lorsque je disparaîtrai, d'une
manière ou d'une autre, il n'y aura rien, ni personne pour me remplacer [ ]
En fait, j'ai rétabli la monarchie en ma faveur ; mais, après moi, il n'y aura
personne qui s'imposera au pays. J'ai été élu sans qu'il ait été besoin de
référendum ; après moi, ce ne sera plus la même chose. Aussi convient-il
d'instaurer un régime présidentiel, afin d'éviter de retomber dans les luttes
d'autrefois. Il faut que le président de la République soit élu au suffrage
universel : ainsi élu, il aura, quelles que soient ses qualités, quand même un
semblant d'autorité et de pouvoir durant son mandat. Il sera responsable, ce
que je suis actuellement ; de même, Kennedy est responsable des États-
Unis [46]. »

Que la décision ait été prise dès ces instants, ou qu'il se soit contenté
d'essayer là, devant un confident, pour susciter ses réactions ou simplement
pour que les phrases se forment dans sa bouche en attendant que l'esprit les
retienne et qu'elles soient proposées à l'opinion, on voit que le putsch d'avril
marque une date dans le cheminement de cette pensée-pour-l'État-qui-est-
moi.

L'édifice bâti au cours de l'été de 1958 est faible, sous le faste et le vaste. Ses
assises sont fragiles : un pronunciamiento de type caraïbe a failli l'emporter. Il
eût suffi que Challe fût un « caudillo » ou Salan un révolutionnaire. « L'État
est à refaire de fond en comble... »

Mais comment l'entreprendre avant d'avoir arraché la France au piège
algérien, qui maintient son armée dans un climat de bas-Empire, diffuse à
travers l'État, ses structures et ses serviteurs des arrière-pensées de guerre
civile, et coupe la France aussi bien de ses alliés européens et africains que de
ses partenaires de la Communauté internationale ?

Sur ce plan, le putsch d'avril aura joué un rôle moteur. Ce que de Gaulle confie, au soir du 26 avril, à l'Élysée, au cours d'un dîner auquel assiste son gendre de Boissieu dont le cousin, Georges, vient d'être arrêté et qui ne dissimule pas, lui aussi, qu'il a gardé toute son estime au général Challe * : l'aventure militaire rend plus inévitable l'issue qu'il prétendait interdire — la négociation avec le GPRA...

Les putschistes auront d'autant mieux travaillé pour l'ouverture de la négociation abhorrée qu'ils ont, comme on l'a dit, consolidé le prestige du chef de l'État en tant que pionnier de la politique qu'ils prétendaient interdire, et surtout créé entre lui et ses futurs interlocuteurs une sorte d'alliance objective.

A Tunis, au Caire, à Rabat, en Suisse, les chefs du FLN ont suivi l'affaire avec inquiétude. Dès le 22 avril, Ferhât Abbâs a mis en garde ses compatriotes contre toutes les « provocations ». M'Hammed Yazid, porte-parole du GPRA, ne cache pas que le sort de Charles de Gaulle est lié à celui de la négociation. Tandis que Bourguiba fait connaître les vœux qu'il forme pour le succès du général sur les mutins, le roi du Maroc convoque l'ambassadeur de France Roger Seydoux, d'abord pour lui annoncer sa décision de faire occuper les bases françaises par ses troupes (« On vous tirera dessus », réplique l'ambassadeur), puis pour offrir au chef de l'État français, si besoin est, une aide militaire [47].

Il n'est donc pas abusif de résumer l'état d'esprit des responsables d'Afrique du Nord par cette phrase de Bechir Ben Yahmed, l'éditorialiste de l'hebdomadaire tunisien *Afrique-Action :* « Le combat que mène de Gaulle contre les partisans de l'Algérie française est, pour le moment, notre combat. »

Bien plus encore : la défaite de Challe culmine le 4 mai suivant, quand de Gaulle reçoit de l'ex-président Eisenhower, resté pour la plupart des Français l'Américain de référence, une lettre qui réduit à néant toutes les supputations du chef militaire du putsch présenté par ses partisans comme le vrai défenseur, à Alger, des valeurs occidentales et, en accord avec Washington, le promoteur de la vraie stratégie globale contre le communisme (dont de Gaulle serait devenu, avec le FLN, l'allié) :

« Cher Général de Gaulle,

« Au moment où vous venez de surmonter triomphalement la dernière crise que vous ayez connue dans votre longue et remarquable carrière, je désire, en tant qu'ami de la liberté et ami personnel, vous adresser à vous, à la France, et au monde occidental, mes félicitations pour votre succès [...].

« Aujourd'hui où je suis retiré de toute vie officielle, et où je me borne par conséquent à exprimer les sentiments de quelqu'un qui gardera toujours à votre égard admiration et affection, je prie pour qu'un plein succès couronne les efforts que vous accomplissez depuis si longtemps en vue

---

* Ce que viendra déclarer aussi, lors du procès du général Challe, Paul Delouvrier.

d'assurer à l'Algérie la libre détermination d'elle-même et pour que la France continue à bénéficier de votre direction courageuse *... »

Propos que le successeur d'Eisenhower à la Maison-Blanche, J. F. Kennedy, dont les sympathies pour la cause algérienne sont connues, pourrait reprendre à son compte. Il a fait d'ailleurs remettre à de Gaulle un message de sympathie par son ambassadeur, le général Gavin.

Dans le même temps, les émissaires du GPRA au Caire et à Moscou — où la presse a été la seule au monde à ne pas soutenir de Gaulle pendant le putsch — ne recueillaient plus aucun avis défavorable à une négociation avec la France, mais simplement des conseils de prudence contre tout engagement stratégique du côté de l'Alliance atlantique.

Les conditions internationales sont plus favorables que jamais à l'ouverture d'une négociation entre la France et le FLN algérien.

C'est le 1er juin 1961 que l'affaire du putsch trouvera son épilogue judiciaire. Devant le haut tribunal militaire créé en vertu de l'article 16 et présidé par Maurice Patin, vieil ami du chef de l'État, les accusés présents — Challe et Zeller — sont frappés de quinze ans de réclusion. Seuls les officiers en fuite (Salan, Jouhaud, Gardy, Argoud, Broizat, Gardes, Godard, Lacheroy) sont condamnés à mort **.

Dans ses Mémoires, de Gaulle se dit « attristé jusqu'au fond de l'âme par [ce] gaspillage de valeurs », et persuadé (« Je le sais, je le sens ») que les mobiles des putschistes « n'étaient pas tous de bas étage [46]. » Ce qui n'est pas montrer de vainqueur à vaincus, une générosité abusive.

Avait-il lu la déclaration faite par le commandant Denoix de Saint-Marc devant le haut tribunal militaire, le 30 mai 1961 :

« ... Je suis devant vous pour répondre de mes actes et de ceux des officiers du 1er REP, car ils ont agi sur mes ordres.

« Monsieur le Président, on peut demander beaucoup à un soldat, en particulier de mourir, c'est son métier.

« On ne peut lui demander de tricher, de se dédire, de se contredire, de mentir, de se renier, de se parjurer.

« Oh ! je sais, monsieur le Président, il y a l'obéissance, il y a la discipline.

« Ce drame de la discipline militaire a été douloureusement vécu par la génération d'officiers qui nous a précédés, par nos aînés [...].

« Nous pensions à ces inscriptions qui recouvrent les murs de tous les villages et mechtas d'Algérie : " L'Armée nous protégera, l'armée restera. "

« Nous pensions à notre honneur perdu.

---

* Lettre que l'Élysée, où l'on ne pratique qu'un « antiaméricanisme » très sélectif, s'empressa de publier.
** 150 officiers furent condamnés à des peines diverses. 500 (et 500 sous-officiers) furent rayés des cadres. Ce qui donne une idée de la participation de l'armée au putsch : 650 officiers sur 10 000 environ.

« C'est en pensant à mes camarades, à mes sous-officiers, à mes légionnaires tombés au champ d'honneur que, le 21 avril, à 13 h 30, devant le général Challe, j'ai fait mon libre choix *.

« Terminé, monsieur le Président. »

Se sent-il très loin, lui, le rebelle de juin 1940, de cet officier engagé dans un défi certes sans issue, absurde et au surplus ruineux, mais dont les mobiles n'étaient pas, et de très loin, « de bas étage » ? Il est l'État, maintenant, et sa Raison.

Et aussi la simple raison, qui dit qu'au sud de la Méditerranée commence un *autre* pays.

---

* Dix heures avant de dévaler de Zeralda sur Alger.

7. Échec à Évian

Le verrou a sauté. La voie est libre. Rien ne retient plus de Gaulle de se lancer dans la négociation qu'il brûle de mener à bien — sinon ces deux principes qu'il semblait s'être fixés : ne pas fonder le FLN en interlocuteur unique ; ne pas entamer les pourparlers avant qu'eussent été rangés « les couteaux au vestiaire ».

Mais sa hâte est la plus forte. Quand, le 8 mai 1961, il s'adresse aux Français à l'occasion du seizième anniversaire de la victoire, c'est moins pour annoncer « le châtiment des égarés » du 23 avril, moins même pour demander « de tout son cœur » aux « Algériens de souche française » de « renoncer aux mythes périmés et aux agitations absurdes » pour « tourner leur courage et leur capacité vers la grande œuvre à accomplir » que pour proclamer qu' « il nous faut, oui, il nous faut ! régler l'affaire algérienne » et annoncer à cet effet les « prochaines rencontres d'Évian ».

Certes, de Gaulle parle encore de « discuter à fond avec les diverses tendances [...] y compris, bien entendu, les chefs rebelles » et, en cas d'échec, de regrouper ceux qui veulent rester français. Mais il ne fera plus rien pour tenter d'élargir la discussion à d'autres qu'aux représentants du GPRA. Rien non plus (sinon le tout dernier jour) pour persuader le FLN de cesser les combats avant de négocier : il ira au rendez-vous pris couteaux en main.

Ces deux concessions majeures, de la part d'un homme qui répugne tant à céder sur quoi que ce soit, témoignent de l'impatience où il vit. L'âge qui passe, les brèches faites dans l'édifice de l'État à colmater, le grand jeu international que ranime l'ouverture de la conférence de paix sur le Laos à Genève * et le prochain tête-à-tête entre Kennedy et Khrouchtchev à Vienne : oui, tout entraîne de Gaulle, et au plus vite, vers la liquidation — aussi décente que possible — du « fourbi arabe » qui le piège là-bas, et la France avec lui. Il vit alors dans un état d'esprit de candidat à l'évasion : tel, quarante-cinq ans plus tôt, le capitaine de Gaulle à Ingolstadt...

Deux jours après la déclaration du 8 mai, le gouvernement français et le GPRA annoncent simultanément la prochaine rencontre de leurs représentants, le 20 mai, à Évian. Il n'est pas question des autres « tendances » (modérées ou messalistes) algériennes ou européennes, ni d'un cessez-le-feu préalable. Les porte-parole des « rebelles » vont à la rencontre de ceux du

---

* Où l'auteur recueillit de divers négociateurs communistes l'impression que rien ne serait fait à l'Est pour freiner la négociation algérienne.

général sans avoir rien offert à de Gaulle en échange de concessions importantes, et alors que se déchaîne en Algérie une double campagne de terreur dont ils portent une large part de responsabilité.

Après quelques jours de prostration, en effet, la masse européenne d'Algérie a explosé de colère, se voyant « trahie » par l'armée à laquelle elle reprochait d'avoir refusé, dans sa masse, de suivre Challe*. Persuadés d'être abandonnés de tous, les pieds-noirs ne voient plus qu'une issue : l'OAS, la violence à l'état pur, le « rien » opposé au « tout » qu'on veut leur arracher. L'OAS à laquelle se joignent Salan et Jouhaud entrés dans la clandestinité comme Gardes, Godard, Sergent et ce lieutenant Degueldre qui veut, dit-il, transformer Alger en Budapest et qui, en attendant, liquide les exécutants de la politique gaulliste**. Tuer, brûler, épouvanter, se venger...

La vague de terreur déclenchée par l'OAS va provisoirement culminer le 19 mai, à la veille de l'ouverture des pourparlers d'Évian : on comptera ce jour-là plus de 100 morts, presque tous musulmans. Les beaux jours de la « fraternisation » sont loin.

A cette campagne d'assassinats répond celle du FLN. Dès lors que le chef de l'État français a accepté de céder sur le point des « couteaux au vestiaire », son partenaire use sans vergogne de ce terrible moyen de pression. Si bien que la terreur entretenue par les militants qui se battent sous le drapeau des négociateurs du GPRA va égaler certains jours celle que fait régner l'OAS pour ruiner les pourparlers. Et l'on verra même échouer l'initiative de cessez-le-feu unilatéral prise par le général de Gaulle***, pour acculer le FLN à faire cesser le terrorisme lors de l'ouverture du dialogue.

Tout de même, à la veille du départ pour Évian, des signes encourageants pour les partisans de la paix sont perceptibles. On relève notamment à Paris que le surcroît de prestige acquis par le chef de l'État du fait de la liquidation du putsch n'a pas poussé les dirigeants du GPRA a retarder de nouveau les pourparlers en attendant un éventuel affaiblissement des positions françaises. Ayant eux-mêmes craint que de Gaulle, fort de son succès, n'en profite pour les « lanterner », ils sont satisfaits de la rapidité et de la netteté avec lesquelles Paris a relancé le dialogue. Dans la consolidation de l'autorité et du prestige du chef de l'État français, ils voient se dessiner l'élargissement de la marge de manœuvre du général de Gaulle plus que le risque d'un déséquilibre accru dans la négociation[1].

De Gaulle a refusé que la conférence se déroulât en territoire neutre, ce qui, en en accentuant le caractère international, eût équivalu à une reconnaissance diplomatique du FLN. Les délégués du GPRA refusent de leur côté d'être hébergés en France. Alors on est convenu que la délégation

---

* Accusé lui-même par tout un secteur de l'opinion algéroise d'avoir joué les provocateurs au bénéfice de De Gaulle...
** A commencer par le commissaire de police Gavoury lardé de coups de poignard le 31 mai.
*** Qui indigna bon nombre de jeunes officiers et en accula certains à la démission.

française résidera à l'hôtel du Parc d'Évian, sur la rive du lac où se dérouleront les entretiens, tandis que les hommes du GPRA viendront chaque jour en hélicoptère du territoire suisse, où le FLN dispose d'une résidence à Bois d'Avault.

La délégation française sera conduite par Louis Joxe, ministre d'État pour les affaires algériennes, et celle du FLN par Belkacem Krim, le maquisard kabyle devenu un an plus tôt le ministre des Affaires étrangères du GPRA. Joxe a pour adjoints deux pionniers des tractations secrètes, Bruno de Leusse et Claude Chayet, le maître des requêtes au Conseil d'État Roland Cadet, très proche de Michel Debré, Philippe Thibaud, responsable de l'information, le général Simon, vieux gaulliste qui lors du putsch a su « tenir » la Kabylie et le lieutenant-colonel de Séguin-Pazzis, parachutiste considéré comme « libéral » et ami personnel de Pierre Messmer.

Aux côtés de Krim siégeront le Dr Francis, son collègue des finances, Ahmed Boumendjel, vétéran de la négociation et son acolyte de Melun Mohammed Ben Yahia, Saad Dahlab et Taïeb Boulharouf, autres négociateurs déjà chevronnés, Redha Malek, chargé de la presse, et les colonels Mendjli et Slimane.

Louis Joxe était le meilleur chef de délégation que pût désigner Charles de Gaulle. Le choix du général avait été guidé par sa longue collaboration avec Joxe à Alger en 1943 et 1944, par la connaissance aussi que ce professeur d'histoire avait dès lors du problème, l'état d'esprit libéral dans lequel il l'abordait et la diligence, le courage et le sang-froid avec lesquels le ministre des Affaires algériennes faisait face depuis cinq mois aux conservateurs d'une part, et de l'autre aux tueurs.

Bernard Tricot, qui travaillait depuis des mois à ses côtés et sera son adjoint dans la dernière phase des pourparlers, l'a décrit « ferme sans être systématique, ne versant, malgré une sensibilité très vive, dans aucune démagogie » et manifestant sans cesse « la disponibilité d'esprit, l'imagination et l'art des contacts » qui font le négociateur. Au surplus, l'un des atouts de Joxe fut, au long de cette difficile mission, de connaître mieux que personne le général de Gaulle, ses arrière-pensées, ses pulsions, ses réflexes. Il lui arrivera de reprocher au chef de l'État de « jouer au poker à ciel ouvert », le gênant fort. Mais pour l'essentiel, il sera au cours de ces dix mois de tractations le fidèle interprète (et parfois même le très discret inspirateur) de la stratégie de l'Élysée.

Le 20 mai à 10 heures, l'hélicoptère de l'armée suisse HBXBM se posa sur un terre-plein proche de l'hôtel du Parc d'Évian. Belkacem Krim, chef de la délégation du GPRA, en descendit, suivi par Ahmed Francis et Ahmed Boumendjel.

Le protocole avait été réglé par Michel Debré. Le sous-préfet de Thonon, en civil, s'avança vers les arrivants, s'inclina légèrement, dit quelques mots d'accueil puis guida les arrivants vers l'hôtel du Parc. Trois minutes plus tard, sortaient d'un second hélicoptère Ben Yahia et les colonels Slimane et Mendjli ; et d'un troisième appareil, Redha Malek, Taïeb Boulharouf et Saad Dahlab qui, avant même que l'appareil ait touché terre, faisaient un geste de la main vers la presse assemblée.

Les observateurs internationaux devaient beaucoup insister sur le caractère antithétique des deux délégations. Certes, trapu, basané, rustaud d'apparence, le maquisard Belkacem Krim ne ressemblait guère à son homologue, Louis Joxe, qui semblait sortir d'une pièce de Marivaux. Le visage amaigri par la maladie, mangé de barbe, le sourcil plus charbonneux, le regard plus noir encore qu'à l'ordinaire, Krim apparaît aux observateurs comme le typique prolétaire méditerranéen, le paysan qui s'acharne sous tous les oliviers d'Andalousie ou de Chypre, l'homme de peine qui s'échine sur le port de La Goulette ou celui du Pirée, le laboureur des montagnes.

L'ancien chef de la Wilaya kabyle, le condamné à mort *, n'a pas d'aisance face aux caméras et, au-delà, aux journalistes. Il semble surgir de son djebel. Le tête-à-tête de ce descendant des insurgés de Numidie et de Joxe qui, professeur d'histoire à Alger, dut enseigner à ses élèves la révolte des Circoncellions ** et les campagnes de Jugurtha, promet d'être instructif.

Mais Ahmed Francis, avec son air de notaire provençal, le brillant avocat Ahmed Boumendjel, Mohammed Ben Yahia, étudiant lauréat, le désinvolte Boulharouf ou Dahlab à la jovialité conquérante ne le cèdent en rien à leur vis-à-vis français pour l'entregent ou l'aisance du discours — encore que le poids de l'histoire et les conflits internes de leur organisation aient freiné parfois l'agilité de leur esprit.

D'autant qu'au sein du groupe les deux délégués de l'ALN, Kaïd Ahmed dit Slimane et Ali Mendjli, qui n'avaient accepté de participer à la négociation disaient-ils que sur ordres exprès de leurs chefs, représentaient une force de refus, un bloc de méfiance. Le second, d'après Ferhât Abbâs [2], se réclamait ouvertement du fascisme et méprisait la démocratie parce qu'elle avait servi de masque à la colonisation.

Au moment où les seize délégués — sept Français, neuf Algériens — se font face pour la première fois (sans se serrer la main) dans le grand salon de l'hôtel du Parc ***, le chef de l'État français, qui n'a donné à ses représentants qu'une consigne, « aboutir [3] », prend une triple initiative qui va susciter bien des remous : un cessez-le-feu unilatéral, la libération de 6 000 prisonniers FLN et le transfert de Ben Bella et de ses compagnons dans le château de Turquant, proche de Saumur.

Les délégués du FLN ne peuvent que se féliciter de ces deux dernières décisions. Mais ils dénoncent aussitôt la trêve décidée par de Gaulle comme un « chantage ». Obstinément attachés au principe énoncé cinq ans plus tôt au Congrès de la Soummam (pas d'arrêt des combats avant la reconnaissance de l'indépendance par la France), les hommes du GPRA qualifient de

---

* Le meurtre d'un gendarme lui a été imputé en 1950.
** Insurgés nord-africains du temps des Romains.
*** Loué pour un mois seulement...

« grossière manœuvre de propagande » la décision française qui prétend les acculer à la trêve. Pourquoi ? Parce qu'une armée régulière peut réaliser à sa guise une reconversion de ce type, mais non une force insurrectionnelle, condamnée par nature à tenir les combattants en haleine. D'où une mauvaise humeur accentuée, au sein de la délégation algérienne, par l'exposé liminaire de Louis Joxe qui vise, d'après eux, à donner l'ascendant à la partie française.

Mauvaise humeur d'ailleurs très concertée : les dirigeants du Front n'avaient pas été pris de court par la trêve unilatérale et s'étaient, après une longue discussion, préparés à cette décision du général et à la réaction qui s'ensuivrait : au point que leur texte, rédigé depuis plusieurs heures, fut publié quelques minutes seulement après l'annonce de la trêve française [4].

Les deux délégations étaient convenues de garder les délibérations secrètes, non sans qu'un communiqué quotidien informât l'opinion de l'essentiel des problèmes abordés. Peu de choses filtrèrent des débats et les envoyés spéciaux que nous étions [*] restèrent, trois semaines durant, à court de confidences. Mais un climat était perceptible.

Ce qui frappa d'emblée les observateurs en contact avec les deux délégations, c'est que les pourparlers d'Évian semblaient partir de rien. Moins du fait de l'écart qui demeurait considérable entre les positions que de la rareté d'informations sérieuses dont disposaient de part et d'autre les partenaires. Les dossiers du ministère de la rue de Lille ou de l'Élysée semblaient aussi mystérieux aux Algériens qu'aux collaborateurs de Joxe les débats entre Krim, Abbâs, Boussouf, l'état-major de Boumedienne et les chefs des wilayas à la veille du voyage [**].

Que des sondages aussi répétés aient abouti à tant d'incertitudes ne pouvait s'expliquer que par trois raisons : l'ampleur des péripéties algériennes dont chacune — référendum, manifestations de décembre, putsch d'avril — remettait en question les analyses faites précédemment ; la collégialité (pour ne pas dire la dispersion et les contradictions) du pouvoir FLN, qui conférait beaucoup d'imprécision à ses positions ; et au contraire, la personnalisation du pouvoir en France, qui rendait peu intelligible la politique française à qui ne pouvait scruter les intentions du chef de l'État.

Vingt ans plus tard, on en sait un peu plus long sur ce que prétendaient obtenir ou empêcher les deux délégations. Dans *les Sentiers de la paix*, Bernard Tricot — après avoir justement insisté sur le handicap que constitua, pour le succès du dialogue, la poursuite, sinon l'exaspération du terrorisme FLN (133 victimes, dont 27 Européens, entre l'ouverture et la suspension des pourparlers !) — met l'accent sur les deux problèmes qui, aux négociateurs français apparurent d'abord comme les enjeux majeurs du débat et qui, en effet, le restèrent jusqu'au bout :

[*] Je représentais pour ma part *le Monde* aux négociations, en alternance avec mon ami Philippe Herreman.
[**] En fait, les Algériens semblent avoir été un peu mieux informés que les Français, ne serait-ce qu'en raison de la moindre opacité des milieux responsables à Paris. Nous verrons que Boumendjel et ses amis savaient pas mal de choses...

a. S'agissant du « sort des Européens [d'Algérie] il nous faudrait des engagements précis [...]. Entre l'ensemble de garanties auxquelles nous pensions et les quelques protestations de bonne volonté que nos représentants avaient entendues, il y avait un abîme ».

b. Quant au « Sahara, la position de principe que nous avions prise et qui excluait ce désert du champ de l'autodétermination, celle du FLN qui l'incluait ne permettaient de rapprochement, sauf capitulation d'une des parties, que si un accord se dégageait sur ce qui était pour nous l'essentiel : les conditions de mise en valeur du sous-sol[5] ».

Les positions de départ des Algériens sont ainsi résumées par Ferhât Abbâs dans son *Autopsie d'une guerre* :

« *1.* Pas d'arrêt des hostilités avant un accord politique.

« *2.* Le Sahara est partie intégrante de l'Algérie.

« *3.* Mers el-Kébir, Reggane (où se déroulent les expériences nucléaires françaises), et tout ce qui touche à la sécurité de la France, feront l'objet d'un accord spécial limité dans le temps.

« *4.* L'unité du peuple algérien, dans sa diversité, doit être garantie, toutes les assurances étaient données aux Français d'Algérie.

« Cette plate-forme restera pour nous constante et intangible[6]. »

A la veille de la négociation (29 avril 1961) les délégués algériens recevaient du GPRA une « note d'orientation » impérative fixant ainsi leur ligne de conduite — très « dure », et qui démontre que, contrairement à la légende, de Gaulle n'a pas octroyé au FLN plus qu'il ne lui demandait :

« Le contexte de [la] conférence de presse et l'énoncé même de ces questions laissent supposer que le général de Gaulle n'est pas opposé à une indépendance formelle. Bien entendu, même en ce qui concerne la reconnaissance de cette indépendance une négociation doit intervenir (conditions et contenu).

« A ce programme " d'association " qui tenterait de vider l'indépendance de son contenu, il nous faut opposer un programme qui puisse laisser à l'indépendance tout son contenu. Bornons-nous à l'énoncé de cette règle, car il est difficile de prévoir à l'avance toutes les astuces qu'il faudra déjouer. L'essentiel sera de sauvegarder notre orientation et nos objectifs fondamentaux que nous rappelons ci-dessous :

— l'indépendance (souveraineté extérieure et intérieure),

— l'intégrité du territoire (Sahara et Mers el-Kébir),

— l'unité du peuple.

— Défense et Armée nationale.

Il est évident qu'au cours d'une telle confrontation, l'adversaire fera tout pour obtenir en contrepartie de ses concessions sur les impératifs ci-dessus, des régimes préférentiels et des accords avantageux (pétrole, statut des Européens, bases).*... »

---

* Cette note confidentielle a été communiquée à l'auteur vingt-cinq ans plus tard par l'un des protagonistes.

Peut-on se faire une idée des chances de succès que se donnaient, en cette fin de mai 1961, les principaux intéressés ?

On croit savoir que le général de Gaulle était plutôt sceptique. Mais il l'était moins semble-t-il que les membres de la délégation FLN. L'un d'eux confiait le 15 mai à un journaliste italien : « Nous ne sommes d'accord sur aucun sujet. Nous ne savons même pas de quoi nous allons discuter. Nous allons à Évian simplement pour que l'opinion internationale puisse être juge. » Au départ pour Genève des neuf négociateurs algériens, l'un des ministres du GPRA à qui l'on demandait pourquoi il ne faisait pas partie de la délégation répondit en souriant : « Je me réserve pour la prochaine, la vraie, celle qui négociera la paix et l'indépendance. Cette fois-ci la situation n'est pas encore mûre. »

Et un autre des négociateurs déclarait à Jean Daniel : « Les négociations ne peuvent pas durer plus de deux mois sans cessez-le-feu. Nous ne cesserons le feu que s'il y a accord politique. Il ne peut pas y avoir accord politique si le Sahara est séparé de l'Algérie. Donc, s'il n'y a pas d'accord sur le Sahara dans les deux mois, ce sera l'échec. »

Compte tenu de ce que l'on savait des thèses françaises sur le Sahara, cela laissait peu de chances d'aboutir aux deux délégations.

Reçus le dimanche 21 mai par la délégation algérienne dans la villa mise à la disposition du FLN par un magnat du pétrole arabe, nous pouvions constater que la première journée de la conférence avait opéré, dans l'esprit de nos interlocuteurs, un véritable « déblocage » psychologique. Melun semblait effacé. La prise de contact « officielle » d'Évian ouvrait une période nouvelle dans le débat algérien. Des tabous avaient disparu ; le ministre et le condamné s'étaient rencontrés et avaient parlé ; l'illégalité avait pu se faire légalité. Les obstacles restaient considérables, l'échec était toujours possible, la guerre pouvait se poursuivre, mais rien ne devait plus être, après ce 20 mai, comme avant.

L'état d'esprit des Algériens paraissait être alors de ne pas rechercher l'épreuve de force, de ne pas « fixer » la négociation sur les points les plus dangereux où aucun compromis n'est alors concevable, c'est-à-dire notamment à propos du Sahara, mais au contraire d'engager le plus largement possible la conversation et de faire jouer ce que Bourguiba appelait la « dynamique de la négociation ». A chacune des difficultés que l'on évoquait devant eux, les envoyés du FLN ripostaient : « Nous sommes ici pour négocier. » Mais très vite, les positions allaient s'affirmer et se contredire de plus en plus nettement.

Les délégués algériens ne semblaient pas rejeter d'emblée une formule garantissant la vie et les biens des étrangers en tant qu'individus, mais ils exprimaient leurs préventions contre toute reconnaissance de l'existence de « communautés ». Pour nous, disaient-ils, il n'y a qu'une communauté, le peuple algérien. Pourquoi préjuger l'existence des groupes communautaires alors que beaucoup d'Européens choisiront peut-être la nationalité algérienne ? Combien restera-t-il d' « étrangers » ? Pourquoi donc se battre sur ce point quand on connaît si mal encore l'objet du débat ?

Surtout, les délégués du Front continuaient à s'inquiéter du silence observé du côté français sur les limites territoriales de l'État algérien de demain. Sur ce point, leur doctrine, celle de l'unité du territoire, était ferme, et toute allusion à une spécificité politique saharienne les trouvait en position de combat. Et d'autant plus que le membre de la délégation FLN le plus déterminé à aboutir, Saad Dahlab, était originaire du Sahara...

Si bien que, en dépit de l'appréciation que les délégués algériens continuaient à porter sur le ton et le style des entretiens, un pessimisme diffus gagna bientôt les observateurs. Observateur privilégié de l'autre bord (il était l'un des conseillers de Ferhât Abbâs), Mohammed Harbi écrit que « dès le troisième jour, l'écart entre les positions françaises et algériennes s'avère infranchissable. Les représentants français exigent la double nationalité pour les Européens, des enclaves territoriales pour des bases militaires et rejettent toute souveraineté algérienne sur le Sahara. La rupture était prévisible ».

Harbi ne manque pas d'ailleurs de dénoncer les responsabilités du FLN : « Dans la délégation algérienne, chacun est à l'affût du moindre signe de modération chez l'autre. Les ex-centralistes (dissidents du MTLD de Messali Hadj) Dahlab et Boulharouf croient en déceler un dans l'attitude du Dr Francis. Lorsque les délégués français contestent l'appartenance du Sahara à l'Algérie, celui-ci propose de confier l'examen de la délimitation territoriale à une commission et d'aborder un autre point de l'ordre du jour. Hostiles à cette procédure, les ex-MTLD, dont le commandant Ali Mendjli, y virent une manifestation de l'esprit de capitulation des anciens UDMA » (le parti de Ferhât Abbâs et d'Ahmed Francis).

Le 26 mai devait être un moment critique des pourparlers. Ce jour-là en effet, à la demande expresse du général de Gaulle, le chef de la délégation française paraissait devant un aréopage de 200 journalistes internationaux rassemblés à Évian pour leur exposer les thèses de Paris, sur un ton et avec un talent qui lui assuraient un important avantage psycho-politique. En jetant sur la table les nouvelles cartes de la France, en faisant appel à l'opinion publique pour soutenir les thèses françaises, en tentant ainsi d'entraîner le FLN, de forcer son partenaire à discuter, de l'orienter dans le sens souhaité par son pays, Joxe marquait des points psychologiques mais courait un risque : celui d'irriter et d'humilier ses interlocuteurs.

Mais non. Le 29 mai, la délégation FLN ramenait la discussion sur le sujet le plus propre à un travail en commun : la préparation du scrutin d'autodétermination. Non seulement parce que c'était le thème officiel de la négociation tel qu'il avait été défini par les communiqués symétriques du 30 mars, mais parce que c'était le terrain sur lequel on pouvait, de concert, faire œuvre utile.

En ce sens on pouvait dire que la discussion sur les conditions du référendum d'autodétermination, auquel on se référait si volontiers à Évian, était le lit dans lequel coulait le fleuve de la négociation — avec une rive française et une rive algérienne... —, étant entendu que dans ce fleuve se jetaient de multiples affluents, problèmes territoriaux, droits de la minorité, possibilités d'association ou de coopération futures... Mais, s'agissant des problèmes « se rattachant » à l'autodétermination, selon les termes des communiqués du 30 mars, les Algériens insistaient sur ceux qui allaient se poser « avant » et « pendant », plutôt que sur ceux qu'il faudrait résoudre « après ».

C'est sur ces points délicats que furent réalisés les progrès les plus intéressants. Considérant de part et d'autre qu'il ne faudrait pas laisser s'écouler un trop long temps entre l'accord et le scrutin, et que le choix du peuple algérien ne pouvait s'opérer dans le cadre du pouvoir politico-militaire émanant de l'ancien régime, on en vint à l'idée de mettre sur pied une autorité nouvelle, certes de transition, mais qui puisse inspirer confiance ici et là. D'où la découverte (due à Saad Dahlab) de la formule d' « exécutif provisoire » mixte, qui devait rester le fruit le plus évident de la première conférence d'Évian.

Après deux semaines de palabres — que de Gaulle suivait de très près, prenant contact au moins trois fois par semaine au téléphone avec Joxe — on avait progressé. Mais deux désaccords allaient provoquer la rupture entre les délégations : sur le statut de la minorité « non musulmane » et surtout sur le Sahara.

Les Algériens avaient refusé de s'engager à fond dans ces deux débats, arguant du caractère contradictoire de la démarche française : le GPRA n'était pas reconnu par le gouvernement français, comment pouvait-il se prononcer, au nom de la future Algérie, sur des questions relevant de négociations entre États ? Puis ils assouplirent leur position, Boumendjel convenant de la nécessité de « discuter de l'avenir de l'Algérie ».

Les Algériens, s'en tenant au principe de non-discrimination, considéraient que la reconnaissance des garanties concernant le droit électoral, le régime municipal, les régimes de juridictions, etc., était du ressort du futur État : « Il ne peut être question de créer dans nos institutions des règles qui cristalliseraient une minorité. Aller plus loin que ce que nous vous proposons risquerait d'ébranler les assises de l'État algérien à construire », conclut le chef de la délégation du GPRA.

Sur ce point donc, la contradiction entre les deux thèses restait fondamentale. Elle l'était plus encore à propos de l' « unité du territoire » algérien.

Le Sahara, le général de Gaulle l'avait exclu de la négociation dès le discours du 16 septembre 1959 qui lui avait donné le branle. Sa position de départ était celle-ci : la France doit « garder la disposition des gisements de pétrole que nous avons mis en œuvre et celle des bases d'expérimentation de nos bombes et de nos fusées ». A cet effet, précisait-il, « nous sommes en mesure, quoi qu'il arrive, de rester au Sahara, quitte à instituer l'autonomie de ce vide immense ».

La conception algérienne était, on l'a vu, opposée. On pouvait la résumer ainsi : le Sahara fait partie du territoire national. La discussion promettait donc d'être rude ! Elle s'engagea à coups de références historiques : « Au xᵉ siècle, les Fatimides * avaient poussé jusqu'au Tafilalet... », soutenait Boumendjel. « Mais non ! L'extension de l'Algérie vers l'intérieur est la conséquence de la prise d'Alger en 1830 », rétorquait Joxe.

Type du débat sans issue. Pourquoi ne pas contourner le conflit territorial en traitant l'affaire sous l'angle de la coopération économique ? arguaient les Français. Ahmed Boumendjel intervint pour déclarer qu'il y avait là « une base de discussion ». Si la souveraineté sur le Sahara est transférée à l'Algérie, celle-ci est prête à coopérer avec l'étranger. Mais Krim coupa alors son collaborateur qui, à ses yeux, s'était engagé trop loin. Ce qui était en question, pour l'heure, dit-il, c'était le problème du champ d'application de l'autodétermination, c'est-à-dire la reconnaissance de l' « algérianité » du Sahara. C'est ultérieurement que l'on discuterait du gaz et du pétrole.

Aucun progrès ne semblait pouvoir être enregistré [7] tant que de Gaulle n'aurait pas permis à Louis Joxe de cesser de tenir le Sahara hors du débat. Le chef de la délégation française avait prévenu le général : tant que ce préalable ne serait pas levé, la négociation piétinerait [8]. C'était d'autant plus vrai que les négociateurs algériens croyaient savoir que la décision de l'Élysée était prise, et que le général ne s'obstinerait plus très longtemps sur ses positions sahariennes. Le tenaient-ils de confidences faites naguère à Boumendjel par Pompidou ? En tout cas, dès le début des pourparlers, ils tinrent le « lâchage » du Sahara par leurs interlocuteurs pour acquis d'office : c'était pour eux une affaire de patience [9].

La patience, c'est ce qui commence à manquer au général de Gaulle. Quoi, ces hommes auxquels on reconnaît d'emblée l'essentiel, l'indépendance, assortie d'une offre généreuse de libre assistance, ces hommes qui ont perdu la bataille sur le terrain, prétendent tenir la dragée haute au vainqueur ?

Lisons ici les *Mémoires d'espoir* :

> « ... Nous aurons, au long des discussions, à franchir les montagnes de méfiance et les abîmes d'outrecuidance derrière lesquels se retranche le FLN. Car, dans tout sujet débattu, il voit, de notre part, l'intention de garder une emprise directe sur l'Algérie, ou, pour le moins, des prétextes à y intervenir »

Selon le mémorialiste, le FLN va jusqu'à exiger « que nous renoncions à exercer au Sahara des droits particuliers ** », ce qui, conclut de Gaulle, « ne manque naturellement pas d'imprimer maintes saccades aux pourparlers [10] ».

Du côté algérien, on ne garde pas, de cette phase de la négociation officielle, des souvenirs beaucoup plus positifs. Écoutons le négociateur que fut Ahmed Boumendjel, le plus déterminé (avec Saad Dahlab) à trouver une issue, quitte à inventer, chemin faisant, quelque ingénieuse formule de compromis :

---

* Dynastie d'origine tunisienne, qui régna sur le Maghreb et sur l'Égypte.
** Interprétation ici restrictive de la position des négociateurs du FLN.

« Nous avions l'impression que, sous la forme courtoise et parfois même cordiale que revêtaient les échanges, nos interlocuteurs français se disaient qu'ils faisaient déjà beaucoup en négociant ainsi avec nous ; que cette reconnaissance *de facto* était une concession qui leur permettait de faire l'économie des autres et qu'en somme les mots d'autodétermination, d'indépendance et d'association prononcés, il fallait tout faire pour que, sous le nouveau drapeau que nous hisserions, les choses changent le moins possible en Algérie. Hommes de bonne volonté, à coup sûr — surtout Louis Joxe —, ils ne semblaient pas avoir tout à fait compris que les hommes qui avaient pris les risques que nous avions assumés n'étaient pas prêts à se contenter de demi-mesures [11]... »

Le réaliste de Gaulle se prévaut à coup sûr de la position de force où il est. N'ai-je pas gagné sur le terrain ? Mon armée ne tient-elle pas l'Algérie ? Oui. Mais ce grand esprit semble faire ici peu de cas du fond du débat, qui oppose l'espace à la durée. La France tient le sol, la terre, et peut-être encore un large secteur des populations qu'effraie l'ALN. Mais le Front a le temps pour lui. Il sait que de Gaulle veut en finir. Lui, irresponsable, multiforme et ramifié, peut attendre. Chaque mois qui passe est plus coûteux, plus impopulaire, moins bien supporté à Paris. Alors, au tenancier de la terre, il peut, avec une raisonnable « outrecuidance », opposer sa patience de berger sous la lune.

Bref, le 13 juin 1961, le général de Gaulle après de longues et rudes discussions téléphoniques entre Paris et Évian, donna l'ordre à Louis Joxe de suspendre les négociations *sine die*. Sans tenir compte des objurgations de son ministre qui sentait, lui, que des progrès étaient faits, ou pouvaient l'être, ou pourraient l'être quand le chef de l'État lui permettrait de débloquer la question de l'avenir du Sahara.

La surprise qu'éprouvent les Algériens d'avoir à lever le camp sans qu'un nouveau rendez-vous soit pris est vive : ils ont pourtant sciemment contribué la veille à faire monter la fièvre en réclamant la libération sans délai de Ben Bella. Leur surprise va se muer en irritation le 29 juin quand Michel Debré, au cours d'un débat parlementaire houleux où se manifestent à la fois l'indignation des conservateurs et la déception des partisans de la paix, rejette la responsabilité de la rupture sur le FLN.

Et l'irritation des hommes du GPRA tourne à la fureur quand, au cours d'un voyage en Lorraine, le 30 juin, le général de Gaulle annonce qu'en cas d'échec durable des pourparlers il n'exclut pas un partage du territoire algérien, les Européens et ceux des Musulmans qui souhaiteraient rester français pouvant être regroupés dans un vaste secteur maintenu sous la souveraineté française.

Hypothèse impie, qui déclenche des réactions très violentes, ce qu'on pourrait appeler les « barricades musulmanes » : le 1er (grève générale) et le 5 juillet (« journée nationale contre la partition ») les foules algériennes entrent en mouvement. La seconde journée est sanglante : on parle de près de 100 morts. Mais comme le 11 décembre 1960, le FLN a montré son ascendant et sa représentativité. Aussi bien le chef de l'État fait-il alors, devant ses plus proches collaborateurs, ce constat du double échec d'une politique : « Il n'y a de réel en Algérie que le FLN et l'OAS [12]. »

Si choqués qu'ils fussent par la décision du général de Gaulle de suspendre les discussions, et irrités par sa menace de procéder à un découpage du sol algérien, ce sont pourtant les dirigeants du FLN qui, cette fois, relancèrent les contacts et insistèrent pour qu'une nouvelle conférence fût organisée dès le mois de juillet, au château de Lugrin.

On les voit alors préoccupés de paraître les plus ardents partisans d'un règlement négocié, multipliant les déclarations favorables à une reprise des pourparlers. Après Abdelhafid Boussouf qui, au Caire, annonce un nouveau rendez-vous avec le partenaire français pour la semaine suivante, Belkacem Krim déclare le 10 juillet : « Mon gouvernement est prêt à revenir à la table de conférence avec la France sans aucune condition préalable. Nous fondons de grands espoirs sur ces négociations si la France reconnaît l'unité territoriale de l'Algérie. »

Pourquoi soudain, de leur part, cette hâte ? A cause de la menace de partition ? Non. Les dirigeants du Front n'y croient pas vraiment.

Mais les derniers mots de Krim donnent la clé du retournement de la situation. Si le FLN presse si fort ses partenaires de retourner à la table de négociation, c'est qu'une nouvelle dimension du problème vient d'apparaître : l'entrée en scène d'Habib Bourguiba qui, exigeant d'une part de la France qu'elle évacue la base de Bizerte, réclame également une révision de frontière entre le Sahara et la Tunisie, touchant notamment une zone pétrolifère, celle dite « de la borne 233 ».

Selon le chef de l'État tunisien, c'est l'administration coloniale qui a rectifié, au bénéfice de l'Algérie « française », une délimitation territoriale auparavant plus favorable à la Régence tunisienne. Dès lors que les accords franco-algériens tendaient à une modification fondamentale du statut du Sahara, Tunis formulait avec d'autant moins de ménagement sa revendication qu'à propos de Bizerte, entre le 6 et le 20 juillet 1961, le différend avec la France tournait au tragique.

Le 5 juillet 1961, M. Bourguiba adressait à Paris une note comminatoire, sommant la France d'évacuer Bizerte. Le leader tunisien faisait valoir que l'accord de principe passé oralement à Rambouillet avec le général de Gaulle était annulé par une décision de l'amiral commandant la base, faisant allonger la piste de l'aéroport pour en accroître la valeur opérationnelle.

L'initiative prise par l'amiral Amman était-elle vraiment conforme à l'esprit de l'accord tacite du 27 février ? Peut-être pas. Mais ce n'était qu'une mesure technique, à laquelle M. Bourguiba répondait par un formidable coup d'accélérateur politique. Pourquoi ? Parce que après l'échec d'Évian, le leader tunisien voyait s'éloigner indéfiniment la fin d'une guerre insupportable à son pays et prévoyait la prise en charge progressive du mouvement algérien par les révolutionnaires. Dans ce remue-ménage, il trouvait l'occasion idéale d'abattre ses atouts.

Dès le 18, des forces tunisiennes faisaient mouvement sur Bizerte, tandis que des détachements militaires tentaient d'occuper, aux abords de la « borne 233 », la zone pétrolière revendiquée par Tunis. « Pour conciliant, voire prévenant que j'aie été depuis toujours à l'égard de la Tunisie, écrit de Gaulle dans ses Mémoires, je n'admets pas qu'on manque à la France. C'est pourquoi notre riposte militaire est rude et rapide. » Alain de Boissieu, si soucieux de ne pas attenter à l'image de son beau-père, écrit même que Paris réagit « brutalement ».

C'est peu de le dire. Bourguiba avait-il cru avoir définitivement amadoué celui qui était trois mois plus tôt son cordial interlocuteur à Rambouillet ? Les 19 et 20 juillet, l'intervention des parachutistes français — auxquels de Gaulle donnait ainsi l'occasion d'une sorte de revanche sur leur inaction forcée en Algérie *… — faisait plus de 700 morts du côté tunisien. Sinistre dérapage des relations entre Paris et Tunis et rude avertissement pour les négociateurs du GPRA — auxquels était rappelé que, partenaire bénin à Évian, de Gaulle pouvait redevenir un implacable adversaire.

Menacés à la fois par la revendication de Tunis et la sanglante riposte de Paris, les hommes du GPRA souhaitaient donc revenir à la négociation, sans s'encombrer de souci de solidarité avec leurs voisins, dès lors que les Tunisiens se mêlaient d'interférer dans la négociation saharienne.

Négociation qui menaçait de ne pas progresser mieux à Lugrin — où, entre-temps, Paris et le FLN avaient pris un nouveau rendez-vous — qu'à Évian : en augmentant, dans le projet de budget de 1962, les crédits d'équipement pour le Sahara, Paris entendait marquer que ce territoire demeurait français — même s'il devait ultérieurement évoluer vers un « Sahara saharien » associé à la France, comme l'idée en était lancée dans un article de Pierre Viansson-Ponté (*le Monde* du 19 juillet 1961), reflétant pensait-on le point de vue de l'Élysée et dont la conclusion exprimait une double menace : si rien n'était changé depuis Évian, « on s'acheminait vers une rupture », prélude à la mise en œuvre du regroupement annoncé par le général de Gaulle, mais bien plus encore à l'internationalisation ».

Un Sahara internationalisé ? La perspective était presque pire pour le FLN que le statu quo. Parce que alors il ne se heurterait plus à la colonisation moribonde, mais aux nationalismes africains. Encore fallait-il que les « riverains » soient d'accord. Au projet français d'exploitation commune du Sahara, le FLN réussit à donner un coup de frein, son représentant Yazid obtenant que le Mali s'en désolidarise et se rallie à la thèse du Sahara algérien. Mais le Maroc — dont les arrière-pensées étaient déjà plus ambitieuses — restait sur la réserve, et l'on a vu que la Tunisie jouait, sans ménagement vis-à-vis du GPRA, sa propre carte.

_____
* Ce qu'avait été l'expédition de Suez cinq ans plus tôt.

C'est dans une atmosphère orageuse que les pourparlers reprenaient, le 20 juillet. C'est cette fois le château de Lugrin, proche d'Évian, qui accueillait discrètement les négociateurs, tandis que se poursuivait la bataille de Bizerte.

Trois contacts secrets réunissant, depuis la rupture d'Évian, Dahlab et Boulharouf d'une part, de Leusse et Chayet de l'autre n'avaient pas permis de faire avancer les choses. Le nouveau rendez-vous était dominé non seulement par la canonnade de Bizerte, mais par un lourd scepticisme.

Louis Joxe proposa une nouvelle méthode de travail : la constitution de quatre groupes de réflexion qui s'attacheraient respectivement :

a. aux mesures d'apaisement, *b.* aux garanties de l'autodétermination, *c.* à la coopération organique des communautés, *d.* à l'avenir des relations entre les deux pays, notamment à propos du Sahara.

Mais Belkacem Krim refusa cette procédure. Il préférait les séances plénières et insistait surtout pour que priorité soit donnée à l'examen de la question saharienne.

Les positions restaient, de part et d'autre, figées. Dès la seconde séance, rapporte Bernard Tricot, on parlait d' « impasse ». S'agissant de l'avenir des Européens, la délégation algérienne s'en tenait à ses thèses : non-discrimination et respect des particularismes. Sur les problèmes sahariens, une discussion concrète s'amorça le 26. On parla de l'exploitation du gaz et du pétrole, de la poursuite des essais nucléaires.

Ahmed Francis le modéré et Belkacem Krim déclarèrent qu'une discussion économique ne pouvait s'engager tant que la souveraineté algérienne sur le territoire n'était pas reconnue. Une rencontre à quatre — Joxe, de Leusse, Krim et Dahlab — le 28, échoua. Et c'est ce même jour que la délégation du FLN, cette fois, prit l'initiative de la séparation, faute d'accord sur l' « unité territoriale ». Mais Saad Dahlab voulut clore la conférence avortée sur une note d'optimisme : « Ce n'est pas la rupture, mais une nouvelle suspension ; des débuts d'accord ont pu être réalisés ; ce qui a été acquis ne doit pas être perdu ; nous garderons le contact. »

Cette fois-ci, en tout cas, les deux délégations se sont séparées sans prévoir de « délai de réflexion », sans qu'aucune date de reprise ait été suggérée et sans même que soit confié à des « antennes » le soin de maintenir le contact. L'impression prévaut que l'on garde les moyens de le renouer. Mais la corrélation entre le conflit algérien et celui de Bizerte est désormais évidente et périlleuse. Aussi bien, dès son retour de Lugrin à Paris, Louis Joxe prend-il part à une réunion du Comité de défense présidé par le général de Gaulle. Le conflit n'est-il pas en train de s'étendre à l'ensemble de l'Afrique du Nord ? Relevant ces diverses indications, je croyais pouvoir alors poser dans *le Monde* du 30 juillet 1961 cette question : « S'agit-il d'un nouveau rebondissement de la guerre d'Algérie ? »

A vrai dire, personne n'en voulait. Le FLN, parce qu'il aurait alors fallu accepter enfin des armes que Moscou et Pékin offraient aux maquisards, et s'engager ainsi sur une voie qui effrayait presque tous les hommes du GPRA. Mais surtout de Gaulle — faute de solution de rechange, faute d'alternative. Tous les propos qu'il tient à l'époque vont dans le sens du « dégagement », pourvu qu'il soit conforme au style, au rythme, aux formes décidés par lui. Aucun de ses interlocuteurs de ce temps-là n'a gardé le souvenir qu'il ait examiné, ou fait examiner sérieusement une autre hypothèse.

On peut certes arguer qu'il fait de plus en plus souvent allusion à ce partage qu'il ne manque jamais d'ailleurs de qualifier de « solution de raccroc », d' « issue médiocre », mais qu'il fait planer sans cesse sur la suite du débat. Écoutons-le parler par exemple aux parlementaires reçus à l'Élysée le 24 juin, deux semaines après la rupture d'Évian :

« Je pense que nous allons reprendre quelque chose avec le FLN, dit-il. J'espère que ça marchera. » Mais il ajoute : « Les gens du FLN n'ont pas le sens de l'État. Pour eux, la guerre ne compte pas. Si nous n'arrivons pas à un accord, il faudra faire le partage [...] du moins provisoirement[13]. »

Il est bon d'avoir plusieurs fers au feu et de jouer sur des registres divers. Mais ici, la complexité tourne à la confusion : renforcer des structures françaises au Sahara tout en parlant de renouer le dialogue avec le FLN non sans évoquer le partage, n'est-ce pas trop attendre de soi-même et des autres ? De sa propre virtuosité et de leur naïveté ? A ce point-là, il y aurait tout de même trop de dupes...

Une explication à ce soudain brouillage, chez de Gaulle, des perspectives et des tactiques : un malaise physique qui ressemble fort à une dépression. L'épreuve d'avril, la tension provoquée par la négociation, la déception entraînée par la rupture, la pression exercée par l'OAS ont mis Charles de Gaulle dans l'état où le trouve François Flohic le 25 juin 1961, « épuisé » et, dit-il lui-même, « vidé ». Il rapproche de ses deux grands malaises du temps de guerre * cette « fatigue immense » qui l'envahit en arrivant fin juin à Colombey, et qui se manifeste, quelques jours plus tard, lors de la séance du Comité des affaires algériennes, par une sorte de hargne à l'encontre de ses collaborateurs. En sortant de la réunion, il confie à Joxe : « Je ne veux pas que ma maison assiste à une déchéance physique. Il y a donc deux solutions : ma démission ou ma mort[14]. »

Dans cette défaillance de l'été 1961, qui se manifeste à la fois par ce malaise physique — après tout, il a plus de 70 ans... —, l'aigreur à l'égard de ses ministres, l'embrouillamini de ses projets algériens, la brutalité insigne de la réaction militaire à Bizerte, il faut faire la part de la douloureuse tension qui ne cesse de croître entre son Premier ministre et lui-même. Voici trois ans qu'ils se sont attelés à la même tâche, l'un pilotant, l'autre souquant à la rame, mais pas toujours dans la même direction, ou dans le même esprit. Voici trois ans en effet que l'affaire algérienne les oppose, tantôt sourdement tantôt avec éclat.

---

* A Londres en 1941, à Alger en 1943.

Le désaccord entre eux, atténué par l'abnégation de Debré — et aussi par l'affection agacée que lui voue le général —, porte aussi bien sur le fond du problème que sur les formes que prend le traitement de l'affaire par le chef de l'État. Quand est créé le Comité des affaires algériennes, puis le ministère confié à Louis Joxe, le Premier ministre ne peut dissimuler la peine qu'il éprouve de se voir ainsi, en ce domaine, marginalisé.

Michel Debré a bien voulu renoncer à l'intégration : son intelligence lui en a fait percevoir l'absurdité à long terme. Il s'est résigné à l'autodétermination, dès lors qu'elle pouvait tendre à la « solution la plus française ». Son jacobinisme l'a séparé des hommes des barricades, et plus encore de ceux du putsch. Et quand le général a parlé d'un « État algérien », il a encore plié, non sans « laisser éclater son chagrin », écrit l'auteur des *Mémoires d'espoir*. Il a même fini par entériner la décision de son chef de file de prendre langue avec le FLN : il faut savoir parler avec le diable. Mais maintenant, s'il s'agit de lâcher le Sahara, c'en est trop...

« Quoi qu'on en ait dit, nous confiait vingt-trois ans plus tard Michel Debré, ce n'est pas sur le thème de l'indépendance de l'Algérie que je me suis trouvé en désaccord provisoire avec le général de Gaulle : c'est à propos du Sahara, où ne se posait pas de problème de décolonisation, faute de population. Nous pouvions, en droit et en fait, conserver le Sahara que nous avions " inventé ". Le général en a décidé autrement. C'est alors que, lui gardant toute ma fidélité, j'ai souhaité reprendre ma liberté [15]. »

A la mi-août, de Préfailles où il prend de brèves vacances, Michel Debré fait tenir au général une lettre dans laquelle il lui offre de se démettre de ses fonctions de Premier ministre, faisant valoir sa lassitude. « Sans doute pense-t-il que les positions qu'il a constamment affichées ne peuvent désormais que gêner le gouvernement dans la politique qu'il lui faut mener ; peut-être aussi, en dépit de sa loyauté à l'égard du général, ne veut-il pas assumer la responsabilité des accords qu'il pressent ; peut-être aussi veut-il se donner l'avantage de démissionner plutôt que d'être remplacé par Georges Pompidou, ce qu'il a tout lieu de craindre après la proposition qui a été faite à celui-ci, une semaine auparavant, du portefeuille des Finances [16] ? »

Voilà, écrites par un confident du chef de l'État, autant de choses qu'on en peut dire en si peu de mots : le désaccord, la loyauté, et la description d'une alternative qui va jouer son rôle dans la nouvelle décision que mûrit le général — celle qui lui permettra de débloquer enfin la grande négociation algérienne.

Si Charles de Gaulle envisage d'ores et déjà, pour se dégager du piège algérien, une importante correction de tir et une relève de l'équipe gouvernementale, ses partenaires du FLN vont eux aussi tirer les conséquences de la double rupture d'Évian et de Lugrin en procédant à une refonte de leur appareil, sinon de leur stratégie.

Non qu'ils jugent négatif le bilan de ces deux phases de la négociation.

Rien à voir avec Melun. En juin 1960, personne n'était prêt, du côté français, à donner satisfaction à leurs revendications radicales. Et eux-mêmes n'avaient pas évalué suffisamment les résistances, militaires et civiles, que la société française opposait encore à l'idée d'un détachement de l'Algérie.

D'Évian à Lugrin, ce n'est plus à un simulacre de négociation qu'ils ont pris part, mais à un vrai dialogue, provisoirement freiné ou bloqué par des désaccords fondamentaux, mais où l'on s'efforce de rapprocher les points de vue. Pour Mohammed Ben Yahia, par exemple, qui avait participé au non-dialogue de Melun avant d'entrer dans la discussion d'Évian, il n'y avait pas « différence de degré, mais différence de nature entre ces deux expériences [17] ».

On n'en avait pas moins échoué. En quête des raisons de cette rupture, Bernard Tricot, très diligent promoteur de la négociation (bien qu'encore en coulisse) met l'accent sur « les tensions internes [qui] ne laissaient pas à la délégation du FLN la liberté d'esprit et la marge de manœuvre nécessaires [18] ».

On a vu que les « tensions internes » ne manquaient pas non plus du côté français, et que des problèmes de « marge de manœuvre » se posaient aussi à Louis Joxe quand il recevait dans la même soirée un appel téléphonique de l'Élysée, puis un autre de Matignon. Mais, depuis que la menace militaire avait été surmontée en avril 1961 — et compte tenu du harcèlement de l'OAS —, le pouvoir français était tout de même plus rassemblé et plus assuré de ses lendemains que ses partenaires d'Évian et de Lugrin.

Au début de janvier 1961, nous l'avons vu, le général prétendait ne rien savoir du FLN, sinon qu'il était « divisé ». Secret de Polichinelle... Secret caricaturé au surplus par des Services de renseignements français d'Alger et de Paris qui visaient autant à discréditer le FLN abhorré qu'à offrir au chef de l'État les éléments de la décision politique. Mais même ceux qui, négligeant ces caricatures, étudiaient sur place la vie interne du FLN, en venaient à une description fort disparate de l'« organisation extérieure de la rébellion ».

Au cours de l'été 1961, le Front de libération nationale algérien, s'il n'a pas eu à affronter une épreuve aussi spectaculaire que le putsch antigaulliste d'avril, est déchiré par des crises relatives aussi bien à l'histoire du nationalisme algérien qu'aux structures du mouvement et à la diversité des perspectives que tracent, d'un trait passionné mais souvent indécis, les divers promoteurs de la lutte d'émancipation.

Ces déchirements n'ont cessé de peser sur le comportement des négociateurs du GPRA. Ils vont se manifester jusqu'au paroxysme, et conduire à une crise majeure lors de la réunion du CNRA (Conseil national de la révolution algérienne) réuni à Tripoli en Libye du 9 au 27 août 1961, au lendemain de l'échec de Lugrin.

La création du Front, en 1954, avait eu entre autres objectifs celui de rassembler les courants contradictoires dont était fait, jusqu'au 1er novembre 1954, le mouvement algérien. Très vite en effet la raisonnable UDMA, le courant du bouillant MTLD dit centraliste (opposé au culte de la personnalité entretenu autour du leader Messali) et les Oulema (pour lesquels bâtir la nation et ranimer l'Islam est tout un) s'étaient fondus dans la lutte. Mais les crises, les échecs et plus encore peut-être la négociation avaient fait réapparaître les clivages.

Ainsi, au moment où le GPRA se voyait contraint de présenter son bilan devant le CNRA, les hommes venus de l'UDMA qui incarnaient l'esprit de négociation — essentiellement Abbâs, Francis et Boumendjel — étaient-ils naturellement rendus responsables de l'échec, provisoire ou non, de cette politique : ils en feront les frais.

Mais les contradictions internes de Tripoli n'ont pas le passé pour seule origine. Entre les organes principaux du FLN : GPRA, CNRA, état-major (extérieur) et wilayas (intérieur), les rapports se sont envenimés. Sans parler de l'aigreur permanente qui suinte du groupe des internés en France, divisé par une implacable rivalité personnelle entre Ahmed Ben Bella et Mohammed Boudiaf, qu'exacerbe le régime carcéral.

L'exécutif FLN créé en septembre 1958 est, trois ans plus tard, usé. Comme l'écrit Mohammed Harbi, qui en fut l'un des conseillers : « Le goût du secret a sapé l'autorité des dirigeants. Miné par les soupçons qu'il attire sur lui, et que les échos sur ses intentions transforment en certitudes, le gouvernement ne trouve guère d'audience. » Mais le GPRA n'a pas perdu seulement la confiance du CNRA, il est contesté plus violemment encore par l'état-major — lui-même n'arrivant guère à exercer son autorité sur les wilayas, de plus en plus isolées parce qu'elles sont privées non d'approvisionnement, mais de ravitaillement en armes, en munitions et surtout en appareils de transmission, facteur clé de ce type de guerre.

Enfin, de nouveaux ferments de discorde apparaissent entre partisans de l'indépendance dans la coopération avec la France, tenants de la rupture radicale avec l'ancien colonisateur et promoteurs d'un bouleversement social de type révolutionnaire — le modèle des uns étant à Pékin, des autres à Belgrade. Ainsi un débat proprement idéologique vient-il aggraver des rivalités dont n'avait jamais cessé de souffrir le mouvement d'émancipation algérien.

Que les étiquettes politiques attribuées aux uns et aux autres par la presse internationale fussent fantaisistes, que Boussouf ne fût pas plus « communiste » que Ben Khedda n'était « prochinois » ne peut faire que cette donnée nouvelle ne compliquât encore les débats de Tripoli et, par ce biais, les perspectives de reprise de la négociation.

On ne saurait entrer ici dans le détail de ces palabres (excellemment évoquées par Mohammed Harbi dans son livre *le FLN, mirages et réalités*), relater le procès fait au GPRA par Ben Khedda, puis par l'état-major, les tentatives de Belkacem Krim pour se substituer à Ferhât Abbâs, et le brusque départ pour l'Allemagne fédérale de la majorité de l'état-major qui, autour de Houari Boumediene (lui-même inspiré par Frantz Fanon) fait alors figure de bastion du radicalisme révolutionnaire. Cette espèce de putsch en creux contribue à faire basculer la majorité du CNRA, qui désavoue publiquement les négociateurs d'Évian : le tout aboutit à un véritable bouleversement du GPRA.

Ferhât Abbâs, symbole de la tentative d'entente avec la France, est limogé, comme son ami Ahmed Francis, et remplacé par Ben Youssef Ben Khedda, alors considéré comme un gauchiste. Quant à Belkacem Krim, en dépit de ses états de service de « premier des maquisards » et d'ancien chef de la Wilaya la plus puissante, celle de Kabylie, il se voit non seulement refuser la succession d'Abbâs, mais aussi retirer les Affaires étrangères, c'est-à-dire la conduite de la négociation. Une lecture rapide de ces informations donna à penser que ce qui était ainsi condamné, c'était la tentative de solution politique, au bénéfice d'une radicalisation de la guerre sur le thème de la révolution armée et de l'alliance à l'Est.

C'est en tout cas l'analyse qui fut faite aussitôt par la majorité de la presse internationale et, semble-t-il, l'un au moins des experts de l'Élysée.

Un examen plus attentif des décisions de Tripoli fit apparaître d'autres indications. On constata d'abord que le successeur de Krim aux Affaires étrangères était le vrai meneur de jeu des pourparlers du côté algérien : Saad Dahlab. Une telle promotion signifiait que la négociation restait l'objectif majeur du FLN. Seconde rectification utile : Ben Khedda n'était pas l' « homme au couteau entre les dents » annoncé par les commentateurs hâtifs ou pessimistes. S'il est vrai qu'il avait manifesté son intérêt pour les expériences chinoise ou yougoslave, c'était surtout, lui aussi, un vrai nationaliste algérien. S'il était de culture plus arabe que son prédécesseur et s'exprimait mieux dans la langue du Coran que Ferhât Abbâs, et s'il avait souvent critiqué la conduite des affaires par le GPRA, il n'avait jamais désavoué les actes de ses amis membres de cet organisme, Dahlab et Yazid.

En fait, le remaniement de Tripoli aboutit surtout à substituer à une direction apparemment confiée à l'ancienne UDMA (Abbâs, Francis, Boumendjel) une très réelle prise en main de la politique du Front par les « centralistes » (Ben Khedda, Dahlab, Yazid). Ce qui ne saurait tout à fait s'analyser comme une victoire des « révolutionnaires » sur les « bourgeois », mais plutôt comme la prise en charge des responsabilités par une équipe moins suspecte de « modérantisme » et de « francophilie » que la précédente.

Le GPRA de Ben Khedda se trouve-t-il ainsi plus libre de négocier avec Paris que celui d'Abbâs ? Non, parce que ses relations ne sont pas meilleures avec le groupe Ben Bella, qui avait plus de sympathie pour Abbâs que pour son successeur. Quant à l'état-major de Boumediene, déjà peu favorable au premier GPRA, il affiche une véritable hostilité envers Ben Khedda, son allié depuis un an, qui vient de se retourner d'un coup pour prendre la présidence du gouvernement du Front [19]... Aussi bien le nouvel exécutif du FLN devra désormais lutter sur trois fronts — et celui de ses rapports avec Paris ne sera pas le plus périlleux...

Mais s'agissant des négociations, au point mort depuis le 28 juillet, on va constater assez vite que le discours de Ben Khedda, fût-il prononcé en arabe, n'est pas plus négatif que celui de son devancier. A Belgrade, où, le 1er septembre, nous le voyons arriver à la tête de la délégation algérienne à la conférence dite des « non-alignés », siégeant aux côtés de Nasser, de Nehru et de Tito, il ne tient pas des propos incendiaires. Dans ce cadre propre à la démagogie activiste, il se garde de couper les ponts. C'est plutôt Habib Bourguiba, ulcéré par les coups que lui a portés de Gaulle à Bizerte six semaines plus tôt, qui tient le rôle du procureur contre la France — ce qui fait, paradoxalement, apparaître les Algériens comme des modérés...

L'impression que nous recueillons alors auprès des délégations arabes rassemblées à Belgrade, c'est que le FLN, sous sa nouvelle direction, sera de plus en plus attentif à nouer des rapports et à chercher des armes du côté de l'Est, mais que l'axe principal de sa stratégie reste la négociation avec la France — sur des bases plus solides, croit-il, qu'à Évian et Lugrin.

A la fin d'août 1961, le général de Gaulle est un homme en colère. Il avait cru que, du fait de l'ampleur des concessions françaises — reconnaissance de l'indépendance de l'Algérie et de la représentativité exclusive du FLN, ouverture des pourparlers avant le cessez-le-feu — aussi bien qu'en raison de sa victoire sur les putschistes d'avril, le rendez-vous d'Évian déboucherait très vite sur un accord, au moins de principe, et qu'il obtiendrait alors ce dépôt des « couteaux au vestiaire » qui, manifestant sa victoire sur la violence, symboliserait la fin de la guerre d'Algérie et libérerait la France pour d'autres tâches.

Il s'était préparé à une rude bataille sur la question des garanties à assurer à la population européenne dans l'Algérie décolonisée. Mais non à cette exigence primordiale formulée par la délégation d'en face : l'algérianité du Sahara. Assuré que l'ensemble de l'affaire était une question de droits de l'homme (d'où le principe d'autodétermination) et de dignité plutôt que de possession de terres et de richesses, il estimait que ce désert était à ceux qui l'avaient bonifié — les découvreurs de pétrole — et qu'ici la question de souveraineté serait transcendée par celle de l'exploitation en commun. Comptant y convier les États riverains (Maroc, Tunisie, Tchad, Niger, Mali) sur lesquels il croyait avoir plus ou moins barre, il espérait inventer une manière de condominium arbitré par la France.

Aucune convergence néanmoins ne s'est alors manifestée entre ces intérêts et les aspirations des riverains. A Rabat et à Tunis, les arrière-pensées sont fortes. Mais la « cause » algérienne a longtemps paru à ce point sacrée que, lorsque la délégation du GPRA proclamait le caractère globalement algérien du Sahara, personne d'abord n'osait élever la voix. Puis quand Bourguiba formule sa revendication, en juillet, il le fait dans un contexte où l'affaire de Bizerte l'oppose plus violemment à la France que ses prétentions sahariennes aux Algériens. Si bien que de Gaulle se retrouve seul face aux exigences du Front sur le Sahara.

Ce que les négociateurs français n'ont pas voulu considérer, c'est la dimension humaine de l'affaire du Sahara. Nos cartes n'y désignent guère que quelques oasis, du pétrole et du sable. Mais quand on en parle à un homme comme Dahlab, il se récrie : « Je suis un bédouin de Ksar-Chellah...

pas un grain de sable [20] ! » Et Ferhât Abbâs : « Croyez-vous que j'accepterai de me séparer de mes Mozabites [21] * ? »

Est-ce parce qu'il a compris cela, et que l'affaire étant lourde d'interminables et inextricables conflits territoriaux, il faut désormais la transférer sur d'autres plans ? Le fait est que le général de Gaulle se prépare, à partir de la rupture de Lugrin et en dépit de M. Debré, à une nouvelle « révision déchirante » : après avoir accepté de céder sur l'affaire des « couteaux », il envisage de lâcher du lest à propos du Sahara.

Écoutons les propos tenus par le général au Conseil des ministres du 30 août tels que les a consignés Louis Terrenoire, son ministre de l'Information :

> « Ceux du FLN s'engagent dans la voie révolutionnaire. Mais ils ne se sont pas encore aperçus que, nous aussi, nous prenons une direction révolutionnaire. Nous voulons nous dégager. C'est cela notre politique. Si ces messieurs acceptent de s'accorder avec nous pour quelque chose de convenable, ils le peuvent encore. S'ils ne le veulent pas, nous essaierons d'en trouver d'autres. Et si ceux-là ne le veulent pas davantage, eh bien ! nous nous dégagerons quand même ! Alors, nous ferons le regroupement et préparerons le rapatriement ! »

Revenant sur le thème de l'autodétermination, le général enchaîne :

> « Cela ne les intéresse pas, du moment que ça vient de la France. Ils me font penser à ces tableaux des Primitifs, où l'on voit les démons entraîner les réprouvés vers l'enfer. Or les damnés ne font pas grise mine aux diables, mais ils font le poing aux anges. Eh bien ! que le diable les emporte ! »

Assurant néanmoins qu'il restait prêt à discuter, il ajoutait :

> « S'il y a une chance d'un accord, il faut que cela ne vienne pas de nous, mais d'eux... »

Et de conclure :

> « La coopération, nous pouvons y consentir, mais ce ne sera pas en raison d'un intérêt égoïste. En fait, nous n'y tenons pas. C'est cela la vérité ; ils disaient : choisissez entre la valise et le cercueil **, mais c'est nous qui leur laisserons le cercueil... Cependant, nous devons tenter un dernier effort : essayer de trouver des gens qui prennent conscience de leurs responsabilités algériennes. Nos vœux vous accompagnent, monsieur Joxe [22] ! »

Que signifie ce dernier propos ? Que compte tenu des échecs d'Évian et de Lugrin, et de la victoire des « rouges » au sein du FLN, on va tenter une dernière démarche dans le sens de la « troisième force »... Le ministre des Affaires algériennes va pendant quelques semaines s'échiner à convaincre quelques notables algériens et deux ou trois Français libéraux d'Algérie de constituer un « exécutif » susceptible d'agir. Louis Terrenoire évoque discrètement ces efforts déployés par Louis Joxe pour « trouver des gens

---

* Les habitants du Mzab, un cœur du Sahara.
** L'un des slogans du MTLD dans les années d'avant guerre.

qui prennent conscience de leurs responsabilités algériennes ». Mais tout autre interlocuteur que le FLN s'avère « introuvable ».

Quant au partage, le général en parle bien de temps à autre pour inquiéter ses adversaires (en vain...). Il charge Alain Peyrefitte d'étudier la question, lui disant :

> « Le FLN a peur de négocier. Il a peur de faire la paix. Il a peur de prendre des responsabilités. Il ne sait faire que deux choses, entretenir des troupes en Tunisie et au Maroc et par sa propagande monter le plus possible de pays contre nous. Continuer cette fameuse guerre est pour lui la solution de facilité. Nous devons trouver une poire d'angoisse qui lui rende le *statu quo* insupportable. »

Le général ajoute que si le FLN continuait à se montrer négatif, les Algériens en viendraient à « voter avec leurs pieds » en rejoignant les Français d'Algérie dans les zones purement françaises où régnerait la paix, car elles seraient faciles à défendre... Mais il ne donne pas cette mission à Peyrefitte sans le mettre ainsi en garde — ce qui en dit long : « Surtout, ne laissez pas croire que j'en suis partisan [23] ! »

Et quand le jeune ministre des Finances Valéry Giscard d'Estaing plaide en faveur de cette hypothèse, il s'attire cette riposte du général :

> « Solution impraticable : les Européens ne sont pas implantés en Algérie de manière telle qu'ils puissent se charger d'une infinité de besognes, qu'il s'agisse des travaux de la terre ou du ressemelage de leurs souliers. Inversement, les Musulmans ont besoin de maîtres d'école français. Ce ne serait possible que si les populations étaient équivalentes, ne serait-ce que par leurs occupations. L'idée de faire deux Algéries n'est satisfaisante que pour l'esprit [24]. »

Mais la dernière phase du dégagement amorcé le 16 septembre 1959 ne s'ouvrira pas sans que Charles de Gaulle ait pu, de la façon la plus crue, mesurer les risques physiques de l'opération et la détermination de ceux qui tiennent l'Algérie pour indissociable de la France et jugent que la politique dont il assume la responsabilité relève de la haute trahison. A-t-il jamais douté d'ailleurs que sa vie fût en jeu ?

Le 8 septembre 1961, trois jours après une conférence de presse au cours de laquelle il a, à propos du Sahara, amorcé une révision politique qui ouvrira les voies à la dernière étape de la négociation *, le général de Gaulle — c'est un vendredi — décide brusquement vers 18 heures, après un entretien avec Louis Joxe, de partir pour Colombey. Il est très rare qu'il prenne une décision aussi tardive et plus rare encore qu'il annule, pour ce faire, un rendez-vous : or, ce samedi-là, il avait invité Charles Morazé — historien dont, on l'a vu, il apprécie le commerce et les idées — à déjeuner à l'Élysée. Cette décision impromptue doit avoir en tout cas l'avantage de

---

* Voir chapitre suivant.

surprendre les éventuels conjurés* qui, depuis des mois, étudient, pour l'abattre, les itinéraires et les horaires de ses déplacements de week-end.

Peu avant 20 heures, le général et Mme de Gaulle montent dans la DS 21 noire conduite par Francis Marroux, gendarme qui est l'un des deux chauffeurs habituels du général. A la droite du conducteur s'installe le colonel Teissère, l'aide de camp de service. Trois voitures d'escorte suivent, où prennent place notamment le commissaire Ducret, chargé de la sécurité du chef de l'État, et le Dr Delamare, le médecin de service.

Une heure et demie plus tard, le convoi roule à un peu plus de 110 km/heure sur la nationale 19, à 150 kilomètres de Paris, sur une ligne droite proche de Nogent-sur-Seine, entre Crancey et Pont-sur-Seine. La nuit est tombée. Soudain, c'est comme un éclair, une explosion, un rideau de feu, énorme, sur la route. La voiture est déportée sur la gauche. Le chauffeur appuie sur l'accélérateur, franchit le mur de flammes. Le général et Mme de Gaulle n'ont pas bronché. 500 mètres plus loin, Marroux arrête sa voiture. Au moment où il sort de l'auto, on entend le général rugir : « Quels maladroits ! », s'enquérir de l'état des autres passagers du convoi et lancer : « Teissère, en route... ». Il est 21 h 35.

Il faut donner, de l'événement, la version très sobre qu'en propose, dans les *Mémoires d'espoir*, Charles de Gaulle :

> « Dans la nuit, à la sortie de Pont-sur-Seine [ ] la voiture où je me trouve [...] est tout à coup enveloppée d'une grande flamme. C'est l'explosion d'un mélange détonant destiné à faire sauter une charge de dix kilos de plastic** cachée dans un tas de sable et plus qu'assez puissante pour anéantir " l'objectif ". Par extraordinaire, cette masse n'éclate pas[25]. »

L'artificier malhabile, Martial de Villemandy, arrêté quelques instants plus tard à Pont-sur-Seine, ne sera pas long à passer aux aveux, mais ne permettra pas à la police de se faire rapidement une idée sur l'origine de l'attentat. Fallait-il y voir la main de l'OAS ? Il apparut très vite que le maître d'œuvre était un certain « Germain ». Lequel ne fut identifié que plus tard comme étant le colonel Jean-Baptiste Bastien-Thiry. Déjà.

L'arrestation, le 7 septembre, à la veille de l'attentat, d'un homme d'affaires nommé Gingembre mit entre les mains de la police une serviette chargée de documents d'un intérêt peu banal, qu'il avait reçu mission de remettre à Raoul Salan, « chef suprême de l'OAS » : ainsi le coupe-file d'un parlementaire sur lequel étaient écrits quatre mots et deux chiffres qui en disaient long : « Avec confiance. Le 7 septembre 1961. » Et c'était signé Georges Bidault.

La décision de supprimer le chef de l'État avait-elle été prise par l'OAS de métropole ou d'Algérie ? Le général Salan s'en défendit avec vigueur dans une lettre publiée par *le Monde* le 15 septembre, assurant qu'il aurait terni

---

* Les auteurs de *Objectif de Gaulle*, P. Demaret et C. Plume (Paris, Laffont, 1973) assurent (p. 141) que les conjurés du 8 septembre furent avertis par un colonel des services de l'Élysée... Ils ne le nomment pas.
** Les enquêteurs ont parlé de 30 kilos.

son honneur « en ordonnant un attentat contre une personne dont le passé appartient à l'histoire de notre Nation [...]. Comme le maréchal Pétain, le général de Gaulle fut investi par la volonté et la confiance nationale * ».

Plutôt que Salan ou Bidault ou même que le capitaine Sergent, responsable de l'OAS en Métropole, l'ordre de supprimer de Gaulle sur la route de Colombey, si mal exécuté par le groupe télécommandé par Bastien-Thiry, semble avoir été donné par le colonel Godard, qui, sous le pseudonyme de « Claude » était devenu dès le lendemain du putsch le vrai patron de l'organisation. Parmi les papiers découverts dans la serviette de Gingembre à destination de Salan, une brève note de « Claude » datée du 3 septembre désignait comme l' « objectif n° 1 » « la grande Z » (c'est-à-dire « Zohra », sobriquet à la fois arabe et féminin donné par les pieds-noirs au général de Gaulle).

Lors du procès des conjurés, la défense tenta d'accréditer la thèse d'un attentat simulé en vue de redorer le blason du chef de l'État (alors quelque peu terni par l'échec des négociations et de violentes explosions de colère paysanne en Bretagne), et de justifier l'aggravation des mesures répressives contre l'OAS. Les avocats firent même citer deux des plus implacables adversaires de cette organisation, Jacques Foccart et Alexandre Sanguinetti, sans guère troubler le tribunal, ni émouvoir l'opinion.

La découverte des archives de l'OAS et des mots d'ordre alors échangés entre Alger et Paris ne laisse plus de doute sur la décision prise — sinon par Raoul Salan, au moins par quelques-uns des chefs de l'organisation — de supprimer « la grande Zohra ». Pourquoi une organisation ayant choisi l'assassinat des exécutants comme méthode et prétendant frapper « où, quand et qui elle voulait » eût-elle épargné l'unique responsable de ce qu'elle dénonçait comme un désastre national, et réservé ses rigueurs aux comparses ?

Trois réactions caractéristiques à cette tentative de sauver, par l'assassinat, l'Algérie française. D'abord celle du « peuple OAS ». Notation de Pierre Laffont, fort distancié mais attentif :

« En Algérie, l'annonce de l'attentat a un effet prodigieux : l'OAS peut tout. On croit que de Gaulle est mort et que seule une mise en scène camoufle sa disparition. La révélation de la vérité ne fera pas faillir les énergies : ce qu'on a raté une fois, on le réussira une autre fois. On " sait " qu'il y a, à l'Élysée même, des hommes de l'OAS. On approche de la victoire [26]. »

Puis celle du souverain lui-même. A Louis Terrenoire qui le félicite, le lendemain, d'être sain et sauf, il confie dans un haussement d'épaules :

> « Évidemment, la bête humaine mesure avec soulagement ce à quoi elle a échappé ; mais, au point de vue spéculatif et historique, peut-être cela aurait-il mieux valu que de mourir dans son lit ou par accident. Il est vrai aussi que les conséquences politiques en eussent été lourdes et que, du point

* D'après les auteurs d'*Objectif de Gaulle,* l'auteur de cette lettre était Jean-Jacques Susini (p. 152).

de vue de l'intérêt public, il était préférable que cette tentative échouât[27]... »

Au-delà de cette réflexion où s'entremêlent typiquement le spéculatif et le politique, relevons celle de l'un des policiers chargés de la lutte anti-OAS, Jacques Delarue. Décrivant les personnages qui, après les aveux de Villemandy, tombaient peu à peu dans les filets de la police — un ancien photographe ambulant, deux vendeurs de voitures, un électricien, un employé subalterne à Orly, c'est-à-dire un groupe de parfaits Français moyens —, Delarue observe que « le caractère anonyme, interchangeable, de nos " régicides " était l'aspect le plus inquiétant de l'affaire ». Car « des gens comme ça, on pouvait en recruter par milliers[28] ».

Rien, mieux que cette antithèse entre la banalité innombrable des tueurs potentiels et l'unicité historique du personnage pris pour cible, ne pouvait mettre en lumière la dimension tragique de l'exercice du pouvoir dans la France de ces années-là.

8. Un désert en échange de la paix

Un mot était sur toutes les lèvres, au moment où les interlocuteurs d'Évian se séparaient, le 13 juin, sur une injonction du général de Gaulle : Sahara. Et plus encore quand les deux délégations quittèrent, le 28 juillet, le château de Lugrin, à l'initiative des Algériens.

On savait depuis longtemps que là était la pierre d'achoppement de l'entreprise des pacificateurs, le général de Gaulle sous-estimant l'attachement des dirigeants algériens à ce territoire immense — plus des quatre cinquièmes de l'Algérie « géographique » — le GPRA se croyant assuré, depuis des mois, que ses partenaires français ne pensaient qu'à obtenir de fructueuses compensations matérielles à un transfert de souveraineté sur le Sahara qui leur semblait aller de soi, comme la conséquence naturelle de l'émancipation de l'Algérie par l'autodétermination.

Ce qu'on mesurait mal, à l'Élysée comme chez la plupart des analystes politiques français, c'est la hantise du « partage » où vivaient alors les chefs de la révolution algérienne. Trois précédents les hantaient : ceux de la Palestine, du Vietnam et du Congo*. Chacun de ces précédents leur montrait un pays n'accédant à l'indépendance qu'amputé ou voué à l'annexion d'un voisin plus puissant ou encore privé de ses richesses naturelles et donc promis à la famine ou à l'aventure. Si différent que soit le cas du Sahara par rapport à l'Algérie de ce qu'étaient, vis-à-vis de Hanoi ou de Kinshasa, le Sud-Vietnam ou le Katanga fortement peuplés et équipés, les hommes du FLN redoutaient par-dessus tout une issue qui les eût figés en une posture permanente d'amputés quémandeurs.

Le désaccord saharien ne venait donc pas, comme le croyait le général de Gaulle, d'un malentendu dans la négociation ou de quelque question de répartition des bénéfices : il reposait sur une conception de la nation algérienne tout à fait conforme à la sienne, fondée sur l'intégrité du territoire**. Une certaine idée de l'Algérie...

Toutes les constructions échafaudées à Paris, si ingénieuses qu'elles fussent, supposaient un statut de « mer intérieure saharienne » dont le service des pêches eût été assuré par l' « inventeur » français. Que de conflits en perspective... Indépendamment des problèmes soulevés par la nationalité des 400 000 nomades sahariens et des quelque 80 000 Mozabites, les

---

* Dont une province, le Katanga, était alors érigée en un État très favorable aux intérêts occidentaux par Moïse Tschombé.

** Étant bien entendu que, dans son champ de vision, une terre africaine ne saurait être partie intégrante du territoire sur lequel s'exerce son « idée de la France ».

différentes formules proposées se heurtaient à trop d'intransigeances ou d'appétits pour ne pas transformer le grand désert en champ de bataille permanent *.

Avait-on, lors des entretiens Pompidou-Boumendjel, puis de Leusse-Chayet-Dahlab-Boulharouf, prévu de faire du Sahara sinon une question « à part » comme le voulaient les Français, mais au moins un problème tenu en réserve, et dont la solution relèverait d'une phase ultérieure du débat — au sommet celle-là ? On l'a écrit. Sans convaincre tout à fait. La négociation ouverte à Évian, qui visait officiellement à organiser les conditions de l'autodétermination (au point d'en faire une « prédétermination associée » comme nous le disait alors M'Hammed Yazid) imposait que l'on délimitât l'assiette du scrutin : Sahara ou pas ?

Le thème de la conversation ne permettait pas d'esquiver la question territoriale. Comme le général avait dû, en juin 1958, refuser au FLN d'exclure l'Algérie (Sahara compris) au référendum du 28 septembre, de même le GPRA ne pouvait pas ne pas s'opposer à la marginalisation de ce territoire immense au moment où était authentifiée par le vote populaire la nation algérienne. Comment pourrait-il, après cela, revendiquer un Sahara qui aurait gardé le silence sur son propre avenir ? Tel, l'intransigeance du FLN s'inspirait de considérations très fortes.

De Gaulle en est à coup sûr persuadé. Lui aussi a appris l'histoire en regardant les cartes de géographie. Lui aussi éprouve une sorte de répulsion pour tout ce qui touche au partage. Qu'est-ce que cet Israël éléphantesque qu'on voudrait créer là, combinaison baroque d'une langue de terre méditerranéenne, d'un couloir vertical reliant Alger aux oasis, et d'un désert gonflé de pétrole et de gaz ? De tout cela, il retient surtout les espaces propres aux expériences nucléaires. Quant aux hydrocarbures, il y a moyen à coup sûr de les exploiter sans prolonger indéfiniment la guerre contre une Palestine du Maghreb. Ce raisonnement, il le fait depuis le début de 1961. Dès avant le premier Évian. Mais il y a l'aspect psychologique, mythique, et l'on dirait structurel du personnage de Gaulle.

Céder, céder encore ? Jusqu'où ira le repli ? De concession en concession, lui faudra-t-il se dépouiller de tous les atouts qu'il tenait en main en ressaisissant le pouvoir au mois de juin 1958 ? Le grand dégagement a sa logique impérieuse. Mais de Gaulle ne peut-il arracher cette paix sans s'arracher à lui, à son pays, l'immensité qui, sur les cartes, porte la France au cœur du continent noir ? Il hésite longtemps. A la fin de 1961, il comprend que son rêve, entretenu par la volonté passionnée de Michel Debré, est irréalisable.

Visitant une dernière fois en janvier 1962 l'ermitage de l'Assekrem, au Hoggar, Olivier Guichard, qui préside depuis deux ans l'Organisation

---

* Ce qu'il est, par d'autres voies, devenu...

commune des régions sahariennes, sent les larmes lui monter aux yeux et parle de la « compassion[1] » qu'il éprouve pour le vieil homme qui, lui en ayant confié la garde, lui demande maintenant de restituer ce sable, ces pierres calcinées et le trésor d'hydrocarbures qu'y a « inventé » vingt ans plus tôt Eirik-Labonne *.

Le 5 septembre 1961, Charles de Gaulle a, une fois encore, convoqué la presse à l'Élysée. Les affaires algériennes ne sont pas seules à l'ordre du jour. On ne lui pose pas moins de quatorze questions qui vont du statut de Berlin à la politique agricole de son gouvernement, et des rapports entre Londres et le Marché commun aux états d'âme de l'armée française. Mais c'est sa réponse à propos de l'avenir du Sahara qui fera sensation et mobilisera l'intérêt de la presse internationale.

On l'a entendu parler, sur un mode plutôt cassant, des négociations d'Évian et de Lugrin, de la mauvaise volonté des négociateurs du GPRA, de l'hypothèse d'un « regroupement » des Européens et de ceux des Algériens qui voudraient rester français, ou encore de l'hypothèse d'un gouvernement algérien sans le FLN. Et puis, dit-il sur un ton soudain détendu, presque jovial, « il y a l'affaire du Sahara ». S'agissant du grand désert, le chef de l'État assure que la France n'a que deux préoccupations : sauvegarder ses « intérêts » et tenir compte des « réalités ». Les intérêts ? Ce sont la « libre exploitation du pétrole et du gaz que nous y avons découverts et que nous découvrirons », l'usage de « terrains d'aviation » et la sauvegarde des « communications avec l'Afrique noire ». C'est tout ?

Oui, parce que les « réalités », c'est qu'

> « il n'y a pas un seul Algérien, je le sais, qui ne pense que le Sahara doive faire partie de l'Algérie et il n'y aurait pas un seul gouvernement algérien, quelle que soit son orientation par rapport à la France, qui ne doive revendiquer sans relâche la souveraineté algérienne sur le Sahara [...]. Si un État algérien est institué et s'il est associé à la France, la grande majorité des populations sahariennes tendront à s'y rattacher, même si elles ne l'ont pas explicitement réclamé d'avance ».

D'où cette conclusion, qui prend de court ses adversaires, sinon ses collaborateurs :

> « C'est dire que, dans le débat franco-algérien [...] la question de la souveraineté du Sahara n'a pas à être considérée, tout au moins elle ne l'est pas par la France[2]. »

Voilà du nouveau !

Les dirigeants algériens argueront qu'ils ne furent pas surpris par cette ouverture, et qu'ils étaient informés depuis des mois de l'intention du général de lâcher le Sahara dès lors qu'il s'avérerait que toute la négociation achoppait sur ce point — ce qui s'est manifesté à Lugrin plus encore qu'à Évian[3]. Nous, en tout cas, nous nous regardions, dans la grande salle de l'Élysée, persuadés qu'une muraille venait de s'écrouler.

---

* Alors résident général au Maroc.

Le geste était d'une importance capitale. Au prix d'un très audacieux pari sur la sauvegarde des trois types d'intérêts français qu'il vient de définir, le général semblait bien avoir d'un coup débloqué la négociation.

Les raisons de cette décision doivent-elles être toutes ramenées à la hâte d'en finir ? Hâte qui ne cesse de croître et s'exprime en cette scène que nous a rapportée Claude Chayet. Lors d'une réunion de travail à l'Élysée avec le *brain-trust* des affaires algériennes, au plus fort de la discussion et comme l'un de ses experts présentait à Louis Joxe une objection tout à fait fondée, le général parut soudain soulevé d'une irrépressible colère et, frappant des deux poings sur son bureau, rugit : « Il faut en finir avec cette boîte à chagrins[4] ! »

Il est à bout de patience, le Connétable, pris entre l'acharnement minutieux de ses adversaires, la guérilla de l'OAS, les états d'âme de son Premier ministre et les ricanements de la presse et du Parlement qui feignent de s'étonner de la lenteur des progrès de la « solution politique ».

Alors, pourquoi s'obstiner à prétendre que le Sahara est, au-delà d'une Algérie bientôt reconnue comme nation, le prolongement sablonneux des Alyscamps ? Pourquoi feindre de confondre le Hoggar avec l'Estérel ? Parce qu'il est vide d'habitants ? Il a beau répéter, dans son intervention du 5 septembre, que les populations sahariennes sont « en nombre infime et rarissime » — formule dont, pour une fois, l'impropriété lui a échappé —, il sait bien que l'attachement d'un peuple à un territoire n'est pas une affaire de densité de population et qu'une nation pauvre, au moment de se voir reconnaître ses responsabilités étatiques, n'est pas prête à se laisser priver d'une source de richesses. Et un historien tel que lui ne peut se faire beaucoup d'illusions sur la force de l'argument relatif à la « terre sans hommes » qui a abusé, à l'origine, tant d'honnêtes sionistes.

Bref, il a renoncé à poser la question de la « souveraineté » sur le Sahara — qui ne sera donc plus une « question à part ». En ce sens, ce 5 septembre est une date majeure. Vingt-trois ans plus tard, Saad Dahlab, « bédouin » du Sahara et chef de file des négociateurs algériens, nous écrivait : « ... Ce sont les manifestations populaires de décembre 1960 [...] qui ont été déterminantes dans la recherche d'une solution négociée [mais] c'est à la suite de son discours du 5 septembre 1961 que nous avons pensé que de Gaulle était disposé à négocier sérieusement... [Il] ne renonçait pas au Sahara français mais acceptait de discuter de l'ensemble de l'Algérie, ce qui signifiait pour nous que le Sahara faisait partie de l'Algérie [...]. De Gaulle reconnaissait ce fait[5]. »

Le 13 septembre, le général convoque Olivier Guichard, qui, dit-il, se considère comme le « délégataire de la souveraineté économique » (curieuse mais séduisante formule) sur le Sahara, et qui croit encore que l'OCRS a vocation à gérer le grand désert pour le compte de tous les riverains — Algérie comprise. Mais c'est précisément pour lui dire qu'il ne croit plus, lui, de Gaulle, à cette mission confiée deux ans plus tôt à son ancien chef de cabinet. « Il en profita, écrit celui qui est encore le patron de l'OCRS, pour me faire un long exposé sur la manière dont il avait mené la politique algérienne » et « me rappela tout ce qu'il avait dû — car c'était son devoir — " faire avaler aux Français " depuis 1958, et ce qui restait à faire ».

Et Guichard d'évoquer ses entretiens parallèles avec Michel Debré « qui continuait à se battre jour après jour* avec un acharnement admirable et désespéré » et qui lui décrit le général comme « perdu dans ses contradictions ». A quoi l'homme du Sahara objecte avec sa pertinence coutumière : « En fait le Général était plutôt accablé par ses certitudes [6]... » Dix ans plus tard, écrivant son livre, Guichard tente d'évaluer les chances qu'il gardait alors — si le général n'en avait pas décidé autrement — de faire de son OCRS une véritable « autorité » en vue du développement saharien, communautaire, puis international : « Était-ce possible ? Je le pensais. J'en doute aujourd'hui [7]. »

Cette concession était inéluctable. Le Sahara, qu'on discute ou non, en termes prospectifs, les droits qu'y pouvaient revendiquer tel ou tel des pays voisins, étant alors, du point de vue français, tenu sur tous les plans pour le prolongement naturel de l'Algérie. Au point que chaque fois que les gouverneurs de l'Algérie se voyaient priés par leurs voisins de Tunis ou surtout de Rabat de procéder à telle ou telle rectification frontalière, ils se comportaient comme les intraitables mainteneurs, de Tindouf à Edjelé, du territoire saharien, partie indissociable de l'Algérie française.

Que la colonisation fût la responsable principale de cette soudure, ou l'histoire précoloniale, ou la religion, ou le commerce, le fait est que depuis plus d'un siècle hommes et espaces sahariens étaient gouvernés d'Alger, sans la moindre césure — sinon la création de deux départements spécifiques qui ne dissociaient pas plus Tamanrasset de Philippeville que Perpignan ne l'est de Carcassonne — hormis quelques règlements spécifiques appliqués** aux hommes des « territoires du Sud », Bédouins, Mozabites ou Juifs (qui n'y étaient pas citoyens français...)

Charles de Gaulle a ainsi jeté dans la balance, le 5 septembre, un gage formidable. Mais n'est-ce pas trop tard ? Cette concession consentie pour relancer ou débloquer les pourparlers, ne la fait-il pas alors que le FLN, en substituant Ben Khedda à Ferhât Abbâs, à la tête du GPRA, a décidé de tourner le dos à la négociation pour préparer « la révolution » ?

Comme tout un chacun — ou presque, on va le voir — le général de Gaulle avait réagi défavorablement à l'accession de Ben Youssef Ben Khedda à la présidence du GPRA au lieu et place de Ferhât Abbâs. (« Lieu et place » étant d'ailleurs une expression abusive, un dirigeant très actif et maître d'un fort courant partisan comme le nouveau président ne pouvant se contenter de succéder à un vieil homme isolé et symbolique.) Ne pouvait-on craindre que ce « marxiste », ce « prochinois », ce révolutionnaire en tout cas, rejette d'emblée toute forme de

---

* Guichard n'écrit pas « contre de Gaulle » mais c'est bien le sens du propos.
** Comme dans les protectorats voisins.

négociation avec le colonisateur, ne voyant de salut que dans l'action de masse et craignant tout compromis pouvant conduire à l'instauration d'un néo-colonialisme coloré de capitalisme et complice de l'Occident ?

Contre ce type d'analyse et de pronostic qui avait cours dans l'entourage du général au début de septembre 1961 — et dont on retrouve un écho rétrospectif dans les *Mémoires d'espoir* — se manifestaient d'autres observateurs, tel Jean Daniel qui, dans *l'Express* du 3 septembre, écrivait : « M. Ben Khedda ne sera pas gêné, pour accepter certains compromis, par le manque d'autorité dont souffrait M. Ferhât Abbâs. »

Pendant plusieurs semaines, en tout cas, le général de Gaulle et son entourage restèrent sceptiques, assurant que désormais c'était au FLN de démontrer qu'il souhaitait toujours négocier : « S'il y a une chance d'accord, il faut que cela ne vienne pas de nous, mais d'eux », a déclaré le chef de l'État en Conseil des ministres, le 30 août. Et c'est l'une des époques où, pressé par de Gaulle, Louis Joxe aura le plus activement recherché une « autre Algérie » que celle du FLN. Recherche qui l'aura confirmé dans sa conviction que, depuis un an en tout cas, l'Algérie c'est le « Front ».

Le 15 septembre, enfin, Ben Khedda dévoile ses batteries : si le discours qu'il prononce ce jour-là est rédigé en arabe et fait prévoir un avenir socialiste pour l'Algérie, il n'en affirme pas moins qu' « une négociation franche et loyale, qui permettra à notre peuple d'exercer son droit à l'autodétermination et d'accéder à l'indépendance, pourra mettre fin à la guerre et ouvrir la voie à une coopération fructueuse des peuples algérien et français ». Voilà un homme qui sait afficher la couleur.

Le général ne se précipite pas pour l'en louer. Mais le 2 octobre, à l'occasion de la rentrée parlementaire et de la levée des dispositions de l'article 16, il prononce une allocution où, ayant enrichi le débat de l'un de ses vocables surannés et savoureux dont il fait l'ornement de ses interventions — cette fois, c'est le « tracassin » dont est supposée saisie l'opposition à son régime —, il parle de nouveau de la « recherche d'un accord négocié ». Reprenant divers thèmes des discussions d'Évian et de Lugrin — la constitution par exemple d'un « pouvoir provisoire » et d'une « force publique » en vue de préparer l'autodétermination —, il renoue le dialogue.

Mais ne voit-on pas s'amorcer un nouveau virage stratégique du FLN, dans une direction où on ne l'attendait guère : celle de l'OAS, c'est-à-dire de ceux qui attaquent de Gaulle sur sa droite ?

Alors que le GPRA de Ferhât Abbâs semblait soucieux de ne pas exploiter (notamment lors du putsch d'avril) les difficultés éprouvées par le général de Gaulle, posant en principe qu'au-delà des apparences il était son allié objectif contre le colonialisme, celui de Ben Khedda joue comme d'une arme des épreuves subies par son interlocuteur : ce qui affaiblit de Gaulle le renforce. Pour un temps, c'est l'OAS qui sera l'allié objectif du FLN. En sapant sans trêve les positions et les suggestions du général de Gaulle, Salan, Susini et leurs hommes répondent aux espoirs du Front. Ben Khedda et ses camarades, instruits par les leçons d'Évian et de Lugrin qui ont fait apparaître l'ascendant formidable du général de Gaulle comme

« meneur de jeu », visent moins désormais à lui sauver la mise qu'à affaiblir sa main.

En faisant peser une menace constante sur la vie du chef de l'État, en assassinant les agents de sa politique au-delà de la Méditerranée, en se saisissant de la réalité du pouvoir à Alger et à Oran où l'opinion se reconnaît en lui et où la grande majorité des fonctionnaires sont ses complices actifs ou passifs, en ameutant constamment les foules de pieds-noirs, en menant partout la « chasse aux barbouzes gaullistes », l'OAS sert la nouvelle stratégie du FLN. Camouflés dans la clandestinité, Salan, Godard et Susini semblent les maîtres de l'Algérie. Quel argument pour les porte-parole du FLN ! Quoi, ce gage que vous prétendez tenir, que vous prétendez nous marchander, il vous échappe, mon général ! Baissez le ton !

Le nouveau GPRA ne se contente pas de jouer l'OAS, tactiquement, contre de Gaulle. Il semble plus attentif à ménager la communauté européenne pour la détacher, stratégiquement, de l'OAS, sinon pour en faire un facteur positif dans la recherche de la paix. Est-ce trop tard, après que l'OAS s'est emparée des esprits et des cœurs ?... En tout cas, au cours de l'automne 1961, l'exécutif du FLN prend des initiatives positives et prononce des mots qui, venus plus tôt (confie de Gaulle à son entourage) auraient peut-être pu modifier le cours des choses.

M'Hammed Yazid déclare le 22 octobre qu' « à aucun moment [...] une action ne sera menée par le peuple algérien contre les Européens d'Algérie ». Une journée nationale pour la réalisation de l'indépendance, organisée par le FLN le 1er novembre, anniversaire du soulèvement, a pour thème « la cohabitation des communautés ». Deux déclarations de Ben Khedda, le 30 octobre et le 15 décembre, une interview de Yazid, le 3 novembre, à Radio-Luxembourg, confirment le souci nouveau du FLN de détacher de l'OAS la communauté européenne, en insistant sur la place qui lui sera réservée dans l'Algérie nouvelle.

Plus habile que son prédécesseur sur ce point, le GPRA de Ben Khedda n'en est pas moins contraint lui aussi au radicalisme par le harcèlement que lui inflige l'état-major, sous l'égide et l'impulsion du colonel Boumediene, retranché dans son camp de Ghardimaou sur la frontière tunisienne. Tandis que les ministres détenus en France commencent à critiquer des négociations qui ne pourraient se poursuivre indéfiniment alors qu'ils restent empêchés d'y prendre part, Boumediene et ses lieutenants, eux, s'érigeant en véritables procureurs du GPRA, ne cessent de mettre en garde leur ancien allié Ben Khedda contre tout esprit de concession. C'est donc très discrètement, comme dans la honte réciproque, que la négociation est réamorcée, en octobre 1961, par une nouvelle rencontre secrète, à Bâle, entre Dahlab et Ben Yahia d'une part, de Leusse et Chayet de l'autre, puis en novembre, près de Vevey, par un tête-à-tête Bruno de Leusse-Redha Malek.

Le dialogue reprend d'autant plus timidement que le GPRA, conscient de l'impatience du général, joue à fond de cette carte ; et, en fonction de sa nouvelle stratégie de prise en compte de l'OAS, laisse les extrémistes saper les positions du chef de l'État français — en effet soumises à un double tir de barrage — des terroristes de l'OAS et des intellectuels de l'Algérie française. L'OAS ne se manifeste pas seulement par la bombe et l'assassinat. Son action prend les formes les plus diverses. L'une d'elles est la répression, conduite par des cadres d'une police de plus en plus infiltrée par l'organisation de Raoul Salan, d'un défilé de travailleurs algériens dans Paris, le 17 octobre. Conformément aux mots d'ordre du FLN, aucun des 30 000 manifestants — chiffre dont l'importance stupéfia les observateurs — ne portait d'arme. 12 000 arrestations furent opérées, plus de 100 morts et des centaines de blessés furent dénombrés. Et combien de cadavres repêchés dans la Seine ? L'opposition de gauche réclama une commission d'enquête. Le préfet de police Maurice Papon plaida non coupable. De toute évidence, ce pogrom policier avait été poussé au pire par ceux qui voulaient dresser un rideau de sang entre les deux groupes négociateurs d'Évian[8].

C'est à cette époque que l'OAS connaît son développement le plus rapide en Algérie, où elle peut désormais se proclamer représentative de la communauté européenne, tandis qu'en France ses alliés se manifestent sans la moindre réserve. Ainsi Georges Bidault annonce-t-il la création, sous sa responsabilité, du CNR (Conseil national de la résistance) — auquel, président [*] sous l'occupation d'un organisme ainsi nommé, il ose donner ce sigle, assimilant ainsi les nazis à la Vᵉ République et de Gaulle à Hitler...

Mais l'opposition à la politique algérienne du général de Gaulle prend des formes plus légales. Le 8 novembre 1961, un groupe de députés — dont J.-M. Le Pen et d'anciens gaullistes comme MM. Pasquini et Vinciguerra entre autres — plaident à la tribune du Palais-Bourbon pour la reconnaissance de l'OAS comme organisation légale — elle qui vient de faire poignarder à Alger le commissaire Goldenberg.

Le lendemain, un député de droite, Jean Valentin [**], propose le vote d'un texte inspiré d'une proposition formulée, lors du putsch d'avril, par le général Salan : réduction en métropole du service militaire à dix-huit mois, rappel sous les drapeaux de huit classes d'Européens d'Algérie : mesure étrangement anti-intégrationniste dans sa forme, mais susceptible d'attirer les sympathies de jeunes métropolitains à la cause de l'Algérie française. Ce texte qu'on appelle aussitôt « amendement Salan » est voté par 80 députés contre 382.

Ainsi, un imposant courant parlementaire soutient ouvertement un mouvement qui, six semaines plus tôt, a tenté d'assassiner le chef de l'État et égorge, en Algérie, ses policiers et ses magistrats. La France s'était-elle trouvée, depuis plus d'un siècle, aussi près de la guerre civile ?

A cette insurrection, Jacques Soustelle donne, de l'étranger où il a choisi de s'exiler, une caution intellectuelle importante et une interprétation brillante, dans une interview publiée le 3 novembre par la grande agence américaine *United Press* :

---

[*] Grâce au soutien des communistes.
[**] Que l'on confond parfois avec François Valentin, l'un des animateurs de la fronde parlementaire antigaulliste d'octobre 1959.

« ... Le régime actuel de la France est une dictature tempérée d'anarchie.

« Au sommet, un homme seul exerce un pouvoir tyrannique sans limite et sans frein. Au-dessous de lui [...] les membres du soi-disant gouvernement ignorent eux-mêmes ce que décidera demain le maître absolu, et [...] le Parlement est réduit à néant. Brochant sur toute cette incohérence, se déchaîne une chasse aux sorcières qui remplit les prisons d'officiers d'élite, d'anciens résistants, d'universitaires, d'écrivains. La liberté d'expression est supprimée [...]. Comme en 1940, j'ai dû m'expatrier pour demeurer libre de penser et de parler à ma guise.

« Je suis dans l'opposition au régime parce que je suis et demeure un républicain, attaché aux libertés démocratiques et aussi à l'honnêteté politique. Le présent régime est fondé sur une immense duperie. De Gaulle a systématiquement trompé ceux qui lui avaient fait confiance, trompé l'Armée, trompé les Français, trompé les Musulmans d'Algérie.

— Que pensez-vous du général de Gaulle à présent ? demande le reporter de l'*United Press*.

— Je pense que le général de Gaulle est mort, entre 1951* et 1958, à Colombey-les-Deux-Églises. Malheureusement, on ne s'en est pas aperçu**. L'homme qui porte ce nom aujourd'hui incarne exactement le contraire de ce que symbolisa de 1940 à 1944 le chef de la Résistance française à qui nous devons la libération et le retour à la République...

« ... La situation peut être résumée de la façon suivante : le FLN et le gouvernement de Gaulle ont pratiquement le même but : une Algérie indépendante sous la domination du FLN, c'est-à-dire de l'organisation terroriste fanatique étroitement liée au communisme international qu'incarne Ben Khedda. Cette " solution ", aujourd'hui commune à de Gaulle et à Ben Khedda, implique un génocide : la disparition du peuple algérien de culture française, de religion chrétienne ou juive, et de nombreux Musulmans, soit par le massacre soit par l'exode.

« A ce stade, une force nouvelle surgit : l'OAS, expression de la résistance d'un peuple qui ne veut pas mourir. En quelques mois, elle a pris une importance telle qu'on ne peut plus ne pas en tenir compte [...]. Il faut négocier avec l'OAS : c'est le bon sens qui l'ordonne et c'est la voie de la paix... »

Ainsi parlait alors l'un des hommes les plus intelligents de son époque, et les plus longuement et étroitement liés à la carrière de Charles de Gaulle : ce qui donne la mesure de la haine et du rejet qui frappent alors l'homme de juin 1940. Et l'on a choisi, dans l'anathème, le meilleur...

Le général semble avoir été persuadé qu'il ne s'agissait que d'"une intempérie passagère, incapable de mettre en péril l'État excessivement incarné en sa personne. Certes, il ne laissa pas de marquer de la mauvaise humeur quand des sifflets et des huées l'accueillirent en Corse — où le parti favorable à l'Algérie française et hostile à la décolonisation comptait de

---

* Date où il rompit avec Soustelle sans lequel, apparemment, il n'a pas d'existence.
** C'est la formule que de Gaulle employa souvent à propos de Pétain.

nombreux fidèles — et à Marseille où, répondant à un notable qui demandait des éclaircissements sur les perspectives en Algérie : « C'est réglé... » Il est peu de dire que ce propos déclencha des quolibets...

Cette fin d'automne 1961, où la paix semble s'éloigner, où du fait de l'OAS qui s'affirme comme le FLN des Européens, la guerre s'étend au contraire sur un deuxième front, et où l'État lui-même, des assemblées aux cabinets ministériels et jusqu'aux abords du gouvernement, compte des hommes qui ont partie liée (directement ou non) avec les artificiers de Pont-sur-Seine, est l'une des saisons les plus amères de l'histoire du gaullisme depuis le grand reflux du RPF en 1952.

D'autant plus amère que le général, ayant en fait lâché la plupart de ses atouts de négociateur en Algérie, ne semble plus porté par cette vitalité imaginative et ce génie oratoire qui, tout au long de ses épreuves, l'ont élevé au-dessus de la mêlée. Le grand ton gaullien n'est pas de ce temps-là — sinon, brièvement, dans un face-à-face avec les cadres de l'armée qu'il a voulu exemplaire. Car il sait bien que c'est là qu'est le péril ou le recours, au sein de ce corps d'officiers déchiré par le putsch d'avril et la répression qui s'en est suivie *.

Les plus amers ne sont pas ceux qui ont agi et perdu, et méditent en prison sur les fondements et les limites, les splendeurs et les misères de la discipline : ce sont ceux qui ont refusé de les suivre, non sans approuver leur motivation, et s'accusent désormais de lâcheté et d'opportunisme. La manifestation de discipline des officiers d'avril 1961 refusant dans la proportion de 95 % de suivre le « quarteron » est à la source d'un grand dégoût. Cette armée de la fin de 1961 est en proie à une nausée qui se résume bien dans cette formule du général de Pouilly, l'homme d'Oran qui a fait plus que personne pour freiner le putsch et qui, demandant alors sa mise à la retraite anticipée, déclare devant les juges de Maurice Challe : « J'ai choisi la discipline mais j'éprouve la honte de l'abandon. »

Et voici le grand responsable, voici de Gaulle face à plus de 3 000 officiers, le 23 novembre, à Strasbourg. Pourquoi cette date, cette ville, ce rendez-vous ? Parce que c'est l'anniversaire de la libération de la ville par les forces de Leclerc, conclusion d'un fait d'armes éclatant. Convoquer sur ce thème les cadres de l'armée, c'est manifester que le gaullisme, ce ne fut pas seulement le refus de la discipline, puis la négociation en vue de l'abandon au nom du « réalisme », mais aussi la victoire, par les voies de la modernité.

Ils sont là des milliers, au garde-à-vous devant de Gaulle, place de Broglie, là où quinze ans plus tôt le général avait fondé le RPF. Il fait plusieurs degrés au-dessous de zéro. A cette mer moutonnante de képis, le général parle tête nue. De quoi ? D'abord de la manœuvre qui livra jadis la ville à Leclerc, à Rouvillois et à Massu. Sans une note, comme racontant une histoire de la veille, Charles de Gaulle prononce une leçon magistrale où ne manque ni un chiffre, ni le nom d'un village, ni une unité ennemie, visiblement heureux de

---

* Répression dont les officiers savent que leur ministre, Pierre Messmer, a tout fait pour qu'elle soit moins dure que ne le souhaitait de Gaulle.

se replonger dans ces hauts faits et de rappeler à cette armée (« à laquelle j'ai appartenu »...) qu'il fut d'abord un grand professionnel et un incomparable professeur d'histoire militaire.

Mais bien sûr Leclerc n'est pas allégué là pour la seule gloire du conférencier de Gaulle : il est son témoin contre Salan. Si beau soit le cours d'histoire, et si utile peut-être pour rappeler à ces milliers d'hommes immobiles et frigorifiés devant quel homme ils se trouvent (et qu'on ne saurait confondre avec la « grande Zohra » des tracts de l'OAS...), il est là surtout pour manifester que le destin de l'armée est ici, en Europe, sur le Rhin, au cœur du monde moderne, et que ruiner l'État présent, c'est anéantir la défense nationale.

Hommage étant rendu à l'action de l'armée en Algérie (qui « a rempli [...] avec courage et avec honneur » une tâche dont « notre avenir, sur place [...] et vis-à-vis de l'univers [...] aura finalement dépendu ») le général de Gaulle aborde de front le sujet brûlant :

> « ... Chacun peut s'expliquer — et moi-même le premier — que, dans l'esprit et le cœur de certains soldats, se soient fait jour naguère d'autres espoirs, voire l'illusion qu'à force de le vouloir, on puisse faire que, dans le domaine ethnique et psychologique, les choses soient ce que l'on désire et le contraire de ce qu'elles sont[*]. Mais, dès lors que l'État et la nation ont choisi leur chemin, le devoir militaire est fixé une fois pour toutes. Hors de ces règles, il ne peut y avoir, il n'y a, que des soldats perdus[9]... »

Combien, parmi ces hommes au garde-à-vous, rêvent alors de le tuer ? Combien, parmi eux, d'Argoud, de Broizat, de Sergent ? Ils savent bien tous que « l'État et la nation » qui ont « choisi leur chemin », c'est ce vieillard énorme, là, qui se dresse devant eux sous ses mèches presque blanches, implacable et envoûtant, magistral et quelque peu condescendant. Parce qu'il a décidé, quelques mois plus tôt, sans trop considérer le rapport de forces sur le terrain, que le bien de la nation voulait que l'armée française ne pût exploiter sa suprématie sur le terrain et proclamer enfin sa première victoire depuis deux générations, faut-il le laisser faire ? Est-il la nation, ou un aberrant phénomène ?

Là est le secret qu'on appelle pouvoir, ou mieux autorité. Qui n'est pas seulement le contrôle des moyens de coercition, et pas tout à fait — ou pas seulement — l'art de la persuasion. Qui est autre chose et qui fait que, sous les huées d'Aïn-Témouchent ou les sifflets de Bastia ou sous les sarcasmes de Marseille comme devant cette masse compacte, figée, muette et aux trois quarts réprobatrice, Charles de Gaulle règne et gouverne, impose et dispose. Non, aucun Islambouli[**] ne se détachera de cette masse irritée dans la brume glacée de Strasbourg. A-t-il convaincu « son » armée ? Il s'est imposé.

Cette opération de domptage, le général de Gaulle l'accomplit au plus fort d'une crise qui est bien de nature à raviver contre lui la hargne militante des

---

[*] Dans les *Mémoires d'espoir*, l'auteur écrit : « ... se soient fait jour l'espoir, voire l'illusion »...

[**] L'officier assassin de Sadate, vingt ans plus tard.

officiers attachés à l'Algérie française : car elle a pour centre et symbole l'homme dont le nom est, plus que tout autre, anathème aux officiers qui se sont voués à l'anéantissement du FLN, comme principe du mal : Ben Bella. Un « rebelle » qui n'a même pas combattu dans les djebels*...

Que tous les membres du GPRA soient pressés de voir réapparaître les cinq « chefs historiques » retenus en France n'est pas une évidence. La gloire personnelle de Ben Bella — qui n'est tout de même pas le Bourguiba de l'Algérie, mais seulement le plus notoire des neuf pionniers du mouvement — l'humeur amère de Boudiaf, le style sarcastique de Khider ne plaisent pas à tous les militants algériens. Et l'on peut prévoir que leur longue incarcération n'a pas adouci leur caractère, ni leurs exigences.

Mais quoi qu'ils pensent, *in petto,* de ce confinement des « cinq », les dirigeants de Tunis ne peuvent manquer d'éprouver de la gêne à être progressivement promus en interlocuteurs privilégiés quand leurs très notoires camarades internés en France sont réduits aux rôles de muets dont l'avis ne peut être recueilli qu'entre deux portes verrouillées et à portée de micros. C'est ce qu'exprime en leur nom le ministre de l'Information du GPRA, M'Hammed Yazid : « Concevoir des négociations quand cinq dirigeants de la révolution algérienne risquent de mourir d'un moment à l'autre, c'est nier trop légèrement notre sens de la dignité et de l'honneur. »

Au début de novembre, en effet, les exilés de Turquant ont attiré brusquement sur eux l'attention de l'opinion publique, et vont la polariser pendant des semaines, en s'imposant une grève de la faim illimitée, d'abord par solidarité avec les prisonniers FLN qui réclament un statut politique, puis en vue d'obtenir leur libération, ou au moins une forme de participation à la négociation.

Que cette pression ait été déclenchée en accord avec le GPRA ou non, les dirigeants de Tunis ne pouvaient manquer de voler au secours des prisonniers et de dramatiser l'affaire. Et voilà donc le tête-à-tête franco-algérien encore compliqué d'une affaire de grève de la faim massive qui y introduit un facteur d'accélération et de sensibilisation : il y va de la vie de personnalités connues de l'opinion internationale — dont les noms en tout cas sont répercutés à tous les échos par la presse des pays du Tiers-Monde et celle du camp socialiste, sans compter celle des États-Unis.

Cette nouvelle péripétie est d'autant plus bruyante qu'elle donne le branle à une seconde intervention dans le débat, celle du Maroc. C'est en effet alors qu'ils étaient les hôtes du souverain de Rabat, dans un avion mis par lui à leur disposition, que Ben Bella, Boudiaf, Khider et Aït Ahmed ont été interceptés par l'aviation française. Hassan II se proclame donc leur protecteur et, pour prévenir une issue fatale, propose de les accueillir dans une ambassade chérifienne.

La réaction du général de Gaulle est très négative, pour diverses raisons. D'abord parce qu'il a horreur que l'on exerce sur lui la moindre pression ; ensuite parce qu'il s'agit de procédés qui, à propos de thèmes politiques, font

* D'Algérie. Mais en Italie, au sein de l'armée française...

appel à la compassion, à la pitié, et qu'il déteste le mélange des genres ; aussi parce qu'il voit le roi du Maroc, qu'il tient à tort et à raison pour un allié personnel, soudain courir à la rescousse de ses adversaires, et à propos d'une vieille « gaffe » de la IVᵉ République. Est-ce à lui de payer pour M. Lejeune * dans un moment aussi dramatique ?

Comme s'il n'avait pas encore assez de problèmes à résoudre, et de concessions à imposer à ses ministres, à l'opinion, à l'armée surtout... On lui a arraché la négociation avant le cessez-le-feu, la représentation exclusive du FLN, le Sahara ! Et maintenant Ben Bella ? Tous ses atouts, encombrants ou non...

Il aurait à coup sûr considéré l'affaire d'un œil plus favorable, tenant le rapt de 1956 pour indigne de la France, si les autorités du Maroc n'avaient pas laissé s'accomplir un acte sans précédent dans l'histoire pourtant fort dramatique des relations diplomatiques françaises : l'envahissement et la mise à sac de l'ambassade de France à Rabat — opérés alors que l'ambassadeur Roger Seydoux, qui avait été reçu la veille par un Hassan II menaçant, multipliait les appels au palais royal distant de quelques centaines de mètres **... L'agression contre ce fragment de territoire français se déroule un 11 novembre. On imagine l'accueil que fait le général de Gaulle à ce type de défi...

Le soir même cependant, Allal el-Fassi, ministre d'État et symbole du nationalisme marocain, propose une solution : le palais de Rabat et le FLN demanderaient à Ben Bella et à ses compagnons d'interrompre leur grève de la faim — en échange de quoi les prisonniers seraient mis sous la protection de l'ambassade du Maroc en France. Le lendemain, le leader marocain et deux de ses collègues arrivent à Paris, en vue d'obtenir une transaction.

Le 13, le Conseil des ministres entend le chef de l'État : « Le jour où on cessera d'égorger, je renverrai Ben Bella au Maroc. Pas avant, je n'en démordrai pas. » Il évoque sur un ton irrité l'affaire de l'ambassade de Rabat. Un ministre croit judicieux de glisser que si l'armée française n'avait pas évacué le Maroc, cela ne serait pas arrivé. Il s'attire cette riposte : « Et si les Français de Napoléon étaient restés à Moscou, il n'y aurait pas eu Staline ! »

Alors de Gaulle rapporte son entretien avec les trois ministres marocains :

> « Ils m'ont d'abord demandé de [...] libérer Ben Bella purement et simplement. J'ai dit : non. Ils m'ont suggéré ensuite de le faire transférer à l'ambassade du Maroc à Paris. J'ai dit : non. Alors, ils ont parlé d'une clinique, qui serait placée sous le régime de l'exterritorialité. J'ai dit : non. Mais j'ai proposé moi-même qu'il soit transporté dans une maison de santé et assisté de médecins marocains, avec une garde tout autour [10]. »

---

* Le seul membre du cabinet Mollet qui ait revendiqué la responsabilité de l'affaire du rapt des chefs FLN.
** Où on lui répondait qu'il ne fallait pas « dramatiser »...

Ce qui est fait le soir même. Ben Bella, Bitat Khider, Aït Ahmed et Boudiaf cessent leur grève de la faim et, après quatre jours de soins, sont transférés au château d'Aunoy, près de Paris. Ils y recevront, le 16 décembre, la visite discrète de trois émissaires du GPRA, Belkacem Krim, Ben Tobbal et Ben Yahia, auxquels ils donneront le « feu vert » pour une relance de la négociation.

Mais le général de Gaulle, s'il a dû transiger après s'être considéré comme insulté par la cour de Rabat — le pillage en règle d'une ambassade qui avait été la résidence de Lyautey... —, en veut à ceux qui l'ont incité au compromis avec Hassan II. Certes, l'affaire n'était pas de l'ampleur de celle de Bizerte. Mais là aussi, on a « manqué » à la France — et cette fois sans qu'aucune sanction soit intervenue. Quand Roger Seydoux quitte son poste au Maroc, quatre mois plus tard, pour représenter la France à l'ONU, le général, le recevant, lui glissera de son ton le plus bénin : « Je suppose, monsieur l'Ambassadeur, que pendant ces événements, vous avez surtout pensé à la sécurité des Français du Maroc [11]... » Sous-entendu : qui compte tout de même moins que l'honneur de la France *...

Ben Bella ou pas, on en revient toujours à l'éternel débat : un État algérien, oui ; et avec le Sahara. Mais avec ou sans le FLN ? Sachant bien que « sans le FLN » n'est plus qu'une vague menace sans conséquence depuis les journées de décembre 1960, et que le FLN sans le Sahara serait un ennemi permanent.

Écoutons le général, le 26 octobre 1961, haranguer ses ministres subjugués (à deux ou trois exceptions près [12]).

> « ... Les réalités et les intérêts nous poussent à permettre la naissance d'un État algérien [...]. Cet État doit sortir des urnes, donc d'un scrutin d'autodétermination. Mais il vaut mieux qu'il ait lieu après qu'un accord aura été conclu sur l'ensemble des questions, notamment les garanties aux Européens.
>
> Au scrutin d'autodétermination, les deux questions posées seraient les suivantes : 1. Voulez-vous un État indépendant ? 2. Voulez-vous que cet État coopère avec la France ?
>
> L'autodétermination n'est peut-être plus désormais qu'une formalité, mais elle est essentielle. Pour y conduire, un pouvoir provisoire sera nécessaire ; libre au FLN d'y collaborer.
>
> Et si rien de tout cela n'est possible, alors nous laisserons l'Algérie à elle-même et nous n'avons pas besoin du FLN pour cela. »

Après un temps :

> « Parfaitement, si, un jour, nous en avons assez, et ce jour n'est pas loin. »

---

* Plusieurs dizaines de Français avaient été tués au Maroc en octobre 1956 après l'enlèvement de Ben Bella.

Enfin, à propos du Sahara :

> « Ou bien nous ferons un arrangement convenable, ou bien, s'il n'y a pas
> d'accord, nous resterons au Sahara autant qu'il nous plaira d'y rester. »

Et de conclure :

> « Messieurs, accrochez-vous au mât, parce que ça va tanguer ! »

Rappel des principes démocratiques, profession de foi « réaliste »,
menaces, témoignages d'irritation, appels du pied, tout y est : le grand
sorcier sait ouvrir sa boîte à malices pour se retirer de la « boîte à chagrins »
algérienne...

Une « boîte », tout de même, qui recèle encore des choses auxquelles il
tient : Reggane, le champ d'essai saharien où se déroulent les expériences
nucléaires. Et aussi la base de Mers el-Kébir. « Combien de temps faut-il
obtenir de la garder ? » lui demandent de Leusse et Chayet, qui continuent à
faire la navette entre Paris et la Suisse. « Disons pendant une génération »,
répond le général. Une génération ? Cela fait vingt ou vingt-cinq ans, se
disent les négociateurs, qui s'affairent en ce sens auprès de leurs discrets vis-
à-vis. Ils reviennent quelques jours plus tard à l'Élysée, tout fiers du résultat
obtenu : « Ils acceptent cinquante ans ! » — et ont la stupéfaction d'entendre
de Gaulle grommeler : « C'est ridicule [13] ! »

Cahin-caha, dans la pénombre, la négociation a donc redémarré. De
Leusse et Dahlab, Boulharouf et Chayet continuent de débattre dates et
chiffres. Mais si le courant passe, aucun progrès décisif n'a suivi la concession
majeure du général de Gaulle sur le Sahara. Les interlocuteurs sentent qu'ils
vont dans le bon sens, mais restent dans le vague. On en est à soupeser les
silences, les nuances de l'argumentation.

Ainsi, à propos des expériences nucléaires au Sahara — qui est l'un des
points sur lesquels de Gaulle ne transigera pas, ils le savent —, de Leusse et
Chayet entendent Dahlab leur opposer un refus qui apparaît catégorique au
premier, dubitatif au second. N'a-t-il pas argué, pour terminer, que « le
peuple algérien ne comprendrait pas » ? Chayet y voit une échappatoire
quand de Leusse y entend un veto. Le rapport qu'ils font à Joxe, puis à de
Gaulle, laisse tout le monde perplexe et désorienté. Alors ?

Alors, pourquoi ne pas procéder par écrit, demande Claude Chayet.
« Vous n'y pensez pas, fait Joxe. Vous connaissez nos partenaires. Ils
s'empresseront de saisir la presse, de publier ce qui leur paraîtra utile à leur
cause... — Et alors ? Les propositions françaises sont telles qu'on peut les
rendre publiques. Nous n'avons rien à y perdre. La clarté nous sert. Nous
n'avons même plus à craindre les réactions des pieds-noirs, hostiles par
définition —, conditionnés comme ils sont par l'OAS. Et l'opinion internationale pourra constater l'ampleur de nos ouvertures [14]... »

Joxe, Tricot, puis le général finissent par en convenir. Et c'est ainsi qu'à
partir du début de décembre 1961 vont s'échanger, entre Paris et les
représentants du GPRA — c'est-à-dire Dahlab, qui dispose de la pleine

confiance de son ami Ben Khedda —, une série de textes qui portent en germe les accords signés quatre mois plus tard. C'est alors, en décembre 1961 et en janvier 1962, que les progrès les plus importants sont réalisés. Mais il reste à opérer la soudure entre deux types d'exposés qui, sur la question de la minorité européenne, semblent enfin converger. Ce qui n'empêchera pas que la négociation connaisse encore pas mal de rebondissements...

Le 8 janvier 1962, les principaux dirigeants du FLN — à l'exception de Ferhât Abbâs et, bien sûr, des « résidents surveillés » du château d'Aunoy — sont réunis à Mohammedia, localité touristique proche de Casablanca où les a conviés le roi Hassan II. De nombreux journalistes sont accourus. S'agit-il pour le GPRA de mettre « cartes sur table », de prendre l'opinion publique à témoin soit des progrès, soit de l'échec de la négociation secrète ? On murmure alors qu'un important tête-à-tête est en cours entre Louis Joxe et Saad Dahlab *...

De cette curieuse conférence marocaine, je rapportais au *Monde* un certain nombre d'indications, citant entre autres ce propos que me tenait Yazid : « Ce qui est en jeu entre Paris et nous, ce n'est pas " quoi " ni " comment ", mais " quand " et " dans quelles circonstances ". » Commentant ce propos optimiste, j'ajoutais que « le GPRA, inversant les rôles, chercherait à son tour une querelle de représentativité au gouvernement français. Il semble se trouver dans la situation d'une équipe arrivée en finale du tournoi après de nombreuses éliminatoires et attendant l'issue de l'autre demi-finale [...]. Les Algériens se récrient lorsqu'on parle de " préalable d'élimination de l'OAS " et prétendent que, sitôt un accord signé, ils seraient en mesure de " liquider " l'organisation ultra, mais ils ajoutent que tant que la guerre dure, ils ne sont pas chargés de protéger la démocratie en France [15] »...

Le fait est que, dans le communiqué qui marque la fin du colloque de Mohammedia, les dirigeants du FLN mettent cette fois l'accent sur les dangers que l'OAS fait courir aux accords à venir. Eux qui, depuis la fin du mois d'août, ont paru s'accommoder des coups portés à de Gaulle par les activistes d'Alger, semblent soudain prendre conscience de cette « alliance objective » entre négociateurs d'Évian qui paraissait, en 1961, évidente à Ferhât Abbâs. Dans le même texte, ils font aussi une allusion appuyée aux garanties à accorder aux Européens et à l'État français, et évoquent « l'évolution vers une solution pacifique et négociée ».

Euphorie ? Non. Elle serait d'autant moins de mise que l'OAS, sentant approcher la reprise des négociations, multiplie les manifestations de sa puissance et de son ascendant sur la population européenne. Aussi bien, commentant la situation devant ses ministres à la fin de janvier 1962, c'est sur les tentatives de l'OAS pour bloquer les issues pacifiques qu'insiste le général de Gaulle :

---

* En fait, il s'agit de la seconde de deux rencontres qui se sont déroulées en décembre et en janvier, dans une villa sur le lac Majeur. (Voir p. 216-217.)

« Premièrement, il y a eu une insurrection algérienne ; elle n'existe, en réalité, pratiquement plus contre la France ; depuis des mois, il ne s'est rien passé sur les barrages *. Deuxièmement, il s'agissait de savoir si l'armée se rebellerait à son tour ; ce n'était plus vrai en avril, ce ne l'est plus du tout maintenant. Troisièmement, le terrorisme se déchaîne là où les communautés sont massivement en présence l'une de l'autre, c'est-à-dire dans les grandes villes, et la fureur de leurs extrémistes se traduit en assassinats. Les prétentions de l'OAS à la prise du pouvoir à Paris sont risibles. C'est un cas d'hystérie. L'immense masse de la métropole a l'OAS en abomination. Malheureusement, à Alger et à Oran, son activité a libre cours ou peu s'en faut. Pourquoi ? Parce que tous les Musulmans sont complices du FLN et parce que les Européens sont pratiquement tous complices de l'OAS. En présence de ces faits, le devoir strict des pouvoirs publics est de sévir. Nous pouvons avoir à faire face à deux situations. Dans l'hypothèse où l'OAS tenterait de prendre le pouvoir à Alger, des moyens appropriés ont été mis en place ; des unités de l'armée sont cantonnées aux points sensibles, prêtes à intervenir.
En ce qui concerne le terrorisme vulgaire, celui qui consiste à s' " entrezigouiller ", il faut que les préfets fassent leur métier [...]. On a accumulé pour eux gendarmes et CRS, ceux-ci doivent être dans la rue, or, ils n'y sont pas ; s'ils y étaient, on empêcherait les assassinats ou on arrêterait les assassins... On transférera ce joli monde dans la métropole et on les fera passer devant les tribunaux spécialement constitués, car, s'il s'agissait des tribunaux militaires normaux *(regard du général vers Messmer)*, on sait ce qu'il arriverait [16]. »

Quand, au procès des assassins du commissaire Gavoury, poignardé à Alger, le procureur refusa de requérir la peine capitale contre les tueurs, des légionnaires déserteurs **, le président de la République explosa de colère, concluant sa philippique par ces mots : « Cette pauvre France manque de vertèbres [...]. Toutes ses structures sont atteintes. »

C'est ce qui s'appelle regarder les choses en face... De Gaulle voit bien que désormais, le débat est à trois, lui, le FLN et l'OAS. Ce qui ne le retient pas — au contraire — d'activer les choses du côté des Algériens.

Il le fait, depuis le milieu de janvier, avec un dynamisme accru : parce qu'il sent que l'OAS se nourrit de chaque jour de guerre, de chaque parcelle d'espoir d'empêcher la négociation d'aboutir, et que seul un accord avec le GPRA peut désormais priver d'oxygène l'organisation Salan-Susini ; parce que toutes les démarches dilatoires dont il a chargé Joxe (« troisième force », « commissions d'élus » visant à se substituer au FLN, voire partage) ont avorté d'elles-mêmes ; parce que, parallèlement à l'échange de notes écrites qui ont nourri (enfin...) les dossiers concurrents, deux tête-à-tête entre Louis Joxe et Saad Dahlab dans une villa riveraine du lac Majeur, à la fin de décembre et au début de janvier, ont permis d'entrevoir la possibilité d'une vraie négociation.

* Les lignes électrifiées le long des frontières tunisienne et marocaine.
** Qui n'en furent pas moins condamnés et exécutés.

Tel est bien, vingt-trois ans plus tard, le point de vue des deux hommes : « C'est alors que j'ai commencé à avoir confiance », nous disait le chef de la délégation française [17]. Et le ministre algérien : « Nos tête-à-tête avec M. Joxe nous ont permis de nous connaître et de nous expliquer avec plus de franchise et plus de clarté. Beaucoup de malentendus et de mauvaises interprétations de nos propos respectifs ont été dissipés. Ces tête-à-tête ont donc joué un grande rôle dans nos débats [18]. »

Mais le cap ne sera pas mis pour de bon sur l'accord sans que cette guerre horrible n'ait fait paraître une nouvelle facette : après le soulèvement sanguinaire, la répression sans limites, le double terrorisme musulman et européen, les « ratonnades » (ou pogroms antiarabes) et ce que de Gaulle appelait l' « entrezigouillement » entre hommes de main de l'OAS et « barbouzes * » gaullistes, il faudra que le peuple de Paris souffre dans sa chair de la violence d'État que le général prétend défendre contre les hommes de Raoul Salan et de Georges Bidault.

Au début de 1962, les meurtres de l'OAS se multiplient : après le général Ginestet, le colonel Mabille, le commissaire Goldenberg, William Lévy, personnalité socialiste d'Alger, c'est le tour du lieutenant-colonel Rançon, chef du 2ᵉ bureau d'Oran, victime d'une bombe placée sous son lit (le corps des officiers, dans sa majorité, se donnera la honte de refuser tout témoignage de sympathie à la veuve de ce camarade assassiné...).

Le 22 janvier 1962, c'est le Quai d'Orsay qui est visé ; un mort, douze blessés. Puis c'est André Malraux : la fille de ses amis Renard, âgée de 5 ans, est atteinte par la bombe qui le visait, et restera à demi aveugle. Quant au dirigeant gaulliste Yves Le Tac, blessé à Alger par des hommes de l'OAS, d'autres tueurs tentent de l'achever sur son lit d'hôpital au Val-de-Grâce. Et l'on arrête, parmi les meurtriers, un certain Philippe Castille dont le nom dit quelque chose aux enquêteurs : c'est celui de l'un des hommes qui avaient tenté cinq ans plus tôt d'abattre, à coups de bazooka, Raoul Salan...

Alors, ce qu'on est convenu d'appeler « la gauche » décide de réagir. Le 14 janvier, un manifeste signé par d'anciens résistants appelle à une action contre « les factieux », tandis que la presse socialiste et communiste dénonce la « complicité passive » du pouvoir — du Premier ministre surtout — avec l'OAS. Certes, le 5 février, le général de Gaulle dénonce « les Français indignes [qui] se sont lancés dans des entreprises subversives et criminelles [...] grâce à un système de chantage, de vols, d'assassinats, transporté jusqu'en métropole [19] »... Mais certains dirigeants de l'opposition de gauche et des syndicats se jugent en droit de déclencher une manifestation, le 8 février.

Autour de la Bastille, quelque 10 000 manifestants (appartenant notamment à la CGT, au PCF, à l'UNEF et au PSU) scandent « OAS assassins ! » quand interviennent des forces de « l'ordre » où se sont évidemment infiltrés des partisans de l'organisation dénoncée. Certains de ces policiers **

---

* Forces spéciales levées pour lutter contre l'OAS, recrutées surtout parmi les anciens RPF.
** Déjà mêlés à la « ratonnade » du mois d'octobre 1961.

s'acharnent avec une telle sauvagerie sur des manifestants bloqués dans un escalier du métro Charonne dont les grilles étaient fermées qu'on relèvera neuf morts, dont trois femmes et un très jeune enfant.

A l'hôtel Matignon, on parlera de « provocation communiste ». Mais des chercheurs retrouveront quelques années plus tard dans les archives de l'OAS ce document daté de février 1962 :

« Opération provocation à la manifestation du 8, réalisée par un groupe de trente hommes, répartis en groupes de quatre entre Charonne et Bastille. Une partie du personnel était équipée de " bidules * " authentiques. La suite est connue. Coût de l'opération : 90 000 francs [20]. »

Les obsèques des neuf victimes de Charonne seront l'une des plus grandes manifestations populaires de la France de l'après-guerre — la plus grande avant les défilés du 13 et du 30 mai 1968. « ... La détermination et la dignité de cette protestation muette, devait écrire Pierre Viansson-Ponté, ne visent pas seulement la brutalité d'une répression aussi aveugle qu'inutile, mais également le terrorisme activiste qui, ce jour-là, s'il avait su voir, aurait compris que la partie était définitivement perdue pour lui [21]. »

Le pouvoir de la Ve République resta comme stupéfait devant cette horreur. Aucune enquête sérieuse ne semble avoir été jamais conduite par le ministère de l'Intérieur pour démasquer ** les responsables de l' « opération » évaluée à 90 000 francs par un comptable de l'OAS... Sur ces neuf morts (10 000 F par tête...), le général de Gaulle garda le silence. Ils ne s'étaient sacrifiés ni pour lui ni contre lui. La raison d'État n'était pas en cause. Sa gloire, pourtant ?

---

* Matraques de policiers.
** Comme le fit, avec des moyens limités mais beaucoup de courage, le reporter de *l'Express* Jacques Derogy.

9. Victoire sur soi

Le mercredi 24 janvier 1962, peu après 13 heures, les aides de camp du général de Gaulle, stupéfaits, voient les ministres, d'ordinaire si compassés dès qu'ils officient à l'Élysée, opérer sous leurs yeux une sortie « explosive[1] » de la salle du Conseil. Pourquoi si agités, soudain, eux qui, depuis trois ans, en ont tant vu ?

Parce qu'ils savent désormais que le débat décisif est engagé, que d'ici une ou deux semaines le fer sera de nouveau croisé avec le FLN, mais cette fois au niveau ministériel — et qu'ils vont ainsi être sans tarder les coresponsables d'un règlement qui détachera à jamais l'Algérie de la France : autrement dit, du fait de l'OAS, des condamnés à mort en surbis.

Lors de la séance du Conseil, le général ne leur a pas caché la gravité de l'occurrence, les chances d'en finir à court terme, les risques courus, les adversaires aux aguets, les sacrifices à consentir, et la nécessité de faire participer à la dernière phase des pourparlers deux au moins des membres du gouvernement, indépendamment de Louis Joxe. D'où cette « explosion » qui a tant frappé Flohic : cette fois, être ministre, c'est bien aventurer à la fois sa vie, son honneur et la trace qu'on laissera dans les livres d'histoire.

La veille, entre Alger, Oran et Paris, on n'a pas compté moins de trente-deux morts. L'OAS semble bien désormais en mesure de tenir sa promesse de frapper « où, quand et qui » elle veut. Et l'on sait, dans ces milieux où l'on recrute les ministres, qu'il n'est pas un organisme officiel dans Paris — et surtout pas le ministère de l'Intérieur, ni peut-être l'hôtel Matignon... — qui ne compte quelques sympathisants ou complices de cette organisation bien décidée à ne faire de quartier à aucun des responsables de la « grande braderie » algérienne. Chacun des ministres de Michel Debré peut être demain cet officier supérieur tué quelques jours plus tôt à Oran, et dont l'épouse a reçu cette note : « Vous êtes la veuve d'un traître et nous vous donnons l'ordre d'élever votre fils dans cet esprit. »

Le général a décommandé ses rendez-vous du vendredi 26 janvier pour pouvoir recevoir à tout instant Louis Joxe. Mais il fera cette expérience nouvelle pour lui, presque inconcevable : son ministre, pris entre ses divers « contacts », n'a le temps de venir à l'Élysée ce jour-là qu'une demi-heure à la fin de la matinée... Alors le général le prie de le rejoindre pour le week-end à Colombey, où, rompant avec ses habitudes, sinon avec ses principes, il traitera les affaires de l'État.

Joxe n'arrive à La Boisserie que le samedi soir à 21 heures, accueilli par ces mots : « Alors, Joxe, où en sont vos bergers ? » Pour la première fois pendant un dîner dans ce lieu de paix, observe Flohic, on parle des « affaires », c'est-à-dire de l'Algérie. Louis Joxe dit son espoir d'arriver à un accord qui garantisse le maintien de la population européenne sur place : il estime « nécessaire de tout lui * annoncer d'un coup, afin d'éviter que la campagne d'intoxication et de mensonges ne la pousse au désespoir ».

Jusqu'à une heure du matin le dimanche, le général et son ministre travaillent dans le bureau de la tour, Joxe restant coucher à La Boisserie. Le lendemain dimanche, au retour de la messe — le ministre est rentré à Paris —, le général médite à haute voix devant son aide de camp sur les colonisations française et anglaise, sur l'œuvre à accomplir encore en Algérie et sur la France dont il suppute l'avenir, dans la perspective de la fin du conflit algérien :

> « Si elle pouvait avoir vingt années de paix et continuer son expansion démographique, elle serait une nation formidable. Nous pourrions avoir cent millions d'habitants que notre agriculture supporterait allègrement : il faut que nous en ayons soixante. »

Mais, arpentant les bois après le déjeuner, le général est saisi, devant Flohic, d'une bouffée de mélancolie épique. Il parle de la retraite des grands hommes, de Clemenceau surtout, et assure que la simplicité de la sépulture d'un chef est en rapport direct avec la grandeur de son destin [2]...

Puissance de la France, certitude de son immortalité, voilà où en est Charles de Gaulle au moment de procéder à la dernière phase du démembrement de l'empire. Très loin du désespoir.

La négociation avec le FLN en vue de trouver une issue politique à la guerre d'Algérie a déjà pris sept formes.

Celle, d'abord, des sondages secrets par émissaires officieux, plus ou moins spontanés — d'Abderahmane Farès à Jean Amrouche et de Charles-Henri Favrod au père de Reboul ; ensuite, celle des diverses démarches entreprises en 1959 par Georges Pompidou, qui aboutissent à un premier contact avec Ahmed Boumendjel ; puis c'est le face-à-face officiel des muets de Melun, en juin 1960 ; on en vient après aux contacts officiels mais secrets, celui notamment qui est pris entre Chayet et Dahlab au début de 1961 ; de là, on passe aux prénégociations officieuses, menées de nouveau par Georges Pompidou (flanqué cette fois de Bruno de Leusse) d'une part, Ahmed Boumendjel et Taïeb Boulharouf de l'autre. A Évian et Lugrin, on en était arrivé aux face-à-face officiels et publics. Septième procédure en décembre et janvier 1962 : celle de l'échange de notes écrites. Et voilà qu'on allait inventer une huitième forme d'échanges, celle de la rencontre officielle et secrète, au cours de laquelle les deux gouvernements, repré-

---

* A la population européenne.

sentés par plusieurs ministres de part et d'autre, allaient vider leur querelle loin (ou plutôt hors) des regards indiscrets.

Le face-à-face annoncé par le général lors du Conseil « explosif » du 24 janvier, et dont le principe et les grandes lignes avaient été arrêtés lors des deux rencontres Joxe-Dahlab de décembre et janvier sur le lac Majeur, posait des problèmes délicats. On était convenu de part et d'autre d'élever le niveau des représentations, compte tenu du caractère décisif de ces échanges, et en même temps de maintenir secrète la procédure. Mais trois ministres d'une part, quatre de l'autre, disparaissant en même temps, ce n'est pas facile à expliquer…

La rencontre devait avoir lieu en France (le général de Gaulle en faisait une question de principe), près de la Suisse d'où, comme à Évian, viendrait la délégation du FLN et en un endroit tenu secret — d'abord pour éviter les interférences de la presse qui risquait de transformer le débat en un tournoi de propagande, ensuite et surtout pour mettre les négociateurs hors de portée de l'OAS qui, ayant assassiné le maire d'Évian, était plus avide encore de liquider en bloc les protagonistes de l'opération mettant un terme une fois pour toutes à l'Algérie française.

S'agissant du lieu, on trouva dans le Jura, tout près de la frontière suisse, au village des Rousses, un chalet de montagne situé à plus de 1 000 mètres d'altitude appelé Le Yeti, destiné aux vacances des fonctionnaires des Ponts et Chaussées et de leurs familles (qu'on tint à l'écart sous prétexte de travaux à effectuer).

Les interlocuteurs ? Du côté algérien, quatre ministres — Dahlab, Krim, Ben Tobbal et Yazid * — et trois experts de haut rang, Ben Yahia, souvent sur la brèche, Redha Malek, le porte-parole de la délégation à Évian, et le Dr Mostefaï (confondu souvent avec son cousin, que l'on retrouvera plus loin au cœur du débat). En dépit du titre de Saad Dahlab, chef officiel de la diplomatie du FLN, et de son évident ascendant intellectuel sur ses camarades et parfois sur ses interlocuteurs, c'est Belkacem Krim qui est le chef officiel de la délégation, en raison de son ancienneté dans le combat. Équipe solide où, comme au rugby tel que le voyait Giraudoux, les agiles (Dahlab, Yazid, Ben Yahia) sont au coude à coude avec les robustes (Krim, Ben Tobbal, Malek). Manque tout de même Ahmed Boumendjel, robuste et agile à la fois.

Du côté français, le général a tenu, on l'a vu, à flanquer son homme de confiance, Louis Joxe, de deux autres membres du gouvernement. Il a fait choix de Robert Buron, ministre des Travaux publics et de Jean de Broglie, secrétaire d'État chargé du Sahara. Si ces responsabilités désignaient celui qui en était investi pour négocier avec le FLN et signifiaient symboliquement que le Sahara n'était plus une « question à part », c'est aussi le dirigeant (aux côtés de Giscard d'Estaing et de Poniatowski) du mouvement des Indépendants, fort réservé dans l'ensemble par rapport à sa politique algérienne, que le général a voulu associer ainsi à la négociation.

---

* Qui avait refusé de participer aux pourparlers d'Évian, ne croyant pas à leur succès, et « se réservant » pour une phase plus prometteuse.

Il se trouve d'ailleurs que, si ses collègues « Indépendants » sont fort sensibles aux thèmes de l'Algérie française, certains mêmes perméables à l'influence de l'OAS, le prince de Broglie se signalera surtout pendant toute cette phase des pourparlers par une flexibilité dans la négociation jugée abusive par l'un ou l'autre des négociateurs français. Mais il fallait du courage pour accepter alors de telles fonctions, dans un tel environnement politique et social. De Broglie en témoigna de diverses manières, dont celle que signale Pierre Viansson-Ponté : il tint à faire ajouter à la notice du *Who's who* le concernant cette précision : « conégociateur des accords d'Évian (mars 1962)[3] ».

Quant à Robert Buron, ce n'est évidemment pas sur le détenteur du portefeuille des Travaux publics que de Gaulle a jeté son dévolu en vue de la négociation, mais sur une personnalité très en vue (souvent schismatique, sinon hérétique) du MRP, ancien ministre de Mendès France, réputé pour ses vues libérales à propos de l'Algérie — libéralisme que n'a pu qu'exacerber sa capture par les putschistes d'Alger en avril 1961... — et pour la libre agilité de son esprit. C'est un bon choix, on le vérifiera.

Les autres représentants de la France dans cette phase secrète des pourparlers sont, outre le tandem des pionniers formé par Bruno de Leusse et Claude Chayet, Roland-Billecart au titre du ministère des Finances, et le général de Camas qui, après le général Simon, a accepté bravement le rôle ingrat et périlleux de représentant de l'armée.

Pas de changement depuis Évian et Lugrin ? Si. Non seulement du fait de l'entrée en scène des deux ministres, de la mise à l'écart de tout représentant de Matignon — ce qui élimine un certain esprit de « résistance » — et de la transformation de Louis Joxe qui, libéré du « préalable saharien », parle et agit avec une autorité, une décision accrues. On a même parlé d'une sorte de dédoublement de la personnalité entre lui et le général, tant les négociateurs des Rousses eurent parfois l'impression de ne plus reconnaître l'aimable épicurien diplomate qu'est Joxe pour se trouver assis face à Charles de Gaulle, ou à ses côtés[4].

Si ce phénomène de mimétisme ne s'était pas produit, M. Joxe n'en eût pas moins été chaque jour éperonné par le monsieur de l'Élysée, le bombardant de messages écrits et oraux pour « dégager la France » du guêpier. L'un de ces télégrammes spécifie même « coûte que coûte ». Il arrivera à de Gaulle de se saisir du téléphone, qu'il a en horreur, pour rappeler à son représentant aux Rousses l'urgence d'une solution. Et il arrivera à ce loyal *alter ego* de trouver la hâte du Connétable excessivement contraignante pour le bon négociateur qu'il est, justement attentif à atteindre, aux moindres frais, l'objectif qui lui a été assigné.

C'est à la fin de janvier que Robert Buron a appris qu'il allait être associé à la prochaine phase des pourparlers. Convoqué par Debré puis par Joxe en compagnie de Jean de Broglie, il participe à plusieurs séances de travail au ministère des Affaires algériennes — sans savoir quand ni où se produira la rencontre avec les hommes du FLN. La consigne de silence est rigoureuse.

Le 5 février, le général de Gaulle a encore fait une concession, extrêmement discrète, mais importante et répondant aux demandes formulées au nom du FLN par Saad Dahlab lors de son tête-à-tête avec Louis Joxe : dans l'allocution qu'il prononce ce jour-là, il s'abstient de qualifier d' « organique » la coopération prévue entre Paris et le futur gouvernement d'Alger. Ainsi est gommé ce qui restait de structurellement « français » dans le projet algérien du général. On peut dire qu'avant même l'ouverture du vrai dialogue les représentants du FLN auront fait sauter un à un les obstacles qui obstruaient leur marche vers l'indépendance...

Le mardi 6 février, le général de Gaulle, flanqué de Michel Debré, reçoit les trois ministres chargés de prendre part à la négociation, afin de leur donner ses directives. Il les accueille encore le 9, dans un climat assombri par l'affreux épisode du métro Charonne*, mais sans s'arrêter à ces « péripéties » — qui ne relèvent que de son ministre de l'Intérieur, Roger Frey. Devant les trois ministres en partance pour Les Rousses, il formule, sur un ton apparemment serein, ses dernières consignes. Elles le montrent une fois de plus soucieux de clarifier rapidement la situation, fût-ce au prix de concessions importantes sur la question des garanties juridiques à assurer aux Européens dans l'Algérie à venir :

> « Réussissez ou échouez mais surtout ne laissez pas les négociations se prolonger indéfiniment. D'ailleurs ne vous attachez pas au détail. Il y a le possible et l'impossible. Pour la nationalité n'insistez pas trop pour que les Européens soient algériens de droit ; vos adversaires l'accepteront difficilement et nos compatriotes auront l'impression que nous les poussons de force hors de France, que nous ne les considérons pas comme de vrais Français. Alors il faut laisser les choses en l'état... Demain le gouvernement algérien fera des lois sur la nationalité au sein d'un nouvel État [...]. Ce qu'il faut prévoir c'est que les Européens minoritaires auront trois ans par exemple pour exercer leur choix.
> Quant au Sahara ne compliquez pas les choses [...] il n'est pas possible d'aboutir autrement qu'en laissant l'Algérie décider de son sort politiquement. Sur le plan économique, tâchez de préserver l'essentiel et sur le plan militaire aussi [...]. Enfin [...] faites pour le mieux[5]. »

« Ne compliquez pas les choses » : sur les deux affaires capitales — les garanties pour les Européens et l'avenir du Sahara — le général incite ses représentants à la flexibilité. On est très loin d'Évian. C'est une « autre » négociation qui s'ouvre.

Robert Buron raconte qu'il passa les journées du 9 et du 10 à démentir les informations de presse annonçant l'ouverture des négociations secrètes en Suisse, le 11, avec sa participation. Le 10, il quitte son ministère par une porte dérobée, dissimulant plus ou moins sa barbe en pointe sous un foulard et, coiffé d'un chapeau peu familier, s'engouffre dans la 4 CV familiale

---

* Voir ci-dessus, p. 217-218.

conduite par sa femme. Sur l'autoroute, près d'Orly, il sera pris en charge par une 404 et deux inspecteurs peu bavards. Trois heures plus tard il se retrouve à la sous-préfecture de Chalon-sur-Saône où il sera hébergé pendant une partie des entretiens.

Le lendemain dimanche 11 février en fin de matinée, Buron roule vers l'est, flanqué de ses deux anges gardiens policiers. Sa voiture est bientôt dépassée par une DS chapeautée de deux paires de skis, dans laquelle il croit apercevoir Jean de Broglie mais sans reconnaître son voisin qui a enfilé un passe-montagne : à l'arrivée, il constatera que c'était Louis Joxe déguisé en amateur de sports d'hiver.

Il est 13 heures quand ils s'arrêtent derrière une bâtisse aux volets fermés, sur la route qui mène vers la frontière suisse toute proche. C'est Le Yeti. Que ce chalet fût un bon abri pour les négociateurs, on en a la preuve dans le fait qu'ils purent y travailler plus de huit jours sans être découverts et attaqués par l'OAS. Mais il se révéla un siège de conférence très inconfortable, imposant surtout aux Algériens des déplacements harassants et à tous une fatigue de tous les instants : d'où un climat qui alla souvent jusqu'à la tension...

En attendant l'arrivée de la délégation du FLN qui a beaucoup plus de chemin à parcourir pour venir d'Yverdon (il n'y a pas de petits avantages dans un débat ! aurait grommelé de Gaulle...), Joxe fait le point. Robert Buron résume ainsi son « plan de bataille » :

« ... L'essentiel pour nous sera d'obtenir des garanties sérieuses pour les Français qui accepteront de devenir algériens et d'ailleurs pour tous ceux qui resteront en Algérie. C'est sur cette partie de la négociation que nous serons jugés. La marge de manœuvre que nous laisse dans ce domaine notre conscience d'hommes politiques et de patriotes est étroite.

« Certes beaucoup d'Européens quitteront l'Algérie devenue indépendante. Les pressions de l'OAS, si celle-ci n'est pas rapidement démantelée, en auront fait partir d'ailleurs un grand nombre auparavant. Il est indispensable que la majorité reste, or cela ne sera possible que si elle se sent assurée de conditions de vie acceptables. A nous de les obtenir !

« Enfin les dispositions relatives à la période transitoire : durée, pouvoirs du haut-commissaire, composition et rôle de l'exécutif provisoire, consistance de la force de sécurité, vont donner lieu à d'innombrables marchandages. Il faut réserver cette discussion pour la fin car nous pourrons alors accepter des transactions, si nous avons obtenu les sécurités que nous souhaitons pour nos compatriotes [6]. »

Les Algériens arrivent une demi-heure plus tard. C'est Dahlab qui ouvre le débat. Il assure qu'à condition que soit reconnu clairement le caractère algérien du Sahara toutes les questions relatives à l'exploitation des richesses, aux transports et aux aérodromes seront résolues ; et qu'en ce qui concerne la participation des Français d'Algérie à la construction d'un État nouveau ils bénéficieront d'un délai d'option quant à leur nationalité définitive et pendant ce délai auront le plein exercice de leurs droits civiques algériens, et (se verront reconnaître) la non-discrimination future entre les Algériens d'origine européenne et les Algériens dits de « droit local ». Des deux côtés, conclut le ministre algérien, on souhaite une coopération efficace et durable. L'accord « doit être facile ».

Le tout paraît encourageant à la partie française.

La première question abordée est celle du Sahara. N'est-elle pas facile à régler, dès lors que la souveraineté algérienne a été reconnue par de Gaulle ? Il n'en est rien. Les difficultés apparaissent à propos de l'utilisation des bénéfices résultant de l'exploitation pétrolière : les Algériens refusent de prendre à leur compte les engagements que la France avait contractés envers les populations sahariennes. Un catalogue des désaccords à régler sera dressé.

Si la délégation française aborde immédiatement après la question cruciale des garanties à assurer aux Européens, c'est, écrit Buron, pour que « toutes les concessions que nous consentirons sur les autres points ne soient accordées qu'en échange de garanties sur ce problème ». La position du FLN qu'exprime Yazid est jugée par les Français « acceptable ». Mais la discussion fait néanmoins apparaître de nombreuses divergences qui, elles aussi, seront aussitôt recensées.

La journée du 12 est essentiellement consacrée aux questions militaires : notamment à propos des forces françaises qui seront maintenues pendant la période « transitoire ». 40 000 hommes, propose le général de Camas. A quoi Krim riposte que, compte tenu des nécessités du maintien de l'ordre d'ici à la prise en main par l'État nouveau, il en faut le double. Qui eût cru que le premier des maquisards en viendrait à réclamer plus de soldats français en Algérie, fût-ce pour une période brève ?... Yazid réclame, lui, un surcroît de CRS. Ce que la partie française accepte.

C'est le 13 février 1962 à 20 heures que s'ouvre la phase décisive du débat, celle où « chaque concession devra être payée d'une concession équivalente ». D'entrée de jeu, les Français essayent d'empocher ce qui est pour eux l'essentiel, les garanties pour les Européens d'Algérie.

Bernard Tricot — qui, de l'Élysée, suit la négociation heure par heure aux côtés du général — a bien résumé les deux positions :

« Pour le FLN, le peuple algérien était constitué seulement par l'ensemble des non-Européens. Les Français pouvaient s'agréger à ce peuple par un acte positif, ils n'en faisaient pas partie de plein droit.

« Admettre cette position aurait été, pour nous, renoncer au principe que les Européens fixés en Algérie étaient, eux aussi, des Algériens. C'était accepter ainsi qu'au lendemain de l'autodétermination la vie politique de l'Algérie indépendante commence par être uniquement le fait de non-Européens [...]. Nous avions le devoir de [...] ne négliger aucune chance de voir une partie des Européens, une fois dissipées leurs illusions, tenter de participer aux institutions algériennes. Nous devions leur faciliter cette adaptation et faire en sorte pour cela qu'au lendemain de l'indépendance, ils aient aussitôt les droits de citoyens algériens. Mais il était impensable de les priver en même temps de leur nationalité française...

« ... L'affrontement avec le FLN fut immédiat : " Vous demandez des choses contradictoires, on ne peut pas jouer sur tous les tableaux, il faut choisir, on est algérien ou on est français ! " Nous répondîmes en rappelant la complexité et l'originalité de la situation, en montrant devant quel renversement de leur situation allaient se trouver les Européens d'Algérie, en faisant valoir qu'en toute chose le temps fait son œuvre et qu'il s'agissait d'abord de ménager des transitions : il ne fallait donc pas placer ces hommes devant des choix déchirants [7]... »

Il faut tenir compte de la psychologie des pieds-noirs dont les nerfs sont à vif, répète Buron à ses interlocuteurs. Il est évidemment impossible d'*imposer* à des Français meurtris le statut d'Algériens comme une conséquence du référendum et de l'indépendance dès le lendemain de celle-ci. Mais si, par chance, les choses tournaient bien et qu'une coopération sincère s'établissait, il faudrait éviter que ces Français ne fussent obligés de renoncer à leur nationalité par un acte explicite. La délégation FLN refuse la théorie française de la « mutation de nationalité tacite ». Mais elle admet toutefois qu'une formule de compromis doit être recherchée.

Dans la soirée du 14, Robert Buron essaie de faire le point. Il est inquiet. Compte tenu de toutes les concessions faites, le « bras-de-fer » est plus rude qu'il ne l'avait prévu. Mais, consultant ceux de ses compagnons qui ont pris part aux pourparlers antérieurs, il constate que, cette fois, la volonté d'aboutir — constamment ranimée, du côté français, par les incitations du général de Gaulle et la terreur que fait régner l'OAS — est beaucoup plus profonde. Et il ne cesse de se répéter, et d'écrire sur son carnet : « Nous ne pouvons échouer... »

Le 15, Louis Joxe a au téléphone un long entretien-bilan avec Michel Debré — dont les méchantes langues disent qu'il n'a pas tout à fait cessé d'espérer l'échec... Le samedi 17, Michel Debré rappelle, irrité, les négociateurs français : « Le général s'impatiente et ne veut pas que nous laissions la discussion s'embourber ; lui-même craint les réactions des militaires si nous faisons trop de concessions par rapport à leurs positions de départ. Il ne souhaite pas que nous rompions, mais à la limite nous ne devons pas hésiter à le faire. »

« Pas hésiter » à rompre ? A reprendre la guerre ? La formule dépasse évidemment la pensée du Premier ministre, et plus encore celle du général, qui a accepté déjà et de discuter les couteaux sur la table, et avec le seul FLN, et en lâchant le Sahara. Il est des soirs, à Paris, où le vieux monsieur retient mal son impatience. Mais à la différence de Debré, il « hésite » à rompre — c'est le moins qu'on puisse dire...

Ainsi, quand les Algériens exigent que les effectifs français soient réduits de 550 000 à 80 000 en un an, ce qui semble une gageure, Buron, spécialiste des transports, riposte : « C'est physiquement impossible. » « Alors il n'y a pas de solution... », tranche Yazid. Joxe ne peut que demander une suspension de séance pour téléphoner au général de Gaulle. Il en obtient d'emblée une marge de manœuvre élargie à propos des affaires militaires « pour servir le moment venu de contrepartie dans la discussion sur la nationalité ».

C'est celle précisément qui s'ouvre alors, offrant à la délégation française l'occasion de lancer, sinon une idée, au moins une formule neuve : les nationaux français restant en Algérie auraient simplement, au bout de trois ans, à « confirmer » leur inscription sur la liste électorale pour être reconnus algériens. Long aparté entre Dahlab, Yazid et Krim. Et l'ancien maquisard kabyle, placidement, lâche un « nous sommes d'accord » qui fait faire un pas très substantiel à la négociation.

Joxe sent que, dans la foulée, on peut tenter de régler la question de savoir qui signera l'accord de cessez-le-feu : des militaires, ou des « politiques » ? D'où cette suggestion : pourquoi ne pas prévoir deux décisions unilatérales, le gouvernement français faisant connaître les instructions qu'il donne à l'armée et le FLN s'adressant à ses combattants ? Le cessez-le-feu sera l'acte militaire qui constatera les effets de cette double décision politique.

Ben Tobbal murmure : « Inacceptable ! ». Les autres renchérissent : « Il faut un accord des deux délégations. » Joxe, agacé : « Si vous voulez qu'un acte public soit signé, c'est entendu, j'accepte. Nous signerons un procès-verbal de nos réunions et le cessez-le-feu interviendra en conclusion de la double manifestation de nos volontés. »

Les Algériens hésitent mais, visiblement, la procédure ne leur paraît pas inacceptable. C'est sur ce nouveau progrès que l'on se sépare — non sans que Robert Buron griffonne : « Nous pouvons espérer maintenant aboutir en quelques heures[8]... »

Quelques heures ? C'est bien ainsi que de Gaulle l'entend. Le samedi 17, il a décommandé son week-end à Colombey, et s'est enfermé dans la soirée avec Michel Debré qui, le lendemain dimanche, dans la matinée, est à nouveau dans le bureau du général à l'Élysée.

Ce 18 février, vers 11 heures, Louis Joxe, Robert Buron et Jean de Broglie se serrent autour du téléphone du chalet : le général de Gaulle les a appelés pour leur donner ses dernières instructions, précisant que Michel Debré a un écouteur en main.

Joxe résume les progrès réalisés la veille. Puis Buron prend l'appareil :

« Mon Général, une des grandes difficultés, c'est que leurs catégories intellectuelles diffèrent fondamentalement des nôtres. Les mêmes mots ne représentent pas pour eux les mêmes choses que pour nous...

— Je vois, je vois, mais encore ?

— En bref, mon Général, l'accord est réalisé sur la période provisoire et la coopération. Je pense qu'il va l'être sur les garanties pour les minorités. Le point dur est constitué par les questions militaires et par la procédure relative au cessez-le-feu. Je crois qu' " ils " sont adossés à des instructions précises. Ils paraissent souhaiter aboutir mais oseront-ils aller jusqu'à prendre sur eux d'outrepasser leur mandat ? »

Sur quoi, reprenant l'écouteur, Louis Joxe entend le chef de l'État lui donner ses instructions définitives :

> « L'essentiel est d'aboutir à un accord comportant le cessez-le-feu puis l'autodétermination, du moment que cet accord n'entraîne pas des boule-

227

versements soudains dans les conditions actuelles relatives aux intérêts matériels et politiques des Européens, à la présence militaire française en Algérie, aux conditions pratiques dans lesquelles s'opèrent sur place l'exploitation du pétrole et celle du gaz, enfin aux rapports économiques, techniques et culturels entre l'Algérie et la Métropole. C'est cet aboutissement, je répète, cet aboutissement qu'il faut réaliser aujourd'hui. »

De toute évidence, dans cette directive, c'est le mot « aujourd'hui » qui pèse le plus lourd.

Pour le détail, le général laisse à ses délégués une certaine marge de manœuvre. Ce qui importe selon lui, c'est que l'expérience de la coopération soit tentée. On en jugera les fruits à l'épreuve mais il faut essayer à tout prix... Il ajoute quelques mots, comme d'habitude, pour prévoir l'échec, puis raccroche.

C'est dans un esprit rasséréné à la fois par les progrès réalisés la veille et par la flexibilité des consignes du chef de l'État que les négociateurs abordent cette journée de débats qu'ils espèrent décisive.

Les problèmes militaires les retiennent encore plusieurs heures. Mais ce n'est pas en vain. S'agissant de l'évacuation des forces françaises, que Krim veut voir réduites à 80 000 en six mois et évacuées en deux ans, Joxe lui opposant dix-huit mois pour la première opération, trois ans pour la seconde, on transige sur douze mois et trois ans. Concernant le Sahara, les Français réclament sept ans d'usage des bases. Le FLN n'accepte que quatre ans : c'est à cinq qu'on s'arrête. Pour Mers el-Kébir, Krim, qui est passé d'abord d'un bail de dix ans à un de douze, finira, passé minuit, par accepter quinze ans.

Mais d'autres problèmes surgissent, posés par la délégation algérienne. L'amnistie prévue par les accords de cessez-le-feu s'appliquera-t-elle aux criminels de droit commun ? Sera-t-elle limitée aux actes accomplis sur le territoire algérien ? Et les populations passées en Tunisie et au Maroc pendant le conflit, comment et quand va-t-on les rapatrier ?

Joxe et ses compagnons ont la sensation que les concessions très réelles que leur ont faites les Algériens vont être chèrement payées. Plus Krim et ses camarades sentent les Français impatients d'aboutir, plus ils vont tenter de les « grignoter ». Ce qui n'est pas le propre des « Orientaux habiles à la *chicaya* », comme l'écrit naïvement Buron, mais est commun à tous les négociateurs, qu'ils soient diplomates ou marchands, sous toutes les latitudes, depuis que le monde est monde.

Le facteur temps, important dans toute négociation, est ici le seul véritable atout dont disposent les représentants du FLN. Mais il est décisif en l'occurrence. L'Algérie est jeune. Le général est vieux. L'Algérie peut attendre, pour se saisir des responsabilités étatiques, une ou plusieurs années. Le général, non. Pour accomplir son grand dessein, la réinstallation de la France au rang de grande puissance par le déploiement de la manœuvre, il compte en mois, sinon en jours... Comment les négociateurs algériens ne s'en seraient-ils pas avisés ?

Cette dernière phase des pourparlers se déroule sur un fond de nouvelles extérieures dramatiques et contradictoires. Les radios annoncent que les « négociations secrètes ont échoué » et que le CNRA réuni à Tripoli s'apprête à en tirer les conséquences ; puis on apprend qu'un camp FLN installé à Oujda (en territoire marocain) a été bombardé par un avion français, tandis que l'OAS multiplie les coups de main pour démontrer que tout ce qui pourrait être signé par les négociateurs sera inapplicable. Commentaire de Robert Buron :

« Qui gagnera cette course de vitesse ? [...]

« De Gaulle ou Salan ? De Gaulle sans doute, mais le perdant ne sera pas son adversaire [ce seront] les pauvres " pieds noirs " pour qui nous bâtissons de tout notre cœur un avenir possible — possible sur le papier —, que les exactions multipliées s'efforcent de rendre irréalisable... »

Le lundi 19 février à 5 heures du matin, on relit les textes rédigés par les experts. L'accord de principe est fait. Robert Buron a le temps de noter :

« Et voilà ! Joxe et Krim viennent d'échanger deux brèves déclarations, grises de ton, mais qui laissent paraître de part et d'autre un certain soulagement. Pour la première fois nous nous serrons tous la main. »

Avant de se séparer, les partenaires des deux camps prennent rendez-vous pour l'ultime rencontre, officielle et publique, qui ne devrait être qu'une formalité. Les Français proposent les 2, 3 et 4 mars, dans les environs de Paris, le cessez-le-feu pouvant alors intervenir le 7 ou le 8.

Mais leurs interlocuteurs ne songent, pour lors, qu'au rendez-vous qu'ils ont, eux, avec leurs collègues du CNRA rassemblés à Tripoli. Il apparaît que cette réunion ne leur semble pas de pure forme, et que les acquis des Rousses seront, là, passés à un crible plus sévère que par les instances officielles de Paris...

Ce même 19 février, à midi, le général de Gaulle accueille les trois ministres à l'Élysée :

> « Vous avez fait de votre mieux. Nous allons voir maintenant. En tout cas nous ne nous laisserons pas manœuvrer. S'il y a accrochage à Tripoli, eh bien nous publierons les textes, tous les textes. L'opinion internationale sera pour nous... et nous reprendrons le combat. Merci messieurs. »

On ne saurait dire qu'il se berce d'illusions excessives, le général... En février 1962, il envisage donc encore — au moins en paroles — une relance de la guerre. Mais il ne faut pas toujours le prendre au mot — tellement tacticien qu'il ne dédaigne pas de jouer avec les nerfs et les émotions de ses propres collaborateurs.

Le Conseil des ministres présidé par le général de Gaulle, le mercredi

21 février, avait pour objet d'étudier le bilan des pourparlers secrets des Rousses et du projet d'accord que Louis Joxe avait rapporté au chef de l'État. Il donna lieu à un échange de vues d'un extrême intérêt — qui, chose curieuse, et quelle que soit la version qui en est rapportée, est daté d'ordinaire du 19 mars, lendemain de la signature des accords d'Évian *. En fait, la véritable discussion sur les accords, alors provisoires (et qui devaient encore donner lieu à une négociation très rude), se déroula bien le 21 février 1962 — comme l'attestent aussi bien Louis Terrenoire que Robert Buron, dont les souvenirs respectifs serviront de base à l'exposé qui va suivre.

A la demande du général, c'est Louis Joxe qui ouvrit la séance par un long compte rendu (70 minutes) des travaux des Rousses et des textes qui en émanaient. Ses collègues parurent surpris de l'ampleur et de la précision des accords « provisoires ». Le négociateur, se gardant bien de tout triomphalisme, exprima en conclusion le souhait que le scrutin d'autodétermination suive d'aussi près que possible la proclamation du cessez-le-feu.

Le président de la République incita ensuite tous les ministres et secrétaires d'État à formuler leur opinion sur ces textes : c'est, indique Louis Terrenoire, la seconde fois seulement que de Gaulle procédait de la sorte (la première fois, ç'avait été à la veille de son discours sur l'autodétermination, le 22 août 1959). Y avait-il des objections ?

Trois voix plus ou moins discordantes se firent entendre, dans des tonalités fort diverses. Celle de Pierre Guillaumat, ministre délégué, qui, indique Terrenoire, ne formula qu'un « assentiment très réservé » : il n'avait pas caché, dès 1959, son attachement à l'Algérie française. Raymond Triboulet, « saint Jean-Bouche-d'or » du Conseil, et interprète des arrière-pensées de Michel Debré, condamna les clauses sahariennes de l'accord, semblant ignorer que le gouvernement auquel il continuait imperturbablement d'appartenir les avait admises pour d'inévitables bases de discussion à partir de la déclaration faite le 5 septembre 1961 par le général.

Enfin, Nafissa Sid Cara, sous-secrétaire d'État aux affaires sociales, seule représentante au gouvernement de la communauté musulmane attachée à la France, les yeux pleins de larmes, évoqua avec une émotion poignante le sort qui attendait ses coreligionnaires non ralliés au FLN.

A quoi le général de Gaulle se contenta de répondre, avec plus de courtoise sympathie que d'émotion apparente :

> « Croyez-vous vraiment, mademoiselle, que sauf les exceptions, dont nous avons le devoir de nous occuper aujourd'hui, dont nous devons nous préoccuper demain, la grande majorité des Musulmans ne soit pas favorable à l'indépendance, qu'elle ne leur apparaisse pas comme la solution inévitable ?... »

Toujours enclin à une mélancolique lucidité, Maurice Couve de Murville, le seul probablement de tous les participants au Conseil qui n'eût jamais

---

* Notamment par J.-R. Tournoux, *la Tragédie du général*, p. 398-402 (qui, en dépit de cette erreur de datation, a eu le mérite d'en établir la première version).

envisagé d'autre issue que l'indépendance de l'Algérie, fit prévoir l'évolution de ce pays vers un régime révolutionnaire et totalitaire avec lequel la coopération s'avérerait difficile. Difficile sera aussi l'application des accords, fit observer Lucien Paye, le ministre de l'Éducation nationale, esprit minutieux et depuis longtemps rompu aux problèmes de l'Afrique du Nord.

André Malraux saisit la balle au bond : « Les textes n'ont pas d'importance, le problème est de savoir si nous changeons de combat. Ce combat sera plus dur peut-être mais enfin il marquera à sa manière une certaine " libération " de la France [...]. Là est la vraie victoire, la victoire en profondeur. Aujourd'hui, ce n'est pas Diên Biên Phû ! »

C'est alors qu'intervient Michel Debré. Tout le monde le sent — et le voit — bouleversé. Il réagit d'abord au mot de « victoire » qu'a utilisé Malraux : « Le terme m'a surpris mais je le comprends ainsi : c'est une victoire sur nous-même... » Et cet homme blessé rappelle alors qu'il a souhaité donner au problème algérien d'autres solutions, bien, convient-il, que l'Algérie n'ait jamais été « française au même titre que la France » : propos qui eût surpris l'éditorialiste du *Courrier de la colère* !

Mais, rappelle-t-il, ce qui était souhaitable, c'était une Algérie conduite par la France à sa maturité politique « dans le respect des deux communautés et des minorités ». Et le Premier ministre attribue l'échec de ce projet « digne de la France » à ces « maux terribles » que sont « la division des communautés, la révolte du monde musulman, les soutiens extérieurs ». Et Michel Debré conclut sa longue intervention en rappelant que chacun doit comprendre la pensée du général de Gaulle : « Il s'agit d'abord de la France [9]... »

Le chef de l'État fut plus bref que son Premier ministre. Sans revenir sur le fond du débat, il accorda surtout un satisfecit aux négociateurs :

> « C'est dans cette voie qu'il faut donc continuer si, comme je le pense, en face on souhaite vraiment la paix.
> Pour nous, c'est un aboutissement... mais un aboutissement n'est jamais qu'un départ. Il fallait tenir compte des réalités du monde... C'est une issue honorable. Il était indispensable de dégager la France d'une situation qui ne lui procurait que des malheurs.
> Que se passera-t-il demain ? Nous ne pouvons le savoir. Que les accords soient aléatoires dans leur application, c'est certain. Quant à nous, nous serons loyaux avec l'Algérie à qui nous faciliterons les choses, à qui nous donnons sa chance. Ensuite on verra...
> Quant à la France, il faudra qu'elle parle très vite. Ces résultats auxquels nous aboutissons seront soumis à référendum et nous ne les ferons entrer en application qu'ensuite... Tout le monde ne sera pas d'accord ; mais parmi ceux-là, le petit nombre, il y aura ceux dont le sentiment blessé aveugle, en toute bonne foi, la raison. Quant à ceux qui continueront de se dresser contre l'État, ils devront subir la rigueur des lois. Je pense d'ailleurs qu'ils seront désarmés *. »

---

* Version établie d'après les récits de Louis Terrenoire et Robert Buron.

Selon certaines versions de ce Conseil, de Gaulle aurait conclu : « Maintenant, nous devons nous tourner vers l'Europe. Car l'ère des continents organisés succède à l'ère coloniale [10]. » Propos qui va assez loin, et s'enracine à la fois dans la carrière très métropolitaine et technicienne du colonel de Gaulle et dans la vision historique du Connétable revenu au pouvoir en 1958.

Le lendemain 22 février, s'entretenant avec Louis Joxe, de Gaulle le félicitera plus explicitement que lors de son retour des Rousses en lui faisant observer que compte tenu de ce qu'il a obtenu lors de la négociation secrète, « il reste beaucoup de marge pour la discussion ».

A Paris, où la presse et la classe politique réagissent en fonction de leurs préjugés par rapport à la politique de négociation — avec une majorité favorable à cette procédure —, les choses vont comme prévu. A Alger, la riposte de l'OAS est un redoublement de violences dans les trois jours qui suivent. Mais à Tripoli, comment le « Parlement » FLN accueille-t-il les voyageurs des Rousses qui, de Gaulle l'a fait prévoir à ses négociateurs le 19 mars, vont s'y faire « accrocher » ?

Ce que l'on sait [11] des péripéties de cette session fort animée du CNRA, c'est que les négociateurs des Rousses réussirent à faire entériner leur projet par la majorité — à laquelle se rallièrent très vite les cinq détenus d'Aunoy —, mais qu'ils se heurtèrent au veto du remuant état-major de l'ALN dirigé par Houari Boumediene, affichant des idées d'un gauchisme véhément et conforme aux thèses (« seule la violence purifie de la colonisation ») de Frantz Fanon, l'auteur inspiré des *Damnés de la terre.*

Commentant ce conflit de pouvoirs *, Mohammed Harbi écrit que « les divergences (entre le GPRA et l'état-major) vont s'étendre aux négociations avec la France. L'état-major sait très bien qu'un compromis est inévitable, mais il veut tirer parti des concessions du GPRA pour le mettre sur la sellette et apparaître comme le seul défenseur des aspirations nationales [12] ».

En tout cas, la confrontation de Tripoli ne mit pas le holà à la poursuite de la négociation. Quelles qu'aient été les mises en garde qu'ils entendirent formuler à leur adresse contre toute nouvelle concession lors de la phase ultérieure, les voyageurs des Rousses virent confirmer leur mandat. Dans son *Autopsie d'une guerre,* Ferhât Abbâs, qui passait à l'époque pour n'avoir pas ménagé les négociateurs (du fait d'une rancœur bien compréhensible ?), écrit que le CNRA « à la quasi-unanimité [...] approuva le projet d'accord établi aux Rousses [13] ».

Certes, l'opposition du clan Boumediene, d'une part, et la farouche résistance de l'OAS de Salan, de l'autre, restaient lourdes de menaces, la seconde surtout. Mais compte tenu des concessions qu'ils avaient dû consentir de part et d'autre, les interlocuteurs des Rousses pouvaient se tenir pour encouragés à aller de l'avant, et à en terminer rapidement avec cette guerre de sept ans.

---

* « Systématiquement grossi par les services spéciaux qui manipulaient une partie de la presse occidentale », nous disait Abdelhamid Mehri en juin 1985.

Le 21 février, à l'issue de la séance du Conseil des ministres rapportée plus haut, le général de Gaulle avait appelé auprès de lui Michel Debré, Louis Joxe et Louis Terrenoire sous prétexte de mettre au point le communiqué. Mais c'était surtout pour faire cette mise au point. Tourné vers le Premier ministre qui venait d'exprimer, avec dignité, ses réserves :

« En vérité, il est miraculeux que nous en soyons arrivés à ces accords. Car, songez-y, depuis cent trente ans, ils n'ont cessé d'être dominés, dépouillés, humiliés [14]... »

Miraculeux ou pas, les accords passés le 18 février dans un chalet du Jura attendent confirmation officielle, approfondissements et précisions — c'est-à-dire une nouvelle phase de pourparlers. Il semble même que la question de la reprise de la négociation se posa encore à cette époque. Il faut citer à ce sujet un très curieux passage d'une conférence prononcée dix ans plus tard * par Bernard Tricot, le plus proche conseiller du général de Gaulle pour les affaires algériennes.

Rappelant les instructions téléphoniques dictées par le chef de l'État à Louis Joxe le 18 février, au matin de la dernière journée des pourparlers aux Rousses **, M. Tricot ajoutait : « Les négociations avaient progressé, mais il restait de sérieuses difficultés touchant des modalités et des délais. Fallait-il rompre ou retourner à Évian pour une ultime rencontre qui, cette fois, serait publique ? De Gaulle décida, le 18 février, qu'il fallait organiser cette dernière conférence. »

Il y eut donc, constamment, et à tous propos, hésitations et risques d'échec. Il ne s'agissait pas d'ultimes « formalités » à remplir. Si, moins de trois semaines après avoir signé l'accord provisoire des Rousses, les deux délégations repartirent pour les rives du lac Léman, ce ne fut pas simplement pour « finaliser » (comme disent les diplomates) ou « peigner » (comme disait Joxe) des résultats acquis, et pour leur conférer la solennité voulue sous les regards de l'opinion internationale et l'œil des caméras : ce fut pour achever une négociation dont la plupart des objectifs étaient atteints, mais qui pouvait d'autant moins être considérée comme les bases de la paix que la situation ne cessait d'évoluer, et que l'acquis d'aujourd'hui pouvait n'être plus que l'éventualité de demain.

On a pris rendez-vous pour le 7 mars, non pas dans la région parisienne comme il avait été prévu aux Rousses, mais de nouveau à Évian (à tout prendre, les souvenirs des bords du lac en mai 1961 sont meilleurs que ceux de juin 1960 à Melun !). Cependant, chaque jour qui passe est marqué par de nouvelles tentatives de l'OAS de pousser le FLN à bout, de miner sa confiance en ses partenaires français, d'épouvanter l'opinion métropolitaine : rien que le 5 mars, plus de cent attentats divers sont commis en Algérie, dont l'incendie de la prison d'Oran.

Ainsi l'OAS renforce-t-elle l'objection fondamentale des négociateurs

---

* Le 24 novembre 1972, à l'Institut Charles de Gaulle.
** Voir plus haut, p. 227-228.

algériens : ces accords que nous allons signer, êtes-vous seulement capable, général de Gaulle, de les faire respecter ? Non sans angoisse pour l'avenir, Krim, Dahlab et leurs collègues engrangent ainsi, à la veille de la confrontation, de nouveaux arguments à opposer à Joxe, Buron et consorts. Et c'est l'OAS qui les leur fournit.

On a dit que ni les débats ministériels, ni les réactions des milieux politiques ou de la presse à Paris, ni même la discussion des textes au sein du CNRA n'ont créé de nouveaux handicaps pour les négociateurs. Du côté français, on peut même dire que les quelques propos tenus par le général de Gaulle ont plutôt contribué à libérer leur esprit. Mais les bruits très pessimistes qui courent sur la session de Tripoli (répandus par qui ?), concernant les interventions des « durs » du FLN et les sommations qu'auraient adressées les hommes de Boumediene aux délégués du GPRA, assombrissent les perspectives à la veille de ce que chacun appelle déjà le « dernier round ».

Cette paix est-elle décidément insaisissable ? L'Algérie est-elle condamnée à la guerre perpétuelle ? Salan peut-il l'emporter sur de Gaulle ? Toutes ces questions se posent encore au début de mars 1962. En tout cas, partant pour Évian le 6 mars, Robert Buron trace ces mots significatifs : « J'ai grande crainte que sur de nombreux points la discussion soit à reprendre au départ, avec des hommes plus inquiets encore que nous ne l'avons perçu aux Rousses [15]. »

Ni d'une part ni de l'autre, on n'a vraiment modifié les équipes en présence. Du côté du FLN, derrière le quatuor de pointe Krim-Dahlab-Ben Tobbal-Yazid, on a gardé les mêmes, en leur adjoignant le revenant Taïeb Boulharouf, pionnier des contacts secrets et négociateur du premier Évian, et le colonel Mostefa Ben Aouda, que l'état-major ne s'est laissé « emprunter » que de très mauvais gré : il faut en effet un militaire pour signer l'accord de cessez-le-feu.

Du côté français, on enregistre la « rentrée » d'une recrue importante, Bernard Tricot, conseiller de l'Élysée qui n'a cessé depuis 1959 de suivre l'affaire — ou de la précéder... — pour le compte du général de Gaulle. Avec Joxe, de Leusse et Chayet, il est celui qui, dans le camp français, connaît le mieux les dossiers.

Les conditions matérielles et techniques de la négociation seront bien meilleures que dans le chalet du Yeti. Les Algériens viendront chaque jour de Genève par hélicoptère en moins de 20 minutes. Les Français sont logés dans l'annexe de l'hôtel du Parc, sur la rive du lac. Chaque délégation disposera d'une vaste salle de travail attenant à un restaurant particulier. Les transmissions sont bien organisées et, du côté suisse (où tout est fait depuis le début, avec une diligence amicale, pour assurer le succès de l'entreprise) comme du côté français, une véritable mobilisation militaire a été opérée pour assurer la sécurité.

De part et d'autre, il a été décidé que la teneur des entretiens serait secrète, les deux porte-parole, Redha Malek du côté algérien, Philippe Thibaud du côté français, ne diffusant que des textes rédigés ensemble, indiquant de façon très générale les sujets traités. La foule des journalistes accourus de partout ne dissimule guère sa déception.

De quoi s'agit-il encore, après tant de sondages, échanges de notes, contacts, confrontations, tête-à-tête secrets et affrontements publics et même après un accord signé ? Le fond du problème n'est pas le même pour les uns et les autres. A Évian, il y a deux questions clés, chacune des délégations étant prête à tout pour obtenir, sur ce point, satisfaction. Pour les Français, il y a l'avenir d'une communauté humaine à préserver. Pour les Algériens, il y a le transfert de souveraineté à assurer — dans des conditions telles que cette opération ne mène pas, en passant, à une catastrophe.

Les premiers ont une vue de presbytes : ils ne voient qu'en prospective, au-delà de la prise en charge des responsabilités par le nouvel État, la survie des Européens ; les seconds ont une vue de myopes, contraints de regarder à leurs pieds mêmes, à très court terme, les moyens de se saisir du relais. Aussi bien, quand les uns parleront « garanties » pour plus tard, les autres répondront « moyens » pour tout de suite. Les Français placent les problèmes sur le plan du droit à long terme. Les Algériens, sur celui de l'action à court terme.

Revenant vingt ans plus tard sur ses débats, Louis Joxe rappelle [16] que ses efforts tendirent avant tout à assurer à la communauté européenne (ou, plus largement, non musulmane) les moyens de survivre sur sa terre natale. Avait-il beaucoup d'illusions ? Il sentait bien que chaque pas en avant fait à Évian était payé par un pas en arrière dû à l'OAS en Algérie : tout assassinat ruinait là-bas ce qui était acquis ici. Mais dans une interview accordée à l'occasion du vingtième anniversaire des accords, il déclarait : « Nous n'avons jamais pensé que les Français d'Algérie puissent partir, jamais l'hypothèse d'un départ des Français n'a été évoquée, d'un côté ou de l'autre, au cours de la conférence [17]... »

Quelles qu'aient été ses arrière-pensées de diplomate lucide, le fait est que le combat qu'il mena pour le triomphe de sa cause impressionna fort ses interlocuteurs. Saad Dahlab, que Joxe n'a jamais cessé de saluer lui-même comme le meilleur artisan algérien des accords, confiait dix ans plus tard à un ami français que le souvenir le plus profond qu'il gardait de ces longs et ardents débats, c'était les efforts incessants déployés par Louis Joxe en faveur des pieds-noirs — pour lesquels il avait fini par obtenir beaucoup plus que ce que la délégation algérienne n'était prête d'abord à concéder.

Tandis que les délégués français ferraillent pour leurs compatriotes d'au-delà de la mer, ceux du FLN se battent pour accélérer la transition et assurer le transfert de souveraineté. Les mêmes mots reviennent constamment dans leurs propos : « exécutif provisoire », « force locale », « contrôle du référendum », « rentrée de l'ALN en Algérie »... Les thèmes s'entrecroisent. Le dialogue se noue. Ceci se paie par cela : c'est encore, c'est plus que jamais une négociation. Et une négociation à hauts risques.

Ce que nous rappelait Saad Dahlab dans une lettre écrite en août 1984 : « Nous avons à maintes reprises risqué la rupture pendant le second Évian. Les questions étaient tellement délicates et M. Joxe voulait à tout prix gagner la partie notamment en revenant sans cesse sur les garanties à la minorité française. Je me rappelle lui avoir dit un jour : " Mais Monsieur il ne s'agit pas de la minorité française. Il s'agit de la majorité des Algériens et du destin de l'Algérie. Nous n'avons pas pris les armes pour résoudre le problème de la minorité française qui n'est qu'une question parmi tant d'autres. Nous voulons résoudre le problème algérien. Ne croyez surtout pas que nous refusions des garanties à la minorité française mais si nous avions suivi la délégation française il n'y aurait eu dans l'Algérie indépendante que le changement de drapeau et nous aurions fait la guerre pendant sept années et demie pour consolider le privilège des colons... " »

L'entrée en matière, en tout cas, fut assez rude de part et d'autre pour que Robert Buron note, le premier soir, sur son carnet : « Décidément, l'ambiance est très différente de celle des Rousses. Je ne suis pas sûr qu'au fond, cela constitue un progrès [18]. »

La seconde journée débute plus mal encore. Joxe ayant assuré, tout à trac, que si l'on n'en finissait pas le mardi 18 mars la rupture devrait être envisagée, c'est sur un ton très militant que Belkacem Krim formule les revendications essentielles du FLN :

« Notre problème n° 1, c'est la consistance de la force locale *. Nous voulons un chiffre d'hommes plus important [...].

« Notre problème n° 2, c'est l'amnistie qui doit être générale, sans exclusive, et intervenir assez tôt après le cessez-le-feu.

« Quant au texte que vous proposez pour celui-ci [...] nos conceptions s'opposent. L'Armée de libération nationale doit se sentir libre de ses mouvements et non pas se trouver en position d'infériorité humiliante vis-à-vis de l'armée française [..].

« Enfin, nous demandons que la date du scrutin d'autodétermination soit fixée dès maintenant de façon précise... »

Alors on s'accroche à propos de la police d'Alger, de ce que la délégation FLN appelle la « passivité » des préfets, la « complicité entre l'administration et l'OAS... Yazid réclame l' « algérianisation » de la police. Sur quoi Joxe explose, déclarant que seule l'armée française est garante de l'ordre — son contradicteur affirmant sa préférence pour les CRS, plus « républicains »... On se sépare après un long aparté entre Joxe, Krim et Dahlab — d'où il ressort que les délégués du FLN se sentent pris en étau entre leurs mandants de Tunis et l'OAS. Commentaire de Buron : « Les délégués algériens souhaitent certainement aboutir mais ils le craignent presque autant qu'ils le souhaitent. De là le climat difficile de la discussion, bien différent de celui qui s'était établi aux Rousses. »

---

* Unités mixtes franco-algériennes dont la création a été prévue aux Rousses pour le maintien de l'ordre pendant la période transitoire, et qui furent, selon l'un de leurs premiers chefs, un « fiasco » — la plupart des Musulmans qui les composaient ne pensant qu'à se joindre à l'ALN.

Ainsi, c'est un recul par rapport à la paix ?

Après cinq journées de débats, ce qui devait être selon Joxe un simple « peignage » des textes des Rousses se transforme en une reprise générale de la négociation, plusieurs des questions clés restant sans réponse — qu'il s'agisse des formes prises par le cessez-le-feu (accord entre gouvernements ou simple convention entre militaires ?), de l'aménagement de la période transitoire ou du rythme de transfert de la souveraineté. Problème capital car, pour le FLN, il s'agit, avant même de se saisir des responsabilités, d'être reconnu comme la seule autorité engageant l'Algérie face à son peuple et à l'opinion française et internationale.

Très vite, on en vient aux questions de personnes, à propos de la composition de l' « Exécutif provisoire » chargé, dès le lendemain du cessez-le-feu, de préparer le scrutin d'autodétermination et l'émergence de l'État algérien. Les négociateurs français, mesurant la passion que mettent leurs interlocuteurs à ce débat, en tirent des raisons d'optimisme : ils sont décidément engagés à fond dans le processus...

D'abord, qui présidera l'Exécutif provisoire ?

Yazid : « Nous savons qu'un candidat valable doit présenter trois qualités : bénéficier de la confiance du FLN, jouir d'une notoriété suffisante dans la masse musulmane, apparaître comme un élément d'apaisement pour les Européens. Aujourd'hui dans cet esprit nous vous présentons pour ce poste essentiel le Dr Chawki Mostefai, chef de notre mission à Rabat. »

La réputation de ce médecin est excellente, et il a fait preuve au Maroc de ses talents politiques. La délégation française a néanmoins une préférence pour Abderahmane Farès* dont il a été question aux Rousses, et reste donc évasive. Sur ce thème, pourtant, le débat s'est détendu. Mais il reste tant de problèmes à résoudre — sans parler de ceux qui n'ont trouvé qu'une solution provisoire...

D'où cette notation de Robert Buron, dans la soirée du 15 mars :

« Non, nous n'en aurons pas fini ni demain, ni mardi et les possibilités d'échec restent réelles...

« Je suis inquiet. Louis Joxe m'a paru très fatigué, pour ne pas dire malade, toute la journée. Le moral de la délégation n'est pas très élevé [19]. »

La journée du mardi 16 s'ouvre sous de sinistres auspices : l'annonce d'un des plus affreux massacres perpétrés par l'OAS, celui des six dirigeants européens et musulmans du centre social de Ben Aknoun — dont l'écrivain kabyle Mouloud Feraoun, homme de paix s'il en fut. Défi sauvage à toute tentative d'entente entre Musulmans et Européens, à tout ce qui fonde l'action des négociateurs d'Évian... Sur quoi l'Élysée manifeste son impatience tandis que Matignon, observe Buron, « paraît se résigner un peu trop aisément à notre échec »...

La journée du 17 sera particulièrement mouvementée. Il reste tant de points à éclairer : les droits des Européens qui ne sont pas nés en Algérie, le

---

* Qui (pour consolider son prestige, ou le protéger de l'OAS ?) est alors incarcéré en France...

délai entre le cessez-le-feu et le scrutin d'autodétermination, la limite de l'amnistie, le rythme de réduction des effectifs de l'armée française, la possibilité de recours à la Cour de La Haye en cas de violation des accords, la présidence de l'Exécutif provisoire, et les textes des déclarations que feront les deux parties en même temps qu'ils annonceront le cessez-le-feu... Comment résoudre tous ces problèmes en vingt-quatre heures — dès lors que Joxe et ses compagnons se sont donné le 18 mars comme date limite pour aboutir ?

Dans la soirée du 17 mars, Louis Joxe, chef de la délégation française, appelle le général de Gaulle au téléphone.

Notes de Robert Buron :

« La cérémonie s'est déroulée comme aux Rousses mais l'atmosphère est tout autre.

« Le général de Gaulle s'est montré moins serein, moins souverain aussi. Il ne cachait pas sa déception [...]. Quand je lui ai dit : " En toute occurrence, je le déclare clairement, il m'apparaît impossible de jouer ni le partage ni le dégagement : il faut donc en finir ici ", il a grommelé et réprouvé.

« Il ne veut pas renoncer à l'idée du chantage au désintérêt, ni croire qu'elle soit sans prise sur nos vis-à-vis. Il se convainc que si nous avions mieux plaidé le dossier, nous aurions pu les inquiéter vraiment à cet égard. En fait son habileté c'est de nous placer dans l'alternative : ou aboutir enfin — ou nous résigner à jouer la partie qu'il sait que nous désapprouvons.

« C'est du grand art... Mais pour nous la marge de manœuvre est étroite si nous tentons de dégeler nos partenaires sans leur montrer que nous n'avons aucune issue de rechange [...].

« Quant à Michel Debré, il s'est montré [...] prêt au pire. " Oui, je me doutais bien qu'ils seraient insaisissables ; il n'y a rien à faire avec ces gens-là. Si vous êtes acculés à rompre, n'hésitez pas. Le Général ira avec vous installer un autre Exécutif provisoire à Alger qui ne comportera pas de représentant FLN et nous jouerons jusqu'au bout la carte nationale... " »

On voit que le risque d'échec était encore accepté à Paris, voire, dans le cas du Premier ministre, vaguement souhaité. La « carte nationale »... Le même risque était-il également accepté à Tunis, dans l'entourage de Ben Khedda ? A Ghardimaou, dans celui de Boumediene ? A Aunoy autour de Ben Bella ? Le fait est que la seconde conférence d'Évian aura été non pas du tout cette formalité que nous avions prévue * mais un rude affrontement aux limites de la rupture.

Et pourtant, le 18 mars, en fin d'après-midi, Robert Buron peut enfin griffonner ces remarquables notations de fin de séance, si lucidement pessimistes :

« Et voilà ! Nous en avons terminé ; nous avons apposé nos trois signatures en bas des 93 pages, fruit du travail de ces douze jours, face à celle de Belkacem Krim.

« La conférence de presse vient de prendre fin. Et j'écris ces dernières

---

* J'avais pour ma part jugé sans intérêt d'y représenter *le Monde !*

notes en hâte avant de faire mon bagage pour regagner Paris ce soir. Les trois derniers jours se sont passés dans le même climat désagréable, desséché, morose que les précédents mais la noria s'est enfin arrêtée [...] à force de faire revenir les textes devant nous, les difficultés ont fini par se réduire, puis par s'effacer sans que l'on puisse très bien discerner qui en définitive a cédé le plus de terrain dans le déroulement des formulations successives...

« Il y a un mois jour pour jour, à la fin de la réunion des Rousses j'ai éprouvé une grande exaltation * et mes amis français, comme nos interlocuteurs algériens, ont je crois partagé ce sentiment que procure l'achèvement d'un travail pénible, difficile mais nécessaire.

« Aujourd'hui, il en va tout différemment. Les Algériens n'avaient guère l'attitude de combattants obstinés qui, à travers les épreuves et les luttes, venaient d'obtenir enfin que l'indépendance fut assurée à leur pays pour les mois à venir...

« A plusieurs reprises, la discussion sur les conditions de la libération de Ben Bella, des allusions moins précises encore sur les événements futurs nous ont montré qu'au sein du FLN la partie finale n'est pas encore jouée. Nos interlocuteurs en ont profondément conscience.

« L'accord d'aujourd'hui n'est pas une fin pour eux. Il marque l'étape ; il en reste beaucoup d'autres à parcourir. Quant à nous, Joxe toujours fatigué et inhabituellement soucieux, Jean de Broglie préoccupé et moi-même, mal à mon aise depuis le premier jour, ne faisions pas trop bonne figure non plus tout à l'heure [...].

« Certes il fallait en finir ! Dans le climat d'horreur qui se généralise à Alger et à Oran, il était nécessaire de tout faire pour utiliser la faible chance — mais la seule chance — que constitue la conclusion des pourparlers.

« Les jours qui viennent vont être des jours de folie et de sang[20]... »

Sombre épitaphe pour une négociation conclue par la signature d'un traité...

Le général de Gaulle a été informé vers 13 heures de la conclusion de l'accord. Aucun de ses proches n'a fait alors écho à ses propos, ou ne s'est en tout cas soucié de nous transmettre ses réactions en cet instant où s'achève, sinon cette guerre de sept ans — l'OAS est là pour en assurer le rebondissement —, mais la tâche épuisante qu'il s'est assignée depuis trois ans : celle de donner une solution politique à cet insoluble problème.

A 20 heures, il paraît sur les écrans de télévision ** :

> « La conclusion du " cessez-le-feu " en Algérie ***, les dispositions adoptées pour que les populations y choisissent leur destin, la perspective qui s'ouvre sur l'avènement d'une Algérie indépendante coopérant étroite-

---

* Le mot paraît abusif à la lecture des textes cités plus haut.
** En même temps que Ben Khedda prend la parole à Radio-Tunis.
*** Proclamé le lendemain 19 mars à midi par le général Ailleret, commandant en chef français, et l'état-major de l'ALN.

ment avec nous, satisfont la raison de la France [...]. La solution du bon sens, poursuivie ici sans relâche depuis tantôt quatre années, a fini par l'emporter sur la frénésie des uns, l'aveuglement des autres, les agitations de beaucoup [...].

Cela est dû [...] à notre armée qui, par son action courageuse, au prix de pertes glorieuses et de beaucoup de méritoires efforts, s'est assuré la maîtrise du terrain [et] établi avec les populations des contacts humains et amicaux si longtemps et fâcheusement négligés, et qui, malgré [...] les tentatives de subversion perpétrées par quelques chefs dévoyés, et les sollicitations d'aventuriers criminels, est restée ferme dans le devoir...

Mais, surtout, ce qui va être mis en œuvre pour tirer d'une lutte déplorable les chances d'un avenir fécond est dû au peuple français. Car c'est lui qui, grâce à son bon sens, à sa solidité, à la confiance constamment témoignée envers qui porte la charge de conduire l'État et la nation, a permis que mûrisse, puis aboutisse, la solution [21]... »

Propos balancé, habile, où l'armée est saluée, et l'opinion flattée ; propos où ne s'étale pas une autosatisfaction abusive, et fort peu de saison : car si le cessez-le-feu est appliqué par les deux forces adverses le lendemain 19 mars à midi, l'OAS diffuse aussitôt un appel de Salan qui donne l' « ordre de commencer immédiatement les opérations de harcèlement dans les villes contre les forces ennemies ».

C'est-à-dire les forces françaises.

C'est donc dans un climat pourri d' « après-guerre pire que la guerre » que vont se dérouler les mécanismes et interventions déclenchés par l'échange de signatures entre Joxe et Krim le 18 mars : libération et retour en Afrique du Nord de Ben Bella et de ses compagnons retenus à Aunoy, désignation du haut-commissaire de France en Algérie, convocation de l'Assemblée nationale, ouverture de la procédure référendaire en France, mise en place de l'Exécutif provisoire.

Dès le 18 mars, à la fin de l'après-midi, Ahmed Ben Bella, Mohammed Boudiaf, Hocine Aït Ahmed, Mohammed Khider et Rabah Bitat ont pris l'avion pour Genève — où ils ont tenu à rencontrer les négociateurs avant d'être accueillis au Maroc par leurs hôtes de 1956 au palais de Rabat. Retrouvailles qui n'iront pas sans quelques frictions avec ceux de leurs collègues qui ont vécu en liberté les six dernières années...

Un Conseil des ministres extraordinaire s'est réuni autour du général de Gaulle le 19 mars à 15 heures, trois heures après que les combats entre l'État français et le FLN eurent officiellement cessé. Le chef de l'État, dont on eût attendu qu'il tirât les premières leçons de l'entrée de la France dans une ère de paix (la première depuis 1939 si l'on tient compte de l'Indochine en transes de 1945 et des troubles nord-africains préludant à la guerre d'Algérie en 1954) s'en garda, et passa d'emblée la parole aux négociateurs d'Évian qui, non sans amertume rétrospective, se plaignirent des difficultés de leur tâche face à des hommes dont « le génie consiste à discuter pour discuter ».

Le garde des Sceaux, Bernard Chenot, suggéra la création d'un tribunal de l'ordre public. De Gaulle (suave) : « Voilà qui me paraît correspondre à la nature des choses... » Raymond Triboulet ne pouvait manquer d'évoquer la sensibilité des Européens d'Algérie, portée à vif par les menées terroristes de l'OAS : il s'attira une réplique « sévère » (Louis Terrenoire) du général, qui en profita pour saluer l'œuvre des négociateurs d'Évian, ajoutant : « Le but à atteindre, c'était le cessez-le-feu et un chemin tracé pour la suite. Si les gens du FLN ne l'empruntaient pas, eh bien, tant pis pour eux. Vous savez que cela a toujours été le fond de ma pensée... »

Le Conseil passa ensuite à l'examen du texte de loi qui sera soumis au référendum en métropole. La Constitution ne permettant pas une approbation directe et explicite de l'action du pouvoir (ce que le général regrette...) des formulations quelque peu ambiguës sont nécessaires... De Gaulle : « Je vais avoir contre moi tout le Conseil d'État, or le Conseil d'État est représenté ici. » Le débat devient très vif. De Gaulle : « On nous a foutu une Constitution !... » (hilarité au sein du Conseil). C'est au tour de M. Edgard Pisani, ministre de l'Agriculture, de regretter que la question qui sera posée au pays ne puisse pas être plus précise.

« Le général lui fait remarquer que les précautions introduites dans la Constitution afin d'éviter de conférer aux référendums des apparences plébiscitaires sont dues aux interventions de ses amis politiques * au sein de la Commission constituante. Il ajoute que le peuple ne s'y trompera pas après les explications qu'il lui fournira lui-même...

« Les " légistes " — Debré et Chenot notamment — continuant de présenter des observations d'ailleurs discordantes, de Gaulle s'exclame : " J'ai toujours trouvé le Conseil d'État devant moi en la personne du Premier ministre " — lequel n'a pas l'air de beaucoup apprécier cette réflexion.

« M. Giscard d'Estaing, nouveau ministre des Finances, propose alors une modification, manifestement destinée à atténuer la part de confiance personnelle au général impliquée par le texte. André Malraux, jusqu'alors enfermé dans un profond silence, paraît se réveiller, explose et mord. Le chef de l'État, en ce qui le concerne, se contente de dire, tourné vers Valéry Giscard d'Estaing : " C'est une manière de voir les choses. " Et de conclure le débat sur les décrets d'application des accords d'Évian : " Dites-vous bien qu'on ne réglera pas sans grands risques l'affaire algérienne. " [22] »

Pas sans grands risques !... Certes non... Qui le sait mieux que ces hommes rassemblés ici, harcelés de menaces de mort et de tentations de débauchage... Mais personne n'en courra plus que celui qui va être désigné pour le poste de haut-commissaire en Algérie, où l'OAS attend, l'arme au poing, le « gauleiter » de De Gaulle. Ce sera Christian Fouchet.

A la fin de février, au lendemain de la négociation des Rousses, alors qu'il vient rendre compte au général des négociations intereuropéennes relatives au plan portant son nom, Fouchet, ancien ministre des Affaires marocaines et tunisiennes, est soudain interpellé par de Gaulle : « Voulez-vous être haut-commissaire en Algérie ? » Fouchet refuse, excipant du climat de haine où il avait vécu quand il s'occupait, en 1954, de ce type d'affaires. Quelques jours plus tard, il apprend que le général Billotte a accepté la charge. Reçu

* De gauche...

de nouveau par de Gaulle, il loue le choix de l'ancien chef d'état-major de la France libre, non sans ajouter : « Si Billotte est assassiné, je serai prêt à prendre sa place... » (c'est le climat de l'époque...).

Trois jours se passent. Billotte a « mis la barre trop haut » en réclamant à de Gaulle le renvoi de Michel Debré. Le chef de l'État, qui y est décidé, ne peut pas accepter de se laisser forcer la main par son ancien chef d'état-major, dont la désignation est rapportée. A la veille de la signature des accords d'Évian, Fouchet est convoqué d'urgence à l'Élysée. De Gaulle : « Billotte n'a pas été assassiné, mais je préfère ne pas envoyer à Alger un militaire. Voulez-vous toujours être haut-commissaire ? Je vous donne vingt-quatre heures pour réfléchir... »

C'est ainsi que Christian Fouchet, nationaliste flamboyant, ancien adjoint de Jacques Soustelle à la tête du RPF, se trouva chargé de mettre un terme à la souveraineté française au sud de la Méditerranée en appliquant les textes signés le 18 mars à Évian et publiés le 20 au *Journal officiel*.

93 pages... Les accords d'Évian sont aussi copieux que leur existence fut précaire, comme si les signataires, dans l'angoisse des lendemains, avaient voulu dresser cette masse de papier contre l'inéluctable.

Les dispositions essentielles se situent au juste milieu entre les positions de départ réciproques au début de 1962 — compte tenu des concessions majeures faites en 1961 par le général de Gaulle pour donner chance à la négociation : acceptation préalable du principe de la création d'un État algérien indépendant ; exclusivité de la représentation du peuple algérien reconnue au FLN ; ouverture des pourparlers avant la remise « des couteaux au vestiaire » ; reconnaissance solennelle de l' « algérianité du Sahara ».

C'est sur ces bases de départ que la négociation en deux temps de 1962 — du 11 au 18 février aux Rousses, du 7 au 18 mars à Évian — a abouti à une convention dont il faut retenir les points suivants, fruit des rudes marchandages dont nous avons retracé les péripéties principales.

1. *Cessez-le-feu et évacuation.*

Conclusion de sept ans et demi de guerre, l'accord militaire spécifie qu' « il sera mis fin aux opérations militaires et à toute action armée sur l'ensemble du territoire algérien le 19 mars 1962 à 12 heures ». L'armée française demeurera en Algérie jusqu'au scrutin d'autodétermination, l'ALN (Armée de libération nationale), basée à l'extérieur, y restant donc dans le même temps, chacun s'engageant à éviter les contacts avec les forces opposées. Une commission mixte de cessez-le-feu sera instaurée.

Le haut-commissaire désigné par la France est, pendant la période précédant le vote d'autodétermination, dépositaire des pouvoirs de la République en Algérie, notamment en matière de défense, de sécurité et de maintien de l'ordre. Il est assisté par un général, commandant supérieur des forces françaises. Celles-ci seront réduites au cours de la première année à

80 000 hommes, et devront être totalement évacuées dans un délai de trois ans après le référendum en Algérie.

2. *Le référendum* *.

Le vote d'autodétermination aura lieu entre trois et six mois après le cessez-le-feu, à une date fixée par le gouvernement français sur proposition de l'Exécutif provisoire. Le seul scrutin prévu par les accords d'Évian concerne le vote des Algériens qui seront appelés à se prononcer sur trois options : maintien du statut de département français, indépendance avec rupture des liens, indépendance dans la coopération (cette clause ne fut pas respectée puisque, le 1er juillet, les Algériens n'auront à répondre qu'à une seule question : « Voulez-vous que l'Algérie devienne un État indépendant, coopérant avec la France dans les conditions définies par la déclaration du 19 mars 1962 ? »).

3. *Les droits des Européens.*

Concernant les relations entre les deux États, il est prévu que tout Français d'Algérie, à l'issue de la période de trois ans pendant laquelle il bénéficiera de la double nationalité, devra opter entre deux solutions : devenir algérien ou adopter un statut de résident étranger privilégié. Les Européens bénéficieront d'une représentation particulière dans les assemblées algériennes où un nombre de sièges proportionnel à leur poids démographique leur sera réservé.

À Alger et à Oran, villes où ils sont particulièrement nombreux, les présidents et vice-présidents des conseils municipaux seront obligatoirement choisis parmi les Européens, les circonscriptions où ils étaient en majorité étant administrées par eux. Une association de sauvegarde, réunissant l'ensemble des Français, aura qualité pour défendre leurs droits et leurs intérêts (la mission de la présider, périlleuse et incertaine, fut assumée par un agriculteur de la région d'Alger réputé pour ses idées libérales, Jean Lamy).

Les Français désirant quitter l'Algérie pourront emporter leurs biens ou le produit de leur vente, bénéficiant ensuite de mesures d'aide aux rapatriés. En Algérie même, les droits acquis par les « citoyens de statut civil de droit commun » seront maintenus. En cas de mise en application d'une réforme agraire, prévue par les textes du FLN, la France accepte de participer au dédommagement des Français expropriés.

4. *Régime du Sahara.*

Au Sahara, les droits de la France sont sauvegardés. Les sociétés françaises auront, pendant six ans, un droit de préférence dans la distribution des

---

* Celui qui fut organisé le 8 avril 1962 étant une affaire française ne fut pas mentionné dans les accords.

permis de recherche et d'exploitation, sans limite de superficie. Un organisme technique mixte et paritaire franco-algérien sera créé. Il développera et entretiendra l'infrastructure nécessaire à l'exploitation des mines et jouera le rôle de conseil technique et d'organe exécutif.

L'Algérie s'interdira toute mesure de discrimination au préjudice de sociétés françaises et de leurs associés dans la recherche, l'exploitation ou le transport du pétrole ou du gaz. Les hydrocarbures algériens destinés aux besoins de l'économie française et à ceux des autres pays de la zone franc seront payés en francs français.

5. *Bases et moyens militaires.*

Sur le plan militaire, la France conserve pour une période renouvelable de quinze ans la base aéronavale de Mers el-Kébir et maintiendra pendant cinq ans ses installations au Sahara. Elle disposera des aérodromes de Colomb-Béchar, Reggane et Im-Amguel et de facilités d'escale dans deux aéroports pendant cinq ans.

6. *L'assistance économique.*

Sur le plan économique, l'Algérie reste dans la zone franc. Les entreprises françaises installées dans la région continueront à y exercer leurs activités. La réalisation du plan dit de Constantine — lancé en 1958 en vue du développement économique de l'Algérie — sera poursuivie, et la France s'engage à maintenir son aide financière pour un montant équivalent aux programmes en cours.

7. *La coopération culturelle.*

A cette coopération économique, financière et technique, doit s'ajouter une très importante assistance culturelle : écoles et lycées français, appui au développement de l'enseignement, de la recherche, de la formation professionnelle, mise à disposition de techniciens, accueil d'étudiants...

Tels sont, dans leurs grandes lignes, les accords d'Évian, dont il est peu de dire qu'ils furent éphémères : négociés en vue d'assurer la survie de la communauté européenne dans un État « révolutionnaire », ils se brisèrent, comme sur un roc, sur le refus de cette communauté d'en courir les chances. Le veto de l'OAS fut le plus fort. La « coopération », qui prétendait à la fois à faire participer une ample et active population européenne à la construction du nouvel État, et à associer de ce fait cette Algérie pluraliste à la France, fut niée dès l'origine dans son premier terme. Restait le second volet du diptyque : entre États, la coopération économique, technique et culturelle prit des formes positives. On y reviendra.

Quelques commentaires métropolitains. Dans *l'Express,* le plus constant et lucide observateur de la guerre, Jean Daniel, saluait cette « alliance » passée entre la révolution algérienne et la France, ajoutant : « Au lieu d'une paix de partage, d'un constat de rupture, ou d'une internationalisation, c'est à un pacte d'assistance que l'on aboutit [23]. »

Mais la droite parlementaire réagit autrement. Un M. Lafay*, entre autres, dénonce cette « capitulation » qui « entache à jamais notre histoire ». Mais le véritable réquisitoire contre les accords sera prononcé par Jacques Soustelle dans *Vingt-huit ans de gaullisme :*

« Ces accords, présentés à l'époque comme un chef-d'œuvre de diplomatie et comme offrant des " garanties " solides à la population algérienne, ne furent en réalité qu'un camouflage destiné à sauver la face et surtout à faire croire à l'opinion de la métropole que l'abandon de l'Algérie pouvait être approuvé d'un cœur léger. Un des négociateurs, Robert Buron, avoue dans ses souvenirs que le chef de l'État ne cessait de harceler et d'éperonner sans relâche Joxe, de Broglie et lui-même pour que l'accord avec les fellagha fût conclu à tout prix, en toute hâte et à n'importe quelle condition. Il fallait bâcler ce prétendu accord en lâchant tout, y compris le Sahara, y compris encore et surtout les hommes et les femmes qu'on livrait à la cruelle vengeance des vainqueurs. »

L'immense majorité des citoyens français n'en a pas moins accueilli avec faveur — à laquelle se mêle parfois de la honte ou de la nostalgie — le règlement politique intervenu à Évian. Mais on ne retrouve pas dans l'opinion cette satisfaction qui avait suivi la signature à Genève, huit ans plus tôt, des accords sur l'Indochine.

Deux sentiments dominent : le premier est le soulagement (certains évoquent le « lâche soulagement » dont parlait Léon Blum après Munich) de voir le pays déchargé d'une tâche harassante, et les jeunes gens du contingent libérés d'un devoir où beaucoup commencent à comprendre que leur vie n'est pas seule en jeu, mais aussi leur intégrité morale ; le second est un mélange de remords — on les a abandonnés ! — et de rancune à l'égard des Européens d'Algérie, confondus en bloc avec l'OAS dont la stratégie de terre brûlée a commencé par émouvoir, mais ne cessera plus de faire horreur.

L'Aurore en tout cas est le seul quotidien national qui prenne fait et cause contre une solution admise comme inévitable ou présentée comme souhaitable par l'ensemble des commentateurs — les communistes prétendant s'en attribuer le mérite…

L'opinion internationale est unanimement favorable. Le président Kennedy exprime au général de Gaulle son « admiration » non sans féliciter aussi Ben Khedda — tandis que Khrouchtchev réserve ses félicitations au seul GPRA — lequel bénéficie du coup d'une reconnaissance *de jure* qui conduit

---

* Que l'on retrouvera ministre de ce régime de « capitulation ».

de Gaulle à rappeler son ambassadeur à Moscou : tant que l'autodétermination n'a pas tranché, l'Algérie reste française *...

En attendant que les Français puissent se prononcer par référendum, le général de Gaulle convoque le Parlement en session extraordinaire pour permettre au gouvernement de s'expliquer sur les accords d'Évian. Il communique aux élus des deux assemblées un message dans lequel il précise qu'« en vertu de l'article 11 de la Constitution [il a] décidé de soumettre au référendum [le] projet de loi comportant l'approbation [des accords du 18 mars] [24] ».

La consultation est fixée au 8 avril. Le 26 mars, le chef de l'État s'adresse à la nation pour expliciter cette consultation. Il s'agit, selon lui, pour le peuple français, de « contribuer une fois de plus dans son histoire à éclairer l'univers » et de se montrer « capable de résoudre délibérément un grand problème de notre temps ». Mais il ne peut se retenir de personnaliser le débat (en dépit des mises en garde réitérées, on l'a vu, lors du Conseil des ministres du 19 mars...) et ajoute :

> « [Répondez] affirmativement et massivement [...] à la question que je pose aux Français, c'est pour eux me répondre à moi-même qu'en ma qualité de chef de l'État ils me donnent leur adhésion [et que] j'ai leur confiance avec moi pour aujourd'hui et pour demain [25]. »

Ce qui est, une fois de plus, donner aux mots et aux gestes, fussent-ils positifs, un sens abusif et transformer irrésistiblement le référendum en plébiscite.

Le 27 mars, au lendemain de la tuerie, rue d'Isly, à Alger, de 46 manifestants européens sans arme, mobilisés par l'OAS contre les accords — fusillade dont les responsables directs n'ont jamais été retrouvés ** —, la composition de l'Exécutif provisoire est communiquée au public avant d'être rendue officielle par un décret du 6 avril. Après les rudes empoignades des Rousses et d'Évian, c'est en fin de compte Paris qui a eu gain de cause : Abderahmane Farès *** en assume la présidence, le dirigeant FLN Chawki Mostefaï n'étant que son adjoint — assisté de quatre camarades de son parti, dont Belaïd Abdesselam et Abderahmane Chentouf. Les trois délégués européens sont Roger Roth, député UNR et maire de Philippeville, Charles Koenig, maire de Saïda, et le Dr Mannoni, de Constantine, réputé pour ses idées libérales et néanmoins très respecté en milieu européen.

Précédé de quarante-huit heures par une allocution du général de Gaulle, qui proclame que « nous, Français, allons consacrer [...] décidément, la

---

* L'épisode donnera lieu à une curieuse manifestation des conceptions diplomatiques du général. Quelques mois plus tard, le secrétaire général du Quai d'Orsay, jugeant que la « pénitence » infligée ainsi à Moscou — et aussi à Belgrade et à Varsovie, qui avaient fait le même geste que l'URSS — avait assez duré, demanda que soient autorisés les retours à leur poste des diplomates. Il obtient cette réponse de De Gaulle : « Les Russes sont majeurs, donc responsables, ils attendront. De même les Serbes, qui nous doivent beaucoup. Mais pour les Polonais, soit : que l'ambassadeur de France regagne Varsovie. »
** Voir chapitre suivant.
*** Tiré pour la circonstance de sa prison parisienne.

pratique du référendum, la plus nette, la plus franche, la plus démocratique qui soit[26] », le scrutin met, du côté français, le sceau de la légitimité populaire sur les accords d'Évian : 65 % des électeurs inscrits, 90,71 % des votants répondent « oui » à la question posée. Résultat plus favorable encore au général que ne le prévoyaient les spécialistes. Du point de vue de la métropole, l'Algérie, cent trente-deux ans après le début de la conquête, a bien cessé d'être « française ».

Le mercredi suivant, devant ses ministres, le général commente ainsi ce qui serait — sans la révolte qui ensanglante Alger et affole bien des métropolitains — son triomphe :

> « Nous avons entrepris notre tâche en vue de la rénovation du pays et du règlement de l'affaire d'Algérie. Le 13 mai, quel qu'ait pu être l'événement, a été le résultat d'une décomposition générale, notamment de l'État. Je ne suis pas revenu au pouvoir pour régler l'affaire algérienne seulement. Nous avons trouvé, intimement mêlées, la conjoncture politique et l'Algérie. Pour la nation et au fond des choses, le référendum règle le problème algérien.
> Maintenant, d'autres problèmes apparaissent, qui se posent au chef de l'État. Il a des responsabilités vis-à-vis de lui-même, vis-à-vis du gouvernement et vis-à-vis du Parlement. Aujourd'hui, je ne vous dirai pas encore quelle réponse j'ai entendu me donner à moi-même[27]… »

Tous les membres du gouvernement ont compris de quoi il s'agit : du congé donné au Premier ministre.

Michel Debré préside alors son dernier Conseil de cabinet. Il n'a pas fait mystère de son désir de voir des élections générales suivre immédiatement le cessez-le-feu en Algérie. Le changement de gouvernement n'en eût-il pas paru plus naturel ? Le président de la République en a décidé autrement.

Honnête jusqu'au scrupule, Debré entretient longuement ses collègues de son évolution à propos de l'Algérie. Jusqu'à l'automne 1960, il a espéré en une solution sans le FLN, qui aurait ménagé les transitions et laissé ce territoire, pendant quelques années encore, dans le cadre de la souveraineté française. S'il a modifié ses vues, c'est en mesurant l'affaiblissement que ce conflit entraînait pour la France. Il fallait donc, admet-t-il, en finir.

Deux heures plus tard, à l'Élysée, le chef de l'État ouvre la séance du Conseil par ces mots : « Je donne la parole à M. le Premier ministre pour une communication qu'il a à nous faire. » Il s'agit de la lettre de démission de Michel Debré, qui en donne lecture sur un ton dont il s'efforce de gommer un pathétique qui lui est naturel, et que les circonstances avivent encore.

Aussi significatif que la retraite du Premier ministre « crucifié » par l'indépendance de l'Algérie est le choix fait par le général de son successeur : c'est le premier des négociateurs, le pionnier de la solution qui vient de prévaloir : Georges Pompidou.

Pourquoi le général de Gaulle choisit-il cet instant pour remercier son Premier ministre, après lui avoir fait endurer le long supplice du « dégagement de l'Algérie » qui fut pour lui, l'arrachement d'un membre du corps de la nation — de son propre corps dirait-on ? Le chef du gouvernement n'avait-il pas proposé plusieurs fois de se retirer, notamment, on l'a vu, en août 1961 ? N'avait-il pas accablé le général de messages l'adjurant de ne pas céder sur la souveraineté française au Sahara, surtout une longue et frémissante lettre de 24 pages adressée en décembre 1961 au chef de l'État [28] ?

Le général de Gaulle a eu besoin de Michel Debré pour le « couvrir » sur sa droite tout au long de la négociation algérienne. Quelque fureur qu'ait suscitée le Premier ministre chez ses anciens amis du *Courrier de la colère* * en se prêtant à ce jeu, ce « renégat » gardait tout de même des amitiés, une clientèle, des liaisons civiles et militaires qui brisaient quelques lames déferlant sur l'Élysée à partir de l'Algérie.

Maintenant, le chef de l'État n'ayant plus besoin de lui, le trouve « usé ». Certes : après tant de coups reçus, de lui d'une part, et de ses ennemis de l'autre ! Le malheureux Debré, que le général compare volontiers à saint Sébastien lardé de flèches (non sans prêter, peut-être, à ces deux martyrs quelques tendances masochistes...), lui a servi à la fois de *punching-ball* (la comparaison est de Louis Terrenoire) et de bouclier.

Il est temps pour lui de trouver un lieutenant plus frais. Plus adapté peut-être aussi à la nouvelle donne politique. Car le général va se trouver à la fois libéré de l'affaire algérienne, mais aussi démuni de ce halo protecteur qu'elle lui conférait : tant qu'il n'avait pas résolu le problème, beaucoup hésitaient à se débarrasser du grand gêneur. Après... Très conscient de cette fragilité nouvelle dans le domaine intérieur — comme de la libération que lui assure la paix algérienne sur le terrain diplomatique —, le général de Gaulle sent le besoin d'absorber cette nouvelle étape aux côtés d'un homme « libre ».

Sent-il, voit-il déjà s'ouvrir une autre ère de son régime ? Est-il conscient de ce que, comme à l'empire autoritaire de Napoléon III avait succédé l'empire libéral, la phase « militaire » de son pouvoir devra te céder à une période plus politique et où les affaires économiques prendront le pas sur les autres — et où les affaires institutionnelles devront être traitées avec plus d'audace ? Le fait est qu'il substitue au bouillant parlementaire nationaliste qu'est Michel Debré, frein grinçant de la négociation algérienne, un allègre manager, un jovial homme de contacts qui en fut, dès l'origine, le moteur.

Au surplus, le général n'est pas fâché de se libérer du contrôle d'un juriste aussi collet monté que Debré. On l'a vu se plaindre le 19 mars 1962 d'avoir toujours eu, en la personne du Premier ministre, le Conseil d'État sinon contre lui, du moins face à lui... Méditant de profondes retouches du système dont Michel Debré fut le parrain, il préfère opérer hors de la présence de ce censeur. Et Pompidou a été mêlé lui-même d'assez près à l'enfantement de la Ve République pour présider aux aménagements éventuels.

Ce de Gaulle des lendemains des accords d'Évian est en effet un homme bourdonnant de projets, lourd d'entreprises multiples, et plus libéré que jamais de tout préjugé. Le 8 avril, par exemple, il reçoit Guy Mollet, qui a soutenu sa politique algérienne mais critique son autoritarisme. De Gaulle lui annonçant qu'il va installer à Matignon son ancien chef de cabinet, non

---

* Tel Raoul Girardet, dont nous reparlerons.

parlementaire de surcroît, l'ancien président du Conseil réagit vivement, parlant de « pouvoir personnel ». Alors de Gaulle, indulgent : « Il faut qu'il y ait des gens inquiets... C'est bien d'avoir autour de soi des gens pleins de circonspection comme vous... Merci, mon cher Guy Mollet [29]... »

Un mot encore à propos de l'issue algérienne. De Gaulle fut-il, en l'occurrence, un bon négociateur ? Eût-il pu, en s'adressant à eux sur un autre ton, obtenir des hommes du FLN de meilleures conditions, ménager mieux les transitions, assurer un passage plus pacifique de l'Algérie française à l'Algérie indépendante ?

De l'homme qui a mis un terme à la guerre d'Algérie, il n'est pas facile d'écrire qu'il fut un mauvais négociateur, comme le soutint souvent devant nous Pierre Mendès France, assurant que le général ne savait qu'alterner les pressions et les concessions, la menace et l'abandon, sans se préoccuper de tous les temps moyens, de tous les intervalles entre ces deux extrêmes qui font la trame du marchandage diplomatique.

Mais ce n'est pas l'avis de ses trois plus proches collaborateurs en l'occurrence — Louis Joxe, Geoffroy de Courcel et Bernard Tricot. Pas davantage de ceux qui eurent, dans le camp d'en face, affaire à lui : tels Saad Dahlab, M'Hammed Yazid ou Abdelhamid Mehri. Ceux-ci gardent le souvenir d'un adversaire « retors » et « ingénieux ».

Compte tenu de ses exceptionnels talents intellectuels, de son énergie et de son imagination, il ne semble pourtant pas que le général de Gaulle ait piloté au mieux sa barque en vue de la paix. On traitera plus loin de son comportement vis-à-vis du parti de l'Algérie française, de l'armée et des pieds-noirs. S'agissant des nationalistes algériens, on observe que jamais l'une de ses concessions majeures ne fut payée d'une satisfaction venue du camp adverse — ce qui est pourtant l'essence même d'une négociation.

Il est vrai que, tenant tout en main au début de l'été 1958, il ne peut guère, dès lors qu'il redistribue les cartes, obtenir plus. Mais à partir du 16 septembre 1959, le grand mot d' « autodétermination » lâché, on s'étonne qu'il n'en ait pas obtenu plus de fruits en contrepartie, au moins sur les modalités et les délais — étant bien entendu que l'issue finale : l'émergence d'un État algérien indépendant, ne faisait pas de doute.

Indépendamment de son peu de goût pour la transaction, le compromis, et de ses tendances à transformer la négociation en une alternance saccadée d'exigences et de générosités — le mouvement, toujours le mouvement ! —, il faut bien dire que le défaut de la cuirasse de Charles de Gaulle, négociateur de l'Algérie, fut sa hâte d'en finir.

La plupart des diplomates sont handicapés par quelque défaite militaire, ou exigence territoriale de leurs généraux, ou directive de leur gouvernement. Le général de Gaulle, lui, n'eut de Melun aux Rousses et d'Évian à Évian, qu'un ennemi : le temps. Dira-t-on qu'une mauvaise paix en 1961 lui paraissait meilleure qu'une bonne en 1965 ? Le fait est qu'il ne cessa de se battre acculé à l'urgence, jugeant qu'aucun prix n'était trop élevé qui lui permît de se retrouver libre face au monde.

Mais, pour hâtifs ou imparfaits ou fragiles qu'ils fussent, ces accords d'Évian, c'est lui qui en assuma, au nom de la France, la responsabilité. C'est lui qui en prit les risques terribles. C'est lui qui arracha la France à une guerre apparemment sans issue et fit du 19 mars 1962 le premier jour depuis 1939 où la France ne fut en guerre avec aucun peuple *.

Sinon avec une fraction du peuple français...

---

* En 1945, la guerre d'Indochine avait, en fait, commencé. En 1954, le conflit d'Afrique du Nord était déjà en cours.

10. Face à l'OAS

L'arrachement de l'Algérie au corps légal et mythique de la France ne pouvait aller sans opposition organisée, ni déchaînement passionnel sanctionné par la violence. Tels qu'étaient les lois françaises, la Constitution, l'enseignement de notre histoire, les mœurs, les pratiques, il n'était guère imaginable que le million d'Européens qui vivaient au début de 1962 en Algérie, leur pays natal, pussent accepter sereinement soit le repli massif sur la métropole, soit l'insertion dans un État à dominante arabo-islamique — quelles que fussent les garanties et les formes de participation spécifiées par les accords d'Évian.

Cet immense effort d'adaptation, ou plutôt de minorisation ainsi réclamé à une communauté vivant depuis plus d'un siècle dans un statut exaltant sa spécificité européenne aux dépens des réalités arabes, kabyles et musulmanes, n'eût pu être accompli et réussi qu'au terme d'une patiente opération de rééducation, animée et éclairée par la sympathie et l'esprit de solidarité du pouvoir et de la métropole. Était-il impossible de persuader ce peuple vibrant, vivace et ingénieux qui prospérait — ou parfois végétait — d'Oran à Bône, de mettre son génie au service d'une ample reconversion et de se réinventer sur l'une ou l'autre rive de la Méditerranée, compte tenu du caractère évident et irréversible de la souveraineté algérienne ?

Une telle entreprise ne manquait pas d'atouts. Un peuple qui avait su ainsi s'africaniser et marquer de sa griffe la terre d'Algérie, y inventer des modes de culture et un art de vivre, et se définir, original, par ses contradictions alternées, sinon conjuguées par rapport à l'Europe et à l'Afrique, pouvait être convié à cette aventure ambiguë : créer un État par une sorte de parthénogenèse, non plus à la remorque de la métropole égoïste et frileuse, mais à partir de cette terre même où l'histoire l'avait, un siècle plus tôt, implanté.

Mais ce peuple, à la fois majoritaire par le pouvoir local et minoritaire par le nombre, n'entendit pas cet appel, parce qu'il ne lui fut pas explicitement lancé. Deux discours seulement lui furent tenus : celui de l'armée, mue d'abord par une volonté de revanche professionnelle (remporter enfin une victoire pour effacer 1940 en France, 1954 en Indochine, 1956 à Suez...), ensuite par un sentiment très noble de solidarité humaine (il est déshonorant d'abandonner une population musulmane que nous avons engagée et compromise dans le combat contre le FLN...) ; celui du parti de l'Algérie

251

française, composé à quelques exceptions près de militants d'une droite *
nationaliste à double composante vichyste et gaulliste, aux yeux desquels
l'œuvre coloniale ne pouvait être remise en cause, l'Europe ayant seule
vocation à bâtir et gérer, la grandeur de la France se mesurant à l'extension
de ses frontières ou dépendances, et sa jeunesse ayant pour raison d'être un
combat pour l'empire. Des mobiles dont il serait à la fois vain et médiocre de
se gausser — et qui d'ailleurs recoupent, ou ont recoupé, bien des
composantes du gaullisme.

Le fait est que, corseté dans ce triple moule de pensée — d'Européens
intimement convaincus de leur immanente supériorité sur « les Arabes ** »,
d'une armée qui a fait de l'Algérie « sa » cause, d'un courant de la nation
française qui voit en elle non seulement une part d'elle-même mais le terrain
d'envol d'une renaissance et d'une nouvelle grandeur —, le peuple pied-noir
d'Algérie est moins prêt que tout autre à admettre le bouleversement que de
Gaulle, implacable interprète de l'histoire, prétend lui imposer à partir de
1959.

Le général pouvait-il convaincre les pieds-noirs, plutôt que de les vaincre ?
« L'incompatibilité d'âmes était trop forte », observait devant nous, vingt-
trois ans plus tard, Bernard Tricot, ne visant pas seulement les rapports entre
le Connétable lillois et ces Méditerranéens longtemps séduits par le
vichysme, mais les relations entre les communautés de part et d'autre de la
Méditerranée.

Tout de même, on se prend à imaginer un de Gaulle déployant, à cette fin,
les prodigieuses ressources de son éloquence d'action — autrement que
certain 4 juin 1958 (« Je vous ai compris ! ») ou que face aux insurgés de
janvier 1960 ou des putschistes d'avril 1961 et passant de la géniale ambiguïté
du Forum de 1958 et de l'implacable reprise en main d'après les barricades à
un élan de vraie sympathie didactique ***. Impossibilité de transcender une
« incompatibilité d'âmes » ? Poids des souvenirs historiques ? Ou incapacité
à saisir les données d'une situation plus complexe à vrai dire que celle d'un
peuple arabo-musulman impatient d'affirmer son authenticité contre les
vieilles structures du temps des empires ?

Il fallut certes à Charles de Gaulle une grande puissance de renouvellement intellectuel et une profonde lucidité politique, compte tenu de la
génération à laquelle il appartenait et de sa formation, pour ouvrir à l'Algérie
les voies de l'autodétermination ; un courage et une ténacité incomparables
pour faire prévaloir, contre vents et marées — et ouragans — cette solution.
Mais sachant prendre conscience du caractère spécifique, irréductible à la
France, de l'Algérie du milieu du xxᵉ siècle, le fondateur de la Vᵉ Républi-

---

* MM. Jacques Soustelle, Max Lejeune et Albert Bayet resteront des exceptions, pour
notoires qu'ils soient.
** La première partie de l'œuvre de Camus — des reportages d'*Alger-républicain* à *l'Étranger*
— est particulièrement éclairante sur ce point.
*** Devenu directeur des affaires politiques à Alger en 1960-1961, son ancien aide de camp
de Londres, François Coulet, disait au général à la veille du putsch : « Vous traitez les pieds-
noirs en enfants délinquants. Traitez-les plutôt en enfants arriérés... » Ce qui n'eût peut-être pas
été plus judicieux...

que eût été mieux inspiré encore s'il avait pu y reconnaître aussi, dans cette spécificité, la place de la communauté européenne.

On peut citer, il est vrai, des textes qui témoignent de la conscience qu'il avait de cette réalité, et des vertus originales du peuple pied-noir. Lors de sa conférence de presse du 10 novembre 1959, par exemple, de Gaulle lance aux Européens d'Algérie un appel chaleureux à assumer un avenir nouveau :

> « Vous, les Français d'Algérie, qui avez tant et tant fait là pendant des générations, si une page a été tournée par le grand vent de l'Histoire, il vous appartient d'en écrire une autre. Trêve de vaines nostalgies, de vaines amertumes, de vaines angoisses, prenez l'avenir comme il se présente et prenez-le corps à corps. Plus que jamais l'Algérie a besoin de vous. Plus que jamais la France a besoin de vous en Algérie [1] ! »

Mais, mis à part quelques milliers de libéraux, de Pierre Laffont à Jean Lamy, qui l'écoute encore ?

Et ceci, de nouveau, le 8 mai 1961, au lendemain du putsch :

> « Quelle tâche féconde peut s'offrir [...] aux Algériens de souche française ! De tout mon cœur je leur demande, au nom de la France, le jour même où nous commémorons une victoire * à laquelle ils ont tant contribué, de renoncer aux mythes périmés et aux agitations absurdes [ ] et de tourner leur courage et leur capacité vers la grande œuvre à accomplir [2]. »

Mais il est trop tard. C'est beaucoup plus tôt, en 1958, et surtout lors de la proclamation capitale du 16 septembre 1959 sur l'autodétermination, qu'il fallait tenter, passionnément, fraternellement, d'associer à la révolution en cours ce peuple passionné et fraternel — l'incitant à une autre nuit du 4 août. N'avait-elle pas été amorcée, non sans artifices, mais non sans quelque élan sincère, certain soir de mai 1958 ?

Ce grand geste, Charles de Gaulle ne le fit pas. Peut-être parce qu'il était plus apte à déceler en toutes choses le mouvement que la structure — l'émergence d'un peuple colonisé plutôt que la permanence, en son sein, d'une communauté sédimentaire, cette « alluvion historique » si fertile dont parlaient, pour en reconnaître l'authenticité algérienne, les négociateurs du FLN à Évian.

Les amis et fidèles du général dénoncent de telles observations, qu'ils estiment injustes. Citons René Brouillet, l'ancien secrétaire général aux affaires algériennes du général de Gaulle : « Les Français d'Algérie étaient présents au plus haut degré à l'esprit, au cœur de Charles de Gaulle [qui était] bien loin de les méconnaître et, à plus forte raison, d'être enclin à les sacrifier [souhaitant au contraire qu']ils eussent la possibilité de demeurer présents sur cette terre qu'ils avaient tout particulièrement contribué à mettre en valeur... »

Mais, ajoute René Brouillet, visant semble-t-il l'opinion publique, les milieux politiques et la presse plus que l'entourage civil et militaire du chef de

___

* C'est l'anniversaire de l'armistice de 1945.

l'État, « le vœu de Charles de Gaulle n'avait chance de se réaliser qu'à la double condition que sa parole fût exactement relayée, son action pertinemment secondée par tous ceux à qui il appartenait d'y prêter leur concours. Combien étroite, hélas, s'avérait la marge à l'intérieur de laquelle il était cantonné ! Un mot, un geste en direction des Français d'Algérie et voici qu'aussitôt, à Paris, notamment, les passions se déchaînent. L'opération d'intoxication, de guerre psychologique, tentée à son encontre lors de la tournée dite " des popotes ", en porte, elle-même, témoignage. Charles de Gaulle est-il censé avoir mis à nouveau l'accent sur les liens entre nos compatriotes de l'autre rive de la Méditerranée et la France ? Il n'en faut pas davantage pour que soient dénoncées, en même temps que sa duplicité, sa propension intime au fixisme, son inaptitude à percevoir les impératifs des temps nouveaux, sa réticence à faire droit aux légitimes aspirations du peuple algérien.

« Les mêmes commentaires, dans le même temps, du côté du GPRA, ne peuvent avoir pour effet que d'accroître les doutes sur la sincérité des dispositions du Général en faveur d'une reconnaissance de la personnalité et de l'indépendance algériennes et d'inciter les chefs de la rébellion à durcir leur intransigeance et, dans la perspective d'éventuelles tractations, à " monter la mise ".

« Face à cette intransigeance, Charles de Gaulle, de son côté, pour progresser sur la voie d'un règlement, est inexorablement contraint à un supplément de concessions. Et ces concessions fournissent, à leur tour, à ceux qui, pour la perte, hélas, de nos compatriotes, se sont constitués les meneurs des Français d'Algérie et à un certain nombre de soldats égarés, des raisons supplémentaires, non pas seulement de se défier de Charles de Gaulle, mais de le vouer aux gémonies. L'aboutissement a été cette aveugle éruption de l'OAS qui a vidé de leur substance les accords d'Évian pour ce qui avait trait au maintien sur leur terre de nos compatriotes d'Algérie. »

Fin et émouvant plaidoyer, qui fait écho aux propos tenus par le général lui-même à son gendre Boissieu, dans la soirée du 4 juin 1958, au Palais d'Été, à propos de l'armée : plus elle fera obstacle à ma politique, et plus je négocierai en position de faiblesse…

Le « parti du général » peut encore alléguer les efforts déployés — sur ses instructions, bien sûr — par ses délégués aux Rousses et à Évian qui mirent, à défendre l'avenir de ce peuple singulier, une ardeur et une patience qui firent l'étonnement admiratif de leurs vis-à-vis. Mais il était tard, trop tard. En 1962, l'OAS a acquis une sorte de légitimité nihiliste. Les dés sont depuis longtemps jetés.

On dira encore : deux des porte-parole du général, Paul Delouvrier et Christian Fouchet, ne surent-ils pas, en son nom, toucher ou émouvoir les pieds-noirs ? On a cité l'appel aux Algérois du premier, le 28 janvier 1960. On citera tel ou tel texte du second. Dans l'un et l'autre cas, des paroles prononcées au nom de De Gaulle atteignirent peu ou prou leurs destinataires. Peut-être parce qu'elles vinrent d'hommes qu'inspirait une vraie sympathie pour ce peuple déboussolé. Une composante qui fit toujours défaut, au moins en apparence, aux appels, incitations, objurgations, invites et remontrances que Charles de Gaulle adressa, de 1958 à 1962, aux Européens d'Algérie. « Incompatibilité d'âmes » ou pas, il faut chercher, dans cette terrible incommunication, sinon la raison, au moins les explications de cette folie collective que fut l'OAS.

Non sans ajouter ceci : si Perez, de Bab-el-Oued, ou Martin de la Mitidja, ou Santoni de Bône n'eut que trop de raisons d'alléguer que dans le « Je vous ai compris ! » de juin 1958 il y eut la compréhension qu'a le cavalier de son cheval, sinon le torero du taureau, plutôt que celle qui s'échange entre deux hommes ou deux groupes d'hommes, beaucoup d'autres, civils et militaires, excipèrent, pour justifier leur sédition, d'une « tromperie » qu'ils subirent parce qu'ils n'avaient pas voulu être virilement lucides.

Que le commandant de Saint-Marc ou le capitaine Sergent ou le lieutenant Godot, que le pâtissier poujadiste Bouyer ou le mécanicien Belvisi ou l'agronome Watin se soient jugés dupés et trahis par le fondateur de la V⁰ République et en aient conçu une irrépressible soif de révolte, voire de châtiment, comment s'en étonner ? Mais il n'est pas d'homme public de haut niveau ni de militaire de rang supérieur qui n'eut, entre le 1ᵉʳ juin 1958 (sinon bien avant) et les discours de la fin de 1960, mille occasions de savoir à quoi s'en tenir sur les intentions du chef du gouvernement, puis de l'État.

Comment un Soustelle, si averti des cheminements gaulliens depuis l'été 1940, un Salan qui s'entretenait chaque semaine avec de Gaulle à partir de juin 1958 et avait pour proche collaborateur le gendre du général qui ne faisait pas mystère des confidences d'en haut, comment un Challe qui disposait des mêmes informations ont-ils pu se dire abusés par un chef dont, à partir du 15 mai 1958, les textes — sinon quelques propos improvisés en public ou en privé — vont tous contre l'intégration, presque tous dans le sens de la « différence » algérienne, voire de l'association entre deux pays ? Comment cette naïveté put-elle se perpétuer alors qu'un collaborateur fidèle de Salan comme le général Dulac, par exemple, qui n'avait eu que trois ou quatre entretiens avec le Connétable, sut dès ce mois de juin 1958 si bien saisir, lui, sans illusion, la démarche gaullienne ?

Il y eut ceux qui voulurent savoir et comprendre — quitte à désapprouver — et ceux qui préférèrent s'enfermer dans « leur » vérité, ou dans celle que manipulaient, à l'Élysée, les membres d'un état-major particulier, ou à Alger les chefs de l'armée d'Algérie (à part, selon lui, le général Crépin ; lui compris, affirment d'autres…) certifiant à leurs camarades que la « vraie » pensée du général de Gaulle n'était pas l'association par l'autodétermination — (« C'est pour l'ONU ! ») — mais la subtile préservation d'une Algérie française. On parle de malentendus. C'est d'un « mal-écouter » qu'il s'agit.

Aveugles par volonté ou par obstination, interprètes par vocation ou par machiavélisme, que d'intermédiaires et de fabricants de phantasmes dans cette politique algérienne de Charles de Gaulle ! Comment s'étonner que de tels jeux de miroirs renchérissant sur l'ambiguïté gaullienne aient provoqué confusions, contradictions et collisions tragiques ?

Mais au centre du grand conflit entre de Gaulle et l'OAS, il y a, en tout état de cause, trois incompatibilités radicales : entre l'idée même d'indépendance et le binôme pieds-noirs-armée ; entre le traitement de l'affaire par le général de Gaulle — touches subtiles, ambiguïtés savantes, révisions peu explicites — et le tempérament tout d'une pièce des Européens d'Algérie ; entre cet homme solitaire, féru de style, d'ordre et de classicisme, attaché aux concepts, peu sensible au folklore et aux « climats », et ce peuple méditerranéen aux jaillissements irrépressibles et aux comportements torrentiels, fondés avant tout sur le sentiment.

Dès la fin de 1958, la cause était entendue. Entre de Gaulle et l'armée, les grincements allaient se muer en tensions, pressions et défis ; entre de Gaulle et les pieds-noirs, ces malentendus allaient tourner au conflit, le conflit en combat, le combat en croisade... A partir des lendemains du putsch, et plus encore après les accords d'Évian, la prise en charge par l'OAS de la cause des pieds-noirs ouvre une lutte au couteau qui se définit en Algérie par le sabotage des accords avec le FLN et en métropole par les tentatives de supprimer de Gaulle.

Si l'on admet que la violence de la révolte contre le chef de l'État à propos de l'Algérie est pour beaucoup une réaction d'hommes dupés, ou qui se jugèrent tels — quelle colère peut être plus vive que celle de l'individu soudain détrompé ? —, il faut reconnaître que ces victimes indignées du machiavélisme gaullien ne furent pas toujours des aveugles volontaires, des ambitieux déçus ou des naïfs folkloriques.

Prenons deux cas typiques : ceux de l'historien Raoul Girardet et du commandant X. Voilà des hommes remarquables, chacun en leur domaine, le premier gaulliste de guerre, le second guerrier apolitique, et que ne prévient contre l'homme de Londres aucune des rancunes qui animent un Argoud ou un Salan.

Raoul Girardet, issu d'une famille de militaires de l'Est, a adhéré très jeune à l'Action française. Historien, il consacrera sa thèse à Déroulède. Au début de 1944, il a été déporté pour faits de résistance. C'est un patriote intégriste à la Debré — qu'il rejoint au *Courrier de la colère* en 1957. Gaulliste, il accueille avec transport le 13 mai 1958, qui est pour lui l'épiphanie de l'Algérie française — où il ne voit pas seulement la préservation du territoire national mais l'occasion pour la France de se régénérer par l'immense effort révolutionnaire qu'exigera l'intégration dans cet ensemble moderne de 10 millions de Musulmans alors sous-développés.

Pour lui, pas de doute : de Gaulle est bien l'homme de cette cause. Et c'est là que l'on touche au centre du débat, ce malentendu qui nous semble aujourd'hui mystérieux entre le général et ses amis attachés à l'Algérie française : à deux ou trois « dérapages » verbaux près, et qui semblèrent bien tels, était-il possible de ne pas lire à travers tout le discours gaullien des années 1958-1959 le refus de l'intégration, le thème de l'association entre deux entités différentes, cette Algérie *avec* la France, qui revenait sans cesse ? Que de Gaulle pût être peu à peu circonvenu par l'armée, colonisé par les colonels, c'était une bien fragile hypothèse. Mais qu'il se refusât à suivre Soustelle et les siens là où ils voulaient l'entraîner, voilà qui nous paraissait clair dès les premiers jours de juin 1958.

Mais un historien aussi intelligent, un déchiffreur de textes et de tactiques aussi averti que Raoul Girardet affirmait vingt-cinq ans plus tard à l'auteur qu'il ne découvrit les intentions de Charles de Gaulle qu'à l'automne de 1960, quand il commença à parler de la « République algérienne ». Il précise que, ayant été quelque peu ébranlé par une enquête menée en Algérie (avec la bénédiction du ministère des Armées) au cours de l'été précédent (août 1960), il fut reconfirmé dans ses illusions par le commandant en chef, le général Crépin qui avait demandé à le voir à Alger pour tirer avec lui les conclusions de son enquête :

« Mais au fait, mon Général, fait Girardet, quelle politique êtes-vous chargé de mettre en œuvre ? Vers quoi conduit l'autodétermination ? » Et Crépin, rouge de colère : « Pouvez-vous penser que le général de Gaulle — je le connais, moi, je suis un vieux gaulliste ! — puisse vouloir autre chose que la sauvegarde de l'Algérie française * ? » Fin août 1960...

Alors, quand Raoul Girardet entend le chef de l'État parler de l' « État algérien » qui va naître, qui doit naître, il se voit floué, s'indigne, entre en rapport avec ceux qui préparent le putsch et, sans adhérer formellement à l'OAS (qui se constitue alors), crée une revue *l'Esprit public*, qui est à la Vᵉ République ce que *le Courrier de la colère* a été à la IVᵉ : un réquisitoire permanent.

Dix mois plus tard, au lendemain de l'attentat de Pont-sur-Seine, Girardet sera arrêté et pendant deux mois incarcéré sans avoir été inculpé, ni même officiellement interrogé ** — mais non sans avoir pu constater que bon nombre des agents de l'État chargés de son affaire ne manquaient pas une occasion de lui faire savoir qu'ils sympathisaient avec les rebelles de son espèce...

Son indignation de ce temps-là ***, Raoul Girardet l'a exprimée dans un beau texte « Pour le tombeau d'un capitaine » publié en 1962 par un éditeur plus ou moins clandestin, *l'Esprit nouveau*. On en retiendra ce fragment, où passe un peu du souffle de Bernanos, car on ne saurait comprendre ce qui se passa entre de Gaulle et les Français sans écouter aussi ce type de voix :

« Je le sais bien. Ce n'a pas été la première fois, dans une histoire pleine de déchirements, toute remplie de gestes de meurtre et de cris de haine, que des Français, dans les ruines d'une ville, ont lutté les armes à la main contre d'autres Français. Ce n'a pas été la première fois qu'un pouvoir a entrepris de

---

* Lors d'un entretien avec l'auteur (février 1986) le général Crépin a démenti ce propos. C'est un honnête homme. M. Girardet aussi.
** On a trouvé mention d'un professeur « Girardot » dans les papiers de Maurice Gingembre, le « porteur de valises » de l'OAS.
*** Qu'il assure, vingt-trois ans plus tard, ne pas renier.

réduire par la force une population rebelle, une cité insoumise, une province révoltée. Il faut supplier cependant ceux qui ne semblent pas l'avoir aperçu de prendre garde à la monstrueuse singularité du spectacle qui vient de nous être offert. Lorsque Henri IV investissait Paris, ce n'était pas pour remettre la ville entre les mains des Espagnols. Lorsque Hoche recevait mission de pacifier la Vendée, ce n'était pas pour la livrer à Pitt et à Cobourg. [...]

« S'il en est temps encore, il faut supplier, d'autre part, ceux que n'a cessé de hanter le seul espoir d'une tranquillité retrouvée, de songer aux extravagantes conséquences du principe qu'ils ont permis d'introduire dans le droit public national : principe qui n'est rien d'autre que celui de la ségrégation à perpétuité. La décision d'exclusion que l'on a fini par imposer au peuple français d'Algérie risque, en effet, de se trouver, demain, applicable à n'importe quelle autre catégorie de citoyens. Département à la rentabilité jugée insuffisante, couleur de peau estimée non conforme à la norme, accent provincial déclaré excessif et déplaisant, fidélité religieuse ou politique considérée comme non orthodoxe : on voit mal désormais quel critère de rejet pourrait ne pas être invoqué. Si l'on admet la légitimité de l'acte qui a conduit à expulser de la collectivité nationale, et contre leur volonté, des centaines de milliers de nos frères — frères par la loi et frères par leur libre choix — comment ne pas comprendre que c'est le contrat implicite sur lequel repose toute société politique qui se trouve définitivement rompu ?

« Comment ne pas voir qu'aucune cité ne peut survivre là où le citoyen peut à chaque instant se trouver rejeté hors de la loi garante de sa vie et de ses biens ? Qui osera affirmer que l'exclusive qui vient d'être proclamée à l'égard d'une certaine espèce de Français ne porte en son principe d'autres schismes, d'autres exclusives, d'autres déchirures ? »

Si émouvant que soit ce beau texte, il appelle deux objections essentielles. En quoi les neuf dixièmes des habitants de l'Algérie étaient-ils bénéficiaires de la loi française ? Proclamant en 1954 son intention de les faire entrer dans ce système de droit — et de droits — Pierre Mendès France fit se dresser contre lui une coalition qui l'abattit. Et en quoi l'autre dixième, l'Européen, est-il aujourd'hui exclu de la collectivité nationale ?

Le commandant X, lui, est un pied-noir*. Sa famille a fait souche depuis un siècle en Algérie. Engagé volontaire en 1939, il « fait » le Levant, la campagne d'Italie, et celle de France avec les parachutistes. Jusqu'alors, de Gaulle n'est pas pour lui un problème : il se bat tout naturellement aux côtés des camarades venus de la France libre.

En Indochine, il s'initie à la « guerre révolutionnaire » : il y constate le vieillissement de cadres qui vivent de souvenirs plus que de recherches. Déjà

---

* Cet officier, qui a joué un rôle important dans le putsch d'avril 1961 et l'a chèrement payé, a accepté de parler à l'auteur, non d'être nommé.

se posent des questions à propos de ces officiers déphasés, de leur compétence, de leur caractère. Questions qui s'avivent encore lors de l'expédition de Suez, puis en Algérie où, à ces divers clivages s'ajoute celui, décisif, entre troupes dites « d'intervention » (auxquelles il appartient) et celles du « quadrillage », vouées à des tâches mornes.

Au centre Jeanne-d'Arc, à Philippeville, aux côtés de Bigeard, il forme des cadres pour la « guerre révolutionnaire », mettant bientôt en pratique ses principes dans le Constantinois où le surprend le 13 mai 1958.

Pour lui, dit-il, « de Gaulle est l'homme capable de donner à l'armée cette mission immense : faire de l'Algérie un État moderne lié à la France et à l'Europe dans le cadre de l'Eurafrique. Là était la vision d'avenir que de Gaulle n'a pas su avoir. Alors, ayant raté l'objectif, s'étant trompé, il a trompé et, de tromperie en mensonge, il nous a menés dans une impasse où le conflit était inévitable...

— Quand avez-vous pris la décision de vous dresser contre lui ? Dès l'autodétermination ?

— Pas du tout. L'autodétermination portait en elle toutes les chances. C'est peu à peu que j'ai compris où il nous menait. Mais c'est essentiellement après son discours du 11 avril 1962, où il a osé donner pour argument que la France n'avait plus d' " intérêt " à défendre l'Algérie que j'ai jugé indispensable d'agir.

« Mais j'ai vite compris que l'affaire était mal organisée, que ceux qui la planifiaient confondaient mécontentement de l'armée et volonté d'agir. J'ai dit tout ça lors d'une des dernières réunions dans le bureau de Lacheroy, une semaine avant l'opération. Mais il n'était pas question de ne pas marcher : n'avions-nous pas l'accord d'un homme comme Challe, qui avait trois atouts : sa réussite en Algérie, la confiance de l'ensemble de l'armée, une stature internationale ?

« L'affaire a échoué, non pas à cause de la défection du contingent, comme on l'a dit (les combattants de mes commandos en étaient tous et ont marché comme un seul homme), mais parce que dans son ensemble, l'armée était lasse et divisée, et qu'en Algérie seuls ceux qui se battaient vraiment se sentaient concernés...

— Comment estimez-vous que les vaincus que vous étiez ont été traités ?

— Nous avons été jugés. Nous nous attendions d'abord à être fusillés. J'ai écopé de [...] ans. J'en ai fait [...]. " Justice d'État " : les mots d'ordre partaient de haut. Il ne fallait pas trop matraquer l'armée...

— Quelle a été votre attitude à l'égard de l'OAS, dans votre prison ?

— De solidarité totale.

— Votre jugement global sur le rôle du général de Gaulle à propos de l'Algérie ?

— Il y a dix ans, j'aurais été plus acide. Aujourd'hui, je dirais simplement ceci : il a fait manquer à la France, et surtout à la jeunesse, une grande chance. Cet homme d'imagination, qui a su en toutes circonstances défendre la cause de notre pays face à l'étranger, n'a pas su voir l'avenir qui s'offrait. Il avait la grandeur, il n'a pas eu la vision. »

259

A ce type de réaction provoquée par l'arrachement de l'Algérie au corps mystique de la nation, il faut ajouter celles qu'entraînèrent, à partir du printemps 1962 et du repli des forces françaises, les fruits les plus amers de cette politique : les représailles exercées sur les populations restées attachées à la France par le FLN ou par ceux qu'on appela en Algérie les « marsiens », les convertis au nationalisme d'après les accords d'Évian de mars 1962 — qui, pour se faire pardonner leur attentisme ou leur collusion avec la France, se firent l'avant-garde des tueurs.

Toute la lumière n'a pas été faite sur des massacres de populations européennes en Oranie au début de juillet 1962. On a parlé de 5 000 à 6 000 « disparus[*] ». Les responsables français de l'époque incitent à enlever un zéro à ces chiffres. Elle n'a pas été faite non plus sur le traitement horrible infligé aux Algériens engagés, au cours du conflit, du côté des forces françaises — ceux qu'on appelait communément les harkis. Une enquête que je menai pour *le Monde* en octobre et novembre 1962, auprès des militaires français surtout, plus de six mois après les accords, aboutissait à la conclusion que 10 000 d'entre ces engagés musulmans avaient été exécutés ou assassinés entre le 19 mars et le 1er novembre 1962.

Des chiffres beaucoup plus importants ont été avancés par M. Soustelle, notamment. Une évaluation plus neutre fait état de 30 000 victimes, dans des conditions souvent atroces. Dans un article très crédible de la revue *l'Histoire* (n° 53, février 1983), M. Guy Pervillé croit devoir situer ce chiffre « entre 30 000 et 150 000 » — ce dernier chiffre étant la différence entre l'effectif total des harkis (210 000) et celui des réfugiés en France. Décompte un peu simple, mais qu'il convient de garder en mémoire. Comme il faut tenir compte de l'horreur des exécutions, des supplices qui furent infligés à ces malheureux (ébouillantés, émasculés...) et que décrit le général Challe dans *Notre révolte* (p. 421-430).

Les dirigeants du nouvel État arguèrent qu'il s'agissait là de « bavures » et que ces violences, dues à la colère populaire contre des « collaborateurs » ne différaient guère de ce qui s'était passé en France pendant l'été et l'automne 1944. Ce qui était confondre des données historiques fort différentes.

Étant donné la complexité des situations dans l'Algérie d'avant 1962, la nature des rapports établis depuis plusieurs générations entre l'armée française et la population algérienne, la situation des anciens combattants musulmans, les faits de « collaboration » en Algérie ne sauraient en bon droit être assimilés à la collusion des ressortissants d'un État souverain avec une armée d'occupation étrangère.

Il fallait avoir une conscience politique relativement affirmée pour pouvoir déceler à partir de quel moment le fait de servir dans l'armée française,

---

[*] Le colonel de Blignères, cité par Gérard Israël dans *le Dernier Jour de l'Algérie française* (Paris, Laffont, 1972, p. 384), a donné le chiffre de 6 500.

comme l'avaient fait avec éclat nombre de dirigeants nationalistes (à commencer par Ahmed Ben Bella), constituait un crime. Et si les horreurs commises en cours d'opérations relèvent normalement d'un tribunal répressif, les militaires musulmans qui s'en étaient rendus coupables contre leurs propres coreligionnaires et futurs concitoyens avaient, ce faisant, obéi à des ordres ou suivi des chefs dont la responsabilité, incomparablement plus lourde que la leur, est, elle aussi, dégagée par les accords d'Évian. Lesquels stipulent :

« Nul ne peut être inquiété, recherché, poursuivi, condamné, ni faire l'objet de décision pénale, de sanction disciplinaire ou de discrimination quelconque en raison d'actes commis en relation avec les événements politiques survenus en Algérie avant le jour de la proclamation du cessez-le-feu. »

Dès la soirée du 18 mars, celle de la signature des accords d'Évian, le défi de l'OAS est lancé au pouvoir sous forme d'un tract : « Le cessez-le-feu de M. de Gaulle n'est pas celui de l'OAS ! »

Alors va s'appliquer dans sa terrible logique la directive n° 29-OAS, diffusée sous la signature de Salan dès le 23 février 1962, en prévision de « l'irréparable », c'est-à-dire le cessez-le-feu :

« Je veux provoquer... une offensive généralisée... J'estime que la population des grands centres urbains est parvenue à un degré de structuration et d'organisation suffisant pour la considérer comme un outil valable... [il faut] exploiter le pourrissement de l'adversaire par l'entrée en jeu de la population en marée humaine pour l'ultime phase [...]. La foule sera poussée en avant dans les rues [...]. Le " rush " final doit être aussi discipliné que le reste de la manœuvre... Nous devons casser le quadrillage par l'ouverture systématique du feu sur les unités de gendarmerie mobile et les CRS... »

Tous les drames des jours suivants sont impliqués dans ce texte signé Salan. Un autre, diffusé à la même époque, spécifie qu' « il faut s'attaquer aux personnalités intellectuelles musulmanes... Chaque fois qu'un de ceux-ci sera soupçonné de sympathie (et je dis bien " soupçonné " et " sympathie ") à l'égard du FLN, il devra être abattu » (c'est ainsi que quelques jours plus tard fut assassiné cet homme de réconciliation qu'était l'écrivain kabyle Mouloud Feraoun).

Et tandis qu'une consigne impérative de grève générale est donnée aux Européens — les moyens d'intimidation ne manquent pas... —, les officiers et les soldats d'une armée venue de la métropole pour tenter pendant sept ans de maintenir l'Algérie dans la France reçoivent un ultimatum : ou se rallier à l'OAS, ou être traités comme des individus « au service d'un État étranger ». Ils ont vingt-quatre heures pour réfléchir. Écrit par les derniers tenants de l'Algérie française...

Alors c'est le déchaînement : à Oran comme à Alger se multiplient « ratonnades » et chasses à l'Arabe, massacres des partisans de l'indépendance, incendies de bâtiments publics, bibliothèques et mairies, fusillades où est poussé en avant par les cadres de l'OAS cet « outil valable » qu'est la population des « petits blancs » de Bab-el-Oued, de Belcourt ou des faubourgs d'Oran.

Mais ces consignes sont susceptibles d'interprétations variées. Le 20, en fin d'après-midi, à l'heure où la plus grande foule musulmane est rassemblée sur la place du Cheval, quatre obus de mortiers sont tirés sur cette cible d'une terrasse de Bab-el-Oued : 24 morts, 69 blessés, tous musulmans. Deux légionnaires déserteurs ralliés à l'OAS revendiqueront ce haut fait.

Trois jours plus tard, l'état-major de l'OAS proclame Bab-el-Oued, le quartier par excellence du petit peuple européen d'Alger, « zone insurrectionnelle », interdite aux « forces d'occupation ». Une première patrouille militaire traversant le quartier est encerclée et se laisse désarmer. Mais la seconde refuse. Le commando OAS tire : 6 soldats du contingent sont tués, 19 blessés. La « bataille de Bab-el-Oued » a commencé. Sous la direction du général Ailleret, l'armée déclenche une riposte terrible qui ne prendra fin que tard dans la nuit, alors que les commandos OAS, repliés, laissent les habitants du quartier subir les rigueurs de la répression : 20 morts, 80 blessés... Et encore 7 morts du côté de l'armée. Bab-el-Oued, piétiné par les gendarmes mobiles, est bouclé.

Le haut-commissaire Christian Fouchet atterrit le lendemain 24 mars. Sitôt arrivé à Rocher-Noir*, il adjure les pieds-noirs de se désolidariser de l'organisation Salan : « Ceux qui vous disent de [...] tirer sur des gendarmes et des soldats français sont des fous et des criminels... » Peine perdue.

A la « bataille de Bab-el-Oued » — 13 militaires tués... — de Gaulle a réagi avec violence. La nouvelle lui est parvenue au cours d'un Conseil des ministres, alors qu'il admonestait Louis Joxe, coupable à ses yeux de n'avoir pas encore mis la dernière main à la composition de l'Exécutif provisoire prévu par les accords d'Évian (elle ne sera achevée que le surlendemain) et de n'avoir pas tout fait, selon lui, pour appréhender Salan. Il est d'une humeur massacrante. L'affaire de Bab-el-Oued le met hors de lui :

> « Notre armée ne doit pas être moralement séparée de la nation. Celle-ci veut que l'OAS soit écrasée [...]. Il faut être ferme. Alger est en proie à la subversion ? Bab-el-Oued se révolte ? Tous les moyens sont réunis. Il ne faut pas lésiner. Il ne faut rien ménager... Il faut attaquer... Il faut imposer notre volonté ! »

Et comme Raymond Triboulet objecte : « Il faut réduire, mon Général, mais il faut aussi séduire », il se fait « cueillir » une fois de plus : « C'est ça, monsieur le Ministre ! Séduisez... Séduisez vos Anciens Combattants **... »

---

* Étant donné la situation dans Alger, il a fallu installer les représentants de l'État dans un camp situé à 40 kilomètres à l'est d'Alger, sur la côte : Rocher-Noir.
** Dont Triboulet est le ministre.

Suit une directive écrite adressée à Michel Debré *** : « ... Tout doit être fait sur-le-champ pour briser et châtier l'action criminelle des bandes terroristes d'Alger et d'Oran [...]. Veuillez le dire aux intéressés[3]. » Le général Ailleret et Christian Fouchet ne pouvaient recevoir mandat plus impératif, et moins limitatif. Frappez sans pitié... Mais les chefs de l'OAS n'en ont cure. Ils convoquent pour le 26 mars la population (cet « outil valable ») au monument aux morts d'Alger, où, en la personne de Guy Mollet, elle a fait capituler la métropole le 6 février 1956. Il s'agit de marcher sur Bab-el-Oued, encerclé, pour « libérer nos frères ».

La foule commence à se rassembler vers 14 heures. Aucune arme n'est visible. Une heure plus tard, des coups de feu éclatent rue d'Isly. Qui en a pris l'initiative ? L'armée ? Des enregistrements que plusieurs reporters radio ont faits de cette scène atroce, il ressort qu'au moins un officier n'a cessé de crier : « Halte au feu ! » Si le feu n'a pas cessé, c'est vraisemblablement qu'il était alimenté par ailleurs. Une troupe outrepasse-t-elle des ordres aussi nets ? Non, s'il s'agit d'une unité depuis longtemps soudée. Mais nous allons voir que ce n'était pas le cas.

Les responsabilités ne sont pas simples à établir. Ce qui est clair, c'est que les chefs de l'OAS ont pris tous les risques de l'affrontement en poussant la foule dans la rue conformément aux directives de Salan, en enfonçant les barrages militaires en direction de Bab-el-Oued, sachant la troupe exaspérée par les agressions incessantes dont elle était l'objet depuis plusieurs jours (n'est-elle pas déclarée par l'OAS « force d'occupation étrangère » ?). Il a été établi d'autre part que trois armes automatiques furent braquées sur les forces de l'ordre, de trois fenêtres de la rue d'Isly, de l'avenue Pasteur et de la rue Alfred-Lelluch ; mais il est impossible d'affirmer qu'elles ouvrirent le feu comme elles l'avaient fait le 24 janvier 1960, lors de l'affaire des barricades.

Il est enfin avéré que les forces armées engagées pour freiner ou canaliser la manifestation étaient prélevées sur une unité de tirailleurs formée en grande partie de Musulmans ralliés : le colonel Goubard, commandant ce régiment, chef d'une intégrité et d'une compétence indiscutables, avait expressément demandé qu'elle ne soit pas employée au maintien de l'ordre dans Alger, compte tenu de l'état d'esprit de la population d'une part, et de l'autre de ces anciens combattants de l'ALN, peut-être infiltrés par des cadres du Front, et exaspérés par les « ratonnades » subies depuis des semaines par leurs coreligionnaires. L'ordre de tenir ces tirailleurs hors de la ville fut donné par le général Ailleret : il ne fut pas suivi, sans que l'on sache où se situe la responsabilité.

Ainsi le massacre du 26 mars, rue d'Isly, fut-il le fruit conjugué de la stratégie suicidaire de l'OAS prenant la foule pour masse de manœuvre et la poussant en avant (« L'armée n'osera pas tirer sur des Français désarmés ») non sans lui assurer le soutien éventuel d'armes automatiques, et de l'inqualifiable choix d'une unité militaire à majorité musulmane pour faire

---

* Encore Premier ministre pour douze jours.

face à une manifestation de pieds-noirs indignés par la répression de Bab-el-Oued *.

Le massacre de la rue d'Isly (au moins 46 morts et 121 blessés parmi les civils) porta certes un coup terrible à la crédibilité de l'OAS qui, après avoir voué ses partisans à la répression de Bab-el-Oued, les envoyait à la boucherie rue d'Isly. Mais c'est aussi une défaite morale pour le chef de l'État : une semaine après la signature d'accords censés mettre fin à la guerre, près de 50 Français sont abattus au cœur d'Alger. Qu'est-ce que cette « paix » qui substitue, aux victimes algériennes, des victimes françaises ?

D'autant que se déchaînent alors les représailles de l'OAS : 10 Musulmans sont assassinés dans la nuit à Belcourt, 24 seront abattus au hasard le surlendemain. La « chasse aux Arabes » est ouverte : 9 blessés — déclarés FLN — soignés dans la clinique de Beau-Fraisier sont achevés dans leur lit... Des dizaines de femmes de ménage en route pour prendre leur travail chez leurs employeurs européens sont abattues. Le carnage est tel que les Musulmans n'osent plus s'aventurer dans les quartiers à dominante européenne. Certains jours, on compte près de cent attentats. La ville entre dans un coma agité.

Mais, de la fin de mars au 25 avril, l'OAS subit des pertes irréparables : le 25 mars, le général Jouhaud, n° 2 de l'organisation, son patron dans l'ouest, est arrêté à Oran ; le 7, bien pire, le lieutenant légionnaire Degueldre, chef des commandos « delta », fer de lance de la subversion, est appréhendé à Alger. Le 20, c'est Raoul Salan lui-même, grimé et camouflé en administrateur de sociétés, qui tombe aux mains des forces de l'ordre. L'OAS a perdu le contrôle d'Alger. Mais il lui reste la possibilité de semer la terreur, de pourrir la paix, de supprimer bon nombre de ses adversaires.

L'organisation ne cesse de changer de stratégie. D'abord vouée à la défense de l'Algérie française, elle se donne ensuite pour tâche d'abattre la « république pourrie de M. de Gaulle ». A partir de la chute de Degueldre et Salan, elle projette une partition qui lui permettrait de créer la « république d'Oran » où seraient transférées les communautés européennes d'Alger et de Bône. D'où le maintien du mot d'ordre lancé dès le mois de mars : interdit aux Européens, même pour des vacances, de quitter l'Algérie, c'est-à-dire de l'abandonner aux Arabes...

Mais trois facteurs vont très vite couper court à ce dernier projet. Le premier, c'est le découragement qui s'empare de la communauté des pieds-noirs. Comprenant le caractère suicidaire de la stratégie de l'OAS, et n'ayant plus de choix qu'entre « la valise ou le cercueil », selon la vieille formule de certains dirigeants nationalistes, ils choisissent la valise, envahissant ports et

---

* Sur toute l'affaire, on ne peut que renvoyer les lecteurs au remarquable exposé qu'en fait dans *les Feux du désespoir* (p. 574-584) Yves Courrière, témoin direct et enquêteur scrupuleux — assez pour ne pas se prononcer sur l'origine des premières rafales.

aérodromes en files tragiques, déchirantes. Le second, c'est la réaction des « barbouzes », les commandos gaullistes dépêchés par Paris, qui font basculer le rapport de forces d'Alger à Bône et à Oran. Le troisième, c'est la rentrée en scène du FLN qui, sous l'impulsion du commandant Azzedine *, chef de la zone autonome d'Alger, passe à la contre-attaque.

On dispose de peu de témoignages sur ce que furent les réactions du général de Gaulle aux initiatives de ceux qu'il appelait « les aventuriers criminels » de l'OAS. Méprisantes ? Indignées ? On sait seulement qu'il reprocha durement à Pierre Messmer, ministre des Armées, et à Roger Frey, ministre de l'Intérieur, leur « pusillanimité » dans la lutte contre cette sédition. On sait aussi que le soir où Salan fut arrêté à Alger — et immédiatement transféré par avion à Paris, c'est-à-dire à la prison de la Santé — Charles de Gaulle se contenta de maugréer : « C'est pas trop tôt ! » Il a dépêché en Algérie, on l'a vu, pour représenter la France pendant les terribles cent jours qui vont séparer le cessez-le-feu du référendum d'autodétermination chargé d'authentifier l'indépendance de l'Algérie, Christian Fouchet. Au moment d'accepter cette charge périlleuse, l'ancien ministre de Mendès France lui a toutefois objecté qu'éloigné depuis plusieurs années de la vie politique, il est désormais « un homme isolé », sans « équipe ». De Gaulle le coupe :

> « Vous êtes un homme seul [...]. Que croyez-vous que je sois ? Personne n'a d'équipe. Et c'est bien mieux ainsi ; le chef doit être seul. Ainsi, il ne doit rien à personne... Oui, je sais, on dit que tel ou tel avait une équipe. Mais ce n'était pas une équipe qu'ils avaient, c'étaient des martyrs [4]... »

(Pense-t-il aux « martyrs » de Londres ? A Mandel auprès de Clemenceau ? A Palewski non loin de Lyautey ?)

Cela dit, le chef de l'État assurera un soutien exceptionnel à Fouchet, ne serait-ce qu'en le flanquant de deux hommes qu'il tient en particulière estime, Bernard Tricot, nommé « délégué auprès du haut-commissaire », et le colonel Georges Buis, vieux Français libre qui a donné les plus éclatants témoignages de son efficacité de combattant sur le terrain, notamment dans le redoutable secteur du Hodna, et qui est un notoire partisan de la solution libérale.

A Rocher-Noir s'organise une étrange vie collective à trois composantes : le haut-commissariat français, l'état-major du général Ailleret — bientôt remplacé par le général Fourquet, l'aviateur qui a si fort contribué à l'échec du putsch un an plus tôt — et l'Exécutif provisoire présidé par Abderahmane Farès, assisté notamment du Dr Chawki Mostefaï, ambassadeur du FLN au sein de cette communauté composite chargée, comme dit le colonel Buis, de « porter l'indépendance de l'Algérie sur les fonts baptismaux ». On y croise parachutistes français et combattants de l'ALN qui semblent y faire bon ménage.

---

* Que nous avons vu mêlé en 1958-59 à une curieuse tentative de ralliement à la « paix des braves », simulée ou non.

Singulière mission, lucidement décrite ainsi par ce « missionnaire » que fut en l'occurrence Georges Buis : il s'agissait « de préparer l'installation à Alger d'un gouvernement jusque-là provisoire, vivotant encore à Tunis sans autre responsabilité que politique. Encore fallait-il qu'il dispose une fois en place, chez lui, des moyens de gouverner [...]. C'était l'affaire de Farès et de son équipe. Mais il fallait que ces fonctionnaires qui étaient souvent des chargés de mission pussent administrer. Surtout il fallait que le futur gouvernement et ses représentants provinciaux pussent avoir le contact avec la rébellion [...].

« La rébellion intérieure était en totale déconfiture depuis deux ans, en miettes. C'est pour s'être mis en route vers la Tunisie parce qu'il n'avait plus aucune liaison avec le GPRA qu'Amirouche avait été tué en 1959. Depuis [...], pour l'ALN, la situation n'avait fait qu'empirer. Ce n'était certes pas une rébellion triomphante mais des groupuscules à bout de souffle, éparpillés, sans liaisons verticales, que l'Exécutif provisoire découvrait avec surprise. Ces rescapés qui galopaient dans la nature n'en étaient que plus dangereux pour l'ordre public. Au fur et à mesure du retrait des forces françaises, ils se comportaient volontiers en coupeurs de routes, réglaient férocement des comptes avec la population [5]... »

Jeter les bases d'un État dans ce tourbillon de contradictions entre ennemis d'hier, dans ce mélange de coopération et de chasse à l'homme, pris entre les feux de l'OAS et ceux des soldats perdus de l'ALN, c'est le tour de force que de Gaulle exigea de son commando de Rocher-Noir.

C'est de là que partent, conduits tantôt par un ancien aide de camp de Charles de Gaulle à Londres, Léo Teyssot, qui a tenu à être associé à cette mission-suicide, tantôt par le commandant Monteil, lui aussi vieux FFL et l'un des meilleurs arabisants français, tantôt par le colonel Buis, des émissaires qui tentent d'abord de « neutraliser » l'OAS, puis ensuite d'en obtenir le ralliement. Le premier chef de l'organisation secrète à entrer dans le jeu sera Jean Sarradet, le 7 juin. Mais bientôt, les contacts avec l'OAS mèneront beaucoup plus loin : l'accord passé entre le FLN et l'OAS, le 16 juin, après un mois de négociations.

Pour tragique qu'il soit dans sa quotidienneté, le cours des choses, en Algérie, ne requiert plus guère le général de Gaulle, qui s'y sent représenté par les hommes les plus sûrs qu'il y ait jusqu'alors envoyés — Fouchet, Ailleret, Fourquet, Tricot, Buis... — et qui tient ses objectifs essentiels pour atteints. Il s'est déjà retourné vers la mise en place du cabinet Pompidou, l'Europe et les grands débats internationaux. Mais les péripéties algériennes et leurs retombées n'ont pas fini de le prendre à la gorge : les épilogues judiciaires de la rébellion OAS, et les tentatives dirigées contre lui par l'Organisation dont le démantèlement, en Algérie, a fait passer au premier rang les branches métropolitaines ou périphériques.

La phase judiciaire de l'affaire, au printemps 1962, et alors que les généraux Challe, Zeller et Gouraud sont incarcérés à Tulle, intéresse essentiellement Edmond Jouhaud et Raoul Salan. L'un a été arrêté le 25 mars, et jugé du 11 au 13 avril. L'autre, appréhendé on l'a vu le 20 avril, passera devant le haut tribunal militaire à partir du 15 mai. Instructions précipitées, d'aucuns diront bâclées.

Après tout, les faits sont assez simples : ces deux généraux d'armée ont, pour la seconde fois en un an, retourné contre l'État légal les armes à eux confiées par la République. Et cette fois, ils ont fait tirer sur les forces de l'ordre, et provoqué la mort de nombreux civils, et d'autant de militaires.

Néanmoins, le cas d'Edmond Jouhaud est très spécifique. D'abord parce qu'originaire d'Algérie, il ne peut que bénéficier de circonstances atténuantes. Qui ne verrait, sans désespoir, sa terre natale se muer en État étranger ? Ensuite parce que cet officier n'a jamais manifesté beaucoup de discernement politique (« Un imbécile », grogne de Gaulle). Enfin parce qu'à la tête de l'OAS, à Oran, il a tenté à diverses reprises de s'opposer aux « ratonnades » et aux débordements racistes de la stratégie terroriste imposée par l'organisation : divers témoins, dont Pierre Laffont, en témoignent. Sa signature en tout cas ne figure en bas d'aucun des textes envoyant à la mort des centaines d'innocents — alors qu'on y trouve celle de Raoul Salan.

Aucun de ces arguments en faveur de la clémence ne peut être allégué au bénéfice de l'ancien commandant en chef devenu le principal responsable de l'OAS. Il est évident qu'il a réprouvé des horreurs comme le bombardement au mortier de la place du Cheval ou l'explosion d'une voiture piégée, le 2 mai, qui à elles deux ont fait 120 morts musulmans. Mais enfin il ne s'est désolidarisé publiquement d'aucun de ces crimes. Il les assume face à la justice — celle du haut tribunal militaire.

Or, contre toute logique, c'est Edmond Jouhaud qui le 13 avril est condamné à mort. Raoul Salan n'écope le 23 mai que d'une peine d'internement. Le retrait d'un juré, entre les deux procès, n'a pas seul provoqué cet extraordinaire retournement, mais aussi peut-être le sentiment d'un affaiblissement de la menace OAS, la réserve du ministère public qui n'osa pas réclamer la peine de mort, et surtout, surtout, l'extraordinaire performance du principal défenseur de Salan, Me Jean-Louis Tixier-Vignancour.

Que la haine qu'il vouait depuis plus de vingt ans au général de Gaulle ait encore musclé le talent oratoire du député d'Orthez qui ne pouvait trouver meilleure occasion de prendre la revanche de l'esprit de Vichy sur le chef des Français libres, c'est une évidence. Mais la plaidoirie qu'entendit le haut tribunal militaire * était — sonore, sarcastique, mouvementée, informée, pugnace, et d'une insolence savante à l'égard du chef de l'État — de celles qui font basculer les évidences. Plaidant avec une rouerie consommée contre la rouerie du général de Gaulle, si machiavélique, si subtil, si magistral que ne pouvait le comprendre un naïf militaire tel que Raoul Salan, Tixier réinventa, sur le mode pathétique, une fable de La Fontaine où le renard n'avait pas le beau rôle...

---

* Dont Maurice Patin, ami du général de Gaulle, avait dû, atteint d'un cancer, céder la présidence à Charles Bornet.

Bref, Salan sauva sa tête, aux acclamations d'un public tout acquis à l'OAS. La dernière victoire de l'Algérie française... De Gaulle apprit le verdict le 23 mai, au cours d'une réception donnée à l'Élysée en l'honneur d'un chef de gouvernement africain : aux dires de plusieurs témoins, le voilà blême. Son aide de camp Flohic le voit remonter dans son appartement et l'y rejoint aussitôt. Il le trouve « dépité, dégoûté et lassé », ne voulant voir dans ce verdict qu'un « affront » fait au chef de l'État. Ce sont les mêmes mots qu'il prononce devant le garde des Sceaux, Jean Foyer, qu'il a fait appeler. Dès lors, il ne cesse plus de tempêter. Comment réagir, lui, le chef de l'État, à ce défi — à cette gifle que lui décochent, en la personne de Tixier-Vignancour, et avec la « complicité de juges débiles », tout ce qui traîne de vichysme, tout ce qui surnage de l'esprit colonial dans ce pays...

Devant ses intimes, il rugit : « Ce n'est pas le procès de Salan qu'a fait ce tribunal, c'est celui de De Gaulle ! »

Selon J.-R. Tournoux, le général envisagea tour à tour de créer sur-le-champ une cour martiale qui jugerait à nouveau et condamnerait Salan. Puis, alors qu'il était « fermement décidé à gracier Jouhaud[6] » dont la condamnation lui avait arraché, devant son garde des Sceaux, Jean Foyer, ces trois mots : « Je suis bouleversé ! », il estime urgent de « désavouer le haut tribunal » et de « faire exécuter Jouhaud ».

Et il confirme au Conseil, atterré, sa décision de rejeter le recours en grâce du général oranais.

Le garde des Sceaux est alors Jean Foyer, professeur de droit choisi par le général faute d'avoir pu convaincre Pierre Pflimlin d'accepter cette charge redoutable. Foyer s'est d'abord récusé. Le général de Gaulle l'a alors convoqué et, ayant fait un tableau horrifique des ennuis qui allaient s'abattre sur lui, lui lança : « J'espère que vous n'aurez pas la lâcheté de refuser[7] ! »

S'entretenant ce soir-là avec le garde des Sceaux, de Gaulle fait valoir que seule l'exécution de l'un des deux principaux responsables de l'OAS permettrait d'éviter de décourager les forces de l'ordre engagées dans la lutte contre la subversion : comment combattre et à plus forte raison réprimer les sous-ordres si les chefs sont épargnés ? « La vie des citoyens, l'ordre public, l'autorité de l'État » sont en jeu, soutient le général.

A quoi Foyer peut riposter que, le chef ayant sauvé sa tête, le second ne saurait lui être substitué devant le bourreau. Le refus de la grâce apparaîtrait comme « une réaction d'irritation et de dépit » qui, assure-t-il, « n'était point dans le caractère du général de Gaulle et nuirait à sa gloire ». C'est dans le même sens que plaideront Georges Pompidou, comme Pierre Messmer, comme Pierre Sudreau, comme Edgard Pisani, tous mettant en jeu leur portefeuille ministériel.

Mais le droit de grâce est régalien. Il concerne le seul chef de l'État. Et l'on sait, depuis les procès de 1945, l'importance sans égale qu'y attachait de Gaulle. En l'occurrence, il semblait avoir arrêté une fois pour toutes une décision qui seule, à ses yeux, lui permettrait de relever le défi lancé, en sa personne, à l'État. Il fit prévenir le ministre des Armées qu'Edmond Jouhaud serait passé par les armes le samedi à l'aube.

Le vendredi, alors qu'il n'espérait plus guère arracher la grâce du condamné, Jean Foyer reçut des avocats de Jouhaud, Mes Charpentier (qui avait fait partie, aux côtés de Michel Debré, du Comité général d'études de la Résistance) et Pérussel (vieux militant du RPF), un pourvoi en révision, fort bizarre dans ses attendus (le jugement de Salan aurait démontré l'innocence de Jouhaud) mais donnant l'occasion de faire jouer des mécanismes fort complexes de recours en cassation — ce qui permettait de gagner du temps, la saisine de la Cour étant affaire fort délicate, exigeant une délibération de ses membres. Le règlement du haut tribunal militaire excluait la révision : le recours présenté par Me Charpentier ne pouvait donc manquer d'être déclaré irrecevable. Il le fut, mais après deux semaines[8]. Le chef de l'État ne s'était pas opposé au déclenchement de cette procédure dilatoire.

Le samedi s'écoula donc sans qu'intervînt le châtiment prévu. Sur Colombey planait la plus grande morosité. Devant Flohic, le général ne desserra les dents que pour se plaindre du « lâchage des fidèles », incriminant tour à tour Pompidou, Foyer, Guichard et ses « intrigues », suggérant que « s'ils restent dans les mêmes dispositions, ils n'auront qu'à partir » et concluant : « " La grande différence qu'il y a entre eux et moi, c'est que moi je n'ai pas encore renoncé à la France tandis qu'eux y ont déjà renoncé. " Il est de nouveau extrêmement fatigué et irritable : il n'a pas quitté son domicile, même pour se rendre à la messe qu'il a fait dire chez lui[9]. »

Mais Jouhaud n'en a pas fini avec de Gaulle. L'astuce procédurière inventée par ses défenseurs et obligeamment retenue par le garde des Sceaux a bientôt fini d'opérer ses effets suspensifs. Au début de juin, le jugement est de nouveau exécutoire. Alors ? Mais voici que le 3, de sa prison, le général d'Oran lance un appel à ses compatriotes pour que l'OAS abandonne le combat. Geste soufflé par ses défenseurs pour lui sauver la mise ? On préfère porter cette initiative au crédit désintéressé de cet homme qui était au-delà de la peur, et sensible au premier chef à la sauvegarde des siens.

Ainsi l'affaire, rouverte par l'épuisement de l'action procédurière de Me Charpentier, rebondissait-elle politiquement. Jouhaud, exécutable à tout instant, était devenu un facteur d'apaisement.

Le 5 juin, à Rocher-Noir, Christian Fouchet reçoit un appel de l'Élysée. Il est 16 heures. Le général de Gaulle — chose exceptionnelle — est à l'appareil.

« Quel a été l'effet de l'acquittement de Salan [pour appeler les choses par leur nom] du point de vue de l'efficacité des forces de l'ordre ?

— ... Il a produit une impression très mauvaise sur ceux dont la tâche est d'arrêter — à quels risques ! — les chefs OAS...

— Bien sûr ! *(la voix du général de Gaulle était tendue et martelée).* Est-il possible de fusiller les petits si l'on ne fusille pas les grands ? Et est-il possible de ne pas fusiller les petits — même si ce sont des assassins d'enfants — sans avoir l'air d'acquiescer vaguement à la faiblesse du tribunal, voire même à la politique de l'OAS ? [...] Maintenant que Salan est acquitté, que pensez-vous de la condamnation de Jouhaud ?

— Je vous ai fait dire, mon Général, que je croyais utile, en tout état de cause, de gagner du temps.

— Pour quelles raisons ? Croyez-vous vraiment que la publication du papier Jouhaud * soit importante ?

— Mon Général [...] voici ce que je pense : en soi, je suis partisan de la rigueur. Mais je suis convaincu que la publication de la déclaration Jouhaud sera positive, sur l'opinion européenne dans son ensemble. Elle facilitera leur virage aux personnalités qui ont envie de se désolidariser de l'OAS. Et, si l'on doit la publier, il faut la publier tout de suite. Mais alors, Jouhaud ne peut plus être fusillé. Ce ne serait plus moralement concevable. [...]

— Dans quelle mesure les avantages de la publication effacent-ils les inconvénients de la faiblesse ?

— Mon Général, dans le cas de la publication, tout change en ce qui concerne l'appréciation de la faiblesse. Jouhaud demande aux gens de l'OAS de cesser une lutte devenue désespérée. En le graciant, il n'y a pas d'alignement de votre part sur le tribunal qui a jugé Salan ; mais simple constatation d'un fait nouveau au crédit de Jouhaud et qui n'a rien à voir avec Salan.

— Soit [10]... »

Le soir même, Christian Fouchet apprenait qu'Edmond Jouhaud ne serait pas exécuté. Mais le général devait attendre plus de cinq mois encore pour rendre officielle (le 28 novembre) la grâce — accordée en même temps que celle d'André Canal, dit « le Monocle », industriel algérois qui avait dirigé pendant des mois l'action de l'OAS en France. On raconte qu'en rejoignant, à la prison de Tulle, ses collègues Challe et Zeller, Jouhaud murmura : « Je reviens d'un long voyage... »

Tuer de Gaulle ? Pour étouffer à sa source une politique exécrable ? Pour châtier le traître ? Pour venger « nos morts » ? Depuis bien long-temps, c'était l'idée fixe de la plupart des chefs de l'OAS, que l'échec de Pont-sur-Seine ne pouvait suffire à décourager : il s'en était fallu de si peu...

A partir du 19 mars 1962, date de la signature des accords d'Évian, puis du reflux massif des Européens vers la fin du mois de mai, et plus encore de l'accord FLN-OAS du 16 juin, la cause ne peut plus être la préserva-tion de l'Algérie française, ni même l'« israélisation » mais seulement la destruction du régime abhorré. Le sigle même d'OAS, dès lors que son dernier chef, Susini, a lié partie avec le FLN, ce suppôt du diable, n'a plus

* L'appel à cesser le combat.

de sens. Lui succède l'organisme que Georges Bidault, président du Conseil national de la résistance contre les nazis, choisit de baptiser des mêmes mots : car, pour lui, désormais, de Gaulle se confond avec Hitler.

La naissance officielle de cet organisme est manifestée par une déclaration datée du 14 juin 1962, qui fut assez largement diffusée :

« ...Quelques semaines avant son arrestation, le général Salan avait approuvé la création d'un Conseil national de la Résistance (CNR) comprenant les personnalités menant en Métropole, en Algérie et à l'extérieur — qu'elles soient libres ou emprisonnées — le même combat contre l'abandon de l'Algérie, la dictature gaulliste et le communisme international.

« Dès son arrestation, le Général ayant désigné comme successeur — officiellement — M. Georges Bidault, celui-ci assura du même coup la présidence du Conseil national de la Résistance [...].

« Cet organisme, pour jouir du minimum de liberté indispensable à l'exercice de ses fonctions, devait obligatoirement siéger à l'extérieur.

« Telles sont les raisons qui ont provoqué la création au cours du mois de mai à Rome d'un Comité exécutif du CNR dont M. Bidault a aussitôt assumé la direction. A l'intérieur de ce Comité, le colonel Argoud * s'est vu confier le commandement du théâtre d'opérations métropolitain.

« A M. Soustelle ** est revenue la charge du théâtre extérieur [11]. »

Parmi les objectifs que se fixait cet organisme figurait « le châtiment des traîtres » et « l'exécution des décisions de justice prises par le Comité exécutif ». Mais ces « décisions de justice » allaient être bientôt attribuées par le CNR à un « tribunal militaire » — tel le « jugement » du 3 juillet 1962 condamnant à mort le général de Gaulle pour « crime de haute trahison ». Les minutes de ce procès n'ont pas été retrouvées. Mais il est de fait que cette décision reflétait bien les intentions de la grande majorité (mais non de l'unanimité) des chefs du CNR.

S'agissant de l'« opération Z » qui visait à l'élimination physique du chef de l'État, (ainsi dénommée d'après le sobriquet de « grande Zohra » dont le colonel Godard, s'inspirant d'une vieille plaisanterie algéroise, avait affublé de Gaulle), Antoine Argoud est d'une franchise exemplaire. Nous l'avons vu d'ailleurs, dès le mois de janvier 1961, répondre au général Massu qu'il n'hésiterait pas à abattre de Gaulle.

Évoquant les réunions tenues par les dirigeants du CNR à Milan, Lisbonne ou Munich au cours de l'été 1962, auxquelles participaient, précise-t-il, Georges Bidault et Jacques Soustelle ***, le général Gardy, le colonel Godard, le journaliste Jean Brune, le sénateur Dumont (mais non semble-t-il le capitaine Sergent qui supporte mal, selon Argoud, de n'être plus que son « chef d'état-major pour la métropole »), l'auteur de *la Décadence, l'Imposture et la Tragédie* écrit :

---

* Qui s'est évadé quatre mois plus tôt des Canaries où l'avait déporté le gouvernement espagnol, auprès duquel il avait cherché refuge après le pronunciamiento.

** Qui vit en exil depuis dix mois, surtout en Italie.

*** Qui, écrit Argoud, considèrent tous deux « les militaires en général [...] comme de grands enfants, ignorants et dangereux ».

« ... Parmi les problèmes essentiels [...] se posent à nous, le premier est celui du traitement qu'il convient de réserver à de Gaulle.

« Malgré ce qui a pu être dit et écrit, la suppression physique du chef de l'État ne pose de problème moral à aucun d'entre nous. Nous sommes tous convaincus, Bidault le catholique pratiquant, Soustelle le libéral, comme moi-même, ou les pieds-noirs du groupe, que de Gaulle a cent fois mérité le châtiment suprême.

« Les seules divergences naissent lorsqu'il est question de l'opportunité.

« Le professeur (j'appelle ainsi [...] le président Bidault) est très marqué par l'habileté consommée avec laquelle de Gaulle a tiré parti de l'attentat [...] pour consolider sa situation politique.

« Il craint qu'une nouvelle opération manquée ne lui offre de nouveaux atouts. Il prêche l'abstention. Il est le seul de son avis [*]. Je pensais à l'époque, je pense encore aujourd'hui, que la disparition provoquée de De Gaulle eût été bénéfique pour la France. Mort violente, ou mort naturelle, les mêmes problèmes se seraient posés à la France, d'autres auraient été évités et la justice y aurait trouvé son compte [12]. »

Reste à exécuter la sentence.

Aucun des historiens de cette « chasse à de Gaulle [**] » ne précise vraiment le rôle joué en l'occurrence par l'OAS devenue CNR. On est frappé, en lisant les très vivants souvenirs d'Antoine Argoud et ceux de ses camarades, par le papillonnement d'activités qui n'arrivent jamais à se centrer, pas plus l'« opération Z » — dite aussi « opération Virage » — que sur toute autre tentative de mettre en cause la Ve République. Et pourtant, « ils ne pensent qu'à ça ! » rapportait à ses employeurs l'agent que la police française avait infiltré au sein de l'OAS-CNR, Benoit dit « Pastis ».

La plupart des tentatives qui furent autre chose que des simulacres gonflés par la presse ou des provocations policières — entretenir un climat d'angoisse autour du général faisait partie d'une certaine stratégie —, et qu'on peut évaluer à une bonne douzaine, de l'affaire de Pont-sur-Seine à celle du Mont-Faron, furent certes le fait de groupes plus ou moins rattachés au CNR : mais on n'y retrouve qu'indirectement la main des hommes qui, autour de Georges Bidault, avaient prononcé, contre de Gaulle, la « peine capitale ».

A partir du 4 mai 1962, date de l'arrestation du dernier chef important de l'OAS, André Canal dit « le Monocle », l'« opération Z » glissera aux mains de groupes plus ou moins latéraux dont le plus important est celui que ses membres appellent « le vieil état-major » dont la figure centrale est Jean-Marie Bastien-Thiry, l'organisateur de l'attentat manqué de Pont-sur-Seine.

La dernière phase d'attentats — ou de projets d'attentats — du type de ce « plan Chamois » qui tendait à abattre de Gaulle soit sur le perron de l'Élysée à l'occasion de la visite d'un chef d'État, avec un fusil à lunette utilisé

---

[*] Antoine Argoud donne ainsi à penser que M. Soustelle ne trouva rien à redire, lui, au projet d'assassinat du général.
[**] Le plus sérieux étant celui de Jacques Delarue *l'OAS contre de Gaulle*, mais on s'est aussi reporté à *Comment je n'ai pas tué de Gaulle*, par Alain de La Tocnaye, l'un des conjurés (Edmond Nalis, 1969), et à *Objectif de Gaulle*, de P. Demaret et C. Plume.

par un tireur installé à la fenêtre de l'immeuble du 86, rue du Faubourg-Saint-Honoré, soit lors d'un déplacement du président de la République à Vesoul, le 14 juin, se situe à la veille de la proclamation de l'indépendance de l'Algérie (3 juillet 1962). Tant qu'il est encore temps d'arrêter, par la disparition du principal responsable, les mécanismes de dissociation entre la France et l'Algérie, l'OAS-CNR, Argoud et Sergent se préoccupent encore d'organiser « l'exécution ». Après, l'irréparable accompli, la main passera à des hommes qui se comportent en anges exterminateurs, instruments d'une justice divine, comme Bastien-Thiry ou en exécuteurs de la vengeance du peuple pied-noir comme Georges Watin.

L'une des dernières traces de la tentative de l'OAS de faire exécuter le « traître de Gaulle » est ce rapport que le capitaine Curutchet, adjoint de Pierre Sergent à la tête de l'OAS-Métropole, adressait le 25 juin à Bidault et Argoud, expliquant pourquoi l' « opération Virage » n'avait pu être menée à bien.

L'organisation, alléguait Curutchet, avait envoyé « un commando de seize hommes ayant reçu un million d'anciens francs, le 13 juin, et prévu quatre actions entre le 16 et le 17 : deux dynamitages de route entre Pontarlier et Montbéliard, dont l'un appuyé par le feu d'un fusil-mitrailleur — un jet de grenades défensives (quadrillées) à Besançon — une opération chamois à Montbéliard »... Curutchet expliquait qu'aucune de ces opérations n'avait pu recevoir le moindre commencement d'exécution en raison de l'organisation très efficace du service d'ordre et de la protection du général. Une seconde « opération Chamois » devait avoir lieu au cas où celle de Montbéliard n'aurait pu être exécutée (le lieu de cette seconde tentative n'était pas précisé), mais le tireur d'élite qui devait l'effectuer avait été arrêté la veille [13].

Dès lors, la réalisation de l' « opération Z » va être reprise à son compte par le commando qui dit relever du « vieil état-major » beaucoup plus que de l'OAS-CNR — au point que le colonel Argoud ne dissimule même pas qu'il n'apprit que « par la presse » l'attentat du Petit-Clamart. Il se contente de saluer ce « geste héroïque », alors que le CNR dont il était le chef suprême pour la métropole avait diffusé le 23 août un communiqué pour assumer la responsabilité de l'opération *...

Autant l'activité des grands chefs du CNR, au cours de cette période, apparaît floue, velléitaire, divagante et fait penser à celle de guêpes contre une vitre, autant celle de « Didier », alias « Germain », c'est-à-dire Jean-Marie Bastien-Thiry, est impressionnante par la rigueur des plans, la minutie de l'organisation, l'implacable détermination et la rebondissante énergie dont elle témoigne. En Bastien-Thiry et en Watin, de Gaulle a trouvé des ennemis à la taille du projet qu'ils ont formé. A ceci près qu'aucun d'eux n'osera se conduire comme Ravaillac, Damiens ou Gorgu-

---

* Ce qui n'empêchera pas Me Tixier-Vignancour d'affirmer, lors du procès Bastien-Thiry, que le colonel Argoud avait été livré à la police par le colonel Château-Jobert pour avoir manqué l'attentat du Petit-Clamart.

loff, donnant d'emblée sa vie pour prendre la sienne : ce que le commandant Sallentin appelle « le jeu à un coup de la vie et de la mort ».

Le colonel Bastien-Thiry, polytechnicien, travaille aux services des recherches du ministère de l'Air. C'est un ingénieur remarquable, qui a pris une part importante à la mise au point de la fusée « sol-sol ». Lorrain, catholique très exalté, il est le gendre de Georges Lamirand, qui fonda le ministère de la Jeunesse à Vichy : mais la famille a opté pour la France libre — à commencer par le père, officier d'artillerie qui a connu de Gaulle à Metz en 1937 et a milité au RPF. Gaulliste jusqu'en 1959, Bastien-Thiry a alors rompu avec de Gaulle sur l'Algérie. Désormais, pour lui, l'homme qui livre cette fraction du territoire national à l'« arabo-communisme » est l'Antéchrist.

L'attentat de Pont-sur-Seine du 8 septembre 1961, Bastien-Thiry, alors dit « Germain », l'avait monté avec de petits moyens et un groupe de sept hommes dont certains, comme Villemandy, n'étaient pas à la taille de l'entreprise. Devenu « Didier », il en a recruté onze, dont plusieurs légionnaires déserteurs, et rassemblé un arsenal impressionnant, y compris des fusils-mitrailleurs, des cocktails Molotov et des grenades au phosphore.

Au moment où, le 22 août 1962, « Didier » met en place le guet-apens du Petit-Clamart, il en est à sa septième tentative en quelques semaines. De l'avenue du Maine en mai à la porte de Châtillon et à Meudon en juin, et en juillet dans la région d'Orléans où de Gaulle s'est rendu à l'occasion du mariage d'une petite-nièce, les mises en place du commando se sont répétées — grâce aux informations, dira le chef des conjurés, d'une « taupe » dont il disposait au sein de l'Élysée : mais les innombrables supputations faites à ce sujet n'ont débouché sur aucune information sérieuse. Il semble que Bastien-Thiry, sur ce plan, ait bluffé, pour affoler ou diviser l'entourage du général. En fait, il se fondait sur les appels téléphoniques de guetteurs placés autour de l'Élysée — notamment d'un certain « Pierre » — sitôt qu'était prévu un déplacement du chef de l'État.

La sécurité du général de Gaulle était soigneusement organisée, on l'a vu, à l'intérieur du palais. Mais lors de la plupart de ses sorties pour raisons privées, il ne supportait qu'une escorte d'une ou de deux voitures et de deux motocyclistes, s'irritant de toute autre protection apparente, et rétorquant au ministre de l'Intérieur Roger Frey, qui le suppliait de coopérer avec ses services : « Faites votre travail, je fais le mien... »

Frey avait fait son travail.

Depuis l'attentat de Pont-sur-Seine, la sécurité du général de Gaulle à Colombey avait fait l'objet de mesures impressionnantes, auxquelles participait notamment la 1re escadre de chasse basée à Saint-Dizier.

En juin 1962, l'hypothèse d'un attentat « par voie aérienne » organisé pendant le séjour du général en août à Colombey ayant été retenue, le commandement de la défense de l'Air avait été chargé de prévenir ce type d'action. Le général Delfino (ancien commandant du Normandie-Niemen) avait alors monté l' « opération Tourterelle », comportant notamment :

— l'interdiction de survol à toutes altitudes de Colombey-les-Deux-Églises, dans un rayon de 20 kilomètres,

— la mise en place, autour de La Boisserie, de batteries légères de DCA,

— la mise en alerte renforcée (pilote à bord — délai de décollage inférieur à 2 minutes) d'un F84F de la 1re escadre, de 30 minutes avant le lever du soleil à 30 minutes après le coucher du soleil.

Pour la semaine du 20 au 26 août, c'est le commandant Douchet qui dirige ce dispositif *. Quelques jours plus tôt, son prédécesseur avait appris qu'au cours de la promenade quotidienne du général l'un de ses petits-fils lui avait signalé la présence dans le pré voisin d'une grosse mitrailleuse et la lui avait décrite (chacun sait que la vue du général était très déficiente). De Gaulle, trouvant la proximité de cet engin tout à fait excessive, mais jugeant incongru de modifier un plan de feu établi par des experts, avait exigé que la batterie fût camouflée aux vues de La Boisserie par une petite meule de paille...

Le 8 août 1962, les responsables de la sécurité du chef de l'État étaient passés près du pire. Mais aucune mise en alerte n'en était résultée, l'action des tueurs étant passée inaperçue. C'est par les confidences qu'ils firent aux auteurs d'*Objectif de Gaulle* que l'on connaît les détails de cette nouvelle phase de l' « opération Z ».

Charles de Gaulle avait quitté Colombey ce matin-là pour accueillir à déjeuner à l'Élysée le général Eisenhower. Au moment où le convoi présidentiel venant de Villacoublay déboucha dans l'avenue de Versailles, les trois voitures du commando Bastien-Thiry foncèrent, elles, de la rue de la Convention sur le pont Mirabeau. Le projet de « Didier » était de se glisser dans le convoi du général, de doubler la DS 21 du général et alors d'ouvrir le feu sur lui de face. Mais cette manœuvre fut déjouée par hasard, le chauffeur du général, Paul Fontenil, ayant décidé brusquement de prendre la voie sur berge.

Le commando ne se tint pas pour battu. Les véhicules de Bastien-Thiry bifurquèrent et foncèrent pour rattraper le véhicule du général, se faufiler, arriver à sa hauteur. Mais au moment où ils y parvinrent et où Watin, la glace baissée, s'apprêta à tirer sur le général qui n'était plus qu'à quelques mètres de lui, une 4 CV Renault, fonçant comme celle de tous les automobilistes parisiens, s'interposa. La Tocnaye, le n° 2 de l'opération, rugit : « Non ! Il y aurait trop de dégâts et nous ne pourrions pas filer ! » A la hauteur du tunnel du Trocadéro, les chasseurs abandonnèrent la poursuite, soupirant non sans quelque exaspération : « Ce n'est que notre dix-septième tentative [14]... » Ni de Gaulle, ni sa femme, ni son gendre, ni aucun membre du service de protection ne s'étaient aperçus de rien [15]...

---

* C'est d'une lettre de cet officier que l'auteur tient ces indications.

Deux semaines plus tard, le 22 août, le général de Gaulle, qui séjourne à Colombey, doit passer la journée à Paris pour présider le Conseil des ministres. Sa femme tient à l'accompagner. Il propose à son gendre, en vacances lui aussi à La Boisserie, de lui servir d'aide de camp. Des rumeurs d'attentat courent, à tel point que Colombey est en état d'alerte renforcée. Après l'atterrissage à Villacoublay — depuis l'affaire de Pont-sur-Seine, le général ne vient guère à Paris que par la voie des airs —, Boissieu fait prendre l'itinéraire le plus court, par le Petit-Clamart, la porte de Châtillon et l'avenue du Maine : il ignore que les conjurés ont décidé de les attendre aux abords de la place Saint-François-Xavier * — mais que, pris dans les embouteillages, ils sont arrivés en retard et ont encore raté l' « opération »...

Au cours du Conseil des ministres, Roger Frey fait état de renseignements concordants à propos de nouveaux préparatifs d'attentat contre le général — qui se refuse à tout commentaire. En tout cas, aucun renforcement du dispositif de sécurité n'est décidé pour le retour à Villacoublay.

Il est plus de 19 h 30 quand le général s'assied dans la DS 19 543 HU 75, sur le siège arrière gauche, au côté de sa femme, Alain de Boissieu ayant pris place à droite du chauffeur Francis Marroux **. Bonneval (dont le gendre du général a pris la place) et Boissieu se concertent rapidement. Quel itinéraire choisir ? Meudon, suggère Boissieu. Non, fait Bonneval : il y aura, à cette heure, trop de circulation. Les deux hommes décident de reprendre la route empruntée le matin, par Clamart. Il paraît donc impossible que le commando ait été informé de l'itinéraire par une « taupe » — à moins d'imaginer que ce pût être Boissieu ou Bonneval ! Tout donne à penser que « Pierre », le guetteur de Bastien-Thiry, se tenait près du Grand Palais : le convoi franchissait ou non la Seine. Dans le premier cas, il devait traverser Clamart ; dans le second, Meudon. Cette fois-là, ce fut Clamart. Vingt minutes plus tard, à 20 heures, le commando était en place avenue de la Libération (la route nationale 306), un peu avant le carrefour dit du Petit-Clamart.

C'est une véritable opération de guerre, un guet-apens de type militaire. Un effectif de douze hommes, dont dix armés d'engins automatiques, des dizaines d'armes et d'explosifs, quatre véhicules. Dans une Simca 1000, rangée avant le croisement, guette Bastien-Thiry, tenant à la main *l'Aurore* qu'il agitera quand surgira le convoi ; arrêtée près d'une station d'essence, une estafette jaune abrite cinq hommes (Buisines, Varga, Sari, Bernier et Marton) armés de fusils-mitrailleurs : dans une ID 19, veille La Tocnaye, flanqué de Watin et Prévost, munis de pistolets-mitrailleurs Sterling ; et une camionnette 403 est en réserve, où sont embusqués Condé, Magade et Bertin, également pourvus d'armes automatiques. Le tout représente une puissance d'intervention irrésistible. Charles de Gaulle va s'engouffrer dans une gerbe de feu.

A 20 h 08, alors que le jour tombe, et que sévit un « crachin » qui gêne la visibilité [16], Bastien-Thiry aperçoit la DS du chef de l'État et la voiture

---

* Où de Gaulle a passé son enfance.
** Le même qui pilotait la voiture du général lors de l'attentat de Pont-sur-Seine.

d'escorte où ont pris place le Dr Degas et les deux inspecteurs Puissant et Djouder, suivie de deux motards. *L'Aurore* s'agite. Une salve crépite, qui doit mettre fin à la Ve République...

Mais ici, il faut donner la parole * au témoin n° 1, à la fois cible et ici bon observateur, Alain de Boissieu qui, on l'a dit, assis à côté du chauffeur du général, Francis Marroux, a la meilleure vue d'ensemble sur le déroulement de l'opération, à partir de l'instant où le chef du commando des tueurs déploie son journal :

« A ce moment-là je crois avoir vu des balles gicler sur la chaussée. En tout cas je vois très bien l'estafette dont les portes arrière sont ouvertes tout à coup. Je comprends aussitôt de quoi il s'agit et dis à Marroux d'accélérer l'allure. Je discerne rapidement, à hauteur de la roue gauche avant de l'estafette, un tireur avec un pistolet-mitrailleur (Bernier ou le Hongrois Lajos Marton). Je regarde le pistolet-mitrailleur qui oscille sous l'effet des rafales [...]. Je me retourne pour dire à mes beaux-parents de se baisser et pour regarder s'ils n'ont pas été touchés par les premières rafales.

« Puis je scrute la route vers l'avant pour voir s'il n'y aurait pas une issue de sortie à droite ou à gauche de la Nationale ; Marroux a suivi mon regard, le sien m'interroge. Je lui répète : " Tout droit, au milicu. Marroux, vous foncez. " A ce moment-là, je vois deux choses qui seront gravées dans ma mémoire jusqu'à la fin de mes jours : une Panhard qui vient vers nous ** et sur l'avenue à gauche une Citroën ID *** arrêtée avec les deux glaces de côté baissées et deux tireurs qui nous visent avec des pistolets-mitrailleurs.

« Je réalise aussitôt qu'il s'agit d'un nouveau groupe de tireurs, je me retourne et crie de toutes mes forces : « Mon père, baissez-vous ! » Au même moment la glace arrière de son côté vole en éclats. Avec un sang-froid exceptionnel Mme de Gaulle n'a pas bronché, ni lors de la première série de rafales, ni lors de la seconde. Elle ne consent à se baisser que lorsque le général lui en aura donné l'exemple. Je regarde en arrière et vois l'ID du commando qui suit la DS d'escorte tout en tirant ; elle précède les deux motards dont l'un semble avoir été touché et porte la main à son casque.

« Heureusement pour nous, La Tocnaye n'a pas eu le réflexe de jeter son ID contre la DS **** lancée à 90 à l'heure malgré deux pneus crevés ; il s'est contenté d'emboîter le pas à la DS des policiers d'escorte. Quand bien même il aurait voulu provoquer une collision, il aurait été gêné dans son mouvement par Watin qui, pour mieux mitrailler notre DS, semblait avoir entrouvert la porte de l'ID et sorti une jambe pour prendre appui au sol.

« Malgré les deux pneus crevés, la boîte de vitesses hors d'usage, notre DS parvient au carrefour du Petit-Clamart ; je vois alors derrière nous l'ID des tueurs s'enfoncer dans la petite rue du café de l'Aviation *****.

« La DS sent le caoutchouc brûlé et tangue dangereusement comme un

---

* On a choisi de privilégier le point de vue du gibier sur celui du chasseur.
** Celle de la famille Fillon.
*** Celle de La Tocnaye.
**** Du général et de Mme de Gaulle.
***** Par où elle gagnera Verrières.

canot à moteur sur la mer. Je demande à Marroux s'il pense pouvoir aller jusqu'à l'aérodrome de Villacoublay, il me répond qu'il va essayer.

« Derrière moi le général et Mme de Gaulle ont repris leurs attitudes normales. Je les regarde, ils ne semblent pas souffrir, mais ils sont couverts d'éclats de verre. Le général en s'époussetant s'est légèrement blessé aux doigts et, comme il passe sa main sur son col, j'y vois une légère trace de sang. J'ai hâte que l'on s'arrête pour examiner ces passagers exemplaires de sang-froid sous les rafales de balles, mais qui sont peut-être l'un ou l'autre touchés à mort dans le dos, dans les reins ou dans les jambes.

« Le piquet d'honneur de l'armée est là, le général de Gaulle veut le passer en revue comme d'habitude [...]. Je vais voir ainsi le général debout et, sous prétexte d'enlever les éclats de verre, je laisse traîner ma main sur son dos, sur ses épaules, sur le devant de sa veste... Pas de sang [...]. Le général passe la revue de ces soldats de l'armée de l'Air qui ont entendu les rafales, qui voient la DS trouée de balles avec des glaces pulvérisées et qui sont littéralement pétrifiés d'étonnement... Mme de Gaulle [...]. Avec plus de discrétion je regarde le dos de cette femme courageuse qui a fait mon admiration par son calme étonnant : elle n'a d'yeux que pour son mari [...]. Le médecin militaire Degas, qui était dans la voiture de sécurité, observe aussi mes beaux-parents en praticien, nos regards se croisent, il semble me dire : " Rien à signaler. " Nous n'en croyons pas nos yeux ! [...]

« A ce moment-là un incident plutôt comique vint alléger la tension. Dans le coffre de notre DS il y avait des poulets empaquetés que ma belle-mère avait commandés à Paris pour le déjeuner du lendemain à Colombey, où M. Pompidou était attendu. Elle me dit : " N'oubliez pas les poulets, j'espère qu'ils n'ont rien... " Tous les inspecteurs de la sécurité, prenant cette réflexion pour eux, se regardent et se rengorgent [17]... »

Seul commentaire du général, avant de prendre l'avion : « Cette fois, c'était tangent ! » Et un peu plus tard, de La Boisserie, au téléphone, à Georges Pompidou : « Cher ami, ces gens-là tirent comme des cochons ! » Et pendant qu'il mangeait sa soupe, ce soir-là, témoigne Charlotte qui servait, de Gaulle ne cessait de maugréer : « Foutus tireurs ! ».

L'examen de la voiture* par les forces de sécurité est impressionnant : quatorze impacts de balles. Plusieurs ont percé la carrosserie à hauteur des visages de Mme de Gaulle et du général et à quelques centimètres d'eux. L'une a troué le siège de Boissieu, probablement alors qu'il était courbé... Au calcul des probabilités, il n'y avait pas une chance sur un million qu'aucune de ces quatre personnes n'ait subi la moindre éraflure à travers cette giclée de balles tirées de trois foyers différents. 187 douilles seront retrouvées sur le pavé de l'avenue de la Libération — qui sera rebaptisée, du coup, « Charles de Gaulle »... — où plusieurs magasins ont été criblés d'impacts, et où le café Trianon, lui-même atteint d'une vingtaine de projectiles (il était fermé ce jour-là, par une chance extraordinaire), changea son enseigne pour devenir « Au Trianon de la fusillade » [18]...

---

* Exposée au musée Charles-de-Gaulle, à Lille.

Pas de victime ? Le conducteur de la Panhard qui a croisé la voiture des de Gaulle au plus fort de la fusillade, M. Fillon*, dont la femme et les trois enfants sont, par miracle eux aussi, indemnes, a été légèrement atteint à la main. Et à Colombey...

Mais reprenons ici le récit du commandant Douchet :

« Le mercredi 22 août, alors que le général doit rentrer à Colombey après la séance du Conseil des ministres, je regagne peu avant 20 heures le bâtiment préfabriqué qui, aux abords de La Boisserie, sert à la fois de PC, de centre de communications pour les gendarmes mobiles du service de protection et les aviateurs, et aussi de cantine pour les officiers et autres " gorilles ".

« Au mess, le repas est terminé ; on en est au " pousse-café ". Tout à coup, la porte s'ouvre et un gendarme hurle : " Ils l'ont flingué ! " (ce sont les termes exacts). Chacun a compris. Les précisions arrivent rapidement par radio et par téléphone. Il semble que le coup ait échoué. Mon chef des opérations me confirme que l'avion du général va décoller normalement.

« Le commandant de gendarmerie donne alors en un temps record à toutes les brigades du secteur une série d'ordres absolument draconiens qui ont pour but de " libérer " la route Saint-Dizier-Colombey ainsi que les voies adjacentes, en particulier tout véhicule en stationnement sera " neutralisé " et ses occupants gardés à vue. Quelques minutes plus tard, j'aperçois le commandant de gendarmerie, affalé sans connaissance [ ] Sitôt le " convoi " du général arrivé à La Boisserie, son médecin, le Dr Degas, et les deux commissaires " gorilles " nous rejoignent. Après quelques secondes d'examen, le jeune médecin déclare que le commandant doit être hospitalisé au plus tôt, et fait rapidement venir l'ambulance de La Boisserie, réservée au général : " Lui ne risque plus grand-chose maintenant ! " L'officier de gendarmerie devait mourir dans la nuit, victime d'une crise cardiaque.

« Le lendemain 23, dès l'aube, Colombey est envahi par une véritable meute de journalistes. Certains, doutant que le général fût sorti totalement indemne du mitraillage, tentent, armés de puissants téléobjectifs, de s'approcher au plus près de l'enceinte de La Boisserie. Les gendarmes mobiles leur font la chasse et j'ai beaucoup de mal à les convaincre d'attendre 18 heures, heure précise à laquelle le général fait le tour du parc avec sa famille. La presse du jour dit un certain nombre de bêtises sur le soi-disant renforcement du dispositif de protection de Colombey : il y aurait au moins 800 gardes mobiles. En réalité, l'effectif est resté ce qu'il a toujours été : 80.

« Comme je leur avais prédit, les photographes sont satisfaits : à 18 heures pile, le général sort pour sa promenade du soir. Les téléobjectifs vont apporter au monde la preuve que de Gaulle ne souffre d'aucune égratignure... »

---

* Simple homonyme de l'ancien trésorier du RPF, ami de Georges Pompidou.

La police fit diligence. Les membres du commando du Petit-Clamart avaient pu s'égailler d'abord. Une heure plus tard, ils se retrouvaient, décidés à « remettre ça [19] », sur les injonctions de Bastien-Thiry. Mais ils avaient dû se disperser. Dix semaines plus tard, six d'entre eux étaient incarcérés. Douze jours encore et, le 17 septembre, Bastien-Thiry lui-même était appréhendé. Mais trois des tueurs malhabiles, dont Watin, dit « la boiteuse », restèrent introuvables.

Informé de l'arrestation du chef des conjurés — qui, peu après son incarcération, reçut de son père, vieil officier, un message terrible : « Je te renie. Tu m'as déshonoré * » —, le général de Gaulle avait fait savoir qu'il inclinait à la clémence. « Bastien-Thiry, c'est un c...rétin ! Il s'en tirera avec vingt ans et dans cinq ans je le libérerai [20]. » C'est le déroulement du procès qui, selon les proches du chef de l'État, allait tout changer.

Assisté par quatre avocats — Mes Dupuy, Le Coroller, Isorni et Tixier-Vignancour — le lieutenant-colonel d'aviation Jean-Marie Bastien-Thiry voulut faire de son système de « défense » le procès du général de Gaulle, remettant en question à la fois les fondements de la Ve République — qualifiée d' « État de fait » —, l'ensemble de la politique algérienne du général — qualifiée de « génocide » de la population européenne — et le pouvoir « tyrannique » du chef de l'État. C'était la légitimité tout entière de l'homme qu'il n'avait pu tuer physiquement que Bastien-Thiry prétendait anéantir moralement, allant même jusqu'à s'assimiler, lui, au colonel von Stauffenberg qui, le 20 juillet 1944, avait tenté de supprimer Hitler...

Réquisitoire impressionnant, ne serait-ce que par son caractère sacrificiel. Selon toute apparence, l'exécuteur du « vieil état-major » (cet organisme exista-t-il jamais hors de son imagination ?) s'immolait ainsi pour l'histoire. N'ayant pu assassiner de Gaulle, il s'attachait à déshonorer son image historique en le contraignant à faire de lui un martyr.

Mais ce projet épique révéla son incohérence quand le chef des conjurés du Petit-Clamart soutint devant le tribunal qu'il n'avait pas voulu tuer de Gaulle, mais seulement le faire prisonnier pour le livrer à ses juges... Alors que tous ses subordonnés reconnaissaient que l'objectif de l'opération était de liquider le chef de l'État **, Jean-Marie Bastien-Thiry, tout en alléguant que le tyrannicide était justifié par saint Thomas d'Aquin et qu'un confesseur l'en avait par avance absous ***, soutenait que ce mitraillage en règle d'un véhicule criblé de 14 projectiles et qui avait servi de cible à 180 balles tirées sur lui par onze tueurs le 22 août 1962 entre 20 h 09 et 20 h 10 au Petit-Clamart, n'avait pour objectif que de s'assurer de la personne du chef de l'État...

Les psychiatres l'ayant déclaré normal (ne présentant pas de caractère de

---

* Alors qu'Alain de La Tocnaye était loué par les siens — engagés depuis les croisades contre l'État centralisateur, puis républicain, assure-t-il...

** Alain de La Tocnaye écrit que, jusqu'au 1er juillet, il était partisan de s'emparer de la personne du général. Mais qu'à dater de la proclamation de l'indépendance de l'Algérie, il s'était rallié à l'idée d'une liquidation pure et simple.

*** Un père dominicain. La Tocnaye fait état, lui, de deux approbations de religieux.

« dangerosité »…), Jean-Marie Bastien-Thiry fut, à l'issue d'un procès émaillé d'incidents si violents que l'un des avocats, Me Isorni, fut interdit de barreau pour trois ans, condamné à la peine capitale comme deux de ses compagnons présents, La Tocnaye et Prévost.

Dès lors se posait pour le général de Gaulle le problème de la grâce. Jean Foyer, garde des Sceaux, mêlé plus que tout autre à cette affaire comme à celle de Jouhaud, a entrepris de justifier, dans un article de *En ce temps-là de Gaulle* [21], l'attitude prise en l'occurrence par le général de Gaulle, refusant une grâce qu'avaient demandée pour leurs assassins Georges Clemenceau* et Pierre Laval**.

Selon M. Foyer, Charles de Gaulle « n'aimait point » la peine de mort et n'accepta qu'elle fût exécutée que dans un nombre de cas très limités, le rejet d'un recours le laissant « anxieux » et le nombre de grâces ayant été, sous sa présidence, très supérieur à celui des périodes antérieures. Mais c'est parce qu'il voyait en cet attentat un défi lancé à cet État dont il était l'incarnation qu'il resta inflexible. Le ministre de la Justice du général présente un autre argument, qui dut orienter la décision du chef de l'État, mais étonne sous la plume d'un juriste : ces attentats étaient « particulièrement odieux, parce qu'ils témoignaient d'une profonde lâcheté — aucun de ceux qui voulaient le tuer n' [ayant] osé faire le sacrifice de sa propre vie ».

Néanmoins, poursuit M. Foyer, le général hésita longtemps avant de rejeter le recours en grâce de Bastien-Thiry, d'abord parce qu'il avait été lui-même la cible des tueurs, ensuite parce que personne n'avait été tué, enfin parce qu'il avait reçu l'avis — notamment d'Edmond Michelet, ancien garde des Sceaux — que le condamné avait été soigné dans une clinique psychiatrique. Le général de Gaulle tenta de vérifier cette information auprès de Me Dupuy, l'un des avocats de Bastien-Thiry, qui refusa de la confirmer : de toute évidence, ce défenseur agissait ainsi à la demande de l'accusé, qui ne pouvait admettre que sa cause fût ternie, et son martyre suspendu par quelque déficience mentale.

Un autre élément de la décision du général doit être mentionné : Louis Vallon le jugeait important. Trois jours avant le rejet du recours en grâce, le banquier Henri Laffont, vieux résistant et ami personnel du général, était assassiné par l'OAS à Neuilly, après lui avoir rendu visite à l'Élysée. Dans l'entourage du chef de l'État, on disait volontiers que ce nouveau crime, frappant un de ses proches, avait poussé à bout le général. Devrait-on désormais payer de sa vie le seul fait d'être un interlocuteur de Charles de Gaulle ?

Il faut à nouveau donner ici la parole à Alain de Boissieu, qui a recueilli sur l'affaire les confidences du général de Gaulle : indépendamment de la « raison d'État » qui, selon lui, imposait qu'un « exemple » fût fait, le gendre du président de la République énumère ainsi les raisons qui l'ont retenu de gracier le condamné :

---

* Lequel n'était pas en charge de l'État au moment où il eut ce geste.
** Qui, lui, avait été blessé, mais n'était pas détenteur du droit de grâce.

« Le premier reproche était d'avoir fait tirer sur une voiture dans laquelle Bastien-Thiry savait qu'il y avait une femme, Mme de Gaulle, qui n'avait rien à voir dans les problèmes d'Algérie, ni dans la politique en général.

« Le deuxième était d'avoir fait courir des risques mortels à des innocents dont les trois enfants de la famille Fillon *.

« Le troisième était d'avoir mêlé à cette affaire des étrangers, les trois Hongrois largement rétribués.

« Le quatrième — le plus grave aux yeux du général — était que Bastien-Thiry n'avait pris aucun risque personnel dans l'attentat. Il s'était contenté de lever son journal pour déclencher les tirs. " Le moins que l'on puisse dire est qu'il n'était pas au centre de l'action ", déclarait le général avec une certaine sévérité. D'ailleurs il devait gracier les deux autres condamnés à mort, La Tocnaye et Prévost, qui, eux, avaient pris des risques [22]. »

Est-il permis de dire que ces arguments — non négligeables, et dont l'un, le dernier, recoupe ceux de Jean Foyer — ne sont pas de ceux qui inspirent d'ordinaire les décisions de « justice » ? Exécuté pour excès de prudence ? Certains retiendront de préférence la suite des commentaires du général de Boissieu qui, après avoir énuméré les « raisons » du supplice de Jean-Marie Bastien-Thiry, affirme que l'attentat fut « téléguidé » par des « milieux politiques » sans rapport avec l'OAS et le CNR. Et le gendre du général de Gaulle assure que cette accusation, qu'il ne précise pas davantage mais semble viser quelques dignitaires de hautes charges de l'État, est portée à l'issue d'une longue enquête — qu'il poursuit...

Tout, en cette affaire sanglante aux relents de religiosité frénétique et sur laquelle se profile l'ombre de quelques moines, gardera, jusqu'au bout, un aspect morbide et médiéval. Elle fait penser aux rapports entre la Ligue et les Valois. Quelques jours après que, le 11 mars 1963, Jean-Marie Bastien-Thiry, accomplissant sa vocation de supplicié de l'intégrisme patriotique, aura été fusillé au fort d'Ivry en égrenant son chapelet (non sans que son père, revenant sur sa malédiction, ne lance du côté de l'Élysée une ultime supplication qui n'y parvint, assure l'entourage du général, que quelques heures après l'exécution), Charles de Gaulle s'entretenait de l'affaire sur un ton fort mélancolique avec l'un de ses vieux compagnons de la France libre :

> « Les Français ont besoin de martyrs... Il faut qu'ils les choisissent bien. J'aurais pu leur donner un de ces c...rétins de généraux qui jouent au ballon dans la prison de Tulle. Je leur ai donné Bastien-Thiry. Celui-là, ils pourront en faire un martyr... [...] Il le mérite [23]. »

Décidément, personne, pas même le Connétable, n'était sorti sans dommage de cette affaire de chouans mystiques aux mains chargées de flammes.

---

* Voir plus haut, p. 277.

Le 3 juillet 1962, le général de Gaulle, président de la République française, a reconnu solennellement l'indépendance de l'Algérie, deux jours après que, par référendum, les intéressés eurent authentifié cette solution par plus de 99 % des suffrages exprimés.

Le 5, puis le 19 juin, les deux principaux chefs de l'OAS, Jouhaud et Salan, avaient demandé à leurs partisans de cesser le combat : adhésion raisonnée à l'inéluctable. Mais, le 30 juin, un autre officier général auquel Charles de Gaulle, chef des Français libres, avait quelques raisons d'être attaché, Edgard de Larminat, se suicidait. Pourquoi ? Non, comme on l'a dit, pour n'avoir pas à remplir la mission que venait de lui confier le chef de l'État : présider la cour militaire de justice instituée en vue de châtier les séquelles de la rébellion des « soldats perdus ». Le commandant de la Iʳᵉ DFL avait accepté d'assumer ces terribles fonctions. Mais croyant déceler en lui, à la veille du procès, des défaillances mentales qui risquaient de fausser son jugement, il avait décidé, écrivit-il dans une lettre d'adieu, de « s'en infliger la sanction [24] ».

Ainsi s'achevait dans la contradiction, dans l'incohérence — l'indépendance algérienne assurée, Salan sauvé, Larminat suicidé et partout des tueurs à l'affût —, la phase publique de l'épreuve la plus profonde, la plus fondamentale qu'ait dû surmonter la France — et de Gaulle — depuis 1940. Que rien ne fût « résolu » (si tant est que rien le soit jamais en histoire...) était une évidence. Des liens tels que ceux qui avaient été tissés entre la France et l'Algérie ne se défont pas en une génération. Une armée ne peut se résigner à être frustrée d'une victoire qu'elle croit assurée. Un État ne peut sans longues secousses être ainsi amputé.

Mais le chirurgien avait opéré, et le pays, endolori, et pour une large fraction des siens inconsolable, entrait tout de même en convalescence. Entamée dans la fureur et dans les larmes, la réinsertion en France de la communauté européenne d'Algérie s'opérait avec une célérité témoignant des vertus de ce peuple assailli par une histoire implacable. Une histoire modelée, manipulée et exprimée par un non moins implacable agent : le général de Gaulle.

On a tenté de décrire avec minutie la prodigieuse traversée de ce navigateur de haut bord, guidé non seulement par ses cartes, son sextant, sa boussole, mais aussi par un art des circonstances qui lui fait utiliser, au plus près, les ris et les tempêtes. Comment ne pas penser à Christophe Colomb, parti pour les Indes orientales, découvrant les Indes occidentales ?

De Gaulle s'embarque sur l'océan algérien avec quelques idées simples : que ce pays d'Afrique peuplé d'Arabes et de Kabyles musulmans n'est pas la France ; que ce type de problèmes ne comporte pas de solution militaire ; que la France, pour être au premier rang, a besoin d'une armée disponible et non pas piégée dans les djebels d'un pays d'outre-mer ; qu'un État qui mène une guerre coloniale n'est pas libre de sa diplomatie.

A partir de ces thèmes, il va naviguer au plus près, en restant fidèle à des principes qui fondent le gaullisme, ou plutôt ce qu'on pourrait appeler la « gaullité ».

Le premier est que tout problème public est d'abord d'essence politique. On peut y voir le reflet du « politique d'abord » — mais non tout de même en tirer la conclusion que c'est Maurras, père de cet adage, qui aura inspiré à de Gaulle de retrancher l'Algérie du corps de la nation...

Non. Ce que voit l'homme réinvesti du pouvoir au début de juin 1958, ce qu'il sait depuis longtemps, c'est que le problème ne comporte pas de solution militaire et que c'est par le bulletin de vote, la redistribution de la propriété terrienne et la négociation qu'on pourra essayer de le résoudre. Pour lui, l'armée, en prenant en main l'affaire, est non seulement mal inspirée, mais sujet et objet de scandale. Elle suicide la France en l'enfermant sur un terrain douteux. Et elle se suicide en se substituant au pouvoir civil.

En cela, l'affaire algérienne est au cœur même ou au centre nerveux du système gaullien. Que le général ait eu horreur de s'en voir imposer la solution, qu'il ait exécré cette amputation, qu'il en ait souffert dans sa chair autant que beaucoup d'autres n'est pas douteux — on en a donné maints exemples. Encore que cette souffrance indéniable se soit trouvée atténuée parfois du fait de la jouissance qu'il trouva à faire prévaloir ses arguments sur ceux de militaires par lui méprisés, comme Salan, ou d'intellectuels qui l'exaspéraient, comme Soustelle...

Mais, si le règlement de l'affaire algérienne manifeste aussi fortement l'originalité de Charles de Gaulle, homme d'État et stratège, c'est parce qu'elle exprime aussi ces deux idées-forces : tout est mouvement, et tout groupe se définit d'abord par l'appartenance nationale.

Le mouvement, chez de Gaulle manœuvrier mais aussi chez de Gaulle penseur, est la clé de tout. Pensée héraclitéenne ? Certitude en tout cas que la vie est fleuve, et non barrage, et que l'eau s'y renouvelle indéfiniment. Comment une structure algérienne du XIXᵉ siècle pourrait-elle survivre à l'immense mouvement d'émergence des peuples dominés, et des religions défoulées ? Pas plus que la monarchie capétienne ne pouvait survivre aux orages du temps, dès lors que se présentait l'hypothèse de la monarchie gaullienne...

Quant à l'hégémonie du principe national, lui-même exprimé par l'aptitude au sacrifice collectif, il est si puissamment constitutif de la pensée gaullienne, de cette pensée-action-par-les-mots, que l'on ne s'y attardera plus. Non sans observer tout de même que le mot, élément créateur de la démarche gaullienne, trouve en Algérie un terrain singulièrement fertile...

Il l'a fait. Il a mis les fers de l'accouchement à l'indépendance algérienne. Non sans que ces fers ne blessent cruellement les patients — les uns jusqu'en 1959, les autres après. Il l'a fait. Il a libéré la France de ses colonies, et même de cette part de son territoire qu'il a jugé, avec une intrépide lucidité, irréductible à l'avenir national. Il l'a fait, objet d'exécration pour les uns, d'admiration pour les autres. Dont, tout compte fait, l'auteur.

II

Au milieu du monde

« C'est parce que nous ne sommes plus une grande puissance
qu'il nous faut une grande politique, parce que, si nous n'avons
pas une grande politique, comme nous ne sommes plus une
grande puissance, nous ne serons plus rien. »

Charles de Gaulle, entretien avec Philippe
de Saint-Robert, avril 1969 (extrait des
Septennats interrompus, Laffont, 1975, p. 18).

11. Le Rhin et les roses

Enfin libre ! Enfin en mesure de porter sur le monde ce regard sans entrave qui, dès 1940, surprenait Churchill : ils étaient donc deux à dédaigner les cartes pour considérer, de préférence, la mappemonde...

Mais si loin qu'il porte, si dégagé qu'il soit, et circulaire, le regard du Connétable est trop marqué par l'histoire, et trop respectueux de la géographie, pour ne pas se fixer d'abord sur l'objectif premier : l'Europe (ce qu'il a déclaré dès le 20 février à ses ministres). Et plus encore sur ce pays qui, aux yeux d'un homme d'État français, en conditionne l'accès, le contrôle et l'avenir, l'Allemagne.

C'est en partie pour « ramener sur le Rhin » la force militaire française que Charles de Gaulle a décidé et accompli l'immense arrachement algérien. Vue de vieillard obsédé par Richelieu et par Bainville ? Vue de prophète d'une Europe où les fleuves ne seront plus des frontières mais des traits d'union, et qui retrouvera, rassemblée, son génie inventif des dix siècles passés ?

Le nationalisme de Charles de Gaulle est d'un métal qui lui permet de se reconnaître chez d'autres. Ce qui demande quelque ouverture de cœur, et de la distinction dans l'esprit. Dans le discours gaullien, le mot de « nation », dût-il s'appliquer à un pays étranger, revêt toujours le sens d'un hommage, ou d'un certificat. Il est rare qu'il ne s'accompagne pas de « grand » ou de « noble ». Aussi bien les textes consacrés au thème national — chinois, israélien, mexicain — sont-ils les plus frappants que l'on doive à l'auteur de *la France et son armée*. L'idée y est échauffée de la ferveur que le nationaliste y met, et l'expression libérée de ce qu'elle a d'emphatique dès que la France est en question.

Pour saisir dans sa nature, situer sur son territoire, entrevoir dans son devenir une collectivité nationale, la camper dans ses rapports avec la France, Charles de Gaulle atteint souvent à la maîtrise. Lui qui *est* la France dialogue mieux avec les nations (d'égal à égal, dirait-on) qu'avec les hommes. Entre de Gaulle, la France et les Français, il y a une ambivalence encombrante : il est à la fois principe et projection, parole et porte-parole. Mais entre de Gaulle et l'Allemagne, de Gaulle et l'Espagne, de Gaulle et la Pologne, il y a comme une familiarité majestueuse. Dussent les modèles récuser à l'occasion le portraitiste.

De Gaulle, et surtout le de Gaulle diplomate, c'est « Clio tout entière à sa proie attachée », suggère l'historien israélien Mikhael Harsgor[1]. La muse de l'histoire inspire à cet officier français du xxᵉ siècle un attachement si fort que, privé de ses leçons, il semble parfois vaciller, ou tâtonner. On a suggéré* que la douloureuse incompatibilité d'humeurs et d'âmes qui brouilla si longtemps les relations entre le chef des Français libres et Franklin Roosevelt s'explique en partie, chez de Gaulle, à propos des États-Unis, par un manque de références, de « grille » historique. Idée que l'on pourrait compléter par celle-ci, inverse : que la sourde amertume qui assombrit souvent les relations gaullo-britanniques fut le fruit d'un abus de mémoire, de la pression excessive d'un passé marqué par Hastings, Azincourt, Waterloo et Fachoda.

Cette présence obsédante de l'histoire de son pays en chacune de ses démarches s'exprime avec une sorte de naïveté dans cette page des *Mémoires d'espoir* où de Gaulle justifie le choix de Rambouillet comme site d'accueil des chefs d'État étrangers :

> « ... J'apprécie ce site pour y tenir de telles conférences. Les hôtes, logés dans la tour médiévale où passèrent tant de nos rois, traversant les appartements qu'ont habités nos Valois, nos Bourbons, nos Empereurs, nos Présidents, délibérant dans l'antique salle des Marbres avec le chef de l'État et les ministres français, voyant s'étendre sous leurs yeux la majesté profonde des pièces d'eau, parcourant le parc et la forêt où s'accomplissent depuis dix siècles les rites des chasses officielles, sont conduits à ressentir ce que le pays qui les reçoit a de noble dans sa bonhomie et de permanent dans ses vicissitudes[2]. »

On ne saurait se dévoiler, et définir ses visées, en moins de mots.

Si l'Allemagne s'impose au premier rang de la réflexion politique de Charles de Gaulle, s'il lui consacre ou si elle inspire ses premières démarches sitôt que le pouvoir lui échoit — voyage à Moscou de 1944 au cours duquel il voudrait ne parler que de la Ruhr, accueil du chancelier Adenauer à Colombey en 1958 —, c'est parce que la communauté humaine qui se manifeste en deçà et au-delà du Rhin s'inscrit parfaitement dans le cadre historique et dans le système philosophique de contradiction qui inspirent l'auteur du *Fil de l'épée*.

Ce qui s'est passé depuis trois ou quatre siècles entre la Loire et l'Oder, et au-deçà de celle-ci, et au-delà de celui-là, Charles de Gaulle le sait. Il en a la mesure, en pressent la démesure. Il sait ce qu'ont tenté les électeurs de Brandebourg, ce qu'a voulu Bismarck — qu'il admire en connaisseur —, ce qu'a osé Guillaume, dont il fait peu de cas. Il a soupesé les effets de leurs actes. Il a rêvé sur ces rêves, maudit ces triomphes, envié ces succès, partagé les rancunes et les haines de ses concitoyens. Ces siècles d'histoire, faits pour beaucoup de guerres avec la France, c'est sa matière première, son pain

* Voir tome 1, chapitre 24.

quotidien de professeur à Saint-Cyr, d'élève à l'École de guerre, de combattant, de prisonnier, d'écrivain — et, l'événement survenu, c'est la raison d'être de l'homme du 18 juin. L'Allemagne lui est autant que Molière à un comédien du Théâtre français, et l'Himalaya à un alpiniste. L'inspiration centrale, le thème majeur.

Au surplus, il en parle la langue, en cite les poètes, en a peu ou prou fréquenté les philosophes. S'il a, dans *la France et son armée*, exprimé le regret que Nietzsche exerçât une influence abusive à ses yeux sur l'intelligentzia française du premier tiers du siècle, il en est lui-même envoûté, et ne dédaigne pas de reprendre à son compte tel aphorisme du *Gai savoir*, comme il fait d'ailleurs de telle réplique du *Second Faust*. Et une lettre à Pierre-Jean Jouve nous fait connaître l'admiration qu'il vouait à Holderlin.

Par la culture, comme par l'histoire — et aussi par ce mélange indéchiffrable et explosif de précision technique dans l'esprit et d'immensité orageuse dans l'âme qui est l'essence même du génie allemand —, Charles de Gaulle est mieux armé qu'aucun autre Français de son temps pour entamer avec les dépositaires du destin allemand un dialogue créateur. Et qui mieux que lui peut se dire libéré des hantises, des complexes et des arrière-pensées qui hérissent tant d'esprits français appliqués à la même étude ?

On a dit[*] l'échec total de sa première politique allemande — de dislocation répressive et de contrôle de la rive gauche du Rhin —, celle qu'il a tenté de faire avaliser par Staline en décembre 1944 à Moscou. On a dit aussi[**] l'éclatant succès de sa première démarche en vue de la réconciliation franco-allemande, le tête-à-tête à La Boisserie avec Konrad Adenauer, les 14 et 15 septembre 1958.

Le projet allemand du général de Gaulle, à partir du moment où, chef de l'État, il peut à la fois concevoir, décider et opérer, fait prévaloir le positif sur le négatif. Car les deux fondements de sa stratégie de revanche de 1944-45, la surpuissance d'un Reich unifié et la nocivité du totalitarisme de type nazi, se sont dissipés.

Depuis le début des années cinquante, la structure fédérale adoptée par l'Allemagne occidentale, plus encore que la division qui lui est au moins pour un temps imposée, marginalisant notamment « la Prusse et la Saxe » — comme disait le général — a exclu l'hypothèse de la reconstitution du grand Reich ; et l'option démocratique manifestement entérinée par l'immense majorité des citoyens, consolidée selon toutes apparences par le « miracle » économique, voue à l'absurdité une stratégie revancharde. Tout conduit les voisins du peuple allemand à parier sur l'alliance spontanée entre une euphorie entretenue par le bon voisinage et les développements conjugués de la croissance économique et du consensus démocratique.

[*] Voir tome 2, chapitre 3.
[**] Voir tome 2, chapitre 22.

Charles de Gaulle avait compris cela dès 1949. Son intervention aux assises du RPF à Lille allait même si loin en ce sens qu'elle avait provoqué des remous d'inquiétude dans cette assemblée de fidèles, rapporte Jacques Vendroux. Et sur ce thème, de Gaulle avait multiplié depuis lors les incitations.

Mais le fondateur de la Ve République ne saurait se satisfaire d'une politique ainsi basée sur l'évidence — et d'ailleurs pratiquée depuis dix ans par le « système » défunt qui, de Robert Schuman à René Pleven, n'a cessé d'inviter le gouvernement de Bonn aux formes les plus diverses et intimes d'association. Il lui faut à la fois dramatiser la grande réconciliation, lui conférer le style de l'événement historique, en faire une sorte de cérémonial de la longanimité française, de la convergence des plus vieilles cultures occidentales, le noyau d'une Europe autonome et un arc-boutant de l'indépendance française.

Ce qui fait la spécificité de la question allemande, pour de Gaulle comme pour tout homme d'État français apte à concevoir en son temps l'ensemble des problèmes mondiaux, c'est que les réponses qu'on lui donne conditionnent de façon impérative les trois débats qui font la trame d'une diplomatie française digne de ce nom : indépendance nationale, construction européenne, rapports pacifiques Est-Ouest. Tout le problème est alors de faire en sorte que ces trois impératifs convergent — c'est-à-dire que les relations franco-allemandes soient organisées de telle façon qu'à un plus de solidarité bilatérale corresponde un « plus d'Europe », qu'à un « plus d'Europe » réponde un « plus de sécurité Est-Ouest », et qu'un « plus de sécurité Est-Ouest » culmine en un « plus d'indépendance par rapport aux blocs idéologiques ».

Que Charles de Gaulle ait privilégié sur toute autre la question de ses rapports avec l'Allemagne, on n'en veut pour preuve que les choix qu'il fit de ceux qui allaient être chargés de l'assister dans cette tâche. A la tête du Quai d'Orsay, il place d'emblée Maurice Couve de Murville, alors ambassadeur à Bonn et dont les relations avec Konrad Adenauer et ses collaborateurs sont, de notoriété publique, excellentes.

Auprès de lui, comme conseiller diplomatique, il appelle un germaniste réputé, Pierre Maillard, agrégé d'allemand et qui s'est longtemps consacré aux affaires d'Autriche et d'outre-Rhin. Certes, Maillard a deux autres caractéristiques : il est « de gauche », ne cachant pas ses sympathies socialistes et « mendésistes », et fort bien vu du monde arabe, s'étant occupé des affaires d'Orient au Quai d'Orsay, dans un esprit ouvert aux arguments du Caire et de Damas. Mais, interrogé vingt ans plus tard, Pierre Maillard pense que si ses deux dernières « qualités » — d'homme de gauche et d'ami des Arabes — ont pu influencer le choix que fit de lui le général, c'est d'abord en tant que germaniste qu'il fut affecté à l'Élysée [3].

A la direction des affaires d'Europe est maintenu Jean-Marie Soutou, assez bon résistant pour s'être fait, aux côtés de Robert Schuman, puis de Pierre Mendès France, un artisan de la réconciliation franco-allemande.

Quant au titulaire de l'ambassade à Bonn, Charles de Gaulle voulut d'abord y maintenir François Seydoux, avec lequel le chancelier entretenait des rapports très confiants et même intimes ; mais quand les difficultés furent venues avec l'approche de la retraite du vieil homme d'État, le général choisit, pour ce poste devenu périlleux, le personnage le plus marquant et le plus controversé de la « carrière », Roland de Margerie, qu'il avait bien connu un quart de siècle plus tôt au cabinet de Paul Reynaud. S'il ne lui avait jamais tout à fait pardonné de ne pas l'avoir rejoint à Londres, il jugeait ses talents supérieurs, et donc dignes de cette tâche pour lui sans rivale.

Pour le grand dessein que de Gaulle avait formé à propos de l'Allemagne, les circonstances apparaissaient, en 1959, exceptionnellement favorables : quinze ans avaient passé depuis la tragédie ; face à lui, au-delà du Rhin, se dressait l'homme d'Allemagne à la fois le mieux disposé à un approfondissement des relations entre les deux pays, mais aussi le plus libre — en raison de son prestige, de son âge, de ses réussites économiques et politiques — de prendre en ce domaine des initiatives audacieuses.

Il y avait aussi ce facteur qui lui importait fort, à lui, de Gaulle : que la grande réconciliation entre Français et Allemands, que la grande alliance qui devrait en être la conclusion, allait prendre forme en un temps et dans un cadre où l'un des deux partenaires était, si l'on peut dire, « plus égal que l'autre ».

Alors que la France, redressée d'abord par des années de croissance économique (1952-1958) rationalisées et corrigées par le plan Rueff, par ses nouvelles institutions, bientôt par la libération de son empire, et par la plus-value que lui apportait le formidable personnage de l'Élysée, se présentait à la table de conférence libre de toute entrave et dotée du maximum d'atouts, l'Allemagne, elle, continuait à souffrir d'un double handicap : l'occupation par l'empire soviétique du tiers de son territoire et sa renonciation à fabriquer et utiliser sur le sol allemand des armes nucléaires. Quel rêve, pour un diplomate, de pouvoir ainsi traiter avec une grandiose générosité un partenaire quelque peu diminué et dont on se proclamera d'autant plus l'égal qu'il n'y peut prétendre sur tous les plans...

Dans ce grand dialogue historique, il y a donc un interlocuteur libéré de toute entrave, et un autre quelque peu piégé. D'où l'accusation si souvent formulée, du côté allemand, d'une arrière-pensée « carolingienne » chez de Gaulle : amitié, oui, et réconciliation, et solidarité — mais sur la base d'une hégémonie implicite de Paris. Et d'évoquer le Roi-Soleil et l'empereur corse faiseur de rois en Allemagne...

Peut-on, en toute sincérité, dénoncer là les fruits empoisonnés d'une francophobie maladive ? Non. Charles de Gaulle n'a pas prétendu ceindre sa tête de la couronne à Aix-la-Chapelle comme, onze siècles plus tôt, le grand empereur d'Occident. Mais tant de choses en son personnage, en son style, en ses visions, y faisaient penser que l'imputation « carolingienne » relève d'une hypertrophie de la conscience historique plutôt que de la malveillance.

Sur ce point, on retiendra volontiers, en les nuançant, les rappels historiques de Mikhael Harsgor, déjà cité, à propos de la pensée européenne du général « centrée sur la réconciliation avec une Allemagne-croupion, idée aussi vieille que la dynastie des Valois, le terme de réconciliation devant être pris plutôt dans le sens espagnol qui implique une relation de dépendance du fidèle réconcilié [à] l'Église réconciliante ».

Il est judicieux à coup sûr de situer cette relation sous un signe catholique. De quelque nature que l'on juge le christianisme de ce grand bourgeois rhénan imbu de son excellence qu'était Adenauer et de ce militaire machiavélique que fut de Gaulle, le fait est que, explicite et même effervescent chez le premier, implicite chez le second, le catholicisme est une référence importance pour toute analyse de leurs inspirations respectives.

N'oublions pas que la plus célèbre des photographies illustrant les rapports privilégiés du chancelier et du général est celle qui les montre non à l'Élysée ou à Rambouillet ou au champ de manœuvre de Mourmelon, mais côte à côte devant leurs prie-Dieu de la cathédrale de Reims.

Dans tout geste de Charles de Gaulle à l'adresse d'Adenauer, on peut voir une dimension pharisienne : il est, lui, l'immaculé ; l'autre est chargé du péché, dût-il l'avoir expié et sans l'avoir commis. Le malheureux... D'où cette espèce de compassion orgueilleuse qui imprègne chacune des démarches du général. Dans ce terrible échange de comptabilités qui est l'essence des rapports politiques, il a un gage. A chaque manquement de son prochain allemand, il pourra murmurer, les yeux au ciel : « Mon frère, le pardon n'est pas l'oubli... »

Considérant Adenauer, de Gaulle, tout de même, ne s'est jamais pris pour le Saint-Père absolvant ou accueillant l'empereur humilié. Mais si l'on exclut l'idée de dépendance, on retiendra celle d'un ascendant que le plus jeune et le plus libre croit pouvoir exercer sur le vieux chancelier aux terres occupées et aux mains liées. Surtout à partir du moment où lui, de Gaulle, aurait fait exploser « sa » bombe, récupéré « son » armée piégée en Afrique, et assuré sur son peuple une hégémonie à laquelle son partenaire allemand ne peut pas tout à fait prétendre.

Le Français tient son monde bien en main ; l'Allemand devra biaiser avec ses partis, subir l'alliance des libéraux, substituer au ministre des Affaires étrangères de son choix (Heinrich von Brentano) un adversaire déclaré de la politique de rapprochement avec la France, Gerhard Schroeder. Mais, cinq années durant, jusqu'à la remise en cause du traité de 1963 par un préambule dû à ses adversaires *, son autorité prévaudra.

On ne saurait en tout cas nier ni la sincérité profonde de la démarche de Charles de Gaulle vers et avec l'Allemagne fédérale — avec ce que l'opération comportait d'épique, de grandiose, de solennel — ni des arrière-

* Voir plus loin, p. 307-308.

pensées qui peuvent se résumer en ces quelques mots : nul moment n'est plus propice à signer un contrat que celui où le partenaire est en moins bonne posture que vous.

Au fond, de Gaulle ne met qu'une condition à cet accouplement : c'est qu'il soit éclatant. Quand tant d'autres diplomates (et lui-même à l'occasion) dramatisent les crises pour leur faire accoucher plus vite la solution, lui, ici, s'occupe à dramatiser la paix, et lui donne cet éclat romanesque, théâtral, sonore qui n'appartient d'ordinaire qu'aux tensions. Pour ce général-esthète, la paix doit ainsi emprunter à la guerre son allure de foudre, sinon son odeur de poudre...

Du contrat qui va ainsi naître, le partenaire de Bonn voit bien sûr l'aspect légèrement boiteux. Qui ne sent mieux son infirmité que l'infirme ? Mais il table en même temps sur l'accouplement pour corriger son handicap. Tant sur le plan de son unité que sur celui des moyens de sa défense, l'interlocuteur allemand estime que le contrat pourrait devenir payant. Partir en retrait, dans une course, sert souvent à battre des records. Génie collectif, puissance de travail, sens de l'organisation, faveurs américaines — Bonn se connaît beaucoup d'atouts.

Ce n'est pas tant le handicap originel qui préoccupait Adenauer et son entourage, que les divergences dans l'objectif. Que de Gaulle pût se prévaloir, pour manifester son ascendant, d'une unité nationale (qui sera plutôt corrigée qu'amputée, dans son esprit, par la solution algérienne) et d'une plénitude des attributs stratégiques qui lui faisaient faute, troublait moins le chancelier de Bonn que l'approche, par le général, des affaires Est-Ouest.

Pour Adenauer, même quand il en eut subi le charme, de Gaulle restait cet étrange personnage pour lequel le communisme moscoutaire n'était pas le seul adversaire, qui pensait en termes de double front et aux yeux duquel il n'était pas impie de s'allier à l'infâme si, hier face à Berlin, aujourd'hui dans ses rapports avec Washington, l'intérêt de la France y trouvait son compte.

On a évoqué * le premier face-à-face de Gaulle-Adenauer, à Colombey, le 14 septembre 1958, et le coup de séduction réciproque et immédiat qui fit de cette visite l'un des cas limites de la diplomatie personnalisée, citant quelques-uns des témoignages qu'en ont donnés, dans leurs Mémoires respectifs, Adenauer et de Gaulle. Plus descriptive encore de l'attitude du général fut alors cette déclaration faite à la presse allemande par Heinrich von Brentano :

« Nous avons tous remarqué avec quelle gravité et avec quelle prudence le chef du gouvernement français a parlé de toutes choses. Rien d'un faux pathos... Rien d'une passion nationaliste [...]. C'était pour nous tous une confirmation extrêmement impressionnante de l'évolution heureuse de la

---

* Voir tome 2, chapitre 28.

politique franco-allemande... Les conditions psychologiques et politiques qui assurent les conditions de cette politique sont fermement établies[4]... »

Le « charme » n'opère donc pas seulement entre deux hommes. Mais il opère surtout entre eux. On a dit tout ce qui liait de Gaulle à l'Allemagne. Et tout ce qui pouvait le séduire chez ce vieux catholique rhénan, puissamment conformiste comme lui (mais que l'ange du bizarre n'avait pas visité...), attaché à des valeurs très voisines des siennes et dont le grand âge le rassurait. Si, à en croire le général, « ce n'est pas à 67 ans que l'on commence une carrière de dictateur », c'était encore moins d'un octogénaire qu'on peut attendre une quelconque agression.

En 1960, de Gaulle a 70 ans. Adenauer, 84. Le chancelier allemand exerce le pouvoir depuis la naissance de l'État fédéré onze ans plus tôt. Pour le garder, il a renoncé l'année précédente à être élu chef de l'État. Longtemps bourgmestre de Cologne, cette ville où les habitants de la rive gauche, nous racontait Heinrich Böll, disent qu'ils « vont en Allemagne » quand ils passent le Rhin, ce Rhénan qui a osé prôner l'autonomie de son pays en 1923 y a acquis dès avant 1933 la réputation d'un ferme antinazi — ce qui lui a valu d'être démis de ses fonctions par Hitler, mais ne lui a pas épargné de subir la même avanie, en 1944, de la part de l'autorité militaire anglaise. Il en a gardé, à l'encontre des Britanniques, une rancune tenace, dont on retrouvera souvent la trace.

Conservateur et pieux, il est animé par un anticommunisme sans faille, qu'entretient l'occupation de l'est de son pays, et de l'Europe, par les forces soviétiques, et la construction progressive de l'État marxiste est-allemand par les hommes de Pankow. A ses yeux, rien ne prime l'Alliance atlantique, sa cohésion, sa puissance, la solidarité américaine avec l'Europe. Son partenaire idéal est John Forster Dulles, dont il approuve le manichéisme idéologique. La retraite du secrétaire d'État abattu par la maladie, en 1960, lui apparaît comme un désastre. D'autant que, chose curieuse, l'avènement à Washington des démocrates, traditionnellement plus interventionnistes que les républicains, lui fait craindre une vague d'isolationnisme yankee.

Ce que Charles de Gaulle a de singulier, d'imaginatif, d'imprévisible eût dû incommoder ce bourgeois d'habitudes et de principes. Il arrivera à Adenauer, bien sûr, de déplorer les « extravagances » du général — de tel retrait de l'OTAN à tel geste à l'encontre de Washington. Mais le pacte personnel conclu à Colombey en septembre 1958 résistera à tous les à-coups. Sa vieille expérience politique a convaincu le chancelier que, chez un allié, c'est la puissance et la vitalité qui importent par-dessus tout, dussent-elles se manifester parfois de façon déconcertante.

Cette confiance qu'il fait, jusque dans leurs désaccords, à de Gaulle se fonde sur trois certitudes, qu'il peut vérifier en toute occasion. La première est que le président français s'est fixé pour objectif historique la réconciliation sur le Rhin, qu'il y voit non seulement une nécessité pour la France, mais une des composantes de la statue que lui élèvera la postérité. Cette conviction, le chancelier l'a acquise dans l'intimité de Colombey. Il est assuré qu'elle ne saurait être remise en question : il tablera sur elle avec un emportement de vieillard envoûté. L'homme qui est à l'Élysée est désormais ami de l'Allemagne autant que de sa propre gloire.

Seconde certitude : de Gaulle est fidèle à l'Occident. Bien sûr, il y a des vieux démêlés avec Roosevelt. Bien sûr, il y a ses critiques de l'Alliance atlantique, ses malentendus avec Dulles ou Kennedy. Bien sûr, il y a ses ouvertures du côté de l'Est. Mais Konrad Adenauer s'est trouvé aux côtés du général au moment où Nikita Khrouchtchev a prétendu, en novembre 1958, chasser les Occidentaux de Berlin et il a constaté que, des trois alliés occidentaux de Bonn, c'était celui de Paris qui avait alors manifesté le plus de fermeté. Il allait en avoir la confirmation lors de la conférence avortée à Paris, en mai 1960. Pour couper court aux menaçantes foucades de Khrouchtchev, nul n'est plus prêt que de Gaulle à prendre des risques.

Ultime conviction enfin : l'ancien président du RPF est devenu un bon « européen ». Non certes dans la tonalité intégrationniste donnée à l'entreprise, au début des années cinquante, par Robert Schuman, Gasperi et Adenauer lui-même, mais à partir des derniers jours de 1958, et des décisions prises par le cabinet de Gaulle pour rétablir le franc et les équilibres financiers * dans le cadre tracé par Jacques Rueff, l' « européisme » du général s'est prouvé en marchant. Ce sont ces mesures qui ont permis à la France d'appliquer le traité de Rome — dont le général a compris (après coup) qu'il était le cadre idéal du développement économique de son pays.

Konrad Adenauer eût-il alors douté des intentions de son partenaire français et interprété comme de l'opportunisme ce qui était devenu le fruit d'une décision soigneusement pesée, il lui eût suffi pour être convaincu d'écouter son ami Jean Monnet : « européen » entre tous et peu suspect d'indulgence systématique envers de Gaulle. L'inventeur du « pool charbonnacier » soutenait que la conjonction entre l'ancien bourgmestre de Cologne et l'homme de juin 1940 était « l'une des chances de l'Europe ». Monnet ne se faisait pas d'illusion quant au ralliement du général à ses propres thèses, supranationales, conduisant aux États-Unis d'Europe. Mais il pensait que, flanqué d'Adenauer, de Gaulle allait être le bon ouvrier de cette phase indispensable de transition européenne marquée par la mise en marche du Marché commun **. Et il n'eut pas de mal à en convaincre le chancelier.

Au moment où s'ouvre le grand dialogue Paris-Bonn qui conduira au traité de janvier 1963, le président de la Ve République française est bien aux yeux du chancelier l'homme que nous venons de décrire — germanophile, occidental et « européen ». Mais le personnage de Charles de Gaulle ne manque pas non plus de traits propres à l'inquiéter. Et si, aux côtés d'Adenauer, un « parti » soutenait cette politique francophile sans cesser d'être proaméricaine, on voyait s'agiter aussi à Bonn des factions peu favorables à cette stratégie : soit qu'avec le ministre des Finances Erhard, on se méfie d'engagements européens trop protectionnistes pour ne pas risquer

---

  * Voir tome 2, chapitre 30.
  ** Jusqu'au moment, on le verra où, se retournant contre de Gaulle, il inspirera le préambule du traité de 1963 (voir plus loin, p. 308).

d'asphyxier l'expansionnisme commercial de la RFA ; soit comme Gerhard Schröder, qu'on reste en garde contre l'influence de Paris ; soit, avec des hommes comme Wehner, qu'on estime que l'Europe ne saurait progresser sans une étroite association avec Londres : courant mondialiste, courant francophobe, courant anglophile ne cesseront pas de troubler le concert présidé par le chancelier et le général.

Mais le « gaullisme » d'Adenauer devait surmonter bien des préventions et des épreuves. On l'a vu, le général ne lui avait pas caché, dès le tête-à-tête inaugural de La Boisserie, qu'il entendait exiger de lui aussi bien une renonciation à toute revendication sur la frontière de l'Est (Oder-Neisse) qui abandonnait de larges espaces allemands aux Polonais, qu'une « patience à toute épreuve » à propos de la réunification, de la « bonne volonté » dans les relations avec Moscou et un « renoncement complet » aux armes atomiques.

Chacun de ces sacrifices coûtait fort au chancelier. Il avait lui-même proclamé la renonciation de Bonn à fabriquer de l'armement nucléaire sur le territoire allemand, mais en l'assortissant de la clause *rebus sic stantibus* (les choses étant ce qu'elles étaient) : de Gaulle prétendait figer à jamais cette privation, comme celle des terres de l'Est, et situer l'affaire de la réunification non dans le cadre d'une pression croissante sur l'Est, mais dans la perspective de la détente. Alors que pour Adenauer comme pour Dulles, l'idée seule d'obtenir quoi que ce soit des communistes autrement que par la force était absurde —, persuadé qu'il est de la solidité de ce postulat : la sécurité de la France, c'est d'abord la crédibilité américaine sur le territoire fédéral allemand...

Et pourtant, si fâcheuse, ou malencontreuse que lui parût chacune des demandes du général, le chancelier les intègre peu à peu, en les adaptant à sa stratégie personnelle, bien que le président de la République française, si exigeant par rapport à son partenaire, ne fasse pas tout pour aplanir la voie sous les pas du vieux chancelier et armer sa confiance. En deux circonstances au moins, le parti antigaulliste de Bonn pourra faire valoir au chancelier qu'il a grand tort de se lier étroitement avec son hôte de La Boisserie.

C'est quelques semaines seulement après la rencontre quasi familiale des deux leaders que surgit le premier incident : la révélation, par le journal *Der Kurier* de Bonn, de l'envoi par le général à Washington et à Londres d'un mémorandum réclamant la constitution d'un « directoire atlantique » tripartite — excluant donc l'Allemagne fédérale. Quoi ? Si tôt après ses manifestations d'amitié fraternelle, le partenaire français se démarquait ainsi et prétendait ajouter à sa marge de supériorité originelle (accès à l'armement atomique, unité et liberté de l'ensemble de son territoire) une troisième « préférence » : la participation à un club de « maîtres » reconstituant les rapports de l'immédiate après-guerre ?

Le chancelier sut accuser le coup sans en tirer parti contre son grand partenaire, gardant pour lui son dépit. Mais la presse de la République fédérale la moins favorable aux relations privilégiées avec Paris en fit des gorges chaudes. Et elle exploita sans ménagement le second des gestes par lesquels de Gaulle manifesta que son souci de se concilier les Allemands ne venait qu'après sa volonté d'affirmer l'indépendance de la France : l'annonce, le 15 mars 1959, du retrait de la flotte française de Méditerranée des forces de l'OTAN.

Konrad Adenauer devait qualifier ce geste, dans ses Mémoires, d' « extravagant », y voyant un signe de « disjonction » de l'alliance occidentale qui ne pouvait qu'en annoncer d'autres. Ce qui était bien vu... Mais il ajoutait que son partenaire français manifestait ainsi que l'OTAN devait être réformée : sur ce point, écrit-il, « je donnais complètement raison à de Gaulle dans ses exigences ».

Pourquoi le chancelier enregistra-t-il de façon si sereine cette « extravagance » gaullienne préjudiciable, en son esprit, à l'Alliance ? Parce qu'à la même époque le général résistait à une manœuvre que le chancelier jugeait infiniment plus menaçante. Qualifié par les uns de plan Rapacki, du nom du ministre polonais qui en était le promoteur et par les autres de « désengagement », ce projet visait à créer au centre de l'Europe (Allemagne de l'Ouest et de l'Est, Pologne et Tchécoslovaquie) une zone neutralisée, qui créerait entre les deux antagonistes supposés une sorte de vide militaire : les Polonais, les Tchèques et les Allemands de l'Est y eussent gagné de n'avoir plus affaire à l'Armée rouge — grand progrès à coup sûr. Mais Bonn y eût perdu son bouclier américain. Alors que nul n'était mieux convaincu que Konrad Adenauer de cet autre postulat : que désaméricaniser à l'Ouest n'était pas désoviétiser à l'Est — parce que le fond du problème n'était pas le fait nucléaire, mais la combinaison, à Moscou, du fait nucléaire et de la nature totalitaire du pouvoir.

Exaspéré par l'attitude du Premier ministre Macmillan, qui se faisait alors l'avocat de ce que l'on considérait à Bonn comme un démantèlement du « front uni de l'Occident », le vieux chancelier trouvait avec soulagement un de Gaulle fort éloigné de ces « billevesées », et prévenu contre tout recul militaire plus ou moins déguisé face aux forces du pacte de Varsovie — le désengagement fût-il réciproque. On revient plus vite sur l'Elbe de Moscou que de Washington.

Ainsi allaient, avec leur mélange de chaleur dominante et de bouffées de méfiance, les relations franco-allemandes, quand, le 29 juillet 1960, Konrad Adenauer fut accueilli par Charles de Gaulle à Rambouillet, pour ce qui devait être le plus important de leurs tête-à-tête depuis celui de Colombey, vingt mois plus tôt.

Le moment est bien choisi. Le 14 mai, Adenauer a été reçu par de Gaulle en vue d'harmoniser les points de vue à la veille de la conférence « au sommet » qui doit réunir deux semaines plus tard à Paris, les représentants des USA, de l'URSS, de la Grande-Bretagne et de la France. Le général entend y représenter l'Allemagne comme — il ne le dit pas mais c'est la réalité — Churchill avait défendu les intérêts français à Yalta... Et le visiteur a pu vérifier à quel point son partenaire français met déjà en pratique « l'esprit de Colombey » de solidarité active.

La conférence à quatre ouverte*, les dirigeants de Bonn ont vivement apprécié le comportement du général de Gaulle lors des péripéties dramatiques (« mélodramatiques », écrit même Maurice Couve de Murville [5] dont ce n'est pas le registre favori) de cette rencontre, que Nikita Khrouchtchev sabota en exploitant au maximum l'incident provoqué par l'incursion d'un avion-espion américain au-dessus du territoire soviétique : bien qu'hôte des trois autres grandes puissances, et éminemment désireux d'associer son nom et Paris au succès de cette éclatante conférence (la troisième « au sommet » depuis la guerre), de Gaulle n'a cessé d'inciter à la fermeté un Eisenhower tenté par Macmillan de rechercher un compromis avec Moscou.

Et quelques jours plus tard, le 31 mai, dans une allocution télévisée, le général se donna pour objectif la construction d'une « Europe d'Occident... condition de l'équilibre du monde » dont la réussite, de toute évidence, passait par un accord préalable avec l'Allemagne fédérale. Il ne pouvait relancer avec plus de vigueur « l'esprit de Colombey ». En lui donnant une vocation plus ambitieuse encore. En septembre 1958, on avait liquidé le passé. En juillet 1960, il s'agirait de bâtir l'avenir, non seulement des deux puissances réconciliées, mais du continent tout entier.

Quelques nuages, pourtant, venaient voiler cette apparente harmonie : Michel Debré avait déclaré devant la Chambre que les États privés de la bombe atomique (la France vient de faire exploser la sienne) n'étaient que des nations « satellites ». L'accueil de Bonn ne pouvait être favorable...

A Rambouillet, de Gaulle ne se soucia guère de panser ces plaies. D'emblée, il jeta ses cartes sur la table, à propos de l'Europe. L'unification proposée par Paris serait une union d'États qu'on appela aussitôt « Europe des patries », organisant une coopération en vue de se transformer en une Confédération. Les communautés existantes seraient subordonnées au nouveau pouvoir politique. La défense serait un des thèmes majeurs de cette opération : en conséquence, l'OTAN serait réformée à l'initiative des Européens, pour couper court à une intégration qui leur déniait en ce domaine, l'essentiel des responsabilités.

C'était aborder les problèmes avec une franchise redoutable. Certes on entendait partir d'un accord franco-allemand. Il fallait que celui-ci fût profond, et non fondé sur des équivoques héritées du passé. Mais n'était-ce pas oublier un peu trop que l'Europe dont Adenauer avait été l'un des pères (aux côtés de Jean Monnet, Robert Schuman et Alcide de Gasperi) était fondée sur l'idée d'intégration ? N'était-ce pas défier ainsi le vieux chancelier ?

Dans le livre où il décrit la politique étrangère dont il fut le metteur en œuvre, Couve de Murville soutient que, sur ce thème de la confédération, « Adenauer marquait son plein accord et les responsables allemands, à vrai dire, n'en ont jamais par la suite envisagé d'autres**. Il donna donc son

---

* Voir chapitre 14.
** Ce qui est, semble-t-il, excessif. L'architecte de la diplomatie gaullienne prenait parfois ses désirs pour des réalités, et Adenauer pour plus éloigné de l'intégration qu'il n'était...

assentiment, encore que, pour le présent, il se montrât manifestement plus intéressé de beaucoup par une coopération organisée entre la France et la République fédérale qu'entre les Six du Marché commun. Autant que de Gaulle, le chancelier désapprouvait d'autre part les velléités excessives des Commissions européennes, leur tendance à essayer de se substituer aux gouvernements responsables, tout en n'exprimant son mécontentement, pour des raisons de politique intérieure, qu'avec de grandes précautions [6] ».

Même écho chez un autre des acteurs du drame. François Seydoux, ambassadeur de France à Bonn : « Le chancelier approuve. Mais, à Bonn, à Paris, dans d'autres capitales, c'est une tempête, et une tempête qui s'élève surtout contre le chancelier Adenauer. " Comment ! Vous, l'homme de l'intégration européenne ; vous, l'ami de Robert Schuman et de De Gasperi, vous tournez le dos à l'Europe supranationale pour vous lancer dans l'édification d'une Europe qui, en réalité, est destinée à développer le nationalisme des États qui la composent ? ". Le général et le chancelier laissent la tempête s'apaiser [7]... »

Ainsi les représentants de la France quittent-ils Rambouillet avec l'impression d'avoir obtenu l'accord du chancelier sur le thème de l' « Europe des patries » à structure confédérale, en dépit des critiques alentour. Rien de tel n'apparaît dans les *Mémoires* de Konrad Adenauer. Non seulement le mot de confédération n'est pas mentionné * (il n'y est question que de consultations répétées et de coopération intime), mais l'idée même n'est pas admise. Mieux (ou pire) : le vieil homme d'État conclut son évocation par le rappel de « malentendus manifestes [8] ».

Là où les deux parties ajustent leurs comptes rendus, c'est sur les désaccords qui se manifestèrent à propos de la nécessité d'une réforme de l'OTAN que le général tenta de faire avaliser par le chancelier — n'en obtenant qu'une approbation très nuancée. Lisons, sur ce point, Couve de Murville :

« L'opposition [du chancelier] se manifesta au sujet de la défense, autrement dit de l'OTAN. Apparaissait ici le troisième des éléments qui constituaient la trame des rapports franco-allemands, je veux dire les États-Unis d'Amérique. Déjà, en arrivant à Rambouillet, Konrad Adenauer était préoccupé. Certes, il demeurait, à proprement parler, éperdu d'admiration et de reconnaissance pour le rôle joué par de Gaulle lors des rencontres du 16 mai avec Khrouchtchev, pour la façon dont il avait alors conforté la fermeté du président Eisenhower. Mais il s'inquiétait des rapports franco-américains dans la mesure où la France mettait en cause l'organisation atlantique. Pour lui, le seul problème en matière de sécurité était, intégration ou pas, de garder les États-Unis solidement attachés à l'Europe — et l'on commençait déjà à parler d'une possible réduction des forces américaines sur le continent ! Quant à l'arme nucléaire, il ne désespérait pas, contre toute

---

* Dans la traduction française.

évidence*, qu'un jour elle pourrait être mise par les États-Unis à la disposition des armées européennes. Il manifestait enfin un certain agacement au sujet du programme atomique français. »

Ce fut, précise Couve « la première fois, ce fut aussi la dernière », qu'un dirigeant allemand critiqua la politique nucléaire française**. « Par la suite, ajoute-t-il, Adenauer lui-même, comme plus tard ses successeurs, ne devait pas manquer une occasion de se féliciter pour son pays et pour l'Europe qu'elle fût poursuivie sans défaillance. »

Discrimination atomique, Europe des patries, critiques gaulliennes du Pacte atlantique : telles furent les causes de cette période de méfiance et de doute où entra alors le chancelier à propos des rapports franco-allemands, bien qu'il les définît sans relâche comme la pierre angulaire de sa politique. C'est d'ailleurs à cette époque que fut signé (le 25 octobre 1960) un accord vraiment sans précédent dans l'histoire des deux nations : il autorisait en France des activités militaires allemandes — manœuvres dans les camps, stockage de matériel et usage des aérodromes.

La crise entre Adenauer et de Gaulle n'en persista pas moins pendant plus de six mois, envenimée par les campagnes menées par les milieux les plus francophobes de Bonn (et des autres capitales de la Communauté européenne, sans parler de Washington et de Londres), mais plus encore par les démarches d'Antoine Pinay qui, sitôt limogé du cabinet Debré, n'eut de cesse qu'il ne mît le chancelier en défiance contre de Gaulle.

Il y a sur ce thème, dans les *Mémoires* d'Adenauer, quelques pages[9] qui donnent la mesure du sens de la continuité de l'État dont pouvait être crédité M. Pinay. Le maire de Saint-Chamond courut à Bonn dénoncer le président de la République française et prédire sa chute prochaine du fait du désaveu de l'opinion. Puis, se rendant compte un peu tard du rôle qu'il jouait ainsi, il le qualifia lui-même, rapporte Adenauer, de « peu délicat ». En tout état de cause, qu'elle fût formulée par M. Pinay ou par un autre, la question se posait à Konrad Adenauer : de Gaulle était-il un partenaire crédible ?

Le 8 janvier 1961, la réponse était donnée : de Gaulle obtenait, lors du référendum sur l'Algérie, le « oui franc et massif » qui balayait d'un coup les pronostics de M. Pinay. Et du coup le chancelier de Bonn retrouvait en lui, intacte, la confiance que lui inspirait naguère son hôte de Colombey. Confiance d'autant plus nécessaire que trois épreuves lui étaient alors infligées : l'arrivée aux affaires, à Washington, d'une équipe dont il se défiait, la taxant d'« amateurisme », celle des Kennedy — bien que leur attachement à l'Europe et leur souci de relever le défi de Moscou (comme les efforts consentis à cette fin) fussent très supérieurs à ceux de leurs prédécesseurs ; puis, en août 1961, l'érection du mur de Berlin, aggravant la division de l'Allemagne ; et surtout, en septembre, le sévère avertissement que donnaient au chancelier les électeurs de la RFA — déçus par la défaite

---

* On verra pourtant cette offre formulée trois ans plus tard, par le truchement de la MLF (voir chapitre suivant).
** Dernière fois ? Certes non...

subie à Berlin par l'Occident et plus précisément par lui : ainsi privé de la majorité absolue, était-il contraint de faire alliance avec les libéraux. Lesquels lui imposeront le choix, aux affaires étrangères, de Gerhard Schröder, ce qui était glisser dans les relations entre Bonn et Paris un élément de trouble permanent, le nouveau ministre ne voyant dans les relations privilégiées entre Adenauer et de Gaulle qu'une atteinte portée à l'alliance, à ses yeux exclusive, avec Washington.

Mais, humilié à Berlin, bravé par le Bundestag, Konrad Adenauer tint à affirmer l'intangibilité de son autorité en donnant alors une impulsion accrue à ce qu'on appelait la « négociation Fouchet » * ouverte, à l'automne 1961, pour tenter de mettre en œuvre l'idée d' « Europe des États » lancée, on l'a vu, par le président français. En choisissant, pour l'y représenter, son ancien délégué en Pologne devenu secrétaire administratif du RPF, le chef de l'État français avait bien marqué qu'il entendait que ces négociations fussent conduites dans un esprit étroitement inspiré du sien : ce qui était d'avance mettre en garde, ou approfondir la méfiance de ceux — Belges et Hollandais notamment — qui voyaient malice gauloise à réorienter dans un sens confédéral et respectueux des souverainetés étatiques l'Europe de leurs rêves, fédérée et chapeautée d'organismes supranationaux.

Tout au long de cette négociation ouverte le 31 octobre 1961, le vieux monsieur de Bonn mit ses soins à soutenir les points de vue français. Mais il ne s'en croyait pas tenu pour autant à la complaisance. Reçu à Paris le 9 décembre 1961 après une visite à Washington, il tint d'abord à informer de Gaulle de ce que Kennedy lui avait « parlé du général et de la France avec un grand respect ». Mais c'était pour s'autoriser, lui, de vives remontrances, à propos de l'attitude de la diplomatie française où il voyait se manifester une sorte de « désintérêt » sinon de « passivité » dans les relations Est-Ouest — notamment à propos de Berlin.

Comment ? rugit le général. Si la France ne s'était pas dressée contre eux, Américains et Anglais seraient déjà en train de négocier avec Khrouchtchev ! Quand on négocie avec les Russes, c'est qu'on a déjà cédé... Et, si l'on en croit Adenauer (comment en tout cas ne pas le citer ?), son hôte lui aurait alors jeté que si l'Angleterre, l'Amérique et la République fédérale étaient prêtes à livrer Berlin, la France ne pouvait s'y opposer, mais ne voulait y avoir aucune part...

Livrer Berlin ? Lui, Adenauer ? Ce propos à la limite de l'insulte, le vieux chancelier ne put le supporter et rompit sur-le-champ l'entretien, « très irrité », précise-t-il [10]. On croirait entendre un écho des dialogues de Gaulle-Churchill en 1942... Il est clair en tout cas que la légende d'une lune de miel permanente entre les deux vieux leaders relève d'une fâcheuse simplification.

La suite du dialogue allait ramener entre les deux hommes une sérénité très contrôlée : ils tombèrent d'accord aussi bien sur la nécessité d'informer mieux Kennedy des affaires de l'Europe et de ses rapports avec l'URSS, que sur l'urgence d'une relance de l'unification politique du vieux continent, et

---

* Voir chapitre suivant « Les rivages de l'Europe ».

sur l'opportunité d'associer aux discussions la Grande-Bretagne, mais non le Commonwealth. Si bien que le communiqué publié dans la soirée de ce 9 décembre 1961 parlait d' « une unité de vues totale ».

Mais l'entente rétablie entre le général et le chancelier — qui va de pair avec l'aigrissement des rapports entre les deux ministres des Affaires étrangères Couve et Schröder — ne peut sauver le projet Fouchet : le 17 avril 1962, Belges et Hollandais le condamnent à mort en déclarant qu'ils ne sauraient se rallier à un plan d'unification européenne qui n'inclurait pas, dès l'origine, la Grande-Bretagne : geste de solidarité avec Londres, ou plus encore de méfiance à l'encontre de l'hégémonie franco-allemande ?

Ainsi récusés comme cosouverains de l'empire d'Occident (« ces deux moitiés de Dieu, le pape et l'empereur »), les deux vieux messieurs se retrouvent face à face. Faute de l'Europe politique du type confédéral qu'ils ont prétendu patronner, les voilà condamnés soit à se dénoncer l'un l'autre comme responsable (« Vous ! — Nein, Sie ! ») de l'échec de l'opération, soit à substituer au grand projet de sextuor un duo plus noble encore.

A-t-on besoin de M. Luns, si éminent que puisse être ce diplomate néerlandais, pour proclamer aux yeux du monde qu'à l'ouest du vieux continent les plus anciennes et glorieuses cultures de l'Occident et les nations qui ont contribué plus qu'aucune autre depuis Rome à en forger le destin s'unissent pour préserver, face au communisme, l'essentiel de l'héritage européen ?

A l'heure où, sous les coups d'une Angleterre marginalisée et d'une Amérique agacée de ces apartés entre protégés indociles — mais du fait aussi des « retouches » imposées à ses partenaires par l'homme de l'Élysée —, la raisonnable Europe du plan Fouchet vacille, de Gaulle et Adenauer vont inventer leur riposte commune à ce naufrage collectif : ce sera un mariage franco-allemand dont le poids spécifique, à lui seul, n'est guère inférieur à celui de l'Europe des Six, et supérieur à coup sûr à celui d'une Communauté qui n'eût été gonflée que pour mieux exploser à l'instigation du dernier venu.

Le 15 mai 1962, au cours d'une conférence de presse, Charles de Gaulle opère une de ces reconversions dont il a le secret : transformer l'échec européen en épiphanie de l'entente franco-allemande. Le concert est annulé ? Vive le dialogue ! Interrogé sur les perspectives de négociation à propos de Berlin et de l'Allemagne, il riposte :

> « Nous estimons qu'il ne faut pas à l'heure qu'il est, dans les circonstances présentes, s'en prendre à ce qui existe en Allemagne. C'est d'abord parce que nous croyons que toute négociation sur ce sujet risquerait comme je l'ai dit tout à l'heure, d'aboutir à un recul de l'Occident et aggraverait le danger. Mais c'est aussi parce qu'il y a une solidarité entre l'Allemagne et la France. De cette solidarité dépend la sécurité immédiate des deux peuples. Il n'y a qu'à regarder la carte pour en être convaincu. De cette solidarité dépend tout espoir d'unir l'Europe dans le domaine politique et dans le domaine de la défense comme dans le domaine économique.
> De cette solidarité dépend, par conséquent, le destin de l'Europe tout entière, depuis l'Atlantique jusqu'à l'Oural ; car s'il peut se créer à l'Occident de l'Europe, une construction, une organisation qui soit ferme,

prospère, attrayante, alors réapparaissent les possibilités d'un équilibre européen avec les États de l'Est et réapparaît la perspective d'une coopération proprement européenne, surtout si, en même temps, le régime totalitaire cesse d'empoisonner les sources [...]. Si la solidarité [franco-allemande] n'existait pas ou cessait d'être, l'Europe tout entière serait exposée à être la carrière des démons du malheur. »

On va donc s'employer à conjurer « les démons du malheur »...

Au lendemain de l'échec de la conférence de Paris sur le plan Fouchet *, écrit Maurice Couve de Murville, « il n'était pas question [...] de renoncer à l'espoir qu'un jour l'intérêt commun finirait par prévaloir entre Européens. Mais en attendant [...] puisque les Six ne parvenaient pas à s'accorder, la France et l'Allemagne devaient poursuivre ensemble ce qui, à Six, n'avait pu être entrepris ».

D'où l'éclat exceptionnel donné à la visite en France du chancelier Adenauer, du 2 au 9 juillet 1962. C'est le visiteur qui suggéra alors de conclure un accord de consultation systématique entre la France et l'Allemagne, donnant un cadre structurel à la pratique des rencontres régulières. « Dans son esprit, poursuit le ministre français, il s'agissait avant tout de s'organiser face à la menace soviétique. À défaut d'une coopération plus large, ce serait déjà un facteur nouveau d'importance majeure en Europe. Et puis une telle perspective ne conduirait-elle pas certains de nos partenaires à revoir leur attitude ? De Gaulle reprit la suggestion : au cas où, en définitive, ceux-ci persisteraient dans leur position négative, la République fédérale accepterait-elle de conclure à deux l'union politique envisagée ? Le chancelier donna son assentiment, ajoutant que si vraiment les autres ne comprenaient pas la nécessité d'une union, nous [...] aurions tout fait pour les éclairer[11]. »

Rédigeant le chapitre de ses Mémoires consacré à sa visite en France de juillet 1962, Konrad Adenauer écrit à propos des manœuvres dilatoires des partenaires européens qui conduisent Bonn et Paris à substituer un « simple » au jeu collectif : « Cela valait mieux que... de faire de la Grande-Bretagne l'arbitre de l'Europe. Dans toute la politique anglaise à propos de l'Europe [...] il ne s'agissait que d'une chose : l'Angleterre ne pouvait supporter que la France soit la puissance dominante[12]... »

Tout le récit du vieil homme d'État allemand est imprégné de ces deux idées-forces : que le couple franco-allemand est la pierre angulaire de la sécurité européenne ; mais que toute distance prise à l'égard de Washington est une prime donnée à l'Union soviétique. Dans son esprit, il s'agit donc de souder si étroitement son pays à la France qu'il servirait d'aimant entre de Gaulle et Kennedy. Alors que dans l'esprit du général, l'axe Paris-Bonn est vu dans une perspective presque antinomique : celle d'une indépendance accrue de l'Europe. Ainsi les cardinaux de Madrid et de Paris mariaient-ils autrefois le même dauphin et la même infante mais avec des intentions

---

* Envoyé à Alger par le général de Gaulle, M. Fouchet fut remplacé à la tête de la commission par le diplomate italien Attilio Cattani.

rivales : celui-ci de ruiner la maison d'Autriche et celui-là d'abattre l'Angleterre, ou de faire échec à l'électeur de Prusse. Et cela faisait parfois de vrais mariages.

Chose curieuse, cette solennelle visite du chancelier en France inspire assez peu les deux mémorialistes qui en furent les protagonistes. Si Adenauer rapporte minutieusement la teneur des entretiens, il passe très vite sur l'éclat des manifestations organisées en son honneur. Et de Gaulle qui a exprimé au visiteur son « espérance, sa confiance et son amitié » est lui aussi peu loquace sur cette célébration, à laquelle il avait pourtant mis tous ses soins.

Le chef de l'État français avait voulu, aux yeux de son hôte et du monde, théâtraliser au maximum ces noces entre vieux ennemis. Par les armes, et par la prière. Sur le champ de manœuvre de Mourmelon, il fit défiler devant l'homme d'État de Bonn 600 chars venus des deux pays. Jamais depuis que les Allemands avaient fait l'Allemagne, les troupes des deux États n'avaient ainsi manœuvré ensemble. Hommage solennel à la paix armée...

Puis, dressés côte à côte, le chancelier et le général avaient assisté à une messe dans la cathédrale de Reims, naguère symbole de la « barbarie » allemande, devenue le foyer de la commune espérance. Là, vraiment, s'était incarné le nouveau souffle, ainsi défini par de Gaulle :

> « Pour animer la grande tâche européenne et mondiale qu'ont à accomplir en commun les Germains et les Gaulois, il était essentiel que l'âme populaire manifestât son approbation de ce côté-ci du Rhin. Pour que votre rôle à vous, dans les relations nouvelles qui sont celles des deux pays, fût reconnu et célébré comme il convient, il fallait que chez nous le sentiment public vous rendît hautement hommage. [...] On peut bien dire qu'à votre passage à Paris et dans nos provinces, " la voix du peuple fut la voix de Dieu " [13]. »

Cette célébration lyrique ne pouvait aller sans contrepartie. Deux mois plus tard, du 4 au 9 septembre 1962, Charles de Gaulle était à son tour l'hôte de la République fédérale. A Colombey, à Rambouillet, à Reims allaient répondre Bad Godesberg, Hambourg et Munich. A ceci près que si Adenauer disposait en France d'un solide crédit, fondé sur une carrière vouée au rapprochement entre les peuples des deux rives du Rhin, le personnage de Charles de Gaulle était controversé en Allemagne. On prévoyait néanmoins que son voyage serait un succès.

Ce fut un triomphe, au-delà de ce que quiconque aurait pu imaginer. Tous les témoins s'accordent à parler, l'un de « ferveur », l'autre d' « enthousiasme ». Envoyé spécial du *Monde,* André Passeron rapporte que « l'accueil que réservent [à de Gaulle] pendant une semaine une dizaine de villes allemandes va au-delà des prévisions les plus chaleureuses. Le délire des foules germaniques est tel qu'il inquiète même certains hommes politiques français qui reprochent au général, en se faisant plébisciter par le peuple allemand, de lui avoir un peu trop vite enlevé ses complexes de culpabilité [14] ».

Les entretiens politiques entre Adenauer et de Gaulle retiennent moins l'attention que le crescendo des manifestations populaires, d'une apparition du général à l'autre, à Cologne, à Düsseldorf, à Duisbourg où il s'adresse en allemand aux ouvriers des usines Thyssen, à Hambourg où il harangue les officiers de l'École de guerre ou encore à Ludwigsburg (Munich) où il s'adresse aux étudiants. Il termine tous ses discours en dressant ses grands bras vers le ciel et en clamant : « *Es lebe Deutschland ! Es lebe Deutsch-französische Freundschaft.* »

Il lance à ses auditeurs : « *Sie sind ein grosses Volk* » — vous êtes un grand peuple * — non sans faire observer à son entourage : « S'ils étaient encore un grand peuple, ils ne m'acclameraient pas comme ça ! » Et il met un comble au ravissement de ses auditoires en comparant leur accueil aux « vagues du Rhin, innombrables et puissantes ».

Le temps fort de son voyage, c'est tout de même devant les officiers de l'Académie militaire de Hambourg qu'il le vit, prenant tous les risques — et critiqué de ce fait par une partie de la presse des deux pays — en évoquant, entre les deux peuples, la « solidarité des armes » en des termes presque provocants :

> « C'est le fait des Français et c'est le fait des Allemands qu'ils n'ont jamais rien accompli de grand, au point de vue national ou au point de vue international, sans que, chez les uns et chez les autres, la chose militaire y ait éminemment participé. En raison de notre nature propre aussi bien que du commun danger, la coopération organique de nos armées en vue d'une seule et même défense est donc essentielle à l'union de nos deux pays. Après tout, comme l'écrivait votre Zuckmayer **, " il était hier de notre devoir d'être ennemis, c'est aujourd'hui notre droit de devenir frères ". »

Mais sur le plan politique, on le voit très soucieux de « coller » aux vues de ses hôtes, moins roi de France que souverain d'Occident. S'il prône si fort l'entente entre les deux pays, c'est, dit-il, aussi bien pour faire face à « l'ambition dominatrice des Soviétiques » que pour servir de « môle de puissance » continental à l'Alliance occidentale et à l'Europe. Rien que n'aurait pu dire Konrad Adenauer lui-même, qui, évoquant les propos tenus par son hôte en République fédérale, parle de sa « joie » et de sa « reconnaissance [15] ».

Le triomphe du général de Gaulle — indissociable de la signature des accords d'Évian qui, dix mois plus tôt, avaient mis le comble à son prestige — prit une forme tellement bruyante, tellement exaltée, qu'il ne pouvait manquer de susciter des contrecoups. Dans la presse allemande, certains parlaient sans trop de bienveillance du « sacre d'un empereur d'Europe ». A Londres et à Washington, les sarcasmes furent plus vifs — et, à Moscou, on dénonça ces encouragements donnés au militarisme et au nationalisme allemands.

Le triomphe du général était allé trop loin. Réveillé de cette griserie, le

---

* Phrase déjà dite publiquement en 1945.
** Dramaturge allemand du XXᵉ siècle, auteur notamment du *Général du diable* (1946).

chancelier s'interrogea. Où le menait donc de Gaulle, sous les apparences de cette généreuse, fastueuse, lumineuse réconciliation ? Hors du giron américain ? Il était beau de porter à cet état de fusion, propre à la soudure, les relations franco-allemandes. Mais la réaction du protecteur américain devenait trop défavorable pour ne pas alerter un homme comme le chef du gouvernement de Bonn.

Tandis que le Quai d'Orsay, battant le fer tant qu'il était chaud, faisait parvenir à Bonn, le 17 septembre 1962, un projet de texte donnant une forme plus précise aux offres d'échanges et de coordination présentées par les dirigeants de la RFA, Konrad Adenauer allait accueillir sans défaveur les avances de Washington à propos d'une « force multilatérale » européenne. Évoquant vaguement la défunte CED, ce projet constituait de toute évidence une nouvelle tentative américaine de noyer les initiatives proprement européennes dans un complexe atlantique sur lequel Washington aurait la haute main : exactement ce contre quoi le général de Gaulle ne cessait de lutter, ce contre quoi le traité bilatéral franco-allemand allait tenter de réagir. Ce qui n'empêcha pas le chef du gouvernement allemand de signer, le 10 janvier 1963, un accord d'adhésion à la « force multilatérale ».

Konrad Adenauer était repris dans le perpétuel balancement qui marquait sa politique, entre les séductions françaises et la puissance tutélaire des États-Unis. Sans mettre en question la prééminence de la garantie américaine, la consolidation des liens spécifiques avec la France risquait-elle de faire douter Washington de sa mission en Europe ? L'événement allait trancher, au moins pour un temps. La crise provoquée par l'installation des missiles soviétiques à Cuba démontra à la fois que les stratèges américains pouvaient se laisser surprendre par Khrouchtchev et que, face aux menaces de l'Est, le général de Gaulle faisait preuve d'une fermeté exemplaire. N'avait-il pas été le premier de tous les alliés des États-Unis à proclamer sa solidarité inconditionnelle avec John Kennedy ?

Décidément, l'homme fort de Paris avait du bon : en attendant que fussent mieux éclairées les intentions américaines et dévoilées les arrière-pensées anglaises, le traité franco-allemand serait le point de départ d'une puissante structure politique occidentale. Le général de Gaulle ayant déclaré le 17 janvier 1963 que « l'entente franco-allemande [était] le fondement même de la politique étrangère de la France », le chancelier prit le chemin de Paris avec l'intention bien arrêtée de pousser jusqu'à leurs conséquences extrêmes les relations ainsi établies : c'est-à-dire jusqu'à la signature d'un traité solennel.

A la veille de procéder à ce couronnement de cinq années d'intimité coupée de brefs orages, Adenauer et de Gaulle eurent un entretien que le premier rapporte avec une minutie émouvante, et qui révèle l'extraordinaire ascendant exercé par le général sur le vieux monsieur de Cologne.

Comme le chef de l'État français lui décrit pour la vingtième fois la réforme de l'OTAN qu'il souhaite, en vue d'aboutir à la disparition de l'hégémonie américaine et à la remise aux Européens de l'égalité du pouvoir de décision stratégique, l'Allemand — dont on sait pourtant l'attachement passionné à la garantie américaine, attachement qui vient de s'exprimer par son adhésion à la « force multilatérale », et qui ne peut manquer de mesurer ce que les exigences du général peuvent avoir de choquant pour le grand frère de Washington — répond ceci, qu'il faut citer avec soin :

« Je fis observer que de Gaulle sous-estimait *(sic)* l'influence de la France et la sienne propre [...]. Le général de Gaulle jouissait d'une grande considération aux États-Unis [où] la France était aimée et estimée [...] peut-être encore plus que l'Angleterre. J'étais d'avis que les Américains avaient besoin de l'Europe. Kennedy désirait en recevoir des conseils [...]. Je priai instamment de Gaulle de mettre à profit toutes les occasions qui s'offraient. L'influence personnelle ne pouvait évidemment pas tout changer, mais elle pouvait agir sur l'orientation des affaires [16]. »

Et le visiteur d'insister encore sur son désir de voir de Gaulle « influencer les Américains par sa personnalité et la sagesse de sa politique ». On imagine l'effet produit par ces mots sur un homme comme le général, qui se voyait ainsi investi par le plus sage des sages européens d'une mission de guide planétaire. Le vieil homme voulait-il, par l'hyperbole de l'hommage et l'immensité de la charge, souder plus étroitement le Connétable à l'Occident ? Quitte-t-on qui vous a pris pour mentor ?

Bref, on en vint au traité auquel, écrit le ministre français des Affaires étrangères, « le chancelier voulait donner la forme la plus solennelle possible. Il entendait par là, bien sûr, en souligner le caractère fondamental Surtout, il voulait lier ses successeurs par un acte juridique qui assurerait en tout état de cause la permanence de la coopération franco-allemande. Ce serait aussi le dernier acte important de sa vie politique active et il tenait à le marquer. Ainsi fut-il finalement décidé de transformer le mémorandum initial en un traité en bonne et due forme, qui serait soumis aux Parlements de l'un et l'autre État [...]. Il resta ferme dans sa détermination d'aller jusqu'au bout malgré les pressions auxquelles il était soumis et qui s'exercèrent encore pendant son séjour à Paris [17] »...

Ces pressions venaient de certains secteurs de Bonn, mais aussi de Londres (qui venait de s'entendre signifier par de Gaulle le refus de son adhésion à la Communauté européenne) et de Washington, qui voyait dans le traité une opération manigancée par la France contre la reprise en main des partenaires atlantiques au sein de la « force multilatérale ».

Au moment même où Paris venait ainsi d'accepter d'entrer en conflit avec les deux puissances anglo-saxonnes, le traité de l'Élysée faisait figure de défi à l'hégémonie américaine : et voici que le vieux sage de Bonn s'associait aux foucades de ce général qui n'avait jamais cessé d'être le rebelle d'Anfa, l'exclu de Yalta, le diffamateur du Pacte atlantique...

Que le traité n'ait pas été du goût de tous les dirigeants de Bonn, on en trouve le témoignage dans le livre consacré à ce sujet *(Die Sachgasse,* l'Impasse) par l'un des chefs de file de la diplomatie allemande, Hans Huyn, alors proche collaborateur de Gerhard Schröder. A peine l'avion s'était-il envolé de Paris, raconte-t-il, l'un des adjoints de Schröder s'approcha de lui et lui confia : « Le ministre est furieux qu'Adenauer l'ait obligé de signer un tel traité. » Il suffit d'ailleurs d'examiner avec soin la photo officielle de l'échange des paraphes à l'Élysée, où l'on voit de part et d'autre des deux leaders, stylos en main, des Français épanouis et un Schröder au visage fermé, pour se faire une idée de ce que pourraient être les lendemains, à Bonn, où chacun savait que la signature du traité précédait de peu la retraite du vieux chancelier.

Mais les ennemis de l'accord n'allaient pas attendre qu'Adenauer ait le dos tourné pour lui infliger le pire des camouflets : l'adjonction à l'accord, au moment de sa ratification par le Bundestag, au mois de mai, d'un préambule qui le vide de son sens. Donnons la parole au journaliste allemand August von Kageneck : « Ce document unique dans les annales diplomatiques*, n'ayant en tant que déclaration unilatérale aucune valeur juridique, tuait pratiquement dans l'œuf l'espérance que cet accord historique entre deux peuples si longtemps séparés par la haine avait suscitée [18]. »

Ce texte stipulait en effet que le traité ne devrait nuire ni à l'association entre l'Europe et les États-Unis, ni à la défense commune dans le cadre de l'Alliance atlantique, ni à la participation de la Grande-Bretagne à l'unification européenne. On ne pouvait prendre plus minutieusement le contre-pied de tout ce qui faisait la raison d'être du traité. Préambule ? Non : manifeste de nullité de ce qui allait suivre... Imaginons le texte du *Capital* préfacé par Ronald Reagan. « C'était la négation de l'Europe européenne [...]. De Gaulle ne pouvait qu'exprimer sa désapprobation pour un tel procédé [19]... »

Le général avait choisi de prendre les devants. Un mois plus tôt, rencontrant Willy Brandt, alors simple maire de Berlin et vice-président de son parti, mais déjà prestigieux, il l'avait averti que si le texte du préambule dont l'avait avisé son ambassadeur à Bonn (et qui, disait-il, émanait du parti social-démocrate) était adopté par le Parlement fédéral, il y verrait une « offense personnelle ». Brandt ne voulait pas « offenser personnellement » de Gaulle. Mais il voulait infliger une défaite à Adenauer. Ainsi les « atlantistes » de Bonn, soutenus sinon inspirés par ceux de Washington, de Londres et de Bruxelles et même de Paris — Jean Monnet se vante dans ses Mémoires d'avoir été l'inspirateur de ce texte** — avaient gagné.

Dans de tels cas, Charles de Gaulle ne reste pas longtemps à essuyer un crachat sur sa joue. Mais la seule revanche qu'il put prendre fut littéraire. Le 2 juillet, à la veille de rendre à Bonn la dernière visite qu'il ferait à Konrad Adenauer en tant que chancelier, le général déclarait :

« Les traités, voyez-vous, sont comme les jeunes filles et comme les roses : ça dure ce que ça dure. Si le traité franco-allemand n'était pas appliqué ce ne serait pas la première fois dans l'Histoire. » Et de citer le vers célèbre de Hugo : « Hélas ! Que j'en ai vu mourir de jeunes filles... »

Célèbre amateur de roses, le chancelier ne pouvait manquer de riposter sur ce terrain. Accueillant le général quelques jours plus tard, il déclarait : « J'ai

---

* Encore que les gouvernements français de 1952 à 1954 en eussent fait de même à propos de la CED.
** Ce que confirme très fermement Maurice Couve de Murville.

lu que les roses et les jeunes filles pâlissaient vite. Les jeunes filles peut-être. Mais, voyez-vous, pour les roses, je m'y connais. Et les plantes qui ont le plus d'épines sont les plus résistantes. Les roses de Rhöndorf * ont passé l'hiver brillamment. Cette amitié entre la France et l'Allemagne est comme une rose qui portera toujours des boutons et des fleurs. Je crois que cette amitié étroite portera de nouveaux fruits. Si elle n'existait pas, toute initiative pour faire l'Europe serait condamnée de prime abord à l'échec... »

Le général se devait d'enchaîner :

« ... Vous avez raison, monsieur le Chancelier, le traité n'est pas une rose ni même un rosier, mais une roseraie. Une rose ne dure que l'espace d'un matin. Les jeunes filles aussi. Mais une roseraie dure très longtemps quand on le veut [20]. »

Dans cet assombrissement de la fin de 1963, il ne faut pas voir seulement l'effet de la retraite de Konrad Adenauer. L'affaissement de l'un de ses deux piliers ébranle à coup sûr l'édifice bilatéral. Mais trois autres facteurs auront joué leur rôle : le voyage de John Kennedy en Allemagne, le retrait de l'OTAN de la flotte française de l'Atlantique, les rêves suscités en République fédérale par la « force multilatérale » inventée par les stratèges américains. Autant de gestes et de manœuvres qui affaiblissaient l'impact français et rattachaient l'avenir allemand à l'espace atlantique.

La visite en République fédérale du président Kennedy, l'accueil enthousiaste qui lui avait été fait, l'acclamation qui avait salué, dans l'ancienne capitale de l'empire, son « *Ich bin ein Berliner* », plus efficient, du point de vue politique, que le « *Es lebe Deustchland !* » de Charles de Gaulle, avaient fait pâlir le triomphe gaullien de septembre 1962, tandis que, retirant ses forces navales atlantiques de l'OTAN (pour des raisons qui, devait le dire John Kennedy à Konrad Adenauer, devaient beaucoup à l'hégémonie exercée en ce domaine par les Anglais), le général ne pouvait manquer de faire rêver ses partenaires allemands à cette « force multilatérale » où la République fédérale pourrait peut-être, suggérait Macmillan, avoir accès à l'arme nucléaire...

Mais pourquoi faire mine de ne voir que des causes circonstancielles à cet affaiblissement de l'emprise gaullienne sur Bonn ? C'est sur le fond, et pour des raisons permanentes, que la classe politique et l'opinion allemandes prennent leurs distances : aller vers Paris, oui. Mais si ce rapprochement doit se payer d'un éloignement de Washington, non. Entre ces deux amis, le citoyen de la RFA choisit celui qui assure sa sécurité.

La retraite de Konrad Adenauer, en octobre 1963, n'en marqua pas moins la fin de la *Stern Stunde* franco-allemande, de cette heure des étoiles qu'avait ouvert en 1958 le face-à-face de La Boisserie, et couronné la signature du traité de janvier 1963. Superbe performance historique. Quarante messages

---

* La propriété du chancelier, dont la roseraie était fameuse.

échangés, une quinzaine de rencontres en tête à tête prolongées par des conférences interministérielles : ces cinquante-deux mois de dialogue par-dessus des siècles de rage avaient eu leur grandeur.

Grandeur trop personnalisée ? Axée sur une histoire bilatérale à surmonter, plutôt que sur un avenir global à construire ? Fondée sur le malentendu entre deux projets divergents, l'un embrassant l'autre pour mieux l'attirer vers un Ouest d'essence anticommuniste dans lequel l'Allemagne fédérale s'inscrit mieux que la France ; l'autre tendant à faire du Rhin l'axe d'une autonomie européenne qui serait à son tour l'instrument d'une paix mondiale fondée sur la détente ? Certes.

Mais ce qui surnage de ce singulier dialogue de Burgraves, assez rusés l'un et l'autre pour ne pas être dupes de la dissemblance de leurs projets mais assez réalistes pour accommoder leurs visions au mieux à la fois de leurs intérêts nationaux et de leurs objectifs communs, c'est la fin d'un âge. L'après-guerre est finie. L'ère des nations n'est pas close, mais celle d'un type de conflits est achevée. La retraite du « vieux » contraindra de Gaulle à en prendre plus clairement conscience.

L' « après Adenauer » n'est pas le temps d'une deshérence, ou d'une retraite au désert. Maurice Couve de Murville a très bien décrit les tentatives faites par le successeur du vieux monsieur de Rhöndorf, le chancelier Ludwig Erhard, pour ranimer le projet d'Europe politique à l'initiative franco-allemande :

« Le [nouveau] chancelier revenait inlassablement sur le sujet de l'union politique. Il faisait effort, avec une sorte de désespoir, pour se convaincre et nous convaincre à chaque rencontre que le moment était venu de prendre une initiative pour relancer les projets. Nous ne pouvions que l'écouter avec sympathie et manifester les mêmes espérances. Mais nous savions nos autres partenaires, même l'Italie, toujours aussi peu intéressés, aussi réticents, sinon négatifs [...]. Ludwig Erhard [...] n'arrivait pas à dissimuler qu'il éprouvait comme un sentiment de culpabilité à se réunir constamment avec les seuls Français. Il pensait sans doute que beaucoup serait pardonné si le traité franco-allemand se confondait finalement dans un accord à Six inoffensif et rassurant [21]... »

Mais désormais le débat s'étend à l'Europe, se commercialise et se globalise. L'Allemagne est moins centrale. Charles de Gaulle se penche avec bienveillance vers ce gros monsieur à tête de bébé suralimenté venu de Bavière pour se substituer au seigneur des roses rhénanes, ce Ludwig Erhard qui ne dissimula pas à quel point les initiatives françaises des années 1964-1966 (reconnaissance de la Chine populaire, « chaise vide » de 1965, sortie de l'OTAN...) le laissent « pantois et terrifié [22] ». Il manifestera quelque sympathie au successeur d'Erhard, le chancelier Kiesinger, qui affiche des sentiments discrètement profrançais *, et aussi à Willy Brandt, auquel il aurait apparemment pardonné le « préambule terrible » de mai 1963.

Le traité si rudement mis en cause par le Bundestag, la presse de Bonn et

---

* Avec d'autant plus de soin qu'il a été membre du parti nazi.

de Hambourg et les amis de M. Schröder, est appliqué avec un soin honorable par les deux bureaucraties et les deux classes politiques. Le contrat est rempli. Et même quand le général de Gaulle prend le risque majeur de se couper de ses alliés, d'abord en imposant des tarifs agricoles communautaires qui semblent, vus de Bonn, des actes de guerre économique, puis en laissant vide la chaise de la France lors des conseils de la Communauté, en 1965 à propos de la question de la majorité simple au sein de cet organisme, enfin en se dégageant de la structure militaire de l'OTAN, en 1966, le cadre forgé trois ans plus tôt résiste.

Un courant « gaulliste allemand » se manifestera, animé aussi bien par ceux qui voient dans le général un symbole et un alibi de leur nationalisme, comme Franz Josef Strauss, que par ceux qui le tiennent pour un héraut de la détente avec l'Est : tel, non sans réserve, Willy Brandt. Lequel pouvait déjà trouver la définition de son « ost-politik » dans ce passage d'une conférence de presse du général de Gaulle, le 25 mars 1959 :

> « La réunification des deux fractions en une seule Allemagne, qui serait entièrement libre, nous paraît être le destin normal du peuple allemand, pourvu que celui-ci ne remette pas en cause ses actuelles frontières, à l'ouest, à l'est, au nord et au sud et qu'il tende à s'intégrer un jour dans une organisation contractuelle de toute l'Europe pour la coopération, la liberté et la paix. Mais, en attendant que cet idéal* puisse être atteint, nous croyons que les deux parties séparées du peuple allemand devraient pouvoir multiplier entre elles les liens et les relations dans tous les domaines pratiques. Les transports, les postes, l'activité économique, les lettres, les sciences, les arts, les allées et venues des personnes, etc. feraient l'objet d'arrangements qui rapprocheraient les Allemands à l'intérieur et au profit de ce que j'appellerai la " chose allemande " qui leur est, après tout, commune, en dépit des différences des régimes et des conditions »

Mais un temps est clos. Le général pourra encore dialoguer avec le retraité de Rhöndorf** : la saison des roses l'a cédé à celle des jardiniers. Une certaine musique aussi s'est évanouie, où le cœur a eu sa part, sans que le Connétable se crût obligé de le masquer. Curieux instant dans la vie de cet homme, où les mots « ami » et « amitié » reviennent avec une insistance qui eût paru suspecte ou choquante, venant d'autres, à ce théoricien de l'État sans entrailles.

Faut-il y voir un effet de l'âge ? La communauté de génération ? L'immensité des malheurs anciens sur lesquels s'épanouit cette relation singulière ? La possibilité d'un échange culturel en profondeur, à travers poètes, philosophes et historiens ? Le lyrisme immanent qui s'attache à une certaine Allemagne ? Le fait est que ce voyage sur le Rhin et ce temps des roses marquent, dans la vie de Charles de Gaulle, une singulière irruption de l'affectivité dans le domaine public.

En fin de compte, un échec ? A quoi aura servi, à la réconciliation entre les

---

* C'est le mot clé de ce texte — qui montre que, chez de Gaulle, ses bonnes intentions n'étaient tout de même que des projets à très long terme.
** Mort à 91 ans en 1967.

deux peuples, à la construction européenne, à la cause de la paix, cette exaltation sentimentale, cet « opéra du Rhin » chanté à deux voix, si exclusives des autres qu'elles ne pouvaient qu'offusquer les spectateurs ou les comparses, éveiller les jalousies, raviver les rivalités ? Les apartés ne vont jamais sans susciter la méfiance. En réduisant à un duo épique tout irradié d'histoire le règlement des problèmes allemands, européens et occidentaux, Charles de Gaulle et Konrad Adenauer avaient pris des risques aggravés par leur âge, et tenu un compte insuffisant de la structure complexe des problèmes traités, et des sociétés politiques dont ils étaient, même le premier, les délégués.

Tant d'effusions, et si hautes ; tant de propos, et si nobles ; tant de promesses, de gestes, de mythes remués, de souvenirs transfigurés, tant d'éloquence enfin et de symboles se sont-ils retournés contre leurs inventeurs ? Fallait-il à ce point dramatiser une œuvre audacieusement amorcée en 1950 par Jean Monnet et Robert Schuman, Adenauer et Walter Hallstein, mûrie et presque accomplie déjà sous l'égide du vieux chancelier et d'hommes comme Pleven, Mendès, Pinay et Mollet ? Fallait-il convoquer les demi-dieux du Walhalla pour mettre à jour l'or du Rhin ?

Poser ce problème, c'est poser celui du caractère opératoire du gaullisme, ou plutôt de Charles de Gaulle. Qu'est une politique sans verbe, ni signes, ni rêves ? Qu'est une diplomatie réduite à ses effets, noyée dans ses ruses, corsetée par ses procédures ? Qu'est la vie d'un peuple sur lequel ne plane pas le génie de la Bastille, la Lorelei, le fantôme de Garibaldi ?

« Je les amusais avec le Rhin... », observait en 1947 le retraité de Colombey méditant devant Claude Mauriac sur ses relations avec les Français. Vingt ans plus tard, le Rhin est toujours là, au centre de la mythologie gaullienne. Mais alors, il en a fait un mythe positif.

Ce mot encore. Le 24 avril 1969, trois jours avant le référendum qui allait l'exclure de la vie politique et en connaissant déjà l'issue, le général reçoit à l'Élysée Maurice Schumann, auquel il fait prévoir sa prochaine désignation à la tête de la diplomatie française. Sur un ton testamentaire, le vieux chef d'État déclare à l'ancien porte-parole de la France combattante qu'aucune politique extérieure française ne saurait plus se concevoir qui ne soit « fondée sur l'irréversibilité de la réconciliation franco-allemande ». Ce sont là peut-être les derniers mots qu'ait prononcés à titre de chef d'État, en matière de diplomatie, Charles de Gaulle. Ce pourrait être le « dernier mot » sur la question.

12. Les rivages de l'Europe

Anti-européen, de Gaulle ? On l'a beaucoup écrit.

On le qualifierait mieux d' « européen » malheureux. Lui dont la fortune favorisa tant d'entreprises en apparence plus hasardeuses — et d'abord celle-ci, monumentale : la construction par le verbe et la gesticulation épique du personnage historique nommé Charles de Gaulle —, lui qui transféra une France encore toute imbibée de vichysme dans le camp des vainqueurs, lui qui ressuscita du tombeau politique et qui, alors, détacha du territoire national quatorze départements sous les acclamations de la majorité patriote, on le voit ici condamné à ne remporter que des victoires partielles, tarifaires, procédurières — au demeurant utiles et durables — et impuissant à convaincre ses partenaires de l'excellence de son maître plan : bâtir une « Europe européenne » (donc autonome par rapport aux États-Unis) confédérant les États-nations du vieux continent autour d'un aimant situé à Paris et manipulé par lui, de Gaulle.

Superbe projet dont le défaut est qu'il suppose que la France est le cœur, l'âme, le noyau de l'Europe entre une Angleterre et une Italie périphériques, une Allemagne divisée et une Espagne marginale ; que l'espérance commune des Européens, Français et non-Français, est dans l'indépendance mieux que dans la sécurité ; et que l'influence de la France leur paraît moins attentatoire à leur liberté que l'hégémonie des États-Unis.

Reprenons ces composantes de l'Europe que prétend construire de Gaulle. D'abord, c'est sur l'idée d'autonomie qu'il met l'accent, plaidant pour « une Europe européenne, autrement dit indépendante, puissante et influente * au sein du monde de la liberté ». Idée qu'il avait déjà exprimée plus fortement encore en rédigeant le troisième tome de ses *Mémoires de guerre* au début des années cinquante :

> « Amener à se grouper, aux points de vue politique, économique, stratégique, les États qui touchent au Rhin, aux Alpes, aux Pyrénées. Faire de cette organisation, l'une des trois puissances planétaires et, s'il le faut un jour, l'arbitre entre les deux camps soviétique et anglo-saxon. Depuis 1940, ce que j'ai pu accomplir et dire ménageait ces possibilités [1]. »

Ce qui était rompre avec la vision de la plupart des inventeurs de l'Europe, de Jean Monnet à Paul Henri Spaak, qui la voyaient beaucoup plus comme le rivage oriental d'un ensemble atlantique inspiré et armé par les États-Unis.

---

* « Influente », donc apte à la décision en tous domaines, y compris militaires.

Cette Europe « indépendante », de Gaulle la situe certes « au sein du monde de la liberté * ». Mais il est clair qu'à cet ensemble de peuples libres le général entend donner une mission spécifique et autonome entre les deux blocs, étant l'ami de l'un mais tendant à s'ouvrir sur l'autre. En tout cas, s'assignant comme objectif suprême un arbitrage planétaire et, à long terme, la dissolution desdits blocs.

Deuxième idée : celle du respect des structures d'État. On ne saurait être plus clair qu'il le fut lors de sa conférence de presse du 5 septembre 1960 :

> « Construire l'Europe... [c'est] procéder non pas d'après des rêves, mais suivant des réalités [...]. Quelles sont les réalités de l'Europe, quels sont les piliers sur lesquels on peut la bâtir ? En vérité, ce sont les États [...] les seules entités qui aient le droit d'ordonner et le pouvoir d'être obéies [2]... »

Le troisième thème gaullien est le caractère continental de l'Europe. Ici, le géographe saisit l'historien, qui saisit le politique. A tout ce qui peut être dit pour justifier la coopération de la démocratie anglaise à l'édification de l'Europe, qui lui doit entre autres la tradition parlementaire et le système de communication de masse dont s'inspire depuis trois ou quatre générations la vie publique occidentale, le général de Gaulle oppose des références historiques qui semblent autant de variations sur le fameux « l'Angleterre est une île » de Michelet :

> « Que la Grande-Bretagne soit foncièrement opposée à l'entreprise [européenne], comment s'en étonnerait-on, sachant qu'en vertu de sa géographie, par conséquent de sa politique, elle n'a jamais admis, ni de voir le continent s'unir, ni de se confondre avec lui ? On peut même dire d'une certaine façon que, depuis huit siècles, toute l'histoire de l'Europe est là [3]... »

Mais cette Europe continentale, indépendante et pluriétatique ne serait pas vraiment gaullienne si elle ne se réclamait pas d'une inspiration avant tout politique et irrésistiblement française. Ce qui distingue ici le général de tel ou tel de ses prédécesseurs ou successeurs — de Pierre Mendès France à Georges Pompidou — c'est moins la mise à l'écart de la Grande-Bretagne que le principe du « politique d'abord » qu'on pourrait croire emprunté à Maurras si de Gaulle avait besoin, en ce domaine, d'inspirateur.

Sitôt qu'il s'empare du dossier — les soubassements économiques ayant été mis en ordre, grâce à lui, dès le début de 1959 —, c'est pour mettre l'accent sur l'urgence de politiser l'affaire. Jusqu'alors, on avait cheminé sur une voie économique — non sans se donner des objectifs politiques, évidents chez Robert Schuman —, puis tenté de se hisser au plan militaire. Le général tente de passer très vite au concert des États — à la fois pour rappeler leur prééminence sur la Commission qui prétend s'ériger en supergouvernement, et pour marquer que la question des souverainetés est posée. En tout cas

---

* Il prend soin de dire « monde de la liberté » et non « monde libre » — expression typiquement américaine.

celle de la France, sur laquelle il n'entend pas transiger, fût-ce par les voies obliques des organismes communautaires.

Pendant l'été 1961, le général convoque Edgard Pisani pour lui confier le ministère de l'Agriculture. L'ancien préfet de la Haute-Marne se dit fort honoré de cette offre, mais mal placé pour y répondre, étant « européen », alors, dit-il, que son interlocuteur ne l'est pas... « Détrompez-vous, fait de Gaulle, je veux faire l'Europe moi aussi. Mais je ne suis pas pressé. La France n'est pas encore assez forte pour prendre la tête du mouvement[4]... »

Ouvrons les *Mémoires d'espoir* au chapitre « Europe ». Il n'y est d'abord, pendant trois pages, parlé que de la France, de ses malheurs et de sa résurrection[5]. Et ce n'est qu'après ces rappels qu'apparaît la référence à l'Europe, comme une sorte de prolongement spatial de cette renaissance. Rien ici d'agressif, ni de dédaigneux, et moins encore de « dominateur ». Mais cette démarche est irrésistiblement française : la substance même, le dur noyau du continent se trouvant situé entre l'océan, les Alpes et le Rhin, c'est en ces lieux marqués de la plus intense histoire, c'est au cœur de ce champ de bataille permanent, c'est sur cette pierre martyrisée que doit être bâti le nouveau Saint-Empire. Retenons la remarque faite par Harold Macmillan après la visite que lui fit de Gaulle en 1961 à Birch Grove : « He talks of Europe, and means France[6] » (« Il parle de l'Europe, mais c'est de la France qu'il s'agit »).

Et quand, en 1961, au moment de proposer à ses cinq partenaires européens son projet majeur, ce « plan Fouchet » qui porte sa marque et exprime si évidemment sa vision d' « Europe des patries » (où le mot est, généreusement, écrit au pluriel), il ne peut se retenir de lui assigner Paris pour capitale. Son Europe est sincère. Elle est ouverte, généreuse. Mais irréductiblement tricolore, ou fleurdelisée.

C'est par là que — pour une fois — cet historien tient trop peu compte de l'histoire et des données géographiques : comment oublier que pour un Néerlandais, pour un Belge et même pour un Allemand ou un Italien, le poids sur lui des états-majors politico-militaires américains est moins sensible que celui des démarches de la moyenne France, d'abord parce que celle-ci est proche, ensuite parce que tout ce qui vient d'elle est chargé de références historiques qui s'appellent Richelieu, Louis XIV, Napoléon ou Poincaré.

Il n'a peut-être pas tort, le général-président français, de déclarer que faute d'une impulsion issue du vieux continent lui-même, l'Europe ne se fera que sous l'égide ou dans la mouvance des États-Unis qui la protègent — la preuve en est faite depuis dix ans quand il se ressaisit du pouvoir*. Il est peut-être même en droit de soutenir que les États-nations sont encore la seule véritable matière première de l'unification à réaliser et que le meilleur chemin vers l'Europe des citoyens est l' « Europe des patries ».

Et a-t-il tort de proclamer que, s'il s'agit de défense, c'est aux groupes nationaux qu'il faut en appeler, et non aux sociétaires amalgamés de quelque

---

* Ce qu'exprime la très gaullienne formule de Jean-Pierre Chevènement : « Les États-Unis d'Europe, ce seraient l'Europe des États-Unis. »

consortium irresponsable ? C'est l'idée de responsabilité, liée à celle de spécificité de l'objet à défendre, qui fonde une politique militaire. Forces morales d'abord : tout de Gaulle est là.

Mais il se trouve que, indépendamment des lourds souvenirs historiques et des réflexes francophobes, les peuples préfèrent presque toujours une férule lointaine à un guide trop proche et qu'à tant faire que d'avoir à subir un protecteur, ils le préfèrent apte à leur assurer une protection effective. Au surplus, le concept d'État-nation est trop marqué par le génie français et l'usage qui en fut fait pour ne pas alerter les méfiances.

La fière entreprise européenne du Connétable était condamnée dès l'origine, d'abord parce que la France avait été trop forte, ensuite parce qu'elle était devenue trop faible. Et parce que lui-même, de Gaulle, comme le traité de Versailles décrit par son cher Bainville, était trop mou pour ce qu'il avait de dur et trop dur pour ce qu'il avait de mou. Au surplus, il ne pouvait manquer d'être vu par ses partenaires comme l' « Américain de l'Europe ». S'il faut avoir affaire à un « grand frère », autant le choisir fort…

L'Europe, pour le de Gaulle de 1958, n'est pas une idée neuve. Gaston Palewski et René Massigli nous ont tous deux conté que, dès la fin de 1943, à Alger, au sein du Comité français de libération nationale, le général, encouragé d'ailleurs par René Mayer plutôt que par Jean Monnet*, s'essayait à imaginer une fédération européenne — s'attirant des remontrances de son délégué aux affaires étrangères**, diplomate classique aussi peu pressé de voir disparaître les États souverains que les généraux de voir dissoudre les armées.

Au mois de mars 1944, à la tribune de l'Assemblée consultative, de Gaulle préconise la constitution d'un « groupement occidental […] dont la Manche, le Rhin et la Méditerranée seraient les artères », et six mois plus tard, rapporte Geoffroy de Courcel[7], à l'occasion de la visite de Winston Churchill et Anthony Eden à Paris, le 11 novembre 1944, le chef du gouvernement provisoire suggérait la constitution d'un « noyau européen franco-britannique ».

Ce type de projet n'est donc aucunement anathème à Charles de Gaulle, dût-il être différemment orienté. Cette réorientation, on la voit dessinée dans le célèbre discours prononcé à Zurich par Winston Churchill à la fin de 1946, dont quelques phrases n'ont pu manquer d'inspirer de Gaulle : « Le premier pas vers la résurrection de la famille européenne doit être une association entre la France et l'Allemagne… De cette manière seulement, la France peut retrouver la direction morale de l'Europe. » Et présentant la constitution d'une « union européenne » comme une « tâche urgente », l'ancien Premier

---

* Mais peut-être le second poussait-il le premier en avant pour ne pas éveiller la méfiance du général, qui le « tenait à l'œil »…
** Massigli.

ministre pressait « la France et l'Allemagne » d'en « prendre la direction », moyennant quoi la Grande-Bretagne et le Commonwealth, les États-Unis, « et j'en suis sûr, l'Union soviétique », seraient « les amis et les répondants de cette nouvelle Europe ». Plus gaullien que de Gaulle !

Tout nationaliste qu'il soit, le président du RPF ne prêche pas « la France seule » sur le modèle maurrassien. L'Europe reste l'un de ses thèmes, dès lors qu'elle n'est pas désarticulée et dépersonnalisée sous la houlette des États-Unis. Le 25 septembre 1949, on l'entend même, à Bordeaux, prôner une « confédération des peuples de l'Europe... comprenant tous les Européens libres de s'exprimer sur la Seine, sur la Tamise et sur le Rhin »... Mais, observant que l'Angleterre paraît décidément se tenir à l'écart, il suggère d' « incorporer » l'Allemagne dans l'ensemble à bâtir, cette incorporation devant servir de fondement à l'Europe souhaitée : le voilà déjà très proche du projet churchillien de Zurich.

Dès le lendemain de son retour au pouvoir, le général de Gaulle enregistre deux réactions qui, prolongeant ses propres intuitions, vont orienter pour dix ans ses démarches européennes. Tandis que Harold Macmillan vient à Matignon lui dire que « le Marché commun, c'est le blocus continental » et le supplier d'y mettre fin, Konrad Adenauer, à Colombey, répond très favorablement à son offre d'entente privilégiée franco-allemande.

La voie est tracée. Dans ce choix, ne négligeons pas le rôle spécifique joué par le chancelier allemand. Si de Gaulle tenta de le détacher des États-Unis, Adenauer ne fit rien pour rappeler au général la proximité et les droits britanniques. Ce n'est pas le Connétable, c'est le vieux monsieur de Rhöndorf qui écrit : « J'étais fermement persuadé * que l'Angleterre dans un avenir plus ou moins proche, ne voudrait pas de communauté politique, tout au plus une communauté commerciale [8]. »

Cela est écrit après l'entrevue qu'a eue le chancelier allemand avec de Gaulle à Bonn, le 20 mai 1961, et en conclusion d'un chapitre de ses Mémoires intitulé : « L'Europe : il faut se mettre à l'œuvre. »

Sur la base des résultats obtenus par les six dirigeants européens à Paris en février 1961, de Gaulle et Adenauer décidèrent de « songer à de plus vastes desseins », c'est-à-dire à la création de l' « Europe politique », bien au-delà de la simple combinaison entre les communautés existantes (pool charbon-acier, commission économique et Euratom). La création de la commission d'études, dite « commission Fouchet » devait être l'occasion d'une relance décisive.

Mais alors se poserait de façon plus poignante la question relative à l'Angleterre. Interlocuteurs allemands et français s'accordaient à penser que Londres s'était rapprochée de la CEE, que l'hypothèse d'une révision radicale de ses rapports avec le Continent devenait sérieuse tant les progrès

* A propos de son entretien avec de Gaulle à Bonn le 20 mai 1961.

de la collaboration économique entre les Six lui imposaient une révision de son attitude négative du début des années cinquante.

Mais ce n'est pas un Français, c'est le ministre allemand von Brentano qui intervint alors dans la conversation pour dire que la Grande-Bretagne n'était pas prête à une « véritable collaboration politique », et que peut-être même « consciemment ou inconsciemment, souhaitait-elle la saboter en y participant [9] ». Sur quoi de Gaulle fit observer que la France n'avait aucune intention de minimiser le rôle de l'Angleterre, mais que celle-ci n'était pas « taillée dans le même bois que la France et l'Allemagne [10] ». Peut-être, moins essentialiste, plus historien encore, aurait-il pu ajouter que, pour ceux-ci, le bois, c'était des arbres. Pour celle-là, des mâts de navires...

Bref, c'est au cours de cet été de 1961, alors que l'Est et l'Ouest, en les personnes de Khrouchtchev et de Kennedy s'affrontent à Vienne (3 et 4 mai) avant que s'édifie le mur de Berlin (13 août) et alors qu'échoue la première conférence algérienne d'Évian (13 juin), que se noue le grand débat européen. Tandis que le 4 août le gouvernement de Londres demande officiellement l'admission de la Grande-Bretagne dans le Marché commun, Paris met au point le plan Fouchet d'union politique européenne sur une base confédérale qu'il propose à ses cinq partenaires de la CEE le 31 octobre 1961.

Et c'est alors que Harold Macmillan accueille (24-25 novembre) Charles de Gaulle à Birch Grove, sa maison de campagne du Sussex, pour lui dire que l'Angleterre souhaite désormais entrer dans la Communauté européenne, non pour des raisons économiques (comme le croyaient, on l'a vu, leurs partenaires allemands) mais politiques : tant qu'il s'était agi d'intégration, de structures supranationales, Londres ne pouvait s'y incorporer. Mais maintenant qu'on parlait (dans le plan Fouchet...) de confédération, le Premier ministre de Sa Majesté ne voyait plus d'obstacle à sortir du « splendide isolement ».

Ainsi, par une ironie singulière, Charles de Gaulle, en tant que héraut de l'Europe confédérale, se trouvait promu au rôle d'introducteur sur le continent de ce royaume insulaire qu'il jugeait taillé dans un « autre bois » que celui dont sont faits les Germains et les Gaulois... Il lui restait bien sûr à objecter que le Royaume-Uni, c'était bien plus que quelques îles de l'autre côté du Channel, et que l'incorporation plus ou moins directe du Commonwealth dans la communauté « politique » européenne était « une entreprise colossale », qui conduirait l'Europe à n'être plus l'Europe. Objection assez judicieuse à vrai dire.

Le vrai problème n'en était pas moins posé : celui d'une participation active du pays de Winston Churchill à la réalisation du grand dessein de Charles de Gaulle, la construction d'une Europe des États.

Mais le plan Fouchet, expression de la vision gaullienne de l'Europe, c'était quoi ?

Au mois de février 1961, les chefs d'État et de gouvernement des Six réunis à Paris avaient formé une commission d'études chargée de poser les fondements d'une Europe politique. Cet organisme s'était réuni le 6 mars. Le 18 juillet, à Bad Godesberg, après de rudes passes d'armes entre le chancelier Adenauer et le ministre hollandais Luns qui soutenait que les projets sur lesquels la France prétendait fonder ces démarches n'étaient pas assez supranationaux pour intéresser les Pays-Bas, la Commission se vit confier la tâche d'élaborer les statuts d'une « Union des peuples ». Cet organisme, dont les travaux se déroulèrent fréquemment à l'hôtel Majestic sous la présidence du chef de la délégation française, Christian Fouchet — qui lui donna son nom —, examina à partir de la fin d'octobre le projet français présenté par son président, et le plus souvent soutenu en séance par Jean-Marie Soutou, directeur d'Europe et « européen » aguerri.

Dès l'origine, la commission Fouchet fut agitée de débats très vifs, parfois même très rudes. Dans ses Mémoires, l'ancien haut-commissaire en Algérie décrit les attitudes de ses partenaires — Allemands décidés « à tout faire pour aider au progrès du projet », Italiens « un peu soupçonneux vis-à-vis de la France mais désireux d'aboutir en retouchant le projet dans le sens de la supranationalité », Néerlandais ne visant qu'à « paralyser la Commission », Belges « plus coopératifs » dans les premiers mois.

Le plan lui-même, qui porte la griffe personnelle du général, est un projet de traité très élaboré composé de 18 articles. Un préambule important indique qu'il s'agit d'une « Union d'États » — mot qui à lui seul était de nature à déclencher la polémique * —, mais que l'organisation à naître ne prétend pas se substituer aux comités européens intégrés (CECA, CEE, CEA) déjà en fonction et qui restent opérationnels « dans les domaines qui leur sont propres ».

L'article 1 spécifie que cette Union respecte la « personnalité » des « peuples et des États membres », et l'article 2 que leur coopération s'exercera en matière de diplomatie, de défense et de culture (à l'exclusion de l'économie). Les articles 5, 6 et 7 décrivent les principales institutions de l'Union : le Conseil, l'Assemblée, la Commission politique. Le premier, constitué soit des chefs d'État ou de gouvernement des Six, soit des ministres des Affaires étrangères, doit se réunir trois fois par an, sauf sessions extraordinaires. Il prend ses décisions à l'unanimité.

L'Assemblée parlementaire, formée par délégation des parlements existants, est une institution prévue par le traité de Rome de 1957 — auquel le texte se réfère expressément. Elle n'a guère de mission que consultative. Quant à la Commission politique européenne, formée de hauts fonctionnaires de chacun des États membres, et dont le siège est à Paris, c'est le véritable gouvernement de l'Union : elle vise évidemment à se substituer à la commission Hallstein, « bête noire » du général de Gaulle.

L'Union n'a d'autres revenus que ceux qui lui sont fournis par les États membres : ce qui ne laisse pas d'assurer à ceux-ci le dernier mot. Mais, ayant

* La Commission a été chargée de préparer une « Union des peuples », on l'a vu.

la capacité juridique d'une personne morale, elle peut aliéner ou acquérir des biens et ester en justice. L'admission d'un nouveau membre doit être votée à l'unanimité. Cet État doit au préalable avoir adhéré aux Communautés créées par les traités de Paris et de Rome, et avoir reconnu pour siens les objectifs de l'Union (notamment « l'établissement d'une politique étrangère unifiée »).

Chose curieuse, l'idée du « référendum européen » qu'avait lancée le général de Gaulle — notamment au cours des entretiens franco-allemands de 1960-1961 — n'était pas formulée dans ce projet inspiré par le chef de l'État français. Avait-il craint d'en faire un ciment trop fort, et d'user ainsi d'une arme psychologique qui eût transformé l'esprit de cette « union » très respectueuse des États en un regroupement de « peuples » tendant à l'intégration ? En tout cas, la Constitution allemande ne prévoyant pas l'usage du référendum fut alléguée comme un obstacle à cette procédure.

Ne serait-ce que parce qu'il se présentait, non comme l' « Union des peuples » que les chefs de gouvernement avaient, en juillet, donné mission à la commission Fouchet de préparer les statuts, mais comme une union d' « États », le projet français ne pouvait manquer de susciter l'hostilité des tenants de l'idéologie intégrationniste européenne et des gouvernements qui en avaient fait leur doctrine — ceux de Bruxelles et de La Haye.

Relevons toutefois que la réaction de celui qu'on tenait couramment pour le parrain et l'augure de l'Europe intégrée, Jean Monnet, ne fut pas négative. Au contraire. Il écrivit aussitôt à ses amis allemands et américains pour faire valoir que, si ce projet constituait un pas en arrière par rapport à ses propres idées — défendues notamment par son Comité d'action pour les États-Unis d'Europe —, il marquait un progrès du général de Gaulle et de son gouvernement dans le sens de l'unification européenne, et que ceci compensait bien cela[11].

Tenant la synthèse pour inéluctable, le réaliste Monnet jugeait plus judicieux d'encourager le pas en avant du général, principal obstacle, jusqu'alors, à la réalisation de son grand projet, que de mener une bataille de principes. Engranger d'abord... S'il fut parfaitement compris de Konrad Adenauer — qui se reconnaissait peut-être mieux dans le projet gaullien que dans ceux des intégrationnistes européens —, Jean Monnet ne le fut pas de la plupart de ses amis américains et moins encore de ses disciples continentaux. Très vite, le tir de barrage se déclencha contre l'opération patronnée par l'Élysée.

Le plan Fouchet fut présenté au comité responsable le 10 novembre 1961. D'entrée de jeu, les délégations allemande, française, italienne et luxembourgeoise firent connaître, avec plus ou moins de nuances, leur approbation. Celle de la Belgique marqua ses réserves à propos de la supranationalité. La seule opposition catégorique fut celle de la délégation des Pays-Bas qui déclarait, selon Christian Fouchet, ne pas se considérer « comme engagée tant que la Grande-Bretagne ne participerait pas à la négociation ».

Blocage ? Selon le représentant de la France, si cette attitude était « gênante », elle ne semblait pas « paralysante ». Quand le moment viendrait de mettre cartes sur table, écrit-il, « nous espérions que le scénario se déroulerait comme à Bonn, le 18 juillet, quand les Pays-Bas avaient fini par donner leur accord [12] ». Mais, à Bonn, M. Luns avait pu se dire qu'il faisait une concession à Adenauer. Cette fois, il s'agissait de céder à de Gaulle...

Tout au long du mois de décembre, ce fut le flux et le reflux — Bruxelles suggérant un compromis liant l'adhésion à la CEE d'un nouvel État à son entrée dans la nouvelle Union, puis condamnant soudain, par la voix de P. H. Spaak, l'ensemble du projet français d' « Europe des patries » comme « étriqué ». Car, proclamait-il, « l'Europe sera supranationale ou ne sera pas ». De son côté, Harold Macmillan, après avoir donné à entendre que la Grande-Bretagne souhaitait prendre part à la discussion, ce qui renforçait la résistance hollandaise, faisait savoir qu'il considérait sans défaveur le plan Fouchet. Ce qu'il répétera à de Gaulle en décembre 1962 lors de l'entrevue de Rambouillet.

« C'est dans un climat [...] détérioré que s'ouvrit l'année 1962, écrit Christian Fouchet. Après avoir frôlé le succès, nous avions maintenant le sentiment que le premier prétexte venu risquait de mener à la rupture. [Ce furent] quelques amendements proposés par la France [13]... »

La formule du président de la Commission est bien bénigne. C'est beaucoup plus qu'un « prétexte » qui provoqua la crise. Il ne manque pas de bons gaullistes pour juger que les retouches alors faites au projet français à l'initiative du général de Gaulle étaient des causes sérieuses de rupture, plutôt que de simples prétextes, compte tenu des objections belges et hollandaises et de la méfiance des Italiens. Leur consentement était maussade, et ne tenait qu'à un fil. Le général crut bon de tirer sur ce fil : jusqu'à le briser.

Dans la monumentale étude qu'il a consacrée à la question [14], Edmond Jouve écrit que la seconde mouture du plan Fouchet, présentée à la Commission le 18 janvier 1962, « non seulement ne répondait pas aux suggestions des partenaires de la France, mais semblait marquer un durcissement ». Dans une conférence (déjà citée), prononcée en 1974, l'ambassadeur François Seydoux assurait que « chacun, dans le plan Fouchet qui est en train de se développer, essaie de reprendre un peu ses billes, et en particulier, le Général ne résiste pas à la tentation de donner deux ou trois petits coups de crayon qui n'ont l'air de rien* mais qui, enfin ! modifient un peu le plan tel qu'il avait été tout d'abord élaboré... Nos partenaires, certains d'entre eux, du moins, pas les Allemands ni peut-être même les Italiens, mais d'autres [...] ne sont pas contents »...

Quels étaient ces « deux ou trois petits coups de crayon » du général qui devaient ainsi mécontenter « certains » des partenaires de la France ? D'abord des amodiations dans le sens, pourrait-on dire, d'un « moins d'Europe ». Dans la rédaction ainsi retouchée, le projet français spécifie que les décisions du Conseil ne sont plus « obligatoires » pour les États qui y ont pris part ; la « commission politique » n'a plus droit au qualificatif

---

* Oh ! si, on va le voir...

d' « européenne » et la référence à la « confiance » que se devaient les Six a disparu.

Mais il y a pire. Dans le texte qu'ils avaient rédigé, les hauts fonctionnaires qui composaient la Commission avaient pris soin de préciser que la défense commune de l'Europe confédérée aurait pour résultat de « renforcer l'Alliance atlantique » — salut à l'allié américain indispensable aux yeux des cinq partenaires de la France. Le général de Gaulle, relisant ce projet le 17 janvier 1967, avait tout simplement fait sauter ces quatre mots... Non sans ajouter que le Conseil créé par le projet français aurait des compétences économiques, ce qui revenait à placer les organismes de Bruxelles sous l'hégémonie d'une nouvelle institution interétatique dont chaque État membre aurait le droit de veto absolu. En quelques « coups de crayon », le général avait ruiné les efforts de ces négociateurs qui savaient ne pouvoir aboutir qu'en ménageant à la fois Washington et les organismes de Bruxelles... Ce soir-là, le négociateur français Jean-Marie Soutou nota tristement sur son carnet : « C'est la fin de tout cela [15]... »

On va tout de même tenter de sauver le projet. Le 15 février, le général de Gaulle met le cap sur Baden-Baden pour y solliciter, une fois encore, l'aide de Konrad Adenauer. S'il parvient semble-t-il à le convaincre du bien-fondé de la thèse française en faveur de l'inclusion des affaires économiques dans les compétences de la nouvelle union (ce qui faisait craindre aux Belgo-Hollandais que l'on ne remît en cause les acquis et les organismes du traité de Rome), il dut faire deux concessions à son hôte : le traité devrait proclamer la pérennité des communautés existantes (CEE, CECA, Euratom) tout en indiquant que les États n'étaient pas subordonnés aux Communautés ; et il rendrait solennellement hommage à l'Alliance atlantique, tout en rappelant que la Confédération européenne visait à en « changer l'organisation ».

Résumant l'exposé de Charles de Gaulle, le vieux chancelier écrit drôlement que, selon le général, « au commencement était Dieu, puis la politique, puis plus rien [16] ». Ce qui ne l'empêche pas de manifester alors sa confiance en une issue favorable de l'entreprise que le chef de l'État français tente de sauver du naufrage. C'est pourquoi il charge l'un de ses diplomates les plus expérimentés, Jansen, de faire équipe avec Fouchet pour trouver une issue.

Le consensus établi entre de Gaulle et Adenauer ne signifie pas qu'entre Paris et Bonn l'harmonie soit rétablie : tout au long de la tentative de repêchage du plan, de février à avril 1962, on va parler « des Cinq et de la France ». Le durcissement apporté au texte par le général, les résistances coordonnées de Bruxelles et de La Haye et le travail de sape de Londres et de Washington ont fait basculer le rapport de forces.

Quand le débat reprend le 20 mars, à Luxembourg, c'est autour d'une troisième version du plan Fouchet, à peu près identique à la seconde, mais plus vulnérable dans la mesure où les réquisitoires des Cinq se sont enrichis. Indépendamment de la question anglaise, deux désaccords nourrissent la polémique : à propos de la désignation d'un secrétaire général — à laquelle Paris est hostile, le général voyant déjà se dresser face à lui un nouvel

Hallstein, un autre Spaak ou, qui sait, un second Luns ! — et au sujet de la désignation de la nouvelle organisation, les Cinq rappelant que le mandat donné à la commission Fouchet tendait à créer une « Union des peuples », la France ayant mué ce projet en celui d'une « Union d'États ». Débat qui dépassait bien sûr, et de loin, une querelle de mots...

Le projet français, tel que le général l'a « amendé », est la cible de critiques de plus en plus vives. Tantôt sur la question de la supranationalité, tantôt sur le « front » anglais, les positions de Paris sont remises en cause. Les avocats du plan Fouchet — à commencer par le général et M. Couve de Murville * — ironisent sur l'inconséquence de leurs adversaires Spaak et Luns, qui, selon eux, se font à la fois les champions de la supranationalité et de l'adhésion anglaise — objectifs inconciliables, Londres n'ayant choisi l'Europe que dans la mesure où la supranationalité y était remise en cause par de Gaulle **. Au fond, en bonne logique, le débat eût dû opposer un couple Paris-Londres (les confédéralistes) aux cinq Continentaux (les fédéralistes)... Comme aux États-Unis, exactement un siècle plus tôt !

Le jeu britannique, en l'occurrence, est d'une habileté supérieure. Conduit par le très sincère « européen » qu'est Edward Heath, lord du Sceau privé, il consiste à ménager Paris en multipliant les gestes de bonne volonté et les paroles conciliantes, mais non sans encourager, objectivement, Néerlandais et Belges. Ah, les bons « européens » que ces insulaires — tant qu'ils opèrent hors du champ de jeu...

Ces journées de mars 1962 sont parmi les plus tendues, les plus complexes, les plus significatives aussi dans la carrière du fondateur de la Ve République : tandis qu'à Évian Louis Joxe et ses compagnons en viennent chaque soir à craindre une rupture avec la délégation du FLN à propos du sort des Européens « désintégrés » d'Algérie, Christian Fouchet tente désespérément de sauver « son » plan face aux « européens » intégristes de Bruxelles et de La Haye.

Faut-il voir un autre lien entre les deux débats que celui d'un mot ? Oui. Il est clair que dans l'esprit des antigaullistes de La Haye et de Bruxelles (ou de Bonn) la fin de la guerre en Algérie va accroître le potentiel de la France sur le continent, et qu'au de Gaulle déjà impérieux de 1961-1962 risque de se substituer un général de plus en plus « dominateur et sûr de lui ». D'où la recrudescence de méfiances qui va conduire à la rupture. Le président français le sent si bien venir qu'il retire dès le milieu de mars 1962 Christian Fouchet du débat européen pour l'expédier sur le « front » algérien, où le cessez-le-feu n'est pas la paix et où l'énergie de ce diplomate de choc trouvera, lui semble-t-il, un emploi plus positif.

---

* Dans les *Mémoires d'espoir* et *Une politique étrangère*.
** Objection qui provoquait cette riposte de Joseph Luns : « Tant qu'à faire une Europe à l'anglaise, autant la faire avec l'Angleterre... »

Au début d'avril 1962, le plan Fouchet sans Fouchet semble bien condamné. Charles de Gaulle va encore tenter l'impossible : face à Amintore Fanfani, à Turin, et à Konrad Adenauer à Cadenabbia*, les 4 et 7 avril, il met l'accent sur les conséquences d'un échec, les chances gaspillées, l'Europe en déroute. Il est bien écouté, non seulement par l'Allemand, mais par l'Italien dont il dit qu' « il avait assez le goût des grandes choses et le sens des hautes nécessités d'aujourd'hui pour désirer que son pays fût, avec la France et l'Allemagne, un pilier de l'Union européenne [17] ». Au surplus, le brillant diplomate italien Attilio Cattani dont, selon Fouchet, « l'esprit était aussi vif que le monocle étincelant », représentant de son pays au cours des pourparlers, venait de succéder à Christian Fouchet à la présidence de la Commission, où son influence jouait plutôt en faveur des thèses françaises.

Mais le chef du gouvernement italien n'est guère mieux suivi par son ministre des Affaires étrangères que le chancelier fédéral par le sien : M. Segni, comme M. Schröder, mais avec moins d'aigreur, est défavorable au projet français. On le verra bien quand, le 17 avril, les six ministres des Affaires étrangères se réuniront à Paris pour ce qui apparaît bien comme le dénouement de l'intrigue. Une chance subsiste-t-elle de sauver le projet de confédération européenne « à la française » ?

On parle de compromis sur la référence à l'OTAN et aux Communautés en activité, la France renonçant à l'inclusion des affaires économiques dans les compétences de l'Union. Ces vagues espérances sont balayées d'entrée de jeu par P. H. Spaak, qui prend la parole pour dire que, hors de la présence de la Grande-Bretagne, la discussion est sans avenir et que la Belgique ne saurait signer le projet de traité « même s'il lui convient tel qu'il est ».

Dans ses *Mémoires*, le général de Gaulle écrit à ce propos :

> « Quelques jours plus tard [Spaak] m'écrit que son pays est prêt à conclure un accord entre les Six, à condition que la Commission politique prévue dans notre plan comme instrument du Conseil des États soit érigée en un pouvoir indépendant des gouvernements. Ainsi Spaak, sans la moindre gêne, épouse-t-il simultanément les deux thèses, exclusives l'une de l'autre, des partisans de l'hégémonie anglo-saxonne et des champions du supranational [18]. »

On est contraint de reprendre le général au moins sur un point. Pourquoi parler ici d' « hégémonie anglo-saxonne » quand l'argument de contradiction ne porte que si l'on cite la seule Angleterre ? La diplomatie américaine n'excluait nullement le supranational. Certains de ses augures, dont le sous-secrétaire d'État George Ball, en étaient les avocats passionnés. Si l'on parle de l' « hégémonie anglo-saxonne » — c'est-à-dire, dans l'esprit du général, américaine, la contradiction s'efface. A Washington, on était à la fois pour l'adhésion de Londres au pacte européen et pour des structures supranationales, sans paraître gêné par la contradiction.

Reste que l'argumentation « bigame » de MM. Spaak et Luns déconcerte.

---

* Station de repos italienne où le chancelier aimait séjourner.

Pourquoi ne s'en tinrent-ils pas au thème de l'intégration européenne — sur lequel de Gaulle était réduit à la défensive, visiblement en recul par rapport aux traités de Paris et de Rome, et plus ou moins isolé d'Adenauer, alors que sur la question anglaise les deux vieux messieurs marchaient, de part et d'autre du Rhin, d'un même pas ?

Le fait est que le projet gaullien de confédération européenne, qui manifestait le ralliement à une certaine Europe (trop traditionnelle, trop française peut-être, mais tout de même en route vers l'unité comme le reconnaissait Jean Monnet), fut ainsi « cassé » le 17 avril 1962. « Quel succès pour l'Angleterre ! » soupirait ce soir-là l'un des négociateurs qui n'avait pas peu contribué à le provoquer...

Quelques mois plus tard, Konrad Adenauer devait déclarer : « Les Européens ont fait plus d'une sottise ces temps derniers... » Sur un mode plus décoratif, l'auteur des *Mémoires d'espoir* écrit : « Désormais, les choses resteront en suspens avant qu'on sache si l'offre faite par la France d'instituer la coopération de l'Ancien monde déchiré aura été, pour l'Histoire, " quelque armada sombrée à l'éternel mensonge ", ou bien, pour l'avenir, " un bel espoir élevé sur les flots " [19]. »

La réaction du général à cet échec n'emprunta rien à la tragédie. « Il ne porta pas le deuil du plan Fouchet... », nous confiait l'un de ses plus proches collaborateurs. Parce qu'il avait entre-temps mesuré à quel point cette organisation, aussi souple qu'elle fût, et respectueuse des souverainetés, lui serait un carcan. Avoir à consulter Bonn et Rome chaque fois qu'il voudrait lancer une nasarde à Washington... Ce qui ne permet pas d'inférer que ses « retouches » de janvier 1962 ne furent faites qu'en vue de couper court à l'entreprise avant de devenir prisonnier de sa propre construction.

La querelle à propos de la supranationalité est, si l'on peut dire, sans limites ni solution à vue d'homme : faire les États-Unis d'Europe sur le modèle américain provient d'une assimilation si hâtive entre l'histoire des deux continents et suppose résolus tant de problèmes psychologiques, politiques, économiques et militaires qu'il faut y voir un objectif noble plutôt qu'un programme politique.

La dispute au sujet de l'adhésion de l'Angleterre était, au début des années soixante, d'une tout autre nature. Quelque forme que prît l'amarrage au Continent du HMS * britannique, et que l'on en fît ou non un préalable à la construction de l'Europe politique alors qu'on s'était très bien accommodé du refus de toute participation de Londres à l'édification de l'Europe économique (à finalité politique), la question ne pouvait pas ne pas être posée. En ce sens, MM. Luns et Spaak se révélèrent plus « historiens » que de Gaulle — dût leur sens historique pécher par optimisme.

---

* *Her Majesty Ship*, vaisseau de Sa Majesté.

Charles de Gaulle avait-il raison de croire que l'histoire de l'Europe était celle des manœuvres anglaises pour diviser le Continent et que son avenir ne saurait donc que reproduire ce schéma, aggravé par la collusion de Londres avec les États-Unis « hégémoniques » ? MM. Luns et Spaak — comme Pierre Mendès France et beaucoup d' « européens » français — étaient-ils mieux fondés à juger que compte tenu du rôle de la Grande-Bretagne dans l'histoire de la démocratie occidentale et de la défense des libertés sur le Continent, et pour éviter une prééminence abusive du couple franco-allemand sur l'organisation à venir, la participation de Londres était, dès l'origine, indispensable ?

Le fait est que le problème se posa dès 1961 avec une acuité sans cesse accrue, dont témoigne François Seydoux — avec d'autant plus d'éloquence que son expérience ne provient pas des milieux les plus traditionnellement probritanniques, ceux d'Anvers ou de Rotterdam : « Au cours de mes deux missions à Bonn, il faut bien reconnaître que, au fur et à mesure que le temps avançait, nos partenaires, les Allemands y compris, considéraient de plus en plus qu'on ne pouvait rien faire sur le plan politique si l'Angleterre n'était pas à nos côtés... Partout où j'allais, que ce fût à Hambourg, à Stuttgart, à Francfort, que ce fût chez les banquiers ou chez les journalistes... on m'accueillait toujours ainsi : " Eh bien ! monsieur l'Ambassadeur, et l'Angleterre ? " [20]. »

Sous un autre angle, on retiendra le témoignage de Geoffroy de Courcel, qui, à partir du début de 1962, représente la France à Londres : dans une intervention déjà citée, le « premier des gaullistes » rapportait que chaque fois qu'il était convoqué à l'Élysée — une fois par mois environ — il posait la même question au général : « Êtes-vous contre l'entrée de l'Angleterre dans la CEE ? » A quoi son interlocuteur répondait qu'il « espérait » que la Grande-Bretagne pourrait « un jour » se joindre aux Six, à condition qu'elle « accomplisse certaines transformations [21] ».

Ces « transformations », ce n'était rien moins que la préférence donnée à l'Europe sur le Commonwealth et la prise de distance par rapport à Washington... Tout ce « grand large » dont Churchill avait, certain jour de juin 1944, dit à de Gaulle qu'il lui donnerait toujours le pas sur ses rapports avec la France...

Beaucoup plus que d'un simple Channel, il s'agit d'un océan de méfiances, de préjugés et, il faut bien le dire aussi, de contradictions entre intérêts, ambitions et points de vue. Si les rapports bilatéraux entre Londres et Paris, médiocres depuis le fiasco de Suez, chacun incriminant l'autre, et encore difficiles au début de l'ère gaullienne, se sont améliorés à partir de 1960, l'affaire européenne ne va cesser de les envenimer, de l'entretien de Matignon de juillet 1958 au cours duquel Harold Macmillan dénonce le nouveau « blocus continental » au rapprochement franco-allemand où Londres voit une machination antibritannique, de l'entrevue de Birch Grove à celle de Rambouillet, et des encouragements donnés par le Foreign Office à MM. Spaak et Luns à la conférence de presse tenue par le général de Gaulle le 14 janvier 1963 — pour ne pas parler de « l'affaire Soames * ».

Charles de Gaulle n'aimait pas l'Angleterre. Il l'admirait. On a cité quelques pages de ses *Mémoires de guerre* où l'hommage rendu au peuple britannique en guerre est l'un des plus beaux qu'aient jamais reçus les Anglais — ne serait-ce que par la sobriété du style, le mémorialiste semblant ainsi vouloir rompre avec Chateaubriand, son modèle habituel, dont les Anglais goûtent peu la « purple prose », le style pourpre, pour être mieux en accord avec son sujet. Et quel salut plus enthousiaste fut jamais adressé à la démocratie britannique que celui qu'entendirent, le 7 avril 1960, les membres du Parlement de Westminster assemblés pour écouter un général français qui, à quelques pas de là, avait été vingt ans plus tôt le « naufragé de la désolation » de St-Stephens House accueilli fraternellement par Winston Churchill et les sujets de Sa Majesté ?

C'est le 5 avril 1960 que, choisissant Londres pour y accomplir sa première visite d'État en tant que président de la Ve République, le général de Gaulle fut reçu par ses hôtes de 1940, sous le signe de l'inoubliable fraternité d'armes. Aucun de ceux qui accompagnèrent alors le général ne tarit sur ce que fut alors la « rencontre d'âmes » entre l'homme du 18 juin et la nation britannique.

Mais le climat de ce voyage, dont la Couronne, l'autorité et le peuple de Londres avaient voulu faire une fête, une résurrection de l'Entente cordiale, nul ne l'évoque avec un tel ravissement que le visiteur lui-même. Il faut lire les pages que cet homme peu doué pour l'effervescence naïve consacre à l'accueil de la capitale de l'Empire britannique. Il y flotte comme un émerveillement d'enfant choyé :

> « La reine Elizabeth donne le ton... Elle est venue avec le prince Philip à la gare de Victoria me recevoir ainsi que ma femme... Nous traversons Londres, elle ** et moi, dans son carrosse découvert. La souveraine ne cesse d'encourager de la manière la plus ostensible, par des signes et des sourires, l'enthousiasme de la foule... Pour donner un cachet exceptionnel à la solennité du dîner et de la réception de Buckingham, elle fait, pour la première fois, tirer autour du palais un brillant feu d'artifice et, au milieu des illuminations, se tient longuement au balcon à mes côtés... Par son ordre, à la soirée d'opéra de Covent Garden, la salle a été tapissée [...] d'œillets de printemps... Au dîner que j'offre à l'ambassade de France la famille royale tout entière est présente autour de la reine... A son invitation, j'ai l'honneur inusité de passer en revue sa garde... ayant près de moi le duc d'Édimbourg... »

Et le visiteur va même jusqu'à rappeler l'avis par lui donné à la souveraine qui lui demandait comment s'acquitter du rôle qu'elle remplit : « A la place où Dieu vous a mise, soyez qui vous êtes, Madame [22] ! »

---

* Voir plus loin, chapitre 20, p. 551-555.
** La reine, pas Mme de Gaulle.

Tout ceci, écrit des années plus tard, est empreint de cette irrépressible révérence que les visiteurs français, si républicains et chauvins qu'ils soient, portent aux institutions, au décorum, aux fastes, aux héros britanniques. Ce récit, ne dirait-on pas celui d'un honnête parlementaire méridional accueilli sous les lambris dorés par le lord-maire de Londres ? Il faut bien que parfois, avec son style, sa culture et son quant-à-soi, Charles de Gaulle se conduise comme un Français moyen en voyage. C'est-à-dire, face à l'*establishment* britannique, en cousin de province ébloui par l'armorial, les perruques et les carrosses.

Convenons que le traitement réservé à l'ancien compagnon d'armes fut tout à fait singulier : Bernard Ledwidge, qui ne manque pas de points de comparaison, parle d' « une splendeur exceptionnelle ».

Ce qu'un Français moyen n'aurait pu apporter à Londres, tout de même, c'est le texte de l'allocution que de Gaulle prononça le 7 avril 1960 dans le grand hall de Westminster devant la Chambre des lords, la Chambre des Communes, les membres du gouvernement et les dirigeants des syndicats rassemblés. On attendait certes l'hommage à la nation en guerre qui avait su la première briser la vague d'assaut nazie, et à Winston Churchill qui « dans la plus grande épreuve que l'Angleterre ait connue [avait été] son chef, son inspirateur et celui de beaucoup d'autres ». Mais on attendait moins l'éloge du système politique anglais qui fut alors prononcé :

« Ma présence parmi vous atteste aux peuples de Grande-Bretagne que le peuple de France leur a voué, pour toujours, son amitié et son admiration. Ce sont surtout vos profondes qualités nationales qui vous ont permis de jouer, au plus fort de la tempête, ce rôle exceptionnel ; mais dans votre réussite, pour combien a compté aussi la valeur de vos institutions ! Aux pires moments, qui donc contesta chez vous la légitimité et l'autorité de l'État ? Aujourd'hui à Westminster, laissez-moi rendre à l'Angleterre le témoignage qui lui est dû, à cet égard comme à d'autres.
Sûrs de vous-mêmes, sans presque en avoir l'air, vous pratiquez dans la liberté un régime solide et stable. Si fortes sont chez vous, dans le domaine politique, la tradition, la loyauté, la règle du jeu, que votre gouvernement est tout naturellement doté de cohésion et de durée ; que votre Parlement a, au long de chaque législature, une majorité assurée ; que ce gouvernement et cette majorité sont accordés en permanence ; bref, que vos pouvoirs exécutif et législatif s'équilibrent et collaborent en quelque sorte par définition. Quoique vous ayez, depuis 1940, subi les vicissitudes les plus rudes de votre histoire, quatre hommes d'État seulement, mes amis Sir Winston Churchill, lord Attlee, Sir Anthony Eden et M. Harold Macmillan, ont conduit vos affaires pendant ces vingt extraordinaires années. Ainsi, dépourvus de textes constitutionnels minutieusement agencés, mais en vertu d'un irrécusable consentement général, trouvez-vous le moyen d'assurer, en chaque occasion, le bon rendement de la démocratie, sans encourir cependant ni l'excessive critique des ambitieux ni le blâme sourcilleux des puristes.
Eh bien ! je vous le déclare, cette Angleterre, qui se tient en ordre tout en pratiquant le respect de la liberté de tous, inspire confiance à la France[23]. »

On peut admirer, et souhaiter se tenir à distance de l'objet de son admiration. L'expérience prodigieuse de la guerre avait certes remis en cause, chez de Gaulle, une confuse anglophobie instillée par Bainville et les idéologues de l'Action française, dont il se gardait moins en ce domaine qu'en bien d'autres. Mais le stoïcisme du peuple anglais et son propre compagnonnage épique avec Churchill ne suffisent pas à balayer un fonds de méfiance entretenue par la politique du Colonial Office au Levant et surtout par cette constatation qu'il fait à partir de 1940 et vérifie jusqu'en 1944 : qu'en dépit de sa gloire, et des services inégalables qu'elle a rendus à la liberté du monde, l'Angleterre churchillienne est contrainte de s'incliner sans cesse devant les directives de Washington — où est la source de la puissance de ceux que l'homme du 18 juin appellera constamment les « Anglo-Saxons », comme pour mieux confondre dans une commune méfiance le génie ancien et le pouvoir d'aujourd'hui.

Considérant le Royaume-Uni, ses démarches, ses intentions, ses manœuvres, le général de Gaulle ne cessera de voir se profiler, derrière les successeurs de Churchill, le fantôme de Roosevelt, ce Roosevelt qui, en 1943, signifie à son « ami » anglais que s'il ne rompt pas avec la France libre il pourrait voir se tarir l'aide américaine à l'Angleterre...

Dans ce dialogue orageux, les seules réserves ne sont d'ailleurs pas les françaises. Du côté britannique, les méfiances restent vives, et plus diversifiées. La première a trait à la personnalité du général et à la nature du pouvoir gaullien. La société politique britannique a accueilli avec faveur l'éloge qu'a fait de ses institutions le visiteur d'avril 1960. Mais elle ne peut se faire à ce militaire qui drape sa hauteur dans un habit présidentiel sur lequel les étoiles sont trop visibles. Quelques lords conservateurs s'y feraient bien : mais non les libéraux de l'*Economist*, les démocrates de l'*Observer*, les socialistes du *New Stateman* — qui ne se font pas faute d'établir un lien entre les soubassements militaires de ce régime et les secousses violentes qu'il provoque et subit. Para-démocratie ou néo-fascisme ?

Si de Gaulle s'était contenté de régenter la France en relâchant les rênes sur l'empire... Mais le voilà qui se lance dans l'entreprise anathème par excellence à la tradition diplomatique du Royaume-Uni : le rassemblement de l'Europe sous l'égide — ou l'impulsion — d'un pouvoir national, unissant les méfaits du Marché commun (ce « blocus continental » selon Macmillan) à une tentative plus ou moins hégémonique qui donnerait au Continent une cohésion politique que ne sauraient admettre les héritiers de Pitt et de Lloyd George.

Dans l'un des entretiens passionnés qui les réunirent, de 1958 à 1963, Harold Macmillan lançait à de Gaulle : « Vous voulez refaire le Saint-Empire. Nous, l'Empire romain ! » La différence entre l'un et l'autre projet est que le premier est continental, alors que le second s'étendait de Carthage à Alexandrie et de la Thrace à la Calédonie...

Le Saint-Empire ? On y a fait allusion déjà, à propos du traité franco-allemand et du style « carolingien » du général. Une Europe non seulement rassemblée, mais qui aurait pour colonne vertébrale l'axe Paris-Bonn, serait bien ce que Londres pourrait redouter plus que tout. Ni ses relations privilégiées avec Washington, ni les ressources du Commonwealth ne pourraient compenser cette marginalisation par rapport au Continent, et d'autant moins que les expansions parallèles, puis coordonnées, des économies allemande, française et italienne font paraître plus douloureuse alors la stagnation britannique.

En 1961, la combinaison du rapprochement franco-allemand, du démarrage de la politique agricole commune, des premiers projets français d'Union politique, du « grand dessein euro-américain » de John Kennedy contraint Harold Macmillan et ses collaborateurs à la grande révision : cette Europe qu'ils ont tenté de freiner, de diluer, de noyer dans l'Association européenne de libre-échange, il n'est plus d'autre attitude à adopter à son égard que d'y entrer. Pour la faire exploser de l'intérieur ? L'accusation courait les chancelleries, notamment française ; et l'on a vu que le ministre allemand von Brentano partageait (avec Konrad Adenauer) ce point de vue.

Nul plus que le général de Gaulle ne semble persuadé du bien-fondé de cette hypothèse pessimiste. Presque tous ses gestes et ses propos, de 1961 à 1969, semblent inspirés par l'image du cheval de Troie, lequel aggraverait sa perfidie de n'être pas seulement naturalisé anglais, mais anglo-américain. Nous retrouverons ces références. Retenons en attendant qu'aux démarches britanniques qui vont se multiplier, le fondateur de la Ve République fera constamment face dans un esprit en éveil contre toute tentative de récupération, par une Angleterre servant de « plastron » aux États-Unis, d'une Europe longtemps dédaignée, puis sabotée, et qu'il ne lui resterait plus qu'à infiltrer... Idée qu'il résume ainsi dans les *Mémoires d'espoir* :

« Comme, du dehors [les Anglais] n'ont pas pu empêcher la Communauté de naître, ils projettent maintenant de la paralyser du dedans[24]. »

Si ambigu qu'ait pu être depuis lors le comportement des gouvernements britanniques au sein des organisations européennes, il semble que, s'agissant de Mr Macmillan et de son gouvernement, le général de Gaulle pécha par abus de scepticisme. Quand le Premier ministre britannique lui disait que jamais les trois plus grandes nations de l'Europe ne retrouveraient à leur tête des hommes aussi bien disposés à coopérer à son organisation que le chancelier, le général et lui-même, il ne mentait évidemment pas.

« Rassemblons l'Europe, mon cher ami ! disait-il. Nous sommes trois hommes qui pouvons le faire ensemble : vous, moi et Adenauer. [Si nous laissons] passer cette occasion historique, Dieu sait si, quand et à qui elle se représentera jamais[25] ! » Ce langage « a de quoi émouvoir », remarque de Gaulle. Mais c'est pour ajouter qu'en dépit de la bonne volonté de son principal dirigeant la Grande-Bretagne n'est pas alors en mesure de faire prévaloir ce tropisme européen sur les exigences du Commonwealth et l'ascendant américain. Méfiance abusive ? Quand, dans sa propriété de Birch

Grove, le 25 novembre 1961, Macmillan tentait de convaincre un de Gaulle un peu surpris, mais pas ébranlé pour autant* de ce que sa conversion à l'Europe impliquait une reconversion des relations entre l'Angleterre et le Commonwealth, appelées à devenir moins importantes que celles qu'elle entretenait avec le Continent, le Premier ministre de Sa Majesté était sans nul doute sincère.

Il l'était encore, et avec plus d'audace, quand, le 2 juin 1962, accueilli par le général de Gaulle au château de Champs, il poussa plus loin sa proclamation de foi européenne. S'il y eut une chance de synthèse entre les points de vue anglais et français sur l'Europe au temps du général de Gaulle, c'est bien en cette fin de printemps 1962, quelques semaines après l'étranglement du plan Fouchet et avant que la campagne américaine pour la MLF (*multilateral force*)** n'ait brouillé les cartes. En témoigne l'évocation de ces instants d'harmonie franco-britannique que l'on doit à Geoffroy de Courcel :

« Je me rappelle que quand ils sont sortis de leur réunion en tête à tête, de Gaulle a dit à Macmillan : " Exposez-nous ce sur quoi nous nous sommes mis d'accord. " Et Mr Macmillan, qui était d'ailleurs plein d'euphorie et d'optimisme, a dit : " Eh bien, il y a trois points sur lesquels nous nous sommes mis d'accord aujourd'hui, et qui me paraissent fondamentaux . le premier, et c'est très dur pour un homme de ma génération de vous le dire [...] c'est que nous considérons, nous, Anglais, que le Commonwealth n'a plus l'importance qu'il avait, et que par conséquent les droits préférentiels que nous avons actuellement avec le Commonwealth doivent disparaître progressivement. Deuxièmement, nous considérons l'agriculture française comme un élément capital de cette négociation [...]. Nous devons trouver un accord sur la politique agricole commune [...]. Il y a un troisième aspect : c'est que nous sommes les deux seules puissances européennes qui avons l'arme nucléaire [...]. Il est normal que nous coopérions dans ce domaine pour constituer le " *backbone of european defense* *** ". »

« Je me rappelle, poursuit M. de Courcel, que, repartant sur Paris, j'étais dans la même voiture que l'ambassadeur britannique Sir Pierson Dickson et que nous nous congratulions l'un l'autre en disant : " ... Enfin, on a fait un grand progrès... La France et l'Angleterre doivent pouvoir s'entendre[26].... " »

Que Charles de Gaulle ne fût pas tout à fait équitable en la matière, on en a une indication dans le fait que le mémorialiste écarte de ses souvenirs (sauf pour une allusion très brève) le dialogue optimiste de Champs pour ne conserver que celui, très négatif — et de son fait — de Rambouillet, six mois plus tard, quand il mit fin aux espérances européennes du Premier ministre britannique.

---

* Voir à ce sujet les confidences faites par le général à Adenauer dans les *Mémoires* du chancelier (III, p. 308-309).
** Voir ci-dessus, p. 306 et plus loin, chapitre 13.
*** La pierre angulaire de la défense européenne. Cette coopération se manifestait d'ailleurs par la construction en commun de la fusée *Blue Streak*.

L'épisode est fameux. Mais on aurait tort de l'isoler et de n'y voir qu'un de ces coups d'éclat à sonorité militaire et marqués par quelque mot historique auquel le général avait accoutumé son monde. Car entre le tête-à-tête de Champs et celui de Rambouillet s'étaient déroulés cinq événements d'importance : la proclamation du « grand dessein » de John Kennedy ; le rejet par les Six, à Bruxelles, des offres britanniques relatives aux importations de produits du Commonwealth, suivi de l'ajournement des négociations relatives à l'entrée de la Grande-Bretagne dans la CEE ; une conférence du Commonwealth, à Londres, où les Dominions avaient refusé de leur côté les concessions prévues par Londres à la CEE au sujet de leurs exportations ; le triomphal voyage du général de Gaulle en République fédérale, qui avait porté à son comble le complexe de supériorité du chef de l'État français ; et le refus par Washington de fabriquer à usage anglais des fusées *Skybolt,* ce qui mettait Londres à la merci d'une pression américaine contre toute indépendance coordonnée avec la France, comme il avait été prévu à Champs.

La délégation britannique était arrivée confiante à Rambouillet. Certes, le premier échec subi à Bruxelles avait déçu le Foreign Office ; certes, le « grand dessein » de Kennedy, véritable défi à l' « Europe européenne » de De Gaulle (puisqu'il s'agissait de ressouder étroitement les deux rives de l'Atlantique au sein d'un *partnership* supposé égalitaire) ne pouvait que durcir l'attitude du général et faire apparaître ses visiteurs anglais comme des courtiers du président américain, qui les attendait quelques jours plus tard aux Bahamas ; certes, la prétention du Royaume-Uni, au moment d'entrer dans le club européen, d'obtenir un délai de douze à quinze ans pour se voir appliquer les règlements agricoles, défiait ouvertement les thèses et les intérêts français. Mais en signant en novembre un accord avec la France pour la fabrication du *Concorde,* les dirigeants britanniques, estimant à juste titre leur industrie aéronautique fort en avance sur celle de la France, pensaient avoir fait un geste qui favorisait sur le plan technique la réalisation de la force de frappe française, et espéraient qu' « on » leur en saurait gré.

Ils se voulaient d'autant plus optimistes qu'à leur estimation la Grande-Bretagne n'avait désormais plus d'issue de rechange. Bernard Ledwidge raconte qu'en juillet 1962, à l'occasion d'une session de la Summer School de Cambridge réservée au Foreign Office, lord Home, alors chef de la diplomatie britannique et réputé pour sa réserve à l'égard de l'Europe, avait déclaré : « Il nous faut absolument entrer dans la Communauté européenne... — N'avons-nous pas d'alternative ? lui fut-il demandé. — Malheureusement non. » Et le secrétaire au Foreign Office avait ajouté que les résultats obtenus à Champs permettaient d'avoir bon espoir [27].

A Rambouillet, Macmillan et les siens viennent donc en principe parler d'Europe. A ceux qu'il considère comme des solliciteurs, de Gaulle réplique-t-il, comme l'eût fait tout négociateur classique, par une offre de « donnant-donnant », en aiguillant aussitôt l'entretien sur le nucléaire, faisant en quelque sorte dépendre son agrément à l'entrée de Londres dans la CEE de l'association des Britanniques aux projets atomiques français ? Pour lui, c'est là le test : si, sur cette affaire capitale du point de vue de l'indépendance nationale, Londres se refuse à le suivre et se replie sur son partenaire américain, c'est bien que ce pays n'est pas mûr, en esprit, pour s'associer à l' « Europe européenne », c'est qu'il n'adhère à la Communauté qu'en tant que protégé de Washington.

De Gaulle n'est pas sans savoir que l'interruption par les Américains de la fabrication des fusées *Skybolt* qui devaient servir de vecteur à l'armement atomique anglais, même si elle n'est due, assure-t-on à Washington, qu'à des raisons économiques, a pour effet d'affaiblir d'un coup le potentiel nucléaire de Londres et de le mettre à la merci des décisions de la Maison-Blanche.

A moins que la coopération nucléaire avec Paris — alors en retard sur les acquis britanniques en ce domaine, qui doivent beaucoup aux relations privilégiées anglo-américaines et aux dispositions en ce sens de la loi Mac-Mahon — ne permette le développement d'un « atome européen ». C'est ce que de Gaulle a en tête. Mais dans la mesure où il est, sur ce plan, le plus faible, il ne se présentera pas en solliciteur, fût-ce pour mettre le marché en main de son visiteur : association nucléaire à participation dominante anglaise contre accès de la Grande-Bretagne au Marché commun. L'échange fut-il proposé à Rambouillet ? Non.

Dans sa très équitable biographie du général de Gaulle, Bernard Ledwidge assure que lorsque les diplomates anglais et français comparèrent leurs comptes rendus des entretiens de Rambouillet — qui se déroulèrent parfois en tête à tête — ils constatèrent des « divergences ». Du côté français, on soutient que l'offre de coopération fut au moins suggérée par les visiteurs. Du côté anglais, on ne retient que le réquisitoire prononcé par le général sur le thème de l'incompatibilité entre l'Angleterre de 1962 et l' « Europe européenne ».

Le dialogue Macmillan-de Gaulle à Rambouillet eut deux témoins : M. Philip de Zulueta du côté anglais, M. Burin des Roziers du côté français. Le second nie catégoriquement que le « marché » Europe contre coopération atomique ait été suggéré par l'un ou l'autre des interlocuteurs. Il garde surtout en mémoire le rappel, par l'un et l'autre, des difficultés survenues au cours des derniers mois à Bruxelles, des menaces que l'Union soviétique venait de faire peser sur l'Occident (la crise de Cuba remontait à un mois) et — formulée par le Premier ministre britannique — l'idée d'une coopération nécessaire entre Londres et Paris sur les divers plans technique, aéronautique, nucléaire. A quoi le général de Gaulle aurait répondu surtout par le rappel des obstacles qui s'opposaient encore à l'entrée de la Grande-Bretagne dans les organismes européens.

Ce qui est clair, en tout cas, c'est que si le général souhaitait à cette époque lier son alliée britannique à son entreprise de développement d'une force nucléaire européenne autonome par rapport aux États-Unis, il eut le tort de ne pas s'en ouvrir auprès de son visiteur — qu'il savait exposé à des offres américaines imminentes, et fort peu compatibles avec ses propres visées. S'il avait vraiment voulu réaliser cet « atome européen », que ne le dit-il clairement à Macmillan dans le salon de Rambouillet ?

La thèse anglaise est présentée sous sa forme la plus militante et antigaulliste (sinon antifrançaise) par Nora Beloff dans *Le général dit non* *. Citons-la. Assurant que la rencontre de Rambouillet se résuma en un « long monologue » du général énumérant les raisons pour lesquelles la Grande-Bretagne n'était pas prête à entrer dans le Marché commun, l'auteur décrit un Macmillan saisi d'une « angoisse grandissante », voyant ses espérances européennes, thème essentiel de sa diplomatie, balayées, et demandant à de Gaulle pourquoi il n'avait pas exprimé plus tôt ses réserves. A quoi le général aurait négligé de répondre.

« Il serait erroné de dire que les négociations du Marché commun furent rompues à Rambouillet, car le fond du problème ne fut pas abordé », écrit Nora Beloff. Aucun des points de litige à Bruxelles ne fut l'objet d'un examen sérieux. Et le général ne fit aucune allusion à une demande d'aide pour l'armement nucléaire.

Dans la soirée, après le départ de Macmillan, le général demeura à Rambouillet et invita à dîner quelques-uns de ses ministres. L'un d'eux lui demanda à brûle-pourpoint si la question d'une collaboration nucléaire avait été soulevée. « Non, répondit le général, nous avons à peine mentionné l'armement nucléaire [28]... »

L'ambassadeur Ledwidge est beaucoup moins catégorique. Et il rappelle honnêtement que l'argumentation du général de Gaulle peut être imputée à bien d'autres raisons qu'à la malveillance antibritannique. Il ne faut pas oublier que, lorsque Macmillan arrive à Rambouillet, les négociations de Bruxelles sont dans l'impasse, les Six jugeant que l'Angleterre n'avait pas répondu aux exigences de l'adhésion, ne serait-ce que parce qu'elle demandait, on l'a dit, un délai de douze à quinze ans pour appliquer les règles agricoles ; que quelques semaines plus tard, le Commonwealth a, en sens inverse, condamné les concessions à ses yeux excessives déjà faites par Londres aux Six en matière agricole ; et que les succès répétés du parti travailliste, résolument hostile au Marché commun, montraient que la majorité de l'opinion britannique était défavorable à l'adhésion.

Le Premier ministre Macmillan était à coup sûr sincère dans ses démarches. Mais la seule chance qu'il avait de les faire aboutir eût été de formuler clairement le marché à l'adresse de son hôte de Rambouillet : association nucléaire franco-britannique indépendante de Washington contre soutien de la France à la démarche européenne de Londres. Il ne le fit pas plus que son hôte, sinon par allusions. Le pouvait-il, compte tenu de l'état d'esprit de l'opinion britannique, méfiante à l'égard de l'Europe, confiante en la protection américaine ? Savait-il déjà que John Kennedy allait lui faire des offres plus claires, et alléchantes, que celles

---

* Qui pousse la malveillance à l'encontre de De Gaulle jusqu'à comparer l' « enthousiasme » suscité par le général en Allemagne à celui soulevé par Hitler.

que de Gaulle ne suggérait que du bout des lèvres ? Le dialogue de Rambouillet ne fut pas un malentendu. Il fut un non-formulé.

En fait, Macmillan et les siens ne se sont engagés dans la grande aventure communautaire que dans la mesure où ils se savaient soutenus en ce sens par Washington. Ils ne sont pas prêts à accompagner de Gaulle jusqu'à l'« Europe européenne » — pas plus sur le terrain nucléaire que sur les autres. Ils veulent s'étendre vers l'Europe, non s'éloigner des États-Unis.

Puisque ses visiteurs anglais n'acceptent pas d'échanger ce « plus d'Europe » contre un « moins d'Amérique », puisqu'ils veulent à la fois la protection de Kennedy et les clés de l'Europe que détient de Gaulle, puisqu'ils prétendent gagner sur les deux tableaux, le général sera impitoyable. Haro sur les bigames ! Au moment où il quitte Rambouillet pour Nassau (îles Bahamas), Harold Macmillan sait que son avenir européen est bouché, son entrée dans le club des Six reportée aux calendes. Il n'est donc pas équitable de rejeter la responsabilité de la rupture sur ce qu'il va accepter de signer outre-Atlantique : les dés étaient jetés dès le 16 décembre.

C'est avant de connaître les résultats des entretiens des Bahamas que de Gaulle prononce, devant le Conseil des ministres du 19, l'oraison funèbre des espérances européennes de M. Macmillan telles qu'elles avaient été formulées à Rambouillet : « Ce pauvre homme à qui je ne pouvais rien accorder avait l'air si triste, si abattu, que j'avais envie de lui mettre la main sur l'épaule et, comme Édith Piaf dans sa chanson, de lui dire : " Ne pleurez pas, milord ! " » Sarcasme dérisoire, qui n'est pas du meilleur de Gaulle.

La grande politique d'association franco-britannique, créant une charnière entre les États-Unis et ce continent, ouvrant les voies à une Europe « de l'Atlantique à l'Oural » et non de la Manche à l'Elbe, était manquée. A jamais ? Macmillan pouvait-il s'acharner, tenter de résister aux offres de Kennedy pour ne pas s'aliéner tout à fait le président français ? C'est, d'une certaine façon, ce qu'il tenta bravement de faire.

Alors que chacun pensait — et de Gaulle tout le premier — qu'il n'allait aux Bahamas, tout endolori de la nasarde de Rambouillet, que pour s'incliner devant les conditions de « retour au bercail » posées par Kennedy, le visiteur anglais négocia assez fermement pour obtenir de son hôte tout-puissant non seulement la livraison directe (sans passer par l'OTAN) des fusées *Polaris* *, très supérieures aux *Skybolt* abandonnées, mais encore le droit de les utiliser de façon autonome, à partir de ses sous-marins, si « les intérêts nationaux suprêmes du pays étaient en jeu ».

Mieux encore (au moins dans son esprit) : Harold Macmillan avait obtenu de John Kennedy que la France bénéficie des avantages qu'il venait d'arracher pour son pays. Toutes choses égales d'ailleurs, le Premier ministre britannique venait d'imiter son maître Churchill, obtenant pour la France, à Yalta, une zone d'occupation en Allemagne. Mais si, en 1945, de Gaulle avait consenti, non sans maugréer, à empocher le cadeau, en 1962, il n'était plus homme à accepter de tels présents. « Timeo Danaos... » — référence

---

* Fusées embarquées sur des sous-marins — alors l'arme suprême.

qu'on voudra bien reconnaître pour pertinente : il s'agit bien, dans son esprit, d'un cheval de Troie.

Ne réduisons pas l'attitude de Charles de Gaulle à un trait de caractère altier. S'il repousse alors l'offre apparemment inespérée qui lui vient des Bahamas, c'est d'abord parce qu'il ne saurait entériner un accord qu'il n'a pas négocié lui-même. Ensuite, parce que les mêmes avantages sont offerts à l'Allemagne fédérale, puissance non nucléaire. Encore, parce que les *Polaris* ne sont pas remises à Paris et à Londres aux mêmes conditions : les Anglais les obtiennent directement, les Français sous commandement américain. Aussi, parce que ne disposant pas alors de sous-marins nucléaires, les *Polaris* lui sont inutiles. Enfin, parce que l'armement qui lui est offert devrait avoir pour cadre d'application l'étrange MLF, armada de vaisseaux apatrides à propos de laquelle remontent aux lèvres les sarcasmes les plus cruels des ennemis de la CED. Ce qui est proposé ainsi à de Gaulle, c'est un reniement : une défense qui ne soit pas « française » ou d'inspiration nationale.

D'autres hommes d'État se seraient tout de même saisis de ce que « les Anglo-Saxons » proposaient de positif (ces armes utilisables de façon indépendante au cas où « les intérêts nationaux suprêmes seraient en jeu [*] », quitte à en assouplir l'usage et à modifier le cadre d'emploi originel, comme il était en train de le faire pour le Pacte atlantique. Mais le de Gaulle d'après la bombe de Reggane, d'après la fin de la guerre d'Algérie, d'après le voyage outre-Rhin ne reconnaît que les victoires qu'il remporte. Et non sans donner instruction à ses ambassadeurs à Washington et à Londres d'étudier avec soin les offres venues des Bahamas, il va préparer son coup d'éclat.

C'est le 14 janvier 1963 [**] qu'il a prévu de porter l'estocade. La presse internationale est depuis longtemps convoquée ce jour-là à l'Élysée pour la première de ses conférences semestrielles, la huitième depuis le retour du général au pouvoir. Chacun sait en arrivant que le règlement de l'affaire algérienne n'a pas épuisé les munitions du grand sorcier. Il lui reste des comptes à régler, des idées à lancer...

Plus de 500 journalistes et près de 300 invités se pressaient ce lundi dans la salle des fêtes de l'Élysée. Il parut, dans un mouvement de rideau, comme Athalie à l'acte V. Les ministres d'un côté, l'« entourage » de l'autre, tout le monde était sagement à sa place. On retint son souffle, sachant qu'à Londres et à Washington Macmillan et Kennedy avaient demandé d'être, au fur et à mesure, tenus informés des propos du Connétable, dont ils ne pouvaient manquer d'être les cibles. Il fallut attendre un quart d'heure avant que tombe la question espérée sur l'Angleterre et l'Europe. Sur un ton grave, d'une courtoisie griffue, parlant sur un rythme plus lent qu'à l'ordinaire, le général-président laissa tomber son premier verdict :

---

[*] Imagine-t-on le recours au feu nucléaire en d'autres circonstances ?
[**] Date anniversaire de la principale victoire de l'Europe gaullienne, la signature des accords sur la politique agricole commune.

« L'Angleterre [...] est insulaire, maritime, liée par ses échanges, ses marchés, son ravitaillement, aux pays les plus divers et souvent les plus lointains. Elle exerce une activité essentiellement industrielle et commerciale et très peu agricole. Elle a, dans tout son travail, des habitudes et des traditions très marquées, très originales.

Bref, la nature, la structure, la conjoncture qui sont propres à l'Angleterre diffèrent de celles des autres * continentaux.

Comment faire pour que l'Angleterre telle qu'elle vit, telle qu'elle produit, telle qu'elle échange, soit incorporée au Marché commun tel qu'il a été conçu et tel qu'il fonctionne ? [...]

Il faut convenir que l'entrée de la Grande-Bretagne d'abord, et puis celle de ces États-là changera complètement l'ensemble des ajustements des ententes, des compensations, des règles qui ont été établies déjà entre les Six, parce que tous ces États comme l'Angleterre, ont de très importantes particularités. Alors, c'est un autre Marché commun dont on devrait envisager la construction [et qui] verrait se poser à [lui] tous les problèmes de ses relations économiques avec une foule d'autres États, et d'abord avec les États-Unis.

Il est à prévoir que la cohésion de tous ses membres qui seraient très nombreux, très divers, n'y résisterait pas longtemps et qu'en définitive, il apparaîtrait une communauté atlantique colossale sous dépendance et direction américaines, et qui aurait tôt fait d'absorber la Communauté européenne [...] ce n'est pas du tout ce qu'a voulu faire et ce que fait la France, et qui est une construction proprement européenne.

Alors, il est possible qu'un jour l'Angleterre vienne à se transformer elle-même suffisamment pour faire partie de la Communauté européenne, sans restriction et sans réserve, et de préférence à quoi que ce soit, et dans ce cas-là, les Six lui ouvriraient la porte, et la France n'y ferait pas obstacle [...]. Si les négociations de Bruxelles ne devaient pas actuellement aboutir, rien n'empêcherait que soit conclu entre le Marché commun et la Grande-Bretagne un accord d'association. [...]

Enfin il est très possible que l'évolution propre à la Grande-Bretagne et l'évolution de l'univers portent les Anglais vers le continent, quels que soient les délais avant l'aboutissement. Pour ma part, c'est cela que je crois volontiers, et c'est pourquoi, à mon avis, de toute manière, ce sera un grand honneur pour le Premier ministre britannique, pour mon ami Harold Macmillan, et pour son gouvernement, d'avoir discerné cela d'aussi bonne heure, d'avoir eu assez de courage politique pour le proclamer, et d'avoir fait faire les premiers pas à leur pays dans la voie qui, un jour peut-être, le conduira à s'amarrer au continent. »

Le superbe éloge de la Grande-Bretagne en guerre dont le général de Gaulle assortit son veto n'en atténua guère la rudesse. D'autant qu'il est suivi d'un rejet dédaigneux de l'offre faite à la France par Washington et Londres d'adhérer aux accords de Nassau à la fois pour des motifs techniques (les *Polaris* ne sont pas adaptées à l'armement français) et des raisons de fond :

« Verser nos moyens dans une force multilatérale, sous commandement étranger, ce serait contrevenir à ce principe de notre défense et de notre politique. Il est vrai que nous pourrons garder, nous aussi, théoriquement, la faculté de reprendre entre nos mains, dans une hypothèse suprême, nos éléments incorporés à la force multilatérale. Mais comment le ferions-nous

* Pourquoi « autres » ?

pratiquement dans les instants inouïs de l'apocalypse atomique ? Et puis, cette force multilatérale comporte forcément un enchevêtrement de liaisons, de transmissions d'interférences à l'intérieur d'elle-même, un enveloppement de sujétions extérieures telles que si on lui arrachait soudain une partie intégrante d'elle-même on risquerait fort de la paralyser juste au moment où, peut-être, elle devrait agir.

Au total nous nous en tenons à la décision que nous avons arrêtée : construire et, le cas échéant, employer nous-mêmes notre force atomique. Cela sans refuser, bien sûr, la coopération, qu'elle soit technique ou qu'elle soit stratégique, si celle-ci est d'autre part souhaitée par nos alliés. »

« De Gaulle a raison ! » : la seule approbation qu'il obtint à l'étranger vint du *Daily Express,* organe de l'impérialisme anglais le plus traditionnel, et d'ailleurs le plus gallophobe : l'important, pour son propriétaire, lord Beaverbrook, vieil ami de Churchill, était d'éviter l'adhésion à cette Europe où il ne voyait que le lit de Procuste de la grandeur impériale.

La plupart des autres commentateurs, en France et surtout à l'étranger, s'inspiraient de la tonalité du mélancolique éditorial du *Monde* : « Le général de Gaulle se complaît à ces jeux, qui effraient ou irritent ses partenaires et ne peuvent que réjouir l'adversaire. Tantôt prince de l'équivoque et tantôt risquant une mise énorme sur quelque coup de poker, il tend à imposer sa loi aux Européens et aux Américains de même qu'il a su l'imposer aux Français. »

Paul Reynaud, l'allié de jadis, écrivait : « La France isolée, l'Entente cordiale bafouée, le désordre dans l'Alliance atlantique, l'irritation, voire l'inimitié des États-Unis à notre égard alors que leur présence en Europe assure notre liberté, le Marché commun, moteur de notre expansion, menacé d'éclatement… Et pourquoi [29] ? » Commentaire qui valut à Reynaud cette riposte du Connétable : quinze jours plus tard, il recevait une lettre dont l'adresse, sur l'enveloppe, était rédigée d'une main qu'il connaissait bien. Il l'ouvrit. Rien dedans. Mais au dos, ces quelques mots : « En cas d'absence, faire suivre à Azincourt (Somme) ou à Waterloo (Belgique) [30]. »

Aigreurs de part et d'autre abusives. Le général avait de bonnes raisons de rejeter la MLF cosmopolite, biscornue et apparemment impuissante manigancée par les planificateurs de John Kennedy. Et même de retarder une adhésion britannique à la CEE qui eût fait de l'Europe une grenouille trop tôt muée en bœuf. Mais si fort qu'ils aient goûté l'hommage alors rendu à la nation britannique, beaucoup d'entre nous, auditeurs et citoyens, eussent souhaité que cet éloge n'apparût pas comme une sorte de procédure de consolation, et fût mieux incorporé aux décisions du président de la Vᵉ République.

Si l'Europe occidentale est ce qu'elle est, si l'idée d'une Europe européenne peut germer dans le cerveau d'un homme de ce temps, n'est-ce pas aussi parce que, de Hastings aux Highlands, depuis des siècles, des hommes ont vécu, inventé et lutté d'une certaine façon ? Comment se résigner à cet exil où de Gaulle entend, pour quelque temps en tout cas, les confiner ? Et comment ne pas penser à la boutade de l'insulaire qui, entendant parler d'une terrible tempête sur la Manche, soupire : « Le Continent est isolé... »

On peut regretter, sur le fond de l'affaire, le choix alors fait par de Gaulle, et être choqué par la raideur du ton. Mais on ne peut manquer de rappeler deux données de l'affaire, que néglige par trop John Newhouse, l'auteur de l'excellent *De Gaulle and the Anglo-Saxons* [31]. D'abord, que l'opinion britannique était elle-même, dans la proportion des trois cinquièmes, encore opposée à l'adhésion. Ensuite et surtout, que la Communauté européenne était un club doté de règles très précises, que Londres demandait de ne pas respecter pendant un certain temps. Qu'eût-on pensé dans les îles Britanniques si, demandant de participer au tournoi des Cinq Nations de rugby, la France y avait mis pour condition de jouer, pendant les premières années, à vingt contre quinze, ou sans que les Français fussent soumis à la règle du hors-jeu ?

Bref, Charles de Gaulle a choisi — non sans raison, mais non sans abus — de faire patienter ses hôtes de 1940. Il lui restera à tirer un peu plus fort le verrou en signant huit jours plus tard son traité d'alliance avec l'Allemagne fédérale. Moyennant quoi Harold Macmillan, bon « européen » mais bon Britannique surtout, notera dans son journal, à la date du 28 janvier 1963 : « Toute notre politique, extérieure et intérieure, est détruite. La domination française en Europe est désormais un fait, nouveau et alarmant [32]. »

Sept ans plus tôt, Gamal Abdel Nasser avait prématurément abrégé la carrière d'Anthony Eden, brisé par la piteuse mésaventure de Suez. En 1963, c'est en grande partie son échec européen, provoqué par l'intransigeance du monsieur de l'Élysée, qui voua Harold Macmillan, ami et successeur de Eden, à la défaite subie l'année suivante des mains des travaillistes. Défaite qui fut celle du meilleur des Européens d'outre-Manche avant que s'affirme Edward Heath, puis qu'apparaissent George Brown et surtout Roy Jenkins.

Sur l'entrée de l'Angleterre dans le concert européen, on prête au général mille mots, et notamment le fameux : « Je la veux nue ! » c'est-à-dire allégée de ses tuteurs américains et de ses cousins du Commonwealth. Lesquels sont authentiques ? Lesquels apocryphes ? On l'a vu, ceux-ci peuvent être à l'occasion plus « vrais » que ceux-là. Ce qui est certain, c'est qu'il préféra humilier et exiler du pouvoir un homme qu'il estimait fort, tel que Macmillan — auquel il rend souvent hommage dans ses Mémoires —, que d'ouvrir les portes de l'Europe à un adhérent qui risquait d'y introduire le renard américain. Si tant est que ledit renard n'y eût point déjà fait sa tanière...

A tout prendre, il préféra voir s'installer à Downing Street un homme que tout, d'abord, séparait de l'Europe, et plus encore de Charles de Gaulle — Harold Wilson. Là au moins, il n'avait pas à se « marcher sur le cœur » pour frapper à coups de rames sur les mains des nageurs britanniques agrippés au plat-bord du bateau de l'Europe...

Lors de sa visite à Paris en 1965, le nouveau Premier ministre ne chercha pas même à relancer le dialogue européen. Semblant prévenir le souhait de l'Élysée, il déclara : « Moi, le Marché commun, ça ne m'intéresse pas. Il faut que nous mettions en marche une coopération franco-britannique [33]. » C'est alors que fut poussée la fabrication du *Concorde,* lancée l'initiative de construire le Jaguar, et qu'on reparla de percer le tunnel sous la Manche *.

Après les élections de 1966, pourtant, les travaillistes ayant découvert l'Europe et remanié leur gouvernement, M. George Brown, le nouveau chef du Foreign Office, reprit le projet d'une négociation sur l'Europe. Il entraîna Harold Wilson dans une tournée des six capitales de la CEE pour les persuader du bien-fondé d'une nouvelle candidature anglaise. Mais de Gaulle ne les traita pas mieux que leurs prédécesseurs conservateurs : pour lui l'Angleterre n'était toujours pas « mûre » pour la vie en commun avec le Continent. Et ce fut, en 1967, le second veto gaullien.

Deux ans plus tard cependant, lord Soames, ambassadeur de Sa Majesté, entrait à l'Élysée, un certain 4 février 1969. Nous verrons que, dans ce domaine aussi, l'esprit toujours en mouvement du Connétable était capable de révisions déchirantes **.

Mais on ne voudrait pas clore cette évocation des rapports entre Charles de Gaulle et la Grande-Bretagne — qui iront, on le verra à propos de l'affaire du « Québec libre », jusqu'aux limites de l'hystérie, certains journaux londoniens parlant à son sujet de « sénilité criminelle » — sans rapporter ce trait.

Aux funérailles de Winston Churchill, en janvier 1965, de Gaulle avait voulu apporter son hommage de compagnon d'armes et le tribut d'une vieille admiration. Dans l'avion du retour, entouré de plusieurs de ses intimes, il ne cessa, assurent les témoins, de tenir sur le disparu, et le peuple qu'il avait guidé dans l'épreuve, des propos d'un enthousiasme sans réserve : « Quelle joie de voir aujourd'hui cette grande nation redressée. Quelle autre serait capable d'organiser des cérémonies de cette grandeur ? Vive l'Angleterre, messieurs ! Elle nous donne des leçons [34]... »

Le parti « anglo-européen » incarné par M. Luns (et auquel appartenaient d'innombrables Français) devait obtenir satisfaction moins de deux ans après la retraite du général, du fait de M. Pompidou et d'une conversion cette fois très réelle de l'opinion britannique. Quant aux « intégrationnistes », ils ne devaient jamais se remettre du veto gaullien du 14 janvier 1963. Écoutons P. H. Spaak :

« La conférence de presse du 14 janvier 1963 marque un tournant dans la

---

* Entreprise à laquelle Harold Wilson finit par opposer un veto très gaullien. Un grand dessinateur britannique le représente alors, déguisé en général, et barrant de ses bras l'entrée du tunnel...
** Voir plus loin, chapitre 17.

vie de la Communauté européenne. Dans la suite, plus jamais la confiance, l'esprit de coopération qui avaient prévalu durant les premières années ne devaient exister de la même façon. L'humiliation injustifiée que le général de Gaulle avait infligée à ses partenaires ne devait jamais être oubliée. Un certain désir de revanche était né. Il se manifesta en 1965[35]. »

La crise de 1965 fut-elle une séquelle, une retombée de celle de 1963 ? Les vaincus de la « bataille d'Angleterre » voulurent-ils faire payer au général de Gaulle sa victoire en l'humiliant à son tour sur le terrain essentiel, celui de la supranationalité ? Ce n'est pas évident. Mais en tentant de forcer la marche vers les « États-Unis d'Europe », les « humiliés » de 1963 savaient bien qu'ils défiaient une fois encore le chef de l'État français.

Le professeur Hallstein, président de la Commission européenne (le « gouvernement » de la Communauté), conseillé par quelques disciples de Jean Monnet, jugea au début de 1965 que la conjoncture française se prêtait à une opération conférant aux structures européennes un surcroît de supranationalité : il s'agissait de faire dépendre le financement de la politique agricole commune (très profitable aux paysans français) d'un accroissement de pouvoirs de la Commission, tournant la règle de l'unanimité des décisions des membres du Conseil des ministres des Six.

Le calcul des inventeurs de l'opération — à laquelle s'opposa le plus proche collaborateur de Walter Hallstein, Robert Marjolin, bien que fort bon « européen » et assez peu gaulliste — était lié à la situation politique en France. L'élection présidentielle était prévue à la fin de l'année : ou bien de Gaulle ne se représentait pas et son successeur pesait d'un poids moins lourd que lui sur l'Europe ; ou bien il se représentait et aurait besoin des voix des agriculteurs, favorables à la proposition Hallstein dès lors que le développement favorable de la politique agricole commune en dépendait...

Le général ne céda pas, bien sûr. Les voix des agriculteurs iraient à Jean Lecanuet « intégrationniste » européen, et vaudraient à de Gaulle d'être mis en ballottage*? C'était mal le connaître que de croire qu'il accepterait un pouce de supranationalité en échange du suffrage des paysans français. Plutôt que de s'incliner sur le principe de l'unanimité des votes du Conseil des ministres européen, il décréta que la France ne participerait plus — jusqu'à nouvel ordre — aux délibérations : c'est ce qu'on appela l'époque de la « chaise vide** ».

Mais, observe Jean-François Deniau***, « le traité de Rome a au moins une vertu, c'est que s'il est difficile d'y entrer, il est encore plus difficile d'en sortir ». Le général ne souhaitait d'ailleurs pas détacher la France de la CEE : il voulait obtenir gain de cause à la fois pour le financement des produits agricoles, et contre la supranationalité rêvée par Walter Hallstein. Sa réélection en décembre 1965 devait, pensait-il, lui permettre de faire plier ses adversaires.

---

* Dont le bénéficiaire fut d'abord M. Mitterrand.
** De juin 1965 à janvier 1966.
*** Longtemps commissaire européen.

Mais ce qu'on a appelé le « compromis de Luxembourg », au mois de janvier 1966, fut tout au plus un « match nul » ou plutôt un double constat de désaccord : une déclaration française, condamnant la novation institutionnelle introduite par l'opération Hallstein, fut « admise » par la majorité sans être adoptée sur le plan juridique. Moyennant quoi la chaise française cessa d'être vide.

Le général de Gaulle avait fait pièce à Walter Hallstein * comme deux ans plus tôt à Harold Macmillan. Mais au prix de quel isolement... Au surplus, observe J.-F. Deniau, sa thèse fondant l'Europe sur la coopération intergouvernementale ne triomphait pas pour autant : on alla « avec la complicité de tous les participants [vers] la domination des services et des bureaux... Une sorte d'artériosclérose gagna l'Europe [36] »...

Méditant sur cette stratégie européenne du général de Gaulle, Alfred Grosser, « européen » fervent mais non sectaire, suggère que, compte tenu de son hostilité à l'intégration et de sa méfiance à l'égard de l'hégémonie américaine, le président de la Ve République se trompa d'allié privilégié : ce n'est pas sur Bonn, inféodé pour mille raisons aux États-Unis, mais sur Londres, apte à une plus grande liberté de manœuvre, qu'il aurait dû miser [37].

On a, ici et là, suggéré cette hypothèse. Mais n'est-ce pas là privilégier les modalités tactiques sur les visées stratégiques ? Ce qu'impliquait l'alliance allemande, c'était, pour le général, une « ost politik » dont on reparlera, en évoquant la vision gaullienne d'Europe « de l'Atlantique à l'Oural ».

Il faudra revenir sur ce dilemme : Bonn ou Londres. On le fera à propos des relations interatlantiques. En attendant, citons ce trait. Alexandre Marc, pionnier s'il en fut de l'unification européenne **, reçut, après le voyage triomphal du général de Gaulle en Allemagne, un appel (anonyme) de l'Élysée lui demandant si, en cas d'élection d'un président des États-Unis d'Europe au suffrage universel, Charles de Gaulle serait élu. Sa réponse fut positive, associée d'une analyse minutieuse des positions, pays par pays [38].

« Européen » malheureux, avons-nous dit. Par anachronisme. Double et contradictoire anachronisme. Son projet confédéral, dit « plan Fouchet », est raisonnable, mais date un peu. Il fleure son XIXe siècle. Le rêve « de l'Atlantique à l'Oural » anticipe trop hardiment sur des évolutions attendues. C'est au XXIe siècle qu'il fait plutôt penser.

---

* Qui se retira en janvier 1968.
** Il a créé et anime depuis de longues années le Centre international de formation européenne.

13. Nos cousins d'Amérique

Charles de Gaulle ne s'était pas fait « une certaine idée » des États-Unis. Il s'en était fait deux.

La première, caricaturale, semblait s'inspirer d'une bande dessinée intitulée *Amérix*. Il la résumait ainsi devant un petit groupe de parlementaires, le 9 juin 1965 :

« ... L'Amérique était un terrain vierge où les pionniers n'ont trouvé que les ossements de quelques Peaux-Rouges qu'ils avaient " zigouillés ". Et d'ailleurs peu de temps après, il leur a fallu une guerre civile, et elle continue [1]. »

La seconde est plus digne de cet homme d'imagination, de mouvement et d'entreprise, si passionnément attaché à l'idée d'indépendance : Charles de Gaulle ne pouvait manquer d'admirer le plus gigantesque des espaces de liberté qu'aient aménagé les hommes, cet immense laboratoire de recherche du monde futur, cette « fille de l'Europe » qui avait été son arsenal et restait en dernière instance son rempart et son sanctuaire.

Il faut entendre les propos qu'il tient à Eisenhower, à Kennedy, à Nixon ; il faut lire ce qu'il écrit des réceptions faites en sa personne à la France par le peuple américain, en 1945 ou 1960, pour se faire une idée de ce que fut l' « antiaméricanisme » de Charles de Gaulle. Mais il est vrai que, dans les années soixante, cet orgueil est encore affligé de trop de faiblesse pour ne pas se cambrer face à l'ami monumental, ce cousin de Brobdignac aux muscles trop saillants, aux coffres trop pleins, aux dollars trop prépondérants.

Pour apprécier ce que furent les rapports entre le général de Gaulle, les pouvoirs et le peuple américains, il faut d'abord tenir compte de ce qu'ont dit ou écrit les hommes qui furent constamment situés à la charnière des relations entre les deux États — ce fut parfois une ligne de feu —, les ambassadeurs des États-Unis en France et du général à Washington.

Hervé Alphand, profondément attaché lui-même à la société et à la civilisation américaines où il a fait une grande partie de sa carrière, fut sept années durant (1958-1965) le représentant de la Vᵉ République auprès d'Eisenhower, puis de Kennedy et enfin de Johnson. Initié depuis 1941 au décryptage du langage gaullien, il s'élève contre l'imputation d'antiaméricanisme faite à Charles de Gaulle :

« Je n'ai rien observé de tel. Refus de toute sujétion, revendication d'égalité, agacement, irritation parfois, mais rien qui puisse être défini comme de l'hostilité systématique. Au contraire... Ce sont les situations et

343

les circonstances qui ont créé les désaccords, non les sentiments ni les volontés[2]. »

Les homologues américains de l'auteur de *l'Étonnement d'être* parlent-ils très différemment ? On pourrait récuser l'opinion de Douglas Dillon, francophile patenté * ou celle de James Gavin, général nommé à Paris par Kennedy pour plaire à de Gaulle, qui lui plut en effet et lui en sut gré au point d'en être coiffé ; mais non celle de son successeur Charles (« Chip ») Bohlen, rescapé de l'époque rooseveltienne ** et qui désapprouva presque toutes les initiatives du président de la Ve République.

Ce grand diplomate de tradition, aux manières aristocratiques (« C'est notre Lord Louis Mountbatten *** », nous disait en souriant Joseph Kraft), réunissait régulièrement autour de lui les correspondants américains accrédités à Paris. Comme l'un d'eux lui demandait, à la fin de 1967 (l'année de la guerre de Six jours et du « Québec libre ») si l'objectif unique de la diplomatie du général n'était pas d' « offenser les Américains », M. Bohlen répliqua : « En cinq ans, je me suis entretenu une quarantaine de fois avec le général [plus souvent qu'aucun autre ambassadeur] et je peux vous le dire : je ne vois pas du tout qu'il soit antiaméricain [...] il aime parler des rapports entre les puissances comme d'un système solaire. Il pense qu'un pays petit ou moyen ne doit pas se tenir trop près d'une très grande puissance, risquant par là d'être attiré dans son orbite[3]. »

Il est vrai que cette réplique ne résume pas les positions de « Chip » Bohlen ni l'action qu'il mena à Paris de 1963 à 1968, et qu'il lui arriva de « noter » plus sévèrement le chef de l'État auprès duquel il représentait les États-Unis.

S'il lui arriva d'inciter à la modération un homme politique français qui à sa table, devant nous, s'en prenait violemment au général de Gaulle, il s'était fait la réputation d'un contempteur de la diplomatie gaulliste. En témoignent certains des textes consacrés à de Gaulle qu'il reproduit dans son *Witness to history* et qu'il faut citer, ne serait-ce qu'en raison de leur caractère officiel ou officieux, et de l'influence qu'ils purent avoir sur le pouvoir de Washington.

Le premier est un jugement sur de Gaulle qu'il adresse au principal conseiller du président Kennedy, MacGeorge Bundy, le 2 mars 1963 (quelques semaines après le rejet de l'accord de Nassau et le traité franco-allemand) :

« En premier lieu, il est important de rappeler que de Gaulle est un pur produit de cette moitié de la France (ou moins de la moitié) qui a été depuis 1789, et reste, conservatrice, hiérarchique, religieuse et militaire. C'était là l'une des raisons de son amertume contre Pétain. Il est aussi le produit de l'enseignement militaire français d'avant la Première et la Seconde Guerre mondiale en ce qu'il a tendance à traiter un problème donné d'un point de vue essentiellement analytique et plutôt simple. Son ignorance du système

* Ne serait-ce qu'en tant que propriétaire du château Haut-Brion.
** Il faisait partie de la délégation américaine à Yalta.
*** Le dernier et prestigieux vice-roi des Indes, oncle de la reine Elizabeth.

des autres pays est, dirais-je, très grande, et ceci est particulièrement vrai des États-Unis[4]... »

Qui a connu Charles E. Bohlen [*] a des raisons de s'étonner qu'un homme de sa qualité ait pu proposer à son gouvernement, en vue de l'éclairer, une caricature aussi plate de l'homme qui le recevait souvent à l'Élysée, cet officier français d'avant 1914, si réactionnaire, si clérical et militariste que c'est là qu'il faut chercher la raison de son « amertume contre Pétain »... On croirait lire les dépêches écrites à Vichy par l'amiral Leahy. De ce dérisoire portrait, l'ambassadeur des États-Unis tirait (en 1963) la conclusion qu'il n'y avait rien à faire pour améliorer les rapports entre Washington et Paris.

Tentant dans son livre d'analyser les raisons de l'incompréhension manifestée par le général à l'égard de son pays, l'ambassadeur Bohlen suggère d'abord que, aux yeux de Charles de Gaulle, les États-Unis manquent de ce qui fait un pays stable : une tradition militaire, un héritage religieux capable d'unifier ces groupes d'immigrants venus d'une douzaine de pays, des valeurs civilisatrices corrigeant le matérialisme ambiant. Il ajoute que ce que le général déplorait surtout chez les Américains, c'est l'excès de leur puissance, dangereuse avant tout pour eux : ce que le sénateur Fulbright, fort bon Américain pourtant, appellera l'*arrogance of power*. En somme, M. Bohlen ne tenait pas de Gaulle pour antiaméricain, mais il lui attribuait des préjugés extrêmement négatifs à l'encontre de son pays.

Si de Gaulle avait voulu conduire une diplomatie antiaméricaine, il est évident qu'il eût choisi d'autres exécutants de sa politique étrangère : de Couve de Murville à Alphand, de Lucet à Roger Seydoux, la France ne fut jamais représentée de son temps, à Washington ou à New York, que par des hommes qui avaient le plus vif souci d'harmoniser les relations entre les deux États, au point, parfois, de « filtrer » ou de « tamiser » les éclats de l'Élysée[5].

Observons d'ailleurs que du côté américain, à part l'intermède (à vrai dire fort long) de l'association Johnson-Dean Rusk, les initiatives de Charles de Gaulle furent accueillies, à la Maison-Blanche, avec intelligence et sang-froid — même quand on affectait d'y voir une connotation antiaméricaine : ainsi le « veto » à l'adhésion de Londres au Marché commun, le rejet de la MLF [**], la dénonciation de la guerre préventive israélienne en 1967, le salut au « Québec libre ! », qui ne relevaient nullement d'un tel état d'esprit, mais de décisions prises, à tort ou à raison, en fonction de circonstances spécifiques et d'intérêts proprement français [***].

Au surplus, si la presse populaire américaine jeta volontiers feu et flammes contre l' « ingrat », l' « arrogant », le « paranoïaque » de Gaulle, de grands

---

[*] C'est le cas de l'auteur.
[**] Voir chapitre précédent.
[***] Et accessoirement américains, pour ce qui est des deux derniers en tout cas.

leaders d'opinion tels que Walter Lippmann, Cyrus Sulzberger, Arthur Krock, James Reston, ou d'éminents spécialistes des affaires étrangères ou de la politique européenne, comme Stanley Hoffmann, Nicholas Wahl et Henry Kissinger, multiplièrent les tentatives d'explication — auxquelles on a fait déjà, et l'on fera largement écho.

John L. Hess qui, en tant que correspondant à Paris du *New York Times*, a pu examiner à la loupe, pendant des années, les péripéties des relations gaullo-américaines, écrit que dans toutes les questions en litige entre de Gaulle et les États-Unis « on peut toujours trouver au moins un argument qui prouve qu' [il] a moralement le droit d'agir ainsi. Sur tous ces points, on peut démontrer que les positions prises par de Gaulle l'ont été dans le plus grand intérêt de la France. Mais ajoute plus hardiment John Hess : « Chose plus choquante encore pour nous, Américains, un examen approfondi de chacune de nos controverses fait entrevoir que [...] les positions prises par [lui] servent au mieux les intérêts des États-Unis[6]... »

Voilà qui est s'aventurer plus loin que l'on ne souhaiterait aller ici dans la contestation de l' « antiaméricanisme » du général. Dans une autre perspective, plus pittoresque et peut-être plus profonde, on citera cette fable qu'inventait devant nous, un soir, à Washington, Henry Kissinger : « J'ai rêvé d'une discussion entre les deux plus grands Français de l'époque, Jean Monnet et le général de Gaulle *. Le premier disait à l'autre : " Mon général, vous vous y prenez mal avec les Américains. Vous haussez le ton, vous lancez des sommations. Moi, je les prends par la douceur, et j'en obtiens bien davantage. " A quoi de Gaulle rétorquait : " Détrompez-vous, Monnet ! Ce que *j'arrache*, moi, a beaucoup plus de prix que ce que l'on *vous octroie* à vous ! " » Et Kissinger de conclure : « J'ai longtemps partagé le point de vue de Monnet. Aujourd'hui **, je ne suis pas sûr que ce n'est pas le de Gaulle de mon rêve qui avait raison. »

Sur un autre mode, le même Kissinger, devenu l'architecte de la diplomatie américaine mais trop européen pour ne pas comprendre mieux les mécanismes intellectuels de Charles de Gaulle que les fils des puritains de Virginie ou que les politiciens texans, a très pertinemment résumé, dans *les Malentendus ***transatlantiques (The Troubled Partnership)* ce pourquoi, sur le thème du « polycentrisme », du droit d'initiative des alliés, le général et les dirigeants américains se heurtèrent si souvent : « Le polycentrisme reflète moins l'apparition de nouveaux centres de puissance matérielle que les efforts des alliés en vue de les faire apparaître... Il est en hausse non parce que le monde a cessé d'être bipolaire mais parce que, en ce qui concerne l'armement nucléaire, il le demeure essentiellement. Le président de Gaulle est convaincu que le type de circonstances qui pourrait induire les États-Unis à se servir de leur arsenal nucléaire ne saurait être affecté considérablement

---

* M. Kissinger n'a guère connu Pierre Mendès France.
** 1980.
*** Un mot utilisé à tort et à travers pour définir les rapports gaullo-américains — qui ne sont pas fondés sur des erreurs d'interprétation ou de communication, mais sur une réelle divergence de points de vue, voire d'intérêts.

par ses actes à lui [...]. Il considère que l'assistance américaine n'a pas besoin d'être achetée par une attitude conciliante [...]. Il voit peu de risques et la possibilité de gains considérables dans l'indépendance politique [...]. On peut à présent accroître sa propre influence en utilisant la protection d'un autre pays même en faisant une politique qui n'a pas ses préférences [...] les neutres bénéficiant de la même protection que les alliés, ceux-ci aspirent à la même liberté d'action que les neutres... »

Et examinant les mobiles proprement français du général, Kissinger ajoute : « Loin de se fonder sur une estimation excessive des forces de la France, la politique de De Gaulle reflète surtout une conscience profonde des souffrances de son peuple en l'espace d'une génération [...]. De Gaulle juge le mérite d'une politique non seulement sur des critères techniques mais aussi selon sa contribution au sens d'identité de la France... Son objectif le plus profond est d'ordre pédagogique : apprendre à son peuple et peut-être à son continent les attitudes de l'indépendance et de la confiance en soi [...]. En conséquence, la controverse entre les États-Unis et la France tourne partiellement autour d'une question philosophique : comment doivent coopérer les nations ? Washington préconise une structure qui rendrait toute action séparée physiquement impossible en assignant à chaque partenaire une portion de la tâche globale. Paris prétend qu'une association est valable dans la mesure seulement où chaque partenaire a réellement la possibilité de choisir... »

Ce texte lumineux fut publié en 1965, un an avant que le général n'ait détaché la France de l'OTAN. Mais l'argumentation de Kissinger pourrait servir de préface, sinon de justification, à cette péripétie capitale.

Si on a longuement cité cette définition de la stratégie gaullienne, c'est d'abord parce qu'elle émane non d'un observateur ou d'un intellectuel autonome, mais d'une personnalité américaine qui s'apprêtait à exercer de hautes fonctions, et raisonnait déjà en termes de pouvoir. Aussi parce qu'elle suggère d'innombrables réflexions non seulement sur les rapports entre forts et faibles à l'âge atomique, mais encore sur les relations entre l'essentialisme américain et l'existentialisme gaullien qu'avait fait apparaître le tête-à-tête de Matignon avec Foster Dulles le 5 juillet 1958. On y voit enfin se manifester les contradictions entre structure et mobilité, et mieux peut-être un débat sur le libre examen où le très catholique de Gaulle ferait figure d'avocat de la Réforme — si ses maîtres jésuites ne lui avaient enseigné qu'il n'est de contrainte tolérable qu'à partir d'une liberté exercée.

Alliance, donc. Alliance entre États indépendants, évidemment inégaux en pouvoir, essentiellement égaux en droit. Alliance qui s'affirmera avec d'autant plus de force que le péril sera plus grand et l'équilibre plus menacé. Alliance qui ne saurait être une structure contraignante, mais un contrat vécu et constamment revivifié par le libre choix.

Sur ces bases, les relations entre le président Charles de Gaulle et les

États-Unis ont connu trois périodes nettement différenciées, liées aux personnalités très contrastées des chefs d'État américains, aux réorientations de la stratégie américaine, et aussi aux mutations de la personnalité du Connétable comme aux évolutions, mûrissements et dépérissements des pouvoirs militaires et économiques de la France.

La première période, sous Eisenhower, est celle des divergences souriantes. On prend conscience, à Washington, de la nature du nouvel allié et du développement de ses exigences, qui va de pair avec le redressement de la France ; mais ce réveil de la Belle au bois dormant s'opère sans choc opératoire : les relations entre les leaders et la bonne image offerte par la France renaissante voilent les désaccords.

La seconde phase (1960-1963) se confond avec le « règne » de Kennedy. C'est celle des contradictions argumentées. Tandis que de Gaulle, doté de la bombe « A » en 1960, triomphant du putsch en 1961, libéré de l'hypothèque algérienne en 1962, signataire du traité franco-allemand et adversaire déclaré de la « force multilatérale » en 1963, grandit et prolifère, le jeune président américain dynamise avec éclat, mais un bonheur inégal, la puissance américaine. Ces deux énergies ne peuvent manquer de se heurter. Elles le font dans un climat où alternent l'agacement et l'estime, mais pas la hargne.

C'est au cours de la troisième époque seulement (1964-1968), celle où la politique américaine prend le visage de Lyndon Johnson, que l'on peut parler de crise. Fort à l'aise avec ce soldat fraternel qu'est Eisenhower et avec l'étudiant de Harvard que reste J. F. Kennedy, de Gaulle reste interloqué devant le parlementaire sudiste pour qui la France n'est plus qu'une sorte de royaume sénescent, tout juste bon à intéresser les professeurs de Harvard et les reporters spécialistes en guerres civiles. Pour lui, de Gaulle, qu'est donc ce grand diable de Babbitt mal embouché qu'il définit un jour devant Jacques Chaban-Delmas comme « un M. Queuille qui aurait en main deux revolvers chargés [7] » ?

Certes, l'incommunicabilité entre ces deux personnes n'est pas seule responsable d'une incompréhension frôlant la rupture en 1967. Johnson ou pas, de Gaulle aurait posé le problème du dollar, admonesté Israël et arraché la France aux structures militaires de l'OTAN. Mais de 1964 à 1968, et en dépit des efforts faits à Paris par Charles Bohlen, à Washington par Charles Lucet, une sorte de poisseux nuage de suie recouvre les rapports franco-américains, alourdissant les incompréhensions, aggravant les contradictions.

Il faudra l'entrée à la Maison-Blanche de Richard Nixon, dans l'ombre duquel se carre Henry Kissinger, pour donner au débat une conclusion sereine. On verra que divers facteurs auront contribué à cet apaisement, le moindre n'étant pas le frein mis aux initiatives gaulliennes par les déconvenues en chaîne qui assaillent l'Élysée à partir de 1968 : révolte étudiante, coup porté par l'occupation de Prague à la politique de détente, crise monétaire à Paris, retombées négatives des initiatives du Connétable au Québec et par rapport à Jérusalem. Et poids de l'âge...

Bref, c'est un de Gaulle endolori, sinon affaibli et déçu, que « comprendra » enfin Washington, en quête d'un nouveau type de *partnership* atlantique, résigné à l'armement nucléaire français et converti à la recherche de la paix au Vietnam. Trop tard ? Pas assez pour que n'ait pu se dessiner, avant la retraite du vieux chef de l'Élysée, un renouveau de l'alliance : quelques semaines avant d'être mis en minorité par le peuple français, Charles de Gaulle avait reconduit le traité qui, vingt ans après sa création, soudait toujours la France aux États-Unis.

Quand il revient « aux affaires » en juin 1958, à 67 ans, Charles de Gaulle ne pense plus guère à ses démêlés avec Roosevelt. L'interprétation par la rancune de ses différends avec les États-Unis est dérisoire. Ce n'est ni à travers Anfa, ni à travers Alger, ni à travers Yalta qu'il considère les États-Unis, mais en fonction de l'état de sujétion où, selon lui, la IVe République a laissé choir la nation française par rapport à ses plus grands alliés. Que ce jugement soit équitable ou non, c'est sur lui qu'il se fonde.

Pour un peu, il croirait revivre ces temps de la IIIe République où Paris ne décidait rien sans en référer à Londres. Désormais, c'est Washington qui aiguille la politique française, avec cette justification qu'il est le garant de la sécurité de l'Occident, mais cette circonstance aggravante que le protecteur est désormais sur place, dans la place, inséré dans les structures mêmes de l'État, du système militaire, de la société, de la conscience nationale, d'une France mise (avec la propre connivence des Français) en tutelle.

Situation intolérable aux yeux de Charles de Gaulle. Non qu'il assimile en quoi que ce soit cette présence intime et formidable à une occupation, et confonde l'Élysée et l'hôtel du Parc de Vichy, naguère, ou le Hradćany de Prague, aujourd'hui. Considérant les Américains en alliés et en amis, il salue volontiers leur rôle de libérateurs *. Quand le président Eisenhower atterrit à Paris, le 1er septembre 1959, pour une visite d'État, de Gaulle l'accueille au pied de l'avion en lui lançant : « Ah ! que vous êtes le bienvenu ! Quoi qu'il advienne, quoi qu'il se passe dans les années à venir, vous serez toujours pour nous le généralissime des Armées de la Liberté [8] ! »

Si l'on se reporte aux *Mémoires d'espoir*, on constate que l'homme qui revient au pouvoir en 1958 estime que les rapports entre l'Est et l'Ouest sont fort différents de ce qu'ils étaient en 1949, au moment où, l'ayant appelé de ses vœux, il applaudissait à la signature du Pacte atlantique. La différence tient non seulement à ce fait que l'URSS a pris la mesure de l'absurdité ruineuse d'une entreprise de conquête, mais à ce que les maîtres de Moscou disposent désormais eux aussi de « ce qu'il faut pour exterminer l'Amérique » : les deux rivaux ne sauraient donc plus « lancer leurs bombes » que hors de leurs territoires respectifs — en Europe occidentale, notamment. Ce qui incite à croire que l'OTAN a « cessé de

* Voir notamment tome 2, chapitre 3.

garantir l'existence des Européens de l'Ouest ». Dès lors, si « l'efficacité de la protection est douteuse, pourquoi confierait-on son destin au protecteur » ? D'où cette conclusion :

> « Mon dessein consiste donc à dégager la France, non pas de l'alliance atlantique que j'entends maintenir * à titre d'ultime précaution, mais de l'intégration réalisée par l'OTAN sous commandement américain ; à nouer avec chacun des États du bloc de l'Est et, d'abord, avec la Russie, des relations visant à la détente puis à l'entente et à la coopération […] enfin à nous doter d'une puissance nucléaire telle que nul ne puisse nous attaquer sans risquer d'effroyables blessures. Mais ce chemin, je veux le suivre à pas comptés, en liant chaque étape à l'évolution générale et sans cesser de ménager les amitiés traditionnelles de la France[9]. »

Tel est donc le « grand dessein » de Charles de Gaulle, fût-il défini, voire embelli après coup. Reprenons ces quelques points. Ménager ? A pas comptés ? Hum… Même quand il compte ses pas, même quand il « ménage », l'éléphant ne va pas sans casser, en passant, quelques branches. L'annonce faite le 5 juillet 1958 à Foster Dulles qu'en dépit de tout la France se dotera sans tarder de l'armement atomique, le « pas de deux » avec Adenauer à Colombey, le mémorandum du 17 septembre revendiquant une place dans un directoire atlantique et l'entretien au cours duquel, le 15 décembre, le chef de l'État explique au secrétaire d'État américain ce qu'il entend par « décisions conjointes » ont fait comprendre à Washington, dès avant son installation à l'Élysée, que la République gaullienne, si elle est décidée à rester une alliée, n'entend plus se comporter en protégée. « *We shall have a rough time* », a dit Dulles à son entourage. Parbleu…

De Gaulle n'est pas installé à l'Élysée depuis trois mois que le premier geste de distanciation est accompli : la flotte française, trait d'union vital entre la France et l'Afrique — où un demi-million de Français sont engagés dans la bataille d'Algérie —, est retirée des mécanismes de l'OTAN. Washington et ses alliés européens réagissent comme le général Norstadt, commandant en chef de la coalition : ce ne sont pas ces douze ou treize bâtiments qui changent grand-chose, mais « c'est le principe même du retrait qui est important[10] ».

C'est bien ainsi que l'entend le Connétable. Il faut désormais que l'on estime « important » ce que décide la France, en moins ou en plus — soit qu'elle reprenne le contrôle de ses navires, soit qu'elle encourage Adenauer à ne rien céder aux Russes sur Berlin, soit qu'elle se refuse à l'installation sur son territoire de rampes de lancement à usage américain ou interdise, comme en juin 1959, l'introduction de bombes atomiques au sol ou par avion, soit enfin qu'elle se situe au centre de la grande négociation préparatoire à une conférence Est-Ouest au sommet.

Car s'il est une chose qu'abomine de Gaulle au moins autant que la sujétion de la France à une autre puissance, c'est le dialogue direct et exclusif entre superpuissances, disposant plus ou moins cyniquement d'États plus

---

* Sur ce point, voir plus loin, p. 375-377.

modestes. L'immodestie, il le sait, ne suffit pas à écarter de telles disgrâces. Mais elle peut y contribuer.

Bien que le mythe du partage du monde accompli à Yalta n'ait que peu de rapports avec les faits, il a trop contribué à l'accréditer pour se retenir d'en faire état : maintenant qu'il a un vrai pouvoir, bientôt la bombe, et tôt ou tard une armée libérée du piège africain, il va tout faire pour éviter que la France et l'Europe soient réduites à l'état d'enjeux du grand marchandage planétaire par quoi Moscou et Washington envisagent déjà de mettre un terme — ou une suspension — à la guerre froide. La détente, il la veut, bien sûr, sachant que toute tension concourt à simplifier, à bipolariser, et que c'est dans la mouvante recherche de l'équilibre — mot clé dans son vocabulaire diplomatique — qu'une moyenne puissance comme la France peut imposer sa présence, ses bons offices, ses capacités d'invention et de relation et bientôt sa bonne réputation.

Aussi bien, en dépit de l'échec de la réunion à Genève des quatre ministres des Affaires étrangères pendant l'été (mai-août 1959), la convocation d'une conférence au sommet à quatre tenue à Paris sous sa présidence sera bientôt son objectif majeur. Quel symbole de la renaissance française ! Dès lors qu'on serait quatre, et en France, un Yalta lui paraîtrait beaucoup moins immoral...

Le 2 septembre 1959, Dwight D. Eisenhower atterrit à Paris. On a évoqué déjà la chaleur de l'accueil fait par le chef de l'État français au chef suprême de la *Croisade en Europe* [*] et, auparavant, ce qui s'était dit sur l'Algérie dans les conversations entre les deux chefs d'État.

Mais il faut revenir aussi bien sur le climat d'ensemble de cette visite que sur la nature presque fraternelle de ces échanges. Il n'est pas un témoin de ces journées des 2 et 3 septembre, et des entretiens de l'Élysée et de Rambouillet, qui ne souligne l'intimité et la simplicité de ces tête à tête, aussi bien que la ferveur populaire.

Dans ses *Mémoires d'espoir*, Charles de Gaulle parle de « l'enthousiasme d'une foule très considérable », précisant que le visiteur en fut si « impressionné qu'il lui demanda de dénombrer cette masse qui l'acclamait, d'Orly à l'Hôtel de Ville. « Un million, au moins », fait de Gaulle. Et l'hôte, très ému : « Je n'en espérais pas la moitié ! »

Le récit que fait le général de Gaulle des entretiens de l'Élysée, puis de Rambouillet, ne laisse pas de faire paraître quelque ironie : son hôte est si assuré de la puissance américaine, si satisfait du Pacte atlantique, si convaincu de n'agir jamais que dans l'intérêt de chacun des membres de l'alliance, si sûr de lui dans sa bonhomie...

Annonçant à de Gaulle la prochaine visite aux États-Unis de Nikita

[*] Titre du livre consacré par Eisenhower à sa mission à la tête des armées alliées en 1944-1945.

Khrouchtchev, il ajouta : « Je lui ferai même voir ce qu'est une grève américaine ! »

La meilleure évocation du plus long tête-à-tête Eisenhower-de Gaulle qui eut lieu le 3 septembre, dans la soirée, à Rambouillet, est celle que l'on doit au général (alors colonel) Vernon Walters, interprète du président américain avant de devenir attaché militaire à Paris, puis « patron » en second de la CIA et, en 1985, chef de la délégation américaine aux Nations unies. Dans *Services discrets* [11], ce remarquable connaisseur des affaires françaises * fait écho, avec précision, verve et émotion au dialogue entre les deux vieux généraux. Le Connétable s'y dévoile beaucoup mieux que dans ses propres Mémoires.

Quand le programme officiel prit fin, raconte Walters, les deux généraux s'assirent devant la cheminée en robe de chambre, et commencèrent par évoquer leurs souvenirs de guerre. De Gaulle : « Roosevelt pensait que je me prenais pour Jeanne d'Arc. Il avait tort. Je me prenais simplement pour le général de Gaulle » (« Le ton sur lequel il le dit, observe Walters, impliquait clairement qu'il ne pensait pas être moins important pour cela »).

Puis le président français en vint à la politique nucléaire française. Son hôte objectant les dangers de la prolifération et les prescriptions de la loi MacMahon **, s'attire cette réplique : « ... La loi MacMahon ! Moi, j'ai changé la Constitution de la France lorsque j'ai trouvé qu'elle n'était plus valable... » Et en venant à la question de l'armement nucléaire français :

> « Vous me dites qu'il est dangereux pour moi de savoir ce que mille caporaux soviétiques savent déjà. Je ne peux pas accepter cela. La France entend rester grande. Un programme d'armement nucléaire donne des connaissances techniques qui rendent compétitif de mille façons sur les marchés mondiaux... »

Et de Gaulle, qui a déjà fait envers son hôte un geste extraordinaire en l'informant avant tous de sa décision d'accorder l'autodétermination à l'Algérie, manifeste la confiance qu'il lui fait — et indirectement la considération dans laquelle il tient les services de renseignements américains — en lui révélant la date — 13 février 1960 — et la puissance — 60 kilotonnes — de la bombe française dont l'explosion est préparée à Reggane (information qu'Eisenhower interdira à ses collaborateurs de communiquer à la CIA... sinon oralement).

Et c'est alors que de Gaulle va, d'un coup, au fond des choses :

> « Vous, Eisenhower, vous feriez la guerre nucléaire pour l'Europe, parce que vous connaissez les intérêts qui sont en jeu. Mais au fur et à mesure que l'Union soviétique développera sa capacité de frapper les villes de l'Amérique du Nord, l'un de vos successeurs n'acceptera de faire la guerre nucléaire que pour faire face à une attaque du même genre contre [ce

---

* Il avait fait ses études secondaires à Paris.
** Interdisant la communication des secrets nucléaires aux puissances étrangères — compte tenu des relations spéciales avec Londres.

continent]. Quand ce moment viendra, moi, ou mon successeur, devrons posséder les moyens nécessaires pour changer en guerre nucléaire ce que les Soviétiques auraient souhaité n'être qu'une guerre classique... »

Et ajoutant qu'il ne cherchait nullement à rivaliser avec le *Strategic Air Command* ou son homologue soviétique, mais seulement à compliquer, par l'existence d'un autre centre de décision, les problèmes des stratèges russes s'ils envisageaient d'attaquer l'Europe occidentale, de Gaulle conclut :

> « Les Soviétiques me connaissent. Ils savent que si je possède la force de frappe, pour répliquer à une invasion de l'Europe occidentale, je m'en servirai, et ce sera là une dissuasion supplémentaire pour eux. Pour ce faire, il faut que je sois insupportable tout seul... »

Ainsi, ce soir-là, devant son vieux compagnon de guerre, Charles de Gaulle résuma-t-il, en ces formules inoubliables, l'essentiel de sa doctrine stratégique. Être « insupportable tout seul »... Expression si forte que le président américain, profondément attaché au monopole atomique américain, confiait un peu plus tard à Vernon Walters : « De Gaulle n'a pas tout à fait tort avec son programme nucléaire. Je voudrais pouvoir l'aider d'une façon ou d'une autre, mais je ne peux pas. De toute façon, il va poursuivre son programme [12]... »

En effet. Deux mois plus tard, devant les officiers élèves des écoles militaires, puis à Strasbourg, on l'a vu, le général allait redéfinir une doctrine militaire française fondée sur l'indépendance nationale, le refus de l'intégration atlantique, la liberté d'initiative et la dissuasion nucléaire. Toutes choses qu'il avait déjà dites ou fait prévoir au président Eisenhower.

Si ces déclarations provoquent la démission de M. Pinay, elles sont accueillies assez sereinement à Washington pour ne pas faire obstacle à la réunion à Paris, les 19, 20 et 21 décembre, d'un sommet occidental qui rassemble pour la première fois le président Eisenhower, le Premier ministre Macmillan, le chancelier Adenauer et le général de Gaulle. Dès le 10 novembre, le président français avait fait connaître au cours d'une conférence de presse que, des « indices de détente » étant apparus à l'Est, la France avait invité Nikita Khrouchtchev pour le mois de mars 1960, et était désormais favorable à une conférence des chefs d'État « ayant des responsabilités mondiales ».

La conférence des quatre principales puissances de l'Ouest est dominée par la question de Berlin, brutalement posée un an plus tôt par Moscou en termes d'éviction des Occidentaux. Eisenhower, comme Macmillan, mais beaucoup plus prudemment, penche pour un arrangement — contre lequel se dresse de Gaulle : « Vous ne voulez pas mourir pour Berlin, mais soyez sûrs que les Russes ne le veulent pas non plus. S'ils nous voient déterminés à maintenir le *statu quo* pourquoi iraient-ils prendre l'initiative du choc et du chaos ? » Et de faire valoir qu'une reculade de l'Occident sur Berlin provoquerait la défection de la République fédérale, qui irait chercher sa sécurité à l'Est. Si passionnément que l'appuie Adenauer, le général ne réussit pas à convaincre tout à fait Eisenhower, non plus qu'il ne le rallie à ses thèses sur le désarmement* ni à son idée de créer un Office quadripartite (englobant Moscou) d'aide aux pays sous-développés.

Mais sur un point au moins le monsieur de l'Élysée a gain de cause : c'est à Paris qu'aura lieu, en mai, la conférence au sommet Eisenhower-Khroucht-chev-Macmillan-de Gaulle. Mieux : le détenteur du pouvoir à Moscou aura été auparavant l'hôte de la France, en mars, avant que le général soit lui-même accueilli aux États-Unis en avril. Ainsi le président français sera non seulement l'hôte et le président de la conférence, mais aussi l'homme alors le mieux renseigné sur les intentions des Soviétiques d'une part, des Américains de l'autre. Nous voilà assez loin de Yalta et de Potsdam.

C'est après une calme visite de quatre jours au Canada — où rien, ni à Québec, ni à Montréal, et encore moins à Ottawa, ne peut faire prévoir l'éclat de 1967 — que Charles de Gaulle est accueilli aux États-Unis le 22 avril 1960. Il y séjournera huit jours, de Washington à San Francisco et à La Nouvelle-Orléans. C'est son troisième voyage en Amérique, le premier depuis 1945. On s'en voudrait de ne pas, ici, le citer :

> « A Washington, le 22 avril, nous sommes jetés dans le grand tumulte de l'enthousiasme américain... Aux côtés du président Eisenhower, je roule sous un déchaînement d'acclamations, de sirènes et d'orchestre... Le même accueil sera fait aux hôtes français d'un bout à l'autre de leur voyage, exprimant [...] une extraordinaire sympathie populaire. Il y a là un fait sentimental d'une telle évidence et d'une telle dimension qu'il s'impose comme un élément politique majeur [13]... »

Ainsi, ce même de Gaulle qui pose en principe de la conduite des États que les données sentimentales ne sauraient les affecter fait une exception en faveur des États-Unis : ici, la ferveur des foules, qui sera encore plus vibrante à New York (l'auteur des *Mémoires d'espoir* parle d'un « déferlement inouï ») et à La Nouvelle-Orléans (il évoque à ce propos les « démonstrations exaltées de la multitude »), est tenue pour un « élément politique majeur ». Judicieuse correction de tir, s'agissant d'un pays où l'opinion publique, sous ses formes les plus spontanées, oriente activement le comportement du Congrès. On verra d'ailleurs, trois ou quatre ans plus tard, ces émotions s'inverser, et la rancœur populaire provoquée par les affaires du dollar ou d'Israël s'imposer à nouveau comme « un élément politique majeur », cette fois négatif.

Bref, le Charles de Gaulle de ce printemps 1960 est reçu en héros fraternel par le peuple américain. Et naturellement en ami par le président, qui l'invite dans sa ferme de Gettysburg, tout près du champ de bataille où, un peu moins d'un siècle plus tôt, les Fédérés du Nord avaient écrasé les Confédérés

---

* Portant avant tout sur les vecteurs nucléaires, selon une idée de Jules Moch.

du Sud. Eisenhower l'emmène sur les lieux du grand massacre, dont le visiteur démontre sans peine qu'il connaît chaque péripétie.

Le président américain ne parle que du prochain « sommet » de Paris : « Quelle belle fin de carrière ce serait pour moi * que d'aboutir, sans nuire aux principes, à un accord entre l'Est et l'Ouest [14]. » De Gaulle ne lui dissimule pas son scepticisme, non sans ajouter qu'il ferait tout pour amorcer la détente, et ultérieurement avec l'Est, en tout cas avec « tout ce qui borde le Rhin, le Danube et la Vistule [15] ».

S'agissant de la France, le visiteur fait à son hôte une bien significative confidence. A la veille de retirer l'armée française d'Algérie comme elle l'avait été d'Indochine, il doit, dit-il, lui donner les moyens modernes d'accomplir sa mission dans le dernier quart du XXe siècle (c'est-à-dire l'armement nucléaire), faute de quoi « il aurait entre les mains, non pas une armée organisée, mais une troupe de 600 000 mécontents armés ». Ce à quoi, conclut-il, « la démocratie française ne pourrait survivre [16] ». Ainsi les moyens de faire la guerre atomique sont-ils présentés comme la condition du maintien des libertés démocratiques en France... Le colonel Walters, qui rapporte ce curieux trait, ne dit pas l'effet que produisit cet argument sur Eisenhower. Mais il évoque joliment le de Gaulle de Gettysburg :

« Lorsque nous revînmes à la ferme d'Eisenhower, les petits-enfants du président entrèrent pour être présentés au général de Gaulle. Une des petites filles était très intriguée par les lunettes du général, dont les verres étaient très épais. Elle les prit dans ses mains. Le général, voyant sa perplexité [...] lui dit : " Je suis un vieux monsieur ; beaucoup de gens sont fâchés contre moi, je suis presque aveugle, mais je dois tout de même poursuivre mon chemin. " [Ce] moment de désenchantement [...] fut l'une des rares occasions où [...] j'entendis le général de Gaulle s'apitoyer sur lui-même [17]. »

Mais le grand moment de ce voyage américain se situe sans doute le lendemain 25 : le général de Gaulle est reçu solennellement au Capitole par le Congrès rassemblé, et y prononce les quelques mots qui, selon Alfred Grosser, « auraient dû dissiper des foules de malentendus ultérieurs » — encore que la pensée du fondateur de la Ve République soit mouvante, et les circonstances maîtresses de sa stratégie. Ces mots, les voici :

> « Si, matériellement parlant, la balance peut sembler égale entre les deux camps qui divisent l'univers, moralement, elle ne l'est pas. La France, pour sa part, a choisi ; elle a choisi d'être du côté des peuples libres, elle a choisi d'être avec vous [18]. »

Propos que le Congrès salua d'une longue ovation, enchanté par la référence « morale » et discernant tout ce que le mot « choisi » manifestait ici de libre détermination. Quitte à juger plus tard que plus le propos avait été prometteur, plus certains comportements décevaient.

---

* Son second et dernier mandat s'achève à la fin de l'année.

Moins de trois semaines plus tard, les deux présidents se retrouveront à Paris, où de Gaulle a fixé au 16 mai la date du grand rendez-vous Est-Ouest. Mais, écrit-il, « le jour même où ma lettre volait vers Moscou*, le rideau se levait sur la mauvaise comédie qui ferait tout avorter[19] ». Cette « mauvaise comédie », c'est l'exploitation par Nikita Khrouchtchev de l'affaire de l'avion-espion américain U-2, abattu au-dessus du polygone des rampes de lancement atomiques russes de la mer d'Aral, « violation absurde, tant elle était intempestive, du ciel de l'Union soviétique ». De cette violation, et de la façon dont M. Khrouchtchev s'en empara pour en faire une « mauvaise comédie » et saboter la conférence de Paris, on traitera dans le chapitre consacré aux relations entre le chef de l'État français et le camp socialiste. On s'attachera plutôt ici à analyser les divergences d'attitudes suscitées chez de Gaulle d'une part, Eisenhower de l'autre, par la menaçante gesticulation du maître de Moscou.

Quand, le 15 mai, dans son bureau de l'Élysée, le général de Gaulle apprend de M. Khrouchtchev que la délégation soviétique exigera, dès l'ouverture de la conférence, des excuses publiques de Washington, la promesse que de tels faits ne se reproduiront plus et le châtiment des coupables, il comprend que le rendez-vous Est-Ouest est condamné et le dit aussitôt à ses collègues américain et britannique.

Pour déconcertés qu'ils soient, Eisenhower et Macmillan soutiennent qu'on pourrait encore trouver un arrangement pour sauver la conférence. Et le lendemain matin, le président américain, dont de Gaulle regrette depuis le début de l'affaire l'« humilité », le jugeant « mal assuré » quant à l'attitude à prendre face à Moscou, vient lui montrer le texte d'une déclaration « lénifiante » où il annonce que les États-Unis, sans aller jusqu'aux excuses, renonceraient aux vols U-2.

Le chef de l'État français apprécie peu cette attitude. Il croit voir sa fermeté justifiée quand, prenant avantage de l'« humilité » d'Eisenhower, M. « K » réitère publiquement ses exigences, les assortissant de considérations presque injurieuses pour le président américain, dont il déclare annulée l'invitation à Moscou au cours du mois de juin suivant.

Eisenhower, pressé par Macmillan, se laissera-t-il tout de même aller à chercher un compromis ? Citons ici une réflexion faite quelques jours plus tard à André Fontaine par l'un des collaborateurs du président américain : « Avec un autre homme à la tête de la France, " Ike " aurait peut-être fini par flancher sous la pression anglaise . » Mais si passionnément impatient qu'il fût de progresser vers la détente, Eisenhower se rangea à l'avis de Charles de Gaulle : une conférence ouverte par une capitulation ne pouvait conduire qu'à des reculades en chaîne. Quittant Paris deux jours plus tard après que M. « K » eut multiplié à son adresse camouflets et provocations, le président Eisenhower adresse à son hôte français une lettre où il écrit :

* Le 1er mai.

« J'emporte de Paris la chaleur et la force de votre amitié, plus appréciée que jamais... et je porte à votre personne un respect et une admiration que je n'éprouve que pour peu d'hommes[20]. »

Les relations de caractère étatique entre Eisenhower et de Gaulle s'interromprent là. Six mois plus tard, les électeurs américains donneront pour successeur à « Ike » non son vice-président, Richard Nixon, mais le démocrate John Kennedy.

Charles de Gaulle ne pouvait se garder d'une certaine méfiance à l'égard des membres du parti de Roosevelt, enclins à dilater la puissance américaine quand les républicains tendaient (alors) à la contracter, et d'en multiplier les interventions, notamment dans le domaine colonial : le jeune sénateur du Massachusetts en était l'exemple, qui avait quelques mois plus tôt prononcé sur l'Algérie un discours jugé intempestif à l'Élysée. Au surplus, le général avait apprécié, lors de sa visite aux États-Unis, le vice-président Nixon, sur lequel, écrit-il, on « pourrait compter pour les grandes affaires », et avait vraisemblablement souhaité l'élection du dauphin présumé d'Eisenhower.

Richard Nixon raconte à ce sujet une curieuse histoire : « De Gaulle pouvait aussi se montrer très perspicace dans son analyse de la politique intérieure américaine. Pendant sa visite officielle de 1960, il manifesta beaucoup d'intérêt pour la campagne présidentielle qui devait bientôt débuter. Il évita avec soin de prendre ouvertement parti, mais me donna néanmoins un conseil judicieux. Il me déclara qu'il savait qu'en tant que vice-président je me présenterais et devais le faire en dépendant de l'acquis de l'administration Eisenhower, mais [...] il dit avec force : " Il vous faut faire votre campagne sur le thème d'une Amérique nouvelle ! " Bien entendu, je ne pouvais [...] avoir l'air de critiquer l'action d'un gouvernement dont faisais partie. Mais le conseil de De Gaulle était valable en soi. Kennedy axa sa campagne sur ce slogan d'une " Amérique nouvelle ", et il gagna les élections[21]. »

Que de Gaulle n'ait pu néanmoins se défendre de quelque sympathie pour le nouvel élu, on en trouve le témoignage dans le beau portrait qu'il trace du président Kennedy :

> « Choisi pour entreprendre, mais élu d'extrême justesse ; mis à la tête d'un pays colossal, mais dont les problèmes intérieurs sont graves ; enclin à agir vite et fort, mais aux prises avec la lourde machine des pouvoirs et des services fédéraux ; entrant en scène dans un univers où s'étalent la puissance et la gloire américaines, mais dont toutes les plaies suppurent et où se dresse, à l'opposé, un bloc hostile et monolithique ; trouvant pour jouer sa partie le crédit ouvert à sa jeunesse, mais aussi les doutes qui entourent un novice, le nouveau président, en dépit de tant d'obstacles, est résolu à faire carrière au service de la liberté, de la justice et du progrès... »

Et non sans marquer au passage que Kennedy fut conduit à des « interventions que le calcul ne justifie pas », l'auteur des *Mémoires d'espoir* conclut :

« l'expérience de l'homme d'État eut sans doute contenu peu à peu l'impulsion de l'idéaliste. John Kennedy avait les moyens et, sans le crime qui le tua, il aurait pu avoir le temps d'imprimer sa marque à l'époque [22] ».

Les six derniers mots ne sont pas de ceux que de Gaulle hasardait à propos de n'importe qui. N'était-ce pas l'un des objectifs qu'il s'assignait à lui-même ? Certes, ce tableau est peint après qu'une mort tragique eut idéalisé le personnage ; et cet éloge ne va pas sans réserve : les heurts entre les deux hommes, et surtout les deux conceptions qu'ils s'étaient formées de la place de l'Europe dans le monde, avaient été nombreux. Mais, en édifiant ce « tombeau » de Kennedy, de Gaulle range le plus jeune président des États-Unis dans son Panthéon personnel, non loin de Churchill et d'Adenauer.

Kennedy n'est pas installé depuis plus d'un mois à la Maison-Blanche, « encore quelque peu tâtonnant et foisonnant », qu'il noue une correspondance avec l'Élysée d'où il attend à coup sûr recevoir avis et conseils — notamment à propos de l'Afrique et de l'Asie. Il le dit autour de lui sans détour. Mais le général souhaite établir avec le nouveau président une relation plus directe qu'à travers ces messages et les dépêches d'ambassades. Jacques Chaban-Delmas, président de l'Assemblée nationale, en partance pour Washington où il sera l'hôte du Congrès américain, se voit convoqué par le chef de l'État : « Chaban, vous me direz qui est ce jeune homme... Voyez-le. Et dites-lui de ne pas s'entêter dans cette affaire du Vietnam, où les États-Unis peuvent perdre et leurs forces, et leur âme... »

Sitôt à Washington, Chaban-Delmas est reçu par Kennedy, qui l'appelle « Jack » et le presse de lui décrire ce général de l'Élysée dont l'histoire le fascine. Le visiteur ne se fait pas prier, mais ajoute à son portrait le conseil que le général l'a prié de transmettre à JFK à propos de l'Indochine. Il observe un semi-sourire ironique dans l'œil du jeune président : qu'a donc à voir avec ces précautions frileuses la puissante Amérique ? Mais le président des États-Unis convient que la question du Laos peut être disjointe de celle du Vietnam et, n'excluant pas une solution politique pour le petit royaume, autorise l'émissaire du général de Gaulle à présenter devant les responsables du Pentagone et du State Department l'argumentation française en faveur d'une solution neutraliste [23]. Suggestion qui n'alla pas sans quelques retombées ultérieures.

Combinée avec les rapports encourageants de l'ambassadeur Hervé Alphand, l'image de John Kennedy que rapporte Chaban à Paris ne peut que prévenir le général en faveur du nouveau président. Et c'est dans un état d'esprit bienveillant que le vieux monsieur de l'Élysée va accueillir deux mois plus tard le plus jeune président de l'histoire des États-Unis, au lendemain de sa propre victoire sur les putschistes d'Alger — et de la défaite de Washington dans l'affaire du débarquement à Cuba. Événements qui tendent à rétablir quelque peu l'équilibre entre le visiteur et son hôte.

Peu de textes du général de Gaulle sont aussi révélateurs des relations qu'il avait décidé d'entretenir avec les États-Unis en général et Kennedy en particulier que les instructions qu'il donne à son ambassadeur Hervé

Alphand avant la visite du jeune président. Le diplomate l'ayant assuré
qu' « on » attache « une importance extrême » aux entretiens de Paris
(demandés par Kennedy, non par l'Élysée), le général tient à préciser ceci :

> « La première chose qui sera dite c'est évidemment que la France et les
> États-Unis sont dans le même camp et le resteront. Il n'est pas question de
> rechercher une autre alliance. Ensuite, il faudra rechercher ce que la
> France peut apporter dans cette alliance. D'abord... une organisation de
> l'Europe... qui sans elle serait impossible dans les domaines économique
> (c'est déjà fait), politique — on y travaille — et bien entendu de la
> Défense... Mais cette Europe ne sera pas celle que l'on pouvait concevoir
> il y a dix ans... Il faut que l'Europe ait sa défense propre, fondée sur la
> défense des nations qui la composent, et alliée de l'Amérique. Pour cela, il
> faut que les Américains ne viennent pas nous empêcher, avec une
> organisation comme l'OTAN, de faire l'Europe... Ainsi chacun aura le
> sentiment de contribuer à la défense commune [et non] d'avoir confié ce
> soin à l'Amérique [24]... »

Le 31 mai 1961, John Fitzgerald Kennedy, trente-quatrième président des
États-Unis, accompagné de son épouse Jacqueline et du secrétaire d'État
Dean Rusk, est accueilli en visite officielle en France. Simple escale sur la
route qui conduit le chef de l'Exécutif américain à Vienne où il a rendez-
vous avec Nikita Khrouchtchev ? Non. Le visiteur attend beaucoup de la
conversation avec le général dont l'histoire, l'éloquence, le talent littéraire
et l'énergie lui en imposent ; n'est-il pas, lui, JFK, l'auteur de *Profiles in
courage*, ayant jugé bon lui aussi de faire précéder son apparition sur la
scène du monde d'une brève carrière d'écrivain ? Bien que fils d'un ami de
Roosevelt (au surplus munichois...), le jeune président est un admirateur
de l'homme de juin 40. Il est impatient de recueillir ses avis à propos de
Berlin, de l'Afrique et de l'Asie.

John Kennedy n'épargne rien pour séduire aussi bien son hôte que
l'opinion française — y parvenant sans mal. Il se présente au déjeuner de
presse comme « le type qui accompagne Jacqueline Kennedy » — laquelle,
née Bouvier, et qui s'applique à parler français, enchante le général. « Elle
l'a impressionné », confiait alors l'un des augures de l'Élysée. Lui n'a rien
négligé pour leur plaire, notamment en étant drôle. Quand Jacqueline
Kennedy lui demande lequel de ses interlocuteurs fameux lui a paru doté du
plus grand sens de l'humour, il répond aimablement : « Staline,
Madame... »

Il faut lire d'ailleurs les lignes que Charles de Gaulle consacre à cette
visite. Il y passe quelque chose comme une connivence chaleureuse :
« Formant avec son épouse brillante et cultivée un couple rempli de charme
[John Kennedy reçoit un] accueil sympathique au plus haut degré. Les
réceptions officielles dans la capitale et à Versailles revêtent le plus grand
éclat... » Ce dont témoigne l'ambassadeur des États-Unis, qui s'en dit
« ébloui ».

MacGeorge Bundy, le plus important des conseillers du président Kennedy, après avoir été doyen des facultés des lettres et sciences de l'université de Harvard, garde un grand souvenir de cette visite, de l'amabilité, du

charme du général, de son souci de plaire à ses hôtes et de les mettre en valeur. Il rappelle l'accueil que lui fit le chef de l'État français : « Alors, monsieur Bundy, comment va Harvard ? » Volonté de rappeler qu'on était entre intellectuels [25]...

Les biographes de JFK mettent l'accent sur la réussite humaine de la rencontre : « Jamais les destinées communes des deux nations n'ont été si proches », écrit Arthur Schlesinger [26]. Et Theodore Sorensen : « Malgré leurs différences, les deux hommes gardèrent l'un pour l'autre une admiration durable... " Ma confiance en votre pays est maintenant plus grande ", dit de Gaulle quand Kennedy quitta Paris... Leurs conversations n'eussent pu être plus cordiales [27]... »

Cordiales, elles le furent, les textes en témoignent. Mais fructueuses ? Des comptes rendus publiés par Bernard Ledwidge [28] et des notes prises à l'époque par André Fontaine, informé à bonne source, il ressort que les efforts de séduction déployés par les deux présidents ne suffirent pas à faire converger des conceptions déjà fort différentes, et parfois opposées.

A peu près tout ce que le visiteur dit à de Gaulle suscite une réplique négative. Quand il laisse entendre qu'il n'exclut nullement de négocier avec Khrouchtchev sur Berlin, le général répond par une très nette mise en garde, faisant observer à son hôte que toute négociation intervenant dans le rapport de forces actuel, et alors que les dirigeants soviétiques menacent et multiplient les pressions, ne peut aboutir qu'à encourager leur appétit... Aussi bien, précise sur ce point le général de Gaulle, si Washington et Londres jugent bon de converser avec Moscou, ce qui est leur droit, la France s'en gardera tant que les Russes n'auront pas manifesté leur souci d'apaisement. et de conclure : « Quand demain Khrouchtchev vous sommera de changer le statut de Berlin, c'est-à-dire de lui livrer la ville, tenez bon ! C'est le meilleur service que vous puissiez rendre au monde entier, Russie comprise » (thème permanent chez de Gaulle : résister à une superpuissance, amie ou adversaire, c'est lui rendre service).

S'agissant de l'Alliance atlantique, le président des États-Unis ne pouvait manquer de plaider auprès de son hôte en faveur d'une cohésion accrue entre alliés ; il provoque ce qui a souvent été considéré comme le premier avertissement direct * donné à Washington en ce sens : le général le prévient que si la France tient à rester au sein de l'OTAN tant que dure la crise de Berlin, elle est décidée à quitter l'organisation militaire intégrée, tout en restant au sein de l'Alliance, dès que la situation sera redevenue plus normale. On peut imaginer l'effet que produisit cet avis sur son hôte.

Quant aux affaires d'Indochine, objet principal de leur second entretien de l'Élysée, on ne saurait dire que les points de vue se soient beaucoup mieux harmonisés, sinon à propos du Laos, John Kennedy ne répugnant pas, sur ce point, à une solution neutraliste conforme aux vues du général de Gaulle **.

---

* Mais, dès 1952, de Gaulle avait confié au général Eisenhower, commandant en chef de l'OTAN, que s'il revenait au pouvoir il quitterait cet organisme. à moins qu'il ne se réforme. Et il avait précisé ses intentions en novembre 1959.
** Voir plus haut, p. 358.

Mais même lorsqu'ils convergent sur le fond, Kennedy et de Gaulle diffèrent sur les moyens, qui parfois conditionnent la fin.

Pour le général, la règle d'or, en Indochine, c'est le refus de toute intervention militaire, où que ce soit : il ne cesse de le répéter au visiteur — lequel objecte que si l'adversaire n'est pas soumis au moins à une menace, s'il n'entrevoit aucun risque d'intervention, il ne cédera sur rien. Le président français a beau faire valoir à son hôte la complexité des problèmes, les contradictions entre les divers nationalismes indochinois, le rôle de la Chine qui déjà inquiète tous ses voisins et dissimule mal ses désaccords avec l'URSS, son interlocuteur reste imprégné des thèses manichéennes (un bloc communiste face au monde libre) qui jusqu'alors, avaient à Washington force de loi.

Moyennant quoi, bonhomme, Charles de Gaulle le gratifiera, au moment des adieux, de ce conseil qu'on dirait donné par un très vieux souverain mourant à son fils le dauphin :

« A la fin de l'entretien, le général dit au président que tout le monde comprenait qu'il avait pris la relève dans des conditions extrêmement difficiles[*]. Se prévalant du privilège de l'âge, il se permettait de suggérer que le président ne devrait pas attacher trop d'importance aux conseils des autres ni aux " positions établies ". En fin de compte, ce qui était décisif pour chaque homme, c'était lui-même et son propre avis[29]... »

John Kennedy accordait un tel crédit à Charles de Gaulle qu'il suivit ce conseil — annulant tous les autres. On peut même dire que, s'agissant du Vietnam, il abusa de la liberté ainsi offerte de ne pas s'inspirer des avis du vieux monsieur[**]...

Lequel accompagne le départ de son visiteur de ces lignes éloquentes :

> « J'ai eu affaire à un homme que sa valeur, son âge, sa juste ambition, chargent de vastes espoirs. Il m'a semblé être sur le point de prendre son essor pour monter haut, comme un oiseau de grande envergure bat des ailes à l'appel des cimes[30]. »

Et, citant les propos extrêmement flatteurs tenus à son endroit par JKF dans son discours « à la nation américaine » prononcé le 6 juin (« un guide éclairé... Je ne pourrais avoir une confiance plus grande en qui que ce soit »), de Gaulle conclut que Kennedy et lui s'étant « l'un et l'autre reconnus » poursuivaient leur route « chacun portant son fardeau et marchant vers sa destinée ». De quel autre étranger a-t-il parlé sur ce ton ?

Enchanté aussi, Hervé Alphand qui écrit dans son carnet que les choses se sont passées « aussi bien qu'on pouvait l'espérer », que de Gaulle est apparu à Kennedy égal à sa légende « grand avec cordialité, amical sans être condescendant... Pour la première fois, de Gaulle a trouvé un " interlocuteur " américain. Roosevelt et lui se haïssaient, il méprisait Truman, avec

---

[*] Seule allusion à l'affaire de Cuba durant tout l'entretien.
[**] C'est six mois plus tard, à la fin de 1961, que Washington doublera l'effectif de ses « conseillers » à Saigon.

Eisenhower les relations furent constamment bonnes mais... les questions restaient sans réponse... [Là] c'est Kennedy qui a posé les questions... comprenant que de Gaulle pouvait être le meilleur défenseur des droits et traditions de l'Occident et désirer une transformation profonde du Pacte Atlantique[31]... »

De cette visite brillante mais ambiguë, l'auteur des *Mémoires d'espoir* tire une leçon très optimiste :

> « Il en ressort que l'attitude des États-Unis à l'égard de la France a décidément bien changé ! Il est déjà loin le temps où — amitié traditionnelle mise à part — Washington s'en tenait à considérer Paris comme l'un quelconque de ses protégés (...) Maintenant, les Américains ont pris leur parti de notre indépendance et ont affaire à nous directement et spécialement. Mais ils n'imaginent pas que leur action cesse d'être prépondérante, et que la nôtre puisse s'en séparer[32]... »

Comment cette action eût-elle cessé d'être « prépondérante » — dès lors que les puissances sont aussi inégales ? Aussi bien l'objectif du général n'est-il pas de peser aussi lourd que ce partenaire monumental, c'est de situer le levier de l'efficacité française en un point d'où il puisse à l'occasion « séparer » la conduite des affaires françaises de celle du gros de la troupe guidée par le leader américain.

De Gaulle put croire qu'il avait décidément « ferré » Kennedy quand, le 12 décembre 1961, il reçut de lui un appel téléphonique (le premier et le dernier du genre) qui pouvait apparaître comme une demande d'approbation d'un nouveau contact avec Nikita Khrouchtchev après celui, orageux, de Vienne. Loin d'être amadoué par cette bonne manière, le général répondit sèchement (le « coup » de la communication orale l'avait déconcerté, il devait le dire à son ambassadeur Alphand : ce n'était pas sa méthode de travail, un dialogue entre chefs d'État se prépare, la prochaine fois, il exigerait un préavis d'une heure...) qu'il y était opposé, et qu'en tout cas la France ne participerait à aucun pourparler avec Moscou dans le climat créé par l'érection du mur de Berlin, le 13 août.

Quel est en effet, demande le général à Kennedy à travers l'Atlantique *, « le fond du problème » ? Et de répondre lui-même, sans attendre l'avis du président : « La neutralisation de l'Allemagne, qui serait suivie de la neutralisation de l'Europe[33]. » Ce qui est faire succéder l'injonction au conseil, retourner d'un coup les rapports, et prétendre substituer au protectorat américain sur la France un droit de veto français sur l'Alliance. Kennedy ne peut manquer d'en être heurté. C'est peut-être de cet échange téléphonique que date la fin, entre eux, de l'état de grâce.

---

* En quelle langue ? De Gaulle parlait peu l'anglais, Kennedy pas du tout le français. Ils avaient des collaborateurs bilingues...

C'est bien ce que va montrer la suite de l'affaire, où, pour séduisant qu'il soit et apprécié à Paris, le président des États-Unis va éprouver le troisième des grands déboires de sa vie — après l'affaire de la baie des Cochons, avant l'enlisement au Vietnam — et du fait même de cette espèce de vieil oncle prestigieux et sagace qu'il croyait avoir découvert à l'Élysée et à jamais charmé : ce sera le naufrage de son « grand dessein » de rénovation du Pacte atlantique où l'Europe se voyait offrir le rôle de second « pilier » de l'Alliance, le premier se réservant l'exclusivité de la décision et de la dissuasion nucléaire.

Projet qui impliquait que l'architecte, le maître d'œuvre et le propriétaire fussent américains, mais qui comportait des virtualités que l'on se hâta bien vite de rejeter à Paris.

En janvier 1962, John Kennedy recevait de Charles de Gaulle une lettre supposée secrète (mais dont l'existence et même l'esprit furent divulgués par Cyrus Sulzberger, *columnist* du *New York Times* en Europe) où, reprenant les thèmes des notes adressées sans succès à Eisenhower en septembre 1958, en mars 1959 et en juillet 1960, puis à JFK lui-même en août 1961, le chef de l'État français proposait une réorganisation de l'Alliance atlantique, centrée cette fois sur « les actions communes à l'égard des pays neutres d'Afrique et d'Asie ». Toujours en vain. Dès lors se trouble l'atmosphère quelque peu romantique qui avait enveloppé les débuts des relations entre le jeune Perceval de Washington et le vieux roi Arthur de l'Élysée. Le récit de la Table ronde va tourner à l'aigre.

C'est ainsi que le débat — le duel si l'on donne à ce mot son sens noble, voire chevaleresque — entre Kennedy et de Gaulle va se dérouler, dix-huit mois durant, dans un climat d'estime agacée et combative, sur deux thèmes, souvent connexes, mais parfois séparés. Le premier est celui du monopole atomique américain. Le second, celui de l'indépendance de l'Europe.

Beaucoup plus encore qu'Eisenhower (qui inclinait à penser que la force de frappe française ne survivrait peut-être pas à de Gaulle), Kennedy était irréductiblement hostile aux forces nucléaires indépendantes de celles des États-Unis. Une grande partie de ses démarches de 1962 et 1963, notamment le projet de force multilatérale équipée d'armes atomiques sous commandement américain — la MLF, cette CED nucléaire —, s'explique par une exigence de monopole qui s'exprimera, en juin 1962, par une dénonciation de l'attitude « inamicale » de la France (un an après le concert de louanges de Paris...).

Quant à la nature des relations entre l'Europe et les États-Unis, Maurice Couve de Murville résume fort bien ainsi le débat :

« A partir du moment où se trouvait à la tête des États-Unis un homme de la classe de Kennedy, où d'autre part de Gaulle dirigeait la France, ces problèmes apparaissaient enfin en termes simples et nets, débarrassés des incertitudes, des ambiguïtés et des contradictions dont d'autres avaient pu les entourer. C'était la question élémentaire et fondamentale de savoir si l'Europe que l'on voulait construire serait européenne ou atlantique [34]. »

On n'entrera pas ici dans les détails de ces deux affrontements. Mais on ne peut manquer d'en évoquer le caractère à la fois tragique — car chacun des deux leaders va ici, loin des ruses petites et des faux-semblants, les yeux bien ouverts, vers ce que de Gaulle appela, on l'a vu, son « destin » — et altier, car c'est de part et d'autre une très haute idée de leur mission qui pousse ici de Gaulle à s'opposer au « grand dessein » de Kennedy, et là le président à vouloir « récupérer » le général indocile.

C'est encore du domaine théâtral que relève cette coïncidence qui marque le début du grand débat : le 4 juillet 1962, tandis que le premier gouvernement de l'Algérie indépendante s'installe à Alger, assumant des charges qui, depuis quatre ans, pesaient sur l'homme de l'Élysée, d'un coup libéré pour les tâches mondiales qu'il ambitionne, le président des États-Unis prononce à Philadelphie un discours célèbre, offrant à l'Europe un *partnership,* une association supposée égalitaire : « Les États-Unis sont prêts à souscrire à une déclaration d'interdépendance, [et] en mesure de discuter avec une Europe unie des voies et moyens de former une association atlantique concrète. »

Idée « séduisante et généreuse », Couve de Murville en convient. Mais c'est pour formuler aussitôt les objections qui furent celles de l'Élysée : dès lors qu'une Europe politique digne de ce nom, celle du plan Fouchet, a été étouffée dans l'œuf trois mois plus tôt (non sans que Washington s'y emploie) qu'est-ce que cette entité que l'on convie à s'associer « sur un pied d'égalité » avec la puissante et cohérente Amérique, seule détentrice sinon du feu, mais de la décision nucléaire ? Qu'est-ce qui distingue ce *partnership* de l'Alliance créée douze ans plus tôt, sinon le beau style du nouveau leader américain ?

Ainsi ce 4 juillet où se manifestent à la fois le respect de l'indépendance algérienne par le général, et la volonté d'interdépendance occidentale du président, est-il le premier acte d'une action dramatique où s'affrontent le jeune dieu dépositaire de la puissance et des lois qu'il a faites, et un mortel septuagénaire dont l'orgueil est à la mesure de la faiblesse. Ce seront, les conduisant vers une contradiction apparemment sans issue, les quatre actes de la tragédie : accords de Nassau, refus de la France de s'y associer, veto opposé à l'adhésion de l'Angleterre au Marché commun, signature du pacte bilatéral franco-allemand...

Entre-temps, un épisode capital aura tout de même montré qu'au moment du plus grand péril Charles de Gaulle réagit en allié fondamental des États-Unis : quand, après avoir fait constater par ses avions U-2 la présence à Cuba de fusées nucléaires soviétiques menaçant directement la sécurité du continent américain, John Kennedy eut décidé, après une semaine de concertation, du 16 au 21 octobre 1962, le blocus de l'île, il tient à avertir ses principaux alliés avant de faire connaître au monde les périlleuses mesures prises.

Le 22 octobre 1962, Dean Acheson, ancien secrétaire d'État de Truman, augure permanent de la diplomatie américaine, entre dans le bureau présidentiel de l'Élysée suivi d'un collaborateur chargé de plusieurs rouleaux de cartes et documents photographiques, et aborde d'emblée la question de Cuba : « J'entends que vous ne venez pas me consulter, fait de Gaulle, mais m'informer ? — C'est exact, répond le visiteur, qui lui fait comprendre que les décisions irrévocables sont prises mais s'apprête à montrer à de Gaulle cartes et photos prouvant le bon droit des États-Unis. — Laissez vos documents : je n'en ai que faire. La parole du président des États-Unis me suffit. »

Et, négligeant de rappeler le principe de consultations automatiques entre alliés pour aboutir à des « décisions conjointes » — ce qu'il n'eût pas manqué de faire à propos de Berlin —, le général convient que, pour défendre la sécurité du continent américain, le président est parfaitement en droit de décider et d'agir de la sorte.

Pour lui, si Kennedy a pris de telles mesures, c'est qu'elles étaient d'une urgence vitale. Et il conclut : « Dites à votre président que la France le soutient sans réserve. En agissant ainsi, le président exerce simplement les droits qu'a toute nation de se défendre... Nous sommes à vos côtés[35]. » Le président de la Ve République ne se contenta pas de ces assurances. Il prit l'initiative d'une démarche des Six européens en faveur des thèses américaines.

Fermeté exemplaire ? De Gaulle n'est pas fâché de rappeler aux Américains que si alliance de l'Atlantique il y a, elle peut jouer dans un sens opposé à celui qui est d'ordinaire prévu, et des « protégés » au « protecteur » à son tour menacé. Il ne croit pas vraiment à une action de représailles soviétique à Berlin ou ailleurs, Khrouchtchev s'étant mis dans une situation impossible, sur un terrain, les Caraïbes, où il est imprudemment aventuré ; et il tient qu'en tout état de cause la France (d'où ont été évacuées par ses soins toutes les armes nucléaires américaines) ne saurait servir de cible à quelque mesure de rétorsion de Moscou.

C'est, écrit Bernard Ledwidge, ce qui explique la différence de fermeté montrée en l'occurrence par Macmillan et de Gaulle, le Premier ministre mesurant les risques que faisaient peser sur la sécurité des Britanniques les fusées nucléaires entreposées sur leur sol[36].

Le fait est que la réaction du général de Gaulle, aussitôt répercutée par les médias américains, restaure pour un temps son image d'allié fidèle des États-Unis. Mais quelques semaines plus tard allait rebondir, non loin de Cuba, la querelle franco-américaine : aux îles Bahamas, John Kennedy, accueillant un Harold Macmillan mal remis du rude traitement que lui a fait subir de Gaulle à Rambouillet à propos de l'Europe, le convainc d'adhérer à son projet de force multilatérale intégrant définitivement au système de Washington en échange de la livraison des fusées *Polaris* sous contrôle américain le potentiel nucléaire anglais que le chef d'État français, sans jamais d'ailleurs préciser son offre au partenaire britannique, souhaitait associer au sien.

C'était, de la part de Kennedy, « souffler » à de Gaulle un pion essentiel de son système d'autonomie stratégique européenne — que le général n'aurait pu bâtir qu'en offrant à Londres de meilleures perspectives du côté du continent *. Le président américain ramenait ainsi sans peine dans sa

---

* Voir ci-dessus, chapitre 12.

mouvance le satellite britannique, non sans s'offrir le luxe d'humilier un peu l'outrecuidance du partenaire français en lui proposant de recevoir des fusées *Polaris* que la force de frappe française ne pouvait utiliser, et d'adhérer au système MLF que le plus bouillant des experts gaullistes, le général Gallois, appelait la « farce multilatérale ».

Désormais, entre les deux interlocuteurs enchantés du 31 mai 1961, ce ne sera plus qu'un échange de coups, culminant le 22 janvier 1963 avec la signature du traité franco-allemand qui apparaît d'emblée comme une tentative de Paris d'arracher l'Allemagne à l'hégémonie américaine, de même que les accords de Nassau viennent de détourner la Grande-Bretagne des offres d'association avec la France.

On a dit que si l'accord sur la MLF passé aux Bahamas fut improvisé en hâte, le pacte de Gaulle-Adenauer ne fut pas, lui, un geste de circonstance, une simple riposte à celui de Kennedy et Macmillan. Il s'agit bien sûr d'une opération longuement méditée depuis le rendez-vous de Colombey de septembre 1958, mûrie et modelée au fil des crises et tensions à propos de Berlin qui ont fait de De Gaulle l'allié privilégié d'Adenauer, parce que le plus inflexible. Le traité de 1963 n'est pas une opération antiaméricaine. C'est une opération proprement européenne : mais c'est par là qu'elle gêne, qu'elle contrarie et défie même Washington — et le parti proaméricain en Europe.

Les réactions de la presse américaine — et de celle qui lui fait écho en Europe — sont si vives, si cinglantes que, dans une conférence de presse tenue le 29 juillet 1963, le général, qui faisait d'ordinaire peu de cas des « folliculaires », hausse la voix : « J'avoue que voici quelque temps, le ton et la chanson en ce qui concerne la France m'ont paru assez excessifs [mais] ces agitations de presse [...] ne sauraient altérer en France ce qui est fondamental, à l'égard de l'Amérique [...] l'amitié et l'alliance. »

Les récriminations de Washington ne s'expriment pas seulement dans les journaux. Maurice Couve de Murville a recueilli cette réaction de John Kennedy à la tentative du général de bâtir une Europe sur des fondations franco-allemandes et dont l'inspiration viendrait avant tout de Paris :

« Kennedy m'exposa en octobre 1963 son sentiment, me reprochant le caractère exclusif du traité franco-allemand (que nous considérions cependant comme le point de départ possible d'une coopération politique européenne). " Nous aussi, me dit-il, nous cherchons à attacher l'Allemagne à l'Ouest. C'est pourquoi nous avons déploré que votre traité ait été fait en dehors du contexte de l'OTAN, et sans tenir compte de l'avis des autres. " C'était poser de manière elliptique mais claire tout le problème non seulement des rapports franco-allemands, mais de la construction européenne. Les uns et l'autre pouvaient-ils être autre chose qu'un appendice de l'Alliance atlantique ? Je répondis qu'il allait de soi que le traité eût été signé en dehors de l'OTAN. Si le lien de l'Alliance atlantique existait bien entre les États européens, il ne tenait pas lieu de tout pour toujours [37]. »

L'un des biographes de John Kennedy, Theodore Sorensen, présente le voyage que fit le président américain en Allemagne au mois de juin 1963 comme « la réponse la plus frappante et la plus réussie de Kennedy à de Gaulle ». La visite du leader américain en Allemagne, notamment à Berlin (où n'était pas allé de Gaulle, et où Kennedy lança le fameux « *Ich bin ein Berliner !* ») fut en effet un immense succès populaire, qui tendait à contrebalancer celui qu'avait remporté en septembre précédent le général de Gaulle en République fédérale. Kennedy, dynamique et attractif, réaffirmant l'engagement américain vis-à-vis du vieux continent et la solidarité de l'Europe et de l'Amérique, réussissait à démontrer que de Gaulle n'était pas l'homme d'État étranger le plus populaire et influent en Allemagne.

Commentant l'état des rapports qui prévalent alors entre Washington et Paris, M. Couve de Murville écrit :

« On ne peut se méprendre sur la nature et la profondeur de la crise qui, pendant le premier semestre de 1963, marqua ainsi les rapports franco-américains. Elle fut à mon avis, de loin, la plus grave de toutes celles qui jalonnèrent les années 1961-1967, bien que d'autres aient été aussi spectaculaires ou même davantage [...]. Elle fut la plus grave, parce qu'elle allait vraiment au fond des choses, je veux dire parce qu'elle portait sur la nature même des rapports entre l'Amérique d'une part, l'Europe d'autre part et en premier lieu bien entendu la France [38]. »

L'ancien chef de la diplomatie française met bien en lumière les ressorts essentiels du débat de Gaulle-Kennedy, d'autant plus vif et dramatique que les deux leaders parlent le même clair et beau langage : le monopole nucléaire que revendique l'Américain, l'indépendance européenne que réclame le Français, moins clairement peut-être le troisième thème du désaccord, qui ne se confond pas toujours avec les deux autres : la hantise gaullienne d'éviter le tête-à-tête russo-américain, qui ne peut déboucher, croit-on à l'Élysée, que sur un marchandage où l'Europe — en tout cas Berlin — servira de monnaie d'échange.

Mais le général de Gaulle avait une autre arrière-pensée, en l'affaire, que celle — fort respectable — d'éviter un nouveau Munich. Il voulait empêcher que le dialogue des deux superpuissances n'aboutît sinon à cette « neutralisation » de l'Allemagne qui trouvait des défenseurs à Londres mais guère à Washington, au moins à un autre statut allemand que celui qu'il méditait.

On peut résumer ainsi le projet du général : la réunification étant remise aux calendes, la République fédérale serait liée d'abord à l'Occident par le cordon ombilical français, Paris assurant la couverture atomique de son allié privilégié. Ainsi le général jouait-il, entre l'Allemagne et l'Occident, ce rôle charnière qui lui assurait à la fois une position éminente sur le Rhin, un rôle central en Europe, et une fonction vitale dans les rapports entre cette Europe franco-allemande et les États-Unis. N'était-ce pas là un « grand dessein » comparable à celui que patronnait Kennedy depuis le 4 juillet 1962 ?

À cette compétition entre projets concurrents s'ajoutait, depuis l'automne 1962, une crise de confiance, dont il est difficile de savoir si elle était, chez de Gaulle, sincère ou simulée. Il est vrai que pendant la crise de Cuba, il s'était trouvé dans l'entourage de John Kennedy des conseillers pour proposer un échange entre l'évacuation des missiles soviétiques dans l'île et celle de positions américaines en Europe (en Turquie ou ailleurs). Que le président ait choisi une autre voie ne pouvait faire que ce type d'opinion n'eût voix au chapitre à Washington : « *America first* ».

De Gaulle en nourrit ses thèses sur la nécessité d'une initiative et d'une protection spécifique de l'Europe. La prudence de Washington, en cette affaire vitale de défense nationale, le mène à cette conclusion, qu'il exprime volontiers devant ses conseillers : « Si les Américains n'ont pas même fait mine, sur leur propre continent, de recourir à l'arme nucléaire dont ils étaient eux-mêmes menacés, comment peut-on espérer qu'ils courent de tels risques à propos de l'Europe ? »

Ainsi, deux ans après la lune de miel franco-américaine de Paris, les deux capitales — et mieux encore les deux hommes — sont, au sein de l'Alliance, opposées sur presque tous les points. « En cas de guerre, nous serions à vos côtés », a cru bon de préciser de Gaulle à Dean Rusk le 12 décembre 1962. Certes. Mais en attendant une issue catastrophique — à laquelle de Gaulle ne croit plus depuis des années —, que de frictions, dès lors que le satellite exige un statut égalitaire et sa pleine liberté de manœuvre...

Alors, l'été et l'automne 1963 seront émaillés de gestes qui ne cessent de creuser le fossé entre les deux alliés : tandis que de Gaulle retire de l'OTAN, après sa flotte de Méditerranée (geste alors justifiable par l'exigence des communications entre la France et l'Algérie), celle de l'Atlantique, les trois autres puissances nucléaires (USA, URSS, Grande-Bretagne) signent à Moscou le traité interdisant les expériences nucléaires, auquel la France refuse d'adhérer — tandis que Kennedy rejette la proposition française consistant à faire porter le contrôle nucléaire sur les vecteurs plutôt que sur les projectiles — idée lancée par Jules Moch, représentant la France au Comité du désarmement, si ingénieuse que de Gaulle, dans ses Mémoires, semble s'en attribuer la paternité.

Le courant ne passe plus entre la Maison-Blanche et l'Élysée. De Gaulle continue, en public et en privé, à louer les dons de l'homme Kennedy, non sans faire observer que la jeunesse n'est une vertu qu'autant qu'elle n'est pas le visage le plus aimable de l'inexpérience [*] ; Kennedy parle toujours avec respect de Charles de Gaulle — non sans ajouter que la grandeur n'est pas toujours un concept opératoire. Mais « grand dessein » contre volonté cabrée, on en vient à une sorte de blocage, que l'engagement progressif des Américains au Vietnam ne cesse d'aggraver, comme les tentatives obstinées de Washington de sauver la MLF en en faisant un rêve allemand.

Interrogé vingt-deux ans plus tard sur l'état d'esprit de l'équipe Kennedy à l'égard du général de Gaulle après le rejet de la MLF et du « grand dessein », MacGeorge Bundy nous confiait ceci : « Le président regrettait profondément ces désaccords. Il continuait à admirer le général, souhaitait souvent le consulter. Nous avions tous une grande considération pour sa lucidité, la hauteur de ses vues, son expérience. Nous souhaitions le dialogue avec de

---

[*] Ce que dit aussi, plus rudement, Adenauer (qui porte, lui, deux fois plus d'années que le président américain...).

Gaulle — tout en déplorant qu'il s'acharne à contester le monopole atomique américain, auquel Robert McNamara surtout était fermement attaché. Nous ne le prenions pas pour un antiaméricain : nous avions simplement compris que l'opposition qu'il manifestait aux États-Unis lui rendait service, et nous prenions cette attitude pour une tactique, dont nous ne lui tenions pas rigueur[39]... » Sérénité qui doit beaucoup au temps, ce galant homme...

A la veille de sa disparition pourtant, Kennedy médite de rencontrer à nouveau le général. Le 23 octobre 1963, alors qu'il n'a plus que trente jours à vivre, il invite Hervé Alphand à dîner pour connaître les raisons de l'« acrimonie » française, puis lui fait part de son désir de recevoir de Gaulle en 1964. Ça ne pourrait être qu'une visite de travail, fait observer Alphand, car le général ne souhaite pas être reçu à Washington. Alors, à Hiannis Port *, suggère Jacqueline Kennedy, qui précise : « C'est notre Colombey. » Mais le président ajoute que le tout se terminera par « une parade militaire à Washington, que le général le désire ou pas. Car, ajoute-t-il, les deux hommes les plus populaires aux États-Unis sont Churchill et de Gaulle ». D'où l'ambassadeur conclut que la visite du général servirait les objectifs électoraux du président[40].

Le 22 novembre 1963, en fin d'après-midi, Charles de Gaulle apprend l'assassinat de John Kennedy à Dallas. Il sera le premier à annoncer son intention d'assister aux obsèques du jeune président. Et tout ce qu'on lui verra accomplir alors sera marqué d'une émotion et d'une considération exceptionnelles.

Le lendemain, de Gaulle préside le Conseil des ministres. Entrant dans la pièce, il se retient pour une fois de serrer les mains des membres du gouvernement. Il s'assied, très grave, et sans rapprocher son fauteuil de la table, comme il le faisait d'ordinaire, il pose les deux mains à plat sur ce meuble et, lentement, déclare : « John Fitzgerald Kennedy est mort assassiné. Il était un des très rares dirigeants dont on peut dire qu'ils sont des hommes d'État. Il avait du courage et aimait sa patrie. » Ayant dit, il se tourne vers son voisin : « Monsieur le garde des Sceaux, vous avez la parole[41]. » Hommage sans précédent, et sans second.

Dix heures plus tard, il se dresse en uniforme, granitique, au bord de la tombe du cimetière d'Arlington **. Présence écrasante. Tous les regards se fixent sur lui. Quand les collaborateurs du président assassiné le remercient de sa présence, il répond : « *It's a tragedy*... Je ne fais qu'exécuter le vœu de tous les Français. L'émotion est intense partout en France, surtout chez le petit peuple[42]. »

Le premier, il est reçu par la veuve du président, qui, se demandant ce qu'elle pourrait offrir au visiteur pour lui manifester l'attachement que lui portait le disparu, arrache soudain du bouquet le plus proche une fleur, une marguerite blanche, et la tend au général. De Gaulle la ressortira, toute

---

* Résidence familiale des Kennedy près de Boston.
** Ses hôtes ont tenté de le persuader d'y aller en véhicule blindé. Ils se sont heurtés à un refus intraitable. « Ce fut l'une des négociations les plus vaines que j'ai eues à conduire », nous confiait MacGeorge Bundy.

froissée, de la poche de sa vareuse, en rentrant à l'Elysée... Il parlera de Jacqueline Kennedy, à ses proches, comme de l' « Andromaque d'un jour »...

Ces mots et ces gestes qui témoignent de relations peu banales à ce niveau n'eurent pas de prolongement d'ordre politique. Comme les autres chefs d'État présents à Washington, le général eut droit avec le nouveau président, Lyndon B. Johnson, à quelques instants d'entretien, bref, et de peu de matière, on le verra. Le visiteur n'avait pas besoin de ce hâtif tête-à-tête pour savoir que le charme qui — assez vainement — avait d'abord opéré entre JFK et lui-même était rompu.

Ce qui n'empêchera pas Maurice Couve de Murville de conclure le chapitre qu'il a consacré aux rapports entre Kennedy et de Gaulle par ces mots qui reflètent, on peut le penser, l'opinion du fondateur de la Ve République : « Tout compte fait et en dépit de tout, la présidence de John Kennedy demeurera, dans l'esprit des Français, associée à l'idée qu'ils se font depuis toujours de leurs rapports avec l'Amérique[43]. »

Il serait absurde de ramener la multiplication des désaccords gaullo-américains à partir de la fin de 1963 à l'incommunicabilité entre le général français et l'ancien sénateur du Texas. Des facteurs autrement sérieux ont joué — réorientation au moins apparente de la politique américaine vers l'Asie, développement de la stratégie du général vers le Tiers-Monde, intérêt manifesté par les Soviétiques pour des contacts directs avec Paris... Mais de même que la substitution du chancelier Erhard à Konrad Adenauer brisa un ressort (non pas « le » ressort) des relations franco-allemandes, de même que le remplacement de Harold Macmillan par Harold Wilson à Downing Street aggrava le trouble dans les rapports entre Londres et Paris, l'installation de Lyndon Johnson à la Maison-Blanche dressa comme un écran supplémentaire entre la puissance américaine et son partenaire français.

Leurs relations s'étaient d'ailleurs mal amorcées. C'était le soir des funérailles de Kennedy, on l'a vu. Johnson reçut de Gaulle dans un petit bureau du Département d'État et lui dit : « Alors, il est entendu que vous venez me voir ? » Le général jugeait que sa visite à Washington justifiait que ce fût le président américain qui lui rendît visite. Pour ne pas dire non, il répondit simplement : « Je prends note et nous verrons. » Le nouveau président tint ce propos pour une acceptation et convoqua les journalistes pour leur annoncer que de Gaulle serait l'hôte de Washington en février... De Gaulle crut bon de démentir. Fausse note d'entrée de jeu[44]...

On se retiendra de dresser ici le catalogue des contrastes entre Charles de Gaulle et Lyndon Johnson. Pour être bref, on préfère rechercher ce qu'ils avaient en commun : la passion de l'autorité, une haute idée de leurs capacités, la conviction que leur pays a une mission particulière à remplir dans le monde. Hormis ces quelques traits, l'antithèse est absolue entre le vieil intellectuel militaire européen et le parlementaire démocrate texan au langage de tenancier de saloon*.

Mais la non-communication entre les deux leaders est à placer bien au-delà de ces affaires de tempérament, de mœurs et de langage : dans une totale divergence de leurs axes d'intérêts, que résume ainsi Maurice Couve de Murville :

« C'est pendant la présidence de Johnson que les États-Unis ont commencé à marquer progressivement, mais ouvertement, un moindre intérêt direct pour les affaires européennes. Déjà Kennedy, toutes les fois que je l'avais rencontré, se plaignait que les États-Unis fussent entraînés à se comporter comme si le principal de leurs problèmes se trouvait sur notre continent. " Il y a, me disait-il une fois, très peu de chance pour que l'Europe occidentale soit attaquée. Les problèmes sont infiniment plus graves en ce qui concerne la Chine, Cuba, l'Amérique latine dans son ensemble. [...] Nous avons trop l'air de considérer que tous les problèmes du monde, en raison de nos divergences, ont trait à l'Europe. C'est de moins en moins vrai. " Avec Johnson, l'évolution s'accentua rapidement : le Vietnam devint au-dehors sa préoccupation quasi exclusive. Ce qu'il cherchait en Europe, c'était plutôt de s'y épargner des soucis afin d'être en mesure de se concentrer sur ce qui, pour lui, représentait de jour en jour davantage l'essentiel [15]... »

Le Vietnam, la Chine, l'Amérique latine... sur tous ces terrains, dès les premiers mois de la présidence de Lyndon Johnson, le général de Gaulle heurtera de plein fouet les sentiments, voire les visées de son partenaire de Washington. Au mois de février, c'est la reconnaissance par la France de la République populaire de Chine, qui est vue comme une trahison de la solidarité occidentale face au « bloc » de l'Est — alors qu'il est désormais évident qu'un tel geste est celui que peut le moins goûter le pouvoir de Moscou.

Au mois de mars, la visite triomphale du général de Gaulle au Mexique (« la mano en la mano ! ») est encore considérée par les États-Unis comme une intrusion intolérable sur le continent américain**. « Le général de Gaulle, déclare à la télévision l'ancien président Truman, a tort de mettre le nez dans nos affaires : il pourrait bien se le faire couper... » Ce qui donne une idée à la fois de la façon dont on considère à Washington l'indépendance des pays latino-américains, et de l'altération subie par l'image du général de Gaulle en quelques mois aux États-Unis.

Il y a aussi le Vietnam. Le 29 août 1963, le chef de l'État français a proclamé que la solution des affaires d'Indochine ne pouvait être le fruit d'une intervention militaire, mais d'un règlement politique fondé sur la neutralisation des États de la péninsule. Ce qui a été dénoncé à Washington comme un coup de poignard dans le dos. Pire : en mars 1964, un échange de

* McGeorge Bundy, qui après l'assassinat de J. F. Kennedy resta le conseiller de L. B. Johnson, nous disait que celui-ci considérait le général à peu près comme un vieux sénateur réactionnaire de la côte Est...
** Bien qu'Alphand assure que les commentaires de la Maison-Blanche furent flegmatiques.

coups de feu entre quelques petits bâtiments nord-vietnamiens et deux destroyers américains dans le golfe du Tonkin permet au président Johnson d'obtenir du Congrès une déclaration sur laquelle il fondera son intervention massive, l'année suivante, au Vietnam : l'interprétation donnée à Paris de l'affaire est si sarcastique que Johnson et les siens en sont ulcérés. Désormais, le mot Vietnam se dressera entre la Maison-Blanche et l'Élysée comme un écran et un défi à la fois *.

Mais le dialogue reste possible. Le 16 décembre 1964, Dean Rusk, reçu à l'Élysée, se voit une fois de plus conseiller par le général de Gaulle de ne pas engager les forces des USA sur le territoire asiatique, et de rechercher la paix par les voies d'une conférence internationale. Rien de très neuf, pas d'aggravation des rapports. Mais dans l'autre partie de la conversation, consacrée à la dissémination nucléaire, le général a une formule qui ouvre des perspectives sur l'élargissement du désaccord. Quand, vers 1968 ou 1969, la France disposera d'une vraie force de dissuasion, dit-il, nous devrons envisager la coordination de nos forces nucléaires, « si nous sommes toujours des alliés, comme je l'espère [46] »... Oh ! oh...

En chacune de ces affaires, on peut découvrir des raisons pour justifier le comportement du général de Gaulle, et y voir beaucoup plus de souci de défendre les intérêts de la France, ou le prestige de son pays, ou l'indépendance de l'Europe (en accord avec de très bons esprits aux États-Unis) que de défier, sous prétexte de se grandir, le géant américain. Au surplus, dans plusieurs affaires — la chinoise, la vietnamienne —, il y va aussi bien de l'intérêt à long terme des États-Unis que de ceux de la France.

Le seul cas nous semble-t-il où Charles de Gaulle manifeste un antiaméricanisme purement négatif, et qui relève d'une exploitation malencontreuse de ses déboires passés, c'est à propos de la célébration du vingtième anniversaire du débarquement allié en Normandie, le 5 juin 1964. En refusant d'y associer sa personne, et plus encore la France, sous prétexte qu'il avait été tenu à l'écart de l'opération « Overlord ** », l'ancien chef de la France libre déconcerte, parfois indigne ceux qui voient en lui plus que le président de la Ve République, mieux même que le chef d'un mouvement héroïque souvent maltraité par ses alliés, mais surtout le symbole d'une France qui n'avait pas cessé de vivre dans le combat ou l'espérance. Étrange abstention, de nature à nourrir la polémique conduite contre lui, dénonçant sa supposée « ingratitude », son « antiaméricanisme » obsessionnel ***...

Deux crises enfin porteront au rouge la colère des dirigeants, mais plus encore celle des médias et de l'opinion publique des États-Unis : celle que déclencha la campagne française contre les privilèges du dollar, et celle que

---

* Voir plus loin, chapitre 15.
** Voir tome 1, chapitre 39.
*** Il récidivera en 1967 lors de la célébration du cinquantenaire de la bataille de Vimy où tombèrent des milliers de Canadiens. (Voir plus loin, chapitre 19.)

provoqua la sortie de la France de l'organisation intégrée du Pacte atlantique.

« Au fond, nous disait un jour Hervé Alphand, dans toutes ces " crises " entre de Gaulle et les Américains, il n'y en a qu'une qui m'ait rendu difficile d'assumer mon rôle de trait d'union entre la France et les États-Unis : celle du dollar. Là, j'ai senti les Américains frappés au plus profond. Quoi ! L'ingrat de Gaulle ne se contentait pas de se détacher d'eux, de faire des amabilités aux communistes, de leur donner des leçons de morale et de sagesse politique : il allait jusqu'à attenter à la prospérité américaine, au portefeuille de chacun des citoyens de cette libre société ? »

Écoutons le point de vue de John L. Hess : « Il est étrange que, de tout le riche assortiment de griefs accumulés contre de Gaulle, les Américains aient choisi, comme le plus justifié, sa prétendue guerre contre le dollar... Cela révèle un curieux sens des valeurs ; on comprend mieux les accès de vertueuse indignation qui se sont fait entendre contre lui lorsqu'il a mis nos troupes à la porte, dénoncé la " détestable guerre " que nous menons au Vietnam*, adressé des propos pour le moins sévères à nos amis anglais, canadiens et israéliens... Des gens bien informés, honnêtes, peuvent se faire une opinion sur les divers aspects de ces questions, mais ils ne peuvent trouver la moindre justification à ce mythe qui veut que la France ait, en sous-main, combattu le dollar, ce qui n'a ni fondement ni sens commun [47]... »

L'affaire remontait à deux ans, au temps de John Kennedy. Au cours d'un colloque de juin 1976 sur les rapports entre de Gaulle et les USA, Hervé Alphand a raconté que, bien que n'ayant pas reçu instruction de le faire, il était allé tenter d'expliquer à Kennedy les inconvénients d'une émission sans limites de dollars et du maintien artificiel du prix de l'or, et s'était heurté à l'incompréhension du président : « J'ai pris l'engagement de maintenir l'once d'or à 35 dollars et aucun président des États-Unis ne pourra changer cela », objectait Kennedy, ajoutant que la revalorisation de l'or ferait l'affaire de deux États : l'Union soviétique et l'Afrique du Sud**. Pourquoi favoriser deux pays aussi peu dignes d'égards ?

À quoi Étienne Burin des Roziers ajoutait : « Avant même la conférence de presse de 1965, le problème s'était posé du fait de nos conversions de dollars en or. Le Général voulait que, dans nos réserves, l'or représente 80 %. Il voulait aussi que l'or se trouvât dans les caves de la Banque de France plutôt qu'en Angleterre ou à Fort Knox. Nous avons donc rapatrié l'or, ce qui représentait des opérations très compliquées et très coûteuses, notamment à cause des frais d'assurance. Dans l'esprit du Général il y avait probablement à cet égard une réminiscence de la guerre où le problème de l'or de la Banque de France avait joué un rôle important. Il avait le sentiment premièrement, qu'il valait mieux avoir de l'or dans ses réserves qu'autre chose et deuxièmement, qu'il valait mieux que cet or fût dans les caves de la Banque de France qu'ailleurs. Cela a créé une irritation profonde. Et puis il y

---

* Le texte date de la fin de 1967.
** Tous deux gros producteurs d'or.

eut la conférence de presse dans laquelle il a donné une portée doctrinale à cette pratique [48]. »

C'est au cours de sa conférence de presse du 4 février 1965, en effet, que le général de Gaulle lance son SOS à propos du système créé en 1922 à la conférence de Gênes et conférant au dollar et à la livre sterling le privilège d'être tenus pour équivalents à l'or dans toutes les affaires de paiements internationaux. Mais, poursuivait de Gaulle, les choses ont changé depuis 1922. Et même depuis 1945. Et le général — évidemment endoctriné par son ami Jacques Rueff, impitoyable et lumineux critique du désordre monétaire international autant que français * — tirait de ces prémisses l'argumentation suivante, qui déchaîna la tempête :

> « ... La convention qui attribue au dollar une valeur transcendante comme monnaie internationale ne repose plus sur sa base initiale, savoir la possession par l'Amérique de la plus grande partie de l'or du monde [...]. Le fait que de nombreux États acceptent, par principe, des dollars au même titre que de l'or pour compenser, le cas échéant, les déficits que présente, à leur profit, la balance américaine des paiements, amène les États-Unis à s'endetter gratuitement vis-à-vis de l'étranger. En effet, ce qu'ils lui doivent, ils le lui paient, tout au moins en partie, avec des dollars qu'il ne tient qu'à eux d'émettre, au lieu de les payer totalement avec de l'or, dont la valeur est réelle, qu'on ne possède que pour l'avoir gagné... »

(Ici, pour un instant, le fils de la lignée des de Gaulle, bourgeois désargentés, mais lecteur de Balzac, se substituait pour un instant à l'élève de l'économiste Jacques Rueff. Cet or antique et vertueux, comme il sonnait curieusement devant les rangées de journalistes américains qui prenaient des notes, l'air outré, sous les lambris du grand salon de l'Élysée...) Et le général au bas de laine de poursuivre, implacablement :

> « Cette facilité unilatérale qui est attribuée à l'Amérique contribue à faire s'estomper l'idée que le dollar est un signe impartial et international des échanges, alors qu'il est un moyen de crédit approprié à un État [49]. »

Bigre...

Contre ce privilège exorbitant qu'assure à Washington le *Gold Exchange Standard,* au surplus créateur d'inflation aux États-Unis et de désordre international, quelle mesure prendre ? Mais bien sûr, le retour à l'étalon-or. Et la convocation, dans le cadre du Fonds monétaire international, d'une conférence des dix puissances occidentales détentrices des avoirs les plus importants, permettrait, selon le général, de parvenir à substituer un nouvel ordre monétaire international à celui, dangereux et périmé, qui se fondait sur le *Gold Exchange Standard...*

La sortie de l'Élysée, après cette conférence de presse, ce fut, comme après celle de janvier 1963 sur le veto à l'Angleterre, une volée de moineaux : qui courrait plus vite vers le téléphone ? Et derrière son rideau, entouré de quelques fidèles, le vieux monsieur, goguenard, demandant à

---

* Voir tome 2, chapitre 18.

Gilbert Pérol : « Vous croyez que ça allait ? » — comme Fresnay sortant de scène après une représentation du *Neveu de Rameau*...

Trois mois plus tard, Hervé Alphand, sur lequel entre-temps, à Washington, beaucoup de grêle est tombée (qu'il a d'ailleurs partagée avec Rueff, dont la mission d'explication aux États-Unis n'a guère apaisé les colères*), entre dans le bureau du général à l'Élysée. Il le trouve « se complaisant au milieu des catastrophes qu'il pressent, disposant de toute sa force et de la lucidité de sa dialectique ».

De Gaulle : « Eh bien ! ce n'est pas commode, par le temps qui court, d'être ambassadeur de France à Washington ! »

Alphand : « Je dirais que grâce à vous, c'est intéressant... »

Le diplomate, qui ne peut que souligner l'altération des rapports franco-américains, pose donc au chef de l'État la question de l'avenir de l'OTAN. Il suscite cette formidable confidence, dont il restera *groggy* :

De Gaulle : « De toute façon, l'OTAN disparaît pour nous en 1969. Nous l'annoncerons au début de l'année prochaine de façon à donner le temps nécessaire aux arrangements indispensables à prendre car il n'y aura plus après cette date de forces étrangères sur le territoire français, en dehors de celles que nous souhaiterons et qui doivent être sous notre contrôle. »

Alphand : « Mais vous ne touchez pas à l'Alliance elle-même, au Pacte atlantique ? »

De Gaulle : « Si, le Pacte atlantique disparaîtra aussi [décision tout à fait nouvelle pour moi, note Alphand, effaré]. Il sera remplacé, si nos partenaires le veulent bien, par des accords bilatéraux ; nous pourrons ainsi en conclure un avec les États-Unis, un avec l'Angleterre, un avec l'Allemagne... Ils comporteront une clause d'après laquelle, si l'un des pays est attaqué, l'autre vient à son secours avec toutes ses forces... »

L'ambassadeur de France à Washington reçoit comme un coup de poing cette révélation, qui remet en cause la structure au sein de laquelle il exerce depuis près de dix-sept ans son métier. Il note : « Quant à moi, humblement, je me retrouve dans un brouillard opaque... Une renonciation à l'Alliance pour la remplacer par des pactes bilatéraux, fort improbables, conduit à la désintégration de l'Europe des Six, à la fin de l'amitié américaine [...]. Peut-être l'homme de génie dissimule-t-il la lumière que seul il est à même de percevoir ? Suis-je en présence d'un astre vieillissant en dépit de la force du personnage et de son caractère ? Jusqu'à présent je décrivais, sans trahir la pensée de mes maîtres, une position française amicale pour les États-Unis ; le pourrai-je désormais[50] ? »

Évoquant devant nous ce souvenir, vingt ans plus tard, M. Alphand précisait qu'il avait objecté au général : « Les États-Unis refuseront de signer un pacte bilatéral. » A quoi de Gaulle avait riposté, placidement : « Bah ! Ça n'a pas beaucoup d'importance. Si les choses tournent mal — ce que je ne

---

* C'est l'époque où le propriétaire de l'immeuble du consulat de France à Boston menace publiquement le consul de lui faire payer son loyer en or, où la presse féminine de New York assure qu'acheter des robes françaises c'est menacer le dollar, où un touriste américain change ses réservations pour un été en France, préférant aller dans la Grèce des colonels...

crois pas du tout — nous serions tout de même ensemble... » Et encore ceci : « L'OTAN, ça ne sert plus à rien... Ou bien la guerre se passe en Europe et nous sommes détruits, ou bien c'est un échange de représailles massives et c'est une affaire entre l'Amérique et l'Union soviétique. Alors, pourquoi l'Alliance [51] ? »

Charles de Gaulle ne s'en était pas tenu à informer son ambassadeur à Washington de la décision qu'il méditait depuis longtemps de prendre. George Ball, sous-secrétaire d'État — et tenu pour l'un des plus antigaullistes des dirigeants américains, parce que très attaché à l'Europe selon Jean Monnet —, l'avait entendu lui confier, lors d'une visite à l'Élysée en mai 1965, que la France allait quitter l'OTAN, non sans ajouter, goguenard « avec ou sans traité, vous devrez nous défendre [52] »...

Ce faisant, ou ce disant, de Gaulle ne laissait pas de donner des arguments à ceux qui — on était en pleine campagne électorale pour la réélection à la présidence de la République — dénonçaient un « antiaméricanisme » choquant pour l'opinion. Alors, parlant à la télévision le 14 décembre 1965, il prit le sujet à bras-le-corps :

> « On me [traite] d'antiaméricain... En réalité, qui a été l'Allié des Américains de bout en bout sinon la France de De Gaulle ? Il n'y en a pas eu d'autre et, le cas échéant, si le malheur devait arriver et si la liberté du monde était en cause, qui seraient automatiquement les meilleurs Alliés de nature sinon la France et les États-Unis, comme ils l'ont été souvent en pareil cas ? [...]
> Je ne dis pas que les Américains soient antifrançais [...] parce qu'ils ne nous ont pas toujours accompagnés. Eh bien ! je ne suis pas antiaméricain parce qu'actuellement, je n'accompagne pas les Américains toujours, et en particulier, par exemple, dans la politique qu'ils mènent en Asie. Il est tout à fait vrai que je ne les en approuve pas. Alors, de là à dire que je suis antiaméricain... »

Qu'il ait été vraiment formé, ou simplement formulé à titre de ballon d'essai, ce projet gaullien de « table rase » atlantique, évidemment combattu par Couve de Murville et le Quai d'Orsay — et par le Premier ministre Georges Pompidou — ne fut plus même évoqué par le général lors de sa conférence de presse décisive de février 1966. Au fond, crut-il vraiment jamais à cet abandon pur et simple de l'Alliance en tant que pacte collectif ?

Interrogé sur ce point, le général Michel Fourquet, qui fut son chef d'état-major à l'Élysée, propose cette réponse : « Vous savez, chez le général, il y avait toujours deux plans : celui du rêve, où il portait très loin son regard ; celui des réalités, où il considérait les choses de très près. Il a rêvé à un non-alignement français. Mais quand on lui en a démontré les difficultés techniques (Couve n'avait pas son pareil pour le faire...) il a choisi la voie la plus rationnelle [53]. »

Quant à Maurice Couve de Murville lui-même, et bien que ni son tempérament ni son éducation ne le portent à s'esclaffer, c'est une réaction très voisine qu'il a quand on lui pose la question : « Cette affaire de l'abandon de l'Alliance et des pactes bilatéraux, c'est du roman... du roman ! Le général ne dédaignait pas de provoquer ses interlocuteurs, voire ses collaborateurs... Mais il n'a jamais sérieusement envisagé* de quitter l'Alliance [54] ! »

C'est l'époque, ne l'oublions pas, où le général de Gaulle, qui a fini par se décider pendant l'été 1965 à présenter sa candidature à la réélection présidentielle, en grande partie pour mener à terme le dégagement de la souveraineté française, et qui se rend compte que la partie ne sera pas facile à jouer, est vivement irrité par le survol des installations nucléaires françaises de Pierrelatte par un avion (espion ?) américain le 16 juillet 1965. C'est pourquoi il reviendra à diverses reprises sur la souveraineté nationale dans le « ciel » du pays.

Plus profondément, de Gaulle est frappé aussi par le fait que la révision complète de la stratégie américaine, de la doctrine des « représailles massives » défendue par Foster Dulles à celle de la « réponse flexible » (inventée par Robert McNamara et ses experts) qui modifie profondément les perspectives de la sécurité européenne**, ait été progressivement opérée, de la fin de 1961 (sous Kennedy) au début de 1966, sans que les Européens eussent été consultés. Était-ce là une alliance, ou un protectorat ?

Bref, le 21 février 1966, dans la salle des fêtes du palais de l'Élysée, Charles de Gaulle, qui a été réélu deux mois plus tôt (au deuxième tour) président de la République, déclare à la presse internationale que

> « sans revenir sur son adhésion à l'Alliance atlantique la France va, d'ici au terme ultime prévu par ses obligations*** [...], continuer à modifier successivement les dispositions actuellement pratiquées, pour autant qu'elles la concernent. Ce qu'elle a fait hier à cet égard en plusieurs domaines, elle le fera demain dans d'autres, tout en prenant, bien entendu, les dispositions voulues pour que ces changements s'accomplissent progressivement et que ses alliés ne puissent en être soudain et de son fait incommodés. En outre, elle se tiendra prête à régler avec tels ou tels d'entre eux, et suivant la façon dont elle a déjà procédé sur certains points****, les rapports pratiques de coopération [...] soit dans l'immédiat, soit dans l'éventualité d'un conflit. Cela vaut naturellement pour la coopération alliée en Allemagne. Au total, il s'agit de rétablir une situation normale de souveraineté, dans laquelle ce qui est français, en fait de sol, de ciel, de mer et de forces, et tout élément étranger qui se trouverait en France, ne relèveront plus que des seules autorités françaises. C'est dire qu'il s'agit là, non point du tout d'une rupture, mais d'une nécessaire réadaptation [55] ».

On relève la décontraction du ton, le souci de parler de « continuation », de « réadaptation ». On ne saurait dorer mieux une pilule. Mais la réaction

---

* Le ministre des Affaires étrangères n'en confiait pas moins, au printemps 1966 à l'un de ses proches collaborateurs : « Le général est devenu très impulsif ! »
** Voir chapitre 17.
*** 4 avril 1969, vingtième anniversaire de la signature du Pacte à Washington.
**** Notamment à propos des retraits des flottes françaises de Méditerranée, puis de l'Atlantique.

de la presse américaine n'en fut pas moins véhémente, sur le thème de l' « ingratitude » de la France, encore que Mike Mansfield, leader de la majorité démocrate au Sénat, ait fait valoir que le geste du général de Gaulle rendait service aux États-Unis en contraignant l'OTAN à se réformer.

Deux semaines plus tard, l'ambassadeur Charles Bohlen était convoqué au Quai d'Orsay pour se voir remettre un message adressé par le général de Gaulle au président Johnson où il était précisé, en termes plus abrupts que dans la conférence de presse de l'Élysée, que la France « se propose de recouvrer sur son territoire l'entier exercice de sa souveraineté, actuellement entamé par la présence permanente d'éléments militaires alliés [et] de ne plus mettre de forces à la disposition de l'Organisation atlantique ». A quoi le chef de l'Exécutif américain se contente de riposter en exprimant sa « préoccupation », assurant que cette action « affecterait gravement la sécurité et le bien-être des citoyens de tous les pays alliés ». Jusqu'où irait la déchirure entre Washington et Paris ?

Le 1er juillet 1966, les représentants de la France quittaient les organismes militaires de l'OTAN (replié de Paris sur Bruxelles), tout en continuant de participer aux travaux du Conseil de l'Alliance. Le 1er avril 1967, toutes les bases américaines et canadiennes étaient évacuées du territoire français. Un grave problème subsistait : si le survol de la France était interdit à ses avions, l'OTAN serait coupée en deux tronçons, au nord d'une part, au sud de l'autre, de la zone formée par la France, la Suisse et l'Autriche (deux pays neutres...). Pour profiter des moyens de repérage à longue distance par radars, la France accepta un système d'autorisations de survol.

Mais le climat ne cessait de s'alourdir entre Washington et Paris, constamment envenimé par les propos que tenaient sur le Vietnam tous ceux qui, de près ou de loin, touchaient au général. Devenu le centre même de la stratégie de Lyndon Johnson, l'Indochine était la cible favorite des quolibets du général et de son entourage. C'est dans ce climat que se déroule le voyage du général de Gaulle en Union soviétique, du 20 au 30 juin 1966 *. La cordialité des propos qu'il tient de Moscou à Novossibirsk et à Volgograd fait crier, aux États-Unis, à un « renversement des alliances » — ce qui est prendre ses humeurs pour des « réalités ».

C'est ainsi qu'au moment où il quitte son poste, au début de 1968, l'ambassadeur Bohlen envoie un dernier rapport au State Department où se concentre son pessimisme à l'endroit du « Grand Charles » (en français dans le texte...) : « Compte tenu de l'attitude de De Gaulle, je ne vois guère de chances d'une amélioration des relations franco-américaines [...]. Aussi longtemps que de Gaulle maintient ses convictions, et il y a peu d'indication qu'il en change, il n'y a guère de possibilité d'arrangement. En bref, je ne peux guère encourager la croyance en un changement de nos relations avec la France avant le départ de De Gaulle [56] » (9 février 1968).

Et l'on va ainsi, de colère en rebuffades, de mauvaise manière en procès d'intention, de discours de Phnom-Penh en guerre israélo-arabe (à l'occasion

---

* Voir chapitre suivant.

de laquelle, si l'on en croit Harold Wilson, le général lui avait déclaré : « La seule solution pour la France et la Grande-Bretagne est de se désengager et de déclarer clairement que les querelles de l'Amérique ne sont pas les nôtres [57] »), à l'accalmie que provoquera, en mars 1968, le discours de Lyndon Johnson annonçant à la fois l'arrêt partiel des bombardements sur le Nord-Vietnam et sa décision de ne pas se représenter aux élections de la fin de l'année. Si la réponse de Hanoi n'exclut pas un contact avec Washington en vue de mettre fin aux combats, de Gaulle, lui, salue ce que la déclaration de Johnson a de « courageux » et déclare qu'elle va « dans le sens positif ».

Commentaire d'Hervé Alphand : « Ces phrases ont suffi à déclencher un élan de reconnaissance dans ces États-Unis apparemment si hostiles. J'admire à nouveau la vision de De Gaulle, faite d'instinct et de raisonnement. » Trois mois après la sombre prophétie de « Chip » Bohlen, les indices se multiplient en effet d'un dégel entre les États-Unis et la France. Le Vietnam, qui a si fort divisé les deux nations, va-t-il maintenant les rapprocher ? N'est-ce pas à Paris que Washington a accepté de rencontrer les négociateurs de Hanoi ?

Un changement d'hommes y contribuera de façon décisive. Qui aurait pu dire que les divergences sur le fond, qui avaient pourri les rapports entre Lyndon Johnson et Charles de Gaulle beaucoup plus que les incompatibilités d'humeur, ne provoqueraient pas les mêmes effets entre Nixon et le général ? Et pourtant la mutation fut radicale.

Le nouveau président était républicain — et, comme tel, héritier d'une tradition interprétant la puissance américaine avec plus de réserve que celle des démocrates. Au surplus, il avait été le vice-président d'Eisenhower, et à ce titre avait participé à l'accueil très chaleureux réservé par les États-Unis au général en 1960. En outre, de Gaulle, du fait de l'une de ces presciences qui le guidaient parfois, avait tenu à l'inviter lors de deux de ses visites à Paris, disant à ses proches que Nixon avait « un avenir » alors qu'il était tenu par tous, entre 1962 et 1967, pour un homme « fini ». Enfin, le nouveau président avait pour conseiller pour les affaires de défense le plus notoire des « gaullistes américains », Henry Kissinger. Ainsi, le passé et l'environnement conduisaient les deux chefs d'État à s'entendre aussi bien que le permettaient les circonstances.

Elles le permirent.

Dans le livre qu'il a intitulé *Leaders,* Richard Nixon trace un portrait extraordinairement favorable du général de Gaulle, qu'il décrit comme l'homme qui aura dominé le xxᵉ siècle. De toute évidence flatté par l'intérêt que lui porte de Gaulle et les pronostics optimistes qu'il a multipliés à son propos — parfois contre l'évidence —, l'homme de San Clemente se répand en éloges sur le talent, la perspicacité, la hauteur de vues aussi bien que sur la courtoisie et l'élégance du vieil Européen.

Que les conseils de Charles de Gaulle aient contribué à lui faire comprendre que la reconnaissance du fait chinois était une nécessité, que la guerre du Vietnam (et du Cambodge) était plus nuisible aux intérêts américains que n'importe quel règlement politique et que, dès lors qu'il ne pouvait faire la guerre à l'URSS, il fallait construire une sorte de paix avec elle, ou que cette orientation provînt tout simplement de son conseiller Kissinger, le fait est que Nixon a constamment tendance à rapporter ses succès à l'influence bénéfique du général.

« Quand je devins président, écrit-il, nous réussîmes, de Gaulle et moi, à colmater la brèche qui s'était ouverte dans les relations entre la France et les États-Unis. A la différence de certains de mes prédécesseurs, je ne dédaignais nullement les avis et les conseils du général de Gaulle ; au contraire, je les appréciais hautement, sachant que je pourrais tirer le plus grand profit de son expérience et de sa perspicacité dans les affaires du monde [58]. »

En février 1969, Richard Nixon est reçu à Paris pour une visite officielle dont il fait une description émerveillée. Il s'avoue ébloui par les fastes déployés autour de lui par le vieux monsieur de l'Élysée, les « magnifiques dîners », les « superbes déjeuners » de Versailles ou de l'Élysée. Mais il met surtout l'accent sur les dix heures d'entretiens en tête à tête que lui réserva le général.

Après tant d'orages et de heurts, après tant de désaccords et de mutismes, après tant de défis et d'anathèmes, voici la grande embellie. Écoutons Nixon : « ... Un halo de majesté semblait l'envelopper. Pendant nos réunions, sa prestation fut tout simplement stupéfiante [...]. De tous les dirigeants que j'ai rencontrés, aucun ne pouvait surpasser son extraordinaire capacité de discuter de tout sujet ou de toute région du globe avec une telle compétence, une telle intelligence et, parfois, une telle sagacité et étonnante intuition [59]... »

Est-ce bien du même homme que parlent le président des États-Unis et une presse américaine qui, quelques mois plus tôt — à propos du Québec ou d'Israël, sur lesquels on reviendra —, le présentait comme un « fou homicide [60] » ? Quelques semaines plus tard, la grande réconciliation prendra une forme sentimentale quand le général viendra assister aux funérailles de Dwight Eisenhower — plus semblable que jamais à un menhir, pôle de tous les regards. Il en repart nanti d'une invitation à visiter « aussitôt que possible » les États-Unis. Mais nous sommes déjà en mars 1969. Et un mois plus tard, c'est la mise en minorité du vieux chef lors du référendum du 27 avril — et son départ pour Colombey.

Richard Nixon lui ayant alors réitéré son invitation, en termes d'ailleurs fort élevés : « Dans cet âge de dirigeants médiocres dans la plupart des régions du globe, l'esprit de l'Amérique a besoin de votre présence », le retraité répondit :

> « ... Votre noble message officiel et votre émouvante lettre personnelle m'ont profondément touché. Cela, non point seulement en raison de votre haute qualité de président des États-Unis, mais aussi parce que c'est vous, Richard Nixon, qui me les avez adressés et que j'ai pour vous, en connaissance de cause, une estime, une confiance et une amitié aussi grandes et sincères que possible.
> En attendant d'avoir un jour, peut-être, l'occasion et l'honneur de vous

revoir, je vous exprime du fond du cœur tous mes meilleurs vœux dans l'accomplissement de votre immense tâche nationale et internationale. »

Propos d'américanophobe ?

Quinze jours plus tôt, la dernière décision diplomatique du général de Gaulle avait consisté, le 4 avril 1969, à reconduire, par tacite reconduction, le Pacte atlantique, venu à expiration...

Geste d'ennemi des États-Unis ?

14. Jusqu'à l'Oural...

Lisait-on plus volontiers, dans les bibliothèques militaires du début du siècle, *la Russie en 1839* du marquis de Custine que *la Démocratie en Amérique* d'Alexis de Tocqueville ? La pensée et les propos de Charles de Gaulle sont imprégnés du premier mieux que du second.

Il a bien lu Custine, et vérifié sa lucidité. La Russie de l'auteur des *Lettres,* celle de Nicolas Ier, il l'a retrouvée sous Staline, close, pyramidale, implacable, rongeant son frein, impatiente de muer en Histoire. Si bien retrouvée qu'il ne l'appellera jamais que du nom qu'elle portait sous les tsars — le vocable Union soviétique ne lui échappant que par mégarde. Quand il parle de l'URSS, c'est comme d'un « empire colonial » doté d'une idéologie conquérante et soumis à la loi de la Russie d'Europe.

Ce ne sont pas les expériences directes qu'il a faites face aux Russes, en 1920, puis en 1944, qui sont de nature à corriger ou amender l'idée qu'il s'est formée de leur pays à travers Custine. En 1920, le capitaine de Gaulle a trouvé, face à ses alliés polonais, des bandes de la *Cavalerie rouge* * conduite par Boudienny, personnage surgi d'une page de Gogol ; et en 1944, des ouvriers de Stalingrad aux foules muettes de Moscou, il n'a trouvé matière qu'à une méditation mélancolique sur les pesanteurs de l'histoire et les malheurs de la guerre.

Anticommuniste, de Gaulle ? Bien sûr. Et pas du tout. Bien sûr, en ce que toute sa formation et sa culture se dressent contre le marxisme et — d'une façon plus ambiguë — le léninisme. Pas du tout, dans la mesure où les idéologies comptent pour peu dans sa vision du monde, et qu'il n'y voit que les masques divers camouflant les ambitions nationales : ce qui expliquera un certain nombre de ses erreurs d'appréciation à propos de l'URSS, de la Chine et du Vietnam, voire de la Pologne ou de la Tchécoslovaquie.

Quand, en 1935, Laval signe à Moscou le premier pacte franco-soviétique, le commandant de Gaulle s'en fait, on l'a vu **, le défenseur auprès de sa mère : c'est, conformément à la tradition de la diplomatie monarchique, l'alliance de revers contre la maison d'Autriche, fût-ce avec le Grand Turc. Et quand, pendant l'hiver 1939-1940, les milieux proches du commandement français crépitent de projets d'attaque contre l'URSS alors alliée au

---

* Titre d'un livre admirable d'Isaac Babel.
** Voir tome 1, chapitre 10, p. 223.

IIIe Reich et qui semble à nos stratèges une meilleure cible que l'Allemagne nazie, il est de ceux qui raillent ces billevesées et n'y voient que des tentatives de diversion.

Surtout, en juin 1941, sitôt qu'il apprend (à Jérusalem) l'ouverture des hostilités entre le Reich et l'URSS, il télégraphie à Londres pour ranger la France libre aux côtés de la Russie envahie, pressant ses collaborateurs de manifester à l'ambassadeur soviétique, M. Maïski, la solidarité active du Comité français de libération nationale — non sans rappeler « les vices et même les crimes du régime soviétique * ». Cette tranquille dichotomie entre alliances d'État et rejet idéologique et moral sera le fondement constant de la diplomatie gaulliste vis-à-vis de l'Est.

Tout au long de la guerre, les rapports resteront bons entre Moscou et la France combattante, dont le représentant, Roger Garreau, se verra même offrir un « créneau » à la radio soviétique — non sans émettre, et recevoir parfois, des appels en vue d'une coopération politique et militaire plus étroite. Il s'agissait, pour le général de Gaulle, de faire réfléchir sinon Washington, qui n'avait cure de son existence, mais le cabinet de Londres. Son pouvoir établi à Paris, il n'aura de cesse qu'il n'ait noué avec Staline des liens plus étroits, dussent-ils, comme il le prévoit à l'origine, être conjugués avec l'alliance anglaise.

On a rapporté le rude affrontement de décembre 1944 entre Charles de Gaulle et Joseph Staline à propos de la Pologne, ce tête-à-tête sans merci qui devait laisser au Géorgien l'impression — confiée trois mois plus tard à Roosevelt — d'avoir affronté un personnage « très obstiné », et au visiteur d'avoir été aux prises avec un « grand tsar au charme ténébreux ». Rien en tout cas qui relève de l'harmonie. Un pacte en était sorti, et l'envoi d'un délégué français en Pologne qui marquait un ralliement voilé du général au fait accompli de Varsovie.

De Gaulle en était revenu irrité du refus opposé par Staline à ses visées de démembrement du Reich allemand, irritation que ne pouvait qu'aviver le rôle, très négatif à son égard, joué par le dictateur soviétique dans la préparation et le déroulement de la conférence de Yalta. Mais comme il le confiait quelques mois plus tôt à l'ambassadeur polonais auprès de la France libre, le Pr Morawski,

> « la Russie, bien qu'elle soit en train de vivre un renouveau de l'impéria-lisme et des sentiments patriotiques, sera si affaiblie qu'elle sera condamnée pendant de longues années à panser ses blessures. C'est pourquoi la menace de l'expansion russe en Europe sera moins grande que nous le pensons actuellement [1] ».

Aussi bien décida-t-il de passer sur sa déconvenue de décembre 1944 et de jouer la carte de la conciliation en envoyant à Moscou un ambassadeur d'envergure, capable de mener une grande affaire, le général Catroux — qui

---

* Voir tome 1, chapitre 26, p. 508.

n'en ramena, deux ans plus tard, qu'un livre fort mélancolique intitulé *J'ai vu tomber* le rideau de fer.*

Sitôt qu'il cesse d'être l'État, en janvier 1946, et n'a plus à traiter avec un autre État, de Gaulle ne voit plus, là-bas, que le régime d'oppression et sa boulimie de puissance. Dès la création du RPF, en avril 1947, il prend pour cible permanente « cet instrument colossal de domination » : ainsi dans le fameux discours de Rennes où il prophétise le déferlement sur l'Occident des « cosaques » que ne séparent de Paris que « deux étapes du Tour de France cycliste »... Aussi bien le général appelle-t-il de ses vœux, et applaudit-il la signature du Pacte atlantique, coalition antisoviétique placée sous l'égide des États-Unis.

A partir de 1953, pourtant, le président du RPF nuance ses réquisitoires. La fin de la guerre de Corée a montré que Moscou savait contrôler ses élans, tandis que le projet de Communauté européenne de défense, également anathème à Moscou et à de Gaulle, fait converger les préoccupations, parfois les discours. De mois en mois, surtout après la fin des combats en Indochine (juillet 1954), le général cesse de se faire le Grand Inquisiteur du camp socialiste.

Et bientôt, on voit apparaître à Colombey un personnage inattendu, Sergueï Vinogradov, ambassadeur d'URSS en France, qui se proclame volontiers gaulliste et murmure ici et là des choses étranges : par exemple, que le général de Gaulle pourrait bien, un jour, revenir au pouvoir. Ce qui ne contribue pas à consolider, auprès de ses collègues occidentaux, le crédit que pourrait lui valoir son apparente bonhomie de courtier jovial et rusé.

Vient le mois de mai 1958. Le diplomate soviétique n'en sera pas promu pour autant augure de Matignon, puis de l'Élysée. Mais les nouveaux milieux dirigeants se gardent de battre froid à un homme si perspicace, qui se fait appeler « Vino » et promène dans Paris son masque un peu mou d'hédoniste sur le retour. Dès lors, sauf périodes de tension, les relations franco-soviétiques en seront d'autant mieux « huilées » que la France est représentée à Moscou par un vieux compagnon du général de Gaulle et décidé à plaire, Maurice Dejean**.

Tout au long de la IVe République, les relations entre Paris et Moscou avaient été amères, épisodiques, contractées. Sur les blocages dus à la guerre froide — ponctuée de conférences à quatre où les sermons de M. Dulles faisaient écho aux martèlements propagandistes de M. Molotov et aux aphorismes ricanants de M. Bidault — s'était greffée jusqu'en 1954 la guerre d'Indochine — où l'URSS soutenait non sans cautèle les forces de Hô Chi Minh —, tandis que l'activisme du parti communiste français avivait sur place les frictions déjà fort douloureuses entre les États.

C'était l'époque où la diplomatie française avait pour seul espace le club des nations occidentales présidé par le représentant de Washington. Quand un dirigeant faisait mine, à propos de négociations en Asie, des affaires

---

* Pas comme les murailles de Jéricho : comme le couperet de la guillotine...
** Membre de la délégation accompagnant de Gaulle à Moscou en décembre 1944.

européennes ou du désarmement, de sortir de ces chemins battus il devait, comme Pierre Mendès France (fût-il traité de « superman » par M. Dulles), quitter la scène. L'URSS n'était rien que l'ennemi potentiel du bloc occidental, lequel avait pour leader les États-Unis. Nul, sinon Washington n'était habilité à traiter avec « l'autre ». A de rares exceptions près, les grandes négociations étaient conduites « à quatre », mais par Washington.

C'est à la fois contre ce concept de « bloc », et contre cette infirmité supposée de la France — comme de l'Allemagne ou de l'Italie — à défendre de façon originale les intérêts nationaux face à tel ou tel autre pays, que se dressa le général de Gaulle en se décidant à donner un autre cours aux relations franco-soviétiques.

Il ne s'agit pas ici d'un neutralisme renvoyant dos à dos les deux superpuissances. De Gaulle et les siens — de Debré à Couve, de Pompidou à Chaban, de Courcel à Malraux — forment l'équipe dirigeante la moins soupçonnable de laxisme à l'égard de l'impérialisme soviétique. Tous ont réclamé, applaudi ou pratiqué l'Alliance atlantique : des anglophiles comme Debré et Courcel aux américanophiles comme Malraux et Chaban ou à des partisans de l'équilibre que ruinerait une rupture avec Washington comme Couve et Pompidou, l'équipe gaulliste est prête à tout, sauf à un renversement des alliances. Et si le général réclame, dès le 17 septembre 1958, une révision profonde des structures de l'organisation occidentale, c'est en se liant avec Adenauer, « atlantiste » par essence (et par existence), et en se dressant avec une vigueur inlassable contre les tentatives soviétiques de modifier le statut de Berlin.

Non. Au début de son règne en tout cas, Charles de Gaulle n'amorce aucune « révision déchirante » de la diplomatie française, et s'il est bien décidé à ne plus passer par Washington pour parler à Moscou et à remettre en question le système des blocs, à affirmer, en un mot, l'indépendance de la France, il ne cesse de considérer « la Russie » comme le seul adversaire potentiel. Un adversaire qu'une diplomatie avisée doit tendre, dans une perspective à moyen terme, à transformer en partenaire pacifique. Rien que de raisonnable, quels que soient le jugement qu'on porte sur le régime soviétique et la mesure que prend de Gaulle des moyens réels de la France.

On ne saurait pourtant examiner les diverses étapes des relations gaullo-russes — essentiellement antagonistes jusqu'en 1963, et qui évoluent ensuite vers un esprit de coopération circonspecte — sans en préciser deux données essentielles : la sous-estimation, par le fondateur de la Ve République, des facteurs idéologiques de la politique de Moscou et de ses satellites ; la sous-évaluation des risques de conflit mondial, qu'il érige en système.

On a déjà évoqué à diverses reprises le premier point. Quand de Gaulle parle à Khrouchtchev ou à Brejnev, il parle à des « Russes » (qui se trouvent d'ailleurs être des Ukrainiens...) et aussi à des « Européens » et à des « Blancs ». La dimension idéologique du débat ne lui échappe pas tout à fait, mais il s'est fait une règle de la négliger (« Ces ambitions nationales qui se cachent sous le masque de l'idéologie... »). Il est si persuasif, en ce sens, et si entraînant que, certain jour de sa visite à Paris en 1960, Nikita Khrouchtchev répondait à un journaliste lui demandant en notre présence s'il n'avait pas de critique à se faire à lui-même : « Si. Le " tovarich * " Khrouchtchev pourrait reprocher au " gospodin ** " Khrouchtchev de ne pas se comporter assez fermement en militant communiste[2] ! » Le général était passé par là, entraînant son hôte dans les amples vagabondages géopolitiques — exempts de toute référence idéologique — dont il était friand.

Cette sous-estimation des facteurs idéologiques fera commettre au général quelques erreurs d'appréciation à propos de l'affaire vietnamienne ou des perspectives polonaises par exemple. Mais elle trouva sa justification au moins partielle dans la grande querelle sino-russe, qu'il traita d'ailleurs de main de maître ***. De là à y trouver le fondement d'une totale redistribution des cartes entre l'Est et l'Ouest...

Autre permanence dans la pensée diplomatique du général : le refus de prendre au sérieux les menaces contre la paix mondiale. Lui qui avait été si pessimiste de 1947 à 1950, au moment du blocus de Berlin, puis de la guerre de Corée, lui qui confiait alors à Claude Mauriac que seul le bouclier nucléaire américain avait sauvé l'Europe de l'invasion et qui voyait dans le RPF une France libre préfabriquée, un Carlton Gardens à Colombey, le voilà persuadé, à partir de 1958 ****, du caractère irréductiblement pacifique de l'équilibre de la terreur.

Rien n'est plus caractéristique à ce sujet que ses réactions au moment des deux grandes crises de son « époque » : celle de Berlin à la fin de 1958 ***** et celle de Cuba en 1962 ******. Plus explicite encore que la sienne — le grand homme doit toujours laisser planer un doute sur ses intentions et ses sentiments... —, fut alors l'attitude de son ministre des Affaires étrangères : au plus fort de la vociférante campagne de M. Khrouchtchev menaçant de contraindre les Trois occidentaux à évacuer Berlin, Maurice Couve de Murville répétait à son entourage, comme à ses collègues allemands, anglais et américains : « Il ne se passera rien[3]... » Et le général, de son côté, objectait que si, à l'Ouest, on craignait le pire, on ne le redoutait pas moins à l'Est...

Quant à la crise de Cuba, cette « semaine de vérité » préludant à « l'armistice[4] » qui allait ouvrir les voies à la détente, on a vu que le général de Gaulle y trouva l'occasion de manifester la plus totale impavidité, en même temps que sa solidarité avec les États-Unis. Non seulement parce qu'il

---

* Camarade.
** Monsieur.
*** Disposant d'études et de précisions du Quai d'Orsay où toute une école présentait cette crise comme inéluctable.
**** En fait, à partir de 1954, date de la liquidation « à l'amiable » de la guerre d'Indochine, et surtout de 1956, manifestation d'une certaine convergence d'efforts entre les deux superpuissances pour couper court à l'expédition de Suez.
***** Voir tome 2, chapitre 28, p. 643.
****** Voir ci-dessus, p. 364-365.

restait un oiseau des tempêtes, non seulement parce qu'il avait mis la France à l'abri (théorique) des représailles soviétiques en la vidant du potentiel nucléaire américain, mais simplement parce qu'il ne croyait pas à une issue fatale. Hommage à Kennedy, en tant que « gérant de crise » ? Oui. Mais aussi et surtout conviction que les dirigeants de Moscou n'étaient pas hommes à risquer le pire.

Parlant de Nikita Khrouchtchev au lendemain de sa visite à Paris d'avril 1960, le général confiait à son entourage : « Voilà un homme qui n'est pas prêt à déclencher une guerre mondiale. Il est trop vieux. Et... il est trop gros[5]... » Diagnostic — au moins pour ce qui a trait à la vieillesse — que n'auraient pas hasardé tous ceux qui ont pu côtoyer alors le premier secrétaire du PCUS...

Bref, pour employer son vocabulaire, « les Russes n'oseront pas ». Voilà le leitmotiv — non formulé de cette façon, semble-t-il — d'une stratégie diplomatique qui, de 1958 à 1969, fera passer les relations Paris-Moscou de la glaciation au dégel, non sans faire glisser celle de la France et de ses alliés occidentaux de l'imbrication résignée à la disjonction acrimonieuse.

C'est autant dans cette sous-estimation du dynamisme communiste et de l'impérialisme russe que dans le sentiment d'irritation humiliée provoqué par la lourdeur du système de protection atlantique qu'il faut chercher les mobiles de la réorientation diplomatique du général de Gaulle. Si la menace n'est qu'illusoire, si depuis la disparition de Staline le grand méchant loup n'est ni tout à fait méchant ni vraiment loup, et si au surplus on croit s'être doté soi-même des moyens de le faire réfléchir, simple renard, pourquoi accepter les lourdeurs contraignantes d'une coalition à direction étrangère dès le temps de paix ? La lourde armure revêtue à l'époque de la grande peur, pourquoi faudrait-il y rester enfermé, verrouillé, l'accalmie venue ? La guerre enfin s'étant avérée impossible, ne reste-t-il pas une seule issue : transformer en paix la trêve armée où survit le monde depuis 1945 ?

Et pour ce qui est de faire la paix, quoi de mieux qu'un vieux stratège à la tête d'une vieille nation dynamisant un vieux continent recru d'expérience ? Les Russes, les Polonais, les Hongrois, les Prussiens, les Saxons, croyez en un vieux lecteur de Voltaire et de Michelet, un ancien combattant de la Vistule et de Verdun, un interlocuteur de Staline et de Sikorski : il vaut mieux leur donner pour interlocuteur le général de l'Élysée que le professeur Rusk...

Les Russes n'oseront pas... Il a fallu d'abord le prouver. On a évoqué déjà[*] la crise déclenchée, le 27 novembre 1958, par la remise aux Occidentaux d'une note soviétique tendant à les rejeter de Berlin-Ouest, où leur occupation se fondait sur les accords interalliés définissant le système d'occupation en Allemagne jusqu'au traité de paix.

[*] Voir tome 2, p. 643.

De Gaulle s'est fait aussitôt l'avocat de la résistance à outrance, prêchant la fermeté. L'ambassadeur Vinogradov ayant oublié son ton paterne pour faire planer, devant lui, quelque menace, il le coupe : « Eh bien, monsieur l'ambassadeur, nous mourrons tous, mais vous aussi... » Et tout son comportement au cours de la crise se résumera en une interprétation royale de l'échange de vues qu'a eu le diplomate français Jean Laloy avec l'un de ses collègues soviétiques :

« Nous serons très durs... fait le Russe. — Mais vous ne nous ferez pas la guerre ? — Non, bien sûr. — Dans ce cas, répond Laloy, nous serons très durs nous aussi [6]. » On ne saurait souhaiter meilleur résumé de la diplomatie gaullienne face à l'Est, en ce temps-là.

Ayant armé de son mieux le ciment de l'alliance occidentale, de Gaulle pourra, le 25 mars 1959, dénoncer le système de la RDA, cette « implacable dictature », et traiter par le mépris ces « dangereuses histoires » quand il n'existe qu'« une querelle qui vaille, celle de l'homme ». Ainsi est ramenée à ses justes proportions, selon lui, cette « vaine agitation ». Mais il ne sombre pas d'un coup dans l'euphorie.

Le camp socialiste continue à lui apparaître comme l'officine où sont tramés, contre la France, les complots. Certes, en infligeant coup sur coup deux terribles défaites électorales aux communistes français, en septembre et novembre 1958 (alors réduits de 20 à 10 % de l'électorat...), il desserre l'emprise qu'exerçait le PCF sur ses prédécesseurs ; mais dans le même temps, la sécession de la Guinée lui apparaît comme une intrigue fomentée par la IIIe Internationale : il n'oubliera pas de sitôt l'humiliation qui lui a été ainsi infligée.

Bien qu'il sente tout le bénéfice qu'il pourrait tirer de la conférence au sommet alors proposée par Moscou — représentée par lui, la France pourrait se carrer avantageusement dans un fauteuil de premier rang —, il fait savamment attendre son approbation, non sans avoir déclaré, aux applaudissements du camp socialiste, que la ligne de l'Oder et de la Neisse délimitait dorénavant la Pologne à l'ouest.

Ce n'est que le 10 novembre 1959, et alors que son offre d'autodétermination pour l'Algérie a embelli son image sur le plan mondial, qu'il déclare percevoir « quelques indices de détente » dès lors que « la Russie admet [...] qu'un conflit, de quelque côté qu'il vienne, aboutirait à l'anéantissement général » et qu'elle « constate que [...] nation blanche [...] bien dotée en terres, usines et richesses » elle fait face « à la multitude jaune qu'est la Chine [...] regardant autour d'elle les étendues sur lesquelles il lui faudra se répandre un jour [7] ».

Ayant dit — on est ici au cœur même de la pensée diplomatique gaulliste, sur le thème d'une innocuité russe fondée sur le développement d'un conflit purement géopolitique, étranger à toute idéologie —, le général annonça que Nikita Khrouchtchev avait accepté son invitation à se rendre en France en mars 1960. Entre-temps, une conférence tenue à Paris en décembre entre Eisenhower, Macmillan, Adenauer et de Gaulle a tracé les grandes lignes de ce que pourrait être le « sommet » Est-Ouest proposé par Moscou. Au diplomate américain Charles Bohlen qui sera bientôt son interlocuteur comme ambassadeur des États-Unis en France, de Gaulle lance cette formule, qui résume parfaitement son intention d'alors face à l'Est : « Nous avons décidé de parler à M. Khrouchtchev sur un ton ferme de choses vagues[8]... »

Le récit de cette visite à Paris de Tarass Boulba, Charles de Gaulle l'a, dans ses Mémoires, « soigné » presque autant que celui de son propre voyage en Russie en décembre 1944. Aussi bien puisera-t-on largement, pour la décrire, dans cette pittoresque et vivante évocation, où perce l'étonnement amusé du grand seigneur devant les talents manifestés par un paysan reçu au château. Pensez donc : un ancien berger...

« Vous voilà donc, monsieur le Président ! » lance le Connétable au « tovaritch » Khrouchtchev, ce 23 mars 1960, en l'accueillant dans le pavillon d'Orly depuis lors baptisé l'*isba* (me trompé-je ? J'ai dans l'oreille le souvenir d'un « Vous êtes le très bienvenu » qui retint l'attention... Le général n'y fait pas écho dans son récit). Coup d'œil sur l'arrivant, qui se donne

> « l'allure bon enfant... venu en famille avec Mme Khrouchtchev, leur fils, leurs deux filles et leur gendre[*]. Partout il paraît chaleureux, alerte et preste malgré son embonpoint, prodiguant les rires et les gestes de cordialité [...]. Bordeaux, Lacq, Arles, Nîmes, Marseille, Dijon, Verdun, Reims, Rouen... J'ai tenu à ce qu'il aille et qu'on le voie en province... Il se montre dispos, pittoresque, principalement intéressé par les techniques et les rendements[9] »...

Assurant qu'ils parlèrent beaucoup, le visiteur et lui, et « pas pour ne rien dire », de Gaulle rapporte que d'entrée de jeu, il convint avec son hôte de ne discuter que « des intérêts nationaux [des] deux pays et des moyens de les accorder » : d'où ressortirent « maintes divergences », mais ne résulta « pas de choc ». Le général trouve son hôte « détendu et désinvolte » surtout quand ils se trouvent « seul à seul »... Ainsi, « pour grandes que soient les différences d'origine, de formation, de conviction, il s'établira entre nous un réel contact d'homme à homme ».

Contact, oui. Parfois rude. Étalant à l'endroit de l'Allemagne « une méfiance passionnée » (où de Gaulle veut voir « une attitude politique bien calculée » autant que le reflet d' « affreuses épreuves »), le visiteur tente d'intimider son hôte en faisant valoir que la République est-allemande est faite pour durer. « Vous n'êtes certainement pas pressé de voir l'Allemagne rassemblée... », glisse-t-il : alors pourquoi ne pas reconnaître Pankow[**], qui pourrait, un traité de paix signé avec Moscou, rendre impossible aux Occidentaux le séjour de Berlin, à moins d'ériger les secteurs occidentaux en « ville libre » qui, débarrassée de ces occupants, réglerait ses affaires avec la RDA ?

« M'enveloppant de glace [de Gaulle est-il jamais meilleur que quand, prenant du recul, il considère le général de l'œil de Louis David scrutant le

---

[*] Adjoubei, que l'on verra beaucoup ces années-là.
[**] Quartier de Berlin qui sert de capitale à la RDA.

Premier consul ?], je fais comprendre à Khrouchtchev que la menace qu'il agite ne m'impressionne pas beaucoup [...] si vous ne voulez pas la guerre, n'en prenez pas le chemin ! » Bigre... Et d'opposer à cette démarche menaçante l'offre d'une détente « entre Européens, depuis l'Atlantique jusqu'à l'Oural » en vue d'ôter « leur virulence aux problèmes allemands » (ce sont là les formules propres à de Gaulle — à un de Gaulle rédigeant son récit quelques années plus tard).

C'est à un Khrouchtchev « radouci » selon lui, qu'il assène alors quelques remarques de nature à réchauffer la bile de l'ancien berger d'Ukraine :

> « Lénine, Staline, vous-même, chefs historiques du bolchevisme russe, qu'étiez-vous [...] sinon les disciples du Prussien-Rhénan Karl Marx ? A quelles extrémités d'impérialisme et de tyrannie la Russie totalitaire pourrait-elle être entraînée, le jour où elle ferait corps avec une Allemagne tout entière communisée... ? »

(On recopie ces formules provocantes, non sans se demander si elles furent réellement prononcées, mais inclinant à croire que Charles de Gaulle était capable de les faire choir, du haut de sa tour, sur la nuque plissée d'un homme nanti du pouvoir de l'écraser sans merci.)

Pour que la dramatisation soit complète, le général a fait en sorte que l'annonce de l'explosion de la seconde bombe atomique française lui fût communiquée lors d'un entretien en tête à tête avec M. « K » à Rambouillet. Il ne manque pas d'en faire part d'emblée à son hôte, pour qu'il « ne l'apprenne pas par les agences ». Le visiteur, écrit de Gaulle, « me répond avec bonne grâce et une remarquable note humaine : " Merci de votre attention. Je comprends votre joie. De notre côté, nous avons naguère éprouvé la même. " Puis, après un instant : " Mais, vous savez, c'est très cher [10] ! " ». Le général le sait.

Suit le récit cocasse d'une promenade en canot sur la pièce d'eau de Rambouillet, où de Gaulle a entraîné Khrouchtchev, Kossyguine et un interprète.

> « Khrouchtchev s'écrie : " Kossyguine [*] ! à toi de ramer, comme toujours ! " L'interpellé saisit les avirons. En plaisantant, je demande au Premier soviétique : " Au fait, quand travaillez-vous ! " [...] Et Khrouchtchev : " Mais je ne travaille pas ! Un décret de notre Comité central prescrit qu'après 65 ans — j'en ai 66 — on n'exerce ses fonctions que six heures par jour et cinq jours par semaine. C'est tout juste assez pour mes voyages et mes audiences... " [...] Et montrant Kossyguine qui pousse le bateau : " Le Plan, c'est lui ! " »

Ce que le Connétable ne rapporte pas dans ses Mémoires, mais que son gendre Alain de Boissieu nous a pour sa part conté, c'est qu'au milieu de la pièce d'eau, comme s'il avait voulu n'être entendu que par le général, le rameur, les nymphes et les génies des eaux, le petit homme rond venu de

---

[*] Alors président du Gosplan.

Moscovie saisit les mains du géant gaulois et lui jeta, avec une sorte d'angoisse : « Nous sommes blancs, vous et nous [11]... »

C'est un visiteur qui s'avoue déjà aux prises avec les multitudes d'Asie que de Gaulle voit repartir vers le Kremlin,

> « cordial et guilleret, me laissant, je dois le dire, impressionné par le ressort et la force de sa personnalité, disposé à croire, qu'en dépit de tout, la paix mondiale a des chances, l'Europe de l'avenir et pensant que quelque chose d'important s'est produit, en profondeur, dans les relations séculaires de la Russie et de la France [12] ».

Moins de deux mois plus tard, il faudra déchanter. Le président de la Vᵉ République a bien obtenu que la conférence au sommet dont l'idée a été lancée par le leader soviétique et reprise au vol par Washington et Londres fût convoquée à Paris, sous sa présidence. Il en a fixé la date au 16 mai. Las ! Le 1er mai, un avion-espion américain était abattu alors qu'il photographiait les aires de lancement soviétiques au-dessus de la mer d'Aral. Et le 5, Nikita Khrouchtchev assortit son acceptation du rendez-vous proposé par de Gaulle d'une philippique fort inquiétante contre l'acte « criminel » des États-Unis.

Et revoici le 15 mai, à l'Élysée, le navigateur de Rambouillet, beaucoup moins « cordial et guilleret » — au surplus flanqué, pour cette conférence de paix, du formidable Malinovski, le « maréchal des fusées » : et le texte qu'il remet d'entrée de jeu à son hôte, exigeant excuses, châtiment des coupables et engagement de non-récidive, sonne déjà comme le glas de la réunion des Quatre.

« Il était clair, écrit de Gaulle, que les Soviets voulaient, soit obtenir une humiliation sensationnelle des États-Unis, soit se dégager d'une conférence qu'à présent ils ne souhaitaient plus après l'avoir vivement réclamée [13]. » Et comme le visiteur, « affectant toujours la plus vive irritation », évoque les malheurs qui pourraient frapper les alliés des États-Unis, le général riposte « rudement » dit-il, osant une comparaison qui dut mettre le Soviétique hors de lui, s'il n'y était déjà... Deux fois déjà dans sa vie, il a vu « battre un État qui, dans sa certitude de vaincre, s'était risqué à ouvrir [...] un conflit ». On voit le ton ! Aussi bien de Gaulle s'empresse-t-il de prévenir Eisenhower et Macmillan, arrivés eux aussi à Paris, que l'affaire est mal partie...

Les tentatives de replâtrage des Anglo-Américains n'y feront rien. Eisenhower aura beau se déclarer prêt à un renoncement réciproque aux survols, au moins tant qu'il serait à la Maison-Blanche, M. « K » multiplie défis et provocations. Le canoteur de Rambouillet s'est mué en naufrageur. Il trouve à qui parler. Au plus fort d'un de ses réquisitoires contre la « provocation » de l'avion-espion américain, de Gaulle le coupe : « L'espionnage est une nécessité. Dois-je vous rappeler, monsieur le premier secrétaire, que vingt fois par jour des satellites russes survolent, munis des appareils adéquats, le territoire de mon pays ? »

Quand Nikita Khrouchtchev comprend qu'en dépit des suggestions de compromis de Macmillan, et conformément aux exhortations du général, Eisenhower refusera de s'humilier, il convoque au palais de Chaillot, pour

391

vider sa bile, une « conférence de presse » si vite noyautée par les militants communistes — et du coup par les spécialistes de l'anticommunisme — qu'on se retrouve soudain plongé dans une réunion publique de campagne électorale, ronflante de clameurs et d'invectives : un meeting où le chef de la seconde puissance du monde, cramoisi, pugnace et tonitruant, jette aux contradicteurs : « A ceux qui me huent, je peux jurer que s'ils viennent se frotter à l'Union soviétique, nous les huerons si fort qu'ils ne reconnaîtront plus leurs os [14] ! »

On imagine l'effet que les rapports qu'on lui fit sur cet épisode provoqua sur de Gaulle. Nous voilà loin du cordial et ingénieux « visage pâle » du mois d'avril. Mais de Gaulle était trop imbu de typologie nationaliste, et trop abreuvé de références culturelles pour ne pas se réjouir, *in petto*, que communiste ou non un Russe restât si proche des *Ames mortes* ou du *Général Dourakine*. Vous voyez bien : *Das Kapital* ou pas, *Politburo* ou non, génial ou balourd, le moujik perce toujours sous le commissaire...

En tout état de cause, les pétulances du leader soviétique ont eu pour effet de ruiner cette conférence à laquelle de Gaulle attachait, sinon de l'espoir, au moins de l'importance : celle qu'elle lui donnait, d'hôte, de chef d'orchestre, de président et d'augure de la grande concertation planétaire. Une sorte de revanche sur Yalta... Comment ne pas tenir rigueur au « tovaritch » d'avoir ainsi saboté son couronnement diplomatique, et de l'avoir fait, comble de honte, à l'injonction apparente du maréchal Malinovski [*] et du clan militaire. Cet État soviétique ne tenait donc pas mieux en main ses généraux que l'empire de Guillaume en 1917, au temps de *la Discorde chez l'ennemi*...

Si peu d'importance politique qu'il attribuât aux foucades de Nikita, Charles de Gaulle ne peut manquer d'y trouver aliment à la rigidité qu'il allait opposer, des mois durant, à tous autres projets de négociation planétaire. Non seulement parce que le projet de tête-à-tête esquissé entre le nouveau président John Kennedy et l'orateur de Chaillot risquait d'établir ce dialogue « par-dessus les têtes » que l'Élysée redoutait entre tous, mais parce que le seul vrai sujet de discussion était l'Allemagne, et plus précisément Berlin, et que les seules concessions imaginables, en ce domaine, ne pouvaient venir que de l'Occident. Alors, pourquoi parler, avant que le bloc de l'Est n'ait, par le truchement du leader de Moscou, affiché de nouvelles dispositions et contribué à créer un climat de détente propre au dialogue ?

Ce n'est pas ce que fait prévoir, le 13 août 1961, le surgissement soudain du mur qui interdit désormais les communications entre les deux Berlin de l'est et de l'ouest. Mais que signifie ce colmatage en catastrophe de la dernière brèche qui subsistât dans le rideau de fer ? Que Moscou a cessé de rêver d'offensive et tire le verrou pour éviter le pire. Défaite psychologique d'abord, stratégique ensuite, dans la mesure où l'Est qui prétendait naguère chasser l'Ouest de Berlin, se résigne à ne plus défendre que sa part du gâteau.

A l'Élysée, on analyse donc l'affaire du mur de Berlin comme une

---

[*] Dans son récit, de Gaulle suggère cette hypothèse.

renonciation de Moscou à ses objectifs les plus ambitieux, comme un terme mis à la crise ouverte en novembre 1958 par Nikita Khrouchtchev, comme un repli sur soi après. les fanfares et les rodomontades des trente mois précédents. C'est une victoire pour le *statu quo* défendu bec et ongles par le général. Si cruel qu'il puisse être aux cœurs allemands, cet aboutissement de la crise est amer aussi pour le tumultueux stratège du Kremlin.

De Gaulle et ses conseillers ne se rendront compte qu'un peu plus tard de la seconde retombée, beaucoup moins favorable, de l'affaire du mur : du point de vue de l'opinion publique ouest-allemande, c'est un échec d'Adenauer, et de ceux qui apparaissent comme ses alliés les plus voyants : elle le lui fera payer en le privant de sa majorité absolue au Bundestag, et, après un délai de deux ans, de la chancellerie. Rude coup porté aux projets « carolingiens » du général. Le mur de béton élevé entre les deux Berlin manifeste peut-être un échec de Nikita Khrouchtchev : mais il va entraîner, entre Bonn et Paris, le surgissement d'un mur de méfiance qui provoquera l'échec du grand dessein allemand de Charles de Gaulle.

Sabotage de « son » sommet parisien de mai 1960, ébranlement décisif de son vieil ami de Bonn — le général de Gaulle ne manque pas de griefs à l'encontre de son vis-à-vis soviétique en ce début des années soixante. Et le moindre d'entre eux n'est pas celui que provoque l'affaire algérienne. Bien qu'avec circonspection, les dirigeants de Moscou ne laissent pas d'encourager les représentants du mouvement d'indépendance algérien. Ferhât Abbâs et Belkacem Krim sont reçus à Moscou avec des honneurs officiels.

Certes, en septembre 1959, Moscou a commenté favorablement la reconnaissance par de Gaulle du droit du peuple algérien à l'autodétermination. Mais ce geste fait, M. Khrouchtchev se croit en droit d'intervenir à tout moment dans cette affaire dont le général prétend maintenir le règlement dans un cadre strictement national. Pire encore à ses yeux que le soutien apporté par l'URSS au FLN est l'immixtion diplomatique à laquelle ses dirigeants se croient autorisés : par le truchement de son ambassadeur à Paris, et une fois de son propre chef, M. Khrouchtchev est allé jusqu'à proposer ses bons offices entre Paris et le GPRA... Le commissionnaire, Vinogradov, puis son chef de file se sont vu rabrouer sans appel.

Chose curieuse, le règlement même de l'affaire, tel qu'il eût normalement dû assainir les relations entre Paris et Moscou, provoque une friction renouvelée. M. Khrouchtchev ayant jugé bon de féliciter le GPRA * de la conclusion des accords d'Évian comme s'il s'agissait d'un traité entre États (alors que jusqu'au scrutin d'autodétermination, l'Algérie restait légalement terre française), le Connétable rappela son ambassadeur à Moscou.

De coup de pique en coup de sabre entre cosaques et poilus, nous voilà donc assez loin de ce « renversement des alliances » que commencent à évoquer les plus vigilants détracteurs du général de Gaulle. Et, en dépit du déboire que lui infligent ses voisins et alliés, le 17 avril 1962, en rejetant son

---

* Voir ci-dessus, chapitre 12.

plan de confédération européenne*, on retrouvera de Gaulle plus éloigné des Soviétiques, plus irréductible que jamais à leurs initiatives, procédures et ambitions au mois d'octobre 1962. Recevant Dean Acheson venu l'informer des mesures prises par John Kennedy contre l'installation des fusées soviétiques à Cuba, on a vu le général lui donner son appui total et chaleureux, contrastant avec les incitations à la prudence venues d'autres capitales occidentales**.

Alors, pour de Gaulle, « la Russie » n'est plus qu'une puissance agressive stupidement engagée sur le terrain géopolitique de l'adversaire, et M. Khrouchtchev un aventurier malhabile qui aura bien mérité la leçon que Kennedy se prépare à lui administrer.

« Collant » sans réserve à la stratégie américaine dans les Caraïbes (et d'autant plus sévère pour M. « K » qu'il a perdu la partie), le général de Gaulle ne montrera pas plus de souci de ménager les Soviétiques sur le terrain européen, au cours des mois suivants : le traité solennel passé avec la République fédérale d'Allemagne, le 22 janvier 1963, est très mal accueilli à Moscou. Dès le 5 février, le gouvernement soviétique publie une protestation officielle contre l'accord de coopération entre Paris et Bonn. Et ce n'est pas le refus de la France d'adhérer au traité américano-soviétique, signé le 27 juillet 1963 à Moscou en vue d'interdire les essais nucléaires dans l'atmosphère, qui pouvait assainir des relations aussi constamment altérées par les initiatives des uns et les réactions des autres — ce que le ministre des Affaires étrangères du général, qui n'aime pas élever la voix et sait, de naissance, l'art de la litote, appelle de façon ravissante « le tour un peu vif de nos rapports avec la Russie[15] »...

A l'automne de 1963, au moment où disparaît John Kennedy, et en dépit des froissements et désaccords entre le général et ses alliés d'Occident, rien ne peut faire prévoir une amélioration rapide des relations franco-soviétiques : aussi déçu qu'il soit par le comportement de ses alliés, Charles de Gaulle ne semble voir aucune contrepartie à espérer du côté de l'Est, ne serait-ce que parce que le camp socialiste est un bloc, et que le ciment idéologique s'avère en fin de compte plus contraignant que ne voulait et veut le croire l'auteur des *Mémoires de guerre*.

A moins que... A moins que ce bloc ne révèle des fissures. Ne voit-on pas se manifester, s'amplifier, s'approfondir entre les deux branches de l' « église communiste » — comme dit de Gaulle, qui a donc fini par faire à l'idéologie sa part au moins structurelle — la brèche qu'a fait paraître certain affrontement entre délégués russes et chinois, dès l'été 1960, au congrès du parti communiste roumain. Le différend se manifeste d'abord sur le plan théorique, autour de l'interprétation de l'impérialisme selon Lénine : susceptible d'évolution, estime Moscou, il est intrinsèquement pervers et belliqueux d'après Pékin. Mais à la profonde satisfaction de l'historien et du stratège de Gaulle, ce débat entre sociologues et théologiens va se muer

---

* Voir ci-dessus, chapitre 12.
** Voir ci-dessus, chapitre 13.

bientôt en un conflit des plus classiques entre appétits de puissance et ambitions nationales.

Des gloses d'août 1960 sur la nature du capitalisme, on est passé aux livraisons de tracteurs interrompues, aux secrets atomiques interdits, aux conditions du règlement de l'affaire cubaine critiquées, aux perspectives du désarmement dénoncées, puis à des escarmouches pour la possession des rives du fleuve Amour. Quelle illustration des thèses du Connétable! Pas morte, l'histoire à la Thiers, à la Bainville et à la Madelin... Ainsi pour parler aussi joliment que Maurice Couve de Murville « l'opposition russo-chinoise prenait un ton vraiment méchant [16] »...

Cet hommage rendu par les jésuites russes et les bénédictins chinois à ses vues sur l'histoire, et l'occasion qu'elle offrait aux bons tacticiens de s'engouffrer dans une de ces brèches dont ils sont aussi friands que les alpinistes, ravivèrent d'un coup l'intérêt porté par le général au monde de l'Est : dès lors qu'on pouvait les « traiter » nation par nation, intérêt par intérêt, ambition par ambition, ces communistes devenaient d'intéressants partenaires.

Aussi bien l'Élysée, qui a déjà envoyé M. Edgar Faure flairer la piste, va-t-il brusquer, le 27 janvier 1964, la reconnaissance de la République populaire de Chine* — où s'installera en avril le premier ambassadeur de la Ve République, Lucien Paye. Que Moscou en ait éprouvé une sincère satisfaction est extrêmement douteux. Mais M. Khrouchtchev avait trop ardemment prôné de telles décisions — fût-ce en appuyant cette argumentation de coups de soulier sur son pupitre des Nations unies — pour qu'il puisse laisser paraître ensuite de l'irritation. Au surplus, le geste du général, s'il servait contre Moscou les hérétiques chinois, révélait aussi une liberté d'allures à l'égard de Washington que la diplomatie soviétique saurait exploiter.

Et c'est alors que s'amorce la grande révision qui va conduire de Gaulle, non à un renversement des alliances, ni même au neutralisme si souvent dénoncé ou vanté ici et là, ni même à ce « renvoi dos à dos » des deux « hégémonies » dont font état beaucoup de commentateurs**, mais à une pratique très singulière et souvent indéchiffrable de la solidarité occidentale. Allié du monde atlantique, il le restera jusqu'au bout. Allié — mais non sociétaire à part entière, comme on le dit des acteurs du théâtre Français.

Attitude ambiguë, marquée par plus de gestes négatifs à l'égard de l'Ouest que positifs à l'endroit de l'Est, mais qui sera considérée avec autant de faveur du côté de Moscou que d'irritation à Washington et alentour.

Ce « nouveau cours » coïncide bizarrement avec la retraite de Nikita Khrouchtchev, dont le moins qu'on puisse dire est qu'elle fut brusquée par

---

* Voir chapitre 16, p. 442.
** Y compris le très judicieux et par ailleurs équitable Elie Barnavi dans la préface au livre-colloque de Tel-Aviv publié en 1985.

ses collègues, dans le rythme comme dans les procédures. Bizarrement ? Oui. La détente qui était « dans l'air » depuis des mois — depuis le dénouement de l'aventure des fusées de Cuba — nul ne semblait mieux en mesure de la mettre en œuvre, à l'Est, que le bouillonnant petit rustaud à la nuque plissée, ce Jacques Duclos à la sauce tartare qui avait si fort agité de ses foucades, audaces et virevoltes le monde figé de l'après-stalinisme. Il était, dans cette toundra gelée, le mouvement. Il avait été la tempête. Pourquoi pas, maintenant, la bonace ?

C'est ainsi que le voyait de Gaulle [*], assez nourri d'histoire psychologiste pour se persuader que l'homme de tempérament vit de sa contradiction et que l'agitateur d'hier est voué aux traités et aux concordats. « Tout de même, c'est un communiste », avait dû convenir le vieux monsieur de l'Élysée après les tête-à-tête aquatiques ou non de Rambouillet. En ayant pris, non sans mal, son parti (peut-on être encore communiste, à cet âge, ayant vécu cette histoire, assumé de telles responsabilités d'État ?), Charles de Gaulle avait reconnu dans le pétulant moujik du Kremlin un interlocuteur valable — parce que très intelligent et (on l'a vu) trop « vieux » et trop « gros » pour faire la guerre...

Le limogeage de Nikita, homme seul, donc homme de décision, n'était pas trop pour lui plaire. Quand on le lui annonça, il était à Rio de Janeiro, discutant avec l'archevêque : « *Sic transit gloria mundi,* monseigneur » soupira-t-il. Et il se prit à rêver, peut-être, aux longs règnes de Pierre et de Catherine...

Tenons pour acquis que 1963 fut l'année du grand tournant diplomatique. C'est celle en tout cas où Jean Monnet voit le général se détourner de l'Europe. Celle où Maurice Couve de Murville situe les origines du dégel à l'Est. Celle où John Kennedy cède la place à Lyndon Johnson, Konrad Adenauer à Ludwig Erhard. Celle où Washington, Londres et Bonn essaient de donner vie, contre de Gaulle, à l'informe, l'inviable, l'absurde MLF.

Faut-il en inférer que la réorientation de la diplomatie gaullienne, passant de l'indiscipline majestueuse dans le cadre atlantique de 1958 à 1962 à la prise en considération croissante des possibilités de dialogue avec l'Est, s'analyse d'abord comme une réaction de dépit, ou de rancœur ? Ce serait trop simple. Mais cet élément a pu jouer.

Reprenons quelques dates. Le 17 avril 1962, pressés par Washington, encouragés par Londres, les cinq partenaires européens de la France étranglent (non sans qu'il leur en ait donné le prétexte) le projet de confédération européenne qui porte le nom de Fouchet et exprime les idées de Charles de Gaulle — ce même de Gaulle qui vient de faire don à l'Occident d'une paix en Algérie fort utile aussi à ses alliés américains et anglais.

A la fin d'octobre 1962, le chef de l'État français apporte à John Kennedy, au plus fort de la tempête cubaine, l'appui inconditionnel et primordial d'un

---

[*] Sinon le sagace Couve de Murville qui manifeste, du départ de M. « K », du soulagement.

pays qui a recouvré prestige et influence auprès du Tiers-Monde. Deux mois plus tard pourtant, Kennedy et Macmillan concluent à Nassau un accord qui lie définitivement les forces nucléaires anglaises au pouvoir américain, isolant la France, et proposant à celle-ci, en contrepartie, des armes (les fusées *Polaris*) inutilisables par elle et la participation à l'organisation la plus incompatible avec les conceptions de Charles de Gaulle qu'ait pu inventer un stratège politico-militaire.

Quand, trois semaines plus tard, le général de Gaulle signe avec le chancelier Adenauer un accord de coopération franco-allemand — d'ailleurs précédé d'un ralliement de Bonn au plan américain de force multilatérale —, il suscite une telle levée de boucliers dans la presse et les milieux dirigeants de Washington et de Londres qu'il en conçoit une aigreur assez compréhensible — aigreur qui se muera en indignation quand, trois mois plus tard, le Parlement de Bonn choisira de faire précéder le traité franco-allemand d'un préambule qui en est la négation et en quelque sorte la dénonciation préalable.

Essayons d'imaginer le de Gaulle de cet été 1963. Il se voit isolé, « contré » par ses plus récents alliés d'ailleurs surpris par le retrait de l'OTAN de la flotte française qu'a décidé le général sans même avoir consulté Bonn, comme lui en faisait un devoir le traité signé le 22 janvier. Mais il est aussi dans l'impossibilité d'adhérer au traité de Moscou sur le contrôle des essais nucléaires non seulement parce que son application tuerait dans l'œuf la force de frappe française, mais parce qu'il voit dans ce tête-à-tête russo-américain un redoutable retour au système de la double hégémonie combinée qui rejetterait la France et l'Europe dans le troupeau indistinct des nations sous influence.

En contradiction presque globale sur l'avenir et les structures de l'Europe avec ses alliés et voisins, mais se jugeant doté d'une force nucléaire autonome et libéré des obligations que lui imposait la guerre outre-mer, en quête d'un grand dessein, de Gaulle déclare le 31 décembre 1963 que la France « parce qu'elle le peut, parce que tout l'y invite, parce qu'elle est la France, doit mener au milieu du monde une politique qui soit mondiale ». Et que peut donc faire son pays « au milieu du monde », sinon apporter sa « contribution au maintien de la paix [17] » ?

De ce « milieu du monde » où il se situait sur un ton claudélien, Charles de Gaulle s'assignait alors cette mission :

> « Il faut [...] que sans céder aux illusions dont se bercent les faibles, mais sans perdre l'espoir que la liberté et la dignité des hommes finiront par l'emporter partout, nous envisagions le jour où, peut-être, à Varsovie, à Prague, à Pankow, à Budapest, à Bucarest, à Sofia, à Belgrade, à Tirana, à Moscou, le régime totalitaire communiste, qui parvient encore à contraindre des peuples enfermés, en viendrait peu à peu à une évolution conciliable avec notre propre transformation. Alors, seraient ouvertes à l'Europe tout entière des perspectives à la mesure de ses ressources et de ses capacités. »

Ainsi la longue marche vers l'harmonisation des rapports avec l'Est fut-elle entreprise en 1964. Elle parut prendre d'abord la forme de visites répétées en France des chefs de gouvernement des pays satellisés : mais ce ne fut pas sans que Moscou n'ait ouvert la marche, sous forme d'un séjour à Paris, à la fin de février 1964, de Nikolaï Podgorny, président du Soviet suprême de l'URSS. Car, en ce domaine, la doctrine française (différente en cela de celle de Bonn, par exemple) était que rien ne se ferait qui parût un défi aux Soviétiques — quoiqu'il en coûtât au général, en esprit et en théorie.

Rien de plus contradictoire avec sa religion de l'indépendance que cette espèce de demande de visa soviétique pour parler avec Varsovie. Mais les choses étant ce qu'elles étaient, on raisonnait à Paris dans la perspective ainsi tracée par Maurice Couve de Murville : « On imaginait bien les limites d'une telle ouverture, marquées à l'avance par les possibilités d'évolution du régime auquel ces pays étaient assujettis. On pouvait souhaiter qu'une libéralisation intervienne progressivement, et des traditions en ce sens existaient toujours, du moins chez certains, Pologne et Tchécoslovaquie par exemple. Mais rien ne serait concevable sans l'accord soviétique, et là nulle évolution n'était en vue… »

Aussi bien poursuit Couve, il n'était pas question « de chercher à les détacher de la Russie qui les avait, depuis Yalta, incorporés dans sa zone de sécurité et veillait à ce qu'ils ne s'en séparassent point. L'entreprise aurait été non seulement irréaliste parce que vouée à un échec certain, mais contraire aux intérêts mêmes de ces États, auxquels elle n'aurait apporté que trouble et malheur ».

Ce que l'on crut possible à Paris, soutient le principal exécutant de la diplomatie gaullienne, ce fut de « faire revivre de vieilles amitiés qui ne seraient dirigées contre personne, aussi d'offrir à ces nations confinées dans leur monde, en quelque sorte ségréguées depuis vingt années, la possibilité de s'ouvrir sur l'extérieur, d'établir avec lui de nouveaux rapports, bref de trouver des conditions nouvelles pour leur vie et leur développement [18] ».

Nous verrons que, dans certains cas, l'ambition du fondateur de la Ve République parut outrepasser ces modestes intentions. S'agissant de la Pologne, probablement, de la Roumanie, sûrement, il sembla suggérer à ses hôtes de s'inspirer dans leurs rapports avec Moscou de son propre comportement avec Washington. Non qu'il assimilât l'oppression russe à la protection américaine : mais l'indépendance est un état d'esprit (parfois fondé sur une illusion), plutôt qu'un éventail de pouvoirs définis…

Avec Moscou, on commença par un accord commercial (d'octobre 1964) que doublait un intéressant échange de messages entre de Gaulle et M. Mikoyan, alors chef nominal de l'État soviétique. Celui du général est significatif : « Nous avons pu constater que, malgré les accidents de l'histoire, nos deux nations sont liées en profondeur par une amitié durable, par la conviction de détenir un certain héritage commun et par un réciproque et cordial intérêt. »

Mais les pas que fait le général de Gaulle en direction de l'Est sont lents, circonspects, presque toujours accompagnés de dénonciations très rudes du totalitarisme communiste et de l'impérialisme russe. Qui d'autre que lui eût proféré la moitié de ces réquisitoires sans être foudroyé par la *Pravda* et marqué du signe infamant de l' « antisoviétisme » ?

Ce qui surprend, dans toute cette période des années 1964-1965, ce n'est pas la prudente réorientation de la diplomatie gaullienne, c'est la force du préjugé favorable que le pouvoir soviétique fait mine d'accorder à cet anticommuniste non seulement déterminé mais efficace (il a ébranlé le plus rudement charpenté des PC d'Occident), au chef d'État le plus raide à l'endroit de Moscou lors des crises de Berlin et de Cuba et qui a refusé d'adhérer au traité de Moscou, à ce partisan de l'émancipation progressive de la Pologne et des autres satellites. Le Kremlin croit-il savoir, par ce fureteur de Vinogradov, que le général est prêt à aller beaucoup plus loin du côté de l'Est ?

Il se trouve qu'au mois de mars 1965, celui qu'on appelle le plus « gaulliste » des ambassadeurs en poste à Paris est rappelé à Moscou pour être remplacé par M. Valerian Zorine. Est-ce un coup d'arrêt, la fin d'une sorte de « lune de miel », le retour aux rapports classe contre classe au niveau des États ? Pas du tout. En substituant au subtil spécialiste des affaires françaises qu'était « Vino » le rude M. Zorine au faciès d'alligator affamé, Moscou n'a pas décidé de couper court à des rapports privilégiés, mais plutôt de leur donner une dimension moins verbale et plus politique. Zorine est un des deux ou trois grands commis de la diplomatie russe. Avec lui, ce qui était de bonnes dispositions doit se muer en réalisations tangibles.

Le général de Gaulle ne laissera tout de même pas partir son vieil interlocuteur de Colombey sans lui adresser un toast de congé comme en ont entendu bien peu de diplomates de l'Est de la bouche des dirigeants de l'Ouest. Mettant l'accent sur le rôle personnel joué par M. Vinogradov dans le développement « de la zone grandissante d'entente et de coopération » entre « la Russie et la France », le chef de l'État saluait « la sympathie séculaire et l'affinité naturelle » entre « Français et Russes » et « la nécessité de la coexistence et de la paix [entre] nos deux peuples ». C'était encore plus que n'en attendait le diplomate — confiait-il, extasié, en quittant ses collègues [19].

Mais quand, le 27 avril 1965, le général convoque les Français devant leurs postes de télévision pour brosser devant eux le tableau d'ensemble des rapports entre la France et le monde, il reste extrêmement discret pour ce qui a trait aux ouvertures vers l'Est. Écoutons-le. Ayant d'abord rappelé qu'il ne saurait être question de « renier l'amitié américaine », et salué la solidarité entre les Six de l'Europe occidentale, de Gaulle propose de reprendre « avec les pays de l'Est, à mesure qu'ils émergent de leurs écrasantes contraintes, les rapports d'active compréhension qui nous liaient à eux autrefois [20] ».

Au cours d'un voyage en province — Anjou et Mayenne — quelques semaines plus tard, il osera certes en dire un peu plus. Mais les services diplomatiques américains avaient-ils de quoi mettre leur drapeau en berne en écoutant Charles de Gaulle parler aux Angevins ? Voici ce qu'il dit :

> « Nous avons pris et entretenons et resserrons des rapports avec les peuples de l'Europe orientale. Ce sont des rapports que nous exercions séculairement et qui maintenant redeviennent possibles parce que l'idéologie, le totalitarisme, la volonté de domination de leurs dirigeants paraît s'atténuer par la force des choses car, chez eux, comme partout en définitive, c'est toujours l'homme qui gagne. »

Ou le lendemain, à Mayenne :

> « Vers l'est de l'Europe, nous reprenons et nous resserrons des liens qui sont bien anciens, qui sont traditionnels. Vous savez combien de fois nous avons pensé, nous Français, à l'alliance, la vieille alliance franco-russe. Il ne s'agit plus de cela aujourd'hui, puisque le danger n'est plus du tout le même. Mais il s'agit dans la mesure où ces peuples de l'Est commencent à échapper à l'idéologie totalitaire, et à l'esprit de domination qui les avaient quelque temps entraînés, il s'agit que l'on reprenne avec eux des rapports féconds, dans leur intérêt, dans le nôtre et dans celui de la paix universelle [21]. »

Qui avait ici à gagner, et qui à perdre ? Et quelle était la part de rêve, et celle de la réalité ? À l'occasion d'une conférence de presse tenue à l'Élysée le 9 septembre 1965, il restera fort laconique sur le sujet, se contentant de déclarer : « Nous attachons une grande importance au cours nouveau que prennent nos rapports avec la Russie. » Et, ayant fini par se décider à solliciter sa réélection à la tête de l'État en décembre 1965, il se contente de rappeler, lors de son dernier appel aux électeurs que « nous voulons conduire, jusqu'à l'entente et la coopération pratiquées dans tous les domaines, la vaste entreprise du rapprochement avec l'Est, si heureusement entamée [22] ».

Entamée ? Bien engagée déjà. Mais le vieux monsieur de l'Élysée reste prudent. Écoutons-le répondre à Hervé Alphand qui l'interroge sur la suite qu'il entend donner aux « avances » soviétiques :

> « Nous ne sommes pas demandeurs. Ils auront à préciser leurs pensées. Je ne sais encore quelle valeur leur attribuer. Il est vrai que les satellites de la Russie se dégagent peu à peu de son étreinte et se tournent vers nous. En Russie même, l'élan révolutionnaire a été arrêté. Il n'est donc pas exclu qu'un jour certains accords puissent intervenir. Mais les Russes doivent donner des preuves nouvelles et évidentes de leur volonté de détente et d'entente [23]. »

Ceci, qu'aurait pu signer n'importe quel chef d'État occidental doté de quelque largeur de vue, date du début de 1965. Un an plus tard, le même diplomate, devenu entre-temps secrétaire général du Quai d'Orsay et qui s'apprête à se rendre en mission à Moscou, constate que de Gaulle « n'a pas varié ». Prié par Alphand d'évaluer la portée des « sourires de l'URSS, de ses offres dans les domaines scientifique et économique, le général rappelle qu'il s'agit toujours de " créer une solidarité européenne de l'Atlantique à l'Oural * ", prévoit que " nous verrons Moscou étendre ses sourires à Bonn " et " chercher à rester en bons termes avec les États-Unis ", ajoutant qu'il n'y voit aucun inconvénient ». Aussi bien n'y aurait-il pas entre Paris et Moscou de « traité d'alliance ou de non-agression », mais seulement « une amélioration nouvelle du climat de nos relations » — et des accords techniques de coopération [24].

Est-ce bien là la grande opération décrite comme un renversement des alliances ? Il est vrai que, quelques jours plus tôt, le 7 mars 1966, le général a annoncé à Lyndon Johnson qu'il retirait les forces françaises du commandement intégré de l'OTAN **. Point n'était donc besoin de traité ni de fanfares pour que Moscou se sentît plus proche de Paris... Mais les troupes françaises restaient à Berlin ; le développement de la force de frappe française était accéléré ; les projets avec Pékin multipliés. De toute cette effervescence, qui ne pouvait évidemment la faire trembler, l'URSS a-t-elle bénéficié ?

L'affaire majeure, en ce sens, ce sera bien sûr la visite du général de Gaulle en Union soviétique, du 20 au 30 juin 1966. Prévu pour l'année précédente — en réplique à celui qu'a fait en France Nikita Khrouchtchev en 1960 —, le voyage a dû être reporté en raison de l'élection présidentielle en France. C'est donc un Charles de Gaulle nanti d'un mandat de sept ans (à 76 ans...), mais encore un peu marri des péripéties de sa réélection longtemps compromise par les « atlantistes » Mitterrand et Lecanuet, qui atterrit à Moscou, flanqué d'un imposant état-major, et accueilli par la « troïka » Brejnev-Podgorny-Kossyguine.

Son allocution liminaire, saluant l' « ardeur pacifique » de « cette grande Russie que j'avais vue pendant le drame de naguère, tendue dans l'effort guerrier qui allait assurer sa victoire et, pour une large part, celle de la France et de nos alliés », annonce que sa visite sera « l'occasion pour [les] deux pays... de resserrer [leurs] rapports dans les domaines économique, culturel et scientifique » mais aussi « je l'espère, de concerter leurs actions en vue d'aider à l'union et à la sécurité [du] continent ainsi qu'à l'équilibre, au progrès et à la paix du monde entier ». On ne saurait être plus vague dans l'aimable — l'essentiel du propos ayant paru être une douzaine de mots clairement articulés en russe par le visiteur, et signifiant : « En ma personne, le peuple français salue le grand peuple soviétique. Vive la Russie [25] ! »

On raconta que dans la foule, surprise de voir cet étranger prononcer un discours sans lire de texte écrit comme il est d'usage dans ce monde où toute apparence de spontanéité fleure l'hérésie, certains murmuraient : « Serait-il analphabète ? » (plaisanterie de dissident visant évidemment à ridiculiser les dirigeants soviétiques esclaves de leur « papier »).

L'accueil que fit le peuple russe au chef de la France libre fut dans l'ensemble beaucoup plus chaleureux que celui qu'il lui avait réservé vingt ans plus tôt, bien que le correspondant du *Figaro* à Moscou, Nicolas Chatelain, d'origine russe et par là bon connaisseur des atmosphères locales,

---

* Voir plus loin, p. 404-405.
** Voir ci-dessus, p. 378-379.

eût nié que « les foules [eussent] déferlé vers lui ». D'autres observateurs sérieux estimèrent que les vivats allaient au-delà des normes prévues pour un chef d'État étranger au camp socialiste. C'est ainsi en tout cas que de Gaulle, satisfait, considéra les choses.

Le programme qui lui avait été préparé dénotait le plus vif souci de l'intéresser et de l'honorer. Leningrad, c'est-à-dire la beauté venue d'Occident ; Kiev, ou le berceau de la puissance nationale ; Volgograd, l'ex-Stalingrad, souvenir de la lutte commune contre le nazisme ; Novossibirsk, symbole de la grande marche vers les terres vierges de Sibérie ; Akademgorod, cité des savants, hommage à la culture universelle ; enfin, faveur toute spéciale, le « cosmodrome » de Baïkonour, où il est le premier chef d'État étranger accueilli, et où ses trois hôtes majeurs ont tenu à le devancer pour le faire assister au lancement d'un satellite. « Traitement » exceptionnel, et qu'il reçoit comme tel, multipliant amabilités et hommages. Mais sur le fond, quoi de positif ?

On vérifiera bientôt qu'à l'exception du Vietnam et de l'opposition à l'armement nucléaire allemand, les positions respectives sont paisiblement antinomiques. Tout, dans le discours gaullien, est mouvement, révision, rejet du *statu quo*. Tout, dans le discours kremlinien, est statique, conservateur, refus de la remise en question, défense des situations acquises. Au temps de M. « K », de Gaulle s'escrimait contre un autre jouteur imaginatif, se retrouvant parfois défenseur des structures ; avec la nouvelle « troïka », il se heurte à un mur de courtoisie immobiliste.

Aucune situation acquise ne mobilise davantage les messieurs du Kremlin que la division des deux Allemagnes. Ils en viennent donc à suggérer une fois de plus à leur hôte de faire un pas vers la reconnaissance de la République de l'Est. N'est-elle pas une réalité dont il faut tenir compte ? A plusieurs reprises, rapportent ses compagnons de voyage, de Gaulle repoussa ces invites, signifiant sans ménagement à ses interlocuteurs que la RDA était une « institution artificielle [26] ». On en vint pourtant à esquisser le projet d'une conférence paneuropéenne qui, en l'absence des États-Unis, et avec la participation de la RDA, étudierait les conditions d'une consolidation de la sécurité du continent *.

Les témoins de ces rencontres ne gardent pas le souvenir d'échanges décisifs. Une formule pourtant, recueillie par André Fontaine, donne à penser que le général s'aventura parfois assez loin. « Ah ! monsieur le secrétaire général, aurait-il lancé à Leonide Brejnev, comme nous sommes heureux de vous avoir pour nous aider à résister aux pressions des États-Unis... » Et comme l'autre arborait déjà un sourire vainqueur, le général compléta aussitôt sa formule : « ... de même que nous sommes bien contents d'avoir les États-Unis pour nous aider à résister aux pressions de l'Union soviétique [27] ». Symétrie faite de fausses fenêtres : quoi de commun entre les « pressions » des uns, irritantes, et les « pressions » des autres, terrifiantes ?

---

* Notons que ce qui a été connu de ces échanges de Gaulle-Brejnev a été « expurgé » par les services du Quai d'Orsay.

Mais quoi ? Était-ce pour visiter le musée de l'Ermitage ou un « cosmo-drome » sibérien que le général avait franchi le rideau de fer et appris quelques phrases de russe ? N'irait-il pas plus loin que le rappel de désaccords cordiaux avec les maîtres du Kremlin ? On dressa l'oreille quand, à l'université de Moscou, il parla de sceller « l'alliance nouvelle de la Russie et de la France [28] ». Mais une lecture attentive du texte indique bien qu'il ne s'agissait là que de coopération en matière de « culture, science et progrès ».

Alors, pour que cette visite de prestige et de cordialité ne débouche pas sur le vide, on décide de faire quelques gestes et de dire quelques phrases symboliques. Le général se voit offrir de faire une déclaration à la télévision soviétique, libéralité fort rare en un tel pays. Il y fait un sort au fameux triptyque — « la détente, l'entente et la coopération dans notre Europe tout entière » — et récite fièrement une demi-douzaine de phrases russes, exprimant sa reconnaissance « pour le magnifique accueil [que lui a fait] la Russie nouvelle ».

Le tout débouche sur une déclaration commune sans éclat, la création d'une « grande commission » franco-soviétique qui se réunira à intervalles réguliers pour donner impulsion aux échanges, l'installation d'un « téléphone rouge » (en fait un télétype) entre le Kremlin et l'Élysée, une invitation lancée au premier ministre Kossyguine : rien de bien neuf. La détente va bien, l'entente est possible sur quelques points, la coopération se développe dans le domaine technique. Mais quoi de commun entre ces politesses et les grands dialogues avec Eisenhower, Kennedy ou Adenauer ?

Politesse ? Il faut d'ailleurs relativiser. Quelques semaines plus tôt, à Berlin, commentant la décision du général de dégager la France des organismes intégrés de l'OTAN, Leonide Brejnev disait à Gomulka et à Ulbricht : « De Gaulle est notre ennemi [...]. Il est très rusé [...] mais sa politique provoque un affaiblissement des positions américaines en Europe [29]... »

On a reproché au général sa « naïveté » à l'égard de l'URSS. Qui pouvait croire que l'idéologie ferait peu à peu place, chez elle, aux mobiles traditionnels de l'État russe ? Ce grief est notamment formulé par le grand expert des relations Est-Ouest qu'était Charles Bohlen. Mais le diplomate américain rend tout de même, dans les ultimes mots de son livre, un involontaire hommage au général. Citons-le : « Le seul espoir, et il est mince, est que l'Union soviétique se mette à agir comme une nation plutôt que comme au service d'une cause [30]. » En quoi M. Bohlen ne différait du général de Gaulle que par la « minceur » de l'espoir... Ce qui n'est pas rien.

Comment clore cette évocation de la politique à l'Est* du général de Gaulle sans tenter d'élucider la singulière formule qui lui servit d'enseigne :

---

* Les voyages du général de Gaulle en Pologne (1967) et en Roumanie (1968) sont traités dans le chapitre 20.

« L'Europe de l'Atlantique à l'Oural » — sur laquelle s'échinèrent avec irritation tant de commentateurs ?

Prié un jour par son ambassadeur à Washington de la lui expliquer (le pauvre Alphand se voyait là-bas si souvent pressé, sommé de le faire...), le général de Gaulle refusa de s'enfermer dans quelque nuage jupitérien, encore que cette tactique ne lui déplût pas toujours. Non : il s'efforça loyalement de mettre l'ordre de la pensée dans le mouvement d'éloquence dont cette formule est un ornement :

> « Pour que cette Europe soit possible, il faut de grands changements. D'abord que l'Union soviétique ne soit plus ce qu'elle est mais la Russie. Ensuite que la Chine menace ses frontières orientales, donc la Sibérie. Et que peut-il advenir dans un certain nombre d'années ? La formule permet de montrer aux Russes que la création d'une Union européenne occidentale n'est pas dirigée contre eux, n'est pas un acte de guerre froide ; elle entretient un certain espoir chez les Allemands de l'Est, les Tchèques, les Polonais, les Hongrois. Elle ne constitue cependant qu'une anticipation historique [31]... »

Ces mots sont dits au début de septembre 1962. Viendront les crises de décembre 1962 (Nassau) et de janvier 1963 (le « veto » à Londres, le rejet de la MLF, la signature du traité avec Bonn) et bien d'autres, jusqu'à la sortie de la France de l'OTAN et le voyage du général à Moscou. Le tout donne-t-il à l' « anticipation historique » une consistance politique ? On se permettra d'en douter. Si la vision gaullienne parut prendre corps vers 1966-1967, le coup de Prague, on l'a vu, la foudroya. Non sans la laisser planer, comme ces soleils qui flottent encore longtemps sur l'horizon marin.

Dans une intéressante étude consacrée à cette « anticipation historique », Edmond Jouve fait observer que Charles de Gaulle n'usa jamais de la formule littérale : « l'Europe de l'Atlantique à l'Oural », bien qu'il ait souvent repris et retourné l'idée et les mots sous des formes diverses [32].

Ce que recouvre, sous ses divers avatars, la formule de l'auteur des *Mémoires d'espoir,* c'est à la fois une approche géographique du problème (les dictionnaires et manuels délimitent ainsi le vieux continent), un jugement historique sur l'Union soviétique, cet empire colonial bâti en cinq siècles par les tsars de Moscovie (ainsi assimile-t-il la Sibérie des Russes à ce Sahara qu'il a lui-même rendu à sa mère africaine...) et enfin une certaine conception de l'Europe.

Une Europe qui ne saurait se limiter à celle du Marché commun. Il a beau dénoncer l' « insularité britannique », ce n'est pas parce que l'Angleterre est une île qu'il la fait patienter aux portes de la CEE, c'est parce qu'elle est encore trop liée, selon lui, à Washington : mais il sait bien que, détachée de cette allégeance, elle a sa place aux côtés des Italiens, des Allemands et des Français ; comme, libérés de leurs chaînes idéologiques et impériales, les peuples de l'Europe orientale seront des sociétaires de cette vaste collectivité dont il compte bien, en ayant été le prophète, devenir l'inspirateur et l'arbitre.

En somme, ce que veut dire de Gaulle, une fois de plus, c'est que les idéologies ne sont que des pièges à nations. Que celles-ci, révélées à elles-mêmes, vérifieront qu'il y a bien plus en commun entre les lecteurs de Tolstoï et ceux de Balzac, les auditeurs de Shakespeare et ceux de Smetana, les disciples de Kant et ceux de Copernic, entre compagnons d'armes de la Somme et de Monte Cassino *, qu'entre commissaires politiques de Minsk et de Shanghai, et peut-être entre joueurs de football de Turin et champions de base-ball de Los Angeles.

Bref, le général de Gaulle — qui a dit aussi de l'Amérique qu'elle était « la fille » de l'Europe ! — est « européen » par l'école, le livre et le musée plus que par les systèmes et les traités. Il croit les poètes plus unificateurs que les idéologues, les artistes et les soldats plus créateurs de convergences que les technocrates. Il croit Tchekhov et Bartok plus grands que Jean Monnet — et peut-être même que Karl Marx.

Son tort est peut-être de croire qu'il connaît, par décret de la Providence, les desseins de Dieu, et que ceux-ci sont accomplis par les Français — par un Français surtout.

* Où les Polonais furent la majorité (des tués en tout cas...).

15. « Restez avec nous ! Il se fait tard... »

« Une grande âme, écrit La Bruyère, est au-dessus de l'injure, de l'injustice, de la douleur, de la moquerie ; et elle serait invulnérable, si elle ne souffrait de la compassion. Il y a une espèce de honte d'être heureux à la vue de certaines misères [1]... »

Qui oserait prétendre que Charles de Gaulle fût au-dessus de l'injure, de l'injustice ou de la moquerie ? Et l'on sait ce qu'il en était de la douleur. Mais c'est le mot de « compassion » qui retient ici l'attention. On se gardera d'affirmer que tel fut le ressort principal du comportement du fondateur de la Ve République à l'endroit des peuples déshérités de l'hémisphère Sud. Mais il a clairement revendiqué lui-même ce type d'inspiration, et l'hypocrisie n'était pas son fort.

Faut-il faire remonter cette « compassion » à l'époque de la conférence de Brazzaville ? Les textes qui émanent des travaux de janvier 1944, imprégnés à la fois, on l'a vu *, d'un certain conservatisme politique et d'un évident réformisme social, ne reflètent pas seulement les idées libérales et novatrices de leurs premiers inspirateurs — Henri Laurentie, Félix Éboué, P.-O. Lapie, Robert Delavignette, et à un moindre titre René Pleven —, mais des directives du chef de la France combattante, que trois années d'expériences africaines avaient informé de la condition humaine aux colonies — dans ces territoires où il avait retrouvé en septembre 1940 l'exercice de la souveraineté française en même temps qu'il découvrait un certain type de misère collective.

A un officier qui, lors de son second voyage de juin 1958 en Algérie, lui présentait des villageois de Kabylie : « Tous français, mon Général ! », il rétorquait amèrement : « Habillez-les d'abord ! » La compassion que La Bruyère attendait des « grandes âmes » lui faisait-elle entrevoir d'un coup le poids de la misère dans les rapports entre les nations ? Ou la simple perspicacité ? Le fait est que cette donnée — ajoutée à bien d'autres, qui relèvent de la seule politique — ne quittera plus son esprit, qu'il s'agisse de l'Algérie, de l'Afrique sud-saharienne, de l'Asie ou de l'Amérique latine.

Aux yeux de cet officier intensément métropolitain voué aux prouesses techniques et imbu de modernité, aux yeux de ce chef d'État qui prétend imposer son pays au premier rang des nations en un temps où la découverte scientifique et la productivité industrielle sont les facteurs de puissance et qui, au cours d'un Conseil des ministres du printemps 1962, proclamera que

* Voir tome 1, p. 751-752.

la fin de la guerre d'Algérie va enfin permettre à la France de rentrer dans le concert des États modernes, cette partie du monde que l'on disait naguère « en voie de développement » sera, dix années durant, un pôle d'attention et d'imagination. Compte tenu de la « compassion » signalée déjà, il importe de déceler les raisons de cette orientation.

Que l'on désignât cette partie de l'humanité par les mots de Tiers-Monde * n'était pas pour en détourner cet historien français féru de Michelet, qui n'aimait rien tant que de voir la France en tout point « exemplaire ». N'était-elle pas prise ici comme référence ? Pour de Gaulle, il s'agit bien là du Tiers-État du monde, de cette fraction de l'humanité qui, telle le troisième « ordre » de 1788, n'étant « rien », aspirait à être « tout ».

Réfléchissant sur l'avenir du monde à l'époque de Bandung (1955) et de l'émergence des nations peu à peu dégagées du système colonial, l'historien de Gaulle, mieux inspiré par la géopolitique et l'économie sociale que par l'idéologie, était tenté de prédire la répétition à l'échelle mondiale des mécanismes qui avaient remodelé la France du XIXᵉ et du XXᵉ siècle. Le Tiers État du monde ne serait-il pas le « tout » du monde de demain ?

Le principe de contradiction qui inspirait si fort ce dialecticien spontané semblait promettre l'empire de l'univers à ces multitudes naguère opprimées ou exilées sur leur propre sol. Pourquoi la France, provisoirement déclassée au niveau des affrontements majeurs ne serait-elle pas le guide, le mentor de cette redistribution du monde ?

Autre facteur d'attirance pour le monsieur de l'Élysée : cette dénomination (reflétant la réalité) de « zone des tempêtes » que les Chinois donnaient, dès le début des années cinquante, à cet univers au sein duquel ils situaient leur révolution. Quoi de plus gaullien qu'un tel concept, et de plus propre à séduire ce génie véhément ? Les tempêtes... Il lui faut mettre le cap sur cet horizon-là.

Et si quelque économiste français comme Gabriel Ardant choisit de donner à cette multitude en procès l'appellation de « pays en friche », il y trouve encore matière à s'enflammer : rien ne séduit mieux cet homme de mouvement et d'entreprise que l'idée de jachère et ce qu'elle implique. L'esprit pionnier de l'aventure, de la découverte, de l'ouverture de route, c'est celui de l'auteur de *Vers l'armée de métier*.

Le vocable de Tiers-Monde ** n'appartient pas, ou très peu, au langage de Charles de Gaulle ***. Et si le concept l'inspire, ce n'est pas d'abord sous l'angle des rapports de pouvoir et des équilibres diplomatiques. Ce

---

* Que l'on utilisera ici, nonobstant le judicieux réquisitoire prononcé contre lui et ses inventeurs par Régis Debray dans *la Critique des armes.*
** « Inventé » conjointement au cours des années cinquante par Alfred Sauvy et Georges Balandier.
*** On ne le relève que trois fois dans ses textes majeurs.

champion du « politique d'abord » considère, à l'origine, le Tiers État du monde en tant que réalité économique et sociale.

Sur ce thème, le texte de référence — compte tenu des grands discours de guerre à propos de l'Afrique — c'est le manifeste qu'il lance à l'occasion de sa première conférence de presse à l'Élysée, le 25 mars 1959, consacrée surtout aux affaires de Berlin et d'Algérie. Commentant les menaces et pressions soviétiques à propos de l'Allemagne, Charles de Gaulle dénonce le caractère dérisoire de telles manigances alors que « les deux tiers des habitants vivent une existence misérable ». Et il déclare :

> « La seule querelle qui vaille est celle de l'homme. C'est l'homme qu'il s'agit de sauver, de faire vivre et de développer. Nous autres... qui sommes l'Europe, disposant avec l'Amérique, sa fille, des sources et des ressources principales de la civilisation ; nous autres, qui avons de quoi manger, nous vêtir, nous loger, nous chauffer [...] que ne dressons-nous, tous ensemble, la fraternelle organisation qui prêtera son concours aux autres [...] pour vaincre la misère, mettre en valeur les ressources et aider le travail des peuples moins développés ? Faisons-le, non point pour qu'ils soient des pions de nos politiques, mais pour améliorer les chances de la vie et de la paix. Il me semble que ce devrait être un sujet capital à inscrire à l'ordre du jour des éventuelles conférences Est-Ouest [...]. Il faudrait évidemment dresser un plan commun d'organisation et de réalisation [2]... »

Le général de Gaulle ne s'en tiendra pas là. Lors de la préparation de la conférence au sommet dont il est l'hôte l'année suivante à Paris*, il tentera de convaincre ses trois partenaires de mettre sur pied une sorte de Plan Marshall pour le Tiers-Monde. En vain. Les dirigeants américains considèrent ce projet avec méfiance : n'implique-t-il pas l'association de l'Union soviétique à un « plan commun d'organisation » ?

Il y aurait certes beaucoup à dire sur l'« angélisme » du propos du général de Gaulle écartant l'idée que de tels projets puissent avoir pour objectif de faire des pays ainsi assistés « les pions de nos politiques ». Quoi qu'ait pu ressentir ici et là le fils d'Henri et Jeanne de Gaulle, les États, ces monstres froids, n'ont pas accoutumé de manifester gratuitement leur compassion, ou même leur solidarité. Et nous verrons que, sous de Gaulle, l'État français a su largement monnayer, en influence, échanges, positions militaires et commandes industrielles, sa présence aux côtés (ou au sein) du Tiers-Monde.

Mais le cynisme d'une action n'exclut nullement la générosité de l'intention. En l'occurrence, on viserait trop bas, et donc mal, en ne voyant que tartufferie de bon apôtre dans la main tendue par de Gaulle ce 25 mars 1959. La « querelle de l'homme », de sa survie, de son développement, le général est prêt à la soutenir, pour peu qu'elle soit aussi celle de la France, et de sa gloire.

Constamment, chez lui, la conscience d'élever le débat et de servir une cause qui déborde le champ des implacables intérêts étatiques s'associera à la rudesse des comportements, et d'abord à cette guerre qu'il fait en Algérie :

---

* Voir chapitres 13 et 14.

car au moment où Charles de Gaulle tient à l'ensemble des déshérités qui constituent les deux tiers du monde le langage du Bon Samaritain, se met en place le « plan Jumelles », où les populations de Kabylie verront s'exprimer autre chose que de la compassion.

Le « tiers-mondisme » de Charles de Gaulle est donc d'une extrême, d'une profonde ambiguïté. Il n'ira pas, jusqu'en 1962, sans accompagnement guerrier, puis s'accompagnera du recours au gendarme à Djibouti, au Tchad ou au Gabon, ou sans le déploiement d'une stratégie souterraine dont Jacques Foccart sera le savant ingénieur. Il aura sa face d'ombre, au revers des moments de lumière. Il relèvera toujours d'une politique d'Empire. Mais il serait médiocre de le définir d'abord par ces composantes subalternes, autant que de réduire Churchill au bombardement de Dresde et Kennedy à l'affaire de la baie des Cochons.

Apte à discerner avant d'autres le « caractère » de son temps, Charles de Gaulle, qui a su redécouvrir à l'âge des conflits idéologiques de masse le chant profond des nationalismes, perçoit très vite aussi l'intensité du débat planétaire entre nantis et déshérités.

S'il a toujours mis en garde ses interlocuteurs occidentaux contre la tentation de faire de l'idéologie le ressort majeur des grands conflits du temps, et d'abord de celui qui dresse l'Est contre l'Ouest, il n'a jamais sous-estimé l'aspect à la fois mondial et global des différends entre le Nord industrialisé et le Sud sous-équipé.

L'expérience de la guerre, celle de la reconstruction et de la réorganisation du monde lui ont fait retrouver, sous les morales idéologiques de la « guerre froide » du temps de M. Dulles, les ardeurs brûlantes des conflits nationaux. La méditation solitaire de Colombey à propos des désastres coloniaux (où il a sa part de responsabilité) lui a révélé que les insurrections de la décolonisation trouvaient leur force explosive dans la conjonction entre le refus du dénuement matériel et le rejet de l'humiliation qu'inflige à tout être humain la dépersonnalisation, collective autant qu'individuelle. Les « ventres creux » auraient-ils capté si vigoureusement son intérêt si leur misère ne s'était accompagnée de la dépossession nationale ?

Le fait est que, sitôt accomplie l'indispensable mise en ordre qu'était la décolonisation institutionnelle, il lui apparut que les hommes ne vivaient pas que de leur bulletin de vote, et qu'il y avait beaucoup d'hypocrisie, ou de lâcheté, à faire mine de tenir l'émancipation politique pour la fin suprême du grand débat ouvert entre l'opulente Europe et ses anciens vassaux.

D'où ce thème de la coopération, surgi à la fin de 1959, comme corollaire de l'association, objectif que de Gaulle s'était fixé à lui-même vers 1955. Et comme il avait fait de l'association le débouché naturel de la décolonisation, de même il allait faire de la coopération l'expression la plus positive de l'association, son interprétation créatrice. Pour n'être plus dominés, marchez à nos côtés ! Et dès lors que nous sommes ainsi accouplés, travaillons de compagnie.

Aucune description de la stratégie gaullienne vis-à-vis du monde sous-développé du milieu du XXe siècle ne saurait aller sans que l'on cite les censeurs qui y ont vu et y voient le chef-d'œuvre du néo-colonialisme. Observons en tout cas que la vision de Charles de Gaulle incorpore spontanément et reconnaît le principe des « zones d'influence » — admettant aussi bien que la Bulgarie n'ait pas le même type de relations avec Moscou qu'avec Rome, le Nigeria les mêmes rapports avec Londres qu'avec Pékin, et tenant pour évident que Paris soit en droit d'attendre de Dakar ou de Brazzaville un traitement particulier.

Que les peuples aient le droit de disposer d'eux-mêmes, comme celui d'Algérie l'a fait en 1962, ne signifie pas, dans l'esprit du général, que les données de l'histoire et de la géographie soient pour autant abolies. Oui, Cuba doit être indépendant des États-Unis : mais ceux-ci sont fondés selon lui à poser une limite stratégique à cette indépendance en s'opposant à l'installation d'une certaine catégorie d'armement dans l'île. Oui, la Tunisie doit exercer sa pleine souveraineté : mais pas au point d'expulser de Bizerte une garnison française jugée indispensable à la sécurité de la France par le général de Gaulle. Principe d'indépendance, réalités du voisinage...

C'est bien ce que le général disait à Mohammed Masmoudi le 9 février 1958 au lendemain de l'affaire de Sakhiet : la géographie commande l'histoire des peuples. Les destins de la France et de la Tunisie sont de ce fait liés. Principe que certains partenaires du général trouveront, à l'occasion, quelque peu contraignant...

Ambiguïtés, ambivalences : car toujours chez de Gaulle un principe — ici le droit des peuples à disposer d'eux-mêmes, doublé du droit au développement — ne vaut qu'autant que les circonstances ou l'intérêt le plus élevé de la France n'en contredisent pas l'application... Ainsi la coopération est-elle l'affirmation et la réalisation d'une solidarité sans laquelle l'émancipation risquerait de n'être qu'un abandon. Mais cette solidarité ne va pas sans attache et ne saurait s'entendre à sens unique. Son amitié avec le Tiers-Monde, de Gaulle n'en fait pas un concept abstrait, mais le fondement d'un contrat collectif.

La Communauté franco-africaine officiellement fondée le 28 septembre 1958, on ne saurait évidemment la réduire, dans l'esprit de Charles de Gaulle, à ce mot de « foutaise » qu'il employait un mois auparavant lors d'un entretien avec un journaliste ami. Qu'il n'eût point tablé sur sa stabilité structurelle est une évidence. Mais on ne saurait voir dans la Communauté un simple expédient. Dès lors qu'il avait associé son nom à cet organisme au moment de solliciter l'avis des Français, en septembre 1958 ; dès lors qu'il avait incorporé à « sa » Constitution la charte de cette Communauté ; dès lors que son solennel voyage d'août 1958 avait accolé son image et son prestige à ceux des leaders africains, il ne pouvait tenir l'organisme de 1958 pour un simple « sas » entre colonisation et indépendance.

Mais peut-être y vit-il moins une bâtisse destinée à durer qu'un véhicule apte à faire passer l'Afrique et lui-même d'un espace historique dans l'autre. Ainsi la Communauté aurait-elle été dans son esprit une sorte de paquebot, d'aéronef, meuble plutôt qu'immeuble ; un moyen de transport historique...

Mais l'entreprise retint longtemps son attention. Jusqu'à la fin, le secrétaire général de la Communauté (puis *pour* les affaires africaines et malgaches), d'abord Raymond Janot puis Jacques Foccart, fut l'une des quatre personnes que le général recevait tous les jours en fin d'après-midi ; et si le second, en tant que coordinateur des services spéciaux, avait d'autres titres à un tête-à-tête quotidien avec le général que les affaires d'Afrique, il témoigne volontiers que jusqu'à la fin des années soixante, de Gaulle resta très attentif au sort du continent noir et de ses rapports avec Paris [4].

On ne saurait rappeler et moins encore apprécier les relations entre le fondateur de la Ve République et l'Afrique francophone sans évoquer ce qu'il y eut, dans ces rapports, de spécifique, et qui relève moins de la politique que du sentiment. Tous ceux qui ont collaboré à la politique africaine de Charles de Gaulle nous ont signalé que cet homme qui s'était fait une cuirasse d'impavidité semblait, en présence des Africains, la délacer. Le général, de toute évidence, aimait ses interlocuteurs africains, comme les foules chaleureuses qu'ils étaient censés représenter.

« Entre de Gaulle et l'Afrique passait une sorte de courant mystérieux, confiait Léopold Senghor à l'auteur. Il n'oubliait pas que beaucoup d'hommes venus de ce continent s'étaient battus pour la France, ni que la langue française y est parlée par des multitudes. Il était sensible à l'humanisme africain... »

Il faut aussi tenir compte ici de données anthropologiques ; et même aller, dans certains cas, jusqu'à parler de magie. Prenant appui sur divers travaux de spécialistes, on indiquera qu'au Gabon, au Congo, des danses rituelles ont été créées ou réinventées, célébrant un culte désigné ici du vocable *éko-De Gaulle ;* là de celui, plus mystérieux, mais à très claire référence, d'*ekéket* ou de *Kébé-Kébé :* les masques dessinés à cet effet relèvent de l'iconographie gaulliste la plus explicite.

À quoi il faut ajouter que si le fétiche « Ngol » est de toute évidence rapporté au général et s'il est tenu pour « mauvais » dans plusieurs régions du Congo en tant que « patron » de sectes pratiquant à l'occasion des sacrifices humains, ailleurs, « Ngol » est simplement « le plus grand des Blancs », incarnation de la force, et ailleurs encore « une sorte de saint protecteur » ou de « justicier [5] ».

Relation singulière en tout cas, qu'entretient le général en manifestant en toute occasion son attachement et ses égards aux hommes que la loi-cadre de 1957 et la création de la Communauté de 1958 avaient fait émerger — quand ils n'étaient pas, comme MM. Houphouët ou Senghor, des leaders africains depuis longtemps reconnus.

De Modibo Keita à Léon M'Ba, de Maurice Yaméogo à Sourou Migan Apithy, de Mamadou Dia à Mokhtar Ould Daddah, les chefs de gouvernement africains entretinrent avec lui un commerce d'amitié, ou de cordialité, qui ne cessa de frapper les observateurs jusqu'à la cérémonie funèbre de Notre-Dame, le 12 novembre 1970. Si paternaliste qu'elle pût paraître, cette bienveillance cérémonieuse fut une réalité, une donnée de la vie de l'Afrique pendant plus de dix ans. On peut la juger de mille façons, non la négliger. D'autant qu'elle fut sélective, et frappée d'une forte exception : le chef de l'État guinéen.

Charles de Gaulle a essuyé bon nombre d'avanies au long de sa tumultueuse carrière. Contrairement à la réputation qui lui est faite, il était homme à faire taire ses rancunes. Ses Mémoires en font foi : il y parle de Pétain et de Roosevelt, de Bidault et de Staline sur un ton où le ressentiment a peu de part. Quand il évoque l'homme qui l'a défié à Bizerte, Habib Bourguiba, il ne croit pas utile de taire son estime, et le vieil adversaire de sa diplomatie que fut Dean Rusk n'a droit à aucune épithète désobligeante.

Un homme, néanmoins, ne fut jamais pardonné : Sékou Touré. Bien qu'il n'ait fait, en 1958, que prendre au mot le fondateur d'une Communauté déclarée ouverte à l'entrée comme à la sortie, de Gaulle devait poursuivre ce personnage — dont l'avenir allait révéler la perversité, exacerbée par l'usage du pouvoir absolu — d'une volonté de revanche qui, *a contrario,* est la preuve peut-être la meilleure de l'intérêt passionné qu'il portait à la Communauté. Dans ce cercle de famille, la rupture prenait une couleur d'injure...

Dès le lendemain du « non » imposé à ses concitoyens lors du référendum, le leader guinéen avait demandé à Paris une « libre » association avec la Communauté, conformément aux dispositions de l'article 88 de la Constitution : un message en ce sens n'obtint de l'Élysée qu'un accusé de réception. Et le 23 octobre, lors de la conférence de presse dite « de la paix des braves », le général parla de la Guinée sur un ton cruellement condescendant, suggérant que l'avenir de ce pays était pour le moins aléatoire et qu'on jugerait sur pièces... Il y était fermement incité par M. Houphouët-Boigny qui, dans une interview alors publiée, déclarait que si ceux qui avaient choisi de rejeter la Communauté y trouvaient avantage, « la sécession guinéenne ferait tache d'huile ».

Un mois plus tard néanmoins, de Gaulle reçoit un émissaire de Sékou Touré, M. Nabi Youla, qui le quitte avec l'espoir d'une détente. « Je n'ai pas eu l'impression que le général cherchait une revanche en nous humiliant », confiait-il ensuite [6]. Alors, en décembre, M. Bargues, ancien haut-commissaire à Madagascar, est envoyé à Conakry pour « sonder » les Guinéens. Il est froidement reçu, en tant que fonctionnaire colonial. Ce qui n'empêchera pas Sékou Touré de renvoyer M. Nabi Youla en mission de conciliation à Paris.

Et au début de l'année, à la veille de l'entrée du général de Gaulle à l'Élysée, étaient signés des accords prévoyant que la Guinée resterait dans la zone franc ; que la France lui fournirait des enseignants ; et que les deux pays échangeraient à bref délai des ambassadeurs (MM. Nabi Youla pour la Guinée, M. Francis Huré pour la France) moyennant quoi Sékou Touré salue l'entrée en fonctions de Charles de Gaulle d'un télégramme souhaitant « le resserrement des liens de coopération et d'amitié entre les deux pays » — message auquel le nouveau président répond sur le même ton. Est-ce la paix ?

Non. De sombres affaires de complot à Conakry préviennent la réconciliation, comme les campagnes menées par Sékou Touré contre la politique française en Algérie. Un nouvel émissaire du Quai d'Orsay à Conakry, Stéphane Hessel, Français libre de Londres, est toutefois reçu de telle façon qu'il n'exclut pas toute possibilité de dialogue : alors M. Couve de Murville décide d'envoyer en Guinée un négociateur de haut rang. C'est Roger Seydoux qui est choisi : en tant que directeur des relations culturelles, il n'engagera pas à fond la France sur le plan politique, mais pourra traiter avec Sékou Touré sur un plan élevé.

A la veille de son départ pour Conakry, M. Seydoux est convoqué à l'Élysée : le général qui, semble-t-il, n'a pas été consulté sur l'opportunité de cette mission, veut le voir. Le diplomate n'est pas plutôt entré dans le bureau du président de la République qu'il est ainsi interpellé : « Qu'allez-vous donc faire en Guinée ? » Interloqué, il cherche une formule, et hasarde : « Mon Général, je pense négocier un protocole. — Un protocole ? Monsieur l'ambassadeur veut signer un protocole... Avec un communiste ! Avec un nègre ! Je vous souhaite bien du plaisir ! » Roger Seydoux n'enregistre néanmoins aucun veto, tout au plus une mise en garde, une incitation à la vigilance [7].

Le directeur des relations culturelles fit deux voyages à Conakry, au mois de juin et en juillet-août 1959. Sa mission fut aussi décevante que celle de M. Bargues. Son objectif était d'assurer la mise en application des accords de janvier : mais les Guinéens posaient déjà d'autres problèmes, et ouvraient un nouveau dossier : celui des créances de leur pays sur les biens de l'ancienne AOF [*]. Rentré à Paris pour convaincre le gouvernement français de lier l'examen des affaires passées à l'étude des relations à venir, il dut constater, de retour à Conakry, que cette concession était vaine. Douze points de désaccord avaient été relevés. Lorsque onze eurent été réglés, Sékou Touré fit connaître qu'il décidait de suspendre les pourparlers...

Cette fois-ci, c'est du côté de Conakry que venait la rupture. Le premier « non » avait été guinéen. Le second, français. Le troisième fut dit par Conakry. Tous les envoyés de la France en Guinée, de M. Bargues à M. Hessel et à M. Seydoux, sont affectés aux yeux des Guinéens d'une tare irrémédiable : le refus du général de Gaulle d'accepter d'emblée comme un *droit* l'indépendance de leur pays, et de n'y voir, plusieurs mois durant, qu'un fait provisoire. Mais c'est la véritable commotion infligée au général par le refus de Conakry de répondre à son appel, le 28 septembre 1958, qui paralyse toutes les tentatives de normalisation amorcées de part et d'autre.

* Afrique occidentale française.

En avril 1961, un nouvel ambassadeur est désigné, Jean-Louis Pons. Avant son départ, il ne verra pas le général, comme il est d'usage, mais simplement Jacques Foccart — qui lui tient les propos d'où il conclut que s'il échoue, « on » n'en fera pas une maladie... Il manquera de peu d'avoir à rebrousser chemin avant d'arriver à Conakry, le leader guinéen ayant découvert un nouveau complot, aussitôt attribué à la France[8].

Sa mission ne suffira pas à rétablir entre les deux pays la moindre sérénité : car déjà le chef de l'État guinéen a mis au point son système de gouvernement qui consiste en une dénonciation permanente des complots réels ou imaginaires fomentés par l'étranger, dans lesquels sont immanquablement impliqués des Français qu'il envoie croupir au sinistre camp Boiro. Ainsi M. Sékou Touré fait-il tout pour paraître donner raison au général de Gaulle et justifier ses préventions.

Et quand Jean-Louis Pons, revenu de Conakry, fut désigné pour représenter la France à Bucarest, le général, cette fois, le reçut, jugeant plus digne de lui parler de la Roumanie de Ceaucescu que de la Guinée de Sékou Touré. Il accueillit le diplomate par ces mots ambigus : « J'espère, monsieur l'ambassadeur, que vous êtes maintenant en meilleure santé[9]... »

Le vieux monsieur de l'Élysée avait beau jeu de rappeler qu'il avait, le premier, percé à jour le leader guinéen et placé sur le terrain approprié les relations avec ce personnage. Mais pour combien aura compté, dans l'isolement farouche et la folie répressive du dictateur de Conakry, la réaction immédiatement négative de Charles de Gaulle à un geste conforme aux règles qu'il avait lui-même établies[*] ?

Que fut, dans l'esprit de son fondateur, la Communauté ? Une procédure, ou une institution ? Entre le majestueux édifice décrit dans les *Mémoires d'espoir* et la « foutaise » en quoi il l'a réduite dans un entretien avec Jean Mauriac, il y a place pour plusieurs formules. Compte tenu des conceptions que s'était formées le général au temps de l'exil intérieur (« les colonies, c'est fini ») on peut tenir pour assuré que l'Afrique était, dans son esprit, vouée à une évolution rapide vers l'indépendance : d'où le revirement soudain du 8 août 1958 qui, à partir du projet fédéraliste étroit du « cahier rouge », le conduit à proclamer que la liberté sera laissée aux associés de la France de choisir l'indépendance[**]. Mais il était exclu que cette opération pût apparaître comme une défaite de la France, et aboutir à une substitution d'autres influences que celle de Paris à Dakar, Abidjan, Brazzaville ou Tananarive.

D'où cette grande manœuvre (de Gaulle parlait lui-même de « mutation vertigineuse ») qui, de 1958 à 1961, fut une dispersion en fanfare — ce que

[*] Peu de mois avant sa mort, suivant de douze ans celle du général, M. Sékou Touré tint à inviter M. Jacques Foccart à Conakry, pour signifier qu'il avait tiré un trait sur le passé. La discussion, précise M. Foccart, fut chaude.
[**] Voir tome 2, chapitre 25, p. 572.

Raymond Aron appelait trop sèchement « le style de l'abandon » — une immense cérémonie où s'entremêlent les adieux et les rendez-vous, les congés et les promesses, les effusions et les départs, et où l'on s'affirme de part et d'autre d'autant plus proches par le cœur et l'esprit qu'on se détache plus ouvertement sur le plan institutionnel. Rien de plus gaullien que cette opération de substitution où les mots et les gestes recouvrent si bien les réalités que le divorce fait figure de mariage et le *De Profundis* d'*Hymne à la joie*.

En fait, et tout en prenant, par le soin de services compétents et placés aux nœuds stratégiques et par le biais de subsides habilement distribués, les sûretés jugées nécessaires au maintien du système d'influences français, le général de Gaulle semble bien avoir fait de la Communauté une machine à transformer les rapports franco-africains plutôt qu'un rempart contre la sécession. Mouvement contre structures : là encore, on retrouve l'essence du génie gaullien, pour ce qui bouge, contre ce qui stagne — quitte à confondre parfois invention et illusion.

À l'heure où Charles de Gaulle s'installe à l'Élysée, le 8 janvier 1959, flanqué d'un secrétaire général pour la Communauté qui s'appelle Raymond Janot, l'un des pères de la Constitution, l'entreprise paraît encore promise à une certaine durée. Quelques jours plus tôt, le 19 décembre 1958, trois ordonnances ont institué les organes essentiels de la Communauté, le Conseil exécutif (qui réunit deux fois l'an les ministres communs et les divers chefs de gouvernement sous la présidence du chef de l'État français), le Sénat et la cour arbitrale de la Communauté. Le général a veillé très attentivement à l'élaboration de ces textes, et donné les orientations. On est en phase ascendante. Le « non » guinéen agit d'abord moins comme un facteur de dissociation que comme une incitation aux « fidèles » à faire corps, ne serait-ce que pour justifier leur propre choix.

Quatre ministres-conseillers pour les affaires de la Communauté — le Sénégalais Senghor, l'Ivoirien Houphouët, le Tchadien* Lisette et le Malgache Tsiranana — sont chargés de constituer une sorte de magnéto du système. Mais la cohérence du groupe ne résistera pas aux débats internes qui vont très vite agiter la Communauté, à propos notamment de la Fédération dite « primaire » que certains des nouveaux États veulent constituer entre eux.

La plus significative de ces querelles a trait au projet de Fédération du Mali (du nom d'un ancien empire Malinké) que veulent former, en s'associant, le Sénégal et le Soudan. Très conscient de la solidité et de la prospérité de son propre pays, Félix Houphouët-Boigny s'oppose fermement à ce type de combinaisons où il voit un risque d'isolement, ou de fusion dans un ensemble dépersonnalisant. Attitude comparable sur ce point à celle de Charles de Gaulle par rapport à l'Europe intégrée de Jean Monnet.

Mais le débat est encore plus complexe, s'agissant des rapports entre la France et l'Afrique. Si le président ivoirien s'oppose aux « fédérations

* D'origine antillaise.

415

primaires », il reste au contraire partisan de la fédération franco-africaine telle que son parti, le RDA, l'a définie en 1957. Projet qui contredit ceux de Paris. Favorable lui aussi au système fédéral jusqu'en août 1958, le général de Gaulle a depuis lors acquis la conviction — partagée sinon inspirée par Raymond Janot et Alain Plantey — qu'un tel système comporterait pour la France plus de risques que d'avantages. Yves Guéna résume très bien les raisons de ce choix : les auteurs de la Constitution avaient écarté la solution fédérale parce que « la France aurait aliéné son indépendance propre au profit d'une entité sans existence propre, la Communauté [10] »...

D'où l'acuité des débats qui se multiplient à partir de l'été 1959, et culminent à l'occasion de la session du Conseil exécutif de la Communauté, en décembre 1959, à Saint-Louis du Sénégal, puis à Dakar. C'est alors, autant qu'à l'occasion du référendum organisé quatorze mois auparavant, que se joua l'avenir de l'ensemble imaginé par les constituants de 1958. Il apparut en l'occurrence que la Communauté était moins désormais une institution qu'un contrat à tout instant révocable. Ce dont le général prit acte avec une hauteur de vues et de ton particulièrement impressionnante.

Depuis des mois, en effet, le Soudanais Modibo Keita et son voisin sénégalais Léopold Senghor réclamaient à la fois la reconnaissance de leur droit à s'unir au sein de la Fédération du Mali, et celui de proclamer l'indépendance du nouvel État sans rupture avec la Communauté : ainsi reprenaient-ils, dans le cadre de l'ensemble auquel ils avaient adhéré un an plus tôt, et sur le mode amiable, les revendications formulées l'année précédente par Sékou Touré.

Le général de Gaulle balança longtemps. Ce qu'il avait refusé aux Guinéens, devait-il l'accorder aux Maliens ? Les mises en garde d'Houphouët étaient pressantes, et répétées : fallait-il que les fidèles fussent négligés, les centrifuges constamment bénéficiaires de la souplesse du système ? Le général inclinait en ce sens. Ces Maliens étaient trop exigeants... Pendant des semaines, Janot, Foccart, Plantey et même Michel Debré firent son siège : faute de concession, on risquait le pire.

Aussi bien la session du Conseil exécutif s'ouvrit-elle à Saint-Louis, au Sénégal, le 11 décembre 1959, dans un climat tendu : glissait-on vers l'éclatement de la Communauté ? Les Maliens paraissaient décidés à aller jusqu'au bout. Faute d'obtenir satisfaction sur les deux points (Fédération primaire et indépendance-association), ils oseraient probablement imiter la Guinée. S'ils ne pouvaient être indépendants « dans la Communauté », ils le seraient dehors.

C'est vraisemblablement sous l'influence de Léopold Senghor, qu'il estimait et écoutait avec une attention où se mêlait le plaisir du langage, que le général fit volte-face. « Il n'est pas de désaccord qu'une heure de conversation, entre nous, n'ait dissipé », assure le leader sénégalais [11]. Mieux valait adapter la Communauté en ce sens que risquer l'explosion : c'est ce qui ressortait du communiqué publié à Saint-Louis, et du discours prononcé quelques heures plus tard par le chef de l'État français.

En réponse à une allocution du chef du gouvernement sénégalais,

Mamadou Dia, qui exprimait à la fois « à l'homme du 18 juin » l'admiration des Africains pour « son passé glorieux » et leur « confiance dans l'homme d'État de ce siècle qui est le mélange le plus curieux et inattendu d'humanisme et de réalisme [12]... », le général de Gaulle salua l'avènement de la Fédération du Mali, qui « ne doit pas déchirer l'amitié », dit-il.

> « Il faut que les Français, les Africains, les Malgaches, restent étroitement ensemble [...] pour que nous soyons en mesure de défendre nos terres contre ceux qui les menacent et nos âmes contre ceux qui voudraient les asservir. Aujourd'hui, dans la longue histoire de Saint-Louis, il s'est trouvé, et il sera inscrit, que cette noble ville aura été la capitale de la Communauté au moment choisi, qu'elle aura manifesté sa fidélité à la France, comme à elle-même, qu'elle aura adopté l'évolution et repoussé le reniement. »

Et le vieil homme conclut sur un ton où l'artifice oratoire avait peu de part, en citant l'évangile des pèlerins d'Emmaüs : « Restez avec nous ! Il se fait tard ! La nuit descend sur le monde ! » (Je revois quelques témoins ricanants. J'en revois d'autres — beaucoup plus nombreux — bouleversés. Et aussi de jeunes Africains qui s'étonnaient qu'à l'heure où se levaient « les soleils de l'indépendance », on leur parlât de nuit...)

Cet appel à la poursuite d'un long compagnonnage, si peu égalitaire jusqu'alors, le général de Gaulle devait le réitérer le lendemain à Dakar, devant l'Assemblée territoriale du Mali, y prononçant l'un de ses discours les plus forts, les plus émouvants, et qui parut résumer sa pensée politique :

> « Il n'y pas d'État, si grand, si puissant qu'il soit, qui puisse se passer des autres. Dès lors, il n'y a pas de politique possible sans la coopération. Mais la souveraineté internationale signifie quelque chose, elle signifie beaucoup. Elle signifie qu'un peuple prend dans le monde ses responsabilités lui-même.
> Quand un pays comme le vôtre va accéder à la responsabilité internationale, le monde entier regarde de quel côté il va se diriger librement. Va-t-il choisir le camp de la liberté, va-t-il choisir l'autre ? [...] Je ne crois pas que ce soit toujours les mêmes qui soient dans le camp de la liberté, et toujours les mêmes qui soient dans l'autre. Il peut arriver qu'on change de camp, ou bien tout à coup ou bien peu à peu. Et c'est la raison pour laquelle nous ne renonçons à personne *.
> Mais les choses étant ce qu'elles sont, le monde étant ce qu'il est, le Mali va devoir choisir la direction qu'il va prendre. Pour la choisir et pour la suivre, il y a quelque chose d'essentiel, et je le dis au nom d'un pays fort ancien qui a traversé beaucoup de vicissitudes et que vous connaissez très bien.
> L'essentiel pour jouer son rôle international est d'exister par soi-même, en soi-même et chez soi. Il n'y a pas de réalité internationale qui ne soit d'abord une réalité nationale [...]. Vous pouvez compter sur la France. Dans le monde où nous sommes et où nous allons être, non plus seulement mêlés, mais côte à côte, dans ce monde restons l'un avec l'autre. C'est le meilleur service que nous puissions nous rendre à nous-mêmes, et, en tout cas, c'est le service qu'exige de nous en dernier ressort l'humanité [13]... »

---

* Allusion évidente à la Guinée.

417

Le général n'avait pas prononcé le dernier mot qu'une ovation intense s'élevait : l'Assemblée debout l'acclamait, et dans beaucoup d'yeux brillaient des larmes. Alors, comme pour mieux accueillir les vivats, de Gaulle s'assit, attendant placidement que les clameurs s'apaisent. Quand le silence se fit, il se leva lourdement et, ses lunettes à la main, gagna la sortie, tâtonnant comme dans un rêve [14]...

Commentaire de l'envoyé spécial du *Monde,* Philippe Decraene : « Aucun de ceux qui ont été témoins de la séance historique de l'Assemblée fédérale du Mali, dimanche à Dakar, ne pourra oublier l'émotion dont était étreint le président de la Communauté lorsqu'il acheva le discours, d'une solennité et d'une grandeur exceptionnelles, qui souleva un véritable enthousiasme [15]... »

Ainsi naquit, quinze mois après la première, institutionnelle, une Communauté que Léopold Senghor qualifia aussitôt de « contractuelle ». Belle démarche intellectuelle et politique. De Gaulle intègre désormais — parce que c'est l'exigence de l'heure — la notion d'indépendance ou mieux encore de « souveraineté internationale » à celle de Communauté, dont les institutions, spécifie le communiqué final de la 6ᵉ session du Conseil exécutif, devront être « adaptées ». Dans la mesure où les notions d'indépendance et de communauté sont désormais compatibles, la « coopération entre les États africains de langue française », selon la formule alors employée par Félix Houphouët-Boigny, est appelée à prendre des formes nouvelles. Les institutions de la Communauté remodelées à Saint-Louis, à Dakar et par les négociations qui s'ouvrent alors entre la France et le Mali, seront des structures d'accueil acceptables par des États ou des peuples attachés à l'indépendance.

Sagesse. Mais à force d'élasticité, la Communauté va perdre beaucoup de ce qui faisait son style, sa saveur — et qui étaient le style et la saveur du vieux monsieur de l'Élysée. Le précédent malien sera naturellement invoqué par tous les adhérents du « club » de 1958. Dernière à accéder à l'indépendance, la Mauritanie entrera en octobre 1961 aux Nations unies où chacun des membres de la Communauté aura fait de sa réception un hommage à de Gaulle — à l'exception du porte-parole du Mali dont, en octobre 1960, la muflerie malsonnante aura indigné jusqu'à la délégation de M. Sékou Touré *.

De cet éclatement qui ne fut pas sans beauté, ni justification, le général de Gaulle ne prit pas aisément son parti. On a évoqué les déchirements intérieurs que lui fit éprouver le déhalage algérien. Sur un mode plus mineur, il est clair que la dispersion du bel ensemble improvisé en 1958 lui fut une souffrance. Deux témoins sont là pour l'attester.

Reçu par lui au lendemain du voyage à Saint-Louis et Dakar, Raymond Triboulet le trouve « bouleversé ». Évoquant la réunion du Conseil de la Communauté, le général avait, selon ce proche collaborateur, « des larmes

---

* Et son propre chef d'État, Modibo Keita, que cet éclat stupéfia. Précisons que le Mali n'est plus la fédération dont M. Senghor fut l'un des deux piliers, le Sénégal ayant repris son indépendance.

dans la voix » pour lui confier : « Ils s'en vont, ils s'en vont... » Et
M. Triboulet d'ajouter : « De toutes mes rencontres avec le général, c'est
celle où il m'a le plus révélé sa sensibilité [16]. »

Autre témoin de ce type de réaction, Alain Plantey * nous a confié qu'
« à partir de 1960 le général était déçu de la rapide dégradation de la
Communauté... Moins peut-être parce que " son " système se disloquait
qu'en raison du caractère impulsif, un peu sommaire, de la revendication
de tel ou tel État... Il avait attendu plus de bon sens de ses partenaires, à
trois ou quatre exceptions près. Pourquoi cette surenchère, non pas aux
dépens de la France, mais d'eux-mêmes [17] ? ».

Alors, faisant contre mauvaise fortune bon cœur, Charles de Gaulle va
opérer, avec l'Afrique, un transfert : elle passera, dans son esprit, de la
rubrique des protégés à celle des partenaires. C'est désormais un problème
de politique étrangère. Mais une telle révision ne saurait aller, chez de
Gaulle, sans quelque compensation. Ce que cette opération avait de
rétractile et de décevant ne pouvait manquer d'être orné des « embellisse-
ments pathétiques » propres au génie de l'auteur des *Mémoires de guerre*.

Ce fut, de son fait, le discours du 14 juin 1960 où (avant de formuler à
l'adresse des hommes du GPRA une offre de pourparlers qui aboutit à la
fâcheuse rencontre de Melun) il enterra l'ère coloniale sur le ton des
Mémoires d'outre-tombe, avec un éclat voilé d'une sorte d'ironie épique
(« le temps des lampes à huile et de la marine à voile... »). Congé donné
en « souriant à travers ses larmes » au vieil homme qui, en lui, sommeil-
lait...

Autre procédure compensatoire : le défilé, à la tribune des Nations
unies, des porte-parole de onze États africains venus clamer, dans cette
enceinte où la France et le général n'avaient pas, jusqu'alors, bonne
presse, leur reconnaissance au Père-décolonisateur. Le témoin que j'en fus
ne saurait oublier ce défilé où, pour n'être que verbal, le tribut payé fut
de ceux dont avaient pu s'enorgueillir, au cours des siècles, les papes, les
empereurs et les califes.

Troisième revanche prise sur la désintégration de l'édifice de 1958 : les
liens personnels entretenus, cultivés, avec les chefs d'État africains de sa
« mouvance », par le monsieur de l'Élysée. Il faut lire la description qu'il
fait, dans les *Mémoires d'espoir*, de ce type de relations à la fois cérémo-
nieuses et bon enfant où, selon une étiquette digne de Saint-Simon, on
distribuait louanges, décorations, réprimandes et faveurs, le tout dans un
climat qu'il résume en trois mots : « un devoir, un honneur, un plaisir »...

Il arrivait que ces tête-à-tête privilégiés prissent des formes bizarres.
Quand, en 1967, Jean-Bedel Bokassa se saisit du pouvoir en République
centrafricaine, il demanda à être reçu à Paris. De Gaulle, choqué du
putsch accompli par cet ancien soldat de la France libre, refusa pendant
plus d'un an de l'accueillir, puis finit par céder. Sitôt entré dans le grand
bureau de l'Élysée, Bokassa se précipita, prit les mains du général et

---

* Secrétaire général adjoint pour la Communauté, futur ambassadeur à Madagascar.

s'écria : « Oh ! Papa... — Voyons, Bokassa, appelez-moi mon général, comme tout le monde... — Oui, papa [18] ! »

Restent les décisions, les gestes et les propos qui marquent la liquidation de la Communauté institutionnelle de 1958 : la loi du 4 juin 1960 qui modifie la Constitution en modifiant les concepts d'indépendance et de communauté ; le commentaire que le général en fit le même jour devant le Sénat (mort-né) de la Communauté, soulignant que grâce à ce vote, on était passé du « virtuel » au « formel » ; et l'échange de lettres du 16 mars 1961 entre le Premier ministre Michel Debré et le président du Sénat Gaston Monnerville, où est pris acte de la caducité du titre XII de la Constitution (relatif à la Communauté). Désormais, la construction de 1958 n'est plus qu'un système de relations, beaucoup plus comparable au complexe et multiforme Commonwealth qu'à l'édifice solennel et ambitieux (mais non clos) bâti durant l'été 1958.

Si bien qu'à partir de 1963 le général renoncera à son titre de président de la Communauté et substituera à l'intitulé des fonctions de Jacques Foccart (secrétaire général pour la Communauté) celui de secrétaire général « pour les affaires africaines et malgaches ».

Est-ce l'occasion d'évoquer cette figure singulière, dont on a fait le symbole d'un néo-colonialisme rampant, émaillé d'intrigues et de manipulations, sinon de coups d'État ? Deux choses seulement peuvent être affirmées à propos de l'ancien secrétaire général pour la Communauté : qu'il fut pendant plus de vingt ans le confident le plus constant du général qu'il voyait presque tous les jours, et qu'à ce titre il fut un exécutant fidèle et minutieux de la pensée et des intentions du général (ce qui rend vaine toute tentative de décrire une stratégie personnelle de Jacques Foccart) ; et qu'à ses fonctions touchant aux affaires africaines, il joignait, du fait du chef de l'État, d'importantes responsabilités en matière de services spéciaux.

Cette combinaison, entre les mêmes mains, de l'Afrique et du Renseignement eut-elle pour conséquence la confusion, et fit-elle du continent noir la terre d'élection des « barbouzes » du gaullisme ? On l'a si souvent écrit * qu'on ne peut manquer de formuler la question. Si c'est à Jacques Foccart qu'on la pose, on n'obtient que l'expression d'un étonnement presque convaincant. M. Plantey, quant à lui, fait valoir que le total dévouement de M. Foccart aux intérêts de l'État n'aurait su le porter à des actes « illégaux ». Et Pierre Dabezies, qui fut ambassadeur au Gabon (pays où le « foccartisme » aurait été fort actif) tentant d'évaluer la part que le secrétaire général pourrait avoir prise à certains coups d'État africains, écrit qu'« aucun élément objectif ne permet de se hasarder » à retenir cette hypothèse. « Mieux vaut donc, observe ce sage, ne pas affabuler. »

Sur ce petit homme au teint rose et au crâne poli qui semble s'être fait d'autant plus effacé, feutré, invisible, couleur de muraille, que son patron

---

* Ainsi R. Bourgi qui, dans une thèse sur *le Général de Gaulle et l'Afrique noire*, affirme (p. 369) : « C'est... à Jacques Foccart qu'on a attribué la prééminence invisible mais réelle sur les chefs d'État d'Afrique noire et de Madagascar et la source de tous les coups d'État, changements et remous qui ont eu lieu dans ces pays. »

était plus phosphorescent, comme pour mieux servir sa gloire, on ne prétend pas que c'est là le dernier mot. On retiendra seulement ce halo de manipulations qui entoure, avec son nom, l'ensemble de la politique africaine de Charles de Gaulle, dont la splendeur mélancolique reposait sur des soubassements ambigus. Quel souverain solaire n'a sa part nocturne? Quelle diplomatie de la grandeur son « secret du roi » ?

Pouvait-on éviter une dislocation aussi rapide de l'organisme créé en 1958 ? Alain Plantey, qui fut le principal rédacteur des textes communautaires, soutient que la Communauté aurait pu survivre si l'on avait osé donner au FAC (Fonds d'aide et de coopération) un caractère multilatéral. Au lieu de distribuer l'aide française sous forme bilatérale, chacun ignorant l'autre, une mise au « pot commun » eût donné lieu à des débats, certes mouvementés, mais donnant à chacun l'impression d'appartenir à un ensemble et d'y vivre une concurrence en fin de compte plus unifiante que dissociante.

Alain Plantey déplore, vingt ans après, que le général de Gaulle n'ait pas su défendre cette idée avec toute la force de son prestige, se laissant convaincre d'adopter la formule bilatérale pour des raisons économiques, M. Michel Debré lui ayant démontré que le système multilatéral du « pot commun » conduirait à des dépenses plus lourdes.

Or, ajoute M. Plantey, le général était très sensible à ce genre d'argument, étant un peu « regardant » comme on l'était dans la bourgeoisie dévote de son temps. Il calculait au plus près les frais entraînés par les visites officielles et avait choisi de faire du château de Champs le site d'accueil des chefs d'État étrangers parce qu'on lui avait prouvé que les dépenses y étaient bien moindres qu'à Paris ou même à Rambouillet. Il arrive que de grandes idées achoppent sur une affaire de budget. La grandeur est peu compatible avec l'économie ménagère.

L'une des formulations les plus explicites de la « coopération » telle que la concevait Charles de Gaulle est le texte rédigé et partiellement publié en 1963 sous la dénomination de « rapport Jeanneney » — du nom de l'ancien ministre et premier ambassadeur de France en Algérie, l'un des hommes qui furent le plus constamment investis de la confiance du général de Gaulle.

Curieuse histoire. A la fin de 1962, le général avait décidé de créer un ministère de la Coopération, confié à Raymond Triboulet, non sans conserver ses prérogatives au secrétariat général de la Communauté, qui s'occupait des mêmes affaires, tandis qu'un secrétariat d'État, au Quai d'Orsay, rivalisait déjà avec le précédent. Enchevêtrement de responsabilités qui provoquait un évident dysfonctionnement.

C'est en partie pour y remédier, en partie pour légitimer cette coopération où certains voyaient le dernier artifice du néo-colonialisme (le ministère n'était-il pas installé dans les meubles de celui qui avait géré l' « Empire » ?) et d'autres la forme la plus coûteuse de la décolonisation, en partie aussi pour

421

examiner si cet effort de la France devait être cantonné aux anciennes colonies ou se déployer dans l'ensemble des pays du Tiers-Monde, que fut mise en place le 12 mars 1963 une commission présidée par Jean-Marcel Jeanneney, groupant la plupart des meilleurs connaisseurs français des problèmes du développement (Georges Balandier, François Bloch-Lainé, Georges Buis, Jean Chauvel, Claude Gruson, François Perroux, Léon Pignon, Pierre Rondot, Jacques Tréfouel, etc.). Le rapporteur général était Simon Nora, auquel Jean-Marie Soutou, alors directeur d'Afrique, prêta son concours. La Commission avait trois mois pour formuler son diagnostic : le « rapport Jeanneney » fut remis au général le 18 juillet 1963. Il constitue la charte de la « coopération selon de Gaulle » — mais ne fut guère mis en pratique, à court terme en tout cas.

L'une de ses conclusions les plus importantes portait en effet sur la restructuration de l'effort français, et suggérait tout simplement la substitution aux organes existant, et notamment au ministère de la Coopération, d'un ensemble d'organismes (un Commissariat à la coopération rattaché au Quai d'Orsay, un Comité interministériel, une Agence de gestion, une Caisse autonome et un Conseil). Cet appareillage était-il moins compliqué que celui qu'il s'agissait de réformer ? A peine, mais il avait l'avantage d' « assurer l'unité d'action de la France à l'étranger sous la responsabilité du ministère des Affaires étrangères » et d'« associer étroitement aux décisions le ministre des Finances », permettant de mieux « coordonner les efforts » et de les alléger de ce qu'ils traînaient encore avec eux de post-impérial ou de néocolonial.

Le général de Gaulle n'était pas prêt à une aussi audacieuse opération chirurgicale : infliger de telles frustrations à des collaborateurs comme Foccart et Triboulet *... Il interdit la publication de cette partie du « rapport Jeanneney », non sans étudier attentivement ses propositions les moins explosives, notamment cette conclusion qui répondait à ce qui était peut-être la question clé : « On écartera toute délimitation géographique. Vouloir établir une liste des pays avec qui la coopération s'exercerait serait risquer des exclusions et des inclusions fâcheuses. La coopération doit avoir pour champ d'action le monde entier [19]... »

Ainsi le « rapport Jeanneney » apparaît-il d'abord comme une « légitimation [20] » de la politique d'aide de la France au Tiers-Monde soit contre les campagnes dites « cartiéristes » (du nom d'un journaliste de *Paris-Match*, Raymond Cartier), qui dénonçaient le coût de l'entreprise, soit contre la dénonciation des arrière-pensées stratégiques, voire antiaméricaines, de l'opération. Il apparaît ensuite comme une incitation (dont témoigne la phrase citée plus haut) à dépasser le cadre des nations dites « privilégiées » (les anciennes colonies d'Afrique) pour étendre à l'Asie ou à l'Amérique latine les bénéfices de l'aide.

A une époque où régnait le tiers-mondisme, la surévaluation systématique des valeurs et de l'avenir des nations en voie d'émancipation, parées de

---

* Auquel il donnera pourtant son congé deux ans plus tard.

toutes les vertus immédiates et investies de tous les pouvoirs à venir comme naguère la classe ouvrière par le marxisme, le texte rédigé par J.-M. Jeanneney et Simon Nora se garde de ces simplifications. Il met certes les responsables de la coopération en garde contre les tentations du néo-colonialisme et la bonne conscience de l'« aide », souvent récupérée en circuit fermé. Mais il s'inspire aussi, avec vigueur, du dicton : « Aide-toi, le ciel t'aidera. » Ce qui confortera le général de Gaulle dans ses conceptions et ses intentions.

Le « rapport Jeanneney », dont le général tient à faire l'un des thèmes de sa conférence de presse du 31 janvier 1964, rappelant ce qui était fait « en faveur de peuples qui montent à l'intérieur de notre civilisation » et concluant : « Oui ! La coopération est, désormais, une grande ambition de la France », a pris force de mythe, comme justification et fondement rationnel de la politique du fondateur de la Ve République vis-à-vis du Tiers-Monde — comme le discours de Brazzaville l'avait doté, vingt ans plus tôt, d'une auréole un peu abusive de décolonisateur. En fait, le général se contenta d'en désigner le parrain, et d'en approuver l'esprit après avoir censuré les éléments susceptibles de déranger sa « maison ». Mais, constatait vingt ans plus tard le coauteur de ce texte célèbre, Simon Nora, les retombées de l'opération furent infimes[21]...

Ce qui ne signifie pas que l'effort de coopération globale consenti par la Ve République soit négligeable. Une fois retirées les dépenses entraînées par la gestion des départements et territoires d'outre-mer relevant directement de la souveraineté française, on pouvait, en 1963, évaluer à 0,5 % la part du budget national réservée à l'aide au Tiers-Monde. Chiffre dérisoire par rapport aux phrases du général ? Chiffre très supérieur — au prorata des moyens de chacun — à ceux qui mesurent alors l'effort consenti par les autres nations.

L'Afrique du Nord, qui avait joué un rôle si décisif dans l'évolution de la pensée du général de Gaulle — et dans ses rapports avec le pouvoir... — cesse, à partir de 1962 et des accords d'Évian, d'occuper une place centrale dans la stratégie gaullienne : mais elle y garde une place de choix.

Si de Gaulle avait extirpé la France et son armée des Aurès et de l'Ouarsenis, ce n'était pas pour s'acharner à faire de l'Algérie indépendante ce qu'elle se refusait à être : une Algérie-avec-la-France. Mais dans le redéploiement vers le Tiers-Monde qui caractérise la diplomatie de la Ve République à partir de 1962, et surtout de 1964, le nouveau pouvoir d'Alger est souvent pris comme témoin, garant ou même pivot. C'est à son endroit que sont consentis les efforts les plus patients en matière de coopération culturelle et technique, et avec lui que sera signé l'accord pétrolier de 1965, qui ouvre une ère nouvelle dans les relations — supposées égalitaires — entre détenteurs et opérateurs des richesses en hydrocarbures.

Vis-à-vis de l'Algérie, les sentiments et dispositions de Charles de Gaulle restaient d'une extrême ambiguïté, à la fois de rancune inexprimée pour tout ce que lui avait fait endurer, et tout ce qu'avait coûté à son autorité, l'émancipation de ce pays — et c'est pour cela qu'il n'envisagea jamais d'y revenir, sachant pourtant qu'il y eût été accueilli avec chaleur —, mais aussi d'une fraternité secrète, comme il s'en crée entre vieux adversaires noués par un long et rude combat. Il ne parlait plus guère de l'Algérie en privé (l'un de ses collaborateurs parle de refoulement) et rarement en public.

Tout se passait comme si, dans son esprit, l'affaire était « classée », verrouillée. Les péripéties tumultueuses qui firent la trame des premiers mois de la République algérienne — complots, conflits, exclusions, disparitions… —, les déshonorants massacres d'Algériens ayant combattu pour la France que Paris ne put (ou ne sut) pas protéger contre les représailles*, la liquidation d'intérêts et de diverses formes de présence de la France, rien ou presque de ce qui se passait en Algérie n'était de nature à le réconforter. Sinon qu'un État s'érigeait, unifié, sur les ruines de la guerre.

Ce qui n'empêcha pas de Gaulle, dans les rares occasions où il évoqua l'Algérie, en 1963 ou 1964, d'assurer que « nous nous en sommes sortis à notre honneur » et de souhaiter que la nouvelle République « s'organise dans l'ordre ». A Chaumont, en avril 1963, il en vint à parler d'« amitié » entre les deux pays. Mais il se passait des mois sans qu'il fît même allusion à la grande épreuve, sinon pour faire prévoir l'apaisement judiciaire et le « pardon de la France » accordé à « ceux qui se sont tant perdus [22] ».

Et ceux qui avaient « tant perdu », les pieds-noirs ? Il n'en parle guère plus d'eux que des harkis assassinés, se contentant, au cours d'une visite à Avignon en septembre 1963, de reconnaître que ceux qui étaient « récemment rapatriés** » avaient, « eux aussi, leur place au foyer ». Ce qui est bref…

D'État à État, les relations — entretenues, du côté français, par des diplomates de grand talent, Jean-Marcel Jeanneney, Georges Gorse, Jean-Marie Soutou, Stéphane Hessel — sont mieux que correctes. D'ordre du général de Gaulle, tout est fait, du côté français, pour que les choses s'arrangent : il doit être dit que la nouvelle République répond à l'attente de ses partenaires d'Évian.

Jean-Marcel Jeanneney, premier ambassadeur de France à Alger, ne partit pas sans être doté d'instructions verbales très précises — et significatives — du général de Gaulle : « Vous allez être l'objet, de la part des Européens, de sollicitations incessantes. Restez de glace. Je vous souhaite d'avoir face à vous un gouvernement — quel qu'il soit — qui se comporte en vrai gouvernement. Si vous avez un problème, téléphonez-moi directement. » Et cette très exceptionnelle invite fut complétée par la remise à l'ambassadeur d'une « lettre de service » qui lui donnait l'autorité sur le commandement militaire, avec cette précision : « La mission de l'armée est simple : si les Français sont menacés, il faut les recueillir, les protéger, les embarquer [23]. »

---

* Voir ci-dessus, chapitre 10.
** Ceux qu'il avait appelés les « soldats perdus ».

Que pensait Charles de Gaulle du premier chef de l'État algérien, Ahmed Ben Bella, qu'il avait décoré (dit-on) vingt ans plus tôt sur un champ de bataille d'Italie ? A un visiteur qui dénonçait devant lui les violations des accords d'Évian et les imputait au premier président de la République algérienne, le général objectait placidement : « Ben Bella ? Il a une qualité : il est sourd ! »

De Gaulle voulait signifier ainsi que le leader algérien avait l'obligeance de ne pas faire d'histoires à propos de la poursuite des essais nucléaires au Sahara — d'ailleurs autorisés par les accords d'Évian. Une campagne déclenchée, à son initiative ou avec son approbation, aurait valu à Ahmed Ben Bella un surcroît de popularité. Il se refusa deux années durant à cette démagogie. Ce qui ne l'empêcha pas de soulever le problème lors de son unique entretien avec le général.

C'est le 13 mars 1964, au château de Champs où, après Macmillan, il accueillait, on l'a vu, les leaders africains, que le fondateur de la V° République reçut le premier président algérien. De ce tête-à-tête entre deux hommes, dont l'un était, deux ans auparavant, le prisonnier de l'autre, on ne sait que fort peu de choses.

Ben Bella confia à son entourage qu'il avait mis en cause les stipulations militaires des accords d'Évian, mais exprimé le souhait de développer la coopération entre les deux pays et d'harmoniser leurs démarches diplomatiques, notamment vis-à-vis du Tiers-Monde. Du côté français, on fut plus avare encore de confidences.

Georges Gorse, qui était alors ambassadeur de France en Algérie, nous a néanmoins conté qu'à l'issue de l'entretien de Champs, le général lui avait dit de Ben Bella : « Voilà un homme qui ne nous veut pas de mal ! » Quant au visiteur algérien, l'ambassadeur le trouva fort ému de se retrouver face à de Gaulle, et apparemment satisfait des échanges qu'il avait eus avec lui [24].

Ce conciliabule avait ouvert de bonnes perspectives. Une visite officielle du président algérien était prévue pour l'été 1965. Mais Ahmed Ben Bella fut, quelques mois plus tard, éliminé par Houari Boumediene — que le général ne cessa depuis lors de tenir en suspicion.

Le lien presque charnel qui l'unissait à l'Algérie (cette « chère souffrance »), de Gaulle ne pouvait pour autant le briser. Très frappé par le développement de la pratique de la langue française dans l'Algérie indépendante — où l'on comptait deux fois plus de francophones en 1970 qu'en 1950 ! —, il ne cessa de donner la priorité aux demandes et préoccupations de l'Algérie, imposa lui-même les concessions qui permirent la signature de l'accord pétrolier de 1965, et resta aussi « sourd » aux défis calculés venus d'Alger que Ben Bella l'avait longtemps été aux explosions nucléaires.

Ce parti pris se fondait sur la conviction, chez le général, qu'en dépit des incompréhensions présentes, ses partenaires algériens pourraient un jour lui servir de caution et de héraut auprès du Tiers-Monde. En quoi il manifesta sa perspicacité coutumière. Le prestige qu'avait valu aux maquisards algériens leur résistance à l'État gaulliste devint bientôt un facteur de rapprochement entre ce même État et les masses d'Afrique et d'Asie.

Étrange, mais prévisible retournement historique. Les dirigeants algériens avaient contraint de Gaulle à céder. Comment n'auraient-ils pas fait de lui le symbole vivant de leur victoire ? Et quelle satisfaction que de pouvoir recommander, cautionner auprès de leurs amis cet illustre partenaire... Chacun y trouvant son compte, le couple Alger-Paris chemina, quelques années durant, entre les Nations unies, La Havane, Bandung et Hanoi, comme si le rêve de « la solution la plus française » si souvent formulé par le général avait fini par se réaliser. Avoir transformé en poisson-pilote diplomatique l'implacable rebelle de naguère n'était pas un des moindres exploits du Connétable.

« Algéro-centrisme » abusif ? Du point de vue maghrébin, oui. Le principe des vases communicants s'appliquant aux relations entre la France et les trois nations nord-africaines, il est vrai que les rapports de Paris avec Rabat et Tunis n'en furent pas améliorés.

Jusqu'en 1965, les dialogues entre l'Élysée et la cour de Rabat restèrent inspirés d'une « amitié » depuis longtemps déclarée, quelque peu altérée pourtant par la mort de Mohammed V et le sac de l'ambassade de France, en novembre 1961. Et nous verrons * que l'affaire Ben Barka dressera le général contre Hassan II et ses janissaires, jetant une ombre sinistre sur des relations amorcées en 1958 dans l'euphorie, maintenues en 1962 dans l'entente, et depuis lors mises en cause par le privilège algérien.

Quant à la Tunisie, où de Gaulle avait commencé sa grande mutation vis-à-vis du système colonial en 1953, elle se remettait mal de la violente commotion provoquée en juillet 1961 par la réaction du général à propos de Bizerte. A peine la sérénité semblait-elle revenue, en 1964, que le gouvernement tunisien décrétait l'expropriation des terres agricoles détenues par les étrangers, dont beaucoup avaient quitté le pays. Décision fondée en droit, mais mal présentée, comme s'il se fût agi d'une revanche.

La réaction du général — qui en avait vu d'autres avec Alger... — fut immédiate : toute aide de la France à la Tunisie était suspendue. La crise dura quatre ans. En 1968, M. Habib Bourguiba envoya à Paris le vice-président Bahi Ladgham, en vue de préparer un accommodement : les propriétaires lésés seraient dédommagés. Le général de Gaulle, soudain cordial, se déclara impatient de « tourner cette page [25] ». Les échanges retrouvèrent leur cours paisible.

Et le chef de l'État français mit sur cette réconciliation un sceau symbolique lors des funérailles du président Eisenhower : prenant la file avant d'entrer dans le sanctuaire, il avisa près de lui M. Bourguiba et, très ostensiblement, lui céda le pas en déclarant : « N'avez-vous pas sur moi, monsieur le Président, le privilège de l'ancienneté dans vos fonctions [26] ? »

Mais beaucoup de temps et d'occasions avaient été perdus. Entre Charles

---

* Voir 3ᵉ partie, chapitre 23.

de Gaulle et Habib Bourguiba, le courant n'était jamais très bien passé. Le leader tunisien était trop marqué par ses rapports avec la IVe République pour n'en avoir pas subi le handicap dans l'esprit du général. Et comment pouvaient s'accommoder deux personnalités aussi flamboyantes ? A force de se ressembler, il arrive qu'on se supporte mal.

16. Les deux tiers du monde

Dans le grand redéploiement de la diplomatie française opéré par le général de Gaulle, les circonstances ont joué, bien sûr, un rôle essentiel. L'une, positive, la paix faite avec l'Algérie combattante : les autres, négatives — échec au plan Fouchet, crise avec Londres, tension avec Washington à propos de la MLF, puis du Vietnam. L'Ouest ne veut pas de l'Europe gaullienne. Le général ne veut pas de l'Europe américaine. Impropre à l'immobilité, peu enclin à jouer le rôle de la guêpe contre la vitre, l'homme de l'Élysée cherche ailleurs un champ d'action.

Mais les voies d'accès vers l'Est, les chances d'une diplomatie de la détente permettant à la France de jouer les pionniers dans le grand rendez-vous avec Moscou et ses satellites sont médiocres. Non content d'avoir brouillé les cartes lors de la conférence à quatre de mai 1960 à Paris, d'être intervenu sans vergogne dans l'affaire algérienne puis d'avoir terrorisé le monde à Cuba, M. Khrouchtchev fait mine de voir dans le traité franco-allemand de janvier 1963 une menace pour la paix. Quel partenaire est-ce donc là ?

Alors, coincé entre l'Ouest revêche et l'Est acariâtre, que pourrait faire le protagoniste d'une diplomatie de mouvement, sinon rechercher, à travers les autres « deux tiers du monde », alliés et partenaires ? Cet univers que cinq siècles plus tôt on découvrait, massacrait, convertissait, exploitait, enseignait, nourrissait, déplaçait et équipait, pourquoi ne pas y susciter sympathies et convergences ? Vouée, au sein du monde des nantis, au rôle décoratif et dérisoire des princes du sang dans le Versailles de Saint-Simon, la France ne saurait-elle pas s'ouvrir là une carrière plus plébéienne ? Quand c'est la plèbe à l'échelle du monde...

Une telle vocation lui était interdite jusqu'au 19 mars 1962. Certes, le retour aux affaires du général avait, dès juin 1958, suscité une espérance dans le Tiers-Monde. Certes, la proclamation de septembre 1959 sur le droit à l'autodétermination de l'Algérie avait situé de Gaulle dans une perspective émancipatrice. Et certes, les diverses phases de la décolonisation avaient fait prévoir la fin de la guerre et de la vocation impériale de la France. Mais c'est la signature des accords d'Évian qui fit s'écrouler les murailles entre la France et les nations-prolétaires : dès cet instant, tout était possible, l'Algérie se muant bientôt d'obstacle en trait d'union.

C'est donc au printemps 1962 que, libéré de l'hypothèque algérienne, Charles de Gaulle accélère sa longue marche en direction de l'hémisphère Sud. Si sa carte africaine est d'ores et déjà jouée, avec des résultats fort ambigus — la Communauté s'est désintégrée, mais la coopération se développe —, l'Asie va accueillir avec faveur les deux initiatives majeures du général (son appel du 29 juillet 1963 en faveur d'un règlement politique vietnamien, la reconnaissance de la Chine populaire) et l'Amérique latine faire un accueil chaleureux au visiteur qui, par deux fois en 1964, traversera l'Atlantique pour y mettre ses pas dans ceux de Bolivar.

En évoquant ce voyage américain, on rappellera les réactions d'humeur qu'il suscita à Washington. Observons en attendant qu'une description du tiers-mondisme du général ne saurait aller sans le rappel de ce que l'on doit appeler, non l'antiaméricanisme mais l' « antihégémonisme américain » de Charles de Gaulle. On trouve constamment chez lui le besoin de rappeler à Washington que l'art politique n'est pas né au bord du Potomac, que la puissance porte avec elle sa lourdeur, la richesse ses vices, et que rien ne menace plus un pouvoir que l'arrogance qui l'accompagne.

Un mot encore, avant d'en venir au spécifique, sur l'ONU. Dans les années soixante, le Tiers-Monde a pour structure d'accueil et truchement l'organisation de New York. Surclassés dans les rapports bilatéraux, exploités, manipulés et divisés, les États afro-asiatiques et latino-américains trouvent à Manhattan une sorte de caisse de résonance ou mieux une cour d'appel permanente. Là, leur impuissance fait nombre, leur pauvreté en impose. Réfractées par cette tribune, cette presse, ces procédures, les infirmités sont des vertus : d'autant plus majoritaires ici que minorisés là-bas. Quitte à abuser de cette majorité en confondant réparation morale et esprit de représailles.

Qui se ferme l'ONU s'interdit l'accès au Tiers-Monde. On sait que le fondateur de la Ve République ne fit rien, pendant des années, pour que ce forum sonore lui accordât crédit, et qu'en 1960 il alla même jusqu'à parler, avec mépris, de ce « machin ». Mais la décolonisation de l'Afrique noire francophone prévenant tout conflit majeur, l'entrée à l'ONU de dix États d'AOF et AEF, en octobre 1960, et surtout l'émancipation de l'Algérie transforment en deux ans les rapports entre la France et l'ONU. D'orageux, ils deviennent cordiaux : et plusieurs représentants de la France à New York nous ont dit qu'à dater de 1963, les augures de l'Organisation ont espéré la visite du chef de l'État français : « Ç'aurait été du délire », assurait l'un d'eux, Roger Seydoux[1].

Le projet fut étudié. Il se heurtait chaque fois à quelque obstacle, quelque objection du général — qui ne pouvait aller à New York sans visiter Washington et ne manquait pas de raisons pour différer un dialogue sans perspective avec Lyndon Johnson, quand ce n'étaient pas ses hôtes éventuels qui lui faisaient comprendre que le « climat » ne se prêtait pas à une réception aux USA de l' « ennemi du dollar » ou du censeur d'Israël.

Mais il est de fait qu'à partir de 1962 le président de la Ve République entretient avec les Nations unies des rapports de plus en plus détendus, revenant lui-même sur beaucoup de préventions et ne dédaignant pas de se mêler de très près à tel ou tel débat du Conseil de sécurité au cours duquel le représentant de la France, Armand Bérard ou Roger Seydoux, avait la surprise de recevoir ses directives personnelles.

L'Asie ? Le géopoliticien de Gaulle ne pouvait manquer de la considérer avec respect. Deux milliards d'hommes, cinquante siècles d'histoire, les espaces infinis du Sinaï au Kamtchatka... Un horizon gaullien.

Ce n'est pas parce que l'affaire d'Indochine est, de la tentative de conciliation avec l'amiral Decoux à la préférence accordée à d'Argenlieu contre Leclerc et aux discours pour la poursuite de la guerre au temps du RPF, l'une de celles qu'il aura le plus mal comprises et traitées, qu'il se détournera de ces perspectives immenses : de Gaulle n'est pas homme à s'embarbouiller d'autocritique. Plus lourdes sont les erreurs, plus hardie la correction de tir. Eût-il choisi et agi plus sagement entre 1944 et 1954, peut-être sa perception des réalités historiques eût-elle été ensuite moins vive, moins pénétrante, en Chine, au Cambodge, au Vietnam.

Quand Charles de Gaulle revient « aux affaires », en juin 1958, l'Indochine n'est encore qu'à la veille des grands séismes. Au Vietnam, Ngô Dinh Diêm éprouve les premiers effets des troubles suscités par son autoritarisme, d'une part, les intrigues et les infiltrations de Hanoi d'autre part ; au Cambodge, Norodom Sihanouk dynamise son neutralisme en reconnaissant la Chine populaire ; quant au Laos, le très précaire équilibre où il vivait depuis la conférence de Genève de 1954 est brisé par un coup d'État du maréchal Phoumi Nosavan, proaméricain militant.

De 1958 à 1962, la situation au Vietnam ne cessera de s'aggraver, après la création (décembre 1960) du Front national de libération communément appelé Vietcong, et l'escalade amorcée du côté américain avec la bénédiction (souvent maussade) du président Kennedy que le général de Gaulle avait mis vainement en garde, lors de son voyage à Paris (avril 1961) contre toute forme d'intervention militaire.

Les sentiments qu'inspire au général l'engagement progressif des États-Unis en Indochine ne sont pas seulement inspirés par le respect du droit des peuples à disposer d'eux-mêmes, ou même par sa vision quasi prophétique des conséquences d'une telle opération — vision qu'il formule avec une verve dont Eisenhower et Kennedy resteront frappés. Tout cela y est, mais assorti d'une amertume ancienne.

Hanté vingt ans plus tôt par le projet d'éviction de la France nourri par Roosevelt, il ne voit pas sans répulsion l'Amérique de Kennedy prendre en main cette Indochine si piteusement perdue par la IVᵉ République. Une chose a été de comprendre — avec retard — la nécessité de faire la part du feu en 1954, faute de l'avoir faite en 1946 ; une autre est de voir sans déplaisir les gens de Washington marcher sur les traces de M. Letourneau *.

Un véritable américanophobe se réjouirait probablement d'un tel enlisement dont il a prévu les étapes avec une lucidité implacable — y voyant l'occasion d'une plus grande liberté d'action par rapport au géant piégé. Mais

---

* Le ministre responsable de 1952 à 1954.

si fort qu'il tende à se libérer de l'emprise de la superpuissance occidentale, il est plus attaché encore à la détente. Dans l'engagement américain en Indochine, aux abords des frontières de la Chine en ébullition, il voit une menace pour la paix mondiale. Il le dit durement, mais sincèrement.

La politique appliquée par le général en Indochine de 1962 à 1969 aurait paru à coup sûr moins cohérente si elle n'avait été appliquée par un ministre de grande envergure, des agents diplomatiques expérimentés, et surtout par un maître d'œuvre exceptionnel : M. Étienne Manac'h qui, avant de devenir ambassadeur à Pékin, fut dix années durant le directeur des affaires d'Asie au Quai d'Orsay. Compétence, énergie, clarté dans l'esprit, sens pédagogique (il était professeur de philosophie avant de représenter la France libre dans les Balkans, puis à Ankara), cet ancien directeur de cabinet de Guy Mollet joua un rôle déterminant dans la pénombre, informant, incitant, critiquant. Peu d'hommes auront compté à ce point dans la diplomatie gaullienne, non sans s'attirer le respect des spécialistes américains qui le consultaient souvent.

Cette stratégie indochinoise, amorcée à propos du Laos en 1962, énoncée au sujet du Vietnam en 1963, et qui devait trouver son moment culminant au Cambodge le 1ᵉʳ septembre 1966, est fondée sur trois idées : qu'aucune intervention militaire en Asie ne saurait servir la cause de l'Occident ; que la neutralité, étendue au moins à l'ensemble indochinois, et mieux encore à la zone de l'Asie du Sud-Est, serait la meilleure expression d'un équilibre menacé par la prépondérance régionale de la Chine, l'avidité de Hanoï et la pénétration russe au Vietnam ; que la France, eu égard à son expérience locale et à la personnalité de son président, est la mieux placée pour faire prévaloir ces vues.

Quoi qu'on pense de cette dernière idée, les deux premiers articles de cette « doctrine » ont été reconnus depuis lors pour judicieux. Leur premier point d'application fut le Laos où, après le coup de force « proaméricain » du maréchal Phoumi et celui, « neutraliste », du capitaine Kong-Lé, une conférence internationale réunie pendant l'été 1962 à Genève mit sur pied une formule de gouvernement rassemblant les « trois princes » (le « rouge », Souphannouvong, le conservateur Boum Oum ; et le « neutraliste » Souvanna Phouma) en vue d'instaurer un régime « indépendant des deux blocs » — ou dépendant des deux à la fois...

En toute cette affaire, la diplomatie française joua un rôle d'incitation. La solution dont M. Couve de Murville s'était fait, à Genève, l'un des inspirateurs, fut considérée comme un succès diplomatique du général de Gaulle — avant que sa dislocation ne fût tenue pour son échec personnel. N'avait-il pas plaidé pour une issue de ce genre lors de la visite à Paris de John Kennedy en avril 1961 ? N'avait-il pas donné cet objectif en exemple à tous les responsables de la région ? Aussi bien ne cessait-il pas de louer le Cambodge du prince Sihanouk pour avoir fait choix de cette doctrine du « juste milieu » rejetant à la fois l'encadrement par les Américains et l'inféodation aux communistes.

Le même Charles de Gaulle qui s'était fait l'avocat, des années durant

431

(1946-1953), de l'effort français en Indochine avait soutenu ensuite les conciliateurs, de Pierre Mendès France à Jean Sainteny. Ayant ainsi corrigé le tir à propos de l'intervention française, il appliqua cette grille sur l'entreprise américaine : si, par son acharnement, le peuple vietnamien avait réussi à convaincre de Gaulle de son erreur et du bien-fondé de la solution politique, comment ce qui était vérité en 1954 ne le serait-il pas en 1962 ? Les Américains s'étaient substitués aux Français ? Raison de plus pour croire que les armées d'Occident n'avaient rien à faire sur le sol de l'Asie, quels que fussent les moyens de l'intervenant.

Le général ne se jeta pas d'emblée dans cette croisade. Trois ou quatre ans durant, et non sans mettre en garde Eisenhower le 1er septembre 1959 et John Kennedy le 1er juin 1961, il se tint à peu près coi. L'engagement américain restait limité. Et peut-être, tout acquis à Washington qu'il fût, le gouvernement sud-vietnamien de Ngô Dinh Diêm avait-il quelque légitimité ?

Aussi le général autorisa-t-il Antoine Pinay, son ministre des Finances, à se rendre en visite à Saigon pendant l'été 1959. Le voyageur en revint plus « diémiste » encore * qu'il n'était parti : il fallait soutenir cette petite nation « en butte à une agression communiste ». Est-ce parce que son ministre des Finances reprenait ainsi jusqu'aux termes de la propagande américaine ? Parce que de Gaulle crut pouvoir discerner que son émissaire avait été circonvenu par ses hôtes ? Ou simplement parce qu'il pensa qu'Antoine Pinay prétendait ainsi réorienter la diplomatie de Charles de Gaulle ? Le fait est que, après une période de dix-huit mois d'accalmie, les rapports entre Paris et Saigon tournèrent à l'aigre dès le début de l'année 1961.

Et, le 29 août 1963, alors qu'un conflit violent opposait au clergé bouddhiste le pouvoir de Saigon, et deux mois avant que Ngô Dinh Diêm et son frère ne tombassent sous les coups d'une junte d'officiers fort composite (les uns franchement proaméricains, les autres vaguement neutralistes), Charles de Gaulle fit soudain connaître à l'opinion internationale son sentiment sur l'affaire du Vietnam. Dans un texte qu'il avait tenu à rédiger de sa main, il assurait que la France, connaissant la « valeur de ce peuple », souhaitait qu'il « déploie son activité dans l'indépendance vis-à-vis de l'extérieur, la paix et l'unité intérieure »... Et parlant du « Vietnam tout entier », il rappelait qu'il revenait à son peuple de « choisir les moyens » de parvenir à son unité, la France étant prête à l'y aider.

Sans faire de référence explicite à la neutralité, le général prônait ainsi une réunification sans vainqueur ni vaincu et proclamait le droit à l' « autodétermination » du peuple qui n'était pas sans rappeler la procédure amorcée quatre ans plus tôt en Algérie... Mais en Indochine, il n'avait pas les moyens de mettre ses idées en pratique.

Ce qui ne l'empêcha pas de développer hardiment sa manœuvre, ayant su, entre-temps, établir des relations diplomatiques avec la Chine populaire ** et

---

* Accompagnant le ministre au cours de ce voyage, l'auteur peut témoigner de l'euphorie où baignait l'excellent M. Pinay.
** Voir plus loin, p. 439-443.

préciser, le 31 janvier 1964, que le sort de l'Indochine avait une grande importance dans la décision ainsi prise :

> « Il n'y a ni guerre ni paix en Asie sans que la Chine y soit impliquée. C'est ainsi que serait absolument inconcevable en dehors d'elle un accord éventuel de neutralité relatif aux États du Sud-Est asiatique... neutralité qui, par définition, devrait être acceptée par eux tous, garantie sur le plan international et exclurait à la fois les agitations armées, soutenues par tel ou tel d'entre eux contre tel ou tel autre, et les informations multiformes de l'extérieur, neutralité qui semble bien, dans la période où nous sommes, être la seule solution compatible avec la vie pacifique et le progrès des populations... »

En établissant des relations et en ouvrant le dialogue avec Pékin, ce qui revenait à lever le blocus politique, économique et militaire auquel la Chine était soumise par l'Occident depuis quinze ans, parce qu'il était absurde de l'exclure de toute recherche de solution au Vietnam, de Gaulle ranimait un jeu bloqué par l'antagonisme sino-américain qui maintenait l'Asie dans une tension périlleuse[2]. Ce qu'exprimait ainsi l'*Observer* : « De Gaulle vient d'entrer en scène dans les affaires de l'Asie comme un brise glace diplomatique[3]. »

Ne voulant voir là qu'un « défi » de la France, les Américains et leurs alliés indochinois réagirent de façon négative. Tandis que le président Johnson déclarait que la neutralisation des deux Vietnam ne pouvait être une solution et qu'il n'y avait rien d'autre à faire « qu'à intensifier les opérations », à Saigon, la junte hésitante qui avait pris le pouvoir le 1er novembre était renversée par de nouveaux généraux qui se déclaraient décidés à tout miser sur l'effort de guerre, dénonçant le « neutralisme », invention d'une France accusée de « pêcher en eau trouble ». En avril 1964, un coup d'État proaméricain au Laos anéantissait l'expérience de « troisième voie » née de la conférence de Genève, deux ans plus tôt.

Le général de Gaulle n'en reviendra pas moins à la charge. Ayant ainsi amorcé son procès en révision de la stratégie américaine, il ne pouvait plus se taire dès lors que Washington en multipliait les risques — déclenchant les bombardements sur le Nord-Vietnam au moment où le Premier ministre de l'URSS, M. Kossyguine, était l'hôte de Hanoi, et alors qu'à Phnom-Penh le prince Sihanouk s'apprêtait à réunir une conférence inter-indochinoise visant à définir les conditions d'une neutralisation des pays en cause.

Le 24 janvier 1966, Hô Chi Minh, chef de l'État nord-vietnamien, adressait au général de Gaulle une lettre extrêmement pressante. Rappelant que la France était signataire des accords de Genève, le vieux leader de Hanoi écrivait : « Devant la situation extrêmement grave créée au Vietnam par les États-Unis, je souhaite que le gouvernement de votre pays assume pleinement ses obligations vis-à-vis de [ces] accords, et que Votre Excellence use de son prestige pour contribuer à arrêter à temps toute nouvelle [...] menée américaine au Vietnam et en Indochine. »

Les bombardements américains sur le Nord-Vietnam, un temps suspendus, ayant repris avec une intensité accrue, de Gaulle répond le 8 février 1966 à Hô Chi Minh en mettant l'accent sur la double dimension du conflit, nationale et internationale. Sur le premier point, le président français, évoquant « l'ultérieure réunification », souhaite que le Vietnam du Sud élise enfin un « gouvernement représentatif, ce qui [...] ne pourra être réalisé tant que la guerre continuera ». Sur le second point, il préconise un retour aux accords de 1954, en faveur de « l'indépendance et de la neutralité du Vietnam et de la non-ingérence dans ses affaires intérieures [ce qui] est contradictoire avec la situation actuelle [4] ».

Et, pour que les choses soient claires, Charles de Gaulle reprend le même thème dans la conférence de presse qu'il tient à l'Élysée le 21 février 1966 :

> « Il n'y a pas d'autre voie pour mettre un terme à cette guerre que de conclure la paix entre tous les intéressés [...] ceux qui se trouvèrent d'accord, à Genève, en 1954. Les conditions de cette paix sont connues. Fondamentalement, c'est l'entente et, pour commencer, le contact entre les cinq puissances mondiales, la France ayant pour sa part déjà organisé dans ce sens ses relations extérieures — vous comprenez ce que je veux dire [*]. Localement, c'est la fin de toute intervention étrangère au Vietnam et, par suite, la neutralité du pays, la France, après expérience, y ayant souscrit naguère en retirant ses troupes et ne s'en portant que mieux aujourd'hui [5]... »

Rien ne vient de Washington, en dépit des échos suscités par ces appels dans la presse américaine, dans des articles de Walter Lippmann notamment. Alors le général va mettre, à sa façon, les points sur les « i ». On ne saurait prétendre que sa décision de sortir de l'OTAN fut dictée avant tout par le souci de donner une « leçon » à Washington ou même par la crainte d'être entraîné par ses grands alliés dans le conflit d'Extrême-Orient. Mais comme le faisait observer quelques semaines plus tard l'un de ses conseillers en matière asiatique, Jean Sainteny, ancien commissaire de la République à Hanoi [**], c'est peu de jours après une nouvelle intensification des bombardements américains sur le Nord-Vietnam que le général annonça sa décision relative à l'Organisation atlantique. Il avait déclaré à ses ministres, au Conseil : « Nous ne sommes pas disposés à accompagner les Américains dans toutes les aventures où ils jugeront bon de se lancer [6]. »

Six mois plus tard, semblant faire écho à l'escalade militaire américaine, le fondateur de la Ve République poursuivait sa propre escalade verbale et diplomatique — à Phnom-Penh, capitale du Cambodge, à quelque 300 kilomètres du champ de bataille vietnamien.

Hôte à Paris, vingt mois plus tôt, du général de Gaulle qui semblait avoir voulu, en multipliant à son égard les prévenances et les honneurs, sacraliser en lui le pionnier de la neutralité indochinoise, le prince Norodom Sihanouk, chef de l'État cambodgien, sut « renvoyer la balle » avec éclat. Il fit de la première apparition de Charles de Gaulle en terre d'Extrême-Orient un

---

[*] Référence à la reconnaissance de Pékin.
[**] Sous de Gaulle, puis sous Mendès France.

prodigieux rituel de l'indépendance face à la superpuissance américaine, une sorte de feu d'artifice de la neutralité militante.

Ce furent des heures surprenantes pour tous ceux qui en furent témoins *. On y vit un de Gaulle constamment étonné, ce qui était rare, ou ému, ce qu'il laissait fort peu paraître. Entrant dans le stade de Phnom-Penh où, sur les gradins, un jeu de panneaux manœuvrés par les spectateurs faisait soudain apparaître son effigie géante, il murmurait : « C'est incroyable, incroyable... » Et le même soir, au cours du concert dont le prince Sihanouk avait composé le morceau d'ouverture, il écouta avec ravissement la valse de *Faust,* confiant à sa voisine, la princesse Monique : « C'est sur de tels airs que je faisais, quand j'étais saint-cyrien, danser les demoiselles [7]... »

A l'heure où le secrétaire général de l'ONU, M. Thant, décidait de démissionner parce que, selon lui, l'obstination américaine au Vietnam avait privé cette fonction de sa dignité et de son efficacité, à l'heure où le pont ** de Hanoi était détruit pour la neuvième fois par l'aviation de M. Johnson, le général de Gaulle atterrissait sur l'aérodrome de Phnom-Penh, accueilli par seize licteurs dorés sortis des aventures de Marco Polo, par une reine qui avait avant lui reçu le maréchal Joffre venu de la Marne en bateau, par un peuple enchanté et par un prince heureux.

« Un État digne de ce nom n'a pas d'ami », aime à dire le fondateur de la Ve République, qui a tendance, on le sait, à se confondre avec l'État. Le général de Gaulle a pourtant trouvé un ami, le prince Sihanouk, l'homme qui, pour mieux gouverner son pays, est descendu du trône. Dans la carrière du moins sentimental (en apparence...) des hommes d'État, le sentiment aura joué un rôle surprenant. On peut faire de l'usage du mépris une hygiène du pouvoir, entretenir autour de soi un climat de haute montagne, et susciter d'autres passions que celle dont se nourrit l'OAS.

Il faut voir le Connétable en de telles circonstances : le spectacle est prodigieux. Face aux foules françaises, le côté « petit peuple et moi », les manipulations de « son » État et la lourdeur de l'appareil font grincer les rouages de la représentation. Au Cambodge, il y a plus qu'un personnage souverain et souverainement accordé aux splendeurs différentes d'une cour asiatique, exprimant sur le ton de l'histoire ou de la légende le génie d'une nation qui n'a plus les moyens de l'impérialisme et en est réduite à faire preuve de talent.

Après avoir si longtemps agité l'histoire de l'Afrique, de Brazzaville à Alger, de Gaulle faisait ainsi en Asie une entrée fracassante. Le voir et l'écouter d'un site à l'autre de ce Cambodge dont le charme (alors) potelé lui seyait en principe assez mal était constamment matière à jubilation.

Comment ce vieillard avait-il pu s'imprégner des thèmes politiques et des leitmotive psychologiques de ses hôtes, au point que chacun de ses mots fît ainsi mouche ? Le séducteur, en vieillissant, avait appris une sorte de

---

* Dont l'auteur. Ses articles, écrits pour *le Monde* et *le Nouvel Observateur,* inspirent les pages suivantes.
** Naguère baptisé Doumer.

tendresse, et l'entreprise de séduction le possédait au point de l'assimiler à sa conquête.

Le prince Sihanouk et le Cambodge étaient, dira-t-on, des proies consentantes. L'étonnant est que, vainqueur par avance, de Gaulle se fût si minutieusement attaché à créer une harmonie presque musicale. Et pourquoi tant de soins ? Se mettait-il d'ordinaire en frais pour ses fidèles ? Mais ici, il était la France en quête d'un destin de rechange : Sihanouk lui offrait l'occasion, le site, l'écho de sa voix. Ainsi pouvait-il interpréter sur le mode asiatique, sa passion de l'indépendance et du défi, l'amour aussi d'une certaine France, assez rafraîchissante au temps où la plupart des alliés des États-Unis s'étaient laissés choir dans la docilité repue.

Ici, que cherchait-il et offrait-il pour faire miroiter la France et enrichir sa panoplie ? Au Cambodge, il donnait un coup de projecteur qui le rendait moins vulnérable aux mauvais coups, comme on éclaire le glacis d'un fort pour dévoiler les assaillants. Il lui offrait une reconnaissance solennelle de sa neutralité et surtout de ses frontières menacées, revendication vitale du prince Sihanouk. Ainsi se déclarait-il compagnon de route du Cambodge, au lieu même des embûches.

Mais de Gaulle, moins généreux donateur qu'âpre champion d'une indépendance qui passe ici par la paix active et là par l'étalage d'une force modeste, venait aussi en demandeur. Un stratège fonde son action sur des points d'appui : c'est bien un point d'appui asiatique de sa stratégie mondiale qu'il cherchait au Cambodge. Mais comment fonder une politique sur ce petit royaume ? Précisément : ce qui frappa de Gaulle, à Angkor, ce ne fut pas le charme foisonnant et crépusculaire de cette forêt de visages, la séduction hautaine de cette prière de grès dans les arbres, c'est la puissance politique qu'expriment les canaux et les digues, les temples et les bassins : un art du règne, qui tient de Thèbes et de Versailles à la fois. Et, lorgnant ces murailles, il sut brièvement renouveler le style de Malraux en confiant à Bernard Groslier, conservateur du site : « Ils avaient du culot[8]... » Il songeait à Pierrelatte.

Bref, le général, pour qui l'histoire suit son cours, eut l'impression de poser le pied sur quelque chose qui résistait[*]. Les architectes de Sihanouk ne dressent plus d'aussi fières basiliques. Mais le visiteur leur a rendu hommage : ils ont bâti un stade, assez vaste et assez bien sonorisé pour faire écho à la voix de Charles de Gaulle.

Avant que le visiteur ne s'adresse aux 200 000 témoins rassemblés dans le stade par les soins de Norodom Sihanouk et de son *Sangkum*, on put assister à l'une de ces cérémonies dont l'Orient semble préserver, comme l'Espagne, le secret — où gestes et chants, ensembles et techniques de convergence empruntent au rituel religieux ce que l'invention technique ne saurait seule créer. Tandis que tournoyaient portraits et oriflammes s'élevaient la prière bouddhiste *Chayanto*, les invocations adressées par le peuple au grand

---

[*] Depuis lors, on le sait, les Khmers rouges ont fondé, sur la même observation, leur stratégie luciférienne.

Thévoda — divinité paternelle qu'est, aux yeux de cette foule, Charles de Gaulle — avant que la nièce du chef de l'État khmer, la princesse Norodom Vyriane, ne déclame un poème écrit par un professeur de français du lycée Descartes :

> « L'Occident et l'Orient tournent vers lui les yeux,
> Attendant réconfort, sympathie et soutien,
> Il écoute les peuples, il accède à leurs vœux,
> Et fait de l'amitié leur authentique lien... »

On voit ce qu'était le climat — dont la ferveur s'accrut encore avec le discours que Sihanouk prononça ensuite, dans un grondement d'acclamations, et montrant de Gaulle du doigt :

« ... Notre monde actuel, où tant de peuples sont victimes d'injustices ou subissent des actes de guerre, a le plus grand besoin de modernes " saints Georges ", non certes par la lance ou par l'épée, mais par des prises de position courageuses sur le plan politique et sur le plan diplomatique, de " saints Georges " qui osent défendre, même contre le gré de leurs alliés, la justice, le bon droit et la paix... »

Face à son portrait géant, face au peuple, aux gymnastes, aux chorales et aux jeunesses en uniforme, le général de Gaulle qui, pour parler de paix, avait revêtu son uniforme, se dressa alors et prit la parole dans un style qui stupéfia nombre de témoins par sa hauteur, sa rudesse et sa franchise. De Gaulle n'était pas un homme timoré. Mais s'était-il jamais, sur un tel ton, aux frontières mêmes d'un conflit, adressé à l'un des belligérants — au surplus son allié ?

Discours fameux, dont il faut citer au moins la péroraison. Suggérant une fois encore une négociation sur les bases de la conférence de Genève de 1954 en vue de rétablir la paix en Indochine et d'y établir la neutralité, le général formulait cette suggestion :

> « L'ouverture d'une aussi vaste et difficile négociation dépendrait, évidemment, de la décision et de l'engagement qu'aurait auparavant voulu prendre l'Amérique, de rapatrier ses forces dans un délai convenable et déterminé [...]. La France le dit au nom de son expérience et de son désintéressement [...]. Elle le dit en raison de l'œuvre qu'elle a accomplie naguère dans cette région de l'Asie [...]. Elle le dit à cause de l'amitié exceptionnelle et deux fois séculaire que, d'autre part, elle porte à l'Amérique, de l'idée que, jusqu'à présent elle s'en était faite, comme celle-ci se le faisait d'elle-même, savoir celle d'un pays champion de la conception suivant laquelle il faut laisser les peuples disposer à leur façon de leur propre destin. Elle le dit compte tenu des avertissements que Paris a depuis longtemps multipliés à l'égard de Washington [...].
> Elle le dit, enfin, avec la conviction, qu'au degré de puissance, de richesse, de rayonnement, auquel les États-Unis sont actuellement parvenus, le fait de renoncer, à leur tour, à une expédition lointaine dès lors qu'elle apparaît sans bénéfice et sans justification et de lui préférer un arrangement international organisant la paix et le développement d'une importante région du monde, n'aurait rien, en définitive, qui puisse blesser leur fierté, contrarier leur idéal et nuire à leurs intérêts. Au contraire, en prenant une

voie aussi conforme au génie de l'Occident, quelle audience les États-Unis retrouveraient-ils d'un bout à l'autre du monde et quelle chance recouvrerait la paix sur place partout ailleurs ! En tout cas, faute d'en venir là, aucune médiation n'offrira une perspective de succès et c'est pourquoi la France, pour sa part, n'a jamais pensé et ne pense pas à en proposer aucune... »

Le discours du 1er septembre 1966 diffère de ceux de Brazzaville ou d'Alger en ce qu'aucun moyen d'action ne sous-tend plus les termes de l'oracle. D'où le sentiment de vanité qui se mêla, ce soir-là, aux effusions et aux querelles. Passons sur l'aspect de défi aux Américains et sur la désinvolture avec laquelle sont passés sous silence des éléments essentiels de l'affaire tels que les responsabilités françaises dans le chaos vietnamien, et celles de Hanoi... Restait une exhortation grandiose à Washington, fondée sur un parallèle qui supposait que Lyndon B. Johnson se souciât de voir le monde comme le faisait Charles de Gaulle et qu'une nation dont le budget militaire ne comportait pratiquement plus de limites puisse agir comme la France de 1954 ou de 1962. Restait aussi une idée : celle du délai *, de l' « engagement de désengagement » à partir duquel les partisans de la paix, dans le camp communiste, assuraient alors pouvoir amorcer une négociation **.

Norodom Sihanouk jubilait : « Cette fois le général a brûlé ses vaisseaux, s'est engagé à fond à nos côtés, a cessé d'être un spectateur écœuré par la guerre : il est devenu un combattant de la paix. Nous sommes heureux que ce soit à Phnom-Penh que de Gaulle se retrouve être l'homme d'Évian et de la lutte contre l'OAS [9]. » Quant aux auditeurs américains, ils ne cachaient pas leur agacement : « Que fait le général des responsabilités de Hanoi et du Vietcong, de Pékin et de Moscou ? Et croit-il que nous livrions ici une guerre coloniale, comme la France avant 1954 ? »

Mieux que le ton à la fois mélancolique et impérieux sur lequel avait été formulée son adjuration, les confidences faites ce soir-là par le général à son entourage donnèrent à penser qu'il ne se faisait pas d'illusion sur l'efficacité de son intervention. S'il avait cru réussir, il est clair qu'il eût engagé à fond la France et lui-même dans une médiation. Et l'accueil fait le lendemain à sa tentative par la presse internationale lui montra bien les limites de son pouvoir, sinon la vanité de son geste. On peut les résumer ainsi : que signifie une intervention qui ne se fonde ni sur le poids des armes ni même sur une procédure diplomatique engageant la responsabilité de son auteur ?

Restait l'âpre beauté des mots et la sagacité historique qu'ils exprimaient, le choc sur les imaginations, l'appui ainsi accordé à un vaste secteur d'opinion américain qui, de Walter Lippmann à Eugène McCarthy, ne disait rien d'autre, et l'adhésion obtenue dans des dizaines de capitales du Tiers-

---

* D'ailleurs suggérée peu auparavant, lors d'une conférence donnée à Harvard par le diplomate britannique David Ormsby-Gore (devenu lord Harlech), ancien ambassadeur à Washington et ami très proche des Kennedy.
** Un porte-parole du « Vietcong », rencontré le soir même à Phnom-Penh, s'en portait garant auprès de l'auteur.

Monde. Celui qui avait été l'homme du 18 juin, puis de la conférence de Brazzaville, puis de l'autodétermination algérienne, allait ainsi devenir celui du discours de Phnom-Penh.

L'aurait-il été sans le geste décisif accompli trente mois auparavant, et qui déjà avait fait de lui l'interlocuteur privilégié des masses asiatiques ? En annonçant l'établissement de relations diplomatiques entre la France et la République populaire de Chine (au détriment de Taiwan), le 27 janvier 1964, le général de Gaulle s'était acquis en Extrême-Orient — Inde et Japon compris — un crédit sans rival.

L'affaire avait été mûrement réfléchie et préparée par lui, et par lui seul conduite. C'est, comme l'a bien montré Edmond Jouve [10], l'une de celles où le savoir-faire du général apparaît le plus constamment, où sa « main » est la plus visible — goût du secret, sens de l'opportunité, souci de la consultation, soudaineté dans la décision, art de la dramatisation.

Le terrain avait été préparé par les prédécesseurs de Charles de Gaulle dès les années cinquante : au cours de la conférence de Genève de 1954, Pierre Mendès France avait rencontré à Berne le Premier ministre chinois Chou En-lai, dont les efforts en vue d'aboutir au règlement de paix avaient paru prometteurs de lendemains plus positifs encore. Mais le soutien apporté ensuite par Pékin aux insurgés algériens avait bloqué le processus — sans parler du veto latent opposé par Washington à tout rapprochement entre ses alliés et la révolution chinoise.

Ce dernier argument n'était pas de nature à arrêter de Gaulle, on le sait. Au contraire, dirait-on : le plaisir mineur qu'il prenait à rappeler à Washington que la diplomatie française ne s'élabore qu'à Paris se combine ainsi à la satisfaction majeure d'accorder la raison à l'histoire, le droit à la géopolitique. Comment ne pas reconnaître que la Chine est gouvernée par les pouvoirs — bons ou mauvais — de Pékin, et non par ceux de Taipei ? Et comment tenir à l'écart des grands débats de l'Asie et du monde en général ce géant encore courbatu et démuni, mais plus riche d'histoire qu'aucun autre, et qui forme à lui seul le quart de l'humanité ?

Il y a certes l'obstacle Tchang Kaï-chek. Nul moins que de Gaulle, si attaché au souvenir de la lutte commune contre les totalitarismes des années quarante, ne pouvait négliger les droits du chef du gouvernement de Tchoung-King qui avait résisté à l'envahisseur japonais allié des nazis. Nul moins que lui ne pouvait oublier que la légitimité d'un pouvoir se fonde moins sur la résidence en territoire national que sur la contribution à la sauvegarde de l'indépendance de la patrie. Mais sur ce point, précisément, Mao et Chou avaient autant de titres que Tchang — dont nul mouvement organisé, sur le continent chinois, ne semblait plus soutenir la revendication à la légitimité.

Bref, revenant aux affaires, de Gaulle avait fait de la reconnaissance de Pékin un projet à long terme, que l'apaisement du conflit algérien pourrait permettre de réaliser tôt ou tard. En 1957, le général avait lu un livre écrit, au retour d'un séjour en Chine, par Edgar Faure, *le Serpent et la Tortue*[11], dont le titre était significativement inspiré d'un poème de Mao. L'ancien président du Conseil y préconisait l'établissement d'un « lien diplomatique » entre la France et la Chine populaire. Ayant adressé son livre au général, Edgar Faure en avait reçu une réponse « entièrement favorable à [son] point de vue », accompagnée de la réserve habituelle : « Si la France avait un État[12] ! »

En 1960, elle en avait un. C'est alors que le général invita l'ancien président du Conseil à venir « lui parler du problème chinois ». Fallait-il faire « quelque chose » en direction de Pékin ? Le sagace M. Faure conseilla la prudence, tant que le conflit algérien, qui divisait les deux capitales, n'aurait pas trouvé sa solution[13].

Trois ans plus tard, nouvelle convocation du député du Jura à l'Élysée : « Êtes-vous toujours partisan de temporiser ? » Non, fait Edgar Faure : non seulement le conflit algérien a cessé de faire écran entre les deux pays, mais les Chinois sont en difficulté « à cause de leurs frictions avec les Soviétiques ». Quel meilleur moment choisir pour leur tendre la main ? (Le visiteur fit valoir ici au général qu'on ne pouvait « scotomiser un peuple de 600 millions ». Il eut alors la surprise d'entendre de Gaulle lui demander : « Quel est ce mot, scotomiser[14] ? » — méconnaissance curieuse de la part d'un homme en butte à de cruels problèmes de vision...) Et comme l'auteur du *Serpent et la Tortue* indiquait à son hôte qu'il venait précisément d'être invité en Chine, le général lui signifia : « Oui, vous irez en Chine. Mais vous irez comme mon représentant. »

« Mon représentant »... On imagine le coup de joie (comme on a un « coup de sang ») que ces deux mots suscitèrent chez cet homme qui ne pouvait survivre hors de toute fonction officielle, se jugeant nu sans quelque portefeuille, ce prolixe Talleyrand du vignoble de l'Hérault dont le crâne poli fait penser au couvercle de la marmite de Papin, agité qu'il est d'un bouillonnement de projets, d'idées et d'ambitions. Était-il enfin reconnu par le général ? Serait-il son Ulysse, son père Joseph, son Harry Hopkins ?

Les deux interlocuteurs établirent sur-le-champ un « projet minutieux » comportant deux visites — l'une, à l'aller, faite au prince Sihanouk, l'autre, au retour, à M. Nehru — qui brouilleraient les pistes à propos de l'objectif réel du voyage. Et le général remit à Edgar Faure une lettre personnelle l'accréditant auprès des autorités chinoises.

Atterrissant à Pékin à la fin d'octobre 1963 en compagnie de sa femme Lucie, l'émissaire du général constate que les dirigeants chinois le traitent en négociateur. C'est Chou En-lai qui prend l'affaire en main et établit, avec Edgar Faure, un protocole d'accord que, le 2 novembre, l'envoyé français prend sur lui de signer *ad referendum**, bien qu'il n'eût été chargé que d'une mission de sondage : ce dont le Quai d'Orsay se formalisera, mais non le général.

---

* C'est-à-dire sous réserve de l'approbation des autorités officielles.

Une visite à Mao Tsé-toung ayant mis sur sa mission le sceau le plus solennel, l'ancien président du Conseil repartit pour l'Europe en faisant escale à New Delhi, d'où il adressa à l'Élysée le texte du projet d'accord. Le général en avait pris connaissance quand il reçut son envoyé, le 22 novembre 1963, le jour même de l'assassinat du président Kennedy — qu'ils déplorèrent en commun car, écrit Edgar Faure, « nous avions vaguement dans l'idée que les Américains pourraient tirer parti [...] de notre initiative, notamment pour ce qui est du Vietnam [...]. Je pense que cela aurait pu être le cas pour l'administration Kennedy [13] ».

Compte tenu de la disparition du jeune président, les deux hommes convinrent que la conclusion de l'affaire devait se situer en janvier 1964. Mais ils ne négligeaient pas pour autant l'hypothèque qui pesait toujours sur la normalisation des rapports entre Paris et Pékin : les relations officielles entre la France et le gouvernement de Taipei, présidé par le maréchal Tchang Kaï-chek.

De Gaulle répugnait à humilier ce compagnon de guerre. Comment lui laisser l'initiative du geste ? (Scrupule quelque peu jésuitique, le choix fait, contre lui, de Pékin constituant la vraie et seule gifle dont pût souffrir le maréchal de Taïwan...) L'opération s'avérait d'autant plus délicate que, pour mettre de Gaulle dans l'embarras, Washington pressait Tchang de ne pas rompre avec la France [16].

Le 24 décembre, le président de la « République de Chine » (Taïwan) écrivait à son homologue français pour le mettre en garde contre l'initiative qui, lui disait-on, se préparait à Paris. Le 14 janvier 1964, le chef de l'État français lui répondait :

> « Il est en effet exact que dans un avenir assez proche, mon gouvernement entrera en relations diplomatiques avec le gouvernement établi à Pékin. Je ne me dissimule pas que l'annonce que je vous en fais ne manquera sans doute pas de décevoir votre attente. Mais [...] la France ne saurait ignorer plus longtemps un fait qui s'est établi... »

Ayant rappelé les précédents créés par d'autres États occidentaux * qu'il ne cite pas, et les échanges antérieurs de Paris avec Pékin à l'occasion de grandes négociations internationales, de Gaulle conclut en rappelant à son correspondant des sentiments d' « admirative estime qui [...] ne changeront pas [17] ».

Tant pour atténuer la violence du coup que pour s'assurer que son ancien compagnon de guerre ne le mettra pas dans l'embarras en se refusant à rompre le premier, le général de Gaulle dépêche à Taipei, le 20 janvier, deux émissaires, le général Pechkoff ** qui l'avait représenté pendant la guerre auprès du gouvernement de Tchoung-King et le colonel Guillermaz, sinologue prestigieux. Le maréchal prie les envoyés français de convaincre de

---

* La Grande-Bretagne (qui entretient des rapports avec les « deux Chine », sans parler de Hong Kong...), l'Éthiopie et la Suisse notamment.
** Fils de Maxime Gorki.

Gaulle de retarder sa décision : est-il si pressé de faire un cadeau aux communistes ?

Peine perdue. Le 24 janvier, Pechkoff et Guillermaz rendent compte à de Gaulle de leur mission, d'où il ressort que le vieux président de Formose est plus chagriné par sa décision que décidé à bloquer les issues. Une mission discrète de Jacques de Beaumarchais * auprès de l'ambassadeur de Chine à Berne ayant permis de compléter le texte paraphé en novembre par Edgar Faure, un communiqué commun fut simultanément publié le 27 janvier à Pékin et à Paris, spécifiant que les deux gouvernements avaient décidé « d'établir des relations diplomatiques » et à cet effet, d'échanger des ambassadeurs « dans un délai de trois mois ». Le gouvernement de Pékin jugea utile de préciser de son côté que le geste de la France impliquait de sa part le rejet de la théorie des « deux Chine » et la reconnaissance de Taiwan comme « partie intégrante de la Chine ».

Si fréquentes et insistantes qu'eussent été les rumeurs suscitées par les va-et-vient entre Paris et Pékin depuis le début de 1963 ** et les allusions faites par le général ou M. Couve de Murville à un renouveau des relations franco-chinoises, ce texte fit sensation. Il ne restait à Charles de Gaulle qu'à lui conférer la dramatisation esthétique qui convenait à ces noces tardives entre la réincarnation des rois capétiens et l'héritier des empereurs du Milieu du monde.

Le 31 janvier 1964, un an et quelques jours après avoir dit « non » à Kennedy et Macmillan, le fondateur de la Ve République allait formuler un « oui » solennel à l'adresse des héros de la Longue Marche. Nous n'étions pas dans la cité interdite, seulement dans le plus bourgeois des palais parisiens. Mais un souffle venu des hautes plaines où paissaient les troupeaux des empereurs mandchous passa cet après-midi-là sur la salle des fêtes de l'Élysée :

> « La Chine, un grand peuple, le plus nombreux de la terre... et un très vaste pays géographiquement compact quoique sans unité, étendu depuis l'Asie Mineure et les marches de l'Europe jusqu'à la rive immense du Pacifique, et depuis les glaces sibériennes jusqu'aux régions tropicales des Indes et du Tonkin ; un État plus ancien que l'Histoire, constamment résolu à l'indépendance, s'efforçant sans relâche à la centralisation, replié d'instinct sur lui-même et dédaigneux des étrangers, mais conscient et orgueilleux d'une immuable pérennité, telle est la Chine de toujours [18]... »

Un cours de géopolitique à l'ancienne... Après avoir rendu hommage au rôle historique de Tchang Kaï-chek qui avait « tenté de canaliser le torrent » de la révolution, rappelé que les progrès accomplis naguère grâce à un « énorme effort » par la Chine n'allaient pas sans « de terribles souffrances populaires [...] comme c'est toujours le cas en système communiste », évoqué sans ménagement « l'inévitable différence des politiques nationales »

---

* Directeur d'Europe au Quai d'Orsay, très proche de M. Couve de Murville.
** Les visites de missions conduites par M. G. Georges-Picot, président de la Compagnie de Suez, ou par le député UNR François Bénard.

entre Moscou et Pékin, le général, faisant valoir que « depuis quinze ans, la Chine presque tout entière est rassemblée sous un gouvernement qui lui applique sa loi [et] se manifeste comme une puissance souveraine et indépendante » et que la France avait été amenée à négocier avec elle, présentait comme « normal » et « nécessaire », fondé sur « l'évidence » et la « raison », l'acte diplomatique qui venait d'être accompli.

Se gardant de nourrir trop d'illusions sur les perspectives économiques, techniques et même politiques ouvertes par ce geste, et se contentant d'évoquer « ce qu'auront peut-être de fécond les rapports de peuple à peuple », le président de la Ve République n'en marquait pas moins avec force qu' « aucune réalité politique » ne saurait être considérée, en Asie, « ni guerre ni paix » sans que la Chine « y soit impliquée » : ainsi plaçait-il son geste sous le signe de la grande négociation asiatique plus que dans le cadre des intérêts français. Mais il ne saurait conclure sans exprimer l'espoir qu'indépendamment des contradictions idéologiques un tel échange puisse faire que « les âmes, où qu'elles soient sur la terre, se rencontrent un peu moins tard au rendez-vous que la France donna à l'univers, voici cent soixante-quinze ans, celui de la liberté, de l'égalité et de la fraternité [19] ».

Qu'il était heureux, cet après-midi-là, de Gaulle, déambulant à travers les espaces infinis, manipulant la mappemonde, superbe de mesure, débonnaire dans la démesure, un peu Marco Polo, un peu Teilhard, distribuant leçons, préceptes et rappels par-dessus les mers et les montagnes, faisant des réalités les plus évidentes la matière première de l'épopée dont il nourrit ses songes...

Les lendemains furent plus modestes d'abord, plus amers ensuite : deux ans plus tard, alors que l'ambassade conduite par Lucien Paye *, ancien ministre de l'Éducation nationale, portait enfin ses premiers fruits, la révolution culturelle faisait de la Chine le chaudron des sorcières — fort mal accordé aux visées pacificatrices et rationnelles du chef de l'État français. Et ce sont, disciples à leur manière du général, Henry Kissinger et Richard Nixon qui recueilleront en 1972 les fruits de l'opération amorcée huit ans plus tôt à Paris.

Charles de Gaulle ne verra pas cet aboutissement. Mais il aurait pu à bon droit en revendiquer le patronage. Ni Richard Nixon ni Henry Kissinger ne manquèrent de lui reconnaître un rôle de pionnier. Le premier en fait l'une des composantes du portrait du général qu'il trace dans *Leaders* **. Le second en faisait confidence à quelques auditeurs français (dont l'auteur) un soir d'octobre 1980, convenant que l'établissement des relations franco-chinoises, en 1964, avait ouvert la voie à sa propre initiative, ce voyage en Chine de l'été 1971 qui fit basculer d'un coup les perspectives diplomatiques en Asie. Ainsi arriva-t-il à Charles de Gaulle de jouer les Edgar Faure pour le compte des États-Unis ***.

---

* Qu'à précédé, comme chargé d'affaires, Claude Chayet, naguère négociateur avec le FLN algérien.
**. Voir plus haut, chapitre 13.
*** Qui avaient d'abord fait très mauvais accueil à l'initiative chinoise du général.

Tiers-Monde d'Afrique, Tiers-Monde d'Asie. Il en est aussi un en Amérique. Au sud du Rio Grande règne tout autant ce en quoi le sociologue argentin Gino Germani voit la caractéristique fondamentale du Tiers-Monde — qui n'est pas la misère (que dire des immenses bidonvilles d'Occident ?) ni l'analphabétisme (7 % des Français témoignent de l'universalité du mal) mais la « coexistence du non-contemporain », féodalisme et tribalisme médiéval côtoyant, de l'Éthiopie au Brésil et du Pakistan au Maroc, les métropoles les plus modernes et la maîtrise des techniques les plus avancées.

La percée de Charles de Gaulle vers l'Amérique latine suit de très peu l'ouverture de ses relations avec Pékin. C'est au cours de la conférence de presse « chinoise » du 31 janvier 1964 qu'il a annoncé son prochain voyage à Mexico. Parlant de la coopération qui « dépasse le cadre africain et constitue, en vérité, une politique mondiale » car

> « la France peut se porter vers d'autres pays, qui, dans d'autres continents, sont, plus ou moins largement, en cours de développement, qui nous attirent d'instinct et de nature et qui, souhaitant pour leur évolution un appui qui leur soit prêté suivant notre esprit et à notre manière, peuvent vouloir nous associer directement à leur progrès et, réciproquement, prendre part à tout ce qui est de la France »,

il conclut :

> « C'est de cela que nous comptons nous entretenir prochainement avec M. Lopez Mateos, président du Mexique. »

Lequel avait été reçu en visite officielle à Paris en mars 1963.

Pourquoi cette réorientation de la diplomatie gaullienne vers un horizon qui lui a été jusqu'alors peu familier, et où les intérêts et l'implicitation de la France sont beaucoup moins évidents qu'en Afrique ou en Asie, voire qu'en Océanie ? Il ne faut pas oublier que, sous l'impulsion primordiale de Jacques Soustelle, en 1940, l'Amérique latine avait joué un rôle positif dans l'histoire de la France libre (que l'Uruguay et le Pérou furent les premiers États à reconnaître) ; que du Brésil, où il s'était exilé, Georges Bernanos avait adressé à l'opinion internationale quelques-uns des plus beaux textes qu'ait suscités l'entreprise de la France combattante ; et que quelques-uns des plus grands écrivains latino-américains, comme Miguel Angel Asturias, s'étaient faits les avocats passionnés de la cause gaulliste.

De Gaulle n'était pas homme à ignorer à quel point la culture française — poétique, juridique, politique — imprégnait l'intelligentzia brésilienne, péruvienne ou chilienne, ni que les sombres souvenirs de l'intervention déclenchée au Mexique par le second Empire étaient contrebalancés, en ce pays, par l'attachement à la France dont le libérateur Hidalgo avait donné les preuves.

Et dans la mesure où l'ensemble des démarches alors entreprises par le général, libéré par la paix algérienne mais freiné par ses voisins européens, visait à contester l'hégémonie américaine, où trouver meilleur point d'application de ce levier diplomatique qu'en Amérique latine, chasse gardée de la puissance des États-Unis ? En pénétrant à Mexico, à Caracas, à Bogota, Charles de Gaulle manifestait, mieux que partout ailleurs, la multipolarité du monde et le pluralisme de sa propre diplomatie.

Dès 1962, il avait choisi comme ambassadeur à Mexico un homme de confiance, le vieux gaulliste Raymond Offroy * dont il connaissait l'ardeur à entreprendre. Il ne fallut pas un an à cet homme d'action pour organiser le voyage en France du président Lopez Mateos, premier chef d'État mexicain accueilli officiellement à Paris. Cette visite est pour de Gaulle l'occasion de faire un geste attendu avec passion par les Mexicains : la restitution de trois drapeaux pris un siècle plus tôt aux troupes de Juarez par celles de Maximilien et depuis lors conservés aux Invalides. Cet hommage rendu au visiteur est une adroite préparation psychologique au voyage que le général a décidé de faire au Mexique sitôt l'affaire chinoise réglée.

Triomphe assuré ? Non. Les données positives et négatives s'entrecroisaient, à la veille d'un tel voyage. Positives ? Aux yeux des foules d'Amérique latine, de Gaulle apparaissait comme un « caudillo » féru d'indépendance, un intrépide « homme à cheval » voire comme un autre Bolivar (qui avait nourri à Paris ses projets libérateurs). Ce temps-là n'était pas encore celui des dictatures féroces qui allaient ensanglanter l'Argentine, l'Uruguay et le Chili ; les militaires étaient encore associés au siècle des Lumières, et à l'enseignement positiviste d'Auguste Comte dont ils s'étaient faits, sur ce continent, les interprètes. L'uniforme du général n'était donc pas un facteur négatif.

En ces années où le prestige de Cuba restait vivace, où sous ses diverses formes le populisme brésilien gardait son rayonnement **, où le tiers-mondisme semblait offrir un avenir, où les officiers péruviens affirmaient leur esprit d'indépendance, la visite du chef d'État occidental qui symbolisait l'indépendance à l'égard des États-Unis ne pouvait manquer de séduire les foules.

Mais les derniers généraux français que l'on avait vus au Mexique étaient Bazaine et ses compagnons : on les traitait encore de « ladrones », de voleurs. Et l'un des thèmes que devait, disait-on, développer le visiteur, celui de la « latinité », était assez mal vu au Mexique : il restait associé à la propagande de Napoléon III, à un certain cléricalisme et en contradiction avec les références aux racines indiennes qui, depuis quelques années, séduisaient les élites mexicaines.

Quant à l'appui que prétendait offrir de Gaulle à une émancipation de Mexico par rapport à Washington, il se trouvait bien des privilégiés pour le juger intempestif : ne prospérait-on pas sous l'égide des grands voisins ? On aimait bien dénoncer leurs empiétements, les traiter de « gringos ». Mais ne

---

* Qui avait été — notation amusante — l'*alter ego* d'Edgar Faure au secrétariat général de son gouvernement d'Alger en 1943-1944.
** Bien qu'exclu depuis peu du pouvoir par les militaires.

faisait-il pas bon vivre sous leur protection, plutôt qu'exposés à quelque révolution... Bref, l'entreprise comportait des risques.

D'un coup, de Gaulle prit l'ascendant. Il n'avait pas plutôt atterri à Mexico que, sur la place centrale de la capitale, le *Zocalo* où s'entassaient 300 000 exaltés, il rugissait une quinzaine de phrases en espagnol conclues par un « *Marchamos la mano en la mano* » qui valait bien le « Je vous ai compris » d'Alger et déclencha la même acclamation.

Laquelle redoubla jusqu'au délire, jusqu'à des manifestations qui épouvantèrent les responsables de la sécurité le lendemain (on était dix-huit mois après l'attentat du Petit-Clamart, six mois après celui de Dallas), lors de la visite du président français à l'université de Mexico. Avant que la voiture du général n'atteigne la porte où l'attendaient le ministre et le recteur, les étudiants bloquèrent le véhicule, extirpèrent le général de sa voiture et le portèrent en triomphe jusqu'à l'amphithéâtre. « Nous sommes tous bousculés, happés, renversés, raconte l'ambassadeur Offroy... Je me trouve à la hauteur d'un reporter qui hurle : " Ici, Europe n° 1 : je suis debout sur le ventre d'un général mexicain [20]... " » Jean Mauriac, qui suivit tous les voyages de Charles de Gaulle, devait nous confier que jamais il n'avait eu si peur pour le général [21].

Lui, il était enchanté. Ici, ce n'est plus le bain de foule, c'est la plongée dans la houle. Et c'est assuré d'avoir gagné son pari qu'il lance à Raymond Offroy, en montant dans l'avion pour la Guadeloupe : « Plantez-moi un drapeau français ici, aux portes des États-Unis ! »

Ce drapeau allait prendre la forme d'un métro — et guère davantage. Moins parce que le voisin du nord a fait le nécessaire pour détourner la clientèle mexicaine des séductions de l'intrus, mais parce que Paris ne prend pas les moyens (les avait-il ?) de faire fructifier l'initiative tonitruante de l'orateur du *Zocalo*. « *La mano en la mano* »? Oui. Mais quand cette main est vide...

Elle fut saisie avec chaleur, tout de même, avec empressement aussi, lors du second voyage latino-américain du général, six mois plus tard, du 20 septembre au 16 octobre. En un peu plus de trois semaines, prenant l'avion ou naviguant sur le croiseur *Colbert,* Charles de Gaulle allait être l'hôte de dix États de l'Amérique méridionale — le Venezuela, la Colombie, l'Équateur, le Pérou, la Bolivie, le Chili, l'Argentine, le Paraguay, l'Uruguay et le Brésil.

Voyage pathétique, non seulement parce qu'il fait éclater le décalage entre les rêves et les réalités vécues, mais aussi parce qu'on devait apprendre plus tard que cet homme de 74 ans avait rempli ce programme épuisant une sonde plantée dans la vessie — cinq mois après avoir été opéré à l'hôpital Cochin —, prononçant deux ou trois allocutions par jour, dont une partie en espagnol...

Il marque son arrivée à Caracas, le 21 septembre, par une dénonciation des « hégémonies », un éloge des indépendances nationales, un hommage à l'attitude adoptée par le Venezuela vis-à-vis de la France libre. Le lendemain, il est à Bogota, qu'il qualifie naturellement d' « Athènes du continent américain », où il visite la maison de Bolivar et rappelle, devant le Parlement, le rôle qu'ont joué, dans l'émancipation de la Colombie, les idées de la Révolution française. Et à Quito, dominé par une junte de quatre généraux, il salue le renouveau de l' « immense continent » sud-américain et le « renfort décisif de notre latinité » » : il a lâché le mot qui fait grincer quelques plumes dans les pays indiens comme la Bolivie et le Pérou où il va faire étape ensuite.

Ici et là, on lui rappelle que le souci d'indépendance ne va pas jusqu'à la renonciation à la tutelle des États-Unis. Mais le succès reste vif. À Lima comme à Cochabamba (Bolivie), il plaide pour une coopération entre la France et ses hôtes, aussi bien que pour la stabilisation des prix des produits agricoles tropicaux, vieille revendication des pays producteurs de matières premières que les variations des prix du café ou du sucre ruinent d'un jour à l'autre. Fallait-il pourtant qu'à Lima, ou, à l'école militaire, les cadets défilent devant lui dans des uniformes du premier Empire au son de la marche dite « des Africains » (dont Leclerc avait fait celle de sa division), il fasse un éloge aussi appuyé de ces « plus désintéressés des hommes que sont les soldats » ? Il ne devait être que trop entendu par une armée qui, au Pérou, allait accaparer pendant près de vingt ans le pouvoir...

Il ne pouvait certes prévoir, à Santiago, en faisant l'éloge d'une Constitution assimilée à celle dont il avait doté la France, que neuf ans plus tard la démocratie chilienne, en ce temps-là présidée par Eduardo Frei, serait écrasée par des généraux alors considérés comme des parangons de la légalité. Fut-il imprudent en conseillant aux Chiliens d'adopter la procédure référendaire ? Ils le firent six mois plus tard — sans qu'on puisse déceler en tout cas le moindre lien entre cette novation constitutionnelle et les longues intrigues qui allaient abattre Salvador Allende.

Doublant à bord du *Colbert* le détroit de Magellan, le général de Gaulle accoste le 3 octobre à Buenos Aires, où l'accueille le président Ilia — et aussi de violentes manifestations de péronistes qui, en la personne de ce « caudillo », prétendent saluer leur chef exilé. Dans ce pays où se combinent de si diverses influences européennes — italiennes et allemandes presque autant qu'espagnoles —, de Gaulle infléchit légèrement son discours. Averti que plusieurs de ses hôtes, de Lima à Santiago, ont regretté qu'il parlât moins de la coopération avec l'Europe qu'avec la France, il évoquera l' « ancien monde [qui] revenu de ses déchirements va se montrer de nouveau comme la grande source de la raison humaine ». Mais, ajoutera le visiteur, « nous sommes au siècle où l'Amérique latine, en marche vers la prospérité, la puissance et l'influence, verra paraître son jour, tel que l'annonça Bolivar ».

Il ne peut aller au Paraguay sans paraître aux côtés du sinistre dictateur Stroessner, et reçoit, en Uruguay, un accueil plus amical encore que partout ailleurs. Et c'est par le Brésil qu'il clôt ce scintillant périple, à Brasilia où, tenant compte des liens étroits entre le régime du général Castelo Branco et les États-Unis (liens que la majorité ne semble guère contester), il nuance ses appels à l'indépendance de quelques rappels des réalités :

« Certes, puisque vous êtes un État américain latin, il est évident que vos intérêts, vos activités, vos soucis, sont essentiellement déployés sur le nouveau continent. Il est également évident que, nous-mêmes, étant des Européens, devons tenir compte avant tout de ce qui se passe dans l'ancien monde, mais les raisons de nous accorder n'en sont que plus pressantes [entre] les organisations proprement américaines dont vous faites actuellement partie et les communautés européennes auxquelles nous appartenons[22]... »

Il ne quittera pas le Brésil — où il apprend, on l'a vu*, la destitution de Nikita Khrouchtchev — sans demander au chef de l'État ce qu'est une dictature militaire. « C'est, riposte le général Castelo Branco, un régime où les officiers s'emparent du pouvoir avec regret, et le quittent avec plus de regrets encore... » Ce n'est pas cette repartie ambiguë, c'est le déclenchement de la « guerre de la crevette » contre la France qui devait faire dire deux ans plus tard à de Gaulle : « Le Brésil n'est pas un pays sérieux... »

Un bilan de ce voyage ? Le général se contenta de déclarer, dans son allocution de fin d'année, le 31 décembre 1964 : « Nous prenons avec l'Amérique latine, continent au très vaste avenir et particulièrement proche de nous par l'esprit et par le cœur, des contacts de plus en plus étroits. » Ce qui parut modeste, compte tenu des ambitions déclarées. De Gaulle était-il déçu ? Le *New York Times* consacra à la visite gaullienne cette judicieuse analyse :

« Si le président de Gaulle a été accueilli en Amérique latine avec chaleur, admiration et affection, il est clair que son rêve d'une troisième force latine sous l'influence de Paris n'est qu'un rêve... Comme beaucoup d'autres Européens, de Gaulle a surestimé les sentiments anti-yankee de l'Amérique latine et sous-estimé les liens de solidarité de la communauté continentale avec les USA. Quant à la France, en dépit des acclamations, elle paraissait lointaine... Un ministre colombien déclarait ainsi : " Tout ce qu'on peut attendre de cette visite, c'est un sentiment de grandeur " [23]... »

On pourrait, pour conclure, retenir deux observations. L'une faite le 7 octobre à l'Assemblée nationale par le Premier ministre Georges Pompidou, affirmant qu'un projet visant, de la part de la France, à se substituer aux États-Unis en Amérique latine serait « dépourvu de sens ». L'autre, de Paul-Marie de la Gorce, formulée cinq ans après l'événement. Dans la démarche latino-américaine du général, qui aurait eu plus de portée, selon lui, si elle avait été celle d'une Europe unie (mais une telle Europe aurait-elle donné un mandat de ce genre à Charles de Gaulle ?), cet observateur avisé voit certes un accroissement du « prestige » de la France au sud du Rio Grande. Mais, ayant pu évaluer sur place les résultats du voyage, il assure que cette politique « demeura plus une intention qu'une réalité [24] ».

Du climat créé par cette visite, un contemporain garde une impression de défi lancé aux États-Unis. Qui relit ou recueille aujourd'hui textes et relations des témoins en vient à rectifier ce point de vue : ce qui frappe au

---

* Voir chapitre 14.

contraire, surtout à partir de son passage en Bolivie, c'est la prudence du voyageur, son souci de ne pas heurter ses alliés de Washington — que cette réserve lui fût dictée ou non par les réflexions de ses hôtes qui, de Caracas à Sao Paulo, ne manquèrent pas de lui rappeler la solidité des liens qui les unissaient à Washington.

Reste que le général de Gaulle sut très souvent lancer son message aux peuples, par-dessus la tête des dirigeants. Ce n'était pas M. Leoni ou M. Belaunde Terry qu'il pensait exalter, mais les foules de Cochabamba ou de Cordoba. Et c'est par là que ce voyage de 1964 est resté dans les mémoires.

Attentif à se concilier les masses latino-américaines, Charles de Gaulle fit-il quelques pas du côté de la révolution cubaine ? La guerre algérienne avait tenu longtemps Castro et les siens à distance de Paris. Les accords d'Évian signés, et le soutien politique apporté par de Gaulle à Kennedy lors de l'affaire des fusées oublié, on parla de contacts, de visites à Paris d'Ernesto Guevara. On parla même, à la suite de ces tractations, de livraisons d'armes françaises à Cuba... Ce qui paraît peu vraisemblable, le « Che » ayant visité moins souvent Paris que les capitales africaines où l'on s'en prenait volontiers au « néo-colonialisme français ».

Mais plusieurs années auparavant s'était déroulé un curieux épisode diplomatique, qui définit assez bien les relations franco-cubaines — et aussi franco-américaines au temps d'Eisenhower. Donnons la parole à un diplomate français qui sait de quoi il parle :

« J'ai reçu, en 1959, la visite d'un émissaire cubain (je ne suis plus très sûr s'il s'agit de M. Che Guevara ou du frère de Fidel Castro) qui venait m'expliquer que son pays avait été coupé de toute source d'approvisionnement aux États-Unis, par suite d'une décision de Washington. Toute la logistique cubaine étant d'origine nord-américaine, rien ne fonctionnait plus dans son pays et la crise y prenait des proportions catastrophiques.

« Le gouvernement castriste demandait donc à la France d'assumer la suite en aidant Cuba à remettre en marche son économie. D'ailleurs Cuba était capable de payer avec ses exportations de canne à sucre et ne demandait donc pas une aide financière.

« Je résumais cette démarche dans une note qui, transmise par la voie hiérarchique, alla jusqu'à l'Élysée où elle fut annotée par le général de Gaulle : il était d'accord sur le principe mais ajoutait qu'il fallait obtenir le feu vert du gouvernement de Washington, Cuba faisant partie " de la zone d'intérêt stratégique des États-Unis ".

« Cette note redescendit jusqu'à moi et mon service effectua une démarche auprès de l'ambassade américaine à Paris. Quelques semaines plus tard, je reçus la visite d'un diplomate américain qui me dit : " *Thumbs down* *... on estime à Washington que le régime cubain ne durera pas plus de six mois [25]". »

La remarque du général de Gaulle, le fait qu'à la suite du veto américain

---

* « Baissez les pouces ! » c'est dire malheur aux vaincus.

Paris ait obtempéré, montre assez bien les limites du « neutralisme » gaullien et la nature de l' « antiaméricanisme » du monsieur de l'Élysée.

Au crédit de la politique latino-américaine du général de Gaulle, il faut mettre l'opération de sauvetage de Régis Debray, capturé en 1967 dans les maquis boliviens par des unités « spéciales » qui faisaient rarement quartier et venaient d'abattre le « Che » Guevara. Livré au général Barrientos, dont la réputation faisait frémir, l'auteur de *Révolution dans la révolution* fut sauvé par une intervention personnelle du général de Gaulle auprès du pouvoir bolivien, le vieux Français libre Dominique Ponchardier étant alors ambassadeur à La Paz. Que des relations de famille aient joué ou non[*], le fait est que le président de la République prit le risque de mettre en jeu son crédit pour la sauvegarde de l'un des hérauts de la révolution latino-américaine.

De Gaulle promoteur d'une « troisième force » mondiale, de ce qu'on appelait déjà le « non-alignement » — expression diplomatique des réalités socio-économiques que recouvre plus ou moins justement la formule de Tiers-Monde ? De Gaulle « neutraliste », en quête d'une position médiane au nom de laquelle il eût renvoyé « dos à dos » les deux superpuissances hégémoniques ? C'est une description qu'ont faite parfois les publicistes américains, quelques théoriciens de l'atlantisme ou de l'Europe selon Jean Monnet, des hommes d'État comme Paul-Henri Spaak.

On serait tenté de réfuter cette présentation des choses en citant (comme on l'a fait) tel ou tel propos — ou tel ou tel acte — du général si l'on n'avait découvert, lors d'un voyage à Belgrade, un curieux document : un message adressé au général de Gaulle, le 7 mars 1968, par le maréchal Tito. Le père du non-alignement conviait le chef de l'État français à une conférence sur ce thème prévue à Belgrade pour l'été suivant — projet que ruina l'intervention soviétique en Tchécoslovaquie, tant les réactions des supposés « neutres » à cette agression avaient été contradictoires, allant de la complicité ouverte (Cuba) à l'indignation (Belgrade), en passant par l'indifférence (Alger).

Le texte de Tito à de Gaulle n'est pas une invitation en bonne et due forme. C'est une invite discrète. Mais elle est formulée sur un ton qui implique qu'aux yeux du maréchal yougoslave, de Gaulle est d'ores et déjà en sympathie avec ce « programme constructif... d'indépendance et de progrès économique ».

En ne faisant aucune réponse à cet appel[**], le général de Gaulle a-t-il marqué que le non-alignement ne le concernait pas ? Ou qu'on ne s'accouple pas, pour le réaliser, avec un communiste ? Observons que, peu de semaines plus tard — on est en mars 1968 —, d'autres sujets accaparèrent son attention. Non sans ajouter que l'effervescence parisienne ne le détourna pas

[*] Les Debray, originaires de Calais, sont liés aux Vendroux, famille de Mme de Gaulle.
[**] Aucune trace, m'a-t-on dit, n'en existe à Belgrade ni à Paris.

de consacrer son dernier voyage à l'étranger en tant que chef de l'État à la Roumanie, elle aussi concernée par le non-alignement, et qualifiée parfois de « France du bloc de l'Est ». Les propos qu'il échangea en l'occurrence avec M. Ceaucescu n'étaient pas de nature à décevoir le maréchal Tito.

Mais quoi : de Gaulle neutraliste, de Gaulle rompant avec les États-Unis, de Gaulle mué en Nehru européen ? Non. Quelles qu'aient été ses vues à long terme, les circonstances détournèrent le général de ce choix aventureux. En négociant avec Hanoi, Washington est alors en passe de désamorcer l'une des plus violentes campagnes menées, contre l'alignement atlantique, par de Gaulle. A la veille de se retirer, le fondateur de la Ve République va tenter de se rapprocher de Londres et décider de renouveler l'adhésion de la France au Pacte. Pour incommode qu'il fût, de Gaulle restera jusqu'au bout — en dépit de ce qu'on pourrait appeler le vertige nucléaire — un allié de l'Occident.

17. Le « je » nucléaire

L'apocalypse nucléaire, Charles de Gaulle n'en excluait pas l'éventualité — ou du moins faisait mine de ne pas tout à fait l'exclure. Recevant, en juillet 1959, Francis Perrin, haut-commissaire à l'énergie atomique qui tentait de le détourner de passer de l'effort nucléaire à l'aventure thermonucléaire, le président de la République déclara, pour justifier la décision qu'il venait de prendre : « Perrin, la guerre atomique aura lieu. Je ne la verrai pas, mais vous, vous la verrez[1]. » Le général avait alors 68 ans, Francis Perrin 54...

Sondage ? Provocation ? Prophétie ? Aucune de ces hypothèses, pas même la plus réductrice, ne saurait conduire à remettre en cause cette donnée centrale de la stratégie gaullienne : que la possession de l'arme atomique était, à partir du milieu du xxᵉ siècle, plus qu'un symbole, l'atout essentiel de l'indépendance nationale. Pas d'État décideur sans l'arme suprême. Pas de souveraineté sans la terreur qu'inspire le souvenir d'Hiroshima. Pas de défense « nationale », et par là pas d'initiative diplomatique, sans possibilité de recours autonome au feu nucléaire.

Entre de Gaulle et la bombe, s'établit une convergence impérieuse. Tout ce qu'il a voulu être, tout ce qu'il a été — et tout ce qu'il a souffert de ne pas avoir — exige qu'il se dote de cet atout irremplaçable. Le feu nucléaire est consubstantiel au gaullisme d'État, comme le principe d'indépendance et la suprématie du décideur.

Si les justifications stratégiques et diplomatiques lui avaient manqué pour faire de « sa » bombe la colonne vertébrale de l'indépendance française, le principe d'unicité, de centralisation suprême de la décision l'eût, en son esprit, imposée : comment mieux manifester que, s'agissant de la sauvegarde de la nation, Charles de Gaulle était seul maître à bord ? Comment réaliser mieux l'objectif central du gaullisme : donner à de Gaulle les moyens de faire la France libre ?

Nul mieux, ou plus vite que lui, n'avait compris le « pouvoir égalisateur » ou niveleur de l'atome ; et nul plus que lui n'en tira la conclusion que cette arme ultime était de nature à faire, de la nation qui la détenait et pour peu qu'elle affiche sa détermination d'y recourir, un sanctuaire inviolable ; et que celui qui, dans la nation, était investi de la décision d'en user devenait un être unique, un personnage solitaire comme le vrai chef doit être, doté d'un pouvoir sans partage, in-sécable, a-tomique dans le sens le plus profond du mot. Dans une France inviolable, un de Gaulle inégalable. Voilà réalisé le rêve absolu. Pas de Jupiter sans foudre. Sans Jupiter, que serait la foudre ?

La possession du feu nucléaire accomplit le projet gaullien. Mais elle ne procède pas de son système. Dès avant la prise en charge de l'État par le fondateur de la Ve République, la bombe atomique française était en gestation. Si impérieuse en paraissait sa nécessité que la IVe République — la molle, l'indécise et plurielle IVe — avait lancé le pays dans cette aventure de haute mer. Ainsi, à la veille des élections présidentielles de 1965, une brochure du parti gaulliste, l'UNR, pouvait rappeler aux électeurs que « de Gaulle n'a rien inventé, il n'a fait qu'accélérer une évolution devenue irréversible ». Mais le général avait été associé à presque toutes les étapes de la construction du pouvoir nucléaire français.

Tout, du point de vue de Charles de Gaulle, remonte à l'entretien qu'il eut, le 11 juillet 1944 à Ottawa avec deux savants français, Bertrand Goldschmidt et Jules Guéron qui travaillaient depuis de longs mois à Montréal, au sein d'une équipe anglo-canadienne, à extraire du plutonium du stock d' « eau lourde » transféré en 1940 de Norvège en France, puis en Angleterre *et enfin au Canada. Goldschmidt et Guéron, bien que ne travaillant pas directement sur l'arme elle-même, avaient pris l'initiative de prévenir le chef de la France libre (tenu naturellement par Washington et Londres dans l'ignorance) de ce qu'il devait appeler « un travail d'apocalypse ».

Violation d'un secret de défense interalliée ? Les deux chercheurs français s'étaient jugés en droit d'informer de Gaulle non seulement parce que la France libre constituait un élément important du dispositif commun, mais parce que l'ensemble de la recherche trouvait une partie de ses origines en France : c'est à Paris que la radioactivité artificielle avait été découverte par Frédéric et Irène Joliot-Curie, en 1934 ** ; et à Paris aussi qu'avaient été dégagés les principes du réacteur nucléaire, en mai 1939, par l'équipe de physiciens du Collège de France : Joliot, Francis Perrin, Hans Halban et Lev Kowarski.

Les explosions d'août 1945 étaient évidemment apparues à de Gaulle, chef du gouvernement depuis un an, comme annonciatrices d'un monde nouveau. Sans dissimuler ni l' « épouvante » qu'il ressentait ni l'admiration que suscitait en lui la façon dont les États-Unis avaient usé de leur monopole — on a cité les réflexions recueillies à ce sujet par Claude Mauriac *** —, il avait très vite décidé de ne pas laisser la France à l'écart de cette recherche. Le 18 octobre 1945, quelques jours après la publication d'un pénétrant article de l'amiral Castex, stratège qu'il respectait entre tous, sur la révolution nucléaire, le général de Gaulle créait le Commissariat à l'énergie atomique (CEA) et en confiait la direction à Frédéric Joliot.

Le CEA semblait voué, à cette époque, à la recherche d'une énergie civile.

---

* A bord du *Milan*, le 16 juin 1940, où était également embarqué Charles de Gaulle, pour son second voyage à Londres, effectué par mer.
** Découverte sanctionnée par le prix Nobel.
*** Voir tome 2, chapitre 1.

Le général venait de déclarer : « ... Quant à la bombe, nous avons le temps... » Frédéric Joliot, qui venait d'adhérer au parti communiste, ne cachait pas son hostilité à l'utilisation militaire de l'atome. Quelles qu'aient pu être, à cette époque, ses arrière-pensées, le général de Gaulle n'avait jamais douté de la loyauté de l'homme qu'il avait mis à la tête du CEA et tint à le préciser à l'adjoint de Joliot, Francis Perrin, lui-même militant socialiste et défavorable à la militarisation de l'énergie nucléaire[2].

La structure et les modalités de fonctionnement du CEA reflétaient l'extraordinaire importance que lui attribuait, dès l'origine, le général de Gaulle : il était pratiquement exempté de cette règle fondamentale de l'administration qu'est le contrôle, par la direction des Finances, des dépenses engagées... Privilège exorbitant sur lequel ne reviendront jamais les pouvoirs ultérieurs, et qui assura à cet organisme, géré jusqu'à sa mort (1951) par Raoul Dautry, puis par Pierre Guillaumat, un financement confortable.

Pressentant que le Commissariat s'orientait peu à peu vers la recherche militaire, Frédéric Joliot dénonça ces objectifs dès 1948, avec une telle insistance et de façon si publique qu'il fut, en 1949, démis de ses fonctions, et remplacé — avec son agrément — par son ami Francis Perrin. Mais sa femme, Irène Joliot-Curie, poursuivit ses travaux au sein du CEA.

Quand le général de Gaulle s'enferma dans son exil intérieur puis s'engagea dans l'opposition, les activités du CEA n'en furent pas affectées. Moins parce qu'un « lobby » gaulliste — au sein de l'armée et au Parlement — ne cessa de tenir les pouvoirs en haleine, qu'en raison de l'intérêt manifesté par divers hommes politiques dont les noms sont, à des titres divers, liés à l'élaboration de la force nucléaire française : Félix Gaillard, René Pleven, Pierre Mendès France et Maurice Bourgès-Maunoury — non sans le concours des dirigeants du RPF, Gaston Palewski, Jacques Chaban-Delmas et les généraux Koenig et Billotte qui, associés aux divers gouvernements à partir de 1954, furent des incitateurs inlassables de cet effort.

Vieux gaulliste aussi était l'un des officiers les plus engagés dans ces recherches, le général Crépin, qui, après avoir commandé l'artillerie de la division Leclerc, avait joué un rôle important en Indochine. A la tête du Comité des explosifs nucléaires (organisme si secret que la plupart des ministres en ignorent l'existence), il anime ces travaux en liaison avec le BEG (Bureau d'études générales) du général Buchalet.

C'est à Félix Gaillard que revint le mérite d'avoir donné l'impulsion décisive. D'abord, en 1952[*], en faisant adopter un plan quinquennal de recherches nucléaires ; puis, le 11 avril 1958, à la veille de l'effondrement de son gouvernement précédant de fort peu celui du régime, en prenant la décision de faire exploser au début de 1960, la première bombe atomique française. Pierre Mendès France joua lui aussi un rôle important, d'abord en créant le 4 novembre 1954 une Commission préparatoire à l'explosion

---

[*] Alors qu'il n'était que secrétaire d'État dans le gouvernement Pinay.

nucléaire (dont le conseil scientifique était Yves Rocard *), puis en définissant en Conseil interministériel, le 26 décembre de la même année, les modalités permettant la fabrication de la bombe — sans que l'ultime décision de la faire exploser fût encore prise. Mais, pour n'être pas tout à fait résigné encore à « donner le top », Pierre Mendès France ne manque pas de confier à son entourage, au lendemain de son voyage aux États-Unis et à l'ONU, que « sans la bombe, on n'a pas voix au chapitre ».

Dès lors, sous l'impulsion de ministres tels que Gaston Palewski, doublant d'un coup les crédits de ce type de recherches, et Jacques Chaban-Delmas ** qui réussit à faire revenir Guy Mollet sur ses préventions contre l'arme nucléaire et poussa son ami Félix Gaillard, dont il était le ministre de la Défense, à presser le mouvement, les progrès accomplis entre 1954 et 1958 permettraient à la IVe République de léguer à de Gaulle une bombe à l'état fœtal.

Nul n'était mieux informé que le général de l'état de ces recherches. Auprès du directeur du CEA, Pierre Guillaumat, sympathisant gaulliste, le chef des services d'information au Commissariat était Olivier Guichard, homme de confiance par excellence du président du RPF. Aussi bien pouvait-il, dès sa conférence de presse du 7 avril 1954 (au plus fort de la bataille de Diên Biên Phu), se prononcer très fermement en faveur de la fabrication par la France de l'arme nucléaire.

Une autre source d'information et d'inspiration se manifesta très vite — et de la façon la plus singulière. Le général Pierre Gallois, ancien Français libre, aviateur à l'esprit fertile et à l'imagination intrépide, était alors l'un des adjoints du général Lauris Norstadt, commandant les forces aériennes de l'OTAN, très au fait des questions atomiques. Cet officier américain incita son collaborateur français à informer Charles de Gaulle de l'évolution du débat nucléaire, jugeant absurde qu'un stratège aussi expérimenté que l'auteur de la France et son armée fût écarté de ces réflexions. Ce qui indique que tous les responsables américains ne tenaient pas à exclure la France du débat.

Le 2 avril 1956, dans la soirée, Pierre Gallois se présentait à l'hôtel La Pérouse, porteur des documents, cartes et tableaux utilisés depuis trois ans pour illustrer les recherches de l'OTAN. Au terme d'un exposé de deux heures, il eut la surprise d'entendre de Gaulle lui répliquer sur le ton et avec le vocabulaire d'un vieux spécialiste. Visiblement, l'homme du Fil de l'épée s'était tenu soigneusement au courant des études en cours. L'une des formules auxquelles eut recours ce soir-là le général de Gaulle ne traînait pourtant pas encore dans les traités de stratégie atomique : « Oui, fit-il, je vois : il suffit à la France d'être capable d'arracher un bras à son agresseur... »

« Vers deux heures du matin, raconte Gallois, le Général m'a donné

---

* Père de Michel.
** Et à son directeur de cabinet, Guillaume Widmer qui remplit les mêmes fonctions sous trois ministres.

congé. " Allez vous reposer ", me dit-il en m'aidant à porter les 40 kilos de documents jusqu'à l'ascenseur. Et il ajouta : " Je m'occuperai de votre carrière… " En rentrant chez moi, j'ai dit à mon épouse : " Je quitte Louis XIV. Nous sommes inscrits sur sa cassette personnelle " [3]. »

Que Charles de Gaulle fût attentif et ouvert à ce type de recherches ou de réflexions, quel lecteur du *Fil de l'épée* et de *Vers l'armée de métier* aurait pu en douter ? Quand les jeunes génies des années cinquante lui « refaisaient », vingt ans plus tard, le « coup des divisions cuirassées », il n'allait pas, lui, jouer les Gamelin et les Pétain. Le mouvement, l'invention, la recherche de la surprise, l'usage de la foudre, tout ici convenait à ce théoricien de l'offensive par représailles. Bien qu'il n'eût pas cherché à le faire valoir auprès de l'opinion, le recours au feu nucléaire était bien dans la ligne de la stratégie du *blitzkrieg* de 1940, préconisée par lui dès 1934.

Certes, la dissuasion s'était, entre-temps, intellectualisée. Au temps de la guerre d'Espagne ou de l'Anschluss, l'emploi des divisions cuirassées, la prise de gage, la contre-attaque éclair étaient des éventualités considérées comme presque inéluctables. Au temps du blocus de Berlin, de Diên Biên Phû, de Budapest et de Suez, bien peu tenaient pour vraisemblable le recours au feu nucléaire. Il s'agissait, il s'agirait plutôt, comme l'écrit Lucien Poirier, le meilleur théoricien français de la dissuasion, « d'opposer virtualités à virtualités dans une dialectique du probable ». Guerre impossible ? Guerre impensable ? Non-bataille ? Conflit en tout cas où l'arme ne s'affirme que pour interdire et s'interdire.

Mais cette intellectualisation du débat n'est pas pour effrayer de Gaulle. Disciple de Guibert, de Gilbert et d'Ardant du Picq, il n'a jamais sous-estimé les « forces morales » — dussent-elles s'appuyer sur des arguments plus matériels. En un temps où les moyens de la France ne sont plus que ce qu'ils sont, qui pouvait se satisfaire mieux que lui du pouvoir égalisateur de l'atome ?

Voici que mise à la disposition d'une main ferme et d'une âme forte, l'épée la plus courte, mais bien pointée, pouvait affirmer un pouvoir d'interdiction égal à celui de la lance de Wotan. Voici que les deux géants devraient hésiter devant la capacité de riposte apparemment minuscule de cette nation dont il s'était fait le guide — point si minuscule qu'elle ne pût frapper irrémédiablement l'agresseur.

Mieux encore, faisait valoir Gallois : sa petitesse même lui serait une sauvegarde. Naguère, l'énormité d'un territoire et d'une population assurait l'avantage du recrutement et des capacités de manœuvre à celui qui en disposait. Désormais, en vertu de la « dissuasion proportionnelle », être une cible menue offrait l'avantage de faire courir les plus grands risques à l'agresseur géant.

Dès avant son retour au pouvoir, donc, le général de Gaulle est un dévot du feu nucléaire. Il parle souvent à son gendre Alain de Boissieu, officier de chars, de la primauté qu'est appelée à exercer l'arme atomique dans les crises de l'avenir et l'engage à en conseiller l'étude approfondie à ses camarades. Sans d'ailleurs susciter, pendant longtemps, beaucoup de vocations.

Il ne faut donc pas s'étonner si le retour au pouvoir du général s'accompagne d'une rafale de décisions tout uniment orientées vers l'accélération ou la promotion de l'effort nucléaire. Le 2 juin, c'est la désignation à la tête du ministère des Armées de l'homme dont le nom se confond depuis des années avec le sigle CEA : Pierre Guillaumat. Le 10 juin, c'est la création de la Commission pour les armes spéciales dont la direction est confiée à un officier qui, aux côtés des généraux Crépin et Buchalet, est associé depuis cinq ans à tous les progrès de l'armement nucléaire français : le général Ailleret. De lui, plus encore que de Pierre Gallois, on peut dire que sa « carrière » fut l'objet des soins attentifs du chef de l'État — lequel n'allait pas regretter d'avoir jeté son dévolu sur ce polytechnicien intrépide.

Et comme la dimension symbolique n'est jamais absente des entreprises de Charles de Gaulle, il se trouve que Frédéric Joliot-Curie meurt quelques semaines plus tard — offrant au chef de l'État l'occasion d'organiser les funérailles nationales du pionnier (malgré lui) du feu nucléaire français. Chargé de prononcer son éloge, Francis Perrin mettra l'accent sur le rôle exceptionnel joué par le disparu dans la création de la première pile atomique française, dite « Zoé », et le centre de recherches de Saclay : conclusion solennelle d'une phase prestigieuse de la recherche nucléaire française, à la veille de sa réorientation fondamentale.

On a vu que, dans le cadre du CEA, les spécialistes militaires avaient reçu mission en avril 1958 de préparer une explosion pour le début de l'année 1960. Dès le 12 juillet 1958, le nouveau chef du gouvernement a convoqué le général Buchalet pour activer les travaux et l'assurer qu'une priorité absolue était accordée à l'entreprise. De cet entretien, de Gaulle a retiré la conviction que les choses sont en très bonne voie et qu'il faut dès maintenant se préoccuper de passer au thermonucléaire.

Car dans la mesure où l'arme dont va être dotée la France est — il le dit très clairement au général Buchalet — « un moyen politique de s'asseoir à la table des Grands [4] », il estimait ne pouvoir tirer plein avantage de cette conquête que si l'atout qu'il brandirait n'était pas démonétisé par rapport à ceux dont disposaient ses éventuels partenaires : les États-Unis depuis six ans, l'Union soviétique depuis trois ans, et bientôt la Grande-Bretagne.

La décision de passer du nucléaire au thermonucléaire ne fut pas adoptée sans débat. On a évoqué brièvement l'opposition manifestée par le haut-commissaire Francis Perrin — d'ailleurs en désaccord sur l'ensemble des applications militaires de l'énergie atomique, mais d'une inaltérable loyauté et dont le général appréciait le franc-parler. Plus significative encore fut la résistance opposée au projet par Pierre Guillaumat. Le ministre des Armées soutenait qu'il excédait par trop ses moyens financiers — à moins que la nation ne mît un terme à l'entreprise militaire au sud de la Méditerranée, ce à quoi il était, lui, Guillaumat, très peu favorable.

Passant sur l'opposition des deux hommes qui conduisaient depuis dix ans les travaux du CEA, le général de Gaulle décida d' « engager la réalisation d'un programme devant aboutir à un armement thermonucléaire, notamment par la construction d'une usine d'enrichissement de l'uranium en isotope 235 par diffusion gazeuse » lors d'un Comité interministériel tenu le 16 juillet 1959[5].

C'est aussi l'époque où est publié, sous forme de doctrine vigoureusement argumentée, le projet de l'un de ses inspirateurs, le général Pierre Gallois : *Stratégie à l'âge nucléaire*[6], qui sera souvent considérée comme le reflet de la pensée du président de la Ve République, alors qu'elle est plutôt l'une de ses sources, la plus stimulante mais aussi la plus dogmatique et la plus provocante.

Charles de Gaulle, quant à lui, a choisi de manifester ses décisions et la ligne de conduite qu'il a adoptée, sous deux formes : celle d'une conférence faite, à l'École militaire, aux officiers des divers instituts d'études avancées, le 3 novembre 1959 ; et celle d'une conférence de presse, tenue à l'Élysée une semaine plus tard. Ce sont là des textes de référence, dont il importe — bien que certaines citations en aient été faites à propos de l'Algérie — de reproduire des extraits : presque tout le de Gaulle nucléaire est là.

> « ... La conception d'une guerre et même celle d'une bataille dans lesquelles la France [...] n'agirait plus pour son compte [...] et suivant ce qu'elle veut, cette conception ne peut être admise. Le système qu'on a appelé " intégration " [...] a vécu [...]. La conséquence, c'est qu'il faut, évidemment, que nous sachions nous pourvoir, au cours des prochaines années, d'une force capable d'agir pour notre compte, de ce qu'on est convenu d'appeler une " force de frappe " susceptible de se déployer à tout moment et n'importe où. Il va de soi qu'à la base de cette force sera un armement atomique — que nous le fabriquions ou que nous l'achetions — mais qui doit nous appartenir. Et puisqu'on peut détruire la France, éventuellement, à partir de n'importe quel point du monde, il faut que notre force soit faite pour agir où que ce soit sur la terre [...]. Dans le domaine de la défense ce sera notre grande œuvre pendant les années qui viennent [...]. L'emploi éventuel de cette force [...] doit être un objet essentiel de vos études et de vos travaux[7]. »

Le 10 novembre, le général a rassemblé la presse à l'Élysée. Son exposé liminaire est consacré à la « détente » dont, lui semble-t-il, « quelques indices » sont perceptibles à l'Est. Mais quelqu'un l'interroge sur les essais nucléaires français au Sahara qui font, aux Nations unies, l'objet de vives critiques. C'est l'occasion d'une profession de foi sans ménagement :

> « ... Si l'on voulait inviter [la France] à renoncer pour elle-même aux armements atomiques, tandis que d'autres en possèdent et en développent d'énormes quantités, il n'y a aucune chance qu'elle défère à l'invitation. »

Non sans reconnaître que « l'espèce d'équilibre qui s'établit entre la puissance atomique des deux camps est [...] pour le moment un facteur de paix », de Gaulle s'interroge sur « ce qui arrivera demain », évoquant diverses hypothèses, des plus prévisibles aux plus funestes, « quelque avance soudaine dans l'évolution... des fusées spatiales », qui remettrait en cause les « dispositions pacifiques » de l'un des deux camps, ou bien le cas où « les données politiques ayant complètement changé, les puissances détenant le monopole nucléaire s'entendraient... pour partager le monde » ou encore si, d'accord pour se ménager, elles s'entendraient pour « écraser les autres ».

Ayant ainsi donné libre cours à ses hantises — collusion entre superpuissances par-dessus la tête et aux dépens de l'Europe, ou transformation du vieux continent en champ de bataille par les deux monstres d'accord pour vider leur querelle en ménageant leurs propres sanctuaires, de telle façon que l'Europe occidentale serait « anéantie à partir de Moscou » et l'Europe centrale « à partir de Washington » — le général de Gaulle se donnait les gants de conclure noblement que la France, « en se dotant de l'arme nucléaire, rend service à l'équilibre du monde[8] ».

Ces arguments rendent un son bien cruel, et même outrageant, pour ses alliés américains. Lui qui vient de recevoir en ami et en confident très intime Dwight Eisenhower ne craint pas de confondre les menaces que feraient peser sur la France les pouvoirs nucléaires antagonistes. Qu'aurait-il dit, au début de 1944, si l'on avait assimilé les bombardements anglo-américains sur l'Europe occidentale à ceux qu'avaient déclenchés les nazis quatre ans plus tôt ? Certes, il est dans la nature du feu nucléaire d'être moins sélectif que les opérations aériennes. On a pu toutefois comparer l'écrasement de Dresde à la dévastation de Nagasaki. Là plus belle des causes peut engendrer l'horreur. Encore eût-il été bon, ici, de rappeler la nature du débat et de distinguer les entreprises.

Les propos tenus par Charles de Gaulle ce 10 novembre 1959 ne pouvaient manquer de porter au grand jour et d'envenimer un débat que, de toute façon, la conquête du feu nucléaire par la France eût provoqué. Nous verrons que la vivacité des réactions des États-Unis d'abord, puis des autres alliés de la France, et enfin l'opinion internationale varieront au gré des personnages dotés des responsabilités majeures, du rapport de forces international et des circonstances — le Tiers-Monde, d'abord très hostile, finissant par voir dans la bombe française, avant la bombe chinoise, une sorte de symbole du non-alignement.

Que, dès l'origine, Washington ait manifesté les plus vives réserves contre l'entrée de la France dans le club nucléaire était dans la nature des choses. *Ultima ratio* de la stratégie moderne, la décision nucléaire est l'attribut exclusif par excellence du chef d'État comme, et plus encore, du leader d'alliance. Quand Paris se réservait l'usage de telle ou telle fraction de ses forces armées — la flotte de Méditerranée par exemple —, Washington pouvait en éprouver de l'agacement et y voir un signe de dispersion des forces alliées. Mais le surgissement d'un nouveau centre de décision atomique, surtout aux mains d'un personnage tel que le général de Gaulle, posait crûment le problème du leadership militaire américain, en tout cas de l'unité de commandement. On a déjà souligné à quel point la stratégie nucléaire appelle la centralisation, sinon le monopole de décision. En remettant en cause — fût-ce avec un outil encore faible et déjà démodé — celui que s'était fait reconnaître Washington, de Gaulle bouleversait plans et perspectives.

Certes, les Britanniques disposaient depuis sept ans déjà de l'arme

459

atomique. Mais, bien que toutes les forces politiques anglaises ne s'y fussent pas résignées, on peut dire qu'à la fin des années cinquante Londres avait accepté l'intégration de ses moyens nucléaires et leur mise à la disposition stratégique de l'OTAN. Souvent à la pointe des découvertes en matière d'explosifs, les Britanniques se sentaient de plus en plus tributaires des Américains dans le domaine des vecteurs d'engins. Leurs bombardiers atteignaient alors la limite d'âge, et l'avenir était de toute évidence aux missiles. D'où l'affaire des *Skybolts,* et le dénouement qu'elle trouva à Nassau en décembre 1962 *.

Peut-on assurer que l'armement nucléaire français fut obtenu contre ses alliés ? Que ceux-ci tentèrent de s'y opposer et sabotèrent les efforts de Paris, surtout à partir du retour au pouvoir du général de Gaulle ? Mieux vaut nuancer. S'il est indéniable que la bombe française fut considérée, sous Eisenhower, avec un mélange d'incrédulité, et l'explosion ayant eu lieu, d'agacement, puis sous Kennedy et sous Johnson, avec une irritation croissante, tous les signes venus d'outre-Atlantique n'allaient pas dans ce même sens.

La loi MacMahon, votée en 1946, interdisait il est vrai toute communication aux puissances étrangères, alliées ou non, d'informations nucléaires. Ce texte fut amendé sept ans plus tard en faveur des Britanniques — quand Washington, déconcerté par l'explosion de la bombe thermonucléaire soviétique, en 1953, choisit de faire appel à tous. Seul Londres bénéficia régulièrement de cet assouplissement mais des exceptions se firent jour. Francis Perrin raconte qu'au début des années cinquante, Robert Oppenheimer, l'un des trois ou quatre « pères » de l'engin, lui avait dit : « Vous devriez construire une bombe " A ". Ce serait bon pour la France. Et ce n'est pas très difficile. Il vous faudrait trouver un sidérurgiste doté d'imagination [9]... » Certes, ce savant ne passait pas pour représenter le pouvoir américain. Mais un tel propos dut bien refléter l'état d'esprit d'une partie au moins du milieu où il travaillait.

On a vu qu'en 1956 le général Lauris Norstadt avait dépêché Pierre Gallois pour mettre de Gaulle au courant de l'avancement des études de stratégie nucléaire. A la fin de 1957, raconte Jean Renou, longtemps directeur des relations publiques du CEA, l'amiral Strauss, « grand manitou » de l'*Atomic Energy Commission* avait tenté, au cours d'entretiens avec Pierre Guillaumat, de détourner son interlocuteur français de poursuivre la construction de la bombe. Puis, voyant que ses arguments portaient peu, il conclut : « Allons, je comprends que vous ferez cette usine de séparation isotopique de Pierrelatte, et je crierai quand même " Vive la France ! " [10]. »

A la même époque, une délégation française conduite par l'amiral Barthélemy et le général Buchalet partit pour les États-Unis en vue de négocier l'achat d'un sous-marin atomique, d'obtenir une livraison d'uranium enrichi et de visiter les champs de tir du Nevada. Washington refusa toute cession de sous-marin, mais accepta la visite au Nevada et la livraison

---

* Voir plus haut, chapitre 12.

LE « JE » NUCLÉAIRE

d'uranium 235 en vue d'alimenter le moteur d'un sous-marin expérimental à terre.

En fait, il y avait aux États-Unis des équipes d'inspirations très différentes. Celle que dirigeait l'amiral Strauss s'était laissé convaincre — comme Eisenhower lui-même après son entrevue avec de Gaulle à Rambouillet, le 1er septembre 1959 * — du bien-fondé de certains arguments français. Celle qu'inspirait l'amiral Rickover, en revanche, tira le verrou sur tout transfert de technologie, de matériaux et d'informations vers la France. Apprenant l'explosion de la bombe française, l'amiral Rickover se contenta de maugréer : « Il y a eu une fuite [11]... »

Quand de Gaulle eut décidé de faire du *Mirage IV* le premier vecteur de la charge atomique de la « force de frappe », on constata que, pour disposer du rayon d'action optimal, cet appareil avait besoin de ravitailleurs, les meilleurs étant les C.135 américains. Washington ne fit pas opposition au marché entre Boeing, constructeur de l'appareil, et la France. Ce qui montre que l'esprit de veto à la Rickover s'était atténué. Le général Curtis Le May, chef d'état-major de l'US Air Force **, disait : « Puisqu'ils ont des *Mirage IV*, autant qu'ils puissent s'en servir le mieux possible ! »

S'agissant des matières premières enfin, on constata que chaque fois que les démarcheurs français cherchèrent (du moins jusqu'en 1960) à se procurer de l'uranium dans des pays sur lesquels s'exerçait une influence plus ou moins étroite des États-Unis, les prix montaient comme par enchantement. Et les ordinateurs les plus performants furent rarement mis à la disposition du CEA par IBM avant de très long délais. Mais si Washington avait vraiment voulu faire obstacle à la fabrication de la bombe française...

C'est le 17 mars 1959 qu'avait été prise par le gouvernement Debré la décision capitale : « La priorité absolue sera consacrée *** à la réalisation de la force de frappe et à la fabrication de la bombe atomique... » Priorité absolue... La formule reflète bien l'esprit dans lequel de Gaulle présida à l'entreprise.

Tous ceux qui y ont été associés — Pierre Guillaumat, Pierre Messmer, Francis Perrin, les généraux Buchalet, Maurin et Ailleret — ont témoigné des privilèges — aussi bien psychologiques que financiers — dont le général faisait bénéficier les chercheurs et les techniciens associés à la réalisation du programme nucléaire. Écoutons M. Guillaumat : « J'ai souvent été frappé, et même troublé, par l'indulgence du général de Gaulle à l'égard des ingénieurs [...] Certains en profitaient pour faire une véritable " lettre au père Noël " [...] sachant que, quelles que soient les résistances des ministres, on pouvait compter sur l'accord du général... » Et Pierre Messmer, son

* Voir plus haut, chapitre 13.
** Celui qui voulut, en 1968, « ramener le Vietnam à l'âge de pierre ».
*** Impropriété rare, dans un texte rédigé ou retouché par le général de Gaulle.

successeur : « Le général de Gaulle avait en effet, pour les ingénieurs... et ceux du CEA en particulier, ce que je pensais être une excessive compréhension... Le ministre des Armées que j'étais, qui trouvait parfois le CEA fastueux, était pratiquement contraint de signer des chèques en blanc... le général disant invariablement : " Quand on veut quelque chose, il faut s'en donner les moyens... " Ou bien il citait ce mot de Lyautey : " On fait, ou on ne fait pas. Si on fait, on fait bien " [12]. »

Plusieurs témoins l'ont décrit, lors du voyage qu'il fit en septembre 1966 à Mururoa, pour assister à bord du *De Grasse* à l'« opération Bételgeuse » : explosion (encore aérienne) de la dernière bombe « A » française, avant l'accès au thermonucléaire. Pour des raisons à la fois techniques et météorologiques, on avait dû retarder la mise à feu. Il était d'une humeur exécrable. « Quand apparut la première lueur, raconte Francis Perrin, elle était rouge, ce qui nous sembla signifier que c'était un échec. Il y eut deux secondes d'abattement : puis on entendit la radio d'un avion anglais en patrouille : " *The French have done a damned rough explosion* [*] ! " C'est par lui que nous apprîmes que l'opération avait réussi [13]... » Quand le champignon se déploya, raconte Pierre Messmer, le général de Gaulle rugit un : « C'est magnifique ! », qui traduisait « l'admiration qu'il avait pour le travail des ingénieurs, leur succès justifiant l'indulgence qu'il leur témoignait [14] ».

Indulgence ? Charles de Gaulle n'y était pas porté par nature. Il lui arriva rarement de l'accorder si longtemps à des hommes qu'il avait chargés d'une mission.

La recherche, en ce domaine, avait longtemps piétiné. Comment passer du nucléaire au thermonucléaire, de la fission à la fusion ? Dans *le Mal français*, Alain Peyrefitte, qui fut ministre de la Recherche et des Affaires atomiques et spatiales de janvier 1966 à avril 1967, période la plus aiguë de ces tâtonnements, rapporte ces propos du général de Gaulle qui, tenus en janvier 1966, montrent que son « indulgence » avait trouvé ses limites :

> « Cherchez donc pourquoi le Commissariat à l'énergie atomique n'arrive pas à fabriquer la bombe " H ". C'est interminable ! On vient de m'expliquer qu'il y en avait encore pour de nombreuses années. Je ne peux pas attendre plus de deux ou trois ans ! Ce septennat, je ne le finirai pas. Il a fallu que je me présente, pour assurer le coup. Mais je n'irai pas jusqu'au bout. Seulement, avant de partir, je veux que la première expérience ait eu lieu ! [...] Allons-nous être, des cinq puissances nucléaires, la seule qui n'accédera pas au niveau thermonucléaire ? Allons-nous laisser les Chinois nous dépasser ? Si on n'y arrive pas tant que je suis là, on n'y arrivera jamais. Mes successeurs, qu'ils soient d'un bord ou de l'autre, n'oseront pas braver les criailleries des Anglo-Saxons, des communistes, des vieilles filles et des curés. [...] Mais si une première explosion a eu lieu, mes successeurs n'oseront plus arrêter la mise au point des armes.
> — Quel délai me donnez-vous ?
> — 1968 au plus tard.
> (Les responsables du CEA se récrièrent : Mission impossible !) [15]. »

___
[*] « Les Français ont réalisé une sacrée explosion ! »

A cette époque, ils n'envisageaient pas de fabriquer la bombe « H » avant longtemps — à condition que le principe de la « fusion » fût découvert en 1968... Si le général avait réussi à vaincre les résistances de ceux qui voulaient s'en tenir au nucléaire, si le problème politique, ou politico-militaire était résolu, la direction des applications militaires du CEA ne parvenait pas, elle, à résoudre le problème technique faute, disait-on, d'uranium 235, ou des ordinateurs géants que les États-Unis gardaient pour eux... Et, alors qu'Américains, Russes et Anglais étaient déjà passés au thermonucléaire, leurs concurrents français piétinaient depuis sept ans.

« De temps à autre, après un Conseil des ministres, raconte Alain Peyrefitte, le général me lançait : " Alors ? Votre bombe H ? " » Un « Comité H » réunissait chaque mois en secret autour du ministre les principaux responsables du Commissariat : Francis Perrin, Robert Hirsch (successeur de Pierre Guillaumat) et Jacques Robert, directeur de la DAM (Direction des applications militaires). Peine perdue. On ne pensait qu'en termes de kilotonnes (celle de Reggane en représentait 60) et de mégatonnes (une mégatonne était censée représenter l'arme thermonucléaire). Peu à peu se manifestait ce que Peyrefitte appelle le « cercle vicieux du renoncement » et qu'il situe à Matignon et au ministère des Armées. Pourquoi ne pas se contenter d'une bombe « A » « dopée », ou mieux « exaltée » ? On disposerait ainsi d'un explosif de 500 kilotonnes. L'effet dissuasif ne serait-il pas le même ? L'explosion de Mururoa de septembre 1966 n'avait-elle pas atteint cet objectif ?

Ce type d'arguments se révéla vite absurde. Compte tenu des moyens d'investigation dont disposaient rivaux, partenaires et adversaires de la France et compte tenu du fait que la dissuasion ne se fonde que sur la crédibilité, le « bluff » ne peut se situer que dans l'emploi éventuel de l'arme, non dans la nature de l'engin. Ce type de stratégie exclut les faux-semblants. Au poker, une paire de sept peut faire illusion. Pas en matière de dissuasion.

Pressé par de Gaulle de sortir de ce cercle vicieux, le ministre de la Recherche demanda à ses conseillers scientifiques Jean-Luc Bruneau et Edmond Parker de dénicher l'homme de synthèse scientifique qui, selon lui, pourrait seul rassembler les données multidisciplinaires de l'affaire. Ils attirèrent son attention sur un jeune physicien de Saclay. « Je le reçus, raconte Peyrefitte. Son histoire était étrange. La guerre lui avait enlevé ses parents, juifs d'origine russe, implantés en France au début du siècle ; son père était mort à Auschwitz. Le jeune garçon, resté seul, avait dû abandonner ses études et gagner sa vie comme berger, dans une famille de paysans des Causses qui l'avaient recueilli et élevé. En 1944, il s'était dit : " J'aurais l'âge de passer le bachot. " Il s'était décidé à le préparer dans les livres, tout en gardant ses moutons, et avait été reçu haut la main. L'année suivante, il entrait premier à l'école des Arts et Métiers. Ses professeurs lui dirent : " Vous étiez fait pour l'X. " Un an plus tard, il entrait à Polytechnique ; il en sortait major, et choisissait un nom français : Robert Dautray. Depuis, il faisait des prouesses dans un autre laboratoire du CEA, à Saclay. C'était exactement le profil de l'homme qu'il nous fallait : un cerveau exceptionnellement doué, qui pût assimiler rapidement toutes les disciplines nécessaires à la synthèse et les dominer ; comprendre le langage des analyses composantes et les rapprocher. Je conseillai à Robert Hirsch de lui confier la direction scientifique de l'affaire : autour de lui, nous allions constituer une équipe renouvelée. Robert Hirsch s'évertua adroitement à résoudre les délicats problèmes humains qu'entraînait une pareille réorganisation [16]*. »

Les choses marchèrent bon train. Dautray, grâce à l'universalité, la profondeur de ses connaissances et à la fertilité exceptionnelle de son esprit, put reprendre en main, avec maîtrise, autorité et méthode toutes les études en cours et en particulier les résultats obtenus par des chercheurs de la Direction des applications militaires comme Billaud, Carayol, Dagens. En peu de temps le cours des travaux atteignit un rythme rapide et une vue synthétique et systématique complète de l'arme émergea. Tout convergea bientôt vers des objectifs très clairement définis et aboutit à la formule de l'arme thermonucléaire.

Si bien qu'un an plus tard le général de Gaulle voyait s'accomplir le vœu qu'il avait passionnément formé et rudement formulé : les deux premières bombes thermonucléaires françaises explosèrent en août 1968.

Quel rôle avait joué de Gaulle dans ce processus d'acquisition de l'arme sur laquelle se fondait de plus en plus sa stratégie ?

Les pressions excessives sur son entourage — à commencer par son Premier ministre, son ministre des Armées et son ministre de la Recherche — avaient été décisives dans trois domaines : celui du lieu (son insistance permit à la France de disposer à Mururoa d'un centre d'essais irremplaçable pour plusieurs décennies), celui du temps (ses sommations parvinrent à briser les résistances de son vivant, et d'aboutir avant l'avènement de personnages moins déterminés), celui de la nature de l'engin. Au CEA, Robert Hirsch en fut le moteur.

Au moment où la décision de passer au thermonucléaire se prenait, sa cause paraissait être la recherche de plus hautes énergies pour les armes nucléaires françaises (passer des kilotonnes aux mégatonnes). En fait, avec le recul du temps, on voit aujourd'hui que ce que permet la formule thermonucléaire allait bien dépasser ces buts. Ainsi la France a-t-elle pu miniaturiser ses armes, permettant ainsi de faire tenir plusieurs armes thermonucléaires dans la tête d'une seule fusée, chacune ayant son propre objectif, ce qu'on appelle les MIRV**.

Du fait du passage au thermonucléaire, les responsables français ont en outre pu protéger leurs armes stratégiques balistiques contre des menaces à base d'effets neutroniques qui auraient pu contrecarrer leur bon fonctionne-

---

* Solution que le successeur de Peyrefitte au ministère, Maurice Schumann, eut le mérite de maintenir et de faire aboutir.
** *Multiple independently reintry vehicle.*

ment. Ils ont en quelque sorte « vacciné » les armes françaises. Enfin dans cette voie d'avances scientifiques, il faut replacer la conception d'éventuelles armes à rayonnement renforcé. On peut dire que, seize ans après la mort du général de Gaulle, tout l'armement stratégique des sous-marins français et du plateau d'Albion a été rendu possible par ses décisions en chaîne.

Faute de s'assurer la maîtrise du thermonucléaire, la France risquait de ne disposer que d'armes non dissuasives, et tenues pour telles par ceux qui avaient intérêt à le savoir. On ne sait si de Gaulle fut informé, avant sa disparition, et des risques ainsi courus, et des palliatifs qui y furent apportés. Il faut retenir en tout cas qu'il joua un rôle déterminant dans l'acquisition de l'armement sur lequel se fonde, à tort ou à raison, la dissuasion française.

Cette « priorité absolue » qu'il accordait ainsi à l'armement nucléaire, Charles de Gaulle ne sentit que rarement le besoin de la justifier auprès de l'opinion publique française ou de ses alliés. Le point ayant été mis une fois pour toutes sur l'égalité des droits, le 10 novembre 1959 — Vous l'avez fait, pourquoi pas nous ? La France ne saurait être exclue du club atomique... —, le plaidoyer pour le feu nucléaire français lui parut inutile.

On ne saurait dire qu'il fut très ému par les épreuves parlementaires qu'eut à traverser « sa » foudre. Certes, par trois fois, M. Michel Debré dut mettre en jeu le sort du gouvernement à propos de la « force de frappe », obtenant (non sans mal) la majorité lors des votes de censure des 24 octobre, 22 novembre et 6 décembre 1960... Le général ne daigna pas plaider pour une cause aussi claire à ses yeux : ces parlementaires manquaient décidément de sens national.

On ne saurait pourtant faire l'économie du « discours » gaullien pour la bombe. Des quatre ou cinq textes consacrés au sujet, et de ses entretiens avec des proches comme Pierre Messmer ou Étienne Burin des Roziers, on tirera les éléments de ce plaidoyer pour la légitimation de la « force de frappe » — que Michel Debré obtint qu'on appelât, à partir de 1960, « force de dissuasion », les militaires parlant, eux, de FNS (force nucléaire stratégique).

L'argument premier du général de Gaulle* pourrait être le seul : pas d'indépendance nationale sans l'arme suprême. Pas d'égalité diplomatique sans égalité stratégique. S'il est vrai que le sort du monde, c'est-à-dire l'avenir des nations — ou des groupes de nations tels que pourrait former une « Europe des patries » —, dépend de ce type d'armement, et s'il est avéré

---

* On a tenté de résumer ici les arguments recueillis auprès de quelques proches ou inspirateurs du général. Ce qui ne signifie pas que l'auteur les fait siens. On fera ici l'économie du débat sur le fond, qui n'a en rien influencé les décisions de Charles de Gaulle.

que la France peut le produire, alors il n'est pas même pensable que notre pays y puisse renoncer. Quel destin que celui d'un peuple dont le salut dépend du bon-vouloir d'un autre — fût-il, sans l'ombre d'un doute, décidé à le secourir ?

Charles de Gaulle avait, de 1940 à 1945, vécu cette expérience pour lui crucifiante : mendier à des alliés les moyens de se battre. Quand on examine les motivations du stratège fondateur de la Ve République, on oublie trop ces années-là. Tout plutôt que d'avoir à supplier les successeurs de Roosevelt de bien vouloir lui donner les moyens de prendre Paris, de sauver Strasbourg ou de libérer Royan...

Aux yeux du Connétable, qui dépend de la décision d'un pouvoir étranger, ou d'un organisme tel que l'OTAN totalement manipulé par une puissance extérieure, ne saurait être libre. Passe qu'en temps de guerre des pouvoirs de coordination fussent consentis à un nouvel Eisenhower. Mais en attendant, il ne saurait souffrir que la décision de faire la paix ou la guerre, de vivre libre, de s'incliner ou de mourir dépende d'un autre. Quoi ? En acceptant que notre survie dépende du seul parapluie nucléaire américain, n'aurions-nous pas abdiqué notre souveraineté ? Notre raison d'être ? Ne serions-nous pas résignés au protectorat ?

On ne saurait surestimer ici, nous disait l'un des intimes du général de Gaulle, le souvenir de Strasbourg au cours des premières journées de 1945. Que le sort de cette ville française, de ces centaines de milliers de Français particulièrement vulnérables ait dépendu, plusieurs jours durant, des décisions d'un général étranger et de ses commodités tactiques était exactement ce que de Gaulle ne voulait plus revivre. Plus jamais ça ! L'intégrité de la France, la survie des Français, c'est lui que ça regarde !

Il faut citer ici un épisode qui contribua à ancrer de Gaulle dans sa détermination. En septembre 1958, il avait souhaité connaître le dispositif de l'OTAN en France, trois mois après son retour au pouvoir. Il invita ce même général Norstadt, qui deux ans plus tôt lui avait dépêché obligeamment Gallois, à venir lui en exposer les grandes lignes. Norstadt acquiesça et fit devant de Gaulle, en présence de son état-major interallié, un exposé extrêmement brillant. L'ayant félicité, le chef du gouvernement français demanda au général américain de lui préciser d'une part l'emplacement des engins nucléaires entreposés en France, ensuite les objectifs qui leur étaient assignés. Norstadt : « Mon général, je ne peux vous répondre que si nous sommes seul à seul... — Soit », fait de Gaulle. Les deux états-majors se retirent. « Et alors ? — Alors, mon général, je ne peux répondre à vos questions, à mon très grand regret... » Et de Gaulle de conclure : « Mon général, c'est la dernière fois, dites-vous-le bien, qu'un responsable français s'entend faire une pareille réponse [17] ! »

Que penser d'un pays qui, du soin de se défendre, de sa *survie* même, s'en remet à un autre ? Funeste renoncement. Pourquoi se prémunir contre l'invasion, l'esclavage, l'anéantissement, puisqu'en tout état de cause notre vie, notre liberté, notre sort dépendent d'une majorité sénatoriale à Washington, d'élections dans l'Iowa ou le Dakota du Nord ? Et que penser encore d'une nation qui, un siècle et demi plus tôt, inspirait le monde et qui, désormais, se résignerait à fournir à la Grande Armée américaine ses tirailleurs de la ligne de feu, valets d'armée voués à une tâche retardatrice et sacrificielle de quelques heures, en attendant que les têtes pensantes de Washington aient décidé si leur riposte serait « conventionnelle » jusqu'à la chute de Munich ou de Liège, de Nancy ou de Lyon — ou « nucléaire tactique » jusqu'à Lille, ou de « représailles stratégiques » dès l'anéantissement de Sedan...

Tout est dit! Mais non... Que la souveraineté de décision et le droit de choisir entre défense et capitulation, entre anéantissement et compromis, fussent revendiqués par le détenteur du pouvoir français, quelles que fussent l'amitié et la confiance qu'il accordât à ses grands alliés, pouvait être l'alpha et l'omega de cette stratégie. L'argumentation du général de Gaulle, qui dut être de cette nature jusqu'à son retour au pouvoir, en juin 1958 — c'est celle qu'entend John Foster Dulles le 4 juillet à l'hôtel Matignon —, se nuance très vite de ce qu'on pourrait appeler l'argument du soupçon.

Lequel s'exprime dès le mois de septembre 1959 dans la conversation Eisenhower-de Gaulle rapportée par Vernon Walters [*] et qu'on résumera ainsi : je sais, moi, de Gaulle, que vous, Eisenhower, useriez risquer la survie de votre pays pour la sauvegarde de l'Europe : vous lui avez prouvé votre dévouement. Mais vos successeurs ? Prendront-ils le risque de la dévastation des villes américaines pour que Berlin, Bruxelles et Paris restent libres ?

Dès cette époque, le général de Gaulle est persuadé (ou tend à se persuader...) que le recours à l'arme nucléaire n'est concevable, de la part d'un décideur, que si le « sanctuaire » national est en cause. D'où la terrible hypothèse (mais laquelle ne l'est pas, en ce domaine d'apocalypse ?) d'une commune renonciation des deux superpuissances à se porter des coups directs, et d'un choix mutuel de vider leur querelle entre l'Elbe et l'Atlantique — formulée en clair le 10 novembre 1959 à l'Élysée...

Cette hypothèse serait-elle trop offensante pour les leaders de l'Alliance atlantique ? Elle prenait plus volontiers, dans les propos du Connétable, une autre forme : celle d'un arrangement entre les deux superpuissances pour régler, à coups de bombes non éclatées, mais comptabilisées, de non-batailles évaluées en fonction des potentialités respectives, comme dans les négociations de généraux chinois du temps de Sun-Tzé ou comme dans une partie d'échecs, le sort de l'Europe : cavaliers russes et tours américaines arbitrant, dans le lourd silence de la codissuasion absolue, le destin du vieux continent désarmé. Le vrai Yalta, conforme à la légende gaullienne, n'est peut-être qu'un avenir, une des perspectives de l'âge nucléaire.

Ce soupçon qui le conduit non seulement à se refuser à faire de la France un protectorat américain, mais même à douter de la volonté de Washington d'assurer automatiquement cette protection, le général de Gaulle le nourrit et l'enrichit d'arguments qui vont des flottements de ses alliés occidentaux face aux menaces de Nikita Khrouchtchev à propos de Berlin aux hésitations

---

[*] Voir plus haut, chapitre 13.

marquées par le pouvoir de Washington à recourir à l'ultimatum atomique lors de la crise des missiles de Cuba, en passant par la révision de la stratégie américaine, de la théorie des *massives retaliations* (représailles massives) définie par Foster Dulles à celle de la *flexible response* (riposte graduée) substituée à la précédente par Robert McNamara en 1962.

Passe encore que le protecteur suprême ait mis selon lui une insistance excessive à rechercher un compromis avec le Kremlin en mai 1960 à Paris : Eisenhower vieillissait, Macmillan suppliait... Mais quoi ? Directement menacé par le téméraire coup d'audace de Khrouchtchev installant des fusées mortelles sous son nez, à Cuba, John Kennedy n'avait pas osé brandir la menace suprême, maintenant le débat — avec habileté et succès, d'ailleurs — sur le plan des armements conventionnels, comme devait le faire valoir fièrement McNamara. Que ferait-il, en matière de « flexibilité » dans la réponse, quand ce ne serait pas Miami et Washington qui seraient sous le museau des lance-missiles soviétiques, mais seulement Rotterdam, Milan et Strasbourg ?

Et l'on avait eu affaire là à une équipe de jeunes gens audacieux et ambitieux, impatients de restaurer la grandeur américaine, de s'affirmer face à la puissance soviétique... Que serait-ce si le pouvoir de décision passait entre les mains d'un vieux sénateur républicain de la côte ouest, accordant une priorité absolue à la baisse des impôts et à la conquête des marchés asiatiques ?

D'autres que Charles de Gaulle ont préféré voir dans cette affaire la démonstration du sang-froid de Kennedy en tant que détenteur de la puissance suprême, de son aptitude à réserver ses atouts majeurs, de sa virtuosité à jouer d'une dissuasion en quelque sorte retenue, suspendue. Observation de nature à rassurer ses alliés. Le chef de l'État français, sans négliger cet aspect des choses — qui ne contribua pas peu à l'image flatteuse qu'il gardait du jeune président assassiné —, retint surtout de la crise que l'équipe de la Maison-Blanche souffrait de ce qu'on pourrait appeler une forte rétention nucléaire. Et que s'il fallait tabler sur elle...

L'argumentation du monsieur de l'Élysée prenait une force nouvelle quand il relevait que c'est sans la moindre consultation avec ses alliés que le gouvernement américain avait modifié radicalement les principes stratégiques « de l'Alliance ». Passer des « représailles massives » — qui rendaient automatiquement justiciable de la riposte atomique une attaque de l'Europe par les Soviétiques —, à cette « riposte graduée », à coup sûr beaucoup plus ingénieuse mais qui supposait une étude cas par cas et coup par coup, selon des scenarii élaborés par les brillantes « têtes d'œuf » de Washington —, MacGeorge Bundy, Walt Rostow, Alain Enthoven, Henry Kissinger, Tom Schelling, Hermann Kahn... — entraînait un bouleversement des perspectives pour les alliés européens de Washington.

C'est sans les consulter ni même les prévenir que le secrétaire à la Défense McNamara, dans un exposé fait au Conseil atlantique de La Haye en mai 1962 puis dans un discours prononcé à l'université d'Ann Arbor (Michigan) le 16 juin suivant, rendit officielle la mutation stratégique décidée par le

Pentagone, des représailles massives à la riposte graduée — non sans condamner au passage, et sans le moindre ménagement, les forces nucléaires des alliés britannique et français dont on pouvait craindre une « riposte non contrôlée ».

Ainsi les alliés européens étaient-ils à la fois privés de l'automatisme dans la menace de riposte nucléaire à l'encontre de l'URSS et admonestés de manifester leur volonté de pallier par eux-mêmes ce retrait stratégique de leur grand allié. Il n'en fallait pas davantage pour conforter de Gaulle dans sa méfiance et sa résolution.

Méfiance qu'allait constamment accroître — jusqu'aux négociations de 1968 en tout cas — le développement à ses yeux insensé de l'effort américain au Vietnam, l'appui inconditionnel accordé par Washington aux initiatives les plus risquées d'Israël, ou les opérations qui avaient pour cible tel ou tel territoire de l'hémisphère américain, comme Saint-Domingue. En s'engageant dans tant d'entreprises périphériques, les dirigeants américains restaient-ils des sentinelles crédibles de la forteresse Europe ? Le vieux continent, à commencer par la France, ne devait-il pas veiller lui-même, et par les voies radicales de la dissuasion nucléaire, à sa propre sauvegarde ?

Multiples, sinon tous convaincants, étaient donc les arguments d'ordre stratégique invoqués par de Gaulle pour justifier une décision prise d'emblée — et d'ailleurs par plusieurs de ses prédécesseurs. Mais comme si ceux-là n'avaient pas suffi, il faisait valoir en faveur de l'armement nucléaire des motivations domestiques non négligeables.

La première avait trait à l'armée française, à la fois à son hygiène morale et à son niveau de développement technique. On a cité l'argument formulé devant Eisenhower [*], selon lequel les 600 000 soldats libérés par la fin de la guerre d'Algérie auraient risqué de sombrer dans un mécontentement houleux si une grande tâche n'avait pas été proposée à la France : le recouvrement de son rang de grande puissance par l'accession à la capacité nucléaire. Dans la plupart de ses adresses à l'armée, à partir de 1959, de Gaulle met l'accent sur cette grande mission. Privée d'Algérie, l'armée se voit offrir le monde de la découverte, de la haute technologie, de la stratégie planétaire. Ce troc d'Alger contre Mururoa, peu de « terriens » le jugèrent fondé, avant longtemps. L'aviation et surtout la marine en virent mieux, ou plus vite, la justification.

Peu de colères de Charles de Gaulle furent comparables à celle qui l'agita à la fin de janvier 1967, quand, à l'occasion de sa visite à l'Institut des hautes études de défense nationale, il constata que les « terriens » se refusaient toujours à considérer les engins nucléaires autrement que comme de gros obus et se refusaient à étudier les propositions formulées l'année précédente dans un « document 952 » du Centre de prospective et d'évaluation (CPE), sur lequel on reviendra, qui définissait la stratégie nucléaire française. Ce freinage constant de l'armée de terre lui parut aussi absurde et perni-

[*] Voir plus haut, chapitre 13.

cieux que le rejet des chars en tant que force autonome dans les années 1935-1940.

De tous les débats, réquisitoires, dénonciations et mises en garde que suscite la création de la « force de frappe » nucléaire française, Charles de Gaulle n'a cure. L'important, pour lui, est d'aboutir, et de pouvoir brandir l'outil de l'indépendance nationale. Que lui font ces récriminations d'intellectuels pacifistes, ces déplorations d'évêques et de pasteurs ? La dissuasion, il en a assumé à jamais la charge. Et aucune de ses innombrables responsabilités ne l'isola à ce point du débat sur le forum. Aucune ne lui sembla relever aussi clairement — mis à part le droit de grâce — du pouvoir régalien. Légitime, suprême, immarcescible, enfermé dans une surdité souveraine, il ne se posa qu'un problème, celui du résultat.

Depuis le début de 1959, il est informé par ses experts du CEA que l'explosion pourra avoir lieu, au début de février 1960, sur un champ de tir situé au sud-ouest de Reggane, dans le désert du Tanezrouft, au cœur du Sahara. Et le général est assez assuré à la fois de son bon droit, et de la préparation technique de l'affaire, pour en informer tout uniment le président Eisenhower le 2 septembre 1959, cinq mois à l'avance : date, lieu, nature et puissance de l'explosif (60 kilotonnes), tout est dit...

Laissons la parole au général Buchalet, qui est depuis près de dix ans associé à la mise en œuvre de l'opération : « Le 13 février 1960, l'aube commence à poindre à l'extrémité du champ de tir de Reggane. Nous sommes tous assis, les lunettes noires sur les yeux, tournant le dos à la tour sur laquelle l'engin expérimental est censé exploser. On entend le compte à rebours... − 5, − 4, − 3... A ce moment, une importante personnalité assise à mes côtés se penche vers moi et me dit : " Êtes-vous certain que vous allez faire vraiment une explosion nucléaire ? " Bonne question [18] ! »

Ce matin-là, de Gaulle — qui émerge à peine de la tragique semaine des barricades — s'apprête à recevoir Bruno Kreisky, alors ministre des Affaires étrangères d'Autriche. Il est réveillé une demi-heure plus tôt que de coutume par ses aides de camp : la mise à feu a réussi. Ce 13 février 1960, à 6 h 30, la France est entrée dans le club atomique — encore que, de l'avis d'experts comme le général Crépin, il se fût agi seulement là d'un engin « expérimental [19] ».

Moins d'une heure après l'explosion de Reggane, la joie du général de Gaulle éclate à tous les échos, sous forme d'un communiqué de quatorze mots qui, une fois n'est pas coutume, et parce qu'il salue un événement sans précédent dans l'histoire nationale, emprunte au moins l'un de ses mots à un vocabulaire étranger : « Hourra pour la France ! Depuis ce matin, elle est plus forte et plus fière. » Ce « hourra » qui semble un écho de Los Alamos plutôt que de Reggane est-il l'hommage sémantique rendu par le général au génie américain, dans le moment où il jette à son grand allié ce défi très sonore ? C'est dans le français le plus classique en tout cas qu'il déclare aux foules languedociennes, le 25 février, que désormais la France, si « elle doit avoir des alliés », n'a pas besoin de protecteur ! ».

Plus de protecteur ? Est-ce en ces trois mots qu'il faut résumer la pensée gaullienne en matière nucléaire ? Bien sûr que non. S'il ne faut jamais, à son propos, parler de « doctrine », en tout cas l'enfermer dans l'une d'elles, il faut bien aborder le problème d'un axe de pensée, ordonnant l'ensemble de ses décisions et le conduisant de la « priorité absolue » donnée au nucléaire, dès l'été 1958, à la décision, un an plus tard, de passer au thermonucléaire, puis de construire les sous-marins qui feront bientôt figure d'arme absolue de la dissuasion, et enfin de proclamer sa stratégie « tous azimuts ». Cette chaîne de décisions dessine déjà les linéaments d'une réflexion qui implique un rejet et sous-entend un choix.

Le rejet qu'opère très vite le général de Gaulle, stratège nucléaire, c'est celui du rôle que l'on résume dans le mot de « détonateur » — et qui semble avoir été l'objectif de ses prédécesseurs de la fin de la IVe République, en tout cas du plus actif d'entre eux en ce domaine, M. Félix Gaillard. De quoi s'agit-il ? Une moyenne puissance dotée d'une simple bombe nucléaire ne saurait prétendre à assurer à elle seule sa dissuasion : elle ne saurait, en cas d'extrême péril, que contraindre son grand allié à recourir, fût-ce malgré lui, à l'armement atomique. Ce serait, a-t-on dit « ouvrir la boîte de Pandore ».

De cette fonction ingénieuse d'artificier, d'allumeur de réverbères, quelques-uns des meilleurs spécialistes français se firent les avocats. Ainsi, à une certaine époque, le général Beaufre[20], approuvé par Raymond Aron qui écrivit certain jour que la menace « d'utiliser la force française comme détonateur est la seule fonction de dissuasion [qu'elle puisse remplir] dans le cadre actuel[21] ».

Adversaire déterminé de cette conception — et inspirateur direct en ce domaine du général de Gaulle —, Pierre Gallois citait, pour la déconsidérer, une très éloquente confidence faite par M. Harlan Cleveland, ancien ambassadeur des États-Unis auprès de l'OTAN. Un officier français ayant confié à M. Dean Rusk, secrétaire d'État de John Kennedy, que l'armement nucléaire français n'avait pas d'autre objectif que d'obliger les Américains à « monter aux extrêmes » s'ils hésitaient à sanctionner ainsi une agression soviétique contre tel ou tel point de l'Europe, le chef de la diplomatie américaine ne se gêna pas pour répondre que, dans ces conditions, la réaction de Washington serait tout simplement d'avertir les responsables soviétiques de l'origine des projectiles qui les auraient frappés et de les assurer que les Américains, eux, n'y auraient pas recours[22]...

Si un tel récit simplifie à l'excès les échanges sur lesquels repose le jeu essentiellement psychologique de la dissuasion (dans l'hypothèse envisagée, comment Moscou comprendra-t-il le démenti de Rusk ?), il attire l'attention sur les limites de la tactique du « détonateur ». Charles de Gaulle n'avait pas besoin de ce trait pour récuser cet objectif : il visait beaucoup plus haut et plus large. Pas plus qu'il ne voulait d'un rôle de protégé, il ne se contentait d'une fonction de provocateur.

De Gaulle ne prétendait pas donner à la France, ni à lui-même, une « doctrine » nucléaire. Mais le grand corps militaire qu'il avait lancé dans cette aventure — et qui n'y entrait qu'à reculons, comme vingt-cinq ans plus tôt quand il s'était agi de susciter les divisions cuirassées — réclamait au moins un schéma et des directives d'ensemble. C'est à cet effet que Pierre Messmer, ministre des Armées, constitua en 1962 un Centre de prospective et d'évaluation (CPE) où furent rassemblés le général Beaufre, le « polémologue » Gaston Bouthoul, l'ingénieur de l'Estoile, le préfet Sicurani, et un certain lieutenant-colonel Poirier qui, fort obscur à l'époque, allait jouer un rôle essentiel d'inspirateur.

Quarante mois plus tard émanait de ce concile un épais document portant le numéro de code 952, que Messmer jugea si intéressant qu'il le transmit au général de Gaulle. Lequel fit dire, par le directeur de son cabinet militaire, l'amiral Philippon, qu'il en approuvait les conclusions, non sans faire observer qu'en mettant abusivement l'accent sur ce que le conflit évoqué avait de « virtuel », on risquait de démobiliser le corps militaire...

Ce document est resté la charte de la programmation française en matière nucléaire. L'accent y est mis avant tout sur l'autonomie de la décision que doit à tout prix préserver la France. Il tend à créer l'irréversible, en manifestant une volonté dans le domaine politique.

C'est à partir de cette panoplie globale que de Gaulle a construit ses réflexions. Aux yeux du fondateur de la Ve République, le contrôle du feu nucléaire que s'est assuré la France vise tout simplement à asseoir son autonomie de décision en cas de menace de conflit, dans le cadre de la « dissuasion du faible au fort » — qui se résume en ceci que David n'a pas besoin, pour décourager Goliath, d'aligner une masse de muscles et d'explosifs comparables aux siens, mais de démontrer que la fronde dont il dispose peut frapper le géant à la tête, ou simplement, comme le disait de Gaulle à Gallois, lui « arracher un bras ».

Certes, les concepteurs de la stratégie nucléaire française (Gallois, de l'Estoile, Bouthoul, Poirier) ne prétendent nullement au « cavalier seul » systématique. Un tel comportement peut, selon eux, s'insérer dans un mécanisme beaucoup plus vaste, soit en vue de représailles massives, soit à l'un des échelons de la « riposte graduée ». Mais alors cette graduation ne sera pas décidée unilatéralement par le grand allié, elle sera décidée à Paris, fixée d'un commun accord, concertée en fonction des intérêts nationaux ou continentaux réciproques. Multipolarité de l'action qui fait resurgir la souveraineté nationale dans l'environnement collectif. S'il s'agit d'aventurer la survie de la collectivité nationale, nul ne saurait se substituer à celui que les Français ont élu pour le faire.

S'il fallait à tout prix désigner une doctrine nucléaire exprimant la pensée de Charles de Gaulle en la matière, on parlerait de « dissuasion du faible au fort » telle que l'a décrite le général Gallois dans *Stratégie de l'âge nucléaire*, et qui consiste à fixer le rapport entre l'enjeu que constitue un pays donné et la capacité de destruction dont il dispose. A condition de soustraire en permanence aux coups de l'adversaire son outil de dissuasion, l'État en question peut créer une situation où sa force de représailles égale ou surpasse la valeur de l'objectif qu'il représente *.

Le général de Gaulle qui, si l'on en croit Pierre Guillaumat, fut en proie à des « hésitations apparentes », et avait en tête, à une époque, « ce qu'il appelait le goutte à-goutte » (tu me détruis Metz, je te rase Kiev...) semble l'avoir rejeté à partir du milieu des années soixante et du rapport du CPE.

La France a les moyens de pratiquer une « dissuasion minimale », dès lors qu'elle ne peut disposer des atouts de la « coercition nucléaire » qui consiste, par le recours à une « première frappe antiforces », à détruire d'emblée les moyens de l'adversaire — objectif auquel ont d'ailleurs renoncé les deux superpuissances elles-mêmes, se contentant, si l'on peut dire, d'une situation fondée sur la *Mutual Assured Destruction* (MAD...)

Une moyenne puissance atomique comme la France — ou l'Angleterre, ou la Chine — n'a pas une panoplie suffisante pour pratiquer la riposte graduée. Elle ne peut se manifester que par l'affichage d'une menace extrême, et instantanée. Stratégie à la fois simple, raide, courte — à moins qu'elle ne s'insère dans un ensemble. Mais c'est alors que l'on bute sur le principe fondamental de l'autonomie de décision. Aussi bien cette raideur et cette brièveté ne peuvent aller sans une forte teneur en énergie psychique.

Si l'on admet que la dissuasion est le produit de deux facteurs : un armement et une aptitude à décider, la faiblesse (relative) du premier doit être partiellement compensée par la crédibilité personnelle du décideur. Celle de Charles de Gaulle n'est pas faible. Aussi bien, dans les années soixante, les stratèges russes ne pouvaient-ils exclure que Paris osât affronter le pire en ripostant à un début d'agression par la destruction de plusieurs villes d'URSS — épisode qui donnerait à Washington et à Pékin un avantage décisif sur Moscou et aboutirait au ravage d'une France qui fait partie des objectifs naturels de l'impérialisme soviétique.

Encore faut-il ajouter que la dissuasion ne va pas sans une réévaluation constante de la « valeur France », comme l'écrit Gallois, en termes d'arguments nucléaires : l'adaptation de l'armement de dissuasion doit être constant, à la fois aux moyens de l'adversaire potentiel et — de Gaulle ne pouvait manquer d'y penser — à la crédibilité personnelle des décideurs à venir...

Nous voilà donc loin de la stratégie oblique du « détonateur », plus loin encore d'une répartition des tâches qui consisterait à réserver à la France, comme à telle ou telle autre puissance alliée des USA, l'usage de l'arme nucléaire tactique. Cette idée seule ne pouvait qu'être anathème à de Gaulle, dont la pensée est essentiellement stratégique, et qui ne saurait revendiquer pour la France qu'un rôle primordial.

Pour n'avoir pas été officier « colonial », Charles de Gaulle avait trop longtemps étudié les problèmes de la défense impériale, à la fin des années trente, pour ne pas reconnaître dans les missions que le Pentagone tendait à

---

* C'est dans une perspective très voisine que se situe François Mitterrand dans le livre sur la politique étrangère française qu'il a publié en février 1986 (Fayard).

confier à l'armée française celle que l'état-major de Paris assignait alors à la « force noire » selon Mangin. Il n'avait pas arraché son armée aux djebels algériens pour en faire la piétaille sacrifiée d'une coalition dirigée discrétionnairement par Washington.

D'où les différends qui s'élevèrent entre de Gaulle et ses alliés américains, d'abord à partir de 1962, quand Robert McNamara eut par deux fois, on l'a vu, condamné les forces nucléaires non américaines, surtout celles de la France qu'il ne pouvait intégrer à sa stratégie de *controlled response* ; puis, après le 3 août 1963, quand Paris eut refusé d'adhérer au traité de non-dissémination nucléaire signé à Moscou entre les deux superpuissances et la Grande-Bretagne.

Si, en d'autres domaines, la politique du général de Gaulle à l'égard des États-Unis, que l'on pourrait définir comme un harcèlement sans rupture, prit un ton quelque peu artificiel et conforme à la description que nous en donnait [23] MacGeorge Bundy (« Nous avions compris que cette attitude l'arrangeait »), le débat nucléaire était, lui, fondamental. C'est bien ce que comprit John Kennedy et c'est à ce propos qu'il parla d' « attitude inamicale » à l'égard des États-Unis.

Que Washington ait tenu à minimiser l'affaire — au point que dans son livre publié en 1968, *The Essence of Security* [24], Robert McNamara n'y fait que des allusions pour initiés (« Nous devons juger inacceptable toute solution autre que la défense collective », p. 25) — ne la rendit pas moins pressante. Ce dont témoigne le petit livre publié en 1962 par Walter Lippmann [25], où le plus « gaulliste » des grands commentateurs américains rompt (provisoirement et sur ce seul point) avec le général, accusé d'avoir fait de sa « force de frappe » nucléaire « un stratagème qui engagerait les États-Unis tout en réservant à l'Europe occidentale l'initiative nucléaire ». Ce qui était retourner d'un coup contre de Gaulle sa dénonciation du monopole nucléaire américain.

La plus judicieuse appréciation de la problématique gaullienne fut proposée par MacGeorge Bundy dans une lettre adressée le 16 mai 1962 à Raymond Aron, qui la publie dans ses *Mémoires* [26] — et que j'écoutais à nouveau, presque mot pour mot (avec une tonalité plus conciliante à l'égard de De Gaulle) en octobre 1985 à New York :

« Nous pensons que la maîtrise centralisée et la réplique indivisible sont de loin les moyens les moins dangereux d'édifier la défense nucléaire de l'Occident [et] que nous ne pourrions infléchir notre politique actuelle que pour des raisons d'une gravité exceptionnelle. Nous n'apercevons pas cette sorte d'exigence contraignante dans le cas de l'effort nucléaire français indépendant. » Mais il ajoutait : « La France a le droit d'entreprendre cet effort... Nous pouvons [le] regretter, mais ce n'est pas à nous de nous y opposer » (à quoi on pouvait faire observer au principal des conseillers de J. F. Kennedy que cette « opposition » ne s'en exprima pas moins, sous des formes dont la courtoisie n'atténuait qu'à peine la fermeté).

Plus ferme encore, mais moins courtoise, est la critique globale que fait, de cette stratégie française, l'homme politique allemand Lothar Ruehl : « La force armée en France, nucléaire ou non nucléaire, ne peut ainsi être conçue en termes d'indépendance puisque ces termes sont imaginés et non réels. Les forces armées françaises ne peuvent être conçues, armées, organisées, déployées et dirigées qu'en fonction des probabilités d'un conflit en Europe auquel la France ne pourrait se soustraire. En réalité, il ne peut s'agir de " décider " souverainement des conditions dans lesquelles la France participerait ou ne participerait pas à une défense de l'Europe de l'Ouest. Pour la France, la sécurité nationale n'est pas fonction de l'indépendance mais bien au contraire de la dépendance du système européen qui est la base de son existence même [27]... »

Aux yeux de ce perspicace Allemand, le général de Gaulle et les stratèges français sont des naïfs ou des imbéciles. Mais on peut lui objecter, d'abord que son argument à propos de « l'imaginaire » et du « réel » vaut, jusqu'à nouvel ordre, pour tous les protagonistes. Ensuite, qu'il faut ne pas connaître l'histoire des coalitions pour savoir d'avance qui, en cas de conflit en Europe, « participerait » ou non au combat. Français et Allemands auraient-ils oublié les péripéties et les choix de 1940 ?

Les stratèges américains ne cessèrent de revendiquer, comme un droit absolu, ce qu'ils appelaient « les trois C » : *command, control, communication*, tous trois anathèmes à la pensée du général de Gaulle — qui, s'il eut pu s'accommoder du « commandement » en temps de guerre ou de crise extrême, n'était pas prêt à s'accommoder du « contrôle », fût-ce celui des stocks nucléaires américains entreposés sous le régime de la « double clé » (l'américaine et l'indigène), qui furent évacués hors de France, à sa demande, dès le début des années soixante, et moins encore du monopole de « communication » de Washington, c'est-à-dire de la responsabilité exclusive d'échanger avec Moscou les « signaux » propres à la dissuasion, et de négocier en tête à tête la guerre, la paix, l'avenir de l'espèce humaine...

Citons ici, parce qu'écrites en défense de la position française, elles peuvent être retournées, au bénéfice de leurs thèses, par les théoriciens américains, ces lignes de Maurice Couve de Murville : « Le propre de [l'arme atomique] est de ne pouvoir être que nationale. Les responsabilités qu'implique sa possession sont en effet de celles qui ne se partagent pas, même si on le voulait, et ce n'a jamais été le cas. Quel État pourrait envisager d'être un jour entraîné dans la guerre nucléaire, c'est-à-dire de risquer sa propre destruction, par l'emploi, décidé en dehors de lui, des armes qu'il aurait livrées à une puissance amie [28] ? »

Sur tous ces points, et quoi qu'on pût penser du rapport entre les prétentions de l'un et des autres ou des réalités du rapport de forces, le désaccord était fondamental. Car, fait observer Alfred Grosser, il s'agit d'un problème « insoluble [29] » : le poker atomique, avec son inextricable écheveau de « signaux » et de « gesticulations », se joue à tel point dans les cerveaux, et vraisemblablement dans un délai si bref, qu'il semble exiger la concentration entre les mains d'un seul du pouvoir de décision, voire de modulation — pouvoir que, s'agissant de l'Occident, le président des États-Unis ne peut manquer de revendiquer.

Mais, ajoute Grosser, cette situation est pour tout homme d'État lucide ainsi exclu de la décision, proprement « insupportable [30] » — surtout s'il s'agit d'un chef de guerre qui a expérimenté, de 1940 à 1945, le retrait précipité des principaux alliés de la France à Dunkerque et leur décision (justifiée) de conserver leur aviation pour leur propre défense ; le refus des États-Unis d'entrer dans la bataille jusqu'à ce qu'ils y fussent contraints par Tokyo et Berlin ; sa propre mise à l'écart de toutes les décisions stratégiques concernant son pays jusqu'à l'automne 1944... Comment, nanti d'une aussi rude expérience de la « flexibilité » et des limites des coalitions, de Gaulle n'aurait-il pas fait en sorte qu'à l'avenir la France puisse penser son destin autrement qu'en termes collectifs ?

On est tout de même en droit de déplorer qu'en concourant ainsi à la prolifération nucléaire, la France contribue à faire du monde une jungle homicide, hantée par le suicide et l'anéantissement. Dans un essai publié au temps de la première explosion thermonucléaire française, Léo Hamon traçait l'esquisse d'une « démocratie atomique » fondée à la fois sur « la fin du duopole nucléaire » et sur la pluralité des puissances atomiques. Au sein de ce directoire à cinq têtes, Anglais, Français et Chinois ne seraient évidemment pas les égaux des deux Super-Grands, le pouvoir égalisateur de l'atome ne s'exerçant que dans une phase de la dissuasion, pas dans l'emploi ; mais ils contribueraient à fonder une « démocratie à l'antique », une « oligarchie divisée et ouverte » dont les citoyens, mus par la « prudence » plutôt que par la « vertu », agiraient « sous le contrôle du plus grand nombre avec une initiative et une latitude d'action réelles mais limitées ». Conclusion de ce juriste avisé : « La démocratie est-elle jamais en substance autre chose [31] ? »

A cette idée de « démocratie atomique » (présentée d'ailleurs avec prudence) on pourrait apporter un argument puisé dans une structure internationale visant au maintien de la paix : il se trouve que cinq nations sont membres de droit du Conseil de sécurité de l'ONU et détentrices du droit de veto. Ce sont précisément les cinq puissances nucléaires. N'y a-t-il là qu'une coïncidence ? Ne peut-on voir dans le feu nucléaire la forme suprême du veto ?

Déjà grave jusqu'en 1966, alors envenimé par le retrait de la France des organismes militaires intégrés de l'OTAN et des conditions posées au survol du territoire français par l'aviation alliée*, le débat nucléaire franco-américain fut porté à son paroxysme lors de la définition, par les plus hautes autorités militaires françaises, de la stratégie dite « tous azimuts », qui

---

* Voir plus haut, chapitre 13.

semblait faire glisser la France de la situation d'allié circonspect et incommode à celle de neutre militant, rallié à une sorte de « troisième voie » diplomatique et stratégique.

L'histoire de ce « grand bond en avant » de la stratégie gaulliste de la dissuasion vaut d'être contée — ou amorcée, avant d'être éclairée par la publication de tous les textes décisifs.

Nous sommes au début de 1967. Les États-Unis s'enfoncent, apparemment sans retour, dans l'aventure vietnamienne. Leurs stratèges nucléaires, forts de l'accord passé avec Moscou quatre ans plus tôt, nuancent à l'infini les modalités d'une « réponse flexible » dont la flexibilité ne cesse de s'affiner. En Angleterre vient de paraître un livre blanc qui manifeste un renouveau de la volonté de puissance britannique, notamment sur le Rhin. En France, depuis trois ans, une loi-programme encadre un effort d'armement nucléaire qui, selon de Gaulle et ses experts, a abouti à la mise au point d'une FNS (force nucléaire stratégique) dont la crédibilité est reconnue depuis un an.

C'est le général Charles Ailleret que de Gaulle a placé à la tête des armées françaises. Non seulement parce qu'il est au premier rang des réalisateurs de la bombe, mais parce qu'il y a chez ce grand technicien une telle brutalité et une telle certitude d'avoir raison que le chef de l'État se sert de lui comme d'une sorte de bélier, de bulldozer. En voilà un qui ne flanchera pas, et qui brisera toutes les résistances au sein de l'armée *...

Le 20 janvier le général de Gaulle rend visite, comme il le fait chaque année, à l'Institut des hautes études de défense nationale. Ce qu'il y entend le persuade que la plupart des futurs chefs de l'armée française (surtout les « terriens ») n'ont rien compris à la révolution qu'apporte l'atome dans les concepts de défense nationale. Beaucoup parlent du feu nucléaire comme d'une sorte d'artillerie perfectionnée.

Cette attitude le déçoit et l'irrite à tel point qu'il décide de rédiger une directive rappelant les nouveaux principes de la stratégie française tels qu'il les a dégagés depuis près de dix ans avec des hommes comme Gallois, l'amiral Philippon et le général Ailleret, chef d'état-major de la défense nationale. Ce document, écrit de la main du général de Gaulle et resté confidentiel, est d'un exceptionnel intérêt. C'est l'un des textes où s'expriment le mieux les visées profondes du général. La citation ne pouvant encore en être faite mot à mot, on tiendra le texte suivant pour une paraphrase fidèle de l'original.

Selon de Gaulle, la mission des forces armées françaises « à l'horizon 1980 » serait de « pouvoir intervenir en tout point du monde, conduire une action au large et autour de notre propre territoire, enfin résister sur le sol national ». Pour l'exécution de cette mission, ajoutait le général, « quatre ** grands ensembles de forces étaient à constituer, pendant la période 1970-1980 », dont l'élément essentiel était « une force thermonucléaire à grande

---

* Ce qu'il a déjà fait, impitoyablement, en Algérie.
** Les trois autres étant une force d'intervention (qui deviendra le FAR), un corps de bataille aéroterrestre et une défense opérationnelle du territoire (DOT).

portée, capable de frapper partout où il faudrait sur la surface de la terre pour obtenir des destructions irréparables dans l'un quelconque des plus grands États ».

Selon Charles de Gaulle, il s'agissait là d'un système complet : bombes thermonucléaires, lanceurs de fusées intercontinentales, 7 à 8 sous-marins nucléaires lanceurs d'engins, bombardiers « circum-terrestres », satellites de communications. C'était, soulignait-il en conclusion, « un système planétaire ».

Il est peu de dire que cette directive « planétaire » déconcerta bon nombre des chefs militaires — et civils — qui collaboraient avec le général de Gaulle. Nous tenons de trois d'entre eux au moins que le mot de « démesure » courut alors nombre de bureaux, et que les plus audacieux parlèrent de « déséquilibre », de « vieillissement », voire de « dérangement ». Tel de ces collaborateurs jugeait cette mission incompatible avec l'alliance occidentale ; tel autre en estimait le ton provocant ; et tel autre objectait que les moyens de la France ne lui permettaient ni de viser si haut ni de « ratisser si large ». La formule qui courait les états-majors était : « Cette fois, le Vieux débloque. »

L'un d'entre eux au moins resta impavide. Le général Ailleret considéra d'un œil plus serein l'inimaginable mission qui lui était confiée : de préparer la France à « frapper, partout où il faudrait sur la surface de la terre, pour obtenir des destructions irréparables dans l'un quelconque des plus grands États »... Bigre !

Le chef d'État-major se mit au travail. Tout en poussant à fond la réalisation technique du projet il rédigea, à la demande du chef de l'État, un article destiné à diffuser, dans les milieux spécialisés, les idées lancées dans la directive présidentielle de février. Ce sera l'article, resté fameux, publié le 1er décembre 1967 dans l'officieuse *Revue de défense nationale* sous le titre « Défense " dirigée " ou défense " tous azimuts " ». Ce texte fit d'autant plus de bruit qu'il était précédé d'un dessin montrant l'hexagone national explosant de cent éclairs fusant dans toutes les directions : on ne pouvait mieux figurer une France seule, coupée du reste du monde et, tel Cyrano flamberge au vent, distribuant des coups à d'universels ennemis.

Le texte n'avait d'ailleurs pas besoin d'être surmonté de cette image provocante pour frapper des lecteurs en l'occurrence plus nombreux que les abonnés de cette grave publication :

« Si la France veut pouvoir échapper aux risques qui pourraient la menacer [elle doit disposer] en quantités significatives [...] d'engins balistiques mégatoniques à portée mondiale dont l'action pourrait dissuader ceux qui voudraient, de quelque partie du monde qu'ils agissent, nous utiliser ou nous détruire * pour aider à la réalisation de leurs buts de guerre ».

« Être le plus fort possible d'une manière autonome et individuelle et posséder en propre l'armement à très grande portée et à très grande puissance capable de dissuader n'importe quel agresseur quel que soit son

---

* « Nous utiliser » (le doigt est pointé sur les États-Unis) est mis sur le même pied que « nous détruire ».

point de départ c'est évidemment une formule entièrement différente de celle qui consisterait à se constituer, pour le même effort financier, en force complémentaire de celle du membre principal d'une alliance a priori *. »

Faisant remarquer que cette formule n'interdirait pas à la France, au cas où la dissuasion ne suffirait pas à prévenir la guerre, de s' « incorporer au mieux » à une alliance, en restant « libre... de la conduite de ses actions », le général Ailleret, assurant qu'il n'était pas possible de savoir d'où pourrait venir « le péril qui menacera... les générations qui suivront la nôtre », écrivait que « notre force autonome » ne devrait point être « orientée dans une seule direction, celle d'un ennemi a priori, mais être capable d'intervenir partout, donc être ce que nous appelons, dans notre jargon militaire, tous azimuts ». Ainsi, l'objectif de la France doit être de constituer « une force thermonucléaire à portée mondiale tous azimuts[32] »...

Les réactions furent tumultueuses, jusque dans des milieux proches du chef de l'État. Oser supposer que l'allié américain puisse un jour devenir justiciable d'engins thermonucléaires français... Cette outrance absurde ne pouvait être due qu'à un militaire avide de s'affirmer plus gaulliste que de Gaulle... Jusque dans les milieux gaullistes, on fit mine de croire aux extravagances d'un « ultra ».

Mais il fallut vite se rendre à l'évidence : l'article du chef d'état-major n'était que le reflet d'entretiens qu'il avait eus à l'Élysée. Plusieurs témoins tels que l'amiral Sabbagh, de l'état-major particulier du chef de l'État, ou le général Bourgue, le plus proche collaborateur d'Ailleret, nous ont certifié ** que l'article avait été relu de très près par le chef de l'État qui, ne faisant aucune réserve sur le fond, avait seulement suggéré d'en abréger les phrases — se heurtant au refus très sec de l'auteur[33]...

Au surplus, trois textes au moins de l'auteur de *Vers l'armée de métier* suffisent à lever les derniers doutes que l'on pourrait essayer d'entretenir sur la fidélité de l'article du général Ailleret à la « doctrine » gaullienne. Le premier est l'allocution adressée aux officiers des écoles militaires, le 3 novembre 1959, qui contient la formule fameuse : « Puisqu'on peut détruire la France, éventuellement, à partir de n'importe quel point du monde, il faut que notre force soit faite pour agir où que ce soit sur la terre... » Le second de ces textes est la directive pour le plan à long terme 1970-1980 citée plus haut, où le général de Gaulle parlait d'une « force thermonucléaire à grande portée capable de frapper partout... l'un quelconque des plus grands États ».

Mais pour plus de clarté, le général de Gaulle tint à prononcer lui-même les mots fatidiques, le 27 janvier 1968, devant les membres de

---

* C'est ce que fait la Grande-Bretagne.
** Notamment au colloque d'Arc-et-Senans de septembre 1984 et dans des entretiens avec l'auteur.

l'Institut des hautes études militaires. Le texte qui suit * a été établi grâce aux notes prises par divers auditeurs. Il nous a été communiqué par le général Bourgue, qui dirigeait alors les études de l'École militaire :

> « Je voudrais profiter de mon passage ici pour traiter de la stratégie qu'on a dite tous azimuts, dont on a parlé ces derniers temps.
> Nous faisons, oui, un armement atomique. C'est un armement complètement nouveau, qui implique une refonte militaire et une refonte de puissance, sans comparaison avec tout ce qu'on a pu connaître avant.
> C'est une affaire de longue haleine... on ne le fait pas pour demain, mais pour des générations, dans un système de dissuasion et de défense complètement nouveau. Et dans ce long espace de temps, qui peut dire ce que sera l'évolution du monde ? Dans vingt ans, qui gouvernera les États-Unis et avec quel système ? Qui gouvernera l'URSS ? l'Allemagne ? le Japon ?... et la Chine ? Qui peut dire ce qui se passera en Amérique du Sud et en Afrique ? Personne sans aucun doute.
> En fonction de toutes ces incertitudes, nous faisons notre armement nucléaire. Et ce n'est pas la première fois dans notre histoire qu'il en est ainsi ! Vauban, à son époque, a fortifié toutes les frontières de la France, les Pyrénées, les Alpes, nos ports et même la Belgique. Nous sommes allés partout, nous avons fait la guerre partout, nous sommes entrés à Madrid, à Berlin, à Moscou. Nous avons fait la guerre en Europe, en Orient, en Amérique, en Asie... Il n'y a pas de raison pour que cette stratégie, qui de tout temps nous a protégés contre tout, ne se perpétue pas.
> Par définition même, notre armement atomique doit être tous azimuts. Il faut que vous le sachiez, que vous le voyiez et que vos études et votre état d'esprit s'y habituent. »

La stratégie nucléaire « tous azimuts » est bien celle dont le général de Gaulle a voulu, en 1967, doter la France. Fallait-il y voir l'expression d'une politique de « neutralité armée » ? La question fut posée à la même époque par un auditeur de l'Institut des hautes études de défense nationale ** au général Ailleret.

Le chef d'état-major répondit en substance : « Nous ne sommes pas la Suisse qui, si la Norvège était attaquée par les Russes, proclamerait qu'elle n'est pas dans le coup [...]. La France ne dit pas ça. Si certaines valeurs, notre indépendance, notre survie, étaient en question, si une agression soviétique était déclenchée contre l'Europe [...] la France serait instantanément dans la guerre [...]. Mais nous ne voulons intervenir que sur décision du gouvernement français, du peuple français, nous ne voulons pas intervenir parce que nous appartenons à une alliance ***... »

Un mois plus tard, au retour d'une visite à Madagascar, le général Charles Ailleret se tuait en avion au moment du décollage de son appareil de

---

* Dont *le Monde* donna une version quelque peu abrégée, mais « autorisée » par l'état-major du général.
** M. Serge Dassault.
*** Le général Ailleret corrigeait volontiers la raideur du « tous azimuts » en affirmant qu'il signifiait moins par là la multiplicité des cibles que celle des lieux de tir. Pourquoi ne pas envoyer un sous-marin atomique en mer de Chine pour prendre l'URSS à revers ? précisait-il. Ce qui constituait une interprétation un peu libre du « tous azimuts »...

l'aéroport de la Réunion. Si peu de crédit qu'on attache aux hypothèses* de ceux qui ont voulu voir là le résultat d'un attentat perpétré par des services spéciaux (français ou autres hostiles à l'inflexion de la stratégie française dont ils imputaient la responsabilité au disparu), on allait observer une légère « correction de tir » de la part des chefs militaires français.

Ainsi le nouveau chef d'état-major, le général Michel Fourquet (de l'armée de l'air) prenait-il position à son tour, le 3 mars 1969, devant les auditeurs de l'Institut des hautes études de défense. Cette conférence ne fut certes publiée par la *Revue de défense nationale* qu'en mai 1969, au lendemain du départ de Charles de Gaulle pour Colombey : mais le texte n'avait pu être élaboré qu'en symbiose avec le chef de l'État alors que le problème de sa retraite ne se posait pas. Au surplus, l'absolue fidélité du général Fourquet au fondateur de la Ve République, manifestée en toutes circonstances, notamment en Algérie, ne saurait être mise en doute.

Intitulée « Emploi des différents systèmes de forces dans le cadre de la stratégie de la dissuasion », cette étude met plus nettement l'accent sur l'engagement de la France « contre un ennemi venu de l'Est ». Elle définit la mission des forces opérationnelles comme un « test » des intentions de l'adversaire avant que la résistance prenne la forme de « l'escalade » nucléaire, et distingue diverses formes de batailles susceptibles de déclencher la dissuasion française, n'excluant pas qu'elle puisse jouer en d'autres cas que celui d'une violation du territoire national lui-même.

S'agit-il alors, sinon d'une révision en profondeur, au moins d'une retouche de la thèse du « tous azimuts » ? Le général Poirier le nie. Il soutient que l'article du général Fourquet tend à insérer l'expression un peu raide et technicienne d'Ailleret dans un système plus large et plus souple, et surtout à articuler le nucléaire stratégique dans l'ensemble d'une prévision qui se fonde aussi sur d'autres armes (classiques et nucléaires tactiques) et sur un jeu de forces plus complexes. « Il ne s'agit pas, de la part de Fourquet, conclut le général Poirier, d'un glissement et moins encore d'une révision, mais plutôt d'un élargissement et d'une mise à jour[34] »

C'est à très peu de chose près ce qu'affirme le général Fourquet. Dans une lettre qu'il nous adressait en janvier 1986, l'ancien chef d'état-major soutient qu'entre les deux textes il n'y a pas différence ou évolution de conceptions, mais de « circonstances ». Il fait valoir que l'article de son prédécesseur fut publié pour arracher le corps des officiers français à leur esprit de « dépendance » vis-à-vis des états-majors atlantiques, esprit qui « irritait profondément le général de Gaulle » impatient d'engager ses officiers à penser par eux-mêmes les problèmes posés par la défense de la France.

« En 1969, poursuit le général Fourquet, l'armée commençait à accepter le nouvel état de choses, la mise sur pied de nos forces nucléaires avançait à

---

* Rassemblées dans un livre intitulé *Mort d'un général*. Le général Bourgue, plus proche collaborateur d'Ailleret et qui a suivi de très près l'enquête, exclut formellement toute hypothèse d'attentat.

grands pas, et il me paraissait nécessaire de bien orienter les esprits et de dire clairement que le danger de guerre était à l'Est. »

On ne peut tout de même exclure qu'entre le moment où Ailleret écrivait (sous son contrôle) en 1967, et celui où le général Fourquet prononça sa conférence (le 3 mars 1969) une inflexion se fût produite dans les méditations stratégiques de Charles de Gaulle. Tenait-il compte de la réapparition d'un ennemi préférentiel, après l'invasion de la Tchécoslovaquie par l'URSS, dans le même temps que Washington recherchait la paix au Vietnam ? Révision circonstancielle qui serait à l'origine de la décision prise par le général de Gaulle de reconduire la participation de la France au Pacte atlantique, en ce même mois de mars 1969.

Quelles que soient les retouches « atlantiques » apportées en dernière analyse par le général de Gaulle à sa stratégie nucléaire, l'idée-force restait, à l'heure de sa retraite, celle d'une dissuasion « du faible au fort », proportionnelle à l'ampleur des moyens modestes dont on dispose et de l'objectif réduit qu'on représente, visant à « sanctuariser » le territoire national, et accessoirement à contribuer à la défense globale de l'Occident — l'autonomie de décision n'excluant ni la solidarité ni la coopération interalliée.

Adaptation du « tous azimuts » ? Retouches stratégiques ? On sait que Charles de Gaulle n'était pas homme à s'y refuser. Les preuves abondent du renouveau de l'alliance franco-américaine entre 1967 et 1969. Dès avant les entretiens entre Richard Nixon et Charles de Gaulle dont on a dit l'extrême cordialité*, dès avant la reconduction du Pacte atlantique en mars 1969, avaient été signés en février 1967 les accords entre Ailleret et Lemnitzer (le général américain commandant suprême interallié en Europe) qui définissaient les modalités de la coopération entre les deux commandements — moins d'un an après la sortie de la France des organismes intégrés de l'OTAN.

L'amiral Sabbagh, qui met l'accent sur l'aspect de « gesticulation » du supposé neutralisme gaullien et sur la confiance que les chefs militaires américains ont toujours eue en de Gaulle, nous a conté avec beaucoup de verve les ultimes péripéties de cette rude négociation franco-américaine. C'est à Rambouillet, au cours d'une chasse à laquelle il avait convié le général Lemnitzer, que de Gaulle obtint du chef militaire américain la reconnaissance de l'utilité de la force nucléaire française pour la sécurité européenne, en même temps qu'il rénovait ou plutôt réajustait l'Alliance.

On est dans les tirés. De Gaulle, sans arme comme toujours, montre au visiteur un faisan en plein vol. « Tiens, murmure Lemnitzer, je croyais qu'il n'y voyait plus... » L'Américain épaule et, pivotant sur lui-même pour garder le gibier dans sa mire, se trouve presque face à de Gaulle qui, écartant le canon du fusil, lui lance : « Vous auriez été bien emmerdé si vous m'aviez atteint... » Rentrés au château, les deux hommes définissent les conceptions réciproques de l'Alliance et l'emploi du feu nucléaire. Puis, faisant visiter à Lemnitzer la grande salle du château, de Gaulle s'arrête devant une

---

* Voir plus haut, chapitre 13.

tapisserie illustrant la fable du *Loup et l'Agneau*. « La France, fait-il, ne sera jamais plus l'agneau ! » Lemnitzer éclate de rire. « S'il rit, fait de Gaulle, c'est qu'il m'a compris[35]... » Les accords Ailleret-Lemnitzer sont restés secrets. Ceux qui ont pu en prendre connaissance assurent que ces textes situent la France très loin de la « neutralité », du « non-engagement » dont il fut si souvent question.

Alors, stratégie schizophrénique ? Dans le même temps qu'on quitte les structures militaires de l'OTAN et qu'on parle de « tous azimuts », on recrée une coopération bilatérale avec le leader de la coalition ? Non-engagement, neutralité armée, ou non ? En fait, nous disait l'un des conseillers militaires du général, c'est de « non-engagement » qu'il faut parler. Ce que de Gaulle a rejeté, c'est une structure, une « cage » entraînant automatiquement la France dans un conflit décidé par d'autres.

« Jamais, assure Pierre Messmer, de Gaulle n'a prétendu s'enfermer, isolé de ses alliés, dans le sanctuaire français. Tout prouve le contraire, ne serait-ce que l'attention qu'il a portée aux autres armes, et par-dessus tout la création de la 1re armée : il entendait bien être présent sur le théâtre européen. Ce qu'il refusait, c'est la mission de tenir un créneau de l'avant qui eût automatiquement impliqué la France dès les premières escarmouches. Il voulait se réserver, en toute occurrence, la liberté de décision. Ce n'est pas l'alliance qu'il refusait, c'est l'automatisme de l'engagement dans n'importe quel conflit[36]. »

La décision de déclencher le feu nucléaire relève, on l'a écrit cent fois, de l'apocalypse. Charles de Gaulle, chrétien cuirassé du cynisme d'État le plus intrépide, ne se jugeait pas inapte au maniement de la foudre, vivant de ce fait, a-t-il confié, dans une « terrible et perpétuelle perplexité[37] ». Si homme en France, depuis des siècles, fut en mesure de considérer sans un effroi paralysant cette mission quasi surnaturelle, ce ne put être que l'auteur du *Fil de l'épée* et de la fulminante directive de 1967.

C'est un décret du 14 janvier 1964 qui a fait du chef de l'État le « décideur » en matière nucléaire, spécifiant que la force nucléaire stratégique (FNS) intervient « sur ordre d'engagement donné par le président de la République, président du Conseil de défense et chef des armées ». Ce texte fit l'objet de critiques virulentes de l'opposition, le 24 avril suivant, lors d'un débat à l'Assemblée nationale, notamment de la part de M. François Mitterrand qui revendiquait pour le gouvernement, en la personne du Premier ministre, ce pouvoir de décision.

A vrai dire, les références aux textes constitutionnels donnaient quelque fondement à ces objections. On n'a pas fini de gloser sur les dissonances entre les articles 5 et 15 du texte de 1958 qui font du président de la République le garant de l'intégrité du territoire et le chef des armées, et l'article 21 qui attribue au Premier ministre la responsabilité de la défense nationale. Le glissement présidentialiste, en ce domaine comme en d'autres, n'est pas le fait du seul de Gaulle, on l'a vu et on le verra (et il n'est pas indifférent que l'orateur de l'opposition de 1964 soit devenu dix-sept ans plus tard l'éloquente incarnation d'une stratégie nucléaire très personnalisée).

Imagine-t-on en tout cas que, Charles de Gaulle installé à l'Élysée, une autre interprétation des textes que celle qui a prévalu ait investi Georges Pompidou de la charge de décider — après consultation du général, peut-être... — si la France devait déclencher sur telle ou telle partie du monde le feu nucléaire ? Ce type d'armement, et les problèmes vertigineux que pose son emploi (y compris celui du feu nucléaire tactique, qui est en apparence à la disposition des chefs de corps d'armée, mais dont le général de Gaulle exigea violemment, au cours d'une inspection en Allemagne en 1968, qu'il relevât exclusivement de la décision du chef de l'État [38]) n'ont pas disparu avec son promoteur. Mais il est de fait que, de Gaulle vivant, la bombe (dût-on la qualifier de « bombinette », ou, comme lui, de « bombette ») s'identifiait à lui. Qui en doutait, de Washington à Moscou ?

Si peu vraisemblable que fût le recours à cette procédure d'anéantissement suicidaire — mais nous avons vu que le général ne l'excluait pas, au moins en paroles —, la bombe n'est pas une abstraction dans la vie de celui qui a été investi de cette effrayante responsabilité.

Elle l'habite, le hante et le suit comme une ombre — une ombre très charnelle, celle de l'officier d'ordonnance qui l'accompagne, collé à lui dans tous ses déplacements, porteur d'une cassette qui permet d'entrer à tout instant en contact avec le PC nucléaire de Taverny, à 40 kilomètres de Paris. Mais de multiples précautions sont prises pour qu'un président devenu fou — ivre d'une telle puissance, possédé soudain du rêve de faire sauter le monde — ne puisse se laisser aller à cette lubie sans contrôle, lequel, observe Maurice Duverger, « est aussi un élément de crédibilité dans un jeu qui doit toujours rester rationnel [39] ».

Comment est identifiée l'autorité politique seule habilitée à déclencher le feu nucléaire * ? Le problème, précise le général Maurin, ancien chef d'état-major des armées, a été résolu par la mise en place des moyens modernes de transmission d'images entre la présidence de la République et les centres d'opérations — moyens protégés contre toute intrusion [40]. Le chiffre codé permettant au président de la République de déclencher le feu nucléaire change à intervalles réguliers. Sous de Gaulle, il était, précise Alain Larcan (proche collaborateur de Pierre Messmer), transcrit par le général de Gaulle sur un petit carton blanc enfermé à l'intérieur d'un médaillon qu'il portait dans la poche de son gilet relié par une chaîne à sa boutonnière et gardait près de lui durant la nuit.

S'il avait décidé d'habiter l'Élysée, qu'il n'aimait pas, c'est en grande partie parce que tous les systèmes d'alerte — et de contrôle des risques et erreurs auxquels sont affectés, au ministère des Armées, rue Saint-Dominique, trois ordinateurs — y sont reliés, et ne peuvent être assurés de la même façon

---

* Pouvoir qui, à la différence de ce qui se passe aux États-Unis, peut être délégué, en France, au Premier ministre ou à son collègue des armées.

ailleurs. Et il exigeait de son plus proche collaborateur militaire (l'amiral Philippon notamment) qu'il y logeât lui aussi.

L'image du décideur ne suffisant pas à authentifier la directive fatidique, la voix du chef de l'État doit compléter la perception de l'ordre donné. Les chefs responsables de la FNS (force nucléaire stratégique), le général Madon, puis le général Mitterrand *, connaissant bien la voix de Charles de Gaulle, nulle méprise ne semblait possible. Néanmoins, précise l'amiral Sabbagh, quand furent mis en service les *Mirage IV*, le général Madon demanda comment serait identifié le décideur au cours d'un vol opérationnel. Et de Gaulle : « Voyons, Madon, vous connaissez ma voix, non [41] ? »

Car le feu nucléaire est aussi un « je » nucléaire.

---

* Frère aîné de François Mitterrand.

18. L'année du prophète

Par ce qu'il a d'absolu, le feu nucléaire porte en lui, et en son détenteur, sa propre menace. Parce qu'il entraîne aux spéculations intellectuelles les plus audacieuses, exalte l'audace, détruit les distances, aplanit les cimes et donne au faible un ascendant supposé sur le fort, il incite son détenteur à une sorte d'*hubris*, de démesure.

Ce ne fut pas, dira-t-on, le cas de son premier usager, le modeste M. Truman. Certes : cet homme était peu porté aux confabulations métaphysiques. Mais son ministre de la Défense, James Forrestal, manipulateur de l'arme atomique, fut poussé, en 1950, au suicide.

On ne comparera pas son cas au comportement du général de Gaulle à partir de 1967. Mais nous verrons qu'en ce domaine, ainsi qu'en quelques autres, le sens de la mesure classique, du « jardin à la française » qui, en l'auteur des *Mémoires de guerre*, canalise un génie baroque et tumultueux, semble, en 1967, se relâcher. L'imagination et l'audace prennent, chez le Connétable, le pas sur le réalisme.

Si grandiose est son projet d'une Europe retrouvant les frontières de nos cartes de géographie, d'une Europe dont il serait à la fois l'accoucheur, le pilote et (feu nucléaire en main) le défenseur, vieux sage faisant du vieux continent le modérateur universel, qu'il en vient à négliger les contingences locales, la réalité immédiate des rapports de forces. Il « accommode » moins bien. Lui dont la règle stratégique fondamentale avait toujours été de tenir compte des circonstances plutôt que de plans *a priori*, le voilà moins attentif aux données de fait, parfois détaché du sol comme une montgolfière fabuleuse.

Ainsi le voyons-nous, au cours de cette année 1967, entrer dans une sorte de dérive planétaire, aussi bien en matière stratégique qu'à propos du Proche-Orient ou des rapports avec ses alliés d'Occident. La vision est toujours fulgurante. En chacun de ces écarts jaillit l'éclair de la prophétie. Mais de la stratégie « tous azimuts » au jugement porté sur le comportement d'Israël et au geste fait au Québec, se marque quelque chose de fébrile, d'emporté, et parfois un décrochage du réel qui déconcerte.

Cette année 1967, en tout cas, est celle où le général, qui a quelques mois plus tôt détaché la France de l'organisation militaire intégrée de l'OTAN, estime disposer désormais d'une force de dissuasion crédible en tout lieu et constate que l'aggravation de l'enlisement américain au Vietnam risque de s'étendre au Cambodge en dépit de son avertissement solennel de Phnom Penh. Il semble alors en proie à la tentation d'aller jusqu'au bout de ses idées et se comporte en prophète d'une indépendance si stricte, si exigeante, si souveraine, qu'elle confine au monothéisme politique.

On l'a vu dans le domaine de la stratégie, on va le voir dans celui des rapports diplomatiques entre la France et ses alliés — voire ses « amis » —, Charles de Gaulle agit en ces mois-là comme si la France n'avait d'autres règles et n'obéissait à d'autres lois que celles de son salut solitaire, et que lui-même était investi d'une sorte de mission annonciatrice.

Ce qu'on voit s'opérer en ces mois fiévreux de 1967, c'est une sorte d'expérience de laboratoire, de recherche de la pierre philosophale, celle du gaullisme *in abstracto*. On dirait d'une extraction de l'essence du gaullisme. Le général apparaît sous la forme de son sur-moi, suscitant (non sans réserve de la collectivité) une sur-France qui, « tous azimuts », tranche de tout par sa voix et s'érige en arbitre et censeur, dans une sorte de vertige inspiré auquel les « circonstances » de 1968, en mai à Paris et en août à Prague, viendront couper court.

Du Proche Orient au continent américain, ce de Gaulle survolté dérange, indigne, exalte et s'offre à toutes les condamnations, semblant y trouver matière à de nouveaux défis. Ce qu'il y perdra de fidélités, il le regagnera certes en adhésions nouvelles, en élargissement de l'espace diplomatique ouvert par le règlement de l'affaire algérienne et la contestation de l'entreprise américaine au Vietnam.

Mais les fissures qui se manifestent alors entre le chef de l'État et l'opinion française sont d'une ampleur qui dépasse le simple décalage séparant un esprit supérieur du moutonnement apeuré de l'opinion. Une grande diplomatie ne saurait être le reflet d'une majorité, le fruit de sondages : il est dans sa nature d'être à l'avant-garde. Mais point à contre-courant.

Les relations entre le général de Gaulle et l'État d'Israël étaient peut-être, jusqu'au milieu du mois de mai 1967, les meilleures que le fondateur de la Ve République ait jamais entretenues avec aucune collectivité nationale.

Avant la proclamation de l'indépendance de l'État hébreu, la France libre avait noué des relations très cordiales avec les organisations sionistes. A Londres, de Gaulle avait reçu leurs porte-parole les plus autorisés. En Palestine, François Coulet, futur aide de camp puis homme de confiance du général à Alger, avait monté une station radiophonique « Levant-France-libre » en commun avec des combattants de la Légion juive ; c'est à Jérusalem que se regroupaient ceux qui fuyaient le Levant vichyste pour rejoindre de Gaulle et c'est en luttant contre les troupes de Dentz aux côtés des *Free French* que Moshé Dayan avait perdu un œil en 1941.

Certes, considérant alors les perspectives dans lesquelles le partage de la Palestine situait les relations à venir entre Juifs et Arabes, de Gaulle avait manifesté quelque inquiétude à l'endroit des premiers : « Regardez la carte, et les foules de Damas ! » faisait-il observer à son ami Catroux. Le géopoliticien, chez lui, doute à long terme de l'entreprise sioniste. Mais ce que cette escalade du ciel a d'intrépide, de visionnaire et de réel à la fois ne peut que le prévenir en faveur des fondateurs de l'État. Ce défi épique, cette espérance en action est de la même essence que sa propre entreprise. Il est hors du pouvoir lors de la proclamation d'Israël : mais on ne peut douter que tant d'audace ne l'ait séduit — et une victoire aussi éclatante.

Pendant la traversée du désert, et jusqu'à son retour au pouvoir, on le trouve bien disposé à l'égard de Tel-Aviv. Il applaudit à l'expédition de Suez de l'automne 1956, ne critiquant que l'insuffisance des effectifs, l'impréparation et l'organisation du commandement confié aux Britanniques ; et plusieurs de ses compagnons les plus notoires, Soustelle, Palewski, Chaban, Debré, entretiennent des relations très amicales avec les dirigeants d'Israël.

Son retour au pouvoir est certes l'occasion de divers « coups de frein » donnés à la coopération franco-israélienne : de Gaulle s'est aperçu avec effarement, et s'en est aussitôt ouvert à Maurice Couve de Murville [1], que des rapports exorbitants au droit commun s'étaient noués, à l'occasion de l'expédition de Suez et de la guerre d'Algérie, entre les états-majors des deux pays. La communauté d'ennemi avait provoqué une connivence structurelle.

Plus que de coopération, dans le domaine militaire, il s'agissait d'une véritable symbiose, d'autres parlent d'osmose. Les officiers israéliens de haut rang et des techniciens éminents avaient leurs entrées dans tous les services où s'élaboraient les plans de défense française, et notamment dans les domaines du renseignement et de la recherche nucléaire : la centrale atomique de Dimona, dans le Néguev, où s'opérait la transformation d'uranium en plutonium, faisait figure d'annexe de Marcoule ou de Pierrelatte. Au moment même où Paris interrompait d'un coup ses relations en ce domaine avec ses voisins allemands et italiens *, de telles pratiques, incompatibles avec la conception gaullienne de l'indépendance, ne pouvaient se perpétuer. Il ne s'agit pas là d'un choix politique, mais de l'application de principes que l'on peut tenir pour respectables.

Les livraisons militaires à Israël n'en restèrent pas moins abondantes, et de très haut niveau technique. 72 *Mirage III* sont livrés en 1961. 50 autres font l'objet d'un contrat en 1966 — appareils qui joueront un rôle décisif lors du conflit de juin. Des chars *AMX,* des hélicoptères et des vedettes ** sont alors livrés ou vendus par la France à Israël, dont, tout au long de ces années-là, les dirigeants entretiennent avec la Ve République des rapports cordiaux et confiants — non sans prévoir que la fin de la guerre d'Algérie va permettre à de Gaulle de normaliser ses relations avec l'ensemble du monde arabe.

En somme, écrit l'historien israélien Samy Cohen : « La France retrouve dans le milieu des années soixante les positions qui étaient celles de la IVe République avant la guerre d'Algérie. A une différence près : elle est beaucoup plus pro-israélienne qu'elle ne l'a été avant 1954 [2]. »

La normalisation franco-arabe aura pour premier objectif l'Égypte. La crise ouverte en 1956 par l'intervention française, rallumée en 1961 par

---

* Voir tome 2, chapitre 26.
** Dont on reparlera…

l'incarcération au Caire de plusieurs diplomates et enseignants français[*] accusés d'espionnage, est en voie de liquidation : en 1965, le maréchal Abdel-Hakim Amer, ministre de la Défense et plus proche compagnon de Nasser, est accueilli à l'Élysée. Le monde arabe, qui applaudit aux diverses manifestations d'indépendance de Charles de Gaulle à l'adresse de Washington, s'affirme impatient de renouer des liens brisés par la guerre d'Algérie.

Ce rapprochement global avec le monde arabe — qui n'a pas alors d'implications pétrolières importantes — ne pouvait-il aller sans une révision radicale des relations privilégiées avec l'État hébreu ? Rien ne permet d'affirmer qu'avant 1967 le général de Gaulle l'ait pensé. Mais la force des choses l'emporte parfois sur la volonté du Connétable. Il prétend s'associer avec le monde arabe sans renier Israël : mais compte tenu de l'intransigeance de certains de ses interlocuteurs arabes — les Algériens notamment —, il apparaît aux observateurs sans complaisance que le principe des vases communicants jouera tôt ou tard.

Au surplus, si la sympathie qu'il éprouve et exprime à l'égard d'Israël ne paraît pas remise en cause, tout indique en revanche que l'idée qu'il se fait de l'avenir de ce pays est plus modeste, ou atlantique, que celle qu'on nourrit dans la plupart des cercles politiques et militaires de Jérusalem.

Il faut citer ici le texte éloquent des *Mémoires d'espoir* où Charles de Gaulle exprime le mélange d'admiration et d'inquiétude que lui inspire alors Israël. Certes, ce texte a été rédigé des années après l'événement. Mais il semble bien refléter — avec une réserve que l'on marquera au passage — ce que pensait et répétait de Gaulle à ses collaborateurs et à ses interlocuteurs israéliens au cours de la période qui précéda la grande crise de 1967 :

« Voici et revoici David Ben Gourion[**] ! D'emblée, j'ai pour ce lutteur et ce champion courageux beaucoup de sympathique considération. Sa personne symbolise Israël, qu'il gouverna, qu'il gouverne après avoir dirigé sa fondation et son combat... » Assurant que la France, si elle n'a pas « participé » à la création de l'État juif comme la Grande-Bretagne, les États-Unis et l'URSS, l'a « chaudement approuvée » (ce qui est vrai de lui, qui estime incarner son pays au point de confondre ses propres sentiments avec ceux de la collectivité, mais non du gouvernement de l'époque, qui s'était abstenu lors du vote aux Nations unies), l'auteur des *Mémoires d'espoir* poursuit :

> « La grandeur d'une entreprise qui consiste à replacer un peuple juif disposant de lui-même sur une terre marquée par sa fabuleuse histoire et qu'il possédait il y a dix-neuf siècles, ne peut manquer de me séduire. Humainement, je tiens pour satisfaisant qu'il retrouve un foyer national et je vois là une sorte de compensation à tant de souffrances endurées au long des âges et portées au pire lors des massacres perpétrés par l'Allemagne d'Hitler. »

[*] Ou connus pour leurs bonnes relations avec la France comme l'ambassadeur Adly Andraos.
[**] Qui fut reçu à Paris en 1960 et 1961.

Exposé riche de signification. En parlant clairement de « peuple juif » — concept contesté par certains historiens juifs ou non juifs et sur lequel s'interroge, entre autres, Raymond Aron —, en rappelant qu'il s'est « replacé » sur une terre qu'il « possédait il y a dix-neuf siècles » — encore que les différences géographiques entre les deux « possessions » frappent ceux qui se réfèrent à la « fabuleuse histoire » du peuple hébreu — de Gaulle rejoint les thèses du sionisme. Mais non en faisant des horreurs subies par les Juifs et surtout des « massacres » (le mot est bien faible, sous une plume aussi exigeante) perpétrés par les nazis la justification de cette « compensation » — les fondateurs de l'État donnant, eux, une signification plus positive que compensatoire à leur entreprise dont l'origine est antérieure de près d'un demi-siècle au génocide.

Jusqu'à ce point, tout de même, le propos de Charles de Gaulle résumait les raisons pour lesquelles l'Occident, dans son immense majorité, approuvait la création de l'État d'Israël. Mais la suite de l'exposé du général — rédigé, rappelons-le, après sa retraite — ne pouvait manquer d'ouvrir un débat :

> « ... Si l'existence d'Israël me paraît très justifiée, j'estime que beaucoup de prudence s'impose à lui à l'égard des Arabes. Ceux-ci sont ses voisins, et le sont pour toujours. C'est à leur détriment et sur leurs terres qu'il vient de s'installer souverainement. Par là, il les a blessés dans tout ce que leur religion et leur fierté ont de plus sensible. C'est pourquoi, quand Ben Gourion me parle de son projet d'implanter quatre ou cinq millions de Juifs en Israël qui, tel qu'il est, ne pourrait les contenir* et que ses propos me révèlent son intention d'étendre les frontières dès que s'offrirait l'occasion, je l'invite à ne pas le faire ! " La France, lui dis-je, vous aidera demain, comme elle vous a aidés hier, à vous maintenir quoi qu'il arrive. Mais elle n'est pas disposée à vous fournir les moyens de conquérir de nouveaux territoires. Vous avez réussi un tour de force. Maintenant, n'exagérez pas ! [...] plutôt que d'écouter des ambitions qui jetteraient l'Orient dans d'affreuses secousses et vous feraient perdre peu à peu les sympathies internationales, consacrez-vous à poursuivre l'étonnante mise en valeur d'une contrée naguère désertique et à nouer avec vos voisins des rapports qui, de longtemps, ne seront que d'utilité. " [3] »

Une observation, à propos de ce texte qui en dit si long : David Ben Gourion en a contesté certains éléments, notamment la mise en garde que Charles de Gaulle aurait alors formulée contre une immigration massive en Israël. Une question aussi : pourquoi l'auteur des *Mémoires d'espoir* ne reproduit-il pas ici le salut qu'il adressa alors à son hôte, parlant d'Israël comme « notre allié, notre ami ! » — formule très appréciée des Israéliens, qui revêtait de toute évidence une valeur plus symbolique que politique mais révélait, de la part d'un homme fort maître de ses propos, une dilection pour la nation en cause qu'il n'affichait que fort peu à l'égard des autres (« un État digne de ce nom n'a pas d'ami ! »).

---

* Argument contesté par certains responsables israéliens, qui, fort éloignés des thèses du « Grand Israël », croient cette immigration possible.

Bref, en 1961, chaleur des sentiments mais réserves politiques. Lesquelles s'exprimeront deux ans plus tard par le refus opposé par le général à l'offre d'alliance que formula David Ben Gourion, inquiet de l'encerclement dont la constitution d'une fédération entre l'Égypte, l'Irak et la Syrie (avril 1963) menace Israël. De Gaulle, qui ne prend pas au sérieux ce genre de combinaisons, pense que Nasser, empêtré dans l'affaire du Yémen*, manœuvre pour ne pas se laisser entraîner dans une confrontation militaire contre Israël, et considère que l'État hébreu garde une forte marge de supériorité, refuse de se lier les mains. Ben Gourion en sera quitte pour ses regrets[4]. Et c'est en « ami », non en « allié » que le Premier ministre Lévi Eshkol, son successeur, sera reçu en 1963 à Paris.

Il faut citer ici l'excellente description des rapports franco-israéliens au cours de ces années 63-67 faite par Abba Eban** dans son *Autobiographie*. Ayant loué la résistance opposée au nazisme par de Gaulle, le ministre israélien écrit :

« Pendant les neuf années de son gouvernement, l'appui apporté par [de Gaulle] à Israël nous avait rempli de fierté [...]. Quelques fissures dans les relations franco-israéliennes me rendaient perplexe depuis quelque temps. [Mais] notre ambassade à Paris m'avait conseillé de ne pas me tourmenter [...]. A Paris, en février 1966, nos missions d'achat de matériel militaire m'avaient communiqué des listes impressionnantes montrant l'aide française dans ce domaine essentiel à notre sécurité. La coopération économique, technologique et culturelle était en plein essor [...]. Les parlementaires gaullistes Raymond Schmittlein et Diomède Catroux [...] estimaient que toute manifestation de nervosité de notre part créerait la situation que nous voulions justement éviter. Mettre en doute les assurances données par de Gaulle provoquerait son irritation — et pas seulement la sienne [...] Avions et matériel partaient régulièrement pour Israël. Un nouvel accord pour la livraison de cinquante *Mirage V* avait été signé au cours de l'été de 1966. Cela semblait montrer que la France mettait la réalité au-dessus de la forme[5]. »

Ainsi, dans les mois qui précèdent la crise de 1967, la diplomatie gaullienne se définit-elle, au Proche-Orient, par une cordialité contrôlée à l'égard d'Israël, incité à la prudence mais constamment réapprovisionné en armes, et par un rapprochement très progressif, mais global, avec le monde arabe. Rééquilibrage conforme à la nature des choses, et dont le gouvernement israélien et l'opinion de ce pays semblent s'accommoder. Comment le chef de l'État français ne serait-il pas satisfait de cette savante navigation, conforme à la politique traditionnelle de son pays, à ses intérêts et peut-être à une ultérieure démarche vers la paix ? Et comment ne s'alarmerait-il pas de tout risque de conflit qui, avant de menacer la paix mondiale, ne pourrait que bousculer les intérêts légitimes de la France ?

D'où une prise de position quasi dogmatique en faveur de la paix qui, aux

---

* Où son armée, tentant depuis deux ans d'imposer le pouvoir « révolutionnaire » du général Sallal, va de déboire en déboire.
** Alors ministre des Affaires étrangères d'Israël.

yeux de Charles de Gaulle, peut seule permettre de préserver l'équilibre savant auquel il a su contribuer. Mais pour une fois, cette sagesse tient insuffisamment compte des circonstances, qui ne sont pas statiques, mais dynamiques. Doublement et inversement dynamiques.

D'une part, il y a les impatiences stratégiques d'un Israël sourdement travaillé par les aspirations dont David Ben Gourion se faisait l'interprète devant Charles de Gaulle, préoccupé par les livraisons d'armes soviétiques à Damas et au Caire, et inquiet des manigances d'unité au sein du monde arabe alentour — qui pourraient peut-être se matérialiser un jour, prenant en tenailles l'État hébreu. Cette impatience ne se manifestant pas seulement par des « démangeaisons » militaires, mais par le détournement des eaux du Jourdain, geste que bon nombre d'Arabes considèrent comme un *casus belli*.

Le dynamisme inverse, moins contrôlable encore, c'est ce qu'il faut appeler, après Maxime Rodinson, le « refus arabe[6] » — ce prurit de revanche qui ne cesse d'agiter la masse d'un monde où l'Égypte joue un rôle central sur le plan stratégique, marginal sur le plan psychique et passionnel, les émotions populaires ne se mobilisant dans la vallée du Nil que par bouffées (mais alors violentes) pour la cause de la « libération de la Palestine ».

Il se trouve qu'en ces années 1964-1967, enfoui depuis 1948 dans la globale et furieuse dénonciation arabe où la rancœur des humiliés, très réelle, le dispute aux surenchères démagogiques, le phénomène palestinien resurgit dans toute sa force. A l'expression de toutes les autres amertumes arabes pouvaient être opposés des arguments tels que l'immensité des terres composant cette « nation », l'ampleur des ressources dont disposent ces États, l'urgence de réhabiliter la condition sociale de leurs peuples.

Aux Palestiniens, au « détriment » desquels s'était recréé l'État hébreu installé sur « leurs terres » (pour parler comme de Gaulle), il était plus difficile d'opposer de tels arguments, dès lors qu'ils se manifestaient comme tels, en tant que sujets du débat, et non plus comme les objets indistincts de la colère globale des Arabes.

Les gouvernements de Ben Gourion et de ses successeurs virent-ils bien le caractère spécifique de la revendication qui se manifestait ainsi ? Il ne le semble pas : Le Caire, Damas, Bagdad, Amman restent les cibles visées. Dans les milieux dirigeants israéliens, on affecte à cette époque de ne voir dans ce *Fatah* qui déjà s'agite et frappe, dans cette OLP* qui se constitue, que des mercenaires ou des harkis des chefs d'État arabes — alors qu'à Londres et à Paris se font déjà entendre des voix pour annoncer que c'est là la vraie revendication arabe, la palestinienne, qui désormais perce sous les propos grossièrement racistes d'un Choukeiri, sous les discours démagogiques de Nasser ou de Hussein.

Ainsi de Gaulle est-il alors celui qui incite les Israéliens à maintenir un *statu quo* politico-militaire jugé favorable à leur cause — mais en même temps celui qui perçoit la gravité de la menace dissimulée par les agitations,

---

* Organisation de libération de la Palestine.

frénésies, confabulations et regroupements interarabes : le retour du refoulé palestinien. Et peut-être est-ce parce qu'il en a dès lors conscience* qu'il insiste tant pour qu'Israël ne mette pas en branle les mécanismes meurtriers qui feront émerger à la surface les vrais ferments de discorde. Tant bien que mal contenus par les pouvoirs d'État arabes, qu'épouvante leur dynamisme effréné, les damnés de la terre palestinienne préparent l'explosion qui leur permettra de faire surface...

De tels raisonnements sont plus faciles à formuler à Paris qu'à Jérusalem, et en 1986 qu'en 1967... Que constatent, au début de cette année-là, les stratèges israéliens ? Que si le président Nasser, piégé au Yémen (et pas entièrement fâché de l'être, selon certains...), continue de toute évidence à redouter la confrontation avec les forces armées de l'État hébreu et manœuvre sans cesse pour éviter que ses collègues de Damas, d'Amman, de Bagdad ou d'Alger ne le contraignent à partir en guerre, il n'a pu éviter ni d'adhérer en 1963 à la fédération syro-irako-égyptienne qui prend Israël en étau, ni de signer avec Damas, le 4 novembre 1966, un accord de défense qui le lie plus étroitement avec les turbulents dirigeants de Damas — où, neuf mois plus tôt, le général « révolutionnaire » Salah Djedid s'est emparé du pouvoir en brandissant l'objectif de la liquidation d'Israël.

Dans le même temps, les fournitures militaires soviétiques affluent en Syrie, où s'installent en nombre croissant des commandos palestiniens d'*Al-Assifa* (la branche militaire du *Fatah*) expulsés par Nasser qu'exaspère leur activisme anti-israélien. Ces commandos s'infiltrent en territoire israélien. Ainsi les inquiétudes de Jérusalem se focalisent-elles bientôt sur Damas[7]. L'état-major de *Tsahal* étudie une action préventive contre le régime de Salah Djedid.

On ne refera pas l'historique de la guerre dite des Six jours. On s'attachera simplement à rappeler que l'enchaînement des actions et réactions — que l'on fasse remonter la pré-guerre à l'opération de l'aviation israélienne qui, le 7 avril, abat une vingtaine d'appareils syriens, au 9 mai, quand le Premier ministre Lévi Eshkol annonce que l' « agression syrienne » sera repoussée, au 13, jour où Nasser est avisé par les Soviétiques qu'Israël masse des troupes** en vue d'une attaque imminente sur la Syrie et se voit du coup sommé par ses alliés de se porter à leur secours, ou au 15, date de l'envoi d'un important contingent égyptien dans le Sinaï — est si implacable, si automatique en apparence qu'il est très difficile d'attribuer à l'un ou l'autre camp la responsabilité principale dans le déchaînement des hostilités.

A partir du milieu de mai, pourtant, et jusqu'au 5 juin, c'est la partie arabe qui prendra les initiatives les plus voyantes, et les plus susceptibles de pousser l'adversaire au pire : le 16 mai, le commandant en chef égyptien demande aux contingents de l'ONU (les « Casques bleus »), installé depuis 1957 en des points stratégiques du Sinaï, de se retirer pour laisser opérer ses propres

---

* Voir plus loin.
** Notification reposant, on l'a su depuis lors, sur des évaluations grossies — sciemment ou non — par l'URSS.

troupes en cas de conflit. Il importe à ce sujet de rappeler que ces forces de l'ONU n'étaient stationnées le long de la frontière entre Israël et l'Égypte que sur le territoire du second pays, en vertu d'un simple échange de lettres entre le secrétaire général (alors Dag Hammarskjöld) et le président Nasser, — correspondance prévoyant que ce dernier pourrait à tout instant obtenir le retrait des Casques bleus — Israël ayant refusé de les accueillir sur son sol.

U Thant, le nouveau secrétaire général des Nations unies, obtempère aussitôt, sans même chercher à gagner du temps. Nasser, qui semble surtout soucieux de se livrer à une gesticulation pour sauver la face par rapport à ses alliés syriens et au monde arabe, est aspiré dans une sorte de spirale de feu. Le 20 mai, ses forces s'installent à Charm el-Cheikh (localité qui commande le détroit de Tiran, porte du golfe d'Akaba dont l'Égypte contrôle une rive, mais où Israël a construit le port d'Elath) tandis que son ministre de la Guerre, parti pour Moscou, y obtient (ou croit y obtenir) des assurances de soutien inconditionnel. Et le 22, sommé de le faire par la propagande des autres pays arabes, le Raïs égyptien annonce le blocus du golfe, geste qu'au nom d'Israël, Golda Meir, ministre des Affaires étrangères, avait défini comme un *casus belli* [*]. Dans le récit qu'il fait de la crise, M. Couve de Murville emploie d'ailleurs la même formule — contestée par d'autres [8].

Dès ce 22 mai, donc, le problème est posé, par le président Nasser, de la guerre ou de la paix. Il sait qu'il a pris les risques majeurs. Et les propos qu'il tient dans les jours qui suivent (« Nous voilà prêts à une guerre générale avec Israël ! ») semblent faits pour lever les derniers doutes des stratèges israéliens : le blocus du détroit de Tiran offre l'occasion d'agir. Mais lors du Conseil des ministres· réuni à Jérusalem le 23 mai, les avocats de la négociation obtiennent un sursis : le plus notoire d'entre eux, Abba Eban, ministre des Affaires étrangères, partira le soir même pour Washington en vue d'obtenir le soutien des États-Unis pour lever le blocus du détroit, seule issue non militaire permettant à Israël de sortir décemment de la crise. Abba Eban a en outre reçu mission, avant de rencontrer le président Johnson, de s'entretenir à Paris avec le général de Gaulle, tenu pour un ami privilégié par les responsables israéliens [**].

Dans quel état d'esprit le président de la Vᵉ République accueille-t-il l'envoyé d'Israël en quête d'un soutien de ses droits à propos du détroit qui permettrait à son gouvernement de faire l'économie de la guerre ? Du point de vue militaire, il se refuse à considérer qu'Israël court le moindre risque. Il professe la plus grande admiration pour les combattants juifs, et il est bien placé pour connaître la qualité de leur armement. Paul-Marie de la Gorce rapporte que, étant le seul Français à avoir alors enquêté tour à tour auprès des autorités militaires d'Égypte et d'Israël, il avait été « consulté » à son retour. Ayant assuré qu'en cas d'affrontement militaire Israël aurait l'avan-

---

[*] Les trois puissances occidentales (France comprise) avaient fait connaître leur soutien à cette position. Mais Moscou l'avait dénoncée, et aussi Le Caire, qui s'était refusé à reconnaître le golfe comme « voie d'eau internationale ».
[**] Ce n'est qu'à Paris qu'il recevra l'invitation de se rendre à Londres où, contrairement à ses prévisions, il aura un accueil plus chaleureux.

tage, il entendit son interlocuteur de l'Élysée lui répondre : « C'est l'opinion du général de Gaulle. »

Le chef d'État, envisageant alors les conséquences d'un conflit devant Maurice Schumann, président de la Commission des affaires étrangères de l'Assemblée nationale, en énumérera trois : une aggravation de la tension internationale permettant aux Soviétiques, qui se posaient en protecteurs des Arabes, de prendre pied dans une région dont ils étaient jusqu'alors exclus ; une résurgence du problème palestinien, prenant dès lors des dimensions qui le feraient changer de nature ; la prise de conscience, par les Arabes, de la puissance de l'arme qu'ils détenaient sans en faire encore usage : le pétrole.

Faisons confiance à Maurice Schumann. S'il rapporte ces propos, c'est qu'ils lui furent tenus. Et s'ils le furent, on y verra une preuve nouvelle de l'implacable lucidité du stratège de l'Élysée. Mais le propre d'une grande politique n'est pas seulement de se fonder sur des vues à long terme. C'est aussi de tenir compte des réalités immédiates ou à moyen terme d'une situation, des données humaines, psychiques, qui lui servent de composante et de toile de fond. En l'occurrence, le « voyant » de Gaulle est admirable. Mais le « sentant », en lui, est beaucoup plus critiquable. Une chose est de déceler les syndromes d'un mal, et autre chose de le traiter pour que l'organisme le rejette. En cette fin de mai 1967, le diagnostiqueur est impeccable. Le clinicien, plus contestable, nous allons le voir.

Au moment où il atterrit à Paris, dans la matinée du 24 mai, Abba Eban est inquiet : il a constaté que les porte-parole français n'ont guère réagi au blocus d'Elath. Alors que Washington et Londres ont assuré Jérusalem de leur volonté de s'opposer au geste de Nasser, aucune déclaration similaire n'a été faite à Paris. « Des personnalités françaises avaient même laissé entendre qu'il existait des doutes sur les droits de navigation d'Israël [...] et on allait jusqu'à prétendre qu'au cours d'entretiens officiels on nous avait demandé si la valeur économique de notre débouché sur la mer Rouge justifiait une guerre[9]. »

Mais, parcourant la presse parisienne entre Orly et l'Élysée, M. Eban constate d'emblée que l'opinion française est très favorable à la cause israélienne. C'est donc avec un mélange d'appréhension et de confiance qu'il pénètre, à midi, flanqué de l'ambassadeur Walter Eytan et de M. Couve de Murville, dans le bureau du président de la République.

Avant de citer de larges extraits du récit — très convaincant — de l'entretien que propose M. Eban dans son *Autobiographie*, on donnera la version de ses propres propos que le général rendit publique six mois plus tard lors d'une conférence de presse :

> « Si Israël est attaqué, lui dis-je alors en substance, nous ne le laisserons pas détruire, mais si vous attaquez, nous condamnerons votre initiative. Certes... je ne doute pas que, le cas échéant, vous remporteriez des succès militaires, mais, ensuite, vous vous trouveriez engagé sur le terrain, et au point de vue international, dans des difficultés grandissantes, d'autant plus que la guerre en Orient ne peut pas manquer d'augmenter dans le monde une tension déplorable [...]. Si bien que c'est à vous, devenus des conquérants, qu'on en imputerait peu à peu les inconvénients[10]. »

Lisons maintenant le récit d'Abba Eban :

« Le général de Gaulle me reçut avec une grande civilité. Il était la personnification même de l'autorité. Avant même que j'eusse pris place [...] il me dit d'une voix forte : " Ne faites pas la guerre ! " Nous n'avions pas encore été présentés officiellement ! Enfin, les présentations faites, le général enchaîna : " En tout cas, ne tirez pas les premiers. Si Israël attaquait ce serait catastrophique. C'est aux quatre puissances qu'il appartient de résoudre le problème. La France usera de son influence pour faire pencher l'Union soviétique en faveur de la paix. " »

L'exposé que présente Abba Eban au général est très net : c'est parce qu'Israël est arrivé à un tournant de son histoire que son gouvernement a souhaité consulter sa « grande amie, la France ». Trois facteurs contribuent à la tension : le terrorisme basé en Syrie ; les concentrations de troupes égyptiennes dans le Sinaï après le départ des forces de l'ONU ; le blocus du détroit de Tiran, acte d'agression qui doit cesser. La France, en 1957, avait défini en termes très énergiques les droits d'Israël dans le golfe d'Akaba, tels qu'ils pouvaient être défendus par la force en cas de blocus. Or en 1957, les droits de Jérusalem dans le golfe n'étaient que théoriques. Depuis lors, ils étaient devenus une réalité, comme en témoignaient les centaines de bâtiments naviguant sous de nombreux pavillons, vaste réseau de communications et d'échanges commerciaux... Sans Elath, Israël serait paralysé et humilié. Et M. Eban de conclure : « Israël sans honneur ne sera plus Israël. »

Ces derniers mots paraissent ébranler le général, poursuit le ministre israélien qui s'entend poser une question inquiète : « Que comptez-vous faire ? — Si le choix se pose entre capituler ou résister, répondit-il, Israël résistera. Notre décision est prise. Nous ne passerons à l'action ni aujourd'hui ni demain, parce que nous voulons au préalable connaître l'attitude de ceux qui ont pris des engagements [...]. Si Israël est contraint de lutter seul (et il ne recule pas devant cette éventualité), il sera victorieux, si lourd que soit le prix de sa victoire en pertes humaines. Si les puissances agissent conformément à leurs engagements, Israël résistera en concordance avec eux. C'est uniquement dans l'intention d'être d'abord renseignés à ce sujet que nous n'avons pas encore défendu nos droits par la force. »

La réponse du général est brève : Israël ne doit à aucun prix passer le premier à l'attaque. Riposte du visiteur : « Il n'est pas question que nous ouvrions les hostilités puisqu'elles sont déjà ouvertes. Le blocus de Nasser, sa virulente déclaration représentent des actes de guerre. Quoi que fasse Israël, ce ne sera qu'une réaction, non une initiative. On peut attaquer un État par d'autres moyens que les canons. Le code pénal n'établit aucune distinction entre un meurtre par strangulation ou par balle. La loi internationale non plus. »

De Gaulle insiste : « ouvrir les hostilités » signifie tirer les premiers. Il reconnaît que la déclaration de la France sur la liberté de navigation en 1957 se défendait juridiquement mais qu'elle reflétait l'atmosphère « particulièrement chaude » qui était celle de 1957. Aujourd'hui, prétend-il, Israël doit comprendre qu'il n'existe plus de « solutions occidentales », qu'une telle issue doit être recherchée à quatre, et que plus Israël regarderait vers l'ouest, moins les Soviétiques seraient disposés à coopérer.

Quand Eban lui fait remarquer que l'Union soviétique avait soutenu et, en réalité, provoqué les pressions arabes contre Israël, de Gaulle répond que l'attitude de Moscou n'avait été négative qu'en principe, et que l'Union soviétique s'était résignée à admettre le libre passage des navires israéliens dans le golfe d'Akaba. Sur un ton radouci, selon Eban, le général reconnaît que le blocus et les concentrations de troupes ne « pouvaient durer », qu'Israël « devait maintenir sa position », en laissant aux quatre puissances le temps de se concerter en vue d'une action commune qui permettrait aux navires de franchir le détroit.

Réaffirmant qu'il soutiendrait la liberté de navigation et la nécessité de parvenir à un accord international sur le détroit, comme dans les Dardanelles, de Gaulle observe que, « depuis 1957, il y avait eu plusieurs incidents » dont le blocus était le dernier en date, Israël n'ayant pas toujours « ménagé » les Arabes, la tension s'était accrue. Apparemment sceptique sur l'efficacité d'une démonstration navale de la part des Occidentaux, le général ajoute que les adversaires d'Israël espérant le voir ouvrir les hostilités, il ne fallait pas qu'Israël leur donne cette satisfaction.

Après avoir répété qu'Israël n'accepterait en aucun cas la situation nouvelle créée par Nasser, Abba Eban rappelle au général que l'aide et l'amitié françaises avaient été un grand soutien pour l'État juif, tant sur le plan matériel que moral. De Gaulle répond que c'est cette amitié qui l'incite à donner les conseils qu'il vient de formuler. Israël « n'étant pas assez fort pour résoudre seul ses difficultés », il lui fallait avant de rien entreprendre attendre les résultats d'une consultation internationale. La France continuerait à œuvrer pour qu'Israël soit fort. M. Eban faisant observer que l'inaction est parfois plus dangereuse que l'action, s'attire cette réponse solennelle : « De Gaulle est pleinement conscient des dangers de l'inaction. Mais je vous conseille de ne rien précipiter. Ne faites pas la guerre. » Sur quoi l'on se sépare.

L'amertume alors éprouvée par le diplomate israélien s'exprime discrètement dans la déclaration qu'il fait à sa sortie de l'Élysée (« Le blocus représente un acte de piraterie. Un monde qui se résignerait à de tels actes serait une jungle ») et plus clairement dans le télégramme qu'il adresse aussitôt à Jérusalem, et qu'il devait résumer ainsi : « La France repousse toute responsabilité et ne nous viendra pas en aide si, sans attendre, nous décidons de résister. Les expressions d'amitié ne l'engagent en rien. Elle nous conseille nettement, presque brutalement, de ne pas passer à l'action [11]. »

De ce tête-à-tête dramatique, le témoin que fut Couve de Murville écrit : « Après cet entretien, il était évident que rien n'arrêterait le processus engagé [12]. » A la même heure pourtant, à l'issue du Conseil des ministres, le gouvernement français fait parvenir aux trois autres grandes puissances

497

intéressées — USA, URSS et Grande-Bretagne — l'offre d'une « consultation diplomatique » ou d'une « conférence » sur les moyens de rétablir la libre circulation dans le golfe d'Akaba et de ramener le calme dans la région : Washington ayant accepté, Moscou refusera, après deux jours de réflexion, alléguant qu'... il n'y avait pas de crise !

Or celle-ci va encore s'aggraver le 29 et le 30 mai ; d'abord à la suite d'un discours incendiaire du président Nasser (assurant qu'il ne s'agissait plus de tel ou tel détroit, mais « des droits du peuple palestinien », et qu'il fallait en conséquence « effacer l'agression dont fut victime la Palestine en 1948 ») ; ensuite du fait de la signature d'un pacte d'assistance mutuelle entre le raïs égyptien et son vieil adversaire le roi Hussein qui plaçait soudain son armée sous le commandement du Caire. Ainsi s'accomplissait cet encerclement d'Israël qui restait la hantise des responsables de l'État hébreu. Comment s'étonner que, le 1er juin, soit formé à Jérusalem un cabinet d'Union nationale où non seulement Moshé Dayan se voit confier la « défense » mais où est même appelé Menahem Begin ? Deux noms qui signifient la guerre.

Ainsi harcelé de défis, hanté par les propos assassins et racistes tenus à la radio du Caire par Ahmed Choukeiri et menacé d'encerclement, l'État hébreu, négligeant les avis du monsieur de l'Élysée, s'apprête à frapper. Reportons-nous à Couve de Murville : « Il ne restait plus, en attendant l'irréparable, qu'à marquer publiquement notre position, ce qui fut fait à l'issue du Conseil des ministres du 2 juin par une déclaration du chef de l'État. »

Cette déclaration est, après sa confrontation avec Abba Eban, le 24 mai, et avant sa conférence de presse du 22 novembre, la principale contribution de Charles de Gaulle à ce débat où s'affrontaient non seulement deux cultures qui importent intensément à la France, mais aussi les deux « blocs » dont il espérait tant favoriser la dissolution progressive, enfin et surtout certains principes fondamentaux sur lesquels reposent la sécurité et la paix. Jusqu'à quel point un État a-t-il le droit, se jugeant menacé de mort, de passer à l'action militaire ? Jusqu'à quel point le recours aux armes constitue-t-il la frontière entre la paix et la guerre ? Jusqu'à quel point la véritable équité consiste-t-elle à ne qualifier d'hostile que le premier coup de feu ?

Sur ces trois points, le général de Gaulle, l'homme de la dissuasion nationale, l'homme de la sanctuarisation du territoire, fit tomber un verdict formaliste, juridique et peu ouvert à l'infinie richesse des « circonstances », atténuantes ou aggravantes.

Voici le texte rédigé de la main même du général, le 2 juin 1967 :

> « La France n'est engagée à aucun titre ni sur aucun sujet avec aucun des États en cause [...]. Elle considère que chacun de ces États a le droit de vivre. Mais elle estime que le pire serait l'ouverture des hostilités. En conséquence, l'État qui, le premier et où que ce soit, emploierait les armes, n'aurait ni son approbation et, à plus forte raison, son appui. »

Moyennant quoi, l'embargo était décidé par la France, à dater du 5 juin, sur les livraisons d'armes à destination des États de la région — Israël et sept pays arabes.

Texte singulier. La France n'est engagée sur aucun sujet ? Si : son représentant aux Nations unies s'est porté garant, dix ans plus tôt, de la libre circulation entre Elath et la mer Rouge. Le pire serait l'ouverture des hostilités ? Non. Le pire serait évidemment (et on peut imaginer de Gaulle au lendemain d'un tel événement...) la destruction d'Israël et le massacre de sa population tel que le faisaient prévoir, avec un lyrisme digne d'une meilleure cause, MM. Choukeiri et Ahmed Saïd.

Quant à l'embargo mis sur les armes à destination des belligérants, il est clair qu'il ne les frappait pas également — Israël étant, et de loin, le principal bénéficiaire des ventes de matériel français alors que les deux principaux États arabes, l'Égypte et la Syrie, étaient approvisionnés par les Soviétiques et leurs satellites. Aussi bien l'embargo proclamé par Paris * (beaucoup plus que celui qui allait l'être par Londres) relevait-il d'une fausse symétrie et allait-il être ressenti en Israël comme une sorte de trahison.

« Ce fut comme un coup au cœur, rapporte Jean-Francis Held, envoyé spécial en Israël. Dès que j'étais reconnu comme Français, on se précipitait sur moi avec une curiosité stupéfaite, un étonnement blessé. C'était le scandale.[13].., » Les réactions de la majorité de la presse française furent du même ordre. Quelque peu manipulée par une propagande israélienne très diligente et d'autant plus efficace que le comportement des responsables arabes était plus provocant, l'opinion réagissait en manifestant sa sympathie à l'agressé — Israël étant tenu pour tel par les neuf dixièmes des commentateurs, peu soucieux alors de rappeler le véritable rapport de forces.

Or, loin d'inciter Charles de Gaulle à une réévaluation de sa position en tenant compte de la sensibilité des citoyens français et de l'espèce de référendum spontané en faveur d'Israël qui s'opérait sous ses yeux, cette pression des médias n'aboutit qu'à le cabrer, insinuant en lui le venin du soupçon : n'était-ce pas du fait de l'influence de nombreux et éminents commentateurs juifs que la presse française manifestait ainsi une sympathie frémissante à Israël ? On n'aura que trop d'occasions de revenir sur ce point.

S'estimant abandonné par la France, et soutenu avec trop de tiédeur par les États-Unis qui, par la voix du président Johnson, l'incitent aussi à la temporisation en attendant que soient épuisées les possibilités de recours à l'ONU et réalisé l'accord des puissances maritimes pour le déblocage d'Elath, le gouvernement israélien décide de passer à l'action : le 5 juin à 8 h 30 — pour tromper l'attente des Égyptiens qui prévoyaient depuis trois jours une attaque à l'aube et avaient levé quelques minutes auparavant l'état d'alerte —, l'aviation israélienne se jette sur les aérodromes d'Égypte : en une heure, la force aérienne de Nasser est anéantie, et le principal pays arabe cloué au sol avant même de s'être battu.

Ainsi, le sort de la guerre était déjà scellé quand, le 5 juin à dix heures,

---

* Portant notamment sur cinquante *Mirage III*.

l'ambassadeur Eytan vint faire part à de Gaulle du déclenchement des combats (tandis que *France-Soir* titrait sur huit colonnes : « L'Égypte attaque ! »). Jacques Foccart, venu de son côté informer le général, surprit dans l'antichambre des éclats de voix. Puis, succédant au diplomate dans le bureau du général, il entendit celui-ci soupirer : « Ils viennent de se lancer dans une guerre coloniale. Ils vont l'emporter très vite. Mais ils ne régleront rien ainsi [14]. »

C'est en moins de trois jours que, prenant à revers l'armée égyptienne du Sinaï, les divisions du général Rabin s'emparent de l'ensemble de la péninsule avant d'occuper, le 8, Charm el-Cheikh, d'où Nasser avait prétendu bloquer le détroit de Tiran. Entre-temps, le roi Hussein est entré dans la lutte aux côtés du Raïs, offrant à l'armée d'Israël l'occasion de s'emparer de la partie orientale de Jérusalem, tandis que la Syrie abandonnait presque sans combattre, le 9, les positions clés du Golan. La victoire d'Israël était totale. Moins de six jours lui avaient suffi pour faire sauter tous les verrous arabes. Et la démission de Nasser — bientôt rappelé à son poste par la pression populaire — semblait mettre un sceau biblique sur ce triomphe.

Le verdict provisoire de l'histoire ne saurait ébranler le Grand Juge : après avoir inspiré le communiqué du Conseil des ministres du 15 juin qui condamne « l'agresseur » — Israël — et refusé de tenir pour acquis aucun « fait accompli », il a donné mission à son ministre des Affaires étrangères de dénoncer l'attitude d'Israël devant l'Assemblée nationale, puis devant celle des Nations unies. Quelques jours plus tard, le général de Gaulle commente l'épisode devant quelques parlementaires rassemblés autour de lui à l'occasion d'une réception à l'Elysée, le 22 juin.

« Bien sûr, les Israéliens sont des gens admirables. Mais je leur avais dit : " N'attaquez pas ! " Ils l'ont fait... je leur en veux pour cela [15]... » Il refera à diverses reprises la même observation au cours de l'été, le 13 juillet notamment :

> « Nous avions dit aux Israéliens de ne pas ouvrir le conflit... Maintenant, la France ne reconnaît pas ses conquêtes... Nous avons été amenés à prendre une position analogue à celle des Soviets, pour des raisons différentes... Notre polititique est de maintenir de bons rapports avec les pays arabes, pour qu'ils n'en aient pas seulement avec les Soviets [16]. »

Aucun des arguments du général n'est négligeable. Aucun pourtant ne suffit à emporter l'adhésion. D'abord parce que cet analyste pénétrant de la nature humaine et de la dialectique des sociétés semble ne tenir aucun compte en l'occurrence du « stress » insupportable dans lequel ne pouvait manquer de vivre le peuple israélien à partir du blocus du golfe d'Akaba, le 22 mai, alors que le Raïs Abdel Nasser multipliait les propos menaçants et que les Choukeiri et autres Ahmed Saïd hurlaient à la mort des Juifs. Ensuite parce que l'ensemble des mesures prises par l'Égypte et les autres États arabes — blocus, alliances, fusions d'états-majors et des troupes, coups de mains de commandos palestiniens — avaient fait glisser les rapports entre Jérusalem et ses voisins de l'état de non-guerre à celui de pré-guerre.

Déclarer « agresseur » celui qui, dénué de tout espace de manœuvre stratégique, ne peut supporter une telle pression et, harcelé de provocations et à demi étranglé, accepte l'escalade et verse le premier sang, n'est pas tout à fait équitable.

On peut admettre le bien-fondé de ce jugement du diplomate américain Charles Yost, que le président Johnson avait chargé à la fin de mai d'une ultime mission de bons offices et qui, tirant les leçons de ses vaines démarches, écrit qu'« aucun gouvernement... n'eut l'intention de déclencher une guerre au printemps 1967 [mais] que les réactions de tous les États intéressés [Syrie, Égypte, Israël] furent constamment excessives [17] »...

Si les dirigeants hébreux se montrèrent incapables de maîtriser leur supériorité et de retenir leurs coups, c'est en grande partie parce qu'ils se sentaient « lâchés », dans l'affaire du blocus, où ils avaient le droit pour eux, par leurs alliés d'Occident et au premier chef par la France. En ce sens, ils se trouvaient, comme l'écrivait alors Jean Daniel, « condamnés à l'agression » — et condamnés, entre autres, par celui-là même qui, ensuite, les clouait au pilori.

Encore faut-il nuancer et, derrière les mots accusateurs, tenter de retrouver la réalité des faits. L'embargo des armes à destination d'Israël fut-il si fermement prescrit que le général de Gaulle le donnait à entendre ? Jean-Claude Servan-Schreiber *, fervent gaulliste et ardent supporter d'Israël, ne pouvant se résigner à voir ses amis de Jérusalem délaissés par la France, résolut de se porter à leurs côtés, comme travailleur volontaire, pendant que les jeunes gens de Tsahal allaient au combat. Il obtint de l'amiral Limon, chargé des achats d'armes en France, qu'une place lui fût réservée dans un avion pour Tel-Aviv qui décolla de Paris au cours de la nuit du 5 au 6. Or, observe le voyageur, ce Boeing d'El-Al, dont tous les sièges avaient été enlevés, était chargé « de fusées de munitions et de pièces de rechange pour les Mirage de l'armée de l'air israélienne [18] »... Souplesse des consignes ? Non-exécution des ordres ?

En novembre, à l'Assemblée nationale, Pierre Clostermann, expert dans le domaine de l'aviation, donnait des chiffres qui prouvaient que la réaction du général n'avait pas empêché qu'Israël bénéficie de fortes livraisons de matériel.

Peu auparavant, à l'Élysée, Jean-Claude Servan-Schreiber avait eu une intéressante explication avec le chef de l'État. Pourquoi était-il parti pour Israël et avait-il assisté au défilé militaire de Jérusalem, le 2 mai ?

« Je suis un ami d'Israël...

— Et moi, je ne suis peut-être pas un ami d'Israël ! [...] Mais ils m'ont manqué [...]. Je leur avais dit de ne pas attaquer [...]. Ils exagèrent toujours [19] ! »

On peut admettre que la crise qui envenima les relations gaullo-

---

* Cousin de Jean-Jacques et beau-frère de Pierre Mendès France.

israéliennes n'avait aucunement été préméditée par le général, et que, en s'efforçant de restaurer de bons rapports entre Paris et le monde arabe, il ne songeait nullement à mener cette opération aux dépens de l'État hébreu. Ce qui permet à Samy Cohen d'écrire que « toute la querelle entre de Gaulle et Israël trouve son origine dans ces quinze jours qui séparent la fermeture du détroit de Tiran de la guerre des Six jours [20] ».

Mais pour soudaine et évitable qu'elle ait pu être, cette crise connut un rebondissement que le général de Gaulle pouvait épargner, à lui, à ses concitoyens, et au peuple d'Israël.

Non du fait de l'ardeur qu'il mit à soutenir aux Nations unies la « résolution 242 » qui déclarait inadmissible l'acquisition de territoires par la guerre et réclamait d'Israël l'évacuation de ceux qu'il venait de conquérir, tout en proclamant le droit de tous les États de la région à vivre à l'intérieur de « frontières sûres et reconnues » — texte impliquant la reconnaissance de l'État hébreu par les Arabes en échange des restitutions territoriales. En se refusant à ce troc, Israël n'entrait pas seulement en contradiction avec les vues du général de Gaulle. La renonciation au fait accompli, la recherche d'une paix fondée sur des données excluant la conquête lui étaient conseillées par des amis plus affirmés de l'État hébreu, comme Pierre Mendès France et Raymond Aron.

Si la querelle rebondit entre le fondateur de la Ve République et Israël, ce fut à l'issue d'une conférence de presse tenue cinq mois plus tard à l'Élysée : elle fut pour de Gaulle l'occasion de prononcer à l'adresse d'Israël quelques phrases qui, sans remettre en cause la légitimité historique et morale de l'État fondé en 1948, le plaçaient en posture d'accusé ; et, à propos du peuple juif, quelques mots ressentis comme une injure par certains, une injustice par d'autres, une impropriété par les derniers.

Ce 27 novembre 1967, Charles de Gaulle a convié une fois encore la presse internationale dans la salle des fêtes de l'Élysée. Depuis le rendez-vous mouvementé du 14 janvier 1963 qui lui avait donné l'occasion de repousser la Grande-Bretagne hors d'Europe et de rejeter le projet américain de force multilatérale, il a perdu bon nombre de sympathies dans cet auditoire, fidèle mais de moins en moins complice. Beaucoup lui reprochent de s'être désolidarisé d'Israël en juin et d'avoir à la fin du mois de juillet, créé à Montréal un incident diplomatique qui a déchaîné contre lui la fureur, parfois les injures, de la majorité des commentateurs anglo-américains.

Mais pour rétif qu'il fût, le conclave international est toujours impatient de voir opérer le grand virtuose. Aucun thème ne paraît plus propice à la manifestation de son talent de fresquiste que celui du conflit d'Orient qui, sur cette terre des prophètes où il a lui-même connu tant d'épreuves de 1941 à 1945, oppose deux civilisations. Il ne va pas décevoir. Mais il va irriter :

> « ... On pouvait se demander [...] on se demandait même chez beaucoup de Juifs, si l'implantation de cette communauté sur des terres qui avaient été acquises dans des conditions plus ou moins justifiables et au milieu des peuples arabes qui lui étaient foncièrement hostiles, n'allait pas entraîner

d'incessants, d'interminables frictions et conflits. Certains même redoutaient que les Juifs, jusqu'alors dispersés, mais qui étaient restés ce qu'ils
avaient été de tout temps, c'est-à-dire un peuple d'élite, sûr de lui-même et
dominateur, n'en viennent, une fois rassemblés dans le site de leur ancienne
grandeur, à changer en ambition ardente et conquérante les souhaits très
émouvants qu'ils formaient depuis dix-neuf siècles... »

On sentait frémir la salle. Les neuf mots « peuple d'élite, sûr de lui-même
et dominateur », avaient fait passer sur elle comme une décharge électrique.
La suite n'allait pas faire retomber la tension :

« ... On avait vu apparaître [...] un État d'Israël guerrier et résolu à
s'agrandir... Le 22 mai, l'affaire d'Akaba, fâcheusement créée par l'Égypte,
allait offrir un prétexte à ceux qui rêvaient d'en découdre... Israël, ayant
attaqué, s'est emparé, en six jours de combats, des objectifs qu'il voulait
atteindre. Maintenant il organise, sur les territoires qu'il a pris, l'occupation
qui ne peut aller sans oppression, répression, expulsions, et il s'y manifeste
contre lui une résistance qu'à son tour, il qualifie de terrorisme [21]... »

Tout y est, qui peut mettre en émoi les Israéliens ; « l'État guerrier et
résolu à s'agrandir », le simple « prétexte » donné par les Arabes à ceux qui
« rêvaient d'en découdre », l'« oppression » et la « répression », et ce mot de
« résistance » à eux opposé qu'ils qualifient « à (leur) tour » (c'est-à-dire
après avoir eux-mêmes usé des mêmes armes) de « terrorisme » On ne
saurait dresser plus rude réquisitoire contre cet Israël vainqueur, ou
rassembler mieux en gerbe toutes les interprétations défavorables à l'État
juif. Proposée par un analyste politique, cette interprétation des faits était
tout à fait défendable. Mais le chef d'un État impliqué dans la recherche de la
paix affaiblissait sa position diplomatique en donnant une version aussi
unilatérale de l'affaire.

Et que dire du développement précédent, celui où il était moins question
de la politique d'Israël que du comportement du « peuple juif » — auquel se
rattache, par la culture, la foi ou le sentiment, par l'histoire, la sympathie ou
l'espérance, une part importante du peuple français ?

« Peuple d'élite, sûr de lui-même et dominateur... » Les apologistes du
chef de l'État firent aussitôt valoir que cette formule ne pouvait avoir, de
Gaulle étant ce qu'il était, qu'une signification positive. Certes, en tant
qu'historien, Charles de Gaulle pouvait faire de ces mots un hommage ; mais
en tant que chef de l'État français, il devait savoir que beaucoup y
trouveraient du venin. Trois jours plus tard paraissait dans le Monde* un
dessin de Tim où l'on voyait, surmontant cette formule, un déporté
d'Auschwitz crucifié dans les barbelés. Et un mois après, Raymond Aron
publiait un petit opuscule, De Gaulle, Israël et les Juifs [22], qui constituait une
riposte noble et vibrante aux propos du général.

Posant la question de savoir si, en forgeant cette formule chargée de
connotations antisémitiques, de Gaulle ne visait pas le comportement de très
nombreux Juifs français qui, au mois de juin, avaient choisi de manifester

_____
* L'Express l'ayant trouvé trop polémique.

avec éclat leur solidarité avec Israël plutôt que d'imiter la réserve critique du chef de l'État, le grand sociologue écrivait :

« J'en conviens : je n'aimais ni les bandes de jeunes qui remontaient les Champs-Élysées en criant : " Israël vaincra " ni les Juifs devant l'ambassade d'Israël. Je n'aimais pas les ex-partisans de l'Algérie française ou les nostalgiques de l'expédition de Suez qui poursuivaient leur guerre contre les Arabes par Israël interposé [...]. Ce qui s'est passé, en ces jours de folie, rendait inévitable le renversement dont le général de Gaulle a été moins l'initiateur que l'interprète... » Mais, poursuivait Raymond Aron, « citoyen français, je revendique le droit, accordé à tous les citoyens, de joindre allégeance à l'État national et liberté de croyances et de sympathies. Pour les Juifs croyants, Israël a une tout autre signification que pour moi ; mais je me mépriserais si je les laissais défendre seuls une liberté dont je me passerais plus aisément qu'eux ». Et, visant plus précisément de Gaulle et sa conception de l'État, l'auteur du *Grand Schisme* ajoutait : « ... Tout nationalisme, poussé au-delà d'une certaine mesure, finit par acculer certains Juifs (dont je ne suis pas mais que je ne veux pas déserter) à l'alternative du refus et du reniement. »

Le président de la République devait-il, par de tels propos sur le peuple juif, rouvrir ces plaies et ranimer des querelles d'autant plus vives que moins de cinq ans séparaient son intervention de la guerre d'Algérie : il savait bien que l'exode des pieds-noirs avait regroupé sur le sol de France des dizaines de milliers de Juifs moins assimilés à la culture française et à l'État national que les contemporains de Raymond Aron ou de Lévi-Strauss, et d'autant plus attentifs au sort d'Israël ?

Les années ayant passé, la formule du 27 novembre a perdu quelque peu de son caractère sulfureux. Les interprétations lénitives s'en sont multipliées, encouragées par le général de Gaulle lui-même, soucieux, en diverses circonstances, de retirer à ce triptyque la signification négative que les âmes simples aussi bien que les commentateurs de l'opposition y avaient décelée.

Le 1er janvier 1968, à la fin de la réception qu'il donne à l'Élysée, le général prie le grand rabbin Kaplan de rester après le départ de ses invités. Et dans un petit salon du palais s'engage un entretien marqué par ces deux répliques significatives :

Charles de Gaulle : « C'était un éloge justifié du peuple juif. Moi, antisémite ! Vous connaissez mes relations avec les Juifs ! »

Jacob Kaplan : « Vos propos ont cependant apporté des arguments aux antisémites... Oui ou non, une incompatibilité existe-t-elle, à vos yeux, entre les devoirs des Juifs, en tant que citoyens français, et leur sympathie affirmée pour Israël ? »

Charles de Gaulle : « Non. La sympathie des Juifs de France pour le peuple et la terre d'Israël* est naturelle [23]... »

Au lendemain de cet entretien, le grand rabbin devait publier la déclaration suivante : « Le président de la République s'est montré surpris

---

* Il dit « terre », ici, et non « État ».

de l'émotion provoquée par sa déclaration sur le peuple juif. Selon lui, elle a été mal interprétée. Dans son esprit, c'était un éloge justifié de la valeur des Juifs.

« De mon côté, j'ai eu à cœur de préciser que notre prise de position en faveur d'Israël ne devait pas être interprétée comme un acte de double allégeance. Les Juifs français, en s'intéressant à Israël, n'en sont pas moins absolument français. Je suis heureux de dire que le président de la République en a convenu et qu'il n'y a pas, pour lui, de problème sur cette question. »

Quelques semaines plus tard, Léo Hamon, vieux résistant et protagoniste de la Libération de Paris, ancien sénateur MRP, professeur d'université et gaulliste, qui a écrit au général une lettre lui exprimant le chagrin que lui a fait éprouver, en tant que juif, la formule du 27 novembre, est convié à l'Élysée. Le débat s'engage :

« Mon Général, je voudrais trouver les accents pour vous convaincre que le problème de la double allégeance ne se pose pas pour les Juifs de France.

— Et moi, Hamon, je voudrais trouver les accents pour vous persuader que la formule que j'ai employée ne tendait pas à être désagréable pour qui que ce soit... »

Le général de Gaulle fut assez convaincant pour que, dix-huit ans plus tard, son interlocuteur, prié par nous de donner une conclusion à l'affaire, la résumât en peu de mots : « Compte tenu des éclaircissements qu'il nous a donnés, le comportement du général en 1967 peut être considéré comme irréprochable [24]. »

Entre-temps, d'autres péripéties avaient marqué le débat gaullo-israélien : un échange de lettres entre le général et David Ben Gourion ; un nouvel embargo sur les armes à destination de Jérusalem, sanctionnant l'attaque de l'aéroport de Beyrouth par l'aviation d'Israël ; la « récupération » par les Services spéciaux israéliens de vedettes de combat vendues à l'État hébreu et retenues à Cherbourg en vertu dudit embargo.

Les deux derniers épisodes ne pouvaient manquer d'envenimer la querelle : en frappant un pays comme le Liban dont la France (et surtout par la voix de Charles de Gaulle) se prétendait la protectrice, les dirigeants de l'État juif avaient fait d'une réaction négative de Paris l'un des paramètres de leur décision, sachant qu'un nouvel embargo risquait fort d'en être la conséquence ; en enlevant à la barbe des autorités françaises un armement certes payé, mais soumis à un interdit légal de Paris, les chefs militaires israéliens — qui avaient de bonnes raisons d'agir — ne craignaient pas de jeter un défi au successeur du général.

Deux mots résument l'opinion de Charles de Gaulle sur Israël au cours des dernières années : « Ils exagèrent... » Ce sont ceux que Malraux, confiait-il, entendait chaque fois qu'il entreprenait de plaider pour Israël auprès du général : ce qui était courant.

La correspondance échangée à la fin de l'année 1967 entre le général de Gaulle et le chef du premier gouvernement d'Israël avait néanmoins manifesté qu'au-delà des péripéties les plus amères, des anathèmes et des défis entrecroisés, une profonde convergence subsistait. A la lettre du leader israélien protestant, sur un ton très digne, contre la mise en cause du peuple « sûr de lui-même et dominateur », de Gaulle avait répondu sur le même ton, le 30 décembre 1967, qu'Israël avait certes dépassé « les bornes de la modération nécessaire » mais qu'il continuait à le tenir pour « un État ami et allié ».

Cette convergence ne se fondait pas seulement sur l'estime réciproque éprouvée par deux personnages d'exception, mais aussi sur des attitudes historiques et des « projets » comparables, compte tenu de l'infinie différence des données sur lesquelles ont agi David Ben Gourion et Charles de Gaulle. Faire surgir de la diaspora un État moderne et centralisé, raviver une ambition nationale au sein de la nation pantelante de 1940 — ici et là prévaut ce que Saul Friedländer a appelé « une conception volontariste de l'histoire [25] ». Comme le sionisme laïque de Ben Gourion, le gaullisme est d'abord une pédagogie en vue d'une renaissance. Que le premier fût plus constamment héroïque, et moins personnalisé que le second, ne peut voiler une parenté singulière.

Si peu compréhensive à l'égard d'Israël qu'elle ait paru, et si choquante pour de larges secteurs du judaïsme français — et de nombreux citoyens français non juifs —, la politique alors définie et mise en œuvre par le général de Gaulle impose-t-elle en fin de compte un jugement plus favorable, du double point de vue de l'intérêt national, et de la paix internationale ?

Six ans après l'événement, le grand politologue de Harvard Stanley Hoffmann, interrogé sur ce point à l'issue d'une conférence donnée à l'Institut français des relations internationales, le 18 septembre 1973, répondait ceci :

« Dans le conflit israélo-arabe... il me semble que la position prise par le Général était parfaitement justifiée, sensée et peut se défendre de toutes sortes de façons [...].

« Sur l'intérêt qu'il y avait, qu'il y a, à mener une politique arabe, à être la puissance politique qui peut parler aux pays arabes d'une façon que les États-Unis et la Grande-Bretagne ne peuvent pas, je ne fais pas de réserve : cette politique me paraît être entièrement sensée, bien que cela ait été très mal compris aux États-Unis. »

On peut être en l'affaire plus réservé que Stanley Hoffmann, et retenir comme lui l'aspect profondément judicieux de cette stratégie, qui va beaucoup plus loin que le souci de préserver un approvisionnement pétrolier et de s'ouvrir des marchés commerciaux : en s'efforçant de maintenir des liens entre le monde arabe et l'Occident, de Gaulle travaillait, de toute évidence, pour la paix globale et contre la prise en main du monde arabe par l'Union soviétique.

Machiavélisme ? Le mot s'applique mieux, dans l'ensemble de ses acceptions, à d'autres épisodes de la vie de Charles de Gaulle. Ici, on préférerait définir son comportement à l'égard d'Israël, ou des rapports israélo-arabes de 1967 à 1969, en deux formules : surévaluation de la prévision par rapport à la gestion du présent ; prééminence abusive des facteurs strictement diplomatiques sur les valeurs psychologiques et morales, et sur la sensibilité populaire.

En un univers où de tels mots disent beaucoup de choses aux « gens du Livre », on est tenté de suggérer que si le prophète fut, en l'occurrence, digne d'admiration, le « juge » ne sut pas l'égaler.

Ce n'est pas pour arracher les suffrages des Arabes que Charles de Gaulle avait, en juin 1967, remis en cause, et de fond en comble, les relations privilégiées entre la France et Israël. Mais ces suffrages, il les obtint. Toute une école de commentateurs égyptiens * ou maghrébins s'attacha certes à faire valoir que le général n'avait été mû, en l'occurrence, que par le souci des seuls intérêts de la France — intérêts politiques et matériels. Mais de tels jugements, dans une société où le réalisme, moins vulgarisé qu'en Occident, garde encore une vertu de nouveauté et apparaît comme le comble de la sagesse, n'ont rien de péjoratif, et signifient qu'il y a des leçons à tirer d'un tel comportement.

Dans une thèse qu'il a consacrée à l'image du général de Gaulle dans les pays arabes après 1967, Armand Pignol relève que le personnage présenté par la presse du Caire ou de Beyrouth (sous le nom de *Didjûl* ici, de *Digûl* là) est uniformément grand et fort, qualifié de noble (« *nabil* ») et victorieux (« *nasir* »), comparé à l'aigle ou au lion et rangé automatiquement parmi les amis, à l'opposé d'Israël et des USA [26].

Lors de la crise de 1967, la presse du Caire fit état d'un échange de lettres entre le Raïs et le président français — qui aurait adjuré le leader égyptien, comme son interlocuteur israélien, de « ne pas tirer le premier ». La défaite venue, le Premier ministre libanais Rachid Karamé n'en déclarait pas moins que de Gaulle avait « ouvert une autostrade entre la France et le monde arabe ».

Au lendemain de la conférence de presse du 27 novembre 1967, le dithyrambe s'enfla encore : au Liban, on salue le « Napoléon du siècle » ; au Caire, on loue le *caïd-al-azim*, le « chef-grand ». Et Nasser de déclarer que « de Gaulle est le seul chef d'État de l'Occident sur l'amitié duquel les Arabes peuvent compter ». Il renchérit même, le 15 février 1968, en proclamant que « sous la conduite de ce grand patriote considéré comme l'une des figures majeures de ce siècle, la France a adopté une position conforme à la justice et à la paix ».

A la même époque, deux femmes, l'une journaliste, l'autre poète, résument en quelques phrases les sentiments que suscite, dans l'ensemble du monde arabe, le vieux monsieur de l'Élysée. Dans *Al-Maussawar*, du Caire, Alya-el-Solh (fille d'un Premier ministre libanais assassiné vingt ans plus tôt, après qu'un représentant du général de Gaulle l'eut fait incarcérer en 1943...)

---

* Notamment Mohammed Hassanein Heykal, le célèbre éditorialiste d'*Al Ahram*, et confident de Nasser.

écrit que « de Gaulle appartient à cette catégorie de bâtisseurs d'histoire qui ont des intuitions exactes, formulent des prophéties solides et voient l'avenir de très loin »… Mais que dire du lyrisme de Leila Baalbaki, décrivant Charles de Gaulle comme « un fidaï * qui a jeté son vieux corps courageux de 77 ans en pâture aux flammes des incendies sionistes allumés dans les demeures des innocents… Bénissez-le, semez son nom dans le cœur des enfants ! ».

Et, pour finir, cet éloge funèbre publié le 14 novembre 1970 au lendemain de la mort de Charles de Gaulle, par le très notoire Ihsan Abdel Koddons dans l'hebdomadaire le plus populaire du monde arabe, *Akhbar-el-Yom* :

« C'est l'homme qui, contre les slogans, a opté pour le réalisme… Ami ni des Arabes, ni d'Israël, mais seulement de la France. Et parce qu'il avait méprisé leurs pressions, les sionistes l'ont abattu de l'intérieur… »

De Gaulle eût-il voulu troquer, contre l'admiration des Israéliens, l'affection des Arabes, il eût à coup sûr réussi. Mais nous savons que tel ne fut pas — ne fut jamais — son projet. Ami ni des Arabes ni d'Israël, seulement de la France… Mais l'amitié de la France, de toutes les composantes de la France, l'a-t-il, en l'espèce, gardée intacte ?

---

* Singulier de *fedayines*, combattant de la foi.

19. La dette de Louis XV

Vent d'est ? Vent d'ouest ? Pourvu qu'il souffle… La tempête ne s'est pas encore apaisée entre le Golan et le Sinaï que déjà le général s'apprête à faire lever, à l'extrême Occident, les orages désirés. S'il n'a pu, en Orient, prévenir une guerre périlleuse pour la communauté internationale, il va mettre, sur les rives du Saint-Laurent, un branle dont les Québécois — et tous les Canadiens — seront d'abord frappés, en attendant que leurs héritiers en recueillent les fruits mélangés.

On n'est pas imprégné de l'histoire de la France comme l'était Charles de Gaulle sans avoir médité sur la déchirure entre le destin du Canada et celui de ses premiers conquérants européens. On n'est pas à ce point féru de continuité et d'unité nationale sans avoir ressenti comme une honte incurable l'abandon, en 1763, d'un peuple de paysans français partis du Perche et des Charentes à l'appel du roi pour cultiver les grands espaces américains.

Aux Indes orientales, les Français, avant d'être chassés, n'avaient été que les très partiels successeurs de grands empires et de civilisations éclatantes. Au Canada, Jacques Cartier et puis Samuel Champlain avaient été les pionniers, greffant sur le monde des Indes occidentales ce qu'on appelait alors « la » civilisation. Qui sait tout cela mieux qu'un ancien professeur d'histoire à Saint-Cyr ?

Quand, en 1940, le général de Londres fait appel à la solidarité des « Canadiens français », il connaît à coup sûr beaucoup plus de choses sur cette contrée d'Amérique que la plupart de ses compatriotes. On peut supposer notamment qu'il est un peu mieux informé de l'indifférence avec laquelle la monarchie de Juillet a laissé écraser par le pouvoir britannique et réprimer dans le sang les révoltes de 1837, qu'il attache une importance particulière aux milliers de soldats canadiens tués sur le sol français à Vimy en 1917 — et que le sort des abandonnés en 1763 ne cadre pas avec l'idée qu'il se fait de la France.

S'il faut s'arrêter un instant sur son appel « aux Canadiens français » du 1er août 1940, ce n'est pas parce qu'il révèle une particulière familiarité avec les problèmes du Québec : c'est parce que ce général, à ce point solitaire et démuni qu'il refuse de s'incliner si peu que ce soit devant les puissants et les riches, se résigne ici à un véritable appel au secours. Les mots sont là, tout crus. Faut-il qu'il se sente en famille, de Gaulle, pour tendre ainsi la main, en suppliant, vers ce « rameau de vieille souche française » et, précise-t-il, sans « aucun embarras ».

Mais il apprendra vite que si le « Canada français » sait à l'occasion pardonner aux « traîtres » de 1763, à ces « maudits Français » (on dit « mozzi frança ») qui l'ont abandonné, ce n'est pas à la poignée de républicains truffée de francs-maçons qui poursuit le combat à l'enseigne de la croix de Lorraine, mais bien plutôt au pieux État de Vichy auprès duquel Pierre Dupuy représente l'ensemble du Canada.

Le Québec ne veut alors connaître de la France que ce qui la rattache à ses rois et à ses prêtres et, consulté par référendum, refuse à une majorité de 71 % de se soumettre à la conscription pour aller se battre en Europe : ce sont là des « affaires d'Anglais »... En envoyant en mission à Québec le R.P. d'Argenlieu, de Gaulle tentera bien de donner de la France libre une image plus conforme aux vœux des Québécois. Mais, en 1945, la condamnation de Pétain apparaîtra là-bas comme une réédition de l' « assassinat de Louis XVI », un nouveau crime de cette France athée qui guillotine ses rois et se vautre dans les péchés de la chair...

Le premier contact que le chef des Français libres prend avec le Québec (11-13 juillet 1944), au lendemain de sa visite à Franklin Roosevelt à Washington, n'en est pas moins chaleureux. Des foules imposantes le saluent à Québec et à Montréal. Il parlera, dans ses *Mémoires de guerre* (III, p. 242) de « vague de fierté française » assortie d'une « douleur inconsolée » — mais ce texte est très postérieur à l'événement. Et cet accueil n'est pas tel qu'il le conduise, l'année suivante, à compléter par une nouvelle visite au Québec le second séjour qu'il fait au Canada : en août 1945, il se contentera d'Ottawa.

Et c'est encore par le biais d'une visite officielle aux États-Unis, en avril 1960, que Charles de Gaulle retrouve le Canada qu'après M. Auriol, il est le second chef d'État français à visiter. C'est le chef d'un cabinet conservateur, John Diefenbaker, dont il a été l'hôte seize mois plus tôt à Paris, qui l'accueille, aux côtés du général Vanier, vieux compagnon de guerre de Charles de Gaulle, représentant de la couronne britannique en tant que gouverneur général.

Au moment où le fondateur de la V^c République renoue ainsi avec le Canada, ses idées sur ce pays sont encore floues. Que signifie, au vrai, cette « dualité des peuples qui y cohabitent sans se confondre » dont fait état l'un de ses discours de l'époque ? Dans les *Mémoires d'espoir*[1] il assure avoir fait observer à M. Diefenbaker que l'un de ces « deux peuples » étant français, il devait pouvoir « disposer de lui-même ». Surimpression historique ? Il ne dut pas pousser les choses bien loin, en ce domaine, (la guerre d'Algérie durait toujours) sans quoi il se fût aperçu que son ami le gouverneur général Vanier, tout « Français Canadien » qu'il fût, s'affirmait plus fidèle que quiconque à la couronne et fort peu favorable à la remise en cause du *statu quo*.

A vrai dire, ce troisième séjour canadien (et deuxième au Québec) parut plutôt décevant à ses compagnons. Dans *Une politique étrangère*, M. Couve de Murville décrit le Québec de 1960, resté sous la férule de Maurice Duplessis, intraitable conservateur de la langue, de la famille, du particularisme ethnique et de la religion catholique, peu porté à manifester son aspiration au changement, sinon par un « frémissement discret[2] ». Quant à

François Flohic, aide de camp du général de Gaulle, il constate le « peu d'intérêt de la population pour le Général et pour la France » et relève qu'au moment où s'achevait l'exécution des hymnes nationaux devant le monument élevé sur le champ de bataille où Wolfe vainquit Montcalm, son homologue le colonel Martin, aide de camp du gouverneur Gagnon, lui lança : « C'est alors que vous autres, maudits Français, vous nous avez abandonnés[3]. » Eh oui...

Vers 1963, pourtant, une bouffée d'intérêt est perceptible entre Paris et Québec — éveillant par contrecoup celui d'Ottawa pour l'un et l'autre. Se succèdent une exposition française à Montréal, une visite d'André Malraux, la création d'une représentation de la radiotélévision française au Québec — d'autant plus significative qu'elle est confiée au très entreprenant Pierre-Louis Mallen, qui en fait une vraie tête chercheuse politique.

Depuis trois ans, à la tête du gouvernement libéral, Jean Lesage a déclenché sa « révolution tranquille » qui tend à arracher le pays à sa momification cléricale et passéiste en ranimant contacts et amitiés. Le nouveau mot d'ordre : « Maîtres chez nous ! » signifie que les Québécois entendent désormais, sans mettre en cause le fédéralisme, affirmer leur autonomie interne par rapport à Ottawa.

Pour combien aura compté dans la prise de conscience des aspirations québécoises par le général de Gaulle une lettre comme celle que lui adressait, le 10 juillet 1963, l'écrivain Gérald Robitaille ? Un appel si douloureux ne pouvait manquer d'éveiller sa sympathie : « ... Perdre ses biens, perdre sa liberté, perdre sa vie sont des choses très graves, mais a-t-on oublié ce que c'est que de *perdre son âme ?* Et je n'emploie pas ces derniers mots dans un sens religieux. J'invite le monde entier à venir le constater. Que peut-il y avoir de plus pathétique que le spectacle d'un peuple qui se condamne et se maudit lui-même, qui s'abaisse et dit merci chaque fois qu'après une lutte acharnée on lui rend ce qu'on lui a volé et qui lui appartient de plein droit. Et encore, peut-être n'est-il pas possible de constater cet état de chose. Car dès qu'on y met le pied, dans ce pauvre pays colonisé, on se sent emporté par ce système horrible qui ne se comparerait au fond qu'à des sables mouvants... Camus disait que c'est en acceptant de vivre asservi que l'on trahit ses frères ? Ici, pour l'instant, et ne préjugeons pas de l'avenir qui peut nous réserver des surprises, on ne peut vivre qu'asservi.

« J'espère donc que malgré vos bien lourdes tâches, et je suis le premier à me rendre compte de votre responsabilité en tant que présentement maître de la destinée politique de la France, destinée dont découlent peut-être toutes les autres, vous daignerez accorder votre attention à cette humble requête. »

En janvier 1964, le Premier ministre canadien Lester Pearson, qui s'est assuré une position prestigieuse sur la scène diplomatique internationale, est accueilli avec faveur par le général de Gaulle. Dans le toast qu'il adresse au visiteur, le chef de l'État français évoque le sort de « notre peuple installé au Canada » qui « ne laisse pas de nous intéresser et de nous émouvoir... très profondément » sans que cette « solidarité particulière et naturelle [...] doive contrarier les heureuses relations » entre la France et l'État fédéral.

Le fer est engagé. Il le sera plus hardiment cinq mois plus tard, le 1er juin

1964, quand, à l'issue de la présentation des lettres de créance du nouvel ambassadeur du Canada, M. Jules Léger, une note rédigée par le général lui-même est diffusée par l'agence France-Presse, indiquant que « la France est présente au Canada non seulement par ses représentants, mais aussi parce que de nombreux Canadiens sont de sang français, de langue française, de culture française, d'esprit français. Bref, ils sont français sauf en ce qui concerne le domaine de la souveraineté [4] ».

Tout est dit déjà, ou presque : il y a surtout ce « sauf la souveraineté » que de Gaulle n'est pas homme à laisser très longtemps en suspens. D'autant que, là-bas, les signes de malaise se multiplient, pour ne pas dire les craquements. Le 10 octobre 1964, la reine Elizabeth a visité le Québec dans un silence de mort, rompu par quelques manifestants traités par le service d'ordre de telle façon que la presse locale devait qualifier cette journée de « samedi de la matraque ».

Quelques semaines plus tard, le 22 février 1965, une Commission royale sur le bilinguisme et le biculturalisme (dite « commission BB »), que le gouvernement fédéral a dû constituer sous la pression des événements, divulgue les premiers résultats d'une enquête de dix-huit mois, d'où il ressort que les revendications à l'égalité des Canadiens français sont justifiées et que le Canada traverse, de ce fait, « la plus grave crise de toute son histoire [5] ». Un mois après paraît le livre que Daniel Johnson a intitulé *Égalité ou Indépendance* — faisant ainsi surgir ce mot tabou dans le cercle paisible de la politique officielle canadienne. Or M. Johnson n'est pas un militant de mouvement groupusculaire, mais le successeur du vénérable Maurice Duplessis à la tête de la très conservatrice Union nationale...

Du « maîtres chez nous » de Jean Lesage [*] à cette « égalité ou indépendance », les thèmes québécois ont tendance à se durcir... Faut-il évoquer l'évolution de l'Algérie des années trente, des slogans de Ferhât Abbâs à ceux de Messali Hadj ? Rien, en ces domaines, n'est superposable. Les Canadiens français ne sont pas colonisés. Ils sont minorisés. Mais au Québec aussi se manifestent des militants fiévreux, éloquents, intrépides — Pierre Bourgault, Marcel Chaput, André d'Allemagne. Un mouvement ouvertement séparatiste, le RIN (Rassemblement pour l'indépendance nationale) joue le rôle du brise-glace, non sans que des autonomistes comme l'avocat François Aquin, le journaliste René Lévesque, le haut fonctionnaire Claude Morin fassent connaître leur impatience.

A la même époque se constitue à Paris une sorte de « lobby » québécois, où se regroupent des Français — Philippe Rossillon, ancien dirigeant du mouvement gaulliste Patrie et Progrès, le diplomate Bernard Dorin, Xavier Deniau, chargé du développement de la francophonie, l'ancien administrateur colonial Martial de la Fournière — et des Québécois qui font la navette entre Montréal et la France, tels André Patry ou Jean Loiselle. Un vrai réseau. Quand, en avril 1966, Daniel Johnson, l'homme qui avait introduit le vocable d' « indépendance » dans le jeu politique québécois succède à Jean

---

[*] Signataire avec Paris d'un important accord en 1965.

Lesage à la tête du gouvernement de « sa » province, le terrain aura été labouré. Et c'est alors que se pose le problème du voyage de Charles de Gaulle au Québec.

L'état d'esprit de Charles de Gaulle à cette époque est bien résumé dans l'annotation qu'il appose à une demande de son ambassadeur à Ottawa d'associer la France à la célébration du centenaire de la Confédération canadienne : « ... Nous n'avons à féliciter ni les Canadiens, ni nous-mêmes, de la création d'un " État " fondé sur une défaite d'autrefois [...]. Au demeurant, cet ensemble est devenu bien précaire [6]. »

L'ouverture de l'exposition internationale de Montréal était fixée à la fin de juillet 1967. Vers le milieu de l'année 1966, le nouveau gouvernement québécois mit au point avec les autorités fédérales le programme de l'accueil des chefs d'État et de gouvernement. Si l'ensemble des invitations partit d'Ottawa, Québec se réserva l'initiative d'inviter le chef de l'État français. Dans un premier temps, de Gaulle manifesta de vives réserves. Qu'irait-il faire dans une « foire » ? Au surplus, le gouvernement fédéral, arguant que l'aéroport de Montréal-Dorval * serait, en ces journées de fin juillet, trop encombré pour accueillir dignement un hôte aussi illustre, proposait de le faire atterrir à Ottawa : ainsi n'irait-il qu'indirectement au Canada français.

En avril 1967, le cinquantenaire de la bataille de Vimy , où étaient morts 10 000 Canadiens, fut l'occasion d'un incident pénible : de Gaulle invité après Philip d'Édimbourg, riposta à ce manquement aux usages en « snobant » (selon la presse anglaise) la cérémonie.

Le général fut sur le point de briser net. D'autant que son collaborateur Gilbert Pérol, dépêché à Ottawa pour étudier les conditions et modalités du voyage, y avait reçu « l'accueil le plus inamical, le moins coopératif » qu'il ait enregistré en sept années d'expériences semblables [7]. Et puis lui parvint une suggestion qui, d'emblée, l'enchanta : gagner Montréal par mer, en remontant l'embouchure du Saint-Laurent, comme Jacques Cartier, comme Samuel Champlain... et sur le *Colbert*, le navire amiral de la flotte de l'Atlantique ! Décidément, cette « foire » prenait des dimensions d'histoire.

Au début de mai, néanmoins, de Gaulle « se tâtait » toujours. Tout ce temps passé en mer, alors que grondaient les prémisses de la crise du Proche-Orient, que la Pologne l'attendait en août ? Après tout, il avait déjà fait, aux deux Canada, une visite officielle. Et l'affirmation du Québec semblait — tout doux, tout doux — en bonne voie.

C'est alors — 17 mai 1967 — qu'atterrit à Paris le chef du gouvernement québécois, Daniel Johnson. Charles de Gaulle reçoit deux fois à l'Élysée, le 18 et le 20, ce personnage au prénom biblique et au nom de western qui semble sorti d'un roman rural de René Bazin, moustache de capitaine de zouaves pontificaux, démarche de professeur de collège des bons pères, complet livré par les Dames de France, accent à couper au couteau... Un style héroïque de banalité folklorique qui n'est pas pour déplaire au fils de Jeanne Maillot : d'autant que le visiteur, tout cagot et bouseux qu'il paraisse,

---

* Le seul alors en activité.

est à sa manière une fine lame et se révèle porté par une émouvante conviction. D'emblée, le général l'adopte, assuré qu'il ne pourrait pas frayer avec un plus authentique fossile de l'épopée de jadis : un matelot de Jacques Cartier, un gabier de Champlain...

Il n'est pas tombé de la dernière neige, Johnson, ou alors c'est celle d'avant la défaite de Montcalm. Il sait par quel biais prendre le général pour le convaincre de venir lui prêter main-forte dans son entreprise d'émancipation québécoise. Trois phrases lui suffisent pour emporter la décision, qu'ont judicieusement mises en lumière Anne et Pierre Rouanet : « Mon général, le Québec a besoin de vous. C'est maintenant ou jamais. Notre peuple vous recevra avec tous les honneurs et l'affection dus à votre rang et à votre personne [8]... » Pas mal, pour un cul-terreux.

Chacune de ces phrases porte une idée faite pour séduire de Gaulle. Celle d'un « besoin » que l'on a de lui et de la France de l'autre côté de la mer. Celle d'une urgence, de circonstances pressantes. Et celle d'un « peuple » qui, parlant sa langue, et lié à son histoire, a gardé sa cohésion et maintenu son attachement. Il a suivi d'assez près les affaires québécoises, de Gaulle, pour savoir que tout cela est à la fois très ancien et très neuf et que le Canada français, depuis longtemps conscient d'être un peuple, et peut-être au point de se connaître pour une nation, est dans l'interrogation de savoir s'il lui faut s'ériger en État.

C'est cette imminence, cette impression de « maintenant ou jamais » qui va griser d'un coup ce stratège des circonstances. Il croyait à un processus long, de Duplessis en Lesage, de Lesage en Johnson... Et voilà qu'on vient le sommer de comprendre que 1967 est l'année décisive, que Québec s'est donné six mois pour convaincre Ottawa de consentir enfin à une réforme constitutionnelle reconnaissant cette égalité des francophones qu'a recommandée la « commission BB » (à dominante d'anglophones), mais que, compte tenu du rapport de forces entre Canada anglais et Canada français, seul un renfort venu de l'extérieur peut permettre à Johnson de réaliser. Une pacifique réédition de l'opération La Fayette-Rochambeau...

Charles de Gaulle, tout enflammé qu'il soit déjà pour la cause de ce peuple français d'outre-mer, sait bien qu'il ne s'agit pas là d'une situation proprement coloniale et qu'on ne lui demande pas d'être le Nasser de ce Ben Bella. Infériorisés du fait de leur passé de vaincus (en 1759, puis en 1837), de leur appartenance encore majoritaire à l'univers rural, de cette langue française qu'ils n'ont pas voulu lâcher (des gens qui ne peuvent même pas parler anglais !), de leur catholicisme pré-conciliaire, et tout simplement parce qu'ils ne représentent qu'une province sur dix, 25 % des électeurs et 8 % des avoirs canadiens, les gens de la « belle province » ne sont pas soumis à une oppression de type algérien ou indien d'avant la Seconde Guerre mondiale. Ils ont un gouvernement, leur parler est la langue officielle au Québec, leurs plus brillants sujets occupent de grands postes à Ottawa : on n'aurait pas vu Nehru vice-roi des Indes, ni Ferhât Abbâs gouverneur général à Alger.

Mais ils se débattent — ou se sont débattus avant la « révolution tranquille » de Jean Lesage — dans une sorte de filet gluant, dans un nœud coulant insidieux où toute modernisation intellectuelle, technique ou économique semble les induire à s'angliciser, où tout effort pour progresser risque de leur faire perdre leur personnalité individuelle ou globale.

Le fédéralisme, pour inégal qu'il soit, n'est pas la colonisation. C'est une sorte de maintien en tutelle d'enfants un peu arriérés, de *natives* susceptibles de mieux faire en apprenant tout à la fois l'anglais, le respect de la reine et le *birth-control ;* ce n'est pas une oppression, c'est un vasselage distingué, corrigé par le libéralisme des gentlemen de Westmount et leur tolérance pour le *self-government* des autres. Pourquoi ne seraient-ils pas libres de jargonner le patois de Molière dans une cour de ferme ? A condition que des banques de Montréal soient des filiales de celles de Toronto...

De Gaulle est trop nationaliste, trop centralisateur, trop catholique et trop imbu de la « mission civilisatrice de la France » pour ne pas voir là un mélange de malice et d'humiliante condescendance. Il a été trop mêlé aux affaires coloniales — dans la position de celui qui se trouve contraint à restituer... — pour ne pas improviser une interprétation semi-coloniale de la situation canadienne. Dans son esprit, cette prépondérance du monde anglo-saxon — car il lui semble évident qu'Ottawa est inféodé à Washington autant qu'à Londres — à l'endroit d'un fragment du peuple français, de ce fossile à l'état pur des siècles des Valois et des Bourbons qui parle la langue du *Médecin malgré lui*, n'est pas supportable. Allons, il va le dire à la face du monde. D'autant que son ami Robert Bordaz, de retour de Montréal, vient de lui dire que renoncer au voyage « ne serait pas gaulliste ! ».

C'en est fait. Il ira — et d'autant plus volontiers qu'il apprend que les autorités fédérales d'Ottawa n'apprécient ni que de Gaulle soit l'invité du gouvernement québécois *, alors que la constitution fédérale veut que ce type de relations relève d'Ottawa, ni que le général fasse le voyage par mer et pénètre au Canada à bord d'un croiseur, empruntant la voie royale par laquelle Jacques Cartier avait ouvert à l'Europe l'immensité nord-américaine. Tant de symboles, tant de rappels, tant de défis...

Au moment où il s'embarque, le 15 juillet 1967 à Brest, Charles de Gaulle a-t-il lu le livre que vient de publier Gérard Bergeron, professeur de sciences politiques à l'université Laval, de Québec : *le Canada français après deux siècles de patience*[9] ? C'est, sur le ton de l'amitié, une sommation. Selon cet universitaire québécois, le peuple abandonné en 1763 a assez attendu : il est en droit d'exiger que la France vienne lui prêter main-forte non pour se séparer de l'ensemble canadien — c'est une affaire à débattre entre Québécois, puis entre ceux-ci, Ottawa et les autres « provinces » —, mais pour se rendre capable de choisir librement.

Bref, voilà de Gaulle en rade de Brest. A Xavier Deniau, l'un des hussards du « québequisme » venu le saluer sur le quai où l'attend la vedette qui va le conduire jusqu'au *Colbert,* il déclare : « On va m'entendre, là-bas. Ça va

* Qui a créé six mois plus tôt un ministère « des Relations intergouvernementales » (pour ne pas dire « Affaires étrangères »).

faire des vagues. » Trois jours plus tôt, il a confié à son gendre le général de Boissieu : « ... C'est la dernière occasion de réparer la lâcheté de la France. » Propos qu'il complétera en accostant sur la rive sud du Saint-Laurent cinq jours plus tard : recevant Jean Mauriac dans sa cabine du *Colbert*, il lui déclare : « Je suis décidé à aller loin ! » Entre-temps, il a révisé en mer ses discours prévus au programme, tous rédigés à Paris — sauf celui qu'il prononcera au balcon de l'Hôtel de Ville de Montréal, doublement improvisé...

Le séjour commence par un « couac », qu'il est difficile de croire tout à fait innocent : l'officier dépêché par le gouvernement fédéral * pour accueillir de Gaulle, le « commander » Plant, ne parle pas un mot de français. Histoire de rappeler au visiteur que ce n'est pas Montcalm, mais Wolfe, qui a gagné, en 1759, la bataille des plaines d'Abraham... Le général « encaisse » : il a, dans sa sacoche, de quoi rappeler aux maîtres d'Ottawa que la langue française ne se prête pas seulement à l'élégie.

Dans la matinée du 23 juillet, le *Colbert* s'amarre à l'Anse-au-Foulon, le quai situé au pied de la citadelle de Québec dont, en 1759, la chute avait été celle du Canada français. A 9 heures — c'est un dimanche — de Gaulle, en tenue militaire, prend pied sur le quai où l'accueillent le gouverneur général du Canada Roland Michener et le Premier ministre du Québec, Daniel Johnson **.

Sur une petite tribune où s'entassent les notables, flottent trois drapeaux, le français, le canadien (à feuille d'érable rouge) et le québécois (à fleur de lys bleue). La musique militaire, en habits rouges et bonnets à poils, joue le *God save the Queen*, ponctué par des huées, puis une *Marseillaise* reprise en chœur par une grande partie de l'assistance pourtant triée sur le volet à l'entrée du port. Dès les premières secondes, les témoins sont frappés de stupeur : un référendum s'amorce, qui ne cessera pendant trois jours de s'enfler en plébiscite. Moyennant quoi la presse anglophone parlera le lendemain d' « accueil réservé [10] »...

Le visiteur prononce quelques mots, disant tour à tour au gouverneur son « estime » et son « amitié » au « Canada dans son ensemble » et au Premier ministre « l'immense joie » qu'il a à être « chez vous au Québec ». Puis il monte à bord de la voiture du gouverneur général jusqu'à la citadelle. Là, il passe dans celle du chef du gouvernement québécois : dès lors, c'est une marée humaine qu'il fend, avant de prendre, devant l'Hôtel de Ville, le « bain de foule » dont il fait, de Pont-à-Mousson à Brazzaville et de Marmande à Phnom-Penh, ses délices. C'est d'un remous de têtes, de bras et de cris qu'il émerge pour prononcer, d'abord dans l'Hôtel de Ville, puis sur la place (attentif qu'il est au contact populaire), deux courtes allocutions, fort significatives déjà.

Il a, dans la première, salué Québec comme « la capitale du Canada

---

* Sur les eaux et le rivage s'exerce la souveraineté fédérale.
** L'ensemble du récit qui suit doit beaucoup à deux films tournés au cours de ces trois journées par la télévision québécoise.

français » et assuré, avec plus d'audace, qu'ici « s'affirme une élite française-canadienne * de jour en jour plus active, plus efficace, mieux connue ». Puis, sur le parvis du bâtiment municipal, plongé dans la foule, on l'entend tour à tour clamer, dans un hourvari d'enthousiasme, qu' « on est ici chez soi, après tout ! » et assurer que « toute la France en ce moment vous voit, vous entend et vous aime ! ».

Le déjeuner est pris, sous le signe du Seigneur, dans le jardin du séminaire de Québec rattaché à l'université Laval, près de Sainte-Anne-du-Beaupré où l'on a entendu la messe. Yvonne et Charles de Gaulle savourent cet instant d'onction ecclésiastique — soutanes, soutanes —, le général se hasardant à « reconnaître » (heureux de vous retrouver, monsieur le recteur, monsieur le professeur...) des personnalités qui ne l'ont jamais rencontré mais goûtent fort ces à-peu-près. Après une réception sur la plage arrière du *Colbert,* c'est le dîner officiel au cours duquel seront définis l'attente des Québécois et l'apport du visiteur.

L'allocution de Daniel Johnson peut se résumer en deux mots : aidez-nous ! Celle du général de Gaulle, il faut la citer plus longuement parce qu'elle est en quelque sorte l'exposé des motifs d'une action très préméditée, dont le « Vive le Québec libre » ne sera que l'une des modulations, la plus stridente, et l'on verra pourquoi.

L'éloquence ternaire de l'auteur du *Fil de l'épée* se déploie ici dans sa forme la plus classique. C'est à partir de « trois faits essentiels » que va être définie la politique de la France :

> « Le premier, c'est qu' [...] un morceau de notre peuple [...] après qu'a été arraché de ce sol, voici deux cent quatre années, la souveraineté inconsolable de la France [...] s'est maintenu là où il est et là où il est encore [...]. La deuxième donnée [...] c'est que votre résolution de survivre [...] après avoir revêtu le caractère d'une résistance passive [...] a pris maintenant une vigueur active en devenant l'ambition de vous saisir de tous les moyens d'affranchissement [...]. Le troisième fait dominant, c'est [...] qu'à mesure que se révèle et s'élève le Québec, les rapports vont se redressant, se multipliant entre Français des bords du Saint-Laurent et Français des bassins de la Seine, de la Loire, de la Garonne, du Rhône et du Rhin [...]. Rien de plus naturel que cette œuvre commune des Français partout où ils sont [...]. Ce qui fut maintenu ici par 60 000 Français, devenus aujourd'hui 6 millions [donne] une preuve exemplaire à tous les Français de ce que peut être notre puissante vitalité... »

Et c'est alors, compte tenu de ces données de permanence, de renaissance et de coopération que se définit, selon de Gaulle, le grand projet québécois, présenté ici avec une singulière audace :

> « On assiste ici, comme en maintes régions du monde, à l'avènement d'un peuple qui veut, dans tous les domaines, disposer de lui-même et prendre en main ses destinées [...]. La fraction française du Canada entend

---

* Inversion de termes qui n'est évidemment pas le fait du hasard.

aujourd'hui [...] organiser en conjonction avec les autres Canadiens les moyens de sauvegarder leur substance et leur indépendance au contact d'un État colossal qui est leur voisin... »

Texte clé, et qui — rédigé à Paris, relu par Pompidou et Couve, communiqué à Ottawa — va plus loin en un sens que le simple « Québec libre ». Car ce que préconise Charles de Gaulle, en cette soirée du dimanche 23 juillet, et dès avant la chevauchée fantastique sur le chemin du Roy, c'est non seulement l'émancipation du Québec des règles d'un fédéralisme trop protecteur, mais l'incitation du Canada tout entier à se dégager de la tutelle d'un voisin « colossal »...

L'étrange n'est pas que l'opinion anglo-saxonne se soit indignée de quelques mots lancés du balcon de Montréal, c'est qu'elle n'ait pas réagi davantage à ces phrases prononcées la veille qui allaient plus loin et remettaient en cause, non seulement la lourdeur du protectorat d'Ottawa sur Québec, mais la docilité du Canada fédéral aux pressions ou simples influences du grand voisin du sud. Ce que de Gaulle dessinait ou présageait ce soir-là au Château-Frontenac, ce n'était pas seulement un « Québec libre », c'était un Québec ferment, un Québec libérateur...

Et pourtant, ce discours explosif, parce qu'il était rédigé dans un style majestueux, prononcé sur un ton noble et dans un cadre compassé, fut accueilli avec flegme — quand une simple apostrophe, de portée plus réduite, déchaînera les passions... Peut-être l'audace du 24 juillet trouva-t-elle sa source dans l'accueil paisible fait à celle du 23. S'ils sont aussi calmes, peut-être est-ce parce qu'ils n'ont pas compris ? Peut-être faut-il, pour les secouer, frapper plus fort, ou autrement ? Non sur le ton d'un orateur sacré, mais sur celui d'un tribun populaire... « Assurément, écrit Pierre-Louis Mallen, ce dimanche soir, tout était expliqué. Rien pourtant n'était fait. Pour que les sourds entendent, il fallait crier [11]... »

Inauguré en août 1734 par le Grand Voyer de la Nouvelle-France, le chemin du Roy relie Québec à Montréal en suivant la rive gauche du Saint-Laurent : il traverse les vieilles terres de colonisation, les villages et les villes où se manifeste, sur 270 kilomètres, le génie agreste des héritiers de Champlain.

De Gaulle, qui a couché à bord du *Colbert,* prend place avant 9 heures dans la voiture découverte de Daniel Johnson où le commandant Flohic s'assied auprès du chauffeur. Dès la sortie de la ville, se dresse un arc de triomphe. Vingt autres suivront, à l'entrée de chaque agglomération. Et sur la chaussée s'étalent des fleurs de lys peintes au pochoir. Partout se presse une foule énorme, convoquée par le pouvoir québécois et les partis nationalistes, le RIN de Pierre Bourgault, dont les militants sont les plus exaltés, et le parti républicain de Marcel Chaput.

Six haltes étaient prévues, à Donnaconna *, Sainte-Anne-de-la-Pérade, Trois-Rivières, Louiseville, Berthierville et Repentigny, où chaque fois, en

---

* Du nom du chef huron que Jacques Cartier avait ramené en France.

réponse au discours du maire, le général devait prononcer une allocution. Il y eut de nombreux arrêts supplémentaires, dus à l'affluence dans les villages. Dans chacune des localités où l'accueil a été organisé, de Gaulle est entouré, pressé, enlevé de sa voiture. Et chaque fois, après l'allocution du maire et la chorale des enfants des écoles, il brode sur le thème du Québec « enfin maître de ses destinées ».

A partir de Trois-Rivières, capitale mondiale de la fabrication du papier-journal où est pris le déjeuner, l'enthousiasme croît encore. « L'après-midi, raconte François Flohic, les événements prennent une autre tournure ; est-ce le fait du bifteck de bison servi à Trois-Rivières ? La population continue certes de manifester ses sentiments dans l'enthousiasme, mais on sent que l'accueil formel de la matinée est dépassé : le contact est désormais sans intermédiaire [12]. » Entonnée spontanément un peu partout, *la Marseillaise* rassemble visiteurs et visités. Plus l'on approche de Montréal, plus la foule se fait dense et enthousiaste. Beaucoup cherchent à arrêter la voiture du général en se plaçant devant elle. Le retard est déjà d'une heure. Alors Flohic interdit au chauffeur de s'arrêter, de peur qu'il ne puisse repartir...

A Louiseville, le maire ne se tient plus : « Mon Général, vous n'êtes pas pour nous seulement un grand homme, mais un vieux copain ! » Et à Berthierville (à moins que ce ne soit à Repentigny ?) la chorale du collège, où dominent les filles, clame : « Ce général, ce général, il est en or, il est en or ! »

Et de Gaulle de répéter de village en bourgade et de ville en ville :

> « La France a le devoir de vous aider. Il y a longtemps qu'elle vous doit quelque chose. Eh bien, la France veut vous rendre ce qu'elle vous doit, par le concours qu'elle va apporter à votre développement. C'est pourquoi mon ami M. Johnson et moi-même, entre nos deux gouvernements, avons conclu des accords de coopération... Ainsi [...] vos élites, vos savants, vos ingénieurs, vos cadres, vos techniciens vont concourir au progrès du vieux pays, au progrès de la France... »

On l'acclame. C'est debout dans la voiture, parce que la ferveur alentour l'y contraint, que de Gaulle parcourt les cinquante derniers kilomètres avant d'arriver à Montréal.

Dans la grande cité, de la rue Sherbrooke (20 kilomètres à travers la ville) à la rue Saint-Denis et à l'Hôtel de Ville où est attendu le visiteur, ils sont un demi-million, selon les estimations de la presse locale. Les autorités, et aussi les mouvements indépendantistes, ont procédé à une mobilisation efficace. Sur les photos de l'arrivée du général sur la place de l'Hôtel de Ville de Montréal, on voit se dresser, entourant la voiture fendant la foule, les pancartes du Rassemblement pour l'indépendance nationale (RIN) dont l'un des slogans était : « Vive le Québec libre... »

« ... Les acclamations couvraient la fanfare, raconte Pierre-Louis Mallen. Je la voyais, à deux pas de moi, sans l'entendre, comme dans un film muet. On était baigné dans une immense clameur continue, faite de milliers de cris : " Vive de Gaulle ", " Vive la France ! ", " Le Québec aux Québécois ", " Notre État français, nous l'aurons ! ", " France libre ! Québec libre ! " [13]. »

Sur les marches de l'Hôtel de Ville, le maire, Jean Drapeau, qui, en tant qu'inventeur de l'exposition, est le responsable de ces folles journées, accueille les visiteurs. Alors, les lampions de la fête vont sembler, d'un coup, clignoter. Au général qui, très ému, le remercie de l'accueil « indescriptible » qui vient de lui être fait, le maire, notoire fédéraliste, riposte placidement : « C'est celui qu'une grande ville cosmopolite fait à un grand homme [14]... » Ce qui est vider de sa substance ce qui vient de s'accomplir. Cosmopolite ?

Charles de Gaulle n'est pas homme à se laisser ainsi réduire au rang de Caruso en tournée. Si ce notable (il dit volontiers « notoire », en ce cas-là) prétend banaliser son triomphe, il va voir qu'on ne prend pas de Gaulle pour un Carpentier sous les confetti de Broadway. Dehors, la foule gronde d'acclamations, scandant les deux syllabes de son nom, en alternance avec les trois de « Québec libre ! ». Alors de Gaulle, à Drapeau : « Il faut que je leur réponde, que je leur parle du balcon... — Mais, mon Général, sur la terrasse, les invités vous attendent, et vont vous écouter... — Non. C'est à eux, c'est au peuple qui m'acclame que je veux m'adresser. — Mais, fait Drapeau, il n'y a pas de micro sur le balcon... — Pas de micro ? » De Gaulle est sceptique.

C'est alors que, comme par hasard, Paul Comiti, son garde du corps, prend le bras du général et le conduit devant un micro qui (à l'insu du maire, bien décidé à éviter ce contact — il a, deux heures plus tôt, fait démonter la sonorisation) a été réinstallé en hâte par des techniciens dont on ne sait pas s'ils étaient ceux de Radio-Québec ou l'équipe de la RTF mobilisée par P.-L. Mallen * (probablement les deux équipes).

Et voici Charles de Gaulle dressé, entre les hautes colonnes corinthiennes grises qui semblent faites d'une purée de granit, face à une manière de caserne appelée Fort-Ramsay, toute proche, et à une colonne sur laquelle est posée, médiocre, jaunâtre et indigne de son illustre modèle, une statue de Nelson. En bas, à une vingtaine de mètres de lui, la foule est entassée dans l'espace assez étroit (rien à voir avec le Forum d'Alger...) qu'on appelle ici le Champ-de-Mars. Le grondement populaire s'enfle. « Vive de Gaulle ! Le Québec aux Québécois ! » Il est 19 h 30, le 24 juillet 1967. Alors, bien enflée par le micro-miracle, la voix roule vers ce peuple impatient.

De cette allocution de vingt phrases (pas plus longue que celles qu'il vient de prononcer à Louiseville ou à Repentigny) qui va faire le tour du monde et populariser d'un coup le mot de Québec, comme la première bombe « A » rendit célèbre celui d'Hiroshima, on possède un enregistrement. Écoutons-le avec soin. Ce qui frappe là, c'est un ton fort peu exalté, plutôt bonhomme, familier, presque goguenard. On s'arrêtera surtout aux deux formules qui ont fait scandale.

* Quinze ans plus tard (avril 1982), M. Drapeau nous disait encore, dans son bureau de maire, sa stupéfaction d'avoir vu surgir ainsi ce maudit micro sur le balcon de sa mairie...

« Je vais vous confier un secret que vous ne répéterez pas. Ce soir ici, et tout le long de ma route, je me trouvais dans une atmosphère du même genre que celle de la Libération... »

Cette comparaison a indigné le monde anglo-saxon, et choqué beaucoup de ceux qui savent ce que signifie, pour de Gaulle, ce dernier mot. Quoi ? Les Québécois assimilés aux Français soumis à l'occupant ! le régime fédéral canadien comparé à l'oppression nazie ?

On voit bien que dans l'esprit du général, le parallèle ne tient pas. Il ne s'agit pas de comparer deux situations historiques, mais deux moments de liesse. Comment confondrait-il les deux types de régime ? Les relations qu'il entretient avec les autorités fédérales ne sont pas celles qu'il aurait avec un occupant ; et vis-à-vis des fédéralistes comme Georges Vanier ou Jean Drapeau, son attitude n'est pas du tout celle qu'il adopterait vis-à-vis de « collaborateurs ».

Sur le fond, donc, la confusion est impossible. Mais la forme choisie par Charles de Gaulle, cette « confidence » murmurée aux oreilles du monde, ne pouvait manquer d'offenser ses hôtes fédéraux. Quoi qu'on pense du « Québec libre » qui va suivre, cette formule-là, à propos de la « libération », semble indéfendable. C'est là d'abord que se situe la déchirure. C'est par là que se ternit l'aventure superbe d'émancipation où il s'est lancé.

Alors vient la conclusion de « l'appel de Montréal », ce « Vive le Québec libre » qui fera tant jaser. Cette péroraison se décompose en cinq formules :

« Vive Montréal ! Vive le Québec ! Vive le Québec libre ! Vive le Canada français et vive la France ! »

Pour mieux en mesurer l'impact, donnons ici la parole à un témoin, dont les préventions n'atténuent pas la finesse de perception :

« " Vive Montréal ", cria d'abord le général... Puis " Vive le Québec ! " La foule acclamait les paroles qui tombaient dans une atmosphère électrisée, toute vibrante de " Québec " et de " liberté ".

« " Vive le Québec libre ! " reprit de Gaulle.

« Ce fut dit très simplement, nullement sur un ton inspiré ou provocateur. Les trois premiers mots reprenaient l'exclamation précédente, puis, après un tout petit temps, l'adjectif vint, prononcé d'une voix douce, sur un ton d'évidence.

« Il y eut un instant de silence. Je pense que c'est exactement cela qu'on veut décrire quand on dit que les gens n'en croient pas leurs oreilles.

« Puis éclata un hurlement immense. C'était une explosion de joie qui gonflait les cœurs mais aussi qui semblait libérer les consciences comme le subit rejet d'un refoulement séculaire.

« Cela dura très longtemps sans faiblir. De Gaulle immobile, attendait. Parfaitement conscient, on ne peut en douter, de la haine qu'il venait de faire naître [15]... »

Témoignage de partisan (sinon de coresponsable...). Mais fort. Et qui rend bien compte en tout cas de ce qu'on éprouve en écoutant l'enregistrement et en regardant le film. Un journal anglophone de l'ouest écrivait le lendemain que de Gaulle s'était adressé aux Québécois « comme Hitler aux Sudètes * en 1938 ». Cette comparaison-là non plus ne tient pas. Le ton du visiteur, on l'a dit, Mallen le confirme, le disque et les images le prouvent, n'ont rien d'exalté. Quelque chose de jubilant, plutôt.

Avant de revenir sur le fond de l'affaire, après avoir évoqué les premiers remous qu'elle provoqua, il faut s'interroger sur ce qui poussa le général de Gaulle, homme d'État responsable, à lancer ces quatre mots dont il ne pouvait ignorer que, plutôt en retrait sur ce qu'il avait dit au Château-Frontenac de Québec, ils provoqueraient un vif émoi parce qu'ils étaient devenus l'un des slogans des indépendantistes, notamment du RIN.

Ce point a été contesté par P.-L. Mallen, plusieurs fois cité au cours de ce récit. Aucun des militants du Rassemblement que nous avons interrogés, à commencer par Pierre Bourgault, le principal animateur du RIN, et Louise Beaudouin **, ne dissimulent que l'un des objectifs de leurs camarades fut de conditionner le général, tout au long de la journée, en scandant mille fois la formule, entourant sa voiture de Trois-Rivières à la rue Sherbrooke, et au Champ-de-Mars...

« Nous n'espérions pas tant de De Gaulle, avoue Pierre Bourgault. Mais nous avions noyauté la foule et agitions nos pancartes... Quand nous avons entendu, dans sa bouche, notre cri, nous étions ivres de joie et stupéfaits : ce n'est donc pas ce brave Johnson qu'il soutient, nous disions-nous, c'est le RIN, c'est nous [16] ? » Quant à Couve de Murville, il écrit : « ... Provoquant tout ensemble enthousiasme et scandale, [de Gaulle était] peu soucieux de savoir qu'il employait justement le mot d'ordre des séparatistes [17] ! »

Est-ce à dire que le général de Gaulle a été subjugué, intoxiqué, mis en condition par un groupe de militants, et que c'est du fait d'une sorte d'envoûtement qu'il a lâché, à la fin d'une journée épuisante, exaltante aussi, la fameuse formule ? On est tenté de mettre en parallèle (genre périlleux, on l'a vu...) cette interjection et son « Vive l'Algérie française ! » du 6 juin 1958 à Mostaganem ***. Dans les deux cas éclate à la fin d'une série d'allocutions très maîtrisées la formule que l'on n'a cessé de scander, de marteler aux oreilles de l'orateur, et qu'il a jusqu'alors retenue. Fatigue ? Mise en condition ? Relâchement , quasi musculaire ? Pourboire jeté à la foule exigeante ?

On peut préférer placer la réponse à un niveau plus élevé, et l'orienter dans le sens d'une autre formule du général de Gaulle, prononcée deux jours avant celle de Mostaganem, neuf ans avant celle de Montréal, le fameux « Je vous ai compris ! ». Dans un cas comme dans l'autre, le visiteur, mitraillé par un slogan en lequel s'exprime l'âme de la foule assemblée non seulement

---

* La minorité d'origine germanique de Tchécoslovaquie dont le Führer exigeait le rattachement au Reich — qu'il obtint à Munich.
** Ministre des Relations extérieures du gouvernement de Pierre-Marc Johnson en 1985.
*** Voir tome 2, chapitre 22, p. 524-526.

pour l'acclamer mais aussi pour s'identifier à lui, l'identifier à elle, communier avec lui, en est à ce point imprégné qu'il « comprend », reflète et fait écho au cri mille fois répété. Phénomène de dynamique réciproque, d'interaction entre parleur-écouteurs et écouteurs-parleur qui révèle la richesse de telles rencontres.

Entre l'authentique leader charismatique et la foule se déroule non seulement une transmission de volontés, mais un échange, un vrai dialogue. Le « Québec libre » paraît bien le modèle de cette symbiose qui est l'une des manifestations les plus riches de la dynamique de groupe dans le domaine politique. Car le leader ne saurait éveiller et traverser impunément la ferveur populaire.

Les réactions aux quatre mots partis du balcon de Montréal, on les décrira en ondes concentriques. La plus proche, d'abord, celle qui se situe à l'intérieur même de l'Hôtel de Ville, on la résumera dans le témoignage de Claude Morin, l'un des plus en vue des leaders québécois, « indépendantiste » modéré et proche collaborateur du Premier ministre : « Au moment où de Gaulle quittait le balcon pour se diriger vers la terrasse où l'attendaient les invités assourdis, il nous a croisés, suivi de Daniel Johnson qui m'a glissé, d'un air mi-figue, mi-raisin : " Va-t-y avoir des problèmes... " ^{ou} qui est plus fort, en québécois, croyez-moi, que vos " problèmes... " ¹⁸ ... »

On a raconté aussi que M. Johnson avait alors fait observer au général que « Vive le Québec libre » était le slogan d'un parti qu'il venait de battre aux élections. On s'arrêtera au démenti que Renée Lescop oppose à cette « prétendue boutade [19] » qui n'est pas dans le ton des relations qu'entretenait le Premier ministre avec le général de Gaulle. Et il est inutile de préciser que, mortifié par l'affaire du micro, Jean Drapeau fut de ceux qui goûtèrent peu les mots du général.

Le futur Premier ministre (fédéraliste) Robert Bourassa, alors jeune député libéral, souffla à son voisin Jacques-Yvan Morin *, indépendantiste : « Il l'a dit ! Il l'a dit ! », sur un ton que P.-L. Mallen se refuse à interpréter mais qui marquait, semble-t-il, plus d'exaltation que d'effroi [20]...

Dans la délégation française ne régnait pas pour autant une euphorie générale. François Flohic note qu'autour de lui on a « la mine contrite » et que, demandant à Maurice Couve de Murville s'il avait entendu l'allocution du général, il avait obtenu cette réponse : « Oui, il a eu tort de parler... » (Nous verrons que la réaction du ministre des Affaires étrangères se nuancera.)

Dans la classe politique québécoise, si les indépendantistes triomphent, si M. Johnson et ses amis du gouvernement, un peu effarés, se décident très vite à reprendre à leur compte la « percée » du visiteur, l'opposition libérale, dans son ensemble fidèle au fédéralisme, se renfrogne. Son leader, l'ancien Premier ministre Lesage, va mettre si vivement en accusation Daniel Johnson qui, selon lui, a imprudemment provoqué l'orage, que quelques personnalités vont, du coup, quitter ce parti pour se tourner vers l'indépen-

---

* Ne pas confondre avec son collègue Claude Morin.

dantisme : ainsi François Aquin, avocat prestigieux, membre du Parlement. René Lévesque suivra plus tard cet exemple avant de fonder le Parti québécois.

Interrogé seize ans plus tard sur l'intervention de Charles de Gaulle dans la vie de son pays, M. Levesque, alors Premier ministre, répondait à l'auteur : « Tout bien pesé, je juge aujourd'hui ce geste très positif. Il n'a pas orienté ma décision d'engager la lutte pour la souveraineté, et nous a au contraire fait perdre trois mois. Mais il a donné une publicité incroyable à notre cause. Le monde entier s'est soudain intéressé à nous. Un jeune Québécois de nos amis, travailleur social à Lima, a vu soudain affluer les Indiens autour de lui : " C'est toi qui es du Québec, le pays dont parle le général de Gaulle " [21]... »

Quant à l'historien Michel Brunet, qui professe à l'université de Montréal, il commentait ainsi la « folle journée » du 24 juillet 1967 : « Je suivais l'événement à la télévision. Quand de Gaulle a lâché sa formule, je me suis d'abord dit : " Il charrie, le Vieux... " Sommé le lendemain par mes étudiants, aux trois quarts indépendantistes, de prendre position, j'ai critiqué l'excès de la formulation du général — mais plus encore la réaction haineuse et raciste des anglophones, dont alors le masque est tombé, et dont s'est révélé à nu le complexe de domination ! »

Une revue de la presse anglophone du Canada (que devaient d'ailleurs relayer très vite celles de Londres et de New York) est éloquente. Si l'un se contente de dénoncer ce « vieil homme querelleur », cet autre un « réactionnaire », un troisième cet être « chauvin et mesquin », ce « dictateur », cet « homme d'État vieillissant et suffisant », d'autres le traitent simplement de « sénile ». Mais il est question aussi, dans le *Montreal Star*, d'un « éléphant en furie » et les journaux de la chaîne *Southam Press* écrivent que de Gaulle est une « bête puante avec laquelle il est inutile d'engager un concours de crachat ».

Bigre... Qu'allait donc être la réaction du gouvernement d'Ottawa ? Maurice Sauvé*, qui était alors membre du gouvernement fédéral présidé par Lester Pearson, a évoqué pour nous ces heures mouvementées : « J'avais écouté avec irritation le discours de Montréal, pensant que ce " vieux " divaguait et allait provoquer une crise énorme. A tel point qu'invité le lendemain 25 à Vancouver, je téléphonais dans la soirée du 24 au Premier ministre pour annoncer que j'annulais mon voyage pour être présent au Conseil des ministres extraordinaire qu'il n'allait pas manquer de convoquer ce matin-là. A ma vive surprise, Pearson, très flegmatique, me conseilla de ne rien changer à mon emploi du temps : il ne prévoyait aucune réunion exceptionnelle.

« Ce sont mes collègues francophones du Cabinet, Marchand et Trudeau** notamment, qui ont mobilisé Pearson contre l'intervention du général de Gaulle ; dans ces cas-là, les francophones peuvent être plus

---

* Dont l'épouse Jeanne, également francophone, est devenue gouverneur général du Canada.
** Le futur Premier ministre.

fédéralistes que les anglophones. Et c'est en cédant à leur pression que Pearson a durci le ton et pris la responsabilité du communiqué dont nous avons trois heures durant discuté les termes. L'un des aspects fâcheux de cette crise, c'est qu'elle a monté Pearson contre la France dont il était prêt à se rapprocher pour faire contrepoids à Washington et à Londres.

« Notez que notre gouvernement avait des responsabilités dans l'antipathie que de Gaulle éprouvait pour lui : Ottawa refusait de livrer à la France de l'uranium (alors que nous en vendions aux Anglais et aux Américains) sous prétexte que nous avions exclu Tokyo de ces marchés. Pourquoi traiter Paris comme cet ancien ennemi, plutôt qu'en allié ? Sur ce point, de Gaulle avait raison [22]... »

Le communiqué que diffusa le cabinet d'Ottawa à l'issue des rudes délibérations qu'évoque ainsi Maurice Sauvé ne pouvait que refléter un compromis entre la préoccupation du Premier ministre de ne pas grossir l'incident et la volonté des « durs » (Marchand et Trudeau surtout) de « marquer le coup ».

Après avoir déclaré que tous les Canadiens se réjouissaient que le visiteur eût reçu un « accueil aussi chaleureux au Québec » (ce qui est une contre-vérité, la presse d'Ottawa ou de Vancouver ne reflétant que méfiance ou circonspection avant que le discours du balcon de Montréal ne fît éclater la fureur injurieuse dont on a rapporté quelques traits), M. Lester Pearson — s'exprimant en français devant les caméras de la télévision — déclare que « certaines déclarations du président tendent à encourager la petite minorité de notre population dont le but est de détruire le Canada, et comme telles elles sont inacceptables pour le peuple canadien et son gouvernement [...]. Le peuple canadien est libre, chaque Province du Canada est libre, les Canadiens n'ont pas besoin d'être libérés [...]. Nous attachons la plus grande importance à l'amitié avec le peuple français [...]. J'espère que les discussions que j'aurai plus tard dans la semaine avec le Général de Gaulle démontreront que ce désir est de ceux qu'il partage ».

Ainsi la riposte du gouvernement Pearson se décompose-t-elle en trois volets. Le premier négatif : les propos gaulliens sont « inacceptables ». Le second fort ambigu : « Chaque Province du Canada est déjà libre. » Le troisième positif : la discussion va se poursuivre à Ottawa. Pouvait-on considérer que, tout incité qu'il fût à l'intransigeance par ses ministres francophones, M. Pearson tendait une perche et que la réaffirmation de la « liberté » de la « Province » québécoise entérinait « l'appel de Montréal » ? Il y avait, tout de même, cet « inacceptable » qui se présentait comme une leçon de courtoisie, et de droit.

Au moment où les Canadiens écoutent la mise au point de leur Premier ministre, Charles de Gaulle s'apprête à offrir un banquet au pavillon français de la Foire internationale, qu'il a visitée dans la matinée. Peu avant de se mettre à table, il prend connaissance coup sur coup du communiqué d'Ottawa et de la défection du ministre fédéral des Affaires étrangères Paul Martin, qui boycotte son invitation. Il ne manifeste guère d'émotion. Pour l'heure, il s'agit pour lui de savoir si le Québec « suit », en la personne de son

Premier ministre : la réponse que va faire Daniel Johnson à son discours — la première depuis l'éclat de la veille — lui dira s'il a réellement aidé ses amis de la Nouvelle-France, ou s'il les a effarouchés (il n'est pas sans avoir eu quelques échos de ces « problêêêmes » entrevus par son hôte...).

Entre-temps, M. Johnson a pu recueillir les échos québécois au discours du balcon de Montréal : le premier instant de stupéfaction passé (ou de joie délirante chez les quelque 8 % d'indépendantistes déclarés...), la réaction de l'opinion s'est exprimée par la voix de l'éditorialiste de *la Presse*, quotidien du soir à gros tirage, tenu pour modéré : « L'accueil réservé au général de Gaulle par une population habituellement peu démonstrative, écrivait Guy Cormier, équivaut à un plébiscite [...]. La vie et la liberté étant les deux plus grands biens de ce monde, on pourrait se demander où réside le scandale dans *Vive le Québec libre !* [...] Quand de Gaulle célèbre le Québec libre il traduit l'une des aspirations les plus fortes de notre époque [...]. »

Alors, quand de Gaulle lui eut glissé, sur le ton bonhomme d'un oncle en visite :

> « Je crois que ni vous ni moi n'aurons perdu nos heures. Peut-être s'est-il passé quelque chose. Si, dans cette occasion, le président de la République française a pu, qui sait ? être utile aux Français du Québec, il s'en réjouira profondément, et la France avec lui, croyez-le bien... »,

le Premier ministre du Québec prit en main le relais qui lui était tendu. Nonobstant les « problêêêmes » dont le chef du gouvernement fédéral venait de signifier, à son hôte et à lui, la gravité, il enchaîna sans timidité : « La langue et la culture ne sont pas les seuls dons que nous ait légués la France. Il en est un autre auquel nous attachons le plus grand prix : c'est le culte de la liberté. Nous ne serions plus français si nous n'étions épris de libertés : pas seulement de libertés personnelles, mais aussi de libertés collectives [...]. Petites ou grandes, toutes les nations ont droit à la vie et à la maîtrise de leur destin. »

Le bon M. Johnson ne pouvait assumer avec plus de crânerie le « Vive le Québec libre ! », l'authentifier plus nettement. Le slogan qui était la veille celui des jeunes gens du RIN, l'homme aux moustaches et aux manières de bedeau rural en faisait, dès cet instant, le mot d'ordre de la majorité québécoise qui l'avait récemment élu.

Le Québec « suivait » donc. Fort de ce consentement essentiel, auquel s'associait le même soir l'éditorialiste du *Devoir*, le journal le plus respecté de Montréal, Claude Ryan, futur chef du parti libéral, en écrivant que « le rêve de liberté des Canadiens français est plus vif, plus dynamique, plus largement répandu que jamais », le général de Gaulle se retourna vers Ottawa. Fallait-il retenir, de la riposte des autorités fédérales, l' « inacceptable » ou le « causons quand même » ?

Il est clair que M. Pearson avait raison sur les formes — de Gaulle s'étant, *stricto sensu*, immiscé dans les relations intérieures d'un État étranger ; non moins clair que le visiteur disposait de bons arguments sur le fond : la majorité des Québécois aspiraient à un statut affirmant leur personnalité de « peuple » profondément original, dont les relations avec Ottawa ne peuvent pas être tout à fait les mêmes que celles de l'Alberta ou du Manitoba, et dont les rapports avec la France ne pouvaient rester ceux qu'on entretient avec un État purement étranger.

Que le fond primât la forme, Charles de Gaulle en était si assuré qu'il ne voulut voir, dans le texte diffusé par Lester Pearson, qu'une rebuffade pharisienne opposée à celui qui, si étranges ou abusives qu'en fussent les modalités, disait la vérité toute nue. Mais il ne pouvait pas tirer les conséquences des éléments négatifs du texte d'Ottawa (le mot « inacceptable ») sans en avoir avisé son Premier ministre. Réveillé à 5 heures du matin (minuit à Montréal), Georges Pompidou apprend — sans avoir le loisir d'argumenter — que le général n'ira pas à Ottawa où l'on vient, estime-t-il, de le déclarer indésirable, et que, son programme québécois achevé, au cours de l'après-midi suivant, il regagnera directement Paris...

Ses déclarations ultérieures le confirmeront : de Gaulle n'avait aucune envie d'aller à Ottawa. Il a saisi le premier prétexte — d'ailleurs suffisant ! pour s'épargner cette visite qui ne pouvait aller sans guérilla protocolaire ni amertumes ressassées. A lui qui venait de bousculer le cours de l'Histoire, allait-on présenter la note d'un bris d'assiette ou d'une déchirure de tapis ?

Bref, vers 9 heures, le lendemain 25 juillet, tandis que paraît à Londres un article du *Times* que le paisible Couve de Murville devait juger « outrageant » (ne dénonçait-il pas « le lent et triste processus du déclin d'un chef d'État à la dérive » ?) et que la presse parisienne manifeste dans son ensemble un émoi où l'enthousiasme a moins de part qu'une sorte d'effroi révérentiel, le général de Gaulle visite le métro de Montréal que vient de construire une entreprise française. Les journalistes l'assaillent : sera-t-il reçu dans la capitale fédérale ? Et lui : « C'est la première fois depuis 1936 que je prends le métro[23]... »

Mais la rumeur prend forme : l'avion du général a été ramené d'Ottawa (où le visiteur devait se rendre en train) à Montréal. N'est-ce pas parce qu'il s'envolera d'ici ? Pierre-Louis Mallen en reçoit confirmation de l'un des proches du général peu après 9 heures, et peut l'annoncer à ses auditeurs de Paris — qui n'en croient pas leurs oreilles. Et ce qui n'était encore, en France, que questions agacées, devient commentaire irrité : quelle gaffe ! Il aurait pu prévoir que son esclandre le mènerait là...

Le général n'en a cure — ou pas encore... Il poursuit son programme de visiteur diligent : le voici à l'Université où devant le corps enseignant flanqué du cardinal Léger, archevêque de Montréal, il prononce dans le grand amphithéâtre peuplé d'étudiants qui ont interrompu, pour l'entendre, leurs vacances, un discours auquel il attache une grande importance, et qu'il a rédigé à Paris.

Exaltant « ce grand ensemble que je qualifie de français, ce grand ensemble d'intelligence, de sentiment et de raison » indispensable à l'équilibre et au « progrès du monde », de Gaulle met l'accent sur la formation des élites dont la « fraction canadienne du peuple français » a besoin « dans ce pays si vaste et si neuf [...] voisin d'un État colossal qui, par ses dimensions mêmes, peut mettre en cause votre propre entité ».

Ce qui est s'acharner de nouveau à susciter, ici et là, fureurs et rancœurs. Ce que les Américains lui pardonnaient en mars 1964 à Mexico, avant les grandes tensions provoquées par la remise en cause de l'hégémonie du dollar, la sortie de la France des structures militaires de l'OTAN et le « lâchage » d'Israël, lui est désormais imputé à crime. Ameuter leurs voisins contre les États-Unis... Aussi bien la presse américaine reprend-elle, à satiété, les arguments du *Times* : aux débordements de cet Attila sénile, comment mettre le holà ?

Reste enfin, à l'Hôtel de Ville de Montréal, un dernier face-à-face : entre Charles de Gaulle et Jean Drapeau, dont chacun sait qu'il a été, le 24, la dupe irritée de l'homme-sémaphore. Comment va-t-il s'en tirer, pris entre la bonhomie qui est son image de marque et ses convictions fédéralistes giflées par le « Québec libre » ? Seize ans plus tard, M. Drapeau se défendait devant nous d'avoir « voulu donner une leçon à un si grand homme » qui depuis lors devait lui donner « d'innombrables témoignages d'amitié [24] ».

Le fait est que l'allocution de Jean Drapeau fut un assez joli salmigondis de civilités bedonnantes et de remontrances chagrines. Il avait rempli son contrat, M. Drapeau qui, pour une fois, n'avait pas à ménager la chèvre et le chou mais un légume plus volumineux et un animal plus dentu, cornu et ventru. Quand il se rassit (« C'était *tficil*, mon cher monsieur »), le crâne rosi par son effort sous le regard amusé des connaisseurs, on vit se déployer, centimètre par centimètre, l'encombrant visiteur. Et le voilà parti — vers où, grands dieux...

D'abord, il se divertit à un cours d'histoire : tous y passent, et Cartier et Champlain, et Maisonneuve * et Jeanne Manse **, et Montcalm et Levis, et même « les conquérants anglais ». Et puis le propos s'actualise, et remet M. le maire sur des charbons ardents :

> « ... Pendant mon voyage — du fait d'une sorte de choc, auquel ni vous ni moi ne pouvions rien, c'était élémentaire, et nous en avons tous été saisis —, je crois avoir pu aller en ce qui vous concerne au fond des choses [...] en particulier du destin du peuple canadien-français ou français-canadien, comme vous voudrez... »

Et M. Drapeau n'est pas remis de son émoi qu'il lance :

> « ... et quant au reste, tout ce qui grouille, et grenouille, et scribouille, n'a pas de conséquence historique dans les grandes circonstances [...]. »

Ce paquet lâché (sur qui, indépendamment des scribouilleurs, qui sont évidemment les journalistes de tous pays ?), il va trouver une conclusion d'un ton plus élevé, et même fort noble dans le goût testamentaire :

---

* Fondateur de Montréal.
** Religieuse et infirmière dont les statues abondent.

« Je voudrais que quand je vous aurai quittés, vous ayez gardé l'idée que la présence pour quelques jours du général de Gaulle dans ce Québec en pleine évolution, ce Québec qui se prend, ce Québec qui se décide, ce Québec qui devient maître de lui — mon voyage, dis-je, aura pu contribuer à votre élan. »

Et d'entraîner tout son monde vers l'aéroport de Dorval. Bien qu'aucune annonce n'ait été faite, plusieurs centaines de personnes l'attendaient, parmi lesquelles, au pied de l'avion, MM. Johnson et Drapeau et le commissaire fédéral aux visites d'État *. On ne put empêcher la foule d'approcher, et de l'acclamer. Les journalistes étaient nombreux. L'un d'eux prit une photo que publia le lendemain l'un des plus importants quotidiens anglais, *The Gazette*. Mais les responsables de cette honnête publication avaient coupé le bas de l'image de façon à supprimer toute l'assistance ; de Gaulle apparaissait seul, sur la dernière marche en haut de l'escalier, devant le fuselage de l'avion. La légende de cette ingénieuse illustration était : « *Nobody waved good bye* » (« Personne n'est venu dire au revoir[25] » !). Exemple final, et typique, de la « couverture » de ce voyage par une presse qui passe, dans le métier, pour éminemment respectable.

L'avion du chef de l'État — un *DC 8*** — décolla peu avant 16 h 30, l'arrivée étant prévue à Paris le lendemain à 4 heures. Tandis que Mme de Gaulle se plongeait dans un livre, le général convoquait tour à tour dans l'espèce de petit salon particulier qui est ménagé à l'avant-droit de la carlingue collaborateurs et compagnons de voyage, dont quelques journalistes — unanimement interpellés d'un « Eh bien, qu'en pensez-vous ? » qui n'est pas fait pour mettre l'intéressé à l'aise.

Jean-Daniel Jurgensen, « directeur d'Amérique » au Quai d'Orsay, a trouvé une formule de nature à émouvoir le voyageur. Il la lui sert : « Mon Général, vous avez payé la dette de Louis XV ! » De Gaulle est-il piqué de n'être pas l'auteur d'une si gaullienne formule ? Rien ne permet de le penser.

Suprêmement gaullienne en effet : comment matérialiser mieux que par cette « communion des péchés » la formidable continuité de l'histoire de France ? Contre Maurras, avec Barrès et Péguy, de Gaulle éprouve sans réserve le sentiment de cet héritage sans couture. Que le fondateur de la Ve République acquitte les dettes des derniers Bourbons, Charles de Gaulle y voit l'un des symboles les plus irrécusables de sa légitimité. La satisfaction qu'elle lui procure ne le retient pas de confier à ses interlocuteurs suivants :

« Je vais être traîné dans la boue. Vous voyez la presse étrangère. Vous allez voir la presse française... Ce que j'ai fait, vous m'entendez bien, je devais le faire[26]... » Et à tel ou tel de ces interlocuteurs aériens qui l'interroge sur le degré de préméditation ou d'improvisation que comportait l'appel de Montréal, il répond sur un ton où la confidence se mêle à l'interrogation sur soi-même : « Je savais que je devais faire quelque chose, mais quoi ? quand ? où ?... Au bout de cette journée inouïe, il fallait

---

* Ottawa avait donc su ne pas boycotter le général jusqu'au bout.
** Américain...

529

répondre à l'appel de ce peuple. » Et, après un silence : « Je n'aurais plus été de Gaulle si je ne l'avais pas fait. »

« Plus été »…? Est-ce donc pour être encore de Gaulle, pour manifester aux yeux du monde, et de la France, qu'il est toujours, lui qu'on dit « sénile », l'homme des attitudes inouïes, que le général a ainsi provoqué le scandale ? Un autre point de cette confidence est fort significatif : « Il fallait répondre à l'appel de ce peuple… » Y a-t-il un « appel », et dans ce sens ? Quand vient ce mot à propos du « Vive le Québec libre », peut-il l'entendre ainsi ?

On a cité quelques articles de la presse québécoise et quelques réflexions formulées, des années plus tard, par les responsables de l'époque : d'où il ressort qu'il y eut bien « appel » d'une minorité indépendantiste (8 à 10 % environ des électeurs potentiels) et *compréhension* ou *adhésion* d'une majorité de « Canadiens français » en quête de liberté ou d'égalité mieux affirmées. Ce sont là quelques-uns des enseignements du sondage réalisé au lendemain du voyage du général par le CROP (Centre de recherches sur l'opinion publique) de Montréal.

De cette enquête, il ressortait que près de 70 % des Canadiens français se félicitaient de la visite, qu'un peu moins de 60 % estimaient que de Gaulle ne s'était pas immiscé dans les affaires intérieures du Canada, et 65 % qu'en prônant la liberté du Québec il n'avait pas incité celui-ci à se séparer de l'ensemble canadien [27]. Interprétations et réactions plus judicieuses que celles de la presse anglo-saxonne et même des journaux et des milieux politiques parisiens (y compris la majorité des gaullistes déclarés).

A Paris en effet, les deux principaux leaders d'opinion, *le Monde* et *le Figaro*, avaient pris ou prenaient position contre les initiatives québécoises du chef de l'État. Le premier (26 juillet 1967) mettait surtout en cause la procédure de l'intervention gaullienne, et la forme prise par l'interjection de l'Hôtel de Ville de Montréal :

« … Comment ne pas s'interroger et s'inquiéter de cette brutale irruption dans les affaires intérieures d'un État [*] ? Toute la doctrine gaulliste de la non-ingérence ne serait donc qu'affaire de circonstances ? » (en opposant ici « doctrine » à « circonstances », le rédacteur du *Monde* ne donnait-il pas un début de réponse ?). *Le Figaro*, lui, allait passer du ton de la récrimination chagrine à celui de l'anathème de chancellerie. Ce n'est nul autre que M. André François-Poncet, ancien ambassadeur de France auprès du IIIe Reich puis de l'Italie fasciste, membre de l'Académie française, qui se saisit de la foudre. Dénonçant comme « humiliante » la « mésaventure survenue par sa faute au chef de l'État français », et plus encore le « caractère révolutionnaire » de son action, celle d'un « offenseur » de la souveraineté de la reine d'Angleterre, le diplomate, ne cessant de prendre de la hauteur, laissait tomber sur de Gaulle la « boue » prévue par le voyageur.

« Du temps où la diplomatie française existait, le chef de l'État, avant de

---

[*] Sur ce point, l'auteur se sentait, à l'époque, en accord avec cet article. Il continue à le juger sagace.

partir en voyage officiel au-dehors, soumettait le texte des allocutions, toasts et discours [...] au chef du gouvernement et à son ministre des Affaires étrangères... Le régime personnel a bouleversé ces coutumes [...]. Le général n'avait certainement pas préparé ses interventions oratoires[*]. Il s'est abandonné à son inspiration. Il s'est laissé guider par sa verve [...]. Il s'est fourvoyé. Malheureusement, il n'est pas assez modeste pour reconnaître son erreur. Il s'y enfoncera[28]... »

L'état d'esprit que manifeste un tel article, Charles de Gaulle devait, au moment où il atterrit à Orly, en relever quelques traces. Certes, de quelque bois que soient faits les ministres, être arraché de son lit à 3 heures du matin pour aller s'aligner dans un aéroport face au chef de l'État n'incite pas à l'euphorie. Mais au moment où il jaillit de la carlingue, découvrant ses pieds Pompidou, Messmer et, plus loin, leurs collègues, il sent bien que l'effervescence exaltée du Québec n'a pas traversé l'Atlantique.

Bon croquis dans les souvenirs d'Alphand : « A 4 heures du matin, dans l'isba d'Orly, nous avons attendu le général au retour du Québec. Tous les ministres sont là. Certains ne cachent pas leur irritation. " Il est cinglé ", dit l'un. " Cette fois il exagère ", dit l'autre. Puis le grand homme apparaît, fatigué mais souriant, lève les bras au ciel en voyant tout ce monde assemblé en cette heure indue, et tous oublient leurs réticences, d'où cette photo où tout le monde rigole, comme si l'on se félicitait d'une bonne farce faite à un copain[29]. » La photo publiée dans le *France-Soir* du jour montre en effet un de Gaulle goguenard, presque hilare, et vingt hommes stupéfaits, agités d'un fou rire anxieux.

Le général sent bien, néanmoins, que si le Premier ministre a tenu à rameuter ses troupes au pied de l'appareil, c'est pour couper court aux rumeurs de débandade qui courent Paris. Et peut-être en vient-il à penser que s'ils sont venus si nombreux, c'est par curiosité, pour voir si « le Vieux » ne révèle pas quelque signe de gâtisme ou de dérangement...

Bref, la soudure entre « Québécois » et « Parisiens » sera difficile, sinon impossible, à opérer. Il n'est pas jusqu'au plus réservé probablement des voyageurs, Maurice Couve de Murville — qui n'a pas en charge, lui, l'histoire de France et les péchés de Louis XV, mais la gestion des rapports entre Paris et ses partenaires, et se voit bien contraint de constater qu'en trois jours son pays a altéré, pour quelque temps au moins, trois alliances importantes — qui n'ait à infuser un peu d'exaltation québécoise au cœur de ses collaborateurs. Au plus proche et plus fidèle d'entre eux, non moins gaulliste que lui, qui lui lance quelques heures plus tard : « Monsieur le ministre, cette fois, le général y est allé trop fort ! », il riposte, les yeux ailleurs : « Si vous aviez été roulé comme moi dans cette houle d'enthousiasme, vous comprendriez mieux... C'était inimaginable, ce chemin du Roi, inimaginable... » Et son interlocuteur crut voir, en l'œil de cet homme à l'impassibilité légendaire, quelque chose comme une larme.

---

[*] On sait que cette critique n'est pas fondée, sauf à propos de l'allocution de l'Hôtel de Ville de Montréal.

Deux jours après son retour dans la glacière de Paris, de Gaulle va recevoir un vigoureux réconfort parti de la chaudière de Montréal — sous forme d'un communiqué du gouvernement de Daniel Johnson, qui balaie une fois pour toutes les allégations d'une presse accusant le visiteur d'avoir jeté des brandons sur un foyer éteint :

« Le général de Gaulle a reçu de notre population un accueil triomphal. Le gouvernement du Québec est heureux de l'avoir invité... [Reprenant] des idées maintes fois exprimées par les récents gouvernements du Québec [...] il a salué cette conviction qui est de plus en plus celle du peuple québécois, qu'il est libre de choisir sa destinée, comme tous les peuples du monde... »

C'est donc en homme qui se sait approuvé par ceux dont il a pris le parti que le général de Gaulle va présider, le lundi 31 juillet, le Conseil des ministres où, autour de la table verte, règne un silence de plomb. Non plus celui, respectueux, un peu obséquieux*, de la plupart des réunions antérieures, mais un mutisme vaguement réprobateur.

Le général parle :

> « ... J'étais déjà allé trois fois au Canada. Mais le fait canadien français ne s'était pas encore cristallisé. Or j'ai été saisi par le déferlement français, d'une ampleur... éclatante, plus encore que je ne l'avais imaginée... Les Canadiens français... vivaient renfermés sur eux-mêmes, sans contact avec nous depuis deux cents ans... Ils ne veulent plus de cette domination [mais] ils n'avaient pas pris conscience...
> ... J'ai pris acte au nom de la France de cette pression évidente des Canadiens français. Je ne leur ai pas dit révoltez-vous ! En fait, il faut qu'ils concluent des arrangements avec leurs voisins : les Américains et les Anglais... Ces arrangements ne peuvent se faire que sur la base de la liberté et de l'indépendance. D'abord, qu'il y ait un État...
> Ottawa ? [...] Je ne pouvais y aller et d'ailleurs je n'y tenais pas tellement. Certes, il y a la fureur des Anglo-Saxons. C'est explicable... Que la presse anglo-saxonne soit furieuse de la révélation du fait français, cela est évident. Mais que la presse française lui emboîte le pas, c'est incroyable. *Le Monde* est un scandale. D'ailleurs, notre presse est au dernier degré d'abaissement. Surtout que je ne dis rien [...] d'outrageant pour personne. Après tout, c'est la France qui a peuplé le Canada et qui en a forgé l'âme et l'esprit...
> ... Les choses ne sont pas réglées. Elles commencent seulement. Il y a une grande affaire, c'est la culture, les universités... Une génération [...] résolue à devenir son patron dans son propre pays[30]... »

Personne n'exprime la moindre réserve.

Suit un communiqué, rédigé avec le ministre de l'Information Georges Gorse qui, en vacances sur la Côte d'Azur pendant la crise, est pour une fois « hors du coup » et ne mêle guère son grain de sel à celui du chef de l'État :

« Le général de Gaulle a constaté l'immense ferveur française manifestée partout à son passage [...]. Prenant acte indescriptible d'émotion et de résolution, le général de Gaulle a marqué sans équivoque aux Canadiens français et à leur gouvernement que la France entendait les aider à atteindre les buts libérateurs qu'eux-mêmes se sont fixés [...]. Il va de soi [...] que la

---

* A quatre ou cinq exceptions près.

France n'a aucune visée de direction ni *a fortiori*, de souveraineté, sur tout ou partie du Canada d'aujourd'hui. Mais étant donné qu'elle a fondé le Canada [...] elle ne saurait ni se désintéresser du sort présent et futur d'une population venue de son propre peuple et admirablement fidèle à sa patrie d'origine, ni considérer le Canada comme un pays qui lui serait étranger au même titre que tout autre. »

Ce n'est pas parce qu'il a atterri sur une banquise que de Gaulle perd une étincelle de son feu émancipateur : le 10 août, s'adressant par le truchement de la télévision au peuple français en vacances, il pourfend ceux qui osent objecter encore à ses démarches québécoises, ces disciples de Méphisto « l'esprit qui toujours nie* » et en donne pour exemple les réactions suscitées par son dernier voyage. Que la France « prenne une position proprement française » au sujet « de l'unanime et indescriptible volonté d'affranchissement que les Français du Canada ont manifestée autour du président de la République française », voilà, dit-il, ce qui « stupéfie et indigne les apôtres du déclin ».

Allons, il ne lui suffisait pas de s'être, en moins d'un an, attiré ou d'avoir attisé l'inimitié des États-Unis et d'Israël, de Londres et d'Ottawa : voilà que l'ensemble de la presse française était assimilé au Diable. Intéressante, cette stratégie de Cyrano. Mais coûteuse à long terme.

Mieux peut-être que tous ces textes publics, marqués par le raidissement progressif du héros cabré contre l'incompréhension obstinée des petits hommes qui voient demain avant après-demain, et vivent dans la société horizontale de leur temps plutôt que dans l'histoire verticale où Montcalm dialogue avec les ingénieurs de Mururoa, on citera ici ce qui est peut-être le meilleur résumé de l'aventure québécoise de Charles de Gaulle : quelques phrases murmurées à son aide de camp Jean d'Escrienne :

> « Si vous aviez vu... ces Français qui attendaient depuis si longtemps un geste, un mot, un appui de la France pour les aider à sortir d'une condition inadmissible... Non, je n'avais pas le droit de les décevoir ! J'ai donc déclenché le contact et je pense que les choses, maintenant, feront leur chemin !... En fait, il se peut que cela ait été un peu prématuré : mais, je suis vieux, c'était l'occasion ou jamais, et je l'ai saisie. Qui d'autre, après moi, aurait pu se permettre de dire cela, si je ne l'avais dit ? Or, il fallait que ce fût dit[31] ! »

Ce sera dit encore, non seulement dans une lettre personnelle adressée le 8 septembre par le général à Daniel Johnson, transmise de la main à la main par Alain Peyrefitte au Premier ministre, et où il est question de « solutions » et de « propositions précises[32] ». Et ce sera répété surtout à l'occasion de la conférence de presse tenue le 27 novembre, et qui devait être marquée par la formule fameuse sur le peuple « sûr de lui-même et dominateur » qui, pour la première fois depuis cinq mois, relègue quel-

---

* C'est d'ordinaire le directeur du *Monde*, Hubert Beuve-Méry, qu'il vise ainsi.

que peu dans l'ombre l'affaire québécoise. Laquelle n'en est pas moins abordée avec une audace que les critiques n'ont pu qu'exacerber :

> « … Que le Québec soit libre c'est, en effet, ce dont il s'agit. Au point où en sont les choses dans la situation irréversible qu'a démontrée et accélérée le sentiment public lors de mon voyage, il est évident que le mouvement national des Français canadiens et aussi l'équilibre et la paix de l'ensemble canadien, et encore l'avenir des relations de notre pays avec les autres communautés de ce vaste territoire, et même la conscience mondiale désormais éclairée, tout cela exige que la question soit résolue… »

On n'en est donc plus aux redécouvertes, aux émotions, mais bien aux solutions. Alors, l'éléphant de Gaulle piétine avec une sorte de férocité jubilante la forêt canadienne :

> « Il y faut deux conditions. La première implique un changement complet de l'actuelle structure canadienne, telle qu'elle résulte de l'Acte octroyé il y a cent ans par la reine d'Angleterre et qui créa la " Fédération ". Cela aboutira forcément, à mon avis, à l'avènement du Québec au rang d'un État souverain, maître de son existence nationale, comme sont par le monde tant et tant d'autres peuples, tant et tant d'autres États qui ne sont pourtant pas si viables ni même si peuplés que ne le serait celui-là. Bien entendu, cet État du Québec aurait à régler librement et en égal avec le reste du Canada les modalités de leur coopération pour maîtriser et exploiter une nature très difficile sur d'immenses étendues et pour faire face à l'envahissement des États-Unis [...].
> La deuxième condition dont dépend la solution de ce grand problème, c'est que la solidarité de la communauté française de part et d'autre de l'Atlantique s'organise. A cet égard, les choses sont en bonne voie. La prochaine réunion, à Paris, nous l'espérons, du gouvernement du Québec et du gouvernement de la République, doit donner une plus forte impulsion encore à cette grande œuvre française essentielle en notre siècle. A cette œuvre devront d'ailleurs participer dans des conditions qui seront à déterminer, tous les Français du Canada qui ne résident pas au Québec et qui sont un million et demi. Je pense, en particulier, à ces deux cent cinquante mille Acadiens, implantés au Nouveau-Brunswick[33]… »

« Changement complet de la structure canadienne », « le Québec État souverain », « l'envahissement des États-Unis » : décidément, il ne ménage, il n'épargne rien, le vieux chef Long-nez-aux-grands-bras… On s'épuise à suivre ses traces dans la neige, que l'on soit M. Johnson ou un simple ami du Québec. On les perd parfois.

Il est facile, dix-huit ans plus tard, et près de dix ans après le référendum qui, en 1980, manifesta le refus de la majorité des Québécois de tenter l'aventure de l'indépendance, de récuser ce prophète qui a vu trop grand, trop haut, trop vite. Peut-être parce qu'il avait négligé ou sous-estimé trois données importantes de la situation : les progrès faits depuis 1960 par les Canadiens français sous l'égide de Jean Lesage, puis de Daniel Johnson, progrès lents mais qui incitaient beaucoup de leurs bénéficiaires à juger par trop aventureuse la stratégie tranchante de l'homme du 24 juillet ; la nature américaine de ce peuple, français par ses origines et sa langue, mais profondément américanisé par ses mœurs, et fier de participer à l'épopée du Nouveau Monde ; enfin l'imprégnation fédéraliste d'une société qui, à la différence du vieux pays d'Europe, inlassablement cartésien, peut s'accommoder d'une souveraineté mixte, où diverses personnalités nationales coexistent sous une même couronne, où une porte peut être à la fois ouverte et fermée.

Au surplus, l'un des arguments les plus percutants et les plus controversés du général de Gaulle, celui de la nécessaire résistance de la personnalité canadienne à l' « envahissement » du « colossal voisin » du sud, risque fort de se retourner contre son inventeur. Est-il bien sûr que, divisé, le Canada préservera mieux son existence que coalisé ? Privé de la sève « Nouvelle-France », le Canada anglais ne risquerait-il pas de se diluer plus rapidement dans son formidable partenaire ? Qu'est-ce qui distingue Edmonton et Vancouver de Seattle et de Portland, si le fragment d'Europe que son langage raccroche au vieux continent se détache de la communauté canadienne ? Ce qui ne signifie pas, bien sûr, que les Canadiens français doivent soumettre, à cet argument ambigu, toutes leurs aspirations !

Un mot encore en défense du visiteur tonitruant. Ses contempteurs ont fait valoir qu'il eût mal pris que la reine d'Angleterre vînt crier à Quimper : « Vive la Bretagne libre ! » L'argument est amusant, mais ne peut retenir l'attention.

La Bretagne n'est pas peuplée des descendants d'Harold-le-Saxon. Elle ne parle pas l'anglais, Elle n'a pas de gouvernement. Elle n'entretient aucun échange direct de nature politique avec Londres. Ses habitants seraient bien en peine de distinguer — depuis la mort de Churchill — une figure de la vie publique anglaise. Et quand l'une d'elles survient, Briochins ou Malouins n'ont pas accoutumé de rugir le *God save the Queen* sur les quais du port ou sur les places. Il faut bien convenir que la situation du Québec, entre Ottawa et Paris, est d'une irrécusable originalité. De là à la traiter sur le ton de la Libération.

Il faut encore ajouter ceci à propos de la sous-estimation, par de Gaulle, de l' « américanité » des gens du Québec. Dans les réponses au questionnaire d'août que publia entre autres *le Soleil*, on observe que les Canadiens français goûtèrent peu d'être traités de « Français canadiens » par le visiteur. Québécois ? A coup sûr. Canadiens français ? Vraisemblablement. Mais Français, non. De quel droit le vieux pays qui nous a lâchés si longtemps se revendiquerait-il pour notre patrie ? Ayant déserté le foyer conjugal, le Français volage reviendrait ainsi mettre de l'ordre dans la maison ? Non. Inspiratrice, soutien, compagnon de route, la France ? Enfin oui. Mais suzeraine, non. Quand on s'émancipe, ce n'est pas pour passer sous une autre tutelle...

Pour apprécier plus sainement le « pari québécois » du général de Gaulle, on citera l'un des plus pénétrants analystes de cet épisode — et de la société canadienne française en général — Gérard Bergeron, l'universitaire québécois auteur d'un livre déjà évoqué [34] qui, appelé à commenter un sondage d'opinion publié au lendemain du voyage, d'où ressortait une approbation très majoritaire des Canadiens français, écrivait :

« De Gaulle, prophète du " Québec libre " ? Un prophète est toujours cause seconde de l'événement qu'il devance. Longtemps, très longtemps d'avance. L'ennui pour le chroniqueur d'actualité est que les prophètes ont la fâcheuse habitude de n'avoir raison qu'après coup ! » Mais, ajoutait M. Bergeron : « Que tant de Québécois de langue française aient émis des opinions favorables à Drapeau, que si peu d'entre eux aient donné une nette interprétation séparatiste au slogan " Vive le Québec libre ", cela prouve que l'indépendance du Québec n'est pas pour après-demain... »

Pas pour après-demain ? Les prophètes ne sont pas à une décennie près. Pas plus de Gaulle que ses deux illustres rivaux — l'un, français, cité par lui lors de sa conférence de presse du 27 novembre 1967, l'autre, anglais, qu'il eût allégué avec plus de pertinence encore.

C'est peu de jours avant de mourir, rappelait de Gaulle, que le Méditerranéen Paul Valéry écrivait à propos du Canada français ces mots qui étaient de nature à inspirer une initiative audacieuse :

« Il ne faut pas que périsse ce qui s'est fait en tant de siècles de recherches, de malheurs et de grandeurs... Le fait qu'il existe un Canada français nous est un réconfort, un élément d'espoir inappréciable... Le Canada français affirme notre présence sur le continent américain. Il démontre ce que peuvent être notre vitalité, notre endurance, notre valeur de travail. C'est à lui que nous devons transmettre ce que nous avons de plus précieux, notre richesse spirituelle... »

Comment un tel texte n'aurait-il pas induit Charles de Gaulle en exaltation active ? Et qu'eût-ce été s'il avait lu ces phrases écrites par Arnold Toynbee dans *Civilisation on Trial** : « Si c'est un avenir heureux dans l'ensemble qui attend l'humanité, alors je prédirais volontiers qu'il y a de l'avenir dans le vieux monde pour les Chinois, et dans l'Amérique du Nord pour les *Canadiens***. Quel que soit l'avenir de l'humanité en Amérique du Nord, je suis sûr que ces Canadiens de langue française, en tout état de cause, seront encore présents au dénouement de l'aventure. »

L'aventure : c'est un écrivain britannique qui nous aura soufflé le dernier mot...

---

* La civilisation à l'épreuve.
** En français dans le texte.

20. Limites d'un grand dessein

Un jour de la fin de l'été 1967, Hervé Alphand, secrétaire général du Quai d'Orsay, serviteur fidèle de l'État et observateur sans naïveté, note dans son journal :

« La popularité du général semble [...] subir le contrecoup de tous ces événements. Ses ennemis lui reprochent sa hauteur solitaire, son rapprochement avec les Russes et les Arabes, sa méfiance à l'égard des Anglo-Saxons ; il est bien avec les pauvres et se brouille avec les riches, il abandonne ses anciens amis pour des nouveaux de réputation douteuse ; il heurte les idées reçues et les conventions. La fureur de ses opposants le trouve de roc et de glace. Il est sûr d'avoir raison. Il faut qu'il vive un temps suffisant pour que les circonstances prouvent que, seul au milieu de cet océan de protestations et de rancœur, il a vu juste [1]. »

C'est l'époque où M. Valéry Giscard d'Estaing, grand notable du régime, dénonce cet « exercice solitaire du pouvoir ». Celle où, selon la presse anglaise, le général souffrirait d'une artériosclérose qui ne laisserait pas au vieux monsieur le temps de démontrer la justesse de ses prophéties. Celle où des journalistes américains dénoncent la « folie homicide » de cet « ingrat vieillard ». Celle où le plus respecté des éditorialistes français, Hubert Beuve-Méry[*] crie « casse-cou » aux « fidèles du général » et précise, non sans lourdeur, à leur adresse : « Avertis comme ils le sont que la vieillesse est un naufrage[**], vers quels nouveaux récifs accepteront-ils d'échouer un navire dont ils paraissent oublier qu'ils ont, eux aussi, la direction et la garde... »

C'est aussi le moment où le général de Gaulle se sépare d'Étienne Burin des Roziers qui, en tant que secrétaire général de l'Élysée, se confond depuis cinq ans avec sa stratégie du grand redéploiement déclenchée au lendemain de la fin de la guerre d'Algérie[***] pour lui substituer Bernard Tricot, qui a joué nous l'avons vu un rôle essentiel dans ce règlement de paix. Dans cette relève, beaucoup d'observateurs croient voir une sorte de repli du général sur l'Hexagone : à la différence de son prédécesseur, Bernard Tricot n'est pas un diplomate, mais un juriste. De Gaulle, déçu de trop d'échecs ou de rebuffades sur la scène internationale (« son » Europe, l'ouverture de l'Est, la remise en question du dollar, la paix au Vietnam...), se consacrerait à une

[*] Qui se retirera deux ans plus tard, à 68 ans, de la direction du *Monde*.
[**] Le mot de Chateaubriand que de Gaulle avait appliqué à Pétain.
[***] Qui avait absorbé l'essentiel des activités du premier secrétaire général Geoffroy de Courcel.

ample réforme de la société française, à commencer par celle de la condition ouvrière que des amis comme Louis Vallon, René Capitant et des experts comme Marcel Loichot le pressent alors d'amorcer *.

Mais le vieux faiseur d'orages n'a pas jeté, sur le Champ-de-Mars de Montréal, son dernier souffle. A Moscou, ses objections n'ont pas entamé le béton stalinien. A Phnom-Penh, sa sommation aux Américains est restée sans écho. A Israël, ses avertissements n'ont pas servi. Et son appel de l'Élysée, le 10 août, a sonné moins comme une convocation de l'énergie nationale que comme une excommunication des défaitistes et des esprits chagrins. En père fouettard, il n'est pas sans grandeur, non plus. Mais ce n'est pas ainsi tout de même qu'il s'accomplit.

Et le voilà parti, le 6 septembre 1967, pour la Pologne. S'il est un voyage qu'il lui fallait entreprendre, lui, de Gaulle, c'est bien celui-ci. Moins pour les souvenirs qu'il lui permet d'évoquer, ceux du séjour fait là-bas de 1919 à 1921 ** par un certain capitaine de Gaulle, qu'en raison de l'histoire et de la situation politico-stratégique de ce pays-charnière, de ce pays-plaie qui semble une illustration vivante, poignante, de toutes ses idées sur l'exigence vitale de l'indépendance nationale, la primauté de la nation sur l'idéologie, et la nécessité de regrouper l'Europe de part et d'autre du rideau de fer.

N'est-ce pas le sort de la Pologne qui a provoqué, entre Staline et lui, les 8 et 9 décembre 1944, des altercations qui portaient en elles, bien avant Yalta, l'irrémédiable, en tout cas l'inévitable déchirure de l'Europe qu'il a aujourd'hui l'espoir de résorber ? Ce qu'il n'a pas pu faire vingt-trois ans plus tôt, ne pourrait-il y parvenir, illustre et un peu mieux armé ?

Où son « Europe de l'Atlantique à l'Oural » trouverait-elle mieux son âme et sa raison d'être que sur ces terres où un peuple slave tout imprégné d'Occident ne cesse depuis un siècle de secouer les jougs alternés de ses voisins ? C'est là qu'il lui faut aller clamer que seule la détente permet l'indépendance des nations moyennes et qu'une fois la terreur écartée, elles pourront retrouver leur autonomie de décision hors des blocs que la glaciation idéologique et les stratégies de la peur maintiennent en état.

D'emblée, le climat est créé ***. Sur l'aéroport d'Okacie, il jette en polonais au détachement qui lui présente les armes : « Salut, soldats ». Ce peuple sans cesse appelé aux créneaux de ses citadelles réagit avec élan. L'enthousiasme n'est tout à fait ni celui de Phnom-Penh, ni celui du chemin du Roi — peut-être, nous disent nos amis polonais, parce qu'une partie de l'opinion, la plus oppositionnelle, reproche au général son « antiaméricanisme », très utilisé par la presse officielle, qui fait du visiteur un ami de l'URSS...

Mais la ferveur populaire est évidente. Et elle redoublera au fil des jours, quand il apparaîtra plus clairement que l'homme du « Québec libre » n'est pas venu prôner, sur ces terres implacablement martelées par les colonisa-

---

* Voir chapitre 22.
** Voir tome 1, chapitre 5.
*** L'auteur utilise ici quelques souvenirs de ce voyage qu'il fit pour le compte du *Nouvel Observateur*.

teurs, la résignation à l'ordre de Yalta. Dès le second jour, par exemple, le visiteur lance une flèche contre la politique des blocs. Au palais du Belvédère, face aux trois principaux personnages de l'État *, il déclare comme si cela allait de soi :

> « La France est dans une situation exceptionnelle, car elle ne dépend de personne. Sa politique d'indépendance, de paix et de coopération n'est pas une politique facile dans un monde où existent deux très grandes puissances, dont le poids se fait sentir aussi bien dans l'économie et les techniques que dans la politique.
> La France a toujours voulu la Pologne, alors que d'autres ** ne l'ont pas toujours voulue. A nos yeux, vous êtes une réalité populaire, solide, respectable et puissante, dans un monde qui doit être d'équilibre et d'indépendance ; vous êtes un peuple qui doit être au premier rang. »

Des propos qui crépitent d'allusions à l' « indépendance », aux « autres », aux « grandes puissances », et que les maîtres du parti, détenteurs du pouvoir, vont décrypter avec fièvre. Ici, on ne lui donne pas l'occasion de se saisir d'un micro sur le balcon. Mais il est clair qu'à un moment ou à un autre il fera passer un message. Patience.

Alors nous le vîmes aller, réservant ses mots, de la vieille ville de Varsovie à la cathédrale de Cracovie — où le cardinal Wojtyla, qui devait devenir le premier pape polonais, dut « s'excuser » de ne pouvoir le recevoir, comme l'avait fait le cardinal-primat Wychinski — et de l'université Jagellon à Katowice, où un leader que l'on disait promis au plus bel avenir, Edward Gierek, lui fit les honneurs d'une Silésie ruisselante de drapeaux tricolores, à Auschwitz enfin.

Aucun des témoins que nous fûmes de cette visite au camp d'Auschwitz (en polonais Oswiecim) ne pourra, bien sûr, l'oublier. De Gaulle, nous l'avions vu ailleurs impavide ou souverain, exalté ou goguenard, allègre ou épiscopal. Mais là, il ne fut plus que le survivant bouleversé d'un drame si immense, si démesuré que l'accablement seul régnait. Birkenau 1, Birkenau 2, ces deux camps qui sont les capitales de la mort... Plutôt que nos propres souvenirs, citons ceux d'un observateur beaucoup plus proche du général, son aide de camp Jean d'Escrienne :

« Je ne me souviens pas avoir jamais vu le Général " pris de court ", incapable d'exprimer ce qu'il ressentait, comme il le fut lorsqu'à l'issue de cette visite, on lui présenta, à signer, le livre d'Or [...]. Il était là assis, dehors, à une petite table sur laquelle on avait posé le livre ouvert à une page blanche. Il mit ses lunettes, prit son stylo et resta de longues secondes indécis et silencieux avant d'écrire. Debout, à sa droite, tout près de lui je le vis enfin écrire, au tiers de la page, sur deux lignes : " Quelle tristesse !... Quelle pitié ", puis il resta, à nouveau sans trouver ses mots plusieurs longs instants ; enfin, revenant au-dessus de ce qu'il venait d'écrire, avant " Quelle

---

* MM. Ochab, Cyrankiewitz et Rapacki. Le leader du parti, Gomulka, n'est pas encore intervenu.
** La Russie, notamment...

tristesse ", il traça deux autres mots : " Quel dégoût ", ajouta un point d'exclamation puis s'abîma à nouveau, un grand moment, dans ses pensées ; enfin, comme s'il ne savait vraiment comment en finir, après : " Quel dégoût, quelle tristesse, quelle pitié ", il écrivit encore : " Quelle espérance humaine ! ". Se rendant compte évidemment que cette exclamation ne convenait guère à la circonstance, il pensa en atténuer la portée en la faisant précéder, après encore de longues secondes de réflexion, de ces trois mots " Et malgré tout ". Il mit un point d'exclamation après " espérance humaine ", signa et data. Lentement, comme vieilli, comme dépassé par tout ce qu'il venait de voir, il se leva… Avant de monter en voiture, je l'entendis expliquer à un Polonais de notre suite que toute espérance n'était pas morte et avait bien tout de même fini par triompher à Auschwitz, puisque le cauchemar avait pris fin et que les responsables de tant de crimes avaient été vaincus[2]. »

Il fallut attendre le dimanche 10 septembre pour que Charles de Gaulle exprimât ce qu'il avait sur le cœur. Assistant à la messe en la cathédrale de Gdansk, il avait reçu, apparemment un peu surpris, la communion dans un crépitement de flashes déclenchés (du haut de la chaire !) par les diacres et chanoines. Puis les dirigeants de la « voïvodie » de Gdansk offrirent un déjeuner à Sopot, la station balnéaire voisine. C'est là qu'à la fin du repas on vit se dresser le général. Trois ans avant les grèves et les manifestations qui allaient ouvrir un chapitre nouveau de l'histoire du peuple polonais, le général déclara devant les notables de la province :

> « Vous êtes bien debout et capables d'affronter l'avenir. Vous êtes faits pour être un grand pays. Maintenant que vos malheurs et vos difficultés de frontière sont surmontés par votre victoire, qui est aussi la nôtre, vous devez voir loin.
> La France n'a pas de conseils à donner à la Pologne, mais elle a pour elle assez d'amitié, de respect, pour se féliciter de la vocation nouvelle qui est la vôtre. Elle espère que vous verrez un peu plus loin, un peu plus grand peut-être que ce que vous avez été obligés de faire jusqu'à présent. Les obstacles qui vous paraissent aujourd'hui insurmontables, sans aucun doute vous les surmonterez. Vous comprenez tous ce que je veux dire[3]. »

Bigre… « Vous devez voir loin… », « un peu plus grand que vous avez été obligés de faire… », « les obstacles insurmontables… », « vous comprenez tous ce que je veux dire… ». Littérature de *samizdat* ? Discours « improvisé » en tout cas, comme celui du balcon de Montréal et comme lui non communiqué aux hôtes ni aux collaborateurs. Pour un « ami de Moscou », de Gaulle y allait fort. Bien sûr, ce n'était pas la liberté de ton de Montréal. Mais le sens du propos ne différait guère. Jamais en tout cas le général n'avait harangué de façon si pressante les protégés latino-américains des États-Unis[*].

La réaction vint le lendemain, à Varsovie. Cette fois, on avait fait donner

---

[*] Les Rouanet, citant ce texte, suggèrent drôlement que *le Figaro* aurait pu republier, à son propos, l'éditorial d'André François-Poncet sur le Québec.

la vieille garde. C'est Gomulka lui-même qui, devant la Diète polonaise, adressa au tumultueux tentateur le « niet » le plus raide qu'ait jamais entendu un visiteur de la Pologne. Le bruit d'une porte qui claque : « La Pologne renaissante a tiré toutes les conclusions qui découlent de ses expériences historiques. L'Alliance avec l'Union soviétique, jointe aux traités conclus avec les États socialistes de l'Europe orientale, est la pierre angulaire de la politique de la République populaire de Pologne... »

Les « expériences historiques » de son pays lardé de flèches conduisaient donc M. Gomulka à préférer à toute novation le protectorat russe doublé à l'ouest d'une garde à vue prussienne. Le général de Gaulle considéra avec surprise l'étrange Polonais que voilà. Se serait-il mépris, lui, historien des tensions européennes, sur le pouvoir de l'idéologie communiste qui, de ce patriote sincère, fait un agent de l'étranger ? Ainsi, trois ou quatre siècles plus tôt, au nom du catholicisme, tel prince du sang servait-il un roi voisin contre la couronne de France.

L'incompréhension, entre eux, n'est pas telle qu'elle interdise tout dialogue : deux heures durant, le Français qui crie : « Vive la Pologne libre » et le Polonais qui lui répond « Vive la Pologne protégée » s'enferment dans un petit bureau de la Diète. Quand il en sortira, de Gaulle se refusera d'abord à tout commentaire. Était-ce si grave, si négatif ? Il attendra d'avoir fini de déjeuner pour confier à son entourage : « Je peux dire, sans trahir de secret, que ces conversations ont été franches, nettes, intéressantes et importantes. »

Dans le langage que parlent les États, le qualificatif de « franches » signifie orageuses. « Nettes » accentue le côté coupant des réponses du maître des lieux. Et pour ce qui est d'« important », il l'était en effet, ce dialogue de Varsovie au cours duquel de Gaulle apprit qu'entre l'Atlantique et l'Oural ne passaient et ne passeraient, pour longtemps, que les courants dont les maîtres du Kremlin auraient contrôlé la force. Il avait dû, face à Staline, vingt-trois ans plus tôt, concéder une imperceptible reconnaissance de la bureaucratie totalitaire qui désormais tient le pays dans un étau : il sait désormais que cet étau ne sera pas desserré, et que, si l'on peut prendre ses distances par rapport à Washington, Moscou ne connaît d'autres « distances » que celles que ses chars mettent à parcourir en vingt-quatre heures.

Est-ce là, est-ce en cette heure que se brise le grand dessein du général ? Le fait est que l'allocution qu'il prononce quelques heures plus tard devant les écrans de la télévision polonaise est comme déshydratée, aseptisée. Il n'y est plus question que de « paix » et de « coopération ». Tout appel à un autre destin en est exclu. Et même les mots très chaleureux qu'il prononce en polonais, pour conclure, rendent un son plus nostalgique qu'exaltant. La barre, ici, est placée trop haut, fût-on le plus hardi des athlètes...

Le lendemain, Maurice Couve de Murville, frais et dispos, inentamé, accueillait à l'ambassade de France les quelque vingt journalistes français qui avaient suivi le voyage. Et comme je lui demandais si le général n'était pas trop déçu de la fin de non-recevoir que, selon toutes apparences, venait de lui opposer le chef du parti polonais, le ministre prit l'air le plus surpris du monde pour répondre que rien n'ayant été suggéré à M. Gomulka qui ressemblât à une prise de distance à l'égard de Moscou, le général ne pouvait éprouver aucune déception de ses entretiens. Le démentir eût été à la fois imprudent et discourtois. Le croire eût été médiocrement flatteur pour Charles de Gaulle : le même homme qui, six semaines plus tôt, incitait à la liberté des Québécois qui n'en étaient qu'à demi privés n'aurait pas osé inviter à plus d'autonomie des Polonais qui en étaient dépouillés ? Quand les meilleurs ministres sont obligés de nier l'évidence, c'est que l'évidence blesse ceux qu'ils servent.

De Gaulle et Gomulka se séparèrent-ils sur un pur et simple constat d'incommunicabilité ? Pas si l'on en croit Jean d'Escrienne qui était assez proche du général et de son hôte pour avoir entendu le Polonais glisser quelques mots au voyageur, au moment du départ. Après l'avoir « remercié de ce qu'il avait dit au cours du voyage », il aurait ajouté : « Je souhaite que ce soit possible un jour. » Un jour ?

Le mardi 12 septembre, les notables qui accueillaient le général à Orly n'avaient plus l'allure d'une patrouille accablée retrouvant un chef égaré. L'humeur était moins morose qu'après le retour de Montréal. Mais quand le vieil homme lança à la ronde : « Oh ! Messieurs, ce fut magnifique ! Ce fut vraiment magnifique ! », mon voisin murmura sur un ton où la tendresse l'emportait sur le scepticisme : « On dirait Cyrano... » Est-ce bien plus beau lorsque c'est inutile ? Rostand, en tout cas, est traduit en polonais.

Toutes les démarches internationales du président de la Ve République ne se résument tout de même pas, à cette époque, en des coups de freins donnés à ceux qui veulent agir et des accélérations données à ceux qui ne le veulent pas. Ce n'est pas parce que Paris fut choisi pour siège de la conférence entre Washington et Hanoi en vue de mettre un terme à la guerre du Vietnam que l'on présentera de Gaulle en pacificateur. On a dit * que son discours de Phnom-Penh, qui ne dénonçait que les responsabilités américaines, n'était pas de nature à lui assurer un rôle de médiateur ou plus simplement d'arbitre. Mais si, de toute évidence, une telle responsabilité ne lui convenait pas, le général de Gaulle avait assez bien servi l'ouverture du dialogue, au cours des mois qui précédèrent la conférence, pour que Washington acceptât que Paris en fût le siège.

Souvent sollicité par les responsables américains de fournir des avis, de donner des informations, de transmettre des messages, le maître d'œuvre de la diplomatie française en Asie, Étienne Manac'h, n'aurait pu mettre autant de diligence à répondre à ces appels si des encouragements constants ne lui avaient été donnés à l'Élysée. On doit même préciser que la mission conduite à Hanoi en juillet 1967 par deux personnalités françaises à la demande d'Henry Kissinger (qui n'était encore que l'un des consultants du Départe-

* Voir plus haut, chapitre 16.

ment d'État de Washington) le fut avec l'approbation expresse du général de Gaulle.

On n'a pas oublié les liens qui unissaient Raymond Aubrac au chef du gouvernement de la Libération dont, ancien compagnon de Jean Moulin, il avait été le commissaire de la République à Marseille. A l'occasion de la conférence vietnamienne de Fontainebleau, en 1946, Aubrac était devenu l'ami d'Hô Chi Minh *. Vingt ans plus tard, Henry Kissinger, rencontré lors d'un colloque scientifique, lui avait confié que Washington commençait à s'interroger sur la possibilité d'une solution négociée. Pourrait-il sonder Hanoi ? De Gaulle encouragea Raymond Aubrac, flanqué de son ami Hubert Marcovitch, à se rendre au Vietnam. En vain. A Hanoi, les deux visiteurs français recueillirent seulement une confirmation : l'arrêt des bombardements du Nord était le préalable à tout dialogue.

Mais quand il s'installa à la Maison-Blanche aux côtés de Richard Nixon, seize mois plus tard, Henry Kissinger savait qu'il disposait d'une filière parisienne en cas de recherche d'une solution politique au Vietnam. Idée qu'il fit partager par le nouveau président. Lors de ses entretiens de 1967 avec le général de Gaulle à Paris où, indique-t-il, « nous consacrâmes beaucoup de temps au Vietnam », celui qui n'était encore que le principal candidat républicain à la Maison-Blanche entendit de Gaulle exprimer le vœu de voir les États-Unis se retirer du Vietnam, mais pas dans la précipitation — pas « en catastrophe ». Et Nixon d'ajouter : « Il était parfaitement conscient des difficultés politiques que me vaudrait ce départ. Mais il me fit observer que sa décision " cruelle " de se retirer de l'Algérie — " une partie de la France " — avait été plus pénible encore, ajoutant toutefois qu'il n'avait pas eu d'autre choix [4]. »

Dès avant la saisie des responsabilités, à Washington, par l'homme en qui il avait placé sa confiance, le général de Gaulle allait de nouveau intervenir dans le débat vietnamien. Le 31 mars 1968, Lyndon Johnson, cédant enfin aux sollicitations de son conseiller le plus avisé, Clark Clifford, annonçait à la fois l'arrêt des bombardements américains sur la majeure partie du Nord-Vietnam, et sa décision de ne pas solliciter un second mandat présidentiel.

De Gaulle réagit aussitôt. Comprenant, en dépit du scepticisme de beaucoup d'observateurs **, que les gestes étaient de nature à renverser la situation, il prenait l'initiative d'un communiqué saluant la position « courageuse » du président américain. Commentaire d'Hervé Alphand : « Cela a suffi pour déclencher un élan de reconnaissance dans ces États-Unis qui lui sont apparemment si hostiles [5]. »

On ne sait la part qu'il faut attribuer au général de Gaulle dans les décisions prises en vue de la paix au Vietnam par ces deux hommes qui l'admiraient fort, Nixon et Kissinger. Faut-il comparer les approches, ambiguës, machiavéliennes, très progressives, et la lenteur que, de part et d'autre, les présidents français et américain mirent à exécuter leur dessein

---

* Parrain de la fille de Lucie et Raymond Aubrac, née à cette époque.
** Dont l'auteur...

— quarante et un mois pour de Gaulle de la « paix des braves » aux accords d'Évian, cinquante mois pour Nixon de son discours d'investiture au traité de Paris ? Pour marginale qu'elle ait été, l'influence exercée par le président français sur son collègue américain — assez américain pour ne rien considérer que ce qu'il estimait être l'intérêt des États-Unis — ne peut être négligée. De Gaulle en tout cas avait fait voir à Nixon qu'une retraite pouvait être changée en victoire apparente, pour peu qu'on sût s'y prendre. Pour peu surtout que l'on utilisât avec audace et habileté les forces politiques et militaires libérées par la fin du conflit.

Le 13 mai 1968 aurait pu être un jour de gloire dans la mise en œuvre de la stratégie gaullienne : au moment même où à Paris tout près de l'Étoile, les chefs des délégations américaine et vietnamienne, Averell Harriman, ce rescapé de Yalta et Xuan Thuy, poète-fonctionnaire de Hanoi, se faisaient face pour la première fois, le général allait lui-même s'envoler pour Bucarest, où l'attendait Nicolaï Ceaucescu, le chef du seul gouvernement de l'Est qui osât ouvertement opposer aux directives de Moscou l'argument des intérêts propres de son pays.

Quelques jours plus tôt, le 1er mai, de Gaulle confiait à son aide de camp François Flohic : « Le remue-ménage que ma politique contribue à instaurer n'est pas pour me déplaire. La " Petite Entente " — Roumanie, Pologne, Tchécoslovaquie — renaît. Cela ne satisfait pas les Russes. Mais, dès l'instant qu'ils ont décidé de faire les gracieux, ils ne peuvent plus rien dire [6] ! »

Ici la paix, et là l'indépendance — l'une et l'autre si constamment prônées, réclamées, exigées par de Gaulle : n'était-ce pas une sorte d'apothéose, l'épiphanie de cette diplomatie liant en faisceau des objectifs d'érosion des blocs et d'extinction de l'une de ces guerres qui ne cessaient de menacer la paix globale ?

Oui : mais ce jour même, les étudiants insurgés occupaient la Sorbonne et 300 000 manifestants scandant « Dix ans c'est assez * » lançaient le défi le plus blessant à l'Élysée et faisaient de ce 13 mai 1968, non pas l'apogée diplomatique mais l'amorce du déclin de la république gaullienne.

Du coup, cette visite en Roumanie faillit bien ne pas même avoir lieu. Toute la journée du 13, le chargé d'affaires roumain à Paris avait attendu de l'Élysée l'avis d'un report du voyage. Au cours de la nuit du 13 au 14 pourtant, Maurice Couve de Murville, de concert avec Georges Pompidou, avait arraché, contre l'avis du ministre de l'Intérieur, Christian Fouchet, la décision de maintenir coûte que coûte la visite à Bucarest.

Le général balança jusqu'au bout. Lui si attentif aux signes de la grandeur, aux impératifs du prestige, lui qui mettait tous ses soins à faire paraître la France aux quatre points cardinaux, il hésita, ce soir-là, guidé par ce que Pierre Viansson-Ponté appelle « son instinct de vieux chasseur [7] ». Et si ces

* Référence au 13 mai 1958.

gamins n'étaient pas de simples casseurs de vitres jouant à singer les Gardes rouges et les damnés de la terre, mais les hérauts d'un grand mouvement ? Il choisit, comme toujours, le risque majeur, et, le 14 mai au matin, s'envola pour Bucarest.

De l'accueil qu'y reçut le général, François Flohic garde surtout le souvenir des précautions prises par ce régime très policier pour soustraire aussi bien ses hôtes que ses dirigeants à la curiosité populaire. De Gaulle et les siens sont logés à l'écart de la ville, « dans un isolement total [8] ».

Tant de précautions n'iront pas sans qu'au cours de l'avant-dernier jour, le 17, le contact populaire s'établisse sur le chemin du retour entre Craiova et Bucarest, par Slatina et Ploeisti : là, de Gaulle s'adresse plusieurs fois à la foule, une foule énorme et vibrante, sur le ton qu'il a employé le premier jour, plus direct encore qu'en Pologne. Il sait qu'ici, à condition de ne pas évoquer les droits de l'homme et les libertés individuelles, on peut nourrir, à coup de mots, d'autres aspirations : et c'est carrément cette fois qu'il parle d'indépendance.

Dès le 14, en prenant pied à Banéàsà, il avait fixé l'objectif : « Que notre Europe commence à se rétablir dans l'indépendance. » Et le soir même face à tous les représentants des peuples de l'Est, il précisait :

> « Comment admettre que puisse durer, pour des pays aussi chargés de raison et d'expérience que le sont ceux de notre Europe, une situation dans laquelle beaucoup d'entre eux se trouvent répartis entre deux blocs opposés, se plient à une direction politique, économique et militaire provenant de l'extérieur, subissent [*] la présence permanente de forces étrangères sur leur territoire [9]... »

Ici, où a été mis fin, comme en France, à la « présence permanente de forces étrangères », Charles de Gaulle défie purement et simplement l'empire soviétique. Diplomates russes, est-allemands et bulgares l'applaudissent : mais ils ont moins de raisons encore de le faire que n'en auraient eu, dix mois plus tôt, les représentants de la reine à Ottawa...

Ce tête-à-tête de rebelles serait-il le point culminant de la diplomatie gaullienne ? On peut l'admettre, surtout si l'on se garde d'oublier que, passé le faîte, s'amorce le déclin. Une grande politique étrangère ne va que s'appuyant sur une nation qui lui donne ses assises. A partir de mai 1968, et en dépit du triomphe électoral de juin, la Ve République est lourde de trop d'inconnues pour que le message libérateur du général ne se heurte à un scepticisme croissant. D'autant que la catastrophe subie à Prague, au milieu de l'été, par sa stratégie d'indépendance par la détente va contribuer à affaiblir le crédit accordé, malgré tout, au vieux contempteur des désordres établis.

---

[*] Mot qui s'applique à la présence russe à Prague, non à celle de l'US Army à Stuttgart.

Paris avait salué avec une sympathie active, nuancée de la prudence qu'accompagne la réalisation d'un rêve longtemps caressé, le « printemps de Prague ». Que le président Novotny, stalinien docile, symbole de l'Europe des blocs hermétiques, dut céder la place au vieux général Svoboda (dont le nom signifie liberté) fut considéré comme le début d'un scénario qui eût pu être rédigé à l'Élysée. D'autant que les initiatives prises ensuite par le nouveau premier secrétaire du parti, Alexandre Dubček, allaient bien dans le sens des propos tenus dix mois plus tôt par de Gaulle en Pologne.

Était-ce la renaissance de la « Petite Entente » des années trente, comme le suggérait le général à son aide de camp le 1er mai ? De Pologne ne venaient que de légers frémissements. Mais la Roumanie affichait sa singularité diplomatique, par rapport à la Chine et à Israël notamment. Si la Tchécoslovaquie s'émancipait, le grand rêve de l'Atlantique à l'Oural ne commencerait-il pas à prendre forme ?

De Gaulle, qui restait un homme marqué par la hideuse humiliation de Munich, de l'abandon aux nazis de l'État bâti au lendemain de la victoire de 1918, gardait un bon souvenir de ses entretiens avec Edouard Benès, le constructeur de la Tchécoslovaquie, à Londres, pendant la guerre : et Prague avait été la première capitale libérée où il avait voulu se faire représenter, y dépêchant Leclerc, le libérateur de Paris. Que ce haut lieu des libertés et de la civilisation européenne, que cette première victime de Hitler retrouve son autonomie de décision, et le sort de l'Europe pouvait en être transformé.

Le 1er mai, Prague en fête plébiscite Alexandre Dubček et ses amis libéraux, Smirkowsky, Cisar, Cernik, Kriegel ; mais, quelques jours plus tard, Dubček est convoqué à Moscou par Léonide Brejnev, auquel il ne peut refuser que les grandes manœuvres du pacte de Varsovie se déroulent à la fin de juin en Tchécoslovaquie — que n'évacueront pas, l'exercice achevé, les forces de l'Armée rouge. Parmi les satellites, il s'en trouve deux au moins, le Roumain Ceaucescu et le Hongrois Kadar, pour inciter Moscou à la compréhension. Mais le Polonais Gomulka (de Gaulle en est frappé) rejoint très vite le clan des « répressifs ».

Au surplus, des rumeurs courent qui, beaucoup plus que les mesures de libéralisation adoptées à Prague, sont de nature à pousser à bout ces vieux bolcheviks : on parle de contacts entre Prague et la République fédérale allemande. On parle d'une hypothèse neutraliste, d'une « voie roumaine » pour la Tchécoslovaquie, de la remise en question du pacte de Varsovie. La *Pravda* fait même état de caches d'armes américaines... Aucune preuve décisive ne fut jamais donnée de tels contacts entre Prague et Bonn : mais soigneusement entretenues par la presse de Berlin-Est, ces rumeurs ne cessèrent d'alourdir le dossier Dubček au Kremlin et d'affaiblir la position de ses avocats au sein du camp socialiste.

Deux rencontres entre leaders du bloc soviétique, à Cierna Nad Tisou et à Bratislava, à la fin de juillet et au début d'août, font espérer qu'un compromis interviendra, sur la base des conquêtes intérieures du mouvement, qui ouvriraient une « voie hongroise » plutôt que « roumaine » à Prague. Mais, tandis que Dubček ne cesse de mettre les siens en garde

« contre la provocation », l'accueil fait à Tito et à Ceaucescu par la population pragoise est un camouflet pour Moscou.

Charles de Gaulle observe ce processus avec une vigilance d'abord nourrie d'espoir, mais qui tourne bientôt à l'inquiétude. Quand, au début de juillet, Jean-Marie Domenach, écrivain qu'il estime et qui rentre d'un séjour enchanté à Prague, cherche à le voir, il lui fait répondre que toute sa sympathie va à Dubček et à ses compagnons. Mais il ajoute, sur un ton où le prophète l'emporte, une fois de plus, sur l'homme solitaire :

> « C'est beau. Mais ils vont trop vite, et trop loin. Les Russes vont intervenir. Alors, comme toujours, les Tchèques renonceront à se battre, et la nuit retombera sur Prague. Il se trouvera tout de même quelques étudiants pour se suicider [10]... »

Le 20 août, peu avant minuit, troupes aéroportées et chars soviétiques occupent sans coup férir Prague et les provinces, la machine de propagande du Kremlin jugeant bon d'affirmer que l'opération avait été accomplie « à la demande » de hautes personnalités de l'État tchécoslovaque : mais les complices de l'opération, Bilak et Indra, n'oseront se manifester que plus tard. S'ils élèvent une véhémente protestation contre l'invasion, les leaders réformistes, Dubček en tête, réclament de leur peuple qu'il n'oppose aucune résistance aux agresseurs. Pour que la prophétie désespérée du général de Gaulle achève de s'accomplir, il faudra encore que cinq mois plus tard, l'étudiant Jan Palach s'immole par le feu sur une place du centre de Prague...

Si peu d'illusion qu'ait entretenu le chef de l'État français sur l'issue de l'entreprise, il réagit durement — contrairement à ce qui a été souvent écrit — à une opération qui ruine, plus cruellement que le veto discrètement formulé un an plus tôt à Varsovie, ses perspectives de dislocation des blocs par la détente. S'il avait si rudement commenté, quelques semaines plus tôt, les démarches des dirigeants de Prague, c'est parce que leurs impatiences risquaient de mettre à mal une grande espérance commune.

Dès le 21 août, il convoque à Colombey le nouveau Premier ministre Couve de Murville et son successeur aux Affaires étrangères Michel Debré, pour leur jeter : « C'est encore Yalta ! » Les accords de février 1945 ne font aucune allusion à la Tchécoslovaquie, mais c'est d'un esprit qu'il s'agit. En fait, le général vise ainsi non seulement l'opération de Prague mais encore la rencontre Johnson-Kossyguine de Glassboro et les accords américano-russes de non-dissémination nucléaire qui viennent d'être signés. Tout donne à penser que, dans son esprit, l'invasion du 20 août avait été réalisée en sachant que Washington s'emploierait à en réduire l'importance, dans « l'esprit de Yalta », celui des chasses gardées. Conclusion abusive ? C'était le genre de tentations auxquelles résistait mal le général de Gaulle.

On a souvent écrit que Michel Debré avait alors qualifié la tragédie de Prague d' « incident de parcours » : l'ancien Premier ministre a vigoureusement démenti ce propos, à diverses reprises. En fait, observe André Fontaine, c'est le président Johnson qui, le 10 septembre, dans un discours prononcé à New York, a déclaré que « ce fâcheux incident de parcours n'aura que des conséquences momentanées, et nous nous y emploierons [11] ».

Le communiqué publié à l'issue du Conseil des ministres français était d'un ton plus ferme : « L'intervention armée de l'Union soviétique en Tchécoslovaquie montre que le gouvernement de Moscou ne s'est pas dégagé de la politique des blocs, qui a été imposée à l'Europe par l'effet des accords de Yalta qui est incompatible avec le droit des peuples à disposer d'eux-mêmes [...]. La France, qui n'a pas participé à ces accords et qui n'adopte pas cette politique, constate et déplore le fait que les événements de Prague, outre qu'ils constituent une atteinte aux droits et au destin d'une nation amie, sont de nature à contrarier la détente européenne, telle qu'elle la pratique elle-même, s'efforce d'y engager les autres et qui, seule, peut assurer la paix. »

Réaction décente. Mais il y manque tout de même quelque chose comme un sursaut d'indignation, qu'appelait l'agression russe (avec la complicité des satellites). Les mots venus de Paris n'auraient pu libérer Prague ? Certes...

Alain de Boissieu, qui passait alors ses vacances à La Boisserie, donne des indications intéressantes sur la réaction de son beau-père à l'opération de Prague : « Le général de Gaulle attendit pour réagir de savoir si, oui ou non, les Tchèques s'étaient militairement défendus. Or, d'heure en heure, on apprenait à Colombey qu'aucune unité de l'armée tchèque, ni au sol ni en l'air, n'avait tiré un seul coup de canon contre les envahisseurs... Bien sûr il y avait eu dans les grandes villes des manifestations hostiles et courageuses de la part des populations, mais rien du côté des Forces armées. Cela scandalisait le général de Gaulle qui me fit remarquer que des policiers allemands de l'Est s'étaient battus à Berlin contre les chars soviétiques, que l'armée hongroise en avait fait autant, que si pareille invasion se passait en Yougoslavie ou en Pologne, l'armée tirerait probablement. " Que faire pour une nation qui ne veut pas se défendre ? " [12]. »

Qui ne « veut » pas ? La complicité des cinq puissances du pacte de Varsovie, la soudaineté de l'opération technique, la mollesse de l'Occident, tout vouait une résistance armée au sacrifice pur et simple. De Gaulle était homme à s'y abîmer, on le sait. Mais une longue tradition d'isolement a donné aux Tchèques une vision des choses où la nécessité de la survivance biologique l'emporte sur l'urgence du témoignage.

Le général de Boissieu rapporte en outre que son beau-père, mis dès le mois de juillet en possession d'informations très précises sur les menaces d'invasion soviétique à l'occasion des « grandes manœuvres » du début de juillet qui avaient notamment permis la mise en place de réseaux de télécommunications en vue de l'opération, avait aussitôt fait prévenir le général Svoboda, qu'il connaissait personnellement depuis 1941. Celui-ci lui avait fait répondre qu'il le remerciait mais qu'alerté par ses soins, M. Dubček avait répondu que le général de Gaulle, « étant un officier capitaliste, ignorait tout de la mentalité marxiste et que les communistes soviétiques n'oseraient pas envahir la Tchécoslovaquie [13] ».

Dix-sept ans plus tard, Étienne Burin des Roziers, qui avait été si longtemps son plus proche collaborateur à l'Élysée, tirait pour nous cette

conclusion de l'affaire de Prague, du point de vue de Charles de Gaulle :
« Ce fut un coup très dur pour lui... Sa conception de l'avenir européen
impliquait le rétablissement de nos relations traditionnelles avec nos amis de
l'Est. Il estimait que la détente était la meilleure chance d'émancipation que
l'on pût leur offrir. Évidemment, l'affaire de Prague brisait cet espoir [14]... »

« Coup dur », certes. Mais on peut recueillir d'autres points de vue sur ce
que fut la réaction du général à l'issue déplorable de la tentative d'émancipation des Tchèques et des Slovaques en 1968. Non qu'il assimilât les
compagnons tragiques de Smirkowsky ou de Cisar à l'attroupement onirique
qui, pendant 26 jours de mai, avait manqué le jeter, lui aussi, à bas du
pouvoir — sans le conduire à faire appel aux chars pour imposer sa loi. Mais
s'il ne se prit jamais pour Indra ou Bilak, s'il ne confondait pas Geismar et
Sauvageot avec Liehm ou Kriegel, le prophète, en lui, ne pouvait s'empêcher
de savourer ses anticipations. N'y a-t-il pas, dans le désastre prévu, une
victoire de l'intelligence ? « Victoire » que peut doubler, par l'éloquence, le
récitant inspiré de la tragédie...

Le 9 septembre 1968, nous l'entendrons tirer de l' « incident » une
conclusion puissamment mélancolique. C'est au passé qu'il parle des efforts
de la France pour tisser avec les pays de l'Est des « liens privilégiés », et faire
comprendre au « grand peuple russe [...] ami désigné de la France » que
l'Europe attend de lui « beaucoup mieux que de le voir s'enfermer et
enchaîner ses satellites à l'intérieur des clôtures d'un totalitarisme écrasant ».
Qualifiant de « condamnables » et « absurdes » — ce qui est encore, pour un
si magistral manieur de mots, un peu faible — les « événements » de
Tchécoslovaquie, pays qui tenta de « reprendre dans une certaine mesure
possession de lui-même » hors de « l'hégémonie soviétique », Charles de
Gaulle salue l'« élan de [ce] peuple pour obtenir un début de libération », sa
« cohésion morale vis-à-vis de l'occupant », sa « répugnance à accepter le
retour à l'asservissement » : et il veut y voir autant de signes que la politique
de la France, « pour momentanément contrariée qu'elle paraisse, est
conforme aux profondes réalités européennes, et par conséquent, qu'elle est
bonne [15] ».

Certes. Le vieux monsieur oppose un front serein à ce terrible déboire, et
nul n'est moins enclin que lui à laisser paraître les signes d'un quelconque
découragement. Mais quelque chose est brisé de sa grande espérance.
Quelque chose est corrompu dans les perspectives qu'il déployait si
noblement vers l'Est. Cinq années d'efforts pour raboter, limer le rideau de
fer et par là, restituer aux États de l'Europe centrale leur rôle de charnière,
leur dualité culturelle, leur ambiguïté politique, sont réduites à l'état de
nostalgie. Et, pire que tout pour lui, l'événement lui montre qu'il s'est
trompé sur la force du facteur communiste ! Il va falloir en tirer les
conséquences...

Repli ou reconversion vers l'Ouest ? Si le camp socialiste est ainsi
verrouillé que le médiateur se blesse en essayant de tendre vers lui la main, et
si le Tiers-Monde s'exprime par la hargne chinoise (la presse de Pékin
qualifie alors l'État français, quatre ans après les effusions de 1964, de

« clique impérialiste »), par le refus arabe (que sa défaite en juin a plongé dans un désespoir plus négatif que jamais) et par des surenchères entre « clients » africains et malgaches, il faut bien se rabattre sur cette réorganisation de l'Alliance atlantique et de l'Europe occidentale qui sont les zones d'action immédiate de la diplomatie française. Et voici de Gaulle au rouet : ainsi, dix ans plus tôt, tentait-il de rééquilibrer l'Alliance et donnait-il au couple franco-allemand les moyens de faire du chantier européen une structure viable.

Mais ce n'est pas parce que de Gaulle veut bien se pencher à nouveau vers ses alliés et voisins que ses efforts seront bien accueillis. Dans ses Mémoires, Étienne Manac'h rapporte ce propos de l'un de ses collègues du Quai d'Orsay, qu'il qualifie de l' « une des meilleures têtes du département » : « C'est l'heure de la curée », assure ce diplomate qui pense que le général ne se remettra pas des grands chocs de l'été précédent. « Tous s'enhardissent désormais et l'attaquent. Il n'en impose plus. » Et, signalant la dureté de certaines attaques allemandes, cet observateur conclut : « Les événements ont tué sa politique [16]... »

En cet automne 1968, quelques signes apparaissent néanmoins d'un possible assainissement des rapports entre Paris et Washington, d'une part, entre la France et la Grande-Bretagne, de l'autre. Les deux capitales de langue anglaise ont désigné à Paris de nouveaux ambassadeurs, dont le caractère dynastique est bien de nature à séduire le général de Gaulle : de Washington arrive Sargeant Schriver, beau-frère de J.F. Kennedy * et de Londres, Sir Christopher Soames, gendre de Winston Churchill **.

Du côté américain, dès avant les élections présidentielles de novembre qui enverront, avec Richard Nixon, une équipe tout à fait disposée on l'a vu à la reconstruction de l'alliance avec Paris, on apprécie de jour en jour davantage la coopération presque quotidienne avec les experts français dans la phase préliminaire des négociations avec Hanoi. La lecture du journal d'Étienne Manac'h, directeur des affaires d'Asie au Quai d'Orsay, est de ce point de vue éclairante : il n'est pas de jour que cet inspirateur de la politique gaulliste en Indochine ne se fasse, sur ce plan, celui de la diplomatie américaine [17].

Du côté de Londres, les choses sont plus neuves, parce que les blocages, surtout depuis le « second veto » du général à l'adhésion anglaise à la CEE, en 1967, paraissaient plus profonds, moins épidermiques. Les rapports gaullo-américains pouvaient s'analyser comme une rafale de crises et de désaccords sur un fond de sympathie traditionnelle ; les relations gaullo-britanniques, depuis la retraite de Churchill et surtout depuis l'avènement des travaillistes, n'étaient qu'un tissu de rancœurs échangées, une sournoise guérilla de jalousies inapaisées et de complots savamment cuisinés.

Plusieurs facteurs, du côté français — l'un personnel, l'autre tactique, le dernier fondamental —, vont pousser à une révision de cette mésentente cordiale. D'abord l'installation au Quai d'Orsay de Michel Debré, anglophile

---

* Il a épousé sa sœur Eunice.
** Il est le mari de Mary Churchill.

de cœur et de raison. Ensuite la perspective d'une renégociation de la candidature britannique au Marché commun : du train où vont les choses, marquées par le déclin de l'autorité personnelle du général de Gaulle, les « petits » Européens risquent fort de manœuvrer de telle sorte contre lui qu'il n'aurait plus qu'à subir l'adhésion anglaise ou à quitter la Communauté. Pour éviter cette issue humiliante pour de Gaulle ou désastreuse pour tous, ne vaudrait-il pas mieux une sérieuse négociation en tête à tête avec Londres ? Debré n'est pas seul à présenter ainsi l'affaire au général.

La troisième raison de ce rapprochement est la plus profonde : la montée en puissance, et en assurance, de l'Allemagne fédérale. Jamais Londres et Paris n'ont entretenu de relations plus sereines que dans le but de faire pièce à l'expansion de la puissance allemande. En revanche, l'accouplement de Gaulle-Adenauer, à partir de 1958, a fait vaciller la diplomatie anglaise. Et l'on a cité des traits de l'angoisse éprouvée par Harold Macmillan face à ces perspectives d'un condominium franco-allemand sommé par l'homme de l'Élysée.

A partir de 1966, le ton adopté par certains des leaders de Bonn comme Franz Josef Strauss, ou par de grands bureaucrates européens comme Walter Hallstein, donnent à penser à Londres — là du moins où la gaullophobie n'étouffe pas tout jugement lucide — que ce n'est plus à Paris que réside le risque de déséquilibre, et qu'en tout cas l' « axe » symbolisé par le traité de Gaulle-Adenauer de 1963 était brisé. Si bien qu'en novembre 1968, alors que la France était secouée par une crise monétaire qui, manifestant la suprématie économique allemande, affaiblissait encore un peu le crédit dont disposait le général [*], Londres accueillit avec faveur l'idée lancée par Michel Debré d'un dialogue franco-britannique sur les affaires européennes.

Charles de Gaulle prit les choses en main, et invita l'ambassadeur britannique à déjeuner pour le 10 janvier : c'était bien le diable si, avec le gendre de Churchill, il ne parvenait pas à recréer un climat d'alliance. Pour de multiples raisons, l'entrevue dut être repoussée au 4 février, à la veille d'un voyage du Premier ministre Wilson à Bonn — circonstance qui allait jouer un rôle important. Quoi qu'il en soit, le repas de l'Élysée, auquel ne prirent part que le général et Mme de Gaulle, l'ambassadeur et Lady Soames, et qui fut précédé et suivi par deux longs tête-à-tête, permit que se noue un dialogue devenu rare entre représentants de la Grande-Bretagne et de la France.

Le général, parlant sur le ton de l'amitié, décrivit à grands traits devant son hôte l'Europe « européenne » qu'il souhaitait toujours susciter. Rappelant qu'il restait assez sceptique sur l'adhésion de la Grande-Bretagne à cet ensemble, il convint que des négociations bilatérales beaucoup plus approfondies que celles qui s'étaient déroulées jusqu'alors devaient s'ouvrir avec Londres, pour voir si, à propos des problèmes économiques et monétaires notamment, « les deux gouvernements pourraient résoudre leurs différences de conceptions ». Et il rappela que, si tout le monde en était d'accord, il

---

[*] Voir plus loin, chapitre 26.

accepterait d'étudier une transformation profonde du Marché commun pour y faire place à l'Angleterre. (Le langage, en somme, que beaucoup de Français et autant d'Anglais avaient attendu de lui cinq ans plus tôt...)

S'agissant des affaires politiques et militaires, qui ne relevaient pas directement de la CEE, poursuivit de Gaulle, une réorganisation de l'Alliance pourrait intervenir, donnant une place privilégiée aux quatre puissances européennes dotées de véritables armées : la France, la Grande-Bretagne, la RFA et l'Italie : c'était une idée qu'il avait formulée déjà à deux reprises devant M. Fanfani, et que le chef du gouvernement italien s'était bien gardé de tenir secrète.

L'ambassadeur Soames * ayant objecté qu'un tel projet tenait peu compte de l'existence de l'OTAN, le général répliqua que cet organisme ne durerait pas éternellement, que les Américains — tout en restant les alliés de l'Europe — en viendraient un jour à suspendre leur présence militaire sur le continent, et qu'en conséquence les Européens devaient organiser leur propre coopération.

Selon Charles de Gaulle, les discussions sur ces différents points devaient englober tous les intéressés. Mais elles pourraient commencer par des négociations bilatérales et secrètes entre Paris et Londres. En cas de progrès, on y associerait les autres. Bien que, de ces propos, rien de très nouveau n'apparût à un analyste attentif de la diplomatie de l'Élysée, Christopher Soames, ambassadeur de Sa Majesté, n'avait pu manquer d'être frappé par la prééminence soudain donnée aux relations avec le Royaume-Uni par l'homme des vetos de 1963 et 1967. Visiblement, une main était tendue, sous une forme certes un peu bizarre et mystérieuse, mais qu'une diplomatie diligente ne pouvait négliger. S'agissait-il d'une révision, d'une reconversion, d'une renaissance de l'Entente cordiale, ou d'une simple relance ?

Selon Bernard Ledwidge, alors ministre-conseiller à l'ambassade britannique, et qui fut mêlé de très près à ces tractations, Soames télégraphia sur-le-champ à Londres un compte rendu minutieux de l'entretien, recommandant qu'une réponse favorable fût donnée aux propositions de son hôte, « quoiqu'elles recelassent, évidemment, certaines difficultés qu'il faudrait aborder avec beaucoup de prudence ». Soames considérait, bien que le général lui ait parlé de façon officieuse, « l'importance potentielle de ses propos évidente » — que cette initiative fût une « conséquence des événements de mai 68 » ou que ce soit l'occupation de la Tchécoslovaquie par les Russes qui ait « incité de Gaulle à envisager l'ouverture des portes de l'Europe à l'Angleterre [18] »...

Le général s'étant exprimé à bâtons rompus, et en tête à tête avec lui, Soames tint à faire authentifier son compte rendu par des collaborateurs du général : Bernard Tricot puis Michel Debré, ayant pris connaissance de son texte, estimèrent qu'il concordait, à quelques formulations près, avec le récit qu'en faisait le général — dont la mémoire était très sûre. Bref, au départ, les

---

* Lord Soames ayant refusé son concours à l'auteur, ce récit doit beaucoup à ceux d'André Fontaine (*le Monde* du 11 mars 1969) et de Sir Bernard Ledwidge (*De Gaulle*, p. 392-397).

partenaires sont d'accord sur l'essentiel de ce rapport dont l'exploitation va faire l'objet de ce qu'on appellera « l'affaire Soames » — bien injustement puisque l'ambassadeur fut la victime, et non l'auteur, de la machination qui ruina la reprise du dialogue franco-britannique.

Aussitôt, deux camps s'étaient formés, sinon au Quai d'Orsay où dominent les anglophiles, au moins au Foreign Office, où l'on rêvait depuis longtemps de faire payer à de Gaulle ses rebuffades. La communication de Soames avait intéressé le Premier ministre. Mais le secrétaire au Foreign Office, Michael Stewart dont la francophobie (ou en tout cas la gaullophobie) ne cherchait pas même à se camoufler, parla aussitôt de « piège » : venant de l'homme au veto, une telle ouverture ne pouvait tendre qu'à « embarquer » Londres dans des tractations qui prouveraient aux Européens et aux Américains la perfidie d'Albion. Donnons la parole au diplomate britannique Bernard Ledwidge : « Michael Stewart et ses principaux conseillers brûlaient de tout révéler aux Américains et aux Cinq et de ne rien accepter des Français. Leur attitude était une preuve éclatante de la méfiance qui existait alors au Foreign Office envers de Gaulle [19]. »

Le mot de « méfiance * » est faible. C'est d'animosité qu'il faut parler, dès lors que les diplomates en question, gens sérieux et avertis, attribuent à de Gaulle le seul travers dont ils n'aient pu, jusqu'alors, le taxer : l'hypocrisie. Que les responsables de la diplomatie britannique aient eu fort à se plaindre du général, de la brutalité de ses procédés, de la jactance de ses propos, voire de son anglophobie, on peut le soutenir. Mais qui avait jamais agi avec une rudesse plus abrupte ? La *combinazione* que prétendaient découvrir ici M. Stewart et son équipe était, d'abord, le fruit de leur antipathie.

Bernard Ledwidge rapporte d'ailleurs, pour en avoir reçu la confidence de l'intéressé que, sitôt qu'il fut informé par le général de l'ouverture par lui faite à l'ambassadeur Soames, Couve de Murville (alors Premier ministre) lui déclara que Londres n'avait pas manqué d'en informer immédiatement Bonn. « C'était alors inexact, commente le diplomate anglais, mais prophétique ! »

Peut-être les partisans de la confiance (prudente...) l'auraient-ils emporté sur ceux du sabotage si Harold Wilson n'avait pas été l'hôte, le 11 février, du chancelier Kiesinger à Bonn. Pouvait-il garder pour lui le secret de l'Élysée ? Michael Stewart le convainquit de vendre la mèche. Il le fit, selon M. Ledwidge, dès le 11, « brièvement ».

On peut comprendre que Wilson n'ait pas cru loyal de se taire devant Kiesinger. Mais il y a beaucoup plus étrange : c'est seulement le lendemain que le Foreign Office chargea son ambassadeur à Paris de prévenir le Quai d'Orsay qu'Harold Wilson avait pris l'initiative de révéler à son collègue allemand la teneur d'un entretien dont M. Soames ne pouvait manquer de connaître le caractère confidentiel : d'après André Fontaine, le diplomate anglais avait bien demandé le 4 février au président de la République française si sa proposition devait rester confidentielle, et s'était entendu

---

* Ledwidge, dans la version originale, parle de « *depths of distrust* ».

répondre qu'elle ne pourrait « être rendue publique qu'une fois les conversations commencées » : il n'était pas question « d'informer qui que ce soit entre-temps [20] ».

Le 12 février, recevant de M. Soames l'avis de la communication faite à Kiesinger, Hervé Alphand devait résumer ainsi, durement, le procédé britannique : « En fait, la réponse que la France attendait a été donnée d'abord au chancelier allemand [21]... »

Beaucoup plus étrange encore que la « fuite au sommet » de Bonn allait être celle qu'organisa le Foreign Office les jours suivants. Les ambassadeurs britanniques auprès des cinq autres pays du Marché commun furent chargés de communiquer aux gouvernements auprès desquels ils étaient accrédités un résumé du rapport établi par Christopher Soames après sa conversation avec le général...

« Un homme moins susceptible et moins prévenu à l'égard des dirigeants britanniques que le général de Gaulle aurait déjà jugé le procédé cavalier », écrit André Fontaine. Mais il y eut pire : les collaborateurs de M. Stewart et certains de ceux de Christopher Soames allèrent jusqu'à truquer systématiquement le rapport de l'ambassadeur, pour lui donner un caractère plus antiaméricain et antieuropéen. De Paris ne seraient pas partis moins de trois « rapports » progressivement corsés par un diplomate nommé Michael Butler *.

Selon André Fontaine, les « retoucheurs » avaient notamment retiré du texte original la réponse négative faite par de Gaulle à M. Soames lui demandant si Londres aurait à quitter l'OTAN pour s'affirmer « européen » selon ses vues... De la suggestion de concertations régulières à quatre (Washington-Londres-Rome-Paris) sur les questions politico-militaires, la « version Stewart » avait fait un projet de « directoire ». Ainsi amendée, la proposition de Gaulle devenait un plan de destruction à la fois de l'OTAN et de la CEE...

Mais le Foreign Office devait aller plus loin encore. Une assez vague mention de différend ayant été faite dans *le Figaro* du 21 février 1969, Londres s'inquiéta de voir Paris « sortir » sa version de l'affaire. Alors, raconte Bernard Ledwidge (victime comme son ambassadeur Christopher Soames de ces manipulations qui coupaient court à une relance des rapports franco-britanniques vivement souhaitée par l'un et l'autre) « la réaction britannique à cette fuite fut extraordinaire. Le Foreign Office [...] prit l'initiative de remettre à la presse le texte intégral du compte rendu de Soames en ajoutant qu'il avait été approuvé par l'auteur. Rendre public le texte d'un échange confidentiel par voie diplomatique entre un chef d'État étranger et un ambassadeur britannique était vraisemblablement sans précédent dans l'histoire britannique. En même temps, on distribua un *briefing* destiné à la presse où il était dit que le Général semblait envisager la dissolution de la CEE et de l'OTAN,

---

* Qui, jusque dans les bureaux du Quai d'Orsay, tenait des propos si injurieux contre le général de Gaulle que Paris dut demander à Londres son rappel...

tandis que la politique de Londres était de renforcer ces deux organisations [22] »...

Hormis un bombardement en piqué de l'Élysée, le cabinet de M. Wilson pouvait difficilement mener une opération plus destructrice contre l'homme qui avait claqué par deux fois la porte au nez de solliciteurs britanniques de Bruxelles. Il est tout à fait vain d'essayer de décrire ce que fut la fureur du général. Et non moins vain de penser qu'il se reconnut quelques responsabilités dans cet échange de mauvais coups. Pouvait-il espérer que le pays de Pitt et Churchill laisserait passer, sans en tirer une de ces vengeances que seules les très anciennes familles et les très vieilles diplomaties savent mitonner, les camouflets de 1963 et de 1967 ?

Sir Christopher Soames, transformé malgré lui en outil de la revanche, et qui pouvait à bon droit se juger manipulé par son ministre, pensa démissionner [23]. Il ne le fit pas, et eut la surprise de constater que l'ostracisme dont l'Élysée, d'abord, le frappa fut levé avant la retraite du général.

Lors d'un entretien confidentiel qu'il eut alors avec Jean Mauriac, l'ambassadeur britannique devait d'ailleurs manifester sa confiance dans une reprise du dialogue. Assurant qu'il comprenait que le général soit ulcéré, offensé, et donc qu'il se cantonne dans le silence, M. Soames ajouta : « Je reste dans l'attente d'un signe d'espoir. Je suis tombé de cheval, mais je remonterai en selle [24]... »

Le général de Gaulle était depuis longtemps parvenu à la conclusion que les manœuvres diplomatiques ont ceci de commun avec les militaires qu'elles commencent dans l'illusion, se poursuivent dans la fièvre, s'exacerbent dans l'incompréhension et s'achèvent dans la stupéfaction. Ne survivent aux unes et aux autres que le texte de César ou le récit du « Congrès de Vérone ».

Verrou à l'Est, verrou à l'Ouest. En ce début d'année 1969 qui le verrait mettre un terme à sa prodigieuse carrière, Charles de Gaulle en était-il à contempler un champ de décombres, les débris de son « grand dessein » ? Pour l'affirmer ou l'infirmer, il conviendrait de définir, de façon moins approximative, ce que fut le projet gaullien hors des frontières de l'Hexagone où il avait — préalable absolu — bâti un Etat dont le style monarchique ne figeait ni la vigueur productive en maints domaines, ni l'aptitude au renouvellement, ni, en fin de compte, la fertilité démocratique.

« Le grand dessein »... En trente-trois pages * passionnées, lumineuses et contradictoires, Raymond Aron s'est essayé à percer ce qu'il appelle aussi le « secret » du général. Se démarquant de l'idée d'André Siegfried qui, rapporte-t-il, faisait de « la fin de l'Alliance atlantique » l'objectif majeur

---

* De ses *Mémoires* (p. 418-450).

du général, où de celle, plus pittoresque, de Jean Paulhan, qui imaginait qu'après avoir réalisé une partie des idées de Maurras de Gaulle rêvait de jouer le rôle de Lénine, Raymond Aron pose, à propos du général, plus de questions qu'il ne donne de réponses. Sagesse...

Les deux seules certitudes qu'il paraît nourrir à ce sujet, c'est que de Gaulle sous-estimait le caractère idéologique, profondément communiste en même temps que russe, de la détermination des dirigeants de l'Est, et qu'il surestimait le caractère hégémonique de la puissance américaine. Le côté tous azimuts de la stratégie gaullienne, mettant (verbalement) sur le même pied les menaces venues de Moscou et de Washington, lui semble absurde.

Et il est bien vrai que ce qu'on pourrait appeler l' « identification des géants » est bien, dans le mécanisme intellectuel gaullien, ce qui se prête le plus à l'accusation d'artifice. Il est vrai que le gigantisme porte en lui ses périls, et qu'un lien existe entre l'ampleur d'un pouvoir et son « arrogance ». Les États-Unis en ont donné, depuis 1941, quelques preuves que M. Raymond Aron a tendance à minimiser. Mais dût-il rappeler souvent que la France se gardait bien d'assimiler la démocratie américaine au totalitarisme soviétique, le général n'a pu se retenir de faire reposer son système sur une fausse symétrie.

Ce n'est pas seulement en raison d'une certaine analyse historique qu'on trouve à redire au comportement, en ce domaine, du général. C'est aussi parce qu'il se distancie par trop de la sensibilité publique et de l'opinion de la majorité des citoyens. A la différence d'Alfred Grosser (mais écrivant il est vrai près de vingt ans après lui), nous ne voyons en France d' « américanophobie [25] » que sous l'effet d'une propagande du type de celle du PCF ou de soudaines poussées de fièvre. Aussi bien la « désaméricanisation » de la diplomatie française par le général ne fut-elle plébiscitée que quand elle ne prit pas une forme polémique.

Tentant à son tour, dans un excellent livre*, de définir le « grand dessein » de Charles de Gaulle, le politologue américain Philip Cerny écrit ceci : « Le général fut le premier grand dirigeant français à tenter avec conséquence de briser le cercle vicieux de la politique de la guerre froide et à démontrer clairement que dans un monde caractérisé par le dégel et la détente, le rôle des États-nations et le concept d'intérêt national deviendraient primordiaux et que l'hégémonie des superpuissances réglée sur les hégémonies universelles déclinerait... » C'est une thèse...

Selon M. Cerny, cette tentative ne visait qu'à la reconnaissance d'une indépendance « symbolique » pour la France et tendait peut-être moins à réformer ou réorienter la société internationale qu'à légitimer son pouvoir et à assurer la stabilisation de la société politique française. Ainsi la « grandeur » aurait été moins l'objectif de la politique étrangère de

---

* *The Politics of grandeur*, Cambridge University Press, 1980, publié chez Flammarion sous le titre *Une politique de grandeur* en 1986, préfacé par Michel Jobert et traduit (très bien) par Anne Krief.

Charles de Gaulle qu'une forme de recherche d'un consensus fondant la restauration de l'État.

C'est encore une thèse. Ingénieuse, elle fait peut-être une part insuffisante à la vision du monde, très globale, du général, et au sentiment qu'il avait d'une mission mondiale de la France — fondée sur son passé, son expérience, sa situation stratégique, et l'entregent peu banal de son chef.

La plupart des tentatives de description du « grand dessein » de Charles de Gaulle — et même celle de Raymond Aron — pèchent par un point : elles l'inscrivent seulement dans l'espace. Est-Ouest, Nord-Sud, océans et massifs montagneux... C'est négliger par trop ce qui en fut une donnée essentielle : le temps. Le projet gaullien est aussi une sorte de course contre la montre, un combat avec les heures, les jours et les années.

Le général n'est pas plus tôt installé à l'Élysée qu'il confie à ses intimes : « J'arrive dix ans trop tard », ou : « J'ai dix années de trop. » Il est constamment obsédé par l'étroitesse du délai dont il dispose pour réaliser ses objectifs fondamentaux : un État doté de forts moyens d'action internes et externes, pour faire de la France une nation indépendante (de ses colonies comme de ses protecteurs), apte à jouer un rôle dirigeant dans les affaires du monde.

Ainsi court-il la poste, de « paix des braves » en Évian et de Bonn en Québec, hanté par l'angoisse de n'avoir pas dégagé assez vite la France du piège algérien, de n'avoir pas su bâtir en temps utile la Confédération européenne dont Paris serait l'épicentre, de n'avoir pas transformé le Pacte atlantique en un système égalitaire de coopération militaire transatlantique où la France, présente sur les deux rives de l'océan par son implantation culturelle québécoise, jouerait les deux rôles de Mercure et de Minerve.

Alors, pour empiler les uns sur les autres, ou emboîter les uns dans les autres tant de projets, tant d'ambitions, il lui faut accélérer sans cesse, et sans cesse doubler la mise, ici pousser son cri un ton trop haut, là donner une leçon trop roide, et là encore s'aventurer dans l'inconnu ou à contresens, emporté comme un cheval au galop. Il y a, dans cette course, quelque chose de romantique, où Mazeppa le dispute au second Faust.

Plutôt que le mot « dessein », c'est celui de « démarche » qu'il faudrait choisir, mettant l'accent sur le rythme autant que sur les concepts et les volumes. On a dit déjà, à propos de la notion de « rang », à quel point ce mot figeait à l'excès une vision puissamment marquée par le mouvement, et que, pour tenter de retrouver l'idée que pouvait se faire Charles de Gaulle du rôle de la France, il fallait moins penser aux alignements militaires qu'aux compétitions sportives, courses, records, échappées, percées et « peloton de tête ».

S'agissant du « grand dessein », il faut constamment se référer au facteur durée, penser aux accélérations, aux délais, aux enchaînements. Et c'est ce dont ne rend pas tout à fait compte l'inévitable présentation thématique que l'on a dû choisir pour la clarté de l'exposé : tant il est vrai que politique sur le Rhin, redéploiement atlantique ou recherche de détente à l'Est ne se conçoivent et ne s'expliquent pleinement qu'en interaction, en succession et enchevêtrement, opérations se poussant, s'activant l'une l'autre et se démultipliant l'une par l'autre — sans parler des péripéties intérieures.

Charles de Gaulle, considérant le monde en 1958, est-il d'abord un homme qui voit des horizons, des volumes, des espaces, des poids et des mesures? Ou qui pense en termes de mois et de saisons? Les uns et les autres, bien entendu, ceux-ci ne prenant, que par ceux-là, leur caractère tragique.

Forgé par nos auteurs de l'âge classique, Charles de Gaulle, homme d'action autant qu'homme de lettres, y prend pour modèle les maîtres de la tragédie (Corneille, bien sûr, beaucoup plus que Racine — et connaissait-il Garnier, pour s'y retrouver?) dont les règles d'unité visent le temps et l'action aussi bien que le lieu.

Une action unique : le rétablissement de la France en tant que sujet et protagoniste de l'Histoire ; un lieu unique : le monde ; un temps unique : la décennie qui s'ouvre au moment où il a rassemblé en ses mains les outils du bâtisseur. Décennie dont le terme coïncidait à peu près dans son esprit avec son quatre-vingtième anniversaire — choisi, selon certaines confidences de son fils, pour sa retraite. Et comme Pierre Corneille s'acharne, s'époumone et s'essouffle à faire tenir, dans son unité de temps, des enfances héroïques, des saisons d'amour, des guerres pour Rome et des chutes d'Empire, Charles de Gaulle s'opiniâtre à empiler, rassembler et entrechoquer en quelques années fiévreuses, de quoi meubler les chroniques de quelques générations de bénédictins attentifs.

Si impérieux qu'aient été les délais, imposant à l'entreprise gaullienne ses rythmes et sa dynamique originale, il faut bien en venir à une tentative de définition de ce qui semble avoir été le « grand dessein » du général. Mais là encore, il faut se garder (pour reprendre une de ses formules) de « figer dans les mots ce que l'entreprise dessinera au fur et à mesure ».

Le temps marque à ce point le projet gaullien qu'il le modifie au gré des « circonstances ». Si bien qu'il faut ici distinguer ce qui, dans le « grand dessein », est constant, irréductible, noyau dur, et ce qui est, *volens nolens*, susceptible de modification, réorientation, voire même d'abandon.

Au noyau dur appartiennent ces cinq propositions.

La France ne dépendra plus de personne, recouvrant sa pleine souveraineté et disposant de son autonomie de décision en tous domaines, et en premier lieu le stratégique. Tout système de supranationalité — militaire à l'intérieur de l'OTAN, économique, monétaire et *a fortiori* politique par le biais des organismes de Bruxelles — doit être, pour ce qui la concerne, aboli.

La fixation et organisation du monde en deux blocs ne répond ni à la nature des choses ni à l'intérêt des peuples, à commencer par le peuple français. Sans renier une alliance occidentale qui tient à l'histoire, aux affinités, à la conception de l'homme, à la culture beaucoup plus qu'à telles règles de discipline militaire ou financière, la France fera tout pour dissoudre ces blocs et rendre aux relations internationales leur fluidité multipolaire.

Au centre de ces constellations et configurations assouplies par rapport au temps de la guerre froide, et progressivement amenées par la détente à l'entente et à la coopération, l'Europe a une vocation médiatrice, due à son incomparable expérience et à son rôle de moteur de la civilisation moderne, rôle qu'elle exercera d'autant mieux que les nations auront gardé, au sein de la communauté, leur originalité créatrice.

Mais, fût-elle unifiée et reconstruite, l'Europe ne saurait se donner pour fin un rôle d'arbitre satisfait. Aux deux tiers du monde encore taraudés par la misère et déchirés par les conflits, elle doit apporter une coopération active et massive, pour des raisons de stratégie pacifique autant que de compréhension humaine.

Car la paix est désormais la fin, et même l'impératif constant de toute politique. Dominée désormais par le fait nucléaire, c'est-à-dire par la perspective d'une extermination de l'espèce, la guerre est l'hypothèse impie, que tout doit être fait pour conjurer. En admettre l'éventualité, comme le fait le général de Gaulle, ne peut que contribuer à en ressentir, dans sa plénitude, l'horreur. En charge de l'avenir du peuple français, nation moyenne et particulièrement exposée, l'homme de l'Élysée ne peut tendre à d'autre objectif qu'à la prévention vigilante du cataclysme.

Ces règles d'or — ou de fer ? — le stratège de l'Élysée les assortit d'une panoplie à géométrie variable, plus ou moins accommodée aux circonstances internes et externes — substitutions de personnalités ou de majorités responsables à Washington, à Moscou, à Londres ou à Bonn, conflits explosant ici ou là, crises économiques, monétaires ou politiques, novations scientifiques ou techniques...

En trois domaines au moins, le « grand dessein » a, si l'on peut dire, bougé, bronché ou bégayé. D'abord en matière d'équilibre européen. Ensuite, par rapport aux deux superpuissances. Enfin pour ce qui a trait à la stratégie tous azimuts.

L'Europe gaullienne, dite « des patries » ou « des États », est un projet classique de confédération qu'exprime le plan Fouchet, né à Paris en 1961, étranglé à Bruxelles en 1962. L'entreprise se fondait sur un axe * Paris-Bonn, ou mieux de Gaulle-Adenauer. Une exceptionnelle rencontre humaine ayant dramatisé et humanisé une réconciliation historique majeure, déjà opérée en profondeur sous l'impulsion de Robert Schuman, le couple franco-allemand domina, cinq années durant, l'accouchement de l'Europe.

Charles de Gaulle crut-il bâtir ainsi sur le roc ? Il était le dernier — hanté qu'il était par son âge — à ignorer que la carrière de Konrad Adenauer touchait à sa fin. Il voyait, autour du vieux chancelier, s'agiter ou s'affirmer une autre génération, un autre type d'hommes, qui savaient que le « miracle économique allemand » était non seulement celui d'un peuple acharné et inventif, mais d'un capitalisme étayé sur la puissance américaine.

Il n'en choisit pas moins de privilégier la relation humaine sur la donnée

---

* On utilise le mot, commode en l'occurrence, sans se dissimuler ce qu'il a, pour beaucoup de lecteurs, de révulsif.

sociologique et, à partir de son entente avec le vieux monsieur de Rhöndorf, de faire du couple franco-allemand — noblesse des personnages, richesse des symboles, audace des visions — la pierre angulaire à la fois de l'avenir français et du surgissement de l'Europe. Et non content de tout miser ainsi sur une alliance à vrai dire éblouissante, il prétendit détacher progressivement son allié de l' « autre alliance », celle sur laquelle l'Allemagne fédérale fondait *(über alles)* sa sécurité : celle des États-Unis.

Ici, toute la visée gaullienne se situe en porte à faux. Quand tout le monde, hors de son cercle d'intimes, lui disait que, si forte, profonde (et heureusement accueillie du Rhin à l'Elbe) soit la réconciliation franco-allemande, et éclatant son prestige personnel, une seule chose ne pouvait être demandée à la République fédérale : choisir entre Washington et Paris, il s'obstina, voulut affirmer sa prééminence, voir reconnaître une « préférence » pour la France, celle qu'exprimait le traité de janvier 1963. Ainsi aboutit-on quatre mois plus tard à la signature d'un « préambule » au traité qui, dialectiquement, hurlait la préférence allemande pour Washington...

Quand le projet français (gaullien ?) était d'adosser à Bonn sa propre prise de distance avec Washington, celui de la RFA était de se servir de la France comme truchement supplémentaire avec les États-Unis. Qu'un homme aussi perspicace que Charles de Gaulle n'ait pas senti cela, qu'il ait misé toute sa stratégie de distanciation sur un partenaire qui misait tout sur l'inféodation, restera l'un des mystères de cette mystérieuse carrière.

On s'est déjà interrogé sur le choix fait, à la fin des années cinquante, pour l'alliance allemande contre l'entente cordiale avec Londres. Pourquoi de Gaulle, pour mieux repousser les avances britanniques parlera-t-il à diverses reprises de « cheval de Troie américain » ?

Évoquant ce débat, MacGeorge Bundy, augure de la diplomatie de J. F. Kennedy, puis de celle de L. B. Johnson, nous disait : « Cheval de Troie ? Mais c'était à Bonn qu'il était, pas à Londres... Les liens des Allemands avec nous étaient beaucoup plus profonds et indissolubles que ceux des Anglais. Peut-être de Gaulle eût-il pu éloigner de nous Macmillan ou même Wilson. Mais pas Erhard ou Kiesinger qui ne cessaient de nous rappeler que, pour eux, l'Alliance atlantique primait toute autre considération [26]... » Ce n'est donc que dans les tout derniers mois de règne que le vieux souverain envisagea de rectifier le tir, tendant la main à Londres : mais on a vu comment, rabroué si longtemps, ou ignoré, le Foreign Office prit sur lui la plus cruelle des revanches, « donnant » aux cinq autres Européens ce complice potentiel pour payer son entrée, trente mois plus tard, dans la Communauté.

Cette révision du « grand dessein » ne fut pas la seule. L'ensemble des comportements que ses divers voyages à l'Est (en 1966, 1967 et 1968) lui avaient fait découvrir conduisirent de Gaulle à opérer des retouches qui, à partir de 1967 surtout, assombrirent l'optimisme relatif qui lui avait fait espérer un assouplissement des totalitarismes et le préparèrent à un renouveau de l'alliance occidentale dont Nixon et Kiesinger allaient être les artisans et les bénéficiaires.

Quant à la stratégie « tous azimuts », qui parut, un temps, l'épiphanie du gaullisme à l'échelle planétaire, nous avons vu que son inspirateur en avait amendé sinon la motivation profonde (risquant d'être attaquée de partout, la France doit pouvoir frapper de partout, et même atteindre n'importe quel objectif) en tout cas l'articulation générale par rapport à l'ensemble du projet occidental.

Il y avait à coup sûr beaucoup de gesticulations simulées dans la mise en place de la stratégie française de dissuasion au cours des années soixante. « Nous nous sommes donné beaucoup de mal pour croire à une sorte de neutralité armée », nous confiait un jour un des plus proches collaborateurs du général de Gaulle. Il fallut beaucoup moins d'efforts aux mêmes hommes pour rappeler, lors de la signature des accords Ailleret-Lemnitzer, de la visite de Richard Nixon à Paris et de la reconduction du Pacte atlantique, en avril 1969, que la France restait, avec ses bouffées de nostalgie querelleuse et ses rêves de grandeur, une pierre angulaire de la défense occidentale.

Charles de Gaulle avait compris que les matériaux de démolition d'une politique lui serviraient pour bâtir une diplomatie alternative. Les gravats résultant de son travail de sape contre une certaine forme d'alliance américaine, il les utilisa pour tenter de fonder sa politique de détente avec l'Est et de coopération avec le Tiers-Monde, au nom de sa « résistance à l'impérialisme de Washington ».

Ainsi se dessinait une configuration nouvelle, que l'on doit pouvoir appeler le « grand dessein » du général : assuré qu'en tout état de cause le parapluie nucléaire américain restait ouvert au-dessus de l'Europe occidentale et que la position stratégique et économique de la France lui conférait une importance telle qu'elle serait, de toute façon, préservée, il s'agissait de bâtir, autour de la France une Europe, gerbe de nations et carrefour de continents, apte à la fois à offrir la paix à l'Est et à coopérer avec le Sud. Cette France gaullienne, située à l'intersection d'un axe est-ouest et d'un axe nord-sud, quel rôle lui était donc promis ! Diplomatie « hauturière », comme on le dit de la navigation...

Si l'on admet que le « grand dessein » du général de Gaulle fut, dix années durant, l'érection de cette France-là, alliée mais non « protégée » des États Unis, inspiratrice d'une confédération européenne dont les États membres eussent choisi Paris pour dynamo, et animatrice d'une ouverture à l'Est qui eût entraîné l'érosion des deux grands blocs et le retour à un système multipolaire où les anciennes nations voyaient s'ouvrir d'infinies perspectives de médiation, d'arbitrage et de conciliation — alors on est conduit à dresser un bilan quelque peu mélancolique.

L'Est reste hermétique. L'Ouest continue de se blottir autour du géant américain. La France s'est dotée d'une capacité théorique de dissuasion. Elle poursuit, en flanquement de la grande alliance occidentale, une démarche qui tire, de son originalité, l'aptitude à jouer tantôt les freins tantôt les accélérateurs de la détente. C'est peu, si l'on considère l'ampleur du projet gaullien.

Mais si l'on préfère voir avant tout dans le « grand dessein » du général une visée pédagogique, la volonté de réapprendre aux Français à marcher debout, alors on peut porter sur l'entreprise un jugement beaucoup plus positif, et retenir ce mot d'Emmanuel Berl : « Il a dé-ridiculisé la France... »

Ce qu'exprime sur un mode plus solennel l'un des diplomates étrangers qui auront eu, avec Charles de Gaulle, de 1940 à 1965, les relations les plus orageuses, Lord Gladwyn, longtemps ambassadeur du Royaume-Uni en France :

« Espèce de sur-homme nietzschéen au-delà du bien et du mal, il aura eu plus d'influence sur ses contemporains qu'aucun homme depuis Cromwell. Même Churchill fut un homme moins extraordinaire. [Mais] aussi prodigieux qu'ils soient, les hommes d'État sont faillibles [...]. Lui, de Gaulle, aura surestimé les moyens de la France à un point catastrophique. [...] Mais après la période héroïque se présente pour la France un rôle plus normal au sein de la société occidentale [...]. En ce sens, le grand apport de De Gaulle aura été de libérer ses compatriotes d'un complexe d'infériorité fondé sur la défaite et l'occupation [27]. »

III

L'État général

« ... Ce n'est pas sans angoisse que je me demande ce qu'il
adviendra de notre pays lorsque, pour une raison ou une autre,
j'aurai cessé de le conduire [...]
Il faut continuer cette sorte de monarchie populaire qui est le
seul système compatible avec le caractère et les périls de notre
époque... »

Charles de Gaulle, lettre à son fils,
4 juin 1961 (*Lettres, Notes et Carnets,
1961-1963*, IX, p. 93-94).

21. La belote et le poker

Nous n'en sommes plus à le découvrir. Mais regardons avec soin cet homme auquel de Gaulle a offert la succession de Michel Debré. Il va jouer un rôle majeur dans la suite de l'histoire.

Un œil plus ouvert que l'autre, souvent plissé par la fumée, l'ironie ou l'attention, l'un plus bleu, l'autre plus gris ; le regard, sous les sourcils charbonneux, semble fait pour le guet, l'attente et la parade. L'ironie peut s'y inscrire, ou la gaieté. Mais nul ne remet mieux en mémoire ce proverbe persan : « Prends garde à l'homme dont le visage ne s'éclaire pas dans le sourire. » Regard de sentinelle ou d'examinateur, de conseil d'administration et de contre-expertise, regard tapi, fait d'attention désinvolte et de repli furtif. Dans l'entourage du général, certains l'appellent « œil touffu »...

Le bas du visage est tout autre : dessiné pour la facilité, le goût de vivre, l'hédonisme d'un épicurien du siècle de Louis XV qui aurait fait sa vie entre le Parlement de Bordeaux et l'Académie des jeux floraux de Toulouse et dont les séjours à Paris n'auraient pas eu seulement pour objet des entretiens avec d'Alembert. Avec, par le haut, l'aptitude à guetter et, par en bas, l'appétit de vivre, voilà un visage qui n'en dit peut-être pas long sur une politique, mais beaucoup sur un personnage.

Nombre de sociologues disent du général de Gaulle que, du fait de l'étrangeté de son génie à la fois médiéval, planétaire et prospectif, il est peu représentatif du peuple français : il semble l'avoir rencontré comme jadis ces princes baltes ou transylvains étaient appelés par les hasards des alliances et des mariages à gouverner — superbement — de lointains royaumes. Le plus illustre des Français est aussi, d'entre eux, le plus singulier.

De Georges Pompidou, on ne saurait parler de même. Sur ses traits, dans son parler et son comportement s'inscrivent tant de traditions et de coutumes qu'on le croirait dessiné par l'illustrateur d'une encyclopédie française : moins fertile que son prédécesseur à Matignon pour l'historien des idées, il est plus riche, à coup sûr, pour le sociologue et l'analyste des mœurs. Qu'on agrémente ce visage d'une perruque poudrée, de favoris, d'une courte barbe, on retrouve un moment de l'histoire, un type de la vie publique française, compagnons du Vert-Galant, fermiers généraux du Languedoc, parlementaires louis-philippards familiers de M. Thiers, ministres de Napoléon III, républicains à poigne dans le style de Constans.

Dans tout cela, bien sûr, le Midi l'emporte — au point qu'au sud de la Loire l'installation de Georges Pompidou à l'hôtel Matignon aurait pu être présentée comme la revanche des cathares sur les barons du Nord. Depuis la fin de la république radicale, les Méridionaux s'étiolaient loin du pouvoir : Pétain et de Gaulle, Pleven et Schuman, Mollet et Pflimlin, Laniel et Coty, et Debré, tous — Auriol excepté — venaient d'au-delà de la frontière des tuiles romaines et du droit écrit.

L'ancien fondé de pouvoir de MM. de Rothschild a, dans l'accent que voile le velours sombre de la voix de gorge, des sonorités qui ne trompent pas, une façon de dire « rose » et « côte » que vingt ans de Conseil d'État, de banque, de cabinet ministériel, de Matignon (et d'Élysée) n'effaceront pas. Dans les intonations cuivrées, dans le phrasé de baryton, dans une certaine façon de porter les accents, de draper les péroraisons, il y a une odeur de cèpes et de piperade, de vin de Cahors et de vieil Armagnac. Encore que ce Midi-là ne soit pas tout à fait celui de Gaston Doumergue et de Vincent Auriol : le Cantal parle en rocaille chantante, mais la tradition des policitiens auvergnats n'est pas, en France, celle de la bienveillance.

Un homme, pourtant, n'est pas ce que révèle malgré lui son visage, ni ce que font croire ses origines, ni ce que donnent à rêver son accent ou le son de sa voix. Il est ce qu'il fait. Et c'est là ce qui intéresse chez le nouveau Premier ministre. Les « grâces d'état », le phénomène de « potestatisation » de la personne jouent dès lors qu'il est investi du pouvoir, et notamment chez cet homme public qui s'est fait dans la pénombre. Mais le parcours qu'il accomplit vers l'hôtel Matignon, et la façon dont il l'a accompli, les moyens qu'il a choisis, les alliés qu'il a obtenus, les appuis qu'il a reçus peuvent en dire long.

Comment un homme devient-il, avant toute élection, Premier ministre ? Quelles vertus faut-il pour suivre cette route et s'élever si haut ? Le précédent de Georges Pompidou ne servira pas à tous de leçon. Car autant la première partie de cette carrière est exemplaire, chaudement conforme aux traités de morale républicaine, autant la seconde partie emprunte à la littérature de l'improbable, aux hasards de la route et à la faveur d'un grand homme. Parti comme du temps de Jules Grévy, il parvient comme au temps du Roi-Soleil.

Au départ, nous sommes en pleine imagerie d'Épinal, et de bonne qualité. Une famille de paysans auvergnats, un père et une mère instituteurs — lui grand blessé de guerre —, des études qui vont d'un premier prix au Concours général à l'entrée à l'École normale et à l'agrégation de lettres. Professeur à Saint-Charles de Marseille, puis à Louis-le-Grand. Voilà comment, sous la IIIᵉ République, naissait puis croissait un ministre, voire un président.

Décrivant la carrière de Georges Pompidou, on a parlé de Balzac (et Louis Vallon, que l'indulgence, en l'occurrence, n'aveugle pas, évoquera César Birotteau). Mais Balzac ne rend pas compte de cet univers des khâgnes et d'un « mérite » qui s'acquiert à coups de diplômes et déborde de certitudes sociales. C'est plutôt du côté de Jules Romains qu'il faut regarder. Jallez ou Jerphanion ? Qu'importe. C'est là le climat, celui de carrières heureuses au carrefour de l'Université, des beaux-arts et du pouvoir.

Un an au cabinet du chef du gouvernement de la Libération — alors qu'aucun titre de résistance ne semble l'y désigner —, un rôle très efficace d'augure et de « directeur des études » au RPF, sept mois (éclatants...) à la direction du cabinet du général de Gaulle président du Conseil (en 1958), deux missions auprès du FLN algérien en Suisse, un portefeuille des Finances refusé — et le voilà Premier ministre. Ni Louvois, ni Polignac, ni le comte Molé n'ont connu plus foudroyante fortune. Dès lors, le pli est pris. Et la faveur du grand homme ne se retire pas même de lui quand, en 1959, il préfère, aux rigueurs du service de l'État, les avantages du pouvoir bancaire.

Napoléon assurait qu'il ne voulait pour maréchaux que des hommes heureux. Est-ce cela qui a dirigé sur Georges Pompidou le regard de Charles de Gaulle, avant celui des citoyens français ? Est-ce cette aptitude à l'emporter « sans vraiment se fatiguer » ? Peut-être faut-il voir, dans le chef de gouvernement qui s'installe à Matignon en avril 1962 un symbole, ou plutôt une enseigne, celle de l'art de réussir. Rien qu'à le regarder, des millions de Français se croient déjà ministres. On voit bien là ce qui a séduit ses interlocuteurs. Mais le général ? De quelque façon qu'elle évolue, cette alliance entre deux des hommes les plus différents qu'ait produits la société politique française restera l'une des énigmes de ce temps.

A moins que l'on estime qu'il n'est meilleure association que celle des contraires, Don Quichotte et Sancho, Don Juan et Sganarelle. Ce serait en tout cas, pour un professeur de lettres (comme Georges Pompidou), un beau sujet de dissertation à donner aux candidats bacheliers que celui-ci : interprétez la *Chanson de Roland* dans le style du *Roman de Renart*.

Mais on ne saurait, en présentant Georges Pompidou au moment où il devient un protagoniste du drame, manquer de citer ce qu'en écrit son inventeur :

> « Georges Pompidou m'a paru capable et digne de mener l'affaire à mes côtés [...]. Bien que son intelligence et sa culture le mettent à la hauteur de toutes les idées, il est porté, par nature, à considérer surtout le côté pratique des choses. Tout en révérant l'éclat dans l'action, le risque dans l'entreprise, l'audace dans l'autorité, il incline vers les attitudes prudentes et les démarches réservées, excellant d'ailleurs dans chaque cas à en embrasser les données et à en dégager une issue... Couvert par le haut et étayé par le bas, mais en outre confiant en lui-même à travers sa circonspection, il se saisit des problèmes en usant, suivant l'occasion, de la faculté de comprendre et de la tendance à douter, du talent d'exposer et du goût de se taire... Tel que je suis et tel qu'il est, j'ai mis Pompidou en fonction [1]... »

Plût au ciel que tous les chefs d'État fussent en mesure de définir leur plus proche collaborateur avec cet art et cette sagacité...

Que signifie, pourtant, de la part du général de Gaulle, la désignation à la tête du gouvernement d'un personnage non sacralisé par la moindre élection — pas même municipale, cantonale ou professionnelle —, le premier chef de gouvernement non élu que signale l'histoire des républiques françaises ?

Pour comprendre ce choix, il faut considérer le Charles de Gaulle du printemps 1962, tout fumant des combats livrés avec des succès inégaux, tout frémissant des luttes qui s'annoncent. Victoires et défaites s'entrelacent en lauriers et en épines sur son front, victoires qui le griffent et le blessent, défaites qui lui servent d'aiguillon.

Quelques semaines plus tôt, les accords d'Évian ont mis fin aux combats en Algérie, sans pour autant y ramener la paix, sur le terrain ni dans les cœurs. Mais enfin il l'a fait. Il a fait ce que seul il pouvait accomplir — si lent et sinueux que fût le processus, trouble et médiocre le résultat. La guerre sans issue a trouvé sa fin. Le peuple français, à une énorme majorité, et le monde entier ont salué, en cet acte, un des accomplissements majeurs du grand homme, une sorte de renouvellement du sacre.

Dans le même temps ou presque, le projet ambitieux dont la réalisation devait compléter, sur le continent, et de façon positive, ce que les accords du 19 mars avaient d'exotique et de négatif à la fois, l'Europe hexagonale dessinée par le plan Fouchet, s'évanouissait avant que de naître.

Comme elle aurait pu être belle, cette manœuvre de printemps, faite à la fois du détachement algérien et de la mise en place de la Confédération européenne : en quelques semaines, de Gaulle abolissait le désordre colonial pour le transformer en ordre européen... Superbe opération — trop superbe, les cinq partenaires de la France se refusant à servir de monnaie d'échange dans ce transfert de gloire.

Que le fondateur de la Ve République se soit assez vite consolé de l'échec de sa manœuvre européenne, comme l'assure Étienne Burin des Roziers[2], ou qu'il ait su dissimuler, même à ses proches, son dépit, le fait est que voilà un homme apparemment en quête de paix. L'été s'approche. Va-t-il pour un temps délacer sa cuirasse ? Certes non. Son pessimisme le tient en alerte.

« Dès que la paix sera conclue, ils essaieront de me faire la peau. Alors j'attaquerai[3]... » Ce propos était tenu devant un familier dès le mois de juin 1961. Depuis lors, s'il prépare la paix, il pense à la guerre, à cette forme de guerre en tout cas que se livrent tout naturellement les pouvoirs concurrents au sein d'un État.

La tragédie algérienne avait doté le général d'un mandat consulaire que les cosignataires n'avaient évidemment prévu que pour la durée de la mission. La tâche accomplie, le général, soudain, faisait de l'ombre. En ce printemps 1962, il n'oubliait pas l'automne 1945, cette époque où le Parlement redressé prétendait lui passer les menottes d'un « mandat impératif ». Ce qu'avait subi le libérateur, le pacificateur n'était pas prêt à l'accepter. La seule question qui se posait à lui était donc la forme de la contre-attaque ou plutôt, comme il le pensait dès juin 1961, de l'attaque préventive.

Sitôt que s'est précisée la perspective de la fin du combat en Algérie, Michel Debré a tenté de convaincre le chef de l'État de dissoudre l'Assemblée et de faire des élections qui, dans la foulée du référendum du

11 avril, ne pourraient manquer de consolider les assises politiques du régime. Ainsi se dessinait la perspective d'une dyarchie : aux côtés du chef de l'État s'établirait un grand parlementaire, chef d'une majorité amplifiée, consolidé lui-même par la paix, armé d'un texte constitutionnel forgé par lui et confirmé par une pratique de quatre ans à travers l'orage : quel Cavour serait-ce donc là ?

C'est par d'autres voies et vers d'autres objectifs que veut cheminer de Gaulle — et c'est beaucoup pour cela qu'il choisit un autre compagnon.

Dans ce geste, il y a au moins deux aspects. L'un, purement négatif, est la mise à l'écart d'un Premier ministre qui, depuis plus de trois ans (et à d'autres titres depuis vingt ans), le sert avec une diligence, une efficacité et une abnégation sans limites, et qu'il apprécie à sa juste mesure : les *Mémoires d'espoir* en font foi. Mais il le dit publiquement « usé » et l'estime, *in petto*, abusif. Libéré du cilice algérien qui le transformait en plaie vivante, cet homme éminent dont l'ascendant sur la classe politique n'a cessé, dans l'épreuve, de s'affirmer, risque de prendre à ses côtés une place telle que se formerait, à la tête de l'État, une sorte de double secteur, et, à l'horizon, un bicéphalisme.

Non certes que l'auteur des *Princes qui nous gouvernent* prétendît à on ne sait quelle rivalité avec celui des *Mémoires de guerre*. Sa fidélité est d'un métal plus trempé que celle de tel ou tel autre « fidèle ». Mais ce qui ne peut manquer de créer une contradiction entre de Gaulle et lui, c'est leur différence de conceptions à propos du Parlement. Longtemps sénateur, admirateur fervent du système britannique, Michel Debré avait mis tous ses soins à bâtir en 1958 un « parlementarisme rationalisé » — dont le général avait eu la sagesse de s'accommoder, non sans trouver que, dans cette formule, le premier terme prenait trop de place et le second pas assez : un parlementarisme « rationné » lui eût mieux convenu. Et c'est vers quoi s'orientaient ses méditations à l'approche de cet après-guerre qui allait voir s'ouvrir les inévitables contestations que suscita, la paix venue, le héros.

Ne pouvait-il se couvrir mieux, de ce côté-là, par le choix d'un second plus docile, ou moins notoire ? Il pensa à Louis Joxe, qui venait de mener avec une dextérité stoïque la négociation algérienne : mais peut-être la promotion d'un homme aussi symbolique eût-elle mis abusivement l'accent sur un passé douloureux. Louis Jacquinot ? Ses chances furent examinées. Celles de Pierre Sudreau aussi. Quant à Jean-Marcel Jeanneney, cet honnête homme était trop lié à Michel Debré pour accepter d'occuper la place d'un ami. Et le général avait voulu lui réserver une tâche plus austère : celle du premier ambassadeur de France en Algérie.

Bref, ce fut Georges Pompidou en qui, du 3 juin 1958 au 8 janvier 1959, Charles de Gaulle avait trouvé le chef d'état-major idéal, habile dans la négociation, très averti des affaires économiques, sociales et monétaires, informé des diplomatiques, et doté, depuis son passage au Conseil d'État, d'une honorable teinture juridique — sans pour autant se croire tenu au légalisme intrépide dont Michel Debré faisait état.

Au surplus, ou avant tout, ce choix signifiait que le général s'affirmait sans ambages le maître, et le seul. Promouvoir ainsi un homme de confiance inconnu du grand public et surtout des électeurs, c'était manifester crûment que désormais les Assemblées avaient cessé d'être les sources du pouvoir. La décision de l'Élysée prévaudrait mieux encore. Certes, les parlementaires pouvaient se réclamer, seuls, du suffrage universel direct. Mais patience…

Le 13 avril 1962, donc, Georges Pompidou, que ses employeurs de la rue Laffitte * ont bien voulu libérer pour le service de l'État, est chargé de former le gouvernement. Lequel est constitué en quarante-huit heures, la principale novation par rapport au cabinet Debré étant l'appoint de cinq ministres MRP, dont le président du mouvement, M. Pflimlin, et Maurice Schumann. Mais Guy Mollet a rudement signifié au chef de l'État le durcissement de son refus (« Vous en êtes au pouvoir personnel… Vous formez un gouvernement de Gaulle ** ! »), et quelques isolés prestigieux, comme Edgar Faure, sont restés sur la réserve.

Habile négociateur, M. Pompidou ne va pas manifester, d'entrée de jeu les dons qui font le grand parlementaire. Son examen de passage, en cette enceinte où on l'attend sans indulgence, est sans éclat. Met-il un peu trop l'accent sur la suprématie du chef de l'État, en qui le gouvernement, argue-t-il, « trouve sa source » ? Il peut bien soutenir que son objectif de Premier ministre est d'établir avec le Parlement des « rapports confiants », il apparaît que ce sera difficile : 259 députés seulement contre 247 lui accordent leur confiance, dont moins de la moitié de ceux du MRP et des indépendants pourtant représentés au gouvernement… C'est maigre, si le général s'en contente. En entrouvrant de si mauvaise grâce la porte de leur club au nouveau venu — que son passé politique, aux côtés du RPF, ne prévenait pas en leur faveur —, les élus de la nation ont contribué à accumuler sur eux les nuées de l'orage. Un Pompidou fêté par l'Assemblée eût peut-être freiné la grande opération qui s'amorce. Ce Premier ministre fraîchement accueilli au Palais-Bourbon ne sera pas homme à se faire tuer pour la sauvegarde des prérogatives parlementaires et des organisations partisanes.

D'autant qu'un mois ne passera pas sans qu'il en ait éprouvé un premier déboire : le général de Gaulle ayant, lors de sa conférence de presse du 15 mai *** assez lourdement brocardé les intégristes européens et notamment moqué le « Volapück intégré » dont ils seraient censés vouloir faire la *lingua franca* de « leur » Europe, on vit, sur les sièges du gouvernement où les cinq ministres MRP étaient pour la première fois rangés en collège, passer comme un frisson…

Dès le soir, on apprenait que M. Pflimlin, maire de Strasbourg, capitale

* Siège de la banque Rothschild.
** Voir plus haut, chapitre 9.
*** Voir plus haut, chapitre 12.

européenne, ayant cru comprendre que sa ville était visée par la philippique présidentielle, entraînait ses quatre collègues dans sa démission*. L' « ouverture parlementaire » de M. Pompidou commençait par un couac — ce que le général ne se fit pas faute de souligner : ces gens de partis « s'en vont comme des fourmis processionnaires** »... Allons, le moment était venu de préparer la grande mutation.

Le 8 juin, dans une allocution télévisée dont le thème principal est le référendum qui, le 4 juillet, se déroulera en Algérie afin de donner sa conclusion au grand débat, le général de Gaulle prononce deux phrases qui paraissent lourdes de sens :

> « ...[L']accord direct entre le peuple et celui qui a la charge de le conduire est devenu, dans les temps modernes, essentiel à la République [...]. Par le suffrage universel [...] nous aurons, au moment voulu, à assurer que dans l'avenir, et par-delà les hommes qui passent, la République puisse demeurer forte, ordonnée et continue[4]... »

Tiens... Deux mois après la consultation du 11 avril, ce recours au suffrage universel, à propos d'une République évoquée avec insistance, et dont l'ultime vertu ici prônée est la continuité, semble bien annoncer un important remue-ménage institutionnel. Et la classe politique, qui ne vit plus, depuis la fin des combats en Algérie, que dans l'attente de ce qu'elle appelle « la restauration progressive des institutions républicaines », la fin de la « parenthèse » gaulliste, voit au contraire s'amorcer une manœuvre du Grand Sorcier qu'elle a encore du mal à discerner, mais dont elle ne présage rien de bon...

Symbole — ne serait-ce que par sa longévité — de l'institution parlementaire, Paul Reynaud demande audience au chef de l'État. On parle de révision constitutionnelle : qu'en est-il ? Le visiteur obtient d'assez bonnes paroles pour déclarer devant ses électeurs du Nord, le 17 juillet, que « le viol de la Constitution n'aura pas lieu »... Viol ?

Le même jour, Pierre Dumas, chargé dans le nouveau gouvernement des relations avec le Parlement, est soumis par les sénateurs à un feu de questions relatives à une éventuelle révision des institutions. Questions d'autant plus pressantes que, dès le mois de février, le président de la Haute-Assemblée, Gaston Monnerville, prévenu que son homologue du Palais-Bourbon, Jacques Chaban-Delmas, a été consulté par le chef de l'État sur une éventuelle révision, a adressé à l'Élysée, une mise en garde contre toute atteinte portée aux droits et pouvoirs des Assemblées[5]. On imagine bien que, depuis lors, le Sénat vit en état d'alerte. M. Dumas ne peut qu'éluder le débat : « J'affirme au nom du gouvernement que ni le Premier ministre ni le

---

* Le 13 juin, à l'Assemblée, sera lu un *Manifeste européen* signé par 293 députés, qui est une véritable déclaration de guerre à de Gaulle. Mais les conjurés « européens » n'oseront pas passer à l'acte...

** D'autant plus processionnaires que le nouveau Premier ministre, ressuscitant le régime des partis, a négocié avec le MRP en tant qu'organisation : défiés, c'est en groupe que les ministres MRP se retirent (entretien avec Maurice Schumann, avril 1986).

gouvernement n'envisagent actuellement de proposer au Président de la République une réforme institutionnelle. »

C'est l'époque aussi où le général accueille à l'Élysée le Pr Vedel, doyen de la faculté de droit de Paris, célèbre constitutionnaliste depuis longtemps partisan de l'élection du président de la République au suffrage universel. De Gaulle aborde le sujet, comme par politesse. Vedel reprend naturellement la balle au bond, non sans ajouter : « Si le chef de l'État était ainsi investi, ses pouvoirs seraient tels qu'il lui faudrait renoncer au droit de dissolution... »

Riposte du général : « Renoncer au droit de dissolution ! Mais, monsieur le Doyen, croyez-vous que l'Exécutif peut se faire entendre par l'Assemblée s'il ne dispose pas de la dissolution[6] ? »

Des couloirs des Assemblées aux salles de rédaction et — on le voit — à la table de l'Élysée, les rumeurs, supputations, démentis, avertissements, confabulations et travaux d'approche vont leur train tout au long de cet été (« la rogne et la grogne », gronde le général) jusqu'à la fin de la journée du 22 août 1962 où, dans la pénombre pluvieuse d'un carrefour de grande banlieue, quatorze balles de fort calibre traversent de part en part l'automobile conduite par Francis Marroux qui portait de Paris à Villacoublay Yvonne et Charles de Gaulle et Alain de Boissieu.

Cette fois, l'heure des décisions — ce que dans ses Mémoires, le général appelle significativement « l'occasion d'en découdre[7] » — est venue.

Quand Charles de Gaulle devint-il partisan de l'élection du chef de l'État au suffrage universel ? C'est, on l'a vu *, le thème d'un inépuisable débat. Qu'il soit dès longtemps acquis à cette idée n'est pas démontré par son passé de constituant, par deux fois manifesté de façon négative quand il appelle à voter « non » en juin et octobre 1945, et par deux fois de façon positive en des textes rédigés ou supervisés par lui, le programme de Bayeux et la Constitution de 1958 : en aucune de ces quatre occurrences solennelles, on ne vit Charles de Gaulle se prononcer pour ce type de désignation du président de la République.

On a certes soutenu, et d'abord Léon Blum dans un article publié le 21 juin 1946 en réponse au discours de Bayeux, que « pour le chef de l'Exécutif ainsi conçu, l'élargissement du système électoral ne saurait suffire. Toute souveraineté émanant nécessairement du peuple, il faudrait descendre jusqu'à la *source* de la souveraineté, c'est-à-dire remettre l'élection du chef de l'Exécutif au suffrage universel. Là est la conclusion logique du système[8] ». Ainsi de Gaulle aurait-il été, implicitement, sinon inconsciemment, dès 1946, un avocat de ce type d'élection. Chose curieuse, l'exposé qu'il consacre à la question dans ses *Mémoires d'espoir* tendrait — s'il n'était une reconstruction « après coup » — à donner raison à Léon Blum :

---

* Voir tome 2, chapitre 29.

« Depuis longtemps *, je crois que le seul moyen ** est l'élection par le peuple du Président de la République. Celui-ci, s'il était désigné par l'ensemble des Français — personne d'autre n'étant dans ce cas —, pourrait être " l'homme du pays " [...]. Il est vrai que, parlant à Bayeux en 1946 [...] puis dirigeant en 1958 les débats où s'élaborait la Constitution, je n'avais pas encore spécifié que le chef de l'État devait être élu au suffrage universel [...]. Mieux valait prendre quelque délai avant d'achever cette immense mutation [...]. Je jugeais bon de tenir compte des préventions passionnées que, depuis Louis-Napoléon, l'idée de " plébiscite " soulevait dans maints secteurs de l'opinion. Quand la pratique [...] aurait montré que l'échelon suprême [...] détenait l'autorité sans qu'il y eût dictature, il serait temps de proposer au peuple la réforme définitive [...]. Mais, en considération de la suite, j'étais résolu à parfaire l'édifice à cet égard avant la fin du septennat [9]. »

Si de Gaulle l'écrit... Mais pour ferme que soit sa rédaction, il se trouve bon nombre d'interlocuteurs (du président du RPF ou du chef du gouvernement de 1958) pour soutenir qu'au moins jusqu'au début des années soixante l'idée de faire désigner le chef de l'État au suffrage universel suscitait sa méfiance. Ainsi le politologue américain Nicholas Wahl, qui eut plusieurs fois l'occasion de s'entretenir de ce sujet avec lui, avait acquis la certitude que « de Gaulle était opposé à ce système, d'abord parce qu'il lui répugnait de copier les mœurs politiques américaines, avec ses majorettes et sa publicité tapageuse, ses candidats trimballés sur des plates-formes de train comme des bêtes curieuses, ensuite parce qu'il pensait que ce système alourdirait encore l'emprise des partis sur la vie politique, enfin parce qu'il ne croyait pas les électeurs capables d'opérer directement un choix aussi important [10] »...

Le fait que ce type de désignation présidentielle n'ait pas prévalu en 1958 ne peut être attribué seulement à la méfiance qu'éprouvait ainsi le général. D'abord parce que le maître d'œuvre de la Constitution, Michel Debré, était animé des mêmes préventions, auxquelles s'ajoutait chez lui la crainte de voir un candidat communiste l'emporter à la faveur de telle ou telle circonstance. Mais si l'hypothèse fut écartée, c'est surtout parce que, la Communauté étant ce qu'elle était et l'Algérie toujours partie de la République, la désignation du chef de l'État eût exagérément dépendu du vote d'outre-mer.

D'où ce collège électoral quelque peu hétéroclite, groupant divers types d'élus, ces fameux « intermédiaires », ces « notables » pour lesquels le général avait fort peu d'inclination, leur préférant « le peuple », mais qui n'en sanctionnèrent pas moins, en décembre 1958, sa légitimité. Or il se trouve que la composition même de ce collège des 80 000 grands électeurs allait jouer un rôle dans le chambardement de 1962.

« Parmi les raisons qui ont conduit le général à livrer cette bataille, nous disait un homme que l'on retrouvera au cœur du débat, Pierre Sudreau, ne négligez pas celle-ci : de sondages auxquels il avait fait procéder, il ressortait que le collège qui l'avait élu en 1958 se préparait à lui donner Antoine Pinay

---

* La formule est vague...
** D'assurer l'autorité d'un chef de l'État qui ne serait pas « un personnage d'exception ».

pour successeur... » Avoir donné une Constitution musclée à la France pour installer à l'Élysée le petit homme au petit chapeau...

En fait, le projet d'élection du président au suffrage universel s'était formé ou avait mûri dans l'esprit du général à l'approche de la fin de la guerre d'Algérie, dès qu'il commença à prévoir qu' « ils » voudraient lui « faire la peau ». Les militaires avaient essayé de le faire, des barricades au pronunciamiento d'avril 1961. Contre eux, il avait usé des rigueurs de la discipline. Mais comment en user avec les parlementaires, les partis qui allaient prendre la relève, débarrassés de cette grande menace, là-bas, au Sud, des légions ?

Contre eux, qui avaient si souvent tenté de le museler, d' « amendement Salan » en guérilla contre le recours à l'article 16, il ne voyait qu'une réplique : que le président soit, si l'on peut dire, plus élu qu'eux, soit « surélu », devienne « l'homme de la nation », non pas mandaté par 15 000 Ardéchois ou 80 000 Marseillais, mais par plus de 50 % de 25 millions de Françaises et de Français.

Aurait-il lui-même besoin de cette « rallonge » de pouvoirs ? Son mandat venait à terme à la fin de 1965. Trois ou quatre ans encore... et il était, surtout depuis la disparition de son frère Pierre, en décembre 1959, hanté par l'idée de la mort. C'est donc à son successeur, plutôt, qu'il s'agissait d'épargner le dépérissement de pouvoir exécutif qu'impliquerait la retraite du père fondateur. Aussi bien, dès le mois d'avril 1961, à la veille du putsch, avait-il suggéré devant la presse que « le choix du président au suffrage universel » pourrait être envisagé.

Quand de Gaulle « envisageait », cela signifiait beaucoup. Les mois qui suivirent permirent l'affinement du projet. S'il estimait n'avoir pas besoin lui-même de « doper » ainsi ses pouvoirs, de populariser et institutionnaliser son charisme, il n'en restait pas moins que l'entreprise était risquée — n'importe quel parlementaire pouvait en imaginer les conséquences — et qu'il ne serait pas inutile, pour la faire aboutir, qu'il jetât, lui, de Gaulle, son poids dans la balance.

Les coups de feu du 22 août provoquèrent, plus encore que la cristallisation du projet, le changement de nature de l'opération. Si l'hypothèse d'un *modus vivendi* avec la classe politique avait effleuré l'esprit du général, l'attentat lui montrait le chemin : c'était au combat qu'on le contraignait.

Est-ce à dire qu'il voyait, derrière les armes du commando du Petit-Clamart, se profiler l'ombre de tels grands notables du régime ? Dans un article écrit quelques mois après l'événement [11], Georges Vedel assurait que l'hypothèse selon laquelle les conjurés « œuvraient pour permettre au président du Sénat d'assumer paisiblement les pouvoirs intérimaires que lui aurait confiés, en cas de vacance de la présidence, la Constitution et d'organiser l'élection d'un nouveau chef de l'État » n'était retenue ni à l'Élysée ni au ministère de l'Intérieur [12]. Mais on lit dans les souvenirs d'Alain de Boissieu [13] que « certains hommes politiques savaient que le général de Gaulle était sur le point d'annoncer son projet d'élection du président de la République au suffrage universel... Si cette réforme se réalisait, c'en serait fini du régime des partis... L'attentat du Petit-Clamart fut organisé à mon avis pour empêcher le général d'accomplir son projet [...]. C'est de personnages autrement plus importants [que les chefs de l'OAS] que Bastien-Thiry a reçu ses ordres »...

Si, écrivant de sang-froid quelques années plus tard, un homme aussi mêlé à l'intimité du général a pu écrire ces mots accusateurs, c'est que l'Élysée écartait moins l'hypothèse du complot « politique » que ne le pensait Georges Vedel.

De Gaulle à Colombey, pendant cette semaine qui va de l'arrivée à La Boisserie, son manteau encore constellé des éclats de vitre de la voiture qu'y ont répandus les balles des tueurs, au Conseil des ministres prévu pour le 29... Comme on l'imagine bien, cheminant à grands pas dans le parc, le poing droit frappant de temps en temps la main gauche ouverte ; puis s'enfermant dans le bureau hexagonal, lisant une presse dont l'indignation le conforte pour une fois, ruminant la manœuvre qui va rejeter au néant les « gaillards » et les « braillards » dont il croit voir s'agiter les silhouettes confuses au coin du bois de Clamart...

En toute cette affaire, il faut donc garder à l'esprit que si de Gaulle se lance dans une opération de « révision constitutionnelle dont l'utilité est obscure, dont l'opportunité est douteuse et dont la procédure est ouvertement contraire aux textes », comme l'écrit Georges Vedel [14], c'est qu'il se juge en état de guerre avec la classe politique. (« Ils voudront me faire la peau... ») Et plus précisément avec ce personnage entre tous symbolique qu'est le président du Sénat — que le soupçon du châtelain de La Boisserie vise d'autant mieux, selon certains de ses proches, que la disparition du chef de l'État ferait de lui, pour un temps au moins, le premier personnage de la République.

Il faut donc s'arrêter un instant au « cas Monnerville », dès lors au centre du débat.

Cet avocat guyanais, compatriote de Félix Éboué et lui aussi résistant, avait fait, dans les différentes sphères de la République, une carrière exemplaire sans avoir jamais rempli de fonctions ministérielles * : il avait, en 1954, refusé à son ami Pierre Mendès France d'être, comme ministre d'État, son coadjuteur à la tête du gouvernement. Radical de gauche, orateur bien disant, juriste chevronné, il avait été élu sept ans plus tôt président du Sénat, ce qui faisait de lui le second personnage de l'État.

Le 27 mai 1958, il avait été un acteur essentiel du drame nocturne à trois personnages qui s'était déroulé dans le parc de Saint-Cloud : le général de Gaulle, en instance de restauration, André Le Troquer, président de la Chambre, et lui-même. Entre de Gaulle exigeant les pleins pouvoirs et Le Troquer le dénonçant comme aspirant à la « dictature [15] », Gaston Monnerville avait joué les arbitres et contribué à inventer la procédure pacifique qui trouva son dénouement deux jours plus tard à l'Élysée. Ainsi se jugeait-il un des parrains du régime, et par là du général — avec lequel ses relations, pendant quatre ans, avaient été cordiales — encore que Monnerville, comme

---

* Il n'avait été que sous-secrétaire d'État aux Colonies en 1937.

Pinay, eût la coquetterie d'appeler de Gaulle « monsieur le Président », ce qui agaçait fort l'intéressé.

Le climat entre les deux hommes s'assombrit à partir de la fin de 1961, Gaston Monnerville ayant eu vent de projets de réforme institutionnelle [16]. Pourquoi le tenait-on à l'écart ? Ne disait-on pas que le projet de réforme visait entre autres à retirer au président du Sénat l'intérim de la magistrature suprême ? Dans ses *Souvenirs d'outre-Gaulle*, François Flohic rapporte même une confidence du général à ce sujet, faite en Irlande au printemps 1969. Ayant projeté de confier au Premier ministre cet intérim, de Gaulle se heurta au refus catégorique de Pompidou qui « alla jusqu'à me mettre le marché en main : que j'y renonce, ou lui, Premier ministre, se retirerait [17] »...

Monnerville avait donc rédigé en février 1962 une « note d'avertissement » excluant toute retouche institutionnelle à laquelle le Sénat ne serait pas associé, et dont il ferait les frais. Au cœur même de la société parlementaire, Gaston Monnerville apparaissait ainsi, en cet été 1962, comme la sentinelle la mieux avertie et la plus vigilante.

Nul plus que lui ne fut donc alarmé quand, le 29 août, à l'issue du Conseil des ministres, le ministre de l'Information Alain Peyrefitte lut une déclaration de toute évidence rédigée par le chef de l'État : c'était bien la foudre qu'appréhendait depuis des mois, et surtout depuis une semaine, la classe politique : « Le général de Gaulle a souligné la nécessité pour la République d'assurer quoi qu'il arrive la continuité de l'État et le maintien des institutions républicaines. Il a confirmé devant le Conseil des ministres son intention de prendre les initiatives nécessaires dans ce domaine et à cette fin. »

Cette fois, la décision était proche. D'autant plus proche que, du 4 au 9 septembre, Charles de Gaulle faisait, à travers l'Allemagne, un voyage qui n'était qu'une longue acclamation : si les Français en étaient encore à attendre d'être consultés sur leurs futures institutions, les Allemands, eux, avaient déjà plébiscité celui que, dans leur presse, certains appelaient « l'empereur d'Occident ». Le de Gaulle du début de l'été songeait déjà à « en découdre ». Le de Gaulle des lendemains du Petit-Clamart était décidé à prendre l'offensive. Que serait ce Charlemagne au retour de l'apothéose d'au-delà du Rhin ?

On n'allait pas tarder à le savoir. Trois jours après son retour, de Gaulle présidait un Conseil des ministres* qui donnait à la fois un coup d'accélérateur et une orientation décisive à la manœuvre : le communiqué faisait connaître son intention de « proposer au pays de décider par voie de référendum que le président de la République sera élu dorénavant au suffrage universel ».

Ainsi, c'est le référendum ! Les objections juridiques viennent doubler les politiques : « Il n'a pas le droit ! La révision constitutionnelle est incompati-

---

* Dont la composition a été légèrement remaniée la veille, Christian Fouchet remplaçant à l'Information Alain Peyrefitte qui va passer aux Rapatriés.

ble avec la procédure référendaire ! Le Parlement seul... » On reviendra sur
ce débat où le fond et la forme se combinent et interfèrent. Disons sans plus
attendre que c'est ce 12 septembre que s'ouvre la grande bataille d'où sortira cette Ve République transformée en monarchie présidentielle qu'il
n'était peut-être pas, dès 1958, dans les intentions du général de Gaulle
d'établir, mais vers laquelle le conduisaient, d'une main sûre, les « circonstances ».

Les ministres ont été convoqués le 19 septembre : mais pas pour siéger
seulement ni pour entériner en rond, comme d'ordinaire, les décisions
techniques de chacun des responsables et « la » décision politique du seul
Politique, mais cette fois pour opiner : comme le 22 août 1959, à la veille
de faire connaître au monde la reconnaissance du droit des Algériens
à l'autodétermination, Charles de Gaulle veut connaître les sentiments
de ses ministres. Cette fois, il ne saurait s'agir d'un avis à formuler (en
1959, la décision du général était prise, mais non rendue publique...),
mais d'une adhésion à donner ou d'une démission à offrir. A la veille de
livrer bataille, le général ne consulte pas, il vérifie la cohésion de l'état-
major.

Un « forfait », dès avant la rencontre, s'annonce, et il est de taille : Pierre
Sudreau, ministre de l'Éducation nationale, demande à être reçu par le
général pour lui faire connaître un désaccord qui porte moins sur le fond de
l'affaire — l'élection au suffrage universel — que sur la procédure choisie : le
référendum. Désaccord qui, au point où en sont les choses, ne peut
déboucher que sur une retraite.

Un tel « lâchage » fait un peu plus que gêner de Gaulle. Il met en lumière
l'aspect le plus critiquable de sa manœuvre : la procédure choisie, et les
hésitations ou flottements au sein du gouvernement Pompidou qui, en moins
de cinq mois d'existence, en est déjà à sa deuxième crise sérieuse. Il le peine,
dans la mesure où Pierre Sudreau est l'un des rares hommes auxquels
l'attachent des liens un peu plus que professionnels.

Déporté par les nazis à 17 ans, rentré des camps de la mort à l'état de
fantôme — et reçu alors par le général que son aspect et sa jeunesse ont ému
—, préfet à un âge où l'on prépare l'ENA, ministre de la Construction à
36 ans, indépendant de tout parti, brillant esprit, libre de ton, ferme au cours
des secousses algériennes, Sudreau a la « cote » au sommet de l'État. Dans
l'idée du général, qui en a fait l'un de ses « poulains », il sera promu tôt ou
tard à la tête du gouvernement, sinon à de plus hautes fonctions. Le général
lui a même dit, avant qu'il ne prenne congé : « Pourquoi me quittez-vous,
Sudreau. Vous seriez Premier ministre [18]... » Un argument qu'il n'espérait
pas décisif...

C'est dire que la désapprobation de ce possible dauphin le prend de court.
N'ayant pu le convaincre, il lui demande de ne pas faire connaître encore sa
démission. Laquelle n'en est pas moins devenue inévitable lorsque s'ouvre le
Conseil du 19, « vrai tournant de l'histoire du régime » selon Pierre
Viansson-Ponté [19].

Appelés pour une fois à s'exprimer, les membres du cabinet Georges

Pompidou * vont démontrer que les ministres de la Vᵉ République pouvaient se comporter en vrais citoyens. Si la plupart des membres de l'UNR et les « hommes du général » (Malraux, Palewski, Fouchet, Couve de Murville…) manifestent presque tous leur esprit de discipline, il s'en trouve — Frey, Peyrefitte, et à un autre titre Foyer — pour formuler des suggestions et des mises en garde judicieuses. Et il se trouve aussi des ministres — ceux que l'on classe volontiers « à gauche », du fait de l'origine de leur carrière et de certaines de leurs initiatives (Gorse, Pisani) — pour exprimer des avis divergents : sans parler de Pierre Sudreau, qui va faire éclater là sa différence, et donner à la séance du conseil sa tonalité dramatique **.

Passons vite sur les approbations franches ou résignées — en retenant celle de Gaston Palewski qui justifie en bloc la réforme par le précédent tragique de juin 1940. Celle d'Alain Peyrefitte est à la fois plus nuancée et plus constructive. Proposant de faire jouer à plein l'article 3 de la Constitution qui met l'accent sur l'exercice de la souveraineté du peuple par le référendum, et de « combiner les deux procédures, parlementaire et référendaire », le ministre des Rapatriés suggère que le gouvernement pose la question de confiance devant l'Assemblée sur le thème de la consultation populaire : « Si l'Assemblée vote cette confiance, il y a alors un référendum et ainsi un double appel a lieu ; si l'Assemblée nationale repousse la question et manifeste son opposition, le gouvernement dissout l'Assemblée et pendant la même période se déroulent les nouvelles élections et le référendum qui tous deux en fait portent sur l'objet même du référendum. » On ne saurait être plus ingénieux.

Louis Joxe, s'il approuve l'évolution vers le régime présidentiel, fait, comme en passant, de sagaces suggestions : « Il faudra un jour ou l'autre modifier la Constitution en tenant compte du déséquilibre introduit par l'élection du président de la République au suffrage universel. Sept ans, c'est trop long. Il faudra réduire à cinq ans, peut-être faire coïncider la législature et la présidence de la République. Ainsi, on serait assuré d'une sorte d'accord entre le président et l'Assemblée. Enfin il y aurait lieu de supprimer le pouvoir de dissolution du président de la République. »

Roger Frey présente des critiques plus directes. Selon lui, il aurait fallu « faire passer la réforme par l'Assemblée ». En cas d'échec, on aurait dissous avant d'en venir au référendum. Le ministre de l'Intérieur complétera son exposé, un peu plus tard, en souhaitant la création d'une vice-présidence capable d'assurer la continuité de l'État en cas de brusque disparition du chef de l'État. En quoi il est approuvé par Louis Joxe. (Mais tous deux savent bien que le général est hostile à cette création, à laquelle il oppose une objection bizarre : « Le vice-président ? Ce serait ma veuve ! »)

La critique se fait un peu plus technique avec Jean Foyer, garde des Sceaux et tenu comme tel à rappeler le pouvoir au respect de la loi : « J'ai des doutes

---

* Deux d'entre eux, Jacquinot et Giscard d'Estaing, sont absents.
** Ce récit du Conseil du 19 septembre 1962 doit beaucoup à celui d'André Passeron, mais aussi aux souvenirs de Georges Gorse, Pierre Sudreau et Edgard Pisani.

sur la légalité du recours à l'article 11. J'aurais préféré que l'on soumette au référendum un projet de loi non modificatif de la Constitution, qui aurait invité le gouvernement à soumettre une réforme constitutionnelle aux Assemblées, selon le processus de l'article 89. Une réponse motivée en faveur de ce projet de loi, sans avoir par elle-même de conséquences constitutionnelles, aurait constitué une pression telle sur les Assemblées qu'elles n'auraient pas pu s'y dérober. »

De Gaulle (piqué) : « ... Je ne peux tout de même pas organiser des Gallup ! »

Foyer : « Certes, le référendum est un procédé démocratiquement correct... »

De Gaulle : « Monsieur le garde des Sceaux a des scrupules, mais il les surmonte ! »

Vraies critiques enfin, celles que formulent mais en ordre dispersé, Georges Gorse et Edgard Pisani. Le premier crée un choc en déclarant : « Je ne crois pas aux textes. De plus, votre politique financière ménage trop la bourgeoisie affairiste alors que celle-ci est profondément antigaulliste. Je crains que cette réforme soit inutile. » Mais, ayant jeté son feu, l'ancien secrétaire d'État de Léon Blum conclut abruptement : « Toutefois, je crois à la solidarité gouvernementale. Je me rallie donc au projet. »

Quant à Edgard Pisani, il provoque un second choc en posant tout simplement le problème de la nécessité d'un Premier ministre : « Cette existence est-elle justifiée ? J'en doute fortement... Il ne peut jouer qu'un rôle de doublure pâlotte, et c'est même un rôle qui ne doit pas être plaisant pour lui... » (on imagine le regard, sous la touffe des sourcils, de Georges Pompidou. Les relations des deux hommes n'en furent pas améliorées). Puis, brodant non sans art sur le thème du président « arbitre ou patron », il suggère, pour que le futur chef de l'État soit vraiment l'élu d'une majorité, une élection à double détente : le collège de 1958 désignerait deux candidats, lesquels seraient départagés par le suffrage universel.

La seule opposition catégorique au projet sera donc celle de Pierre Sudreau. Le ministre de l'Éducation nationale ne s'en prend pas seulement à la procédure : il va au fond des choses : « Cette réforme, plaide-t-il, aggrave le déséquilibre des pouvoirs, elle est inopportune et même dangereuse. Ce projet ranime les opposants, alors que la fin de la guerre d'Algérie permettait leur apaisement. C'est presque un défi. Le général de Gaulle, qui a vocation de rassembleur, va apparaître comme un diviseur. De plus, c'est ouvrir la porte à l'aventure après sa disparition *... »

Peine perdue. Georges Pompidou vole au secours du projet en soutenant que si l'on ne recourt pas au référendum en pareille matière, « on peut se demander pourquoi il a été créé ». (Mais pourquoi avoir rédigé la Constitu-

---

* Lors du Conseil des ministres suivant, Pierre Sudreau devait revenir à la charge sur un mode plus pathétique : « Mon Général, vous avez incarné, pendant une période dramatique de notre Histoire, la légitimité, et vous aimez à juste titre à le rappeler. Vous ne pouvez pas devenir un symbole d'illégalité. Je vous supplie de renoncer à votre projet. vous vous grandiriez en y renonçant ! »

tion de telle façon qu'elle prescrive une autre procédure ?) Moyennant quoi le général, qui, après le réquisitoire de Sudreau, s'est contenté de lâcher dans un soupir qu' « il est bien difficile de faire l'unanimité », clôt le débat sur un ton débonnaire en lâchant quelques concessions formelles : il ne démissionnera pas avant la fin de son mandat pour se faire élire lui-même au suffrage universel, et c'est le président du Sénat qui continuera à assurer l'intérim en cas de vacance du pouvoir présidentiel.

Il n'en avait pas moins marqué la discussion de cette intervention fulgurante, où son génie politique s'affirme mieux que ses scrupules juridiques :

> « Si on admet que le seul mode possible de réforme de la Constitution est l'article 89, on donne au Sénat un privilège exorbitant et incomparable, celui de tout bloquer. Le Gouvernement n'a pas ce pouvoir puisqu'il peut être renversé par l'Assemblée. Le Président de la République ne l'a pas puisqu'il est tributaire du gouvernement, lui-même tributaire de l'Assemblée. L'Assemblée ne l'a pas puisqu'elle peut être dissoute. Seul le Sénat aurait la possibilité d'être contre tout, sans qu'on puisse rien contre lui.
> S'il y a eu une erreur dans la Constitution de 1958, c'est bien celle-là : de créer un corps contre lequel on ne peut rien, alors qu'on peut quelque chose contre tous les autres. Il n'est pas possible d'admettre le monopole constitutionnel d'un article 89 qui confère, en fait, au Sénat ce monopole. Cela n'est pas possible. Cela n'avait pas été vraiment voulu par les constituants de 1958, et je m'honore d'être l'un d'eux.
> Si on admet que la Constitution ne peut pas être révisée par l'article 11, on admet du même coup que toute réforme devient impossible. Le Président de la République, garant des intérêts de l'État, ne saurait l'admettre [*]. »

De tout ce débat qui donnerait à croire que la démocratie reste en vigueur jusqu'au sommet de l'État et qu'il présida, soulignent tous les témoins, avec un intérêt manifeste et beaucoup de compréhension, le général avait surtout retenu une formule de Pierre Sudreau : « ... C'est presque un défi ! » Presque ? Mais c'était un défi, bien sûr, lancé à ceux qui voulaient lui « faire la peau ». Un défi : dans quel climat vivre mieux ? A Mac-Mahon, le 16 mai 1877, Gambetta avait jeté : « Il faut se démettre ou se soumettre ! » Mais lui n'était pas Mac-Mahon : c'est lui qui allait retourner la vieille menace contre ses adversaires...

Le bref communiqué publié ce jour-là ne fait guère que répéter celui du 12 septembre. La vraie conclusion du Conseil, c'est l'allocution télévisée que prononce le lendemain Charles de Gaulle. On peut y voir son texte le plus révélateur en matière d'institutions, avant celui, extraordinaire, de la conférence de presse de janvier 1964 :

> « ... La clé de voûte de notre régime, c'est l'institution nouvelle d'un Président de la République désigné par la raison et le sentiment des Français pour être le Chef de l'État et le guide de la France. Bien loin que le Président doive, comme naguère, demeurer confiné dans un rôle de conseil

---

[*] C'était ce qui s'appelle aller au fond des choses. Mais alors, il fallait d'abord faire porter la réforme sur les pouvoirs du Sénat...

et de représentation, la Constitution lui confère, à présent, la charge insigne du destin de la France et de celui de la République [...].

Sans que doivent être modifiés les droits respectifs, ni les rapports réciproques des pouvoirs, exécutif, législatif, judiciaire, tels que les fixe la Constitution, mais en vue de maintenir et d'affermir dans l'avenir nos institutions vis-à-vis des entreprises factieuses, de quelque côté qu'elles viennent, ou bien des manœuvres de ceux qui, de bonne ou de mauvaise foi, voudraient nous ramener au funeste système d'antan, je crois donc devoir faire au pays la proposition que voici : quand sera achevé mon propre septennat, ou si la mort ou la maladie l'interrompaient avant le terme, le Président de la République sera dorénavant élu au suffrage universel.

... Par quelle voie convient-il que le pays exprime sa décision ? Je réponds : par la plus démocratique, la voie du référendum. C'est aussi la plus justifiée, car la souveraineté nationale appartient au peuple et elle lui appartient évidemment, d'abord, dans le domaine constituant. [...] Notre actuelle Constitution [...] spécifie que le peuple exerce sa souveraineté soit par ses représentants, soit par le referendum [...]. Si le texte prévoit une procédure déterminée pour le cas où la révision aurait lieu dans le cadre parlementaire, il prévoit aussi, d'une façon très simple et très claire, que le Président de la République peut proposer au pays, par voie de référendum, " tout projet de loi " — je souligne : " tout projet de loi " — " portant sur l'organisation des pouvoirs publics ", ce qui englobe, évidemment, le mode d'élection du Président. Le projet que je me dispose à soumettre au peuple français le sera donc dans le respect de la Constitution que, sur ma proposition, il s'est à lui-même donnée. »

Ayant ainsi posé le problème à sa manière, le général de Gaulle recueillit d'emblée une large approbation dans l'opinion publique, satisfaite d'être ainsi appelée désormais à choisir le plus haut magistrat — et une égale désapprobation dans la classe politique. Hormis l'UNR (encore y entendit-on bien des grincements de dents...) et le comte de Paris, l'ensemble des organisations, partis et mouvements et les augures ou retraités les plus prestigieux, de Vincent Auriol à Paul Reynaud, dénoncèrent aussitôt l'illégalité de la procédure prévue par le projet gouvernemental et l'évolution qu'il ne pouvait manquer d'entraîner vers le pouvoir personnel.

Concert de protestations qui trouva son soliste le plus tonitruant en la personne de Gaston Monnerville. Le 30 septembre, au cours du congrès radical réuni à Vichy, en présence de plusieurs leaders de l'opposition comme François Mitterrand, le président du Sénat haussa soudain une voix d'ordinaire veloutée pour clamer, face au pouvoir, qu'il voterait « non » et appellerait le pays à le suivre, pour faire pièce à « une violation délibérée, voulue, réfléchie et outrageante de la Constitution » et appelait l'Assemblée nationale à voter la censure, « réplique directe, légale, constitutionnelle à ce que j'appelle une forfaiture ».

Forfaiture, vraiment ? Bigre ! « Notez que ce mot ne visait pas le chef de l'État, mais seulement le Premier ministre [20]... », précise vingt-trois ans plus tard l'ancien président du Sénat *. Mais le mot fit balle, et à tel point qu'il allait donner le ton à toute la campagne des « non », dont la stridence ne le céderait en rien à celle qu'avait provoquée la guerre d'Algérie. On imagine

---

* Tel ou tel auditeur du discours crut néanmoins que c'était bien de Gaulle qui était visé.

au surplus l'effet que put faire une telle formule sur le général, habité par le soupçon que l'on sait depuis l'attentat du 22 août, et porté à donner aux mots un sens plus moral que juridique...

Désormais, tous les ponts seront coupés entre l'Élysée et Matignon d'une part, et de l'autre le président du Sénat, auquel ne sera épargnée aucune vexation, si menue fût-elle, aucune forme de boycott, quelque gêne qu'elle puisse apporter à tel ou tel ministre. L'homme du « forfaiture » sera, pour le pouvoir et ses fidèles, et bien qu'il fût un rouage essentiel de l'appareil d'État, un pestiféré.

Il ne sera pas le seul. Car, de Sudreau à Monnerville, le refus opposé au projet du 12 septembre gagne les plus hautes institutions. Le 1er octobre, le Conseil d'État statue, à l'unanimité des voix moins une, que la procédure choisie par le gouvernement n'est pas conforme à la Constitution. Le Conseil constitutionnel est plus prudent, et refuse de se prononcer *, ce qui, étant donné le choix de la plupart de ses membres par les diverses instances de la majorité, n'indiquait pas qu'il tînt le projet en grande estime — et cela non sans que ses deux membres les plus prestigieux, MM. Vincent Auriol et René Coty, n'aient fait connaître leur vive opposition.

Pourquoi de si grands mots, de si vives passions, des procès si péremptoires ? La réforme annoncée par le général de Gaulle suscitait deux types de refus, l'un sur le fond, l'autre à propos de la procédure. Et le premier type d'opposants se répartissait lui-même en deux groupes : ceux qui condamnaient le principe de l'élection du président au suffrage universel, dont on pouvait penser qu'il conduisait à l'établissement du régime présidentiel (sans les garanties, de type parlementaire et fédéral, que le système américain oppose au développement du pouvoir personnel) ou, selon les plus véhéments, à la dictature ; et ceux qui acceptaient le principe, mais en le corrigeant par la révision de l'équilibre des pouvoirs. A ce groupe appartenaient les deux plus célèbres constitutionnalistes français, Georges Vedel et Maurice Duverger. Au premier se rattachait la quasi-unanimité des membres de la classe politique que n'animait pas une sympathie déclarée pour le général de Gaulle.

Il est plus facile d'apprécier cette réforme après vingt ans d'application qu'au moment où elle surgit dans le paysage politique français. A relire aujourd'hui ** les textes des opposants, qui se prenaient tous plus ou moins pour Brutus ou pour l'auteur des *Châtiments*, on peut être tenté de sourire. La réforme de 1962 ne fut pas un coup d'État ; elle n'instaura pas la dictature du général ni de ses successeurs, et ses plus ardents contempteurs s'y sont ralliés, y trouvant même une structure idéale pour l'application de programmes novateurs.

Mais si les opposants « sur le fond » n'ont pas reçu la ratification de

---

* On reviendra sur cette question de l' « incompétence du Conseil constitutionnel » en matière constitutionnelle.
** En 1986.

l'Histoire, les critiques de la procédure adoptée pour faire prévaloir la réforme réclamée par le général de Gaulle n'ont jamais pu être effacées.

On se gardera certes de s'aventurer au cœur d'un tel maquis juridique, et plus encore de trancher : mais compte tenu de l'impact qu'eut cette polémique sur la vie publique de la France, on citera les arguments essentiels d'un spécialiste dont les critiques, en la manière, ont d'autant plus de force qu'il était depuis des années l'avocat le plus notoire de l'élection du chef de l'État au suffrage universel : Georges Vedel.

Pour l'ancien doyen de la faculté de droit de Paris *, il n'est pas possible, en vue de procéder à une révision de la Constitution de 1958, d'échapper à son article 89, consacré dans sa totalité à ce sujet, et sous ce titre. Il prévoit que tout projet en ce sens doit être voté par les deux Chambres « dans un texte identique », avant d'être soumis, soit à référendum, soit à l'approbation des deux Assemblées réunies en Congrès. Ainsi, précise M. Vedel, la Constitution de 1958 « exclut sans équivoque, pour modifier la Constitution, tout recours direct à un référendum que n'aurait pas précédé l'assentiment parlementaire [21] ».

Admettant que le général de Gaulle et ses conseillers aient cru de bonne foi que la procédure référendaire pouvait se fonder sur l'article 11 de la Constitution qui permet au chef de l'État de soumettre au référendum « tout projet de loi portant sur l'organisation des pouvoirs publics » (et, faisait valoir Georges Pompidou lors du Conseil des ministres du 19 septembre, quel sujet répond mieux à cette définition que la procédure de désignation du président de la République ?), Georges Vedel récuse cet argument. Un « projet de loi » rappelle-t-il, n'a rien à voir avec une « révision constitutionnelle » et l'article 11 « peut être utilisé en matière législative mais non en matière constitutionnelle ». Et de conclure : « L'inconstitutionnalité de la procédure choisie est une certitude, qu'atteste le fait qu'aucun juriste non engagé ** ne l'ait contestée [22]. »

Certains juristes pourtant ont fini par la juger secondaire, compte tenu des aspects positifs de la réforme. Ainsi, commentant vingt-trois ans plus tard la bataille homérique de 1962 et les arguments qui furent alors échangés comme des obus — munitions souvent tirées de ses propres ouvrages — Maurice Duverger confiait à l'auteur, en décembre 1985 : « Nous avions raison de dénoncer la procédure imposée en 1962 par le général : elle était infidèle à sa propre constitution pour faire adopter une réforme qu'au demeurant, nous étions quelques-uns à juger positive. Situation fort inconfortable... Mais à y bien réfléchir, et si je veux être tout à fait honnête, je crois que mis dans la situation où était alors le général de Gaulle, j'aurais peut-être agi comme lui [23]... »

---

* Depuis 1973 membre du Conseil constitutionnel.
** Qualificatif difficile à préciser en certains cas...

De Gaulle supporte fort mal les diverses formes de résistances opposées à son projet. Dans ses *Mémoires d'espoir*, il résume ainsi son état d'esprit de l'époque :

> « L'obstination mise par les partis à interpréter la Constitution de telle sorte que soit refusé au peuple un droit qui lui appartient me paraît d'autant plus arbitraire que je suis moi-même le principal inspirateur des institutions nouvelles et que c'est vraiment un comble que de prétendre me démentir sur ce qu'elles signifient... »

Plus vertement, il devait confier, à la fin de septembre, à Gaston Palewski — qui ne manifestait pas en la matière un enthousiasme sans réserve :

> « La Constitution ? Ils prétendent me l'enseigner ? Mais c'est moi qui l'ai faite : je sais bien ce qu'il y a dedans... Et c'est même moi qui l'ai fait approuver par le peuple, contre eux. Ah ! Ils ont bonne mine, les hommes du " non " perpétuel, " non " à de Gaulle et " non " au peuple [24] ! »

Comme on rapporte devant lui le mot de Paul Reynaud parlant de « viol » de la Constitution, le général grommelle : « Allons, on ne viole pas sa femme [25] ! » Et à Pierre Sudreau qui, avant de rendre publique sa démission, tente une dernière fois de le fléchir, il riposte, excédé : « Personne après moi n'aura le culot de faire ce que je fais [26] ! »

Mais sa pugnacité ne résout pas tous les problèmes. Lesquels se multiplient, prenant même parfois à l'encontre du général la forme de camouflets. Ainsi, le 2 octobre — le jour même où paraît, au *Journal officiel*, le décret fixant au 28 octobre la date du référendum sur le « projet de loi relatif à l'élection du président de la République au suffrage universel » —, le Sénat appelé à choisir son nouveau président réélit Gaston Monnerville à l'unanimité des voix moins trois : les sénateurs réputés gaullistes se sont contentés de s'abstenir...

L'affrontement entre le pouvoir et la classe politique épaulée par les juristes culmine quand l'Assemblée nationale, après avoir entendu un message du chef de l'État réclamant sa « confiance », puis après une motion de censure proclamant que « le président de la République viole la Constitution dont il est le gardien » et « ouvre ainsi une brèche par laquelle un aventurier pourrait passer un jour pour renverser la République » est appelée à décider ainsi du sort du gouvernement. Elle met Georges Pompidou en minorité le 5 octobre. Pour la première fois dans l'histoire de la Vᵉ République, l'Assemblée nationale inflige au chef de l'État le plus éclatant des désaveux.

Ce n'est pas que Charles de Gaulle n'ait pas tout fait pour sauver le cabinet Pompidou : la veille, il a avancé de 20 heures à 13 heures l'allocution télévisée qu'il avait prévu de prononcer, pour devancer le débat parlementaire ouvert à 15 heures, et faire peser ainsi sur les élus la pression d'une opinion qu'il sait sensible aux appels d'une éloquence dramatisée par tous les moyens :

« ... Les attentats perpétrés ou préparés contre ma vie me font une obligation d'assurer après moi, pour autant que je le puisse, une République solide, ce qui implique qu'elle le soit au sommet [...]. Françaises, Français, le projet de loi que je vous soumets propose que le Président de la République, votre Président, soit élu par vous-mêmes. Rien n'est plus républicain, Rien n'est plus démocratique. J'ajoute que rien n'est plus français, tant cela est clair, simple et droit. Une fois de plus, le peuple français va faire usage du référendum, ce droit souverain, qui, a mon initiative, lui fut reconnu en 1945, qu'il a, de même recouvré en 1958 et qui a, depuis lors, permis à la République de se donner des institutions valables et de trancher au fond le grave problème algérien [...].

Quant à moi, chaque " oui " de chacune de celles, de chacun de ceux, qui me l'aura donné, me sera la preuve directe de sa confiance et de son encouragement. Or croyez-moi ! j'en ai besoin pour ce que je puis faire encore, comme, hier, j'en avais besoin pour ce que j'ai déjà fait. Ce sont donc vos réponses qui le 28 octobre, me diront si je peux et si je dois poursuivre ma tâche au service de la France. »

Peine perdue : c'est par le score sans appel de 280 voix sur 480 que le cabinet Pompidou est renversé le 5 octobre 1962, à 5 heures du matin. Au cours du débat, Paul Reynaud, président du Comité constitutionnel de 1958, avait lancé une formule qui résumait, en dix mots, le débat, et marquait bien ce dont il s'agissait, entre de Gaulle et le Parlement, comme jadis entre Mac-Mahon et les Chambres : « Pour nous, républicains, la France est ici, et non *ailleurs*[27] ! » À quoi le général devait riposter dans ses Mémoires en écrivant que ce vote « ne change rien à ma résolution de remporter *ailleurs* la victoire[28] ». Tandis que *le Monde* faisait craindre une « crise de régime », dans *l'Aurore*, Jules Romains, qui plaidait naguère pour les hommes de l'OAS, écrit d'une plume où le Dr Knock l'emportait sur Jerphanion : « La République est sauvée ! »

Le général de Gaulle qui assiste aux grandes manœuvres dans la région de Mourmelon accueille la nouvelle d'un air indifférent. Il ne modifie pas d'un iota son emploi du temps. Rentré à Paris le 6, il reçoit Georges Pompidou, accepte sa démission, lui demande de rester en fonction et lui fait part de sa décision de dissoudre l'Assemblée. Mais le décret de dissolution ne peut être publié sans qu'il ait consulté les présidents des deux assemblées. Il lui faut donc recevoir, avant Jacques Chaban-Delmas, Gaston Monnerville.

De mémoire d'huissier de l'Élysée, on ne vit entrevue plus brève. De Gaulle est debout derrière son bureau : « Monsieur le Président du Sénat, la Constitution me fait un devoir de vous consulter. Je le fais... — Monsieur le Président, je crois la dissolution nécessaire, mais il faut qu'un nouveau Premier ministre soit désigné... — Monsieur le Président du Sénat, je vous remercie... » De Gaulle précise dans ses Mémoires que l'entrevue eut lieu « sans poignée de main ». Gaston Monnerville ne devait plus jamais, de Gaulle vivant, monter les marches de l'Élysée.

Le décret de dissolution est publié le 10 octobre 1962. Il fixe la date des élections aux 18 et 25 novembre. Ce même 10 octobre, dix-huit jours avant le scrutin référendaire, le « cartel du non » tient, sous la présidence de Paul

Reynaud, assisté de Guy Mollet, une conférence de presse. Ces deux hommes dont la carrière a été, en des heures dramatiques, liée à celle de Charles de Gaulle — l'un l'a suscité en 1935, l'autre porté sur le pavois en 1958 — conduisent aujourd'hui contre lui une offensive dont la violence se manifeste en cette formule du premier : « Le président de Gaulle a violé la Constitution et insulté le Parlement », et en ce propos du second : « Si le peuple répond oui, de Gaulle le mènera fatalement à la guerre civile ! »

Le ton est donné. La presse, dans sa majorité, emboîte le pas à ces censeurs. Certains grands éditorialistes, comme Hubert Beuve-Méry et Raymond Aron, préfèrent mettre l'accent sur l' « inutilité » de la crise, son caractère artificiel. Pourquoi de Gaulle, à peine arraché — et la France avec lui, grâce à lui — aux affres d'Algérie et aux balles des assassins, a-t-il choisi d'ouvrir cette crise institutionnelle ? Ce qui est poser la question de la nature, de l'essence du pouvoir gaullien, de la nature, de l'essence de l'homme du 18 juin. En fait, rien n'est moins « inutile » que ce débat au fond, quoi qu'on puisse penser des thèses du général et de ses procédés. Il s'agit de l'essentiel.

« C'est pourquoi je m'engage à fond », écrit l'auteur des *Mémoires d'espoir*. Sans péril ? Non. Comme devait l'écrire trois mois plus tard Georges Vedel, les perspectives du référendum « n'étaient pas, à l'origine, si riantes pour le général [...]. La stricte arithmétique électorale voulait que le " non " l'emportât [29] ». D'autant que le général de Gaulle faisait hautement savoir qu'il voulait obtenir une victoire éclatante — faute de quoi il renoncerait à ses fonctions. Ainsi, le 18 octobre, son allocution radiotélévisée mit-elle clairement en balance son propre mandat :

> « ... Si votre réponse est : " non " ! comme le voudraient tous les anciens partis afin de rétablir leur régime de malheur, ainsi que tous les factieux pour se lancer dans la subversion, ou même si la majorité des " oui " est faible, médiocre, aléatoire, il est bien évident que ma tâche sera terminée aussitôt et sans retour. Car, que pourrais-je faire, ensuite, sans la confiance chaleureuse de la Nation ? Mais si, comme je l'espère, comme je le crois, comme j'en suis sûr, vous me répondez " oui " ! une fois de plus et en masse, alors me voilà confirmé par vous toutes et par vous tous dans la charge que je porte ! ... »

Tentation du plébiscite... Mais au-delà même de cette irrésistible altération de la saine institution référendaire, il y a les problèmes inhérents à la définition d'une majorité. D'après quel critère, à quel niveau de Gaulle considérera-t-il que la majorité des « oui », s'il l'obtient, est « faible, médiocre, aléatoire » ? Assez en tout cas pour le conduire à la retraite ?

Selon ses proches, le général ne se contentera pas de la majorité des suffrages exprimés et exigera la majorité des inscrits, autrement dit du corps électoral dans son ensemble. Faire dépendre son maintien au pouvoir de l'approbation, en ce débat mal engagé, de 50 % du corps électoral, c'est prendre un risque énorme.

Au plus fort de la campagne, où l'opposition ne cesse de brandir les menaces de la dictature et du totalitarisme (« Un régime à la Salazar, au mieux ! »), un nouveau coup est porté au général — le seul à vrai dire qui, depuis la démission de Pierre Sudreau, l'ait quelque peu ébranlé.

Le 19 octobre, le Conseil d'État, qui a déjà, on l'a vu, condamné le projet de révision constitutionnelle, annule les dispositions du décret du 1er juin 1962 créant la cour militaire de justice — laquelle, ayant déjà condamné à mort plusieurs assassins d'agents du pouvoir, s'apprêtait à juger l'un des chefs de l'OAS métropolitaine, André Canal, dit « le Monocle », mêlé à la plupart des attentats contre le chef de l'État.

Le gouvernement ne peut que publier un communiqué indigné, dénonçant cet « encouragement à la subversion ». Cette fois, plus encore que par le vote de censure ou le « forfaiture » de Monnerville, le chef de l'État se sent visé : Canal, c'était l'homme qui, pendant des mois, avait tendu autour de lui un filet d'intrigues meurtrières. Si sérieuses que puissent être les objections juridiques du Conseil d'État, sauver ainsi ce Cadoudal c'est, aux yeux du général, absoudre par principe ses assassins.

Du coup, son moral se met à flotter. On l'entend soliloquer sur le mode crépusculaire : « C'est foutu. Ils ont appelé de Gaulle quand ils avaient la trouille. Maintenant, ils n'aspirent plus qu'à retrouver leur petite cuisine... Dans quelques semaines, je ne serai plus ici [30]. » Mais quelques jours plus tard, il rugit : « Je les aurai ! Je les aurai jusqu'au trognon ! »

À l'approche du scrutin, on le voit d'ailleurs un peu moins ambitieux qu'au début d'octobre. Témoin cet entretien qu'il a, une semaine avant la date fatidique, avec Roger Frey, ministre de l'Intérieur : « Tout le monde est contre mon projet. Les corps constitués, mais aussi les notables et tous les parlementaires. Bref, la classe politique dans son entier. Aussi, avec tout cela, si j'obtiens 65 % des suffrages exprimés, ce sera un triomphe. » Mais, M. Frey, quelque peu sceptique, demande prudemment : « Et si vous n'obtenez que 60 % ? » Sans hésiter, de Gaulle lui répond : « Alors, dans ce cas, ce sera un succès [31]. »

Le chef de l'État a ainsi quelque peu rabattu de ses prétentions. Il ne s'agit plus — à l'adresse de ce confident discret — de plus de 50 % des inscrits, mais de 60 % des suffrages exprimés (moins de 45 % du corps électoral) pour que sa majorité ne soit ni « médiocre » ni « aléatoire ». Le ministre de l'Intérieur, dont les prévisions se situent autour de ces chiffres, part rassuré.

Au surplus, les circonstances, une fois de plus, vont servir le général. Le 22 octobre, six jours avant le scrutin, éclate la crise des fusées de Cuba *, qui va mettre le monde en émoi, et fait passer l'ombre, sinon de la guerre, en tout cas d'une très vive tension internationale. En ces occurrences, chacun sait que de Gaulle est irremplaçable. Qui, dans le fond de son cœur, souhaite que le « guide » lâche en cet instant les rênes ? Les quelques gestes qu'on lui voit accomplir, la façon qu'il a de se porter, avec un éclat calculé, aux côtés de Kennedy, tout rehausse alors son personnage. Et il ne manque pas d'en tirer parti quand, le 26 octobre, il lance un dernier appel aux citoyens :

* Voir plus haut, chapitre 13.

« ... Tous les partis de jadis, dont rien de ce qui s'est passé n'a pu guérir l'aveuglement, vous requièrent de répondre " non " ! [...] En même temps tous les factieux, usant de tous les moyens pour que ma mort ou ma défaite fasse reparaître la grande confusion qui serait leur ignoble chance, souhaitent, eux aussi, le " non " !

Françaises, Français, quant à moi, je suis sûr que vous direz " oui " ! J'en suis sûr, parce que vous savez qu'en notre monde, qui est si dangereux — on le voit en ce moment même ! —, la France ne pourrait survivre si elle retombait dans l'impuissance d'hier... »

Menace interne des « factieux », menaces externes des fusées soviétiques : une fois de plus, de Gaulle se dresse comme le rempart, comme le sauveur, le guide, le père tutélaire. Il sera entendu. Mais par moins de Français qu'il ne croit.

Tout au long de la nuit du 29 octobre, les résultats oscillent entre le « médiocre » et l' « aléatoire ». 45 % de « oui » ? 30 % de « non » ?... Est-on dans la « fourchette » qui permettra à de Gaulle de poursuivre sa tâche ? Vers 2 heures du matin, Roger Frey déclare qu'avec 62 % des suffrages exprimés, 47 % des inscrits, les « oui » ont gagné la bataille.

Mais le lundi matin, le général fait savoir qu'il préfère rester à Colombey « pour réfléchir ». Qu'est-ce à dire ? Georges Pompidou et Louis Joxe téléphonent à La Boisserie. De Gaulle reste évasif. Moins de 50 % du corps électoral... A quelques familiers venus le rejoindre ce jour-là, il confie en badinant que le séjour à Colombey est si agréable...

Le mardi en fin de matinée, il est pourtant à l'Élysée, et tire une première conclusion de ce verdict ambigu : « Lorsque je rêvais, je pensais " 70 % ". Lorsque j'étais raisonnable, je disais " 65 % ". Ma déception a été : 62 %[32]. » Mais le lendemain, le communiqué qu'il fait publier à l'issue du Conseil des ministres est d'un ton plus claironnant : il relève que « le but principal du référendum se trouve... atteint par le fait que le chef de l'État doit être élu dorénavant au suffrage universel », et conclut : « Le chef de l'État a constaté qu'il se dégageait au sein du peuple français, en dépit de la coalition acharnée de tous les partis de jadis, une large majorité, résolument tournée vers la rénovation politique de la nation... »

S'il n'a pas pu transformer la consultation en plébiscite, le référendum institutionnel lui a permis d'atteindre l'objectif qu'il s'était officiellement fixé. Le héros n'a obtenu qu'une semi-victoire. L'homme d'État a forgé son avenir. Sous les frondaisons de La Boisserie, celui-ci a réconforté celui-là. Tout dépend maintenant de la bataille électorale dont Roger Frey assure qu'elle peut aboutir à une consolidation de la majorité pour peu qu'il s'engage, lui, de Gaulle, dans le débat.

De Gaulle, le général de Gaulle faisant campagne électorale ? Quatre ans plus tôt, il en repoussait jusqu'à l'idée, avec une hauteur souveraine : « Je ne me mêle en rien de ce qui est électoral ! » Mais alors, le référendum lui avait donné (le 28 septembre 1958) 80 % des suffrages exprimés... Allons, il faut y aller. Il faut descendre dans l'arène. Et quand « il y va », Charles de Gaulle, ce n'est pas pour poser des banderilles, mais l'estoc en main.

Le 7 novembre, il pourfend l'ennemi, ces partis « qui ne représentent plus la nation » depuis que, « en 1940, leur régime abdiqua dans le désastre » (ceci pour Paul Reynaud) et « qu'en 1958, [on] me passa la main, au bord de l'anarchie, de la faillite et de la guerre civile » (ceci pour Guy Mollet). Et c'est la péroraison, qui est un engagement total aux côtés des candidats de l'UNR :

> « Françaises, Français, vous avez, le 28 octobre, scellé la condamnation du régime désastreux des partis et marqué votre volonté de voir la République nouvelle poursuivre sa tâche de progrès, de développement et de grandeur. Mais, les 18 et 25 novembre, vous allez élire les députés. Ah ! puissiez-vous faire en sorte que cette deuxième consultation n'aille pas à l'encontre de la première ! En dépit, le cas échéant, de toutes habitudes locales et considérations fragmentaires, puissiez-vous confirmer, par la désignation des hommes, le choix, qu'en votant " oui ! " vous avez fait quant à notre destin !... »

Du côté des candidats gaullistes, c'est l'euphorie. Lequel d'entre eux avait espéré un patronage aussi direct, aussi déclaré ? Aussi bien manifestent-ils imagination et esprit unitaire. Tandis qu'André Malraux fonde et vante avec une éloquence saccadée l'« Association pour la Vᵉ République », les deux branches du gaullisme officiel, celle de droite, l'UNR (Union pour la nouvelle république) et celle de gauche, l'UDT (Union démocratique du travail), vont au combat bras dessus, bras dessous. René Capitant et Louis Vallon confondus avec Georges Pompidou et Jean Foyer...

Entre-temps, néanmoins, le « cartel des non » avait amorcé la contre-attaque sur deux plans : l'un juridique, et l'autre tactique.

Le 6 novembre, Gaston Monnerville, président du Sénat, avait saisi le Conseil constitutionnel de ce qu'il estimait — avec beaucoup d'autres — être l'inconstitutionnalité de la loi adoptée le 28 octobre : il fondait cette requête sur la violation de l'article 89, titre VIII, de la loi fondamentale.

Au sein du Conseil, le débat fut serré. Quatre de ses membres, les deux anciens présidents de la République, Vincent Auriol et René Coty, et deux des plus fidèles amis du général, René Cassin, son compagnon de Londres et Pasteur Vallery-Radot, se rangèrent à l'opinion du président du Sénat. René Coty avait fait connaître son refus en écrivant à plusieurs amis : « En quittant l'Élysée, j'ai dit adieu à la politique, après y avoir consacré le meilleur de mon effort pendant plus d'un demi-siècle. Mais quand j'ai vu la Constitution de la République traitée comme un chiffon de papier, je n'ai pu taire ma protestation [33]. »

Néanmoins, par 6 voix contre 4 *, le Conseil constitutionnel, alléguant que les textes législatifs sur lesquels porte son droit de regard, définis par l'article 61 de la Constitution, « sont uniquement les lois votées par le Parlement et non point celles qui, adoptées par le peuple à la suite d'un

---

* M. Gilbert Jules, dont on connaissait l'hostilité à la révision, étant candidat aux élections, ne put participer à la discussion.

référendum, constituent l'expression directe de la souveraineté populaire », se déclara « incompétent ».

Aveu qui suscita d'innombrables railleries — celles notamment de François Mitterrand qui, en conclusion d'une philippique bien enlevée, cite ce trait de Gaston Monnerville : « Si le Conseil constitutionnel n'a pas compétence pour apprécier une violation si patente et si grave de la Constitution, qui l'aura dans notre pays ? En se déclarant incompétent, dans une conjoncture capitale pour l'avenir des institutions républicaines, il vient de se suicider [34]... »

En fait, la dérobade arrachée par le général aux vieux messieurs du Conseil était, selon le doyen Vedel, fondée en droit, « les cas où son intervention est possible étant limitativement énumérés par la Constitution (et excluant) les révisions constitutionnelles [35] ». Mais l'opposition y vit une manifestation supplémentaire de l'inféodation des organismes de contrôle démocratique au pouvoir central. Et donc un pas de plus vers le pouvoir absolu.

Cependant, sur le plan tactique, le « cartel des non » prend une initiative capitale. Le 9 novembre, M. Guy Mollet dont l'anticommunisme semblait être, depuis cinq ans, la raison d'être, déclare soudain qu'au second tour il fera voter pour un candidat PCF contre un gaulliste. Cette amorce de résurrection du Front populaire vaudra certes des sièges aux deux partis de gauche. Mais elle contribue à faire basculer le « marais » du côté conservateur. En s'unissant, les diverses branches du gaullisme et de la droite ont accru leur force d'aimantation. En s'alliant, socialistes et communistes ont au contraire fait fuir bon nombre de « républicains ».

Le 18 novembre 1962 est la date de l'une des plus grandes victoires politiques qu'ait jamais remportées le général de Gaulle. Non seulement parce que ceux qui se réclament de lui obtiennent d'emblée près de 32 % des suffrages — ce dont n'a pu se prévaloir aucun parti depuis la guerre —, mais parce que ses adversaires les plus symboliques sont personnellement éliminés : soit les procureurs du procès qui vient de lui être intenté à propos de la révision constitutionnelle * (Paul Reynaud, Mendès France — mais non Mitterrand...), soit les derniers tenants de l'Algérie française qu'il peut soupçonner d'avoir été mêlés de près ou de loin aux complots contre son pouvoir : Pascal Arrighi, Jean-Marie Le Pen, Alain de Lacoste-Lareymondie...

La « divine surprise » ? Mais non.

Selon Flohic [36], le général se dit même d'abord déçu, trouve « la marge trop faible pour gouverner », parle de s'en aller « dans les trois mois ». Mais il se reprendra vite. Dès le 21, en Conseil des ministres, il étale une satisfaction sans nuance :

> « Nous voilà tranquilles pour plusieurs années. Je voulais briser les partis. J'étais le seul à pouvoir le faire et le seul à croire la chose possible au moment que j'ai choisi. J'ai eu raison contre tous. J'ai déclaré la guerre aux

---

* Sauf Guy Mollet, en ballottage, qui sera sauvé au second tour par les voix communistes.

partis. Je me garde bien de déclarer la guerre aux Chefs des partis. Les partis sont irrécupérables. Mais les Chefs de partis ne demandent qu'à être récupérés. »

Un silence. Et puis :

« Il leur suffit de récupérer un portefeuille [37]. »

Triomphalisme un peu lourd, qui n'est pas du meilleur de Gaulle. Injuste aussi : il sait bien qu'il ne pourrait « récupérer » ainsi ni Reynaud, ni Mendès France, ni Mollet, ni Mitterrand. Et la plupart de ses ministres le savent aussi. Mais qui aurait le courage de le reprendre sur ce point, et de défendre l'honneur politique de ces vaincus ?

Le second tour, comme le veut le système majoritaire, accentue les tendances manifestées lors du premier. Dans *le Monde,* Sirius résume la situation en écrivant : « Cette guerre qu'à tous risques il a imposée, le général-président vient de la gagner [38]. » Sur son nom, 229 candidats * de l'UNR-UDT dont la plupart sont des inconnus entreront au Parlement, où ils constitueront le groupe le plus volumineux qu'ait jamais connu une Assemblée française normalement élue et disposeront de la majorité absolue, avec l'appoint des 35 « républicains indépendants » de Valéry Giscard d'Estaing.

L'ensemble des candidats se réclamant du label « Vᵉ République » rassemble 42 % des voix — ce qui reproduit assez bien les résultats du référendum, mais avec l'effet d'amplification dû au système électoral, donne l'impression d'un raz de marée. Alain Peyrefitte, qui va retrouver le ministère de l'Information, résume l'opinion des vainqueurs en disant : « Si nous ne faisons pas de bêtises, nous sommes là pour trente ans ! »

Sa victoire, de Gaulle va la manifester en deux temps. À l'issue du Conseil des ministres du 28 novembre, il exprime « sa satisfaction que le peuple français ait, d'une façon très large et dans une circonstance solennelle, donné raison à la politique que le Président de la République a poursuivie, à travers le gouvernement, depuis plusieurs années ». La veille, il a tenu à prendre la parole à l'occasion des obsèques de René Coty, l'homme qui lui a ouvert les portes légales du pouvoir (lui évitant la disgrâce d'un coup de force ?) et dont le dernier geste politique a été, trois semaines plus tôt, de s'opposer à son projet constitutionnel. Le général préfère insister sur le premier épisode et rappelle que, refusant de s'accrocher à « un système à la dérive », René Coty avait fait en sorte que fussent évités la « rupture dans l'État » et le « déchirement dans la nation. » Aussi bien, concluait de Gaulle, « le respect de la nation entoure [sa] mémoire [39] ».

Sérénité, après la danse du scalp ? Le vieux chef n'en est pas tout à fait à fumer le calumet de la paix. On a observé, lors des funérailles de René Coty, qu'il s'est abstenu de serrer les mains de Vincent Auriol et de Gaston Monnerville. Recevant le bureau de la nouvelle Assemblée nationale, il leur adresse une allocution où l'humour le plus ambigu se mêle à une étrange

---

* Quatre élus d'outre-mer viendront les rejoindre.

menace rétrospective : « ... Le régime parlementaire vivait sa dernière chance. Grâce aux résultats des dernières consultations, cette chance est acquise... » (Était-ce à dire qu'en cas de résultats différents, les Français se fussent retrouvés privés de démocratie ?)

Mais l'opposition est à ce point matraquée qu'elle ne réagit guère à ces propos, ni aux dispositions prises par le vainqueur pour exploiter sa victoire. La principale est la reconstitution à l'identique* du cabinet Pompidou qui, battu le 5 octobre, obtient le 13 décembre 268 voix contre 116.

A ses vœux de fin d'année, Charles de Gaulle pourra donner le ton de la victoire tranquille, à tel point que ceux qui en relèveront les simplifications emphatiques ou les silences commodes (à propos de l'échec du plan Fouchet, par exemple) passeront pour des malotrus :

> « ... Nous achevons une année qui a, dans le bon sens, marqué le destin de la France. Certes, ne nous y ont manqué ni les épreuves ni les dangers. Quand commença 1962, on se tuait encore en Algérie, tandis qu'attentats et complots se prolongeaient en Métropole. Récemment, un démon, qui nous fut jadis très familier et très malfaisant, celui des crises politiques, a cru trouver l'occasion de revenir nous tenter. Enfin, il y a deux mois, le monde passa près de la guerre. Mais rien n'a empêché notre pays de poursuivre sa rénovation... »

La meilleure conclusion du grand débat qui aura transformé la Ve République en son sur-moi, et la république monarchique en monarchie républicaine, c'est encore de Gaulle qui la tire, en commentant devant un visiteur le résultat des élections de novembre : « Voyez-vous, les soi-disant chefs des soi-disant partis auraient, bien sûr, préféré continuer à jouer à la belote. Mais moi, je les ai obligés à jouer au poker. Et là, je suis le plus fort [40]. »

---

* Christian Fouchet remplace à l'Éducation nationale Pierre Sudreau, le seul ministre qui transforma son désaccord de septembre en démission.

22. « Charlot, des sous ! »

C'était en mars 1963. La France était en paix, n'ayant pas tiré un coup de canon en un an pour la première fois depuis le début du siècle. Six mois plus tôt, le pays avait été doté d'une Constitution musclée, puis d'une majorité parlementaire qui assuraient au pouvoir autorité, stabilité, longévité. Les derniers irréductibles du terrorisme antigaulliste venaient d'être éliminés ou dispersés : Argoud « enlevé » en Allemagne le 26 février, Bastien-Thiry fusillé le 11 mars. Par la loi ou par des voies plus obliques, l'ordre régnait. Et les chiffres de l'expansion répondaient aux directives du Souverain : plus de 7 % de croissance par an.

Et voilà qu'avec leurs visages calcinés sous les casques, fagotés dans leurs bleus de travail, des milliers d'hommes venus de la province natale de Charles de Gaulle, défilant entre deux haies de sympathisants chaleureux, surgissaient au bord de la Seine entre la Concorde et le pont Alexandre III : pour un peu, le général les verrait, goguenards et formidables, de sa fenêtre de l'Élysée. Mineurs des Houillères du Nord, ils manifestaient leur colère aux cris de « Charlot ! des sous ! ».

On dira certes qu'un tel slogan, où ne s'affichait nulle haine, n'était pas l'expression militante de la lutte des classes. Une certaine connivence historique s'y manifestait : on n'interpelle pas de Gaulle comme on fait de Poincaré, Laniel ou Antoine Pinay. Mais il ne s'agissait pas de sentiments, qui, à son sujet, resteront toujours ambigus. Il s'agissait de l'autorité de l'État.

Depuis deux semaines, un décret de réquisition signé par le général à Colombey vise les grévistes qui, le 1er mars, ont décidé un arrêt de travail illimité. Peine perdue. Le pouvoir dont le général de Gaulle disait, au moment des barricades d'Alger, qu'« il ne recule pas », ce pouvoir renforcé encore par le référendum et les élections de l'automne, on le voit comme frappé de stupeur. Tous les conseillers du général, à commencer par le sagace Pompidou, lui ont dit : « Signez le décret de réquisition et le mouvement s'effondrera... » Il a signé, lui, de Gaulle, lui qui a brisé la sédition de 1960, le pronunciamiento de 1961 et le terrorisme de 1962 — il a signé et les « gueules noires » campent là, sous son nez, hilares et furibards...

C'est, d'une certaine façon, le plus grave échec qu'il ait subi depuis cinq ans, depuis qu'il vole d'orage en orage, vers la maîtrise totale de cette nation par ses soins ranimée. Échec qu'il ressent au surplus comme une avanie personnelle : n'est-il pas le responsable de la nationalisation des Houillères, en 1945 ? Le promoteur de leur résurrection ? Ne prétend-il pas offrir au monde du travail un avenir enfin honorable ? Tout se ligue ici pour le blesser.

Ce qui est en cause, en l'occurrence, c'est la nature sociale et la signification économique de « son » État, de « sa » société. Le gaullisme, pour les uns, n'est qu'un avatar de la monarchie du Grand Siècle, pour les autres une résurgence du bonapartisme. Mais il y a aussi ceux qui voient en lui la forme de transition prise en France par la société en voie d'industrialisation. A la faveur des circonstances catastrophiques de 1940, puis de celles, dramatiques, de 1958, et grâce au surgissement d'un personnage exceptionnel, ce système ambigu permettrait d'adapter les vieilles structures politiques de l'État à la mutation économique amorcée au milieu des années cinquante, mutation dont le bref passage de Pierre Mendès France au pouvoir avait été l'une des premières traductions politiques.

Le pénétrant sociologue Serge Mallet * écrivait dès 1963, dans un ouvrage tout imbibé encore de son marxisme originel, que le gaullisme exprimait, du point de vue historique « un certain détachement du pouvoir politique par rapport au parlementarisme classique, c'est-à-dire par rapport à une représentation permanente des intérêts des diverses couches sociales sur le pouvoir au moyen de la délégation parlementaire... [Or] dans le système parlementaire, les couches qui exerçaient le pouvoir politique étaient liées aux structures malthusiennes du capitalisme français, à la moyenne et petite bourgeoisie ancienne qui constituait la base de la classe politique en France [1] ».

En ce sens, le gaullisme apparaît comme l'agent à la fois d'une révolution des structures et d'une canalisation de cette révolution, comme l'appareil d'une rupture circonstancielle mais aussi d'une continuité de l'État assurant sans désordres majeurs l'énorme mutation en cours et permettant d'en coordonner les phases et les courants. Le général et les siens auraient répondu ainsi à un besoin profond de la société française, ressenti, selon notre sociologue « non seulement par les groupes dirigeants, mais aussi par certains groupes sociaux, qui, tout en étant dans une situation de dirigés, avaient intérêt à l'expansion économique permanente, c'est-à-dire aux ouvriers, aux techniciens des secteurs de l'industrie moderne ». Ce qui reviendrait à dire que le système fondé en 1958 et pourvu en 1962 d'une formidable cuirasse serait, pour reprendre une autre formule de Serge Mallet, un « accoucheur de modernité ».

D'où le caractère proprement tragique de l'affrontement social de mars 1963. En se laissant enfermer dans un face-à-face pathétique avec les mineurs du Nord, représentant symboliquement la classe ouvrière, le régime triomphant de la fin de 1962 était brusquement déporté vers la droite antisociale et répressive. La même opinion publique qui avait absous le général traitant « sa » Constitution comme une dame de petite vertu parce que l'esprit du projet lui paraissait salubre (suivant en cela le doyen Vedel qui nous disait un jour que la Constitution de 1958 valait surtout par les violations qu'elle avait

---

* Mort en 1971.

subies...) n'était pas prête à accepter la répression des « gueules noires », ces héros, de tout temps sacralisés, de la production. Au surplus, les producteurs de combustibles sont toujours populaires en hiver...

Le gouvernement Pompidou est à tel point pris au piège de sa fausse manœuvre de réquisition qu'il lui faudra constituer à la hâte un « comité des sages » (Pierre Massé, François Bloch-Lainé, M. Masselin) pour trouver une issue. Les « sages » — dont le rapport est d'ailleurs rédigé par Jacques Delors — ne pourront que préconiser des augmentations des salaires allant de 4 à 8 % selon les cas — très proches de celles que revendiquaient les grévistes — qui permettront la reprise du travail en avril.

(« Les mineurs avaient raison... », avouait alors Georges Pompidou devant Bernard Ducamin[2].) Cette erreur du gouvernement allait valoir au général une chute de popularité sans précédent — il ne retrouve que 42 % de satisfaits dans les sondages d'avril 1963. Au surplus, le conflit des Houillères agit comme un révélateur. Déportant en apparence le pouvoir vers la droite plus encore que la composition de la « Chambre introuvable » de novembre, il manifeste ainsi que, dans un débat de ce genre, la vérité historique et économique n'est pas forcément en harmonie avec les arrêts de la morale sociale.

Que représentent en effet les hommes ou plutôt le groupe dont le noir défi blesse l'intraitable souverain de l'Élysée ? L'une de ces forces en déclin que son régime de mutation a pour mission de reconvertir. Comme il a dû assumer les responsabilités de l'amputation algérienne, il lui faut maintenant faire exécuter le projet de réduction de 14 % de la production charbonnière décidée en 1960 par un ministre de l'Industrie, Jean-Marcel Jeanneney[*], qui exprimait (et exprimera) mieux que tout autre sa pensée économique et sociale.

Ainsi le grand affrontement de 1963 manifeste-t-il le double visage de ce régime d'ordre et de modernité, d'autorité et de mutation, qui réquisitionne les mineurs aussi brutalement que l'eût fait Clemenceau, mais dans une perspective qui change le sens de cette opération punitive. Car cette grossière erreur tactique s'inscrit dans une judicieuse stratégie de la modernité.

Chose curieuse, Charles de Gaulle, si peu porté d'ordinaire à mêler les sentiments aux décisions politiques, surtout à propos de groupes catégoriels, et moins porté encore à l'autocritique, évoque ce « triste épisode » sur un ton de confession nostalgique. Ce n'est pas sans « mélancolie », écrit-il, que je voyais

> « cette diminution de leur rôle infligée à nos charbonnages. Je savais bien quels trésors de labeur avaient été dépensés par des générations de mineurs à faire valoir un patrimoine dont, au lendemain de la Libération, j'avais moi-même voulu qu'il devînt national. En ma qualité d'homme du Nord, je portais à ces travailleurs une estime particulière. D'ailleurs, mes frères Xavier et Jacques et mon beau-frère Alfred Cailliau avaient été ingénieurs des Mines. Mais, en ce domaine-là aussi, je ne devais considérer que

---

[*] Qui a suivi son ami Michel Debré dans sa retraite en avril 1962.

l'intérêt général du pays. Et puis j'avais, je le reconnais, l'illusion que [...] les mineurs ne voudraient pas prendre la responsabilité de nuire gravement à la communauté française... Il n'en fut rien[3] ».

Quel problème le général de Gaulle a-t-il jamais évoqué sur ce ton ? On peut parler de paternalisme, ou de chauvinisme provincial, et railler cette soudaine nostalgie pour une « marine à voile » ailleurs vouée au rancart sans ménagement. On peut aussi voir dans ces lignes du vieux monsieur l'expression du paradoxe que fut la vie de ce conservateur voué à la révolution.

Qui tente de décrire la stratégie économique de Charles de Gaulle-le-souverain ne doit jamais faire tout à fait abstraction de cette mélancolie sociale de fils d'entrepreneurs du Nord baignés dans un paternalisme bien-pensant qui, en ce domaine, a mis son espoir dans la démocratie chrétienne des années trente — et qui reconnaît en tout ouvrier un combattant d'Argonne ou un de ces soldats abandonnés par leurs chefs en 1940. Un homme qui n'aime pas les possédants, méprise les bourgeois et déteste le capitalisme. Mais c'est aussi un chef que froissent les mouvements populaires, qui récuse le concept de classe ouvrière et pour qui l'économie est une arme de la grandeur.

D'où cette nostalgie d'une « troisième voie » entre marxisme et capitalisme qui ne cessera de le hanter jusqu'en 1969, le rêve d'une « participation » ébauché au temps du RPF sous le nom d' « association ». Lointain écho du *Rôle social de l'officier* de Lyautey ou plutôt de La Tour du Pin ou d'Ozanam ? Le fait est que cet homme de volonté, qui a su rendre à la France pantelante un rôle de premier rang, rebâtir un État délabré, restaurer la monnaie, décoloniser l'Afrique et braver les États-Unis, s'en est toujours tenu, en ce domaine, à de nobles velléités. Louis Vallon, René Capitant, Yvon Morandat, « gaullistes de gauche », étaient près de son cœur ? C'est vrai. Mais il les a toujours laissés éloignés des réalités du pouvoir économique.

Timides ou non, ces projets de réformes sociales s'inscrivent en pointillé dans un cadre économique et financier solide qui donne beaucoup de cohérence à la mutation alors imposée à la société française. En ce domaine, trois principes dominent la stratégie du général de Gaulle : la prépondérance du rôle de l'État, la priorité donnée à la défense du franc, la rigueur budgétaire.

Sur ce qu'a d'éminent le rôle de l'État dans l'esprit du général, donnons la parole à Maurice Pérouse, longtemps directeur du Trésor, rue de Rivoli, qui déclarait lors du colloque sur le Plan de redressement de 1958 : « ... Le côté " colbertiste " de leurs * conceptions s'accommodait particulièrement bien

---

* « Leur » fait référence aussi à Michel Debré.

de la notion de *planification* telle qu'elle avait déjà été progressivement mise en œuvre. L'arrivée rue de Martignac * de Pierre Massé, dont l'intelligence pénétrante mesurait si bien les possibilités et les limites des plans, " à la française ", fut peut-être, à cet égard, l'un des événements les plus importants de la période[4]... » Pierre Massé ayant défini le Plan comme « plus qu'indicatif et moins qu'impératif[5] », c'est de Gaulle lui-même qui devait le proclamer en 1963, une « ardente obligation » — non sans se heurter d'ailleurs à bien des résistances et tentatives de diversion.

Jean-Maxime Lévêque, qui fut à l'Élysée l'un des artisans de ce très actif interventionnisme d'État que de Gaulle qualifiait d'ailleurs de « dirigisme[6] » a raconté quatorze ans plus tard comment était née cette expression d' « ardente obligation ». Le général de Gaulle ayant fait connaître à ceux qui étaient, autour de lui, les responsables des décisions économiques — Georges Pompidou, Premier ministre, Valéry Giscard d'Estaing, ministre des Finances, Pierre Massé, commissaire au Plan et J.-M. Lévêque, conseiller financier — son intention de définir le Plan comme « obligatoire », tous se récrièrent : en démocratie, le Plan ne saurait être qu' « indicatif » ou « incitatif ». Le général parut écouter la leçon avec attention. Quelques jours plus tard, les consultants avaient la surprise d'apprendre que le Plan était non seulement une « obligation », mais « ardente[7] »...

S'agissant de la rigueur budgétaire, on fera encore appel aux souvenirs de Maurice Pérouse : « En matière de politique budgétaire... surtout, le pouvoir resta inflexible, sur la ligne, arbitraire sans doute et purement conventionnelle, mais fortement symbolique, de l' " impasse " fixée *ne varietur* à 6 milliards de francs **. [J'ai] encore en mémoire la voix d'Antoine Pinay déclarant aux " journalistes accrédités ", à sa sortie de Matignon, lors de la préparation de la loi de Finances pour 1960, que si cette limite devait être dépassée, fût-ce d'un franc, il quitterait dans l'instant même le ministère des Finances[8]. »

S'il est un point où M. Pinay se trouvait en communauté d'esprit avec le général de Gaulle, c'était bien celui-là. Aussi, son départ laissa intact ce type de consigne. Bien que tel ou tel de ses successeurs ait placé ailleurs sa ligne Maginot, le général pourra se prévaloir, en 1965, d'un budget rigoureusement en équilibre, vierge de toute impasse. Quant au franc doté en 1958 de parités nouvelles, c'est avec un sentiment d'exaltation que le général proclame, au début de 1960, sa « féconde solidité[9] ». Dans ce domaine aussi, il a réalisé le rêve de Poincaré.

Écoutons-le consacrer à la stabilité monétaire une sorte de dithyrambe :

> « ... La solidité de [notre monnaie] mesure dans le monde la réalité et l'efficacité de l'économie du pays dont dépendent celles de sa politique. Elle est, à l'intérieur, la condition essentielle de l'honnêteté des rapports, de la modération des désirs, de la sérénité des destins, de l'ordre social et moral. Elle est, pour l'État qui marque les pièces à son effigie : le roi, l'empereur,

* Siège du commissariat au Plan.
** Pinay parti, la « barre » fut fixée à 7 milliards.

la république, l'attestation de sa capacité, la justification de l'autorité qu'il exerce et de la confiance qu'il requiert [10]... »

Nous parlions de Poincaré. C'est Guizot ou Sully qu'il faudrait invoquer...

Si, même en ce domaine, Charles de Gaulle est bien le décideur suprême — on le verra en diverses occurrences critiques de septembre 1963 à novembre 1968 —, les influences qui jouent à propos de la politique financière sont plus complexes et contradictoires que dans les affaires diplomatiques ou militaires de la V⁵ République.

La substitution du ministère Pompidou au gouvernement Debré ne fut pas, à ce propos, une simple opération de relais de poste. D'abord parce que les rapports entre le général et le nouveau chef de gouvernement ne sont plus les mêmes que ceux qu'il entretenait avec Michel Debré. De 1959 à 1962, le Premier ministre avait la haute main, et directement, sur ce type d'affaires. Absorbé par la guerre d'Algérie et les questions diplomatiques, le général s'en mêlait peu. A partir d'avril 1962, au contraire, de Gaulle, flanqué d'un secrétaire général très au fait des affaires économiques et sociales, Étienne Burin des Roziers, est au cœur de toutes les décisions de cet ordre. C'est la fin du « domaine réservé » de Matignon...

D'autre part, la substitution au très classique Baumgartner de Valéry Giscard d'Estaing donne une impulsion plus personnalisée aux services de la Rue de Rivoli. Enfin, si le ministre du Travail (Gilbert Grandval) et celui de l'Agriculture (Edgard Pisani) sont restés en place, la retraite de Michel Debré, doublée de celle de J.-M. Jeanneney (chargé de l'Industrie), a affaibli le courant « dirigiste » et consolidé les partisans du libéralisme, ou plus simplement du pragmatisme, qui trouvent en Georges Pompidou un leader tout désigné.

On se gardera de dresser la liste des partisans et d'opposer deux camps adverses. Mieux vaut suggérer la présence de divers groupes ou tendances dont les influences joueront à tour leur rôle, de l'Élysée à Matignon. Récusant d'entrée de jeu les étiquettes de « droite » et de « gauche », on peut tout de même reconnaître au gouvernement un parti des technocrates « modernisateurs », qui s'incarne en Valéry Giscard d'Estaing — préféré, aux Finances, au très interventionniste Albin Chalandon, et qui doit son portefeuille à l'abstention de François Bloch-Lainé * —, un groupe proprement gaulliste dont les porte-parole sont Gilbert Grandval au Travail, Robert Boulin au Budget, Marc Jacquet aux Travaux publics, Maurice-Bokanowski à l'Industrie, et dont l'inspiration réformiste, soutenue au gouvernement par Couve de Murville, ancien inspecteur des Finances, trouve un répondant fort actif à l'Élysée en la personne du secrétaire général Burin des Roziers ; en flèche se situe Edgard Pisani, qui brûle de transformer

* Qui s'est récusé pour la seconde fois en quatre ans.

les structures agricoles de la France et commencera à en modifier le paysage en faisant passer en 1962 sa loi sur les SAFER* ; enfin, brochant sur le tout, naviguant au plus près, arbitrant dans un esprit très « réaliste » et — sans trahir les directives du général — freinant en souplesse ses initiatives les plus audacieuses et tempérant le « planisme » effervescent de l'Élysée, Georges Pompidou. Car pour lui le Plan n'est guère qu'un « réducteur d'incertitudes » (Pierre Massé) alors qu'il est, pour Giscard, l'instrument d'une politique.

Si le parti des purs libéraux a perdu en Antoine Pinay son chef de file, et celui des dirigistes son meilleur défenseur en Michel Debré, les débats sur les choix économiques et financiers resteront d'autant plus vifs que l'on verra rentrer au gouvernement des Capitant et des Jeanneney et que la pression de l'Assemblée s'exercera en la personne de Louis Vallon, rapporteur général du budget et avocat des réformes sociales les plus ambitieuses. Mais plus le général inclinera à soutenir ces ambitions, plus Georges Pompidou y trouvera l'occasion de raidir sa résistance à l' « aventure ».

Choisi par le général de Gaulle pour l' « art de temporiser » et l'aptitude à gérer le « répit relatif [11] » qui étaient, selon de Gaulle, les traits dominants de son caractère, le Premier ministre remplira si parfaitement son contrat que l'on verra peu à peu sa prudence transformer en caboteur le navire de haut bord armé par l'homme de l'Élysée.

Inventeur, en 1958, du plan d'assainissement de l'économie française, Jacques Rueff n'avait pas tardé à harceler le gouvernement pour que l'on ne s'en tînt pas à cette cure qui, selon lui, n'était qu' « une réforme purement financière sans prolongements économiques et social, sans conséquences sur notre politique de crédit » et restait de ce fait vouée à l'échec. Le 20 août 1959, il écrivit une lettre au président de la République pour le convaincre de procéder à une réforme en profondeur. Le général de Gaulle, qui n'avait eu qu'à se louer de l'intervention de M. Rueff en 1958, décida aussitôt la création d'un comité chargé d'étudier « les obstacles à l'expansion économique ». Sous la présidence de Michel Debré, deux experts étaient désignés : Jacques Rueff et Louis Armand.

Ce bicéphalisme fut-il nuisible ? Ou, plus banalement, le salut public étant assuré, ce comité ne pouvait-il manquer d'apparaître moins miraculeux que le précédent ? Le fait est qu'après un mois de travail, les augures se contentèrent d'une sorte de catalogue de directives raisonnables, portant notamment sur la « réduction des rigidités » et sur la « véracité des coûts et des prix ». Commentant ce texte (« qu'il avait tenu à me faire cosigner, comme chaque fois que notre collaboration était peu fructueuse », disait en riant Louis Armand), Jacques Rueff le définit comme « un vivier où une politique réformatrice, soucieuse de réalisations concrètes, devra à l'avenir s'alimenter ».

* Société d'aménagement foncier et d'établissement rural.

Les réformes ne répondirent pas à l'attente du comité Rueff-Armand et du général de Gaulle. Mais l'économie française connut de 1959 à 1962 une expansion que plus personne, depuis cette époque, ne songe à nier, et dont les preuves abondaient à la fin de 1962.

Année agitée s'il en fut — des ultimes négociations d'Évian aux élections de novembre, du rejet du plan Fouchet à l'attentat du Petit-Clamart, de la proclamation du « grand dessein » de John Kennedy aux dramatiques échanges russo-américains à propos de Cuba et aux sombres échanges franco-britanniques de Rambouillet : mais tant de tourbillons, de défis, de retournements et d'embuscades n'avaient pu faire que, retrouvant la paix, la France ne recouvrît la prospérité.

Témoin ce jugement relevé dans le rapport sur la France que publie en juillet 1962 l'OCDE * : « L'expansion de la production se poursuit en France, rapide et régulière, et la balance des paiements reste largement excédentaire... L'extraordinaire vitalité de l'économie française apparaît ainsi d'autant plus remarquable que celle-ci semble échapper aux à-coups de la conjoncture... La solidité du franc sur les marchés des changes est fermement établie... » Sur quoi le général de Gaulle ne manque pas de surenchérir, parlant d' « une sorte de triomphe de l'expansion dans la stabilité, alors que maints idoines tenaient ces deux termes pour inconciliables [12] »...

Quelques chiffres sont éloquents : le taux de croissance, fixé par le plan intérimaire à 5,5 %, dépassait 7 % ; la consommation des ménages en augmentation de 30 % ; le chômage réduit à moins de 30 000 personnes ; la balance du commerce extérieur excédentaire ; les réserves de change évaluées à 4 milliards de dollars ; la hausse annuelle des prix limitée à moins de 4 %. Alors, écrit Alain Prate **, « l'économie française réalisa ce que les Allemands appellent " le triangle magique " en conciliant durablement *** l'expansion économique, la stabilité monétaire interne et l'équilibre extérieur [13] »...

Trois ans après avoir été imposé par de Gaulle à son gouvernement réticent et à une opinion sceptique, rétive ou indignée, le Plan Rueff avait ainsi déjà démontré son efficacité ****. Mais déjà les signes se multipliaient de la fragilité de ce succès, et d'abord les tendances inflationnistes auxquelles l'opération drastique de décembre 1958 avait paru couper court. Ainsi la masse monétaire s'était gonflée de plus de 10 % au cours de l'année 1959. En 1962, les feux commençaient à clignoter.

Deux raisons principales à cette fièvre malsaine. D'abord la pression exercée sur l'économie nationale par l'afflux soudain de plus de 650 000 rapatriés d'Algérie — qui, avant de devenir un atout puissant de l'expansion, provoquaient des dépenses publiques tout à fait justifiées, mais imprévues. Le chiffre prévu par le plan de 1961 était d'environ 400 000 personnes en trois

* Organisation de coopération et de développement européenne.
** Qui deviendra cinq ans plus tard conseiller économique de l'Élysée.
*** La suite prouvera que le mot est ici imprudent.
**** Voir tome 2, chapitre 30.

ans. La métropole avait dû en accueillir près du double en six mois... Il n'était pas question que la communauté nationale ne fît pas cet effort.

Mais il était lourd.

Ce sont pourtant les batailles électorales déclenchées par le général en 1962 qui furent les responsables principales du dérapage. Rien n'est plus classique que les largesses d'un gouvernement à la veille d'échéances électorales. Celui de M. Pompidou n'y manqua pas. Annonçant une « année sociale » dont les Français auraient à se féliciter, il commença, le 24 octobre, par augmenter le SMIG de 2 % de plus que ce que justifiait la hausse des prix de détail. Puis, le 14 novembre, à quatre jours du scrutin, il accorda un accroissement global des salaires dans la fonction publique. Et soudain, en décembre, la direction de la Régie Renault décidait l'octroi d'une quatrième semaine de congés payés à ses 68 000 salariés — ce qui allait déclencher une spirale de revendications du même ordre ».

Cette décision de Pierre Dreyfus fut-elle prise à l'insu du gouvernement ? Le général de Gaulle fait état de la « surprise du ministre de l'Industrie [14] ». Mais Serge Mallet, qui suivait alors de très près la vie des grandes entreprises industrielles, assure pour sa part que le ministre du Travail, Gilbert Grandval, avait donné un accord discret.

Bref, accroissement des dépenses publiques, augmentation des salaires, diminution du temps de travail furent à l'origine de ce que de Gaulle appelle dans ses *Mémoires* « le début d'une tension malsaine [15] ». L'état d'euphorie où se développait alors l'économie française — à un rythme au moins comparable à ceux des États-Unis, du Japon et de l'Allemagne — ne pouvait manquer de provoquer une fièvre de croissance et de renforcer les tendances à la facilité triomphante qui ouvrent la voie à l'inflation.

Si bien que l'année 1963 s'ouvre sous des auspices que les dévots de l'équilibre — et d'abord celui de l'Élysée — jugent inquiétants. Dès le 1er juin 1962, une fois de plus mis en garde par Jacques Rueff, le général de Gaulle avait présidé un Conseil interministériel consacré aux premiers signes de tensions inflationnistes, et appelé à une action d'ensemble qui devait revêtir « le caractère d'une opération nationale ».

Un an plus tard (juin 1963), à la fin d'un Conseil des ministres, il interpelle Alain Peyrefitte, alors ministre de l'Information : « Dites à *vos* journalistes que le prochain budget *sera* en équilibre ! » Le ministre répercute cet avis important. Ce qui provoque un communiqué cinglant de Valéry Giscard d'Estaing : le porte-parole du gouvernement n'a rien compris à ce qui s'est dit au cours du Conseil... Il faut un coup de téléphone de Burin à Giscard pour que le ministre des Finances comprenne qu'il vaudrait mieux pour lui qu'il s'aligne [16]...

Dès lors, il ne se passe plus de mois sans que Charles de Gaulle, tenu en haleine par Jacques Rueff, Jean-Maxime Lévêque et Étienne Burin des Roziers, ne signale ce qu'il estime être « l'insuffisance des réactions gouvernementales [17] ». C'est le chef de l'État lui-même qui prend l'initiative de convoquer à l'Élysée plusieurs Conseils restreints — une méthode de travail qui, sous son impulsion, allait devenir courante — consacrés aux mesures à prendre en faveur de la stabilisation. Sept réunions de ce type allaient se dérouler avant la fin de l'année [18].

Il apparut vite, au cours de ces travaux, que les syndromes inflationnistes étaient graves. Aussi bien les mesures de détail prises au cours des trois premières réunions, les 28 février, 14 et 28 mars, ne purent enrayer le mal. La première réunion fut consacrée surtout à la lutte contre la hausse des prix (réduction des marges bénéficiaires, taxation de la viande, baisse des tarifs industriels). La seconde s'attacha à assurer le maintien du découvert budgétaire pour 1963 et 1964 à 7 milliards de francs, en décidant diverses majorations de recettes ; la troisième étudia les mesures coercitives à prendre contre les industriels qui refuseraient de pratiquer les baisses de prix imposées lors du premier Conseil de février, et lança une incitation à modérer les hausses de salaires et à freiner les attributions de crédit.

Mais les causes de l'inflation (hausse rapide des revenus, création monétaire abusive) étaient trop profondes pour que ces mesures soient d'une efficacité rapide. Au surplus, deux causes de mésentente, au sein même de l'Exécutif et des instances dirigeantes de l'économie, apparurent, qui prolongèrent l'indécision et aggravèrent la situation.

La première, c'est l'irritation provoquée chez les spécialistes par cette procédure des Conseils restreints qui permettait au général d' « évoquer », comme disent les juristes, des affaires que les premiers estimaient de leur seul ressort. Beaucoup parlaient d'intrusion abusive. De quoi se mêlait ce vieux militaire chargé de gloire mais incompétent en ces matières ? La seconde, plus grave, était que sur le fond même des affaires, ce qu'on pourrait appeler la « classe économique » (comme on dit la « classe politique ») estimait absurde la passion de la stabilité à tout prix qui animait le vieux monsieur de l'Élysée. Cette bataille pour le franc n'était-elle pas d'un autre âge ? Et de dauber sur ce « poincarisme », et de faire allusion à la ligne Maginot...

Lorsqu'il se lança dans la lutte pour la stabilisation, pendant l'été 1963, le général de Gaulle livra donc une bataille très personnelle, dont il assuma la responsabilité de façon plus originelle et plus directe encore qu'en 1958 — n'ayant eu alors qu'à « couvrir » l'opération lancée par Rueff avec le soutien très actif de Roger Goetze et de Georges Pompidou.

A la fin de juillet 1963, alors que tous les indicateurs économiques dénonçaient l'accélération du processus d'inflation, tandis que s'accroissait le déficit des échanges extérieurs et que la hausse des prix dépassait le taux, alors considéré comme inquiétant, de 0,5 % par mois, le général, qui a pris le temps à Colombey de compulser ses chiffres, constate que « les résolutions ont l'air de s'émousser [19] ». Il va donner de la voix.

Dans les *Mémoires d'espoir*, écrits alors qu'il s'est retiré du pouvoir après avoir subi quelques avanies des deux intéressés, il signale que « Georges Pompidou semble moins convaincu que moi de l'importance primordiale de la stabilité du franc » et que Valéry Giscard d'Estaing est « impressionné par ce que sa tâche d'intérêt général implique de rigoureux à l'égard de chacun des intérêts particuliers [20] » (ah! les admirables litotes, tellement plus efficaces que les outrances polémiques...).

Quoi qu'il en soit, le téléphone de Colombey se mit à carillonner. Puis le général écrivit une lettre pressante au Premier ministre, exigeant la convocation de deux Conseils restreints, le 30 août et le 7 septembre. Pompidou et Giscard « se mirent aussitôt au travail avec leurs collaborateurs hâtivement rappelés de vacances, en ayant au besoin recours à la gendarmerie pour les retrouver [21] ». Et les premières mesures de ce qui allait être connu comme le second « Plan de stabilisation » furent annoncées, après une mise au point en Conseil restreint, le 12 septembre 1963, avant d'être complétées et renforcées au mois de novembre suivant.

Comparant « son » plan de 1963 à celui de 1958, M. Giscard d'Estaing allait déclarer au Palais-Bourbon : « Il fallait [en 1958] chercher un palier pour la monnaie ; il s'agit aujourd'hui de maintenir la parité existante ; l'État proposait en 1958 une hausse des tarifs publics ; il prend aujourd'hui des mesures pour arrêter les hausses ; en 1958 le plan se proposait de reprendre des éléments acquis par les citoyens ; aujourd'hui il modère seulement l'évolution à venir. »

Jacques Rueff, qui cette fois n'avait pas été associé au débat, rendit hommage aux efforts déployés par le ministre en vue de juguler l'inflation et de réduire l'impasse budgétaire. Il n'en fit pas moins observer que l'opération procédait « d'un diagnostic très différent de celui qu' [il avait] à plusieurs reprises formulé ». En clair, le plan Giscard faisait beaucoup moins appel aux mécanismes du marché que ne l'eût souhaité l'auteur de *Combats pour l'ordre financier*. Et rien n'était moins conforme à la philosophie de Rueff que le contrôle des prix qui fut appliqué à partir du 31 août 1963. Sous sa forme stricte, le blocage ne devait durer que quelques semaines, mais en fait les prix furent soumis jusqu'en 1965 — et dans certains cas au-delà — au contrôle de l'administration des Finances.

La rigueur du plan de 1958 visait essentiellement la consommation privée, brutalement freinée en même temps que les salaires et la plupart des revenus, surtout agricoles. Elle ne fut tolérée — mal... — qu'en raison de la crise dramatique où se débattait l'État et de l'image de sauveur providentiel qu'avait alors de Gaulle (doublé de Pinay). Il faut rappeler que, comportant des dispositions pour la relance des investissements, il permit, après une pause de trois mois, la reprise de l'expansion.

Le plan de 1963 ne pouvait être aussi drastique sur le plan social. On était sorti du climat de tragédie de 1958. Les électeurs — auxquels les candidats gaullistes de 1962 avaient promis une « année sociale » — n'auraient pas supporté de tels prélèvements aux dépens de leur niveau de vie. D'où le caractère hybride du plan de 1963, « mou pour ce qu'il avait de dur » et que *le Monde*, entre autres, présentait sous le titre *De tout un peu*.

Que le général ne l'ait pas jugé à la mesure du problème posé, et que ce qu'il comportait de demi-mesures et de semi-solutions l'ait déçu, ou agacé, on en trouve la preuve dans la lettre qu'il adressa à son Premier ministre le 30 octobre 1963, sept semaines après la mise en application des premières décisions.

Dans son livre sur *les Batailles économiques du général de Gaulle,* Alain Prate publie un fac-similé de ce message qui fait apparaître, sur la rédaction du conseiller financier de l'Élysée*, de très nombreuses corrections — mieux, des additifs considérables — de la main du général. Elles vont toutes dans le sens du pessimisme quant aux résultats atteints et de la rigueur quant aux mesures à prendre.

Ainsi, dès le second paragraphe, après un vague satisfecit accordé au freinage de la hausse des prix, le conseiller avait écrit simplement que « les menaces inflationnistes ne sont pas pour autant dissipées ». De Gaulle raya la phrase pour lui substituer ce rude diagnostic : « Il est clair que les causes profondes et permanentes ne seront pas, pour autant, maîtrisées. »

De paragraphe en paragraphe, le général biffe une phrase, puis deux, puis trois. Soudain il balafre à grands traits les dernières phrases qui critiquaient placidement le développement de la dette flottante. Et le voilà parti à l'assaut, sabre au clair et le franc en bandoulière. Dénonçant les « procédés dont l'usage s'est introduit au temps où la France n'avait plus de monnaie », il tranche :

> « Quelles que puissent être les charges du Trésor, nous ne devons pas admettre que leur financement repose, en quoi que ce soit, sur la création de monnaie [...]. Seul peut et doit y pourvoir, en dehors des recettes budgétaires, le recours à l'épargne à long et à moyen termes. D'autre part, la pratique du réescompte par l'Institut d'émission pour le financement de la construction de logements est à bannir désormais, comme c'est le cas, d'ailleurs, dans tous les autres grands pays. Enfin, le fait de soustraire aux critères et à la discipline du marché, ou de fausser par des exonérations fiscales exorbitantes, les taux d'intérêt des emprunts constamment contractés par l'État ne saurait durer davantage.
> En rétablissant la continuité et l'autorité de l'État, nous avons pu, en particulier, établir la base de stabilité qui a, depuis cinq ans, servi de support à l'expansion. Mais l'essor même de celle-ci rend des attraits de la facilité. Il nous faut donc prendre les mesures voulues, non seulement pour suspendre les effets de ce retour offensif à l'inflation, mais pour en préserver le pays d'une manière organique.
> Si j'ai tenu à préciser personnellement par cette lettre les idées et les intentions que je vous ai fait connaître au cours de nos récents entretiens, c'est afin de formuler explicitement ma pensée dans un domaine que je considère comme essentiel [22]... »

On ne sait trop comment le Premier ministre encaissa ce coup de semonce. Ce qui est certain, c'est que les Conseils restreints se multiplièrent (28 novembre, 7 décembre) et qu'en novembre une nouvelle série de mesures allaient être prises en vue d'assainir le financement du Trésor et les modes de crédit à la construction et à l'équipement.

Si les effets stabilisants du plan de septembre-novembre 1963 sont généralement reconnus (la hausse des prix de 6 % tombe à 3,6 % en six mois

---

* Alors M. J.-M. Lévêque.

et un budget en équilibre pourra être présenté en 1965), on lui a souvent imputé le ralentissement de l'expansion en 1964. Beaucoup de ceux qui lui reconnaissent des mérites à court et moyen termes pensent que l'erreur de M. Giscard d'Estaing (encouragé en cela par le général) fut de maintenir la cure trop longtemps et de ne pas avoir préparé en temps utile la « sortie ».

En se faisant l'avocat sans réserve de cette politique de rigueur, l'auteur des *Mémoires d'espoir* désigne son objectif incessant : « Maintenir le franc au taux que je lui ai fixé en me chargeant de redresser la France [23]. » C'est à lui, et à personne d'autre, qu'il faut attribuer les choix périlleux alors faits dans le sens de ce jansénisme monétaire et dans la priorité absolue donnée dans le plan aux investissements publics, ou en tout cas productifs.

Retenons à ce sujet les judicieuses observations d'Alain Prate : « Ce choix du président de la République n'était pas celui de tous les Français *. Les ambitions qu'il avait pour la position internationale de la France, imposant le refus des facilités à courte vue, étaient mal comprises ; les résultats globaux favorables étaient masqués, alors que les difficultés occasionnelles, notamment celles provoquées par l'intensification de la concurrence internationale, étaient abondamment commentées. Le ballottage de l'élection présidentielle de 1965, les médiocres résultats des élections législatives de 1967, les événements de mai 1968, la fuite des capitaux en novembre 1968, l'échec du référendum d'avril 1969 ont pu être en partie attribués à la politique de rigueur constamment suivie par le général de Gaulle [...] toutes les organisations professionnelles, exprimant les vœux des salariés comme des milieux financiers, réclamaient une autre politique monétaire et financière, plus proche de celle qui fut suivie ultérieurement, procurant sur le moment une incontestable euphorie expansionniste [24]... »

Ce que de Gaulle résume lui-même en ces phrases qui sont comme la péroraison des *Mémoires d'espoir* (et d'ailleurs les dernières lignes qu'il ait publiées...) : « ... Beaucoup font entendre récriminations et plaintes [...]. Mais comment n'aurais-je pas appris que ce qui est salutaire à la nation ne va pas sans blâme dans l'opinion, ni sans perte dans l'élection [25] ? »

Il fallut attendre 1966 pour que la France sorte de la phase de stagnation provoquée par le plan de 1963. Politique de « chômage sur un tas d'or », affirmait l'opposition. Au lendemain de la maussade réélection du général de Gaulle en décembre 1965, la formation du troisième gouvernement Pompidou allait provoquer l'éviction de Valéry Giscard d'Estaing, et son remplacement Rue de Rivoli par Michel Debré, partisan d'une politique de relance et de mouvement. Georges Pompidou avait milité auprès du général en faveur de ce choix. Pourquoi ?

Jean Charbonnel raconte que, lui proposant d'entrer dans son nouveau gouvernement **, le Premier ministre lui avait révélé que les divergences sur la politique économique qui venaient de l'opposer à Giscard étaient si profondes qu'il avait demandé au général de trancher dans le vif : « Notre

---

* Ce qui est encore une litote...
** Il y fut chargé de la Coopération.

désaccord était devenu public. Il fallait que ce fût lui ou moi qui l'emportât ! »

Chose curieuse, dans le débat entre ceux qui étaient alors les deux principaux collaborateurs du général de Gaulle, c'est celui qui avait paru jusqu'alors le plus attaché au Plan et à ses rigueurs qui avait été éliminé, et celui qui semblait le moins lié à cette « ardente obligation » qui l'emportait. Faut-il, pour expliquer ce paradoxe, rappeler le choix fait par de Gaulle en 1945 en faveur du libéral Pleven et contre le planiste Mendès France * ? Non. Les circonstances étaient par trop différentes. En optant de nouveau en 1966 pour celui qui semblait, par goût, tempérament et métier, le moins attaché aux contraintes, de Gaulle savait qu'il donnait la préférence à un homme, pas à une politique comme en 1945. L'orientation, cette fois, c'est lui qui la donnait (ou croyait le faire). Et cette « ligne » qu'il avait tracée, c'était celle que symbolisait le Ve Plan.

On citera, avec ce qu'elle a d'excessif, cette formule d'un gaulliste « de progrès » que n'étouffe pas la sympathie pour M. Giscard d'Estaing : « Tout au long des années soixante, face à la gestion de la Rue de Rivoli, il y a eu l'espérance de la rue de Martignac ** . » Pour justifier ce propos (qui exclut bien sûr la période postérieure au retour de Michel Debré aux finances), Jean Charbonnel réduit la politique du député du Puy-de-Dôme à un mécanisme consistant tour à tour à « dilater ou contracter la masse monétaire », c'est-à-dire à un jeu de balance entre le chômage et l'inflation.

A cette « alternative déconcertante », il oppose la stratégie du commissariat au Plan qui, dépassant l' « action purement matérielle sur les flux financiers » se préoccupait « des effets inflationnistes des comportements sociaux d'insécurité » : c'est là que naquit la « politique des revenus » à laquelle Jacques Delors, très proche collaborateur de Pierre Massé, devait attacher son nom.

Ces années qui vont des élections législatives de 1962 à la grande bourrasque de 1968 ont laissé à beaucoup, tel François Bloch-Lainé, « le souvenir d'une grande chance perdue [26] », celle d'une audacieuse répartition des fruits de l'expansion. La composition de l'équipe du Plan — Massé, Ripert, Delors — permettait d'espérer beaucoup en ce sens. La Ve République est peut-être passée là tout près de l'invention d'une nouvelle société. Mais le général, qui avait su s'engager si hardiment dans le sens de la stabilisation, fût-ce contre Pompidou, ne sut pas imposer aux siens cet autre choix.

Le Ve Plan devait être à la fois l'ambition majeure et la dynamo du second septennat de Charles de Gaulle : il allait s'abîmer dans la tourmente de 1968.

* Voir tome 2, chapitre 5, p. 118-125.
** Siège du commissariat au Plan.

Mais ses deux ambitions centrales, l'industrialisation de la France, alors amorcée, et la politique des revenus, dont il ne donna qu'une esquisse, devaient être les objectifs du septennat suivant. Le premier, atteint. Le second, frôlé.

Proclamé « ardente obligation » par de Gaulle dès 1963, minutieusement préparé par les travaux des services de la rue de Martignac, le Plan affecté du même chiffre que la République fut étudié dans ses grandes lignes lors d'un Conseil restreint tenu à l'Élysée le 26 juin 1964 — alors que l'opération de stabilisation commençait à porter ses fruits. Le chef de l'État avait alors défini les orientations qu'il voulait imprimer à l'économie française pour les années 1966-1970 :

> « Dans le monde de la compétition où nous sommes entrés sans retour, l'objectif fondamental du Ve Plan est d'asseoir sur des bases solides la capacité concurrentielle de notre économie, en vue de préserver son indépendance, d'assurer son expansion dans l'équilibre et de faire d'elle le support d'un progrès social réel et durable. »

On a connu le général mieux inspiré, fût-ce sur ces thèmes. Mais ce texte assez banal ouvrait la voie à une entreprise qui, trois années durant, allait tenter de résoudre la quadrature du cercle : soutenir, sans inflation, un effort sans précédent d'industrialisation, d'investissement en vue des équipements collectifs et de maintien de l'équilibre extérieur. C'était exiger du peuple français une sorte de mobilisation économique qui, par son excès, ne fut pas sans effet sur l'explosion de 1968.

Sur ce double plan du défi et de l'urgence, le Ve Plan est l'une des entreprises les plus typiques de son génie qu'ait patronnées Charles de Gaulle. Toujours porté à poser les problèmes en termes volontaristes, et obsédé par la brièveté des délais qui lui étaient impartis, il donna impulsion à cette politique qu'Alain Prate qualifie de « trop tendue » plutôt que de céder d'un pouce sur l'inflation ou de souffrir le moindre retard à l'industrialisation du pays dont ses incessants voyages — notamment en Allemagne — lui font sentir le retard.

Jusqu'à cette date, l'« économiste », en de Gaulle, n'est guère cohérent avec l'ensemble du personnage. Certes, on le voit là aussi impavide dans l'épreuve, apte à entreprendre, prompt à trancher, hostile aux intérêts particuliers, intransigeant sur l'indépendance. Mais le tout compose une politique plutôt défensive, et telle que son exécution peut être confiée à des conservateurs : Antoine Pinay, Wilfrid Baumgartner, Valéry Giscard d'Estaing — pour ne pas parler de Georges Pompidou.

Le Plan ? Certes, il l'avait saisi des mains de son créateur, le souple Jean Monnet, pour s'en faire le dur champion. Il avait même voulu le poser en « obligation », sur le mode le plus directif. Après tout, s'agissant d'un plan de bataille, on ne « chipote » pas pour savoir s'il sera « indicatif » ou « impératif »... Mais il a laissé s'instaurer, sur ce thème, bien des controverses, et ce grand dessein s'est brouillé, flottant entre les conceptions de Michel Debré, très contraignantes, et celles de Georges Pompidou, qui n'y vit jamais beaucoup plus qu'un baromètre ou une étude prospective de marché...

Cette fois, pourtant, de Gaulle a carrément choisi son camp. Dans une lettre adressée précisément au Premier ministre le 24 juillet 1965, il tranche dans un sens ouvertement directif :

> « ... Il va de soi que le Plan ne vaudra que dans la mesure où il sera effectivement accompli, et que notre politique économique doit être *conduite,* année après année, en vue d'atteindre les buts qu'il prévoit. La planification ne saurait, en effet, avoir de portée qu'en vertu d'une *direction.* Il y a là une constatation qui rendrait vaines à ce sujet de persistantes discussions doctrinales. »

Et il étendait cet interventionnisme à tous les domaines :

> « C'est vrai pour ce qui est des entreprises privées, qu'il y a lieu d'inciter fortement à moderniser leurs installations et à procéder les unes par rapport aux autres aux regroupements nécessaires [27]. »

D'où la création du Comité de développement industriel — dont le président était le commissaire général au Plan — qui allait être l'un des moteurs du vaste mouvement de concentration déclenché en vue de la modernisation et de l'équipement, mais aussi pour faire face à la concurrence internationale et contrôler la progression trop rapide des investissements américains, attirés par le « boom » économique français qu'ont signalé, à partir de 1960, tous les instituts de conjoncture.

Ces concentrations intéressent d'abord les entreprises publiques : le secteur bancaire (création de la BNP) puis les assurances, les compagnies pétrolières (ERAP) et les entreprises de constructions aériennes (SNIAS). Dans le secteur non dépendant de l'État, les tendances se manifestaient aussi, mais plus timidement : les associations entre Pechiney Saint-Gobain, Ugine et Kuhlmann restent limitées ; et les négociations de 1966 entre Citroën et Peugeot échouent.

Le général de Gaulle, rapporte Alain Prate (qui à partir de cette date fut mêlé à ces débats), n'était pas systématiquement défavorable à toute prise de participation étrangère dans des entreprises françaises, mais au transfert du centre de décision d'importantes entreprises hors de France. D'où les luttes qu'il mena pour empêcher la prise de contrôle de Jeumont-Schneider par Westinghouse et la fusion Fiat-Citroën (qui échoua) ou la prise de participation du groupe allemand Moechst dans les laboratoires Roussel.

Ce que son conseiller financier appelle « les colères du général », provoquées par les opérations du type de la prise de contrôle de Simca par Chrysler, ou par l'affaire Bull — mettant en évidence les faiblesses financières d'une entreprise française qui avait obtenu d'éclatants succès techniques dans les années cinquante — ne furent pas sans contribuer à la création de quelques grands groupes : Saint-Gobain-Pont-à-Mousson, Pechiney-Ugine-Kuhlmann, Rhône-Poulenc renforcé par l'apport de Progil, le groupe Boussois-Souchon-Neuvesel, fusionnant avec l'Européenne de Brasserie, puis avec le groupe Gervais-Danone constitué en 1967, les avions Marcel Dassault rachetant Bréguet Aviation en 1967, la CGE absorbant Alsthom.

Parlerons-nous de « fusions de la colère » ? En d'autres domaines, l'autorité du général de Gaulle devait s'exercer avec une clarté plus souveraine. Ici, dans ses directives et ses réactions, on décèle un mélange explosif de nationalisme irrité et d'intuitions modernistes qui ne constitue pas une vraie politique, mais l'amorce d'une stratégie industrielle que conduira, d'une main plus dure et plus sûre, Georges Pompidou.

C'est pourquoi le Ve Plan, cette trop « ardente » prévision, restera peut-être moins dans les mémoires comme le cadre d'une audacieuse décennie de modernisation et d'équipement (1965-1975) que comme l'expression d'une honorable prise de conscience de la nécessité de redistribuer les plus-values de la croissance économique. Écoutons de Gaulle décrire cette ambition dans sa conférence de presse du 4 février 1965 :

> « Sous peine de déséquilibre, il importe que toutes les catégories avancent en même temps que l'ensemble, afin que chacune ait sa part. Cette harmonie élémentaire, que doit ménager le Plan, est d'autant plus nécessaire que l'économie française se développe, désormais, sur la base de la stabilité... »

Mais, là aussi, le grand dessein s'affaissa en demi-projet. Si les « colères » du général avaient, dans le domaine industriel, donné quelques impulsions et dressé quelques barrières, ses bons sentiments, en matière sociale, ne dépassèrent que rarement l'état de déclaration d'intention.

Comment n'être pas frappé par cette contradiction ? Alors que le texte du Ve Plan se donne pour objectif une politique « qui manifeste la volonté [...] de contribuer à une répartition plus équitable des revenus », à la même époque, faute du « consensus social » nécessaire, le gouvernement faisait savoir qu'il n'était pas « possible d'envisager pour le moment l'application d'une politique contractuelle des revenus[28] »...

Conflit entre l'Élysée et la rue de Martignac d'une part, Matignon et la Rue de Rivoli de l'autre ? Il serait trop simple de résumer ainsi le débat. Mais il serait moins abusif de rappeler qu'aux intentions réformatrices et « justicialistes » qui animaient, autour du général de Gaulle, tel ou tel de ses collaborateurs de l'Élysée, l'équipe du Plan, bon nombre de « grands commis », des ministres comme Grandval et Pisani et, à partir du retour de Michel Debré, un fort secteur du ministère des Finances, s'opposaient des forces multiples — groupées aussi bien dans la droite conservatrice et le patronat que dans de larges secteurs du « gaullisme » liés aux grands intérêts et d'une gauche institutionnelle dont le seul objectif est alors de casser le système surgi sur sa route en 1958 et consolidé par les voies singulières en 1962. Consensus négatif fondant ce qu'on appelle alors l'absence de « consensus social »...

S'il est vrai — mais est-ce bien certain ? — qu'une entreprise se juge à ses résultats, toute tentative d'appréciation de ceux que donnèrent l'ensemble de mesures prises à l'initiative directe du général entre 1963 et 1968 — plan de stabilisation et Ve Plan notamment — conduit à un constat ambigu.

Un taux de croissance tournant autour de 5 % (légèrement en retrait sur les prescriptions du Ve Plan), un développement industriel de l'ordre de 7 % (supérieur à celui que prévoyait le Plan), une progression des investissements évaluée à 8,7 %, une hausse des prix contenue à moins de 3 % jusqu'en 1968 : le mot d'ordre central d'équilibre ne nuit pas alors au dynamisme.

Mais il est des domaines où ces principes ne sont pas respectés. En matière agricole, l'esprit d'entreprise quasi révolutionnaire d'Edgard Pisani — soutenu par les organisations de « Jeunes agriculteurs » — fraye les voies aux adaptations et aux relances nécessaires, tandis que les négociateurs français préparent à Bruxelles les structures d'un Marché commun agricole dont les dispositions s'avéreront très profitables aux producteurs : mais la société rurale française, traumatisée, ballottée, soumise à des initiatives brusquées et à des appels d'air inattendus, mal préparée surtout aux changements, réagit par des grèves sauvages et des soubresauts semi-insurrectionnels du type de la prise de la sous-préfecture de Morlaix en juin 1961. Nulle politique d'industrialisation systématique ne peut aller sans provoquer de terribles traumatismes dans le monde paysan.

Ainsi l'homme de l'« ardente obligation » est-il aussi celui que soufflettent les échecs dus à ce qu'en ce domaine sa « souveraineté » ne s'exerce pas dans sa continuité majestueuse, mais par à-coups, accélérations et saccades. Non qu'il méprise ces sujets : il leur a consacré la moitié de son temps après 1962. Mais parce qu'il souffre ici d'un double handicap : un amateurisme personnel qu'il lui faut compenser laborieusement et qui ne lui fait pas toujours voir les pièges tendus ; et le professionnalisme de ceux qui, le touchant de près, ne sont pas disposés à le laisser libre de déclencher, en ce domaine, une « opération Québec »...

Échecs ? D'abord un retard fâcheux pris en matière de construction, de logements : « C'est sur cela que nous serons jugés », déclarait de Gaulle. En 1968, le régime était, sur ce point, mal jugé. Pour 15 millions de mal-logés, 370 000 habitations par an. Pour la région parisienne, 70 000 par an, alors que le IVe Plan en prévoyait 100 000. Ensuite et surtout la distorsion croissante des niveaux de revenus entre privilégiés et salariés : 13 % de croissance pour les uns, 4 % pour les autres en 1968. Par rapport à ceux qui se sont les mieux placés dans la cheminée ascensionnelle de l'expansion, les prolétaires, les « smigards » voient s'accroître l'écart qui les éloigne d'un niveau de besoins que la civilisation d'abondance et la publicité créatrice d'appétits et de rêves élève plus vite que ne sont augmentés leurs salaires, notamment dans le secteur public.

L'épreuve du pouvoir quotidien, à ras de table, à fleur de terre, n'est pas légère aux personnages historiques. Et celui-ci ne se résignait pas aisément au rôle de vieux souverain enfermé derrière des caméras, ou procédant par immersions sacrales dans la foule comme un brahmane dans le Gange à Bénarès — et parfois réduit à plier devant les groupes d'intérêts, faute d'avoir pu convaincre ceux qui criaient : « Charlot, des sous! ».

Il souffrait de sa relative impuissance en matière économique et sociale. A son vieux compagnon de Londres Léo Teyssot, venu le voir à l'Élysée, il jette : « Vous qui les connaissez, dites-moi donc pourquoi ce que je fais, en ce domaine, ne percole pas les masses... »

23. Un dictateur en ballottage

A l'Élysée, la conférence de presse touche à son terme.
« Comment allez-vous, mon Général ?
— Je ne vais pas mal. Mais, rassurez-vous, un jour, je ne manquerai pas de mourir. »

Le 4 février 1965, dix mois après une intervention chirurgicale qui a fait planer sur le pays, comme l'attentat de 1962, ce type d'anxiété qui est propre au vide, Charles de Gaulle a voulu ainsi rappeler que de la mort même, le héros sait badiner. Pour fâcheuse que soit cette échéance, comment ne s'amuserait-il pas à imaginer les petits hommes soudain confrontés au problème d'une si monumentale succession ?

Nous avions ri, en écho un peu servile à son propos goguenard. Mais lequel des cinq ou six cents journalistes qui s'entassaient dans la salle des fêtes de l'Élysée n'avait senti passer comme un souffle de stupeur anxieuse dans l'auditoire, et surtout dans l'entourage déployé face à nous, de Pompidou à Frey, de Malraux à Fouchet ?

Et au-delà même des murs de l'Élysée, toute la classe politique (dont il allait dire « après moi, ce ne sera pas le vide, ce sera le trop-plein ») en était à son tour frappée. Ce « mourir » en forme de sarcasme, c'était comme un pavé lâché dans une mare alors fort agitée, un éclair tragique illuminant, sur le mode ironique, une procédure presque routinière. C'était d'un coup hausser le ton et les enjeux, comme pour faire paraître plus moyennes les démarches rivales en vue de l'élection présidentielle.

Succéder à de Gaulle ! Pour le général lui-même, l'entreprise semblait se faire de plus en plus audacieuse, dans la mesure où, d'année en année, la fonction ne cessait de s'anoblir que pour s'exalter jusqu'au vertige. Des textes de 1958 inspirés de l'esprit du parlementarisme rationalisé par Michel Debré, à la pratique des années suivantes marquée par la création du « domaine réservé », puis à la grande réforme de 1962 qui, bousculant les Assemblées en matière de procédure, avait conféré au président une légitimité populaire et entraîné une victoire électorale lourde de tous les prolongements législatifs, les pouvoirs du chef de l'État ne cessaient de tendre vers l'infini.

Ce concept d'infini, tous les témoins de la conférence de presse tenue par Charles de Gaulle le 31 janvier 1964 l'avaient senti se déployer, s'exprimer, se matérialiser sous leurs yeux.

Le général est, une fois encore, devant nous. Un an plus tôt, en ces mêmes lieux, il a lancé son double « non » à John Kennedy et à Harold Macmillan, avant de signer avec Konrad Adenauer un traité que le Bundestag devait bientôt vider de sa substance. Quatre jours plus tôt, il a reconnu la Chine populaire. Depuis trois mois, inventé, imposé par lui, le Plan de stabilisation met le mors à une économie française emballée, tandis que se développe la campagne d'un certain « Monsieur X * ».

Jours ordinaires ? Quand il ne dépend que de lui, ils cessent de l'être... De Gaulle pourrait créer l'événement en dévoilant ses projets d'avenir personnel : la France et le monde s'interrogent-ils déjà sur ses intentions ? Ce « successeur » auquel le référendum de 1962 a promis une légitimité massive, ne serait-ce pas lui ? Le 31 janvier 1964, il s'en est tenu, sur le sujet, à une boutade : « Vous m'avez demandé, monsieur, ce que je ferai dans deux ans. Je ne peux pas et je ne veux pas vous répondre. Alors, comme ça, pour vous, Monsieur X, ce sera le général de Gaulle. »

Bien joué. Ce n'est donc pas là que va se situer l'événement, mais dans la redéfinition de la Constitution, ou plutôt de la nature des pouvoirs du chef de l'État. Redéfinition ou réinvention ? On parlera, à propos de cet exposé fulminant, de « véritable Constitution non écrite, tant il diffère du texte de 1958[1] ». Il faut donc tendre l'oreille. Un journaliste ayant été prié de lui demander de porter un jugement sur le fonctionnement de la Constitution provoqua cette « réponse » magistrale, qui valait bien une révision constitutionnelle :

> « ... Une Constitution, c'est un esprit, des institutions, une pratique [...]. L'esprit de la Constitution nouvelle consiste, tout en gardant un Parlement législatif, à faire en sorte que le pouvoir ne soit plus la chose des partisans, mais qu'il procède directement du peuple, ce qui implique que le Chef de l'État, élu par la Nation, en soit la source et le détenteur. C'est ce qui fut réalisé au vu et au su de tout le monde quand je repris la direction des affaires, puis quand j'assumai les fonctions de Président. C'est ce qui a été simplement précisé par le dernier référendum [...]. Il est vrai que, concurremment avec l'esprit et avec le texte, il y a eu la pratique. Celle-ci a naturellement tenu pour une part aux hommes. Pour ce qui est du chef de l'État, il est bien évident que son équation personnelle a compté et je doute que, dès l'origine, on ne s'y attendît pas... »

Ayant, en passant, rejeté tout recours au système présidentiel qui a pu « jusqu'à présent, fonctionner " cahin-caha " aux États-Unis » (!) puis assuré que le président de la République ne saurait être élu en même temps et surtout pour la même durée que les députés pour n'être pas mêlé à la lutte des partis, et écarté enfin l'idée de « dyarchie » à la tête de

---

* Voir plus loin, p. 618.

l'État, il rappelle avec solennité que « le Président est évidemment seul à détenir et à déléguer l'autorité de l'État », et lance alors ces phrases qui ont déclenché des gloses interminables et passionnées :

> « ... S'il doit être évidemment entendu que l'autorité indivisible de l'État est confiée tout entière au Président par le peuple qui l'a élu, qu'il n'en existe aucune autre, ni ministérielle, ni civile, ni militaire, ni judiciaire, qui ne soit conférée et maintenue par lui, enfin qu'il lui appartient d'ajuster le domaine suprême qui lui est propre avec ceux dont il attribue la gestion à d'autres, tout commande, dans les temps ordinaires, de maintenir la distinction entre la fonction et le champ d'action du Chef de l'État et ceux du Premier ministre. »

Moyennant quoi il conclut :

> « Notre Constitution est bonne. Elle a fait ses preuves depuis plus de cinq années... Gardons-[la] telle qu'elle est... »

Comme si la réforme de 1962, et *a fortiori* cette interprétation ne renouvelaient pas profondément le texte de 1958...

Il faut avoir entendu ce « dict » formidable, cet énoncé épique de la souveraineté personnelle, de la légitimité proférée par ce légitimiste de soi-même, pour avoir une idée de ce que peut être une certitude armée par un talent, une conception de l'histoire incarnée. On ne peut avoir entendu ce « Chef de l'État, source et détenteur du pouvoir », cette « autorité indivisible de l'État confiée tout entière au Président » de telle sorte qu' « il n'en existe aucune autre, ni ministérielle, ni civile, ni militaire, ni judiciaire, qui ne soit conférée et maintenue par lui », ce « domaine suprême qui lui est propre », ces mots incandescents, sans avoir ressenti là comme une immense restauration de siècles de pouvoir monarchique.

De bons juristes comme R. G. Schwarzenberg[2] et même Georges Vedel[3] ont jugé abusives, ici, les réactions de confrères comme André Hauriou, qui voit s'affirmer là une autre Constitution[4] ou Hubert Beuve-Méry qui écrivait, dès le lendemain, que « rarement la théorie du pouvoir absolu a été exposée avec plus de complaisance[5] ». Pour M. Schwarzenberg, il eût suffi que le général parlât de l' « autorité *gouvernementale* indivisible de l'État » pour échapper à la critique de ses censeurs. Mais il se trouve qu'il ne l'a pas dit.

Dût-il être en l'occurrence, surtout préoccupé d'affirmer la prééminence du président sur le Premier ministre, tout son exposé s'inspirait ce jour-là, et reste inspiré, d'une tradition dont Bossuet, le premier Chateaubriand et Joseph de Maistre sont les pontifes.

Charles de Gaulle n'a pas rétabli la monarchie, ni fondé le III⁰ Empire, ni instauré la dictature, ni chassé le Parlement, ni même réduit le Premier ministre au rôle d'un chef de cabinet et, sitôt qu'il fut mis en minorité par le peuple, il se retira. Républicain par l'histoire et démocrate faute de mieux, il n'a pas agi comme il s'était alors défini : l' « unique source » de l' « autorité indivisible de l'État ». Mais ces propos phosphorescents prêtaient le flanc à la polémique. Elle s'enflamma d'autant mieux que les circonstances allaient s'y prêter.

Le général de Gaulle avait-il tenu à flamboyer ainsi en prévision de la pénombre où allaient l'enfermer les exigences de sa santé ? Il savait, depuis quelques semaines, qu'il ne pourrait différer indéfiniment une intervention chirurgicale indispensable : il souffrait d'un adénome de la prostate. A son âge, lui rappelait son chirurgien et ami, le Pr Aboulker, l'opération ne présentait guère de risque. Mais il y avait l'immobilisation, le temps perdu, les ragots, les supputations... Pouah ! On réussit à maintenir le secret, y compris pendant le voyage au Mexique qu'il fit en mars, une sonde dans la vessie. Seuls les membres de la famille, le Premier ministre, le secrétaire général de l'Élysée et le directeur de son cabinet furent informés. On se contenta d'annoncer le report d'un voyage en Picardie. Le 16 avril encore, le chef de l'État s'adressait aux Français pour vanter la « réussite » de la France.

Le soir même, le chef de l'État entrait à l'hôpital Cochin dans le service du Pr Aboulker qui l'opérait le lendemain à 8 heures. La rumeur d'une hospitalisation (au Val-de-Grâce, disait-on, et dans un service d'ophtalmologie) commença à courir au début de l'après-midi. Ce n'est que dans la soirée qu'un communiqué rédigé (la veille) de la main même du général devait révéler l'intervention et son heureux succès. En même temps que ce texte, Étienne Burin des Roziers, secrétaire général de l'Élysée, avait reçu en dépôt une enveloppe cachetée, avec ce commentaire : « A n'ouvrir qu'après ma mort. Mais vous me rendrez ce pli après-demain si, comme je le pense, tout s'est bien passé[6]. »

L'affaire aurait pu n'être qu'une vérification nouvelle de ces évidences : que pour être héros, on n'en est pas moins homme ; que le stoïcisme n'est pas une doctrine de gouvernement ; et que le goût du secret est l'une des vertus que l'auteur du *Fil de l'épée* attribue au chef. Elle n'en allait pas moins jouer un rôle important dans l'histoire du régime : car ce même Premier ministre, dont la conférence de presse du 31 janvier avait proclamé avec tant d'éclat le caractère subalterne, se voyait soudain promu par l'absence de son chef de file à un rôle qui n'était pas encore celui d'un dauphin, mais un peu plus déjà que celui d'un vicaire.

L'article 21 de la Constitution prévoit « qu'en vertu d'une délégation expresse et pour un ordre du jour déterminé, le Premier ministre peut présider le Conseil des ministres à la place du président de la République ». L'événement contraignit de Gaulle à le mettre en application. Mieux encore : M. Pompidou se voyait transmettre le pouvoir d'utiliser l'arme nucléaire, qui, en vertu d'un texte * beaucoup plus flexible en ce domaine que ceux qui prévalaient à Washington (où le président en exercice est seul habilité à « appuyer sur le bouton »), passait, en cas d'empêchement, du chef de l'État au chef du gouvernement, puis au ministre de la Défense **.

---

* Le décret du 14 janvier 1964.
** Voir 2e partie, chapitre 7.

Si peu grisé qu'il ait pu être par le déferlement de telles charges sur sa tête, Georges Pompidou ne pouvait manquer d'en ressentir l'impact. Rappelé le 31 janvier à l'humilité de sa condition, le « brillant second » voyait soudain se braquer sur lui l'attention de l'opinion et de la classe politique. Et il n'avait pas plus tôt présidé un Conseil des ministres — expérience que tout individu doté du moindre tempérament politique ne peut manquer de humer comme un alcool... — que l'arène parlementaire s'ouvrait soudain devant lui pour qu'il y soit sacré comme un *debater* de premier plan.

Le 24 avril — sept jours après l'intervention de l'hôpital Cochin —, le Premier ministre doit relever un considérable défi : François Mitterrand, qui est déjà le plus pugnace des leaders de l'opposition, se présente en accusateur :

« Je conçois que l'on puisse préférer telle ou telle formule de régime représentatif, un régime parlementaire ou un régime, non moins démocratique, de type présidentiel, mais il me paraît difficile d'admettre que le régime parlementaire institué en 1958 [...] n'a pas subi depuis cette époque une mutation décisive. Les articles de la Constitution aux termes desquels " le gouvernement détermine et conduit la politique de la Nation " et " est responsable devant le Parlement " sont aujourd'hui vides de sens [...]. Le régime actuel, où vous apparaissez tantôt comme un chef de gouvernement qui s'efface, tantôt comme un Premier ministre, fait davantage penser aux rapports d'un maître au pouvoir absolu et de son favori qu'à une Constitution valable pour tous les citoyens. Nous connaissions déjà le " domaine réservé ", aujourd'hui voici que se profile à l'horizon constitutionnel un domaine réservé qui permettrait à un seul homme de disposer souverainement de tous les pouvoirs... »

Mais la sensation que crée le débat n'est pas due à la vigueur ni à l'éclat de l'accusation, par tous prévus : elle provient de la réplique que lui fait M. Pompidou. Qu'on en juge :

« Le Premier ministre [est-il] réduit au rôle d'un [...] soliveau ? Pardonnez-moi, mais je n'en crois rien... En toute matière, je tiens le rôle du chef de l'État pour essentiel, mais je ne saurais pas continuer à porter les responsabilités si je n'étais pas pleinement d'accord avec lui sur tous les aspects de la politique, qu'il m'appartient de conduire, avec le gouvernement, dont j'approuve l'action. »

Alors l'orateur redouble l'attention en livrant une semi-confidence qui met l'auditoire en émoi : « ... Je considère comme un devoir élémentaire pour un Premier ministre de ne jamais révéler publiquement les divergences qui, en telle ou telle circonstance, pourraient surgir entre le chef de l'État et lui... » Tiens ! Voilà du nouveau. Sur les bancs gaullistes, on fronce les sourcils. Sur les autres, on s'émerveille...

Puis Georges Pompidou passe à la contre-attaque : « La vérité, monsieur Mitterrand, c'est que vous restez fidèle à la IVᵉ République. Vous restez fidèle à une voie que pourtant les désastres, parfois les déshonneurs ont jalonnée... Sur les rives paisibles de l'opposition, comme les émigrés de l'Ancien Régime sur les rivages de l'Angleterre, vous attendez impatiemment l'heure de rentrer dans l'État, sans avoir rien appris, ni rien oublié. Mais l'avenir n'est pas à vous. Il n'est pas aux fantômes. Quelles que soient demain les conditions de la lutte politique, le pays ne donnera sa confiance qu'à ceux qui sans réticence prendront l'engagement de ne pas laisser disparaître la condition de stabilité : un chef de l'État qui en soit un.

« Comme vient de le dire M. François Mauriac *, le peuple français ne sait pas toujours ce qu'il veut, mais il sait ce qu'il ne veut pas. Et ce qu'il ne veut pas c'est retomber dans vos mains redoutables. S'il était tenté de l'oublier, vous seriez toujours là, Dieu merci, pour l'en faire souvenir. »

Bigre ! L'opéré de Cochin, lisant *le Monde* du lendemain, n'aura pas manqué de se dire, *in petto,* que dans l'ombre du tigre, les chatons apprennent à griffer.

Du coup, les perspectives de ce qu'on appelle déjà la bataille pour la succession se trouvent modifiées. On peut considérer qu'à partir de ce 24 avril 1964 le Premier ministre entame une redoutable expérience, celle d'un dauphinat aléatoire, menacé, incertain, angoissé — attente dont le général de Gaulle va faire, avec une pointe de sadisme et un réel talent d'examinateur, le supplice de l'espérance bafouée.

« Il faut vous faire connaître, Pompidou. Voyagez, parlez aux Français, montrez-vous aux étrangers... » Comment ne prendre ces propos que comme une invite à être un substitut plus décoratif ? Si peu naïf que soit l'ancien fondé de pouvoirs de MM. de Rothschild, comment pouvait-il se voir autrement qu'en héritier présomptif alors qu'il visitait, sur les instances du général, la Suède, l'Inde ou le Japon ?

Et quand l'occasion se présentera, à la fin de cette année 1964, de faire publier une biographie laudative, l'attachée de presse de Georges Pompidou, Simonne Servais, saura faire en sorte que Merry Bromberger présente le monsieur de Matignon comme un homme du plus grand avenir. Le Premier ministre reçoit plusieurs fois le journaliste. Ses collaborateurs l'entendent demander de temps à autre à Simonne Servais : « Alors, où en est-il, ce livre ? » d'un air plutôt impatient. Mais il ajoute : « Pas trop personnel, hein [7] ? » Mais il envisage — et le dit en confidence — de faire tirer le livre à deux millions d'exemplaires !

Mais quand eut paru l'ouvrage (dont un successeur de M. Bromberger écrit qu'il est « privé de crédibilité par un parti pris hagiographique ») le malheureux biographe vit se fermer devant lui [8] les portes de Matignon pour avoir, dit-on, jeté un regard abusif sur la vie familiale de son modèle.

Reste que, pendant plus d'un an, l'Inimitable aura un héritier présomptif. Rien ne permet de croire qu'il y ait vu lui-même plus qu'un jeu quelque peu pervers, qu'une technique de brouillage des pistes et des projets. Il va sur ses 75 ans. S'il sort de l'hôpital Cochin, le 27 avril, ragaillardi par la constatation qu'il a bien surmonté l'épreuve, s'il peut voyager dès le 26 mai en Allemagne, il a reçu un avertissement qu'il n'est pas homme à négliger.

Nul ne peut affirmer qu'il accueillit avec une satisfaction sans nuance la

---

* Dans *le Figaro littéraire*.

démonstration de non-vassalité administrée par Georges Pompidou pendant la courte retraite de l'unique « source » du pouvoir, du détenteur de « l'autorité indivisible de l'État », et qu'il ait goûté l'allusion faite par son Premier ministre à d'éventuelles « divergences » entre l'Élysée et Matignon. La promotion du lieutenant n'est pas à exclure. Mais, de grâce ! qu'elle soit le fait du capitaine, seul maître à bord.

De Gaulle aime avoir toujours plusieurs fers au feu. Le voilà nanti en tout cas d'un héritier plausible. Ce qui n'impose ni n'exclut rien ni personne. « Œil touffu » est en réserve. Ni plus, ni moins*.

A l'orée de l'année électorale 1965, Charles de Gaulle ne semble pas s'être posé le problème en d'autres termes que personnels. Accepter un second mandat ou faire élire un reflet de lui-même, tel est alors pour lui le seul dilemme. L'homme qui a trouvé fort insuffisants les 62 % de « oui » du référendum d'octobre 1962 n'envisage pas un instant que l'opposition (« quelle opposition ? ») puisse intervenir dans « ses » problèmes. Il se trouve toujours un courtisan pour suggérer que, tel Caligula (cite-t-on le nom ?), il pourrait aussi bien faire élire son cheval. Les résultats assez médiocres des élections municipales de mars 1965 ne semblent pas même lui avoir mis la puce à l'oreille. L'UNR n'a pas réussi la « percée » attendue, celle qu'avait opérée le RPF de 1947 ? C'est, déclare le général en Conseil des ministres, parce que les Français n'ont pas senti qu'un grand intérêt national était en jeu[9]...

Mais le flegme du chef de l'État s'apparente ici à un manque de vigilance. Les signes se multiplient pourtant qu'écrasées en novembre 1962 les oppositions, depuis la fin de 1963, se manifestent par un certain frémissement, une confuse aspiration à l'existence, et plus précisément par une tentative d'unité, ou de convergence. Comprenant que les formules du type du « cartel des non » de 1958 ressuscité en 1962 ne conduisent qu'à l'échec, partis, mouvements et clubs tentent d'opposer au Grand Sorcier national un personnage certes moins phosphorescent, mais d'allure plus moderne, de style plus quotidien et d'inspiration plus européenne : d'où la création de « Monsieur X ».

Au-delà des aspects un peu ridicules de cet anonymat qui ne trompe personne — le Canard enchaîné parle très vite de « l'homme au masque Defferre » —, le projet ne manque pas d'intérêt. Le maire de Marseille appartient au parti socialiste, mais n'en porte pas les stigmates comme Guy Mollet, n'ayant pas pris part à la répression coloniale. Réputé anticommuniste, et alors indépendant du PCF du point de vue électoral, il n'a pas d'ennemi au centre, notamment au MRP. Il apparaît comme un fédérateur

* Mais notons que, devenu président, en 1972, il déclarait à Maurice Schumann : « Je n'ai jamais imaginé, fût-ce un instant, que le successeur du général pût être un autre que moi... » (entretien avec l'auteur, avril 1986).

possible de toutes les forces du centre gauche qui peuplent le paysage politique entre le mont de Gaulle et le pic communiste. Médiocre orateur mais bon administrateur et bon vivant, sportif, hardi, ouvert, il suscite peu de ferveur, mais moins de rancœurs.

Observons qu'aux yeux du général de Gaulle, qu'il est supposé éliminer, Gaston Defferre est peut-être le moins haïssable des hommes politiques. Résistant courageux, partisan déclaré de la politique algérienne du général, ennemi juré de l'OAS, peu mêlé aux combats contre la révision constitutionnelle de 1962, Defferre est à coup sûr l'un des chefs de la gauche que l'Élysée eût souhaité associer à une « ouverture sociale » sur le thème de la participation. Le maire de Marseille, pour sa part, ne dissimule guère la fascination que continue d'exercer sur lui le chef de la France libre. De temps à autre, il explose contre tel ou tel abus du « pouvoir personnel * ». Mais il est repris par des bouffées de tendresse goguenarde pour le « Grand Charles » avec lequel ses relations sont allées, au fil des ans, de l'altercation sonore à la connivence ironique.

Au moment où s'ouvre la compétition, au printemps 1965, après les élections municipales, Gaston Defferre est le candidat officiel du parti socialiste à l'élection présidentielle. Mais chacun sait que là n'est pas son atout majeur. Toute réflexion sur l'éviction du général de Gaulle part de cette idée que la gauche n'est pas majoritaire en France et que la clé de la victoire se trouve au centre : du MRP au parti radical et à la frange la moins conservatrice (et non gaulliste) des indépendants. D'où l'idée de fédérer ces forces.

La chance de l'opération, du point de vue de l'opinion en question, c'est d'abord qu'elle exclut les communistes en tant que partie prenante (sinon en tant que force d'appoint) et ensuite qu'elle n'apparaît pas comme une nouvelle manipulation des vieilles organisations politiques : l'idée est partie d'un journal, *l'Express* (dont les stratèges, en l'occurrence, sont J.-J. Servan-Schreiber et Jean Ferniot) et d'un cercle politico-économique, le Club Jean-Moulin, sélection prestigieuse d'inspirateurs de divers courants de la gauche modérée et de la technocratie dite de progrès. La SFIO — qui fournit le candidat —, le MRP, la Convention de François Mitterrand et les radicaux ne sont que les viviers où l'on puisera cadres et électeurs : il est d'ailleurs significatif que le leader choisi ne soit pas celui d'un des partis en cause, la SFIO ayant toujours pour guide officiel M. Mollet.

Le projet de « grande fédération », que soutiendront loyalement la plupart des éventuels rivaux de Gaston Defferre — Pierre Mendès France, François Mitterrand, Maurice Faure, sinon, aux dernières heures, Jean Lecanuet —, capotera sur trois écueils : la sourde hostilité de Guy Mollet, l'ombre d'Antoine Pinay, et l'école.

Le candidat a beau afficher sa modération, sa flexibilité, son anticommunisme, il n'en reste pas moins socialiste. Le mot a été rejeté en fin d'énoncé de l'étiquette : Fédération démocrate-socialiste. Ni sur les institutions, ni sur

---

* Voir plus loin l'affaire Ben Barka.

l'Europe, ni sur le programme social, les fédérés n'ont beaucoup de difficultés à s'entendre. Mais la SFIO a quelques grands principes, dont la laïcité, poire d'angoisse de la IVe République, que le secrétaire général de la SFIO sait toujours remettre à l'ordre du jour au moment où l'on frôle l'accord. Alors il relance l'hypothèse d'un appel à M. Pinay, qui ne risquerait pas, lui, de faire fuir le MRP en brandissant l'étendard de Jules Ferry...

Tout paraît encore possible au milieu de juin. Certes, le 15, chez Jacques Duhamel, étoile montante des radicaux, un nuage passe, très lourd, quand Jean Lecanuet lâche que « l'électorat MRP est tenté par de Gaulle »... Tandis que Guy Mollet glisse à son voisin : « Moi, je ne suis là que pour entendre des turpitudes et en prendre bonne note [10]... » Et celui-ci ne cesse de faire des allusions aux contacts que prend celui-là avec les communistes dont les voix lui sont indispensables pour être élu, quand celui-là dénonce les collusions entre celui-ci et les gaullistes. La « grande fédération » serait-elle si grande qu'il faudrait en retrancher, pour trahison, les deux extrémités ?

On prend tout de même rendez-vous pour le 17 juin, dans la soirée, chez Pierre Abelin, grand notable MRP. Surgit un problème jusqu'alors peu posé, celui des nationalisations. Albert Gazier, porte-parole de la SFIO, soutenu par Defferre, en fait soudain un thème majeur. Lecanuet s'y oppose. Mollet en appelle aux grands ancêtres. Alors le chef de file du MRP lance, dans le débat, cette grenade dégoupillée :

« ... Si la Fédération se constitue, elle ne pourra fonctionner qu'après les élections présidentielles... » (autrement dit, elle ne pourra servir de mécanisme électoral en vue de la candidature de Defferre). « On se fiche de nous ! » rugit Georges Vedel, porte-parole du Club Jean-Moulin, tandis qu'Hernu glisse à Mitterrand : « Lecanuet prépare sa candidature ! » (« A moins que ce soit celle de Pinay », riposte son chef de file [11].)

Abelin peut bien essayer de relancer le débat : le mécanisme est brisé. Quand Mitterrand intervient pour faire valoir que ce serait une erreur d'inscrire le rejet de principe des voix communistes dans le programme de la Fédération (ne prépare-t-il pas déjà, lui aussi, son entrée en piste ?), c'est l'explosion. Guy Mollet lance à la ronde : « Si vous avez le choix, vous préférez faire élire un UNR plutôt qu'un communiste ? » Maurice Faure, approuvé par les MRP, répond nettement « Oui ». « Alors, coupe le secrétaire général de la SFIO, la mine réjouie, il n'y a plus de fédération [12]... »

C'était un 18 juin, à l'aube.

D'autres compétiteurs que feu « Monsieur X » s'étaient, entre-temps, déclarés. Le premier avait été Jean-Louis Tixier-Vignancour qui, croyant voter à nouveau pour Pétain, avait donné son suffrage à de Gaulle le 3 juin 1958, mais avait tout fait depuis lors pour qu'on oublie cette incongruité, s'affirmant devant les tribunaux appelés à juger « putschistes », chefs de l'OAS ou commandos de tueurs, le héraut le plus sonore et le plus débridé de l'antigaullisme viscéral.

Regard de loup goguenard sous la paupière fripée, lippe goulue dans un large visage basané de contrebandier pyrénéen, voix de bronze pour chanter *Rigoletto,* gestes à la Raimu, il va, sous un chapiteau de cirque, de Dunkerque à Menton, colporter sa haine au cours d'une « tournée des plages » qui fera de lui, au mois d'août, le rival de Line Renaud*.

Autres « challengers » ? Pendant quelques semaines, on verra s'agiter un général qui s'était fait, au Maroc, la réputation d'un bon spécialiste des « affaires indigènes » et était devenu en Indochine l'inventeur des « colonnes infernales » chargées de la répression dans les villages. Il avait été nommé résident général en Tunisie, puis au Maroc, par Pierre Mendès France. Poussé à bout par la politique algérienne de Charles de Gaulle, il se croyait de taille, cambré, botté et assis sur sa culotte de peau, à défier le Grand Légitime. Très tôt, il tomba dans la trappe. Il s'appelait Boyer de la Tour.

Pierre Marcilhacy était d'une autre stature. Moins du fait des 2,04 mètres qu'il accusait sous la toise qu'en raison d'un style de libéral à l'ancienne, bon lecteur de Montesquieu, qui faisait de lui un adversaire congru de ce que le régime avait d'exubérant dans la personnification du pouvoir et d'expéditif dans les procédures d'autorité. Sagace défenseur des libertés quotidiennes et du légalisme en général, ce Charentais monumental n'aura aucun impact sur l'opinion.

Pierre Sudreau ou Louis Armand en auraient eu bien davantage, s'ils avaient cédé autrement que par de brèves velléités aux sollicitations qui affluèrent après l'échec de Gaston Defferre et le refus d'Antoine Pinay. Du premier, on a dit le passé de déporté, la faveur que lui accordait de Gaulle, sa gestion brillante au ministère de la Construction, son ascension vers les sommets, sa rupture avec le général à l'occasion de la réforme constitutionnelle de 1962. Jeune, séduisant, fort de la réputation d'intégrité que lui a value ce geste, il ferait un très bon candidat : mais il ne se résignera pas à tuer le père... Quant à Louis Armand, ingénieur fameux, foyer toujours incandescent d'idées neuves, partenaire de Jacques Rueff en quelques grandes entreprises, poussé par *l'Express,* il se laisserait bien convaincre. Mais les sollicitations n'ont pas l'ampleur ou la diversité qu'il attendait. Il s'abstiendra.

Charles de Gaulle réfléchit. Il a bien surmonté l'épreuve chirurgicale d'avril, mais ses yeux le préoccupent. Et son âge, bien sûr. Quelques mois plus tôt, Maurice Schumann a confié à Jean-Raymond Tournoux : « Je viens de voir de Gaulle. Le Général sollicitera-t-il un second septennat en 1965 ? J'en doute. Il reste dominé par une hantise. Je ne voudrais pas user d'une comparaison qu'il n'a pas faite devant moi, mais, j'en suis certain, c'est celle de Pétain vieillissant [13]. »

---

* Dépêché par *le Monde* pour en rendre compte, je peux témoigner de l'emprise qu'exerçait Tixier sur un public de commerçants en vacances et de contribuables agacés.

Le général observe, dans un demi-sourire, les préparatifs circonspects de Georges Pompidou, non sans glisser à François Flohic lors d'un week-end de juin (au cours duquel, observe l'aide de camp, le général semble se laisser aller en renonçant à ses promenades favorites) que Couve de Murville est lui aussi un « candidat possible [14] ». De toute évidence, Mme de Gaulle pèse de tout son poids pour que son mari ne sollicite pas un second mandat. Plusieurs membres de l'entourage l'entendent dire que « les vrais amis du général doivent l'inciter à ne pas rester à l'Élysée »...

On scrute, soupèse, analyse chacune de ses déclarations. Ainsi, que voulait-il dire quand, le 31 décembre 1964, il a confié aux journalistes en quête d'événements graves d'où, dit-il, « vous pourriez tirer quelque ragoût », que l'année 1965 « ne sera pas terrible ». Mais, a-t-il ajouté, « je vous assure qu'on ne s'y ennuiera pas ». Et encore ceci : « Certes, il peut y avoir des choses imprévues : une balle, par exemple, peut tout changer, mais on peut échapper aux balles, on peut les éviter. » Et enfin : « L'élection aura lieu courant décembre, comme le prévoit la Constitution... à moins que je ne disparaisse avant. »

Ce qui fait tout de même beaucoup de personnalisation : le « ragoût », les balles, sa propre disparition... Où est Pompidou là-dedans ?

De même quand il déclare le 6 avril : « L'année 1965 sera une année très importante, sinon décisive. Dans le monde, la paix est menacée. C'est encore l'éternel débat de la guerre et de la paix. La France aura un grand rôle à jouer. » Est-ce bien là un climat pour un autre que lui ? Et à Melun, le 17 juin, vantant les succès de son septennat : « Il faut être aveugle ou de mauvaise foi pour ne pas le reconnaître. Mais le monde, lui, en convient. Alors il faut continuer. C'est ce que le pays veut comme il l'a voulu hier. Nous en tirons tous les conséquences et moi aussi. »

Il « faut continuer ». Qu'est-ce à dire ?

Vers la fin de juin (après la rupture de la Fédération), un sondage de l'IFOP donne les résultats suivants. Si de Gaulle était candidat, il obtiendrait 50 % des suffrages, un candidat centriste (SFIO comprise) 29 %, le PCF 10 %. Si c'était Pompidou, il recueillerait 29 % de voix, le centriste 30 %, le PCF 11 %. Le général en tire-t-il la conclusion qu'il aurait tort de faire confiance à un remplaçant pour assurer la pérennité du régime ?

Le 29 juin*, il invite à l'Élysée les quatre hommes dont il écoute le plus volontiers les avis (à l'exception d'Étienne Burin des Roziers, son secrétaire général, qu'il voit chaque jour) : André Malraux, Gaston Palewski, Michel Debré et Georges Pompidou**. Malraux, c'est l'« ami génial » qui le « couvre » contre toutes les médiocrités, celles de la routine comme celles du renoncement banal ; Palewski, le plus vieux conseiller politique, celui qui a livré à ses côtés les batailles de l'avant-

---

* M. Tournoux donne la date du 5 juillet, on verra que celle du 29 juin est plus plausible.
** M. Couve de Murville est à Bruxelles, où il représente la France.

guerre, de Londres, de la Libération et du RPF ; Debré, l'intraitable champion du gaullisme intégral ; et Pompidou, le souple, le sagace interprète, à ses côtés, du possible et du souhaitable, au ras du sol.

Chacun d'eux sait bien qu'il est là — les dames sont tenues à l'écart — pour opiner sur l'essentiel : la décision du général. C'est une manière de « conseil du trône » qu'a convoqué le souverain, prenant soin d'équilibrer les mystiques (Malraux et Debré) par les politiques (Palewski et Pompidou), les ardents par les prudents, les éloquents par les rusés, les « concernés » (Debré et Pompidou) par les désintéressés (Malraux et Palewski). Bref, un vrai sondage de la planète gaulliste miniaturisée.

Le plus ardent avocat de la candidature fut Michel Debré. L'ancien Premier ministre fit valoir des arguments tirés à la fois de l'histoire et de la science politique : le général de Gaulle ne saurait se retirer au terme normal de son mandat, comme n'importe quel président. A lui, et à lui seul, de décider l'heure de sa retraite, en fonction non d'un calendrier, mais de sa mission historique, en ne tenant compte que de la situation intérieure et extérieure de la France. Restez, persévérez, et choisissez la date de votre départ selon les seuls intérêts de la France.

Presque aussi persuasif fut Gaston Palewski. Mettant l'accent sur l'état des forces du chef de l'État qui, à 75 ans et après l'opération du printemps 1964, était excellent, l'ancien directeur de cabinet du général conclut : « Trop de choses restent à faire pour que Charles de Gaulle en vienne à renoncer... » Est-ce ce mot ? Ou le caractère trop impératif de cette conclusion ? Le chef de l'État qui attendait non des conseils, mais des avis, le coupa assez sèchement : « Il reste toujours des choses à faire... »

Les deux interventions les plus nuancées furent celles de Georges Pompidou et d'André Malraux. Le Premier ministre avait le rôle le plus délicat, surtout en présence de son « rival » Michel Debré. Il ne chercha pas à faire taire les soupçons par un discours trop enthousiaste, et fit valoir le contre aussi bien que le pour — ce que le général apprécia, semble-t-il, comme une invite au départ alors que M. Palewski se contenta d'y voir pointer une arrière-pensée, non sans ajouter : « C'est humain »... (De cette intervention, et de quelques autres du même, de Gaulle gardait un souvenir négatif. Il confiera quatre ans plus tard, à François Flohic, en Irlande, que Pompidou s'était efforcé de le dissuader de se représenter[15].)

Quant à André Malraux, il rapportait son intervention non comme celle d'un gardien du Graal, mais comme celle d'un sage — d'une tonalité assez voisine, disait-il, de celle de Pompidou. Il s'attacha lui aussi à faire ressortir les risques de pollution qu'un second mandat ferait courir à l'image historique de Charles de Gaulle, et les avantages d'une retraite ménageant la chance d'un recours suprême pour la nation, la politique étant à l'Élysée et la mystique à Colombey. Mais ce fut, disait-il, pour conclure en faveur d'un renouvellement du mandat du chef de l'État, compte tenu des échéances diplomatiques et militaires qui s'annonçaient[16].

Les chevaliers de la Table ronde avaient parlé. Le général se contenta de conclure : « Je réfléchirai. » Sa décision intime allait pourtant suivre de très près. Dès le lendemain, 1ᵉʳ juillet, il voyait débarquer de Bruxelles un Couve de Murville dans tous ses états, « hagard », dit un ministre : la veille au soir, à Bruxelles, il avait dû rompre la négociation sur le règlement financier du Marché commun agricole. La décision, préconisée par Couve [17], est aussitôt prise par le chef de l'État avant même que le Premier ministre en fût informé : la chaise de la France restera vide *.

C'est une crise grave. Se couper de tous les voisins de la France… D'autant que les répercussions, dans le pays, seront fâcheuses : le monde rural, après avoir beaucoup daubé sur le Marché commun, constate qu'il est devenu un élément essentiel de son expansion. Les négociateurs français n'ont-ils pas leurs responsabilités dans cet échec ? Quel parti risque de tirer de cette situation un habile candidat « européen » ?

Qui dit crise dit de Gaulle. Cette année 1965 qu'il ne prévoyait pas tragique, la voilà qui devient en tout cas dramatique. Une situation à sa mesure. Devant ces Cinq de Bruxelles qui maintenant, las des prétentions de la France à régenter l'Europe, se coalisent contre elle, ce n'est pas le moment de se retirer. Un Pompidou serait-il capable de faire face à de telles menées contre la France ? Les ennemis de Charles de Gaulle, les Spaak, les Luns et les Schroeder n'auraient-ils pas l'impression d'avoir « eu sa peau » ?

Il est clair que ces « circonstances » ont pesé sur sa décision. C'est à cette date du 1ᵉʳ juillet que le très attentif observateur qu'est André Passeron fait remonter le choix du général, sans le motiver [18]. Alain Peyrefitte, qui fut étroitement mêlé aux péripéties de la décision, retient la même date, lui attribuant pour mobile principal la crise européenne. Il ajoute ceci :
« L'un de ces jours-là, je posai une question innocente au général : " La mauvaise humeur des paysans ne va-t-elle pas compliquer la tâche du candidat gaulliste ? — Pensez-vous, fait de Gaulle, se coupant, je n'aurai contre moi que ce pauvre Marcilhacy ! " » Il a dit « contre moi ». Peyrefitte tient désormais pour assuré que de Gaulle a décidé *in petto* de s'engager personnellement dans la bataille. Mais il se juge contraint à un silence calqué sur celui du chef de l'État [19].

Tout au long du mois d'août, rien ne perce des intentions du général. Tixier continue sa tournée des sarcasmes balnéaires, Marcilhacy disserte, devant de petits groupes de notables, sur les vertus de la démocratie. On remarque peu les allées et venues de François Mitterrand, de Maurice Fabre et de Jean Lecanuet, qui sont tous des candidats possibles — surtout le dernier, dont le nom se confond avec l'intégrisme européen. Si les paysans mécontents veulent un avocat pour plaider la cause du Marché commun agricole, c'est lui qui s'impose. Et c'est ce que suggère, sans le nommer, un article du *Monde*, le 3 août.

Le général de Gaulle a repris, dans la forêt des Dhuits et sur la route de la Malochère, ses longues promenades. Il se prépare. Il n'a encore rien dit à Georges Pompidou. Le Premier ministre, depuis le 29 juin, ou le 1ᵉʳ juillet, se doute de quelque chose ; mais il n'en a pas moins choisi, cet été-là, pour se

---

* Voir plus haut, chapitre 13.

donner une image plus proche des Français moyens, de passer ses vacances non plus à Saint-Tropez, mais à Fouesnant, en Bretagne : petits épargnants, pêcheurs de crevette et familles nombreuses. Des électeurs.

C'est le 4 septembre, selon son directeur de cabinet, que le Premier ministre est informé par le général de Gaulle. Et dès lors, biographie ou non, précise Michel Jobert, « il est prié de se tenir tranquille [20] ». Et de surveiller ses propos. Car le chef de l'État, qui a toujours cru aux vertus tactiques du secret, du silence et de la surprise, maintient son monde (sauf Pompidou, Peyrefitte et Burin des Roziers) dans l'indécision. Délicieuse situation...

Le 9 septembre, il tient sa conférence de presse semestrielle, la première depuis le 4 février — celle du : « Je ne manquerai pas de mourir. » Pourra-t-il garder encore une fois le silence, en présence des quelques confidents qui savent ? Il n'est pas plutôt assis devant la table verte qu'une question fuse ;

« Monsieur le Président pouvez-vous nous dire si vous comptez vous présenter à l'élection du 5 décembre ?

— Je vous réponds tout de suite que vous le saurez, je vous le promets, avant deux mois d'ici*. »

C'est pousser très loin la provocation à l'égard de la presse, de l'opinion, des responsables politiques. Il est peu de dire que les rires qui accueillent cette boutade sont teintés d'irritation. A la fin des fins, cette stratégie de l'esquive finit par déplaire. C'est ce qu'a compris François Mitterrand qui, lui, décide au contraire de brusquer les choses.

Sa décision était arrêtée depuis trois jours, a-t-il écrit dans *Ma part de vérité* [21]. Après avoir sondé une fois de plus les intentions des communistes (par le truchement de Claude Estier, qui a vu Waldeck-Rochet), il a pris en fait sa décision le 25 août, avec ces trois certitudes en poche, qui étaient autant de conditions : que la SFIO le soutiendrait ; que le PCF ne présenterait personne contre lui ; qu'il aurait la caution de Pierre Mendès France. Du 25 août au 6 septembre, il obtient, patiemment, tous ces « visas nécessaires [22] ».

Le 6 septembre, au cours d'un dîner avec Jean-Jacques Servan-Schreiber, il décèle qu'une nouvelle opération de type « fédéral » se prépare autour de Maurice Faure, moins à gauche que lui. C'est alors qu'il décide de prendre tout le monde de vitesse. Le 9 septembre, au moment même où le général de Gaulle promène dans les nuages ses auditeurs de l'Élysée, paraît un communiqué du candidat « de la gauche » annonçant sa candidature.

On va constater tout de suite que, si les sondages ne donnent au nouveau compétiteur que 11 % d'intentions de vote (il en recueillera près du triple trois mois plus tard), son opération est de toute évidence montée avec plus de sens politique et de soin que celle de Gaston Defferre. Dès le lendemain est annoncée la création de la Fédération de la gauche** démocrate et socialiste, où vont converger les divers courants de l'opposition de gauche non communiste.

---

* Le scrutin doit se dérouler dans 2 mois et 26 jours.
** Un mot de plus que dans le projet Defferre...

La nouvelle manœuvre est d'ailleurs tout autre que celle qui a échoué le 18 juin précédent : non plus axée sur le centre, mais sur la gauche. Celle de Defferre a capoté sur l'écueil de la laïcité, celle de Mitterrand risque de se briser sur le thème de la collusion avec les communistes — comme il l'a raconté avec verve dans *Ma part de vérité* : « Tout contact avec les communistes m'était interdit... » (par la SFIO). Et alors que Waldeck-Rochet lui demandait seulement de ne pas jeter l'exclusive contre le PCF, « cette modeste exigence, précise-t-il, paraissait insurmontable [23] »...

Dès lors que la candidature Mitterrand s'orientait carrément à gauche, faisant surgir le fantôme du Front populaire, une candidature centriste trouvait sa place. L'Europe étant devenue, après la rupture de Bruxelles, une « issue » essentielle de la campagne, le nom de Jean Lecanuet président du MRP, s'imposait, Antoine Pinay ayant entre-temps repoussé tous les assauts des nostalgiques d'une république présentant aux électeurs le miroir fidèle de leurs visages, de leur quotidienneté et de leur compte en banque.

Si les sondages donnaient à M. Mitterrand 11 % des intentions de vote en septembre, ils n'en accordaient que 2 %, en octobre, à M. Lecanuet — qui, en sept semaines, multiplierait ce chiffre par huit... La télévision allait passer par là, et aussi le talent de ces deux compétiteurs, les seuls capables (alors...) de rivaliser sur ce terrain avec l'homme de l'Élysée.

Charles de Gaulle n'avait pas accueilli avec indifférence la candidature de François Mitterrand. Non qu'il lui accordât, soutien du PCF ou non, la moindre chance. Depuis qu'il avait pris sa décision, le général pensait qu'il n'aurait pas de bataille à livrer. Il estimait avoir brisé la puissance électorale du PC en 1958 et tenait pour assuré qu'il recueillerait 70 % des suffrages (au premier tour [24]).

Mais la candidature de Mitterrand lui donnait l'impression qu'un défi personnel lui était lancé. Le député de la Nièvre était devenu, depuis 1962, l'ennemi le plus militant de son régime — à l'exception peut-être de Gaston Monnerville. En tout cas le plus constant et le plus brillant. Il était l'auteur du *Coup d'État permanent,* publié l'année précédente. Il était celui qui avait prononcé, le 24 avril précédent, à la tribune de l'Assemblée, le réquisitoire majeur contre le type de pouvoir défini le 31 janvier 1964. Et la réplique cinglante de Georges Pompidou n'avait pas suffi à effacer cette gifle sur la joue du chef de l'État.

Si un doute habitait encore de Gaulle au début de septembre quant à l'opportunité de sa propre candidature, il fut à coup sûr levé le soir où François Mitterrand publia la sienne. Face à une candidature Defferre (« qui a, disait-il, des qualités d'homme d'État »), peut-être eût-il hasardé le sort de la Vᵉ République en en confiant la défense à Pompidou. Mais face à Mitterrand, « ce politicien », il fallait monter au créneau.

Le 26 octobre, il préside le Conseil des ministres. Après un exposé mélancolique de M. Couve de Murville sur les relations entre l'Inde et le Pakistan (qu'il a écouté d'un air absent, inhabituel chez lui en de telles circonstances), Charles de Gaulle intervient avec quelque solennité : « ... Je m'adresserai au pays le 4 novembre, à 20 heures. Je vous prie de m'excuser de ne pouvoir en dire davantage. C'est pour moi une question de conscience. Je garde la décision pour moi-même jusqu'au moment où je m'adresserai à tous les Français. »

Il a dit cela d'un air si grave, si tendu, que — Pompidou excepté, qui sait — ceux mêmes qui se tiennent pour assurés d'une réponse positive se mettent à douter. Ce n'est pas le cas d'Alain Peyrefitte, qui lance : « Ce sera le jour de la saint Charles ! », comme s'il y voyait la confirmation d'un pronostic vieux de quatre mois. En choisissant ce jour, de Gaulle semble avoir moins voulu rendre hommage à son saint patron que créer un précédent en limitant à un mois la campagne électorale du chef de l'État — exercice qu'il estime quelque peu dégradant. Cette brièveté imposée signifiait bien qu'il s'agissait de lui, illustre et peu en quête d'autodéfinition, plutôt que d'un substitut à court de gloire.

Bref, le 4 novembre, en fin de matinée, les camions bleus de la télévision se rangent dans la cour de l'Élysée. Le général, seul dans son bureau sous le regard de Don Quichotte, relit un texte rédigé une dizaine de jours plus tôt à Colombey. Peu avant 18 heures, il pénètre dans la salle des fêtes où l'attend deux fois l'an un auditoire de journalistes gloutons et rétifs. Cette fois-ci, ils ne seront qu'une quinzaine — techniciens, dirigeants de l'ORTF, familiers du « château » et le ministre de l'Information, Alain Peyrefitte, à l'écouter.

A 18 heures précises, il profère les premiers mots, en secouant la tête, vers le haut et vers la gauche, comme un cheval de guerre au moment de charger :

> « Il y a vingt-cinq ans, lorsque la France roulait à l'abîme, j'ai cru devoir assumer la charge de la conduire jusqu'à ce qu'elle fût libérée, victorieuse et maîtresse d'elle-même. Il y a sept ans, j'ai cru devoir revenir à sa tête pour la préserver d'une guerre civile, lui éviter la faillite monétaire et financière et bâtir avec elle des institutions répondant à ce qu'exigent l'époque et le monde modernes. Depuis lors, j'ai cru devoir exercer les pouvoirs de Chef de l'État afin qu'elle puisse accomplir, au profit de tous ses enfants, une étape sans précédent de son développement intérieur, recouvrer la paix complète et acquérir dans l'univers une situation politique et morale digne d'elle... »

Ce noble rappel du passé, est-ce pour se donner quitus, pour annoncer un congé bien mérité ? Le « j'ai cru devoir » est-il déjà un passeport pour l'éternité, une amorce subtile d'autocritique impropre à un candidat ? Mais non ! Voici que tombent les mots fatidiques :

> « Aujourd'hui, je crois devoir me tenir prêt à poursuivre ma tâche, mesurant en connaissance de cause de quel effort il s'agit, mais convaincu qu'actuellement c'est le mieux pour servir la France. »

La déclaration du chef de l'État ouvre naturellement l'émission d'information télévisée du soir. A 20 heures 04, les Français savent enfin. Cette phrase seule focalise aussitôt les réactions, les commentaires, privés et publics, rejetant d'abord dans la pénombre celle qui serait plus tard la plus critiquée :

« Que l'adhésion franche et massive des citoyens m'engage à rester en fonction, l'avenir de la République nouvelle sera décidément assuré. Sinon personne ne peut douter qu'elle s'écroulera aussitôt et que la France devra subir — mais cette fois sans recours possible — une confusion de l'État plus désastreuse encore que celle qu'elle connut autrefois [25]. »

Ce qui est pousser très loin la personnification non plus seulement du pouvoir, mais du salut, et prêter le flanc au sarcasme qui va fuser : « Moi ou le chaos... »

Mitterrand, qui tient un meeting à Lyon, n'est monté sur l'estrade qu'après avoir écouté l'allocution du général ; il en semble ragaillardi : « ... Puisque je combats le pouvoir personnel, je combattrai ainsi celui qui l'incarne... Les pions sont sur l'échiquier. De Gaulle se présente. Moi aussi ! » Quant à Jean Lecanuet, il fait publier ce bref commentaire : « Un président de la République n'a pas le droit de dire qu'en dehors de lui le régime s'arrête et la France renonce [26]. »

A l'Élysée, on n'est pas très satisfait de cette entrée en scène. A commencer par le général : « C'était trop long, trop en forme de plaidoirie », soupire de Gaulle. Mais pour lui, tout est dit, ou à peu près. Il ne saurait faire campagne : le 3 décembre, avant-veille du scrutin, au moment même de la clôture du débat, il aura le dernier mot, bref. Le règlement électoral lui donne droit, comme à ses concurrents, à deux heures d'écran : il n'en a cure. « Qu'ai-je besoin de me faire connaître ? De présenter mon bilan ? Allons, Peyrefitte [27]... »

Le ministre de l'Information a beau insister, relayé par Georges Pompidou, Jacques Chaban-Delmas, Roger Frey — rien n'y fait. Le général est sûr de son fait. Certes, les sondages l'agacent un peu : le voici à 66 % des intentions de vote favorables, contre les 70 % qu'il s'estime acquis et qui étaient publiés un mois plus tôt. Avait-il suffi qu'il s'exprimât pour perdre quatre points ? En tout cas, on ne l'y prendra plus !

D'autant qu'un nouveau dossier vient de s'ouvrir, dont la matière le concerne de très près, et le touche plus cruellement que l'isolement de la France à Bruxelles et la colère des paysans. Car il y va de ce qu'il appellera « l'honneur du navire » et de la crédibilité internationale de la France « amie du Tiers-Monde ».

Le 30 octobre, dans la matinée, Mohammed Tahri, personnalité de la gauche marocaine, téléphone au journal *le Monde** pour avertir que son ami Mehdi Ben Barka, animateur de l'opposition la plus militante au roi Hassan II et secrétaire général de la conférence dite « Tricontinental », qui doit se réunir à Cuba quelques semaines plus tard, a disparu depuis la veille. Les collaborateurs du *Monde* alertent le Quai d'Orsay et le ministère de l'Intérieur, très vite imités par Edgar Faure. L'affaire Ben Barka commence.

_____
* Plus précisément à l'auteur.

Le 2 novembre, le frère du disparu, Abdelkader Ben Barka, porte plainte pour enlèvement et séquestration. Aussitôt, comme sous une pierre levée dans un jardin humide, surgit un incroyable grouillement : truands, agents doubles, indicateurs, tueurs à gages, espions du palais de Rabat, policiers manipulés par des gangsters tortionnaires — face noire, face immonde de deux États, de deux sociétés, la marocaine et la française, imbriquées dans le crime comme, dans l'amour, les amants consumés de Pompéi — le tout dominé par la formidable personnalité du général Mohammed Oufkir, ancienne créature du protectorat français devenu le ministre de l'Intérieur et l'homme de confiance (si tant est que ce mot pût être, en l'occurrence, hasardé...) du roi Hassan II.

Au moment même où, le 3 novembre (veille de la déclaration de candidature du général de Gaulle), on apprenait que Mehdi Ben Barka avait été enlevé le 29 octobre vers midi devant le drugstore de Saint-Germain-des-Prés et transporté à Fontenay-le-Vicomte chez le truand Boucheseiche où toute trace de lui avait disparu, il s'avérait que Mohammed Oufkir était précisément passé par Paris (où il venait souvent sans crier gare), le 30 octobre : et voilà le même ministre qui resurgit ce 3 novembre, invité à un cocktail *donné par le ministre de l'Intérieur Roger Frey à l'occasion d'un stage en France de fonctionnaires marocains, puis à un dîner offert pour la même occasion à la Villa Saïd, avant de regagner le Maroc le lendemain.

Dès ce 4 novembre, certains enquêteurs ne font pas mystère d'une série de découvertes proprement incroyables : encore vivant ou déjà mort à force de tortures, Mehdi Ben Barka a été transféré par avion au Maroc dans la nuit du 30 octobre ; le général Oufkir a de toute évidence organisé l'enlèvement et présidé à l'« interrogatoire » de Fontenay-le-Vicomte, sinon opéré lui-même — ce dont il était coutumier au Maroc ; l'avion transportant nuitamment Ben Barka ou sa dépouille à Casablanca a bénéficié à Orly d'une exemption de contrôle ; deux policiers, MM. Souchon et Voitot ** ont procédé eux-mêmes, flanqués par des truands, au rapt déguisé en arrestation...

Comment s'étonner que, ce même 4 novembre, un membre du cabinet du ministre des Affaires étrangères, Philippe Malaud *** soit dépêché au Maroc où, en compagnie de l'ambassadeur de France Robert Gillet, il présente au roi les informations rassemblées à Paris sur l'affaire et formule les doléances de la France. Le ministre de l'Intérieur du royaume est directement impliqué, en France, dans une affaire criminelle : au nom de son pays, le général de Gaulle demande réparation. Les deux diplomates se heurtent à un mur. Hassan II n'a entendu parler de rien. Son ministre n'a fait à Paris qu'un aller et retour de vingt-quatre heures, du 3 au 4 novembre, à l'invitation des autorités françaises. Qu'est-ce donc que cette histoire ?

Le rapport fait au général de Gaulle le met en fureur. Ainsi ce « petit roi », ce « jean-foutre » qui doit tout à la France, et d'abord le trône de son père

---

* Où l'auteur l'aperçoit, très entouré, et très en forme.
** Qui pourront prouver que leur bonne foi a été surprise, mais n'en restent pas moins mêlés à une opération criminelle.
*** Qui deviendra dirigeant d'une organisation politique d'extrême droite.

dans lequel il s'est assis quatre ans plus tôt dans des circonstances assez troubles, ne se contente pas de régler ses comptes sur le sol de la France, il se moque de lui, de Gaulle ! Et le jour même où il vient d'annoncer au monde qu'il poursuivra sa tâche...

Deux jours plus tard, le chef de l'État français, intervenant solennellement dans une affaire dont il dira plus tard que les responsabilités françaises n'y furent que « subalternes », rédige et fait sur-le-champ publier une lettre adressée à la mère de Mehdi Ben Barka. Lettre très belle à vrai dire, très explicite, qu'il conclut ainsi : « Je puis vous assurer que la justice exercera son action avec la plus grande rigueur et la plus grande diligence. »

Ce texte, suivant de si près la mission auprès de Hassan II des deux émissaires français, et les révélations de la presse internationale qui mettent directement en cause Mohammed Oufkir, manifeste que Charles de Gaulle se tient pour directement concerné par ce scandale inouï : un ministre étranger, et d'un pays réputé ami, venant à Paris enlever, torturer et peut-être assassiner le chef de l'opposition qui s'apprêtait à regagner son pays et était allé au rendez-vous de Fontenay-le-Vicomte persuadé qu'il y rencontrerait le plus respecté des conseillers du roi, Ahmed Balafredj.

Au surplus, Mehdi Ben Barka n'était pas seulement le leader de la gauche marocaine, mais aussi l'une des personnalités les plus influentes du Tiers-Monde, avec lequel l'Élysée entretient des rapports globalement amicaux et qui ne tendent qu'à s'approfondir. Aussi bien, trois jours après la publication de la lettre du chef de l'État, la *Gazette de Lausanne* qualifie-t-elle l'enlèvement de Ben Barka d' « affront personnel fait au général de Gaulle » par la cour de Rabat.

Il est bien difficile de se faire aujourd'hui une idée de la nature des rapports qui s'étaient noués entre Ben Barka et l'entourage du général. Celui-ci, ayant reçu le leader marocain peu avant de proclamer le droit des Algériens à l'autodétermination, en 1959, avait jugé sévèrement l'interprétation donnée ensuite à ses propos par le visiteur. Mais dans le développement de la politique tiers-mondiste de l'Élysée, à la veille de la conférence des Trois-Continents à La Havane, de Gaulle ne pouvait manquer de voir en Ben Barka un atout dans son jeu. Il n'y avait donc pas seulement « affront » mais bien perte pour lui.

Le 11 novembre, à l'issue du Conseil des ministres au cours duquel, fait-on savoir, MM. Couve de Murville et Roger Frey ont présenté deux longs exposés sur les aspects d'abord diplomatiques, puis policiers de l'affaire, Alain Peyrefitte, interrogé sur le point de savoir si le général a pris, sur ce sujet, la parole, répond aux journalistes : « Oui. Il est intervenu comme il le fait sur tous les problèmes importants. » Voilà qui est clair.

Importants parce que tel ou tel de ses collaborateurs risque de se voir impliqué dans l'affaire ? Après Souchon et Voitot, bientôt un responsable des Services spéciaux Marcel Le Roy, dit « Finville », puis le député UNR Pierre Lemarchand ? Non. Pour le général, les responsabilités se situent sur deux plans : du côté marocain, le plus élevé ; du côté français, le plus bas : truands, tueurs, indicateurs de police et fonctionnaires imbéciles ou mal inspirés.

Son ministre de l'Intérieur ? On lira quelques semaines plus tard dans la presse qu'à l'occasion d'un Conseil des ministres (celui du 11 novembre, probablement) Roger Frey avait révélé que **Ben Barka** l'avait appelé au téléphone, le 28 octobre, à la veille de son départ de Genève pour Paris, lui demandant si Oufkir était à Paris : à quoi le ministre aurait répondu que non, ce qui était alors exact.

Lors de la séance parlementaire du 8 mai 1966, qui lui donna l'occasion de présenter avec beaucoup de flamme et de détails la thèse officielle sur l'affaire, Roger Frey devait s'élever avec indignation contre ce « mensonge » : « Je n'ai jamais rien dit de pareil au Conseil des ministres, précisait le ministre, pour la bonne raison que je ne connaissais pas M. Ben Barka et que je n'ai jamais entendu le son de sa voix. »

On est même tenté d'aller un peu plus loin que M. Frey, dans le même sens et pour mieux l'innocenter. Michel Jobert rapporte qu'interrogé dès le premier jour par Georges Pompidou, d'emblée préoccupé par la gravité de l'affaire, le ministre de l'Intérieur aurait répliqué : « Ben Barka ? Ben Barka ? Qu'est-ce que c'est encore que cet Algérien que je ne connais pas[*]... »

Lors de la même séance de mai 1966, Roger Frey procédait à une autre mise au point, qui semble pertinente : « Il est une autre accusation particulièrement odieuse : on a dit et répété que le gouvernement avait voulu étouffer l'affaire en raison de l'élection présidentielle. Il suffit de rapprocher les dates. L'enlèvement eut lieu le 29 octobre. Lopez[**] est arrêté le 4 novembre, El Mahi[***] le 5. Souchon et Voitot le 11. Bernier[****] le 26 novembre. Tout est connu pendant la campagne présidentielle, et l'élection a lieu le 5 décembre. Alors ? »

Il est de fait que les révélations de la presse et des milieux officiels ne furent pas rares, tout au long de la campagne. Ce qui étonne, ce n'est pas la rétention de l'information, c'est que les candidats eussent fait si peu état d'un scandale qui ne manquait pas de rejaillir sur la réputation de l'État gaulliste — quelles que fussent les intentions et les positions du général. Que MM. Lecanuet et Marcilhacy se soient tus par pudeur, on peut le croire. Mais ce qui est stupéfiant, c'est que Tixier-Vignancour, spécialiste du débondage des latrines du pouvoir, se soit tu. Croyait-il que, parmi tant de truands, il risquait, en levant le voile, de perdre un client ?

Seul François Mitterrand se décida à évoquer « l'Affaire », comme allait

---

[*] Les affaires marocaines ne relevaient pas du ministère de la place Beauvau, mais du Quai d'Orsay.
[**] Agent d'Air France qui, lié aux Services spéciaux, joua les intermédiaires et facilita le départ de l'avion de Paris pour Casablanca.
[***] Espion marocain.
[****] Journaliste qui fut mêlé à la préparation du voyage de Ben Barka à Paris, et du film dont il était alors question.

écrire Emmanuel d'Astier de la Vigerie, par allusion à celle dont Dreyfus avait été le douloureux protagoniste. Et il le fit de façon assez discrète. Le 17 novembre, lors d'une conférence de presse à Paris, il assura que l'affaire Ben Barka a fait apparaître « l'activité malsaine d'un certain nombre de polices politiques qui exécutent les basses œuvres du gouvernement, quand elles n'agissent pas pour leur propre compte ».

Puis le 16 décembre (entre les deux tours de scrutin), revenant devant les écrans de la télévision sur les « complicités » que fait apparaître l'affaire Ben Barka, où, selon lui, sont impliqués des gens qui « entourent le ministre de l'Intérieur », le candidat de la « gauche unie » conclut : « ... Je pense que le général de Gaulle ne peut pas tout savoir, que le général de Gaulle ne peut pas tout dire, ne peut pas tout contrôler. » Ce qui ne signifie pas que, selon François Mitterrand, le chef de l'État dispose de pouvoirs insuffisants...

On s'en tint là, pour ce qui est de la campagne présidentielle. Non que « l'Affaire » fût close : nous la verrons resurgir en janvier 1966, du fait de rebondissements politico-judiciaires (tels que la tentative d'arrestation de Georges Figon, l'inventeur du guet-apens où s'était jeté Ben Barka le 29 octobre, conclue par son « suicide » ; l'inculpation puis l'arrestation de l'agent secret Le Roy dit « Finville » ; le limogeage du patron du SDECE, le général Jacquier ; les mandats d'amener lancés contre Oufkir, son adjoint Dlimi et son agent Chtouki...). Ce seront les thèmes de la première conférence de presse du nouveau septennat. On y reviendra. Jamais l'honorabilité de la République gaullienne n'avait subi pareilles atteintes.

Tout disait certes que l'opération avait été conduite contre de Gaulle, sciemment ou non. Ce que le scandale faisait apparaître, c'était beaucoup moins la collusion de son système avec le terrorisme d'État marocain que la tragique perméabilité d'un régime où les réseaux émanant plus ou moins de temps de guerre se révélaient infiltrés par les agents d'Oufkir et par la CIA. Un fromage de gruyère — d'où monterait une odeur de pourriture...

La colère où vit alors de Gaulle vient moins de l'implication dans l'affaire de tel ou tel personnage secondaire que de la pénétration du système par des services hostiles à sa politique ou avides de prendre pied en France. Ce que révèle l'enquête, au fur et à mesure, c'est que la « forteresse Ve République » est investie de partout, et que le territoire français sert de champ de manœuvre (ou de tir) à des pouvoirs malintentionnés.

Est-ce bien là ce qu'il a prétendu construire, lui, de Gaulle ? Comme nous le disait vingt ans plus tard l'un de ses plus proches collaborateurs militaires, « l'affaire Ben Barka fut pour lui un coup de projecteur aussi terrible sur la vulnérabilité du système que le putsch d'avril 1961 ».

Le Grand Légitime s'enferme dans son silence. Mitterrand peut faire feu des quatre fers, ne maîtrisant que difficilement la technique télévisée, rétif aux conseils (« Si ma voix et mes idées m'appartiennent, pourquoi pas mon image ? »), Lecanuet tenter « d'opposer au père l'image du fils conquérant » mais avide de rassurer, Tixier-Vignancour secouer l'écran de son rire de soudard de Gascogne, Marcilhacy réinventer Royer-Collard et Marcel Barbu, le candidat de la dernière heure, figurer à merveille le candidat des « chiens battus » — de Gaulle se tait.

Certes, des initiatives, ici ou là, sont prises en sa faveur. Une grande affiche bleu pâle présente son image sur tous les murs de France : mais bien ancienne, plutôt vieillie, un tantinet rétrospective. Un bleu horizon sur lequel il aurait beaucoup plu, depuis Verdun... Veut-on, chez les gaullistes, présenter aux Français la candidature de Don Diègue ?

Tout de même, un député gaulliste a communiqué aux usagers un numéro de téléphone où, à tout appel, répond un plaidoyer pour le général ; et Gilbert Bécaud enregistre une chanson qui vaut bien un meeting :

> « ... Cette voix qui racontait
> Une France à ton goût
> Quand elle se taira
> Je te parie cent sous
> Tu la regretteras [28]. »

« Parlez, mon général ! insiste Peyrefitte. Vous avez encore près de deux heures d'antenne. Personnalisez votre appel... Vous avez vu Lecanuet : il a crevé l'écran en se présentant aux téléspectateurs : origine, âge, profession, famille... Ça a touché... — Alors, Peyrefitte : vous voulez vraiment que je vienne me planter devant l'écran et que je dise : je m'appelle Charles de Gaulle et j'ai 75 ans ! Ça les ferait plutôt rigoler [29] ! »

Tous viennent à leur tour le solliciter d'intervenir. « C'est une élection, mon Général, pas un référendum ! » Et puis, il y a les sondages : le 25 novembre, dix jours avant le scrutin, l'IFOP ne donne plus au chef de l'État en exercice que 51 % des intentions de vote. 20 % de moins qu'il y a trois mois ! Si ça continue, c'est le ballottage. Le mot commence à circuler dans les milieux dirigeants gaullistes, même à l'Association pour le soutien de l'action du général qu'anime Pierre Lefranc.

Bon. Le général convoque Burin et Foccart. Il parlera, le 30 novembre, avant l'intervention prévue pour le 3 décembre, qui est maintenue. Et il donne aux siens latitude d'intervenir — à Chaban, à Frey, à Messmer, à Peyrefitte, à Sanguinetti (qui, frappant le sol de sa jambe de bois, menace Jean-Marie Le Pen, lieutenant de Tixier, de lui « foutre sur la gueule »), à Michel Debré enfin, qui, en un peu plus de six heures, le 22 novembre 1965, va rendre au gaullisme, face à Pierre Mendès France, ses lettres de noblesse.

Quel citoyen, quel électeur français de ce temps-là n'a pas gardé le souvenir de ce face-à-face en trois épisodes de deux heures chacun qui, sur les antennes d'Europe n° 1, du 22 au 24 novembre, restitua au débat politique ses vertus d'information et de dignité ? Si le général avait hésité encore à replonger dans la mêlée, cette démonstration de rigueur intellectuelle dans le traitement des affaires publiques administrée par Mendès et Debré ne pouvait que l'y encourager.

Le 30 novembre, donc, le général prend à nouveau place devant les caméras. Que n'a-t-il fait mieux son profit du débat des deux anciens chefs de gouvernement ! S'il en a apprécié la hauteur de ton, il ne s'inspire guère de leur souci commun de préférer, à la polémique, le débat. Lui semble plus soucieux de mordre que de planer. Est-il si irrité par les progrès que marquent, dans les sondages, Lecanuet et Mitterrand ? Écoutons-le :

> « Cinq oppositions vous présentent cinq candidats. Vous les avez tous entendus. Vous les avez tous reconnus. Leurs voix dénigrantes sur tous les sujets, leurs promesses distribuées à toutes les catégories, leurs appels à l'effacement international de la France, ce sont les voix, les promesses, les appels des anciens partis tendant, quoi qu'ils prétendent, à retrouver le régime d'antan. Aussi, le seul point sur lequel s'accordent leurs passions, c'est mon départ ! Mais ce n'est pas assez. Car, quelles que puissent être les illusions que s'efforcent de répandre ces divers porte-parole, leurs contradictions mutuelles, leurs clientèles inconciliables, leurs combinaisons divergentes démontrent, à l'évidence, que l'accession de l'un quelconque d'entre eux au poste suprême marquerait infailliblement le retour à l'odieuse confusion où se traînait naguère l'État pour le malheur de la France... »

Lui, de Gaulle, lui, ce porteur d'Histoire, perdre son temps à ces réquisitoires rageurs ! Interrogé par ses collègues après l'enregistrement, Alain Peyrefitte répond : « Techniquement, c'est parfait... » Il n'a pas le cœur d'en dire plus. Mais chacun pourra constater que, même « techniquement », ce n'est pas bon. Visage blafard, rides profondes, inquiétude dans le regard. Deux experts en communication consultés par Roger Frey répondent : « C'est du sabotage ou de l'incompétence [30]. »

Comment s'étonner après cela que, dans la matinée du 3 décembre, au moment où Charles de Gaulle s'apprête à lancer son dernier appel au pays, alors que les mots de François Mitterrand font mouche et que le sourire de diacre diplômé qu'arbore Jean Lecanuet reluit sur les écrans, les sondages jettent une ombre de plus en plus pesante sur les analystes de l'Élysée ? 44 % pour le général, 25 % pour Mitterrand, 15 % pour Lecanuet... Cette fois, le ballottage paraît vraisemblable.

Le 30 novembre, au Palais des sports de Paris, Lecanuet triomphe : près de 10 000 spectateurs battent des mains quand il lance : « Je ne choisirai pas mon Premier ministre dans le coffre d'une banque ! » Mitterrand, lui, galope de Lille à Tarbes, de Bordeaux à Grenoble — où le nouveau maire, Hubert Dubedout, le présente comme « le futur président ». A la veille du scrutin, il donne son pronostic à ses amis : « Cela montera peut-être jusqu'à 30 % [31]. » Chiffre qui condamnerait le chef de l'État au ballottage.

Voici de Gaulle au pied du mur. Le vendredi 3 décembre, il a encore huit minutes pour retourner la situation, comme tous les autres candidats. Est-ce la brièveté obligée, le défi qui lui est lancé, l'espèce d'impasse où, soudain, il se trouve ? Ce n'est pas la première fois que nous le voyons grandi par l'épreuve. Cette fois, c'est bien Charles de Gaulle qui s'exprime. Ce n'est pas de ses concurrents qu'il parle, mais des affaires de la France :

« Où allons-nous ? Cinq problèmes essentiels, qu'on dissimulait jadis sous les faux-semblants et les équivoques, faute qu'on fût capable de les résoudre, sont effectivement réglés. Les institutions, naguère faites pour l'impuissance, alors qu'il y a aujourd'hui, avec un Chef de l'État, un Gouvernement qui dure et qui gouverne et un Parlement qui exerce efficacement et dignement son pouvoir législatif. La décolonisation, qui divisait les Français, nous aliénait l'univers et agitait notre Armée, mais qui est réalisée. La paix, que depuis au moins un demi-siècle nous n'avions, en somme, jamais connue, et que nous avons retrouvée. L'inflation qui rongeait l'économie, les finances, la monnaie, et entretenait, au point de vue social, une insécurité constante et de perpétuelles injustices ; elle est désormais jugulée. Enfin, l'indépendance, reprise alors qu'on l'étouffait sous un amas de mythes mensongers. »

De Gaulle retrouvé : c'est le ton de l'homme de l'État. Le bilan a de l'éclat. La performance a été bonne. Ce soir-là, nous l'avions jugé le meilleur, entre Mitterrand, hussard sous le bonnet phrygien, Lecanuet-aux-gencives-de-lumière, Marcilhacy-la-loi, Tixier dans le rôle d'un Vautrin qui n'aurait pas osé endosser la défroque de l'abbé Herrera, et Barbu aux larmes fraternelles. Mais il est trop tard.

Quand il part pour Colombey, le samedi 4 décembre 1965, le général de Gaulle ne se fait plus guère d'illusions. Les derniers sondages — ceux de l'IFOP du 30 novembre — lui donnent 43 % des voix contre 27 % à Mitterrand, 20 % à Lecanuet et 7,5 % à Tixier. Il sait maintenant qu'il a eu tort de confondre une élection avec un référendum, et qu'en se donnant 70 % des voix, trois mois plus tôt, il a confondu des facteurs qui ne se rassemblaient sur son nom que du fait de circonstances exceptionnelles et lourdement sous-estimé les terribles rancunes que n'ont cessé d'amasser contre lui les péripéties de sa fabuleuse carrière. Mais l'accueil de La Boisserie est revigorant. Demain est un autre jour...

Colombey, ce dimanche 5 décembre, est battu par la bourrasque qu'aime le général (« La douce France ? Ah Ah ! »). Il renonce donc à la marche prévue et s'enferme dans sa tour (où, semble-t-il, il écrit) jusqu'à 5 heures, puis vient prendre le thé avec Mme de Gaulle. A 8 heures, on branche la télévision. Dès les premières minutes, il est clair que le chef de l'État est mis en ballottage : 44 %..., 43,9..., 43,7..., 43,8. Tandis que Mitterrand est crédité de plus de 32 % et Lecanuet d'un peu moins de 16 %.

On va passer à table, vers 8 h 30, quand le téléphone sonne. C'est Étienne Burin des Roziers qui s'est dévoué, violant, il le faut bien, les consignes du silence. « Eh oui, mon Général, c'est le ballottage... » De Gaulle grommelle, annonce qu'il restera le lendemain à La Boisserie pour « réfléchir », et raccroche. Deux heures plus tard, nouvel appel. Cette fois, il ne s'agit plus d'un témoignage de fidélité personnelle contre la solitude, mais — c'est l'hôtel Matignon qui appelle — d'un geste politique. Et si le général « craquait »... Si, dans sa colère, il refaisait le « coup du 20 janvier 1946 ». On le sait porté, cet Intraitable, à de brusques ruptures.

Ils sont trois auprès du récepteur, à l'hôtel Matignon : Georges Pompidou, Louis Joxe et Alain Peyrefitte. Pompidou plaide pour la poursuite du combat. Il sent, au bout du fil, un homme effondré, et n'entend que des récriminations, mélange d'autocritique et de rancœur. De toute évidence, le général est profondément atteint... Le Premier ministre n'a pas l'impression d'avoir gagné la partie quand il passe le récepteur à Joxe, vieux compagnon.

Le négociateur d'Évian ne recueille lui aussi qu'une déploration indignée : « Je me retire... Ils ne veulent plus de moi... — Mon général, il fallait s'y attendre... Les conditions de la campagne... La diversité des candidats... Vous ne pouvez abandonner la lutte... » Joxe a l'impression de labourer la mer, et transmet l'écouteur à Peyrefitte.

Le ministre de l'Information croit, lui, entendre « un adolescent puni, buté, et brûlant de s'infliger un châtiment supplémentaire ». Il multiplie les arguments. Compte tenu de l'histoire, des conflits suscités par le gaullisme, le général ne peut normalement compter que sur 25 % d'électeurs automatiques. Tout ce qu'il obtient en sus — de 20 à 50 % — est lié aux circonstances. En l'occurrence, elles n'étaient pas très favorables. Il ne faut pas oublier non plus qu'au premier tour on vote selon son cœur. 44 %, c'est énorme, considéré d'un regard froid, le résultat est bon, la marge de manœuvre considérable, la victoire assurée... Alors ?

Le monsieur de Colombey grogne, et raccroche. Mais de toute évidence, l'argumentation de Peyrefitte l'a remué [32]. Et quand, une heure plus tard, Pompidou rappelle Colombey pour lire au général le commentaire qu'il compte diffuser, où il est question de la « division qui a empêché l'élan national... » de Gaulle le coupe sèchement : « Pas empêché : mettez " différé ". » Pour ne pas comprendre il eût fallu ne pas connaître le sens des mots : ce qui n'était pas le cas de Georges Pompidou. De toute évidence, le vieux monsieur s'est repris. Il va gronder, bouder, mais il va lutter.

Le lundi, de Gaulle reçoit la visite de son beau-frère Jacques Vendroux, dont l'avis avait contribué à son départ en 1946 et qui, cette fois, ayant écouté les arguments du pessimisme, va les combattre en plaidant pour la poursuite de la lutte. Alors le général part pour une longue promenade en forêt, toujours roborative. S'il marche, pensent ses familiers, c'est qu'il ne renonce pas.

Le mardi matin, c'est un homme déjà décidé qui regagne Paris en hélicoptère : il est pressé, maintenant. Il a lu les journaux, dans la soirée du lundi, notamment dans *le Monde* l'article de Jacques Fauvet — qu'il déteste en reconnaissant la pertinence de ses analyses : « Une élection, même présidentielle, n'est pas un référendum. Le général a voulu l'ignorer. Il le paie aujourd'hui [33]. » En arrivant à l'Élysée, il va lire en hâte une revue de la presse étrangère — dont la sournoise satisfaction est bien faite pour fouetter sa décision — et, avec beaucoup plus de soin, une note que François Goguel vient de rédiger après un entretien avec Jacques Narbonne, chargé de mission à l'Élysée pour les affaires d'enseignement.

Ce texte remarquable qu'il citera le lendemain en Conseil des ministres reprend en les affinant les arguments avancés par Alain Peyrefitte le dimanche soir*, et les conforte par des observations minutieuses sur la structure de l'électorat, la composition des abstentionnistes qui, si l'on tient compte des morts non déclarés et des malades, restreint beaucoup la différence entre le chiffre des votants et celui des inscrits — ce qui gonfle les 44 % obtenus par le chef de l'État. Et comment oublier que le général a « fait » un meilleur score que tous ses partisans réunis dans aucune élection ?

Le mardi soir, séance de travail en tête à tête avec Georges Pompidou, qui propose de dénoncer le « diviseur » Lecanuet, et de jouer à fond sur l'aspect « Front populaire » de la candidature Mitterrand, « prisonnier des communistes ».

> « Pas question, tranche de Gaulle. Lecanuet est hors jeu. Inutile de prononcer son nom. Quant à la charge contre le Front populaire, ce serait absurde. Les analyses montrent que j'ai obtenu 10 % de voix ouvrières. Si nous mettons l'accent sur la collusion Mitterrand-PCF, nous ressoudons cet électorat au bénéfice de notre adversaire. Pas question d'une campagne droite contre gauche, celle dont rêve Mitterrand. On ne lui fera pas ce cadeau [34]... »

Pompidou s'incline. Ce n'est pas la dernière rebuffade qu'il subit en ce mois de décembre 1965...

Et c'est un de Gaulle « rajeuni de dix ans », assurent certains ministres, qui préside, le 8, un surprenant Conseil des ministres, ouvert par une phrase peu banale dans sa bouche : « Je me suis trompé ! » Il va même plus loin : « C'est moi, et moi seul, qui ai confondu élection et référendum... Je mentirais si je disais que je n'ai pas été atteint... » Mais il ajoute de l'air le plus naturel du monde : « Bien entendu, je me maintiens ! », non sans répéter ce qu'il a dit à Pompidou : que ce serait un débat où il ferait tout pour éviter de perdre les voix ouvrières qui se sont portées sur son nom. « Mitterrand dit qu'il est de gauche, mais quand il s'agit de Saint-Domingue** ou du Plan, la gauche, c'est moi ! » Et de conclure : « Au premier tour, les Français se défoulent. Au second, ils sont sérieux [35]... »

Dès lors, la campagne en vue du scrutin du 19 décembre est menée tambour battant, mais sous le signe du gaullisme plus que de l'UNR, d'André Malraux et de François Mauriac plus que de Georges Pompidou. Un meeting est organisé le 14 décembre au Palais des sports, d'où sont tenus à l'écart les chefs politiques du gaullisme, à commencer par le Premier ministre. C'est Malraux qui harangue les masses dans le style des rassemblements populaires de 1948, à coups d'évocations tricolores des combattants de Fleurus et de ceux du Vercors ; puis Maurice Schumann retrouve sa voix frémissante de la radio de Londres pour dénoncer la « conjuration des poignards » dont Mitterrand serait l'affidé principal... Germaine Tillion, J. M. Jeanneney, François Mauriac apportent leur caution au « candidat de Gaulle » — dont on se

---

* Faisant valoir notamment que le score obtenu par de Gaulle lors du référendum de 1962 était gonflé par l'apport de 20 % de partisans de l'élection du président au suffrage universel...
** Où les États-Unis sont intervenus contre un pouvoir « de gauche », s'attirant les critiques du général.

répète le mot glissé la veille à un visiteur : « On me traite de dictateur : a-t-on jamais vu un dictateur en ballottage ? »

François Mitterrand s'est engagé dans des négociations compliquées en vue d'obtenir les désistements en sa faveur de ses concurrents — des plus proches comme celui de Jean Lecanuet, qui se fait beaucoup prier et n'accepte que de donner le conseil de voter pour l'Europe et le Pacte atlantique (ce qui exclut, dans son esprit, de Gaulle) aux plus lointains : Tixier et ses partisans de l'OAS et de l'extrême droite fasciste s'offrent sans barguigner.

En ne refusant pas ces voix, le président de la Fédération de la gauche ne rejette-t-il pas dans l'abstention plus d'électeurs démocrates qu'il ne s'assure de votes extrémistes ? Mais il obtient le ralliement de Vincent Auriol, de Jean Monnet, de Daniel Mayer et même de J.-P. Sartre — bien que *les Temps modernes* aient publié un mois plus tôt un éditorial où il était qualifié de « pire que de Gaulle »... Quant aux meetings que tient Mitterrand, ce sont de gros succès, surtout celui de Toulouse où les communistes manifestent leur soutien.

C'est sur les écrans de télévision, pourtant, que se joue — en deux semaines — le sort de la campagne. Pas question, pour de Gaulle, de faire face à son « challenger », d'égal à égal — comme acceptera bravement de s'y risquer Valéry Giscard d'Estaing en 1981. Le samedi 11, Charles de Gaulle y paraît, prononçant, sur un ton égal et dans un décor simplifié, une allocution très étudiée, très écrite, où il dénonce naturellement — sans jamais nommer son concurrent — « tous les faux-semblants et toutes les astuces d'autrefois », du temps d'un « système paralysé par ses jeux scandaleux » au point que « notre pays était appelé l'homme malade du monde » et conclut : « Non, l'avenir n'est pas là ! L'avenir, c'est la République nouvelle qui a pour raison d'être non point de fractionner, de diviser, d'opposer entre eux les Français, mais au contraire de les réunir... »

Se regardant sur l'écran, le samedi à 20 heures, de Gaulle s'est trouvé trop abstrait, trop intellectuel, face à un Mitterrand pugnace et incisif.

Que faire pour animer, humaniser ses propos ? Un avis vient — un triple avis, formulé presque simultanément par Maurice Schumann, Gilbert Pérol, chef des services de presse de l'Élysée, et Alain Peyrefitte, ministre de l'Information. Il faut que le général personnalise ses interventions. « Quoi ? Vous voulez que je me montre aux Français en pyjama ? » Non. Mais pourquoi ne pas choisir la forme du dialogue ? « Faites-vous interviewer, mon Général », suggère Schumann. Par qui ? De Gaulle voit déjà se dresser devant lui un de ces frondeurs de journalistes. Un nom vient sur les lèvres de Peyrefitte : « Michel Droit ». Le général respire. En voilà un en tout cas qui ne lui « manquera » pas.

Rendez-vous est pris pour le lendemain avec le directeur du *Figaro littéraire* — qui a fort bien raconté, dans *En ce temps-là de Gaulle* [36] cette expérience peu banale. Le vendredi 10 décembre, un rendez-vous préalable est pris à l'Élysée avec cet interlocuteur qui, en bon professionnel, fait valoir au général que plus les questions de l'intervieweur sont « directes, voire embarrassantes », plus l'interviewé est convaincant ; et qu'il faudra bien deux émissions pour traiter les questions essentielles. On verra... Moyennant quoi, le chef de l'État se laisse aller aux confidences, formule l'hypothèse de sa défaite et d'une longue décadence du pays : c'est alors, observe Michel Droit, « le vieil homme et la France »...

Le lundi 13 décembre — l'enregistrement est prévu à 11 heures —, Georges Galichon, directeur de cabinet du général, appelle Michel Droit vers 9 heures : « Pouvez-vous arriver tout de suite ? — Que se passe-t-il ? — Le général ne veut plus entendre parler de rien !... » Mais quand le journaliste arrive, tout est arrangé. On va enregistrer dans le salon Murat transformé en studio. Séance de maquillage. « Si je suis élu..., fait de Gaulle. — Mon Général, il n'est pas pensable que Mitterrand l'emporte ! — Si, si, c'est très pensable... » Et l'on s'installe devant les caméras.

Le dialogue est vif. Michel Droit, pour « inconditionnel » qu'il soit, fait bien son métier, sachant que moins il sera complaisant meilleur sera de Gaulle. Ses questions sont bien venues. La première, d'abord, qui oppose l' « idée de la France » que se fait l'auteur des *Mémoires de guerre* et celle qu'il se fait des Français : ils ont tendance à la croire moins bonne... Et les répliques s'échangent, de plus en plus vives. Le général se prend au jeu, s'anime, hausse le ton, se libère, sourit, délie ses grands bras, se tape sur les cuisses, déploie les effets de voix qui vont du fausset de Bourvil au baryton de Raimu, étourdissant de verve, crépitant de sarcasmes, saisissant de pittoresque. Qui a jamais mieux « passé l'écran » que ce Commandeur mué, par bouffées, en Leporello ?

S'agissant de la vie quotidienne, il évoque ces foyers où « le mari s'en va bambocher, les garçons mettent les pieds sur la table et les filles ne rentrent pas la nuit », au grand dam de la « ménagère ». Quand, un peu après la vingt-huitième minute, Michel Droit lui signifie qu'il n'a plus que deux minutes, il se plie au jeu comme une honnête speakerine. Ayant achevé, il jette un coup d'œil malin à son interlocuteur : « Si je comprends bien, on en fait trois ? » Échange de regards enchantés entre le journaliste et Alain Peyrefitte. Inespéré ! Et c'est lui qui « en redemande »...

On enchaîne aussitôt sur la seconde partie, où sera abordée la politique étrangère. C'est alors qu'il se déchaîne à propos de l'Europe. « Bien entendu, on peut sauter sur sa chaise comme un cabri en disant : " L'Europe ! L'Europe ! L'Europe ! " » — et de bondir lui-même comme ledit cabri, ou comme un éléphant qui jouerait le rôle d'un cabri, stupéfiant. Non sans ajouter, parti comme il est : « Il y a ceux, les enfants de chœur qui ont bu le vin des burettes, qui crient en faveur de l'Europe supranationale... » Hum ! Les conseillers se rembrunissent.

Nouvel arrêt. On va déjeuner. Michel Droit le trouve, l'après-midi, encore plus en verve que le matin, s'amusant, de toute évidence, plus qu'il ne l'a jamais fait en sept ans de vie à l'Élysée... Cette fois, il évoque son adversaire qu'il appelle « ce personnage » et lâche une confidence de taille : « Si je suis élu dimanche, je ne resterai pas très longtemps mais, quoi qu'il arrive, j'aurai rempli mon destin... »

C'est fini. La performance est superbe et les témoins s'accordent pour penser qu'avec ces « munitions » en poche, la partie est gagnée. Mais il y a deux objections. La première est d'Alain Peyrefitte : cette flèche contre le MRP (« les enfants de chœur qui ont bu le vin des burettes... »), c'est vraiment un cadeau fait à Mitterrand. Bon, fait le général. On coupera les dix mots. Et, dans la dernière émission, il a dit que, s'il était élu, il « ne resterait pas très longtemps » : est-ce bien utile, observe l'entourage, d'indiquer aux électeurs que leur vote n'investira qu'un président provisoire ? Là encore, de Gaulle s'incline : les sept mots disparaissent.

Commentaire final du monumental candidat, avant de remonter dans ses appartements : « Vous voyez, une fois lancé, je continuerais bien à jaspiner comme ça pendant plusieurs heures [37]... »

C'est ainsi que, trois soirs durant, Charles de Gaulle sera mué en vedette de la télévision, retrouvant sur le mode goguenard, débridé, parfois presque bouffon, la verve torrentielle qui, dans le registre pathétique, lui avait permis de balayer les barricades et de faire exploser le « quarteron » des généraux d'Alger.

Mitterrand qui a pris lui aussi pour interlocuteurs des journalistes, Roger Louis et Georges de Caunes, fait le trajet inverse. Si de Gaulle a choisi de troquer Corneille contre Molière, lui hausse le ton, s'affiche en homme d'État, se « présidentialise » de soir en soir. Le général est passé de la France aux Français. Mitterrand passe du peuple à l'État, non sans succès. Mais le vieil homme a son bagage historique, son prodigieux talent, et tient les clés de la maison...

Dernier soir, dernier défi. Le vendredi 17, entre 20 et 21 heures, le général se fait de plus en plus paterne : « ... Je ne dis pas que je sois parfait et que je n'aie pas mon âge... » Et le « challenger » de plus en plus incisif : « ... Le choix fondamental est entre le pouvoir personnel et la république des citoyens. » Les jeux sont faits : les sondages tournent tous autour du rapport 55-45 au bénéfice du chef de l'État.

Sous la pluie qui, le 19 décembre, ne parvient pas à maintenir chez eux les électeurs — il n'y aura guère plus de 15 % d'abstentions, tant la campagne et le mode de scrutin ont intéressé les citoyens —, les prévisions se réalisent à quelques correctifs près : 54,6 % contre 45,4 %. Tout rentre dans l'ordre. Le général-président est de nouveau président général. Peu lui chaut ce type d'observations des spécialistes électoraux : que ce sont les femmes et les plus de 40 ans qui lui ont donné la victoire ; qu'il « tient » bien toujours l'Est, l'Ouest et le Nord, mais qu'au sud de la Loire, Mitterrand l'emporte.

Mais rien ne sera plus tout à fait comme avant. R. G. Schwarzenberg fait observer que « tout était à inventer, dans ce nouveau scrutin [38] ». C'est vrai. Y compris le comportement, les thèmes, le « métier » des candidats. Et ils en sortiront transformés. L'effet produit par cette considérable péripétie sur le chef de l'État est surprenant, s'agissant d'un si vieux lutteur.

« De Gaulle ne sera jamais plus le même, observe Viansson-Ponté. Il a dû se comporter en candidat, se réinsérer dans un univers partisan [...]. Il s'est désacralisé, ramené du plan de la mystique au plan de la politique. Il avait voulu un plébiscite. Il a d'abord joué la partie comme un référendum [...]. Le ballottage était un blasphème, le second tour n'est qu'un sursis [39]... » Car, observait alors Jacques Fauvet dans *le Monde,* compte tenu de la remobilisation de la gauche par Mitterrand, « la belle devrait se jouer au printemps 1967 » — date des prochaines élections législatives.

Un commentaire moins acide ? Choisissons celui que propose Olivier Guichard : « En 1965, le Général, pour la première fois, engageait de Gaulle en première ligne. Dans une confrontation directe entre sa " légitimité nationale " et le suffrage universel. [Il] s'était donc bravement préparé à passer, pour son compte personnel, des temps de l'unité à ceux de la majorité. Il n'était pas prêt pour la *minorité,* pour le ballottage. Il encaissa, mais le coup lui causa un ébranlement profond. On eut beau lui expliquer, et il eut beau adopter l'explication, que l'élection présidentielle ne pouvait être mesurée à l'aune des référendums, il pensait qu'à l'aune de son personnage, il avait connu l'échec [...]. La seconde campagne, face à un Mitterrand de plus en plus flou, d'un Général de mieux en mieux lui-même, retrouvant avec les Français le ton et les allures d'un dialogue de vieux ménage, ou plutôt leur donnant l'illusion de retrouver le dialogue qu'ils n'avaient *jamais* eu ensemble [...] c'était, cœur du mystère amoureux, mettre la surprise dans l'immuable [40]. »

Le général de Gaulle n'est pas seul à sortir de l'aventure le pourpoint un peu fripé. Les deux hommes du régime qui, après lui, pèsent le plus lourd, Georges Pompidou et Valéry Giscard d'Estaing, ne sont pas sans éprouver quelque inquiétude. A t on jamais entendu parler d'un grand homme dont le déboire n'ait pas provoqué, alentour, quelque disgrâce ?

Certes, devant le Conseil des ministres réuni le 22 décembre 1966, le général, qui paraît reposé, calme et détendu, déclare : « Le régime a subi l'épreuve du feu. Il en sort trempé. » Venant de l'auteur du *Fil de l'épée,* l'image est réconfortante. Mais Georges Pompidou sait bien que, tout au long de ces journées de fièvre, le général a examiné s'il serait opportun d'assurer la relève d'un Premier ministre qui n'avait pas su lui épargner l'avanie du 5 décembre, comparant les vertus et les aptitudes des successeurs possibles, Maurice Couve de Murville [41], Michel Debré, Jean-Marcel Jeanneney et Edgar Faure [42].

Quant à Valéry Giscard d'Estaing, il n'est pas sans savoir que ce Premier ministre menacé n'a cessé, tout au long de ces semaines, de réclamer « sa tête » au général. Pompidou ne le supporte plus [43]. Son ministre des Finances l'exaspère en n'en faisant qu'à sa tête, en traitant directement les affaires avec l'Élysée, en prenant systématiquement le contre-pied des décisions de Matignon, croyant ainsi plaire au général — qui, de fait, le défend, tente de le maintenir dans des charges importantes (le ministère de l'Équipement ?) et ne se laisse arracher que de mauvaise grâce l'éviction (le 8 janvier 1966) de ce jeune homme dont l'aisance l'éblouit.

Ballottage, dissensions... Évoquant les cérémonies et échanges de vœux particulièrement discrets qui marquent la fin de l'année 1965, André Passeron écrit :

« Ainsi se termine un septennat, fait de mille actions, de moments dramatiques, de passages difficiles, d'obstacles brillamment vaincus, de tempêtes courageusement supportées. Le septennat qui commence apparaît surtout, au jour de sa naissance, lourd d'inconnu et d'appréhension[44]. »

Le général de Gaulle préfère assurer, dans son allocution de fin d'année, que « c'en est fini des doutes, des tâtonnements, des renoncements[45] ». Comme il a besoin d'y croire, au moment d'entamer, à 75 ans, la dernière étape...

24. « 487 Élections locales... »

Un autre de Gaulle, pour un autre septennat ? Mais non. Sur le visage de granit fissuré, les rides sont certes plus profondes ; sous les yeux, les poches plus lourdes. Les verres des lunettes ont été encore épaissis, et l'on a dû, lors de l'interview du 13 décembre, faire recommencer une « prise » parce qu'au moment de s'adresser les yeux dans les yeux aux Français, il n'avait pas vu la bonne caméra. Mais dans une réunion à l'Élysée ou à l'École militaire, il vous interpelle encore un bonhomme à vingt pas !

Le tour de taille ne cesse de s'arrondir. Dans la démarche, on observe quelques hésitations supplémentaires, et l'effort pour s'arracher à la DS 21 qui le ramène de Colombey, le lundi, lui coûte davantage de mois en mois. Dans la voix, les chevrotements s'accroissent, mais comme pour valoriser les plongées formidables dans le grave, le rauque et le ténébreux. Et vingt millions de Français l'ont vu encore si agile sur sa chaise, ce roi podagre, face à Michel Droit, pour faire le cabri européen !

Bon pour le service. On le verra bien dans quelques mois à Phnom-Penh et au Québec. Mais un service qui ira, de mois en mois, se rétrécissant. Ses journées de travail n'excéderont plus six heures, souvent moins. Il sait « s'économiser », comme un grand champion mûrissant, ou un virtuose aux cheveux blancs. Il passe de plus en plus de temps en famille, ou devant la télévision. Mais essayez de le prendre en défaut sur un des dossiers qu'il estime de son ressort — les grands !

Il a tendance en tout cas à laisser s'élargir le champ d'action du Premier ministre. C'est-à-dire à revenir à la pratique du temps de Michel Debré. De 1959 à 1962, on l'a vu, mis à part les trois grandes affaires de l'Algérie, de la politique étrangère et du redéploiement stratégique, le chef de l'État avait laissé les mains libres à son Premier ministre, maître du jeu parlementaire, chef de l'administration, animateur de l'économie.

Avec le successeur de Michel Debré, le général en avait d'abord usé autrement. Georges Pompidou avait été son directeur de cabinet de juin 1958 à janvier 1959. Il l'était redevenu, à partir d'avril 1962, pendant trois ans — non sans se hausser, à partir du mois d'avril 1964, du fait de l'absence du général et de sa brillante performance parlementaire, à un rang voisin de celui qu'occupait son prédécesseur.

En janvier 1966, bien qu'il ait pâti des affres électorales de décembre et senti s'accumuler les risques d'une disgrâce comparable à celle qui avait frappé Michel Debré en 1962, Georges Pompidou est revenu à l'hôtel Matignon plus fort et plus hardi. Il sait que les projets de changement du

Premier ministre restent à l'ordre du jour de l'Élysée, où le secrétaire général, Étienne Burin des Roziers, n'est pas son ami : « Passe encore qu'il me juge trop conservateur : mais il se prend aussi pour le deuxième personnage de l'État », grommelle Pompidou devant ses proches. N'importe : il a bien senti que le général veut prendre un peu de champ. Et cet espace qu'évacue l'Élysée c'est lui, Pompidou, débarrassé de Valéry Giscard d'Estaing, qui le contrôlera.

Débarrassé ? N'était-ce pas pour s'infliger une croix plus lourde ? C'est lui qui a suggéré au général de Gaulle de remplacer Giscard par Debré, que son trop long exil du pouvoir et son éclatante prestation radiophonique face à Mendès France, à la fin de novembre, imposaient à l'attention. Pompidou a-t-il voulu orienter son prédécesseur vers la rue de Rivoli de peur qu'il ne s'imposât à l'hôtel Matignon ? Le fait est que, sur ses instances, parce qu'il fallait lui faire une place et que le Quai d'Orsay ne pouvait être retiré à Couve, Michel Debré s'est vu confier un grand ministère des Finances et des Affaires économiques où son influence s'accroissait du fait que le général de Gaulle avait imposé, aux affaires sociales, Jean-Marcel Jeanneney, son ami notoire.

Si fin psychologue qu'il fût, et sans illusion sur les hommes, Georges Pompidou n'avait pas gagné au change. Et il n'est pas exclu que le général ait vu « venir le coup » avec une secrète jubilation... Avec Giscard, le Premier ministre s'était débarrassé d'un ambitieux classique, un peu trop brillant, mais dont les manœuvres appartenaient à la tradition la mieux déchiffrable. Comment en revanche contrôler — si on n'est pas de Gaulle en personne — ce bloc d'ardeur concentrée, de détermination farouche, de conviction véhémente qu'est Michel Debré ? Un fils de paysans du Cantal sait manipuler toutes les espèces, sauf celles qui relèvent de l'ordre mystique.

Le fond de l'affaire ne relevait pas, en dépit des apparences, de la science économique. Il n'était certes pas indifférent que Debré, comme Colbert, crût que l'État est « le meilleur économiste de France », alors qu'aux yeux de Pompidou, les vertus du marché et du « laisser-faire » n'appellent que des corrections circonstancielles et des réorientations discrètes. Là pourtant n'était pas le principe du débat qui allait dresser face à face les deux hommes, et qui donnerait à l'hôte de Matignon la nostalgie des assauts de fleurettistes qui l'avaient opposé à Valéry. Comme il advient souvent, ce fut surtout une lutte pour le pouvoir.

« La rivalité fut immédiate », indique Jean-Marcel Jeanneney, qui évoque sobrement les états d'âme de Michel Debré. L'ancien Premier ministre s'était installé Rue de Rivoli convaincu que le général avait voulu faire de lui un autre « Premier », ayant la haute main sur l'ensemble des secteurs socio-économiques et chargé notamment de présider les Conseils interministériels consacrés à étudier ce type d'affaires.

Pompidou, ajoute Jeanneney, ne l'autorisa qu'une seule fois à exercer cette prérogative et prit ensuite le plus grand soin de ne pas se laisser « déborder », veillant surtout à ce qu'aucune décision de cet ordre ne fût prise sans avoir été examinée par son homme de confiance, Édouard

Balladur. Le conflit devint si vif, si manifeste, qu'il ne pouvait manquer de rejaillir sur les proches des deux hommes. « J'en ai beaucoup souffert, avoue Jeanneney, peu porté sur les jérémiades. Debré est un ami exigeant. Se montrer loyal à l'égard de Pompidou, comme je m'y croyais tenu, était, aux yeux du ministre des Finances, le trahir, lui[1]... »

Charles de Gaulle ne voit pas seulement se poser autour de lui des questions de personnes. C'est à une profonde réforme de la structure et des méthodes du pouvoir que l'a convié, au lendemain de sa victoire électorale, un des hommes qu'il écoute avec le plus constant intérêt, Edgard Pisani, qui va céder le ministère de l'Agriculture à Edgar Faure pour prendre celui de l'Équipement *.

C'est tout le système que met en cause Pisani : « L'opinion publique [...] verrait, dans le maintien de ce qui existe, le refus d'une évolution que les événements politiques récents lui semblent suggérer. C'est en partie par votre capacité à créer la nouveauté que vous vous assurerez le mieux la fidélité de ceux qui vous suivent [...]. Nul ne conteste l'intérêt de la stabilité, mais, celle-ci étant acquise, chacun rêve d'une politique qui ne sacrifie point l'expansion à la monnaie, le social au financier. A une nation jeune et techniquement évoluée, il faut des gouvernants qui vendent de l'espoir, de l'avenir à grand bruit et assurent, en silence, les rudes disciplines de l'équilibre. [...]

« Il faut que les ministres changent d'allure, acceptent le débat, le recherchent et ne considèrent pas toute critique émise comme crime de lèse-majesté. La critique, la libre critique, est le levain de la démocratie ; celui qui la refuse, refuse la règle du jeu. Mais il faudrait peut-être plus : pour que vos ministres aient une formation politique, une responsabilité politique, il serait utile qu'ils soient associés à l'élaboration de la politique générale du gouvernement et tel n'est pas le cas aujourd'hui. Mais peut-être les ministres sont-ils trop nombreux pour que, sauf rares exceptions, le Conseil des ministres soit autre chose qu'un rite. [...]

« Le président de la République ne peut pas être le chef d'une formation politique, mais il a besoin d'une organisation qui informe, anime, sensibilise l'opinion et puisse la " mobiliser " aux heures des grandes consultations. L'UNR, sur laquelle s'est appuyée l'action du gouvernement et qui a rendu d'importants services, est très largement dépassée. Elle est aujourd'hui plus nuisible qu'utile ; son style, beaucoup de ses hommes, ses attitudes acquises parfois pendant la Résistance, irritent les citoyens à un point qu'on imagine mal.

« L'UNR est, de surcroît, prisonnière de son alliance parlementaire avec la droite classique. [...] Il faut, tout à la fois, sortir de la situation actuelle et créer une structure diversifiée qui serve de point d'appui au gouvernement.

* Qu'a refusé, on l'a vu, Giscard d'Estaing.

[...] La gauche était absente de votre environnement officiel, alors que beaucoup de ses éléments authentiques sont proches de vous. Par les orientations que vous donnerez à l'équipe gouvernementale, vous pouvez multiplier cette foule d'hommes généreux qui attendent de trouver une place clairement définie au sein des structures politiques [...].

« Cette Vᵉ République ne sera pas installée tant que toutes les familles d'esprit ne se seront pas affirmées en son sein. L'opposition au régime ne perdra pas son sens si le régime ne parvient pas à obtenir qu'une réelle tendance de gauche s'exprime dans la République nouvelle[2]. »

Attentif aux avis, de Gaulle n'était pas homme à accepter les leçons. Celle-ci était trop rude pour qu'il pût s'en inspirer clairement. Mais on peut imaginer que, dans son esprit, l'entrée dans le gouvernement d'un groupe d'hommes connus pour leur esprit de réforme et de « mouvement » — Michel Debré, Jean-Marcel Jeanneney, Edgar Faure, Pierre Billotte, Jean Charbonnel, bientôt Georges Gorse (rejoignant Edgard Pisani lui-même, que sa démarche auprès du général n'a pas disqualifié) — répond aux exigences qu'il ressent lui aussi comme pressantes. De là à parler de véritable ouverture à gauche...

Si le fondateur de la Vᵉ République a décidé de hasarder sa gloire dans l'aventure d'un second septennat, ce n'est évidemment pas pour veiller sur les doses de réformisme qu'est capable d'ingurgiter un gouvernement qui a pour chef de plus en plus réel Georges Pompidou. D'autres projets requièrent son intervention, qui tendent tous à conforter l'influence de la France dans le monde.

La crise qui a éclaté le 29 juin à Bruxelles, laissant vide le siège de la France et détachant du général de Gaulle le vote paysan du 5 décembre 1965, ne saurait se prolonger indéfiniment. Si peu conciliant qu'il tienne à se montrer par rapport à des voisins auxquels il pardonne mal de ne pas admettre la prépondérance française sur le continent, et de ne pas reconnaître ce qui reste d'exotique dans les démarches « européennes » des Britanniques, Charles de Gaulle a trop bien mesuré les avantages que son pays tire du fonctionnement du Marché commun pour ne pas rechercher un dénouement permettant à Maurice Couve de Murville de réoccuper la fameuse chaise vide. D'où le compromis intervenu le 29 janvier 1966 à Luxembourg, qui permettait au général de « sauver la face » — sans avoir obtenu une reculade de ses partenaires[*].

Mais les deux grandes idées du second septennat, c'étaient tout de même la révision radicale des positions françaises au sein de l'Alliance atlantique, et le développement du pouvoir atomique de la France,

---

[*] Voir plus haut, chapitre 12, « Les rivages de l'Europe ».

appelée par le général à passer de l'âge du nucléaire à celui du thermonucléaire. On allait vite constater que, s'agissant de ces deux projets, le général ne consentirait nul délai.

Dès le 20 janvier 1966, de Gaulle révèle l'essentiel de ses projets au diplomate italien Manlio Brosio, secrétaire général de l'OTAN. Il s'agit de retirer la France des structures militaires intégrées de cette organisation. Et six semaines plus tard, le 7 mars, le président de la République française adressait au président Lyndon Johnson un message lui signifiant que la France n'appartenant plus aux structures intégrées de l'Alliance, la présence de troupes et organismes militaires américains en France ne s'imposait plus *...

Charles de Gaulle s'était-il fait réélire à d'autres fins ? N'était-ce pas là le geste médité, « mijoté » entre tous et qu'il se réservait d'accomplir une fois réinvesti d'une large confiance de la nation ? Tout donne en effet à penser que lorsque Gaston Palewski lui rappelait, pour le persuader de solliciter un second mandat, qu'il « restait des choses à faire » — c'est à cela que pensaient à la fois le conseilleur et le conseillé.

Mais l'affaire nucléaire ne le requiert pas moins. Il a fait passer dans les faits, en 1960, cette maîtrise de l'arme nucléaire qu'avait préparée la IVe République. Lui, il veut que la France ne reste pas sur le seuil de ce club des puissances dotées de l'initiative suprême. Si les grandes puissances — l'Angleterre comprise, et demain, lui dit-on, la Chine — disposent de l'engin thermonucléaire, la France ne saurait s'en priver.

Il ne se passera plus de mois, on l'a vu, qu'il ne harcèle Pompidou, Messmer, et le nouveau ministre chargé de la Recherche et des Questions atomiques et spatiales, Alain Peyrefitte, d'abord pour les convaincre de cette nécessité, ensuite pour les contraindre à prendre les moyens d'aboutir **. Et dès l'automne de cette année-là, il voudra assister en personne, à Mururoa, à l'explosion qui rapproche la France de l'objectif final — atteint seulement en 1968.

Seules, donc, les grandes affaires désormais le retiennent — coopération européenne, révision de l'Alliance, contrôle de l'énergie nucléaire ? Et demain voyage en URSS, Vietnam, Israël, le Québec ? Hélas non. Trois fois hélas, dirait-il. Car le paysage politique est encombré de telle façon que le regard de l'aigle peut se poser parfois sur un tas de fumier.

Trois mois après son enlèvement, Mehdi Ben Barka restait introuvable. Nul ne doutait plus que, torturé ***à Fontenay-le-Vicomte, il ait été achevé, soit dans la région parisienne, soit au Maroc. L'enquête, que les termes

---

* Voir plus haut, chapitre 13, « Nos cousins d'Amérique ».
** Voir plus haut, chapitre 17, « Le " je " nucléaire ».
*** Le général Oufkir était en quête du chiffre d'un coffre dont Ben Barka disposait en Suisse, où étaient déposés, entre autres, d'importants documents relatifs aux mouvements révolutionnaires dans le Tiers-Monde.

impérieux de la lettre du général de Gaulle à la mère du disparu ne pouvait manquer d'activer, avait conduit les policiers jusqu'au refuge de Georges Figon, considéré comme l'inventeur du piège où était tombé le leader marocain en se rendant au rendez-vous du drugstore — la préparation d'un film sur la révolution dans le Tiers-Monde. Mais au moment de se saisir du personnage, les hommes de la Sûreté n'avaient trouvé qu'un cadavre. Suicide ? L'enquête devait révéler que la balle qui l'avait tué n'avait pas été tirée à bout portant... Comment la presse ne se référerait-elle pas à l'affaire Stavisky*, dont le protagoniste avait fini de la même façon ?

Le scandale rebondit avec d'autant plus de violence que trois jours plus tôt, le policier Souchon, instrument du rapt de Ben Barka, révèle qu'il a informé ses supérieurs de son involontaire participation au crime dès le 3 novembre (« Le commissaire Caille était au parfum ! »). L'expression va faire fortune, ponctuant le drame d'un sinistre éclat de rire.

Alors, les mesures « sanitaires » seront prises en rafale : suspension, puis inculpation, puis arrestation de Marcel Le Roy, dit Finville, chef de service au SDECE, les Services spéciaux ; substitution au général Jacquier, son supérieur, du général Guibaud ; mandat d'arrêt international lancé contre le général Oufkir et son adjoint le colonel Dlimi** ; rappel de l'ambassadeur de France au Maroc qui entraîne un geste symétrique de Rabat... Pas de jour sans que l'ombre de Ben Barka ne surgisse à la première page des journaux.

L'affaire gifle de plein fouet le gaullisme — non seulement l'appareil d'État, rompu à ces débordements de bas étage, mais les fidèles du général, les chevaliers de la Table ronde. Un jour, c'est Maurice Clavel qui, en défense de Georges Figon-le-suicidé, publie un article indigné dans *Combat*. Le lendemain, on retrouve la signature de plusieurs gaullistes notoires au bas d'un « Appel pour la vérité dans l'affaire Ben Barka » qui provoque la démission de François Mauriac de la présidence de France-Maghreb, organisme qui a pris l'initiative de ce geste.

Le grand écrivain juge cette intervention désobligeante pour Charles de Gaulle, dont l'attitude est selon lui exemplaire. Mauriac invite chez lui, pour l'entendre en compagnie des députés UNR René Capitant et Jean-Claude Servan-Schreiber et de l'ancien sénateur gaulliste Léo Hamon, le ministre de l'Intérieur Roger Frey, dont les explications lui paraissent dégager la responsabilité des plus hautes instances de l'État. Alors il écrit dans son *Bloc-Notes* du *Figaro littéraire* :

« Je ne veux pas qu'on puisse me croire d'accord avec ces gaullistes qui, pour tirer sur les ministres de De Gaulle, ont attendu l'heure du guet-apens.

« Oui, un guet-apens. Qui en pourrait douter ? Un peu avant, ou un peu après l'assassinat de Ben Barka (je ne retrouve pas la date de cette visite), un ami marocain, qui connaît bien le dessous des cartes, me parlait de l'étroite liaison du général Oufkir et des services secrets américains. Ce qui en est

---

* Escroc dont les agissements avaient compromis, au début de 1934, une partie du personnel politique de la IIIe République.
** Qui ont trouvé tous deux depuis lors une mort tragique, le premier abattu après un coup d'État manqué contre le roi, en 1972, le second lors d'un bizarre accident de la route.

réellement, je l'ignore. Il reste que pour une fois ces services viennent de réussir un magnifique coup double, contre le " Tiers-Monde ", en se débarrassant de Ben Barka, et contre de Gaulle. Si les services américains sont innocents dans cette affaire, c'est le diable qui aura joué pour eux[3]. »

Cette hypothèse — à laquelle Washington opposa un démenti immédiat — sera souvent reprise. Elle ne pouvait d'ailleurs rasséréner le général de Gaulle, dès lors qu'elle confirmait l'infiltration des Services spéciaux français par ceux des États-Unis, avec ou sans intermédiaire marocain. Dans le geste de dégagement par rapport à l'OTAN qu'accomplira quelques semaines plus tard le chef de l'État français, il y aura aussi quelque chose de l'exaspération qu'il éprouva en constatant — ou croyant constater — cette forme abusive de « présence » américaine en France.

Mais tous les gaullistes ne vont pas chercher aux États-Unis, ni même au Maroc, les responsables essentiels du scandale. Et moins encore l'opposition. Historien prestigieux de l'Afrique du Nord, très mêlé aux débats de la décolonisation du Maghreb dont il fut l'avocat très informé, Charles-André Julien écrivait alors dans *le Monde* :

« Ce ne sont ni la personnalité de Ben Barka ni les intrigues marocaines qui retiennent le plus l'attention, mais les conditions du rapt et les responsabilités françaises qu'il implique. L'affaire Ben Barka crée un trouble de conscience comme l'affaire Dreyfus. [Mes correspondants] manifestent qu'ils sont frappés dans leur dignité de citoyens, qu'ils ont honte pour leur pays et qu'ils réclament la vérité. Les anciens combattants et les résistants sentent que leur idéal ancien est souillé[4]... »

Exprimant le point de vue de l'opposition, Gaston Defferre publie dans *le Provençal* ce réquisitoire : « C'est du président de la République qu'émanent tous les pouvoirs : civil, militaire et même judiciaire [...]. La campagne électorale et les élections étaient une excellente occasion [...] pour saisir le juge souverain. [...] C'est ce qu'il aurait fait sans doute, s'il n'avait rien eu à craindre, s'il avait eu la conscience tranquille [...]. Cela prouve à soi seul combien le général de Gaulle appréhendait que ce dossier soit ouvert au grand jour. En agissant ainsi, il s'est accusé lui-même[5]... »

S'il a pu hausser les épaules en lisant de telles philippiques, le chef de l'État ne peut manquer d'être touché par une autre intervention, celle d'Emmanuel d'Astier de la Vigerie, vieux compagnon de la lutte antinazie, son ancien ministre de l'Intérieur, qui commente ainsi l'affaire :

« ... On connaît mon affection [pour de Gaulle...]. Je crois pour ma part que si de Gaulle a été trompé, s'il s'est trompé, il souhaite et peut rectifier. De Gaulle n'est pas un chef totalitaire qui doit attendre d'être jeté bas pour reconnaître une erreur. [...] Si l'affaire devient claire (elle ne l'est pas encore) et que la passion politique ne l'obscurcit pas, de Gaulle doit être capable d'écarter le fonctionnaire, l'associé le plus élevé ou le plus fidèle[6]. »

Qu'il ait entendu là comme un appel, ou non, le général ne pouvait se taire plus longtemps. Du 15 janvier au 15 février, ce ne sont que révélations sur telle ou telle collusion entre polices et services rivaux, réseaux « parallèles », indicateurs, « maffiosi » de banlieue et « barbouzes », complicités ou silences d'agents de tel ou tel État, chantages et règlements de comptes, dénonciations (ou non-dénonciations) de malfaiteurs, lesquels se trouvent des relations avec tel fonctionnaire, tel élu de la majorité, tel espion officieux, tel favori de la cour de Rabat. La nausée...

Une conférence de presse depuis longtemps prévue va lui offrir l'occasion de faire la lumière, le 21 février. D'entrée de jeu, il annonce qu'il parlera de l'affaire Ben Barka. Très vite, donc, une question lui est posée, mais d'abord sur un ton polémique qu'il n'avait pas prévu :

« Pourquoi n'avez-vous pas jugé bon de donner au pays, au moment où vous sollicitiez ses suffrages, des éclaircissements...

— C'est le fait de mon inexpérience ! » (Les rires qui saluent cette parade ne signifient pas que les rieurs sont tous du côté du Grand Sorcier — qui, depuis Londres, est assez au fait des affaires de Services spéciaux...)

L'exposé qui suit définit clairement l'affaire comme « marocaine », du fait du ministre de l'Intérieur de Hassan II, et franco-marocaine, dès lors que l'enlèvement de Mehdi Ben Barka « a eu lieu chez nous » et qu'elle a été « perpétrée avec la complicité obtenue d'agents ou de membres de services officiels français, et la participation de truands recrutés ici ».

« Du côté français » ? Selon le général, « ce qui s'est passé n'a rien eu que de vulgaire et de subalterne ». Vulgaire, hélas... Mais subalterne ? Est-ce bien ainsi qu'on peut qualifier le « chef d'études » à la SDECE Le Roy-Finville ? Le général soutient que tout ce qu'on peut lui reprocher est le « silence » par rapport aux agissements d'un des indicateurs qu'il employait...

Bref, Charles de Gaulle ne reconnaît le caractère de « gravité » qu'à l'altération des rapports entre la France et le Maroc, mais pas à des comportements qui n'ont été que prétextes à de « frénétiques offensives... contre les pouvoirs publics », animées notamment par ceux qui ont eu à pâtir des réseaux gaullistes « au temps de Vichy, puis à l'époque de l'OAS ». Amalgame audacieux, où le sort du malheureux Ben Barka s'estompe... Mais il manquait, à ce grand réquisitoire, une cible plus vaste :

> « ... Une grande partie de la presse, travaillée par le ferment de l'opposition politique, attirée par [...] l'évocation des mystérieuses " barbouzes ", professionnellement portée à tirer profit — c'est bien le cas de le dire — de l'inclination de beaucoup de lecteurs pour des histoires qui rappelleraient celle du " Gorille ", de " James Bond ", de " l'inspecteur Leclerc ", etc. s'est lancée, sans ménager rien, dans l'exploitation de l'affaire. Moi, je crois et je dis, qu'en attribuant artificiellement à cette affaire, restreinte et médiocre pour ce qui est des Français, une dimension et une portée sans aucune proportion avec ce qu'elle fut réellement, trop de nos journaux ont, au-dedans et au-dehors, desservi " l'honneur du navire " [7]. »

Cet honneur eût été mieux préservé si le navire n'avait, quelque part, pris eau. L'affaire n'était ni « restreinte » ni « médiocre ». Elle mit gravement en cause les relations entre la France et le Maroc, non sans que Hassan II, en laissant Dlimi surgir au palais de Justice de Paris, le 19 octobre, alors que s'achevait le procès, avant d'être acquitté par la cour le 5 juin 1967, ne se soit joué de l'homme de l'Élysée... Elle contribua à altérer les relations franco-américaines.

L'affaire Ben Barka devait en outre ajouter une touche d'amertume aux rapports entre de Gaulle et son Premier ministre. Interpellé en Conseil des ministres d'un « Vous ne tenez pas en main vos services[8]! » peu équitable, Georges Pompidou se vit retirer, au bénéfice du ministère des Armées, la direction de la SDECE — décision qui ne pouvait apparaître que comme la sanction d'un manque de vigilance. Elle nourrit enfin le dossier d'une opposition qui, « artificieusement » ou non, allait — assez mal d'ailleurs — exploiter ces lugubres « bavures » contre la majorité, lors du débat électoral de mars 1967.

Tout donne à penser que l'objectif principal de la machination était, pour le général Oufkir, d'empêcher le retour au Maroc de Mehdi Ben Barka (son pire ennemi, le seul capable de lui opposer les armes qu'il utilisait lui-même..), dont certains conseillers royaux envisageaient l'entrée au gouvernement — sans que l'intéressé ait jugé bon de couper court à ces supputations. L'objectif secondaire de la machination fut probablement la livraison aux Américains d'informations relatives à la stratégie tiers-mondiste inspirée par le leader marocain qui devait être mise au point quelques semaines plus tard à Cuba.

En vue de faire ainsi d'une pierre deux coups, Oufkir pensait que les complicités dont il bénéficiait dans d'innombrables organismes français (anciens du Maroc, services infiltrés par les Américains, survivants de l'OAS avides de porter un coup bas au régime gaulliste) lui assuraient liberté de manœuvre et impunité.

Que le souverain de Rabat ait autorisé l'opération, n'ayant émis des signaux du côté de Ben Barka que pour le prendre au piège, ou que — peu soucieux d'entrer en conflit avec la France — il ait été « doublé » par son ministre de l'Intérieur, inquiet de cette manigance subtile en direction du leader exilé, le fait est que l'ensemble de la manœuvre ne pouvait que nuire au chef de l'État français.

Au moment où il procédait à une révision globale de ses relations avec Washington (la sortie des organismes de l'OTAN s'opère en mars), de Gaulle ne pouvait que souhaiter une « correction de tir » parallèle au Maroc — où la collusion entre Oufkir et la CIA gênait le développement de son ouverture vers le Tiers-Monde. Le ministre de Hassan II voulut-il, en se débarrassant d'un rival personnel, saboter en même temps une opération diplomatique gaulliste qui le desservait ? Il frappa le premier.

L' « affaire », qui ne trouva sa conclusion judiciaire qu'en juin 1967, avait-elle entre-temps empoisonné la vie publique française au point de permettre à l'opposition de porter au régime des coups décisifs ? On ne saurait le dire. Le gauche cessa, à partir de l'automne 1966, d'en faire un cheval de bataille. L'extrême droite, friande de ce genre de situations, n'en put tirer parti : grand vaincu de l'élection présidentielle de 1965 (4,5 % des suffrages), Jean-

Louis Tixier-Vignancour le fut aussi devant la cour : c'est son client, Antoine Lopez, qui écopa de la peine la plus lourde : huit ans de prison... Tout compte fait, on serait tenté de tirer de cet épisode sinistre les mêmes enseignements que François Caviglioli en conclusion de son étincelant reportage *Ben Barka chez les juges :*

« Le pouvoir n'a pas étouffé l'affaire Ben Barka. Il l'a, au contraire, mise en scène, animée, amplifiée par un savant jeu de miroirs. Il en a fait une énigme sans limites, il y a impliqué toute la société française, il l'a pimentée d'absurde, d'irréel [...]. Le public est devenu " malin ". Le pouvoir a eu l'habileté de le flatter, de lui faire un clin d'œil : vous voyez, je ne vous cache rien. Mais que voulez-vous que j'y fasse ? C'est la vie... Le pouvoir est un éducateur avisé[9]. » On ajoutera à cette judicieuse « immoralité de l'histoire » que l'éducateur, ici, s'inspire de la philosophie de Georges Pompidou plutôt que de celle de Charles de Gaulle...

Le second septennat du général allait être marqué de démarches plus significatives de son génie que ce festival de tueurs, de « barbouzes » et de « balances ».

Retenons ce diagnostic de l'un des nouveaux animateurs de ce que Gilles Martinet a appelé *le Système Pompidou*[10] : « La politique économique et sociale du régime n'avait cessé, depuis 1962, d'être le ventre mou de la Ve République. Mais ce fut surtout à partir de la campagne présidentielle de 1965 que les critiques s'accumulèrent de toutes parts[11]. » Il apparaissait en effet, que, soit du fait de l'attachement du Premier ministre aux principes du « laisser-faire », soit en raison de conflits entre les responsables des Finances et ceux du Plan ou des tensions entre Valéry Giscard d'Estaing et Georges Pompidou, « les plus belles années de la Ve République [de la fin de la guerre d'Algérie à l'élection de 1965] avaient été perdues[12] »...

Prenant en main l'économie française, Michel Debré allait-il lui insuffler la vigueur attendue, et ranimer le justicialisme social que Charles de Gaulle tenait pour l'un des thèmes majeurs de son message historique ? On ne saurait répondre par la négative sans tenter d'abord de comprendre pourquoi un « parti », celui de la gauche gaulliste, qui pouvait se réclamer du parrainage du chef de l'État, de la sympathie du secrétaire général de l'Élysée, de l'alliance objective avec le ministre des Finances soutenu par son collègue des Affaires sociales, fut en moins de deux ans réduit à des velléités sans lendemain.

Il serait trop facile d'incriminer le Premier ministre, à l'exemple de Louis Vallon qui fit de cette dénonciation le thème d'un pamphlet, *l'Anti de Gaulle*[13]. Le député de Paris écrivait dans le feu de l'action, défiant un homme tout-puissant, assez puissant en tout cas pour le faire exclure de l'UNR : guérilla pour l'honneur.

Une analyse plus distanciée des conflits de ce temps confirme que si l'hôtel Matignon fit barrage contre plusieurs des réformes sociales alors proposées

— non sans mettre en pratique la mensualisation des salaires industriels et la généralisation de la Sécurité sociale qui modifiaient heureusement la condition ouvrière —, les réformistes perdirent la bataille parce qu'ils la conduisirent en ordre dispersé. Peut-être aussi parce que l'énergie légendaire du général ne déploya pas, en l'occurrence, ses ressources.

Si, pour citer une formule percutante de Jean-Marcel Jeanneney, « de Gaulle ne put pas faire faire à Pompidou, dans le domaine social, ce qu'il avait fait faire à Debré sur l'Algérie », est-ce parce qu'il ne trouva pas, en ce domaine, ses Joxe, ses Delouvrier, ses Crépin et ses Tricot ? Ou parce qu'il ne fut pas, sur ce terrain, l'homme des barricades de janvier 1960 ?

Si différents ou divergents qu'ils fussent par le tempérament et l'histoire, « debréistes » et « gaullistes de gauche » avaient là en commun un objectif qui n'eût pas dû manquer de les rassembler, puis de leur faire rechercher l'alliance des technocrates progressistes comme Edgard Pisani. Mais rien de tel ne se produisit. Michel Debré parut plus attentif à ne pas se laisser déborder par son ministre des Affaires sociales (et ami) dans le domaine de la législation familiale et à le cantonner dans le domaine de la gestion, que de mener à fond cette bataille avec lui. Quant à Jeanneney lui-même, que l'on a vu soucieux de ne pas « trahir Pompidou », il formula, face au général de Gaulle, des réserves si sérieuses à l'encontre des projets de Louis Vallon et de René Capitant qu'elles furent interprétées par son interlocuteur comme des manifestations de pusillanimité.

Comme le chef de l'État lui vantait les projets d'intéressement ouvrier et de participation des salariés à la gestion de l'entreprise qui eussent conduit à un système de quinze ans en avance sur les lois Auroux, le juriste qu'est M. Jeanneney lui fit des objections dictées par sa prudence et sa raison. N'allait-on pas instiller l'anarchie dans l'entreprise ? Alors de Gaulle, s'emportant : « Vous êtes comme les autres, Jeanneney, vous pensez qu'on ne peut rien faire [14] ! »

Tout indique que le général de Gaulle, qui cherchait depuis longtemps « à tâtons » une solution, avait étudié les suggestions de Marcel Loichot (le « pancapitalisme ») et, lecteur très attentif de *la Réforme de l'entreprise* [15], concevait la « participation » comme un système remettant en cause le pouvoir patronal. Il envisageait, précise M. Jeanneney, une forme de démocratie spontanée dans l'entreprise qui eût associé les travailleurs non seulement aux bénéfices, mais à nombre de décisions.

Charles de Gaulle prétendait-il ainsi substituer aux bureaucraties syndicales une forme de démocratie directe ? Était-ce, rapportée à l'entreprise, et contre les syndicats, une opération de même nature que celle qu'il avait conduite contre les partis dans l'ordre politique — rabotant ici les pouvoirs du « Comité Théodule » et là les débordements du « Comité Hippolyte » ? Ces intermédiaires abusifs, ces bureaucraties de notables...

Bref, les projets du général allaient très loin, plus loin que la plupart de ceux de ses conseillers réputés de gauche. Mais soit qu'il refusât de se laisser conduire par d'autres que son propre jugement, soit qu'il répugnât à mener contre Pompidou la bataille conduite contre Debré sept ans plus tôt — fatigue, vieillissement, plus faible conviction, urgence moindre ? —, il laissa ses Curiaces de la réforme sociale s'user face au très raisonnable Horace qui opérait à l'hôtel Matignon, tenant pour billevesées la remise en cause du pouvoir patronal.

« Dix fois par an, raconte Michel Jobert, le Premier ministre reprenait, à l'intention du général de Gaulle, son réquisitoire contre les projets que faisaient circuler les " gaullistes de gauche ". Il ne lui fallait chaque fois que dix minutes pour le convaincre de l'inanité de ces idées. Mais chaque fois, tout était à refaire [16]. » Ne négligeons pas une autre version du débat : celle que donne le flegmatique Olivier Guichard, que le souci de changer l'ordre du monde ne démange pas outre mesure :

« Le seul sujet un peu vif de ces années 1965-1967 fut la " participation ". Le thème était ancien, nous l'avons vu, mais c'est alors qu'il apparut au premier plan. Sous son aspect social, et exclusivement sous celui-là, une sorte de bataille se développe, plus autour du Général que de son fait. [...] Les gaullistes dits " de gauche " ont toujours eu l'art de se présenter comme les interprètes de la pensée profonde du Général, une pensée que " les autres " l'auraient empêché de mettre en œuvre. [...] Or il suffit de voir comment le Général agissait sur le front de l'étranger pour comprendre qu'il gardait intacte la capacité de faire passer ce à quoi il tenait.

« Le drame des hommes généreux dont je parle est qu'ils étaient en accord avec la générosité du Général, mais qu'ils n'avaient pas convaincu son esprit pratique. Et quand je relis, dans sa conférence de presse du 25 octobre 1966, sa réponse aux questions posées sur le plan Loichot, je le trouve plus porté à la prudence qu'à la programmation précise : " Il reste à fixer les voies et les moyens par lesquels les travailleurs auront légalement leur part, et du même coup leurs responsabilités dans les progrès des entreprises. " Il y faudra " des études, des choix, des délais. Un point, c'est presque tout " [17]. »

Présentation *pro domo ?* On serait tenté de l'écrire. D'autres gaullistes, guère plus touchés par le prurit de l'idéologie gauchiste qu'Olivier Guichard — Étienne Burin des Roziers par exemple —, ont toujours accordé beaucoup d'importance à ce type de préoccupations, chez le général. Naïveté ?

Une loi tout de même avait été votée le 12 juillet 1965, « définissant les modalités selon lesquelles seront reconnus les droits des salariés sur l'accroissement des valeurs d'actif des entreprises dû à l'autofinancement ». Se saisissant de ce texte, René Capitant écrivait le 21 janvier 1966 dans *Notre République** :* « En dépit de l'apparence technique de la rédaction, cette disposition a une importance politique capitale. [...] On peut dire que c'est sur elle, sur la façon dont le gouvernement s'acquittera du mandat qui lui a été donné [...] que se jouera le sort du second septennat. »

Quelques semaines plus tard paraissait *la Réforme pancapitaliste* [18], de Marcel Loichot, que Louis Vallon résumait devant nous par cette citation de Chesterton : « Ce que je reproche au capitalisme, ce n'est pas qu'il y ait des capitalistes, c'est qu'il n'y en ait pas assez [19]... »

---

* Organe des « gaullistes de gauche ».

L'offensive des « gaullistes de gauche » était lancée. Elle n'aboutira, le 17 août 1967, qu'à une modeste « ordonnance » sur l'intéressement des salariés rédigée (fort bien) à l'hôtel Matignon par le conseiller de Georges Pompidou le moins favorable à ce type de projet, Édouard Balladur. L'Élysée n'avait guère lutté pour soutenir les « gaullistes de gauche ». Était-ce en raison du départ d'Étienne Burin des Roziers pour l'ambassade de France à Rome ? Ce serait une explication dérisoire, et injuste pour son successeur. Le nouveau secrétaire général, Bernard Tricot, estimait simplement que l'État est fort mal placé, par sa nature même, pour intervenir dans la marche des entreprises. La grande réforme s'effilocha en discrète ordonnance. Et le général se contenta de cette conclusion : « Ces juristes ne savent que se noyer dans leur crachat [20]. »

Résigné ? Il disait toutefois à l'un des « gaullistes de gauche » qui le félicitait de la publication de cette « ordonnance » passée par le crible de Matignon : « Peuh ! Ce n'est là qu'un *zakouski* de la participation. Mais tel quel, " ils " vont encore s'y opposer... » Et à Vallon : « Il vous faudra reprendre ces textes pour les muscler, hein [21] ! »

Ses grands projets sociaux, Charles de Gaulle n'avait pas admis qu'ils fussent à jamais noyés dans ces « crachats » et réduits à l'état de *zakouskis*. Il devait relancer la bataille en 1968, puis en 1969 sur un plan différent — et de nouveau la perdre sans l'avoir vraiment livrée. Tant il est vrai que les résultats, en politique, ne sont pas fonction des intentions que l'on formule, ni des pouvoirs dont on dispose, mais de la détermination que l'on met à les faire aboutir. Quelle carrière le démontre mieux que celle de Charles de Gaulle ?

Au fond, la question qui se pose est bien celle-ci : le général eut-il, dans le sens fort du mot, une « politique sociale » ? Bernard Ducamin, qui fut de 1964 à 1969, à l'Élysée, l'un de ses conseillers en ce domaine, s'en dit assuré, précisant qu'il en vint à « placer les problèmes sociaux au centre de ses préoccupations [22] ». Ne peut-on parler plutôt sinon de nobles velléités, au moins d' « intentions sociales » ? Pour expliquer la médiocrité des résultats, M. Ducamin en vient à incriminer l'insuffisance des inspirateurs, non sans reconnaître la « valeur » de Capitant, de Vallon, de Le Brun *. « Au fond, ajoute-t-il, il a manqué [...] un Malraux de la réforme de l'entreprise [23]. » Mais Charles de Gaulle a-t-il eu besoin d'un Malraux pour émanciper l'Algérie, pour rétablir l'indépendance de la France, pour la doter de l'arme thermonucléaire ?

Le gaullisme n'avait pas plus tôt remporté la victoire électorale du 19 décembre 1965 qu'il était saisi par la hantise de ce que Jacques Fauvet avait appelé le « troisième tour », c'est-à-dire les élections législatives

---

* Pierre Le Brun, dirigeant de la CGT qui soutint, en ce domaine et en certains autres, les idées « sociales » du général.

prévues pour mars 1967. Il fut clair, dès l'origine, que le général avait délégué l'ensemble des responsabilités de l'opération à son Premier ministre, d'abord parce qu'il avait pour principe (quitte à y déroger par saccades, nous le verrons) de ne pas se « mêler de ce qui est électoral », ensuite parce que Georges Pompidou avait montré, entre les deux tours de l'élection présidentielle, d'exceptionnelles qualités de manœuvrier.

L'étroitesse du succès du général en décembre 1965 avait persuadé l'état-major UNR-UDT que la bataille du printemps 1967 ne serait pas facile. Certes, en novembre 1962, les candidats gaullistes étaient entrés plus massivement au Parlement que ne le laissait prévoir le résultat du référendum constitutionnel. Mais depuis lors, le scrutin municipal avait démontré que la poussée de 1962 avait eu un caractère conjoncturel.

Le plan de stabilisation continuait de faire sentir ses effets pervers au point de vue électoral. La sortie de l'OTAN, les gestes défavorables aux États-Unis ou à l'adhésion britannique à la Communauté européenne accomplis par le général de Gaulle lui aliénaient une partie de l'électorat de droite ou du centre, qui suivait d'un œil de plus en plus complice les évolutions subtiles d'un Valéry Giscard d'Estaing exclu du gouvernement et rendu par là aux délices de la politique que le général qualifiait de politicienne. Bientôt tomberait des lèvres de l'ancien Grand Argentier un « oui, mais... » peu fait pour consolider la majorité...

Dès avant que se mettent en place les appareils en vue de l'affrontement de mars 1967, les débats se concentraient sur la question des rapports entre les pouvoirs exécutif et législatif, dans l'hypothèse d'un renversement de majorité à l'Assemblée nationale. Jusqu'alors le système, qu'il soit d'esprit parlementaire comme de 1959 à 1962, ou à tendance présidentialiste comme de 1962 à 1966, avait été marqué par le fait majoritaire : détenteur de pouvoirs éminents et qu'il avait définis comme plus hégémoniques encore le 31 janvier 1964, le général de Gaulle avait disposé au Palais-Bourbon de majorités que l'on eût dites automatiques si le cabinet de Michel Debré n'avait dû surmonter des crises aiguës et si le premier gouvernement de Georges Pompidou n'avait été renversé en 1962.

Mais si l'opposition devenait majoritaire à l'Assemblée ? Si François Mitterrand, grandi par sa campagne de l'automne 1965, y conquérait une position dominante d'où chacun savait qu'il mènerait la vie dure au général et aux siens ? C'est ce débat qui, à mesure que les sondages font apparaître comme possible une victoire de la gauche aux élections législatives, domine la vie politique à partir du début de 1966.

Un discours avait ouvert le débat. Prononcé par Alain Peyrefitte (qui, passé du ministère de l'Information à celui de la Recherche, n'en gardait que mieux l'« oreille » du général), il donnait à penser qu'en cas de conflit entre le président et une Assemblée fraîchement élue, la légitimité fondamentale serait, dans l'esprit du chef de l'État, de son côté. Bien que, selon Georges Vedel, ce discours fût plus ambigu que ne le dépeignaient les orateurs de l'opposition, il mit le feu aux poudres.

Quelques mois plus tard, le même Peyrefitte, accompagnant le général de

Gaulle au cours de son voyage dans le Pacifique qui devait lui permettre d'assister à l'explosion nucléaire dite « opération Bételgeuse* », voulut en avoir le cœur net et, profitant des longues heures passées à bord, interrogea le président de la République sur ses hypothèses de travail en 1967.

« Pourquoi ne dissoudriez-vous pas l'actuelle Assemblée ? Vous prendriez tout le monde à contre-pied...

— Je ne le ferai pas... La majorité actuelle m'a permis de gouverner. Je n'ai aucune raison de la pénaliser en la chassant. Et puis, supposez que ces élections ne nous soient pas favorables... Je ne pourrais pas dissoudre à nouveau avant un an**. Au contraire, si cette législature va jusqu'au bout, je pourrai renvoyer la nouvelle Assemblée quand je voudrai. Les députés ne pensent qu'à une chose : à leur réélection. Ils éviteront les foucades.

« Je ne mettrai pas non plus mon mandat en jeu. Il y aura 487 élections locales. Elles ne peuvent pas prévaloir sur la seule élection nationale. Il est fatal que l'usure du pouvoir atteigne une majorité parlementaire. La Constitution doit permettre de surmonter la difficulté. Je ne manquerai pas d'armes... La plus puissante, c'est la dissolution. Il ne faut pas l'émousser... » Bon cours de stratégie politique.

Cinq mois plus tard, au cours de la campagne électorale, le ministre de la Recherche, parti dans le Lot soutenir son collègue J.-P. Dannaud, est interrogé au cours d'un meeting sur ce que ferait le chef de l'État au cas où l'UNR perdrait les élections. Un contradicteur précise la question : « Il recourrait à l'article 16 ? » Peyrefitte reste évasif. Un journal local feignant de prendre ce silence pour un acquiescement, annonce sous un gros titre qu'en cas de défaite électorale de ses partisans de Gaulle mettrait en vigueur, comme en avril 1961, lors du putsch, les fameuses dispositions d'urgence qui provoquent une sorte de suspension des libertés publiques.

Colère du général. Convoqué, le ministre réussit à le convaincre qu'il n'a rien dit de tel. Le chef de l'État s'apaise :

> « Je ne mets pas mon mandat en jeu, puisque ces élections arrivent à leur date normale. La Constitution prescrit au Président d'assurer la continuité de l'État et le fonctionnement régulier des pouvoirs publics. Mais il ne faut surtout pas dévoiler ce que je ferai. Laissons nos adversaires dans l'inquiétude. Il faut leur mettre dans la gorge une poire d'angoisse[24]. »

Retenons surtout la première phrase, qui éclaire très bien le mécanisme intellectuel de Charles de Gaulle en ce domaine. Dans son esprit, il y a deux types d'élections législatives. Celles qui se déroulent conformément aux échéances constitutionnelles normales, et où il ne s'estime pas partie prenante. La séparation des pouvoirs dresse une sorte d'écran entre l'exécutif hégémonique et le législatif, désigné par « 487 élections locales ».

Il ne va pas jusqu'à prétendre que ce type de scrutin ne le concerne pas — il donnera la preuve du contraire —, mais c'est une procédure parallèle,

---

* Voir plus haut, chapitre 17, « Le " je " nucléaire ».
** Article 12, 4e alinéa, de la Constitution.

dont il espère simplement qu'elle lui assurera un flanquement tactique solide. Ce n'est pas « sa » partie. C'est l'affaire de Pompidou. Ainsi, prenant Iéna pour objectif, Napoléon confie à Davout l'affaire d'Auerstaedt — quitte à lui donner « un coup de main ».

Tout autre est le cas d'une élection provoquée par lui, comme en 1962, après le référendum et la dissolution. Alors c'est lui qui est en cause. C'est sa décision que les Français sont appelés à apprécier. Ici, plus de séparation des responsabilités. Des élections législatives de ce type deviennent un « sur-référendum », une procédure d'appel ou de confirmation de sa légitimité. Alors il estime son sort lié à celui de la majorité parlementaire. S'il ne l'obtient pas, c'est un désaveu, et il en tirera les conséquences...

Ainsi, en novembre 1962, une semaine avant le scrutin législatif, avait-il confié à Jean-Marcel Jeanneney : « Dans une semaine, je ne serai probablement plus là... » Opposant cette situation créée par le général en 1962 à celle qu'il vécut à ses côtés en 1967, M. Jeanneney conclut : « C'est seulement s'il avait dû dissoudre une Assemblée trop profondément en désaccord avec lui qu'il se serait engagé personnellement, non sans avoir entre-temps changé de Premier ministre [25]... »

On n'en est pas là, au début de 1967. Mais à partir des 10,5 millions d'électeurs réunis sur son nom le 19 décembre 1965, et de l'impulsion ainsi donnée à sa « Fédération », François Mitterrand a bâti une coalition électorale que chacun estime capable de mettre en péril la majorité parlementaire. L'objectif de l'ancien ministre de l'Intérieur de Pierre Mendès France, c'est de faire de sa Fédération de la gauche démocrate et socialiste le point de rencontre obligé de toutes les forces de la gauche non communiste, puis l'axe d'une alliance qui rallierait sur sa gauche le PCF et sur sa droite les républicains dits « de progrès » — le tout composant ce qu'on appelle alors une « majorité de rechange ».

Au mois de mai 1966, la « rencontre socialiste de Grenoble », organisée autour de Pierre Mendès France et plus ou moins inspirée par le PSU*, a paru donner un coup de frein à l'entreprise du leader de la FGDS en critiquant « les arrangements purement électoraux ». Mais à la fin de la même année, le congrès de la SFIO, dont le destin est désormais lié à celui de la Fédération, accepte le principe de négociations avec les communistes. Et dans une interview au *Nouvel Observateur,* Guy Mollet prédit que la gauche remportera la victoire aux élections législatives, sans être pour autant capable de former le gouvernement.

Le 21 décembre 1966 est signé entre François Mitterrand au nom de la FGDS et Waldeck-Rochet** au nom du PCF un accord qui, assure Claude

---

* Parti socialiste unifié.
** Qui tente alors de déstaliniser son parti conformément au modèle italien, et de desserrer, sur lui, l'emprise soviétique. La maladie qui l'immobilisera coupera court à cette tentative.

Estier, « efface vingt ans de divorce entre les deux grandes familles de la gauche[26] ». Au nom du petit PSU, Gilles Martinet se joint à cette célébration. Mais *le Monde* se contente de voir là une « union libre » que seuls « de grands événements » pourront transformer en « mariage politique ». Tactique ou non, éphémère ou provisoire, cette alliance change évidemment les perspectives électorales, bien que le centre démocrate de Jean Lecanuet refuse de flanquer, sur sa droite, la coalition animée par Mitterrand.

La campagne électorale s'ouvre le 13 février. Pour ne pas être taxé d'y prendre part, le général de Gaulle va l' « encadrer » avec une désinvolture jupitérienne. C'est à la veille de la campagne, le 9 février, puis après sa clôture, le 4 mars, que le chef de l'État fait parler, sinon la poudre, en tout cas la foudre, en proclamant, non plus : « Moi ou le chaos », mais : « Eux, c'est le désastre. »

Premier appel, le 9 février :

> « De toute façon [...] il serait extrêmement équitable et souhaitable que [la] majorité l'emporte. Mais, dans les conditions d'aujourd'hui, c'est absolument nécessaire. Car les trois formations partisanes * qui prétendent la remplacer et, par là, imposer leur politique à la République ne pourraient, si elles y parvenaient, soit chacune en particulier, soit par combinaison de deux d'entre elles ou de toutes les trois, aboutir qu'à des ruines désastreuses. Juxtaposées pour détruire, elles seraient, en effet, tout comme elles l'étaient naguère, incapables de construire[27]... »

Et celui du 4 mars (entre la clôture de la campagne, le 3 et le scrutin, le 5) :

> « ... Il nous reste beaucoup, beaucoup, beaucoup à faire. Mais, justement, comment le faire si les pouvoirs de l'État devaient être, comme naguère, paralysés par les crises ? Comment le faire si moi-même, confirmé à la tête de la République par mandat de notre peuple et chargé, comme je le suis, de garantir le destin de la France, par conséquent de conduire sa politique et de nommer son gouvernement, je trouvais, au sein du Parlement, les partis numériquement en mesure de m'empêcher d'accomplir ma tâche et de bloquer le fonctionnement régulier des pouvoirs, sans être capables de remplacer par rien de cohérent les institutions stables et efficaces que nous avons établies ? Comment faire [...] si notre pays se voyait lui-même et se montrait à l'étranger comme voué de nouveau à d'absurdes et ruineuses secousses ? Au contraire, tous les espoirs sont permis à la nation si notre Vᵉ République l'emporte [...]. Une fois de plus, au moment décisif, je vous ai parlé pour la France[28]... »

On voit le ton. Charles de Gaulle se veut étranger à la cuisine électorale, aux élections au pluriel. Mais non à l'élection, au singulier (ainsi les Anglais distinguent-ils *politics* et *policy*). Étranger ? Il lui arrive même de se mêler à la « cuisine ». Mais en se plaçant, mieux que ses successeurs, dans la juste perspective du fonctionnement des institutions.

Georges Pompidou, lui-même candidat dans le Cantal de ses origines, l'a

---

* La FGDS, le PCF et le Centre démocrate.

convaincu de la nécessité de faire entrer les ministres dans la bataille électorale, au moins comme porte-étendards — les Français n'appréciant guère que les responsables fussent à l'abri de leur arbitrage de citoyens.

Alors, quand le Premier ministre échoue à convaincre tel ou tel notable du régime — Couve, Joxe, Michelet, Messmer, Jeanneney, Lefranc, Fouchet —, quand son « J'y vais bien, moi ? » ne suffit pas à faire tomber les préventions, c'est de Gaulle qui intervient. Il n'a pas trop de mal à persuader le ministre des Affaires étrangères, qui commence lui aussi à trouver quelque « ragoût » aux luttes hexagonales. Messmer et Joxe résisteront un peu plus longtemps. A peine. Michelet, que Matignon et l'Élysée veulent expédier à Quimper, a beau alléguer qu'un Corrézien comme lui a peu de chances en Bretagne, entend cette apostrophe : « Vous n'êtes pas auvergnat, Michelet, vous êtes catholique. C'est ce qui compte, pour les Bretons... » (sollicité pour la même mission, Pierre Lefranc avait pu alléguer, lui : « Mais je suis protestant ! »). Seul Jeanneney résistera.

Pompidou, apprenant que Mendès France a décidé de se présenter à Grenoble, veut lui opposer ce professeur de droit réputé qui enseigne à la faculté de cette ville, où son père, incarnation de la République, s'était retiré pendant la guerre. Le ministre des Affaires sociales refuse : il ne veut pas combattre Mendès, qu'il respecte *. Alors le Premier ministre fait appel, pour le convaincre, au général : mais de Gaulle n'insistera guère auprès de Jean-Marcel Jeanneney, auquel il confie qu'il le réserve plutôt pour d'autres missions — mais non qu'il pense à lui pour Matignon [29].

L'ensemble de la manœuvre électorale du pouvoir est placé sous l'égide d'un « Comité d'action pour la Ve République » dont les animateurs sont Roger Frey, Olivier Guichard, Pierre Juillet, Jacques Foccart et Jacques Baumel. Pompidou paie vaillamment de sa personne, relevant les défis lancés, au cours de meetings électoraux, par François Mitterrand à Nevers et par Pierre Mendès France à Grenoble, après avoir ouvert la campagne lors d'un impressionnant meeting, le 31 janvier, au Palais des sports, où l'encadrent, sur l'estrade, André Malraux et Jacques Chaban-Delmas, et où un écran géant bombardé par le « canon à images » se peuple des « victoires de la France » — usines atomiques, champions comme le skieur Killy et le coureur Jazy, et portraits de prix Nobel de médecine (qui, tels Monod et Jacob, sont, du point de vue électoral, de l'autre bord).

Le général de Gaulle grogne bien un peu contre ces façons — d'autant que le metteur en scène de ces festivités, Michel Bongrand, est le patron de Services et Méthodes, l'organisme qui, en orchestrant en décembre 1965 la campagne de Jean Lecanuet contre lui, avait contribué à le mettre en ballottage. Mais dès lors que la Nation **, paraphrasant ses propos du 9 février sur les « ruines désastreuses » que provoquerait une victoire de

---

* Il fera un autre choix l'année suivante, Pierre Mendès France s'étant, à ses yeux, « compromis avec les émeutiers de mai ».
** Organe de l'UNR.

l'opposition, avait proclamé la « République en danger », fallait-il barguigner sur le choix des moyens ?

A la veille du scrutin, les sondages donnaient 35 % des suffrages aux candidats « Ve République », 25 % à la FGDS, et 15 % aux centristes comme aux communistes.

Au soir du 5 mars, le pouvoir était en droit de crier victoire : les candidats gaullistes obtenaient 37,7 % des suffrages (près de 8,5 millions de voix, 20 % de plus qu'en 1962), l'UNR et ses satellites s'affirmaient plus que jamais comme la force dominante de la vie politique française. Ces progrès étaient obtenus aux dépens du centre démocrate de Lecanuet — ce que le général de Gaulle savoura comme une revanche délectable.

Mais l'optimisme de l'état-major de Matignon était tempéré par le redressement du parti communiste qui, avec plus de 5 millions de voix, et 22,5 % de l'électorat, remontait presque à son niveau antérieur à la Ve République — tandis que la FGDS, avec 18,7 %, démontrait que l'alliance avec les communistes — dont les fruits ne pouvaient être récoltés qu'au second tour — n'avait pas fait fuir tous ses électeurs modérés.

Et c'était, au second tour — le général a pensé, puis renoncé à intervenir entre-temps — la grande déception de Georges Pompidou : les défenseurs de la Ve République recueillent bien 42,6 % des suffrages exprimés, mais la coalition de type « Front populaire » s'est avérée si efficace qu'elle revendique, elle, 46,4 % des votes. Et au moment où se réunit la nouvelle Assemblée, il faut bien constater que, le PCF étant passé de 41 à 72 sièges, la fédération mitterrandiste de 89 à 120, et la « Ve République » de 276 à 232, les élus du pouvoir ne conservent au Palais-Bourbon qu'une majorité infime : 245 sièges (dont 43 giscardiens ambigus...) contre 242 — et encore, grâce aux votes d'outre-mer et au ralliement de quelques « non-inscrits » toujours prêts, dans ces cas-là, à « rendre service »... Surprenant écroulement des espoirs nés au premier tour.

Les réactions du général de Gaulle ? Alain Peyrefitte les décrit bien ainsi : « Après les élections, où nous dûmes attendre au petit matin le résultat des îles Wallis et Futuna pour savoir que nous disposerions d'*un* siège de majorité, le général me dit, avec une pointe de goguenardise : " Alors, *vous* les avez gagnées, *vos* élections ! C'est dommage ! On aurait vu comment on peut gouverner avec la Constitution ! " »

« Aux yeux du général, commente Peyrefitte, le mandat présidentiel conférait une légitimité suffisante pour traverser une mauvaise passe, quitte à franchir les écueils en ayant recours à l'arbitrage du peuple. Par la dissolution. Par le référendum. Ou encore par la démission suivie de sa propre candidature, c'est-à-dire en faisant confirmer par le peuple sa légitimité [30]... »

Mais ce scrutin n'avait pas seulement pour de Gaulle la signification d'un défi manqué aux vertus opératoires de la Constitution. Il lui apportait une déception personnelle : la défaite de Maurice Couve de Murville, battu de 250 voix dans le VIIe arrondissement de Paris, par un certain Frédéric-Dupont que les électeurs de cette circonscription s'obstinaient depuis des décennies à renvoyer au Parlement, insensibles à l'universel sarcasme qu'inspirait ce personnage folklorique.

Non qu'un échec électoral lui parût autre chose qu'une mésaventure — ainsi jugeait-il ceux qu'avaient essuyés Sanguinetti et Messmer. Mais celui de Couve avait bien d'autres conséquences. Les 250 Parisiens qui avaient jugé Frédéric-Dupont plus digne de les représenter au Palais-Bourbon que Maurice Couve de Murville, venaient de maintenir Georges Pompidou à la tête du gouvernement, déjouant les projets du chef de l'État. Comment installer à Matignon un homme que les électeurs de la circonscription venaient de mettre en minorité ?

On murmura que Georges Pompidou n'avait pas contribué à faire élire celui dont il savait que le général méditait de faire son successeur. On insinua même qu'il avait agi à l'inverse. Beaucoup d'autres, en tout cas, l'auraient fait. Quand on évoquait cette hypothèse devant lui, vingt ans plus tard, M. Couve de Murville prenait un air prodigieusement étonné.

En cette affaire, Charles de Gaulle avait éprouvé une double perte. Celle (provisoire...) d'un Premier ministre qui lui eût permis de récupérer et de confirmer un ascendant quelque peu amoindri par l'autorité croissante de l'homme que cinq années de présence à Matignon avaient fini par constituer en un « autre pouvoir ». Celle aussi d'une part de la confiance (on n'a pas dit de la fidélité) de cet homme puissant mais qui désormais se sent en sursis, sauvé moins par le maintien global de la majorité — si fragile... —, que par l'échec individuel de son éventuel rival.

Il y a plus grave. Couve impossible pour un temps, Pompidou en alerte ? Bon. De Gaulle sait gérer ce genre de situations. Mais que dire de ce Giscard qui, avec ses 43 députés « indépendants », est devenu l'arbitre de la majorité ? Qu'il prenne ses distances (il refuse dès le 13 mars de constituer avec les gaullistes un groupe parlementaire unique), qu'il se tienne à l'écart, qu'il manifeste son désaccord — et les bases de pouvoir de la « Ve République » se fissurent. S'il est vrai, comme le suggérait alors l'un de ses familiers, que « Valéry avait déjà compris que son avenir ne passait plus par le général », que de surprises attendre de lui !

Aujourd'hui, à une question sur la politique du général, l'ancien ministre des Finances répond : « Oui, mais... » Demain, il critiquera ouvertement « l'exercice solitaire du pouvoir ». Après-demain ? De ce côté, l'avenir est lourd de menaces. Le général les voit grandir...

Mais le chef de l'État prend plutôt bien les choses. Ce n'est pas lui, pas sa gloire, pas sa légitimité qui, cette fois, sont en cause. Seulement le savoir-faire, l'entregent, l'autorité de Georges Pompidou. Alors, c'est d'un regard circulaire mi-goguenard, mi-apitoyé, qu'il balaie le Conseil des ministres, le mercredi 15 mars. Il y a là, parmi les vainqueurs, quelques vaincus.

Quand l'un d'eux entreprend de raconter les circonstances et de suggérer les causes de son échec, Charles de Gaulle se penche vers Maurice Couve de Murville et, sans craindre de remuer le couteau dans la plaie qui saigne là aussi, cite à mi-voix ce vers de l'*Énéide* qui ouvre le récit de la destruction de

Troie fait par Énée à Didon, et que connaissent tous les élèves des pères * :
Infandum, reginam, jubes renovare dolorem (Indicible, ô reine, est la douleur
que tu m'ordonnes de raviver). Visiblement, le général a du mal à confondre,
avec les malheurs de Troie, le semi-échec de M. Pompidou et celui, total, du
ministre des Affaires étrangères.

Le gouvernement Pompidou, comme il est d'usage en fin de législature,
donne sa démission. Le 1er avril, de Gaulle préside la dernière séance du
Conseil des ministres dans sa constitution d'avant les élections. Parfaitement
détendu, il donne ces quelques règles d'action :

> « Le gouvernement, tel qu'il a été constitué, a été un gouvernement de
> législature... Ça s'est trouvé comme ça, parce qu'il n'est pas nécessaire que
> la durée du gouvernement corresponde à celle de l'Assemblée. Je suis
> convaincu que les affaires publiques s'en sont trouvées bien.
> Je ne tiens pas à dire ici ce qui va se passer pour ce qui concerne la
> formation du nouveau gouvernement, sa structure et sa composition. Ce
> que je peux dire seulement, c'est que ce sera fait de la manière qui, en
> conscience, paraît le meilleur à ceux qui en ont la charge. Les questions de
> dosage et de conjoncture ne seront pas ignorées [31]... »

Dosage ? Conjoncture ? Roger Frey va céder l'Intérieur à Christian
Fouchet. Celui-ci l'Éducation à Alain Peyrefitte. Et Foyer, la Justice à Joxe.
Ce sont les trois hommes qui, un an plus tard, subiront de plein fouet et
auront à relever d'abord le défi de mai 68.

En attendant, la fragile majorité issue des élections de mars 1967 va
recevoir un renfort du chef de l'État : l'agrément qu'il donne à la demande
de délégation des pouvoirs en matière économique et sociale suggérée par
Michel Debré. En autorisant cette procédure, « le général a voulu au début
de la législature verrouiller les giscardiens dans la majorité [32] » Il est clair
que si, à l'occasion de la mise en application de cette procédure, le
gouvernement Pompidou avait fait l'objet d'un vote de censure, l'Assemblée
aurait été dissoute et de Gaulle aurait remis en jeu son mandat devant le
suffrage universel.

On sait que c'est sous une tout autre forme que le défi à sa légitimité fut
lancé.

---

* M. Couve de Murville est protestant, mais bon latiniste.

25. Sous les pavés, l'abîme...

Charles de Gaulle a pu se proclamer lui-même, sans outrecuidance, *un personnage quelque peu fabuleux*... De juin 1940 à mai 1958, et des frénésies d'Alger aux exaltations du Québec, l'exceptionnel, le démesuré, l'inattendu signalent et ponctuent en effet sa carrière. Mais avant le printemps 1968, des fragments de raison et de mesure classique la rattachent encore à la tradition du Grand Siècle qu'il prétend ressusciter.

Du 1er mai au 30 juin 1968, la biographie du général de Gaulle perd toute crédibilité. L'accumulation de défis, de malheurs, de miracles, d'impostures, de détours et de retours, de dérobades, de tentatives malheureuses et de retournements dramatiques, les balancements entre le zéro et l'infini, les sursauts de la béatitude à l'abîme et de l'humiliation au triomphe ne relèvent plus de la politique, plus même de l'histoire, mais d'une littérature de l'improbable dont les poètes germaniques et les prophètes du désert avaient jusqu'alors fait plus grand usage que les historiens français qu'il a pris pour maîtres.

Dans les orages qui ont agité l'histoire de la France au cours du dernier quart de siècle, de Gaulle apparut souvent comme celui qui apportait, sinon la sagesse ordinaire, au moins la lucidité de la vision et la fermeté du plan. Mais dans l'ouragan qui balaye la France en mai 1968, le général-président réussit plutôt à ajouter à la confusion, à mettre le comble aux illusions des uns, au désarroi des autres, à alourdir encore les nuées de l'orage. Son triomphe final n'est pas celui de Prospero, c'est celui d'un Lear dont la famille eût, en fin de compte, servi les desseins. Il n'est pas vainqueur de la tempête, mais porté par l'orage, l'infirmité de ses adversaires et l'effroi général. Et en fin de compte par un sursaut de son génie.

Lui d'ordinaire si ferme dans l'extraordinaire, si à l'aise dans le péril, on le voit errant, hésitant, passant de la brutalité au désarroi, de la tentation du renoncement aux velléités répressives, risquant trop puis rêvant de s'enfuir, évasif, toujours en déplacement plutôt qu'en mouvement, vieux, trop vieux, désorienté, flottant — ne se retrouvant lui-même que pour une escapade à l'étranger et les quelques minutes d'une allocution radiophonique, prodigieuse il est vrai d'opportunité psychologique.

Après dix ans d'exercice d'un pouvoir à peu près sans partage, dont il use avec un inimitable mélange de hauteur souveraine, de bonhomie, de rudesse, d'audace stratégique et d'adresse tactique, Charles de Gaulle avait triomphé de tous les adversaires — politiciens, colonels, terroristes et « eurocrates ». Le succès gaulliste, aux élections législatives de mars 1967, avait été médiocre, mais le général gardait la majorité. Il allait entrer dans un crépuscule grandiose, libre de choisir entre la retraite de Charles Quint et la fin de George Washington, devenant le premier souverain français depuis Louis XVIII à accomplir, jusqu'au dernier soupir, son règne. Alors vint le mois de mai 1968.

Tranchant sur tant d'orageuses saisons du gaullisme, quoi de plus serein en apparence que ce printemps 1968 à Paris ? Le général s'apprête à vivre quelques-uns de ces triomphes diplomatiques qu'il savoure entre tous. En Roumanie, à partir du 13 mai, il va célébrer, beaucoup plus commodément qu'en Pologne, les progrès de sa stratégie de dislocation des blocs tandis qu'en Iran Georges Pompidou ira recueillir les fruits d'une politique pétrolière qui ne s'embarrasse pas des interdits anglo-saxons. Après de longues et subtiles manœuvres conduites par Étienne Manac'h, directeur d'Asie au Quai d'Orsay, vont s'ouvrir à Paris — ex-capitale du colonialisme où l'on critique volontiers la diplomatie américaine — les négociations entre délégués de Hanoï et de Washington...

Dans quelques semaines enfin, le 1er juillet, c'est une économie française en bonne santé qui pourra affronter les risques de la dernière étape du Marché commun, sur des bases révisées en fonction des exigences présentées deux ans plus tôt à Bruxelles par Maurice Couve de Murville. Sur le front extérieur, la Ve République voit se dessiner maint succès. Qui prévoit que c'est à Paris, pour une fois, que va se jouer le destin du général de Gaulle ?

Le 1er mai 1968, l'attention des faiseurs d'opinion se porte sur l'entrée du gouverneur Nelson Rockefeller dans la course présidentielle américaine, flanqué d'un certain Henry Kissinger ; sur les objections que font encore les Vietnamiens avant de rencontrer leurs partenaires américains ; sur une déclaration d'Alexandre Dubček relative à la nécessité de donner au socialisme, à Prague, un visage plus « humain ». Qui, hors du cercle des spécialistes, relève ce jour-là qu'un nommé Daniel Cohn-Bendit, chef de file des « rebelles » de l'université de Nanterre, est convoqué par le conseil de discipline et menacé d'expulsion pour avoir fomenté l'occupation des locaux officiels par les étudiants ?

Sous la surface lisse qui incite le général de Gaulle à soupirer, devant le commandant Flohic, le 28 avril : « Cela ne m'amuse plus beaucoup ; il n'y a plus rien de difficile, ni d'héroïque à faire [1] », après avoir inspiré à l'éditorialiste du *Monde*, Pierre Viansson-Ponté, dans un esprit voisin, un article resté fameux : « La France s'ennuie [2] », s'aigrissent quelques malaises et bouillonnent quelques crises dont il faut beaucoup de perspicacité pour déceler déjà la gravité, et dont seule la conjonction inopinée va désintégrer la société politique française en quelques jours et pendant quelques semaines.

Premier malaise : celui de l'État. C'est l'époque où le sociologue Michel Crozier développe ses thèses sur la France, « terre de commandement » et « société bloquée ». Hiérarchies, bureaucraties, conformismes : le régime s'ossifie en une vaste entreprise d'ailleurs prospère, où le patronat de droit divin prend le double visage d'un vieux militaire génial et d'un intelligent fondé de pouvoirs plus habile à gérer qu'avide de rénover.

Au cours du premier Conseil des ministres de l'année, le 11 janvier 1968, Jean-Marcel Jeanneney a rudement mis le doigt sur la plaie : la « bureaucratie tentaculaire » et son agent le plus redoutable, le ministère des Finances, « omniprésent, omnipotent ». Le réquisitoire est si vif qu'il provoque, dans ce cercle très conformiste, une gêne profonde, et une réaction irritée du ministre le plus directement visé, Michel Debré — ami personnel de Jeanneney. Lequel, reçu quelques jours plus tard à l'Élysée, demande au général de Gaulle d'excuser sa « sortie ». « Pas du tout, fait de Gaulle. Vous avez parfaitement raison. Le mal est là. Il fallait le dire... » Et comme Jeanneney lui fait observer qu'en comparaison des fièvres qui agitent les États-Unis, la France, grâce à lui, est calme, le général le coupe : « Ça ne durera pas [3] ! »

Le second malaise est économique et social. Non que l'appareil de production français ait brusquement perdu son efficacité. La croissance, freinée par le plan de stabilisation entre 1963 et 1965, est repartie et frôle les 5 % (comme la hausse des prix), les niveaux de vie s'élèvent globalement, le franc est une monnaie d'une solidité reconnue. Mais en 1967, la France a subi le contrecoup de la crise allemande, qui doit elle-même beaucoup au plan français de 1963. En janvier 1968, les courbes de croissance indiquent un fléchissement préoccupant. On décompte 226 000 demandeurs d'emploi — ce qui paraît alors considérable. De violentes manifestations paysannes ont agité la Bretagne. Et, rappelle Michel Jobert, il y a eu en 1967 « 4 millions de journées perdues par la grève, un record absolu »... Ce qui signalait un malaise profond.

Mais les mesures en faveur de la relance, alors prises par Michel Debré non sans « quelque timidité » (estime Pompidou), s'avèrent efficaces. En avril, les indices sont de nouveau favorables : mais la crise larvée de 1967 a entamé la confiance et mis en lumière la fragilité de cette économie en dents de scie.

Cette fragilité retentit sur un monde du travail industriel en pleine mutation où, compte tenu des exigences de la croissance, s'engouffrent en masse de très jeunes gens, agriculteurs, et des immigrés. Dès lors le prolétariat très structuré que la CGT encadrait depuis 1945 se décompose ou se ramifie en d'innombrables courants, animés de pulsions et d'aspirations nouvelles. De cette force de travail jeune, rurale, immigrée et de ce fait mal contrôlée par ses cadres traditionnels, quelques poussées de fièvre avaient révélé les nouveaux comportements. Ainsi, à Caen, à la fin de janvier, une grève à la SAVIEM avait frappé les observateurs [*], d'abord par le caractère spontané du mouvement, ensuite par la conjonction entre jeunes ouvriers et étudiants, mêlés dans un défilé commun : la lutte des classes sociales se compliquait-elle, s'avivait-elle d'une lutte des classes d'âge ?

---

[*] Dont l'auteur, envoyé sur place par *le Monde*.

Les données démographiques sont en effet essentielles en l'occurrence. Dans *la France déchirée*, Jacques Fauvet relève qu'à partir de 1965, les générations d'après guerre commencent à exercer une forte poussée démographique, de nature à bouleverser les équilibres : « Un million de jeunes gens de 15 à 20 ans... Et c'est en 1968 que, cessant de diminuer, la population s'accroît... »

Ainsi en vient-on aux origines directes du grand chambardement : le monde adolescent, ou de prématurité, qui a allumé la mèche et entretenu le feu. Plusieurs phénomènes, là encore, se combinent : la sclérose et l'éclatement d'un système d'enseignement où l'appropriation des chaires fige la diffusion du savoir alors qu'une couche d'officiers du rang, les « maîtres assistants », constituent un sous-encadrement porteur d'un message plus neuf mais investi de charges abusives (et qui a donc vocation à épouser la querelle des enseignés comme le bas-clergé celle du Tiers État en 1789) ; la pénétration soudaine du monde étudiant par des jeunes venus de milieux populaires qui en avait été exclus, et qui matérialisaient d'un coup, aux yeux de leurs camarades séduits par le marxisme ambiant, et mieux encore par divers systèmes de pensée (Reich, Marcuse, Lefebvre) modulant le marxisme, une question sociale jusqu'alors considérée comme une abstraction ; enfin et surtout le gonflement vertigineux des effectifs de l'enseignement supérieur : de 200 000 en 1958 à plus de 500 000 en 1968 pour les étudiants, tandis que les effectifs du corps enseignant triplaient.

On ne refera pas un historique de cette crise, très bien décrite par plusieurs témoins, acteurs et historiens[*]. Mais il faut en rappeler quelques temps forts, parce qu'ils révèlent aussi bien la vigueur du mouvement de contestation que la sclérose d'un appareil d'État incapable de prendre conscience des dangers et de réagir à de tels signaux — le général de Gaulle étant d'ailleurs, au sein du système, l'un de ceux, très rares, qui voyaient monter les périls, et le disaient.

Liée à de graves crises internationales comme la guerre du Vietnam (qui avait suscité la création de « comités de base » très militants), à un vaste mouvement mondial de la jeunesse bouleversée en avril 1968 par l'attentat contre le jeune révolutionnaire allemand Rudi Dutschke, et à des phénomènes connexes comme la remise en question d'institutions culturelles telles que la cinémathèque française au début de 1968, la fièvre du monde étudiant s'était manifestée d'abord, en 1965, dans la banlieue parisienne, à Antony, où les jeunes gens avaient recouru à la violence pour obtenir la libre circulation dans les logements universitaires entre garçons et filles.

L'année suivante, à Strasbourg, le groupement « situationniste » avait pris la tête de la corporation étudiante et publié une brochure dénonçant « la misère en milieu étudiant », réclamant « la révolution de la vie quoti-

---

[*] Entre cent, on retiendra — souvent cités ici — *Mai 68* d'Adrien Dansette, *Le Général clair-obscur* d'Henri Guillemin, *Histoire de la République gaullienne* de Pierre Viansson-Ponté ; pour une interprétation originale, *Le Communisme utopique* d'Alain Touraine ; et aussi les descriptions de Maurice Grimaud, *En mai, fais ce qu'il te plaît*, d'Édouard Balladur, *L'Arbre de mai*, et *La Révolte étudiante* de Jacques Sauvageot, Alain Geismar et Daniel Cohn-Bendit.

dienne ». En 1967, l'épicentre du séisme est revenu dans la banlieue parisienne, à Nanterre, où a été construite une faculté des lettres, embryon d'une « université modèle » perdue dans une zone encombrée de gravats : un climat d'irritation s'y développe de façon si pernicieuse que le doyen Grappin, survivant des camps de concentration, y est traité de « nazi ».

Aux altercations constantes, signalées par les cadres de l'université au ministre, Christian Fouchet, puis Alain Peyrefitte *, sera bientôt mêlé un membre du gouvernement, François Missoffe, ministre de la Jeunesse et des Sports, qui a fait publier quelques mois plus tôt un rapport sur « les jeunes d'aujourd'hui » d'une bénignité frisant la caricature : les Français entre 15 et 25 ans y sont présentés comme ne rêvant que de promotion économique, d'intégration sociale et de vertus bourgeoises. D'où l'étonnement du ministre, venu inaugurer la piscine de l'université, quand il se voit interpellé par un étudiant roux — il a le droit d'ignorer encore son nom : Daniel Cohn-Bendit — qui lui fait grief de négliger les problèmes sexuels des étudiants. Missoffe croit s'en tirer en invitant l'interpellateur à se calmer par un plongeon dans la piscine...

Un mois plus tard, une sorte d' « émeute du sexe » conduit les étudiants nanterrois vers les locaux des filles, tandis qu'à la fin de mars, après des manifestations antiaméricaines au cours desquelles est brûlé un drapeau étoilé, plusieurs étudiants sont arrêtés : alors Daniel Cohn-Bendit et quelques dizaines de ses camarades s'emparent des amphithéâtres et y proclament la naissance d'un mouvement, dit « du 22 mars », qui sera le noyau du grand chambardement de mai.

La crise se durcit le 3 avril, à l'issue du Conseil des ministres où est décidée une réforme universitaire basée sur la sélection : mot lourd de menaces d'exclusion, qui fait alors l'effet d'un défi lancé au mouvement étudiant. La fièvre ne cesse de monter à Nanterre où la crise a trouvé à la fois son prétexte : la sélection, et son encadrement : le mouvement du 22 mars. Le 2 mai, ne pouvant plus contrôler la situation, le doyen Grappin décide la fermeture de l'université. Il y a été incité par Christian Fouchet, ministre de l'Intérieur, ancien ministre de l'Éducation, qui, la veille, à l'Élysée, a entendu le général de Gaulle lui lancer : « Fouchet, il faut en finir avec les incidents de Nanterre ! »

Mais la fermeture de l'université banlieusarde a pour résultat le transfert immédiat des « enragés » de Nanterre vers la Sorbonne, où ils s'installent dans la matinée du 3 mai. Prenant argument de menaces venues de ceux qu'ils appellent les « fafs », les « fachos » du groupe d'extrême droite *Occident,* ils dépavent la cour de l'université pour dresser des barricades. La révolte étudiante est entrée dans Paris.

Dans l'après-midi, Alain Peyrefitte appelle Christian Fouchet : « Le recteur Roche me demande de faire évacuer la Sorbonne par la police... » Les deux ministres, comme le préfet de police Maurice Grimaud, avec lequel ils se concertent aussitôt, sont conscients de la gravité d'une telle mesure. La

---

* A partir d'avril 1967.

Sorbonne, lieu de franchise par excellence... Mais Peyrefitte précise que « le recteur a déjà signé une réquisition écrite ». Au surplus, les deux interlocuteurs sont conscients d'agir en accord de pensée avec de Gaulle, exaspéré depuis plusieurs semaines, on l'a vu, par cette agitation et que la fronde de la Sorbonne ne peut trouver plus indulgent que la fièvre de Nanterre. Quant au Premier ministre, il venait de s'envoler, le 2, pour l'Iran, en dépit des mises en garde que lui a adressées Fouchet. Mais on l'avait entendu, dans les jours précédents, prêcher la fermeté. « Matraquons les enragés », fait dire Tournoux à l'un de ses proches.

L'évacuation de la Sorbonne par la police transformait une fièvre étudiante en un mouvement populaire. Le mécanisme monté par le « 22 mars » nanterrois — « Provocation, répression brutale, solidarité violente » — va exploser à la face du pouvoir... Mai 1968 commençait. Et commençait mal pour la Vᵉ République : la Sorbonne occupée, des centaines d'étudiants interpellés, trente gardés à vue, dix condamnés avec sursis, vingt blessés, quatre incarcérés, un Premier ministre en Asie, un chef de l'État en état d'exaspération...

La crise, on l'a vu, ne prenait pas tout à fait de court le général de Gaulle. Depuis des années, il s'inquiétait du rythme de gonflement des effectifs universitaires, que lui rappelait avec insistance, et non sans accompagner ces avis de suggestions alternatives, son très intelligent conseiller technique en matière d'enseignement, Jacques Narbonne, agrégé de philosophie *. Les avis de cet expert en vue de la définition d'une politique universitaire se heurtaient à ceux de deux personnages de poids : Georges Pompidou et Christian Fouchet.

Le Premier ministre, si perspicace en bien des domaines, n'a en celui-ci qu'une faiblesse : il est de la maison. Ancien membre de l'enseignement — jusqu'en 1945 —, il se croit compétent et tranche volontiers à coups d'arguments d'autorité, figé en un conservatisme satisfait qui lui fait déclarer, à la fin de 1967, que « la plus grande réussite des cinq dernières années du régime, c'est l'Éducation nationale »... Quant à Christian Fouchet, il voudrait marquer son long passage au ministère (quatre ans et demi...) d'une réforme décisive : celle qu'il a fait voter en 1967 a le mérite d'ouvrir une communication entre l'enseignement et la vie économique. Mais elle est trop systématique et suscite plus d'objections que d'approbations.

Jacques Narbonne, lui, multiplie les mises en garde contre le déferlement incontrôlé d'une vague étudiante sans débouchés prévisibles. Il mitraille le général de notes visant à rationaliser cet effort, à le canaliser en fonction des perspectives culturelles et économiques de la société française. Fouchet n'est pas hostile par principe à ses idées. Mais tout ministre de l'Éducation subit la pression d'un système corporatiste qui ne vise qu'à une expansion indéfinie.

---

* Dont il avait pensé faire son ministre de l'Éducation nationale.

Le général, tout à fait acquis aux idées de son conseiller (« J'aurais dû faire ce que Narbonne réclamait », confiera-t-il plus tard à Tricot), a le respect de la fonction et des responsabilités ministérielles : c'est Fouchet, au surplus vieux compagnon de Londres, qui est en charge. Il faut donc le laisser travailler — non sans le doter d'un secrétaire général à poigne, Pierre Laurent, dont les idées sont proches de celles du général.

Narbonne, qui a repéré que les résistances à ses suggestions se situaient surtout à Matignon, tente de fléchir Pompidou : faute d'un contrôle plus rigoureux, on va à la catastrophe, fait-il valoir au Premier ministre qui l'écoute avec courtoisie, mais lui répond : « Je ne serai pas celui qui encasernera la jeunesse française[5]... » Moyennant quoi, au cours d'innombrables Conseils interministériels, le président de la République et le Premier ministre assisteront sans mot dire aux joutes d'armes entre leurs champions respectifs : d'une part Narbonne-Cassandre, et de l'autre un ministre manipulé par les organisations d'enseignants et surtout soucieux de ne pas s'attirer la vindicte des étudiants.

En avril 1967, Fouchet est remplacé par Peyrefitte auquel le général déclare : « Vous êtes là pour cinq ans... Ou du moins travaillez comme si ce devait être le cas... » Et ensuite : « Il faudra faire passer l'orientation et la sélection. » « S'il me donnait du temps, commente le nouveau ministre, c'était parce qu'il savait cette mission malaisée. Elle ne me rebutait pas. Pour moi, orienter les élèves à l'issue de la scolarité obligatoire et sélectionner les étudiants à l'entrée de l'université était un élément nécessaire d'un dessein cohérent, qui visait à nous donner une éducation nationale responsable, maîtrisant un enseignement de masse au lieu de s'effondrer sous lui[6]... »

Ainsi, orientation et sélection, maîtres mots du général de Gaulle, sont-ils devenus le leitmotive de la stratégie universitaire du régime. Plus Peyrefitte étudie les dossiers, et plus il s'en convainc. On l'entend déclarer à Besançon en novembre 1967 : « Tout se passe comme si l'Université organisait un naufrage, pour repérer les nageurs qui échapperont à la noyade[7]... » Mais comment s'orienter lui-même, entre le réformisme drastique de l'Élysée et le « laissez faire » de Matignon ? On a beau être intelligent, on n'en est pas moins ministre...

Bref, le régime abordait le défi étudiant du printemps 1968 en ordre dispersé. Physiquement, puisque Georges Pompidou est, jusqu'au 11 mai, en Iran puis en Afghanistan ; intellectuellement, dès lors qu'un « parti de la sélection » (de Gaulle, Peyrefitte, Laurent) s'oppose aux partisans de la non-intervention groupés autour de Matignon ; moralement, car au sein du pouvoir on trouvera comme toujours en ces cas-là des répressifs (qui se réclament de De Gaulle) et des indulgents, dont Pompidou sera, à partir de son retour à Paris, le 11 mai, le porte-parole.

Charles de Gaulle a une politique universitaire. Mais il ne « sent » pas l'affaire étudiante, beaucoup plus complexe, où il ne voit, à l'origine, qu'un chahut monté par des jeunes gens anxieux à la veille des examens. « Enfantillages »... Il le dit et le répète autour de lui, considérant d'un œil sévère les trois hommes qui, en l'absence de Pompidou, sont contraints de traiter le problème. Le Premier ministre par intérim, Louis Joxe, garde des Sceaux, universitaire et ancien ministre de l'Éducation, négociateur d'Évian, fin comme l'ambre et tout porté à la conciliation ; Christian Fouchet, ministre de l'Intérieur qui, sous un masque de centurion implacable, cache une âme de sœur de charité ; et Alain Peyrefitte, stupéfait d'être arraché à ses projets de réforme pour se retrouver dans ces turbulences.

A ce trio qui vit dans la hantise que le régime ne soit souillé d'une tache de sang et que tout paraît détourner de la « matraque » s'ajoute un préfet de police, Maurice Grimaud, féru de littérature et de peinture moderne, qui surenchérit sur lui en bénignité souriante. Si les « enragés » ont choisi la provocation pour susciter la répression, ils auront fort à faire, peut-on penser, pour parvenir à leurs fins en enrageant ces hommes-là...

Mais l'opération d'évacuation de la Sorbonne, le 3 mai, a été conduite par les exécutants d'une main lourde. Le souvenir de ces brutalités constitue un explosif permanent comme l'incarcération de quatre étudiants, lesquels sont jugés en flagrant délit le dimanche suivant. Nul thème, nul cri ne sied mieux à une manifestation que « Libérez nos camarades ! ». Alors, le 6 mai, le slogan surgit, s'étend, emplit le quartier Latin. Les « camarades » ne sont pas libérés, mais condamnés à deux mois de prison ferme : quelques barricades se dressent — simple esquisse pour les jours à venir, les grenades lacrymogènes transforment le boulevard Saint-Germain en vallée des larmes où Jacques Monod ne peut sortir d'une conférence qu'il vient de prononcer qu'encadré et épaulé par des amis... Et l'on relève, au milieu de la nuit, 400 blessés chez les manifestants, 200 parmi les policiers.

« Aucune journée de mai ne devait être aussi brutale », écrit Christian Fouchet [8]. Les plus vieux policiers sont stupéfaits de la combativité des manifestants. Pire que le 6 février 1934, que les « manifs » de la guerre d'Algérie. De vrais guérilleros urbains... Mais « il n'est pas question de céder », a dit, la veille au soir, le général à son ministre de l'Intérieur, avant de le répéter, le 8, en Conseil des ministres.

L'escalade. Le 7, plus de 20 000 jeunes gens défilent autour de l'arc de triomphe en chantant *l'Internationale*. Il s'en trouve quelques-uns pour faire, à l'adresse du soldat inconnu, des gestes incongrus et tenir des propos malsonnants. Mais le mouvement semble faire long feu. En se dispersant hors du quartier Latin, ne perd-il pas de sa virulence, et le soutien moral que lui apporte, sur la rive gauche, une population choquée par les premières interventions policières ?

Le 8, recevant en fin d'après-midi un groupe de parlementaires, le général de Gaulle déclare : « Il n'est pas possible de tolérer la violence dans la rue, ce qui n'a jamais été le moyen d'instaurer le dialogue... » Dialogue ? Tiens... Et si l'on parvenait à faire tomber la fièvre, à calmer la rue ? C'est sur ce thème qu'Alain Peyrefitte va intervenir, dans la soirée, à la tribune du Palais-Bourbon, en laissant entendre que « si les conditions d'un retour au calme étaient réunies », la Sorbonne pourrait être rouverte le lendemain matin. Suggestion qui surprend son collègue de l'Intérieur, tant cette initiative reflétait peu le climat du Conseil des ministres du matin [9].

Le jeudi, le général coupa court aux velléités de son ministre de l'Éducation — les conditions que Peyrefitte avait mises à son geste vis-à-vis de la Sorbonne n'étaient d'ailleurs pas remplies — en y mettant son veto personnel et explicite, allant même jusqu'à téléphoner directement à Fouchet pour interdire toute mesure en ce sens. Son mot d'ordre est alors celui du temps des barricades algéroises : « Le pouvoir ne recule pas ! »

Mais les deux affaires ne sont pas de même nature. En se cabrant ainsi, de toute sa hauteur, de Gaulle ne contribue pas à prévenir l'émeute révolutionnaire. Faut-il dire qu'il la provoque ? Non. Les mécanismes de l'affrontement ont ailleurs leur principe et leur animation. Depuis plusieurs jours, plusieurs semaines peut-être, le mécanisme cyclique provocation-solidarité est monté en vue de l'affrontement entre la commune étudiante qui a lâché les freins et le pouvoir gaullien qui n'a pas su désamorcer à temps l'explosif.

Le 9 mai, l'UNEF * convoque non seulement les étudiants mais aussi les ouvriers à une grande manifestation place Denfert-Rochereau, en faveur des incarcérés du 3. Les ouvriers ? Le PCF et la CGT interdisent à leurs adhérents de répondre à cette invite : Georges Marchais n'a-t-il pas dénoncé dans *l'Humanité* « l'anarchiste allemand Cohn-Bendit » ? Il n'a pas écrit « juif allemand ». Mais c'est ainsi qu'est lu son réquisitoire. Ce qui suscitera l'un des plus populaires slogans de mai : « Nous sommes tous des juifs allemands ! » Et le 13 mai, au cours d'un meeting, Cohn-Bendit dénoncera « les crapules staliniennes ». Dès les premières phases du mouvement, donc, communistes et gauchistes s'affrontent sans merci. Affrontement qui ira, à partir du 20 mai, jusqu'à une alliance de fait entre le PCF et le pouvoir.

La nuit du 10 au 11 mai 1968 restera, pour l'histoire, celle des barricades. Fouchet, convaincu d'agir ainsi en accord avec de Gaulle, avait d'abord songé à interdire la manifestation de l'UNEF. Grimaud l'avait convaincu de la laisser se dérouler tandis que se noueraient des négociations déjà préparées par Louis Joxe avec François Sarda, avocat de l'UNEF, et par Alain Peyrefitte avec James Marangé, porte-parole des syndicats d'enseignants, sans parler de celles que conduit le recteur Roche avec des représentants des comités d'étudiants. Le pouvoir pourrait envisager la libération des étudiants condamnés, leur amnistie et la réouverture de la Sorbonne en échange de l'arrêt de toutes les manifestations.

Un incident bien dans la note de ces heures-là allait briser le fil de ces pourparlers entrecroisés. Vers 23 heures, un poste de radio annonce que le recteur Roche négocie, dans son bureau de la Sorbonne interdite aux étudiants, avec Cohn-Bendit... Peyrefitte et Fouchet, stupéfaits, téléphonent à M. Roche. « Pourquoi discutez-vous avec Cohn-Bendit ? — Quoi ? — Avez-vous devant vous un gros petit rouquin aux yeux bleus ? — Oui. — Eh bien, c'est lui ! Fichez-le sur-le-champ à la porte ! »

L'heure des arrangements est passée. Ce pouvoir exaspéré a ressenti l'intrusion de l'animateur du 22 mars comme une nouvelle provocation, un

---

* Union nationale des étudiants de France, d'inspiration PSU, noyautée par les trotskistes et quelques groupes anarchistes.

pied de nez. Ces quelques ministres qui tout à l'heure rêvaient de détente se sont sentis bernés et réagissent violemment. Me Sarda ne peut qu'apporter aux étudiants un constat d'échec. Alain Geismar lui lance : « Vous nous avez endormis avec vos pourparlers et maintenant, on est bon pour la matraque ! » Les barricades ne vont cesser de se multiplier entre minuit et 5 heures du matin, de la place Edmond-Rostand au Val-de-Grâce, de la place Monge au boulevard Saint-Michel et de la place Maubert à la rue Mouffetard.

Les affrontements prennent bientôt l'allure d'une véritable bataille de rues. Entre le Luxembourg et la Sorbonne, ce ne sont qu'explosions de cocktails Molotov, gaz lacrymogènes, marches et contremarches d'hommes bleus casqués et de lutins hurlants, le visage couvert de chiffons, les mains chargées de projectiles. Des autos flambent, des filles chantent, des blessés s'accotent aux barricades...

Le mouvement insurrectionnel découvre cette nuit-là un nouvel allié : la radio, qui, sciemment ou non, joue à plein contre le pouvoir. Il n'est pas de barricade qui n'ait son reporter, grisé d'être là et donnant une importance démesurée à ce fragment de la révolte. D'autant que cet écho en suscite d'autres et que trois jeunes gens ne peuvent pas entendre parler d'une barricade rue Monge sans vouloir en dresser une rue Champollion. Fouchet et Grimaud constatent très vite l'ampleur du phénomène. Le ministre téléphone à Joxe, qui n'en peut mais : « Ou bien les radios se taisent dans vingt minutes, ou le régime est par terre dans la journée... » Propos qui donne la mesure de l'affolement du pouvoir...

Le général de Gaulle, qui a écouté les reportages dans l'esprit qu'on imagine, s'était néanmoins couché avant 11 heures, averti de ces négociations avec les « trublions » qui ne l'enchantaient guère. On croit savoir qu'il en avait admis le principe — à condition expresse qu'elles assurent le retour au calme. Tout au long de cette nuit terrible, personne n'osera le réveiller — pas avant 5 h 30 en tout cas et la prise des dernières barricades. Joxe, Fouchet et Tricot ont-ils, en préservant son sommeil, voulu à tout prix éviter de s'entendre donner par lui l'ordre de tirer, ou même de « cogner » ? Ont-ils préféré se salir les mains, eux, plutôt que de compromettre le vieux chef ?

Le fait est qu'à 2 heures du matin, alors que deux arrondissements de Paris, le Ve et le VIe, sont mués en champ de bataille, que de partout parviennent place Vendôme ou place Beauvau les appels angoissés de maîtres de l'université — François Jacob, Jacques Monod, Alain Touraine... — épouvantés du carnage qu'ils entrevoient et des affrontements furieux qui se multiplient sous leurs yeux dans le fracas des explosions et la fumée des bombes lacrymogènes, que le Premier ministre est en Afghanistan et le général endormi, Louis Joxe, l'homme de la paix en Algérie, l'homme de la paix en tout lieu, est confronté à une décision bouleversante : donner l'ordre à 500 CRS de charger à travers des rues qui ne disent à la mémoire que les livres et les rires — de marcher sur des adolescents, encadrés, noyautés peut-être, mais si jeunes dans leur fureur de la nuit.

A 2 h 10, le 11 mai, il le fait : la charge commence, et les barricades tombent une à une, dans une clameur de « CRS = SS » qui se moque de ne pas respecter l'histoire. Qui se mêle, cette nuit, de respecter quoi que ce soit ? Pas les « forces de l'ordre », en tout cas : exaspérées, elles frappent à tort et à travers, sauvagement parfois, surtout vers la fin de la nuit. A 5 h 30, la dernière barricade prise, Cohn-Bendit lance, par radio, l'ordre de dispersion.

Joxe ose enfin faire réveiller de Gaulle. Quand, flanqué de Fouchet et de Messmer, il entre dans le bureau du général, à l'Élysée, vers 6 heures, il peut annoncer, la voix brisée, que l'ordre règne à Paris. Le bilan est lourd : 376 blessés dont un tiers du côté des forces de l'ordre, près de 500 personnes appréhendées, plus de cent automobiles incendiées. Et de furieux débordements de la police qui, amplifiés par la presse, ne seront pas portés au crédit du régime *...

Le général « ne fit aucun commentaire sur la façon dont les choses s'étaient passées », écrit Fouchet (c'est plus tard qu'il devait critiquer le retard mis à réduire les barricades et déclarer à ses proches : « Ils ont " mollassonné "... »). Toute son attitude au cours de la journée suivante donne à penser en tout cas qu'il a reconnu à Joxe, Fouchet et Messmer le mérite de l' « ordre » enfin rétabli — de quelque manière qu'il l'ait été. Il ne semble pas même qu'il les ait rabroués de n'avoir pas osé mettre le chef de l'État en face des responsabilités suprêmes au moment où le régime était en question. Imaginons pourtant un jeune mort, sur une barricade, cette nuit-là !... Vers quoi eût roulé le pays... Le Souverain ne saurait s'astreindre à régler les affaires de police ? Chacun sait que ce qui se jouait là avait un autre sens que le « maintien de l'ordre ». Mais peut-être les vieux fidèles des années 40 ** furent-ils sages. Peut-être valait-il mieux laisser cette nuit-là le Symbole endormi.

Le de Gaulle du 11 mai 1968 va glisser peu à peu de l'intraitable refus de transiger à l'hypothèse d'une conciliation, puis à l'acceptation de la capitulation. Au petit matin, il a « couvert » la terrible réaction de la nuit, et, au cours d'un bref échange avec Pierre Messmer, envisagé de faire donner des régiments parachutistes ramenés d'urgence vers Paris, non sans conclure à l'adresse du ministre : « Attendez encore [10]. »

Dans le Paris stupéfait du lendemain d'émeute, le climat est presque partout à la détente. Sommes-nous devenus fous ? Ici et là, des pourparlers s'ébauchent. Louis Joxe, encore en état de choc, va tenter de fléchir le général, avec lequel il a ce jour-là quatre entretiens : un par téléphone, trois à l'Élysée. Le ministre a un plan de paix. Il propose la réouverture, dès lundi, de la faculté de Nanterre, et suggère les mesures de libération des détenus compatibles avec les règles juridiques. C'est ce qu'il appelle « la bienveillance ». « On ne peut pas, dit-il, traiter ces enfants comme des rebelles [11]. »

Allusion à l'Algérie qui ne peut manquer de toucher de Gaulle : toutes ces luttes menées en commun avec cet homme, là, devant lui, qui n'a pas

---

* Pas un mort, tout de même, de tout le mois de mai, à imputer clairement aux forces de l'ordre.
** Joxe, depuis Alger en 1941 ; Fouchet et Messmer depuis Londres en juin 1940.

seulement risqué, à son appel, son honneur et sa vie dans l'affaire algérienne, mais qui a assumé, cette nuit, stoïquement, la tâche répugnante de réprimer sans merci une fièvre adolescente.

Joxe n'obtient rien. Mais ses arguments vont, d'heure en heure, cheminer dans l'esprit du général. Certes, recevant dans l'après-midi Fouchet et Grimaud qui lui annoncent que la CGT venait de proclamer la grève générale pour le lundi 13, de Gaulle repousse les suggestions conciliantes que formulent ses interlocuteurs : ce n'est pas à l'heure de ce nouveau défi que l'État peut « céder à l'émeute ». Mais quand, vers 18 heures, Alain Peyrefitte vient à son tour plaider pour un compromis, il est mieux écouté.

Il est vrai que le ministre de l'Éducation propose, lui, un marché plus qu'une retraite : la réouverture des facultés et la libération des étudiants ne seraient accordées qu'en échange d'un retour à l'ordre, et assorties d'une menace de recours à la loi martiale en cas de nouveaux troubles. Le « plan Peyrefitte », par ce qu'il comporte de rigueur en perspective, séduit le général qui autorise le ministre à se concerter avec le recteur pour le mettre en œuvre.

Ainsi, en cet après-midi du samedi 11, alors qu'on attend d'une heure à l'autre le retour à Paris du Premier ministre, le général de Gaulle est en train de définir une politique faite à la fois de repli tactique et de menaces stratégiques. On veut bien « comprendre » la jeunesse, mais on avertit l'agitation qu'elle se heurtera désormais à d'autres adversaires que l'aimable Maurice Grimaud...

Georges Pompidou atterrit le 11 mai à 19 heures à Orly. Les ministres qui l'y accueillent, racontera-t-il, sont « pâles et affolés », avec des « mines de catastrophe [12] ». Lui, il laisse entendre qu'il a « ses idées » mais il refuse de les confier aux journalistes, en réservant la primeur au chef de l'État. Absent depuis plus d'une semaine, il a pu s'entretenir à peu près chaque jour avec son directeur de cabinet, Michel Jobert qui observe à ce sujet : « Il savait la gravité de la situation mais peut-être n'y croyait-il pas tout à fait. Son intérêt était-il d'ailleurs de rentrer et de se précipiter dans une situation que d'autres * disaient insaisissable [13] ? »

Quel que fût l' « intérêt » que peut avoir un Premier ministre absent à courir à la rescousse de l'État, Georges Pompidou, revenu, prit ses responsabilités, ne serait-ce que pour démontrer qu'avec lui le pouvoir reparaissait. Il le fit pleinement, et avec une promptitude impressionnante. Dans la voiture qui le conduit à Matignon, il montre à Jobert — de qui il avait recueilli toutes les informations au cours d'une escale — une allocution rédigée dans l'avion qu'il se proposait de prononcer le soir même à la télévision. C'était — bien qu'il eût, jusqu'au 8 mai, recommandé, depuis Kaboul, la fermeté — un démenti cinglant à ce qui a été fait depuis une

---

* C'était le mot qu'employait, on l'a vu, de Gaulle.

semaine (le récit qu'il fait de ces journées n'est qu'une suite de piques contre les uns et les autres). Le plan Pompidou c'est une capitulation joyeuse. Quand il en informe ses trois premiers interlocuteurs — Joxe, Fouchet et Peyrefitte — il s'entend dire, surtout par le troisième, que le général de Gaulle désapprouvera son projet.

Mais, entrant à l'Élysée à 21 heures, Pompidou recueille au vol ce « tuyau » de Bernard Tricot : « Le général a évolué... » Et c'est très vite, en effet, qu'il emporte l'adhésion du vieux monsieur. Avec quels arguments ? Il ne le dit pas *. « Notre conversation fut brève. J'obtins immédiatement l'accord du président de la République sur mon dispositif [14]. » On aimerait pourtant savoir quels mots magiques firent passer l'homme du « pouvoir ne recule pas » à ce repli élastique devant les animateurs d'un soulèvement qui a certes ses victimes, mais a couché sur le pavé de Paris, au cours de la nuit précédente, plus de cent agents de la force publique. Pompidou mit-il en balance sa démission ? L'hypothèse, souvent formulée (notamment par J.-R. Tournoux) est récusée par Adrien Dansette [15] avec une telle assurance qu'on ne s'y arrêtera que pour signaler ceci : à tous ses interlocuteurs de cette soirée-là, le Premier ministre déclarait : « J'en fais une affaire personnelle ! »

Charles de Gaulle devait se reprocher souvent l'acceptation de cette « capitulation ». Il ira même jusqu'à dire à Christian Fouchet, le 21 février 1969 : « La réouverture de la Sorbonne, ce n'était pas du de Gaulle, c'était du Pétain ! » Propos que Fouchet lui-même commente en assurant que c'est le 11 mai que le régime s'est suicidé [16]...

En fait, de Gaulle semble avoir été moins convaincu par des arguments qu'emporté par le dynamisme, l'esprit de décision, la vigueur de ce réserviste dont la fraîcheur contrastait avec l'épuisement et la tristesse des hommes qu'il avait reçus toute la journée. Assumant d'un coup toutes les responsabilités, Pompidou semblait effacer, sur le tableau noir, une équation indéchiffrable. La forme l'emportait sur le fond : accepter la défaite d'un air vainqueur, n'est-ce pas avoir gagné la partie ? On pourrait même dire que c'est là une définition de la décolonisation selon de Gaulle — celle que propose Raymond Aron en tout cas...

Bref. Georges Pompidou s'en va à la télévision prononcer le discours rédigé — à quelques retouches près — entre Kaboul et Paris : « ... J'ai décidé que la Sorbonne serait librement rouverte à partir de lundi, les cours reprenant à la diligence du recteur et des doyens... A partir de lundi également, la cour d'appel pourra, conformément à la loi, statuer sur les demandes de libération présentées par les étudiants condamnés... Ces décisions sont inspirées par une profonde sympathie pour les étudiants [17]... »

La « sympathie » du chef de gouvernement ne s'exprime nullement en faveur des cadres de l'État et des forces de l'ordre qui ont fait, au cours de la nuit du 10 au 11, le « sale boulot », et dont le chef de l'État a approuvé le comportement. Démagogie ? Elle aurait pu être payante. En tout cas, cette allocution et les décisions qu'elle annonçait devaient être saluées dix ans plus

---

* Ses deux plus proches collaborateurs, M. Jobert et E. Balladur, sont aussi discrets.

tard par Jacques Chirac* comme celles « d'un homme d'État s'exposant lui-même » et qui « prend tout à bras-le-corps [18] ».

Quel bras! et quel corps! A dater de cette soirée du 11 mai, celui que *le Canard enchaîné* appelle « le miraculé de Kaboul », et que son collaborateur Édouard Balladur décrit ce soir-là dînant d'un robuste appétit, n'est plus le Premier ministre : il s'affirme comme le seul ministre. Tous les autres vont tomber dans la trappe — à la fois du fait de leur épuisement et de la boulimie du Premier ministre —, de Joxe à Fouchet, de Peyrefitte à Messmer, de Gorse à Debré. D'un coup, Matignon, à demi désert du 2 au 11 mai, absorbe tout l'État. Au point que Fouchet peut écrire, à propos du retour de Pompidou : « Ici s'arrête en fait , ce qui me concerne, l'histoire de Mai 1968 [19]... » Et il est ministre de l'Intérieur, et l'émeute défie l'État !

Les seuls qui savent tirer la conclusion de la situation sont d'abord Alain Peyrefitte, qui, dès le 13 mai, apporte à Matignon une lettre de démission (que Pompidou lui restitue en lui disant : « Restez dans *mon* équipe ! » — moyennant quoi, cette démission ne sera connue que le 28 mai) et Michel Debré, qui fera de même le 25 : mais les choses en sont venues à un point tel qu'on remarque à peine la démission du ministre des Finances !

En attendant, l'homme de Matignon se saisit de tout. Il est le vrai ministre de l'Intérieur — et le préfet de police lui-même se voit déposséder de bon nombre de ses pouvoirs de décision au bénéfice de Pierre Somveille, policier très capable et homme de confiance de Pompidou, qui dirige les opérations à partir d'un camion-radio installé dans la cour de Matignon — ce qui n'empêchera pas Maurice Grimaud de prendre tous les risques au contact des manifestants.

A la fois ministre de la Justice, des Finances, de l'Information, de l'Éducation, Pompidou ne gouverne pas, il ne règne pas, il monopolise le pouvoir comme personne ne l'avait fait depuis le Napoléon des Cent jours — infatigable, jaillissant et allègre, assumant en tous domaines responsabilités, décisions et risques, entouré d'une garde de fer : Jobert, Balladur, Chirac et Juillet**— autour desquels viennent s'agglutiner et renaître les lambeaux de l'appareil d'État.

Relève totale, prise de responsabilité illimitée : c'est à cette équipe, et à nulle autre, qu'il faut attribuer le bilan des journées qui vont du 11 au 29 mai, du retour de Pompidou d'Afghanistan au départ du général à la rencontre de Massu — laquelle ouvrira un nouveau cycle.

Au vu de ce qui s'est passé pendant ces vingt journées « pompidoliennes », on ne saurait accorder une préférence à cette stratégie élastique (réouverture de la Sorbonne, relaxe des étudiants, dispersion géographique des manifestations, contacts suivis avec la CGT, négociations de Grenelle...) sur celle qui l'avait précédée. Magistral, ingénieux, impavide, Pompidou n'en échoue pas moins dans toutes ses tentatives — ne réussis-

---

* Alors sous-secrétaire d'État à l'emploi et très proche du Premier ministre.
** Lui-même assisté d'une nouvelle venue, Marie-France Garaud.

sant qu'un « coup » en ces trois semaines, mais décisif : la substitution, littéralement soufflée à de Gaulle le 30 mai, de la dissolution de l'Assemblée au projet de référendum.

La paix de Pompidou, proclamée le samedi 11 mai à 23 heures, ne dure qu'un dimanche. Celui du 12. Le 13, tandis que les étudiants s'engouffrent dans une Sorbonne bientôt muée en musée Grévin de la révolution, la grève de vingt-quatre heures déclenchée par la CGT, la CFDT et la FEN* paralyse, dès le matin, les services publics — beaucoup moins le secteur privé. Vers 13 heures, autour de la gare de l'Est, se regroupent les premiers éléments d'un cortège immense qui, de 15 à 18 heures, va faire couler jusqu'à Denfert-Rochereau, du nord au sud de Paris, un fleuve de 300 000 manifestants où les leaders étudiants insurgés — Cohn-Bendit, Sauvageot, Geismar — éclipsent les syndicalistes Descamp et Séguy, qui eux-mêmes ont le pas sur les leaders politiques, Mendès France, Mitterrand, Daniel Mayer, Waldeck-Rochet...

Manifestation relativement sereine, plutôt goguenarde qu'indignée, ponctuée par des « 58-68, dix ans, c'est assez ! », « Au revoir mon général ! », « Charlot, des sous ! » qui ne fleurent pas l'insurrection. Le mouvement serait-il repris en main par les bonasses appareils syndicaux et politiques ? Encore vedettes de la rue, les dresseurs de barricades sont-ils désormais chapeautés, encadrés avant d'être, demain, éliminés ? C'est ce que croit Pompidou, dont l'une des justifications *a posteriori* de la décision de rouvrir la Sorbonne fut le comportement de cette foule : si l'université était restée close, il est évident, selon lui, que cette masse énorme lui eût donné l'assaut. « J'aimais mieux, écrit-il, donner la Sorbonne aux étudiants que de les voir la conquérir de haute lutte [20]. »

Quelques milliers d'étudiants, refusant de se disperser place Denfert-Rochereau, ont bien obliqué sur le Champ-de-Mars et semblent décidés à franchir la Seine (vers l'Élysée ?) par le pont Alexandre-III que ne gardent que quelques dizaines de gendarmes. A ce moment, écrit Michel Jobert, « j'ai cru que tout était possible. Si la foule avait poussé sur ce barrage dérisoire, nul n'aurait, à cette époque, donné l'ordre de tirer [...]. Elle aurait pu passer et dans son sillage l'histoire, soudain, se serait accélérée [21] »... Informé de ce mouvement de foule par un collaborateur inquiet, de Gaulle a grommelé : « Soyez tranquille, Flohic, les communistes vont y mettre bon ordre [22]... »

Bon. Le pire est évité. Mais tout de même, 300 000 personnes dans la rue scandant : « Dix ans, c'est assez ! », voilà qui remet peut-être en question le voyage en Roumanie où le général est attendu le lendemain 14, jusqu'au 19. Faut-il partir ? L'escapade en Orient de Pompidou n'a pas eu que des effets bénéfiques. De Gaulle convoque Fouchet au début de la soirée du 13. « Restez, mon Général, supplie le ministre de l'Intérieur. L'affaire est encore chaude. Les Français ne comprendraient pas. Annulez votre voyage... » Le général est ébranlé. Infliger cette déception — cette humilia-

---

* Fédération de l'Éducation nationale.

tion, peut-être ? — aux Roumains qui, au-delà du rideau de fer, face à Moscou, font si bien écho à sa remise en cause des hégémonies et des « blocs » ? Il hésite.

Surviennent, vers minuit, Georges Pompidou et Maurice Couve de Murville. Leurs avis concordent : pas question d'annuler, de reporter même une visite diplomatique aussi importante. Ne serait-ce pas faire croire à l'opinion, française aussi bien qu'internationale, que la situation en France est trop grave pour que le président puisse seulement sortir de son palais ? Au surplus, ajoute Pompidou, les pires difficultés sont derrière nous...

De Gaulle tranche : le voyage et l'horaire sont maintenus. Bucarest est à moins de quatre heures d'avion de Paris. Bernard Tricot le tiendra au courant de la situation en France, d'heure en heure. Et le Premier ministre recevra une délégation des pouvoirs qui fondera mieux encore son autorité.

Le mardi 14 mai, à 7 h 35, le général s'envole pour Bucarest, non sans avoir fait dire par le ministre de l'Information, Georges Gorse, qu'il s'adresserait au pays le 24 mai. Deux heures plus tard, les ouvriers de l'entreprise nantaise de Sud-Aviation * déclenchent, après avoir séquestré leur patron, une grève sauvage qui va servir de modèle à beaucoup d'autres. Le « chahut étudiant », déjà politisé la veille lors du grand défilé, prend brusquement une dimension sociale.

Pendant ces cinq jours d'absence du général, la stature publique de Pompidou semble s'élever encore. Que ce soit dans sa citadelle (ou sa ruche) de Matignon, où il regroupe et rassemble, on l'a vu, tous les mécanismes du pouvoir et du maintien de l'ordre en une sorte de conseil permanent ; au Parlement où, le 14, dans l'après-midi, face à un Mitterrand qui lui lance : « Qu'avez-vous fait, monsieur le Premier ministre, de la justice ? Qu'avez-vous fait de l'université ? Qu'avez-vous fait de l'État ? », il répond avec talent et hauteur de vues : « Ce n'est pas moi qui suis la violence ! Ce n'est pas moi qui suis l'intolérance ! » ; et à la télévision enfin où, le 16, il riposte aux « enragés » de la commune étudiante : le Premier ministre vit là une sorte de foisonnant état de grâce — si tant est que ce vocabulaire puisse s'appliquer à celui que les familiers du général ont surnommé « Œil touffu », et Jacques Chaban-Delmas « Raminagrobis »...

Mais la désagrégation de l'État et du système productif français s'accélère autour de lui. Est-ce parce que les décisions du 11 mai, vues comme une capitulation, ont ouvert une brèche qui fait, alentour, se lézarder l'édifice ? Le phénomène est trop vaste pour relever d'une seule initiative. Comme, dix ans plus tôt, la IVe République ne s'affaissait pas sous les seuls coups de Lagaillarde, la Ve, aujourd'hui, ne vacille pas du fait des seules piques de Daniel Cohn-Bendit. Un bâtiment en dur, comme celui qu'a bâti le général, semble soudain aussi fragile que la masure en mou fabriquée jadis par les partis. Les assises étatiques de la France ont-elles été trop profondément ébranlées en juin 1940 pour qu'aucune bâtisse ne tienne désormais debout bien longtemps ?

---

* Nationalisée.

De Roumanie où, quatre fois par jour, il reçoit les appels de Jacques Foccart, Bernard Tricot ou Xavier de La Chevalerie, son directeur de cabinet, le général de Gaulle suit, dans l'anxiété, l'évolution du processus — multiplication des grèves, transformation de la Sorbonne en *happening* permanent, dissolution des diverses formes d'autorité, extension du mouvement de contestation universitaire et sociale en province.

L'accueil fait au général de Gaulle par un peuple qui n'avait pas besoin d'être mis en condition par les militants du PC roumain pour acclamer un chef d'Etat français, un symbole de l'indépendance face aux Grands, un étranger quelque peu légendaire, est très chaleureux et même enthousiaste. Son allocution devant le Conseil d'État le 14, son discours devant l'Assemblée nationale le 15 mettent volontiers l'accent sur la communauté historique et culturelle entre les deux pays, aussi bien que sur leurs convergences diplomatiques. Il joue sur le velours et le système local fait aisément fonctionner, en sa faveur, des mécanismes qui n'ont pas, pour une fois, la coercition pour objet.

C'est surtout le 16 et le 17, de Craiova à Ploiesti, que la foule roumaine manifeste sa ferveur. Mais le retour de la délégation française à Bucarest sera plus amer. Rentrant d'une réception à l'université qui lui a permis d'entendre ses hôtes lui vanter les mérites de la sélection — parbleu! —, une gerbe de mauvaises nouvelles attend le visiteur : grèves, occupations de locaux officiels...

Chaque matin, Flohic apporte son lot d'informations fâcheuses au moment où le général va entamer le programme de la journée. « Il reçoit ces nouvelles sans broncher, rapporte l'aide de camp. Une fois seulement, Mme de Gaulle, sortant de sa réserve habituelle, déclare d'une façon sibylline : " Il ne faudra pas tarder à référer "[23]... »

Cette allusion au référendum prévu fait de toute évidence écho à des réflexions que rumine à mi-voix, au cours du voyage, le général. A en croire certains, cette visite roumaine aurait été l'occasion d'une réflexion particulièrement approfondie sur le proche avenir de la France. Anne et Pierre Rouanet assurent que le général aurait clairement annoncé à Couve de Murville, compagnon de voyage, son intention de le voir remplacer, à Matignon, Pompidou[24]. Ce que l'intéressé dément[25].

Il n'y a pas de doute cependant que, pour Charles de Gaulle, ce 16 mai 1968 est une date privilégiée. Au moment où il peut vérifier, considérant la classe ouvrière roumaine, l'insupportable lourdeur du carcan stalinien, il apprend la soudaine extension des grèves en France, à Billancourt notamment. Comment ne serait-il pas saisi de l'impatience de faire prévaloir son grand projet de « troisième voie », libérant tout autant les travailleurs du modèle d'esclavage inventé à l'Est que de l'aliénation rejetée par les salariés de Renault ? De ces méditations aussi bien que des confidences faites le 16 mai par le général à son ministre des Affaires étrangères, à Craiova, sur l'urgence de mettre en œuvre la « participation », on peut donc inférer que Charles de Gaulle songeait à écarter tôt ou tard de Matignon l'adversaire le plus déterminé de cette réforme de structure.

Quand il l'apprend, le 17 au matin, que l'Odéon a été occupé, le général perd patience. Mais que font-« ils », à Paris ? Il lui faut écourter son absence. Pompidou, consulté, le lui déconseille : la situation est mouvante, le mouvement de grèves n'est pas « mûr ». Qu'il suive donc son programme. Décidément ce Premier ministre qui a tant insisté pour qu'il parte en voyage n'est pas pressé de le voir rentrer.

Le 18 au matin, le général de Gaulle n'y tient plus : il décide de repartir le jour même, dans l'après-midi, ses hôtes de Bucarest lui ayant laissé entendre qu'ils comprenaient fort bien ses raisons. Le temps de s'adresser aux Roumains en direct, à la télévision, et le voilà dans l'avion pour Paris — où il atterrit à 22 h 30, le samedi 18 mai.

Cette réapparition du Connétable dans la nuit d'Orly, les ministres présents ne sont pas près de l'oublier. Le général est furieux, et le fait entendre, en rugissant : « Il suffit que de Gaulle s'en aille, et tout s'écroule ! » Chacun en prend pour son grade, Peyrefitte avec la « chienlit étudiante », Fouchet avec « le bordel partout [26] ! », Gorse avec son information qu'il ne « tient pas en main »... C'est, résume Philippe Alexandre, « une longue colère d'une heure, en langage militaire ». Et pour conclure, cette formule plus civile. « La récréation est finie ! »

Il prend Georges Pompidou dans sa voiture jusqu'à l'Élysée, et entame avec lui une rude explication qui se poursuit jusqu'à minuit. Parce que le général lui fait grief d'avoir laissé aller les choses jusqu'à cette déliquescence, et parce qu'il reparle de ses projets de participation en les liant au référendum déjà projeté, le Premier ministre lui offre, clairement cette fois, sa démission. Refus très sec du général : « On n'abandonne pas son poste en pleine bataille. D'abord, gagner la guerre. Après, on verra [27]... »

Le lendemain, le général attend à l'Élysée « les responsables de l'ordre » : nommément Georges Pompidou, Christian Fouchet, Pierre Messmer, Georges Gorse et Maurice Grimaud.

Prévenus par Pompidou, les quatre autres visiteurs s'attendaient à une rude séance. Ils eurent à subir, en plus froid, plus féroce, mieux argumenté, la colère de la veille — une de ces colères superbement agencées et argumentées où était passé maître ce tragédien d'État. Avec une implacable mauvaise foi, isolant ses cinq journées d'absence comme si elles n'avaient pas été précédées par une semaine où lui-même avait été roulé par la vague, il rugit :

> « ...En cinq jours, dix ans de lutte contre la vachardise ont été perdus. En cinq jours, on est revenu aux pires jours de la politicaillerie ! Il est vrai que depuis six ans * on n'a rien fait, on n'a rien prévu, on s'est contenté de vivre à la petite semaine... Ah ! Quand je ne serai plus là, ce sera joli [28] !... »

* C'est-à-dire depuis que Pompidou est Premier ministre.

Pompidou a encaissé l'algarade sans broncher. Le tour des autres viendra. Ils s'entendront signifier — aux termes d'une note datée du 19 mai à 13 heures dont Georges Pompidou devait publier un fac-similé [29] — que « l'Odéon doit être évacué dans les vingt heures », que dorénavant l'ORTF ne doit plus « employer pour l'information que des éléments vraiment sûrs » et que si la police est « traumatisée », comme l'assure Fouchet « il n'y a qu'à lui donner de la gnole ! »...

Le ministre de l'Intérieur a le vrai courage et le bon sens d'objecter que l'évacuation forcée de l'Odéon n'ira pas, à si bref délai, sans « casse », qu'il faudra envisager de tirer, que des morts sont à craindre et qu'il faut donc temporiser. A quoi le chef de l'État répond vertement qu'un ministre de l'Intérieur ne saurait assumer sa charge en excluant l'hypothèse de tirer... Ayant dit, le général veut bien que l'on reporte de quelques jours l'opération. De quelques jours...

Ce très sonore conseil de guerre ne s'achèvera pas sans qu'ait été fourni à Georges Gorse la formule par quoi il devra résumer à l'usage de la presse l'état d'esprit du général de Gaulle retrouvant Paris après son voyage en Roumanie : « La réforme, oui ; la chienlit, non ! ». Avant d'avoir contraint chacun ou presque à chercher dans quelque dictionnaire la signification de ce vocable médiéval dont l'origine est, en dépit des apparences, plus ludique que scatologique, la formule choque les uns, indigne les autres, et humilie les ouvriers en grève. Les seuls visés en fait, les étudiants, tournent en dérision l'archaïsme, et affichent partout dans Paris : « La chienlit, c'est lui. » Le moins imaginatif des slogans qui fleurissaient alors la ville.

Ayant ainsi tonné, le général de Gaulle va s'enfermer à l'Élysée pour mettre au net cette allocution du 24 mai en quoi il place désormais toutes ses espérances. Il a si souvent, en quelques phrases, fait basculer un monde... A ces intellectuels en transe, à ces travailleurs en grève, il va offrir une idée — quoi de mieux pour plaire aux premiers ? — de nature à changer la condition ouvrière — quoi de mieux pour s'attirer l'estime des autres ? Allons, le vieux sorcier n'a pas jeté son dernier feu : rendez-vous au 24 mai, à 20 heures...

Le 21, il préside un Conseil des ministres réuni par exception le mardi : il y apparaît très ardent, très maître de lui, annonçant pour le surlendemain jeudi une autre séance du Conseil où il aura, indique-t-il, « des choses importantes à dire ». Il s'agit bien là du texte de la fameuse allocution du vendredi 24. Mais ce même jour, ou le lendemain, des visiteurs — par exemple le diplomate américain Averell Harriman, chef de la délégation qui négocie depuis le 10 mai, avenue Kléber, avec les Vietnamiens et qui le connaît depuis plus de vingt ans [*] — le trouvent vieilli, voûté, indécis — quitte à se redresser le jour suivant allègre et crépitant d'idées. Désormais, il a ses jours, comme Adenauer, naguère, avait ses heures.

Il ne porte pas beaucoup d'attention au débat sur la motion de censure déposée par l'opposition contre le cabinet Pompidou, qui se déroule les 21 et 22 mai au Palais-Bourbon. Que lui importent ces combats d'aquarium ? Deux

---

[*] Ils se sont rencontrés à Moscou en décembre 1944.

gestes, pourtant, dans cette mêlée de mots, sont de nature à le toucher : celui de son ami René Capitant qui, ayant annoncé qu'il voterait la censure contre « ce gouvernement qui a fait huer de Gaulle dans la rue », préfère en fin de compte renoncer à son mandat avant le scrutin ; et celui du plus original — après Malraux — de ses ministres, Edgard Pisani, qui (désigné pour monter à la tribune par le groupe gaulliste...) choisit, lui, de ne démissionner qu'après avoir voté la censure...

Mais que signifient ces escarmouches en comparaison des deux phénomènes majeurs que de Gaulle, comme chacun, constate (et lui, avec plus de consternation, plus de fureur que quiconque) : l'autorité de l'État est en pleine liquéfaction, et l'économie nationale entre dans le coma. Ici, les ministères se vident, les préfectures se mettent en veilleuse ; là, les usines, occupées ou non, débrayent, les entreprises se mettent en congé. Un grand corps qui a perdu son système nerveux et dont le système sanguin semble figé. Cette France qu'il a ramassée, dix ans plus tôt, à demi morte au bord du chemin, la voici qui se décompose entre ses bras.

Un troisième phénomène se dessine, que lui, de Gaulle, ne perçoit guère, préservé qu'il est par l'entourage, mais que ses fidèles constatent avec douleur : la désaffection, le détachement (pour ne pas dire plus) d'un nombre croissant de « gaullistes ». Le beau-frère du général, Jacques Vendroux, note le 21 mai qu'au cours de la réunion du groupe parlementaire se réclamant de la Ve République qui vient de s'achever il a entendu des « réflexions odieuses ». Précisant qu'Albin Chalandon a déclaré que le général devait « prendre sa retraite », il ajoute que ce propos n'a pas fait scandale et n'a suscité que « quelques murmures discrets », d'autres élus « gaullistes » étant visiblement du même avis.

Le trouble de Vendroux est d'autant plus profond que, sur ces entrefaites Waldeck-Rochet, secrétaire général du PCF, lui déclare assez haut pour être entendu de tous : « Surtout, insistez pour qu'on ne cède pas... Il ne faut pas " qu'il " s'en aille ! » Ce que le beau-frère du général interprète comme une manifestation de la crainte des communistes de voir à l'occasion des troubles « surgir quelques colonels nostalgiques de l'OAS [30] ». Tout de même, être désavoué par les cadres de l'UDR et soutenu par ceux du PCF !

Un mécanisme qui fonctionne encore, malgré tout, c'est le Conseil des ministres. Le voici de nouveau réuni sous ses yeux, le 23, à 10 heures. Visages graves, ou défaits, ou angoissés, ils fixent le vieux visage, y cherchant les traces, les signes du grand naufrage intérieur. Ce jeudi-là, ils ne les trouvent pas. Pas tous...

De Gaulle parle, d'entrée de jeu pour une fois, comme s'il lui fallait, ce faisant, prouver son existence. Exposé vigoureux, sans ornements, qui ne masque rien : la tête va bien*...

---

* On a repris ici — recoupés par des entretiens avec Georges Gorse et Olivier Guichard — plusieurs passages du remarquable compte rendu de ce Conseil publié dans *Le Mois de mai du général*, p. 118-137.

« Je vais vous dire ce que je pense de la situation... Le pays est en mutation. Il n'a peur ni de la guerre ni de la misère. Quand les Français n'ont plus peur, ils contestent l'autorité de l'État... Le pays est pris dans un mouvement qui le dépasse, celui de la civilisation mécanique et technique. Si c'est la jeunesse qui manifeste d'abord son trouble, c'est que l'Université n'est plus adaptée à son objet. Mais comme toujours, nous montrons la voie. Comme toujours, la France est exemplaire *...

On aurait pu faire beaucoup de choses, dans le domaine universitaire, dans celui de l'ordre public... À quoi bon épiloguer... En tout cas, cette situation ne peut plus durer, à moins de laisser emporter l'État [...]. Il faut à la fois rétablir l'ordre public, et négocier sans mettre en cause l'essentiel : la sécurité de la nation... »

Alors de Gaulle présente ainsi son projet de référendum :

« Il faut que le pays nous dise : je vous fais confiance pour réformer l'Université et pour amender l'économie en faveur des moins favorisés — en assurant la participation du personnel à la marche des entreprises. Si la réponse était négative, le Président de la République saurait que sa tâche est terminée. »

Il a dit.

Tour à tour s'expriment les ministres. Edgar Faure réclame des « ressorts » pour la société en proie à de fortes secousses, Raymond Marcellin plaide pour la décentralisation, Michel Debré rappelle la priorité du « politique » et la nécessité pour le pouvoir de retrouver une « majorité forte », le général Billotte demande que soient abattues « toutes les citadelles du conservatisme », Maurice Schumann assure que « les voies du gaullisme sont bien celles de l'appel direct au pays », André Malraux se refuse à envisager que le gouvernement « danse sur les violons des grévistes », Maurice Couve de Murville met en préalable le « rétablissement de l'autorité de l'État »... Edmond Michelet, suggérant qu'avec les étudiants « il faut y aller *mollo* », est interrompu par le général : « Comment, *mollo* ? — Euh... fait Michelet, comme disent mes petits-enfants... — Eh bien, fait de Gaulle, *mollo*... »

Mais des voix discordantes (prophétiques...) se font entendre. Celle de Georges Gorse, qui observe que le référendum « ne suffit pas » et qu'il faudrait « des élections ». Celle de François Missoffe, qui objecte que, dans les circonstances présentes, « la procédure de référendum n'est pas bonne ». Celle surtout d'Olivier Guichard qui préconise d'accoupler référendum et élections, car « il est impossible de conserver cette Assemblée ». Et d'ajouter : « C'est la seule soupape de sûreté, tant que les Français ne seront pas familiarisés avec le référendum. »

Chose curieuse si l'on considère l'attitude qu'il prendra, face au général, une semaine plus tard, le Premier ministre combat ardemment toute idée impliquant la dissolution de l'Assemblée : hanté par le débat qui vient de s'y dérouler, soutenant que le régime a encore besoin de sa majorité, il craint

---

* La voie, d'autres, aux États-Unis notamment, ou en Chine, l'avaient montrée. Quant à l'exemplarité de l'entreprise...

que l'annonce d'une telle mesure « ne nous mette les parlementaires à dos. On risque de perdre les élections. Ne nous créons pas d'adversaires. Nous en avons assez comme ça ! ».

Considérant que Georges Pompidou vient ainsi de faire prévaloir son projet référendaire sur celui des partisans de l'élection d'une nouvelle Assemblée, de Gaulle va clore le Conseil en se disant « très touché » de la fidélité de ses ministres, et tout à fait décidé à donner force de loi à la consultation qu'il annoncera au pays le lendemain 24 mai. Sortant de ce Conseil, les ministres échangent les points de vue fort différents sur l'état où ils ont vu de Gaulle. Les uns l'ont trouvé ragaillardi, les autres formaliste et répétitif. Louis Joxe, lui, tire de la prestation du général cette conclusion : « ... Et il ressuscita le troisième jour »...

Dernières ratures, dernière relecture... Le 24, à midi, l'équipe de la télévision entre dans la cour de l'Élysée. Encore quelques minutes et de Gaulle pénètre dans la salle des fêtes, son papier à la main. Il s'assied. Maquillage. Il lit : sept minutes. Le minutage est bon. Le ton paraît serein. Mais quand on repasse le film sur un récepteur, la déconvenue est générale. On se tourne vers lui, qui semble avoir compris. Mais il ne demande pas de seconde prise. Personne n'ose le faire pour lui. Il serre les mains, remercie brièvement et s'en va. Sait-il déjà que c'est un « bide » ?

Le texte, pourtant, n'est pas indigne de lui — simple, lucide, tourné vers l'avenir. Dans l'hystérie qui régnait alors, ces rappels pertinents, ces sages projets avaient du mérite à s'exprimer. Qu'on en juge :

> « Tout le monde comprend, évidemment, quelle est la portée des actuels événements, universitaires, puis sociaux. On y voit tous les signes qui démontrent la nécessité d'une mutation de notre société et tout indique que cette mutation doit comporter une participation plus étendue de chacun à la marche et aux résultats de l'activité qui le concerne directement.
>
> Certes, dans la situation bouleversée d'aujourd'hui, le premier devoir de l'État, c'est d'assurer, en dépit de tout, l'existence élémentaire du pays ainsi que l'ordre public. Il le fait. C'est d'aider à la remise en marche, notamment en prenant des contacts qui pourraient la faciliter, il y est prêt...
>
> Mais, ensuite, il y a, sans nul doute, à modifier les structures... Beaucoup d'obstacles intérieurs et extérieurs ont déjà été franchis, d'autres s'opposent encore au progrès. De là, des troubles profonds, surtout dans la jeunesse... une marée de désordres, ou d'abandons... Notre pays se trouve au bord de la paralysie [...]. Compte tenu de la situation tout à fait exceptionnelle où nous sommes, j'ai [...] décidé de soumettre aux suffrages de la Nation un projet [donnant] à l'État et d'abord à son chef un mandat pour la rénovation.
>
> Reconstruire l'Université en fonction [...] des besoins réels de l'évolution du pays et des débouchés effectifs de la jeunesse [...]. Adapter notre économie [...] en améliorant les conditions de vie et de travail du personnel, [...] en organisant sa participation aux responsabilités, [...] tel est le but que la Nation tout entière doit se fixer à elle-même [31]... »

Et le chef de l'État concluait en rappelant que s'il était mis en minorité lors de la consultation organisée sur ce thème en juin, il cesserait d'assumer sa fonction.

Un peu terne, ce texte? Oui, si on le compare aux grands appels de naguère, ceux de 1940 à Londres, de 1958 à Alger, de 1961 à Paris. Relu aujourd'hui, il fait penser aux bons auteurs de la social-démocratie, à du Bernstein ou à du Delors. Mais chacun sait — et de Gaulle l'avait senti mieux que personne — qu'un discours ne saurait être isolé de son contexte et qu'il n'est qu'une des composantes d'un ensemble. Alain Peyrefitte a parlé d' « une parole juste qui sonnait faux ». Disons que ce texte était louable du point de vue de la *doctrine*; déplorable du point de vue des *circonstances*. Et nous savons que de Gaulle n'avait cessé de donner à celles-ci la prééminence sur celle-là.

Il faut avoir écouté ces sages paroles, mêlé à la foule chevelue militante et sarcastique qui s'assemblait alors près de la gare de Lyon avant de submerger Paris en courses provocantes, pour mesurer l'ampleur de l'échec que connut ce soir-là le Grand Sorcier. Il est peu de dire que ses propos tombèrent à plat. Face à un auditoire qui depuis trois semaines vivait dans un tourbillon de défis lyriques, sexuels, idéologiques, gestuels, où Bakounine, le « Che » Guevara, et les Gardes rouges de Pékin le disputaient à Rimbaud, à Antonin Artaud et à Jean Genet, à cette foule militante que venait d'enfiévrer à nouveau — pas de chance! — le refoulement de Daniel Cohn-Bendit à la frontière allemande, ces propos sonnaient comme une épître de Boileau dans une soirée surréaliste, une homélie dans un typhon. Quoi? Il ne sait même pas que le pays explose? Ce n'étaient que sarcasmes et que ricanements. A en avoir le cœur serré *.

Toute la France, bien sûr, n'était pas là. La majorité des citoyens de ce pays, de Perpignan à Valenciennes, désormais lasse de ces « folies parisiennes », attendait moins un appel à la justice qu'un rappel à l'ordre. Elle espérait l'intervention du Souverain formidable, non ce sage exposé des motifs d'une réforme à long terme et d'une procédure discutable. Ce de Gaulle auquel l'invasion de la France ou le putsch des généraux avaient inspiré des accents fulminants, le grand chambardement de mai le transformait en un vieil oncle qui eût fait, sur le tard, des études de sociologie. Fini, de Gaulle? C'est en tout cas ce que criait la foule aux cheveux longs, cette nuit-là — tandis que Pierre Mendès France déclarait : « Un plébiscite, on ne le discute pas, on le combat! »

Et lui, de Gaulle, s'étant revu sur son récepteur à 20 heures, ne pouvait que dire à son entourage navré : « J'ai mis à côté de la plaque... » Dès lors il s'en va répétant ce mot, assorti d'une formule que chacun de ses familiers entendra sans cesse en ces heures crépusculaires : « Insaisissable... la situation est insaisissable... »

« Ç'aurait pu être pire », conclut, pour sa part, Pompidou devant Édouard

---

* C'est avec ce sentiment de tristesse étonnée que l'auteur participa vers 22 heures à un débat radiophonique sur un poste périphérique.

Balladur : ce qui donne à penser que la confiance en son chef de file commence à décliner. Propos qu'Olivier Guichard commente ainsi : « Pour moi, rien ne pouvait être pire que cette impression que le Général n'avait rien à dire ; ou pis encore, qu'il exprimait mal et hors de saison des convictions profondes... Chez ceux qui aimaient le Général, c'était le cœur qui était meurtri [32]. »

Son fiasco est d'autant plus cruel à ses propres yeux qu'il touche à ce domaine sur lequel, depuis près de trente ans, et en dépit d'échecs répétés en tous les autres, de Gaulle avait régné sans partage : les mots. Que la magie cesse, même là, d'opérer, voilà qui remettait en cause ce par quoi de Gaulle était beaucoup plus que le chef de l'État français.

Et l'échec est d'autant plus grave que ce discours inventé pour muer en réforme la révolution naissante relance d'un seul coup les violences. Cette nuit du 24 au 25 mai sera la plus terrible du mois parce qu'elle marque le débordement de la nouvelle commune : jusqu'alors cantonnée à la rive gauche, elle s'enfle, franchit la Seine, gagne les « beaux quartiers », lèche la Bourse, y allume un incendie (assez vite éteint), provoque également la panique dans les milieux où l'on avait jusque-là goûté comme un spectacle la révolution des bambins.

Cette nuit de mai n'aura pas seulement jeté dans l'esprit du général le doute sur ses capacités à maîtriser n'importe quelle situation, elle aura fini de persuader de larges secteurs de la bourgeoisie en place que « le vieux » — avec ses idées de participation qu'il a l'imprudence de relancer en pleine crise — a cessé d'être un rempart et une assurance. C'est ailleurs qu'il faut désormais chercher celui ou ceux qui garantiront les situations acquises.

Les quatre journées qui suivent, du 25 au 28, ne seront pour le général qu'une sorte de descente aux abîmes, coupée de brusques sursauts. La nuit du 24 au 25 a déjà été une nuit d'agonie. Tandis que Paris s'enfièvre après le discours malheureux, il est presque seul dans l'Élysée lugubre — entouré de ses trois collaborateurs les plus intimes, Tricot, Foccart et La Chevalerie, et les militaires, Lalande, Tallon, d'Escrienne, Flohic...

« C'est moi, désormais, qui suis en cause... C'est mon départ qu'ils réclament... » Pour la première fois, de Gaulle refuse de regagner sa chambre et choisit de veiller jusqu'à l'aube. Les radios crépitent de nouvelles angoissantes : la Bourse brûle, des pavés de nouveau jaillissent de la rue, Paris s'affole. A tel point que les conseillers du général s'entendent, au téléphone, donner maints conseils de faire donner la troupe — les blindés cantonnés à Satory par exemple... Mais de Gaulle se garde de retenir ces suggestions.

Le 25, à 11 heures, le président de la République reçoit les lettres de créance du nouvel ambassadeur des États-Unis, Sargent Schriver, mari d'Eunice Kennedy, l'une des sœurs du président assassiné. Il faut vraiment que la conjoncture soit sinistre pour que, face à cet Américain superbe, le général se contente de quelques propos crépusculaires : « L'avenir, monsieur l'Ambassadeur, ne dépend pas de nous. Il dépend de Dieu, de Dieu seul. Tout annonce qu'il sera agité, peut-être dramatique... »

Aussitôt après l'ambassadeur des États-Unis, c'est François Missoffe, ministre de la Jeunesse et des Sports, qui est reçu. Il trouve le général méconnaissable, « prostré, vieilli, voûté », proclamant que « c'est foutu » et semblant s'y résigner. Le visiteur, abasourdi, tente de plaider pour la fermeté. Mais de Gaulle l'interrompt, parlant des « menaces du communisme totalitaire », du manque de réaction des Français. Le ministre de la Jeunesse quitte l'Élysée épouvanté et téléphone aussitôt à Pierre Messmer : « Je sors de l'Élysée. C'est la catastrophe. Tu dois voir le Général... Tu sais lui parler... Dis-lui qu'il ne peut pas partir comme cela, tout abandonner... »

Messmer se rend à l'Élysée au début de l'après-midi : « Je me suis trouvé, dit-il, devant un homme qui ne " sentait " pas l'avenir. Mais il était moins désabusé que le matin, devant Missoffe. Il m'a surtout interrogé [...]. Énigmatique, il s'est lancé dans une série d'hypothèses [33]. »

Le dimanche 26 au soir, le général a un entretien avec son fils Philippe, récemment rappelé de Brest, où il exerçait un commandement, à Paris où il est en stage à l'Institut des hautes études militaires. Entre marins, le commandant Flohic interroge son camarade : comment lui est apparu son père ? Réponse de Philippe de Gaulle : « Évidemment, mon père est fatigué. Il y a l'âge et puis il ne dort pas ou peu ; mais il m'a assuré qu'il ne lâcherait pas [34]. » (Dans une interview accordée douze ans plus tard à un hebdomadaire parisien, Philippe de Gaulle a indiqué qu'il avait suggéré à son père de gagner Brest... Encore le réduit breton.)

Faut-il qu'il soit désemparé en tout cas, le général, pour laisser Georges Pompidou prendre en main, comme il le fait, la négociation sociale qui va s'ouvrir et dont les « gens sérieux » attendent qu'elle ramène enfin la crise dans les voies de la raison. Ne s'agit-il pas de canaliser, dans l'ordre économique, ces désordres lyriques ? Dans son allocution du vendredi soir, de Gaulle a bien annoncé d'ailleurs la prise de « contacts » en vue de permettre la remise en marche de l'économie bloquée. Ceux qu'a pris depuis plusieurs jours avec la CGT le secrétaire d'État Jacques Chirac sont jugés prometteurs.

Ce qui surprend ici pourtant et révèle à quel point le rapport de forces s'est modifié entre l'Élysée et Matignon, c'est que Pompidou a déclaré au général : « J'assume toutes les responsabilités de l'affaire, à condition qu'on m'épargne Debré... » Qu'on m'épargne Debré ! Et c'est dit à de Gaulle... Ce n'est pas seulement le ministre des Finances qui est ainsi écarté d'une négociation d'où va dépendre l'équilibre de la production et de la monnaie françaises, c'est un fidèle entre les fidèles...

Michel Debré aura beau tempêter, donner sa démission, prévenir le général que ce sont dix ans de politique financière gaulliste que l'on se prépare à « anéantir », rien n'y fait : de Gaulle s'est soumis au diktat de son Premier ministre, qui s'assied, rue de Grenelle, au ministère du Travail, entre le titulaire de cette charge, J.-M. Jeanneney, et ses hommes de confiance Jacques Chirac et Édouard Balladur. Face au chef de file du patronat, Paul Huvelin, et aux leaders syndicaux Georges Séguy, Henri Krasucki et Benoît Frachon pour la CGT, Eugène Descamp pour la CFDT et

André Bergeron pour FO, le Premier ministre eut « une impression réconfortante de sérieux, la démagogie, CFDT mise à part, [étant] presque absente [35] ».

En deux journées de négociations presque incessantes, M. Pompidou qui a annoncé, d'emblée, que l'objectif était de « remettre la France au travail », manifesta, avec ses talents de négociateur, « une endurance et une compétence incroyables [36] ». Le général lui a donné carte blanche : il en use sans réserve, acceptant d'entrée de jeu une augmentation de 35 % du SMIG que les représentants du patronat semblent agréer sans émoi, autant que la hausse immédiate des salaires de 7 % (plus 3 % en octobre), la diminution du temps de travail (à négocier), la « révolution » syndicale que doit apporter la révision des rapports à définir entre patrons et salariés... En 1936, le gouvernement du Front populaire n'avait pas fait prévaloir beaucoup plus de réformes en un temps si bref.

Après quoi le Premier ministre, que deux nuits blanches ne semblent pas avoir épuisé, s'en va, le lundi matin 27 mai, vers 7 heures, prendre tout de même un peu de repos, non sans avoir entendu Georges Séguy lui déclarer : « C'est un accord fécond. » Dans deux jours, pensent-ils tous deux, le pays sera au travail [37].

De ces négociations dont il avait dû — non sans humiliation — laisser exclure Michel Debré, le fidèle en esprit, que pouvait penser de Gaulle, enfermé entre sa radio et sa télévision dans un Élysée où, observe Flohic, « les visites se faisaient de plus en plus rares » ? Les quelques indications dont on dispose font penser qu'il jugeait ces pourparlers inévitables — enfin, quelque chose de « saisissable » ! — et que tant qu'à se salir un peu les mains en lâchant du lest, autant que ce soit Pompidou qui se charge de la besogne : dans son esprit, ce sera l'un des derniers actes de ce Premier ministre-là... Il lui a dit en tout cas : « Concluez à n'importe quel prix [38]. » (Échangerais Premier ministre contre une journée de travail des Français...)

Mais cette journée ne viendra pas. Pas encore. Ayant signé les protocoles de Grenelle, Georges Séguy et Benoît Frachon mettent le cap sur l'île Séguin, à Billancourt, où plus de 12 000 ouvriers sont rassemblés dans la cour centrale des usines Renault. Ils savent qu'ils devront plaider ferme pour convaincre leurs auditeurs que ces accords réalisent bien les aspirations d'un prolétariat qui a constaté, comme tout le monde, depuis dix jours, que le rapport de forces a basculé : chaque auditeur de radio sait comment le patronat a capitulé, d'entrée de jeu.

« Féconds », ces accords ? Oui, en temps ordinaire, pensent les auditeurs de Georges Séguy. Mais dans ce climat de liquéfaction de l'autorité étatique et patronale, pourquoi se contenter de ce butin raisonnable ? Aussi bien Séguy que Frachon, le vieux révolutionnaire, sont-ils mis en boîte par les militants. Leurs accords, qu'ils les gardent pour eux ! Il n'y aura pas, à ce prix, de reprise du travail.

Quelques mois plus tard, Georges Pompidou commentera sévèrement, au cours d'une soirée chez Claude Mauriac, le comportement de ses partenaires : « Ces idiots de communistes, une fois de plus, s'étaient laissé avoir...

— Comment cela ? — Mais on fait sa salle, voyons ! N'importe qui était là. Des ouvriers qui n'étaient même pas de chez Renault. Les tracts distribués avaient été imprimés la veille [39]... »

Pompidou a été réveillé, le 27 mai, à 11 heures, par Édouard Balladur : le travail ne reprendra pas chez Renault. Mais ailleurs, peut-être... « C'est cuit, n'en doutez pas [40] ! » coupe le Premier ministre, qui voit de nouveau échouer, comme le 13 mai après la réouverture de la Sorbonne, sa stratégie de compromis.

L'après-midi, à 15 heures, Conseil des ministres à l'Élysée. « Le plus triste depuis dix ans », écrit Tournoux [41]. Pompidou ne s'y présente pourtant pas en vaincu. Bien loin de répéter le « C'est cuit ! » lancé le matin à Balladur, il suggère que la réaction des gens de Billancourt n'est peut-être qu'isolée. Le travail peut reprendre. Peut-être... Mais il parle aussi, sur un ton assuré, de la préparation du référendum et des mesures de maintien de l'ordre, de la mise en place d'un dispositif de sécurité. Bref, il fait face.

C'est le général, cet après-midi-là, qui semble être le vaincu de Grenelle. Plusieurs ministres ont gardé le souvenir d'un chef d'État en plein désarroi, dans un état que Philippe Alexandre décrit ainsi : « ... De Gaulle est ailleurs. Les épaules voûtées, les avant-bras allongés sur la table du Conseil, il fixe sans les voir les ministres alignés autour de lui. De la discussion qui porte sur le référendum, il ne perçoit que des bribes... Le référendum n'aura pas lieu. De Gaulle en a déjà fait son deuil. Il laissa se dévider le fil interminable du Conseil des ministres. Totalement indifférent [42]... »

Il a tout de même deux réactions. L'une pour empêcher Debré de faire le procès de la négociation de Grenelle. L'autre, pour critiquer l'autorisation du meeting convoqué pour la fin de l'après-midi au stade Charléty par l'UNEF et les organisations gauchistes, autorisation que lui ont arrachée Pompidou, Guichard et Fouchet, persuadés, d'après les contacts pris par le secrétaire d'État Nungesser avec les organisateurs, que la manifestation ne déborderait pas de son cadre — et prévoyant qu'elle achèverait de brouiller gauchistes et communistes. Mais le vieux monsieur est las de tant de subtilité tactique : « Charléty, c'est fini. Ce n'est plus acceptable... C'est la dernière fois... Terminé les cortèges [43] ! »

A Charléty, est-ce une fin, ou un commencement ? Un début, pensent ces milliers d'adolescents qui tournoient et chantent sous nos yeux *, drapeaux noirs et rouges balancés au vent, acclamant le secrétaire (démissionnaire) de la CGT André Barjonet qui proclame que « tout est possible », que « la situation est révolutionnaire ». Mais, assis dans les tribunes entre Michel Rocard et Georges Kiejman, Pierre Mendès France-le-légaliste qui estime que sa présence est une garantie contre tout recours à la violence, de part et d'autre, repartira rassuré. Nous venons d'assister à une cérémonie de clôture des jeux oniriques. Si le transfert du lyrique vers l'économique n'a pu être réussi à Grenelle, le glissement du mystique vers le politique est en train de s'opérer à Charléty.

---

* L'auteur était chargé du compte rendu pour *Le Monde*.

Ce qu'exprimera, le lendemain 28, à midi, la conférence de presse tenue par François Mitterrand qui annonce sa candidature à la présidence de la République en cas de vacance du pouvoir — hypothèse formulée par le général de Gaulle, le 24 mai, au cas où le « non » obtiendrait la majorité lors du prochain référendum. Le principal concurrent du général de Gaulle lors de l'élection de 1965 ajouta qu'il avait d'ores et déjà choisi son Premier ministre : Pierre Mendès France — dont le nom était prononcé un peu partout, et particulièrement dans les milieux gaullistes...

Ainsi, en ces quelques heures où devant ses ministres Charles de Gaulle affichait un maintien crépusculaire, s'opérait la résurrection du politique, donc du « saisissable », après la grande kermesse, la révolution culturelle dont l'explosion, trois semaines plus tôt, avait ébranlé l'État. Triple resurgissement.

Celui des communistes d'abord, qui, garants de l'ordre en accord avec les émissaires de Matignon, viennent de perdre la partie sur le plan syndical et de se voir infliger deux camouflets, à Billancourt et à Charléty, convoquent pour le 29 mai une manifestation qui se voudra à la mesure de ces défis : ce sera l'occasion, sinon de prendre le pouvoir *, au moins d'affirmer leur ascendant. Celui des leaders parlementaires, Mitterrand et Mendès France, du premier surtout, qui, éclipsé par l'événement depuis le début du mois, sent revenir l'heure des procédures classiques. Et surtout celui de Georges Pompidou.

Le fiasco de Grenelle n'a aucunement assombri son image. Si forte est alors apparue sa personnalité, si active, si décidée, que l'échec est imputé à l'irréalisme des prolétaires en rupture d'encadrement syndical plutôt qu'à lui. Dans cette soirée du 27 mai où, en Conseil des ministres, de Gaulle l'a « couvert », il regagne un hôtel Matignon assailli de visiteurs qui seront, peut-être, demain, des courtisans. « Le lundi 27 mai, écrivent Anne et Pierre Rouanet, est le jour de naissance d'un pompidolisme désormais distinct du gaullisme. Et désormais inconciliable [44]. » On peut discuter ce dernier adjectif, le réserver pour le surlendemain, ou pour le mois de juillet suivant, ou pour plus tard encore. Mais la notation n'en est pas moins pénétrante.

Georges Pompidou consolide encore ce soir-là, sinon le pouvoir de l'État, mais son autorité personnelle, et son registre de chef. C'est alors en effet qu'en prévision de la grande manifestation communiste du 29 mai — et bien qu'il n'appréhende guère une véritable tentative de prise de pouvoir de la part du PCF — il procède à la mise en place d'un important dispositif militaire auquel il s'était jusqu'ici, comme le général, refusé.

L'hypothèse d'un recours à la force armée avait été étudiée. Le 16 mai, Pompidou avait pris des dispositions pour un éventuel rappel des réservistes. Le 19, peu après son retour de Roumanie, de Gaulle avait convoqué Pierre Messmer pour s'enquérir de l'état d'esprit des militaires. Le ministre avait donné toutes les assurances : les plaies d'Algérie se cicatrisant, l'armée était

---

* Le prendre serait facile, nous disent alors ses porte-parole : mais comment le garder, dans l'environnement où vit la France ?

691

loyale. Mais à condition qu'on ne l'engageât point dans des opérations de type policier ou répressif. De son côté, Jean-Pierre Dannaud*, directeur de cabinet de Christian Fouchet, avait étudié, au cours de la nuit tragique du 24 au 25 mai, un projet de recours à des unités parachutistes : mais son patron aussi bien que le ministre des Armées s'y étaient opposés.

En fait, le pouvoir civil — Matignon et l'Intérieur — avaient à leur disposition à Satory, aux portes de Versailles, une très forte unité, dite « de gendarmerie blindée », un millier d'hommes très entraînés et dotés de chars « AMX 13 », maniables et efficaces. Cette force est toujours restée en réserve, son emploi ne pouvant être décidé que pour le cas où il faudrait faire face à un véritable « coup de force de caractère insurrectionnel ».

Une autre unité dont il fut beaucoup question ces jours-là fut la 2ᵉ brigade blindée de Rambouillet qui était en manœuvre entre le 10 et le 20 mai en Champagne, au camp de Mailly. L'exercice terminé, les chars de Rambouillet regagnèrent leur casernement proche de Paris, non par voie ferrée — comme d'ordinaire — mais, en raison de la grève, par la route. Et non sans faire un « crochet » très prémédité par Fresnes et... le Petit-Clamart ! Ces « bruits de bottes », ou plutôt de chenilles du côté d'Issy-les-Moulineaux, firent sensation, ce qui contribua peut-être à orienter la suite des événements.

Sur les sentiments, le moral et le rôle éventuel de l'armée en mai 1968, on ne saurait mieux faire que de citer la mise au point suivante, due au général Fourquet, alors chef d'état-major général :

« L'armée regardait toute cette agitation avec étonnement d'abord, puis avec inquiétude à laquelle se mêlait un brin de dégoût. Mais elle avait la crainte, la hantise, l'obsession qu'on lui demande d'intervenir. Parce qu'elle n'avait aucune envie d'être mêlée à une affaire d'aspect politique, qui frisait la guerre civile (les souvenirs d'Alger, avril 61, n'étaient pas loin) — et que d'autre part elle était parfaitement consciente du risque que l'on pouvait prendre en mettant en face de manifestants, des gosses de 20 ans dont les nerfs pouvaient flancher et provoquer des catastrophes (là aussi, les souvenirs des fusillades d'Alger n'étaient pas loin). Faire face à des manifestants est dur, très dur...

« Ceci étant, il était de mon devoir de prévoir le pire, et j'avais fait venir, au camp de Frileuse, des unités composées uniquement de personnel d'active (dont les commandos de la Marine), qui auraient pu, si besoin était, soulager les gardes mobiles dans leur tâche épuisante. Mais jamais il ne m'a été demandé de faire intervenir l'armée, en tant que telle [bien que] certains paniqués de cabinets ministériels aient pu en lancer l'idée⁴⁵. »

L'un des paradoxes les plus frappants de cette paradoxale période est le décalage entre l'état d'esprit de nombreux politiques qui pensent à faire appel à l'armée, et celui des cadres militaires extrêmement réservés quant à une telle éventualité. Interrogeant à ce sujet le général de Bordas vers le

---

* Ancien combattant d'Indochine, où il avait été l'un des plus proches conseillers du général de Lattre.

25 mai, le commandant Flohic obtenait la réponse la plus dilatoire : « L'armée n'a pas à intervenir dans ce débat politique. » Propos qui, rapporté à de Gaulle, contribua peut-être à déclencher la manœuvre du 29 mai en direction du plus notoire des Seigneurs de la guerre[46]...

Il ne faudrait d'ailleurs pas donner à penser qu'en ces heures du 28 mai, à la détermination de Matignon s'opposent la résignation et l'inaction de l'Élysée. Georges Gorse, ministre de l'Information rapporte que ce jour-là, vers 17 heures, il reçut un appel direct du chef de l'État, procédure stupéfiante... « Bien qu'ayant reconnu la voix du général, je pris aussitôt la peine de vérifier auprès de son cabinet que cette communication émanait bien de l'Élysée. D'une voix forte et courroucée, de Gaulle me reprocha de ne pas avoir encore pris toutes dispositions pour que fût annoncé le référendum qu'il projetait. Comme je lui répondais que le Premier ministre m'avait demandé d'attendre qu'il m'ait donné le feu vert, de Gaulle rugit : " Le Premier ministre, le Premier ministre... ", du ton dont il avait dit à Michel Droit : " L'Europe, l'Europe !... ". Ces propos n'étaient pas le fait d'un homme prêt à abdiquer ou à s'enfuir[47] ! »

Reste que « paniqué » ou non, l'entourage du Premier ministre — auquel l'article 20 de la Constitution confère le droit de faire appel aux forces armées — s'affaire à ce *Kriegspiel*. Au cours du récit qu'il fit de ces journées à ses amis Mauriac, six mois plus tard, Georges Pompidou évoque ses sentiments et résolutions d'alors.

« J'ai été au moment d'être obligé de faire tirer... C'est terrible... » Mais aussi (à propos des chars qui auraient tiré si...) : « Cela m'a passionné de diriger personnellement cette mise en place[48]... » Passionné ? Bigre. Rien de tel que les intellectuels pour être séduits par l'usage de la force, sous toutes ses formes. Dans son *Arbre de mai*[49], Édouard Balladur place l'évocation de ces préparatifs dans la bouche d'un personnage à demi fictif. Mais lieux et unité sont bien là, parachutistes de Castres et de Carcassonne, fusiliers marins de Toulon, brigades motorisées campées à Montlhéry et à Maisons-Laffitte. Il n'y manque que le nom du général Le Doyen, mis en alerte à Verdun à la tête de sa 4ᵉ division motorisée

Et si quelque doute subsistait quant à la détermination du Premier ministre à la veille de la grande manifestation communiste du 29 mai (« Le communisme, c'est l'ennemi... Je faisais la guerre.... », dira-t-il aux Mauriac[50]), on citera Jacques Chirac écrivant de son ancien chef de file dans *le Monde* du 30 mai 1978 : « Il prendra sur lui, et sur lui seul, de faire regrouper aux portes de Paris des éléments blindés. » Hier, on ne pouvait pas tirer sur les étudiants, ces « héritiers ». Mais demain, si ce sont des communistes...

Ainsi le 28 — le jour où François Mitterrand se manifeste en tant que candidat — est considéré par beaucoup comme une veillée d'armes. Le défilé communiste a pour objectif la gare Saint-Lazare — à 800 mètres de l'Élysée. Le PCF se sent d'ailleurs si fort qu'à la veille de cette grande marche un de ses dirigeants, membre du Comité central, prend contact avec le député (et futur ministre) gaulliste Jean de Lipkowski pour transmettre à l'Élysée cette offre singulière : le parti communiste propose de donner son appui au général à condition que celui-ci, « comme après la Libération », fasse entrer des communistes au gouvernement. Il ne semble pas que les collaborateurs du général lui aient seulement transmis la commission...

Chose étrange, au moment où peut-être l'État fondé par de Gaulle devra faire usage de la force, le pouvoir, ce mystérieux fluide qui, soudain, donne à une voix, filtrée par un appareil téléphonique, la force de briser, ranimer, détruire ou susciter les énergies, semble décidément passé de l'Élysée à Matignon.

Peu importe que les sondages signalent que de Gaulle a, en quinze jours, perdu 35 % de « satisfaits » quand Pompidou en a gagné 25 %. Il y a pire, bien pire. Il suffit de considérer les deux maisons, au propre et au figuré, le désert de la rive droite, la ruche de la rive gauche. Les courtisans sont passés de Versailles à Marly... On pourra voir là l'une des raisons de l'initiative prise, quelques heures plus tard, par le vieux monsieur. Ils me désertent ? Ils vont voir, en bloc, ce que c'est que d'être, par un seul, déserté...

Le 28 mai, tout de même, Charles de Gaulle reçoit encore six personnes : le dirigeant syndicaliste agricole Michel Debatisse *, le général Fourquet, le journaliste Michel Droit, le Premier ministre, le ministre de l'Intérieur et enfin son fils, le capitaine de frégate Philippe de Gaulle.

Michel Debatisse est reçu à 16 heures. Ce n'est pas du tout un familier, ni même un partisan. Ses impressions sont d'autant plus significatives. Selon le récit qu'il a publié de l'entretien, de Gaulle, pendant plus d'une heure, « me démontre que tout est perdu, que les ennemis de la France, de l'intérieur comme de l'extérieur, se sont ligués, que réellement les jeux sont faits. J'essaye de répliquer, de lui dire à nouveau que beaucoup de Français comptent sur lui, et lui seul, pour sortir d'un tel gâchis, qu'il doit parler. Il répond qu'il l'a déjà fait, que cela n'a servi à rien. D'ailleurs rien ne sert à rien. C'est la fin de l'entretien. Je suis stupéfait, inquiet et sans doute le laissé-je paraître. A la porte du bureau, je m'adresse une nouvelle fois au Général et répète qu'à mon sens il lui faut reprendre la parole. C'est à cet instant que se produit un événement singulier qui contredit tout ce que je viens d'entendre. Le Général me serre la main droite, pose la main gauche sur mon épaule et laisse tomber sans le moindre commentaire : " Eh bien ! Debatisse, je parlerai " [51]. »

Michel Droit est accueilli, lui, en vue de la préparation d'un nouvel entretien télévisé, précédant la campagne pour le référendum : de Gaulle n'a pas oublié l'efficacité du procédé lors des élections présidentielles de 1965. Mais si bien disposé que soit le général à son égard, le rédacteur en chef du *Figaro littéraire* n'aura droit qu'à un réquisitoire violent, global, apocalyptique [52] visant aussi bien les gaullistes que les antigaullistes. Il quittera le général de Gaulle très inquiet.

Le récit de son entretien avec le chef de l'État, Georges Pompidou l'a fait, avec verve et toutes les apparences de l'authenticité, dans *Pour rétablir une vérité*. Lisons-le :

* De la FNSEA (Fédération nationale des syndicats d'exploitants agricoles).

« Le soir, après dîner, j'avais rendez-vous avec le général. Je le trouvai lassé. Il me dit : " Dormez-vous ? — Oui, quand j'ai le temps. — Vous avez de la chance. " Il me demanda ce que je pensais de la suite. Je lui dis à peu près ceci :

— Le parti communiste va faire une manifestation importante. Le problème est posé de ses intentions. Va-t-il tenter une action réellement révolutionnaire ? C'est possible. Le fait que le rassemblement ait lieu derrière l'Hôtel de Ville peut suggérer qu'il pense à s'en emparer et à refaire la Commune de Paris. Dans ce cas, si vous en êtes d'accord, je ferai intervenir les chars, qui sont prêts *. Mais, tout bien pesé, je ne le crois pas. L'analyse du PC reste, selon moi, que la situation n'est pas révolutionnaire. Je crois donc qu'il se bornera à faire une démonstration de sa force pour rappeler à tous qu'il est le seul à détenir les gros bataillons et, par conséquent, le seul susceptible de prendre le pouvoir si l'État s'écroulait. Dans ce cas, je pense que c'est la fin de la crise, et que nous aurons gagné, l'opinion étant excédée...

— Vous êtes optimiste, me répondit-il. D'ailleurs, depuis le début, vous êtes trop optimiste.

— En quoi me suis-je trompé ?

— Vous m'aviez dit que vous arriveriez à un accord avec la CGT.

— J'ai eu cet accord. C'est la CGT qui n'a pas pu le faire approuver et c'est la raison pour laquelle le PC fait un effort pour reprendre la direction. Cela coûtera un peu cher, mais on aboutira.

« Je me retirai sans me rendre compte à quel point le général était lassé, et même découragé [53]... »

Au tour de Christian Fouchet, reçu vers 21 h 30 ; sur le pas de la porte, Tricot lui a glissé : « Il n'est pas dans ses meilleurs moments... » Or, observe le ministre de l'Intérieur, « l'homme devant lequel je me trouve assis n'a pas l'air fatigué. Il vient même de sourire »... Rappelant qu'en laissant Pompidou décider la réouverture de la Sorbonne il a commis, lui, de Gaulle « une faute majeure » et que maintenant « c'est l'inondation... Tout a craqué, comme le barrage de Fréjus », le général confie à ce fidèle qu'est Fouchet : « ... Il m'arrive de penser que je vais m'écrouler ! »

Comme le chef de l'État lui avoue qu'il n'arrive pas à dormir « avec toutes ces grenades qui éclatent dans les environs », Fouchet lance : « Allez donc dormir à Versailles ! » ajoutant : « comme Thiers le conseillait à Louis-Philippe en 1848... — Je ne suis pas Louis-Philippe ! » grogne de Gaulle. Mais il a regardé dans les yeux son visiteur — qui ne saurait deviner le projet qui mûrit dans la tête du vieil homme... lequel murmure, avant que l'autre prenne congé : « ... Il est bien possible que parmi ces farfelus ** de la Sorbonne et de l'Odéon, quelques-uns soient dans le vrai [54]... »

Une heure plus tard, Fouchet appellera Pompidou pour lui demander

---

* A Issy-les-Moulineaux.
** Le vocabulaire de Malraux...

s'il n'a pas trouvé « un air bizarre » au général qui lui semblait avoir « quelque chose derrière la tête [55] »...

Le Premier ministre n'a rien remarqué. Curieux, les réputations : celle de Fouchet était de lourdeur ; celle de Pompidou, de finesse...

Entre-temps, il est vrai, s'était déroulée une scène qui semblait avoir pesé sur la décision du général. Au cours de l'après-midi, Mme de Gaulle, faisant ses courses dans le quartier de la Madeleine, avait été reconnue et brutalement prise à partie dans la rue, par le conducteur d'une ID 19. Selon le général de Boissieu [56], c'est par un groupe de vendeuses syndiquées que sa belle-mère avait été « injuriée » dans un grand magasin. Quoi qu'il en soit, l'épouse du général en était profondément choquée. Écoutons François Flohic : « Mme de Gaulle n'en peut vraiment plus. Au dîner du mardi soir, 28, elle craque littéralement au point que le Général, abandonnant la salle à manger, fait servir le dîner dans le salon jouxtant sa chambre. Il est probable qu'à tous les griefs qu'elle exprime contre l'Élysée, Mme de Gaulle a ajouté l'inquiétude qu'elle ressent pour son fils, sa bru et ses petits-enfants : elle sait que l'immeuble qu'ils habitent avenue Ingres est gardé par un piquet de grève [57]... »

De Gaulle en avait vu, si l'on peut dire, de toutes les couleurs — épreuves et insultes. Mais qu'une avanie soit infligée à sa femme lui était intolérable. La présence d'Yvonne de Gaulle à bord du véhicule attaqué au Petit-Clamart six ans plus tôt n'avait pas laissé d'influer sur la décision du général à propos de Bastien-Thiry. L'incident de l'après-midi du 28 mai eut une part dans la décision en formation.

« Quelque chose derrière la tête ? »

Dans la soirée du 28, Charles de Gaulle a fait venir son fils, le capitaine de frégate Philippe de Gaulle. Il lui a remis deux lettres, dont l'une contenait, semble-t-il, ce qu'on est convenu d'appeler « ses dernières volontés ». Puis il l'a prévenu que le directeur de son cabinet militaire, le général Lalande, était chargé de les transporter le lendemain, lui, fils du général, sa femme Henriette et leurs trois enfants, par avion, auprès du commandant en chef des forces françaises à Baden-Baden.

Le général révéla-t-il à cet interlocuteur très privilégié, dès cette soirée du 28, ses propres projets [*] ? Rien ne permet d'affirmer qu'il ne s'était pas ménagé, même vis-à-vis des plus intimes, une marge de manœuvre. Avant d'assurer ainsi l'avenir immédiat de Philippe de Gaulle et des siens, le général avait téléphoné vers 18 heures (avant donc d'avoir reçu Pompidou et Fouchet) à son gendre, Alain de Boissieu, qui commandait alors la 7e division à Mulhouse, pour lui demander de venir le voir d'urgence à Paris. Le voyage par la route étant trop long, Boissieu prendra l'hélicoptère le lendemain 29, à la première heure. Il sera à l'Élysée dans la matinée. Entre-temps, il aura téléphoné à son supérieur direct, le général Hublot, commandant le 1er corps d'armée à Nancy, pour le prévenir de cette mystérieuse mission. Dans la

---

[*] C'est évidemment une des questions que l'auteur aurait posées si l'amiral de Gaulle lui avait fait l'honneur d'accepter de le recevoir.

soirée, il recevra de cet officier et du général Beauvallet, gouverneur militaire de Metz, des messages pour le général de Gaulle qui joueront leur rôle dans la suite de l'histoire.

Charles de Gaulle a regagné sa chambre. Sa décision est arrêtée — celle en tout cas de prendre tout le monde par surprise. Sait-il déjà si c'est vers la retraite qu'il va, ou une retraite qu'il opère en vue d'une résurrection foudroyante ? On reviendra naturellement sur ces méditations et hésitations de la nuit, sur ces « tentations » qu'il avouera loyalement. Une seule chose est certaine, sa décision de créer une formidable surprise le 29 mai. Une surprise visant à créer l'angoisse, à focaliser sur lui l'anxiété générale où vit le pays, par le moyen de la dissimulation la plus minutieuse, qui visera tout un chacun, ami ou ennemi. Et jusqu'aux plus proches.

Qu'il se retire pour de bon, et son départ ne sera pas ce long piétinement amer et procédurier, ces papiers froissés et signés, ces serments en carton, ces pleurnicheries de faux fidèles et de traîtres authentiques qui salissent les adieux souverains pour peintres de bataille — mais un vide effrayant, soudain, une insoutenable béance, une privation qui imposera aux chrétiens de penser à cette version de l'enfer qu'ont inventée les théologiens modernes embarrassés par la chaudière géante promise aux pécheurs par le Moyen Âge : la privation du Père...

En 1946, c'est vrai, les Français se sont accommodés de son départ. Mais ils ne le connaissaient pas encore, et de Gaulle n'avait pas pris son ampleur et son image de père-souverain. En outre, la situation n'était alors que difficile — pas tragique. Cette fois, ce sera comme une décapitation spirituelle et matérielle à la fois.

Projet grisant, pour le vieil homme délaissé. Mais tellement plus séduisant encore si cette retraite ne sert pas à conclure, mais à préparer. Si l'effroi provoqué ne tend qu'à raviver les fidélités. Surtout s'il s'agit d'un vide armé, d'un recul pour se saisir de l'épée, pour la faire luire le temps d'un moulinet.

Ne retenons, d'avance, aucune des deux hypothèses. L'événement, seul, tranchera — ou paraîtra trancher. Mais avant d'entamer le récit de la journée prodigieuse — et d'autant plus qu'elle va durer du 29 mai à 7 heures au 30 mai à 16 h 35 — citons simplement ces quelques préceptes que donne (que se donne) l'auteur de *Vers l'armée de métier* : le vrai chef doit savoir « donner le change à son propre camp [...], égarer à dessein ceux-là mêmes qu'[il] médite d'employer », « faire croire qu'[il] est où [il] n'est pas », en peu de mots s'entourer « d'un voile épais de tromperie ».

Il a souhaité jouer « le jeu divin du héros ». Ce héros peut être Ulysse, Hermès le multiple, Janus aux deux faces. Pendant quelques heures, il sera seul à savoir...

Éperdu, de Gaulle, décomposé ? Peut-être, depuis une centaine d'heures. Mais à dater du 29 mai à l'aube, ce cyclothymique semble bien être rentré dans une phase active — qui n'ira pas, semble-t-il, sans rechutes.

26. Rome n'est plus dans Rome...

« ... Elle est toute où je suis. »

Qui pourrait douter que Charles de Gaulle, bon élève des pères et cornélien par prédestination, vécut la journée du 29 mai 1968 hanté par ces paroles de feu[*] ?

Cette journée extravagante (dans le plein sens du mot) de trente-trois heures, qui culmine pendant les 89 minutes passées dans la résidence du général Massu à Baden, de Gaulle-le-cornélien semble l'avoir construite comme une des actions dramatiques de son maître, pleines, agitées, mouvementées, contrastées, trop chargées d'événements et de surprises pour ne pas faire éclater le cadre traditionnel de l'unité de temps. Mais quelles que puissent être les analogies de situations (et d'intentions ?), gardons-nous de tomber dans une assimilation abusive avec *Sertorius,* ou même avec *l'Illusion comique.*

La construction ici n'est qu'apparente, ou plutôt discontinue... L'auteur du *Fil de l'épée* a bien un plan, et même plusieurs, alternatifs. Mais l'action, il ne la gouverne pas constamment. Il est, par instants, conduit lui-même, roulé dans la vague, submergé par la fatigue et le doute, prêt à s'abandonner. Puis s'étant ressaisi (ou ranimé par telle ou telle intervention), il retrouve son cap, renoue le fil de son discours-action.

Journée vécue constamment sur deux plans : celui du drame collectif, qui est celui de l'affaissement de l'État où lui-même est près de s'engloutir ; et celui d'une volonté souveraine, enveloppée de ruse qui, de faux-semblant en vraie décision, et de faux abandon en véritable dépression, va son chemin sinueux.

Les faits qui marquèrent cette journée du 29 mai 1968 sont depuis longtemps connus, si les horaires et même quelques étapes sont parfois contestés. Mais les interprétations du comportement de Charles de Gaulle, le 29 mai 1968, sont de deux types, qui opposent deux écoles : celle du désarroi, et celle de la tactique. Pour s'en tenir aux acteurs et témoins directs qui ont pris la peine de s'exprimer, la première a pour docteurs le général Massu et surtout M. Pompidou. La seconde, le général de Boissieu et le commandant Flohic. Selon les premiers, le général de Gaulle aurait littéralement cherché refuge à Baden-Baden, et n'aurait été ramené vers l'action que par les exhortations du général Massu. Selon les autres, le chef de l'État aurait, tout

[*] Une formule voisine lui échappera d'ailleurs, à la fin de la matinée du 29, devant Alain de Boissieu.

au long de la journée du 29, exécuté un plan lucidement médité dont le passage par Baden n'aurait été qu'un épisode, sinon un détour, la rencontre avec Massu, prévue en France, ayant un objectif stratégique clairement déterminé*.

Le plus curieux, en ce débat envenimé, est que les thèmes des deux écoles — désarroi ou tactique — sont rassemblés et combinés dans un texte unique qui, rédigé avant que, de part et d'autre, on s'attachât à « avoir raison » dans la caricature comme dans le panégyrique, semble donner la tonalité la plus juste, parce que la plus ambiguë — au moins pour ce que le rédacteur de ce texte a pu connaître de ces heures dramatiques : une lettre adressée à Georges Pompidou par le général de Boissieu, le 26 juillet 1968 ** et que les proches de l'ancien président ont publiée en annexe de *Pour rétablir une vérité*[1].

Notons, avant d'en citer les passages essentiels, que les deux hommes — qui allaient devenir les porte-drapeau des deux thèses opposées — étaient unis par des liens d'amitié exprimés de bien des façons — le général de Boissieu, pour sa part, ayant souvent donné à entendre que dans l'esprit de son beau-père, Georges Pompidou était son continuateur naturel en tant que président de la Ve République ***. Évoquant, à l'intention de l'ancien Premier ministre, « ce fameux 29 mai [...] lorsque je fus convoqué à Paris », le général Alain de Boissieu écrit, sept semaines plus tard :

« ... Je ne puis dire par lettre quelle fut la teneur de mon entretien avec mon beau-père, mais il fut par instants dramatique. J'avais devant moi un homme las et fatigué qui n'avait pas dormi depuis plusieurs jours. Lorsqu'il m'a parlé de ses projets, j'ai lutté pendant une demi-heure pour essayer d'en éliminer certains, mais lorsqu'il m'a parlé d'aller en Alsace ou à Baden, afin d'y rencontrer Massu, j'ai saisi la balle au bond. Nous nous sommes quittés sur ces mots : " Bien ! Je vais aller voir Massu, s'il pense comme vous, si l'Armée est fidèle à la République, comme vous l'affirmez, alors nous pouvons prendre le risque de l'épreuve décisive... "

« Sur le chemin du retour vers Mulhouse, je suis passé à Colombey, sur ordre du Général, afin de donner des instructions au service de sécurité et au personnel de La Boisserie, pour que tout ce monde ne s'inquiète pas du retard à l'arrivée de mes beaux-parents.

---

* Les deux thèses s'expriment notamment dans les ouvrages suivants : *Souvenirs d'outre-Gaulle* (Plon, 1979), *Pour rétablir une vérité* (Flammarion, 1982), *Pour servir le Général* (Plon, 1982), *Baden 68* (Plon, 1983).
   L'amiral Flohic est en outre l'auteur (avec Pierre Lefranc) d'un film télévisé, *Le général a disparu*, et d'un mémoire inédit sur mai 1968 qui sera largement cité ici.
   Le général Massu a précisé son point de vue dans plusieurs interviews (à *Paris-Match* et au *Figaro-Magazine* entre autres).
   La plupart des historiens — Pierre Viansson-Ponté dans *Histoire de la République gaullienne*, Henri Guillemin dans *Le Général clair-obscur*, François Goguel dans un article de la revue *Espoir* (n° 24, mars 1984) soutiennent la thèse de la tactique.
   ** Deux semaines après que M. Pompidou eut été remplacé à Matignon par M. Couve de Murville.
   *** Ainsi le général Alain de Boissieu manifestait-il qu'au moins jusqu'à une certaine époque, le plus fervent gaulliste pouvait être aussi un ardent « pompidolien » — ou, pour employer une ravissante tournure inventée — pour son propre compte — par François Mauriac, « dulcipompien ».

« C'est d'ailleurs en passant à Colombey que j'ai téléphoné à M. Foccart pour lui dire de ne pas s'inquiéter et de vous prévenir de ce retard. Quant à la destination... je ne pouvais la donner puisque le Général devait décider, à la première escale technique, s'il irait de lui-même à Baden ou s'il convoquerait le général Massu au Dabo ou à Sainte-Odile.

« A cause du temps qui était très mauvais, et devant l'impossibilité de joindre par téléphone le Général Massu, le Général prit finalement la solution Baden, malgré les inconvénients qu'elle présentait sur le plan international.

« La suite, vous la connaissez... »

Et la lettre s'achève par un vif éloge du général Massu.

Cette version des faits, qui a le double mérite d'être proche de l'événement et de n'être pas destinée à la publication (ou, pire encore, à servir d'argument dans un procès en canonisation ou en hérésie), tient compte du désarroi du chef de l'État (« Lorsqu'il m'a parlé de ses projets, j'ai lutté pendant une demi-heure pour en éliminer certains ») — qui ne pouvaient être que la retraite, à Colombey ou plus loin — et de son ressaisissement exprimé dans le projet de rencontre avec Massu en vue de l' « épreuve décisive ».

On dirait d'un texte de synthèse, s'il n'avait au contraire précédé le surgissement des polémiques. On parlera plutôt de « pré-thèse », en rappelant que ce primitif de l'histoire du 29 mai 1968 resta inconnu jusqu'en 1982, et qu'entre-temps révélations vraies ou fausses et commentaires contradictoires s'étaient multipliées.

Ces quelques avertissements donnés, on peut en venir au récit de l'action.

Le 29 mai à 7 heures, Xavier de La Chevalerie, directeur du cabinet du chef de l'État, est convoqué d'urgence à l'Élysée. Il y arrive à 7 h 30. Le général le reçoit debout dans son petit salon. La Chevalerie qui voit chaque jour le président de la République n'en est pas moins frappé ce matin-là par sa pâleur et la fatigue qui se lit sur ses traits. « Je suis crevé, éreinté, lui dit le général. Je pars me reposer et dormir un peu à Colombey. Présentez mes excuses à M. de Courcel : je ne pourrai le recevoir aujourd'hui à déjeuner comme nous en étions convenus[2]... »

Une demi-heure plus tard, dans son bureau, Charles de Gaulle reçoit le général Lalande, directeur de son cabinet militaire, pour lui donner une curieuse mission : il partira sur-le-champ s'informer des intentions des trois grands chefs militaires de l'Est qui commandent à eux trois le « corps de bataille » : le général Beauvallet à Metz, le général Hublot à Nancy, le général Massu à Baden-Baden. Faisant d'abord escale chez ce dernier, il lui confiera la garde du fils, de la belle-fille et de trois des petits-fils du général de Gaulle qu'il aura emmenés avec lui.

A 9 h 15, c'est Bernard Tricot, secrétaire général de l'Élysée, qui reçoit les instructions du chef de l'État : le Conseil des ministres est reporté au lendemain, jeudi à 15 heures, après le bref séjour à Colombey que le général a décidé de faire avec Mme de Gaulle. Leur départ aura lieu en fin de matinée. Tricot est chargé de prévenir le Premier ministre.

Georges Pompidou qui, avant de partir pour l'Élysée, préside une réunion en vue d'arrêter les mesures civiles et militaires de maintien de l'ordre avant la manifestation de la CGT prévue pour l'après-midi, est avisé de la communication de l'Élysée par le secrétaire général du gouvernement Jean Donnedieu de Vabres. Saisi d'une « inquiétude extrême », il bondit sur son téléphone, appelle l'Élysée et demande à Tricot de lui ménager aussitôt un rendez-vous avec le général. Le secrétaire général est évasif. Pompidou insiste : « Il faut absolument que je lui parle... » Tricot ne promet rien. L'Élysée reste muet. Vers 11 heures, Pompidou rappelle Tricot : « Je dois le voir avant son départ ! » Dix minutes plus tard, le Premier ministre a la surprise d'entendre une voix à l'Élysée lui annoncer : « Le général de Gaulle vous parle » (ce qui n'était pas arrivé une fois par an à Pompidou depuis qu'il était à Matignon).

« Écoutez, cher ami — la voix est sereine, " détachée ", a écrit Pompidou —, je me sens fatigué. Il faut que je sois seul, que je me repose... que je prenne un peu de recul pour y voir plus clair. Je pars donc pour Colombey, mais je reviendrais demain... — C'est grave, mon Général, parce que je ne suis pas sûr que vous reviendrez... — Mais si. Je serai là demain en début d'après-midi pour le Conseil des ministres... *(un temps)* et quand bien même je ne reviendrai pas [...] je suis vieux. Vous êtes jeune. C'est vous qui êtes l'avenir. Vous seriez le recours. Mais je vous le dis : je reviendrai *(un temps encore, très bref :)* Je vous embrasse... » On a raccroché, laissant Pompidou stupéfait (« Ce n'était pas son genre ! ») et perdu en conjectures. Le « je vous embrasse ! », ce « vous seriez le recours » suivi par un départ hâtif, tout de même, quelle ambiguïté...

Si Matignon est plongé dans une anxieuse perplexité, l'Élysée est redevenu une chambre des machines : c'est alors en effet que s'achève le tête-à-tête de Gaulle-Boissieu qui constitue le premier tournant de cette zigzagante journée. Jusqu'alors, des ordres de renvoi donnés à La Chevalerie et à Tricot, à la mission confiée à Lalande et à l'« au revoir » à Pompidou, tout ou presque va, chez de Gaulle, dans le sens du repli. Presque tout : car Lalande ne doit pas se contenter de mettre la famille Philippe de Gaulle à l'abri en Allemagne, il doit prendre contact avec les trois hommes qui ont en main le corps de bataille français — Massu, Hublot et Beauvallet. Ce qui ne peut aller sans quelques arrière-pensées...

S'agissant du tête-à-tête entre le général de Gaulle et Alain de Boissieu, on ne saurait se contenter des citations faites plus haut, qui ne donnent pas un reflet très vraisemblable de ce qui se passa. Dans le livre qu'il a publié quatorze ans plus tard [3], le gendre de Charles de Gaulle est beaucoup plus prolixe que dans sa lettre du 23 juillet 1968. Certains détails semblent viser à consolider pieusement la thèse du tacticien magistral. Mais rien ne contredit le récit discret fait à Georges Pompidou.

Dans cette seconde version, le général de Gaulle est décrit « soucieux, préoccupé », faisant un « tableau très sombre de la situation » et concluant son exposé comme il l'a fait devant Debatisse la veille, comme il le fera devant Massu quatre heures plus tard : « ... Dans ces conditions, le peuple français n'a pas besoin de De Gaulle... Je ferais mieux de rentrer chez moi et d'écrire mes Mémoires *... »

Boissieu raconte qu'à ce point de l'entretien il se leva, déclarant à de Gaulle : « Mon Général, ce n'est plus votre gendre qui est devant vous, mais le commandant de la 7ᵉ division qui a un message à vous transmettre de la part du général commandant son corps d'armée et du général commandant sa région militaire. » Surpris, poursuit le visiteur, de Gaulle se lève à son tour : l'entretien se poursuit debout.

L'état d'esprit des chefs militaires que décrit alors le général de Boissieu est celui d'une attente passionnée : chacun est résolu à « défendre la patrie contre quiconque, que l'agression vienne de l'extérieur ou de l'intérieur ».

« Bien, fait de Gaulle. Mais vos troupes sont à base de jeunes du contingent. Que donneraient-elles dans l'épreuve ?

— ... Je me fais fort de regrouper un régiment de volontaires d'active dans ma division si vous avez une action particulière à entreprendre. Si vous me donniez l'ordre de reprendre l'Odéon... » Et de conclure : « L'armée ne comprendrait pas que l'État se laisse bafouer plus longtemps...

— Quelle serait l'attitude de l'armée s'il fallait aller jusqu'à l'épreuve de force ?

— Jamais l'armée n'a été aussi disciplinée... Elle attend les ordres... »

Alors, de Gaulle, souriant, déclare : « Bien, je vais voir si Massu est dans le même état d'esprit **, ensuite je parlerai, de Colombey, de Strasbourg... ou d'ailleurs [...]. L'État sera où je serai. Je vais en effet quitter Paris ; si la manifestation communiste de cet après-midi déviait et s'orientait vers l'Élysée, elle n'aurait plus d'objet ; on n'attaque pas un palais vide. » Puis le chef de l'État remet à son gendre deux lettres : l'une semblable à celle qu'il lui avait déjà confiée avant ses voyages à l'étranger, l'autre contenant des directives pour Georges Pompidou, « au cas où il m'arriverait quelque chose de grave m'empêchant d'assumer ma charge... ou la mort ».

Suite du récit de Boissieu :

« Dois-je prévenir le général Massu de votre intention de le rencontrer ?

— Oui, mais pas à partir de Paris, vous le ferez à partir de Colombey. Vous ne devez dire ici quoi que ce soit à qui que ce soit. Je veux plonger les Français, y compris le gouvernement, dans le doute et dans l'inquiétude afin de ressaisir la situation.

— Où dois-je convoquer le général Massu ?

---

* Ce que le général de Boissieu devait résumer au micro d'Ivan Levaï, à Europe nº 1, le 8 juin 1982, par cette formule, classique chez les gaullistes : « Il m'a fait le coup de l'apocalypse... »
** Le général Massu était le seul de ses pairs, chargés de grands commandements « opérationnels », qui n'ait manifesté aucune intention de soutien au chef de l'État au cours des dernières heures, comme l'avaient fait par exemple les autres généraux « Français libres » Vezinet à Lyon et Simon à Marseille.

— Tenez, au Dabo * ou à Sainte-Odile **, ce haut lieu frappera les esprits et son choix fera plaisir aux Alsaciens.

— Mais je crains que le poser de votre hélicoptère au Dabo ou à Sainte-Odile ne soit pas possible... il fait mauvais sur les Vosges.

— Alors, dans ce cas, convoquez Massu à l'aérodrome de Strasbourg-Entzheim.

— Et si je ne peux joindre le général Massu ? Ou si les conditions atmosphériques sont mauvaises sur l'Alsace ?

— Alors, dans ce cas, j'irai jusqu'au bout, jusqu'à Baden, puis je coucherai chez vous ce soir à Mulhouse, à moins que je ne puisse rentrer par la route à Colombey, en fin d'après-midi...

— Jacques Foccart m'attend à la sortie de votre bureau. Qu'est-ce que je lui dis ?

— Rien, vous ne devez rien dire à personne, ni téléphoner avant d'être à Colombey. Je serai loin à ce moment-là et en route pour l'Alsace, s'il y a une indiscrétion cela n'aura pas d'importance, mais étant donné qu'une des alternatives peut m'amener à me rendre à Baden je ne veux pas que la presse allemande soit alertée [4]. »

Voici donc de Gaulle émergeant de sa mélancolie en stratège souverain, tel que le veut une certaine école. Prenons ce récit au pied de la lettre : quoi de plus gaullien que cette manœuvre ? Sa fatigue du petit matin surmontée, les nouvelles de l'armée que lui a données Boissieu l'ont dopé. « Le voile épais de tromperie [5] » où il s'emmitoufle est, ce 29 mai vers 11 heures, celui qui protège Koutouzov en retraite. Quitte à prendre, en d'autres instants, des formes sinon des objectifs différents.

Avant de recevoir Boissieu — qui déjà vole vers Mulhouse, via Colombey —, de Gaulle avait convoqué François Flohic, en uniforme. L'aide de camp de service ce matin-là est le colonel d'Escrienne. Mais, précise Flohic, le général a voulu emmener un marin qui sera, estime-t-il, plus libre par rapport aux chefs militaires — tous des terriens — qu'on rencontrera ce jour-là. En tout cas, l'officier est surpris d'avoir à endosser l'uniforme : jamais, de mémoire d'aide de camp, on n'est parti pour Colombey autrement qu'en civil... En arrivant à l'Élysée, vers 10 h 40, Flohic croise Boissieu qui lui dit, sibyllin : « Si vous avez besoin de kérosène, il y a un fidèle à Orge, entre Chaumont et Châteauvillain... » Qu'est-ce à dire ? L'étonnement de Flohic s'accroît quand le chef de l'État lui signifie : « Sans que l'on vous voie, prenez des cartes allant à l'est de Colombey... — Les fonds sont-ils prévus ? — Tout est prévu... »

Une autre précaution a été prise, par Mme de Gaulle celle-là : la veille, elle a téléphoné à son frère Jacques Vendroux de passer prendre, dans la matinée du 29, la « petite Jeanne » (la femme de chambre de l'Élysée) et de l'emmener chez elle, dans le Nord, « pour quelques jours ». Pendant le trajet vers Calais, la jeune fille révélera aux Vendroux que le départ des de Gaulle

---

* Col des Vosges emprunté par la division Leclerc pour prendre Strasbourg.
** Monastère placé sous l'invocation de la patronne de l'Alsace.

pour Colombey, ce jour-là, est « d'un autre ordre » que d'ordinaire, qu'on a « emballé... beaucoup plus de choses que d'habitude » et qu'elle craint qu' « il s'agisse d'un éloignement définitif ». Propos que le beau-frère de Charles de Gaulle met au compte de la « mélancolie féminine [6] »...

Après avoir signé et remis à Bernard Tricot un acte donnant délégation au Premier ministre de présider le Conseil des ministres pour le cas où il serait nécessaire de réunir celui-ci avant le lendemain après-midi [7], le général, suivi de Mme de Gaulle et de Flohic, quitte l'Élysée à 11 h 30. Un quart d'heure plus tard — Paris, privé d'essence, est vide d'automobiles — on est à Issy-les-Moulineaux où attendent deux hélicoptères *Alouette 3*. Dans le premier, que pilote le capitaine Pouliquen, flanqué d'un copilote, le lieutenant Laloy, embarquent le général, sa femme et Flohic. Dans le second, outre l'équipage, montent le commissaire Puissant, le garde du corps (« gorille ») Paul Teissier et le Dr Menès (un interne de service accompagne le chef de l'État dans chacun de ses voyages, nanti d'un imposant matériel pour transfusion d'urgence *). Un troisième hélicoptère, celui de la Sécurité militaire, suivra les deux premiers, mais pendant la première heure de vol seulement. Au moment de l'embarquement, le général est nerveux, maugréant qu'il y a trop de bagages, que c'est trop long, qu' « on nous voit [8] »... On décolle à midi.

Le cap est mis sur Saint-Dizier, à 50 kilomètres au nord de Colombey, à mi-chemin des garnisons de l'Est. C'est là que sera fixé l'itinéraire définitif selon les informations transmises par Boissieu à partir de Colombey. Mais à l'escale, pas de nouvelles : le gendre du général de Gaulle a été retardé par une panne et, en raison de la grève des postes, n'a pu obtenir, par le réseau international, Baden-Baden.

Le plein fait, les deux hélicoptères décollent vers l'est. Le général, sans nouvelle de Boissieu, donc de Massu, demande à Pouliquen de le mettre en liaison radio avec Baden. Mais le pilote ne dispose que de fréquences préréglées sur son appareil, celles qui sont indispensables pour circuler en région parisienne et sur le trajet Paris-Colombey.

Il faut s'arrêter sur cet instant de flottement. Le plan du général, déjà si lourd d'incertitudes, vient de subir un accroc. Le silence de son gendre — qu'il n'attribue certainement qu'à un ennui technique — le déconcerte. Cette phase capitale du processus était l'une des plus simples. Elle ne peut s'accomplir. Alors il hésite un instant. Massu insaisissable ? Il y a Beauvallet à Metz, Hublot à Nancy... Mais non.

Assis à l'avant à côté du copilote, de Gaulle étant à l'arrière avec sa femme, Flohic ne communique avec le général, dans le vacarme, qu'en crayonnant sur le dos d'une enveloppe **. Il lit soudain, griffonné de la main

---

* Dans une interview accordée à Anne et Pierre Rouanet et publiée dans *le Nouvel Observateur* du 3 juin 1983, ce médecin, évoquant le de Gaulle du 29 mai 1968, précise : « Je n'ai observé aucune différence sur le visage ni dans la démarche, ni à l'Élysée au départ, ni à Villacoublay, ni à Baden, ni le soir à Colombey. Le général de Gaulle avait un visage soucieux depuis quelques jours et déjà pendant son voyage en Roumanie. Il l'a gardé plusieurs jours pour la suite. Il était fatigué comme l'étaient, je suppose, tous les hommes politiques. Rien d'exceptionnel ni de nouveau. »

** Publiée en fac-similé dans *Souvenirs d'outre-Gaulle*, p. 178.

du général : « Résidence du général commandant en chef des FFA » (forces françaises en Allemagne). C'est donc Baden-Baden l'objectif, Baden où Massu n'a pu être prévenu. Il est 13 h 15. Les cartes Michelin ne sont pas très précises, constate Flohic, mais on vole en rase-mottes pour éviter les radars : navigation à vue. A 14 h 20, on franchit le Rhin au nord de Strasbourg : et voici bientôt le terrain de Baden-Oos. Atterrissage à 14 h 40.

L'aide de camp appelle aussitôt par téléphone la résidence toute voisine du commandant en chef. Il obtient Mme Massu qui lui passe son mari :

« Ici Flohic, mon Général. Nous sommes ici.

— Qui nous ?

— Le Général et Mme de Gaulle. Je demande [...] le balisage de votre pelouse par fumigène...

— Mon p'tit vieux, je suis à poil dans mon lit où je fais la sieste * ; laissez-moi cinq minutes pour me préparer... »

Au moment de redécoller pour la résidence, Flohic a la surprise de voir atterrir deux avions légers *Beechcraft* d'où descendent le général Lalande, Philippe de Gaulle et sa famille... Pas le temps de s'attarder. Deux minutes plus tard, les deux *Alouette* fondent sur la résidence. Le général Massu se tient sur la pelouse, au garde-à-vous. Il est 15 h 01.

De Gaulle, vêtu d'un complet gris foncé, prend pied à droite de l'appareil, suivi de Flohic — tandis que Mme de Gaulle, descendant à gauche de l'*Alouette*, est entraînée vers la résidence par Mme Massu. Le visiteur attaque d'emblée :

« Tout est foutu, Massu... »

Cet exorde, cité par l'auteur de *Baden 68,* est confirmé par Flohic, qui se tient à deux pas, et qui avant de s'écarter, entend la première réplique de Massu :

« Vous n'y pensez pas, mon Général ! Un homme de votre prestige a encore des moyens d'action[9]. »

Pour la suite, il faut se reporter aux propos cités par le général Massu soit dans son livre, soit dans les interviews accordées à *Paris-Match* ** ou au *Figaro Magazine*. S'agissant des phrases prononcées par le commandant en chef en Allemagne, il n'y a aucune raison d'émettre un doute : leur franchise, ou mieux leur brutalité est garante de leur authenticité. Ce sont les répliques, les questions et les silences de De Gaulle qui méritent une exégèse plus subtile que celle à laquelle procède son hôte.

Les deux généraux discutent un moment sur la pelouse. Dix à quinze minutes, pense Flohic. Puis ils gagnent le grand bureau de Massu, où leur entretien se prolonge plus de vingt minutes — coupé vers 15 h 30 quand

---

* Le général Massu a contesté ce propos. Dans son livre, il se décrit comme somnolant en pull-over sur un canapé, *le Figaro littéraire* sur le nez... Vieux colonial, Massu était un adepte de la sieste. Au surplus, il avait reçu la veille et somptueusement traité, à la vodka, le maréchal Kochevoï, commandant en chef soviétique en Allemagne, jusqu'à une heure avancée de la nuit.

** Recueillie par Jean Mauriac, qui donne ici une garantie de sérieux.

on apporte une collation au visiteur. En trente-cinq minutes, et en de telles circonstances, on peut dire beaucoup de choses. Les propos du général de Gaulle, son hôte les résume ainsi dans son livre :

« Tout est foutu, les communistes ont provoqué une paralysie totale du pays. Je ne commande plus rien. Donc je me retire et comme je me sens menacé en France, ainsi que les miens, je viens chercher refuge chez vous, afin de déterminer que faire. »

(D'après la mise en pages de ce livre, on est conduit à penser que ce propos de Charles de Gaulle a été tenu pendant la première partie de l'entretien, dans le jardin, et ce qui suit dans son bureau.)

« J'ai dit à mon fils de me rejoindre ici avec sa famille... Pompidou a peut-être eu tort, au début, de composer avec les étudiants. Mais il a été très bien par la suite. »

« On ne veut plus de moi... »

De Gaulle s'enquiert alors des moyens de gagner Strasbourg et, en dépit de la réponse très positive de Massu, poursuit : « ... Il n'y a qu'à prévenir les autorités allemandes de ma demande d'hospitalité » (on reviendra sur ce point). Et il suggère que l'on prévienne de sa présence l'ambassadeur de France à Bonn, François Seydoux.

Pendant que le général de Gaulle se restaure (un peu d'omelette, un verre d'eau, deux tasses de café), son hôte, qui le juge « un peu moins crispé qu'à son arrivée », poursuit le plaidoyer entamé au pied de l'hélicoptère :

« Pour vous et pour le pays, vous ne pouvez renoncer de la sorte. Vous allez vous déconsidérer par ce départ et ternir votre image. Tout ce qui a été fait depuis dix ans ne peut disparaître en dix jours. Vous allez libérer des vannes et accélérer le chaos que vous avez le devoir d'endiguer. Vous avez affaire à 15 000 individus décidés à porter chez nous une lutte qui se joue dans le monde entier. Vous êtes écœuré, mais vous en avez vu d'autres, depuis 1940. Vous devez vous battre jusqu'au bout, sur le terrain que vous avez choisi... Si vous passez le pouvoir, il faut que ce soit à la suite de la consultation populaire... »

Ici, Massu force un peu la note, décrivant un de Gaulle qui, « jusqu'alors prostré, lève de plus en plus les yeux sur moi... » et, comme s'il apportait « de l'oxygène à son organisme asphyxié », répétant : « continuez, continuez... ». Bigre ! C'est la résurrection de Lazare...

Revenant à ses propres arguments, Massu est plus convaincant : « ... Il sera toujours temps de démissionner... Mais sans avoir fui au préalable, car le front est en France, et, pour vous, à Paris. Le vieux lutteur qu'est le général de Gaulle doit faire front jusqu'au bout... Je ne crois d'ailleurs aucunement à une menace physique contre vous... [en tout cas] il vaudrait mieux être victime d'une telle éventualité que de s'être soustrait à un risque de cet ordre. » Pour corser encore un peu les choses, Massu a rapporté à un journaliste ces phrases qui ne figurent pas dans son livre :

« Mon général tant pis, qu'est-ce que vous voulez, vous êtes dans la merde, il faut y rester encore. Retournez-y. Il n'y a pas moyen de faire autrement. Vous y êtes encore, il faut que vous y restiez [10]. »

« Mon effort dura plus d'une heure », croit pouvoir préciser Massu — non sans ajouter qu'au cours de son plaidoyer il a trouvé le temps d'informer ses deux aides de camp, qui attendent dans le salon voisin, des difficultés de sa tâche. Dans une interview accordée quinze ans plus tard, l'un de ces deux officiers, qui était alors le capitaine Richard, rapporte ainsi les commentaires faits, à leur adresse, par Massu : « Nous ne sommes pas sortis de l'auberge, il est têtu comme une mule et bloqué dans sa résolution de tout laisser tomber. Il m'a décrit l'Apocalypse [11]... »

Soudain, rapporte Massu, « Il se lève... il s'approche de moi et me donne l'accolade : " Je repars ! Appelez ma femme ! Quant à mon fils, qu'il juge ce qu'il doit faire... " [12] »

Sur plusieurs points, le récit du général Massu, qu'en l'absence d'une autre version il faut tenir pour globalement exact *, appelle des commentaires. D'abord celui que ne peut manquer de faire toute personne qui a sinon connu, du moins étudié le comportement du fondateur de la Ve République en maintes péripéties de sa carrière. Ce n'est pas par hasard que Massu lance ici, à l'un de ses officiers, le mot d'« apocalypse ». C'est un vocable que l'on retrouve, de Londres à Alger et d'Anfa à Colombey, en maintes étapes de cette extravagante histoire.

L'un des plus proches, fidèles et constants collaborateurs de Charles de Gaulle le définissait devant nous comme « cyclothymique ». Simulés ou non, l'abattement comme l'exaltation prenaient chez lui des formes extrêmes : il suffit de lire un collecteur de conversation aussi minutieux, aussi consciencieux que Jean Raymond Tournoux (*la Tragédie du général, le Tourment et la Fatalité* entre autres) pour mesurer jusqu'où pouvait aller, dans des occurrences infiniment moins tragiques que celles de ce 29 mai, l'expression du découragement de l'auteur des *Mémoires de guerre*.

Dans ce « coup de l'apocalypse » qu'il fit à tant de ses compagnons, se combinent la cyclothymie naturelle et les procédés tactiques du général. Il y a certes, dans ces propos dépressifs, une part de véritable angoisse — que son expression même contribuait peut-être à conjurer, à purger. Il y a aussi la volonté d'éprouver son vis-à-vis. Jacques Foccart, qui fut peut-être le plus constant auditeur de Charles de Gaulle de 1945 à 1969, évoque ces séances où le général soumettait son interlocuteur à un bombardement de prédictions catastrophiques et d'anathèmes. S'il en sortait sans émoi, c'est qu'il était d'un bon acier. L'acier dont était fait Massu.

Compte tenu de ce qui s'était dit le matin même entre le chef de l'État et son gendre — y compris le « coup de l'apocalypse » auquel Boissieu avait été soumis avant Massu —, compte tenu des décisions qui avaient alors été prises, des informations qu'avait fait demander de Gaulle aux généraux Beauvallet et Hublot, du dispositif qui se mettait en place de Paris à Mulhouse au su du principal intéressé, on serait tenté de minimiser quelque

---

* C'est celui que fit le commandant en chef en Allemagne dix jours plus tard, à son ministre, Pierre Messmer. On peut n'attacher qu'une importance secondaire à une erreur importante qu'il fait, citant sa femme qui croit avoir entendu Mme de Gaulle parler d'une escale à Colombey avant de venir à Baden. Ce qui conforte évidemment l'hypothèse de la retraite durable...

peu le rôle de ce tête-à-tête de Baden-Baden — si bien d'autres facteurs ne venaient nourrir la thèse « pessimiste » des tenants du désarroi gaullien.

Au cours du débat qui suivit la projection aux *Dossiers de l'écran* [13] du film de Pierre Lefranc et François Flohic, *Le général a disparu,* le meneur de jeu Alain Jérôme, demandant à Massu pourquoi, des propos tenus par le général devant lui, il avait conclu que son hôte avait décidé de se retirer du pouvoir, recevait cette réponse : « C'est l'environnement qui me l'a fait croire. » On ne saurait mieux dire. Si l'échange de propos tenus par les deux généraux à Baden-Baden ne suffit pas à entraîner l'adhésion du lecteur à la thèse du désarroi, bon nombre de gestes, d'initiatives, de réflexions qui en constituent « l'environnement » selon Massu conduisent à les prendre au moins en considération.

Le récit du général de Baden ne fait aucune allusion à un entretien qui eut lieu vers 15 h 30, probablement après la première phase du dialogue de Gaulle-Massu, entre le chef de l'État et François Flohic, avec lequel il n'avait encore eu ce jour-là que des échanges de caractère purement technique ou utilitaire.

Flohic n'est pas plus tôt entré dans le salon que le général de Gaulle lui fait cette réflexion qui en dit plus long que les lamentations à Massu : « ... Maintenant que je ne suis plus présent sur le territoire français, le Conseil constitutionnel va prononcer ma déchéance... » Ce qui ne semble pas indiquer que le séjour à Baden soit alors considéré comme une simple escale... Flohic fait judicieusement observer que cet organisme a pour président Gaston Palewski *, qui ne devrait pas mettre une hâte excessive à faire une telle démarche... Mais tout de même, cette réflexion n'est pas celle d'un simple manœuvrier qui n'aurait franchi le Rhin que pour mieux prendre son élan vers Paris, ou étonner l'opinion.

Ayant ainsi parlé, Flohic est prié de rejoindre, dans la salle à manger voisine, Mme de Gaulle qui déjeune en compagnie de Suzanne Massu. De toute évidence, une certaine connivence s'est établie entre les deux dames : on sait Mme de Gaulle très favorable à la retraite de son mari. Cette connivence s'exprime crûment dans une formule de la maîtresse de maison : « Ce n'est pas à 78 ans qu'on recommence le 18 juin ** ! » — qui révèle que, dans l'entourage du commandant en chef en Allemagne, tout le monde n'était pas ardemment désireux de voir se prolonger la carrière de Charles de Gaulle...

Ce thème de la retraite prolongée, du repli durable, pour ne pas dire de l'asile, on va le voir s'esquisser à plusieurs reprises au cours de ces 89 minutes allemandes — avant de s'évanouir soudain, la décision prise. Lors de son bref entretien avec Flohic, vers 15 h 30, le général de Gaulle lui a demandé d'entrer en contact avec l'ambassade de France à Bonn pour l'aviser de sa

---

* Quinze ans plus tard, Gaston Palewski évoquait, devant l'auteur, d'un air extasié, cet « envol du général, absent mais d'autant plus présent, ce seul être qui vous manque et par qui tout est dépeuplé »...
** Rapportant ce propos à l'auteur en janvier 1986, François Flohic précisa que Philippe de Gaulle entendit Mme Massu le répéter devant lui.

présence en République fédérale. Il a même envisagé de convoquer à Baden le diplomate, qu'un hélicoptère irait quérir à Bonn.

Il y a plus grave : la démarche auprès des autorités allemandes. Sur ce point, il faut donner la parole au général Édouard Mathon, chef d'état-major de Massu, qui en fut chargé.

« A 16 heures *, je suis appelé dans le bureau où sont réunis le chef de l'État et le général Massu qui me donne l'ordre de convoquer le général Karpinski, représentant le gouvernement fédéral auprès du commandement des forces françaises, pour l'aviser de l'installation ** du général de Gaulle. Je savais Karpinski absent mais j'ai choisi de faire la commission pour gagner du temps et réfléchir. Le bureau du général allemand me répond en effet qu'il est absent pour la journée. Mais Karpinski a un adjoint, le colonel Swerdtfeger. Faut-il l'appeler ? Je préfère l'oublier, n'ayant reçu mission que d'appeler Karpinski... Je viens alors rendre compte, après cinq ou six minutes, de mon échec. Le général de Gaulle à Massu : " Il faut donc convoquer notre ambassadeur à Bonn. " Mission confiée au capitaine Richard [14]. »

Cette démarche, décommandée quelques minutes plus tard fut donc souhaitée, et par deux fois : d'abord au cours de l'échange avec Flohic, ensuite lors de ce dialogue avec Massu. Or, son exécution demandait plusieurs heures : Bonn est distant de plus de 200 kilomètres de Baden-Baden.

Autres arguments du « parti du désarroi » : le nombre des bagages et l'installation de Mme de Gaulle dans une chambre. Ce que Georges Pompidou a appelé : « les dispositions prises pour un séjour prolongé [15] » à Baden. D'autre part, abondamment citée par son mari, Mme Massu indique dans *Baden 68* que les bagages sont si lourds que « les garçons feront plusieurs voyages pour les déposer à la résidence [16] ».

Ces bagages, ce sont ceux que peuvent transporter deux *Alouette 3,* dont la malle-cabine est comparable à celle d'une automobile normale. Au surplus, la caisse d'équipement médical dont le Dr Menès a la charge occupe à elle seule (1 m sur 30 cm) presque tout l'espace utile de l'un des appareils. En fait, indique Flohic, il devait y avoir une grosse valise et deux plus petites [17]. Ce qui était beaucoup plus que ce que les de Gaulle emportaient en week-end à Colombey, et moins que ce que suggère Suzanne Massu.

Il faut ajouter que l'épouse du chef de l'État transportait une petite mallette contenant les bijoux de famille — qu'elle confia, avant de reprendre la route, à sa belle-fille. Sachant quel avait été le niveau de vie des de Gaulle, on a tout lieu de croire qu'il ne s'agissait pas d'un trésor : mais on peut voir là sinon la preuve, au moins le signe d'une volonté de retraite prolongée.

Quant à l'installation d'Yvonne de Gaulle dans une chambre de la résidence — d'où furent, pour ce faire, évacuées les affaires d'une amie de la maîtresse de maison —, elle fut décidée et arrangée par Mme Massu avant

---

* Ce fut probablement un peu plus tôt.
** C'est le mot dont use, après réflexion, le général Mathon.

l'atterrissage des voyageurs, dès que l'appel téléphonique de Flohic eut jeté l'émoi. Nul doute que Mme de Gaulle, à peine arrachée aux secousses épuisantes de l'hélicoptère, n'ait goûté cette chance de repos — et l'on sait que tout alors la portait, épuisement nerveux, fatigue physique, inquiétude pour son mari, arrivée de sa famille, à prolonger la halte, voire le séjour. Mais ce n'est pas elle qui prenait les décisions.

Reste précisément l'installation de Philippe de Gaulle et des siens à Baden-Baden — où, arrivés par avion en même temps que les *Alouette 3*, ils resteront près de deux semaines. C'est là, avec la démarche esquissée auprès du gouvernement allemand, l'argument le plus fort de ceux qui croient qu'en prenant pied à Baden-Baden, chez Massu, le général de Gaulle cherchait un refuge plutôt qu'il ne déployait son art de la manœuvre.

Écoutons François Flohic :

« Philippe de Gaulle s'est rendu à Baden sur ordre de son père qui était à la fois président de la République et chef suprême des Armées. Il ne pouvait s'agir que d'une précaution du Général qui ne voulait pas laisser son fils en otage à Paris au cas où il aurait entrepris quelque chose à partir de Strasbourg ou de Metz. Déjà, durant le putsch des généraux d'Alger, il m'avait envoyé auprès du chef d'état-major de la Marine pour qu'il fasse appareiller d'Oran *le Picard* que commandait son fils. Si le Général avait choisi la retraite, il n'aurait pas hypothéqué la carrière de son fils sans son assentiment. Et, dans cette éventualité, celui-ci n'aurait pas accepté de suivre son père en exil. Au moment du départ de Baden pour Colombey, Philippe demandera à son père de le ramener avec lui à La Boisserie. Réponse du Général : " Je n'ai pas de place pour toi. Je t'appellerai si j'ai besoin de toi… " [18] »

C'est peu après 16 heures, on l'a vu, que Charles de Gaulle, soudain, se dresse devant Massu et déclare : « Je repars… » Une heure exactement après son arrivée.

Le temps de rameuter tout le monde — aide de camp, médecin, policiers, équipages —, de finir le plein des hélicoptères, il se passera encore près d'une demi-heure avant l'envol. De Gaulle en profite pour vérifier le bien-fondé de sa décision. Quittant le salon, il se dirige vers le général Mathon, et l'entraîne à part :

« Que pensez-vous de la situation ? Estimez-vous que j'ai raison de repartir ?

— Mon Général, j'estime la situation difficile, tendue, mais pas désespérée. Je crois que le général de Gaulle en a surmonté de pires !

— Vous parlez comme Massu, qui vient de me persuader de rentrer à Paris…

— Quel que soit votre avenir, mon Général, je pense que votre place n'est pas en Allemagne [19]… »

Charles de Gaulle, ayant remercié Mathon de son avis, se tourne vers le colonel Moniez, chef de cabinet de Massu, lui posant les mêmes questions, et en obtenant sensiblement les mêmes réponses. Curieux, tout de même, cette soif qu'il a d'être conforté, encouragé, incité. Curieux de la part de ce prodigieux décideur qui sut si souvent faire, de la tempête, et en solitaire, son alliée...

A 16 h 25, on se dirige vers les hélicoptères, posés sur la pelouse à 100 mètres de la maison. Massu, *in petto* : « ... Je réfléchis à cette extraordinaire visite. Je constate qu'elle s'est déroulée de manière à prouver qu'excédé par les événements parisiens le Général a voulu prendre une bonne distance avec la capitale, mais certainement pas étudier avec le commandant en chef des FFA une quelconque intervention militaire. Ce sujet n'a pas été évoqué *... Reste à accepter modestement que, nous sachant fidèles et dévoués à sa personne, ma femme et moi **, et disposant en outre de la situation géographique où il m'a placé deux ans plus tôt... le Général ait été poussé par la " chienlit parisienne " à venir faire une pause à Baden... »

Scène d'adieux avant le décollage. Le général et Mme de Gaulle, très émus, embrassent leurs enfants et leurs petits-enfants. Regagnant la résidence, Suzanne Massu marche aux côtés de Philippe de Gaulle qui « répète sans cesse qu'il ne comprend rien à cette manœuvre. Son père, dit-il, ne lui a rien expliqué de clair. Il murmure constamment : " Ou mon père ou l'anarchie " [20] ».

Une « dépression » ? Une « pause » à Baden ? Une « manœuvre » difficile à comprendre ? Un « chef-d'œuvre tactique » ? Qui, témoin, chroniqueur, analyste, partisan ou adversaire, peut dire le dernier mot sur cet étrange détour vers la Forêt-Noire ?

On a reproduit l'exposé du général de Boissieu, qui décrit clairement une opération stratégique compliquée par les circonstances. On a fait écho aux propos entendus et tenus par le général Massu, qui décrit un accès dépressif, une sorte d'effondrement, non sans nuancer ce tableau pénible par telle appréciation plus subtile : le mot de « pause » employé plus haut, ou bien dans une interview accordée en 1983 à Yves Mourousi qui lui demandait si de Gaulle était venu à Baden pour « se retirer ou pour réfléchir », répond : « ... se retirer ou réfléchir, c'est la même chose ».

A quoi il faut ajouter ces deux propos essentiels de Charles de Gaulle lui-même qui, le 1er juin, confiait à Georges Pompidou : « Pour la première fois de ma vie ***, j'ai eu une défaillance ****. Je ne suis pas fier de moi [21]. » Et six jours plus tard, au cours d'une interview télévisée avec Michel Droit : « Oui, le 29 mai, j'ai eu la tentation de me retirer... »

---

* Certes. Mais lors d'une réunion tenue le lendemain à 15 heures, où il a convoqué ses adjoints les généraux de Rougemont et Thoux, les commandants des divisions de Trèves et de Fribourg, les généraux Buis et de Corta, le général Mathon et les colonels Wagner et Moniez, Massu formulera clairement l'hypothèse d'une intervention militaire contre « le désordre ». Suggestion qui provoquera des « mouvements divers » et de très sérieuses objections de la part de deux au moins des participants à la réunion. Évoquant cette réunion, le général commandant en chef des FFA ne fait aucune allusion à ces réactions.
** « Fidèles et dévoués », oui. Mais la crise algérienne avait laissé des traces. Telle réflexion de Mme Massu en dit long sur les nuances dont peut s'accommoder la fidélité.
*** Formule un peu exagérée, on l'a vu.
**** La formule peut viser les journées antérieures au 29 mai.

Et quelle importance exacte attacher à ce qu'il dit dans la soirée du 29 mai, à La Boisserie, devant Flohic qui lui demande ce qui serait arrivé s'il n'avait pas pris la décision de mettre, cet après-midi-là, le cap sur Colombey, puis sur Paris : « J'avais informé Kiesinger* de ma présence en Allemagne. J'y serais resté un temps, puis je me serais rendu en Irlande, pays de mes ancêtres maternels, les Mac Cartan, puis beaucoup plus loin. De toute manière, je ne serais pas resté en France [22]. »

Alors, sauvetage d'un de Gaulle s'apprêtant à demander l'asile politique à l'Allemagne ? Réponse de Massu : « Ça, je ne sais pas. Ce n'était pas vraiment une hospitalité, plutôt un avertissement du genre : " Je passe sur votre territoire, comme je suis en train de réfléchir, je me repose un peu. " Baden est un lieu charmant [23]... »

Sur le rôle spécifique de Massu, on ne peut ignorer le propos que tint le général de Gaulle à Mme Massu au cours d'un déjeuner à l'Élysée le 8 novembre 1968, devant plusieurs témoins stupéfaits :

« C'est la Providence qui a placé votre mari sur ma route le 29 mai, ce qui a eu des conséquences considérables sur-le-champ et peut-être incalculables pour l'avenir... »

On peut écouter de préférence François Goguel : « ... Sans nier le moins du monde, car il l'a lui-même reconnu, qu'entre le 24 et le 29 mai, le général de Gaulle ait connu la tentation du renoncement je considère que c'est bien lui qui, comme il me l'a dit, s'est ressaisi, le rôle du général Massu dans ce ressaisissement n'ayant eu aucun caractère déterminant, et ayant surtout été dû à [...] l'image de sa personne que sa carrière avait créée dans l'opinion française [24]. »

Massu sauveur de Charles de Gaulle ? Le général Buis, qui commandait non loin de Baden la division de Trèves et fut mis dans la confidence le lendemain de l'événement, estime que le commandant en chef des forces françaises en Allemagne rendit ce jour-là un « considérable service à la France » mais que « le conseil n'est qu'un élément du choix. La décision est tout... Ce vieillard de 78 ans, près de sa fin, usé de luttes à l'échelle du monde, a su, blessé dans son cœur plus encore que dans son esprit, s'ordonner en moins d'une heure de reboucler sur ses épaules les courroies du sac très lourd et soudain léger qu'il avait un instant mis à terre sur le bord de la route [25] ».

Alors, Baden ?

Simple détour « pour voir Massu », faute du rendez-vous alsacien prévu, au cours d'une vaste manœuvre de regroupement à la fois civil et militaire qui aurait eu Strasbourg ou Metz pour base ? Quelques jours plus tard, parlant à Jacques Chaban-Delmas, Charles de Gaulle assurera qu'il avait envisagé une reconquête à partir de Strasbourg. « Un coup de canon aurait suffi — en l'air, bien entendu [26] ! »

Là encore, la description paraît trop simple. On ne saurait nier, à entendre les témoins — et compte tenu du souci que peut avoir le général Massu de

---

* Alors chancelier fédéral. On a vu que cette « information » était restée à l'état de projet.

grandir, d'ennoblir son rôle —, que Charles de Gaulle eut, en arrivant à Baden-Baden, pendant une période de quarante à cinquante minutes, comme à diverses reprises les jours précédents, une défaillance. Le vieil homme choqué par ce qu'il vient de vivre, épuisé par des conditions de vol très pénibles — le rase-mottes est une expérience éprouvante —, à jeun, influencé par une épouse traumatisée par les injures entendues la veille et ses préoccupations familiales, eut selon toute apparence un passage à vide. Passage qui d'ailleurs ne va pas sans de constants sursauts : par deux fois, au cours de l'heure la plus sombre, il demande à Massu, puis à Flohic, s'il est possible de gagner Strasbourg — c'est-à-dire de passer à l'action.

On ne peut décrire les 89 minutes passées par le président de la République à Baden-Baden, dans l'après-midi du 29 mai 1968, ni comme une brève halte de stratège attentif à s'informer, soucieux de réfléchir, prêt à décider, avide d'impressionner, voire de terroriser l'opinion ; ni comme un effondrement de supplicié n'attendant son salut que d'un Simon de Cyrène qui aurait pris les traits de Jacques Massu.

En quête de vérité, il faut tenter d'insérer un moment d'abattement physique et psychique dans une séquence plus ample, celle qui commence vers 10 h 30 le matin à l'Élysée, quand de Gaulle et Boissieu dessinent le plan dont Massu est déjà l'acteur principal (mais non central...) et s'achèvera en fanfare le 30 mai à 16 h 35. Faut-il faire osciller de Gaulle, au cours de ces trente-trois heures prodigieuses, du zéro à l'infini, ou simplement de « moins » à « plus » ?

Ajoutons qu'il ne suffit pas (ce serait encore trop simple) d'insérer la scène du fléchissement de la résidence de Baden dans un scénario de résurrection tout uni et bien huilé : car le scénario lui-même comporte des éléments négatifs, intégrant en tout cas l'hypothèse d'une retraite plus ou moins prolongée, à Colombey, en Alsace, en Allemagne ou ailleurs. Ce que signifie aussi bien le gonflement des bagages que l'installation de la famille Philippe de Gaulle à Baden.

Ajoutons, pour donner toutes ses dimensions au récit, ce trait. Trois jours après son retour à Paris, de Gaulle reçoit M. Jeanneney, son ministre des Affaires sociales. Pour tout commentaire de l'épisode, il confie à cet homme fidèle : « En survolant la Lorraine, j'ai senti que je ne pouvais pas " les " abandonner [27]... »

Au fond, pourquoi s'échiner à creuser et opposer les hypothèses quand tout est dit dans la phrase que prononcera dès le lendemain un de Gaulle totalement revigoré à l'adresse du peuple français qu'il prétend de nouveau rassembler : « J'ai envisagé depuis vingt-quatre heures toutes les éventualités... » Toutes. Et peut-être à tout instant. Au cours des quelque neuf heures qui vont des instructions données au général Lalande à son envol de Baden vers Colombey, Charles de Gaulle est l'homme de tous les possibles — lutteur et retraité, fugueur et champion de la revanche. « Toutes les éventualités... » Debout devant Boissieu, il pense à la retraite. Prostré devant Massu, il médite d'agir. Peu banal dans les jours ordinaires, comment ne serait-il pas, dans ces heures folles, un fulminant faisceau de contraires?

Nous avons laissé Georges Pompidou fort inquiet, quand, avant de l' « embrasser », de Gaulle lui a signifié qu'il partait pour Colombey. Vingt-quatre heures... Que signifie? Michel Jobert, présent au moment où Pompidou entend le : « Je vous embrasse ! », parle d' « interrogation quasi clinique » de Pompidou sur « les intentions de son chef ». Autour du Premier ministre, il est peu de dire qu'on s'affaire, et qu'on s'attroupe. Grands et petits « barons » du gaullisme supputent, opinent, confabulent, vaticinent... Mais ce n'est rien encore...

A 14 heures, on annonce Bernard Tricot. Récit de Pompidou aux Mauriac : « ... Tricot, livide*, entra dans mon bureau en disant : " Le Général a disparu. — Comment cela, disparu ? — Eh bien ! oui... il devait arriver à midi et demi à Colombey. Et à une heure et demie son hélicoptère n'était pas là. Personne ne sait où il est... " » Dans son livre, Pompidou écrit : « Je poussai un cri : " Il est parti pour l'étranger ! " » (ce qui honore sa lucidité, mieux que la confiance qu'il avait dans le chef de l'État). Revenons à la version Mauriac : « Il ne m'avait rien dit ! Il n'avait rien dit au Premier ministre. J'ai passé là des heures épouvantables. Quatre (ou cinq ?)... »

Épouvantables, ces heures? A coup sûr. Mais cinq, non. Le Premier ministre resta dans l'ignorance un peu moins de deux heures. Son cri poussé, il alerta bien sûr Messmer — non sans laisser entendre que le général avait peut-être été plus ou moins enlevé par un parti militaire — en lui faisant durement valoir qu'il était « responsable » du chef de l'État, chef des Armées.

Une certaine légende veut que les militaires aient appris très vite l'itinéraire des deux *Alouette 3* et qu'ils aient gardé pour eux, pendant plusieurs heures, ce secret formidable : de quart d'heure en quart d'heure, cet après-midi-là, tout pouvait arriver — soit la transformation en insurrection de la grande manifestation communiste en marche sur Saint-Lazare, soit une requête en déchéance du chef de l'État auprès du Conseil constitutionnel (comme le craignait — ou feignait de le craindre — de Gaulle...), soit un « contrecoup » gaulliste, soit la proclamation d'un gouvernement provisoire... La dissimulation de nouvelles, dans ce cas-là, peut avoir la valeur d'un pronunciamiento !

Le général Fourquet, alors chef d'état-major général, dément vigoureusement cette accusation. Indiquant qu'il croit se rappeler que c'est Bernard Tricot qui l'alerta le premier, il raconte : « J'ai téléphoné immédiatement au commandant de la Défense aérienne pour savoir si l'on avait trace de l'*Alouette* du Général. La réponse m'est venue très rapidement : Baden. J'ai

---

* Bernard Tricot s'étonne de ce mot. Mais, si l'on se sent rougir, connaît-on sa pâleur ?

alors immédiatement prévenu mon ministre, Pierre Messmer. Et j'ai téléphoné à Massu *.

« Bien que je n'aie gardé aucun document de l'époque et ne puis préciser les heures, je suis catégorique sur le fait qu'il n'y a pas eu, de ma part, rétention de cette information pendant deux heures !!! Il n'y avait pas là matière à secret militaire, ni à secret d'État vis-à-vis de mon ministre et du Premier ministre [28] !! »

Pompidou est donc informé entre 15 h 30 et 16 heures. Au moment même où de Gaulle s'apprête à regagner Paris, via Colombey. Entre-temps, le Premier ministre a donc connu des moments « épouvantables » : les « barons » du gaullisme se pressent autour de lui. Vers 14 h 30, il a téléphoné à son ami Guy de Rothschild. Qu'en pense son ancien patron ? Le Pr Milliez, que des liens de lointaine parenté unissent au général et qui est ce jour-là l'hôte des Rothschild, prend l'écouteur et lance : « Et s'il était chez Massu ? » Il entend un éclat de rire [29]...

Le Premier ministre a, lui aussi semble-t-il, envisagé « toutes les éventualités »... De la formation autour de lui d'un « gouvernement d'unité française » à un appel au peuple en vue duquel est convoquée dans l'après-midi une équipe de télévision, à une intervention devant l'Assemblée nationale — et peut-être même à son propre effacement. Pourquoi, « l'autre » m'abandonnant, devrais-je tout assumer ? Pourquoi ne pas, moi aussi, prendre le large ? (Si l'hypothèse est ainsi formulée, c'est parce qu'elle fut suggérée à l'auteur de très bonne source. Un avion fut même, dit-on, préparé dans l'après-midi...) L'État paraissait soudain si exsangue...

Mais il faut citer ici l'attestation d'Olivier Guichard, témoin de ces heures de fièvre : elle vaut caution bourgeoise : « Georges Pompidou n'a jamais été si grand que ce jour-là par son loyalisme et son sens des responsabilités [30]. » On ne peut en tout cas rendre le Premier ministre responsable de réflexions qui étaient formulées par tel ou tel de ses collaborateurs — par exemple Jean-Luc Javal qui, pressant la télévision de se tenir prête à enregistrer une déclaration de Georges Pompidou, ajoutait à l'adresse d'un dirigeant de l'ORTF : « Il est temps de se débarrasser du vieux con [31]... »

Évoquant la disparition du général devant François, Jeanne, Claude et Marie-Claude Mauriac, Georges Pompidou ne pouvait six mois plus tard, contenir sa rancune : « C'est inadmissible... » Sur quoi renchérissait son épouse : « Je ne lui pardonnerai jamais... » (Comme si faiblesses et stratagèmes de ce grand homme pouvaient être mesurés à l'aune des émotions du ménage qu'il avait installé à Matignon...)

Les deux hélicoptères qui ont décollé de Baden à 16 h 30 atterrissent à Chaumont — à 20 kilomètres de Colombey — à 18 heures. Vingt minutes

---

* Qui envoya le surlendemain son adjoint le général de Rougemont pour présenter un compte rendu de l'épisode du 29 mai au ministre de la Défense et au général Deguil, directeur du cabinet militaire de Matignon.

plus tard, le portail de La Boisserie s'ouvre devant deux 404 Peugeot de la gendarmerie — ce qui démontre que le retour des de Gaulle n'était pas prévu si tôt.

Le général appelle aussitôt Bernard Tricot qui entend le fameux : « Je me suis mis d'accord avec mes arrière-pensées », superbe résumé de cette journée de retraite offensive, définition définitive de cette stratégie de l'ambiguïté. De Gaulle ajoute du ton le plus naturel qu'il rentrera le lendemain matin et maintient le Conseil des ministres à 15 heures. Pompidou est appelé à son tour vers 18 h 30 : « La voix était ferme. Il confirmait son retour, le Conseil des ministres, et semblait me dire : vous voyez que vous avez eu tort de vous inquiéter. Il ajoutait qu'il fallait revoir un peu le gouvernement et que Gorse * avait échoué à l'Information [32]. »

Ayant ainsi refermé la parenthèse de Baden et signifié qu'en somme son programme était (à un détour près...) celui dont il avait fait part à ses proches dans la matinée du 29, le maître de La Boisserie retrouve son domaine et sa sérénité. Il fait avec sa femme et Flohic une longue promenade dans le parc, où l'on ne parle, écrit l'auteur de *Souvenirs d'outre-Gaulle* « que de fleurs, d'arbres et de poésie »...

Retour au salon. Contrairement à ses habitudes, le général ne s'enferme pas pour travailler dans son bureau, pas plus qu'il ne s'assied devant sa table pour faire des réussites. Apparemment, une seule chose lui importe : le journal télévisé, qu'il attend avec une impatience croissante. Comme tous les Français ce soir-là, il constate que l'information est toujours en grève. Mais à 20 heures surgit un présentateur qui annonce simplement que le général de Gaulle est chez lui, à Colombey. L'admirable est qu'il en paraît rassuré. Le dédoublement, chez lui, entre Charles et de Gaulle peut aller très loin : s' « il » est chez lui, ça va...

Le général, apparemment rasséréné — il vient d'apprendre par la radio que la grande manifestation communiste est en train de se disperser autour de Saint-Lazare dans le calme, sans que l'Élysée ait servi de point de mire aux marcheurs —, dîne de bon appétit. Et le voilà qui déclame quelques vers évoquant le fleuve que les trois voyageurs viennent, par deux fois, de survoler :

> « Le Rhin, triste témoin d'éternelles alarmes,
> Roule un flot toujours prêt à recueillir des larmes... »

Et se tournant vers son compagnon : « De qui est-ce ? » François Flohic avoue son ignorance. « Ça ne m'étonne pas : c'est de moi **... » Voilà un petit jeu qui dénote une heureuse disposition d'esprit.

Aussi bien l'aide de camp relève-t-il le lendemain matin que, sitôt levé, le général a gagné son bureau où il a mis en forme la déclaration qu'il doit

---

* Que M. Pompidou appréciait beaucoup moins — rivalité de normaliens ? — que ne le faisait le général.
** Cité dans le tome 1, chapitre 5, p. 126.

prononcer dans l'après-midi. « Il me semble très déterminé. Une fois encore, l'air de sa Boisserie lui aura été bénéfique[33]. »

L'hélicoptère s'envole vers 11 heures. On regagne l'Élysée à 12 h 30. A Bernard Tricot, qui le trouve rajeuni, et le lui dit, de Gaulle confie : « J'avais besoin de respirer le bon air. J'ai bien dormi. Je suis dispos. » L'un des témoins devait dire : « Il a chaussé les bottes de 1940. » Déjà Pompidou téléphone pour être reçu. Le général le fera attendre jusqu'à 14 h 30. Il faut d'abord « accorder les violons » avec ses familiers. Foccart, qui en est l'un des inventeurs, vient de lui parler de la manifestation prévue sur les Champs-Élysées dans l'après-midi. Tout se met en place. Le général recevra le Premier ministre avant le Conseil des ministres, fixé à 15 heures. Après le Conseil, il prononcera, à 16 h 30, son allocution, à la radio seulement. Et le cortège s'ébranlera avant 18 heures.

Du total ressaisissement de Charles de Gaulle, il ne faudrait pas inférer que la situation est, d'un coup, renversée. Le retour du général n'a pas rendu confiance, d'un seul coup, à l'ensemble du parti gaulliste. Le miraculé n'a pas encore fait de miracle. Jacques Vendroux note, le 30 mai au matin : « La majorité de nos amis, à l'Assemblée, est dans un lamentable état de prostration. Le vent du défaitisme souffle de plus en plus[34]... » Chacun sait qu'à la même heure, au Sénat, Gaston Monnerville est très entouré et qu'il s'apprête à recevoir son ami Pierre Mendès France — dont les démarches, ce jour-là (au moins jusqu'au milieu de l'après-midi), polarisent plus de regards que la rentrée du général de Gaulle à l'Élysée.

Le général doit parler dans l'après-midi ? Mais pour dire quoi ? S'il se contente de la radio... La presse, ce jour-là, se résume en deux titres d'éditoriaux : celui de *France-Soir*, « Le général est seul » et celui du *Monde*, « Le tandem de demain » (Mitterrand et Mendès). De Gaulle est rentré. Mais c'est encore par la petite porte.

A 14 h 30, Georges Pompidou est enfin en présence du chef de l'État. Il a en poche une lettre de démission * dont il a déjà parlé à Bernard Tricot, qui en a lui-même averti le général. « Il n'en est pas question ! tranche de Gaulle. Si vous partez, je pars aussi[35]... » Pompidou, qui ne se sent « pas la force de maintenir [sa] démission[36] » entend alors le général lui lire l'allocution qu'il a rédigée le matin même à La Boisserie. C'est le de Gaulle des grandes heures : rappel de sa légitimité, hommage à son Premier ministre, dénonciation des « totalitaires », menace de recourir à l'article 16, appel à « l'action civique »...

Excellent, pense le Premier ministre. Mais en dépit de ses sollicitations répétées, de Gaulle, s'il diffère le référendum, n'annonce toujours pas la dissolution de la Chambre, préalable absolu aux yeux de Pompidou — qui y était fort hostile, on l'a vu, huit jours plus tôt. Alors le Premier ministre plaide avec un talent consommé, une conviction impressionnante.

A lui la parole (il ne l'a pas volée, en l'occurrence...) : « Le Général s'obstinait à me dire : " On ne peut pas faire les élections. La preuve, c'est

---

* Publiée en fac-similé dans son livre, p. 198. Il n'y est pas fait état de son amertume.

que je n'ai pas pu faire le référendum. " Je répliquai que les deux choses étaient fort différentes, qu'un référendum sur un vague sujet de régionalisation n'intéressait guère et ne répondait ni de loin ni de près aux inquiétudes du pays, que le rendre pratiquement impossible par la grève n'indignait pas l'opinion alors qu'elle n'accepterait pas qu'on empêchât les élections, forme ancienne, enracinée dans les esprits, de la consultation populaire. A la fin, voyant que je ne convainquais pas, je déclarai : " Mon Général, vous me demandez de rester. Je vous demande la dissolution. "

« Le Général me regarda, puis prit une feuille de papier à lettres et rédigea une lettre à Monnerville, président du Sénat. Il se conformait ainsi à la Constitution qui prévoit la " consultation " des présidents des deux Assemblées. Je lui précisai qu'il était inutile de consulter M. Chaban-Delmas * qui partageait entièrement mon avis et m'avait autorisé à en faire état. Nous entrâmes en Conseil. On sait le reste [37]. »

Si Jacques Massu avait peu ou prou, la veille, administré au voyageur le cordial qui lui permit de reprendre la course en vue de réaliser son plan, Georges Pompidou, lui, venait d'administrer au régime la piqûre qui allait lui rendre sa vigueur. Le 18 Brumaire, Bonaparte avait eu Lucien ; à Waterloo, Grouchy. De Gaulle, lui, avait eu deux Lucien en deux jours.

La réunion gouvernementale fut brève. Le général entra dans la pièce en coup de vent. A peine assis, sans même prononcer le « Messieurs » traditionnel, il récita par cœur le texte amendé lors de la conversation avec Pompidou — dont l'éloge fut encore accentué. Les ministres se regardaient, abasourdis. « Un jeune homme ! » allait dire un peu plus tard Jacques Chaban-Delmas [38].

Sommés de ne rien révéler, tous furent muets à la sortie de l'Élysée, sauf Raymond Marcellin, le nouveau ministre de l'Intérieur, qui, rapporte Adrien Dansette, « mâchonne entre ses dents " Énergie " ! [39] ». Sitôt rentré à Matignon, Pompidou convoque ses collaborateurs Jobert, Juillet et Balladur : ils retrouvent un homme qui, « si maître de ses émotions, ne pouvait contenir sa joie [40] ».

A de Gaulle, maintenant, de battre le rappel. Gorse, qui est toujours ministre de l'Information, a fait préparer un car de télévision. Mais le général a choisi la radio. Pour « refaire le 18 juin » ? Parce qu'il se trouve trop fatigué pour se présenter, en cet état, aux Français ? Parce que les impératifs techniques de la télévision feraient perdre trop de temps ? On a dit tout cela : mais la meilleure raison, que nous ne comprîmes pas tout de suite, c'est que personne ou presque ne regarde la télévision au milieu de l'après-midi alors que — au bureau, dans un atelier, en automobile — tout le monde peut, à cette heure-là, tourner le bouton d'un récepteur radio.

Il est 16 h 30. Il fait beau. De toutes les fenêtres ouvertes, de tous les autoradios, dans chaque rue, aux carrefours, la vieille voix résonne, semblant venir de loin. Mais quelle force à nouveau, quel mordant ! « C'est Zeus ! » murmure Maurice Grimaud [41].

---

* Président de l'Assemblée.

« Françaises, Français, étant le détenteur de la légitimité nationale et républicaine, j'ai envisagé depuis vingt-quatre heures, toutes les éventualités, sans exception, qui me permettraient de la maintenir. J'ai pris mes résolutions.

Dans les circonstances présentes, je ne me retirerai pas. J'ai un mandat du peuple, je le remplirai.

Je ne changerai pas le Premier ministre, dont la valeur, la solidité, la capacité méritent l'hommage de tous. Il me proposera les changements qui lui paraîtront utiles dans la composition du Gouvernement.

Je dissous aujourd'hui l'Assemblée nationale *.

J'ai proposé au pays un référendum qui donnait aux citoyens l'occasion de prescrire une réforme profonde de notre économie et de notre Université et, en même temps, de dire s'ils me gardaient leur confiance, ou non, par la seule voie acceptable, celle de la démocratie. Je constate que la situation actuelle empêche matériellement qu'il y soit procédé. C'est pourquoi j'en diffère la date. Quant aux élections législatives, elles auront lieu dans les délais prévus par la Constitution, à moins qu'on n'entende bâillonner le peuple français tout entier, en l'empêchant de s'exprimer en même temps qu'on l'empêche de vivre, par les mêmes moyens qu'on empêche les étudiants d'étudier, les enseignants d'enseigner, les travailleurs de travailler. Ces moyens, ce sont l'intimidation, l'intoxication et la tyrannie exercées [...] par un parti qui est une entreprise totalitaire [...] **.

Si donc cette situation de force se maintient, je devrai pour maintenir la République prendre, conformément à la Constitution, d'autres voies que le scrutin [...]. En tout cas, partout et tout de suite, il faut que s'organise l'action civique [...] pour aider le Gouvernement d'abord, puis localement les préfets devenus ou redevenus Commissaires de la République [...]. La France, en effet, est menacée de dictature [celle] du communisme totalitaire [utilisant] l'ambition et la haine de politiciens au rancart...

Eh bien ! non ! La République n'abdiquera pas, le peuple se ressaisira. Le progrès, l'indépendance et la paix l'emporteront avec la liberté [42]... »

Et voilà... Ces mots-là sont des mots de combat. De guerre civile ? Le stratège sait qu'il ne risque pas de la déclencher, que ces préparatifs martiaux et ces menaces sont encore moins de saison que son projet du 24 mai. Les communistes ? Pour totalitaires qu'ils soient, par nature et destination, de Gaulle sait bien tout ce qu'il leur doit depuis un mois qu'ils font barrage au gauchisme. Soit qu'ils demandent, le 21 mai, à son beau-frère Vendroux de « tenir » ; soit qu'ils tentent, le 27, de remettre la France au travail ; soit qu'ils se détournent pudiquement, le 29, par centaines de milliers, d'un Élysée qu'il a quitté pour une escapade allemande, se contentant de scander « gouvernement populaire »...

Mais il sait qu'il n'y a pas pour lui de meilleure cible quand il s'agit de rassembler les foules sur son nom : en 1947, c'est sur ce thème qu'il a fait, d'un coup, la force du RPF. Et c'est un nouveau RPF qu'il va faire surgir, à son tour, du pavé.

L'idée de riposter par une grande manifestation gaulliste aux défilés répétés de la commune étudiante et de la revendication ouvrière — celui du

---

* Deux phrases rajoutées après l'entretien avec M. Pompidou.
** Ces deux phrases rajoutées après l'entretien avec M. Pompidou.

13 mai notamment (« Dix ans, ça suffit ! ») — avait été lancée depuis plusieurs jours par divers types de gaullistes. D'abord, comme d'habitude, par Jacques Foccart et Roger Frey, « mécanos » en chef de la Vᵉ République, liés à la fois aux vieux réseaux de la France libre ou de la Résistance et aux divers « services » gravitant autour du pouvoir, notamment ceux que mobilisait Alexandre Sanguinetti ; ensuite, des organisations d'anciens combattants dont la plus active était celle de la 2ᵉ DB, animée par le colonel Philippe Peschaud qui multipliait depuis une semaine les contacts ; aussi les parlementaires, surtout parisiens, dont les plus actifs semblent avoir été Pierre Krieg, Michel Habib-Deloncle, Louis Terrenoire et Jean de Préaumont, relayés par le secrétaire général de l'UNR Robert Poujade ; enfin l'Association pour le soutien de l'action du général de Gaulle et ses animateurs Pierre Lefranc et Yves Lancien.

Ce jeudi, une heure après l'allocution du général de Gaulle, la place de la Concorde commença de s'emplir. Vers 18 heures, des fenêtres d'un immeuble de la rue Royale * on put voir la foule, devenue compacte, s'ébranler vers l'Étoile. Les manifestants arrivaient de partout, vêtus très différemment de ceux qui, depuis un mois, submergeaient Paris. Plus exaspérés par le désordre que fidèles à de Gaulle ? Qui aurait pu le dire ? Raymond Aron écrira, en tout cas, six jours plus tard dans *le Figaro* qu'il s'agit d'une « victoire du parti de l'ordre plus large que le parti gaulliste ».

Quel sociologue se livrera un jour à la plus instructive des enquêtes sur le gaullisme : une simple comparaison entre l'origine sociale et l'appartenance idéologique de la foule qui salua de Gaulle, libérateur, le 26 août 1944, sur les Champs-Élysées, et de celle qui se rassemble à nouveau, sur les mêmes Champs-Élysées, le 30 mai 1968 ?

Les slogans étaient très politiques, de « De Gaulle n'est pas seul ** ! » à « Les cocos au poteau ! », de « Mitterrand, charlatan ! » à « Vidangez la Sorbonne » (l'auteur n'a pas entendu l'affreux « Cohn-Bendit à Dachau ! » que des témoins ont relevé et qui ne reflétait pas, en tout cas, l'esprit de cette marche).

En tête, un Malraux en forme d'icône aux mèches indignées, bras dessus bras dessous avec Michel Debré qui n'est qu'une « Marseillaise », un Michelet extatique, un Maurice Schumann qui foule les nuages, Joxe un peu surpris dans cette ambiance, Missoffe, Poujade, Sanguinetti, Messmer, Vallon hilare, un Chaban plus fringant que jamais à la tête de ses chevau-légers échappés du Palais-Bourbon. Non loin de lui, François Mauriac au bras de son fils Jean, et confiant à Maurice Schumann qu'il vit là un des grands moments de sa vie. C'est un triomphe. Combien sont-ils ? 500 000 ? 700 000 ? Plus nombreux que le 13 mai entre la gare de l'Est et Denfert, que la veille entre la Bastille et Saint-Lazare.

Ce régime, disloqué par un monôme, serait-il sauvé par un défilé ? Non. Il l'était déjà par la conjoncture inattendue entre l'étrange génie tactique d'un

---

* Où se tenait l'auteur, étonné...
** Allusion au titre de *France-Soir* dont il a été question plus haut.

vieil homme et la lassitude exaspérée d'un peuple, par la rencontre d'une panique informe et d'une énergie retrouvée. Mais il s'en était fallu tout de même d'assez peu que Rome ne pût rentrer dans Rome...

De son bureau de l'Élysée, le général de Gaulle ne peut pas voir cette masse. Mais il peut entendre la rumeur de gloire qu'elle lui renvoie confusément. Deux aides de camp, Tallon et d'Escrienne, l'entraînent vers la fenêtre. L'un d'eux : « C'est pour vous, mon Général. » Et le vieil homme : « Oh ! S'il ne s'agissait que de moi [43] *... »

C'est bien à lui, en fin de compte, que revient la victoire, à lui, le stratège des circonstances, apte à saisir le moment favorable, cet instant privilégié où la révolte, au point de triompher, le 28 mai, bascule et s'affale ; et ce qui est plus rare, et plus mystérieux, tacticien capable de faire de son désarroi, de son dégoût, de son désir de retraite, le moteur d'une machination d'autant plus stupéfiante qu'elle se cherche et s'invente au feu de l'action.

Quel meilleur trompeur que le trompeur sincère, celui qui hésite entre deux formes de rouéries, par rapport à lui-même et par rapport aux autres ? Ce de Gaulle ballotté par la tempête qui, du haut de son hélicoptère, balance entre l'offensive et le renoncement, l'histoire et sa maison, le faire et le néant, comment ne surprendrait-il pas Pompidou et son propre fils, les Français et le monde, l'historien et jusqu'à lui-même ?

Victoire ? Oui. Mais inquiète, amère et partagée. Écoutons le judicieux Guichard : « C'est bien le Général qui avait été le cœur de ces réactions en chaîne... Mais en abandonnant la direction des opérations le 11 à Georges Pompidou, en se trompant de sujet et de langage le 24 dans son allocution sur le référendum, en acceptant les élections le 30, il avait préparé les dossiers secrets d'un procès qu'il ne cesserait plus de se faire à lui-même [44]. »

Rome est de nouveau dans Rome. Mais de Gaulle n'est plus tout à fait en de Gaulle. Entre son rêve et lui, il y a, désormais, des intercesseurs, des conseillers, un coadjuteur. Il ne suffit pas que de ce peuple ingrat ait surgi une foule de jeunes iconoclastes. Il faut encore que, dans son camp, l'initiative ait paru se disperser.

Au « oui, mais... » de l'un répond désormais le « oui, dis-je » de l'autre. Mais qu'est-ce donc qu'une souveraineté partagée, qu'une incarnation au pluriel ?

De mai 1968 date, pour Charles de Gaulle, la remise en question fondamentale. Non celle qui vient de la rue en colère, des cadres épouvantés, des ministres débandés, de fidèles (ou supposés tels) cherchant leur voie, leur propre voie, dans l'orage. Tout cela, il l'avait éprouvé sous d'autres formes en 1960, en 1961 — et alors surmonté.

Non. Ce qui est mis alors en cause, c'est à la fois son aptitude à commander et le principe de son autorité, c'est-à-dire la relation de De Gaulle à la nation, de De Gaulle à l'État ; c'est l'État lui-même, le système de hiérarchies sur lequel repose sa philosophie politique — ce système qu'il lui fut « épouvanta-

---

* Une autre version existe de ce mot : « Ah ! si c'était pour moi ! » Pour l'avoir communiquée à la presse, un collaborateur de l'Élysée fut, pour un temps, exclu de la « maison ».

ble » de mettre en question le 18 juin 1940. Épreuve majeure pour ce jacobin légitimiste de soi-même.

Faut-il aller jusqu'à parler de mort de son autorité ? Ce qui est brisé, en tout cas, ce n'est pas cette forme de pouvoir qu'avaient alors cessé d'exercer ses préfets et ses ministres, mais celle qui ne provient que d'une légitimité proclamée et reconnue.

Par tous les moyens, la retrouver...

27. Les trois cents jours

Il y a, au début de *Zarathoustra,* un très bel apologue. Celui du danseur de corde qui se sait condamné et qui bondit quand même de plus en plus haut, enivré, audacieux, admirable. De Gaulle a beaucoup pratiqué Nietzsche au cours des dernières années.

Le 7 juin 1968, le général Massu est reçu par Georges Pompidou à l'hôtel Matignon : « Vous et moi, déclare le Premier ministre au général de Baden, nous avons sauvé la République. Je pouvais tenir, mais il me fallait un président. Vous me l'avez renvoyé[1]. »

« Un » président... Ce paquet anonyme et symbolique que se transmettent les vainqueurs, roi fainéant entre les mains du maire du Palais, empereur décadent sous la coupe du chef des prétoriens, voilà un portrait de lui qu'eût mal supporté le fondateur de la Ve République.

Eut-il connaissance de ce mot atroce ? De Gaulle, en tout cas, savait... Il ne pouvait ignorer ce nouveau climat autour de lui. L'Élysée, pour beaucoup, n'était plus qu'un mausolée provisoire. La chambre des machines avait, en un mois, franchi la Seine : c'était, désormais, le Matignon de Pompidou.

D'abord, revivre ! Tel sera l'objectif fondamental de ces trois cents jours qui vont du triomphe électoral de Georges Pompidou au référendum d'avril. Comment ? Par la télévision. Michel Droit, partenaire patenté et d'ailleurs efficace et qui déjà, à la veille de la fugue du 29 mai, commençait à préparer ce dialogue avec le général, est convoqué. Le 7 juin, le vieux monsieur surgit à nouveau devant les boiseries de l'Élysée, un peu amaigri, mais vif et résolu. Aux questions pertinentes de Michel Droit, le général répond d'abondance, moins brillant, moins percutant qu'en décembre 1965, un peu solennel et convenu mais, pour l'essentiel, retrouvé. C'est ainsi que le voit l'opinion.

De Gaulle ne pouvait manquer de s'expliquer sur l'étrange épisode de Baden-Baden :

> « Oui, le 29 mai * j'ai eu la tentation de me retirer. Et puis, en même temps, j'ai pensé que si je partais, la subversion menaçante allait déferler et emporter la République. Alors, une fois de plus, je me suis résolu [...]. Le 30 mai, ayant dit au pays ce que j'avais à lui dire [...] j'ai compris que mon appel avait donné le signal du salut... »

---

* C'est ce jour-là qu'il donne comme celui de la défaillance, et non les précédents.

723

Ce rappel de la paternité de la victoire est clair. Que l'on ne s'y trompe pas : de Gaulle ne revient pas pour être l'objet symbolique « renvoyé » par Massu à Pompidou. Il a ses idées, ses projets, qu'il va, de nouveau, proclamer. Deux jours avant l'interview, Georges Pompidou a prié Michel Droit de passer le voir. Prévoyant que le général de Gaulle va parler à son interlocuteur de la « participation » évoquée le 24 mai, le Premier ministre tient à avertir le journaliste : « ... Avec sa participation, le Général rêve complètement. » Et à la stupéfaction du visiteur, voilà que Pompidou se frappe plusieurs fois la tempe de ses doigts[2]...

De cela non plus, de Gaulle n'est vraisemblablement pas avisé. Mais il sait très bien à quoi s'en tenir : et c'est pourquoi, interrogé ce 7 juin sur les formes du « changement de société » qu'il entend promouvoir, il prône avec vigueur la participation et insiste : « ... On doit pouvoir marcher carrément dans cette voie-là ; il faut le faire. Quant à moi, j'y suis résolu[3]. » Pour un rêveur...

L'objectif est défini. La piste tracée. Il est clair que le fiasco du 24 mai n'a pas découragé de Gaulle. Et le premier geste qu'il fait, pour marquer sa « restauration », est, en ce sens, une nasarde à Pompidou. Les circonstances appellent un remaniement ministériel : il faut évacuer les blessés de mai (ceux qui étaient au premier rang) : Fouchet, Joxe, Peyrefitte *, Gorse, Missoffe... Alors le général en profite non seulement pour confier les Finances à Maurice Couve de Murville qui permute avec Debré, mais surtout pour imposer à son Premier ministre, en tant que garde des Sceaux — le ministre qui siège à sa droite... —, l'homme dont la présence pouvait lui être le plus désagréable, et qui est le champion le plus notoire de la participation sociale : René Capitant. Celui-là même qui, une semaine plus tôt, voulait voter la censure contre ce gouvernement « qui avait fait huer de Gaulle dans la rue », et qui se déclarait peiné d'avoir à avaler « la couleuvre Pompidou »... A Michel Debré, de Gaulle n'avait tout de même pas imposé Roger Stéphane...

Les derniers sursauts de la révolte étudiante élargie à certains secteurs ouvriers font quatre morts — les 10 et 11 juin — deux ouvriers à Sochaux, un lycéen à Flins et un policier à Lyon —, ce qui permet d'apprécier *a posteriori* la prudence dont avait fait preuve le ministre de l'Intérieur de mai, Christian Fouchet **. Ils donnent au pouvoir l'occasion de réagir durement à une nouvelle « nuit des barricades », le 12 juin, qui sera suivie de l'évacuation de la Sorbonne et de l'Odéon si instamment réclamée par de Gaulle dès le 19 mai.

C'est le 14 juin que sont menées ces opérations, coïncidant avec la libération des chefs de l'OAS, Raoul Salan, Antoine Argoud entre autres, et le retour en France de Georges Bidault. Geste qui suscite d'innombrables

---

* Qui avait donné sa démission dès le 13 mai.
** Remplacé le 31 mai par Raymond Marcellin.

supputations relatives à des promesses qu'aurait faites de Gaulle aux généraux à l'heure où, le 29 mai, il avait envisagé de faire appel à l'armée pour « sauver la République ». Cette hypothèse fut, de toutes parts, démentie : la décision avait été prise plusieurs semaines auparavant. De Gaulle marchandant avec Massu les escadrons de chars contre l'élargissement de Bidault...

L'objectif primordial du gouvernement de Georges Pompidou depuis qu'il a convaincu le chef de l'État qu'elles seraient la fontaine de jouvence du régime, c'est de faire des élections, prévues pour les 23 et 30 juin, un succès lui assurant une solide majorité.

Le slogan gauchiste « élections piège à cons » ne mord pas sur l'électorat traditionnel — surtout à droite où l'UNR, devenue UDR (Union pour la défense de la République), resserre son alliance avec les républicains indépendants tandis que s'effiloche, puis se disloque *, au cours de la brève campagne électorale, une gauche institutionnelle défigurée, divisée et affaiblie par les fièvres de mai.

Avant le premier tour, le général de Gaulle — qui se pique, on le sait, de ne se « mêler en rien de ce qui est électoral » — s'est contenté d'une phrase pour appeler « les Françaises et les Français à s'unir dans leur vote dans la République autour de son Président ». Mais, à la veille du second tour, le voici beaucoup plus engagé : le 29 juin, il prononce une allocution télévisée, demandant aux électeurs de montrer leur « massive résolution » en dotant le Parlement d'une « forte, constante et cohérente majorité » afin de mettre en œuvre la « politique nécessaire [...]. Voilà le chemin qu'il faut suivre et que ma vocation et mon mandat me commandent de vous montrer ». Cette exhortation ainsi proclamée conforme à sa « vocation » et à son « mandat », il ne la conclut pas sans adjurer les Français de faire de « la participation... la règle et le ressort de la France renouvelée ».

Le lendemain, la « forte, constante et cohérente majorité » qu'il a demandée aux Français, de Gaulle la trouve en effet : 360 sièges sur 485 **, « Le gaullisme fait entrer au Palais-Bourbon le groupe le plus nombreux qui ait jamais forcé la porte d'une Assemblée française, écrit Pierre Viansson-Ponté. Enfoncé le " Bloc national " de la Chambre bleu horizon de 1919, enfoncé même le " parti ultra " de la Chambre introuvable de 1815[4]... »

Plébiscite du fondateur de la Ve République ? Ce n'est pas exactement ainsi que lui-même voit les choses. Lors de son entrevue décisive avec Georges Pompidou, qui le 30 mai entre 14 h 30 et 15 heures, l'avait persuadé de troquer le référendum contre les élections, le Premier ministre avait eu cet argument : « Si le référendum est perdu, c'est vous qui êtes visé. En cas d'élections, ce n'est que moi... — Et si les élections sont gagnées ? » avait riposté de Gaulle. Toute l'histoire des mois à venir était dans ces quelques mots.

---

* Le PCF refuse à M. Mitterrand de se rallier à une candidature unique de la gauche.

** La Fédération de la gauche perd la moitié de ses sièges, comme le parti communiste et le centre de M. Lecanuet. Il n'est pas jusqu'à Pierre Mendès France qui ne perde son siège de Grenoble.

D'autant qu'elles n'étaient pas un succès, ces élections, mais le triomphe qu'on a dit. Un tel triomphe que la stature du Premier ministre, leur inventeur, puis leur organisateur, ne pouvait manquer d'en être magnifiée. Mazarin avant mai, le député du Cantal était, après le 30 juin, Richelieu. Il allait apprendre (ce qu'il était peut-être en train d'oublier) que de Gaulle n'était pas Louis XIII.

Le général fit un accueil ambigu au feu d'artifice électoral de juin. Georges Pompidou rapporte qu'au lendemain du premier jour, qui faisait prévoir sinon le triomphe, au moins un grand succès, le général lui avait dit : « Pompidou, comment expliquez-vous qu'après une telle victoire nous soyons l'un et l'autre désenchantés ? » L'un et l'autre ?

Au lendemain du second tour, dans son bureau de l'Élysée, un familier du général railla drôlement (était-ce Vallon ?) cette « chambre bleu d'Auvergne * » — sans provoquer le moindre sourire. Vingt histoires circulaient. Celui-ci racontait que, devant un ministre suggérant de « dominer la victoire », de Gaulle aurait rugi : « La dominer ? Il faut l'exploiter, oui ! » Selon celui-là, il aurait dit : « Ce sont les élections de la trouille ! » et encore : « C'est une chambre PSF **. Je lui ferai faire une politique PSU. »

Retenons ce commentaire d'un gaulliste de bonne souche — qui semble avoir très bien perçu les sentiments mêlés du général à propos de cette « Restauration » :

« Le Général avait fort bien compris que cet extraordinaire succès, annoncé par le défilé des Champs-Élysées, concrétisé par la victoire du 30 juin, était la fin d'une certaine idée qu'il avait eue, lui, de la nation française. Au soir de cette manifestation qui nous avait paru grandiose, et qui l'était, il y avait un homme heureux : Georges Pompidou, et il y avait un homme malheureux : Charles de Gaulle. Pour Charles de Gaulle, il y avait maldonne [5]. » Où retrouver, dans ce triomphe de l'« ordre », l'unanimisme gaulliste ?

Ce qui paraît clair, c'est qu'au lendemain du second tour Georges Pompidou — il l'écrit, suivons-le — fit connaître au chef de l'État son désir de se retirer. La réponse du général fut une invitation à dîner. On raconta alors ***que de Gaulle avait dit à Mme Pompidou : « Il paraît que votre mari et moi avons gagné les élections. » L'auteur de *Pour rétablir une vérité* traite ce propos de « ragot » et ajoute que leur hôte déclara d'un tout autre ton à son épouse : « Madame, je puis vous dire que votre mari a tenu. » S'agissant du passé, le satisfecit est accordé. Mais pour l'avenir ?

Le problème porte à la fois sur les personnes et sur le fond du débat. Il a trait à la fois aux rapports personnels entre le président et le Premier ministre, à la hiérarchie établie entre eux par la Constitution et par la pratique, par l'histoire aussi et par ce qu'on pourrait appeler la mystique historique du gaullisme. De Gaulle a horreur du mélange des genres. Il se

---

* Faut-il rappeler que M. Pompidou est originaire du Cantal ?
** Le parti du colonel de La Rocque à la veille de la guerre.
*** L'auteur — entre autres — l'a rapporté dans une édition publiée en 1970 d'un livre paru en 1965.

proclame légitime. Il tient son premier lieutenant pour légal. Alors, quand il sent percer, chez Pompidou, ce qui n'est plus seulement la volonté d'exercer le pouvoir confié par un autre, mais la naissance d'une « autorité » (*auctoritas :* un élève des jésuites sent ces distinctions), il se prend à réfléchir. La nature des rapports, du contrat, est en train de changer. Est-on si loin du « Qui t'a fait roi ? » des généraux d'Alger de 1958 ? A ceci près que Georges Pompidou est d'une autre trempe que Raoul Salan...

Il y a plus. La stature du Premier ministre est en passe d'offusquer le chef de l'État. C'est fâcheux en soi. Mais cette plus-value qu'on accorde à Pompidou est-elle bien fondée ? Le général de Gaulle dresse un bilan. « Votre mari a tenu ? » Le Premier ministre qui prend tout en main le 12 a certes fait preuve du courage, de l'imagination, de l'habileté, de la solidité que tous ceux qui lui furent alors associés (ou opposés) ont salués. De Gaulle le premier.

Mais quoi ? Un homme auquel il avait confié tous les pouvoirs depuis six ans n'est-il pas responsable, quand elle survient, de la catastrophe ? Un homme qui est, par sa formation, spécialiste des questions d'enseignement et, par sa carrière et son entourage, particulièrement averti des problèmes économiques, a-t-il tant d'excuses de voir se dresser contre lui étudiants et producteurs ? L'homme d'ordre qu'il a choisi ne s'est-il pas révélé surtout comme un homme de concessions ? A diverses reprises, à cette époque, on entendra le général s'étonner avec sévérité qu'*on ait cru devoir* rouvrir la Sorbonne le 11 mai, et qu'on ait admis de s'incliner devant les exigences des syndicats le 26.

Injustice ? Ingratitude ? Ce sont là des vertus propres aux souverains. De Gaulle n'a pas traité différemment Michel Debré. Pompidou ne traitera pas mieux Chaban (pour ne pas multiplier les rappels...).

Voilà pour le passé. Il y a l'avenir. Il y a cette divergence, fondamentale selon les uns (Henri Guillemin, Anne et Pierre Rouanet), superficielle aux yeux des autres (Olivier Guichard, Michel Jobert), sur la participation. Fondamentale ou superficielle selon que l'on voit le général engagé à fond sur ce thème, ou non. Après tout, il avait fait en sorte que Debré l'accompagnât jusqu'aux extrêmes conséquences de sa politique algérienne. Pourquoi n'aurait-il pas mené Pompidou jusqu'aux conclusions de sa réforme sociale ?

La différence est double : la politique algérienne n'ayant été définie que par étapes, les contradictions avec le Premier ministre n'apparurent que progressivement, et le dévouement de Michel Debré était d'une autre essence que celui — très réel — de Georges Pompidou. Là mystique, ici critique. Le premier s'aviva dans les flammes. Vexations et rebuffades relativisèrent le second.

S'agissant de la participation, on a rapporté le propos et le geste en quoi le Premier ministre résumait, devant Michel Droit, le 5 juin, son opinion. Georges Pompidou raconte pour sa part que, le 3 juillet, au cours de l'entretien traditionnel qu'avaient le chef de l'État et le Premier ministre avant le Conseil des ministres, de Gaulle lui dit tout à coup :

« " Pompidou, êtes-vous décidé à faire, avec moi, la participation ?

— Mon Général, je ne pourrais vous répondre que si je savais ce que c'est que la participation. Si j'en crois Capitant, c'est, soit la soviétisation, soit l'établissement dans les entreprises du régime d'assemblée. Si c'est ça, je ne suis pas d'accord.

— Mais il ne s'agit pas de cela. Capitant est fou. Il s'agit d'associer les travailleurs à l'activité des entreprises, de leur fournir des informations sur cette activité. Mais nous en reparlerons... "

« Nous entrâmes au Conseil et nous ne devions jamais en reparler[6]. »

Singulier, instructif échange. Que Pompidou ait évoqué la « soviétisation » à propos d'un projet qu'il lui proposait de réaliser avec lui ne pouvait manquer de hérisser le général, au point de lui faire traiter de « fou » l'homme dont il venait de faire le garde des Sceaux de l'État. Comment s'étonner que ce différend ait contribué à interrompre une coopération que le fondateur de la Ve République, le réformateur de 1962, le Grand Légitime sentait de moins en moins conforme au principe hiérarchique, ou pyramidal, ou vertical, sur lequel reposait sa monarchie républicaine ?

L'histoire du congé donné par Charles de Gaulle à Georges Pompidou nous fait passer d'un coup de Corneille à Beaumarchais, encore que Figaro, pour une fois, fut la dupe du comte.

Le 1er juillet, le Premier ministre vient rendre compte à l'Élysée du résultat des élections. Il ne cherche pas à cacher sa satisfaction. Mais quand le général lui demande : « Où en êtes-vous de vos intentions ? » (Pompidou a déjà manifesté, entre les deux scrutins, on l'a vu, des velléités de départ), il confirme que son intention est bien de « prendre du champ ». Le général en semble contrarié, mais n'insiste pas outre mesure : ce n'est pas son genre.

A son entourage, cependant, de Gaulle donne l'impression de vouloir maintenir le Premier ministre en place. « Il est plusieurs fois revenu à la charge pour le garder », précise Xavier de La Chevalerie, son directeur de cabinet, qui ajoute : « Nous lui disions : " Mon Général, il est fatigué. — Fatigué ? Qu'il prenne un week-end ! " "[7] »

Dans l'après-midi, le Premier ministre réunit autour de lui, à l'hôtel du Palais d'Orsay, l'armée victorieuse des élus de l'UDR : trois cents députés... Il leur tient un langage où certains décèlent déjà une arrière-pensée, les incitant à « s'organiser pour faire de la majorité l'interlocuteur valable du gouvernement ». Qu'est-ce à dire ? A quelle fin l'homme de l'exécutif assure-t-il ainsi la promotion du législatif ? Se pose-t-il en chef de la majorité parlementaire ? Vise-t-il à un transfert d'attributions ? Ou à une concentration nouvelle de pouvoirs qui ferait de lui l'interlocuteur valable de l'Élysée ?

Il ne semble pas que le général ait bien accueilli cette initiative. Que l'on voulût donner la première interprétation au geste de Pompidou ou la seconde, il ne pouvait l'approuver. Aussi bien contre-attaqua-t-il le surlendemain, en Conseil des ministres, non sur les formes, mais sur le fond. Après avoir loué le peuple français de la confiance qu'il venait de manifester au régime et à ses institutions, de Gaulle salua « le grand mouvement qui porte le pays vers la participation ! ». Ce qui était donner à ces élections imposées par Pompidou la signification du référendum qu'avait projeté (et seulement « différé ») de Gaulle...

Sur quoi Pompidou tente à nouveau de persuader Bernard Tricot de la sincérité de ses offres de démission. Le secrétaire général de l'Élysée n'a pas oublié l'attitude ni les propos du Premier ministre, affalé dans un profond fauteuil de l'Élysée et lui répétant, visiblement excédé : « J'en ai assez ! L'idée seule de reformer un gouvernement, de consulter, de solliciter un tel, d'écarter tel autre, tout cela me sort par les yeux ! Il faut que le général comprenne que je suis las... » Georges Pompidou ajoute d'ailleurs : « Je serai appelé à succéder un jour au général... Il faut pour cela une interruption... Il faut que je prenne le large, que je me fasse désirer[8]... »

Le même soir, l'agence France-Presse diffuse une dépêche à destination de l'étranger qui donne pour imminent le changement de Premier ministre (dont le successeur pourrait être Jacques Chaban-Delmas). Compte tenu de la sûreté des sources de cette agence (l'auteur de la dépêche est Jean Mauriac), Matignon ne peut manquer d'en être alerté.

C'est le jeudi 4 juillet qu'a lieu le dîner de l'Élysée au cours duquel le général donne témoignage à Mme Pompidou que son mari a « tenu ». Mais il n'est question ni de démission ni de succession. Tout au plus Georges Pompidou croit-il comprendre qu'il « était enfin convenu que j'étais libre de m'en aller[9] ».

Le vendredi 5, la rumeur d'un changement de Premier ministre prend corps. Recevant à sa table quelques journalistes, Georges Pompidou laisse entendre — très vaguement — que sa succession est ouverte et que l'élu pourrait être M. Couve de Murville. À cette phrase qu'on dirait un pastiche de Malraux pastichant Nietzsche : « J'ai dépassé le hasard. Il y a un moment où le destin laisse le hasard derrière lui[10]. »

Voici donc Matignon vacant ?

« La journée du vendredi fut pour moi très éprouvante, raconte Georges Pompidou. Ce fut un long défilé de personnalités diverses venues me supplier de rester... Mon départ était " impensable ". C'était une trahison... J'allais provoquer stupeur et fureur [du] peuple qui avait voté " pour moi " (me disait-on). Néanmoins, dit-il, je tenais bon[11]. »

Ce soir-là, Georges Pompidou reçoit la visite de Maurice Couve de Murville, qui, sortant de chez le général, lui donne à entendre que sa démission est acceptée, mais que le choix du successeur n'est pas fait. Messmer ? Après la visite à Baden, un tel choix ne donnait-il pas au régime un visage trop militaire ? Moyennant quoi Pompidou téléphone à Tricot pour « appuyer énergiquement » Couve comme futur Premier ministre...

Rentré chez lui, quai de Béthune, le Premier ministre se trouve en butte aux pressions, aux sollicitations, aux supplications d'une famille jusqu'alors fort étrangère à la vie politique et qui se ligue soudain — sœur, belle-sœur, beau-frère... — pour le faire revenir sur sa décision. Ce n'est qu'un cri et chacun de ces intimes a son histoire à conter pour démontrer que l'opinion tiendrait ce départ pour une « lâcheté » et un geste « contraire à l'intérêt du pays ».

Nuit blanche pour Georges Pompidou. Et le samedi matin 6 juillet, il se décide à téléphoner à Bernard Tricot pour l'informer que, tout compte fait, « résigné à continuer », il se tient à la disposition du général. Au bout du fil, il sent Tricot « embarrassé ». On le rappellera.

Il a invité à déjeuner Pierre Lazareff, directeur de *France-Soir* et ami de tout le monde. Son invité arrive fort en avance à Matignon. Le regard brillant derrière les grosses lunettes, Lazareff a ce regard de l'homme de presse qui fait l'histoire avant de la raconter : « Alors, qu'allez-vous faire quand vous ne serez plus ici ? »

Pompidou a blêmi : « Quoi ? Que vous a-t-on dit... »

Le journaliste n'a pas le temps de s'expliquer : Tricot appelle Pompidou au téléphone :

« Quand je lui ai fait part de votre appel, le général s'est écrié : " C'est trop bête. Il est trop tard : je viens de proposer le poste à M. Couve de Murville... " »

Georges Pompidou, contant cette histoire de façon très voisine de celle que l'on vient de lire *, se dit « blessé » de ce que le général n'ait pas eu, à son égard, la « franchise » dont il avait usé, lui... Se taxant d'« extrême naïveté » (« trait de caractère que personne n'aurait l'idée de lui imputer », note vivement Henri Guillemin...) pour n'avoir pas su percer à jour « la profonde ambition de Couve », il garde de tout cela « dans la bouche, un goût de cendre [12] ».

Tout de même, on ne saurait dire qu'il a été pris en traître. Ou même pris tout court. C'est lui qui, par trois fois en une semaine — sans compter les démarches faites auprès de l'entourage —, a prié le général de lui rendre sa liberté. De Gaulle avait-il pris sa décision auparavant ? Alors Pompidou allait bien dans son sens. Couve savait-il lui aussi depuis longtemps qu'il était l'élu ? Le savait-il surtout quand, le vendredi soir, il est venu prévenir l'homme de Matignon de la fin de sa mission, sans se présenter lui-même comme le successeur ?

Maurice Couve de Murville le dément avec fermeté. « Jamais, avant ce vendredi 6 juillet à 22 heures, le général ne m'avait offert Matignon. Ni en 1965, ni en 1967, ni pendant le voyage en Roumanie en 1968. J'entendais des bruits, des supputations. Mais je n'étais l'objet d'aucune offre précise. Et compte tenu de la situation qui prévalait en juillet 1968, j'eusse préféré — et je l'ai dit ce soir-là au général — que Pompidou restât six mois encore au pouvoir. Le général s'y est refusé [13]. »

Dans les milieux gaullistes, qui ont tendance depuis quelque temps à se faire pompidoliens, la réaction est plutôt défavorable. Olivier Guichard, virtuose de la litote, parle d'une décision « inopportune ». Jacques Vendroux rapporte que son beau-frère l'ayant consulté sur les réactions des élus UDR à la substitution de Couve à Pompidou, il lui répondit : « Un certain " clan Pompidou " qui a su s'entourer d'une importante clientèle à l'Assemblée et

---

* Et qui recoupe les récits de Maurice Couve de Murville et Bernard Tricot, de Pierre Viansson-Ponté, Pierre Rouanet et le sien propre.

dans la haute administration, se montre un peu surpris [14]... » Encore une jolie litote.

Mais Georges Pompidou, ancien professeur de lettres, aura au moins la consolation de très hautes louanges. Le 10 juillet, à l'issue d'un dîner des membres du gouvernement démissionnaire, André Malraux lève son verre : « Monsieur le député du Cantal, je bois à votre destin national ! » (et quand Malraux parle de destin...). Quant à François Mauriac, dans son *Bloc-Notes* du 14 juillet, il salue en lui un homme « inoubliable »...

Charles de Gaulle est trop écrivain français pour ne pas avoir la coquetterie des antithèses. Au frémissant Michel Debré, cloué à jamais sur la hampe du drapeau, il a substitué six ans plus tôt un jovial hédoniste planté dans un terreau irrigué par les crédits bancaires. Et le voilà maintenant qui invente de donner pour successeur à ce paysan d'Auvergne frotté au Paris de l'avant-garde — abstraite pour la peinture, concrète pour la musique — et que les exigences du pouvoir conduisent peu à peu à la messe, un long protestant aussi directement sorti d'un récit du Gide puritain que son prédécesseur des *Hommes de bonne volonté*.

A la voix si charnelle du député du Cantal va succéder celle éthérée, suave, impalpable, d'un lecteur de romans victoriens. Au trapu de Montboudif à la peau sombre se substitue un long jeune homme sexagénaire qui, à force de traiter de la paix et de la guerre entre les nations, semble s'être moulé dans un *understatement* perpétuel. Au regard moiré noir et bleu que glissait son prédécesseur sous la touffe ombrant l'œil, Maurice Couve de Murville oppose celui, d'une candeur bleutée, qui frise à la surface de son visage plissé par une ironie indéfinissable.

L'autre s'était évadé du Cantal en conquérant disert. Celui-ci, dirait-on, de quelque jardin anglais où l'on s'initierait à l'art discret de la diplomatie en regardant les pouliches s'ébattre dans les prés et les rameurs en maillot bleu glisser sous les ponts de la Cam.

Le nouveau Premier ministre n'a aucun mal à former le gouvernement. Le général ne lui impose que deux noms : ceux de René Capitant, qui restera à la Justice, et de Jean-Marcel Jeanneney qui, en tant que ministre d'État, sera chargé de la préparation du référendum et plus généralement des « réformes ». L'équipe gouvernementale a de l'éclat, avec Michel Debré au Quai d'Orsay, Edgar Faure à l'Éducation nationale, Maurice Schumann aux Affaires sociales — la plupart des grands ministères gardant leur titulaire, y compris celui de la Culture, où médite Malraux. A l'Économie et aux Finances, le nouveau Premier ministre a eu l'élégance (à moins que ce ne soit de la cruauté) de placer un fidèle de Georges Pompidou, François Ortoli, son ancien directeur de cabinet. Son passage de cinq semaines au ministère de la Rue de Rivoli a montré à Couve que les décombres laissés par les journées de mai n'étaient pas de surface.

« On ne se fait plus idée aujourd'hui, confie-t-il, de l'état de démoralisation où les troubles de mai avaient jeté les milieux d'affaires, effarés par les hausses de salaires. Ni le redressement du 30 mai ni même les élections n'avaient provoqué de relance décisive. Les grèves se traînaient. La confiance restait très atteinte, les stigmates profonds. Nous avions affaire à une économie choquée. Seule put la ranimer une politique de crédit très libérale...

« Heureusement, la suppression des derniers droits de douanes européens, en application des règles du Marché commun, le 1ᵉʳ juillet, ne provoqua aucun trouble important. Jusqu'au dernier moment, nous nous étions interrogés. Compte tenu de la crise dont nous sortions, ne faudrait-il pas demander un sursis à nos partenaires ? C'est le Général qui trancha : " Allons-y ! ". Tout se passa bien [15]. »

Mais la trésorerie est en piteux état. Et les 4/5 des réserves en dollars ont fondu en un mois. En quête de ressources nouvelles, Couve et Ortoli ne se contentent pas de majorer l'impôt sur le revenu pour 2 millions d'assujettis : ils décident de prendre une mesure depuis longtemps envisagée et toujours rejetée, compte tenu de son impopularité, l'augmentation massive des droits de succession qui, proposée le 2 octobre, se heurtera trois semaines plus tard à une ferme résistance de la majorité ! Méditant dix-sept ans plus tard sur cette mesure qui aggrava les discussions à l'intérieur du parti gaulliste, et épouvanta les possédants sans atteindre vraiment ses objectifs budgétaires, Maurice Couve de Murville conclut loyalement : « J'ai fait une sottise *... »

Mais la grande affaire, en cet été 1968, c'est la réforme universitaire. Ce sont les étudiants qui ont allumé la mèche de l'explosif qui a failli faire sauter le régime. Le régime n'affirmera sa survie, en tout cas sa renaissance, qu'en donnant aux problèmes de l'enseignement une solution globale et hardie.

Pour susciter ce contre-feu, de Gaulle a fait choix d'un ingénieux artificier : Edgar Faure. L'ancien président du Conseil qui déclarait ** douze ans plus tôt à l'auteur que le problème algérien se situant dans la quatrième dimension, il fallait, pour en trouver la solution, faire appel au seul homme qui appartînt à ce monde singulier, de Gaulle, le voilà qui se trouve soudain nanti d'une tâche moins tragique, mais presque aussi irréalisable : comment donner une interprétation structurelle à l'explosion du printemps, trouver une réponse institutionnelle à une difficulté d'être, déceler la logique tapie sous les folies printanières ?

On raille souvent M. Edgar Faure pour ce que sa verve a d'hyperbolique, sa fantaisie de solennel, sa solennité de parodique, sa faconde d'abusif, son ingéniosité de trépidant, sa culture de sautillant, son habileté de naïf dans l'excès, sa vanité de touchant dans la sincérité. Homme multiple et miroitant qui met de l'application à se jouer de tout et de tous mais qui, musant, travaille, et badinant, s'applique. Inventif en tout cas, ouvert aux contacts, généreux dans l'intelligence et prodigue de prudentes audaces. Négociateur

---

* Ainsi, on l'a vu, Georges Pompidou jugeait-il sa propre décision de réquisitionner les mineurs en grève, cinq ans plus tôt.
** Voir tome 2, chapitre 30.

cocasse, inventeur de systèmes et le moins systématique des hommes, ami de la liberté, sarcastique, jovial, point ennemi d'une aimable paillardise — il paraissait peu fait pour servir le Connétable.

Il l'avait servi. Bien. Excellent négociateur de la reconnaissance de la Chine populaire, ministre de l'Agriculture pourvoyant d'amortisseurs judicieux les audaces réformatrices de son prédécesseur Pisani, il était depuis trois ou quatre ans l'un des sages du régime quand le général l'appela à résoudre la quadrature du cercle universitaire — sachant en tout cas que ce n'est pas lui qui ramènerait les CRS dans la cour de la Sorbonne. L'ordre rétabli — peu à peu, et non sans que des bombes à retardement n'éclatent ici et là pendant l'été —, pourquoi ne pas transformer le grand chambardement en énergie créatrice ?

Edgar Faure s'entoura d'abord d'une équipe de bons spécialistes, dont Michel Alliot et Gérald Antoine. Et puis il suscita autour de lui une sorte de collège permanent de lanceurs d'idées, où brilla notamment l'historien François Furet. Et vogue la galère, sur trois thèmes majeurs : l'autonomie, l'interdisciplinarité et la participation.

Les universités, constituées non plus de facultés mais d'unités « d'enseignement et de recherche », seront gérées par des comités puritaires élus, pourront définir elles-mêmes leurs programmes, leur pédagogie, leurs diplômes. La sélection à l'entrée de l'enseignement supérieur est proscrite, l'orientation et le contrôle des connaissances devront être continus — au détriment des examens — les « UV » (unités de valeur) remplaçant les anciens certificats de licence. Plus grave encore aux yeux des conservateurs : non seulement les doyens ne sont pas nommés par le pouvoir, mais le débat politique et les activités syndicales cessent d'être proscrits sur les campus universitaires. Audaces réelles, principes « bouleversants », écrit Pierre Viansson-Ponté [16].

« Anarchie ! » « Soviets ! » C'est à de telles imprécations (venues de la droite de l'UDR notamment) que doit faire face Edgar Faure à l'Assemblée nationale quand, du 3 au 10 octobre, il défend sa « loi d'orientation », qu'il finira par faire voter (441 voix pour et 39 abstentions, dont celle de Christian Fouchet, ministre de 1963 à 1967). Mais une assez paisible rentrée universitaire absoudra pour un temps le ministre réformateur, faisant prendre ces palliatifs ingénieux pour une solution.

Le plus curieux, en cette affaire, est l'attitude du général de Gaulle. Lui qui a d'abord analysé la révolte étudiante comme un chahut de cancres inquiets à la veille des examens, qui a incité ensuite ses ministres à la répression et dénoncé la « chienlit », le voici patronnant la plus audacieuse des réformes et couvrant Edgar Faure contre les campagnes des défenseurs de l'ordre les plus intransigeants parmi les gaullistes — Sanguinetti et Fanton, qui parlent de « bluff », de « fiasco », de « soviets » et, dans la coulisse, Georges Pompidou qui, ayant entre-temps retrouvé ses réflexes de professeur de lettres, exprime de discrètes critiques.

Ainsi, lors d'une conférence de presse tenue à l'Élysée le 9 septembre, le chef de l'État se fait-il l'avocat de la réforme qu'Edgar Faure doit alors soumettre au Parlement, et dont il dit, lui, de Gaulle, qu'elle doit être « profonde » et « comportera et accordera beaucoup de choses à la fois [17] ».

Pourquoi voit-on le général, non sans haut-le-corps parfois, laisser la bride sur le cou à son caracolant ministre de l'Éducation et l'encourager à bâtir, sur les ruines de l'Université, ce pavillon baroque où s'échangeront les connaissances comme, sur l'agora d'Athènes, les préceptes de la sagesse ?

D'abord, il y a chez de Gaulle le goût du talent. S'il a laissé Georges Pompidou régner si longtemps sur Matignon, dans un esprit fort différent du sien, c'est qu'il prenait plaisir à voir opérer un homme intelligent. Dans l'entreprise d'Edgar Faure, il voit se manifester une imagination scintillante, qui le séduit — comme jadis le séduisaient les talents de Reynaud ou de Déat, de Blum ou de Mendès.

Mais il y a, plus important, ce par quoi la loi d'orientation d'Edgar Faure est la première application de son grand principe de participation. Il l'a dit à plusieurs reprises, notamment dans le fameux appel « à côté de la plaque » du 24 mai, puis dans l'interview du 7 juin : que la refonte de l'Université ne pourrait s'accomplir sans que « maîtres et étudiants » y « soient tous directement intéressés » et que leurs mandataires « soient désignés par tous ». On s'aperçoit, en épluchant les textes élaborés par l' « atelier Faure », que ça mène loin, la participation... Mais comment le général pourrait-il freiner cette avancée sur des terres qu'il a lui-même désignées du doigt aux explorateurs ?

La tentative de relance économique déclenchée d'abord par Maurice Couve de Murville, puis par François Ortoli, se fondait sur l'idée d' « accompagnement de l'expansion », manifestée par une politique audacieuse du crédit.

Bien que le chef de l'État eût, le 29 juin, clairement manifesté son habituelle inclination vers la rigueur, afin d' « empêcher la hausse des prix, l'inflation, la chute de la monnaie », c'est une stratégie de fuite en avant qui fut adoptée sous la pression des entreprises et des organisations professionnelles, pour tenir, disaient-elles, les promesses faites à Grenelle et éviter qu'il y eût « un million de chômeurs en octobre ». D'où une politique d'expansion intensive, qui déboucha sur une périlleuse expansion monétaire.

Bien que l'économie française ait bien digéré les concessions salariales de Grenelle, l'importance du découvert budgétaire, la colère provoquée chez les possédants par les rudes mesures fiscales de l'automne, la multiplication des avances faites à l'État par la Banque de France, créèrent autour du franc un climat de méfiance. « Toutes les conditions, écrit Alain Prate, étaient réunies pour qu'à la crise universitaire et sociale de mai succède, en novembre, une crise monétaire d'une rare violence, alimentée par les liquidités internes surabondantes, qui allaient provoquer le retour tardif à la politique de rigueur voulue par le chef de l'État [18]. »

A l'ensemble de mesures lourdes de risques contradictoires qu'il avait prises — pression fiscale, suppression en septembre du contrôle des changes — « créant tout à la fois la menace et les moyens d'y échapper [19] » vient soudain s'ajouter la rumeur d'une réévaluation imminente du mark, incitation objective à jouer contre le franc. Les évasions de capitaux se multiplient. Ainsi le mois de novembre 1968, qui met la devise française au supplice, est-il un véritable mai monétaire. D'autres ont parlé de « putsch financier » ou de « grand Clamart * ».

Le 13 novembre, en Conseil des ministres, le général de Gaulle avait déclaré que « la dévaluation du franc serait la pire absurdité ». Ce propos, qui n'était pas fait pour être rapporté — et qu'il avait complété en souhaitant l'ouverture d'une négociation en vue de la révision concertée des monnaies européennes —, provoqua, isolé, un surcroît d'affolement et donc la spéculation : il suffit de faire dire qu'une dévaluation n'aura pas lieu pour la rendre imminente dans l'esprit des spéculateurs.

Les mots de « panique », de « débâcle » viennent sous la plume des commentateurs. La fermeture de la Bourse de Paris, l'annonce que le gouvernement s'engageait en hâte à réduire de 2 milliards les dépenses de l'État avant le 1er février accentuèrent la psychose de crise : la dévaluation du franc paraissait d'autant plus inévitable que, le 19 novembre, au moment où s'ouvrait à Bonn une conférence des dix principales puissances financières d'Occident en vue d'harmoniser les révisions des devises, le ministre fédéral des Finances, Franz Josef Strauss, signifia que, contrairement aux bruits répandus, son gouvernement excluait toute réévaluation du mark.

La dévaluation solitaire du franc, manifestation éclatante de l'échec économique du gaullisme, était donc imminente, et la conférence de Bonn se transformait en procès de la politique financière française — malmenée avec une particulière arrogance par les porte-parole allemands. La seule inconnue semblait être le taux de l'opération. Plus ou moins de 10 % ? De la fixation de ce chiffre paraissait dépendre l'octroi à la France d'un prêt de 2 milliards de dollars. Dans la soirée du 22 novembre, la presse et la plupart des responsables de l'économie française tiennent pour acquis que le Conseil des ministres extraordinaire convoqué pour le lendemain, samedi 23, rendra publique une dévaluation du franc légèrement inférieure à 10 %.

Le général de Gaulle n'était pas, par principe, hostile à toute dévaluation. Le plan de redressement de 1958 en avait comporté une, très audacieuse. Au début de juin 1968, il en avait évoqué l'hypothèse avec son conseiller financier Alain Prate, la jugeant possible à condition qu'elle fût liée à une révision globale des parités monétaires. Mais, en cette fin de novembre, l'opération prend à ce point l'allure d'un hallali du franc — donc, à ses yeux, de la France — qu'il juge utile de se livrer à une ultime consultation. Depuis le début de la crise de novembre, il se croyait le seul à vouloir défendre la parité du franc. « Tous jouent l'inflation », confiait-il à son entourage [20]. Cinq hommes pourtant vont le conforter dans sa volonté de s'opposer à la dévaluation. Deux ministres, MM. Jeanneney et Edgar Faure ; deux hauts

---

* Référence à l'attentat d'août 1962.

fonctionnaires, MM. Goetze et Barre ; et son conseiller économique et financier Alain Prate.

Le plus ardent est Jean-Marcel Jeanneney, qui sort là de ses attributions de ministre d'État chargé des réformes, mais qui, professeur d'économie politique, juge la mesure à la fois absurde, inadéquate et humiliante ; il est d'accord avec son collègue Edgar Faure. En marge lui aussi de ses responsabilités, le ministre de l'Éducation a fait connaître à l'Élysée qu'une dévaluation, utile au début de l'été, serait, en pleine crise, coûteuse, et inopérante.

Jean-Marcel Jeanneney obtient du général une audience pour la matinée du 23, à 11 heures — quatre heures avant la réunion du Conseil des ministres. Entre-temps, il a appelé son ancien directeur de cabinet Raymond Barre, alors vice-président de la Commission européenne de Bruxelles, très écouté par les augures financiers des Six aussi bien que par l'Élysée, pour savoir si l'obtention du prêt de 2 milliards que demandait la France était ou non liée à la dévaluation. M. Barre — qui avait fait connaître au chef de l'État son hostilité à cette opération — répondit qu'il communiquerait la réponse à la fin de la matinée du samedi.

Cette matinée, le général de Gaulle devait l'employer à une série de consultations décisives. Il entendit d'abord Roger Goetze qui avait été, on l'a vu, sous l'impulsion de Jacques Rueff, le maître d'œuvre du plan de stabilisation de 1958. Avec toute l'autorité qu'il avait acquise, de ce fait, auprès du général, Goetze assura que la dévaluation était aussi inopportune en 1968 qu'elle avait été fondée dix ans plus tôt : à moins qu'on ne la fît si audacieuse qu'elle entraînât une révision générale des parités monétaires.

Alors intervint Jean-Marcel Jeanneney. « Avant même d'être assis [21] », face au bureau du chef de l'État, il lança : « Ne dévaluez pas, mon Général ! » Se soumettre à ce « diktat », selon Jeanneney, ce serait remettre en cause l'indépendance française. Et abaisser la monnaie nationale serait peu honnête à l'égard des travailleurs qui se verraient confisquer, de ce fait, ce qui leur avait été concédé six mois plus tôt par les accords de Grenelle (dont lui, Jeanneney, n'oubliait pas qu'il avait été le négociateur aux côtés de Pompidou). Ce réquisitoire véhément, le général en fut d'autant plus frappé qu'un coup de théâtre lui donna un relief accru : chose rarissime, pendant que parlait le ministre, un aide de camp entra, lui communiquant la réponse formulée de Bruxelles par Raymond Barre : la dévaluation française n'était pas la condition de l'octroi du prêt demandé !

Troisième entretien : le général écoute, en vue d'une synthèse, son conseiller Alain Prate. Lequel ramasse en faisceau tous les arguments techniques, politiques, psychologiques, moraux, contre l'opération prévue. Loin de contribuer au rétablissement de l'équilibre, fait-il valoir, la dévaluation ne pourrait que « relancer les anticipations inflationnistes [...]. Chaque catégorie sociale, encore sous le coup des événements de mai, verra dans cette opération une atteinte à ses revenus et tentera de rétablir la situation antérieure jugée plus favorable [22] »...

C'est donc armé d'un fort dossier contre la dévaluation que le général entre en séance, le 23 novembre à 15 heures. Mais lequel des ministres, s'asseyant autour de la table, ne croit l'opération inéluctable, voire décidée ? Le Premier ministre et Ortoli ne cachent pas, depuis deux ou trois jours, que la pression étrangère est trop forte, la contrainte absolue...

« Messieurs... » Voici l'heure du tour de table. Ministre d'État, Jeanneney se voit donner la parole : c'est une charge à la hussarde contre la dévaluation. On se regarde... Malraux, bien sûr, est pour la résistance. Edgar Faure surenchérit, avec une verve faussement nonchalante. Mais alors ? Michel Debré, avec des nuances, Maurice Schumann, avec feu, Michelet, avec flamme, font front contre l'inéluctable. Couve, après avoir vu le général, avait encouragé Jeanneney à la fermeté : il n'a plus qu'à tirer les conclusions de ce qui tourne à la levée en masse. Comme il est bon d'être ferme, quand on se sent majoritaire...

Le général de Gaulle prendra encore soin de consulter Raymond Barre, revenu en hâte de Bruxelles, avant de faire diffuser à 19 h 45 un communiqué qui va stupéfier l'opinion, les spéculateurs et le monde : « Le Président de la République fait connaître qu'à la suite du Conseil du 23 novembre, la décision a été prise : la parité du franc est maintenue. » Roulement de tambour.

Le lendemain, à l'Élysée, le chef de l'État prononce une allocution radiodiffusée. Assurant que la crise monétaire traversée par la France était la conséquence de la « secousse » de mai et le fait de « gens [...] qui tâchent de faire passer leurs intérêts à eux avant l'intérêt public [...] odieuse spéculation dont [...] la monnaie nationale [...] faisait les frais », il déclare qu'en attendant que le monde établisse « un système monétaire impartial et raisonnable », le gouvernement et lui-même ont décidé « que nous devions achever de nous reprendre sans recourir à la dévaluation » qui serait « l'artifice momentané d'une ruineuse facilité ».

La facilité, c'est la ruine ! Moyennant quoi, à partir du 26 novembre, des mesures draconiennes sont prises à un tel rythme qu'elles ressemblent à un véritable plan de redressement. Les abattements forfaitaires sur les prévisions budgétaires se multiplient. Le plus symbolique viserait les essais nucléaires français dans le Pacifique. Mais qui osera proposer au général de Gaulle une telle amputation ? Bernard Tricot se hasarde à lui poser la question : il recueille une acceptation immédiate * — ce qui prouve que, pour Charles de Gaulle, le franc valait quelques mégatonnes.

On s'avisa alors que, dans le budget ainsi corrigé, les dépenses militaires le cédaient pour la première fois en importance à celles de l'Éducation nationale, les premières étant passées en dix ans de 28 à 17 % **, les secondes de 12,5 à 19,9 %. Quelques années auparavant, de Gaulle avait fait observer à ses deux ministres des Armées (Messmer) et de l'Éducation (Fouchet) qu'il estimerait être sur la bonne voie quand le budget du second

* Les deux premières explosions thermonucléaires avaient été réussies au mois d'août précédent.
** Pour énormes qu'ils soient, les coûts de l'armement nucléaire sont inférieurs à ceux des armements classiques.

dépasserait celui du premier. C'était chose faite. A noter que c'est à partir de 1971 que le budget des Armées recommença à croître, de Gaulle n'étant plus là pour « matraquer » les militaires.

La « grande affaire » n'en reste pas moins cette « participation » qu'il a pris soin de redéfinir à l'occasion de sa conférence de presse du 9 septembre, la première depuis les orages de mai. De quoi s'agit-il ? C'est la question que lui posait Georges Pompidou au moment d'être congédié *. La réponse que le général fait à la presse, deux mois plus tard, est beaucoup plus précise que celle qu'avait alors reçue le Premier ministre :

> « Dans une entreprise, la participation doit prendre trois formes distinctes. Pour ceux qui y travaillent, il faut d'abord qu'elle comporte l'intéressement matériel direct aux résultats obtenus, ensuite le fait d'être mis au courant de la marche de l'entreprise dont le sort de chacun dépend, et enfin la possibilité de faire connaître et de faire valoir leurs propositions pratiques [23]. »

Sur le premier point, rappelait de Gaulle, deux textes avaient ouvert la voie : l' « amendement Vallon » à la loi de 1965 et l'ordonnance de 1967 : l'intéressement était en marche. Mais ce n'était pas là que gisait le lièvre. Ce qui déjà dressait contre le projet gaullien l'ensemble du patronat et des milieux d'affaires français, c'était cette démocratisation de l'entreprise qui prétendait donner aux travailleurs non seulement le droit à s'informer, mais celui de faire des propositions. D'où ce mot de « soviets » ou de « régime d'assemblées » qu'avait jeté Pompidou à la tête du général.

De Gaulle précisait en outre, ce 9 septembre, qu'une ébauche de ce qu'il prévoyait existait : les « comités d'entreprise » créés en 1945 (à l'initiative de René Capitant...). « ... Il y a déjà des contacts », ajoutait de Gaulle. Mais « ils touchent peu l'ensemble des travailleurs, et pourtant c'est dans ce domaine que le progrès s'impose aujourd'hui ». Et voici que tombait le verdict qui épouvantait le patronat :

> « ... Il s'agit de faire en sorte [...] comme cela est fait pour les actionnaires qui y engagent leur argent [...] que la direction reçoive et accueille périodiquement les propositions que chacun (de ceux qui apportent leur travail) croit utile de formuler, que les mandataires de chaque catégorie de personnel [...] soient élus par tous ses membres au scrutin secret sur des candidatures librement posées, et d'attribuer le contrôle de ce qui sera prescrit par la loi à une juridiction où l'Inspection du travail aura, bien sûr, son rôle à jouer [24]... »

Contre de tels projets (« l'individu est dangereux ! » note, jubilant, Henri Guillemin), la mobilisation s'opère. Sous forme de fuite massive de capitaux ? Gardons-nous de faire de la débâcle monétaire de novembre la

---

* Voir plus haut p. 727-728.

riposte organisée du patronat aux projets « révolutionnaires » du vieux monsieur de l'Élysée. En de telles occurrences, la spontanéité et l'inconscient l'emportent sur les plus beaux complots. Mais il est vrai que la lourde « ardoise » de Grenelle, il vaut mieux la payer en monnaie dévaluée.

En novembre, au plus fort de la « grande peur du franc », *le Monde* publie une lettre de Paul Huvelin, président du CNPF, négociateur des accords de Grenelle : il y est question des « graves préoccupations que font naître [...] les projets de participation [qui] apparaissent comme une menace sur la vie et le développement des entreprises [...]. Il est parfaitement compréhensible qu'une telle menace joue directement sur les réactions des épargnants [25] »... Louis Vallon a-t-il tort de voir là « une déclaration de guerre du CNPF à de Gaulle [26] » ?

On ferait bien rire en suggérant que Charles de Gaulle a modifié sa stratégie, et jusqu'à la signification du mot de participation, pour se concilier les faveurs du patronat. Ce patronat qu'il vient de défier, non seulement par ses propos de septembre, mais en décidant le 23 novembre d'interdire une dévaluation alors intégrée dans les projets des entreprises, et qui fut d'ailleurs défendue en Conseil par les trois membres du gouvernement les mieux considérés dans ces milieux, parce que les plus proches (à l'exception du très discret Ortoli) de Georges Pompidou : Raymond Marcellin, Albin Chalandon et Jacques Chirac.

Mais nous voici face à l'un des mystères de la carrière de Charles de Gaulle. Trois mois après la conférence de presse au cours de laquelle il avait enfin donné une claire définition de la participation sur laquelle les Français allaient être consultés par référendum, quand Jean-Marcel Jeanneney, le ministre qu'il a chargé de la mission capitale, annonce que cette consultation aura bien lieu à une date à déterminer, il ne s'agit plus, soudain, de la refonte des rapports entre le capital et le travail, mais d'une transformation du Sénat et d'un développement des régions...

Eh oui ! Le 9 septembre, de Gaulle présente à la France un projet visant à atténuer, sinon à abolir la lutte des classes en associant les travailleurs à la direction des entreprises. Le 10 décembre, son ministre Jean-Marcel Jeanneney, l'homme du monde le moins capable de trahir ses projets (et de s'en effaroucher...), ne parle plus que de retouches institutionnelles *, certes importantes et, pour la seconde, espérée depuis longtemps par les meilleurs analystes de la société française, mais très éloignées de cette espèce de révolution sociale que semblait être, dans l'esprit de Charles de Gaulle, la participation.

Écoutons Olivier Guichard, toujours un peu sceptique à propos des idées « avancées » du général :

« Quand en 1968 il voudra, pour répondre à la crise de la " civilisation mécanique ", rassembler les Français sur le projet de la participation, il ne choisira pas la participation sociale à la base, dans les entreprises [27]... » Peut-on rectifier ainsi : « Il ne choisira plus », à partir d'une certaine date ?

---

* Annoncées elles aussi lors de la conférence de presse du 9 septembre.

Les raisons de cette volte-face, nous ne les connaissons guère. Ni Maurice Couve de Murville, ni Bernard Tricot n'en donnaient, dix-sept ans plus tard, une explication totalement convaincante. La plus sérieuse, toutefois, est juridique. Selon l'article 11 de la Constitution, la procédure de référendum peut être mise en œuvre pour des sujets comme la régionalisation et la réforme du Sénat, c'est-à-dire « l'organisation des pouvoirs publics », non pour une réforme sociale, si considérable soit-elle.

L'objection n'est pas décisive. Même appliqué à des objets prévus par la Constitution, le recours au référendum sera une fois de plus contesté (condamné même par le Conseil d'État) à propos des réformes prévues. Une fois encore, comme en 1962, on en revint aux arguties à propos de l'article 11 et de l'article 89. Ce n'était pas l'objet du référendum qui était en cause, mais la façon dont le général en usait...

La meilleure explication de la substitution, en vue du référendum, du thème régions-Sénat à celui, fondamental, de la participation sociale, c'est Jean-Marcel Jeanneney qui nous l'a proposée : le projet n'était pas prêt, les études à l'état d'ébauche. Sur un sujet aussi grave, touchant à la nature et à la structure de l'économie française, le gouvernement n'était pas en mesure avant de longs mois de proposer aux citoyens un texte suffisamment élaboré, à la date en tout cas où le général voulait tirer au clair ses relations avec le peuple français[28]. Ainsi, privé par quelque contretemps d'emmener sa bien-aimée à l'Opéra, le monsieur la conviera-t-il au cinéma : l'important n'est-il pas de se retrouver...

L'argument de l'impréparation est probablement le bon. Il n'est pas convaincant pour autant. Quand il s'était agi de la Constitution en 1958, de l'Algérie en 1962, de Gaulle avait mis son monde au pied du mur, et fait élaborer en quelques semaines des textes dont tout homme raisonnable eût demandé que la rédaction s'étalât sur des mois. Alors, à l' « argument Jeanneney », il faut ajouter celui-ci, que propose Bernard Tricot : le général finit par admettre que l'entreprise n'est pas un domaine où l'État intervient pertinemment[29].

Troquant le fond contre la forme, et prenant pour fin une procédure, le général de Gaulle, tout à son idée de référendum, aurait soudain oublié ce qui en faisait l'objectif, ou la justification, pour se rabattre sur une modalité — dès lors qu'elle lui permettait de vérifier la permanence (ou de constater la décadence) de sa légitimité personnelle.

Ainsi la fin est-elle délaissée, dès lors que le moyen s'avère inadéquat. Si l'on avait démontré au colonel de Gaulle, le 1er septembre 1939, que les chars étaient inaptes à la guerre qui s'ouvrait, eût-il jugé qu'il n'importait plus de livrer bataille aux nazis ? Privé de micro en juin 1940, n'eût-il pas tout fait pour appeler, autrement, à la résistance ? Vingt-huit ans plus tard, le voilà qui se détourne du grand dessein pour le troquer contre un projet de nature fort différente — dès lors qu'il aura son référendum...

Ce référendum auquel il lui avait fallu renoncer entre le 24 et le 30 mai, il n'a de cesse qu'il ne le remette à l'ordre du jour. « Dès le mois de juillet, j'avais tenté de l'en détourner, rappelle Maurice Couve de Murville. Je lui en montrais l'inutilité et les risques. Les élections n'avaient-elles pas été triomphales ? Notre majorité n'était-elle pas d'une solidité sans précédent ? Pourquoi se jeter dans cette aventure ? Rien n'y faisait [30]... »

Ce de Gaulle encore magistral dans l'affaire de la non-dévaluation, on va le voir aventurer son crédit et son prestige dans une affaire marginale, où il provoquera vainement un secteur important de l'opinion nationale.

Le 25 décembre 1968, sur l'aéroport de Beyrouth, un commando israélien anéantit, sans faire de victimes, l'aviation (purement commerciale) libanaise. Il s'agit, selon Jérusalem, d'une opération de représailles : un attentat a été perpétré à Athènes contre un avion d'El-Al par des Palestiniens partis du Liban — qui n'en peut mais. L'attentat anti-israélien a fait deux morts.

Sans consulter aucun de ses ministres, le général de Gaulle décrète l'embargo sur toutes les armes à destination d'Israël — à l'exception de tout autre belligérant. Il tient ainsi à manifester la solidarité de la France avec un pays dont elle se veut, historiquement, la protectrice, et que vient de frapper une opération des plus contestables tant du point de vue juridique que psychologique.

Il ne s'agit pas d'entrer ici dans le débat sur les justifications de ce geste, en droit, en fait, sur le terrain diplomatique. Ce qui nous intéresse, c'est son impact sur les rapports entre le chef de l'État et la nation. Peu de gestes du général de Gaulle auront été aussi impopulaires. Peu d'entre eux, en tout cas, auront ébranlé si gravement le crédit que lui accordaient les Français pour représenter dignement le pays dans la société internationale.

On peut approuver l'orientation générale de cette diplomatie *. On peut soutenir qu'une politique extérieure s'accomplit souvent en marge de l'opinion. Il est normal qu'une diplomatie étonne, surprenne, choque même un public moins informé que les maîtres du jeu : ainsi celles de Jules Ferry ou de Delcassé. Et il est courant qu'une diplomatie plébiscitée conduise à Sedan ou aboutisse à l'équipée de Suez.

Mais une politique extérieure ne doit pas contredire fondamentalement les aspirations de la majorité, surtout quand elle est conduite directement par l'homme qui prétend incarner la nation. Il est des choses que peut faire le « patron » du Quai d'Orsay, non le chef de l'État. Parfaitement défendable dans le cadre de la région proche-orientale comme facteur de « blocage » de l'escalade, comme avertissement aux Israéliens menacés par l'ivresse d'une puissance sans contrepoids régional et adossée à celle des États-Unis, l'embargo de janvier 1969 est, dans le domaine proprement français, une faute — comme l'a été la trop molle réaction du Quai d'Orsay à l'invasion de la Tchécoslovaquie par l'URSS, cinq mois plus tôt.

Pourquoi en effet punir l'intervention de Beyrouth quand on se contente de regretter celle, infiniment plus scandaleuse, de Prague ? Certes, la France

---

* C'est le cas de l'auteur.

avait moins de moyens de rétorsion contre l'URSS que contre Israël. Mais il est des gestes qui parlent. Au surplus, le geste du général de Gaulle est accompagné d'un commentaire déplaisant : il dénonce des influences israéliennes dans « les milieux de l'information » — formule qui n'est pas loin de rappeler certain antisémitisme d'État.

Dans les deux affaires de l'embargo israélien et du semi-silence à propos de Prague, se manifestent les vices d'un système fondé sur l'incarnation du pouvoir et le domaine réservé. Parce qu'il opère lui-même, en première ligne, assumant à la fois les charges du juge et de l'exécuteur, du négociateur et du symbole, parce qu'il engage la France en sa totalité sur un terrain et selon des modalités qu'il choisit seul, le Souverain met en cause à la fois son pays et ce qu'il signifie, et son propre personnage par rapport à la nation. Il s'aventure dangereusement, pas seulement comme diplomate, mais en tant qu'incarnation du pays — de l'unité du pays qu'il met, dans le cas de l'embargo israélien, en péril.

On trouve chez de Gaulle, en cette occurrence, quelque chose comme un oubli des proportions. De même que, dans l'affaire de la participation, il semble confondre la fin et les moyens, le projet et la procédure, de même, dans ces crises extérieures qu'il a si souvent gérées avec une maestria géniale, on le voit en train de confondre le central et le marginal, l'essentiel et le secondaire. Qu'il se résigne mal à reconnaître que le coup de Prague porte un coup à sa diplomatie de détente ; et qu'il saisisse une occasion d'assurer le Liban de la sympathie de la France, on le comprend bien. Mais dans l'un et l'autre cas, il y a disproportion, déséquilibre, et dédain abusif des réactions du peuple français.

Où en est Georges Pompidou ? Cet « homme remarquable, mais qui, écrit Alexandre Sanguinetti, n'a probablement pas compris le sens réel du gaullisme [31] », le général de Gaulle l'a proclamé en juillet, puis le 9 septembre, « en réserve de la République », l'invitant, devant la presse internationale, « à se préparer à tout mandat qu'un jour la nation pourrait lui confier ». Quel autre mandat est confié par « la nation » que le mandat suprême ? Eût-il voulu l'investir officiellement de la succession, le général n'aurait pas parlé autrement — avec ces touches d'ambiguïté solennelle qu'il aimait mettre dans les grandes choses. Et pourtant, le député du Cantal se comporte alors en exilé de l'intérieur, en Choiseul prié d'aller soigner ses fleurs à Chanteloup plutôt qu'en dauphin désigné. Il est vrai que les dauphins ne brillaient pas tous par la patience…

Président d'honneur du groupe parlementaire UDR (il a refusé la présidence de l'Assemblée que Chaban, d'ailleurs, ne souhaitait pas abandonner), il se tient à l'écart de la plupart des travaux de ses collègues, surveillé du coin de l'œil par un Couve de Murville qu'il ne ménage guère en privé. Mais dans les bureaux où il s'est installé avec ses fidèles — Jobert, Balladur, Simonne Servais, Anne-Marie Dupuy, Marie-France Garaud,

Pierre Juillet —, il consulte et reçoit beaucoup, non sans écrire un livre qu'il intitulera *le Nœud gordien.*

Il ne cache pas à ses visiteurs la sévérité des jugements qu'il porte sur l'action du gouvernement — et du chef de l'État. Le 17 novembre, au cours de la soirée chez Claude Mauriac qui lui a donné l'occasion de relater les journées de mai, il brosse un tableau sinistre de la situation : « Personne ne commande plus. Le manque de direction, de liaison, est total... De Gaulle ne sait rien, dans le domaine économique et monétaire... Couve, lui, devrait s'y connaître... Il faut entendre avec quelle condescendance les Allemands s'offrent à nous faire un prêt. Je n'ai pas toujours été d'accord avec Debré, mais sa tristesse, l'autre jour... Non, la dévaluation, de Gaulle n'en veut à aucun prix, ce serait pour lui une faillite. Mais c'est déjà pour lui une faillite [...]. Cette dévaluation qui serait un désastre personnel pour de Gaulle, il n'est pas sûr qu'on puisse l'éviter... Si la France ne fait pas faillite d'ici quinze jours... Les Russes peuvent être ici en dix jours... »

Ce qui conduit Claude Mauriac, qui ne dissimule pas la sympathie, l'admiration même que lui inspire Georges Pompidou (au point même que son gaullisme, dit-il, en est atteint), à s'interroger sur le sort et les intentions de cet homme « précipité du faîte de sa puissance » et « ne pensant plus qu'à reprendre le pouvoir qui lui a été ravi [32] ».

Notons au passage que cette dévaluation qu'il décrit comme un « désastre, une faillite pour de Gaulle », il en est partisan, lui : quelques jours plus tard, l'opération ayant été annulée, il félicitera publiquement Jacques Chirac d'en avoir été, lors du fameux Conseil du 23 novembre, l'un des derniers défenseurs [33]. Stratégie du recours accéléré ? Non, probablement pas. Mais conviction, attachement au « réalisme », obéissance à l'ordre des choses, croyance en la sagesse des milieux d'affaires.

Précipité du faîte de sa puissance ? Si bien « programmé » qu'il paraisse en vue de la magistrature la plus haute, Georges Pompidou va mesurer en effet la différence que peut créer, pour le plus robuste des hommes, la perte du pouvoir.

Au début d'octobre était découvert sur la décharge publique d'Élancourt, dans les Yvelines, le cadavre de Stefan Markovitch, ancien garde du corps et ami d'Alain Delon. Quelques jours après, dans un cocktail, raconte Michel Jobert, « deux professionnels des nouvelles chuchotaient : " Ce sont les Pompidou qui vont trinquer ! " [34] ». La rumeur en effet va bon train. Un détenu de Fresnes nommé Akow déclare au juge d'instruction qu'il a participé quelques années plus tôt à des soirées où, à l'entourage de Delon, était mêlée « la femme du Premier ministre ».

Un soir où, à son ordinaire, il devise, un verre en main, avec ses collaborateurs du boulevard de Latour-Maubourg, Georges Pompidou interpelle l'un d'eux : « Dites-moi, Javal, vous qui êtes au courant de tout, qui est cet homme politique important dont parle la presse et qui serait mêlé à l'affaire Markovitch ? » Ainsi commence, dans la stupeur, poursuit Michel Jobert, « l'épreuve cruelle d'un homme, d'une famille [35] »...

Georges Pompidou a raconté lui-même, avec une fureur concentrée, comment l'Élysée, Matignon, les ministères de la Justice et de l'Intérieur l'avaient laissé dans l'ignorance des informations dont disposait le gouvernement. L'ancien Premier ministre assure que c'est « en s'esclaffant » que René Capitant, garde des Sceaux *, avait alerté Raymond Marcellin, ministre de l'Intérieur — qui avait lui-même prévenu Couve et Tricot. Le dossier sous le bras, le secrétaire général de l'Élysée s'était précipité, le 1ᵉʳ novembre, à Colombey où le général passait les vacances de la Toussaint.

Dès le lundi 4, à l'Élysée, de Gaulle réunissait d'urgence Couve, Capitant et Marcellin : on décida de ne rien faire pour entraver le cours de l'enquête, geste qui eût, devait confier depuis lors le général à plusieurs de ses interlocuteurs, « nui à M. Pompidou aussi bien qu'à la bonne marche de l'État ». Avait-il vraiment déclaré, en conclusion de ce conciliabule, « Il faut voir » ? Michel Jobert l'assure [36].

Le général de Gaulle n'en chargea pas moins le Premier ministre d'avertir son prédécesseur. Mais Pompidou ne reçut d'autre messager, quarante-huit heures plus tard, que le préfet Pierre Somveille qui avait été son collaborateur direct et était devenu le directeur de cabinet de Marcellin. De cette « discrétion » de Matignon, de cette apparente neutralité de l'Élysée les livrant, lui et sa femme, aux aléas d'une enquête de police, Georges Pompidou éprouva une amertume profonde, qui allait creuser un abîme entre le général et lui, pour ne pas parler de tous ceux — il en cite certains dans son livre et en garda jusqu'à sa mort la liste sur lui, nous disait Michel Jobert [37] — qui avaient, de près ou de loin, policiers, magistrats, politiciens, journalistes, prêté la main à cette sinistre campagne.

L'ancien Premier ministre a donné sa version des deux entretiens discrets qu'à sa demande lui accorda le général de Gaulle à propos de l'affaire Markovitch. Le premier se résume en cette protestation :

« " Mon Général, j'ai trois choses à vous dire :

" Je connais assez ma femme pour savoir qu'il est impensable qu'elle se trouve mêlée si peu que ce soit à cette affaire.

" On cherchera peut-être à me ' mettre dans le coup '. Nulle part on ne me trouvera. Je n'en dirai pas autant de tous vos ministres.

" Ni place Vendôme, chez M. Capitant, ni à Matignon, chez M. Couve de Murville, ni à l'Élysée, il n'y a eu la moindre réaction d'homme d'honneur. "

« Le Général m'écouta, me regarda, et ne réagit que faiblement : " Mais moi, je n'ai jamais cru à tout cela. J'ai demandé qu'on vous prévienne [...]. "

« Sans exagérer, je puis dire que le Général, en me quittant, ne semblait pas très satisfait de lui-même [38]. »

En vue du second entretien — également secret —, Georges Pompidou avait demandé que Bernard Tricot fût présent pour prendre note des faits révélés par la contre-enquête qu'il avait fait conduire, et qui faisait éclater la machination.

---

* Ici, Georges Pompidou, qui tient vraisemblablement l'indication de Raymond Marcellin, noircit le trait. René Capitant le détestait, et ne s'en était jamais caché, se coupant ainsi du pouvoir. Mais c'était un homme sans bassesse. Rire de ces vilenies n'était pas dans sa nature.

« Le Général [m]'écouta avec stupeur. Devant moi, il demanda à Tricot de convoquer Capitant. Je sais que l'entretien eut lieu et que Capitant, bon gré mal gré, invita le parquet à diriger l'enquête sur la recherche des assassins, ce qui était, il faut bien l'avouer, leur devoir élémentaire. En me quittant, le Général me conseilla de traiter les racontars par le mépris, en me disant que la calomnie était dans le destin des hommes d'État. Je lui répondis que je l'aurais ainsi compris s'il ne s'était agi que de moi mais que, s'agissant de ma femme, la fureur ne pouvait pas ne pas prendre le pas sur le mépris[39]. »

Le 3 janvier 1968, Georges Pompidou adressait au général de Gaulle une lettre où cette « fureur » s'exprimait sur un ton où le respect dominait mal la rancune, et où les désarrois de mai se conjuguaient avec les blessures de novembre ; il y exprime son « mépris » pour les attaques dirigées contre lui par des hommes comme Roger Stéphane et Maurice Clavel — qu'il sait accueilli à l'Élysée — et dénonce l'attitude « honteuse » de certains ministres dans l'affaire Markovitch — pour conclure que cette année 1968 lui « aura laissé un goût de cendre ».

La réponse de Charles de Gaulle fut immédiate (elle est datée du 5) et chaleureuse. Avant formulé, pour son ancien Premier ministre « et pour Mme Pompidou » des vœux qui « sont, au plus haut point, ceux de l'estime et de l'amitié », il poursuit :

> « Ce que vous m'écrivez au sujet de votre état d'âme ne peut manquer de me toucher. Mais je voudrais beaucoup que vous ne vous laissiez pas impressionner par les ragots, même s'ils sont grotesques et infâmes, que l'on a dirigés contre vous. A un certain plan, rien ne compte que l'essentiel, c'est-à-dire ce que l'on a fait et ce que l'on a conscience d'être[40]. »

Le 9 janvier, Georges Pompidou était reçu de nouveau à l'Élysée — très officiellement cette fois. Le chef de l'État lui déclara, de façon que ce soit entendu et rapporté, qu'il lui conseillait de voyager, de s'affirmer, de « peser son poids » — propos qui semblaient ranimer l'investiture accordée le 9 septembre précédent. En tout cas, ce que le général voulait manifester ainsi avec éclat, c'est qu'il n'y avait pas (ou plus ?), pour lui, d'affaire Markovitch : comme disait François Mauriac, l'oubli des injures le plus facile à pratiquer a trait à celles que l'on a soi-même infligées... Le comportement du chef de l'État signifiait que le « destin » du député du Cantal n'était, à ses yeux en tout cas, nullement affecté par cette sordide péripétie.

Georges Pompidou le tint-il quitte, pour autant, de la non-assistance à ami en danger dont il lui avait fait amèrement grief ? Non, on va le voir...

Voyager ? Le voici à Rome, où le général a conseillé à son ancien Premier ministre de rencontrer notamment Amintore Fanfani, « l'homme de l'avenir ». Son homologue ? Il le voit, entre deux visites de musées et une audience au Vatican. Le 17 janvier, troisième jour de ce séjour romain, Georges Pompidou reçoit dans le salon de son hôtel les journalistes français accrédités à Rome. Il y a là un représentant de l'AFP, la correspondante de *Combat,* Jacques Chapus qui « couvre » pour Radio-Luxembourg le voyage pompidolien, et quatre de leurs confrères. Échange aimable, un peu languissant. L'un des interlocuteurs pose enfin l'inévitable question : « Seriez-vous, à l'occasion, candidat à la présidence de la République ? » Réponse : « La question pour l'heure, ne se pose pas. Mais si le général de Gaulle se retirait, il va de soi que je serais candidat... »

Dans le récit qu'il a fait de l'épisode, l'ancien Premier ministre indique que ce propos ne suscita, sur-le-champ, aucune réaction des professionnels auxquels il s'adressait. N'était-ce pas la répétition de ce qu'il avait dit ou suggéré vingt fois ? Le chef du bureau de l'AFP à Rome, Robert Mengin *, réagit autrement. Il rédige une dépêche d'allure sensationnelle, qui fait apparaître, dans le propos assez plat en apparence de Pompidou, une proclamation de candidature. Et la presse parisienne du lendemain emboîte le pas. C'est une explosion.

Le député du Cantal était-il tout à fait innocent ? Tout meurtri par l'affaire Markovitch, et encore en butte à de cruelles attaques, n'a-t-il pas voulu, dans le style le plus enveloppé, décocher une flèche au général ? L'un de ses anciens — et futurs — ministres faisait valoir dix-sept ans plus tard à l'auteur que rien ne pouvait mieux le préserver contre les avanies qu'il continuait de subir que de se poser en candidat présidentiel. Riposte feutrée à l'adresse de l'Élysée, avertissement à l'appareil d'État qui devait désormais considérer en lui mieux qu'un « presque président »...

La première réaction de Charles de Gaulle, nous la connaissons par le récit qu'en fait son aide de camp Jean d'Escrienne. A peine a-t-il posé sur le bureau du général le numéro de *France-Soir* qui relate les propos de Rome, qu'il est interpellé : « Qu'en pensez-vous ? » L'officier répond que, Pompidou ayant été reçu quelques jours plus tôt à l'Élysée, on peut croire que la déclaration a été faite en accord avec le général :

« Pas du tout ! Alors, me voilà obligé de publier un communiqué pour mettre les choses au point.

— M. Pompidou aurait dû se méfier des journalistes...

— Détrompez-vous... Il connaît bien les journalistes et il est trop malin pour s'être laissé surprendre... Il savait bien [...] tout ce que cela allait déclencher !... »

Le surlendemain, d'Escrienne revient sur le sujet. Il tente d'arguer que les propos de Rome évoquent une candidature que le chef de l'État lui-même a accréditée : « C'est vrai... Mais il y a façon et façon de présenter les choses ! Cela aurait été tout différent, voyez-vous, s'il avait dit, par exemple, aux journalistes, avec tristesse ou résignation : " ... Vous savez bien, le jour où, par malheur, le Général s'en ira, que je tâcherai de faire pour le mieux, à la tête de l'État, où je risque de me trouver !... " Mais ce n'est pas du tout ce qu'il a dit ni sans doute ce qu'il pense [41] ! »

Trois jours plus tard, à l'issue du Conseil des ministres, le général remet à

---

* Qui, depuis Londres, où il l'a bien connu, voue de Gaulle à l'exécration.

Joël Le Theule, le nouveau ministre de l'Information, un communiqué qui fait l'effet d'un coup de cravache : « Dans l'accomplissement de la tâche nationale qui m'incombe, j'ai été, le 19 décembre 1965, réélu président de la République pour sept ans. J'ai le devoir et l'intention de remplir ce mandat jusqu'à son terme. »

Si Georges Pompidou a voulu créer un événement, il a réussi. A-t-il espéré une réplique aussi solennelle ? Mais à en croire ses commentaires de *Pour rétablir une vérité*[42], il ne souhaite alors que faire retomber la pression et voir interpréter sur le mode mineur le tissu de « banalités » qui lui a échappé.

Échappé ? Trois semaines plus tard — alors que l'affaire Markovitch vient de rebondir à l'initiative de Mes Isorni et Ceccaldi, les avocats d'un des inculpés, un certain Marcantoni, qui réclament la convocation par le juge d'instruction de Claude et Georges Pompidou —, le député du Cantal est invité à Genève. Prié par la télévision suisse romande d'accorder une interview, il accepte. Cette fois, il prend clairement les « risques » d'un éclat. Donnons-lui la parole :

« On me posa la question : " Comment voyez-vous votre avenir politique ? " D'instinct, mais cette fois consciemment, pour montrer que, si la succession n'était pas actuelle, je ne me considérais pas comme rejeté dans les ténèbres par la foudre du Général, je répondis : " Je n'ai pas d'avenir politique au sens où vous l'entendez. J'aurai, peut-être et si Dieu le veut, un destin national. " »

Cette fois l'hérétique est relaps. Il persévère d'autant plus diaboliquement qu'il paraphrase, avec ce « destin national » emprunté à Malraux, un homme que ne peut récuser de Gaulle... Le fer est engagé. Son entourage ne s'y trompe pas. Reprenons le livre de Pompidou : « " Quand vous dites des choses pareilles, vous pourriez nous prévenir ", me dit en souriant Jobert à mon retour[43]. » Désormais, Georges Pompidou a troqué le rôle de dauphin contre la posture de prétendant. Son tempérament d'homme d'action — avide d'action —, un désaccord croissant sur le fond des choses (les rapports sociaux), la mollesse des réactions du général face à la machination Markovitch ont ruiné l'alliance pour en faire une rivalité. Il ne s'agissait plus de continuité, mais d'alternative.

Le général de Gaulle en est si conscient que, lorsqu'il invite les Pompidou à dîner à l'Élysée (avec les Debré) le 12 mars, ce n'est évidemment pas pour tenter un rapprochement. Simplement pour payer une dette d'honneur. Face à l'opinion publique, il doit ce geste à l'homme calomnié, qui a été si longtemps son ombre portée. Mais quel fiasco !

L'ancien Premier ministre et sa femme trouvaient cette invitation « tardive et peu spontanée ». Michel Jobert a décrit Claude Pompidou venant chercher son mari boulevard de Latour-Maubourg, toute à « l'effort de paraître indifférente[44] ». Le dîner, écrit l'ancien Premier ministre, fut « morne ». Craignait-il pour sa part un éclat de sa femme qui, n'ayant « pas pardonné » au général le voyage à Baden, goûtait moins encore sa réserve depuis trois mois ? « On se quitta de bonne heure, conclut Pompidou. Les liens sentimentaux n'avaient pas été renoués[45]. » Mais s'agissait-il encore de sentiments ?

Le référendum... Officiellement, et en dépit de tel ou tel retour en arrière dont on reparlera, Charles de Gaulle a cessé de se lier depuis le 10 décembre à la réforme sociale évoquée comme la grande pensée de la fin du règne le 24 mai, le 7 juin, le 9 septembre. On s'est interrogé, sans beaucoup de résultats, sur ce découplage entre programme et procédure.

Quand le bon juriste qu'est Jean-Marcel Jeanneney lui eut fait valoir que la refonte des rapports entre capital et travail ne se prêtait pas à la procédure du référendum, de Gaulle ne répondit pas, comme l'eût fait tout un chacun : comment parvenir, par d'autres voies, à cette fin ? Mais : comment parvenir, par cette voie, à d'autres fins ?

On ne prend pas pour autant à la légère les « fins » qui furent alors choisies : elles étaient depuis longtemps envisagées, inscrites dans le devenir du régime. Mais il est clair que le général n'avait pas prévu de jouer, sur elles, son destin. Et il est non moins clair que la participation sociale, dont il avait voulu faire d'abord le thème de la grande consultation populaire prévue, était pour lui moins fondamentale que le pacte entre Charles de Gaulle et le peuple français.

Participation, régions, Sénat ? Il n'est pas une de ces questions qui ne lui importât. Mais aucune ne le concernait autant que celle-ci : les Français, qui, mal revenus de la grande peur de mai, ont voté massivement en juin pour le parti de l'ordre (incarné désormais par Pompidou mieux que par lui), se rallient-ils toujours à de Gaulle ?

Ce référendum, de Gaulle l'a voulu comme un nouveau sacre. Ce qui est en cause, il le sent, il le sait, c'est sa légitimité personnelle. On ne peut avoir parlé si fréquemment de retraite ou de renoncement, on ne peut avoir fait l'étrange détour par Baden et avoir évoqué si tragiquement l'ombre des baïonnettes, sans ressentir comme de profondes balafres, de larges fissures dans la façade de sa légitimité. Et que dire de ces « Dix ans c'est assez ! », de ces foules de jeunes ricanant quand parle le vieil homme, de cette « chienlit » assez fascinante pour faire se détourner tant de regards de lui ?

Ah ! oui, il faut refonder sa légitimité. Par rapport à « l'autre », qui a si bien « tenu » en mai, qui a si bien gagné les élections en juin, qui dispose désormais de « sa » clientèle, de « son » électorat, de « sa » popularité. Et par rapport à l'ensemble de ces Français volages, qui semblent ne plus voir dans le vieux souverain qu'une icône ou qu'un reposoir — ce « président » symbolique que Pompidou se fait renvoyer de Baden par Massu... Ce qui est en cause, ce n'est pas tel ou tel projet, telle ou telle réforme. C'est, en 1969, la légitimité de Charles de Gaulle.

Le 2 janvier 1969, le chef de l'État reçoit quelques journalistes. On parle d'abord de littérature. Il vient de lire *la Barque* du général Georges Buis, compagnon de la Libération. De Gaulle : « Il a du talent. Il a failli avoir un prix littéraire. S'il n'était pas général, il l'aurait eu ! » On en vient aux perspectives politiques. Où en est le projet de référendum ? Quel en sera le thème ? Le général : il aura trait à la participation dans les entreprises et à la réforme du Sénat... Quand ? J'attends les propositions du gouvernement. Mais il doit avoir lieu cette année, répond-il [46].

Ainsi de Gaulle n'a-t-il pas renoncé encore à son projet primitif, en dépit des déclarations de ses ministres. Et même de leurs travaux. Car depuis que le général avait lancé à Lyon, en mars 1968, que « ce sont les activités régionales qui apparaissent comme les ressorts de la puissance de demain », et depuis que Maurice Couve de Murville avait déclaré le 17 juillet qu'il importait de « réunir en une asssemblée unique des représentants des collectivités locales et des activités régionales avec ceux des grands organismes d'ordre économique et social du pays », l'opération semblait bien aiguillée dans le sens d'une régionalisation qui déboucherait elle-même sur la refonte du Sénat.

S'agissant du premier thème, le ralliement de Charles de Gaulle aux thèses régionalistes avait surpris. Son image était celle d'un jacobin — école où la tradition veut voir la source d'une frénésie de centralisation assez commodément opposée au régionalisme des girondins. Edgard Pisani a écrit un livre ironiquement intitulé *les Jacondins,* dont le général pouvait être l'archétype. En fait, comme toujours homme des circonstances, il avait tiré, de plus de dix ans d'expérience à la tête de l'État français, la conclusion que le centralisme absolutiste, impérial et républicain vouait ce pays à l'asphyxie, et avait enfin décidé de desserrer le corset : d'autant qu'en invitant les régions à prendre des initiatives on rejoignait par un biais le grand thème de la participation.

Le Sénat, de Gaulle n'en avait pas toujours été l'ennemi. Bicaméraliste de conviction (dangers de l'Assemblée unique...), il avait été l'ami de Jules Jeanneney dont le nom, sous la IIIe République, se confondait avec la vie du Sénat. Mais il y avait eu la longue dispute avec Monnerville, le camouflet infligé en 1962 à l'Élysée par le Sénat réélisant à la presque unanimité, en pleine crise, l'homme qui venait d'accuser de « forfaiture » le gouvernement du général. Et il y avait surtout un vieux projet du fondateur de la Ve République qui, dès juin 1958, parlait à François Luchaire d'une réforme du Sénat qui y ferait entrer les représentants des chambres professionnelles.

Bref, quand Jean-Marcel Jeanneney a annoncé en décembre 1968 ce que l'on savait depuis trois mois : que la grande réforme proposée par référendum aurait trait à la régionalisation et à la refonte du Sénat, il a relancé, faute de la participation dans l'entreprise, des projets déjà incorporés à l'esprit et à l'histoire du régime.

Sous la direction d'Olivier Guichard — qui avait fait depuis 1963 de « l'action régionale » l'un des leitmotive de l'aménagement du territoire dont il avait la charge —, une grande enquête fut lancée sur ce thème auprès de tous les organismes décentralisés. Plus de 3 000 réponses furent reçues et dépouillées. Guichard en tira la conclusion (provisoire) que les réponses étaient « ambiguës » mais qu'un « courant d'intérêt passait ».

Le Sénat pouvait-il voir venir sans angoisse, ni résistance, une réforme qui allait changer sa nature même ? Le projet n'était pas médiocre, de transformer la seconde chambre en représentation des régions à l'échelon national, car de Gaulle avait compris, écrit Guichard, qu' « il n'y a pas de véritable structure décentralisée sans une projection au niveau de l'État[47] ». Mais quel corps accepte sans réagir sa disparition au profit d'un autre ?

Le général n'avait pas cherché à lui dorer la pilule. Ayant posé en principe, lors de sa conférence de presse du 9 septembre, que « la haute assemblée ne revêt plus, par la force des choses, qu'une importance politique et législative très limitée », il avait ajouté, sur un ton d'une féroce suavité, qu' « il serait inconvenant d'attendre du Sénat qu'il mette lui-même un terme à ce qu'il est » ! Moyennant quoi le doux M. Poher, successeur de Gaston Monnerville, déclarera inacceptable que le Sénat soit « assassiné dans l'ombre blafarde d'un référendum »...

« Il fallut à Jeanneney tout son courage — et il n'en manquait pas — pour défendre le projet devant le Sénat, écrit Olivier Guichard. Je l'aidais de mon mieux. Une nuit, le 17 décembre 1968, les injures furent telles que nous dûmes quitter l'hémicycle[48]. »

Les « pères conscrits » égarés par la fureur avaient si mal traité le ministre d'État, l'opposant à son père, symbole de la grandeur du Sénat, qu'il dut à contrecœur livrer ce qu'il appela des « confidences ». Il lut à la tribune une lettre écrite par Jules Jeanneney à Charles de Gaulle à la veille de sa mort, en décembre 1956. Le vieil homme d'État se disait « désespéré » de l'état de la France, et n'ayant foi qu'en le général. « Il n'avait jamais dissimulé cette foi, conclut J.-M. Jeanneney. C'est peut-être pour cela que — fait sans précédent à l'égard d'un ancien président du Sénat — son hommage funèbre ne fut pas prononcé ici[49] ! »

Alors commence la période de ce qu'on pourrait appeler le « rémédiable », le « résistible ». Le référendum est-il vraiment inévitable ? Le général en fait-il une question de principe ? Vers le milieu de janvier, la participation dans l'entreprise étant décidément abandonnée, il apparaît que le thème de la consultation sera double : régions et Sénat. Le premier est assez populaire. Le second est, dès l'origine, l'objet d'une large réprobation, que la classe politique, rameutée autour de la Chambre haute, attise sans répit : ce qui conduit fatalement de Gaulle à croire qu'il est revenu en 1962, au temps du référendum sur l'élection du président au suffrage universel.

Si tôt qu'ils comprennent que le général ne démordra pas de son projet référendaire, bon nombre d'amis et de fidèles se succèdent auprès de lui pour le convaincre soit de reporter la consultation à plus tard (indéfiniment ?), soit pour que soient distinguées les deux questions posées aux électeurs. Lors d'un Conseil des ministres, à la fin de janvier, Jean de Lipkowski prend bravement position contre le projet. Et sentant que le chef de l'État est, sur le principe, inentamable, il essaie de le manœuvrer : puisque les deux thèmes, plus ou moins dissociables, sont accueillis de façon différente, pourquoi ne pas scinder la consultation en deux questions ? La première, au moins, obtiendra la majorité. Mais c'est croire que de Gaulle pouvait se contenter d'une demi-approbation, d'une moitié de sacre, d'une légitimité écornée...

Alors dans un climat, autour de lui, de stupéfaction morne, de velléités suspendues — celles de Maurice Schumann, par exemple, qui ne se console pas de son silence — de Gaulle marche en tâtonnant vers cette bataille perdue. On dirait d'une sorte de spirale, de tourbillon qui l'attire vers le gouffre, de toboggan. Refus de dévaluer, embargo sur les armes pour Israël : implacable, audacieux, inventif, il semble chaque fois renaître. Mais tout l'attire vers les sables mouvants du référendum. Descente fascinée vers le rendez-vous nocturne.

L'entrée dans l'irrémédiable commence à Quimper, le 2 février. Le général de Gaulle vient de traverser une Bretagne acariâtre. Cette terre sacrée du gaullisme historique lui a fait, à Rennes et à Brest, un accueil houleux, presque tempétueux. On a entendu des « Nous sommes tous des Québécois ! » et il est même arrivé à Brest, le 1er février, que *l'Internationale* couvrît *la Marseillaise* tandis qu'un crachat s'égrenait sur le revers de sa vareuse... Le dernier voyage en France du président de Gaulle * aura été le plus amer.

A Quimper pourtant, le climat est meilleur. Il est même chaleureux. Député de la circonscription, Edmond Michelet a tout fait pour qu'ici le visiteur soit fêté, et écouté avec déférence. Ce qu'il a à dire le mérite : c'est l'annonce de la date du référendum. Michelet, comme la presque totalité des fidèles du général, a bien tenté, sinon de le détourner de son projet, au moins de le persuader de le reporter à plus tard. Ce jour-là, de Gaulle a accepté seulement de ne pas préciser la date : « Au printemps », dit-il simplement. Mais dans ce rendez-vous avec le peuple français, dans cette annonce même de « l'avènement de la région », quelle mélancolie ! C'est son dernier discours public.

« J'étais au pied de l'estrade d'où parlait le Général, raconte Guichard. On l'avait adossée au coteau, face à l'Odet. Je regardais la foule et je ne le voyais pas parler au-dessus de moi. Mais j'entendais le chant rituel, où se mêlaient les vérités premières : " Péninsule de notre hexagone, naturellement éloignée du centre " ; les rappels historiques : " Du Guesclin... nos reines bretonnes de France, Anne et Claude... Chateaubriand... " ; quelques vers en breton — mais de famille ** ; quelques décisions d'aménagement du territoire ; et puis ce paragraphe sur la réforme à venir qui ne passait pas, qui n'éveillait pas ce peuple pourtant si fidèle. Et quand le Général conclut : " Enfin, puisqu'il s'agit d'ouvrir la voie à une espérance nouvelle, nous le ferons au printemps " — oui, j'avais le cœur serré [50]. »

Deux semaines plus tard, le 17 février, Charles de Gaulle convoque Roger Frey — l'un des compagnons les plus « politiques ». Ancien secrétaire

* Qui, un mois plus tard, se rendra à Washington pour les funérailles du général Eisenhower.
** De son oncle Charles de Gaulle, « barde » celte du siècle dernier.

général de l'UNR, six ans ministre de l'Intérieur, maintenant chargé des relations avec le Parlement, c'est un expert de la chose électorale. Il a à la fois la fibre gaulliste et le flair politique — ce qui ne va pas de soi. Les deux autres « sages » en ce domaine, Foccart et Guichard, le général les a déjà sondés, et connaît leurs réserves. Mais l'un est requis par l'Afrique, l'autre par les préparatifs de la régionalisation. Frey est plus disponible. Il sera d'un bon conseil.

« Ce référendum, demande le général, pouvons-nous le gagner ?

— Je ne crois pas, mon Général.

— Alors, est-il possible de le reporter ?

— Laissez-moi le temps de la réflexion...

— Non. Il me faut votre avis immédiat, celui que vous dicte votre instinct de gaulliste et de responsable national.

— Je vous demande quelques minutes... »

De Gaulle acquiesce, et se plonge dans un journal.

Roger Frey est comme un gardien de but au moment du penalty : une boule d'angoisse. Prendre la responsabilité d'envoyer le grand homme au « casse-pipes » ? L'inciter à reculer pour mieux sauter ? L'irremplaçable, c'est l'image. Allons. Il faut trancher :

« Mon Général, je ne crois pas possible de surseoir. Il y va de votre réputation de démocrate [51]. »

C'est le surlendemain que le Conseil des ministres arrêtera la date fatidique : le 27 avril. Mais l'atmosphère qui entoure cette décision, les regards et les soupirs qu'il surprend font soudain douter le général. Le Premier ministre n'est plus seul à le mettre en garde. Michel Debré et Raymond Marcellin (qui, au ministère de l'Intérieur, est le mieux à même d'apprécier le pessimisme des préfets) tentent chacun pour sa part une ultime démarche. Debré croit l'avoir emporté. Le général n'a-t-il pas soupiré : « On dira que de Gaulle recule ! Eh bien quoi, ce n'est pas une honte de reculer [52] ! »

De ces hésitations, de ces flottements, on trouve la trace dans un article de *la Nation,* organe de l'UDR, qui a certainement pris langue avec l'Élysée avant de publier ceci, le 27 février : « De Gaulle ne se sentirait nullement désapprouvé dans sa politique générale si la majorité des électeurs répondait " non " ou s'abstenait. » Et le lendemain, M. Jeanneney renchérissait : « C'est une question politique, mais ce n'est pas une option fondamentale du régime. » Ce qui était le bon sens même. Mais le gaullisme, le destin de De Gaulle se définissaient-ils par le bon sens ?

Chaque jour, chaque heure qui passe accroît la « honte » du recul. Dès lors, les derniers soucis tactiques du général vont faire place à une boulimie d'autojustification et de personnification du scrutin. Chaque fidèle venu lui faire part de son anxiété, de son souci de le voir gagner du temps — ainsi Christian Fouchet, le 22 février — aura droit à un plaidoyer passionné sur la nécessité du rendez-vous d'avril. Résumons-les en celui qu'il prononce devant Maurice Schumann, à la fin du mois de mars :

« Impossible de remettre en cause le référendum. Je n'ai pas trouvé d'issue. Au surplus, ai-je bien cherché ? Allons, il faut le faire. De deux choses l'une : ou les Français veulent des réformes, et ils nous donneront la majorité. Alors, ayant mis en mouvement, grâce à la région, les forces vives du pays, nous ferons le référendum sur la participation qui changera, en profondeur, la société française. Ou bien les Français ne veulent plus de moi, ni des réformes. Alors je montrerai que je ne suis pas le conservateur des privilèges anciens, le protecteur de ceux qui ont peur. Je m'en irai [53]. »

Éminent déchiffreur des énigmes gaulliennes, André Malraux a formulé l'hypothèse d'un référendum-suicide. Dans *Les chênes qu'on abat*, où tout est recréé mais rien n'est fallacieux, il fait dire à de Gaulle que le thème du référendum a été choisi parce qu'il était « absurde ». Ce qui ne signifie pas du tout qu'il s'agissait d'une option suicidaire — mais que l'objectif étant de manifester l'alliance entre de Gaulle et la France, la démonstration serait d'autant plus éclatante que le prétexte choisi serait plus aride, ou dérisoire. La belle affaire que de dire « oui » à de Gaulle s'il vous demande de proclamer votre attachement à la liberté, ou à l'abondance, ou même à la grandeur ! Mais acquiescer à cet énorme questionnaire de trente pages qui soulève au moins deux problèmes distincts, en plus de 9 000 mots : voilà qui sera donner une preuve d'amour ! Celle dont il est question...

On ne peut écarter, sans l'avoir examinée, cette hypothèse : que le général a cherché une « sortie » parce qu'il était hanté par son âge, épouvanté par les assauts de la vieillesse. Et si l'échec du 24 mai 1968 était le glas qui sonne ? La manifestation du syndrome de Pétain ? Alors il serait temps de prendre les devants — en démocrate.

Il est vrai qu'au cours de ces années-là plusieurs des familiers du général de Gaulle l'ont entendu exprimer le souhait — très discret — qu'il se trouve quelqu'un pour l'avertir du moment où il ne serait plus en possession de tous ses moyens, obsédé qu'il était à la fois par le précédent du maréchal, et par celui de Winston Churchill, achevant dans les bredouillis titubants une vie triomphale.

Mais cette angoisse qui le tenaillait, il savait lui trouver un antidote. Témoin ce trait que rapporte son aide de camp Jean d'Escrienne :

« C'était à l'Élysée. Le Général avait alors 78 ans. À la fin de la journée, j'entrai dans son bureau... Il était encore assis et tenait à la main, devant lui, une feuille de papier à lettres. Comme je m'étais approché pour le saluer, il me montra cette feuille, sans me la donner. Je ne vis qu'une liste de noms, avec quelques chiffres en face de chacun... Alors, il me dit : " Saviez-vous que Sophocle avait écrit *Œdipe à Colone* quand il avait 90 ans ? [...] À 80 ans passés, Michel-Ange travaillait encore admirablement à la Sixtine et à la construction de la Coupole de Saint-Pierre... Le Titien peignait *la Bataille de Lépante* à 95 ans et *la Descente de Croix* à 97 ans... Goethe terminait son second *Faust*, égal à ses œuvres précédentes, à 83 ans... À 82 ans, Victor Hugo écrivait *Torquemada*, à 83, la seconde *Légende des siècles* ! [...] Nous avons eu Voltaire, et encore aujourd'hui Mauriac [54] !... " »

Que de cautions, pour un septuagénaire en quête d'avenir ! On ne saurait bien sûr tirer d'une anecdote de ce genre une règle de vie — ou de survie. Mais il est bon de savoir que, face à la montée de ce péril, de Gaulle s'armait de références, et d'incitations à persévérer. S'il a, en 1969, cherché une issue, c'était moins semble-t-il dans l'enfouissement du tombeau ou de la retraite, que dans l'espérance d'un éclatant sursis.

Paradoxe de cette marche au supplice, les dernières revanches qu'il connaîtra avant le verdict, ce sont les Américains qui les lui offriront — que ce soit l'hommage éclatant rendu au chef de l'État français lors de la visite du président Richard Nixon, à la fin du mois de février *, ou les gestes qui se multiplient à son adresse lorsqu'il se rend à Washington, le 30 mars, pour les funérailles du président Eisenhower.

Au cimetière d'Arlington, plus encore peut-être que lors des obsèques de John Kennedy cinq ans plus tôt, ce menhir en vareuse de campagne focalise tous les regards. Devant le catafalque du premier des Américains qui ait généreusement « reconnu » comme tel le chef des Français libres, il manifeste une formidable communauté historique — avant de reconduire tacitement le Pacte atlantique dont le disparu avait été si longtemps l'ingénieur et le symbole.

Le temps est venu de la dernière bataille. A-t-il un dernier doute encore ? Le 10 avril, dix-sept jours avant le scrutin, il s'entretient, devant les caméras de la télévision, avec Michel Droit, qui lui demande non sans crânerie si, « dans les circonstances présentes, le référendum est... opportun [et] souhaitable », et pose la question de savoir si le chef de l'État tient à « lier [son] mandat présidentiel au sort du référendum ». Réponse de Charles de Gaulle : « Il ne peut y avoir le moindre doute à ce sujet. De la réponse que fera le pays à ce que je lui demande va dépendre évidemment soit la continuation de mon mandat, soit aussitôt mon départ. » Et de préciser sur le ton d'un *Ecce Homo* traduit par Charles Péguy :

> « Me voici, assuré que cette réforme fait partie intégrante de la participation qui est la voie que nous devons suivre pour rendre plus humaine et plus efficace la société mécanique moderne et éviter les pires secousses. Me voici, proposant solennellement la réforme à notre pays. Si donc, par aventure — c'est bien le mot qui convient — le peuple français s'y opposait, quel homme serais-je, si je ne tirais pas sans délai la conséquence d'une aussi profonde rupture [55]... »

Me voici... Me voici... Quel homme serais-je ? La personnalisation est poussée à l'extrême. Ce n'est pas au créneau qu'il monte, c'est sur le glacis du fort qu'il s'avance, le vieux chef, s'exposant aux coups qui pleuvent de partout. Compte tenu de ce qu'annoncent tous les experts, les spécialistes, on est tenté d'en revenir à la thèse du suicide. Mais non. La témérité est dans sa nature. Il n'a pas encore perdu toute espérance.

C'est quatre jours plus tard, dira-t-il, que ses dernières illusions le quitteront — le jour où Valéry Giscard d'Estaing fera savoir, « avec regret,

---

* Voir plus haut, chapitre 13.

mais avec certitude », qu'il ne pourra voter « oui ». La plupart des spécialistes estiment à 10 % environ l'électorat que contrôle le député du Puy-de-Dôme : plus qu'il n'en faut pour faire basculer la majorité*. C'est le dimanche 20 avril, une semaine avant le scrutin, que le général de Gaulle, recevant ses enfants dans son appartement privé de l'Élysée, manifestera clairement qu'il a perdu tout espoir. « Je sais que ce référendum sera perdu… Il me manquera les voix des indépendants qui suivront Giscard[56]. »

Trois jours encore, et le chef de l'État préside, le 23 avril, le Conseil des ministres. D'entre les participants, qui n'a la gorge serrée ? Qui oserait dire que ce n'est pas « la dernière classe » ? Le général tente dignement de donner le change : « Nous nous retrouverons mercredi prochain […]. S'il n'en était pas ainsi, un chapitre de l'histoire de France serait terminé. » Il confiera un peu plus tard à l'un des benjamins du Conseil, le secrétaire d'État Jean de Lipkowski, qui a tenté, on l'a vu, de le détourner de son projet : « C'est vrai, les Français ne veulent plus de De Gaulle. Mais le mythe, vous allez voir la croissance du mythe… Dans trente ans d'ici[57] ! »

Le lendemain, de Gaulle apprend que lors d'un meeting tenu en faveur du « oui » au Vélodrome d'hiver où Malraux a tenté d'insuffler son lyrisme aux thèmes du référendum, le nom de Georges Pompidou a été acclamé plus fréquemment que le sien. Le même jour, pourtant, à la télévision, l'ancien Premier ministre a plaidé, non sans chaleur, pour le « oui » — précisant qu'il voterait ainsi « par fidélité ». Et le surlendemain, à Lyon, le député du Cantal tiendra à affirmer qu'il n'est « l'homme d'aucune déloyauté, d'aucune trahison ». Qu'est-ce à dire ?

Une dernière demande a été faite en effet par un groupe de gaullistes inspirés par Alexandre Sanguinetti et regroupés par Jean Charbonnel[58], pour arracher à Georges Pompidou une déclaration selon laquelle il s'interdirait de poser sa candidature à l'éventuelle succession du général. Un tel geste rendrait toute sa force à la vieille menace rituellement brandie par de Gaulle : « Moi ou le chaos ! » Si le robuste Pompidou cessait d'être le recours, tout pouvait changer. Le vide béant, ou le désordre se profileraient… Sondé pour savoir s'il approuvait cette demande, le chef de l'État n'y a pas mis son veto. C'est Georges Pompidou qui s'est refusé au sacrifice…

En cette dérobade de l'ancien Premier ministre, faut-il voir la cause de l'échec du général de Gaulle ? Un homme qui a les meilleures raisons de ne pas ménager le député du Cantal, n'en ayant pas reçu le meilleur traitement, Maurice Couve de Murville, se garde bien d'imputer la défaite à son prédécesseur — pas plus qu'à Valéry Giscard d'Estaing : « La seule, la vraie raison de la mise en minorité du général, le 27 avril 1969, c'est, comme il le disait lui-même, que les Français ne voulaient plus de lui. C'est qu'une page d'histoire était tournée. C'est qu'une lassitude se manifestait, sur le thème de mai : dix ans c'est assez ! Les manœuvres des uns et des autres, le lâchage de Giscard, la présence de Pompidou en tant qu'alternative ont joué. Mais de

---

* Dont se sont désolidarisés publiquement le député Hébert et le sénateur Prelot — juriste notoire.

façon marginale. Le crédit du général de Gaulle était épuisé, voilà le vrai. On pouvait, on peut encore le regretter pour la France. Et personne plus que moi ne l'a fait. Mais c'était alors une donnée contre laquelle ni lui ni nous ne pouvions rien [59]. »

Le jeudi 24, Maurice Schumann, ministre des Affaires sociales est reçu par le chef de l'État, qui lui dit posément : « Nous allons être battus. C'est dommage. Vous étiez en cause, en tant que responsable des affaires sociales. Si les Français voulaient être rassurés, ils n'avaient pas besoin de De Gaulle. Mais s'ils voulaient tirer la leçon des événements, notre projet pouvait rendre service [60]... » (ce qui donne à penser que dans l'esprit du général, en dépit du texte présenté aux électeurs, il s'agissait toujours des rapports sociaux...).

Tout ce que dit, tout ce que fait Charles de Gaulle, en ces quatre journées qui vont du Conseil des ministres du 23 au déroulement du scrutin, paraît inspiré par cette conviction. Des consignes qu'il donne dès le mercredi soir à Jacques Foccart en vue du déménagement des archives de l'Élysée à partir du dimanche au « c'est cuit ! » qu'il glisse à Flohic, le jeudi, au vu des derniers sondages qui lui accordent moins de 40 % des intentions de vote, du refus qu'il oppose ce soir-là au général Lalande d'étudier avec lui les derniers dossiers militaires (« Non, ce n'est plus la peine... »), aux derniers remerciements accordés à Maurice Couve de Murville (« Je n'interviendrai plus en rien [61]... »), ce n'est plus qu'une cérémonie des adieux...

Oh ! Il y a bien encore ce dernier appel, prévu pour le vendredi soir à 20 heures et qu'il faut enregistrer en fin de matinée à l'Élysée. Il dit son texte en bon professionnel, d'une voix égale :

> « Françaises, Français, vous à qui j'ai si souvent parlé de la France, sachez que votre réponse dimanche va engager mon destin... Si je suis désavoué par une majorité d'entre vous [...] quels que puissent être le nombre, l'ardeur et le dévouement de l'armée de ceux qui me soutiennent et qui, de toute façon, détiennent l'avenir de la patrie, ma tâche actuelle de chef de l'État deviendra évidemment impossible et je cesserai aussitôt d'exercer mes fonctions. »

Réaction implacable de Pompidou qui l'écoute à Lyon en compagnie de Joxe : « S'il avait annoncé d'un ton ferme et convaincu qu'il demandait au pays de lui renouveler sa confiance, qu'il comptait rester au pouvoir quelque temps encore mais organiserait, avant le terme, sa succession pour qu'il n'y eût pas de secousses, il aurait peut-être gagné. Mais il parlait en vieillard désabusé [...]. Joxe, de lui-même, à la fin de l'allocution du Général, me dit : " Il a été très mauvais, c'est perdu. " [62] »

Dans l'ascenseur qui, à la fin de l'enregistrement, le ramenait à son appartement, le général avait demandé à Flohic : « Pensez-vous que ça ira, comme sortie ? » Il avait alors convoqué le chef du service de presse, Pierre-Louis Blanc, pour faire ajouter sur le texte à publier quelques mots qu'il a oubliés (tiens...) au cours de l'enregistrement. Puis, prenant congé de ses collaborateurs avant de prendre la route pour Colombey comme s'il s'était agi d'un vendredi ordinaire, il avait remis à Bernard Tricot le texte du communiqué à diffuser le dimanche soir, et une lettre pour le Premier ministre. Les témoins gardent le souvenir d'un moment de grande tension [63]. Certains avaient les larmes aux yeux. En arrivant à La Boisserie, vers 16 h 30, le général de Gaulle lance à la cuisinière : « Nous rentrons définitivement, cette fois-ci, Charlotte, c'est pour de bon [64] ! »

Samedi de solitude. Le commandant Flohic lui-même est confiné à Bar-sur-Aube. Le dimanche, le général et Mme de Gaulle entendent la messe dans le salon de La Boisserie, puis vont voter en fin de matinée, sous les flashes des photographes. Dimanche de solitude. Peu après 20 heures, Bernard Tricot est au téléphone, sur instruction du chef de l'État : les premières indications interdisent tout espoir. A 22 heures, l'échec est confirmé (le « oui » a recueilli, en métropole, un peu moins de 47 % des suffrages, le « non » un peu plus de 53 %). Le général enjoint à son collaborateur de faire diffuser dès minuit le communiqué qu'il lui a remis le vendredi pour être publié à la fin de la matinée du lundi. Vers 23 heures, Bernard Tricot remet à Maurice Couve de Murville la lettre que le chef de l'État lui a remise à l'intention du Premier ministre :

> « C'est du fond du cœur que je tiens à vous remercier et à vous donner témoignage du concours tout à fait éminent et, à tous égards, excellent que vous m'avez apporté comme Premier ministre pour le service de notre pays, après l'avoir fait pendant dix ans comme ministre des Affaires étrangères. D'autre part, tous les membres du gouvernement, qui ont, autour de vous, porté la charge des affaires publiques, avec tant de distinction et de dévouement, peuvent être assurés de ma profonde estime et de mon cordial attachement.
> Je vous demande de le leur dire. »

Enfin, c'est en date du 28 avril, à 0 h 10, que l'agence France-Presse diffuse le communiqué par lequel le général de Gaulle a voulu mettre fin à sa vie publique :

> « Je cesse d'exercer mes fonctions de Président de la République. Cette décision prend effet aujourd'hui à midi [65]. »

Avec Flohic, le lundi après-midi, le général de Gaulle sera un peu moins laconique :

> « Au fond je ne suis pas mécontent que cela se termine ainsi [...]. Quelles perspectives avais-je devant moi ? Des difficultés qui ne pouvaient que réduire le personnage que l'Histoire a fait de moi et m'user sans bénéfice pour la France.
> Je lui ai proposé une réforme, capitale pour l'avenir, qu'elle a repoussée. Je n'avais pas d'illusion quant à l'issue du scrutin [...]. Pensez à tous ceux que j'ai vaincus et qui se sont trouvé de bonnes raisons de voter contre moi, tout en sachant bien qu'ils faisaient une mauvaise action contre la France ! Il y a d'abord les vichystes, qui ne me pardonnent pas d'avoir eu raison. Puis

l'OAS, ceux de l'Algérie française — dont certains n'étaient pas sans valeur. Puis tous les notables [...] que j'ai tenus si longtemps écartés du pouvoir !

Mais il y a une question qui dépasse ma personne, c'est celle de la légitimité. Depuis 1940 [...] c'est moi qui l'incarne et cela durera jusqu'à ma mort. Il y a de toute évidence 47 à 48 % de voix gaullistes irréductibles. Je les ai toujours eues. Dès l'instant que je ne suis plus là, la question est de savoir si elles vont rester groupées. Mais c'est sur elles, à ces conditions, que l'on doit compter pour bâtir un régime et un gouvernement. Il est possible que l'on se prête à des manœuvres et que l'on reconstitue, avec un Pompidou quelconque, la IVe République sans le dire... »

Et le général de conclure :

« En tout cas, je ne dirai plus rien. »

Quelques instants plus tard survient le premier, et le seul visiteur admis à La Boisserie : Jacques Vendroux. « Alors... voilà... », fait placidement le maître de maison. Sa sérénité parvient à stupéfier le visiteur, qui entendra néanmoins quelques mots mélancoliques sur les Français qui « quand ils se réveilleront, reconnaîtront sans doute que j'avais raison »... Apprenant que Vendroux a démissionné de la présidence de la Commission des Affaires étrangères de la Chambre *, de Gaulle le détourne de renoncer à son mandat de député.

Deux confidences enfin, de Charles de Gaulle à son beau-frère : sa décision de ne pas sortir de La Boisserie, de n'y recevoir personne, hormis sa famille et deux ou trois collaborateurs directs dont il a besoin pour mettre en ordre ses papiers et préparer la rédaction de la suite de ses Mémoires ; et le projet qu'il a formé de gagner l'Irlande « où il pourra retrouver le souvenir de certains de ses ancêtres », à l'époque où se déroulera la campagne présidentielle. Georges Pompidou vient, le jour même, de faire acte de candidature : seul de tous les députés gaullistes (avec Louis Vallon), Jacques Vendroux, quittant La Boisserie, se refusera à l'appuyer.

Avant de le laisser repartir, le général de Gaulle avait déclaré à Vendroux : « Je n'ai plus rien à faire avec eux, ils me sont étrangers [66]. »

---

* René Capitant a démissionné du gouvernement.

28. Le maître de La Boisserie

C'est lui qui a inventé ce dénouement majestueux : à un peuple qui se refusait, il a donné son congé. Il est parvenu à muer une défaite en retraite, art suprême de la stratégie. Il n'a pas subi. Il a choisi. Le mandat que 55 % des Français lui avaient confié en 1965, il l'a déposé librement, quittant qui l'humilie. Geste gaullien par excellence et dont il savoure, sous les arbres de la Haute-Marne, l'âcre élégance.

« Je ne suis pas tombé du pouvoir, j'en suis descendu. La volonté nationale ne renverse pas, elle ordonne : on lui obéit. J'ai honoré par ma conduite mes convictions républicaines... », déclarait Cavaignac à l'Assemblée nationale. De Gaulle n'aurait pas écrit « descendu ». Écarté, plutôt. En tout cas, il n'a pas obéi à un ordre, il a pris une décision.

Dans le scrutin du 27 avril, il voit avant tout un règlement de comptes différé. Contre lui ont joué de vieilles et implacables rancunes — de Vichy, de l'Algérie, de l' « argent », du quotidien. D'une France moyenne, conforme, au ras du sol. D'une France qu'il déteste, celle des boutiquiers et des comités. Celle de la plupart des électeurs du 30 juin 1968, qui s'est retournée contre lui et vengée de ses peurs de 1944, de 1958 et de 1968, dès lors qu'a surgi, grâce à Georges Pompidou, la chance d'un « gaullisme » sans de Gaulle, d'un ordre benoît, confortable et bien armé.

Ce n'est pas sans une satisfaction aristocratique qu'il tombe, victime de cette « meute », intimement persuadé que c'est alors sa grandeur qu'il expie. Contre Charles de Gaulle s'opère la revanche de l'affaire Pétain, de l'affaire « Empire », de l'affaire Europe, de l'affaire Amérique, de trente années de défis permanents. Et comme il a cherché, le 29 mai 1968, à mettre hors d'atteinte de l'émeute le trésor de la souveraineté nationale, il va cacher dans une Irlande intrépide, dont toute l'histoire est un long 18 juin, le trésor de ces certitudes hautaines et le mythe de l'éternel recours.

Mais Charles de Gaulle n'est pas, en ces jours ambigus, l'unique objet de sa délectation morose. Réussir sa sortie, faire d'une retraite une charge de cavalerie, d'un échec un hommage seigneurial au verdict populaire, c'est une satisfaction qu'il goûte en connaisseur. Mais il y a les autres... Et c'est là que les réserves de sarcasmes qu'il a amassées en silence ont tendance à déborder.

On raconte qu'à Yuste, ce monastère d'Estrémadure dont il avait fait son dernier asile, Charles Quint occupa les mois qui lui restaient à vivre à organiser ses propres funérailles auxquelles il se proposait d'assister, derrière les grilles de la cellule. Mais l'émotion que lui infligèrent les premières « répétitions » le terrassa...

Rien de tel avec de Gaulle. Ce ne sont pas ses funérailles qu'il agença — mais un dialogue muet, d'une éloquence implacable. Du 28 avril 1969 au 9 novembre 1970, la statue sardonique du Commandeur sera là, surplombant le nouveau pouvoir, faisant écho, d'un ricanement énorme et silencieux, à chacun de ses gestes. Colombey n'était pas Yuste, ni l'île d'Elbe, ni Sainte-Hélène. Guernesey, peut-être, où l'on adressait le courrier à « Victor Hugo, océan » ?

Mais tout, chez de Gaulle, n'est pas stratégie, esthétique ou morale de l'histoire. Il y a aussi chez lui un homme très vulnérable, et qui vit « son » histoire comme une liaison pathétique avec le peuple de France.

Cet homme-là est, au début de mai 1969, un être malheureux. Celui dont Churchill avait, dans une intuition géniale, décelé du premier coup d'œil, en juin 1940, « l'aptitude à la souffrance ». Celui dont Yvonne de Gaulle dira, dix-huit mois plus tard, devant le corps foudroyé : « Il a tant souffert depuis deux ans... » Celui qui confie à l'un de ses proches, au début de mai : « J'ai été blessé en mai 1968. Maintenant ils m'ont achevé. Et maintenant, je suis mort [1]... »

Avait-il, en dépit de tout, gardé quelque espoir ? Le détachement de type très professionnel qu'il affichait depuis la soirée du 27 avril, analysant avec flegme les données du scrutin et les motivations des électeurs, annonçant sur un ton sarcastique le retour à la « IVe », lâchant quelques flèches contre Pompidou, commentant sa « sortie réussie », se félicitant d'avoir enfin le temps de finir ses Mémoires, n'était de toute évidence qu'une tentative de masquer une affreuse déception. Son fils Philippe a déclaré dans plusieurs interviews, de 1971 à 1980, que le général avait espéré jusqu'au bout... Sa raison lui disait de renoncer à tout espoir. Mais son cœur ?

Xavier de La Chevalerie, qui fut l'un des premiers à le revoir après l'enfermement à La Boisserie, le trouva « blessé jusqu'au fond de l'âme. Mai 1968 l'avait ébranlé. Avril 1969 lui donna le coup de grâce. La souffrance qu'il en éprouva était de celles auxquelles on ne survit pas [2] ».

Et dans une interview à France-Inter, le 18 juin 1972, Philippe de Gaulle, répondant à la question de savoir si « cette retraite forcée » avait « précipité la fin » du général, répondit : « ... C'est ma conviction ». Charles de Gaulle pouvait bien répéter, à lui-même comme à ses rares visiteurs, que les Français avaient moins voté contre lui que contre « l'effort », il avait trop fondé sur ce lien charnel, venu des profondeurs entre lui et « le peuple » — entité que sa puissante imagination confondait d'emblée avec « la France » —, pour ne pas voir, en ce scrutin du 27 avril, une sorte de trahison.

Passe encore que les notables, les notoires, les cadres de l'État, des politiques de haut vol et même quelques proches l'eussent abandonné : si la vertu ne conduit pas à l'empire, la vie publique n'enseigne pas la seule vertu.

Mais « le peuple », source de sa légitimité ? Et par la voie du référendum, arme de *sa* République ? Ce double rejet — de sa propre légitimité, et de sa pédagogie de la grandeur — lui inflige une souffrance qui ne s'exprime pas, parce qu'elle est inexprimable.

Mais cette peine éclatante a un avers. Rentrant d'une visite à Colombey, au début de juillet 1969, Maurice Couve de Murville répondait à une question que nous lui posions sur l'état où il avait trouvé le général de Gaulle : « J'ai vu un homme heureux... — Heureux ? — Oui, parce qu'il fait ce qu'il aime : écrire. » Foudroyé par le verdict du 27 avril, Charles de Gaulle a été, dans le même temps, rendu à ce métier d'écrivain que l'histoire ne lui permettait d'exercer que par échappées. Le voici dans sa tour d'angle — ou dans quelques autres demeures, couvrant feuillet sur feuillet de sa longue écriture fléchie.

Souffrance du souverain, bonheur de l'écrivain. En dix-huit mois, une vie ainsi se réinvente et retourne à sa source : les mots. Désormais familier de la mort, il s'abandonne, en attendant, au doux démon de l'écriture.

Son grand diable de corps tient bon. Il va sur ses 79 ans. Un âge que son père et sa mère ont dépassé. Sa sœur Marie-Agnès, de trois ans son aînée, est encore ingambe. La silhouette s'alourdit encore un peu — une ptose abdominale arrondissant, de mois en mois, son tour de taille. Mais il va encore d'un bon pas, abattant ses trois kilomètres d'une traite, dans le parc, dans la forêt des Dhuits, ou, surtout le dimanche, dans celle de Clairvaux, et demain sur la lande irlandaise.

L'appétit est encore bon : pot-au-feu, plats épicés, sauces, « cochonnailles ». Il boit peu. On le voit, en voiture, ou à sa table de travail, sucer des bonbons qui ne contribuent pas à préserver sa ligne. La vue baisse. Il lui arrive de donner du « madame » à un ecclésiastique. Mais il lit comme un bénédictin ; et les paysages, qu'ils soient d'Irlande ou de Castille, ne le lassent jamais.

Hors des périodes de crise, son sommeil est régulier. Aussi les insomnies — en mai 68 par exemple — lui sont-elles insupportables. Il aime faire la grasse matinée : peu militaire à cet égard. Mais sa grande affaire, sa grande querelle avec « la carcasse », les facultés dont dispose un homme pour accomplir sa mission, c'est l'état de sa mémoire. Ce don prodigieux qu'il a reçu à profusion, parmi d'autres, comment pourrait-il s'en passer sans se sentir atteint au plus profond ? C'est à cela, à la résistance ou à l'usure de sa mémoire, qu'il mesure constamment son aptitude à être de Gaulle, et à accomplir sa tâche.

Lors de son voyage en Irlande, il interpelle Jean Mauriac, qui vient d'avoir un fils. On sent qu'il cherche à retrouver le nom de l'enfant tandis qu'il devise un instant avec ce journaliste ami. Désolé, il va prendre congé quand soudain, on voit son visage s'illuminer : « Laurent ! ». Le vieux monsieur est encore capable des performances qui ont ébloui tant de ses interlocuteurs. Il est encore de Gaulle !

Le père attentif et assez peu tyrannique (« pas sévère, exigeant » selon son fils) qu'il a été est devenu un grand-père très tendre. Anne de Boissieu et Yves de Gaulle, le second fils de Philippe, sont ceux qu'il emmène le plus volontiers en promenade — avec le chien Rase-Mottes. Lui raconte-t-on que ses petits-fils, passant devant les gendarmes qui gardent le portail de La Boisserie, lâchent le guidon de leur bicyclette et lèvent les bras en hurlant : « Je vous ai compris ! », il en rit franchement.

Vie douce de vieil écrivain campagnard — telle que la menait naguère un Joseph de Pesquidoux. Vie régulière, presque cloîtrée, rythmée par les chapitres qui défilent, les visites familiales, les promenades sous les arbres, et la rumeur du monde. Il consacre cinq à six heures par jour à ses Mémoires et deux ou trois heures à la correspondance. Il a calculé qu'il avait, en un demi-siècle, signé 35 000 lettres... En ces jours-là, de Lady Churchill au comte de Paris, de Franco à Nixon, de Bourguiba à Senghor, de Hassan II à Houari Boumediene, il ne manque pas de correspondants.

Reclus ? Il se dit plutôt, précise Jean Mauriac, « retiré ». Des affaires et du monde. Il l'a dit une fois pour toutes au petit état-major qui lui reste affecté[*] : « Je ne suis plus concerné. » (Ce qui ne l'empêche pas de commenter vertement l'actualité, en privé. Et il lui arrivera aussi d'avoir un sursaut, de suggérer que si l'indépendance nationale, ou la force nucléaire française étaient remises en cause, il le dirait !)

Dès le 29 avril survient le premier visiteur, Bernard Tricot. Il y a encore tant de questions d'urgence à régler... Au cours du déjeuner sont en outre examinées, raconte François Flohic, les « différentes éventualités de candidatures à la présidence[**] ». Au moment de se retirer, l'ancien secrétaire général paraît si bouleversé que le général en fait l'observation à son aide de camp : « M. Tricot m'a paru très ému[3]... »

Le lendemain se présentent Xavier de La Chevalerie et le général Lalande. L'ancien directeur du cabinet présidentiel est chargé de faire savoir en haut lieu que le général refuse de toucher la retraite d'ancien chef de l'État, mais qu'il accepte de se voir allouer un local pour y installer son secrétariat parisien : ce sera avenue de Breteuil. Il est aussi chargé de préparer, avec Flohic, le séjour que le général a décidé de faire en Irlande à partir du 10 mai.

Le 1er mai, c'est dans une maison encombrée de flots de muguet qu'est accueilli Jacques Foccart. Sa mission est plus politique. Il doit rapporter à Georges Pompidou la réponse du général au message que lui a adressé l'ancien Premier ministre au moment de faire acte de candidature, dès le 28 avril. Datée du 30, la réponse du solitaire est sans chaleur, mais nette :

---

[*] Le commandant Flohic et le colonel d'Escrienne devant rejoindre leur arme, il a fait appel au colonel Desgrées du Loû. Xavier de Beaulaincourt, son secrétaire depuis trente ans, le demeure. Pierre-Louis Blanc, dernier chef du service de presse à l'Élysée sous de Gaulle, collabore à la documentation de ses Mémoires.
[**] Sont d'ores et déjà en lice MM. Pompidou, Poher et Duclos.

« ... J'approuve votre candidature [...]. Sans doute eût-il mieux valu que vous ne l'ayez pas annoncée plusieurs semaines à l'avance, ce qui a fait perdre certaines voix au « oui », vous en fera perdre quelques unes à vous-même et, surtout, pourra vous gêner un peu dans votre personnage, si vous êtes élu. Mais, dans les circonstances présentes, il est archinaturel et tout à fait indiqué que vous vous présentiez. J'espère donc vivement votre succès et je pense que vous l'obtiendrez.

Il va de soi qu'au cours de la " campagne ", tenant compte des dimensions de tout, je ne me manifesterai d'aucune façon. En particulier, votre lettre du 28 avril et ma réponse d'aujourd'hui resteront entre nous [1]... »

Mais quand, quelques jours plus tard, Foccart tentera d'obtenir du général une intervention pour éviter que la candidature d'un « gaulliste de gauche » (Capitant) ne puisse gêner celle de Georges Pompidou, il se heurtera à un refus très sec : « Je m'en moque. Je ne veux rien savoir de ces choses-là... » Flohic parle de l' « agacement » du général devant ce « partage de ses dépouilles » et en conclut que l'urgence du départ pour l'Irlande croît en proportion de la montée de la fièvre électorale [5].

Pourquoi l'Irlande ? Dès lors qu'il avait décidé de se tenir strictement à l'écart du débat électoral, le général de Gaulle devait partir pour l'étranger. Si protégée que fût La Boisserie, le pilonnage d'une campagne politique y eût suscité humeurs et échos. Et si reclus qu'y fût l'ancien chef de l'État, sa présence eût pesé sur le débat d'un poids qu'il jugeait hors de saison.

A l'étranger, où aller, pour se tenir à la fois hors des atteintes d'une presse envahissante, d'une mondanité fâcheuse, et du tourisme de luxe ? Et pour ne pas donner lieu à des interprétations politiques ou idéologiques ? Au surplus, le général tenait à n'être l'invité de personne. Les pays à monnaie trop forte, ou à l'hôtellerie trop luxueuse, lui étaient interdits.

S'il jeta d'emblée son dévolu sur l'Irlande, c'est pour ces diverses raisons — un pays à l'écart, neutre, et où l'esprit d'indépendance était passé à l'état de symbole. C'était aussi parce que en cas de besoin les voyageurs pouvaient être en une heure à Paris.

Mais le choix du général fut dicté aussi (surtout ?) par des raisons de sentiment, qu'il exposa longuement à Flohic : sa famille maternelle on l'a dit descendait d'un clan irlandais, les Mac Cartan. Sa grand-mère Joséphine de Gaulle avait, entre autres biographies, écrit celle de Daniel O'Connell, symbole du nationalisme irlandais. Et son oncle Charles était l'auteur d'une histoire des Celtes. Il n'était pas jusqu'à l'expédition de l'un de ses héros préférés, Hoche, sur les côtes d'Irlande, en 1796, qui n'éveillât sa curiosité sympathique.

Il ne voulait pas mourir avant de découvrir cette terre d'où sa famille tenait peut-être ce quelque chose d'intraitable qu'il portait en lui. Du *Sinn fein* à la France libre, une certaine parenté se manifeste. Aspect du voyage qui ne contribua pas à améliorer l'image du général dans la presse britannique.

Car l'Irlande (l'Eire), si elle lui apparaissait alors comme un refuge émouvant et marginal, était aussi un pays fourmillant de problèmes. Au mois d'avril avaient eu lieu en Ulster, à Londonderry notamment, de violentes manifestations durement réprimées par les autorités. Ce qui ne laissait pas de créer des tensions entre Londres et Dublin. Et des élections générales allaient se dérouler le 18 juin en Eire. La présence de Charles de Gaulle suscitait donc des problèmes politiques et diplomatiques — aucun responsable anglais ne pouvant la croire purement fortuite, ou due au seul attachement du général au clan Mac Cartan...

Dans sa déférente biographie du fondateur de la Ve République, le diplomate anglais Bernard Ledwidge va jusqu'à écrire que cette « visite d'un homme d'État au prestige mondial, surtout connu de l'opinion publique irlandaise pour son habitude de contrecarrer le gouvernement britannique, fut considérée comme fâcheuse »... Et il ajoute un peu plus loin, à propos du visiteur : « Les autorités irlandaises le traitèrent avec autant de ménagement que s'il s'était agi d'un colis piégé [6]. »

Xavier de La Chevalerie avait reçu du général la mission de trouver « sur la côte Ouest de l'Irlande, dans un site sauvage et éloigné des agglomérations, ayant accès facile à une plage aussi déserte que possible... à proximité d'une forêt où l'on puisse se promener à pied... un petit hôtel confortable... ou une villa convenablement meublée * »...

Du 3 au 7 mai, il avait donc sillonné l'Irlande à cet effet. Le 8, il était à La Boisserie pour rendre compte de ses découvertes — qu'il avait entourées de précautions extrêmes. Il n'était question auprès des hôteliers que de « hautes personnalités » — les uns en concluant qu'on leur proposait d'héberger Grace de Monaco (née Kelly, donc irlandaise) les autres le pape. Le 9 mai, le général décide de partir dès le lendemain.

Départ plus mystérieux encore que celui du 29 mai 1968. Mme de Gaulle avait pris soin de faire elle-même les bagages pour ne pas même alerter le discret personnel de La Boisserie ; les policiers étaient à la pêche aux truites et les journalistes encore postés à Chaumont ou à Bar-sur-Aube enfouis dans un profond sommeil quand le général et son épouse gagnèrent à 8 heures la base aérienne de Saint-Dizier — où, un an plus tôt, avait été prise la décision de piquer sur Baden. Un *Mystère 2D* du GLAM ** les porta en moins de deux heures jusqu'à l'aérodrome de Cork, petite ville du sud-ouest de l'Irlande, forteresse du catholicisme. Le Premier ministre Jack Lynch, son épouse et le ministre des Affaires étrangères Aiken sont au pied de la passerelle.

Au Premier ministre qui lui déclare que « l'Irlande tout entière est honorée de sa venue », de Gaulle répond qu'il est heureux de se trouver « dans la patrie de ses ancêtres maternels, les Mac Cartan ». Se retournant vers l'ambassadeur de la France, Emmanuel d'Harcourt, ancien de la France libre, amputé d'une jambe, compagnon de la Libération, le général, toujours

---

* Note inédite aimablement communiquée par M. de La Chevalerie.
** Groupe de liaisons administratives et ministérielles.

obsédé par le scrutin du 27 avril, demande de but en blanc : « Vous y attendiez-vous ? »

On gagne aussitôt la première des trois résidences retenues pour les de Gaulle : à Sneem, dans une petite anse proche de ce village du Kerry, « Heron's Cove » — la crique du héron — au lieu-dit, en gaélique, *Reen Na Furrira*. On est sur la baie de Kenmare, l'un des trois golfes — avec ceux de Dingle et de Bantry[*] — qui pénètrent le Kerry des doux effluves du Gulf Stream, en faisant, comme de l'île de Bréhat, un jardin d'azalées et de rhododendrons.

L'hôtel est très simple, mais le parc qui l'entoure, situé sur une barre rocheuse pointant dans la baie, offre un abri inviolable. Les de Gaulle vont y mener une vie très tranquille — repas, promenades, lectures, réussites. Le général a repris les *Mémoires d'outre-tombe*, le *Mémorial de Sainte-Hélène*, et commence à jeter des notes pour la suite de ses propres souvenirs : Flohic a porté avec lui une valise de documents. Le curé du village, venu dire la messe à l'hôtel, le 11, fera remarquer quelques jours plus tard à l'aide de camp qu'il avait été frappé par la mauvaise mine des voyageurs.

Non loin du Heron's Cove se dresse le grand hôtel de tourisme de Parknasilla où s'installent très vite les envoyés spéciaux de plusieurs journaux. Ils se postent au sommet des dunes de Derrynane : c'est là qu'ont été prises les photos fameuses de l'homme des tempêtes drapé dans un ample manteau noir que fouettent les vents du large, arpentant à grandes enjambées un rivage hérissé de plantes sauvages. La lande du roi Lear ?

François Flohic le relève avec aigreur : si d'innombrables journaux publièrent des clichés de ces promenades, le *Daily Mail* remporta la palme de la malveillance en publiant une photo du général butant sur un galet et sur le point de s'affaler. Il devait être dit que le vieil homme qui avait osé défier Londres au Québec — sinon maintenant en Irlande — était d'ores et déjà entré dans le gâtisme[7].

Comme pour mieux démontrer le contraire, le général de Gaulle consacre chaque jour plus de temps à préparer la rédaction du premier tome des *Mémoires d'espoir*. Le plan prend forme. Avant de quitter la France, il en a laissé une ébauche à Pierre-Louis Blanc, chargé de la documentation relative à cet ouvrage.

C'est le 15 mai, note François Flohic, cinq jours seulement après son arrivée en Irlande, que le général de Gaulle a commencé la rédaction proprement dite du *Renouveau* — puisque tel sera le titre du premier tome de l'ouvrage. Le premier chapitre, consacré aux événements de mai 1958, est terminé peu de jours après. L'aide de camp note que le comportement du général en est devenu « serein », ce qui va permettre de réaliser les divers projets formés par les autorités irlandaises pour le séjour de leur hôte : séjour dans le Connemara, dans le Killarney, visite de Dublin, réception chez le président de Valera. « Mais je suis très bien ici », objecte le général.

On n'en quitte pas moins Heron's Cove pour Cashel House le vendredi 23.

---

[*] Où tenta vainement de débarquer l'armée de Hoche.

Pendant le voyage, de Gaulle commente les nouvelles venues de France — notamment les sondages qui ne donnent à Pompidou que 42 % d'intentions de vote : « Poher va l'emporter... » Serait-ce meilleur pour l'image future du gaullisme, demande Flohic, qu'une victoire de Pompidou ? « Ah ! non, tout de même pas ! » Mais s'il se résigne au succès de ce « conciliateur » qu'est Pompidou, il suggère que les gaullistes appuient, dans l'avenir, Robert Galley * qui est, lui, un « combattant ».

L'hôtel de Cashel Bay est plus confortable que le Heron's Cove. Et le pays alentour plus beau encore. Le général est enchanté par la sauvage âpreté du Connemara, cette *ultima Thulé* qu'il arpente comme un vieux chef de légende celte. Sa santé, son teint en sont transformés. De jour en jour l'aide de camp le retrouve plus robuste et plus ardent.

Le dimanche 25 mai, les de Gaulle reçoivent à déjeuner l'ambassadeur Emmanuel d'Harcourt, qui n'a de cesse qu'il n'ait arraché au visiteur une définition globale de sa politique européenne. Le général s'y prête, semble-t-il, de bonne grâce, « donnant l'impression, observe Flohic, qu'il est encore aux affaires ». Mais après le départ du diplomate, Mme de Gaulle fait observer sévèrement que ces exposés ont été faits « à contrecœur, car cela n'intéresse plus le général ». Certes, ajoute-t-elle, le fait qu'il ait recommencé à écrire lui fait du bien. Mais « il ne faut plus remuer le fer dans la plaie ; qu'on ne lui parle plus de cela, plus de visiteurs, plus de contacts politiques. En réalité, c'est sur le plan physique que le choc a été rude [8] ».

Le 3 juin, pour la dernière quinzaine du séjour irlandais, les voyageurs regagnent le Kerry. Cette fois, ils s'installent près de Killarney, à Kenmare Estate, propriété de Mrs Grosvenor, petite-fille du duc de Westminster qui semble n'avoir accueilli qu'à contrecœur (parce qu'elle est le type même de l'Anglo-Irlandaise ?) l'hôte que dirige vers elle le protocole de Dublin. Près d'un très beau lac blotti au milieu des fleurs, le Dairy Cottage, ancienne laiterie du château des comtes de Kenmare, est une demeure exquise : les de Gaulle multiplient les promenades dans le parc.

Dès le 14 juin, veille du second tour des élections présidentielles françaises, Charles de Gaulle a téléphoné à Xavier de La Chevalerie un télégramme de félicitations à Georges Pompidou : « Pour toutes raisons nationales et personnelles, je vous adresse mes bien cordiales félicitations. » Mais François Flohic relève « un léger agacement » du fait que « le dauphin ait enfin succédé ». Esquissant entre le nouvel élu et Maurice Couve de Murville un parallèle, favorable au second, de Gaulle revient sur les résultats du premier tour. Avec 37 % des suffrages, Pompidou a obtenu beaucoup moins que les 47 % qu'il avait recueillis, lui, au référendum, et observe que si les communistes l'avaient voulu, c'est Poher qui serait président — le tout pour conclure : « Le glissement de la France vers la médiocrité va se poursuivre. »

Faut-il parler d'un autre son de cloche ? Dans *Mon Général*, Olivier

---

* Vieux Français libre, gendre de Leclerc, ministre de la Recherche, dont il a déjà souhaité la promotion en 1968.

Guichard rapporte (de source indirecte * il est vrai) qu'au cours de cette soirée du 15 juin le général avait eu, en l'honneur du nouveau président, un geste « que je ne lui avais jamais vu faire en vingt-deux ans : il commanda du champagne[9] ». Flohic n'en a gardé aucun souvenir. Le général et Mme de Gaulle ont-ils dégusté cette bouteille en cachette ?

Le scrutin présidentiel, en tout cas, met un terme au séjour irlandais — qui visait avant tout à situer l'ancien président en marge du débat : et le climat créé par les élections irlandaises, le 18, n'est pas propice à une prolongation de la présence du général en Irlande.

A partir du 17, les voyageurs sont les hôtes du chef de l'État à Aras en Uachtarain, la résidence du président Eamon de Valera, fondateur de la République de l'Eire, après avoir été l'un des chefs de la guérilla antianglaise. A 85 ans, de Valera est aveugle. Il invite le visiteur à planter un arbre dans le parc — non loin de celui qui y perpétue le souvenir de la reine Victoria. Tous les témoins insistent sur la ressemblance des deux vieillards gigantesques et osseux cheminant à travers Phoenix Park comme deux jumeaux fabuleux.

Le 18 juin, les de Gaulle sont les hôtes de l'ambassade de France. A la fin du repas, l'ambassadeur Emmanuel d'Harcourt, compagnon de la Libération, porte un toast au souvenir de juin 1940. Alors, de Gaulle : « ... Vous êtes honoré en ce jour car vous êtes d'Harcourt et que vous vous adressez à de Gaulle. Et je suis honoré car je suis de Gaulle et vous êtes d'Harcourt[10] **. » Prié de dédicacer ses *Mémoires de guerre*, le visiteur reporte, sur la page de garde, cette citation de Nietzsche *** : « Rien ne vaut rien. Il ne se passe rien, et cependant tout arrive. Mais cela est indifférent » (formule qui revient d'ailleurs de plus en plus souvent dans sa conversation). Cette autre, de saint Augustin : « Vous qui m'aurez connu dans ce livre, priez pour moi ! » Et cette autre : « Moult a appris qui a connu *ahan* » (la douleur), qu'il n'attribue à aucun auteur. En fait, elle est extraite de *la Chanson de Roland*, ainsi orthographiée : *Mult ad apris ki bien conuist ahan* ****.

A la fin du dîner que le président de Valera offre aux visiteurs français le même soir, Charles de Gaulle se laisse aller au ton de la confidence : « En ce moment grave de ma longue vie, j'ai trouvé ici ce que je cherchais : être en face de moi-même. L'Irlande me l'a offert, de la façon la plus délicate, la plus amicale[11]. »

Ses propos les plus significatifs, c'est le lendemain, jour de son départ, à la fin du déjeuner qu'offre en son honneur le Premier ministre Jack Lynch à Dublin Castle, que Charles de Gaulle va les prononcer. Aurait-il pu quitter l'Irlande, terre de toutes les audaces, sans en esquisser au moins une ?

* C'est, précise M. Guichard, Miss O'Leary, « son hôtesse d'Irlande » qui l'a raconté à une journaliste française.
** Un des grands noms de l'armorial français : trois maréchaux, un académicien, deux archevêques.
*** Ce que contestera Malraux dans une lettre à Jean Mauriac où il attribue ce propos à Théophile Gautier.
**** Lettre de Me Nicole Bonnier à Jean Mauriac.

Dans la matinée, Charles de Gaulle avait reçu, en présence d'Eamon de Valera, ses « cousins » Mac Cartan, dont le clan est originaire du comté de Down, dans l'Ulster * mais qui sont implantés autour de Killarney. Ils sont là une trentaine, indique François Flohic. L'un d'eux lui précise que le général descend bien de l'ancêtre des Mac Cartan, tué à la bataille de la Boyne, en 1690 — et plus précisément du dernier de ses fils, réfugié en France au temps de cette émigration irlandaise qu'on appela le « vol des oies sauvages » *(the flight of the wild geese)*.

Sur ce, on gagne Dublin Castle, où le *Toiseach,* le Premier ministre, entouré de tous les membres de son cabinet, attend le général et Mme de Gaulle : les premiers résultats du scrutin de la veille donnent à penser que le parti au pouvoir, le *fionna fail,* y sera maintenu **. Jack Lynch déclare que « la rencontre du général de Gaulle et du président de Valera a été pour tous les Irlandais un moment historique ».

Alors, de Gaulle : « ... C'est une sorte d'instinct qui m'a porté vers l'Irlande, peut-être à cause du sang irlandais qui coule dans mes veines. On revient toujours à sa source... » Et puis, soudain : « Je lève mon verre à l'Irlande unie. » Mot aussi explosif que celui de Montréal — davantage même, compte tenu du climat qui règne en Ulster. Mais, indique Bernard Ledwidge, « il est possible que les autorités irlandaises n'aient pas oublié l'incident du Québec [car] il y eut une déficience technique dans le microphone juste au moment où [de Gaulle] prononçait son toast, et ceux qui ne se trouvaient pas à portée de voix ne l'entendirent pas ». Sur quoi M. Ledwidge ajoute : « Avait-il été, la veille au soir, au cours du dîner donné par de Valera, jusqu'à dire : " Vive l'Irlande libre ! " ? Certains diplomates l'ont prétendu [12]... »

Au moment d'atterrir à Saint-Dizier à la fin de l'après-midi du 19 juin, François Flohic glisse au général que, s'il était le nouveau chef de l'État, il serait venu saluer Charles de Gaulle à sa descente d'avion. Réponse : « Il n'oserait pas [13]. »

Voici le maître de La Boisserie rentré en son logis. Et aussitôt une plume à la main. De cette fin de juin 1969 à juillet 1970, il va rédiger le premier tome des *Mémoires d'espoir* — non sans avoir reçu et consulté quelques-uns de ceux qui, ayant travaillé à ses côtés, sont le mieux à même de nourrir sa documentation, de raviver ses souvenirs, voire de relire ses textes : ce seront tour à tour quatre anciens ministres — accueillis parce qu'ils ne le sont plus — Maurice Couve de Murville ***, Pierre Messmer ****, André Mal-

---

* Le député de cette circonscription James O'Reilly avait invité le général : mais cette visite aurait risqué de provoquer quelques remous...
** Il gardera en effet la majorité.
*** 2 juillet 1969 et 10 avril 1970.
**** 16 juillet 1969.

raux* et Jean-Marcel Jeanneney**, puis Bernard Tricot, Xavier de La Chevalerie, Alain Prate, François Goguel — qui se voit chargé de la présentation des *Discours et Messages* — Michel Droit, Marcel Jullian son éditeur (Plon), Léon Noël, Pierre Lefranc***, quelques autres...

Avec Couve et Messmer, il ne se garde pas tout à fait d'effleurer les affaires publiques. Au Premier ministre de 1968-1969 (le seul à être reçu deux fois à Colombey), il enjoint de « rester intact, de fuir toutes les compromissions ». A celui qui a été neuf ans son ministre des Armées, il ne peut refuser de préparer la création de « Présence du gaullisme » ; il va même jusqu'à lui recommander — lui commander — d'être « un ferment ». Ce qui n'est pas tout à fait s'exclure, par le truchement de tel ou tel fidèle, de la chose publique.

En outre, chaque mardi, le châtelain de La Boisserie reçoit l'un de ses collaborateurs, le colonel Desgrées du Loû, son aide de camp, Xavier de Beaulaincourt, son secrétaire, ou Pierre-Louis Blanc, chargé de réunir l'ensemble de sa documentation et de garder le contact avec son éditeur.

De Gaulle, cet écrivain...

Comme tous les autres, c'est d'abord un artisan, un homme qui, des heures durant, couvre une certaine surface blanche d'une certaine substance brune, et qui a, comme tous, ses recettes. Michel Droit, qui fut l'un de ses derniers visiteurs accueillis à La Boisserie****, a rapporté les confidences que lui a faites le vieil écrivain.

> « Le matin, je descends vers 9 heures et j'écris jusqu'à midi. Et après le déjeuner, de 4 à 6*****. Je crois que c'est là un maximum pour faire quelque chose de convenable. D'ailleurs, je rédige lentement. Je reviens beaucoup sur mes manuscrits. J'essaie de me débarrasser de mes tics d'écriture. Ce n'est pas toujours facile... »

Un instant, et puis, un ton au-dessus :

> « Ce que je fais ici, en écrivant mes Mémoires, est bien plus important pour la France que ce que je pourrais faire à l'Élysée, si j'y étais encore... »

Un peu plus tard, un ton en dessous, mais parce qu'il est, après tout, un homme de lettres : « Que lit-on à Paris ? Qui va être élu à l'Académie [14] ? »

Charles de Gaulle était un écrivain ennemi de lui-même, bourreau de ses textes, que l'on eût dit avide de ratures, et que seule pouvait relire sa fille Élisabeth. On rapporte à ce propos un joli mot de lui, prononcé à l'occasion d'une visite à la Bibliothèque nationale, où étaient exposés un brouillon de

---

* 11 décembre 1969 (la visite qui est à l'origine des *Chênes qu'on abat*).
** 30 décembre 1969 (avec sa femme et son fils Jean-Noël).
*** Qui, en avril 1970, convaincra le général de la nécessité de fonder l'Institut Charles-de-Gaulle, dont le premier président sera André Malraux et le siège, 5 rue de Solférino, où s'étaient déroulés tant d'épisodes de l'histoire du gaullisme.
**** Août 1970.
***** Cet horaire n'englobe que le temps de rédaction des Mémoires — non celui consacré à la correspondance.

sa main, et, à côté, quelques lignes de Corneille, sans rature ni surcharges. Il avait souri et laissé tomber : « Tiens, Corneille ne se relisait pas [15] ? »

C'est un vrai professionnel qu'aura pour interlocuteur, en juillet 1970, son éditeur Marcel Jullian qui, raconte Jean Mauriac, a vu en lui à la fois un « notaire du XIXᵉ siècle discutant avec soin ses contrats avec la maison Plon *, et un écrivain très moderne dans ses conceptions des rapports avec les lecteurs »...

Les *Mémoires d'espoir* ne sont pas tout à fait comparables aux *Mémoires de guerre*. Non que les sujets soient moins propices au mémorialiste, la matière moins riche, la tension dramatique moins constante. La « résurrection » de mai 1958, l'émancipation pathétique de l'Algérie, la reconstruction de l'État, le redéploiement diplomatique de la France — autant de sujets dignes de ce bel écrivain, et qu'il traite dignement.

Si les *Mémoires d'espoir* se situent tout de même un ton au-dessous des premiers, non sans offrir un beau modèle à tous ceux qui prétendent donner forme écrite à une histoire en train de se faire, c'est peut-être dû, pour une part, à un léger fléchissement de l'écrivain. Quand la plume de Mauriac, passant des *Mémoires intérieurs* aux *Nouveaux Mémoires* (écrits à 80 ans), semble, en trois ans, encore affinée, sublimée, celle de Charles de Gaulle se fait un peu moins vive : mais peut-être cette impression du lecteur ** est-elle due à un certain abaissement, sinon des sujets, au moins des modèles offerts au grand portraitiste par une histoire « désormais dépouillée des impératifs exaltants d'une époque héroïque ».

On ne peut faire grief à de Gaulle que M. Coty ne soit pas Churchill, ni M. Pflimlin Roosevelt, ni Jacques Duclos Staline. Il est clair que Maurice Challe, du temps même où il le sert avec éclat, ne lui offre pas une matière comparable à Eisenhower, et que Raoul Salan ne vaut ni Jean Moulin comme « féal » ni Muselier comme carbonaro. Et il se trouve que ses adversaires, puis partenaires algériens n'échauffent pas sa verve. Seul Khrouchtchev lui donne l'occasion d'un très savoureux croquis.

Mais si, en passant d'un livre à l'autre, le portraitiste souffre, l'historien, ou plutôt le paysagiste d'histoire reste magistral. L'exposé de sa stratégie algérienne (p. 51), le récit des conversations avec Nikita Khrouchtchev (p. 238-246), la description des rapports franco-allemands (p. 184-191) sont du meilleur de Gaulle — celui que l'on retrouvera, dans le tome 2, évoquant avec une incomparable finesse ses relations avec Pompidou (p. 112-115).

Le meilleur de Gaulle, où faut-il le situer ? Dans la catégorie de ceux qui ont su, de leur plume, faire dignement écho à une grande vie — tel l'auteur du *Mémorial de Sainte-Hélène* ? Ou dans celle des écrivains dont la vie a servi de prétexte, de socle, de matière première à une œuvre bien plus grande — tel celui des *Mémoires d'outre-tombe* ? Plus écrivain que celui de Sainte-Hélène, de Gaulle n'est évidemment pas un créateur dont la verve et l'originalité égalent celles du vicomte de la Vallée-aux-Loups. Mais quel

---

* Tous les droits étant versés à la fondation Anne-de-Gaulle.
** D'un lecteur...

beau texte, tout de même, et d'autant mieux assuré de survivre qu'il apparut, d'emblée, librement « démodé ».

Charles de Gaulle est, comme Gorki le disait de Lénine, « hérissé de mots comme un poisson d'écailles ». Des hommes d'État contemporains, il est celui dont le destin politique aura dépendu le plus constamment des mots.

Ce militaire qu'un livre a sorti de l'ombre, ce rebelle dont un discours a fait un chef national, cet opposant qui dut sa survie politique à quelques entretiens avec la presse, ce président qui gouverne par la radio et la télévision, comment ne croirait-il pas aux vertus du langage ?

Jeune, il s'efforce au silence, mais se grise de Rostand. Officier, il se veut lointain mais ne perd aucune occasion de mettre en valeur son génie didactique. Prisonnier, il commente inlassablement les nouvelles du front pour ses camarades. Et puis le voilà professeur d'histoire militaire à Saint-Cyr — fonction qui restera la plus chère à son cœur : car de Gaulle est un pédagogue.

S'il faut isoler deux traits pour caractériser son art, on proposera ceux-ci : c'est une œuvre didactique, et une littérature aristocratique.

Le caractère didactique de l'écrivain est manifeste. Toujours derrière un pupitre, sur une chaire, pour nous enseigner sa double leçon : que, sans la France, le monde n'est pas digne de vivre. Que, sans de Gaulle, la France n'est pas apte à survivre.

La littérature de Charles de Gaulle est tout autant aristocratique, jusque dans ses « mon brave », ses condescendances, ses habiletés et ses clins d'œil au public. Elle est même précieuse, et les grasseyements y sont des armes de la préciosité, stratégie littéraire qui organise l'imaginaire en le fondant sur l'essentiel. Le précieux nie le monde, puis le refait, masqué, poudré, harnaché pour un combat contre le réel.

Univers idéal, où règne le superlatif : celui de Giraudoux * — la grâce en moins. Quel jardinier pourrait être plus totalement jardinier que celui d'*Électre* ? Quel Français plus français, jusque sous ses oripeaux allemands, que Forestier-le-Limousin ? Mais aussi quelle France est plus française que celle de De Gaulle, cette « princesse de légende » précieusement préservée de la gluante masse des Français, par nature impatients et infidèles, mais inaptes à déranger son harmonie, à altérer son intangible essence ? Et quels partis sont plus partisans, quelle grandeur plus grande, quels Américains plus « américains » que ceux, que celle, que ceux-là encore qui concernent de Gaulle — la plus gaullienne des incarnations nationales, le plus légitime des légitimistes de soi-même ?

Réaliste de l'imaginaire, de Gaulle l'est par le geste, la manipulation tactique, parfois même la stratégie. Il l'est sur des schémas réinventés, remodelés, sublimés ou humiliés par la pensée la plus volontariste, la plus

---

* Que goûtait particulièrement de Gaulle : en témoigne une lettre des *Lettres, Notes et Carnets*, IX, p. 140.

arbitraire et la mieux protégée par les mots. Mais jusque dans ses miroitements, son armure permet de discerner la silhouette et la démarche du guerrier.

L'œuvre de Charles de Gaulle, c'est aussi l'ensemble de ses *Discours et Messages* que les éditions Plon avaient pris la décision de publier, en cinq volumes (recevant à La Boisserie Marcel Jullian, de Gaulle lui avait déclaré : « Vous voulez publier tous mes discours ? Vous avez de l'estomac... »).

En fait, il ne s'agissait pas de tous les discours du général, mais de ceux qu'il avait rédigés, relus, authentifiés. L'homme qui avait été chargé de cette tâche de collection, mise au point et annotation — en collaboration avec Pierre-Louis Blanc — c'était François Goguel, secrétaire général du Sénat, historien, juriste et politiste unanimement respecté. Le général l'avait prié de venir s'en entretenir avec lui à La Boisserie.

C'est le 5 novembre 1969 que Goguel, accompagné de Blanc, est accueilli par « un gentilhomme campagnard », écrit-il, qui le conduit d'emblée dans son bureau où s'entassent les volumes de l'*Année politique* (publication que ne signale pas sa sympathie pour le gaullisme...) et où il aperçoit, sur le bureau du maître de maison l'*Anti de Gaulle,* pamphlet de Louis Vallon contre Georges Pompidou.

Ce n'est pas à une discussion sur la façon dont il conçoit son travail que le visiteur est invité, comme il s'y attendait, mais à une ample leçon d'histoire, les actes et les dicts de Charles de Gaulle de 1940 à 1969 : Goguel est ébloui par la « forme » intellectuelle et même physique de son hôte.

Sur les péripéties de 1968-1969, de Gaulle a les formules attendues : « Personne ne voulait réagir... La situation était insaisissable. Le 30 mai *, je me suis ressaisi, et j'ai ressaisi la France. » Mais aussi ceci, qui est plus neuf :

> « Cela ne pouvait plus durer. Il me fallait préparer mon départ dans des conditions dignes de De Gaulle. J'ai toujours prévu que le référendum aurait, au mieux, une majorité médiocre, plus probablement pas de majorité du tout. »

Et il ajoute, plus incisif encore :

> « Le 27 avril, tout de même, pour voter oui, il fallait être vraiment gaulliste... »

Avant de le laisser partir — les projets de publication de Goguel n'ont donné lieu à aucun débat —, le général rappelle le visiteur pour lui montrer les portraits de ses ancêtres qui ornent le salon : « Tous des légistes [16]... » La courtoisie peut prendre aussi cette forme-là.

Quelques jours après, le général tient à marquer l'anniversaire du 11 novembre par une visite à Verdun, au fort de Souilly. Visite qu'il réussira à entourer de la plus profonde discrétion. Et, un mois plus tard, le 11 décembre 1969, c'est Malraux qui surgit.

Front balayé d'une mèche folle, visage de plâtre, le geste prophétique, le

---

* Il dit « le 30 », pas le 29...

pas incertain, la voix venue d'une caverne d'avant l'histoire — telle que son maquis périgourdin lui en offrit pour cacher les armes de la future brigade Alsace-Lorraine —, le Confident n'aura pas manqué l'ultime rendez-vous. En témoigne *Les chênes qu'on abat,* pluriel choisi par Hugo * mais, après lui par Malraux... Malraux se tenait-il vraiment pour l'ami de Charles de Gaulle ? Lorsque parurent les *Mémoires d'espoir,* en 1970, et qu'il put lire le somptueux paragraphe qui lui est consacré : « A ma droite j'ai et j'aurai toujours André Malraux... ami génial... », il en fut bouleversé : au point qu'il courut d'un trait chez son ami Manès Sperber et le lui lut à haute voix. Si exceptionnels qu'aient pu être les témoignages d'amitié, de confiance, d'estime, à lui prodigués par le général, il restait persuadé qu'il n'était à ses côtés que comme une sorte de témoin de la classe intellectuelle, de monument historique, de garant aussi d'un certain populisme, et que de Gaulle le tenait pour un amateur auquel auraient échappé deux ou trois chefs-d'œuvre, admirant mieux en tant qu'écrivains Montherlant et Mauriac.

Les chênes qu'on abat est une sorte de contrat devant et pour l'histoire — un manifeste du Témoin. *C'est à moi,* proclame Malraux, *qu'il aura confié l'essentiel, son vrai testament intellectuel. C'est devant moi qu'il aura exhalé le plus beau désespoir. S'il eut jamais un double, c'est moi. Nous avons réussi ce que nul avant nous n'avait tenté : le dialogue du Pouvoir et du Poète...*

Passons très vite sur la question de la véracité documentaire de ce dialogue. Geoffroy de Courcel, qui était lui aussi l'hôte de La Boisserie le 11 décembre 1969, rappelle en souriant que l'auteur des *Mémoires d'espoir* et celui des *Anti-Mémoires* ne passèrent ce jour-là pas beaucoup plus d'une heure ensemble — plus le temps du déjeuner, que le général n'aimait pas prolonger. Du point de vue d'un greffier, le texte publié cadre mal avec cet horaire. Mais qui parle ici de greffier ? Entre l'homme qui a fait croire à la France qu'elle s'était elle-même libérée en 1944 et celui qui avait fait croire à Léon Trotski qu'il avait été, lui, Malraux, l'un des pionniers de la révolution chinoise, il ne s'agissait pas d'exactitude littérale, mais de ce que Malraux a appelé le « vécu » — qui incorpore le rêve au fait, le vraisemblable au vrai et la volonté au réel. Aussi bien ce dialogue dans l'antichambre de la mort est-il peut-être le meilleur témoignage sur le gaullisme dont puissent disposer les générations futures ; ce que le *Phédon* est à Socrate.

Dialogue ? On y verrait plutôt une haute méditation croisée, tricotée dirait-on. Où commence la voix de l'hôte qui a prolongé l'action par l'écriture, et celle du visiteur qui a enrichi l'écriture par l'action ? Malraux parle de la « confuse télépathie » suscitée entre ces « deux hommes seuls » enfermés dans cette pièce close « malgré l'immense paysage blanc ». Télépathie moins confuse que recréée, mais sur les bases d'une profonde vérité.

Il y a là une sorte de pas de deux historique où l'un donne l'impulsion et

---

* « Oh quel sinistre bruit font dans le crépuscule
Les chênes qu'on abat pour le bûcher d'Hercule. »
(Ode pour la mort de Théophile Gautier.)

l'autre l'envol. Qui peut dire sur une scène, sur une piste, où commence et où finit le geste de l'un et de l'autre ? Ces chênes accotés dans la même forêt, bruissant du même murmure formidable, mais dont l'un est tout en racines et l'autre tout en feuillage, voilà résumée une histoire de quinze ans. Et il y a le « qu'on abat ». Anathème jeté sur les hommes à la cognée, dont le plus notoire est (pour de Gaulle, sinon pour Malraux) à l'Élysée, et qu'il ne revoit plus...

Ironisant sur la nature de cette « interview », l'auteur propose de définir ainsi son livre, ajoutant « comme *la Condition humaine* est un reportage »... Et qui n'a remarqué que le départ des visiteurs ayant eu lieu vers 15 heures, l'évocation de l'hôte contemplant les étoiles en leur donnant congé, fût-ce un jour brumeux de décembre, relève de l'imagination poétique ? Il y a des gens qui voient des étoiles à midi : ce sont ceux-là qui, un 18 juin 1940, croient en quelque chose.

Ce qui est décrit ici, c'est la nature d'un lien, et un certain angle de vue qu'ont en commun deux hommes entrés dans leur crépuscule, fascinés par l'Histoire, hantés par les limites de l'action et obsédés par la mort, deux hommes qui sont passés du « que faire ? » qui avait occupé leurs existences à un « pour quoi faire ? » (qu'exprime ailleurs Malraux quand il parle de « ma vie sanglante et vaine »), deux hommes qui ont en commun cette idée de l'Histoire : qu'elle est faite des songes où Chateaubriand voyait la matière première du gouvernement des Français.

Ce testament à deux voix s'ouvre par ces mots de Charles de Gaulle : « Cette fois, c'est peut-être fini. » Quelle mélancolie dans ce rappel, par de Gaulle, du « contrat » qu'il « avait » avec la France, dans l'évocation de ces Français qu'il a « amusés avec des drapeaux », de sa retraite dans laquelle « l'âge a peut-être joué son rôle », de « l'absurdité » de la question alors posée aux électeurs, et surtout dans le « Malraux, au fond, de vous à moi, est-ce bien la peine ? » qu'il prononce en posant la main sur son manuscrit... Ses Mémoires, eux-mêmes, mis en question ?

Mais la verve — une double verve — illumine encore ce crépuscule partagé. Comme Malraux suggère que le vrai prédécesseur de De Gaulle, c'est moins Clemenceau, peut-être, que Victor Hugo, le général le coupe : « Au fond, vous le savez, mon seul rival international, c'est Tintin !... On ne s'en aperçoit pas, à cause de ma taille... » Malraux raconte l'Afrique, où les enfants reçoivent des prénoms empruntés à la Cour de l'Élysée revue par *le Canard enchaîné* : « Alors, dans les ruelles à chèvres au-dessus du fleuve Niger, on entend des cris lointains : " Gaul ! Gaul ! — Tantivonn ! Tantivonn ! " *. » Et comme le visiteur lui rappelle que, parlant un jour de Jacqueline Kennedy, au lendemain des obsèques de son mari, le général lui avait dit : « C'est une vedette, elle finira sur le yatch d'un pétrolier ** », il s'attire cette réplique : « Je vous ai dit ça ? Tiens... J'aurais plutôt pensé qu'elle épouserait Sartre. Ou vous ! »

---

* C'est sous ce nom que les lecteurs du *Canard* connaissaient l'épouse du chef de l'État.
** Ce devait être Onassis.

On en revient à une histoire plus récente. Et de Gaulle d'insister sur son éloignement des choses, et sur le sens qu'auront ses *Mémoires d'espoir*, en marquant bien ce qu'il a voulu faire : « Cela, non autre chose. » Et d'ajouter : « C'est pourquoi je n'ai plus pour ministres que les nuages, les arbres et, d'une autre façon, des livres. » L'avenir ? « On dressera une grande croix de Lorraine sur la colline qui domine les autres [...] et comme il n'y a personne, personne ne la verra. Elle incitera les lapins à la résistance. »

André Malraux ne quittera pas La Boisserie sans que la maître de maison ne lui ait rappelé :

« Souvenez-vous de ce que je vous ai dit : j'entends qu'il n'y ait rien de commun entre moi et ce qui se passe.

— Avant dix ans, il s'agira de vous transformer en personnage romanesque. Il rôdera encore, je ne sais où, un vague 18 juin, une vague décolonisation.

— Une vague France [17] ? fit-il amèrement.

Ce qui sourd de cet échange vertigineux, un peu trop écrit, un peu trop « dialogues des morts », mais poignant tout de même, c'est le terrible « A quoi bon ! » du général. « Je suis le personnage du *Vieil Homme et la Mer* d'Hemingway : je n'ai rapporté qu'un squelette. » Désespoir ? « L'histoire s'accomplit par d'autres voies », dit-il ici. Et encore : « La vraie démocratie est devant nous, pas derrière. » Et enfin : « La France en a vu d'autres... Ça n'allait pas très bien le jour du traité de Brétigny, ni même le 18 juin... »

Trois semaines plus tard, le 30 décembre, c'est un autre de Gaulle que verront les visiteurs, Jean-Marcel Jeanneney, son épouse Marie-Laure et son fils Jean-Noël. L'ancien ministre des Affaires sociales, relatant seize ans plus tard les propos et le comportement du maître de La Boisserie, ne les dit pas marqués par la mélancolie. Par l'ironie et la pugnacité plutôt, dès lors qu'il s'agissait d'évoquer les « successeurs ». Quand le visiteur parle de telle ou telle mesure économique ou monétaire prise ou envisagée par Georges Pompidou ou tel ou tel de ses ministres, le général interrompt : « Ils ne sont pas capables ! » Et quand Jeanneney demande à son hôte comment il pourrait servir la cause qu'il continue d'incarner, de Gaulle réplique : « Écrivez ! »

Pendant le déjeuner, on en vient à parler de l'ancien président tchécoslovaque Édouard Benès, que de Gaulle a connu à Londres. Le maître de maison : « Ce n'était pas un homme d'État, c'était un professeur. » Jean-Noël Jeanneney (qui, comme son père, est enseignant) : « Un professeur ne saurait-il être un homme d'État ? » Le général : « Il peut le devenir. — Mais qu'est-ce qu'un homme d'État ? — C'est un homme capable de prendre des risques [18]. »

« L'homme du 18 juin » ? Charles de Gaulle s'irritait de cette formule. Dût-il reconnaître, avec Courcel ou Schumann, ce que cette date avait d'irremplaçable, et que la France libre était le point culminant de son destin, il n'aimait pas que l'on enfermât de Gaulle dans ce musée. Eh ! Quoi... Rien depuis lors ? Et « l'homme du 26 août 1944 » ? Et celui du « 8 janvier 1959 » ? Et celui du « 19 mars 1962 » — point final mis à vingt-six ans de guerres ininterrompues ?

Aussi bien se gardait-il de plus en plus d'enfermer son mythe dans cette évocation du passé. La cérémonie du mont Valérien lui importait de moins en moins et, à partir de 1956, il n'y allait plus que sous la pression de l'entourage. Les aménagements du site lui semblaient en altérer la sinistre noblesse. Bref, à partir de 1960, on le voit de plus en plus réservé à l'endroit du rituel le plus symbolique de la Résistance. L'heure venue de la retraite, sa réticence se transforme en refus. Pour ne pas blesser trop de sensibilités, le mieux sera d'être, en ces temps-là, hors de France. En 1969, c'était l'Irlande. En 1970, ce sera l'Espagne — en attendant, peut-être, la Chine.

Charles de Gaulle voulait depuis longtemps connaître l'Espagne. Dévot de Corneille, fervent de Hugo, familier de Claudel, admirateur de Montherlant, et bien que la peinture ne soit pas une des composantes de son univers, il se sent en harmonie avec le génie castillan. « Pourquoi les Espagnols ne m'aimeraient-ils pas ? devait-il dire à Malraux en décembre. Ils aiment Don Quichotte [19] ! » Au surplus, la première lettre de chef d'État qu'il ait reçue, au lendemain de son retour à Colombey, était signée du général Franco. Dans ces cas-là, ce sont des choses qui comptent. Si bien que les réserves qu'il gardait à l'égard du franquisme avaient eu tendance à s'estomper. Un homme qui manifeste à de Gaulle de tels sentiments ne saurait être tout à fait pervers. Ainsi, passant sur la désapprobation qui ne pouvait manquer d'émaner de Malraux, de Mauriac et de bon nombre de ses amis, il décida de partir.

Dès le mois de janvier 1970, il s'est mis ce voyage en tête. L'ambassadeur de France à Madrid, Robert Gillet, a été invité à Colombey, où il a fait deux visites, en février et en avril 1970. Le colonel Desgrées du Loû, aide de camp du général, est chargé d'une mission de prospection.

Le général n'a formulé que quatre vœux. Le premier, de visiter Madrid ; le second, l'Escurial ; le troisième, de pouvoir passer dix jours dans un site « tranquille » au sud ; le quatrième, de payer son voyage et sa chambre d'hôtel (celui-là seul ne sera pas exaucé. Nous verrons quelle solution il donnera à ce problème). Mme de Gaulle a, pour sa part, fait ajouter deux étapes au périple : Saint-Jacques-de-Compostelle et Roncevaux. Quoi de plus judicieux ?

Le général n'avait formulé aucun interdit vis-à-vis des autorités espagnoles. Dès l'origine, il fut évident que les gens de Madrid étaient enchantés de cette visite. Le général Franco fit savoir qu'il tenait à recevoir de Gaulle au Pardo. Et le plus grand zèle fut mis à préparer les étapes des voyageurs, surtout dans les *paradores* souvent situés dans des lieux écartés — qui furent d'emblée vidés de leurs occupants... Et l'on partit le 3 juin 1970 (le général, Mme de Gaulle et Desgrées du Loû), en si grand secret que la presse ignora la traversée de la France, de Colombey à Béhobie (ils font halte au château de Roumegouse, dans le Lot, puis à Mont-de-Marsan), et ne fut informée qu'à dater de l'arrivée du général en Galice. Entre-temps, les de Gaulle ont résidé au parador « Gil Blas », à Santillana-del-Mar (souvenirs littéraires...), visité Saint-Jacques et Avila. La vieille Castille intraitable, surtout, a profondément ému le général.

Le 8 juin, les voyageurs sont à Madrid. Au cours de la matinée, ils visitent l'Escurial — dont l'austérité rigoureuse touche le visiteur. À 13 heures, le général de Gaulle, son épouse et l'ambassadeur de France sont accueillis au palais du Pardo, résidence du chef de l'État. L'entrevue Franco-de Gaulle dure près d'une heure. Quelques semaines plus tard, à Colombey, le 28 juillet 1970, le général de Gaulle en fera un bref récit à Michel Droit.

Après avoir fait observer que, pratiquement retiré des « affaires », Franco se croyait obligé d'encombrer son bureau d'énormes piles de dossiers, « pour la frime », de Gaulle ajoute : « Il faut faire attention avec lui, car c'est un malin [...]. J'ai dû lui dire : " Au bout du compte, vous avez été positif pour l'Espagne ! " Et vous comprenez bien tout ce que ce " au bout du compte " sous-entendait... »

Comprenant que son interlocuteur fait, *in petto*, le « compte » de ce qui emplit une partie de l'œuvre de Malraux et de celle de Mauriac, de Gaulle s'empresse d'ajouter : « Eh oui, positif, en dépit de toutes les répressions, de tous les crimes ! Staline aussi en a commis. Et même beaucoup plus... »

À quoi il est peut-être permis d'objecter que, rendant visite à Staline en 1944, de Gaulle pouvait espérer en tirer quelque avantage pour la sécurité de la France et l'équilibre de l'Europe, alors que la visite à Franco ne pouvait servir que la bonne conscience et la propagande d'un régime auquel s'opposait à peu près tout ce que la France comptait d'amis en Espagne — et que cette rencontre était de nature à blesser profondément des compagnons du général aussi fidèles et respectables que Malraux * et Mauriac **, entre autres.

Bref, il a vu le Caudillo, et accepté son hospitalité. Un des témoins espagnols de la visite au Pardo raconte qu'à la sortie du cabinet du généralissime, de Gaulle, auquel il demandait ses impressions, lui avait répondu : « Il est encore lucide. Mais c'est un grand vieillard ! » (de Gaulle avait alors 79 ans, Franco 77...)

En fin d'après-midi, après une visite du musée du Prado auquel de Gaulle a décidé de ne consacrer que trente minutes (« Je veux voir les Goya et les Velasquez, ça suffira ! »), les de Gaulle arrivent à Tolède, où ils sont les hôtes au « Cigarral los Dolorès », ancien couvent du xvie siècle, du Dr Marañon Moya ***, directeur de l'Institut hispanique. La conversation revient sur la réception chez le Caudillo. Comment s'est passé le déjeuner ?

« Le saumon était exquis, fait de Gaulle. Je ne connaissais pas Franco, et estimais très profitable de le voir. C'est un homme intelligent, d'un esprit très

---

* Qui devait déclarer quatre ans plus tard à l'auteur que, si cette visite avait eu lieu alors qu'il était membre du gouvernement, il aurait démissionné.
** « J'en reste glacé. Je l'ai subie comme une offense », écrit Mauriac dans son *Bloc-notes*.
*** Fils de Gregorio Marañon, grande figure de la science espagnole.

fin. Mais je ne l'ai rencontré que bien âgé... Savez-vous qu'après le roi de Suède, c'est l'homme qui est resté le plus longtemps au pouvoir ? » Et il ajoute, comme pour prouver que, très âgé, on peut préserver sa mémoire : « Lors de mon voyage en Amérique latine, j'avais prononcé une phrase dont le général Franco m'a félicité : " Les Latino-Américains sont tellement espagnols qu'ils vivent... du ressentiment contre l'Espagne ! ". »

De Gaulle refusa de visiter l'Alcazar de Tolède, haut lieu du franquisme combattant*, bien que ses hôtes aient insisté pour qu'il voie ainsi le « Saint-Cyr espagnol ». Comme le Dr Marañon suggérait qu'en dépit de sa conduite en Espagne il admirait Napoléon, de Gaulle le coupa : « Napoléon fut un soldat de génie. Mais il méprisait les hommes... » Le tout se termina par une vision de la ville illuminée — et un éloge du *Secret de Tolède* de Maurice Barrès, l'un des maîtres de jeunesse de Charles de Gaulle [20].

Le 9 juin, les voyageurs s'installent pour quatre jours au parador de Santa Catalina, près de Jaen, en Andalousie orientale (d'où ils iront visiter la *mezquita* de Cordoue, le 11). Le site est superbe, la chambre immense : et la cheminée de la salle à manger à 6 mètres de haut. De Gaulle se plaît dans ces lieux à sa mesure : cette ancienne bastille, où l'on a constamment l'impression de pouvoir croiser le Cid, est surmontée par une gigantesque tour carrée qui lui ressemble. La cuisine y est raffinée : *la pechuga de pichon* (poitrine de pigeon) est si bonne que le général en demande à chaque repas... Les gérants de cet établissement conservaient seize ans plus tard un souvenir d'autant plus ému du visiteur qu'en partant, la note lui ayant été refusée comme ailleurs, il laissa un pourboire sensiblement égal à ce qu'elle représentait [21]**.

L'étape suivante devait être ce « petit coin tranquille » demandé par l'ancien chef d'État pour travailler sur les épreuves de ses *Mémoires d'espoir*. C'est ainsi que les de Gaulle passèrent une dizaine de jours dans le refuge de chasse de Juanar, à Ojen, dans la Sierra Bianca (au-dessus de Marbella). Le 18 juin, ils ne recevront qu'une visite, celle d'un jeune envoyé de l'Association pour le soutien de l'action du général de Gaulle, Olivier Germain-Thomas [22].

En cette fin d'après-midi, Yvonne et Charles de Gaulle entament une longue promenade dans la rocaille des sentiers, au milieu des orangers, des oliviers et des lauriers-roses, sous le regard discret de Jean Mauriac qui n'a cessé, depuis la Galice, de les suivre à distance respectueuse et sans jamais les aborder, sachant que désormais le vieil homme ne veut plus avoir affaire à la presse plus qu'au monde politique, dût-il s'agir, comme lui, d'un ami. « Mauriac nous suit, observa un jour Yvonne de Gaulle, agacée. — Il fait son travail », rétorqua le général.

Le colonel Desgrées du Loû, certain soir, a pris le large : il est allé à Torremolinos assister à une corrida où s'exhibe le Cordobès devant un public de touristes, baigneurs allemands et veuves joyeuses américaines à l'exubé-

---

* Théâtre d'une des plus belles scènes de *l'Espoir* de Malraux.
** Environ 35 000 pesetas, selon l'un des serveurs.

rance sonore. Le général n'a pas envisagé un instant de saisir cette occasion de découvrir la tauromachie, ne serait-ce que pour éviter les curieux. Mais il pose beaucoup de questions, le lendemain, à Desgrées du Loû : « On a parlé de la couleur, de la musique et de la liturgie tauromachique : le général en était curieux, mais sans plus. Nous sommes tombés d'accord pour considérer que malgré la présence de Gregorio Sanchez et du Cordobès, j'avais assisté à une corrida de deuxième ordre, mais que devant de vrais aficionados, à Cordoue, Séville ou Madrid, ça devait avoir une autre " gueule " [23]. »

Cathédrale de Séville, Cáceres toute pleine des ombres des conquistadores, Placencia, Ségovie, Burgos-la-royale, Santo-Domingo de la Calzada : rude retour sur les routes torrides d'Estrémadure et de Vieille Castille. Le vieux monsieur supporte allègrement l'épreuve, en apparence tout au moins, pique-niquant au bord des routes à midi, enchanté de ces paysages où lui paraît s'inscrire l'histoire du royaume-très-catholique. Note de Jean Mauriac, témoin : « Le général a aimé, dans l'Espagne, la rudesse de son climat, l'austérité des sites, l'isolement des villages qui, au cours des siècles, déterminèrent le caractère national [24]... »

Et par le col de Roncevaux (« Mult ad aprist ki bien conuist ahan »), Charles de Gaulle rentre en France le 26 juin. Après une nuit passée au château d'Ayres, en Lozère, les châtelains de La Boisserie sont de retour chez eux le 27, quelques jours avant la publication de l'avant-dernier tome des *Discours et Messages,* « Vers l'effort ».

L'Irlande lui avait rendu un peu de sérénité, l'Espagne l'avait touché. Pourquoi pas, maintenant, la Chine ? Quel plus beau voyage, plus épique, pour un vieil homme à demi retiré du siècle ? Où être mieux « ailleurs » ? Et où apprendre, d'un coup, plus de choses neuves sur le monde ?

A supposer que cette idée ne lui fût pas familière (elle l'était probablement dès avant sa retraite), il avait reçu à la fin de mars 1970 une lettre inspirante de l'ambassadeur de France à Pékin, Étienne Manac'h, vieux Français libre *, très longtemps directeur d'Asie au Quai d'Orsay **, depuis peu (à son initiative...) ambassadeur à Pékin, lui suggérant de « venir jusqu'en Chine » où il aurait pour interlocuteur Mao Tsé-toung. Et le diplomate, ne reculant pas devant une formule qu'il savait à la mesure de l'imagination du destinataire, ajoutait : « L'histoire du monde contemporain serait complète après un tel événement. »

Deux semaines plus tard, le solitaire de La Boisserie répondait à Manac'h qu'il avait « pris note » de sa suggestion, mais qu'il ne pouvait « y donner suite actuellement ». L'idée n'en commençait pas moins à mûrir. D'autant que Maurice Couve de Murville était invité en Chine au mois de septembre 1970, et que la nièce du général de Gaulle, Thérèse de Corbie, diplomate et

---

* Il a représenté la France combattante dans les Balkans.
** Nous l'avons vu dans ces fonctions, chapitre 16.

spécialiste des affaires d'Asie, venait d'être nommée à Pékin à la demande de l'ambassadeur.

Avant de partir, Mlle de Corbie est reçue à Colombey. Observant que son « vieil ami Manac'h [le] turlupinait » avec ce projet de voyage en Chine, le général avoue à sa nièce : « Ce serait pour moi un rêve que d'aller en Chine... » Et le voilà qui pose des questions sur « la meilleure saison » pour un tel voyage, sur un programme possible — la seule condition pour l'entreprendre étant pour lui l'assurance d'être reçu par Mao...

Deux mois plus tard, jour pour jour, à l'annonce de la mort du général, le drapeau était mis en berne sur la Cité interdite.

Le 1er septembre 1970, le général de Gaulle éprouvera une grande tristesse en apprenant la mort de l'écrivain qu'il estimait entre tous, pour son art comme pour les positions publiques qu'il avait prises : François Mauriac. Avec Malraux, le général avait inventé une étrange forme de compagnonnage où les gestes comptaient autant que les mots et la posture autant que la mémoire : statue équestre pour la cour des Invalides où chacun eût été à la fois le cheval et le cavalier. Face à Mauriac, de Gaulle n'était qu'un lecteur très admiratif doublé d'un homme d'État heureux d'être compris au-delà du compréhensible.

Quelques heures après la mort de l'écrivain, le général de Gaulle dépêche son aide de camp auprès de Mme Mauriac pour lui porter une lettre très belle :

Paris, 1er septembre 1970

« Chère Madame,
Dans le grand chagrin qui vous frappe, laissez-moi vous dire que ma pensée et ma prière, auxquelles ma femme joint, de tout cœur, les siennes, sont auprès des vôtres et de celles de votre chère famille *. Votre peine m'émeut d'autant plus que je sais quelle affection profonde et dévouée vous unissait à Monsieur François Mauriac.
Son souffle s'est arrêté. C'est un grand froid qui nous saisit. Qu'il s'agisse de Dieu, ou de l'Homme, ou de la France, ou de leur œuvre commune que sont la pensée, l'action et l'art, son magnifique talent savait, grâce à l'écrit, atteindre et remuer le fond des âmes, et cela d'une telle manière que nul ne reviendra jamais sur l'admiration ressentie.
Quant à moi, je lui voue une reconnaissance extrême pour m'avoir si souvent enchanté, pour être un des plus beaux fleurons de la couronne de notre pays, pour m'avoir honoré et aidé, dans mon effort national, de son ardente adhésion, de sa généreuse amitié, de son immuable fidélité. Ce concours m'aura été sans prix... »

Aux funérailles de l'auteur du *Cahier noir,* auquel le gouvernement rend hommage par la voix du très gaulliste Edmond Michelet (qui jette ses

* Les deux fils de François Mauriac ont travaillé auprès de lui.

dernières forces dans cette allocution et mourra dix jours plus tard...) et l'Académie par celle du très antigaulliste Pierre Gaxotte, le général a dépêché son aide de camp. Jean Mauriac précise que le colonel Desgrées du Loû ne « représentait » pas le général, soucieux de n'intervenir en aucune occurrence publique, mais que le solitaire de La Boisserie avait voulu que l'on sache qu'il avait envoyé son aide de camp assister aux obsèques du grand écrivain [25].

Une semaine plus tard, Léon Noël, vieil ami de Charles de Gaulle *, ancien président du Conseil constitutionnel, est accueilli à La Boisserie. Comment ne pas parler de Mauriac ? C'est non seulement avec affection, mais avec une profonde sagacité que le maître de maison analyse ses rapports avec le disparu :

> « ... Deux raisons ont poussé Mauriac vers moi [...]. Un patriotisme ardent [...] qui peut surprendre chez un homme plein de divergences, de finesse, de subtilité, d'une sensibilité aiguë, que la vie, sous toutes ses formes, sollicitait, qui frémissait au moindre appel, qui percevait tous les drames de l'homme. Dès le début, il avait compris ce que j'apportais à la France et son soutien ne me manqua jamais. Car ce qui a été extraordinaire dans l'aide qu'il nous a donnée, c'est la constance **.
> ... Il avait aussi le sens de la grandeur... Dans le choix qu'il fit de se ranger à mes côtés et d'y combattre jusqu'au bout, son esthétisme joua un rôle important. Il avait compris toute la beauté qui se dégageait de l'entreprise et que, dans la politique comme dans l'art, la qualité se perçoit au premier coup d'œil [...]. L'artiste qu'il était retrouvait, pour la sûreté de son jugement, le même chemin que lui indiquait [...] son patriotisme [26]. »

Léon Noël a trouvé Charles de Gaulle « plein d'entrain, alerte, se déplaçant avec rapidité », la mémoire encore « prodigieuse », bref, « en parfait état de santé ». Moralement ? « Une sérénité nuancée de tristesse... Ce qui dominait, c'était l'acceptation des faits, l'absence de rancune véritable, l'indulgence à l'égard des hommes... Il avait la conscience et l'âme en paix... » Mais, ajoute le visiteur, on le sentait possédé par une double obsession : de se calfeutrer dans la « retraite totale » et surtout — surtout ! — avoir le temps de terminer ses Mémoires [27].

---

* Il est son aîné de trois ans.
** Encore que Mauriac ait été hostile au RPF, à partir de 1968, peut-être plus « dulcipompien » que gaulliste...

29. Sans musique ni fanfare...

Valéry parle de « l'homme adossé à sa mort comme le causeur à la cheminée ». Pour de Gaulle, comme pour M. Teste, ce n'est pas la chaleur du foyer qui compte, c'est ce que dit le « causeur » — et qu'il ne croit pas vain. « Je ne parle pas pour ne rien faire », était l'un des axiomes favoris du général. Rendu à sa vocation première d'écrivain, l'auteur des *Mémoires* dirait volontiers : « Je n'écris pas pour que d'autres n'en fassent rien. »

Pierre Lefranc résume de Gaulle en ces quelques mots : « Il rédigeait l'histoire la veille, et il faisait en sorte qu'elle devînt réalité le lendemain [1]. » Depuis le 28 avril 1969, le maître de La Boisserie a entrepris une nouvelle transmutation : de cette histoire arrachée aux songes par une volonté implacable et le génie des circonstances, il lui faut faire une apologie de Charles de Gaulle et un enseignement pour les générations à venir. A quoi bon rêver si ce n'est pour déboucher sur l'action ? A quoi sert d'agir si ce n'est pour faire surgir d'autres rêves ?

Mais le temps le talonne comme un créancier inhumain ; et la mort se dissimule dans la pénombre, obsédante. Combien d'années encore, combien de mois ou de semaines ? L'automne est là, celui de ses 80 ans. Celui où il aura seulement entamé le tome 2 de ce livre qu'il a voulu intituler *Mémoires d'espoir,* un titre bien étrange si l'on considère le ton de son dialogue avec Malraux — crépusculaire.

Parce qu'il était, disait-il, revenu au pouvoir dix ans trop tard, la stratégie politique de Charles de Gaulle avait été marquée par une sorte de hâte, de fièvre, d'accélération permanente, haletante, comme le galop d'un pur-sang forcené. Maintenant, il laisse entendre que la mort vient trop vite, cinq ans trop tôt :

« A 84 ans, dit-il un jour de 1969 à son aide de camp, j'aurai terminé mon œuvre et ma vie. » Il a calculé en effet qu'au rythme qui est le sien — il compulse d'innombrables documents, manie de nombreux chiffres et rature beaucoup —, il lui faut cinq ans pour rédiger les deux derniers tomes de ses *Mémoires d'espoir.* Son neveu Bernard de Gaulle, qui l'accompagne pendant une de ses dernières promenades en forêt, sous une pluie battante, entend cette espèce d'appel, de supplication : « Les Mémoires, comme je voudrais les terminer avant ma mort. Je me dépêche, je me dépêche... J'espère écrire le second tome en moins d'un an. C'est ma mission avant de mourir [2]... »

Une hantise... Ses proches reçoivent des lettres où il leur demande de prier pour que Dieu lui laisse le temps d'achever sa tâche. Et lui qui aime recevoir amis ou parents à sa table, il insiste de plus en plus pour que le déjeuner soit bref : sinon, rappelle-t-il à sa femme, ce sera autant de perdu pour la rédaction des *Mémoires*. Sitôt que le visiteur a le dos tourné, le voilà reparti vers les feuillets où s'épanche son écriture en col de cygne. Il a remis le manuscrit du premier tome à son éditeur au milieu de juillet 1970, et peu après, à son collaborateur Pierre-Louis Blanc, le plan du second, qui compte huit chapitres. Deux seulement, on le sait, seront écrits et publiés.

Cette présence de la mort, la rôdeuse, il l'a décrite d'une façon très belle à Philippe de Gaulle : « Le vieux maréchal Hindenburg, sentant sa fin prochaine, avait dit à son fils : " Quand l'ange de la mort — celui que dans la Bible on nomme Raphaël — viendra, tu me préviendras. " Quelque temps après, le maréchal s'alita. A son fils accouru à son chevet, il dit : " Est-ce que Raphaël est dans la maison ? " Et le fils de répondre : " Non. Il est dans le jardin, mais il ne va pas tarder à entrer dans la maison. " » De Gaulle à son fils : « Je te poserai la même question[3]... »

Aurait-il tendance à l'oublier ? La mort ne cesse de lui lancer des avertissements. Malraux laisse entendre dans *Les chênes qu'on abat* qu'il avait eu « une alerte ». A Jean Mauriac qui avait fait discrètement écho à cette indication dans son propre livre, Mme de Gaulle a fait savoir qu'elle n'avait rien remarqué de tel — elle qui veillait si constamment, laissant toujours ouverte la porte qui aurait pu s'interposer entre le général et elle.

Mais s'il restait en apparence l'homme « alerte » que retrouvait Léon Noël en septembre 1970, que de morts autour de lui ! En quatre mois, quatre de ses anciens fidèles, de ceux auxquels il était vraiment attaché par l'histoire et par le sentiment, le général Georges Catroux, le premier grand rallié de 1940, l'aîné prestigieux dont l'avaient séparé des divergences de points de vue mais qu'il continuait d'admirer sans réserve ; René Capitant, incarnation d'un social-gaullisme toujours resté à l'état de vocation ; François Mauriac ; et enfin Edmond Michelet, qui était curieusement resté « aux affaires » après son départ, succédant à Malraux aux affaires culturelles (« C'est comme si François Coppée avait remplacé Pindare », disait-il lui-même), mais qu'il savait le plus dévoué, le plus fervent, le plus essentiel des gaullistes. La mitraille fauche tout près de lui, comme autour de l'empereur à la fin de la journée du 18 juin 1815.

Il n'écrit pas seulement, il lit. Car la rédaction du second tome des *Mémoires d'espoir* n'est pas sa seule tâche. Il a aussi accepté de revoir les cinq tomes des *Discours et Messages* — 800 textes en un an. Il est certes enchanté du travail accompli par Blanc et Goguel. Mais cette lecture lui prend la moitié de son temps. Et il y a la correspondance, qu'il entretient, on l'a dit, et aussi ce petit carnet qu'il porte toujours sur lui et où il prend très souvent des notes de lecture ; il y trace, en trois lignes, un portrait, il juge un livre, il relève un trait[4].

La vie à La Boisserie n'a pas changé son cours. On n'y connaît que deux disciplines strictes : être rentré cinq minutes avant les repas (12 h 30, 19 h 15) et ne pas pénétrer dans le bureau du maître de céans sans y être invité. Dans ce refuge, le général passe le tiers de ses journées, face aux trois fenêtres qui ouvrent sur la vallée de l'Aube d'où monte, en cette saison, une brume familière. Au-delà, les forêts, les Dhuits, Clairvaux — la Champagne, la Lorraine... Deux fois par jour, il empoigne sa canne et arpente le jardin — et au-delà, le bois de Blinfeix ou de la Chapelle. Plus ça vente, plus il aime. « Savez-vous ne rien faire ? lui demande un visiteur. — Demandez au chat. Nous faisons des réussites ensemble. Il n'est facile à personne de s'imposer une discipline d'oisiveté, mais c'est indispensable [5]. »

A la fin de septembre, l'amiral Philippe de Gaulle, son fils, passe deux jours à La Boisserie. A l'issue d'une longue promenade dans la forêt des Dhuits, le général lui lit quelques pages du second tome des *Mémoires d'espoir*. « Il nous quittait chaque fois comme s'il ne devait pas nous revoir », a confié Philippe de Gaulle. Et cette fois, ce fut vrai. Le général avait d'ailleurs paru à son fils « encore plus triste et plus mélancolique que d'habitude [6] ».

Mais voici tout de même un instant de joie : en octobre 1970 paraît le premier tome des *Mémoires d'espoir* — dans des conditions de secret inimaginable pour ceux qui connaissent la vie de l'édition, les frémissements et exigences de la presse. Soudain, ce 23 octobre 1970, sans que rien n'eût filtré, surgissent à la devanture des libraires, sous la couverture bleu marine frappée des lettres d'or qu'ont choisies Charles de Gaulle et Marcel Jullian, les 750 000 exemplaires de ce livre désiré.

Sous le nom de l'auteur et le titre, ce sous-titre : « le Renouveau 1958-1962 ». La présentation ne saurait surprendre. Mais la date, mais la masse des exemplaires, mais ce mystère préservé, oui. Le « coup » est digne du stratège de la surprise — celui dont la disparition, le 29 mai 1968, avait mis le monde en émoi. Le succès est immédiat, foudroyant. Et bien que la presse, dans son ensemble, prenne des airs chagrins et fasse mine de regretter que, dans le tableau brossé par le maître de La Boisserie, trop de drapés artistiques voilent quelques-unes des dures réalités de l'histoire, son courrier lui apporte un concert de louanges. Qui pourrait douter qu'il en fût touché ? Mais les réactions des « folliculaires », une fois de plus, l'irritèrent. Il disait, le 26 octobre, à Pierre-Louis Blanc : « La presse française est ainsi faite : elle ne peut louer que ceux qu'elle méprise, parce que de cette manière elle a barre sur eux... »

Au second tome, il travaille dur, mettant au point le second chapitre déjà lu à son fils à la fin de septembre. Il prévoit de terminer ce volume — où sera largement exposée et commentée sa politique extérieure — par une série de dialogues où il interpellerait tour à tour Clovis et Charlemagne, Philippe-Auguste et Colbert, Napoléon et Clemenceau sur le thème : « Qu'auriez-vous fait à ma place ? » Entreprise redoutable, et pour l'homme d'État, et pour l'écrivain... Faut-il tout à fait regretter (pour s'en tenir à ce point précis) qu'il n'ait pas eu le temps de relever ce défi ?

Autre joie pour le solitaire : le 4 novembre, on fête la Saint-Charles. Le général se refuse depuis des années à toute célébration de sa date de naissance, le 22 novembre — surtout cette année, celle de ses 80 ans, « l'anniversaire terrible ! » a-t-il dit à sa nièce Geneviève Anthonioz. Mais il consent d'autant mieux à célébrer sa fête patronale qu'elle se situe au lendemain de la Toussaint et qu'en l'avançant de deux jours, il profite de la présence de ses petits-enfants.

Cette année, ni Philippe de Gaulle, retenu par ses obligations militaires à Brest, ni sa femme n'ont pu venir. Mais les Boissieu sont là avec leur fille Anne (11 ans) et Pierre de Gaulle (7 ans). Honorine Manzani, la cuisinière *, a décrit à un collaborateur de *Paris-Match* cette célébration familiale : « Nous retrouvions le Général dans la bibliothèque... Les enfants venaient nous chercher à la cuisine, le soir, avant le repas. Anne prenait le bouquet, Pierre suivait, après venait la famille et nous en dernier... Comme pour Noël... »

Ce 2 novembre, jour des morts, Charles et Yvonne de Gaulle étaient allés se recueillir sur la tombe de leur fille Anne. « C'est là que je veux être enterré... », avait répété, une fois de plus, le général, non sans ajouter cette fois que la porte du cimetière devrait être élargie, car il y aurait alors « peut-être quelques visiteurs »... Puis il avait fait une longue promenade dans la forêt la plus proche, celle des Dhuits, avec son gendre le général de Boissieu — prononçant un sévère réquisitoire contre la presse française, dont on a vu qu'elle faisait à son livre un accueil sans générosité, et ajoutant que « les journalistes anglo-saxons [étaient] probablement les meilleurs du monde[7] ».

Le samedi 7 novembre, le général de Gaulle et son épouse avaient fait une longue promenade en auto dans les environs immédiats de Colombey. Le lendemain dimanche, ils avaient assisté à la messe dans l'église de leur village — où la cuisinière Honorine avait trouvé le général « très pâle, les traits tirés, le cou blanc », non sans ajouter : « comme il faisait mauvais, j'ai mis cela sur le compte du temps[8] ».

Le lundi 9 novembre, le temps s'était encore gâté. Le général n'en fit pas moins un bref tour du jardin, peu avant le déjeuner qu'il prit seul avec sa femme et, semble-t-il, de bon appétit. Après une brève tentative de promenade interrompue par la pluie — si forte que Mme de Gaulle n'avait pas voulu, pour une fois, l'accompagner —, le maître de céans reçut un voisin, René Piot, pour régler une affaire de clôture et de pacage : un remembrement récent avait modifié les pratiques depuis longtemps admises.

A 15 h 30, il appela au téléphone — exercice qu'il détestait si fort que le récepteur était symboliquement placé sous l'escalier, de telle façon qu'il ne pût l'utiliser que cassé en deux, comme s'il avait voulu faire éclater ainsi le caractère torturant de cet instrument — son secrétaire Xavier de Beaulaincourt, dont une visite à Colombey était prévue le lendemain.

Puis, pendant une heure environ, Charles de Gaulle s'enferma dans son bureau. Travailla-t-il à son livre ? On sait en tout cas qu'il dédicaça plusieurs volumes, et qu'il rédigea diverses lettres, notamment à son fils et à sa belle-sœur. On connaît le texte de la lettre adressée à Mme Vendroux (qu'elle lut le lendemain, en rentrant à Paris après avoir été saluer la dépouille de Charles de Gaulle à La Boisserie) :

---

* Retirée en Suisse et mariée depuis lors avec M. Dematraz.

« Ma Chère Cada,

Vous savez combien me font plaisir vos souhaits de fête * et le témoignage qu'ils m'apportent de votre affection et de celle de Jacques. C'est de tout cœur que je vous en remercie.

Faites s'il vous plaît des vœux, et même des prières, pour le grand travail que j'ai entrepris et que je destine moins aux contemporains qu'aux générations futures, et cela au nom de celles et de ceux qui ont agi en même temps et dans le même but que moi, au premier rang desquels vous fûtes et demeurez, ma chère sœur, ainsi que Jacques et tous les vôtres.

Yvonne se joint à moi pour vous dire à tous deux toutes nos meilleures affections.

Votre frère
Charles de Gaulle [9]. »

C'est le dernier texte écrit par le général que l'on connaisse.

Peu avant 17 heures, il profita d'une éclaircie pour faire un nouveau tour du parc — « tout seul, raconte Charlotte, la femme de chambre, car Honorine avait fait une mise en plis à Madame et elle était sous le casque ».

Quand le général rentra, Charlotte lui servit le thé, comme à l'accoutumée. Yvonne de Gaulle étant toujours « sous le casque », le général prit l'assiette à gâteaux et la monta dans la chambre de sa femme avec une tasse de thé, avant de redescendre dans son bureau où il se consacra, cette fois, à sa correspondance.

Vers 18 h 30, quelques lettres à la main, il chercha sa femme pour lui demander les adresses et la retrouva à la cuisine, réglant les détails du dîner. Ces renseignements obtenus, il voulut regagner son bureau pour y transcrire les adresses. Revenu dans la bibliothèque, il s'assit devant la petite table à jeu qu'il utilisait, avant le dîner et les informations du journal télévisé, pour faire ses « réussites », sa « discipline d'oisiveté ». Yvonne de Gaulle l'y rejoignit vers 18 h 45.

C'est un peu plus tard, cinq ou six minutes avant 19 heures, que le général, toujours assis devant la table à jouer, poussa un cri en portant la main à son dos. « Ah ! Quelle douleur ! », croit avoir entendu Charlotte Marchal, qui mettait le couvert dans la salle à manger voisine. Selon Jean Mauriac, dont les sources sont toujours très sûres, le général s'est écrié : « Oh ! j'ai mal, là, dans le dos... »

Le seul témoin immédiat de la scène, Yvonne de Gaulle — qui était assise devant le petit secrétaire voisin, écrivant —, a discrètement fait savoir au fils de François Mauriac que le général avait prononcé d'autres mots que ceux-là, mais qu'elle n'estimait pas devoir les communiquer à qui que ce soit. Tel familier du général suggère qu'il a pu exhaler son regret de ne pouvoir achever son œuvre — c'était, on l'a vu, son obsession. Tel autre pense qu'il n'a pu manquer d'exprimer quelque chose d'autre que la souffrance physique. Le fait est que seule Mme de Gaulle

* Pour la Saint-Charles, le 4.

eût été en mesure de clore, à ce propos, les controverses. Peut-être ses enfants lèveront-ils, un jour, nos incertitudes.

Il est moins de 19 heures en tout cas quand Charles de Gaulle, foudroyé par une rupture de l'aorte abdominale (ce qu'on appelle d'ordinaire « rupture d'anévrisme »), perd connaissance et entre aussitôt dans le coma. On admet qu'il survécut encore près d'une demi-heure. Mme de Gaulle a tenu en tout cas à préciser à Jean Mauriac que le cœur de son mari battait encore au moment où lui fut administrée l'extrême-onction. Pieux mensonge ? Les spécialistes n'excluent nullement qu'un tel accident permette une survie de plusieurs dizaines de minutes. L'heure « officielle » de la mort de Charles de Gaulle est en tout cas 19 h 25, le 9 novembre 1970.

Sitôt qu'elle a entendu l'exclamation de son mari, et l'a vu s'abattre sur son fauteuil, la tête pendant sur le côté gauche, le corps retenu par le bras du fauteuil « dans la position de quelqu'un qui a un malaise », a dit l'un des témoins, Yvonne de Gaulle a confié à Charlotte et Honorine et au chauffeur Francis Marroux le soin d'appeler le curé de Colombey, l'abbé Jaugey, et le médecin de Bar-sur-Aube, le Dr Lacheny.

Coupant court à sa consultation, le médecin se jette dans sa voiture et parcourt en quelques minutes les 13 kilomètres qui le séparent de Colombey. Il arrive à La Boisserie en même temps que le prêtre — qui lui cède le pas. Le général est maintenant allongé sur le matelas du divan de la bibliothèque — exhalant « les râles de l'agonie », selon l'abbé Jaugey qui les entendait du salon voisin. Très vite, le praticien fait comprendre à Mme de Gaulle qu'il n'y a plus d'espoir. Mais il fait au mourant une piqûre de morphine, pour le cas où il souffrirait encore.

Après que l'abbé Jaugey eut administré au mourant le dernier sacrement, le Dr Lacheny signifia à Mme de Gaulle que tout était fini. Le regardant, elle dit : « Il a tant souffert, depuis deux ans. » (Depuis deux ans ? C'est-à-dire depuis les dures tensions de l'automne et de l'hiver qui suivirent les convulsions du printemps 1968 ? Mme de Gaulle ne prétendait pas faire ici un cours d'histoire : on peut supposer qu'elle faisait remonter la grande épreuve aux violentes journées de mai, à la sortie furtive de l'Élysée, au détour par Baden...)

« Dans la petite pièce silencieuse où un feu de bois se consumait dans la cheminée, écrit Jean Mauriac, seuls étaient présents, tous à genoux, Mme de Gaulle et ses deux servantes, le chauffeur Marroux, le médecin et le prêtre. " Personne, a dit ce dernier, n'a prononcé une parole. Mme de Gaulle était impassible. Les deux servantes pleuraient. " [10] » (Lisant ce texte, Yvonne de Gaulle regretta le choix du mot « impassible », ajoutant en substance : « J'étais si affreusement choquée... je ne me sentais plus vivre... »)

Le fait est que l'épouse de l'ancien chef de l'État manifesta une impressionnante maîtrise de soi — qui fait partie du code d'une certaine société et n'a rien à voir avec l'intensité de la souffrance, mais sert, pour un temps, à la dompter. Maîtrise si manifeste qu'elle frappa même son frère Jacques Vendroux. De toute évidence, elle obéissait à des prescriptions très strictes, arrêtées en commun par le général et elle-même.

Tandis qu'elle faisait prévenir sa fille et le général de Boissieu, alors à Paris, chargés eux-mêmes d'informer l'amiral de Gaulle, à Brest, elle dirigeait la toilette mortuaire du général, dont le corps avait été transporté sur un canapé du salon, revêtu de son uniforme marqué seulement des deux insignes de la France libre, et à demi recouvert du drapeau qu'on arborait, à La Boisserie, le 14 juillet. Dans ses mains était passé un chapelet offert aux de Gaulle par le pape Paul VI.

Un principe dirigea tous les gestes alors accomplis, et ceux qui allaient venir : la mort est, pour le chrétien, une affaire entre Dieu, lui et les siens. Tout cérémonial ne saurait être qu'une concession aux coutumes, et la plus modeste possible. Ainsi Mme de Gaulle refusa-t-elle que le corps restât exposé aux regards des visiteurs plus longtemps que nécessaire — c'est-à-dire l'arrivée de ses enfants —, bien que le visage de son mari eût pris la sérénité propre aux défunts que n'a pas bouleversée une cruelle agonie (« Il semblait rajeuni de quinze ans », observa un témoin).

Ainsi s'opposa-t-elle à ce que l'on prît un moulage du visage de Charles de Gaulle — geste « irrespectueux » à l'égard du pauvre mort. Ainsi refusa-t-elle que l'on coupât une mèche de ses cheveux. Ainsi prit-elle soin de faire brûler la literie — lit compris — de son mari, son linge, ses chaussures et divers effets personnels : « Pas de reliques, pas de reliques ! » disait-elle, faisant visiblement écho à des réflexions formulées par le disparu. Elle prit soin néanmoins de conserver, pour le musée de la Libération, le képi, la capote et les décorations du général de Gaulle.

Élisabeth de Boissieu et son mari arrivèrent à La Boisserie peu après minuit, avec leur fille Anne. Ils avaient pu communiquer la nouvelle à Philippe de Gaulle et à la sœur du général, Mme Cailliau. La décision avait déjà été prise par Mme de Gaulle de ne pas diffuser la nouvelle avant le lendemain matin, pour que les proches ne risquent point de l'apprendre par la radio, et que le téléphone de Colombey ne soit pas pris d'assaut, ni le village envahi.

Ainsi, en cette époque enfiévrée d'information immédiate où tout se sait en quelques minutes — séisme en Indonésie, cyclone à la Jamaïque, prise d'otages à Beyrouth, lancement d'un satellite ou record d'athlétisme —, la mort de Charles de Gaulle resta-t-elle ignorée des Français et du monde, une quinzaine de personnes mises à part, pendant près de quatorze heures (douze heures pour le chef de l'État !). Dernière victoire du Connétable sur son siècle, et sur les « folliculaires ».

Avertis aux premières heures du jour par Alain de Boissieu, Jacques Vendroux et son épouse arrivaient à La Boisserie vers 11 heures, le 10. « Charles est là, tourné vers nous, allongé sur un sobre plan de toile blanche, en uniforme ; un drapeau tricolore le recouvre de la poitrine aux pieds ; ses mains jointes sur le bleu enserrent le chapelet que lui a donné le pape. A sa droite, sur un petit guéridon : deux bougies allumées, un petit crucifix... Cloués par l'émotion, nous regardons éperdument : le Général est encore plus grand gisant que debout. Son visage rajeuni, à peine cireux, sans aucune trace de souffrance, est empreint d'une poignante majesté [11]. »

Philippe de Gaulle, prévenu par son beau-frère une demi-heure après la mort de son père, s'est refusé à utiliser un avion de l'aéronavale, c'est-à-dire à bénéficier d'un privilège d'État et à éveiller l'attention, pour gagner Paris. Il a pris le train de nuit. Arrivé dans la capitale avant 7 heures, il a aussitôt pu joindre sa mère au téléphone. Puis il a tenté d'entrer en contact avec l'Élysée, où Georges Pompidou a été informé à 7 h 20 par Alain de Boissieu : il s'agit de mettre au point l'exécution des dispositions testamentaires dont l'amiral sait le chef de l'État dépositaire comme sa sœur et lui-même.

Le chef de l'État ne peut être joint. Faute de Pierre Juillet, absent, le standard de l'Élysée propose au fils du général de Gaulle de lui passer le chef de service de presse, Denis Baudouin. Mais celui-ci a été l'un des animateurs de la campagne des « non » lors du référendum d'avril 1969 : l'amiral refuse de lui parler. C'est Pierre Lefranc, avec lequel il est entré en contact dès son arrivée à Paris, qu'il va charger de régler avec Georges Pompidou l'exécution des dernières volontés de son père. Chose étrange, le président de la République, qui savait le fils du général à Paris dans son appartement de l'avenue Ingres, ne fit rien en apparence pour l'y faire chercher ou entrer en communication directe avec lui, et consentit à traiter l'affaire par le truchement d'un intermédiaire.

Pierre Lefranc n'était pas des intimes de Georges Pompidou, c'est le moins que l'on puisse dire. Il était de ces gaullistes qui pensaient, et disaient en public, que le comportement de Georges Pompidou, de la déclaration de Rome au référendum, avait contribué à l'éviction du général, et pour cette raison se tenait à l'écart des « affaires » depuis le 28 avril 1969. Aussi jugea-t-il « pénible » la démarche dont l'avait chargé Philippe de Gaulle.

Lefranc arrive à l'Élysée à 8 h 40. Le président l'accueille aussitôt. Le visiteur vient, dit-il, « de la part de la famille du général » rappeler que « les dispositions prises en 1952 sont toujours valables ». Pompidou (qui détient, dans son coffre, un des exemplaires) : « Il n'y en a pas eu de nouvelles ? — Non. »

L'exemplaire qu'a reçu dix-huit ans plus tôt le chef de cabinet du président du RPF est chez lui, quai de Béthune : on part aussitôt le chercher. En attendant, Georges Pompidou lit très soigneusement celui de l'amiral que Lefranc lui présente — il y est précisé que Charles de Gaulle veut être inhumé à Colombey sans la moindre cérémonie —, tandis que le visiteur prend connaissance, à la demande du président, du texte que celui-ci a rédigé quelques instants plus tôt et se propose de lire à 13 heures devant les caméras de la télévision.

Quand lui est remis l'exemplaire qu'on est allé quérir quai de Béthune, Georges Pompidou décachette l'enveloppe que le général lui a remise en 1952, parcourt le texte, constate qu'il ne comporte aucune différence avec celui que lui a montré Lefranc et se contente de dire : « Cet exemplaire porte le n° 1 » (ce dont un homme qui savait sa légitimité contestée par certains courants gaullistes ne pouvait manquer de se prévaloir).

Il est environ 9 heures quand survient le Premier ministre, Jacques Chaban-Delmas, qui ne sait encore rien. La présence insolite de Lefranc le met en éveil :

« Pierre, le Général ?

— Oui, il est mort hier au soir... »

Le Premier ministre maîtrise mal son émotion. « Nous sommes seuls maintenant... » Les trois hommes conviennent d'attendre les décisions de la famille pour arrêter la date et les modalités d'une célébration à Paris. En attendant, le chef de l'État va-t-il se rendre à Colombey ? Lefranc est choqué qu'il n'en parle pas. De concert avec Chaban, il pose la question. « Ce sera difficile », fait le président. Demain ? Ou après-demain ?... Sur quoi Pierre Lefranc se retire. Un peu plus tard, Pompidou s'est ravisé : il souhaite se rendre l'après-midi même à La Boisserie : mais Mme de Gaulle s'y oppose [12].

L'amiral de Gaulle a exprimé son point de vue sur cet épisode, dans une interview accordée à Michel Tauriac, de France-Inter le 18 juin 1972 : « J'ai été assez surpris de ce qui s'est passé ce matin-là... Je m'imaginais — puisque j'avais fait savoir que j'étais à Paris — qu'au moins un officiel adéquat aurait cherché à prendre contact avec moi. Je pense qu'il y a eu un quiproquo et que dans le désarroi de la mort du Général [...] on a dû tout simplement oublier qu'il avait une famille et un fils. »

Ayant veillé à ce que les volontés de son père fussent communiquées aux autorités et à l'opinion, Philippe de Gaulle quitta Paris au début de l'après-midi du 10 et arriva à Colombey vers 17 heures. Le cercueil de son père était encore ouvert. Le corps du général n'avait été vu, après sa mort, que par les intimes — dont Jacques Vendroux et son épouse, Georges Galichon, ancien directeur de cabinet du général, les généraux Fourquet, son ancien chef d'état-major et Massu, puis le maire, M. Raullet et le conseil municipal de Colombey, le préfet de la Haute-Marne, M. Dijoud, et l'aumônier de Clairvaux. Mme de Gaulle tint à ce que le cercueil fût cloué dès la soirée du 10. Entre-temps, seul de tous les hommes publics, Michel Debré, alors ministre des Armées, avait pu contempler la dépouille de Charles de Gaulle.

Quand on demanda au menuisier du village, Louis Mergé, de décrire le cercueil qu'il avait été chargé d'exécuter, il répondit : « Comme pour tout le monde, en chêne clair, avec poignées d'aluminium — seulement il a 2,05 mètres... » Et comme l'envoyé du *Monde,* Michel Legris, le priait de décrire l'expression du visage du général, il rétorqua : « Vous savez, je n'ai pas bien regardé. Les morts, dans mon métier, on en a tellement l'habitude qu'on n'y fait plus attention [13]... »

A 9 h 40, le 10 novembre, c'est par ce « flash » de l'agence France-Presse : « Le général de Gaulle est mort », qu'avait été rendu public l'événement. Les stations de radio interrompaient aussitôt leurs programmes pour diffuser et commenter la nouvelle et les diverses étapes de la carrière du disparu. Les drapeaux étaient mis en berne sur les bâtiments publics.

A onze heures, était diffusé — par l'Élysée — le testament politique du général de Gaulle :

> « Je veux que mes obsèques aient lieu à Colombey-les-Deux-Églises. Si je meurs ailleurs, il faudra transporter mon corps chez moi, sans la moindre cérémonie publique.
> Ma tombe sera celle où repose déjà ma fille Anne et où un jour reposera ma femme. Inscription : " Charles de Gaulle, 1890-... ". Rien d'autre.
> La cérémonie sera réglée par mon fils, ma fille, mon gendre, ma belle-fille, aidés par mon cabinet, de telle sorte qu'elle soit extrêmement simple. Je ne veux pas d'obsèques nationales. Ni président, ni ministre, ni bureau d'Assemblée, ni corps constitués. Seules les armées françaises pourront participer officiellement, en tant que telles ; mais leur participation devra être de dimensions très modestes, sans musique, ni fanfare, ni sonnerie.
> Aucun discours ne devra être prononcé, ni à l'église ni ailleurs. Pas d'oraison funèbre au Parlement. Aucun emplacement réservé pendant la cérémonie, sinon à ma famille, à mes compagnons, membres de l'ordre de la Libération, au conseil municipal de Colombey.
> Les hommes et les femmes de France et d'autres pays pourront, s'ils le désirent, faire à ma mémoire l'hommage d'accompagner mon corps jusqu'à sa dernière demeure. Mais c'est dans le silence que je souhaite qu'il y soit conduit.
> Je désire refuser d'avance toute distinction, promotion, dignité, citation, décoration, qu'elle soit française ou étrangère. Si l'une quelconque m'était décernée, ce serait en violation de mes dernières volontés. »

Ce texte magnifique dans sa hautaine nudité avait été rédigé le 16 janvier 1952, en tout cas daté de ce jour-là. L'occasion en avait été les funérailles nationales du maréchal de Lattre de Tassigny. De Gaulle n'avait pas attendu cette date pour découvrir la vanité de ce genre de cérémonies, et l'occasion qu'elles offraient à un pouvoir de rencontre de « récupérer » un grand mort. On l'a vu à l'occasion de ce qui venait d'être accompli par son épouse à Colombey : il avait sur la mort, et ses rapports avec la société, des idées enracinées au plus profond. En janvier 1952, les obsèques de son compagnon — Jean de Lattre eût probablement été surpris de sa réaction — avaient seulement cristallisé un état d'âme que le texte publié le 10 novembre 1970 manifeste avec éclat.

C'est en janvier 1952 en tout cas que Charles de Gaulle l'avait remis à trois personnes : Georges Pompidou, qui était alors le chef de cabinet du président du RPF*, son fils Philippe et son gendre, Alain de Boissieu. Depuis lors, à diverses reprises, Philippe de Gaulle avait demandé à son père si — compte tenu des circonstances, de son accession à la présidence de la République notamment — ses intentions n'étaient pas modifiées : chaque fois le général de Gaulle avait confirmé nettement que le texte de 1952 restait valable. Ainsi, ce qu'il y avait dans ce geste de méfiance ou de dédain à

---

* Il est intéressant de noter qu'en dépit des différends qui s'étaient élevés, le général avait maintenu sa confiance, en ce domaine, à Pompidou.

l'adresse des hommes de la IVe République restait valable pour ceux de la Ve : nul politique, fût-il un « féal », ne pourra utiliser la dépouille de Charles de Gaulle... Mais nous avons vu qu'il y avait là beaucoup plus qu'une distanciation par rapport à la conjoncture.

Réuni en séance extraordinaire à 12 h 30, le Conseil des ministres déclara le jeudi 12 novembre jour de deuil national, et décida que ce même jour une messe solennelle de Requiem serait célébrée à Notre-Dame en présence des innombrables chefs d'État qui annonçaient leur venue.

A 13 heures, le président de la République apparut sur les écrans de la télévision. Son allocution commençait ainsi :

> « Françaises, Français,
> Le Général de Gaulle est mort
> La France est veuve... »

M. Pompidou avait décidément d'autres talents — éclatants — que ceux qui permettent de triompher dans le genre difficile qu'est l'oraison funèbre. Beaucoup préférèrent alors écouter ou lire d'autres commentaires — notamment ceux qui, immédiatement venus de l'étranger, attestaient la gloire universelle de Charles de Gaulle. On citera, pour l'exemple, trois messages émanant de pays ou de personnalités qui n'avaient pas toujours eu à se louer des interventions du disparu.

Le président des États-Unis, Richard Nixon, qui, dès le début de l'après-midi (le petit matin à Washington), avait fait connaître qu'il viendrait à Paris se joindre à l'hommage, quel qu'il fût, rendu à Charles de Gaulle, déclarait dans un message à M. Pompidou : « J'ai été profondément bouleversé par la mort du général de Gaulle. Mon pays considérait le général de Gaulle comme un allié fidèle du temps de guerre et un véritable ami du temps de paix. La grandeur ne connaît pas de frontières nationales et par conséquent la perte que subit la France est une perte que subit l'humanité. »

Golda Meir, Premier ministre d'Israël : « C'est le cœur lourd que je me joins aux foules qui se recueillent à l'annonce du décès du grand chef de la France, celui qui fut l'un des plus grands hommes d'État de notre temps. Israël et son peuple n'oublieront jamais celui qui rendit aux Français leur honneur et leur liberté et les conduisit à la lutte contre la dictature nazie. »

Joseph Luns, ministre des Affaires étrangères des Pays-Bas, longtemps secrétaire général de l'OTAN et adversaire par excellence de la politique européenne du général de Gaulle : « Je regrette que le Général de Gaulle ne soit pas devenu le président d'une Europe unie naissante qui s'acheminait vers une unité politique, parce que son prestige, sa renommée étaient tels que, s'il avait eu une autre conception du rôle de la France, certainement il aurait été élu et accepté par tous les autres pays, y compris l'Angleterre, comme premier chef de cette Europe en voie d'unification. »

En France, on entendra peu de voix discordantes. Dans la majorité, ce n'est qu'une acclamation éplorée. Quant à l'opposition, elle s'exprime notamment par la voix du premier secrétaire du parti socialiste, Alain Savary :

« L'émotion de ceux qui, sous ses ordres, ont servi la France est très profonde. Le général de Gaulle a droit à l'hommage et à la reconnaissance de tous les Français. »

Le mercredi 11 novembre, très peu de personnes furent accueillies à La Boisserie : le général Lazard, combattant de la Résistance, le comte de Paris, Maurice Couve de Murville, Gaston Palewski, Geoffroy de Courcel, Jacques Foccart, Étienne Burin des Roziers, René Brouillet, Gilbert Grandval, Pierre Lefranc, Pierre-Louis Blanc, le colonel d'Escrienne, avant-dernier aide de camp *. Quelques autres.

Au début de l'après-midi arrivait Marie-Agnès Cailliau, la sœur aînée du général, à qui fut remise par sa belle-sœur, devant le cercueil, une lettre rédigée à son intention par le disparu au cours de la journée du 9, et qui n'avait pas encore été postée : « Tout est très calme ici. Je poursuis mon grand travail [14]... »

C'est à 16 heures, ce 11 novembre, que furent reçus de compagnie le président de la République, Georges Pompidou, et le Premier ministre Jacques Chaban-Delmas. Les deux hommes se recueillirent devant le cercueil refermé, puis entrèrent un instant dans le bureau du général, sans dire un mot. Au moment où ils allaient se retirer, Mme de Gaulle s'avança vers Jacques Chaban-Delmas, et, lui prenant les mains avec effusion : « Il faut que vous le sachiez : il vous aimait bien. »

A la cérémonie qu'avait décidé d'organiser le gouvernement à Notre-Dame, le 12 novembre à 11 heures, la famille de Gaulle, s'estimant ainsi plus fidèle aux dernières volontés du général, avait décidé de ne pas participer. Dans son interview à France-Inter du 18 juin 1972, Philippe de Gaulle commentait ainsi ce refus :

« Le gouvernement ne pouvait guère faire autrement que de faire une messe de Requiem à Notre-Dame, le jour des obsèques, étant donné le concours de souverains et de chefs d'État qui se sont déplacés jusqu'à Paris ce jour-là. Étant donné que le général avait insisté pour que ses obsèques fussent privées et familiales, nous n'aurions évidemment pas pu nous rendre à Notre-Dame. Nous aurions eu, en quelque sorte, l'air de participer à des obsèques nationales... »

Dans le grand vaisseau de Maurice de Sully auquel, après sept siècles, les artisans de son règne inspirés par Malraux avaient rendu les couleurs de

---

* Le colonel Desgrées du Loû et M. de Beaulaincourt étaient venus la veille. Le commandant Flohic était en mer.

l'aurore, trente souverains et les représentants de presque toutes les nations étaient venus ce jeudi 12 novembre, à 11 heures, saluer la mémoire de celui qui ne pouvait pas faire de sa mort une mort comme les autres et qui aura eu, face au monde, deux funérailles [15].

Belle et simple cérémonie, conduite d'une voix paysanne et chaleureuse par le cardinal Marty, et dont on imagine qu'elle n'eût pas choqué la hautaine humilité du signataire des dispositions testamentaires de janvier 1952. Nul rite plus simple et nulle musique plus traditionnellement accordée aux adieux : les sublimes chorals de Bach joués par Pierre Cochereau, chantés par le chœur d'hommes de Notre-Dame, y revêtaient une poignante discrétion.

Prêtions-nous autant d'attention au déroulement de la liturgie qu'aux hôtes qui avaient préféré risquer d'enfreindre le souhait apparent de Charles de Gaulle que de manquer à ses adieux ? Le sort voulut que le principal dirigeant du pays où l'homme du 18 juin avait commencé, cinquante années plus tôt, sa carrière planétaire, arrivât le premier : le maréchal Spychalski, président de la République polonaise — et que son voisin fût le chef de l'État allemand, M. Gustav Heinemann, deux jours seulement après la signature de l'accord préparant la réconciliation des deux nations. Hommage indirect à une « ouverture à l'Est » qui avait été l'une des grandes pensées du disparu.

Ce ne fut pas le sort, mais l'ordre des choses, qui groupa, au centre de la cérémonie, un Asiatique, l'empereur d'Iran, et quatre Africains, les chefs d'États d'Éthiopie, de Côte-d'Ivoire, du Sénégal et du Niger, comme pour rappeler les liens tissés entre le général de Gaulle et les peuples de ces continents : Hailé Sélassié dressait son visage d'icône brune, burinée par le temps et les épreuves et M. Tsiranana avait surmonté des souffrances aiguës pour saluer le souvenir du général auquel l'attachait un respect passionné.

L'homme qui avait, en juin 1940, fait fi de toutes les hiérarchies et rompu avec les catégories, donnait, en cette cérémonie, l'occasion de manifester un égalitarisme peu banal. Aux Nations unies, le représentant du Lesotho est l'égal de celui de l'URSS. Ici, le grand-duc de Luxembourg avait le pas sur son voisin le président des États-Unis, l'archevêque-président de Chypre sur le chef de l'État soviétique, et le prince de Monaco sur Indira Gandhi... A la sortie de l'office, on aurait pu se croire à la fin d'une messe de village, dans la cohue bonhomme — à ceci près que le monsieur qui marchait sur vos pieds était empereur ou président quelque part entre Lima et Tokyo...

Dans cette cohorte, quelques partenaires seulement du disparu, quelques héros des *Mémoires de guerre* et de la longue marche de Charles de Gaulle : Hailé Sélassié, le shah d'Iran, David Ben Gourion couronné de flocons blancs, la reine Juliana des Pays-Bas, Anthony Eden et Harold Macmillan, l'un portant droit son visage de très ancien jeune homme nostalgique et l'autre tassé, courbé : les joutes du Caire, d'Alger, de Birch Grove, de Rambouillet, comme c'est loin, Sir Harold...

A la croisée du transept, point de catafalque. Formidable absence. Étrange cérémonie arrachée à un mort, désertée par lui. Mais si pleine de lui : car peu de lieux au monde se rattachent si fortement à l'histoire de

Charles de Gaulle. Dans cette journée du 26 août 1944, dont un de ses plus intimes compagnons rappelait justement la veille qu'elle avait été la plus belle de sa vie, celle de la descente des Champs-Élysées, des retrouvailles avec le Paris de l'Hôtel de Ville, c'est là qu'il avait vécu l'heure la plus dramatique, dont l'évocation reste l'une des grandes pages des *Mémoires de guerre :* « Le Magnificat s'élève. En fut-il jamais chanté de plus ardent ? Cependant, on tire toujours. Plusieurs gaillards, postés dans les galeries supérieures, entretiennent la fusillade. Aucune balle ne siffle à mes oreilles... »

C'est sur un autre ton, dans un autre climat, que parle aujourd'hui Mgr Marty. Point d'oraison funèbre, bien sûr. Mais une sorte de noble paraphrase de quelques propos du disparu. De la mort, il parle comme d'un « scandale » mais aussi comme d'un « passage ». Et la prière que dit le célébrant souhaite une France « accueillante au pauvre et à l'étranger ». Autour de la cathédrale, ils sont nombreux aussi à la souhaiter, cette France-là, beaucoup d'immigrants, d'hommes de couleur, pressés dans cette foule énorme qu'il nous a fallu tout à l'heure traverser comme une forêt trop dense.

D'autres prêtres auraient pu tirer des leçons différentes de la vie publique de Charles de Gaulle. L'appel à la fraternité que le cardinal Marty avait voulu lancer pour donner son sens à cet adieu ne démentait pas en tout cas un certain type de relations avec le Tiers-Monde que, de Dakar à Phnom-Penh, le général de Gaulle avait su instaurer.

Le plus considérable des témoins de ces funérailles-sans-dépouille, Richard Nixon, leur a donné un écho singulier dans le portrait qu'il devait tracer plus tard du général de Gaulle. Rapportant qu'à la fin de la cérémonie, beaucoup des assistants, chefs d'État et de gouvernements s'étaient approchés pour lui dire à quel point ils avaient apprécié sa présence en tant que représentant du peuple américain, et qu'au moment où il allait atteindre la sortie, les grandes orgues de la cathédrale entonnèrent *la Marseillaise,* il écrit : « Je m'arrêtai et me retournai vers l'autel, la main sur le cœur. A cet instant précis un autre hôte étranger, indifférent à la musique, saisit ma main pour me saluer, et ce qui aurait pu être un moment suprêmement dramatique fut subitement perdu. » Rien, conclut le président des États-Unis, n'aurait pu mieux symboliser l'esprit de Charles de Gaulle que « cette assemblée d'hommes d'État venus des quatre coins du monde [se tournant] ensemble vers l'autel et, tandis que les orgues jouaient *la Marseillaise,* remplir de leurs voix la haute nef gothique, chantant à l'unisson l'hymne national de la France [16] ».

A Colombey où, dans la matinée, ont été apportées d'énormes couronnes barrées des noms de Mao Tsé-toung et de Chou En-lai*, la foule se

* Transcriptions qui avaient alors cours.

rassemble depuis l'aube sous un ciel d'abord clair mais qui ne cessera, au long du jour, de s'assombrir. Huit trains spéciaux ont transporté, depuis la gare de l'Est, plus de 5 000 passagers. Foule sereine, qui semble n'être venue ni pour voir ni pour être vue. Seulement pour témoigner. Au début de l'après-midi, ils sont 40 000. Beaucoup ont couché dans leur voiture.

Peu après 14 heures, le glas se met à sonner, comme dans beaucoup d'églises de France. Dix minutes avant 15 heures, on voit s'ébranler, devant la porte de la maison de La Boisserie, un « EBR » (engin blindé de reconnaissance) sur lequel, la tourelle enlevée, a été placé le cercueil de Charles de Gaulle recouvert du drapeau. Quel plus vigoureux symbole de la longue croisade du disparu pour les chars et autres véhicules cuirassés ?

Lentement, au pas de l'homme, le gros insecte franchit le portail de La Boisserie et parcourt en grondant la rue du Général-de-Gaulle, en direction de l'église. Suivent quatre voitures où ont pris place Mme de Gaulle, ses enfants et ses petits-enfants, le colonel Desgrées du Loû, Xavier de Beaulaincourt, Charlotte Marchal et Honorine Manzani. Le glas continue de sonner. Dans la foule certains pleurent. D'autres font de leurs doigts le signe de la victoire inventé par Winston Churchill. A l'entrée de l'église, quelques dizaines d'élèves de Saint-Cyr, des soldats du 501e régiment de chars (l'un des plus anciens de la France libre) et des fusiliers marins présentent les armes.

Dans l'église trapue du village où la tête pâle de Charles de Gaulle planait le dimanche sur les offices d'un air formidable et distrait, la famille, les paroissiens et quelque trois cent cinquante membres de l'ordre de la Libération sont assemblés, comprimés : l'église ne comporte que quatre cents places *...

Il y a là, derrière Mme de Gaulle et les siens, le chancelier de l'ordre, Hettier de Boislambert, Geoffroy de Courcel, le président Cassin, Pierre Messmer, Alexandre Parodi, André Dewavrin dit « Passy », Maurice Schumann, Pierre Clostermann, Alain Savary, Christian Pineau, Yvon Morandat, Claude Serreulles, Guillain de Bénouville, Claude Bourdet, Rol-Tanguy, l'amiral Cabanier, les généraux Béthouart, Fourquet, Massu et Buis, Robert Letant, le plus jeune, que le général appelait « Moustique » — combien d'autres...

Un absent pourtant, et notoire : Malraux ! Quelques instants avant que commence l'office, on entend un crissement de pneus sur la place. On se retourne, croyant voir déboucher le cortège. Les portes s'ouvrent, un rayon de soleil inonde la petite église : surgissant de la voiture qui vient de les conduire à La Boisserie pour une visite (manquée) à Mme de Gaulle, voici André Malraux et Romain Gary — boudiné dans son vieil uniforme bleu marine de l'escadrille Lorraine de 1942.

Malraux, le manteau ouvert, les bras ballants, hagard, fantôme à la démarche incertaine, mèche en berne sur le front dévasté, s'engouffre dans la petite nef, jeté en avant pour une sorte de charge. Tâtonnant dans l'allée centrale comme un prophète aveugle, il s'en vient buter sur le tréteau posé

---

* Récit établi d'après les souvenirs de Georges Buis, Alain Savary et Jean Mauriac.

devant l'autel pour recevoir le cercueil et paraît figé par la stupeur, face au grand Christ de plâtre qui surplombe le chœur. Il faut se serrer pour lui faire une place et on le voit là, voûté, absent, mangeant sa main, au moment où se rouvrent les portes de l'église pour laisser passer le corps porté par douze jeunes gens de la commune.

Le cercueil de bois clair est encadré par quatre saint-cyriens — dont un Africain. Comme pour ajouter quelques notes pathétiques à ce rendez-vous poignant, on verra s'écrouler au pied du catafalque l'un de ces jeunes hommes-cariatides.

La cérémonie était concélébrée par le RP François de Gaulle, neveu du général, l'évêque de Langres et l'abbé Jaugey, curé de Colombey

A tous les assistants avait été distribué un modeste feuillet bleu hâtivement polycopié. Une croix de Lorraine, un croquis de l'église, la mention « messe d'enterrement du général de Gaulle, Colombey-les-Deux-Églises, le jeudi 12 novembre 1970 ». Puis un extrait du testament rendu public le 9 : « ... Aucun discours, extrêmement simple... dans le silence... »

Suivent tout de même quelques éléments musicaux, le psaume 129, et, entre autres, une prière à réciter au moment de l'offertoire, qui dit notamment devant le corps de ce chef de guerre qui avait mis fin, huit ans plus tôt, à vingt-deux ans de conflits ininterrompus :

« Plus jamais, jamais de guerre : le Monde a faim de paix... »

« C'étaient les obsèques d'un chevalier, devait dire André Malraux à Jean Mauriac. Il y avait seulement la famille, l'ordre, la paroisse. Mais il aurait fallu que la dépouille du général ne soit pas dans un cercueil, mais déposée, comme celle d'un chevalier, sur des rondins de bois... »

Dans la relation que fit de cette journée l'auteur des *Chênes qu'on abat,* il y a un beau trait. La foule est là qui se presse pour approcher de l'église. Une vieille paysanne veut passer. Le service d'ordre a reçu consigne de bloquer cette issue-là. Un fusilier marin fait barrage, son fusil devant lui. La dame se débat et lance : « Il a dit tout le monde, il a dit tout le monde ! » Malraux intervient : « Ça ferait plaisir au général... » Le marin pivote sans un mot et, tandis que la bonne dame se hâte en claudiquant vers le cercueil, « semble, en la laissant passer, présenter les armes au peuple de France ».

Peu avant 16 heures, les douze jeunes gens du village, presque tous fils d'agriculteurs, hissent de nouveau le cercueil sur leurs épaules et le portent dans le petit cimetière attenant à l'église, précédés par l'évêque de Langres et les deux prêtres, suivis par les quinze membres de la famille. Le cercueil est très vite descendu dans le caveau — où désormais, à côté de celles qui délimitent la courte vie d'Anne de Gaulle, s'inscrivent dans la pierre les dates qui encadrent l'existence du « plus illustre des Français » : 1890-1970.

Roussillon, 13 mars 1986

Annexes

Notes

Chapitre 1 (p. 11 à 31)

1. *Mémoires d'espoir,* I, p. 39.
2. *Ibid.,* p. 283-284.
3. P. Lefranc, *Avec qui vous savez...,* Paris, Plon, 1979, p. 151
4. C. Dulong, *La Vie quotidienne à l'Élysée du temps de C. de Gaulle,* Paris, Hachette, 1974, p. 10.
5. R. Salan, *Mémoires,* IV, Paris, Presses de la Cité, 1974, p. 197.
6. *La Vie quotidienne à l'Élysée...,* p. 14.
7. *Mémoires d'espoir,* I, p. 308.
8. *La Vie quotidienne à l'Élysée...,* p. 24.
9. Colloque *L'Entourage...,* Paris, Plon, 1979, p. 100.
10. *Espoir,* n° 14, mars 1976, p. 17-21.
11. Entretien avec l'auteur, mars 1986.
12. F. Flohic, *Souvenirs d'outre-Gaulle,* Paris, Plon, 1979, p. 21.
13. *Avec qui vous savez...,* p. 155.
14. *Mémoires d'espoir,* I, p. 310.
15. Jean d'Escrienne, *De Gaulle de loin et de près,* Paris, Plon, 1978, p. 190.
16. *La Vie quotidienne à l'Élysée...,* p. 70-71.
17. P. Viansson-Ponté, *Les Gaullistes, Rituel et annuaire,* Paris, Le Seuil, 1963, p. 46.
18. Entretien avec l'auteur, mai 1985.
19. *Mémoires d'espoir,* I, p. 284-288.
20. *Les Gaullistes, Rituel et annuaire,* p. 41.

Chapitre 2 (p. 32 à 48)

1. A. de Boissieu, *Pour servir le Général,* Paris, Plon, 1982, p. 99.
2. *Les Fanfares perdues,* Paris, Le Seuil, 1975, p. 191.
3. A. Dulac, *Nos guerres perdues,* Paris, Fayard, 1969, p. 130.
4. *Pour servir le Général,* p. 107.
5. *Mémoires d'espoir,* I, p. 67.
6. Entretiens avec l'auteur, mai 1985.
7. Lire sur ce point *Vérités sur la révolution algérienne,* de Mohamed Lebjaoui, Paris, Gallimard, 1972, p. 151-162.
8. Cité par Jean Planchais, *Une histoire politique de l'armée,* Paris, Le Seuil, 1967, tome 2, p. 335.
9. A.-P. Lentin, *Le Dernier Quart d'heure,* Paris, Julliard, 1963, p. 69.
10. A. Argoud, *La Décadence, l'Imposture et la Tragédie,* Paris, Fayard, 1974, p. 179.
11. J. Soustelle, *L'Espérance trahie,* Paris, Éd. Alma, 1962, p. 89-93.
12. Entretien avec l'auteur, mai 1985.
13. *L'Espérance trahie,* p. 94-95.
14. E. Jouhaud, *Serons-nous enfin compris?,* Paris, Albin Michel, 1984, p. 121.
15. *Une histoire politique de l'armée,* tome 2, p. 350.
16. P.-M. de la Gorce, *De Gaulle entre deux mondes,* Paris, Fayard, 1964, p. 639.
17. Entretien avec l'auteur, février 1985.

Chapitre 3 (p. 49 à 78)

1. *Le Figaro*, 31 mai 1962.
2. E. Faure, *Mémoires*, II, Paris, Plon, 1984, p. 688.
3. Entretien avec l'auteur, août 1984.
4. Entretien avec l'auteur, mai 1984.
5. Entretien avec l'auteur, février 1985.
6. Entretien avec l'auteur, avril 1985.
7. Entretien avec l'auteur, juin 1984.
8. Entretien avec l'auteur, avril 1985.
9. Entretien avec l'auteur, avril 1985.
10. Entretien avec l'auteur, mai 1985.
11. *Mémoires d'espoir*, I, p. 89.
12. *Discours et Messages*, III, p. 72.
13. *Ibid.*, p. 76.
14. *Ibid.*, p. 88-94.
15. *Pour servir le Général*, p. 120.
16. *Ibid.*, p. 120.
17. P. Laffont, *L'Expiation*, Paris, Plon, 1968, p. 110-115.
18. *Ibid.*, p. 116.
19. *La Décadence, l'Imposture et la Tragédie*, p. 192.
20. Entretien avec l'auteur, avril 1985.
21. Voir tome 2, chapitre 31, p. 684.
22. *La Décadence...*, p. 192.
23. *Ibid.*, p. 193.
24. *L'Espérance trahie*, p. 192.
25. Bernard Tricot, *Les Sentiers de la paix*, Paris, Plon, 1972, p. 103-104.
26. Entretien avec l'auteur, janvier 1985.
27. *L'Express*, 6 août 1959.
28. *L'Espérance trahie*, p. 108.
29. *Ibid.*, p. 112-114.
30. Entretien avec l'auteur, février 1986.
31. *La Décadence...*, p. 193.
32. *Le Monde*, 1er septembre 1959.
33. Entretien avec le général Bourdis, mai 1985.
34. Entretien avec Paul Delouvrier, mai 1985.
35. *Pour servir le Général*, p. 114.
36. *Ibid.*, p. 115.
37. *Mémoires d'espoir*, I. p. 78.
38. Entretien de Gaston Gosselin avec l'auteur, mai 1985.
39. *Discours et Messages*, III, p. 117-122.
40. Mohammed Harbi, *Le FLN, mirage et réalité*, Éd. Jeune Afrique, 1980, p. 258.
41. Entretien avec l'auteur, juin 1985.
42. *Le FLN, mirage et réalité*, p. 258.
43. *L'Express*, 24 septembre 1959.
44. *Discours et Messages*, III, p. 136.
45. *De Gaulle entre deux mondes*, p. 635.

Chapitre 4 (p. 79 à 105)

1. L. Terrenoire, *De Gaulle et l'Algérie*, Paris, Fayard, 1964, p. 138.
2. M. et S. Bromberger, G. Elgey, J. Chauvel, *Barricades et Colonels*, Paris, Fayard, 1960, p. 55.
3. *L'Espérance trahie*, p. 127.
4. *De Gaulle et l'Algérie*, p. 144.
5. Récit inspiré de *La Tragédie du Général* (J.-R. Tournoux, Paris, Plon, 1967, p. 315-320), corroboré par divers témoignages (de MM. Sudreau, Chatenet...).
6. *Mémoires d'espoir*, I, p. 83.
7. *Barricades et Colonels*, p. 88.
8. *Ibid.*, p. 90.
9. Entretien de Paul Delouvrier avec l'auteur, mai 1985.
10. *Lettres, Notes et Carnets (1958-1960)*, Paris, Plon, 1985, tome VIII, p. 317.

11. *La Décadence...*, p. 206.
12. *Lettres, Notes...*, VIII, p. 318.
13. *De Gaulle et l'Algérie*, p. 149.
14. *Barricades et Colonels*, p. 120-121.
15. A. Ibazizen, *Le Testament d'un Berbère*, Éd. Albatros, 1984, p. 204.
16. *De Gaulle et l'Algérie*, p. 149.
17. *Barricades et Colonels*, p. 151.
18. J Massu, *Le Torrent et la Digue*, Paris, Plon, 1972, p. 311.
19. *Souvenirs d'outre-Gaulle*, p. 39.
20. *Lettres, Notes...*, VIII, p. 321.
21. Entretien avec l'auteur, mai 1985.
22. *Souvenirs d'outre-Gaulle*, p. 42-43.
23. Entretien de Jean-Marcel Jeanneney avec l'auteur, novembre 1985.
24. *L'Expiation*, p. 141.
25. *Mémoires d'espoir*, I, p. 85.
26. *Ibid.*
27. *Lettres, Notes...*, VIII, p. 322.
28. *L'Expiation*, p. 143.
29. Entretien avec l'auteur, mai 1985.
30. Entretien avec l'auteur, juin 1985.
31. Entretien avec l'auteur, mai 1985.
32. Entretien avec l'auteur, mai 1985.

Chapitre 5 (p. 106 à 141)

1. *Pour servir le Général*, p. 128.
2. Lettre de René Brouillet à l'auteur, avril 1985.
3. Entretien avec l'auteur, juin 1985.
4. Entretiens de G. de Courcel et J. Mauriac avec l'auteur, juin 1985.
5. Lettre de René Brouillet à l'auteur, mai 1985.
6. *Le Monde*, 6 mars 1960.
7. *Le Monde*, 7 mars 1960.
8. *De Gaulle et l'Algérie*, p. 179-180.
9. B. Droz et E. Lever, *Histoire de la guerre d'Algérie*, Paris, Le Seuil, 1982, p. 249.
10. R. Buron, *Carnets politiques de la guerre d'Algérie*, Paris, Plon, 1965, p. 120.
11. *Le FLN, mirages et réalités*, p. 256-258.
12. *De Gaulle et l'Algérie*, p. 182.
13. F. Abbâs, *Autopsie d'une guerre*, Paris, Garnier, 1981.
14. Entretien avec Édouard Mathon, juin 1985.
15. *Souvenirs d'outre-Gaulle*, p. 44-45.
16. *Une histoire politique de l'armée*, tome 2, p. 356.
17. *De Gaulle et l'Algérie*, p. 188.
18. Entretien de l'auteur avec Pierre Racine, mai 1985.
19. *De Gaulle et l'Algérie*, p. 190.
20. *Ibid.*, p. 189.
21. Mémoire inédit confié à l'auteur par Mohammed Masmoudi.
22. Entretien de Jean Chauveau avec l'auteur, mars 1985.
23. Lettre à l'auteur, septembre 1984.
24. *Autopsie d'une guerre*, p. 265.
25. *Discours et Messages*, III, p. 243.
26. *Mémoires d'espoir*, I, p. 95-96.
27. *Histoire de la guerre d'Algérie*, p. 258.
28. *Souvenirs d'outre-Gaulle*, p. 46.
29. P. Viansson-Ponté, *Histoire de la République gaullienne*, Paris, Fayard, 1976 ; Laffont, 1984, coll. « Bouquins », p. 192.
30. Entretien avec l'auteur, juillet 1985.
31. *De Gaulle et l'Algérie*, p. 196.
32. Entretien avec l'auteur, février 1985.
33. *L'Expiation*, p. 167-176.
34. *De Gaulle et l'Algérie*, p. 205-212.
35. *La Décadence...*, p. 237.
36. *Le Dernier Quart d'heure*, p. 154.

37. *De Gaulle et l'Algérie*, p. 215.
38. *Le Dernier Quart d'heure*, p. 156.
39. *De Gaulle et l'Algérie*, p. 217.

Chapitre 6 (p. 142 à 174)

1. *La Décadence...*, p. 229.
2. *Souvenirs d'outre-Gaulle*, p. 48.
3. *De Gaulle et l'Algérie*, p. 219.
4. Entretien avec l'auteur, juin 1985.
5. Notes inédites de M. Masmoudi.
6. *Les Sentiers de la paix*, p. 220.
7. *Mémoires d'espoir*, I, p. 105.
8. *Ibid.*
9. *Les Sentiers de la paix*, p. 229.
10. *Souvenirs d'outre-Gaulle*, p. 49.
11. Entretien avec Jean Daniel, février 1985.
12. Notes inédites de Jean Mauriac.
13. *Mémoires d'espoir*, I, p. 106.
14. *De Gaulle et l'Algérie*, p. 224.
15. Entretien avec Abdelhamid Mehri, juin 1985.
16. *Discours et Messages*, III, p. 293.
17. *Ibid.*, p. 290.
18. *De Gaulle et l'Algérie*, p. 227.
19. Entretien avec Pierre Messmer, mai 1985.
20. *La Décadence...*, p. 238.
21. *Ibid.*, p. 244.
22. *Ibid.*, p. 237.
23. *Ibid.*, p. 253.
24. J. Fauvet et J. Planchais, *La Fronde des généraux*, Grenoble-Paris, Arthaud, 1961, p. 150.
25. *Une histoire politique de l'armée*, p. 358.
26. *La Fronde des généraux*, p. 155.
27. *Souvenirs d'outre-Gaulle*, p. 51.
28. *Ibid.*, p. 52.
29. *De Gaulle et l'Algérie*, p. 228.
30. *La Fronde des généraux*, p. 157.
31. *Avec qui vous savez...*, p. 186.
32. *La Fronde des généraux*, p. 167.
33. *La Décadence*, p. 282.
34. Entretien d'André Malraux avec l'auteur, 1972.
35. Entretien avec l'auteur, août 1984.
36. Entretien avec l'auteur, mars 1985.
37. *De Gaulle et l'Algérie*, p. 231.
38. *Discours et Messages*, III, p. 306-308.
39. *La Fronde des généraux*, p. 182.
40. Entretien avec l'auteur, décembre 1984.
41. M. Challe, *Notre révolte*, Paris, Presses de la Cité, 1968, p. 218-219.
42. *La Décadence...*, p. 280.
43. M. Vaïsse, *Alger, le Putsch*, Éd. Complexe, 1984, p. 99.
44. Entretien avec l'auteur, 1967.
45. *De Gaulle et l'Algérie*, p. 234.
46. *Souvenirs d'outre-Gaulle*, p. 58.
47. Entretien avec Roger Seydoux, juin 1985.
48. *Mémoires d'espoir*, I, p. 117-118.

Chapitre 7 (p. 175 à 199)

1. Entretien avec M'Hammed Yazid, juin 1961.
2. *Autopsie d'une guerre*, p. 316.
3. Entretien avec Louis Joxe, mai 1984.
4. Entretien avec Abdelhamid Mehri, juin 1985.

5. *Les Sentiers de la paix*, p. 220.
6. *Autopsie d'une guerre*, p. 316-317.
7. Entretien avec Claude Chayet, juillet 1984.
8. Entretien avec Geoffroy de Courcel, juin 1985.
9. Entretien avec A. Mehri, juin 1985.
10. *Mémoires d'espoir*, I, p. 121-122.
11. Entretien avec Ahmed Boumendjel, juillet 1961.
12. *De Gaulle et l'Algérie*, p. 235.
13. *Histoire de la République gaullienne*, p. 246.
14. *Souvenirs d'outre-Gaulle*, p. 59-60.
15. Entretien avec l'auteur, juin 1984.
16. *Souvenirs d'outre-Gaulle*, p. 61.
17. Entretien en 1979.
18. *Les Sentiers de la paix*, p. 272.
19. Entretien avec A. Mehri, juin 1985.
20. Entretien avec l'auteur, mars 1962.
21. Entretien avec l'auteur, mai 1961.
22. *De Gaulle et l'Algérie*, p. 236-237.
23. Entretien avec G. de Courcel, juin 1985.
24. *De Gaulle et l'Algérie*, p. 238-239.
25. *Mémoires d'espoir*, I, p. 129-130.
26. *L'Explosion*, p. 222.
27. *De Gaulle et l'Algérie*, p. 241.
28. J. Délarlie, *L'OAS contre de Gaulle*, Paris, Fayard, 1981, p. 64-65

Chapitre 8 (p. 200 à 218)

1. O. Guichard, *Mon Général*, Paris, Grasset, 1980, p. 381.
2. *Discours et Messages*, III, p. 340.
3. Entretien avec A. Mehri, juin 1985.
4. Entretien avec l'auteur, juillet 1984.
5. Lettre à l'auteur.
6. *Mon Général*, p 380.
7. *Ibid.*
8. Entretien avec Gaston Defferre, juillet 1985.
9. *Discours et Messages*, III, p. 367-371.
10. *De Gaulle et l'Algérie*, p. 241.
11. Entretien avec R. Seydoux, mai 1985.
12. *De Gaulle et l'Algérie*, p. 241-242.
13. Entretien avec Claude Chayet, juillet 1984.
14. Entretien avec Claude Chayet, juillet 1984.
15. *Le Monde*, 11 janvier 1962.
16. *De Gaulle et l'Algérie*, p. 243-244.
17. Entretien avec l'auteur, mai 1984.
18. Lettre à l'auteur, août 1984.
19. *Discours et Messages*, III, p. 386.
20. Cité dans *Histoire de la République gaullienne*, p. 270.
21. *Ibid.*

Chapitre 9 (p. 219 à 250)

1. *Souvenirs d'outre-Gaulle*, p. 66.
2. *Ibid.*, p. 66-67.
3. *Histoire de la République gaullienne*, p. 272.
4. *Ibid.*, p. 269.
5. *Carnets politiques de la guerre d'Algérie*, 1965, p. 187.
6. *Ibid.*, p. 193.
7. *Les Sentiers de la paix*, p. 298-299.
8. *Carnets politiques...*, p. 126.
9. J.-R. Tournoux, *La Tragédie du général*, Paris, Plon, 1967, p. 400.
10. *Histoire de la République gaullienne*, p. 278.

11. Par Mohammed Harbi, *Le FLN, mirages et réalités*, p. 296-297.
12. *Ibid.*, p. 295.
13. *Autopsie d'une guerre*, p. 321.
14. *Le Monde*, 16 mars 1982.
15. *Carnets politiques...*, p. 247.
16. Entretien avec l'auteur, juin 1984.
17. *Le Figaro*, 19 mars 1982.
18. *Carnets politiques...*, p. 249.
19. *Ibid.*, p. 257.
20. *Ibid.*, p. 258.
21. *Discours et Messages*, III, p. 391-393.
22. *Le Monde*, 16 mars 1962.
23. *L'Express*, 22 mars 1962.
24. *Discours et Messages*, III, p. 394.
25. *Ibid.*, p. 397.
26. *Ibid.*, p. 399.
27. *De Gaulle et l'Algérie*, p. 281.
28. *Histoire de la République gaullienne*, p. 282.
29. *Ibid.*, p. 283-284.

Chapitre 10 (p. 251 à 284)

1. *Discours et Messages*, III, p. 138-139.
2. *Ibid.*, p. 312.
3. Y. Courrière, *La Guerre d'Algérie*, tome 4, *Les Feux du désespoir*, Paris, Fayard, 1971, p. 567-568.
4. C. Fouchet, *Au service du général de Gaulle*, Paris, Plon, 1971, p. 143.
5. *Les Fanfares perdues*, p. 226.
6. J.-R. Tournoux, *La Tragédie du général*, p. 415-416.
7. J. Foyer, « Comment de Gaulle a gracié Jouhaud », *En ce temps-là de Gaulle*, n° 25, p. 28.
8. J. Foyer, *En ce temps-là de Gaulle*, n° 26, p. 27-30.
9. *Souvenirs d'outre-Gaulle*, p. 69-70.
10. *Au service du général de Gaulle*, p. 175-177.
11. *OAS parle*, Paris, Julliard, 1964, coll. « Archives », p. 269.
12. *La Décadence*, p. 313-314.
13. Document produit par J. Delarue, *L'OAS contre de Gaulle*, p. 164.
14. *Objectif de Gaulle*, p. 255-256.
15. *Au service du général de Gaulle*, p. 159.
16. A. de La Tocnaye, *Comment je n'ai pas tué de Gaulle*, p. 215.
17. *Au service du général de Gaulle*, p. 165.
18. *Histoire de la République gaullienne*, p. 310.
19. *Comment je n'ai pas tué de Gaulle*, p. 275.
20. *La Tragédie du général*, p. 448.
21. *En ce temps-là de Gaulle*, n° 25, p. 27-30.
22. *Pour servir le Général*, p. 169.
23. *La Tragédie du général*, p. 454.
24. Entretien avec Georges Buis, mars 1986.

Chapitre 11 (p. 287 à 312)

1. M. Harsgor, *La Politique étrangère du général de Gaulle*, colloque de Tel-Aviv, décembre 1980, PUF, 1985, « Idéologie et praxis dans la politique étrangère du général de Gaulle », p. 48.
2. *Mémoires d'espoir*, I, p. 223.
3. Entretien avec l'auteur, juillet 1985.
4. K. Adenauer, *Mémoires*, Paris, Hachette, 1969, tome III, p. 193.
5. M. Couve de Murville, *Une politique étrangère (1958-1969)*, Paris, Plon, 1971, p. 241.
6. *Ibid.*, p. 245.
7. Conférence du 23 janvier 1974.
8. *Mémoires*, III, p. 256.
9. *Ibid.*, p. 241-246.

10. *Ibid.*, p. 303-304.
11. *Une politique étrangère*, p. 253-254.
12. *Mémoires*, III, p. 337.
13. *Discours et Messages*, III, p. 431.
14. A. Passeron, *De Gaulle parle*, Paris, Fayard, 1966, tome 2, p. 330.
15. *Mémoires*, III, p. 355.
16. *Ibid.*, p. 373-374.
17. *Une politique étrangère*, p. 257.
18. « Le préambule terrible », *Espoir*, n° 23, p. 29.
19. *Ibid.*
20. *De Gaulle parle*, p. 342.
21. *Une politique étrangère*, p. 261.
22. *Ibid.*, p. 273.

Chapitre 12 (p. 313 à 342)

1. *Mémoires de guerre*, III, p. 179-180.
2. *Mémoires d'espoir*, I, p. 206.
3. *Ibid.*, p. 198.
4. Entretien avec l'auteur, octobre 1985.
5. *Mémoires d'espoir*, I, p. 173-176.
6. H. Macmillan, *Mémoires VI, Pointing the way*, Londres, Macmillan, 1972, p. 427.
7. Intervention à l'University College de Londres, 24 novembre 1982.
8. *Mémoires*, III, p. 292.
9. *Ibid.*, p. 289.
10. *Ibid.*, p. 290.
11. *Ibid.*, p. 400-402.
12. *Au service du général de Gaulle*, p. 199.
13. *Ibid.*, p. 199.
14. E. Jouve, *Le Général de Gaulle et la construction de l'Europe*, Paris, Librairie générale de droit et de jurisprudence, 1967, tome 1, p. 339.
15. Entretien avec l'auteur, avril 1986.
16. *Mémoires*, III, p. 330.
17. *Mémoires d'espoir*, I, p. 209.
18. *Ibid.*, p. 209.
19. *Ibid.*, p. 210.
20. Conférence de 1974 à l'Institut Charles-de-Gaulle.
21. Intervention à l'University College de Londres, 24 novembre 1982.
22. *Mémoires d'espoir*, I, p. 248.
23. *Discours et Messages*, III, p. 179-181.
24. *Mémoires d'espoir*, I, p. 200.
25. *Ibid.*, p. 231.
26. Exposé à l'University College, 24 novembre 1982.
27. B. Ledwidge, *De Gaulle*, Paris, Flammarion, 1982, p. 304-305.
28. N. Beloff, *Le général dit non*, Paris, Plon, 1964, p. 215-216.
29. *Le Monde*, 24 janvier 1963.
30. *Espoir*, n° 12.
31. J. Newhouse, *De Gaulle and the Anglo-Saxons*, Deutsch, 1970.
32. H. Macmillan, *Mémoires*, VII, *At the end of the year*, Londres, Macmillan, 1973, p. 367.
33. Entretien avec Geoffroy de Courcel, juin 1985.
34. Entretien avec E. Burin des Roziers, juillet 1985.
35. P. H. Spaak, *Combats inachevés*, Bruxelles, éd. Vokaer, 1979, tome II, p. 406.
36. J.-F. Deniau, *L'Europe interdite*, Paris, Le Seuil, 1977, p. 110-111.
37. A. Grosser, *La Politique extérieure de la Ve République*, Paris, Le Seuil, 1965, p. 140.
38. Lettre à l'auteur, décembre 1985.

Chapitre 13 (p. 343 à 381)

1. *De Gaulle parle*, tome 2, p. 306.
2. Entretien avec l'auteur, février 1985.
3. Cité par J. Hess, *De Gaulle avait-il raison ?*, Mame, 1969, p. 10.

4. C. Bohlen, *Witness to history,* New York, Norton, 1973, p. 502.
5. Entretiens avec H. Alphand et R. Seydoux.
6. *De Gaulle avait-il raison ?,* p. 12.
7. Entretien avec l'auteur, septembre 1985.
8. Cité dans V. Walters, *Services discrets,* Paris, Plon, 1979, p. 254.
9. *Mémoires d'espoir,* I, p. 214.
10. A. Fontaine, *L'Alliance atlantique à l'heure du dégel,* Paris, Calmann-Lévy, 1967, p. 120.
11. *Services discrets,* p. 254.
12. *Ibid.,* p. 257.
13. *Mémoires d'espoir,* I, p. 255.
14. *Ibid.,* p. 256.
15. *Ibid.,* p. 256.
16. *Services discrets,* p. 260-261.
17. *Ibid.,* p. 260.
18. *Mémoires d'espoir,* I, p. 259.
19. *Ibid.,* p. 259.
20. *Ibid.,* p. 265.
21. R. Nixon, *Leaders,* Paris, Plon, 1982, p. 79.
22. *Mémoires d'espoir,* I, p. 266-267.
23. Entretiens de J. Chaban-Delmas avec l'auteur, septembre 1985.
24. H. Alphand, *L'Étonnement d'être,* Paris, Fayard, 1977, p. 351.
25. Entretien avec l'auteur, octobre 1985.
26. A. Schlesinger, *Les 1000 jours de Kennedy,* Paris, Denoël, 1966, p. 325.
27. T. Sorensen, *Kennedy,* Paris, Gallimard, 1966, p. 107.
28. B. Ledwidge, *De Gaulle et les Américains,* Paris, Flammarion, 1984, p. 101-115.
29. *Ibid.,* p. 115.
30. *Mémoires d'espoir,* I, p. 271.
31. *L'Étonnement d'être,* p. 355.
32. *Mémoires d'espoir,* I, p. 267-268.
33. *De Gaulle et les Américains,* p. 123.
34. *Une politique étrangère,* p. 100.
35. Entretiens avec Hervé Alphand et Roger Seydoux, alors représentant de la France au Conseil de sécurité, mars 1985.
36. *De Gaulle et les Américains,* p. 130.
37. *Une politique étrangère,* p. 105.
38. *Ibid.,* p. 106.
39. Entretien avec l'auteur, octobre 1985.
40. *L'Étonnement d'être,* p. 411.
41. Entretien avec Edgard Pisani, octobre 1985.
42. *L'Étonnement d'être,* p. 414.
43. *Une politique étrangère,* p. 119.
44. Entretien avec H. Alphand, mars 1985.
45. *Une politique étrangère,* p. 122.
46. *De Gaulle et les Américains,* p. 144.
47. *De Gaulle avait-il raison ?,* p. 45.
48. Entretien avec l'auteur, juillet 1985.
49. *Discours et Messages,* IV, p. 331-332.
50. *L'Étonnement d'être,* p. 452-453.
51. Entretien avec l'auteur, mars 1985.
52. G. Ball, *The Past is Another Pattern,* New York, Norton, 1982, p. 332-333.
53. Entretien avec l'auteur, février 1985.
54. Entretien avec l'auteur, février 1986.
55. *Discours et Messages,* V, p. 19.
56. *Witness to history,* p. 520.
57. H. Wilson, *The Chariot of Israel,* Weidenfeld and Nicholson, 1981, p. 361.
58. *Leaders,* p. 85.
59. *Ibid.,* p. 80-86.
60. *De Gaulle avait-il raison ?,* p. 9.

Chapitre 14 (p. 382 à 405)

1. Rapport secret de Gaétan Morawski (décembre 1943) communiqué à l'auteur par le Pr Georges Mond.
2. Notes personnelles de l'auteur.
3. Entretien avec l'auteur.
4. A. Fontaine, *Histoire de la guerre froide*, Paris, Le Seuil, 1983, tome 2, p. 484 et 515.
5. Entretien avec H. Alphand.
6. Lettre à l'auteur.
7. *Discours et Messages*, III, p. 129-131.
8. *Witness to history*, p. 461.
9. *Mémoires d'espoir*, I, p. 237-238.
10. *Ibid.*, p. 244-245.
11. Entretien avec le général de Boissieu, février 1985.
12. *Mémoires d'espoir*, I, p. 246.
13. *Ibid.*, p. 260.
14. Notes personnelles.
15. *Une politique étrangère*, p. 195.
16. *Ibid.*, p. 195.
17. *Discours et Messages*, IV, p. 155.
18. *Une politique étrangère*, p. 197-198.
19. Entretien de l'auteur avec Étienne Burin des Roziers.
20. *Discours et Messages*, IV, p. 355.
21. *De Gaulle parle*, tome 2, p. 102.
22. *Discours et Messages*, IV, p. 408.
23. *L'Étonnement d'être*, p. 445.
24. *Ibid.*, p. 477.
25. *Discours et Messages*, V, p. 41.
26. *Une politique étrangère*, p. 270.
27. A. Fontaine, *Histoire de la « détente »*, Paris, Le Seuil, 1984, p. 76.
28. *Discours et Messages*, V, p. 46.
29. Welt, *Dans l'ombre de Gomulka*, Paris, Laffont, 1971, p. 188.
30. *Witness to history*, p. 542.
31. *L'Étonnement d'être*, p. 385.
32. *Espoir*, n° 14, p. 18.

Chapitre 15 (p. 406 à 427)

1. La Bruyère, *Les Caractères, De l'homme*, Ed. Delagrave, ch. XI, p. 255.
2. *Discours et Messages*, III, p. 86-87.
3. Entretien avec l'auteur, décembre 1984.
4. Entretien avec l'auteur, décembre 1985.
5. J. Binet, « Un personnage historique et ses réincarnations en Afrique centrale », *Espoir*, n° 8, p. 27.
6. Entretien avec l'auteur, janvier 1961.
7. Entretien avec l'auteur, décembre 1984.
8. Lettre à l'auteur, 30 octobre 1985.
9. *Ibid.*
10. Y. Guéna, *Historique de la Communauté*, Paris, Fayard, 1962, p. 94.
11. Entretien du président Senghor avec l'auteur, février 1986.
12. *Le Monde*, 13 décembre 1959.
13. *Le Monde*, 15 décembre 1959.
14. Récit d'Alain Plantey à l'auteur, novembre 1985.
15. *Le Monde*, 15 décembre 1959.
16. Colloque de Nice, *De Gaulle et le Tiers-Monde*, novembre 1984, p. 143.
17. Entretien avec l'auteur, novembre 1985.
18. Entretien de l'auteur avec A. Plantey, novembre 1985.
19. Partie inédite du « rapport Jeanneney », p. 145.
20. J. Basso, rapport présenté au colloque *De Gaulle et le Tiers-Monde*, p. 216.
21. Entretien avec l'auteur, octobre 1985.
22. Conférence de presse du 29 juillet 1963.
23. Entretien avec l'auteur, février 1986.

24. Entretien avec l'auteur, janvier 1986.
25. Entretien avec Bahi Ladgham, octobre 1983.
26. Entretien avec Xavier de La Chevalerie, mars 1985.

Chapitre 16 (p. 428 à 451)

1. Entretien avec l'auteur, janvier 1985.
2. P. Devillers, colloque *De Gaulle et le Tiers-Monde*, p. 308.
3. 2 février 1964.
4. *Espoir*, n° 1, p. 42.
5. *Discours et Messages*, V, p. 23.
6. Cité par P. Devillers, colloque *De Gaulle et le Tiers-Monde*, p. 314.
7. Entretien avec le prince Sihanouk, novembre 1985.
8. Entretien avec le prince Sihanouk, novembre 1985.
9. Entretien avec l'auteur, septembre 1966.
10. Colloque *L'Entourage et de Gaulle*, p. 130.
11. E. Faure, *Le Serpent et la Tortue*, Paris, Julliard, 1957.
12. E. Faure, *Mémoires*, tome II, p. 674.
13. *Espoir*, n° 1, p. 20-25.
14. *Ibid.*, p. 20-25.
15. *Ibid.*, p. 25.
16. *L'Entourage et de Gaulle*, p. 137.
17. E. Jouve, article cité, *L'Entourage et de Gaulle*, p. 136-137.
18. *Discours et Messages*, IV, p. 178.
19. *Ibid.*, p. 181-182.
20. Colloque *De Gaulle et le Tiers-Monde*, p. 271.
21. Entretien avec l'auteur, mars 1985.
22. *De Gaulle parle*, tome 2, p. 385.
23. *New York Times*, 30 septembre 1964.
24. P.-M. de la Gorce, *La France contre les Empires*, Paris, Grasset, 1969, p. 363.
25. Lettre à l'auteur, juillet 1985.

Chapitre 17 (p. 452 à 485)

1. Entretien avec Francis. Perrin, novembre 1985.
2. Entretien avec F. Perrin, novembre 1985.
3. Colloque, *L'Aventure de la bombe*, Arc-et-Senans, 1985, p. 200.
4. *Ibid.*, p. 52.
5. Lettre de Francis Perrin à l'auteur, novembre 1985.
6. P. Gallois, *Stratégie à l'âge nucléaire*, Paris, Calmann-Lévy, 1959 (préface de R. Aron).
7. *Discours et Messages*, III, p. 127-128.
8. *Ibid.*, p. 134.
9. Entretien avec l'auteur, novembre 1985.
10. *L'Aventure de la bombe*, p. 64.
11. *Ibid.*, p. 66.
12. *Ibid.*, p. 153-154.
13. Entretien avec l'auteur, novembre 1985.
14. *L'Aventure de la bombe*, p. 154.
15. A. Peyrefitte, *Le Mal français*, Paris, Plon, 1976, p. 81-85.
16. *Ibid.*, p. 84 et 500 (notes).
17. Entretien avec le général de Boissieu, février 1986.
18. *L'Aventure de la bombe*, p. 53.
19. Entretien avec l'auteur, janvier 1986.
20. A. Beaufre, *Dissuasion et Stratégie*, Paris, A. Colin, 1964.
21. R. Aron, *Le Grand Débat*, Paris, Calmann-Lévy, 1963, p. 156.
22. P. Gallois, *L'Adieu aux armées*, Paris, Albin Michel, 1976, p. 319.
23. Entretien avec l'auteur, octobre 1985.
24. R. McNamara, *The Essence of Security*, Harper and Row, publié en France sous le titre *Sécurité américaine et Paix mondiale*, Paris, Fayard, 1969.
25. W. Lippmann, *L'Unité occidentale et le Marché commun*, Paris, Julliard, 1962.
26. R. Aron, *Mémoires*, Paris, Julliard, 1983, p. 426.

27. L. Ruehl, *La Politique militaire de la Ve République,* Presses de la Fondation nationale des Sciences politiques, cahier 193, p. 415.
28. *Une politique étrangère,* p. 58.
29. *La Politique extérieure de la Ve République,* p. 133.
30. *Ibid.,* p. 134.
31. L. Hamon, *La Stratégie contre la guerre,* Paris, Grasset, 1966, p. 312.
32. *Revue de défense nationale,* décembre 1967, p. 1930-1931.
33. Entretien de l'auteur avec le général Bourgue, décembre 1985.
34. Entretien avec l'auteur, décembre 1985.
35. Entretien avec l'auteur, décembre 1985.
36. Entretien avec l'auteur, décembre 1985.
37. P. Messmer et A. Larcan, *Les Écrits militaires de Charles de Gaulle,* Paris, PUF, 1985, p. 172.
38. Entretien avec G. Buis, décembre 1985.
39. *L'Aventure de la bombe,* p. 324.
40. *Ibid.,* p. 335.
41. Entretien de l'amiral Sabbagh avec l'auteur, décembre 1985.

Chapitre 18 (p. 486 à 508)

1. Entretien avec l'auteur, juin 1985.
2. S. Cohen, in *La Politique étrangère du général de Gaulle,* colloque de Tel-Aviv, p. 195.
3. *Mémoires d'espoir,* I, p. 278-279.
4. Michel Bar Zohar, *Ben Gourion,* Weidenfeld et Nicholson, 1978, p. 304-305.
5. Abba Eban, *Autobiographie,* Paris, Buchet-Chastel, 1979, p. 258.
6. M. Rodinson, *Israël et le Refus arabe,* Paris, Le Seuil, 1965.
7. J.-F. Held, *Israël et les Arabes, le troisième combat,* Paris, Le Seuil, 1967, p. 39.
8. *Une politique étrangère,* p. 464.
9. *Autobiographie,* p. 259.
10. *Discours et Messages,* V, p. 234.
11. *Autobiographie,* p. 259-261.
12. *Une politique étrangère,* p. 469.
13. *Israël et les Arabes...,* p. 111.
14. Entretien avec l'auteur, décembre 1985.
15. Entretien avec Albin Chalandon, mars 1985.
16. *Histoire de la République gaullienne,* p. 331.
17. C. Yost, *Foreign Affairs,* janvier 1968, p. 319.
18. Entretien avec l'auteur, octobre 1985.
19. Entretien avec l'auteur, octobre 1985.
20. Colloque *La Politique étrangère du général de Gaulle,* p. 202.
21. *Discours et Messages,* V, p. 232-234.
22. R. Aron, *De Gaulle, Israel et les Juifs,* Tribune libre, Paris, Plon, 1968.
23. J.-R. Tournoux, *Le Tourment et la Fatalité,* Paris, Plon, 1974, p. 206.
24. Entretien avec l'auteur, décembre 1985.
25. Colloque *La Politique étrangère du général de Gaulle,* p. 205.
26. Présentée en Sorbonne en octobre 1983.

Chapitre 19 (p. 509 à 536)

1. *Mémoires d'espoir,* I, p. 250-254.
2. *Une politique étrangère,* p. 455.
3. *Souvenirs d'outre-Gaulle,* p. 84.
4. Cité dans A. et P. Rouanet, *Les Trois Derniers Chagrins du Général de Gaulle,* Paris, Grasset, 1980, p. 43.
5. R. Lescop, *Le Pari québécois du général de Gaulle,* Montréal, Boréal Express, 1981, p. 140.
6. P.-L. Mallen, *Vivre le Québec libre,* Paris, Plon, 1978, p. 110-111.
7. Entretien avec l'auteur, avril 1986.
8. *Les Trois Derniers Chagrins...,* p. 61-63.
9. G. Bergeron, *Le Canada français après deux siècles de patience,* Paris, Le Seuil, 1966.
10. Notamment le *Globe and Mail* du 24 juillet 1967.
11. *Espoir,* n° 12, p. 27.

12. *Souvenirs d'outre-Gaulle*, p. 89.
13. *Espoir*, n° 12, p. 29.
14. *Souvenirs d'outre-Gaulle*, p. 90.
15. *Vivre le Québec libre*, p. 29.
16. Entretien avec l'auteur, avril 1983.
17. *Une politique étrangère*, p. 157.
18. Entretien avec l'auteur, avril 1983 à Québec.
19. *Le Pari québécois...*, p. 60.
20. *Vivre le Québec libre*, p. 175.
21. Entretien du 22 avril 1983 à Québec.
22. Entretien avec l'auteur, avril 1983.
23. *Les Trois Derniers Chagrins...*, p. 146.
24. Entretien avec l'auteur, avril 1983.
25. P.-L. Mallen, in *Espoir*, n° 12, p. 33.
26. *Les Trois Derniers Chagrins*, p. 154.
27. *Le Soleil*, Québec, 26 août 1967, p. 16.
28. *Le Figaro*, 27 juillet 1967.
29. *L'Étonnement d'être*, p. 493.
30. Notes inédites prises pendant le Conseil, dont la transcription comporte de ce fait quelques « blancs ». J.-R. Tournoux en a publié une autre version.
31. Jean d'Escrienne, *Le général m'a dit, 1966-1970*, Paris, Plon, 1973, p. 109.
32. Texte intégral dans R. Lescop, *Le Pari québécois*, p. 181-182.
33. *Discours et Messages*, V, p. 239.
34. Voir plus haut, p. 515.

Chapitre 20 (p. 537 à 562)

1. *L'Étonnement d'être*, p. 493.
2. *De Gaulle de loin et de près*, p. 111-112.
3. Propos reconstitués de mémoire par Jean d'Escrienne et publiés dans *De Gaulle de loin et de près*, p. 116.
4. *Leaders*, p. 96.
5. *L'Étonnement d'être*, p. 502.
6. *Souvenirs d'outre-Gaulle*, p. 198.
7. *Histoire de la République gaullienne*, p. 480.
8. *Souvenirs d'outre-Gaulle*, p. 195-197.
9. *Discours et Messages*, V, p. 279.
10. Propos notés au début de juillet 1968 par un familier du général.
11. *Histoire de la « détente »*, p. 138.
12. *Pour servir le Général*, p. 208.
13. *Ibid.*, p. 209.
14. Entretien avec l'auteur, mars 1985.
15. *Discours et Messages*, V, p. 334-335.
16. E. Manac'h, *Mémoires d'Extrême-Asie*, Paris, Fayard, 1977, p. 34.
17. *Ibid.*, p. 35-55.
18. *De Gaulle*, p. 393.
19. *Ibid.*, p. 394.
20. *Le Monde*, 13 mars 1969.
21. *L'Étonnement d'être*, p. 518.
22. *De Gaulle*, p. 395.
23. *Ibid.*, p. 396.
24. Notes communiquées à l'auteur.
25. *La Politique extérieure de la V⁰ République*, p. 168.
26. Entretien avec l'auteur, octobre 1985.
27. *Sunday Times*, décembre 1970.

Chapitre 21 (p. 565 à 592)

1. *Mémoires d'espoir*, II, p. 113-114.
2. É. Burin des Roziers, *Le Retour aux Sources*, Paris, Plon, 1986, p. 47-63.
3. *Histoire de la République gaullienne*, p. 315.

4. *Discours et Messages,* III, p. 422-423.
5. Entretien de Gaston Monnerville avec l'auteur, octobre 1985.
6. Entretien avec l'auteur, novembre 1985.
7. *Mémoires d'espoir,* II, p. 29.
8. *Le Populaire,* 21 juin 1946.
9. *Mémoires d'espoir,* II, p. 17-20.
10. Entretien avec l'auteur, octobre 1985.
11. G. Vedel, *L'Année dans le monde,* Paris, Arthaud, 1963, p. 44.
12. *Ibid.,* p. 43.
13. *Pour servir le Général,* p. 170-171.
14. *L'Année dans le monde,* p. 43.
15. Entretien avec Gaston Monnerville, novembre 1985.
16. Idem.
17. *Souvenirs d'outre-Gaulle,* p. 155.
18. Entretien avec l'auteur, août 1985.
19. *Histoire de la République gaullienne,* p. 36.
20. Entretien avec l'auteur, novembre 1985.
21. *L'Année dans le monde,* p. 49-50.
22. *Ibid.,* p. 49-50.
23. Entretien avec l'auteur, décembre 1985.
24. Entretien avec l'auteur, août 1984.
25. *Histoire de la République gaullienne,* p. 42.
26. *Ibid.,* p. 42.
27. Cité par J. Chapsal et J. Charlot, *La Vie politique en France depuis 1940,* Paris, PUF, 1966, p. 476.
28. *Mémoires d'espoir,* II, p. 58.
29. *L'Année dans le monde,* p. 53.
30. *Histoire de la République gaullienne,* p. 47.
31. *De Gaulle parle,* tome 2, p. 55.
32. *Ibid.,* p. 59.
33. *La Tragédie du général,* p. 435.
34. F. Mitterrand, *Le Coup d'État permanent,* Paris, Julliard, 1964, p. 141.
35. *L'Année dans le monde,* p. 50.
36. *Souvenirs d'outre-Gaulle,* p. 156.
37. *De Gaulle parle,* tome 2, p. 64.
38. 27 novembre 1962.
39. Cité dans *De Gaulle parle,* tome 2, p. 65.
40. *Ibid.,* p. 66.

Chapitre 22 (p. 593 à 611)

1. S. Mallet, *Le Gaullisme et la Gauche,* Paris, Le Seuil, 1965, p. 140-141.
2. Colloque *L'Entourage et de Gaulle,* p. 215.
3. *Mémoires d'espoir,* II, p. 141-143.
4. Colloque des 25-26 janvier 1985.
5. P. Massé, *Aléas et Progrès,* Economica, 1984, p. 160.
6. *Mémoires d'espoir,* II, p. 146.
7. *L'Expansion,* avril 1977.
8. Colloque de janvier 1985.
9. *Discours et Messages,* III, p. 158.
10. *Mémoires d'espoir,* II, p. 211.
11. *Ibid.,* p. 114-115.
12. *Ibid.,* p. 157.
13. A. Prate, *Les Batailles économiques du général de Gaulle,* Paris, Plon, 1978, p. 42.
14. *Mémoires d'espoir,* II, p. 206.
15. *Ibid.,* p. 207.
16. Entretien d'Alain Peyrefitte avec l'auteur, janvier 1986.
17. A. Prate, colloque du 25 janvier 1985.
18. *Les Batailles économiques du général de Gaulle,* p. 142-143.
19. *Mémoires d'espoir,* II, p. 212.
20. *Ibid.,* p. 212-213.
21. A. Prate, colloque du 25 janvier 1985.

22. *Les Batailles économiques du général de Gaulle*, p. 154-155.
23. *Mémoires d'espoir*, II, p. 211.
24. *Les Batailles économiques du général de Gaulle*, p. 162.
25. *Mémoires d'espoir*, II, p. 215.
26. Entretien avec l'auteur, février 1986.
27. Cité par A. Prate, *Les Batailles économiques du général de Gaulle*, p. 175.
28. Cité in *ibid.*, p. 190.

Chapitre 23 (p. 612 à 642)

1. *De Gaulle parle*, tome 2, p. 92.
2. R. G. Schwarzenberg, *La Campagne présidentielle de 1965*, Paris, PUF, 1967, p. 26.
3. G. Vedel, *Introduction aux études politiques*, fac. de droit, tome 1, p. 246.
4. A. Hauriou, *Droit constitutionnel*, Paris, Montchrestien, 1970, p. 761.
5. *Le Monde*, 2-3 février 1964 (sous la signature de Sirius).
6. Entretien avec l'auteur, juillet 1985.
7. Entretien avec Michel Jobert, janvier 1986.
8. E. Roussel, *Pompidou*, Paris, J.-C. Lattès, 1984, p. 187.
9. A. Lancelot et M. Chapsal, *La Vie politique en France depuis 1940*, Paris, PUF, coll. « Thémis », 1969, p. 562.
10. J.-F. Kahn, J. Derogy, *Les Secrets du ballottage*, Paris, Fayard, 1966.
11. *Ibid.*
12. *Ibid.*, p. 40-41.
13. *Le Tourment et la Fatalité*, p. 133.
14. *Souvenirs d'outre-Gaulle*, p. 158.
15. *Ibid.*, p. 160.
16. Entretien avec André Malraux, décembre 1972.
17. Entretien avec l'auteur, janvier 1986.
18. *De Gaulle parle*, tome 2, p. 116.
19. Entretien avec l'auteur, janvier 1986.
20. Entretien avec l'auteur, janvier 1986.
21. F. Mitterrand, *Ma part de vérité*, Paris, Fayard, 1969, p. 47.
22. R. Barrillon, *La Gauche française en mouvement*, Paris, Plon, 1967, p. 29.
23. *Ma part de vérité*, p. 50.
24. Entretien avec Alain Peyrefitte, janvier 1986.
25. *Discours et Messages*, IV, p. 401.
26. *Les Secrets du ballottage*, p. 162.
27. Entretien avec l'auteur, janvier 1986.
28. *La Campagne présidentielle de 1965*, p. 68.
29. Entretien avec l'auteur, janvier 1986.
30. *Les Secrets du ballottage*, p. 187.
31. C. Estier, *Journal d'un fédéré*, Paris, Fayard, 1970, p. 44.
32. Entretien avec Alain Peyrefitte, janvier 1986.
33. *Le Monde*, 7 décembre 1965.
34. Intervention citée d'après *Les Secrets du ballottage*, p. 233-234 et les souvenirs d'A. Peyrefitte.
35. Entretien avec Alain Peyrefitte, janvier 1986.
36. *En ce temps-là de Gaulle*, n° 22, p. 27-30.
37. M. Droit, *ibid.*, p. 31.
38. *La Campagne présidentielle de 1965*, p. 179.
39. *Histoire*, n° 2, p. 197.
40. O. Guichard, *Mon Général*, Paris, Grasset, 1980, p. 413-414.
41. Entretien avec Alain Peyrefitte, janvier 1986.
42. *Souvenirs d'outre-Gaulle*, p. 160.
43. Entretien avec M. Jobert, janvier 1986.
44. *De Gaulle parle*, tome 2, p. 147.
45. *Discours et Messages*, IV, p. 445.

Chapitre 24 (p. 643 à 663)

1. Entretien avec l'auteur, janvier 1986.
2. Mémoire inédit amicalement communiqué par Edgard Pisani.
3. *Le Figaro littéraire,* 28 janvier 1966.
4. *Le Monde,* 2 février 1966.
5. *Le Provençal,* 2 février 1966.
6. *Le Monde,* 3 février 1966.
7. *Discours et Messages,* V, p. 13-16.
8. P. Alexandre, *Le Duel de Gaulle-Pompidou,* Paris, Grasset, 1970, p. 186.
9. *La Table ronde de Combat,* Paris, 1967, p. 211-212.
10. G. Martinet, *Le Système Pompidou,* Paris, Le Seuil, 1973.
11. J. Charbonnel, *L'Aventure de la fidélité,* Paris, Le Seuil, 1976, p. 122.
12. *Ibid.,* p. 122.
13. L. Vallon, *L'Anti de Gaulle,* Paris, Le Seuil, 1969.
14. Entretien avec l'auteur, janvier 1986.
15. F. Bloch-Lainé, *La Réforme de l'entreprise,* Paris, Le Seuil, 1966.
16. Entretien avec l'auteur, janvier 1986.
17. *Mon Général,* p. 415.
18. M. Loichot, *La Réforme pancapitaliste,* Paris, Laffont, 1966.
19. Entretien avec l'auteur, 1967.
20. Entretien de B. Tricot avec l'auteur, janvier 1986.
21. Entretien avec l'auteur, 1967.
22. Colloque *L'Entourage et de Gaulle,* p. 212.
23. *Ibid.,* p. 212.
24. A. Peyrefitte, *Encore un effort, monsieur le Président,* Paris, J.-C. Lattès, 1985, p. 38-42, et entretien avec l'auteur, janvier 1986.
25. Entretien avec l'auteur, janvier 1986.
26. *Journal d'un fédéré,* p. 111.
27. *Discours et Messages,* V, p. 143-144.
28. *Ibid.,* p. 148.
29. Entretien avec l'auteur, janvier 1986.
30. *Encore un effort, monsieur le Président,* et entretien avec l'auteur, janvier 1986.
31. Notes inédites de Jean Mauriac.
32. Entretien avec François Goguel, avril 1986.

Chapitre 25 (p. 664 à 697)

1. *Souvenirs d'outre-Gaulle,* p. 172.
2. *Le Monde,* 15 mars 1968.
3. Entretien avec l'auteur, janvier 1986.
4. M. Jobert, *L'Autre Regard,* Paris, Livre de poche, 1976, p. 41.
5. Entretien avec Jacques Narbonne, janvier 1986.
6. *Le Mal français,* p. 85.
7. Cité par J.-R. Tournoux, *Le Mois de mai du général,* Paris, Plon, 1969, p. 51.
8. C. Fouchet, *Au service du général de Gaulle,* Paris, Plon, 1971, p. 225.
9. *Ibid.,* p. 233.
10. A. Dansette, *Mai 1968,* Paris, Plon, 1971, p. 130.
11. P. Alexandre, *L'Élysée en péril,* Paris, Fayard, 1968, p. 67.
12. C. Mauriac, *Les Espaces imaginaires,* Paris, Grasset, 1975, p. 261.
13. M. Jobert, *Mémoires d'avenir,* p. 42.
14. G. Pompidou, *Pour rétablir une vérité,* Paris, Flammarion, 1982, p. 184.
15. *Mai 68,* p. 133 (note).
16. C. Fouchet, *Les lauriers sont coupés,* Paris, Plon, 1973, p. 36-44.
17. *Pour rétablir une vérité,* p. 218.
18. *Le Monde,* 14 mai 1978.
19. *Au service du général de Gaulle,* p. 255.
20. *Pour rétablir une vérité,* p. 185.
21. *Mémoires d'avenir,* p. 45.
22. *L'Élysée en péril,* p. 299.

23. *Souvenirs d'outre-Gaulle*, p. 174.
24. *Les Trois Derniers Chagrins*, p. 239.
25. Entretien avec l'auteur, janvier 1986.
26. *Histoire de la République gaullienne*, p. 613.
27. *Ibid.*
28. *Ibid.*
29. *Pour rétablir une vérité*, p. 187.
30. J. Vendroux, *Les grandes années que j'ai vécues*, Paris, Plon, 1975, p. 316.
31. *Discours et Messages*, V, p. 289-291.
32. *Mon Général*, p. 428.
33. *L'Élysée en péril*, p. 313.
34. *Souvenirs d'outre-Gaulle*, p. 184.
35. *Pour rétablir une vérité*, p. 189.
36. Entretien avec J.-M. Jeanneney, janvier 1986.
37. *Pour rétablir une vérité*, p. 190.
38. *Ibid.*, p. 191.
39. *Les Espaces imaginaires*, p. 269.
40. E. Balladur, *L'Arbre de mai*, Paris, Atelier Marcel Jullian, 1979, p. 315.
41. *Le Mois de mai du général*, p. 218.
42. *L'Élysée en péril*, p. 316.
43. *Le Mois de mai du général*, p. 291.
44. *Les Trois Derniers Chagrins*, p. 277.
45. Lettre du général Fourquet à l'auteur, 29 janvier 1986.
46. Entretien avec l'auteur, février 1986.
47. Entretien avec l'auteur, février 1986.
48. *Les Espaces imaginaires*, p. 269.
49. *L'Arbre de mai*, p. 318.
50. *Les Espaces imaginaires*, p. 267.
51. M. Debatisse, *Le Projet paysan*, Paris, Le Seuil, 1983.
52. *Mai 1968*, p. 304.
53. *Pour rétablir une vérité*, p. 190-191.
54. *Les lauriers sont coupés*, p. 20-26.
55. *Les Trois Derniers Chagrins*, p. 287.
56. *Pour servir le Général*, p. 185.
57. Mémoire inédit, juin 1983.

Chapitre 26 (p. 698 à 722)

1. *Pour rétablir une vérité*, p. 249-250.
2. Entretien avec X. de La Chevalerie, janvier 1986.
3. *Pour servir le Général*, p. 174-194.
4. *Ibid.*, p. 188.
5. *Vers l'armée de métier*, p. 188.
6. *Les grandes années que j'ai vécues*, p. 319.
7. F. Goguel, revue *Espoir*, n° 24.
8. F. Flohic, mémoire inédit, juin 1983.
9. *Ibid.*
10. *Le Figaro Magazine*, 23 avril 1983.
11. *Le Point*, 10 janvier 1983.
12. J. Massu, *Baden 68*, Paris, Plon, 1983, p. 87-92.
13. 7 juin 1983.
14. *Pour rétablir une vérité*, p. 201.
15. *Ibid.*, p. 201.
16. *Baden 68*, p. 81.
17. Entretien avec l'auteur, janvier 1986.
18. Mémoire inédit et entretien avec l'auteur, janvier 1986.
19. Entretien avec l'auteur, janvier 1986.
20. *Baden 68*, p. 106.
21. *Pour rétablir une vérité*, p. 201.
22. *Souvenirs d'outre-Gaulle*, p. 182.
23. *Le Figaro Magazine*, 23 avril 1983.
24. *Espoir*, article cité.

25. *Le Point*, 29 avril 1983.
26. Entretien avec l'auteur, juillet 1985.
27. Entretien avec l'auteur, avril 1986.
28. Lettre à l'auteur, janvier 1986.
29. Entretien avec l'auteur, février 1986.
30. *Mon Général*, p. 430.
31. *Les Trois Derniers Chagrins*, p. 330.
32. *Pour rétablir une vérité*, p. 196.
33. *Souvenirs d'outre-Gaulle*, p. 283.
34. *Les grandes années que j'ai vécues*, p. 319.
35. *L'Arbre de mai*, p. 336.
36. *Ibid.*, p. 197.
37. *Pour rétablir une vérité*, p. 199.
38. Entretien avec l'auteur, novembre 1985.
39. *Mai 68*, p. 322.
40. *L'Arbre de mai*, p. 336.
41. M. Grimaud, *En mai, fais ce qu'il te plaît*, Paris, Stock, 1977, p. 294.
42. *Discours et Messages*, V, p. 292-293.
43. *Le Mois de mai du général*, p. 286.
44. *Mon Général*, p. 432.

Chapitre 27 (p. 723 à 758)

1. *Baden 68*, p. 132.
2. M. Droit, *Les Feux du crépuscule*, Paris, Plon, 1977, p. 56.
3. *Discours et Messages*, V, p. 295-304.
4. *Histoire de la République gaullienne*, p. 659.
5. A. Sanguinetti, *J'ai mal à ma peau de gaulliste*, Paris, Grasset, 1978, p. 107.
6. *Pour rétablir une vérité*, p. 204.
7. Entretien avec l'auteur, février 1986.
8. Entretien de l'auteur avec Bernard Tricot, janvier 1986.
9. *Pour rétablir une vérité*, p. 204.
10. *Histoire de la République gaullienne*, p. 661.
11. *Pour rétablir une vérité*, p. 205.
12. *Ibid.*, p. 138.
13. Entretien avec l'auteur, janvier 1986.
14. *Les grandes heures que j'ai vécues*, p. 325.
15. Entretien avec l'auteur, janvier 1986.
16. *Histoire de la République gaullienne*, p. 665.
17. *Discours et Messages*, V, p. 329.
18. *Les Batailles économiques du général de Gaulle*, p. 259.
19. *Histoire de la République gaullienne*, p. 589.
20. *Les Batailles économiques...*, p. 278.
21. *Histoire de la République gaullienne*, p. 668.
22. *Les Batailles économiques...*, p. 271.
23. *Discours et Messages*, V, p. 327-328.
24. *Ibid.*, p. 327-328.
25. *Le Monde*, 22 novembre 1968.
26. *L'Anti de Gaulle*, p. 63.
27. *Mon Général*, p. 416.
28. Entretien avec l'auteur, février 1986.
29. Entretien avec l'auteur, février 1986.
30. Entretien avec l'auteur, janvier 1986.
31. *J'ai mal à ma peau de gaulliste*, p. 112.
32. *Les Espaces imaginaires*, p. 263-271.
33. *Les Trois Derniers Chagrins*, p. 448.
34. *Mémoires d'avenir*, Livre de poche, p. 89.
35. *Ibid.*, p. 90.
36. *Ibid.*, p. 42.
37. Entretien avec l'auteur, janvier 1986.
38. *Pour rétablir une vérité*, p. 260.
39. *Ibid.*, p. 263.

40. *Ibid.*, p. 283.
41. *De Gaulle de loin et de près*, p. 129-130.
42. *Pour rétablir une vérité*, p. 270.
43. *Ibid.*, p. 270.
44. *Mémoires d'avenir*, p. 95.
45. *Pour rétablir une vérité*, p. 272.
46. Notes communiquées par Jean Mauriac.
47. *Mon Général*, p. 439.
48. *Ibid.*, p. 438.
49. *Journal officiel,* débat parlementaire au Sénat, 19 décembre 1968, p. 2186.
50. *Mon Général*, p. 441.
51. Entretien avec l'auteur, mars 1985.
52. J. Mauriac, *Mort du général de Gaulle,* Paris, Grasset, 1972, p. 14.
53. Entretien avec l'auteur, avril 1986.
54. *De Gaulle de loin et de près*, p. 225-226.
55. *Discours et Messages*, V, p. 401-402.
56. *Mort du général de Gaulle*, p. 13.
57. Entretien avec l'auteur, mars 1964.
58. *L'Aventure de la fidélité*, p. 167.
59. Entretien avec l'auteur, janvier 1986.
60. Entretien avec l'auteur, avril 1986.
61. *Mort du général de Gaulle*, p. 26.
62. *Pour rétablir une vérité*, p. 273-274.
63. *Mort du général de Gaulle*, p. 28.
64. *Ibid.*, p. 29.
65. *Discours et Messages*, V, p. 407.
66. *Mort du général de Gaulle*, p. 41-42.

Chapitre 28 (p. 759 à 781)

1. *Mort du général de Gaulle*, p. 60.
2. Entretien avec l'auteur, janvier 1986.
3. *Souvenirs d'outre-Gaulle*, p. 197.
4. *Pour rétablir une vérité*, p. 287.
5. *Souvenirs d'outre-Gaulle*, p. 201.
6. *De Gaulle*, p. 404.
7. *Souvenirs d'outre-Gaulle*, p. 206.
8. *Ibid.*, p. 216.
9. *Mon Général*, p. 454.
10. *Mort du général de Gaulle*, p. 65.
11. *Ibid.*, p. 68.
12. *De Gaulle*, p. 404.
13. *Souvenirs d'outre-Gaulle*, p. 224.
14. *De Gaulle de près et de loin*, p. 220.
15. *Le Figaro littéraire*, n° 1278, 22 novembre 1970.
16. F. Goguel, in *En ce temps-là, de Gaulle*, n° 20, p. 29-30.
17. *Les chênes qu'on abat*, Paris, Gallimard, coll. « Folio », 1971, p. 37, 66, 79, 124-143.
18. Entretien avec l'auteur, février 1986.
19. *Les chênes qu'on abat*, p. 37.
20. D'après une note inédite du Dr Marañon.
21. Enquête sur place en 1984.
22. *Mort du général de Gaulle*, p. 85.
23. Lettre à l'auteur, février 1986.
24. *Mort du général de Gaulle*, p. 82.
25. *Ibid.*, p. 135.
26. *Ibid.*, p. 135-136.
27. *Ibid.*, p. 132-134.

Chapitre 29 (p. 782 à 797)

1. *Avec qui vous savez*, p. 308.
2. *Mort du général de Gaulle*, p. 139.
3. Interview télévisée (2ᵉ chaîne) avec Jacqueline Baudrier, le 9 novembre 1971.
4. Interview de l'amiral de Gaulle par Jacques Chancel, le 7 novembre 1980.
5. J. Mauriac, *Paris-Match*, octobre 1979.
6. *Mort du général de Gaulle*, p. 152.
7. *Ibid.*, p. 147.
8. *Paris-Match*.
9. *Ces grandes années que j'ai vécues*, p. 375-376.
10. *Mort du général de Gaulle*, p. 162-163.
11. *Ces grandes années que j'ai vécues*, p. 374.
12. Cette partie du récit s'inspire notamment de celui qu'a fait Pierre Lefranc dans *Avec qui vous savez*, p. 298-303.
13. Reportage de Michel Legris dans *Le Monde* du 12 novembre 1970.
14. *Mort du général de Gaulle*, p. 181.
15. Récit inspiré de l'article rédigé le jour même par l'auteur pour *Le Monde*.
16. *Leaders*, p. 101.

Chronologie *

1890

22 novembre — Naissance, à Lille, de Charles, André, Joseph, Marie de Gaulle, fils d'Henri de Gaulle et de Jeanne Maillot.

1900

Octobre — Charles de Gaulle entre au collège des jésuites de l'Immaculée-Conception à Paris, où son père sera nommé plus tard préfet des études.

1905

A 15 ans, Charles de Gaulle rédige un texte où il décrit le général de Gaulle sauvant la France à la tête des armées françaises. Il décide de préparer Saint-Cyr.

1908

Il entre à cet effet au collège Stanislas, où ses maîtres le considèrent comme un bon élève.

1909

30 septembre — Charles de Gaulle est reçu, à la veille de ses 19 ans, au concours d'entrée de Saint-Cyr. Il n'est classé que 119ᵉ.

1910

14 octobre — Après un an passé dans la troupe, le caporal Charles de Gaulle entre à l'école de Saint-Cyr comme élève-officier de la « promotion Fès ».

1912

1ᵉʳ septembre — Le sous-lieutenant d'infanterie Charles de Gaulle sort de Saint-Cyr au 13ᵉ rang. Le futur maréchal Juin est le major de sa promotion.

10 octobre — Le sous-lieutenant Charles de Gaulle rejoint le 33ᵉ régiment d'infanterie d'Arras, commandé par le colonel Philippe Pétain.

* Établie par Nicolas Aggiouri.

1914

1er août
A la veille de l'entrée en guerre, le lieutenant Charles de Gaulle est nommé responsable de la 1re section du 1er bataillon de ce régiment.

15 août
Première blessure, sur le pont de Dinant, en Belgique.

15 octobre
De Gaulle rejoint le 33e RI sur le front de Champagne. En décembre, il sera nommé adjoint au colonel commandant du régiment.

1915

Janvier-février
Charles de Gaulle est décoré de la croix de guerre, et promu capitaine.

10 mars
Il est blessé à la main gauche, en Argonne.

1916

2 mars
A Verdun, devant le fort de Douaumont, sa compagnie est anéantie. Il est donné pour mort, est proposé pour la Légion d'honneur : la citation qui lui est décernée, revue par le général Pétain, commandant en chef, est très élogieuse. En fait, blessé et fait prisonnier, il est interné à Osnabrück.

29 octobre
Après plusieurs tentatives, le capitaine de Gaulle s'évade du camp de Szczyn : il est repris huit jours plus tard.

1917

15 octobre
Après douze mois de détention qu'il consacre notamment à des conférences destinées à ses compagnons d'infortune, le capitaine de Gaulle s'évade avec quatre de ses compagnons du fort de Rosenberg. Ils sont repris dix jours plus tard.

1918

7 juillet
Nouvelle tentative d'évasion, nouvel échec.

3 décembre
Trois semaines après la signature de l'armistice, le capitaine de Gaulle rentre en France et rejoint sa famille. Sept mois plus tard, il est décoré de la Légion d'honneur.

1920

Le capitaine de Gaulle part pour la Pologne où il est chargé de cours à l'académie militaire de Rambertow. Durant l'été, il est témoin des opérations sur la Vistule contre l'Armée rouge et de l'entrée des troupes de Pilsudski et Weygand à Varsovie.

11 novembre
Charles de Gaulle, en permission à Paris, rencontre Yvonne Vendroux, qu'il épouse le 6 avril 1921 à Calais avant d'être nommé, quelques semaines plus tard, professeur adjoint d'histoire à Saint-Cyr, où il fait une forte impression sur ses auditoires.

1921

28 décembre   Naissance de Philippe de Gaulle.

1922

2 mai   Le capitaine Charles de Gaulle est admis à l'École supérieure de guerre. Il en sort deux ans plus tard après divers incidents avec ses professeurs, avec la mention « bien » — imposée, pour la bonne marche de sa carrière, par le maréchal Pétain.

1924

Mars   Charles de Gaulle publie son premier ouvrage : *La Discorde chez l'ennemi.*
15 mai   Naissance d'Élisabeth de Gaulle.

1925

1er juillet   Le capitaine de Gaulle stagiaire au 4e bureau de l'état-major de l'armée du Rhin, à Mayence, est appelé à l'état-major du maréchal Pétain, qui fait de lui son « officier de plume ».

1927

Avril   Sous les auspices du maréchal, le capitaine de Gaulle fait, dans le grand amphithéâtre de l'École supérieure de guerre, trois conférences sur le commandement devant un parterre d'officiers supérieurs et de généraux. Ces conférences, répétées à la Sorbonne devant un auditoire d'universitaires, feront la matière première de son livre *le Fil de l'épée.*
Septembre   Promu commandant, il part pour l'Allemagne où il commande le 19e BCP à Trèves.

1928

1er janvier   Naissance d'Anne de Gaulle, l'enfant qui restera infirme.

1929

20 juin   Charles de Gaulle écrit à son ami le lieutenant-colonel Mayer : « Dans quelques années on s'accrochera à nos basques pour sauver la patrie. »
Octobre   Après s'être vu refuser un poste de professeur à l'École supérieure de guerre, il est affecté à l'armée du Levant. Pendant deux ans à Beyrouth, il sera chargé à la fois du 2e et du 3e bureau.

1931

Novembre   De Gaulle est nommé au très important secrétariat général de la Défense nationale, où, pendant six ans, il se préparera aux plus hautes charges.

1932

3 mai	Mort du professeur Henri de Gaulle, père du commandant.
22 juillet	Publication du *Fil de l'épée,* dédié au maréchal Pétain.

1933

Mars   Hitler s'installe à la chancellerie du Reich.

1934

5 mai	Charles de Gaulle, promu lieutenant-colonel six mois plus tôt, publie *Vers l'armée de métier,* livre-manifeste dont les idées maîtresses seront bientôt utilisées pour la création des divisions blindées nazies, mais négligées en France.
5 décembre	Rencontre avec Paul Reynaud, qui lit avec enthousiasme *Vers l'armée de métier* et s'en fait désormais le propagandiste.

1935

Mai   Joseph Staline et Pierre Laval signent à Moscou le pacte franco-russe (approuvé par Charles de Gaulle).

1936

7 mars	Les forces de Hitler occupent la Rhénanie.
Mai	Victoire électorale du Front populaire. Léon Blum devient chef du gouvernement.
Octobre	Léon Blum reçoit Charles de Gaulle à Matignon, mais sans prêter beaucoup d'attention à ses propositions.
Octobre	Le lieutenant-colonel de Gaulle présente, devant les auditeurs du Centre des hautes études militaires, le projet de loi sur l'organisation de la nation en temps de guerre qui ne sera adopté qu'en mars 1938 par le second cabinet Blum, au lendemain de l'Anschluss.

1937

Juin	Chute du premier gouvernement du Front populaire.
Septembre	Charles de Gaulle prend le commandement du 507ᵉ régiment de chars à Metz, passant ainsi de la théorie à la pratique. Il se confirme dans l'idée qu'il s'agit là de l'arme décisive de la prochaine guerre.
24 décembre	Il est promu colonel, à 47 ans.

1938

Septembre   Au moment où sont signés les accords de Munich, qu'il désapprouve, de Gaulle publie *la France et son armée.* Les conditions dans lesquelles est publié ce livre le brouillent avec le maréchal Pétain.

1939

3 septembre | La guerre est déclarée avec le IIIᵉ Reich, dont les armées ont envahi la Pologne. Charles de Gaulle est appelé au commandement des chars de la Vᵉ armée, en Alsace.

1940

Janvier | Il diffuse un mémorandum, intitulé *l'Avènement de la force mécanique,* où il dénonce l'impréparation militaire de la France face à l'ennemi.

19 mars | Paul Reynaud succède à Daladier. De Gaulle, que le chef du gouvernement a pensé appeler à son cabinet, sera nommé commandant d'une division cuirassée en formation, la IVᵉ DCR.

10 mai | Les troupes blindées allemandes franchissent la Meuse et s'engouffrent vers Sedan. Dès le 16, la déroute des forces françaises est évidente. De Gaulle écrira : « Ce que j'ai pu faire par la suite, c'est ce jour-là que je l'ai résolu. » Il déclenche dans son secteur (Montcornet) une contre-offensive limitée, qui démontre que la défaite française est due au refus de s'équiper de grandes unités blindées. Quelques jours plus tard, il est promu général à titre temporaire.

1ᵉʳ juin | De Gaulle regagne Paris où il rencontre Weygand et Paul Reynaud, auquel il remet deux jours plus tard une note cinglante sur la situation désastreuse du pays ; il propose de tenter un redressement.

5 juin | De Gaulle est nommé par Paul Reynaud sous-secrétaire d'État à la guerre et à la défense nationale.

9 juin | Il gagne Londres où il est reçu par Churchill, qui lui signifie que désormais l'Angleterre concentre ses forces pour se préserver de l'invasion.

10 juin | L'Italie entre en guerre. Les Allemands sont aux portes de Paris. Le gouvernement quitte la capitale pour s'installer à Tours.

11 juin | Le Conseil suprême interallié réunit Churchill, Eden, Reynaud, Pétain, Weygand et de Gaulle. Churchill, d'accord avec de Gaulle, préconise le repli vers la Bretagne et le déclenchement d'une guérilla. Mais le lendemain, Pétain et Weygand suggèrent, en Conseil des ministres, la signature d'un armistice.

14 juin | Les Allemands sont à Paris. Le gouvernement s'installe à Bordeaux. Reynaud, ballotté entre les avis de Pétain et de De Gaulle, envoie de nouveau celui-ci en mission à Londres.

16 juin | Débarqué en Angleterre, de Gaulle ordonne le détournement d'un important matériel destiné à la France vers un port anglais. Certains membres du gouvernement demandent à Reynaud sa mise en jugement. Un projet d'union franco-britannique inspiré par Jean Monnet est agréé par le gouvernement anglais unanime. Pressé par de Gaulle de se rallier à ce plan, Paul Reynaud réunit le Conseil des ministres : la majorité du Conseil rejette l'offre venue de Londres. Reynaud présente sa démission au président Lebrun, qui fait alors appel à Pétain. De Gaulle regagne

	précipitamment Bordeaux où, dans la soirée, il se voit informé de l'échec de ses projets et de la chute du cabinet.
17 juin	Doté d'un ordre de mission de Reynaud, de Gaulle s'envole pour Londres avec le général Sir Edward Spears, ami de Churchill, et Geoffroy de Courcel, son propre aide de camp. Dans l'après-midi, il est reçu avec chaleur au 10, Downing Street par Churchill. Les micros de la BBC sont mis à sa disposition. Entre-temps, à Bordeaux, le maréchal Pétain a appelé à l'arrêt inconditionnel des combats.
18 juin	Dans la soirée, Charles de Gaulle appelle les Français à poursuivre la résistance.
19 juin	Yvonne de Gaulle et ses enfants débarquent à Londres. De Gaulle prend de nouveau la parole sur les ondes de la BBC. Certains Français installés à Londres se rallient à lui. A Alger, Noguès, commandant les unités françaises d'Afrique du Nord, affirme son désir de continuer le combat. De Gaulle cherche à entrer en contact avec lui : en vain. Hitler fait savoir au gouvernement de Bordeaux qu'il est prêt à faire connaître ses conditions pour l'arrêt des hostilités.
22 juin	A Rethondes, en présence du Führer, une cérémonie humiliante est imposée aux vaincus. Les conditions formulées par les vainqueurs ne le sont pas moins : mais l'armistice est signé par le général Huntziger.
23 juin	La Grande-Bretagne rompt officiellement toute relation avec Bordeaux et reconnaît que le Comité national français créé par de Gaulle représente les intérêts de la France. Lequel s'installe à St-Stephen's House, au bord de la Tamise.
28 juin	Le gouvernement britannique reconnaît le général de Gaulle comme chef de tous les Français libres.
2 juillet	Le gouvernement Pétain s'installe à Vichy.
3 juillet	A Mers el-Kébir, l'opération « Catapult » préparée par Churchill détruit une partie de la flotte française : 1 300 marins sont portés disparus. Cinq jours plus tard, de Gaulle dénonce le massacre mais approuve publiquement les principes qui ont inspiré les assaillants.
4 juillet	De Gaulle est condamné par un tribunal militaire.
14 juillet	De Gaulle passe en revue 300 marins et légionnaires français ralliés à sa cause, tandis qu'est placardé le texte fameux : « La France a perdu une bataille mais elle n'a pas perdu la guerre. »
15 juillet	L'état-major allemand exige la mise à la disposition du Reich des ports, des aérodromes et des chemins de fer d'Afrique du Nord, mais se heurte au refus de Vichy.
7 août	Les accords de Gaulle-Churchill, signés au 10, Downing Street, posent les bases d'une coopération entre l'Empire britannique et la naissante France libre.
26-27- 28 août	Le Tchad, le Cameroun et le Congo se rallient à la France libre.
30 août	De Gaulle s'embarque pour l'Afrique occidentale, en vue de rallier Dakar à la cause alliée, mais le 23, devant Dakar, la flotte franco-britannique se heurte à une forte résistance : c'est un échec cuisant pour de Gaulle et ses alliés.
Octobre	Proclamation par Pétain du « statut des Juifs ».

24 octobre	Pétain rencontre Hitler à Montoire.
27 octobre	La création du Conseil de défense de l'Empire est proclamée à Brazzaville. C'est la première ébauche d'un gouvernement de Gaulle.
13 décembre	Pétain fait appréhender Pierre Laval.

1941

1er janvier	L'arrestation par les services spéciaux anglais de l'amiral Muselier, adjoint du général de Gaulle, jette le trouble dans les rapports entre la France libre et l'Angleterre.
Mars	De Gaulle arrive au Caire, en vue de participer à la reprise en main de la Syrie et du Liban, contrôlés par Vichy, et le 5 juin il propose aux Américains de mettre à leur disposition les bases africaines tenues par la France libre. Il ne reçoit même pas de réponse de Washington. Trois jours plus tard débute la campagne de Syrie.
21 juin	Tandis que Damas tombe aux mains des alliés, Hitler lance ses troupes à l'assaut de l'URSS.
23 juin	A Damas, de Gaulle nomme Catroux « délégué général et plénipotentiaire au Levant ».
14 juillet	Signature entre l'état-major anglais et celui de Vichy au Levant de l'accord de Saint-Jean-d'Acre qui sera dénoncé par de Gaulle : ce qui envenimera les relations avec l'allié britannique.
Août	La charte de l'Atlantique est signée entre les USA et la Grande-Bretagne. Les États-Unis soutiendront l'effort de guerre anglais.
12 septembre	De Gaulle, rentré à Londres depuis une semaine, rend visite à Churchill : l'entrevue, relative aux rapports franco-britanniques au Levant, est orageuse.
24 septembre	Refonte du Comité national français. L'autorité du général de Gaulle en est accrue.
26 septembre	L'URSS noue des rapports avec la France libre.
7 décembre	L'aviation japonaise détruit la flotte américaine basée à Pearl Harbor. Les États-Unis sont entraînés dans la guerre.
24 décembre	L'amiral Muselier rallie Saint-Pierre-et-Miquelon à la France libre. Les Anglo-Américains réagissent défavorablement, jugeant cette expédition nuisible aux intérêts de l'alliance.

1942

1er janvier	Jean Moulin, représentant du général de Gaulle, est parachuté en France.
1er mars	Pierre Mendès France, évadé de la prison où l'a jeté Vichy, rejoint Londres. De Gaulle le reçoit dès son arrivée.
9 mars	Le chef de la France libre propose une action conjointe avec l'Angleterre pour rallier Madagascar. Mais les Anglais débarquent seuls, le 5 mai, à la base navale de Diégo-Suarez. De Gaulle exprime son indignation.
Juin	Rencontrant Bogomolov, ambassadeur d'URSS à Londres, de Gaulle demande à celui-ci d'étudier la possibilité d'une installation de la France libre à Moscou. Le même jour, il écrit à ses représentants qu'il envisage de rompre avec Londres.

10 juin	Le général Kœnig résiste victorieusement aux assauts des troupes de Rommel à Bir Hakeim. Churchill reçoit de Gaulle et lui affirme : « Je ne vous lâcherai pas. »
Juillet	La France libre devient la « France combattante », reconnue par Washington comme « symbole » de la résistance française. Le 23, de Gaulle rencontre à Londres une délégation militaire américaine composée entre autres des généraux Marshall et Eisenhower. Il évoque la possibilité d'un débarquement en Normandie. La conférence tourne court. Entre-temps, les Américains ont décidé de débarquer en Afrique du Nord, où ils estiment ne pas avoir besoin des gaullistes.
Août	De Gaulle repart pour l'Orient : les promesses d'indépendance faites à la Syrie et au Liban en 1941 n'ont pas été tenues. Les frictions franco-anglaises restent très vives dans la région. A son retour à Londres, de Gaulle aura de nouveau, en octobre, une violente altercation avec Churchill.
Octobre	Conférence des chefs de la Résistance intérieure qui retrouvent de Gaulle à Londres. L'armée secrète est en cours de constitution et d'unification sous l'autorité du général Delestraint.
8 novembre	Les forces alliées américano-britanniques débarquent en Algérie. Écarté de l'entreprise, de Gaulle prend néanmoins le parti de l'appuyer. La veille, l'amiral Darlan chef du gouvernement de Vichy, est parti pour des raisons personnelles à Alger. Il se voit attribuer par les Américains tous les pouvoirs en Afrique du Nord bien qu'il ait fait tirer sur les troupes alliées et proclamé sa fidélité à Vichy.
11 novembre	La « zone libre » vichyste est envahie par les nazis. Pétain vit désormais sous le contrôle direct des représentants du IIIe Reich. Deux semaines plus tard, le 1er corps blindé SS donne l'assaut au port de Toulon. L'amiral de Laborde donne l'ordre de sabordage des navires : la France est privée de sa flotte.
Décembre	L'année 1942 aura marqué la soudure entre le Comité de Londres et la Résistance intérieure qui, après avoir unifié ses rangs annonce à de Gaulle son soutien total, en attendant de reconnaître l'autorité de Jean Moulin, représentant personnel du chef de la France libre.
24 décembre	Darlan est assassiné au Palais d'été d'Alger par Fernand Bonnier de la Chapelle, aussitôt arrêté et exécuté deux jours plus tard, après un simulacre de procès. La hâte des autorités (Giraud, Bergeret) donne à penser que les responsabilités ne devaient pas se situer du côté gaulliste. Le lendemain, en tout cas, de Gaulle adresse de Londres un message au général Giraud, lui proposant de créer en commun un pouvoir central provisoire. L'intéressé rejette cette proposition.

1943

2 janvier	De Gaulle, dans un discours à la BBC, parle désormais d'assumer un pouvoir central provisoire à partir de l'Empire.
14 janvier	Roosevelt invite Churchill à le rencontrer à Anfa (Casablanca). Le Premier ministre anglais propose à de Gaulle de se joindre aux

entretiens, où Giraud est aussi invité. Après avoir tergiversé, de Gaulle se joint à la conférence, que conclut une poignée de main des deux généraux français. Le mémorandum qui résume les travaux de Roosevelt et Churchill assure la prééminence de Giraud. De Gaulle, en dépit (ou à cause ?) du tête-à-tête qu'il a eu avec Roosevelt, semble écarté du pouvoir.

12 février   Jean Moulin et le général Delestraint atterrissent à Londres après avoir, en treize mois, abouti à l'unification de la résistance intérieure et à la légitimation du général de Gaulle comme son chef.

21 février   Jean Moulin est décoré par de Gaulle de l'ordre de la Libération. « Seul représentant du général de Gaulle », il est chargé de constituer et de présider le Conseil national de la Résistance, dont la séance inaugurale se déroulera à Paris le 27 mai 1943.

30 mai   Après de longues négociations avec son rival, de Gaulle débarque en Algérie, où il va coprésider avec le général Giraud le Comité français de libération nationale formé le 3 juin. Très vite, de Gaulle s'impose comme le « patron ». Giraud sera écarté avant six mois.

21 juin   Jean Moulin et cinq de ses camarades sont arrêtés à Caluire (Lyon).

Juillet   Les forces alliées débarquent en Sicile.

26 août   Le CFLN est reconnu comme représentant les « intérêts français » par Moscou, Londres et Washington, à des degrés divers.

9 septembre   Le débarquement en Corse s'opère sous les ordres du général Giraud. Mais c'est de Gaulle qui place ses fidèles aux postes de commande.

17 septembre   Réunion à Alger de la première « Assemblée consultative », où se retrouvent élus de la IIIe République et représentants de la Résistance.

Novembre   Proclamant l'abrogation du Mandat français sur le Levant, le président libanais Bechira el Khoury et son Premier ministre Ryad el Sohl sont arrêtés. L'émeute fait plusieurs victimes civiles, Churchill menace d'intervenir militairement.

25 novembre   Sous les ordres du général Juin, l'armée française formée en Afrique débarque à Naples.

28 novembre-
1er décembre   Staline, Roosevelt et Churchill, réunis à Téhéran, décident entre autres choses le débarquement allié au printemps suivant sur les côtes françaises.

1944

12 janvier   De Gaulle rencontre Churchill à Marrakech. Il s'efforce d'obtenir un accroissement de l'armement de la Résistance, et l'autorité du CFLN dans les territoires libérés par le prochain débarquement allié.

24 janvier-
2 février   Conférence de Brazzaville. De Gaulle y fait prévoir l'émancipation de l'homme africain.

19 avril   A l'approche du débarquement en Normandie, Roosevelt, poursuivant sa tentative d'exclusion des gaullistes de l'opération,

impose à Churchill l'interruption de toutes communications entre Alger et Londres.

3 juin	Le CFLN rend publique une ordonnance qui annonce sa constitution en gouvernement provisoire de la République française.
5 juin	Entrée dans Rome des forces françaises.
6 juin	Débarquement allié en Normandie. Après des entretiens avec Eisenhower et Churchill — ceux-ci tournent à un affrontement violent —, de Gaulle, bien qu'ulcéré d'être exclu des projets alliés, déclare sur les ondes de la BBC : « La bataille suprême est engagée. »
14 juin	De Gaulle qui a réussi à couper court à la prise en main des territoires libérés par une administration alliée débarque sur la côte normande. Il se rend à Bayeux où la population lui réserve un accueil chaleureux, qu'il tient pour un « plébiscite » — d'accord avec la presse anglo-américaine.
6-10 juillet	De Gaulle entame une visite aux États-Unis où il est reçu par le président Roosevelt à la Maison-Blanche. Sa visite à New York est un grand succès populaire.
11-12 juillet	Visite au Canada.
13 juillet	De Gaulle rentre à Alger, tandis qu'un communiqué venant de Washington assure que le CFLN est qualifié pour assurer « l'administration » de la France.
20 juillet	Sur le front de Normandie, l'armée allemande s'effondre. Mais dans le Vercors elle écrase les maquisards.
20 août	Venant d'Alger, de Gaulle atterrit à Maupertuis, près de Cherbourg. L'insurrection se déclenche à Paris.
22 août	La 2e DB, commandée par le général Leclerc, obtient, sur l'insistance de De Gaulle, l'autorisation d'Eisenhower de foncer sur Paris, où combattent les FFI (Forces françaises de l'intérieur).
24 août	La bataille se poursuit dans Paris entre les insurgés et les unités du général von Choltitz. Dépêché par Leclerc, le capitaine Dronne pénètre à l'Hôtel de Ville dans la soirée.
25 août	Les troupes de Leclerc et les FFI contrôlent la capitale. Von Choltitz se rend. De Gaulle entre dans Paris et s'installe au ministère de la Guerre, rue Saint-Dominique.
26 août	Charles de Gaulle descend les Champs-Élysées où l'acclame une marée humaine. A Notre-Dame, le Magnificat est troublé par des coups de feu d'origine inconnue.
28 août	Les chefs de la Résistance sont réunis chez le général. Il leur signifie sa décision d'intégrer les FFI à l'armée régulière.
8 septembre	De Gaulle forme son premier gouvernement en métropole.
23 octobre	Les alliés reconnaissent enfin le GPRF.
11 novembre	Churchill vient à Paris, où lui est fait un accueil triomphal.
23 novembre	La 2e DB du général Leclerc libère Strasbourg à l'issue d'une audacieuse opération.
2-9 décembre	De Gaulle rencontre Staline à Moscou.
16 décembre	Déclenchement de la contre-offensive de Hitler à travers les Ardennes, qui ne sera enrayée que six semaines plus tard, après avoir menacé Strasbourg.

1945

4 février	Ouverture de la conférence de Yalta. La France, bien que tenue à l'écart des entretiens, se voit reconnaître une zone d'occupation en Allemagne, devient membre de la Commission de contrôle interalliée, est promue membre de droit du Conseil de sécurité des Nations unies.
9 mars	Le Japon s'empare de l'Indochine française.
12 avril	Décès de Franklin Roosevelt.
25 avril	Ouverture à San Francisco de la conférence de fondation des Nations unies.
7 mai	La capitulation allemande est signée à Reims, et le lendemain à Berlin.
Mai	Écrasement d'une insurrection algérienne dans le Constantinois. On compte des milliers de victimes.
17 juillet	Conférence à Potsdam, sans la France, des trois « Grands » (USA, G-B, URSS).
22 août	De Gaulle est reçu à Washington par le président Harry Truman.
13 novembre	Charles de Gaulle est élu par l'Assemblée constituante à l'unanimité, chef du gouvernement.
17 novembre	De Gaulle renonce à former le gouvernement devant les exigences du PCF.
20 novembre	De Gaulle forme un gouvernement « tripartite » (MRP, SFIO et PCF). Malraux est ministre de l'Information.

1946

20 janvier	Le général de Gaulle se retire du pouvoir.
5 mai	Le projet constitutionnel (qu'il dénonce) est rejeté par référendum.
16 juin	A Bayeux, le général de Gaulle prononce un discours-programme préfigurant la constitution de la Ve République.
13 octobre	Bien que de Gaulle y fût opposé, le projet de Constitution patronné par le MRP et la SFIO est adopté par référendum.

1947

16 janvier	Vincent Auriol est élu président de la République.
30 mars	A Bruneval (Normandie), de Gaulle prononce un discours devant 50 000 personnes (dont de nombreux anciens résistants) appelant les Français à se rassembler.
7 avril	A Strasbourg, il annonce la constitution du RPF (Rassemblement du peuple français) dont il prend la présidence. Le 23 avril, au cours d'une conférence de presse, il explique les objectifs du RPF, auxquels les journalistes réservent en majorité un accueil hostile.
26 avril	Publication de l'*Étincelle*, bulletin intérieur du RPF qui deviendra le *Rassemblement*.
19 octobre	Le « Rassemblement » obtient 40 % des suffrages aux élections municipales.
28 novembre	Le général Leclerc se tue dans un accident d'avion près de Colomb-Béchar.

1948

6 février	Mort d'Anne de Gaulle.
16-18 avril	Premières assises nationales du RPF à Marseille.
Septembre	Au cours d'un rassemblement du RPF à Grenoble, des incidents entraînent la mort d'un militant du PCF et font plusieurs blessés. L'affaire porte tort au mouvement gaulliste.

1949

4 avril	Signature du Pacte atlantique, approuvée par de Gaulle.

1950

25 avril	Gilbert Renault, dit colonel Rémy, héros de la Résistance, en désaccord avec de Gaulle sur le cas Pétain, quitte le RPF.

1951

17 juin	Aux élections législatives, le RPF remporte 121 sièges à l'Assemblée. Les partis en place (« la 3ᵉ force ») estiment l'avoir définitivement écarté du pouvoir.

1952

5 juillet	Les instances supérieures du RPF réunies à Saint-Maur constituent la désagrégation du mouvement dont de Gaulle annoncera un an plus tard l'échec. Il se retire à La Boisserie et rédige ses Mémoires.

1953

4 mars-1ᵉʳ avril	Voyage en Afrique.
4-22 octobre	Voyage dans l'océan Indien.

1954

18 juin	Mendès France forme le seul gouvernement que de Gaulle ait partiellement soutenu.
Octobre	Publication des *Mémoires de guerre,* 100 000 exemplaires sont vendus en cinq semaines. C'est un immense succès de librairie.

1956

2 janvier	Aux élections législatives, les « républicains sociaux » (gaullistes non patronnés par le général) obtiennent 4 % des voix. A lui-même, quelques mois plus tard, un sondage en accordera 1 %...

1957

Août-sept.	Voyage dans le Pacifique.
16-18 mars	Le général de Gaulle visite le Sahara.

1958

13 mai	Soulèvement à Alger pour la sauvegarde de l'Algérie française. Le général Massu préside un Comité de salut public qui réclame le retour du général de Gaulle au pouvoir. Idée reprise le surlendemain par le général Salan, délégué général du gouvernement.
15 mai	De Gaulle annonce qu'il est prêt à « assumer les pouvoirs de la République ».
19 mai	Le général de Gaulle indique au cours d'une conférence de presse que son retour aux affaires devra s'opérer dans la légalité.
29 mai	L'opération « Résurrection » (parachutage de militaires sur la région parisienne en vue d'imposer un gouvernement gaulliste) est sur le point de se déclencher quand de Gaulle est reçu par le président Coty qui lui propose de former le gouvernement.
31 mai	Le général constitue un cabinet composé de hauts fonctionnaires et de notables de la IVe République.
1er, 2, 3 juin	De Gaulle se présente devant les deux Assemblées. La confiance est votée à la Chambre des députés par 329 voix contre 224. Le gouvernement est habilité à procéder à une réforme constitutionnelle, qui sera soumise à un référendum.
4 juin	De Gaulle, à Alger, lance un appel à la réconciliation : « Je vous ai compris ! » Les auteurs du soulèvement comprennent qu'il ne sera pas leur instrument.
Août	De Gaulle se rend à Tananarive, Brazzaville, Abidjan, Conakry, Dakar, donnant aux Africains le droit de choisir entre l'indépendance et la Communauté avec la France.
4 septembre	De Gaulle présente, devant la foule parisienne massée place de la République, le projet de Constitution qui sera soumis le 28 au référendum.
14-15 septembre	Le général reçoit Adenauer à Colombey.
17 septembre	De Gaulle adresse à Eisenhower et Macmillan un mémorandum suggérant la création d'un « directoire atlantique » à trois. L'offre sera repoussée.
28 septembre	Le projet de Constitution du général recueille une majorité de 80 % de oui.
Octobre	Création par les fidèles du général de l'Union pour la Nouvelle République (UNR). De Gaulle se prononce en faveur du scrutin uninominal.
13 octobre	De Gaulle adresse aux insurgés algériens un appel à la « paix des braves » qui est rejeté.
30 novembre	Les élections législatives donnent à l'UNR plus de 200 sièges à l'Assemblée.
Décembre	Le plan de redressement de Jacques Rueff est adopté malgré les réticences de M. Pinay, ministre des Finances. Le franc lourd est institué, la libéralisation des échanges décidée.
21 décembre	De Gaulle est élu chef de l'État à 78,5 % des suffrages par un collège de 80 000 élus, parlementaires et locaux.

1959

8 janvier	De Gaulle, reçu par René Coty à l'Élysée, devient officiellement chef de l'État. La Ve République est fondée. Le général descend les Champs-Élysées ayant à ses côtés Georges Pompidou, son directeur de cabinet (démissionnaire).
17 mars	De Gaulle affirme que la fabrication de la bombe atomique française est une priorité absolue.
26 août	Le général consulte ses ministres au sujet d'une solution politique en Algérie.
27-30 août	En Algérie, de Gaulle sonde les réactions de l'armée.
2-4 septembre	De Gaulle reçoit Eisenhower à Paris, qui réserve un accueil enthousiaste au chef de guerre devenu président des États-Unis.
16 septembre	Au cours d'une conférence de presse, le général présente son projet d'autodétermination algérienne.
3 novembre	A l'École militaire, de Gaulle proclame la nécessité pour la France d'avoir une politique militaire indépendante.

1960

18 janvier	Publication d'une interview dans laquelle le général Massu se déclare ouvertement opposé à la politique algérienne du général de Gaulle.
24 janvier	Massu limogé, une grève générale est décrétée à Alger. Des barricades se dressent. Les forces de l'ordre interviennent. On compte 24 morts et 200 blessés.
26 janvier	Envoyé à Alger par le chef de l'État, le Premier ministre Michel Debré échoue à convaincre l'armée de réduire la sédition.
29 janvier	Dans un discours télévisé, de Gaulle confirme son choix en faveur de l'autodétermination et somme les révoltés de rentrer dans la discipline.
31 janvier	Les hommes des barricades se rendent.
3 février	L'Assemblée vote les pouvoirs spéciaux au gouvernement qui est refondu. Soustelle en est exclu. Pierre Messmer devient ministre des armées.
13 février	Première explosion atomique française à Reggane (Sahara).
23 mars-3 avril	Nikita Khrouchtchev est accueilli en France par le général de Gaulle.
5-8 avril	Le président de la République se rend à Londres où lui est réservée, dit-il, une réception d'une « splendeur exceptionnelle ». A Westminster, il fait un éloge solennel du peuple et du système politique anglais.
22 avril	De Gaulle entame une visite de huit jours aux États-Unis, surtout marquée par un discours au Capitole, précédée par un séjour au Canada et suivie par des escales en Guyane et aux Antilles.
16 mai	Ouverture à Paris du sommet des quatre Grands (Eisenhower, Khrouchtchev, Macmillan, de Gaulle). Mais en exploitant à fond l'incident de l'avion espion américain U2 abattu au-dessus de l'URSS, Nikita Khrouchtchev provoque l'échec de la conférence.
10 juin	Une délégation de la Wilaya IV du FLN est reçue secrètement par de Gaulle à l'Élysée. Va-t-on vers une « paix des braves » ?

14 juin	Dans une allocution télévisée, de Gaulle se prononce pour l'émancipation de l'Algérie et lance un appel au dialogue.
20 juin	Le GPRA répond positivement à l'appel du général, et envoie une délégation à Melun où les tractations tournent court.
29 juillet	Adenauer et de Gaulle se retrouvent à Rambouillet pour discuter de l'avenir de l'Europe.
4 novembre	Dans un discours télévisé, de Gaulle se prononce pour une paix négociée en Algérie, et ne paraît plus exclure l'indépendance. Le 22 novembre, Louis Joxe est nommé ministre d'État aux affaires algériennes.
9-12 décembre	De Gaulle est accueilli dans diverses villes d'Algérie par une population hostile à « l'abandon ». On crie : « De Gaulle trahison ». Le 10, à Alger où de Gaulle a renoncé à se rendre, les affrontements entre Européens et partisans du FLN qui arborent leur drapeau vert et blanc font plusieurs dizaines de victimes musulmanes. Le général revient persuadé de la représentativité du FLN.

1961

8 janvier	Le référendum sur l'autodétermination de l'Algérie recueille 75 % de oui (en suffrages exprimés).
11 février	Réunion, à Paris, des six pays de la Communauté européenne qui créent « la commission Fouchet » en vue d'instaurer une « Europe politique ».
27 février	De Gaulle accueille Habib Bourguiba à Rambouillet ; l'Algérie est au centre de la conversation.
1er mars	Décès du roi Mohammed V du Maroc. A l'occasion des obsèques, son successeur, Hassan II, confère à Rabat avec Bourguiba et Ferhât Abbâs. Les trois hommes se prononcent en faveur des négociations sur l'indépendance de l'Algérie.
31 mars	Alors que se poursuivent les préparatifs de la conférence franco-algérienne qui doit se dérouler à Évian, le maire de la ville est assassiné par l'OAS.
11 avril	Au cours d'une conférence de presse, de Gaulle affirme que l'Algérie coûte trop cher à la France.
22 avril	« Putsch » des généraux Challe, Zeller, Jouhaud et Salan qui se saisissent du pouvoir à Alger. Menacent-ils Paris ? De Gaulle décide de recourir à l'Article 16 qui lui confère les pleins pouvoirs.
23 avril	Dans un discours télévisé resté fameux, de Gaulle dénonce le pronunciamiento du « quarteron de généraux » et somme l'armée française de rester fidèle à la République.
25 avril	La tentative insurrectionnelle s'effondre. Challe et Zeller se livrent le 26. Ils seront condamnés, le 1er juin, à quinze ans de réclusion criminelle. Salan et Jouhaud rejoignent l'OAS (Organisation armée secrète) qui vient de se constituer pour maintenir l'Algérie française.
20 mai	Ouverture, à Évian, des négociations entre le gouvernement français et le GPRA. Louis Joxe, du côté français, Krim

Belkacem, du côté algérien, président les délégations. A cet effet, de Gaulle proclame un cessez-le-feu unilatéral, la libération de 6 000 prisonniers FLN et le transfert de Ben Bella et de ses compagnons au château de Turquant.

31 mai-2 juin	John Kennedy, président des États-Unis et son épouse effectuent un voyage officiel en France, où ils sont fêtés.
30 juin	De Gaulle annonce, en Lorraine, la suspension des négociations et fait planer l'hypothèse d'un partage de l'Algérie.
10 juillet	Le GPRA annonce son désir de reprendre les négociations.
15 juillet	Habib Bourguiba réclame l'évacuation de Bizerte par la France.
19 juillet	Les forces tunisiennes ayant fait mouvement sur la base, les parachutistes français interviennent. On dénombre 700 victimes tunisiennes. Bourguiba fait appel aux Nations unies.
20 juillet	Alors que les combats se poursuivent à Bizerte, les négociations franco-algériennes reprennent au château de Lugrin. Elles sont interrompues huit jours plus tard par le GPRA, qui pose le préalable de la reconnaissance de la souveraineté algérienne sur le Sahara.
4 août	Londres demande son adhésion à la CEE.
13 août	Construction du mur de Berlin.
5 septembre	Le général fait savoir que la France ne fera pas obstacle à la souveraineté algérienne sur le Sahara.
8 septembre	De Gaulle échappe à un attentat organisé par l'OAS sur la route de Colombey, à Pont-sur-Seine.
17 octobre	Manifestation de masse du FLN à Paris. Elle regroupe 30 000 personnes. La brutale intervention de la police fait une centaine de morts.

1962

8 janvier	Hassan II accueille les dirigeants du FLN à Mohammedia, en vue de relancer la négociation avec la France.
8 février	10 000 manifestants défilent à Paris pour protester contre l'OAS. Cette fois, ce sont des Européens qui sont victimes de la violence policière : 9 morts au métro Charonne.
11 février	C'est dans un chalet du Jura, aux Rousses, que reprennent des négociations franco-algériennes, dans le plus grand secret. Après une semaine de débats un accord est en vue le 18. La prochaine phase des pourparlers sera publique.
5 mars	Une centaine d'attentats sont revendiqués par l'OAS en Algérie. Reprise des négociations franco-algériennes à Évian. Trois membres du gouvernement français : Louis Joxe, Robet Buron et Jean de Broglie, et quatre du GPRA, Belkacem Krim, Saad Dahlab, M'hammed Yazid et Lakhdar Ben Tobbal y participent.
18 mars	Les accords d'Évian sont signés. De Gaulle annonce à la télévision la conclusion d'un cessez-le-feu qui entre en vigueur le 19.
23 mars	L'OAS met le quartier de Bab-el-Oued en état d'insurrection.
26 mars	Organisée par la même OAS, une manifestation, rue d'Isly à Alger, déclenche une terrible riposte de la troupe : on déplore 47 morts.

835

8 avril	Par référendum, 90 % des Français (inscrits) approuvent les accords d'Évian.
14 avril	Michel Debré s'étant retiré, Georges Pompidou est chargé de former le gouvernement.
17 avril	Le « plan Fouchet » de confédération européenne est repoussé par les partenaires de la France.
20 avril	Raoul Salan, chef de l'OAS, est arrêté à Alger.
15 mai	Les cinq ministres MRP du gouvernement Pompidou démissionnent pour protester contre les critiques formulées par de Gaulle contre l'intégration européenne.
23 mai	A l'issue de son procès, Salan n'est condamné qu'à la détention. De Gaulle accueille ce verdict comme un défi.
3 juillet	Proclamation de l'indépendance de l'Algérie.
2-9 juillet	Visite du chancelier Adenauer en France.
22 août	De Gaulle échappe de justesse à un attentat au Petit-Clamart. Organisateur de l'opération, le colonel Bastien-Thiry sera arrêté. Il sera condamné à mort en mars 1963 et exécuté, de Gaulle refusant d'exercer son droit de grâce.
4-9 septembre	De Gaulle, accueilli à son tour dans une dizaine de villes d'Allemagne fédérale y reçoit un accueil enthousiaste.
12 septembre	Annonce de l'organisation d'un référendum pour l'élection présidentielle au suffrage universel. Le projet suscite des objections au sein du gouvernement. L'un des ministres, Pierre Sudreau, démissionne. A l'Assemblée, au Sénat, dans l'opinion, chez les juristes, de vives oppositions se manifestent. Gaston Monnerville, président du Sénat, parle de « forfaiture ».
5 octobre	Le cabinet Pompidou est mis en minorité à l'Assemblée nationale. Le général accepte sa démission.
10 octobre	Le général décrète la dissolution de l'Assemblée nationale. Des élections se dérouleront le 18 et le 25 novembre.
18 octobre	Dans une allocution télévisée, de Gaulle fait clairement savoir qu'il se retirerait s'il était mis en minorité par les électeurs.
22-29 octobre	Une vive tension internationale résulte de l'installation de missiles soviétiques à Cuba. De Gaulle soutient Kennedy et approuve le blocus de l'île imposé par Washington.
28 octobre	Le projet présenté par Charles de Gaulle obtient 66,25 % des suffrages exprimés, majorité qu'il estime médiocre.
25 novembre	Au second tour du scrutin électoral, la coalition gaulliste UNR-UDT obtient 229 sièges sur 465 et disposera de la majorité avec l'appoint des « républicains indépendants ». Deux semaines plus tard, le cabinet Pompidou est réinvesti par 268 voix contre 116.

1963

14 janvier	Au cours d'une conférence de presse restée fameuse, de Gaulle explique pourquoi l'adhésion britannique à la CEE lui paraît prématurée et pourquoi la France rejette le projet américain de « Force multilatérale ».
22 janvier	Le chancelier Adenauer et le général de Gaulle signent à Paris un accord de coopération franco-allemand qui provoque l'irritation de Washington et de Londres.

A partir du	
1er mars	Grève des mineurs où de Gaulle voit un avertissement.

A partir du 1er mars	Grève des mineurs où de Gaulle voit un avertissement.
21 juin	La France retire de l'OTAN sa flotte de l'Atlantique.
3 août	L'URSS, les USA et la Grande-Bretagne signent à Moscou un accord relatif aux essais nucléaires, auquel la France refuse de se joindre.
12 septembre	Le second « plan de stabilisation » économique élaboré par Pompidou et Giscard sous la pression du chef de l'État est présenté comme un moyen de combattre l'inflation et le déficit du commerce extérieur.
22 novembre	John F. Kennedy est assassiné à Dallas. De Gaulle salue avec émotion sa mémoire. Le surlendemain il assiste à ses obsèques au cimetière d'Arlington.

1964

27 janvier	La France reconnaît la République populaire de Chine.
13 mars	Première visite en France du président algérien Ben Bella reçu par Charles de Gaulle au château de Champs.
16-19 mars	De Gaulle est accueilli en triomphe à Mexico.
17 avril	Charles de Gaulle subit l'opération de la prostate. Georges Pompidou va exercer le pouvoir pendant plusieurs semaines. Le 24, à l'Assemblée nationale il affronte avec talent François Mitterrand qui fait le procès du pouvoir personnel.
24-26 juin	Voyage officiel en France du Prince Sihanouk du Cambodge.
20 septembre-16 octobre	De Gaulle visite l'Amérique du Sud : successivement le Venezuela, la Colombie, l'Équateur, le Pérou, la Bolivie, le Chili, l'Argentine, le Paraguay, l'Uruguay et le Brésil. Partout il est accueilli avec sympathie.
15 octobre	Nikita Khrouchtchev est démis de ses fonctions.
Fin octobre	Manifestations paysannes sur tout le territoire.
19 décembre	Transfert des cendres de Jean Moulin au Panthéon. Malraux prononce un discours resté fameux.

1965

25 janvier	Mort de Winston Churchill.
4 février	De Gaulle dénonce l'hégémonie du dollar.
29 juin	De Gaulle réunit Pompidou, Debré, Palewski et Malraux pour les sonder en vue d'une candidature à un nouveau mandat.
30 juin	La France cesse de coopérer avec le Marché commun : politique de la « chaise vide ». Le général décide *in petto* de se représenter.
9 septembre	Tandis que de Gaulle laisse planer le doute sur ses intentions électorales, François Mitterrand se présente comme candidat de la « gauche unie ».
29 octobre	Mehdi Ben Barka, animateur de l'opposition au roi Hassan II, est enlevé à Paris. L'enquête révélera les responsabilités des autorités de Rabat mais aussi des complicités au sein de l'administration française. La liquidation du leader marocain dont le corps ne sera pas retrouvé agitera de longs mois la société politique française, et

mettra gravement en cause les relations entre la France et le Maroc.

4 novembre	De Gaulle annonce à la télévision sa décision de solliciter un second mandat présidentiel.
5 décembre	Au soir de la consultation de Gaulle ne recueille que 44 % des suffrages, Mitterrand 32 % et Lecanuet 16 %. Compte tenu des voix obtenues par les petits candidats, le général est mis en ballottage : il envisage, pendant quelques heures, de se retirer.
13 décembre	De Gaulle rétablit la situation en dialoguant à la télévision avec le journaliste Michel Droit : son talent y apparaît dans sa plénitude.
19 décembre	54,6 % des suffrages pour de Gaulle, 45,4 % pour Mitterrand, 15 % d'abstentionnistes. Le succès du général est net. Son rival s'est imposé néanmoins comme leader de l'opposition. L'importance de la télévision dans le débat électoral est consacrée.

1966

8 janvier	Troisième gouvernement Pompidou.
7 mars	Dans une lettre au président Johnson, de Gaulle annonce le retrait de la France des organismes intégrés de l'OTAN.
11 mai	Accord des Six à Bruxelles sur la politique agricole commune : la France a repris sa place dans la Communauté.
20-30 juin	Voyage du général de Gaulle en URSS. Visite de la Sibérie (cosmodrome de Baïkonour), de l'Ukraine. Signature d'accords de coopération sans portée politique.
25 août	En route pour le Cambodge, de Gaulle fait escale à Djibouti, où se déroulent, le 26, de violents incidents.
1er septembre	De Gaulle reçu dans l'enthousiasme au Cambodge, dénonce devant 200 000 personnes rassemblées par le prince Sihanouk les risques de l'intervention militaire américaine en Indochine.
11 septembre	A Mururoa, de Gaulle assiste pour la première fois à l'explosion d'une bombe atomique française.
26 octobre	Les 14 membres de l'OTAN décident de transférer le siège de l'organisation de Paris à Bruxelles.
1er décembre	A la chancellerie de Bonn, Kiesinger succède à Erhard. Son ministre des Affaires étrangères est Willy Brandt.
21 décembre	Mitterrand (Fédération de la gauche) et Waldeck-Rochet (PCF) signent un accord en vue des prochaines élections législatives.

1967

24-25 janvier	Le premier ministre anglais (travailliste) Harold Wilson demande à Paris l'adhésion de son pays à la Communauté européenne.
5-12 mars	Au 1er tour des élections législatives, les gaullistes obtiennent 37,7 % des suffrages, le PCF 22,5 % et la FGDS 18,7 %. Après le second tour les partisans du général n'ont plus à la Chambre qu'une majorité de trois sièges. Avec 43 mandats, les « giscardiens » sont les arbitres de la majorité. La gauche coalisée devient une menace constante pour le quatrième gouvernement Pompidou.
22 mai	Une nouvelle crise israélo-arabe éclate. En décidant le blocus du

golfe d'Akaba, Nasser donne à Israël un *casus belli*. Abba Eban ministre des Affaires étrangères d'Israël, en visite à Paris, ne reçoit du général de Gaulle que l'avis de ne pas déclencher les hostilités.

2 juin De Gaulle décide l'embargo sur les livraisons d'armes à destination des pays du Proche-Orient (en fait Israël, principal bénéficiaire de ces livraisons).

5 juin Les forces aériennes d'Israël clouent au sol l'aviation égyptienne. En six jours Tsahal conquiert le Sinaï, le Golan, la rive ouest du Jourdain et Jérusalem.

23 juillet De Gaulle débarque au Québec après un voyage en bateau et une escale à Saint-Pierre-et-Miquelon. Il prononce au château Frontenac un discours encourageant l'autonomisme québécois. Le 24 il se rend par la route à Montréal. Tout au long du chemin, une foule enthousiaste l'acclame. Sur la place de l'hôtel de ville de Montréal, il clame : « Vive le Québec libre ». Une formule qui déchaîne les acclamations, mais sera ressenti comme une provocation par le gouvernement fédéral du Canada, avec hostilité par les USA et la Grande-Bretagne et non sans inquiétude à Paris... Le 25, interrompant brusquement son séjour, le général regagne Paris par avion. Ottawa a déclaré son propos « inacceptable ».

6-12 septembre Accueilli en Pologne, le général de Gaulle, après avoir visité Auschwitz, invite ses hôtes à ne pas se résigner à la politique des blocs : il s'attire une rude riposte de M. Gomulka, qui vante la solidarité avec l'URSS.

27 novembre Devant la presse internationale convoquée à l'Élysée, de Gaulle définit le « peuple juif » comme « un peuple d'élite, sûr de lui-même et dominateur » et met Israël en garde contre l'occupation indéfinie des territoires occupés. Ces déclarations susciteront de violentes controverses.

1968

15 janvier Tandis que se multiplient les grèves ouvrières, l'université de Nanterre entre en fièvre.

27 janvier Lors d'une conférence à l'Institut des hautes études militaires, Charles de Gaulle expose son idée de stratégie nucléaire « tous azimuts ».

6 février Le chef de l'État préside la cérémonie d'ouverture des jeux Olympiques d'hiver de Grenoble.

22 mars Daniel Cohn-Bendit prend la tête d'un mouvement révolutionnaire à l'université de Nanterre.

24 mars A Lyon, de Gaulle prononce un discours en faveur de la régionalisation.

2 mai L'université de Nanterre est fermée sur avis du ministère de l'Intérieur. Le 3, la Sorbonne est investie par les étudiants qui dressent des barricades. Étouffée à Nanterre, la révolte naît dans Paris. Durant la soirée, la police « reprend » la Sorbonne qui est fermée. Quatre étudiants sont arrêtés.
La veille, M. Pompidou, Premier ministre, est parti pour l'Iran et l'Afghanistan. Le 6 les étudiants arrêtés sont condamnés à deux

mois de prison. Manifestations dans la rue aux cris de « libérez nos camarades ». Les barricades se dressent. Après une nuit d'affrontements, on relève plusieurs centaines de blessés, manifestants et policiers.

10 mai   Les tentatives de négociation ayant échoué, des barricades se multiplient dans Paris. Au petit matin, les CRS occupent tous les lieux d'affrontements. Le 11, la CGT appelle à la grève générale pour le 16. Le soir, Georges Pompidou, de retour de son voyage en Orient, annonce à la télévision la réouverture de la Sorbonne pour le 13 et des mesures d'apaisement en faveur des étudiants sanctionnés.

13 mai   Ouverture, avenue Kléber, des négociations américano-vietnamiennes, à l'initiative de la France. Les services publics sont paralysés par la grève générale et 300 000 manifestants défilent dans Paris aux cris de « Dix ans (de De Gaulle) c'est assez ! ».

14 mai   De Gaulle part pour une visite officielle en Roumanie, tandis que Sud-Aviation déclenche une grève sauvage. A son tour Renault-Billancourt entre en grève : le mouvement s'étend à toute la France.

18 mai   De Gaulle rentre à Paris. Il dénonce « la chienlit » et déclare « la récréation est finie ».

24 mai   A la télévision, le général annonce un référendum sur la « participation ». Le discours tombe à plat. Dans la nuit la « chienlit » s'étend dans Paris. Le régime est ébranlé. Le 25, sous la présidence du Premier ministre, s'ouvrent des négociations au ministère des Affaires sociales, rue de Grenelle, avec les délégations syndicales qui obtiennent que le SMIG soit augmenté de 35 % ; mais les syndicats ne peuvent assurer la reprise du travail.

27 mai   Mendès France assiste à un meeting gauchiste au stade Charléty.

28 mai   François Mitterrand annonce sa candidature à la présidence de la République « en cas de vacance du pouvoir ». Élu, il prendrait Mendès France comme Premier ministre. Des unités de l'armée sont aux portes de Paris. De Gaulle consulte ses proches et paraît à certains se résigner à la retraite.

29 mai   En fin de matinée, de Gaulle quitte l'Élysée pour une destination mystérieuse à l'Est. Ce sera Baden-Baden, PC du général Massu, qui assure le chef de l'État de la fidélité de l'armée. Dans la soirée, le général rentre à La Boisserie apparemment rasséréné. Il convoque le Conseil des ministres pour le lendemain. A Paris, une grande manifestation communiste se disperse dans le calme.

30 mai   Après un entretien décisif avec Pompidou, de Gaulle lance à 16 heures un message à la radio : il annonce la dissolution de l'Assemblée nationale et dénonce la menace communiste. Dans la soirée, 500 000 manifestants défilent de la place de la Concorde à l'Étoile aux cris de « De Gaulle n'est pas seul ».

30 juin   Georges Pompidou sort vainqueur de « ses » élections : avec une majorité de 365 sièges sur 485 à l'Assemblée nationale. De Gaulle conscient que c'est son Premier ministre, et non lui, qui a ainsi gagné la bataille, le remplace par Maurice Couve de Murville.

20 août   Les troupes soviétiques occupent Prague. Un coup décisif est ainsi porté à la politique de détente prônée par de Gaulle.

24 août	Explosion de la première bombe thermonucléaire française à Faugataufa.
9 septembre	De Gaulle présente à la nation son projet de participation.
10 octobre	La réforme universitaire proposée par Edgar Faure est adoptée par l'Assemblée.
23 novembre	Alors que la dévaluation du franc paraissait décidée après une fuite massive de capitaux, la parité du franc est maintenue. C'est le général, conseillé par Jean-Marcel Jeanneney, qui l'a imposée.
25 décembre	Un commando israélien détruit l'aviation civile libanaise sur l'aéroport de Beyrouth. De Gaulle riposte en décrétant l'embargo sur les armes à destination d'Israël : décision assez mal accueillie dans l'opinion publique.

1969

17 janvier	A Rome, où il séjourne, Georges Pompidou, éclaboussé par « l'affaire Markovitch » (où l'a impliqué une rumeur calomnieuse) annonce qu'il pourrait être candidat à la présidence de la République. Le général réplique par un communiqué assurant qu'il remplira « son mandat jusqu'à son terme ».
13 février	M. Pompidou revient à la charge à la télévision suisse, il revendique « un destin national ».
28 février- 2 mars	Visite officielle du président Nixon à Paris. Une entente chaleureuse s'établit entre les deux chefs d'État.
11 mars	Le général annonce que le référendum aura lieu le 27 avril.
30 mars	Il assiste à Washington aux funérailles d'Eisenhower.
4 avril	De Gaulle autorise la reconduction du Pacte atlantique.
14 avril	M. Giscard d'Estaing se prononce pour le « non » au référendum.
25 avril	Dernier appel du chef de l'État en faveur du « oui ».
27 avril	Au référendum sur la réforme du Sénat et des régions, le « non » recueille près de 53 % des voix. A minuit, le général de Gaulle annonce que ses fonctions, de ce fait, prennent fin.
29 avril	Georges Pompidou fait acte de candidature. M. Poher, président par intérim, Jacques Duclos, leader communiste et le socialiste Gaston Defferre seront ses principaux adversaires.
10 mai-19 juin	Tandis que se déroule la campagne des présidentielles, Charles de Gaulle séjourne en Irlande. A la fin de son séjour, il est l'hôte du président de Valera et du Premier ministre Jack Lynch.
15 juin	Georges Pompidou, élu président de la République, reçoit les félicitations du général.
19 juin	De Gaulle rentre à Colombey où il poursuit la rédaction des *Mémoires d'espoir*, se déclarant désormais étranger à la marche des « affaires » et ne recevant plus ceux qui y participent.
11 décembre	André Malraux, qui a donné sa démission, est accueilli à La Boisserie. Cet entretien est à l'origine des *Chênes qu'on abat*.

1970

21 avril	Publication chez Plon du tome I des *Discours et Messages* de Charles de Gaulle.

4-26 juin	Yvonne et Charles de Gaulle séjournent en Espagne. Le 8, l'homme du 18 juin est reçu par Franco au Pardo. Visite qui ne va pas sans troubler nombre de ses amis.
1er septembre	Mort de François Mauriac, que le général commente en privé avec beaucoup d'émotion.
23 octobre	Parution du premier tome des *Mémoires d'espoir*. C'est un succès foudroyant. Les réactions de la presse sont mitigées.
9 novembre	Charles de Gaulle meurt à La Boisserie, un peu après 19 heures, d'une rupture de l'aorte abdominale. L'annonce du décès ne sera faite que le lendemain dans la matinée. Elle provoque une profonde sensation dans le monde entier. Dans un testament daté de 1952, le général déclare refuser tous les honneurs.
12 novembre	Après qu'une cérémonie eut réuni à Notre-Dame de Paris une trentaine de souverains et des représentants de presque toutes les nations, dans l'après-midi, conformément aux prescriptions impératives du disparu, les obsèques se déroulent à Colombey sans la moindre participation officielle, en la seule présence de la famille, des proches, des Compagnons de la Libération (350 survivants) et des habitants du village. Le général est inhumé aux côtés de sa fille Anne.

Bibliographie

Ouvrages de Charles de Gaulle

La Discorde chez l'ennemi, Paris, Berger-Levrault, 1924 ; Plon, 1972 ; Le Livre de poche.
Le Fil de l'épée, Paris, Berger-Levrault, 1932 ; Plon, 1971 ; Le Livre de poche.
Vers l'armée de métier, Paris, Berger-Levrault, 1938 ; Plon, 1971 ; Le Livre de poche.
La France et son armée, Paris, Plon, 1938 et 1969 ; Le Livre de poche, UGE 10/18.
Trois études, réunissant *Rôle historique des places françaises* (1er décembre 1925), *Mobilisation économique à l'étranger* (1er janvier 1934), *Comment faire une armée de métier* (12 janvier 1935), *Mémorandum adressé par le colonel de Gaulle aux généraux Gamelin, Weygand, Georges, et à MM. Daladier et Paul Reynaud* (26 janvier 1940), Paris, Berger-Levrault, 1945 ; Plon, 1971 ; Le Livre de poche.
Mémoires de guerre, t. I *L'Appel, 1940-1942* ; t. II *L'Unité, 1942-1944* ; t. III *Le Salut, 1944-1946*, Paris, Plon, 1954, 1956 et 1959 ; Le Livre de poche, Presses Pocket.
Discours et Messages, t. I *Pendant la guerre, 1940-1964* ; t. II *Dans l'attente, 1946-1958* ; t. III *Avec le renouveau, 1958-1962* ; t. IV *Pour l'effort, 1962-1965* ; t. V *Vers le terme, 1966-1969*, Paris, Plon, 1970.
Mémoires d'espoir, t. I *Le Renouveau, 1958-1962*, t. II *L'Effort, 1962-...*, Paris, Plon, 1970 et 1971 ; Le Livre de poche, Presses Pocket.

ARTICLES ET ÉCRITS

Une mauvaise rencontre (1906), *La Congrégation* (6 mai 1908), *La Bataille de la Vistule* (1er novembre 1920), *Préparer la guerre, c'est préparer des chefs* (1921 ?), *Le Flambeau* (1er mars 1927), *La Défaite, question morale* (1927 ou 1928), *Philosophie du recrutement* (1er avril 1929), *La Condition des cadres dans l'armée* (1930 ou 1931), *Histoire des troupes du Levant* (17 août 1931), *Combats du « Temps de paix »* (1932), *Pour une politique de défense nationale* (4 février 1933), *Le Soldat de l'Antiquité* (1er avril 1933), *Métier militaire* (5 décembre 1933), *Forgeons une armée de métier* (13 janvier 1934), *Le Problème belge* (1936). Textes rassemblés par l'Institut Charles-de-Gaulle, Paris, Plon, 1975.

Lettres, Notes et Carnets, t. I *1905-1918* ; t. II *1918-juin 1940* ; t. III *Juin 1940-juillet 1941* ; t. IV *Juillet 1941-mai 1943* ; t. V *Juin 1943-mai 1945* ; t. VI *Mai 1945-juin 1951* ; t. VII *1951-1958* ; t. VIII *Juin 1958-décembre 1960* ; t. IX *1961-1968*, Paris, Plon, 1980 à 1986. Textes choisis et présentés par Philippe de Gaulle.

Ouvrages d'autres auteurs

Abbâs Ferhât, *La Nuit coloniale,* Paris, Julliard, 1962.
— *Autopsie d'une guerre,* Paris, Garnier, 1980.
Adenauer Konrad, *Mémoires,* Paris, Hachette, 1967, tomes I et II.
Aglion Raoul, *De Gaulle et Roosevelt,* Paris, Plon, 1984.
Agulhon Maurice et Nouschi André, *La France 1914-1940,* Paris, Nathan, 1971.
Aït-Ahmed Hocine, *Mémoires d'un combattant. L'esprit d'indépendance,* Paris, S. Messinger, 1983.
Alexandre Philippe, *Le Duel de Gaulle-Pompidou,* Paris, Grasset et Tallandier, 1970 ; Le Livre de poche, 1975.
Alexandre Philippe et Tubiana Raoul, *L'Élysée en péril. 2-30 mai 1968,* Paris, Fayard, 1969 ; Le Livre de poche, 1971.
Alphand Hervé, *L'Étonnement d'être. Journal 1939-1973,* Paris, Fayard, 1977.
Amouroux Henri, *Le 18 juin 1940,* Paris, Fayard, 1964 ; coll. « J'ai lu », 1967.
— *La Grande Histoire des Français sous l'occupation,* six tomes parus, Paris, Laffont, 1976 à 1986.
Argoud Antoine, *La Décadence, l'imposture et la tragédie,* Paris, Fayard, 1974.
Aron Raymond, *De Gaulle, Israël et les Juifs,* Paris, Plon, 1968.
— *Le Spectateur engagé,* Paris, Julliard, 1981.
— *Mémoires,* Paris, Julliard, 1983.
Aron Robert, *Charles de Gaulle,* Paris, Librairie académique Perrin, 1964.
— *Histoire de la libération de la France juin 1944-mai 1945,* Paris, Fayard, 1959 ; Le Livre de poche, 1967.
Astier de La Vigerie Emmanuel d', *Les Grands,* Paris, Gallimard, coll. « L'air du temps », 1961.
— *De la chute à la libération de Paris 25 août 1944,* Paris, Gallimard, 1965.
Astoux André, *L'Oubli. 1946-1958,* Paris, Jean-Claude Lattès, 1974.
Auburtin Jean, *Charles de Gaulle, soldat et politique,* Paris, Les Éditions universelles, 1945.
— *Le Colonel de Gaulle,* Paris, Plon, 1965.
Auriol Vincent, *Journal du septennat* (sous la direction de Pierre Nora), Paris, Armand Colin, 1970. Un volume par année.
— *Mon septennat* (notes rassemblées par Pierre Nora et Jacques Ozouf), Paris, Gallimard, 1970.
Avril Pierre, *Le Régime politique de la Ve République,* Paris, Éd. LGDJ, 1967.
Azéma Jean-Pierre, *De Munich à la Libération,* Paris, Le Seuil, 1979.
Balladur Édouard, *L'Arbre de mai,* Paris, Atelier Marcel Jullian, 1979.
Baraduc Jacques, *Tout ce qu'on vous a caché* (les archives secrètes du Reich), préface de Josée Laval, Paris, L'Élan, 1949.
Barrès Philippe, *Charles de Gaulle,* Paris, Éd. Plon-Cartier, 1945.
Bellescize Diane de, *Les Neuf Sages de la Résistance,* Paris, Institut Charles-de-Gaulle/Plon, 1979.
Beloff Nora, *Le général dit non,* Paris, Plon, 1964.
Beuve-Méry Hubert, *Onze Ans de règne (1958-1969),* Paris, Flammarion, 1974.
Binoche Jacques, *L'Allemagne et le général de Gaulle (1924-1970),* Paris, Plon, 1975.
Bloch-Morhange Jacques, *Le Gaullisme,* Paris, Plon, 1963.
Boisdeffre Pierre de, *De Gaulle malgré lui,* Paris, Albin Michel, 1978.

Boissieu Alain de, *Pour combattre avec de Gaulle. 1938-1946*, Paris, Plon, 1981.
— *Pour servir le Général. 1946-1970*, Paris, Plon, 1982.
Bonheur Gaston, *Charles de Gaulle*, Paris, Gallimard, 1958.
Bourget Pierre, *Paris 1944*, Paris, Plon, 1984.
Bouscat René, *De Gaulle-Giraud, dossier d'une mission*, Paris, Flammarion, 1967.
Bromberger Merry et Serge, *Les 13 complots du 13 mai*, Paris, Fayard, 1959.
Bruneau Jacques, *Tribulations d'un gaulliste en Gaule*, Paris, La Pensée universelle, 1983.
Buis Georges, *Les Fanfares perdues*, Paris, Le Seuil, 1975.
Burin des Roziers Étienne, *Retour aux sources*, Paris, Plon, 1985.
Buron Robert, *Carnets politiques de la guerre d'Algérie*, Paris, Plon, 1975.
Caillet Gérard, *De Gaulle, le journal du monde. 1890-1970*, Paris, Denoël, 1980.
Capitant René, *De Gaulle dans la république*, Paris, Plon, 1958.
Cassin René, *Les Hommes partis de rien*, Paris, Plon, 1974.
Catroux Georges, *Dans la bataille de Méditerranée*, Paris, Julliard, 1949.
Cattaui Georges, *Charles de Gaulle, l'homme et son destin*, Paris, Fayard, 1960.
Caviglioli François et Pontaut Jean-Marie, *Les secrets de l'OAS*, Paris, Mercure de France, 1972.
Cerny Philippe G., *Une politique de grandeur*, Paris, Flammarion, 1980.
Chaban-Delmas Jacques, *L'Ardeur*, Paris, Stock, 1975 ; Le Livre de poche, 1976.
— *Charles de Gaulle*, Paris, Éd. Paris-Match, 1980.
Chambrun René de, *Le procès Laval*, Paris, Éd. France-Empire, 1984.
Charbonnel Jean, *L'Aventure de la fidélité*, Paris, Le Seuil, 1976.
Charlot Jean, *Le Phénomène gaulliste*, Paris, Le Seuil, 1970.
— *Les Français et de Gaulle*, Paris, Plon, 1971.
— *Le Gaullisme d'opposition (1946-1958)*, Paris, Fayard, 1983.
Closon Francis-Louis, *Commissaire de la République du général de Gaulle*, Paris, Julliard, 1980.
Cohen Samy, *De Gaulle, les gaullistes et Israël*, Paris, Alain Moreau, coll. « Histoire et actualité », 1974.
Cointet Jean-Paul, *La France libre*, Paris, Presses universitaires de France, 1975.
Cotteret Jean-Marie et Moreau René, *Le Vocabulaire du général de Gaulle*, Paris, Armand Colin, 1969.
Coulet François, *Vertu des temps difficiles*, Paris, Plon, 1966.
Courrière Yves, *La Guerre d'Algérie*, Paris, Fayard, t. 1, 2, 3, 4, 1968 à 1971.
Courtois Stéphane, *Le PCF dans la guerre*, Paris, Ramsay, 1980.
Couve de Murville Maurice, *Une politique étrangère. 1958-1969*, Paris, Plon, 1971.
Danan Yves Max, *La Vie politique à Alger 1940-1944*, Paris, LGDJ, 1963.
Daniel Jean, *De Gaulle et l'Algérie*, Paris, Le Seuil, 1986.
Dansette Adrien, *Histoire de la libération de Paris*, Paris, Fayard, 1966.
Daridan Jean, *De la Gaule à de Gaulle, une histoire de France*, Paris, Le Seuil, 1977.
Debré Michel, *Mémoires*, Paris, Albin Michel, 1985, tome 1.
Debré Michel et Debré Jean-Louis, *Le Gaullisme*, Paris, Plon, 1978.
Debû-Bridel Jacques, *Les Partis contre de Gaulle*, Paris, Éd. Aimery Somogy, 1948.
— *De Gaulle contestataire*, Paris, Plon, coll. « Tribune Libre », 1970.
— *De Gaulle et le CNR*, Paris, France-Empire, 1978.
Delarue Jacques, *L'OAS contre de Gaulle*, Paris, Fayard, 1981.
Démaret Pierre et Plume Christian, *Objectif de Gaulle*, Paris, Laffont, 1973.
Demey Evelyne, *Paul Reynaud, mon père*, Paris, Plon, 1980.
Derogy Jacques et Kahn Jean-François, *Les Secrets du ballottage*, Paris, Fayard, 1966.

Domenach Jean-Marie, *Barrès*, Paris, Le Seuil, coll. « Écrivains de toujours », 1954.
— *Le Retour du tragique*, Paris, Le Seuil, 1973.
Droit Michel, *Les Feux du crépuscule*, Paris, Plon, 1977.
Droz Bernard et Lever Évelyne, *Histoire de la guerre d'Algérie*, Paris, Le Seuil, 1982.
Dulac André, *Nos guerres perdues*, Paris, Fayard, 1969.
Dulong Claude, *La Vie quotidienne à l'Élysée au temps de Charles de Gaulle*, Paris, Hachette, 1974.
Dupérier Bernard, *La Vieille équipe*, Paris, Berger-Levrault, 1950.
Duroselle Jean-Baptiste, *La France et les États-Unis*, Paris, Le Seuil, 1976.
— *Histoire diplomatique de 1919 à nos jours*, Paris, Librairie Dalloz, 1978.
— *Politique étrangère de la France : l'abîme*, Paris, Imprimerie nationale, 1982.
Duverger Maurice, *La Cinquième République*, Paris, PUF, 1974.
— *La République des citoyens*, Paris, Ramsay, 1982.
Effel Jean, *L'Unique*, Textes et dessins de Jean Effel, Paris, Julliard, 1960.
Elgey Georgette, *Histoire de la Quatrième République*, t. I *La République des illusions. 1945-1957* ; t. II *La République des contradictions. 1951-1954*, Paris, Fayard, 1968.
Escrienne Jean d', *Le général m'a dit*, Paris, Plon, 1973.
— *De Gaulle de loin et de près*, Paris, Plon, 1978.
Fabre-Luce Alfred, *Gaulle deux*, Paris, Julliard, 1958.
— *Le Plus Illustre des Français*, Paris, Julliard, 1960.
— *Haute Cour*, Paris, Julliard, 1962.
— *Le Couronnement du prince*, Paris, La Table ronde, 1964.
— *Le Général en Sorbonne*, Paris, La Table ronde, 1968.
— *L'Anniversaire*, Paris, Julliard, 1971.
— *Deux Crimes d'Alger*, Paris, Julliard, 1980.
Faure Édgar, *Mémoires I, Avoir toujours raison... c'est un grand tort*, Paris, Plon, 1982. *Mémoires II, Si tel doit être mon destin ce soir*, 1984.
Fauvet Jacques, *La IVe République*, Paris, Fayard, 1959.
Ferniot Jean, *De Gaulle et le 13 mai*, Paris, Plon, 1965.
Ferro Maurice, *De Gaulle et l'Amérique. Une amitié tumultueuse*, Paris, Plon, 1973.
Flohic François, *Souvenirs d'outre-Gaulle*, Paris, Plon, 1979.
Fonde Jean-Julien, *Les Loups de Leclerc*, Paris, Plon, 1982.
Fontaine André, *Histoire de la guerre froide*, Paris, Le Seuil, coll. « Points Histoire », 1983.
— *Histoire de la « détente ». Un seul lit pour deux rêves*, Paris, Le Seuil, coll. « Points Histoires », 1984.
Fouchet Christian, *Mémoires d'hier et de demain*, t. I *Au service du général de Gaulle* ; t. II *Les lauriers sont coupés*, Paris, Plon, 1971, 1973.
Friang Brigitte, *Un autre Malraux*, Paris, Institut Charles-de-Gaulle/Plon, 1977.
Frossard André, *La France en général*, Paris, Plon, 1975.
Galante Pierre (avec le concours de Gaston Bonheur), *Le Général*, Paris, Presses de la Cité, « Cercle du Nouveau Livre d'Histoire », 1968, 1970.
Garas Félix, *Charles de Gaulle seul contre les pouvoirs*, Paris, Julliard, 1957.
Gaulmier Jean, *Les Écrits du général de Gaulle*, Beyrouth, Société d'impression et d'édition, 1942.
— *Charles de Gaulle écrivain*, Paris-Alger, Éd. Charlot, 1946.
Gillois André, *Histoire secrète des Français à Londres de 1940 à 1944*, Paris, Le Cercle du nouveau livre, 1973.

Gonnet Jean, *Les Origines bourguignonnes du général de Gaulle,* Chalon-sur-Saône, Éd. J. Renaux, 1945.

Gorce Paul-Marie de la, *La République et son armée,* Paris, Fayard, 1963.
— *De Gaulle entre deux mondes,* Paris, Fayard, 1964.
— *La France contre les empires,* Paris, Grasset, 1969.

Gozard Gilles, *De Gaulle face à l'Europe,* Paris, Institut Charles-de-Gaulle/Plon, coll. « Espoir », 1976.

Granier Jacques, *De Gaulle et l'Alsace,* Strasbourg, Éd. Dernières Nouvelles de Strasbourg, 1970.

Grenier Fernand, *C'était ainsi,* Paris, Éditions sociales, 1959.

Grosser Alfred, *La Politique extérieure de la Ve République,* Paris, Le Seuil, 1965.

Guichard Olivier, *Un chemin tranquille,* Paris, Flammarion, 1975.
— *Mon Général,* Paris, Grasset, 1980.

Guillemin Henri, *Le Général clair-obscur,* Paris, Le Seuil, 1984.

Gun Nerin E., *Pétain-Laval-De Gaulle,* Paris, Albin Michel, 1979.

Hamon Léo, *De Gaulle dans la République,* Paris, Plon, 1958.

Hess John L., *De Gaulle avait-il raison ?* Tours, Mame, 1969.

Hettier de Boislambert Claude, *Les Fers de l'espoir,* Paris, Plon, 1978.

Hoffmann Stanley, *Essais sur la France, Déclin ou renouveau ?,* Paris, Le Seuil, 1964.

Hoffmann Stanley et Inge, *De Gaulle artiste de la politique,* Paris, Le Seuil, 1973.

Hostache René, *De Gaulle 1944 Victoire de la légitimité,* Paris, Institut Charles-de-Gaulle/Plon, coll. « Espoir », 1978.

Huard Paul, *Le Colonel de Gaulle et ses blindés,* Paris, Plon, 1980.

Ibazizen Augustin, *Le Testament d'un Berbère,* Paris, Albatros, 1984.

Israël Gérard, *Le Dernier Jour de l'Algérie française,* Paris, Laffont, 1972.

Izard Georges, *Lettre affligée au général de Gaulle,* Paris, Laffont, 1964.

Jeanneney Jules, *Journal politique (1939-1942),* présenté par J.-N. Jeanneney, Paris, Armand Colin, 1972.

Jobert Michel, *Mémoires d'avenir,* Paris, Grasset, 1974 ; Le Livre de poche, 1976.

Jouhaud Edmond, *La vie est un combat,* Paris, Fayard, 1975.
— *Serons-nous enfin compris ?,* Paris, Albin Michel, 1984.

Jouve Edmond, *Le Général de Gaulle et la construction de l'Europe,* Paris, LGDJ, 1967.

Joxe Louis, *Victoires sur la nuit,* Paris, Flammarion, 1981.

Jullian Marcel, *L'Homme de 40,* Paris, Laffont, 1980.

Julliard Jacques, *La IVe République,* Paris, Calmann-Lévy, 1968.

Kermoal Jacques, *Le Procès en canonisation de Charles de Gaulle,* Paris, Balland, 1970.

Kersaudy François, *De Gaulle et Churchill,* Paris, Plon, coll. « Espoir », 1981.

Khellil Mohammed, *La Kabylie ou l'ancêtre sacrifié,* Paris, L'Harmattan, 1984.

Kissinger Henry, *Les Malentendus transatlantiques,* Paris, Denoël, 1965.
— *Mémoires,* t. I, *Les Années orageuses,* Paris, Fayard, 1982.

Lacouture Jean, *De Gaulle,* Paris, Le Seuil, 1965, 1969, 1970.
— *Citations du président de Gaulle,* Paris, Le Seuil, 1968.

Lapie Pierre-Olivier, *De Léon Blum à de Gaulle, le caractère et le pouvoir,* Paris, Fayard, 1971.

Laurent Jacques, *Mauriac sous de Gaulle,* Paris, La Table ronde, 1964.

Lebjaoui Mohammed, *Vérités sur la révolution algérienne,* Paris, Gallimard, 1970.

Ledwidge Bernard, *De Gaulle,* Paris, Flammarion, 1984.
— *De Gaulle et les Américains,* Paris, Flammarion, 1984.

BIBLIOGRAPHIE

Lefranc Pierre, *Voici tes fils,* Paris, Plon, 1974.
— *Avec qui vous savez,* Paris, Plon, 1979.
Lescop Renée, *Le Pari québécois du général,* Montréal, Boréal Express, 1981.
Limagne Pierre, *La Ve République de Charles de Gaulle et Georges Pompidou,* Paris, France-Empire, 1978.
Longuechaud Henri, *« L'Abominable » Armistice,* Paris, Institut Charles-de-Gaulle/ Plon, coll. « Espoir », 1980.
Lottman Herbert, *Pétain,* Paris, Le Seuil, 1984.
Loubet Del Bayle Jean-Louis, *Les Non-Conformistes des années trente,* Paris, Le Seuil, 1969.
Loustaunau-Lacau Georges, *Mémoires d'un Français rebelle,* Paris, Laffont, 1948.
Maitrot Jean-Claude et Sicault Jean-Didier, *Les Conférences de presse du général de Gaulle,* Paris, Presses universitaires de France, 1969.
Mallen Pierre-Louis, *Vivre le Québec libre.* Paris, Plon, 1978.
Mallet Serge, *Le Gaullisme et la Gauche,* Paris, Le Seuil, 1965.
Malraux André, *Antimémoires 1,* Paris, Gallimard, 1967 ; nouvelle édition revue et corrigée, Gallimard, coll. « Folio », 1972.
— *Les chênes qu'on abat...,* Paris, Gallimard, 1971.
— *La Corde et les Souris,* Paris, Gallimard, coll. « Folio », 1976.
Manac'h Étienne, *Mémoires d'extrême-Asie,* t. I, II, III, Paris, Fayard, 1977-80-82.
Mannoni Eugène, *Moi, général de Gaulle,* Paris, Le Seuil, 1964.
Martin Nicolas, *L'Héritage gaulliste,* Paris, Debresse, 1971.
Martin du Gard Maurice, *Les Mémorables,* t. III, Grasset, Paris, 1978.
Massip Roger, *De Gaulle et l'Europe,* Paris, Flammarion, 1963.
Massu, Jacques, *Le Torrent et la Digue,* Paris, Plon, 1972.
— *Baden 68,* Paris, Plon, 1983.
Mauriac Claude, *Aimer de Gaulle* (version recomposée et augmentée d'*Un autre de Gaulle*), Paris, Grasset, 1978.
— *Les Espaces imaginaires,* (*Le Temps immobile* n° 2), Paris, Grasset, 1975.
Mauriac François, *Le Bâillon dénoué,* Paris, Grasset, 1945.
— *Bloc-Notes 1952-1957,* Paris, Flammarion, 1958.
— *Le Nouveau Bloc-Notes 1958-1960,* Paris, Flammarion, 1961.
— *De Gaulle,* Paris, Grasset, 1964.
— *Le Nouveau Bloc-Notes 1961-1964,* Paris, Flammarion, 1968.
— *Le Nouveau Bloc-Notes 1965-1967,* Paris, Flammarion, 1970.
— *Le Dernier Bloc-Notes 1968-1970,* Paris, Flammarion, 1970.
Mauriac Jean, *Mort du général de Gaulle,* Paris, Grasset, 1972.
Mendès France Pierre, *La vérité guidait leurs pas,* Paris, Gallimard, 1976.
Mengin Robert, *De Gaulle à Londres vu par un Français libre,* Paris, La Table ronde, 1965.
Menthon Pierre de, *Je témoigne,* Paris, Éd. du Cerf, 1979.
Mercadet Léon, *La Brigade Alsace-Lorraine,* Paris, Grasset, 1984.
Messmer Pierre et Larcan Alain, *Les Écrits militaires de Charles de Gaulle,* Paris, Presses universitaires de France, 1985.
Michel Henri, *Histoire de la France libre,* Paris, PUF, coll. « Que sais-je ? », 1963.
— *Jean Moulin l'unificateur,* Paris, Hachette, 1971.
Michelet Claude, *Mon père Edmond Michelet,* Paris, Laffont, 1981.
Michelet Edmond, *Le Gaullisme, passionnante aventure,* Paris, Fayard, 1962.
— *La Querelle de la fidélité. Peut-on être gaulliste aujourd'hui ?,* préface d'André Malraux, Paris, Fayard, 1971.
Miribel Elisabeth de, *La liberté souffre violence,* Paris, Plon, 1981.

Mitterrand François, *Le Coup d'État permanent,* Paris, Plon, 1964.
— *Ma part de vérité,* Paris, Fayard, 1969.
Moch Jules, *Rencontres avec Charles de Gaulle,* Paris, Plon, 1971.
— *Une si longue vie,* Paris, Laffont, 1976.
Monnet Jean, *Mémoires,* Paris, Fayard, 1976.
Montalais Jacques de, *Qu'est-ce que le gaullisme?,* Paris, Éd. Mame, 1969.
Morazé Charles, *Le Général de Gaulle et la République,* Paris, Flammarion, 1972.
Mounier Monique, *De Gaulle vu par...,* Paris, Éditions et Publications premières,
    1969.
Muselier Émile, *De Gaulle contre le gaullisme,* Paris, Éd. du Chêne, 1946.
Nachin Lucien, *Charles de Gaulle, général de France,* Paris, Plon, 1945.
Nobécourt Jacques, *Le Dernier Coup de dés de Hitler,* Paris, Laffont, 1962.
— *Une histoire politique de l'armée,* t. I *De Pétain à Pétain (1919-1942),* Paris, Le
    Seuil, 1967.
Noël Léon, *Comprendre de Gaulle,* Paris, Plon, 1972.
— *La Traversée du désert,* Paris, Plon, 1973.
— *L'Avenir du gaullisme. Le sort des institutions de la Ve République,* Paris,
    Plon, coll. « Tribune libre », 1973.
— *De Gaulle et les Débuts de la Ve République,* Paris, Institut Charles-de-
    Gaulle/Plon, coll. « Espoir », 1976.
Noguères Henri, *Histoire de la Résistance,* t. I à V, Paris, Laffont, 1967 -69-72-76-81.
Ory Pascal, *Les Collaborateurs,* Paris, Le Seuil, 1976.
— *De Gaulle ou l'Ordre du discours,* Paris, Masson, coll. « Leur vie », 1978.
Palewski Gaston, *Hier et Aujourd'hui,* Paris, Plon, 1974.
Parodi Jean-Luc, *Les Rapports entre le législatif et l'exécutif sous la Ve République,*
    Paris, Armand Colin, 1972.
Passeron André, *De Gaulle parle (1958-1962),* Paris, Plon, 1962.
— *De Gaulle parle (1962-1966),* Paris, Plon, 1966.
Passy (colonel), *Souvenirs I et II,* Monaco, Éd. Raoul Solar, 1947.
Pendar Kenneth, *Le Dilemme France-États-Unis, une aventure diplomatique,* Paris,
    Éd. Self, 1948.
Pierre-Bloch Jean, *De Gaulle ou le Temps des méprises,* Paris, La Table ronde, 1960.
Pisani Edgard, *Le Général indivis,* Paris, Albin Michel, 1974.
Planchais Jean, *Une histoire politique de l'armée,* t. II *De de Gaulle à de Gaulle (1940-*
    1967), Paris, Le Seuil, 1967.
Plumyène Jean et Lasierra Raymond, *Le Dernier des Mérovingiens,* Paris, Balland,
    1969.
Pognon Edmond, *De Gaulle et l'histoire de France : trente ans éclairés par vingt*
    siècles, Paris, Albin Michel, 1970.
— *De Gaulle et l'armée,* Paris, Institut Charles-de-Gaulle/Plon, coll. « Espoir »,
    1976.
Poirier Lucien, *Essais de stratégie théorique,* Paris, Fondation Études Défense
    nationale, 1982.
Pompidou Georges, *Pour rétablir une vérité,* Paris, Flammarion, 1982.
Pouget Jean, *Le Manifeste du camp n° 1,* Paris, Fayard, 1970.
— *Un certain capitaine de Gaulle,* Paris, Fayard, 1973.
Prate Alain, *Les Batailles économiques du général de Gaulle,* Paris, Institut Charles-
    de-Gaulle/Plon, coll. « Espoir », 1978.
Prigent Mireille, *Tanguy Prigent,* Paris, Club socialiste du livre, 1982.
Purtschet Christian, *Le Rassemblement du peuple français 1947-1953,* Paris, Éd.
    Cujas, 1967.

Quermonne Jean-Louis, *Le Gouvernement de la France dans la Ve République*, Paris, Dalloz, 1980.

Raïssac Guy, *Un combat sans merci : l'affaire Pétain-de Gaulle*, Paris, Albin Michel, 1966.

Rebatet Lucien, *Les Décombres*, Paris, Denoël, 1942.

Rémond René, *La Droite en France, de la 1re Restauration à la Ve République*, t. II *1940-juin 1968*, Paris, Aubier/Montaigne, 1968.

— *Le retour de De Gaulle*, Paris, Éd. Complexe, 1985.

Rémy (colonel, pseudonyme de Renault Gilbert), *De Gaulle, cet inconnu*, Monaco, Éd. Raoul Solar, 1947.

— *Dix ans avec de Gaulle, 1940-1950*, Paris, France-Empire, 1971.

Revel Jean-François, *Le Style du général. Mai 1958-juin 1959*, Paris, Julliard, 1959.

Rey-Herme Yves, *De Gaulle écrivain. Mémoires de guerre*, Paris, Hatier, coll. « Profil », 1978.

Reynaud Paul, *La Politique étrangère du gaullisme*, Paris, Julliard, 1964.

Ribaud André (pseudonyme de Roger Fressoz), *La Cour — Chronique du royaume*, Paris, Julliard, 1961.

— *Le Roi — Chronique de la cour*, Paris, Julliard, 1962.

Rioux Jean-Pierre, *La France de la Quatrième République*, t. I *L'Ardeur et la Nécessité (1944-1952)*, Paris, Le Seuil, 1980 ; t. II *L'Expansion et l'Impuissance*, Paris, Le Seuil, 1983.

Robichon Jacques, *Le 8 décembre 1942, jour « J » en Afrique*, Paris, Laffont, 1964.

Rouanet Anne et Pierre, *Les Trois Derniers Chagrins du général de Gaulle*, Paris, Grasset, 1980.

Roy Jules, *Une affaire d'honneur*, Paris, Plon, 1983.

Ruehl Lothar, *La Politique militaire de la Ve République*, Paris, Presses de la FNSP (Fondation nationale des sciences politiques), 1976.

Sadoun Marc, *Les Socialistes sous l'occupation. Résistance et collaboration*, Paris, FNSP, 1982.

Saint-Robert Philippe de, *Le Jeu de la France*, Paris, Julliard, 1967.

— *Les Septennats interrompus*, Paris, Laffont, 1975.

Salan Raoul, *Mémoires*, t. III *Algérie française*, Paris, Presses de la Cité, 1972 ; t. IV *Fin d'un Empire. L'Algérie, de Gaulle et moi*, Paris, Presses de la Cité, 1974.

Sandhal Pierre, *De Gaulle sans képi*, Paris, La Jeune Parque, 1948.

Sauvy Alfred, *De Paul Reynaud à Charles de Gaulle*, Paris, Casterman, 1972.

Schneider Bertrand, *La Ve République et l'Algérie*, Paris, Éd. Témoignage chrétien, 1959.

Schlesinger Arthur, *Les 1 000 jours de Kennedy*, Paris, Denoël, 1966.

Schoenbrunn David, *Les Trois Vies de Charles de Gaulle*, Paris, Julliard, 1965.

Schumann Maurice, *Honneur et Patrie* (préface du général de Gaulle), Paris, Éd. du Livre français, 1945.

— *L'Homme des tempêtes*, Paris, Éd. du Mail, 1946.

— *Un certain 18 juin*, Paris, Plon, 1980.

Serigny Alain de, *La Révolution du 13 mai*, Paris, Plon, 1958.

Seydoux de Clausonne François, *Mémoires d'outre-Rhin*, Paris, Grasset, 1975.

Simoen Jean-Claude, *De Gaulle à travers la caricature internationale*, Paris, Albin Michel, 1969 ; Le Livre de poche, 1973.

Sorensen Théodore, *Kennedy*, Paris, Gallimard, 1966.

Soustelle Jacques, *Envers et contre tout, de Londres à Alger 1940-1942*, Paris, Laffont, 1947.

— *Envers et contre tout, d'Alger à Paris 1942-1944*, Paris, Laffont, 1950.

— *28 ans de gaullisme*, Paris, La Table ronde, 1968 ; coll. « J'ai lu », 1972.
— *L'Espérance Trahie*, Paris, Éd. Alma, 1962.
Suffert Georges, *Charles de Gaulle* (mis en images par André Gobert), Paris, Éd. Groupes Express, 1970.
Sulzberger Cyrus L., *En observant de Gaulle (De Gaulle and Algeria)*, Paris, Plon, 1962.
— *Dans le tourbillon de l'histoire (A long row of candles)*, Paris, Albin Michel, 1971
Terrenoire Louis, *De Gaulle et l'Algérie*, Paris, Fayard, 1964.
— *De Gaulle vivant*, Paris, Plon, 1971.
— *De Gaulle 1947-1954 : pourquoi l'échec*, Paris, Plon, 1981.
Tesson Philippe, *De Gaulle Iᵉʳ*, Paris, Albin Michel, 1965.
Tillon Charles, *On chantait rouge*, Paris, Laffont, 1977.
Tocnaye Alain de la, *Comment je n'ai pas tué de Gaulle*, Paris, Éd. Edmond Nalis, 1969.
Torrès Tereska, *Les Années anglaises — Journal intime de guerre (1939-1945)*, Paris, Le Seuil, 1981
Touchard Jean, *Le Gaullisme, 1940-1969*, Paris, Le Seuil, coll. « Points Histoire », 1978.
Tournoux Jean-Raymond, *Secrets d'État*, Paris, Plon, 1960 ; Presses Pocket, 1972.
— *Pétain et de Gaulle*, Paris, Plon, 1964 ; Presses Pocket (texte abrégé), 1968.
— *L'Histoire secrète*, Paris, Union générale d'éditions, 1965.
— *La Tragédie du général*, Paris, Plon et Paris-Match, 1967.
— *Le Mois de mai du général*, Paris, Plon, 1969 ; Presses Pocket, 1970.
— *Jamais dit*, Paris, Plon, 1971.
— *Le Tourment et la Fatalité*, Paris, Plon, 1974.
Tricot Bernard, *Les Sentiers de la paix. Algérie 1958-1962*, Paris, Plon, 1972.
Trinquier Roger, *Le Coup d'État du 13 mai*, Paris, Éd. L'Esprit nouveau, 1958.
Vallon Louis, *L'Anti de Gaulle*, Paris, Le Seuil, 1969.
— *De Gaulle et la démocratie*, Paris, La Table ronde, 1972.
Vendroux Jacques, *Cette chance que j'ai eue*, Paris, Plon, 1974.
— *Ces grandes années que j'ai vécues*, Paris, Plon, 1975.
— *Yvonne de Gaulle, ma sœur*, Paris, Plon, 1980.
Viansson-Ponté Pierre, *Risques et Chances de la Vᵉ République*, Paris, Plon, 1959.
— *Les Gaullistes, rituel et annuaire*, Paris, Le Seuil, 1963.
— *Après de Gaulle, qui ?*, Paris, Le Seuil, 1966.
— *Histoire de la République gaullienne*, t. I *La Fin d'une époque. Mai 1958-juillet 1962 ;* t. II *Le Temps des orphelins 1962-1969*, Paris, Fayard, 1970, 1971 (repris dans la collection « Bouquins », Paris, Laffont, 1984).
Viorst Milton, *Les Alliés ennemis : de Gaulle et Roosevelt*, Paris, Denoël, 1967.
Vaisse Maurice, *Alger 1961 : le putsch*, Paris, Éd. Complexe, 1985.
Walters Vernon A., *Services discrets*, Paris, Plon, 1979 .
Weygand Maxime, *En lisant les Mémoires de guerre du général de Gaulle*, Paris, Flammarion, 1955.
White Dorothy S., *Les Origines de la discorde : de Gaulle, la France libre et les Alliés 1940-1942*, Paris, Éd. de Trévise, 1967.
Winock Michel, *La République se meurt : chronique 1956-1958*, Paris, Le Seuil, 1978.

BIBLIOGRAPHIE

ÉTATS-UNIS

Bohlen Charles E., *Witness to History,* New York, Norton and Co, 1973.
Sherwood Robert, *Roosevelt and Hopkins,* Harper, New York, 1948.

GRANDE-BRETAGNE

Borden Mary, *Journey down to a blind alley,* Londres, Hutchinson, 1946.
Churchill Winston, *Second World War,* Londres, Cassell, 1948, 6 volumes.
Pickles Dorothy, *The Uneasy Entente : french foreign policy and franco-british misunderstanding,* Londres, Oxford University Press, 1966.
Spears Sir Edward, *Assignment to catastrophe,* Londres, Heinemann, 1954, 2 volumes.
Werth Alexander, *France 1940-1944,* Londres, Éd. Robert Hals, 1956.
     — *De Gaulle, a political biography,* Londres, Penguin Books, 1965.

OUVRAGES COLLECTIFS

Burnier Marc-Antoine et l'équipe d'Édition spéciale, *La Chute du général,* Paris, Éditions et Publications premières, 1969.
Cazenave Michel et Germain-Thomas Olivier, *Charles de Gaulle,* Paris, Éd. de l'Herne, cahier n° 21, *Recueil de témoignages et d'études,* 1973.
Duhamel Olivier, Parodi Jean-Luc et autres : *La Constitution de la Ve République,* colloque de l'AFSP, Paris, Fondation nationale des sciences politiques, 1984.
Druon Maurice, Marin Jean et autres, *Charles de Gaulle,* Paris, Éd. Réalités-Hachette, coll. « Génies et Réalités », 1973.
Friedlander Saül et autres, *La Politique étrangère du général de Gaulle,* Paris, Presses universitaires de France, 1985.
Hoffmann Stanley, Kindleberger Charles, Wylie Lawrence, Pitts Jesse, Duroselle Jean-Baptiste, Goguel François, *A la recherche de la France,* Paris, Le Seuil, 1963.
Isoart Paul et autres, *L'Indochine française 1940-1945,* Paris, Presses universitaires de France, 1982.
Meyer Jacques et autres, *Vie et Mort des Français 1939-1945,* Paris, Hachette, 1971.
Paris-Match, *De Gaulle 1890-1970,* Paris, Éd. Paris-Match, 1970.
Pilleul Gilbert et autres, *L'Entourage et de Gaulle,* Paris, Institut Charles-de-Gaulle/Plon, coll. « Espoir », 1979.
RPF, *La France sera la France, ce que veut Charles de Gaulle,* Paris, Éd. RPF, imprimerie F. Bouchy, 1950·
De Gaulle et le service de l'État, des collaborateurs du général de Gaulle témoignent, Paris, Institut Charles-de-Gaulle/Plon, coll. « Espoir », 1977.
OAS parle, Paris, Julliard, coll. « Archives », 1964.

ALBUM

De Gaulle par l'affiche, Paris, Plon, 1980.
Tim, *Une certaine idée de la France,* Paris, Tchou, 1969.

REVUES

Espoir, Institut Charles-de-Gaulle, trimestriel.
En ce temps-là, de Gaulle, édition du Hennin, hebdomadaire, 71 numéros à partir de
   avril 1971 sous la direction d'Henri Gautrelet et Guy Schoeller, André Frossard,
   A. M. Gérard et André Lacaze.

FILMS

Olivier Guichard, P.A. Boutang, *Mon Général.*
Pierre Lefranc, Pierre Cardinal, *Les Mémoires de Guerre.*
André Harris et Alain de Sédouy, *Français, si vous saviez...*
Marcel Ophuls, Harris et Sédouy, *Le Chagrin et la Pitié.*

Archives du Quai d'Orsay, 1944-1946.
Archives du Rassemblement du peuple français.
Archives de l'armée de terre, Vincennes.
Archives personnelle de Georgette Elgey et de Jean Mauriac (que je tiens à remercier
   particulièrement tous deux).

Index

Ne sont cités que les *contemporains* mêlés au déroulement des faits, par l'action ou l'écriture.

Abbâs, Ferhât, 55, 76, 78, 113-116, 123-124, 126-129, 132, 136, 139, 141, 145, 149, 152, 172, 179-180, 192-193, 195, 204-205, 215, 232, 393, 512, 514.
Abdesselam, Belaïd, 246.
Abelin, Pierre, 600.
Aboulker, José, 620.
Achanan, Dean, 364, 394.
Adenauer, Konrad, 14, 289-290, 292-310, 312, 317, 319-322, 324-325, 330-331, 350, 353, 358, 366, 368, 370, 385, 388, 396-397, 403, 551, 559, 613, 682.
Aillerot, Charles, 165, 239, 262-263, 265-266, 457, 461, 477 483, 561.
Aït Ahmed, Hocine, 72, 147, 211, 213, 240.
Alexandre, Philippe, 681, 690.
Allemagno, André d', 512.
Allende, Salvador, 447.
Alliot, Michel, 733.
Alphand, Hervé, 343, 345, 358-359, 361-362, 369, 371, 373, 375, 379, 400, 404, 531, 537, 543, 554.
Alquier, Jean-Yves, 45.
Amer, Abdel-Hakim, 489.
Amrouche, Jean, 145, 200, 220.
Amirouche, colonel, 37, 40, 115.
Anthonioz, Geneviève, 784.
Antoine, Gérald, 733.
Aquin, François, 512, 524.
Argoud, Antoine, 35, 37, 39-41, 47, 55, 61, 63, 65, 68, 71, 85, 89, 92-93, 96, 100-101, 105, 107, 115, 120, 142, 156-159, 161, 164, 167-168, 170-171, 173, 210, 271-273, 593, 724.
Armand, Louis, 599, 621.
Arnould, Auguste, 85.
Aron, Raymond, 22, 415, 471, 474, 490, 502, 504, 555-557, 586, 720.
Arrighi, Pascal, 76, 79, 590.
Astier de la Vigerie, Emmanuel d', 632, 649.
Asturias, Miguel Angel, 444.

Aubrac, Raymond, 543.
Audin, Maurice, 47.
Augarde, Jacques, 139.
Auriol, Vincent, 16, 23, 55, 510, 566, 581-582, 589, 591, 638.

Bacon, Paul, 54, 66.
Bâländier, Georges, 407, 422.
Ball, Georges, 324, 376.
Balladur, Edouard, 645, 655, 676-677, 687-688, 690, 693, 718, 742.
Barbu, Marcel, 633, 635.
Barjonet, André, 690.
Barre, Raymond, 736-737.
Bastien-Thiry, Jean-Marie, 197 198, 272-276, 280-282, 575, 593, 696.
Baudouin, Denis, 789.
Baulaincourt, Xavier de, 19, 762, 785, 793, 796.
Baumarchais, Jacques de, 442.
Baumel, Jacques, 660.
Baumgartner, Wilfrid, 598, 607.
Bayet, Albert, 124, 130, 252.
Beaudoin, Louise, 522.
Beaufre, André, 472.
Beauvallet, général, 697, 700-701, 704, 707.
Begin, Menahem, 498.
Belin, Roger, 23.
Ben Aouda, Mostafa, 234.
Ben Barka, Abdelkader, 629.
Ben Barka, Mehdi, 27, 55, 64, 72, 116-117, 121, 139, 148-149, 154, 178, 185, 192, 211-213, 238-240, 261, 425, 514.
Ben Gourion, David, 489-492, 505-506, 794.
Ben Khedda, Youssef, 192-193, 204-206, 208, 215, 238-239, 245.
Ben Tobbal, Lakhdar, 76, 213, 221, 227, 234.
Ben Yahia, Mohammed, 124, 127-128, 177-178, 191, 206, 213, 221.
Ben Yahmed, Béchir, 172.

Table

IMPRIMERIE BRODARD ET TAUPIN À LA FLÈCHE
DÉPÔT LÉGAL MAI 1990. N° 12123 (6134C-5)

Ouvrages de Jean Lacouture

L'Égypte en mouvement
en collaboration avec Simonne Lacouture
Le Seuil, 1956

Le Maroc à l'épreuve
en collaboration avec Simonne Lacouture
Le Seuil, 1958

La Fin d'une guerre
en collaboration avec Philippe Devillers
Le Seuil, 1960, nouvelle édition 1969

Cinq Hommes et la France
Le Seuil, 1961

Le Poids du tiers monde
en collaboration avec Jean Baumier
Arthaud, 1962

De Gaulle
Le Seuil, 1965, nouvelle édition 1971

Le Vietnam entre deux paix
Le Seuil, 1965

Hô Chi Minh
Le Seuil, 1967, nouvelle édition 1976

Quatre Hommes et leur peuple
Sur-pouvoir et sous-développement
Le Seuil, 1969

Nasser
Le Seuil, 1971

L'Indochine vue de Pékin
(entretiens avec le prince Sihanouk)
Le Seuil, 1972

André Malraux, une vie dans le siècle
Le Seuil, Prix Aujourd'hui, 1973
coll. « Points Histoire », 1976

Un sang d'encre
Stock-Seuil, 1974

Les Émirats mirages
en collaboration avec G. Dardaud et Simonne Lacouture
Le Seuil, 1975

Vietnam, voyage à travers une victoire
en collaboration avec Simonne Lacouture
Le Seuil, 1976

Léon Blum
Le Seuil, 1977
coll. « Points Histoire », 1979

Survive le peuple cambodgien!
Le Seuil, 1978

Le rugby, c'est un monde
Le Seuil, coll. « Points Actuels », 1979

Signes du Taureau
Julliard, 1979

François Mauriac
Le Seuil, Bourse Goncourt de la biographie, 1980
coll. « Points », 1989, 2 vol.
1. Le sondeur d'abîmes (1885-1933)
2. Un citoyen du siècle (1933-1970)

Julie de Lespinasse
en collaboration avec M.-C. d'Aragon
Ramsay, 1980

Pierre Mendès France
Le Seuil, 1981

Le Piéton de Bordeaux
ACE, 1981

En passant par la France
Journal de voyage
en collaboration avec Simonne Lacouture
Le Seuil, 1982

Profils perdus
53 portraits contemporains
A.-M. Métailié, 1983

De Gaulle
2. Le politique (1944-1959)
3. Le souverain (1959-1970)
Le Seuil, 1984 et 1986

Algérie : la guerre est finie
Éd. Complexe, Bruxelles, 1985

De Gaulle ou l'éternel défi
en collaboration avec Roland Mehl
Le Seuil, 1988

Champollion
Une vie de lumière
Grasset, 1989

Enquête sur l'auteur
Arléa, 1989

Collection Points

SÉRIE HISTOIRE

Collection Points

SÉRIE POLITIQUE

Collection Points

SÉRIE ACTUELS

Collection Points

SÉRIE ÉCONOMIE

Collection Points

SÉRIE ROMAN